上海市志

民政·民生分志
民政卷

1978—2010

上海市地方志编纂委员会　编

上海古籍出版社

1978 年 11 月 28 日，在上海警备区第三招待所召开粉碎"四人帮"以来第一次上海市民政工作会议，市民政局党组书记、局长张竹天作《解放思想，鼓足干劲，努力做好民政工作，为加速实现四个现代化而奋斗》的工作报告。

1984 年 6 月 15 日，市民政局召开全体机关干部和基层单位负责人大会，市民政局党委书记黄履中在会上要求全局以整党促工作，推动民政事业的快速发展。

1984 年 8 月 20 日，市民政局、市农委在嘉定县联合召开上海市乡政权建设工作经验交流会，市民政局局长曹匡人在会上作关于 1983 年 3 月开展政社分开、建乡试点一年多来探索实践的总结报告。

1994 年 12 月 22 日，全国民政厅（局）长座谈会暨全国社区服务经验交流会在上海举行，市民政局党委书记、局长孙金富在会上作交流发言。

2001 年 10 月 1 日，市民政局党委书记、局长施德容主持上海市儿童福利院、上海市慈善基金会众仁儿童康复中心落成启用仪式。

2005 年 11 月 24 日，市民政局党委书记、局长徐麟在沪港社会救助和养老福利论坛发表主旨演讲。

2007 年 5 月 16 日，市民政局党委书记、局长、市老龄办主任王伟发布 2006 年上海市老年人口与老龄事业监测统计数据。

2008 年 10 月 7 日，市民政局党委书记、局长马伊里在东方网作"敬老日话养老"现场直播。

1986年9月25日，上海市残疾人联合会成立大会召开。

1996年2月7日，上海市农村社会养老保险工作会议在嘉定区召开。

2002年8月1日，第十一次上海市民政会议在上海展览中心召开。

2004 年 2 月 25 日，上海市人民政府残疾人工作协调委员会扩大会议召开。

2004 年 10 月 9 日，上海市扶贫济困送温暖募捐动员大会在市政府召开。

2006 年 4 月 19 日，上海市居（村）委会换届选举工作动员会召开。

2008 年 5 月 13 日，上海市拥军优属拥政爱民模范先进表彰大会在上海展览中心召开。

2008 年 12 月 23 日，上海民政系统纪念改革开放 30 周年大会在市双拥活动中心召开。

2009 年 5 月 12 日，2009 年上海市老龄工作委员会全体（扩大）会议召开。

2010 年 6 月 23 日，2010 年市政府实事项目阳光职业康复援助基地建设推进会议召开。

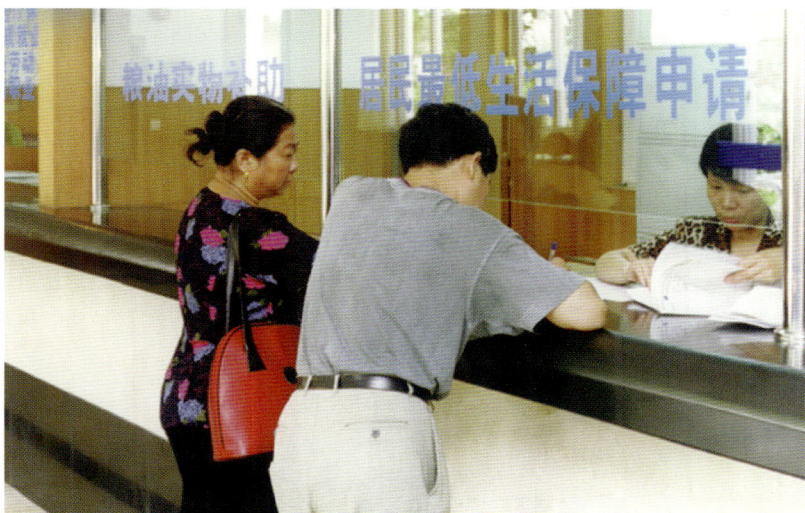

1995 年 6 月，上海对城镇低收入家庭发放帮困粮油供应卡。照片摄于 1996 年 1 月 8 日普陀区建德居委会。

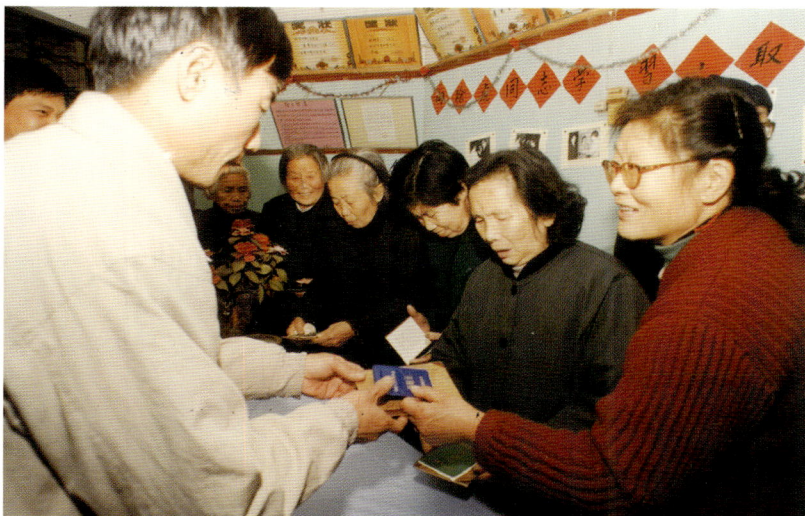

全市街道乡镇建立"一口上下"的社会救助机构。照片摄于 1998 年 7 月 10 日黄浦区南京东路街道社会救助窗口。

2009 年 2 月 26 日，副市长胡延照（前左一）在闸北区临汾街道社区事务受理中心调研"居民经济状况核对系统"。

2005 年 1 月 6 日，市民踊跃为印度洋海啸赈灾捐款。

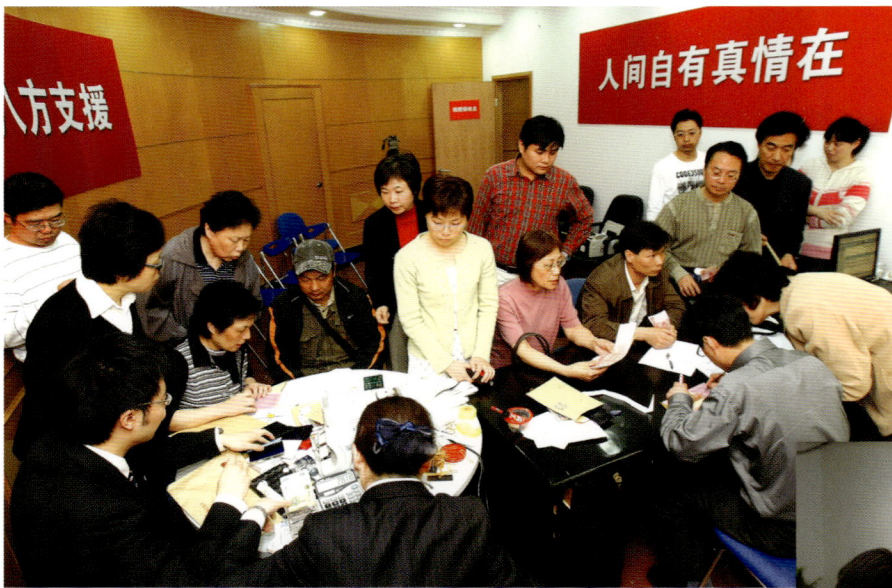

5·12 汶川地震发生后市民政局设立社会捐赠接收点，市民踊跃捐款。照片摄于 2008 年 5 月 15 日。

5·12 汶川地震发生后市民政局设立的社会捐赠接收点现场，市民踊跃捐款。照片摄于 2008 年 6 月 4 日。

上海福利彩票中心下属的维赛特网络有限公司，组建救灾卫星突击队，派遣两辆卫星通信车赴汶川地震灾区。照片摄于 2008 年 5 月 18 日市政府大厅。

民政部向上海下达向汶川地震灾区提供帐篷的任务，上海扬帆实业有限公司赶制救灾专用帐篷。照片摄于 2008 年 5 月 29 日。

汶川地震发生后，市民政局 962200 社区服务热线增设为捐赠热线。照片摄于 2008 年 6 月 12 日。

上海市对口支援都江堰市帮困送温暖活动启动仪式。照片摄于 2009 年 1 月 8 日四川省都江堰市。

2009年1月8日，在都江堰举行上海各区县与都江堰区县对口援助活动仪式。1991年夏，长江流域华东地区发生水灾。副市长谢丽娟（右三）与市民政局等有关部门干部赶赴青浦县练塘镇查看灾情。

上海市扶贫济困送温暖捐助物资发运仪式，3000多吨衣被将运往云南、江西灾区。照片摄于2000年11月15日杨浦火车站。

2003年8月1日，上海市和区县19个救助管理站同时挂牌。收容遣送制度废止。

1990 年 11 月 28 日，上海市荣获全国最佳乡镇、中国乡镇之星乡镇干部座谈会召开。

1999 年 2 月 7 日，奉贤县新港村在全市首次举行村委会直接选举。

嘉定工业区白墙村村务公开栏。照片摄于 2004 年 8 月 3 日。

2004 年 6 月，徐汇区田林街道田林六村居委会换届直接选举。

2004 年 7 月 18 日，嘉定区华亭镇联华村村民代表会议召开，对村务事项投票表决。

2000 年 11 月 9 日，市民政局会同有关部门召开社区建设研讨会。

2005 年 5 月 18 日，上海市推进社区事务受理服务机构建设座谈会召开。

奉贤区柘林镇群众在社区事务受理服务中心。照片摄于 2005 年 11 月 22 日。

卢湾区五里桥社区事务受理服务中心。照片摄于 2006 年 8 月 26 日。

黄浦区半淞园路街道社区事务受理服务中心。照片摄于 2010 年 2 月 5 日。

汶川地震发生后，都江堰青少年来沪参加市民政局组织的社区暑期活动。照片摄于2008年8月5日上海火车站。

2009年5月15日，创建"全国和谐社区建设示范区"评审验收会在上海市双拥活动中心召开。

全市居委会向居民发放"世博大礼包"。照片摄于2010年5月15日黄浦区黄浦新苑居委会。

服务国防

1991年12月28日，上海双拥表彰大会在上海展览中心友谊会堂召开。

1992年1月5日，荣获"全国双拥模范城"称号的黄浦区、嘉定县代表及市民政局领导载誉回沪。

2004年1月9日，出席全国双拥工作会议的上海代表回到上海。

2005年4月14日，上海市拥军优属基金会成立十周年文艺晚会在市委党校大礼堂举行。

2010年3月24日，服务世博军民共建签约仪式在上海市双拥活动中心举行。

1979 年 1 月 25 日，上海市春节慰问团慰问警备区官兵。

慰问驻海岛部队官兵。照片摄于 1994 年 1 月 26 日。

全市对重点优抚对象和优抚事业单位开展普查，市民政局干部查阅档案。照片摄于 2001 年 6 月 6 日。

2006 年 10 月 20 日，老红军代表参加上海市纪念红军长征胜利 70 周年座谈会。

1995 年 4 月 5 日，龙华烈士陵园落成典礼举行。

在龙华烈士陵园举行 18 岁成人仪式。照片摄于 2004 年 4 月 5 日。

上海市各界群众向龙华烈士陵园无名烈士雕塑献花。照片摄于 2006 年 4 月 6 日。

2004年5月，上海2004年转业士官安置单位"双向选择"专场举行。

2004年6月17日，南京军区对上海军供保障规范化建设开展评估调研。

2005年12月26日，上海市退役士兵安置工作会议召开。

1997年3月24日，上海市先进军队离退休干部、先进军休工作单位、先进军休工作者表彰大会召开。

2001年7月1日，上海市军队离休退休干部活动中心工程竣工暨揭牌仪式举行。

2004年7月9日，上海市军队离退休干部安置工作暨先进表彰大会召开。

2007年7月25日，上海市军队离退休干部庆祝建军80周年文艺演出。

军休干部的文化生活。照片摄于2009年12月22日。

1987年6月12日，副市长谢丽娟（右四）与市民政局领导陪同香港爱国企业家沈炳麟先生夫妇（左五、六），
参加上海市老年人康复中心开业典礼。

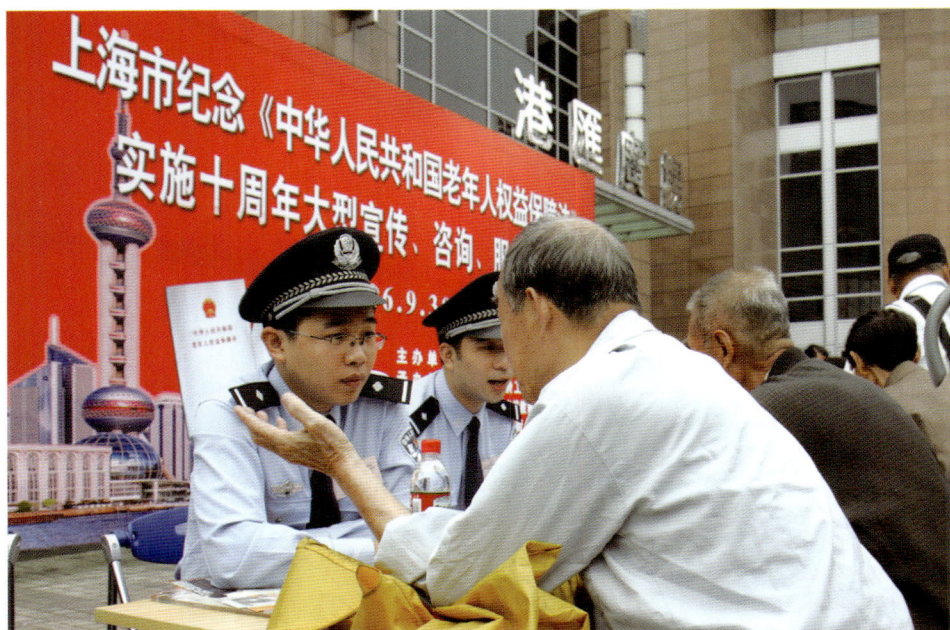

2006年9月30日，上海市纪念《中华人民共和国老年人权益保障法》实施十周年大型宣传、咨询、服务活动现场。

2007 年 6 月 12 日，"申城万名老人看发展"活动首发仪式举行。

2009 年 10 月 25 日，上海市第三社会福利院失智老人照料中心开业典礼举行。

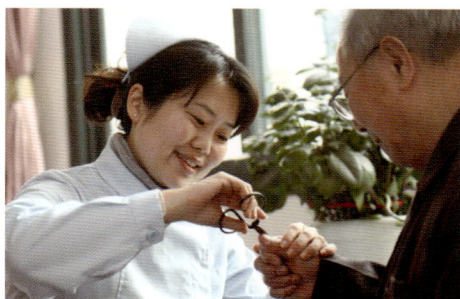

福利院的护理员为老人服务。照片摄于 2010 年 1 月 7 日市第一社会福利院。

2003 年 11 月 19 日，上海市深化居家养老服务工作试点动员会召开。

社区医生为老人体检。照片摄于 2005 年 1 月 16 日。

居家养老服务员上门服务。照片摄于 2007 年 1 月 11 日。

2010 年 1 月 27 日，《社区居家养老服务规范》地方标准新闻发布会召开。

为老人提供助餐上门服务。照片摄于 2007 年 10 月 18 日。

2004 年 5 月 28 日，上海—新疆第二期"银龄行动"老年志愿者启程。市委副书记刘云耕出席欢送仪式。

2004 年 6 月，第三届中国国际残疾人和老年人康复护理保健用品用具展览会在上海举办。

2008 年 9 月 28 日，上海老龄产业博览会举办。

黄浦区老年舞蹈队。照片摄于2006年6月2日。

2006年10月23日，南汇区白内障老人复明手术后游览洋山港。

上海老年时装队。照片摄于2007年10月19日。

浦东新区老年长跑队。照片摄于2010年10月10日。

2007 年 10 月 19 日，上海市庆祝九九重阳节活动中，老劳模欢聚一堂。

2008 年 10 月 7 日，上海"老有所为""孝亲敬老"双十佳颁奖典礼。

2010 年 10 月 11 日，200 对金婚夫妇参加重阳节联欢活动。

20 世纪 80 年代，上海福利企业盲人五金车一角。

20 世纪 90 年代的福利企业。

21 世纪初的福利企业。

上海市救助帮困和残疾人推保专题工作会议召开。照片摄于 2000 年 3 月。

1988年5月25日，玉佛寺向上海市儿童福利院捐款仪式。

1989年5月30日，上海市残疾儿童康复中心落成开张典礼。

2001年前位于普育西路105号的上海市儿童福利院。照片摄于1999年8月2日。

2001年9月26日，上海市儿童福利院从普育西路105号整体搬迁至闵行区新址。

新落成的上海市儿童福利院位于中春路9977号。照片摄于2004年4月10日。

2002 年 12 月 31 日，市儿童福利院举办孤残儿童迎新年活动。

2005 年 4 月 20 日，市儿童福利院的孩子学习绘画。

2005 年 10 月 19 日，市民政局举办慢性精神残疾康复汇演。

90 年代的社会福利彩票大奖组销售现场。

1998 年 6 月 8 日，"上海风采"福利彩票套票第一期开奖仪式在东方电视台演播大厅举行。新套票首创"网点销售、电视开奖"的新销售模式。

2001 年 3 月，即开型彩票销售现场。

2004 年 4 月 5 日，上海市福利彩票专题工作会议召开。

电脑彩票销售亭。照片摄于 2000 年
12 月 6 日。

2009 年 8 月 28 日，上海世博会主题彩票首发仪式举行。

"'上海风采'电脑福利
彩票"卫星系统。

1991 年 10 月 24 日，上海市贯彻《社会团体登记管理条例》新闻发布会召开。

1991 年 10 月 27 日，40 家社团在人民广场开展"为民服务日"活动。

2003 年 10 月，上海市级社团秘书长岗位培训班合影。

2009 年 3 月 28 日，上海市社会组织促进大学生就业招聘会在上海体育场举行。

2004 年 5 月 28 日，上海市贯彻实施《基金会管理条例》新闻发布会召开。

2004 年 6 月 1 日，市民政局向上海第一批非公募基金会颁发证书。

2005 年 8 月 30 日，首届长三角民间组织合作交流论坛行业协会与区域经济发展研讨会召开。

2005 年 12 月 27 日，上海市民办非企业单位自律与诚信建设活动总结会召开。

2009 年 3 月 28 日，上海市社会组织促进大学生就业招聘会现场。

2010 年 7 月 5 日，上海市社会创新孵化园开园仪式。上海市委副书记殷一璀（右二）、民政部副部长姜力（左二）为孵化园揭幕。

2003 年 9 月 27 日，上海市婚姻法制宣传大型咨询活动现场。

2004 年 1 月 1 日，在市民政局举行上海市结婚登记颁证暨特邀颁证师聘任仪式。副市长周太彤（前一）为特邀颁证师颁发聘书。

2004 年 1 月 1 日，新人来到市民政局接受特约颁证师颁发结婚证。

1999年10月18日，"玫瑰婚典"在淮海中路举行。

2000年12月31日，100对新人来到光大会展中心参加市民政局举办的"世纪婚典"。

上海市婚姻（收养）登记中心获"全国婚姻登记规范化建设窗口单位"称号。照片摄于2006年10月20日。

上海市婚姻登记窗口。照片摄于2006年10月20日。

2008 年，中国把清明节定为法定节假日。4 月 4 日设立在市民政局的市政府清明工作指挥部现场。

2009 年 5 月 22 日，上海市殡葬行业集中招聘高校毕业生录用签约仪式。

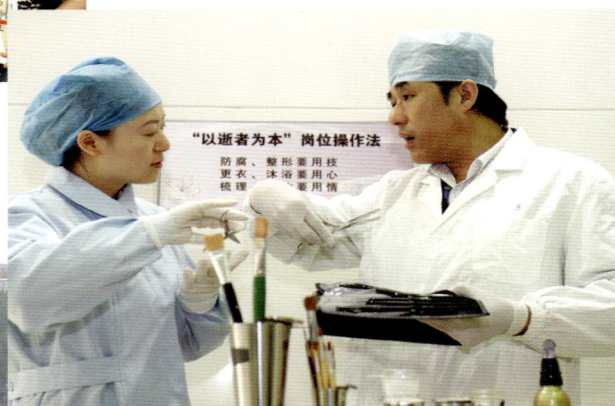

全国劳动模范、民政部"孺子牛奖"获得者、遗体整容师张宏伟向青年传授技艺。照片摄于 2010 年 4 月 15 日。

2001 年清明节，数百万市民集中出行扫墓。

1991 年 3 月 19 日，上海市举行首次骨灰撒海活动。

自 1991 年以来，骨灰撒海活动每年举办。照片摄于 2004 年 3 月 25 日。

骨灰处理多样化：植树葬、花坛葬、小型墓。照片摄于 2004 年清明。

勘界工作人员在青浦县现场踏勘沪苏线。照片摄于1996年11月8日。

1998年12月26日，上海市副市长冯国勤（前左二）、浙江省副省长张猛进（前右二）分别代表两地政府参加在杭州举行的"沪浙线"协议签字仪式。

2008年12月24日，在金山区大金山岛设地标。

1994 年 5 月 7 日，上海市慈善基金会成立。

1996 年 2 月 11 日，上海首次万人上街募捐活动现场。市政协主席陈铁迪参加活动。

2005 年 10 月 26 日，上海市开展扶贫帮困捐助活动推进慈善事业发展动员大会在市政府召开。

1993 年 2 月 5 日，上海市社会工作者协会成立大会。

2003 年 11 月 22 日，上海举行首次社工考试。

2004 年 5 月 12 日，上海首批社会工作者职业证资格证书颁发仪式在上海市双拥活动中心举行。

2008 年 7 月 24 日，上海社工服务团出发赴汶川地震灾区。

2008 年 9 月 5 日，上海社工在都江堰板房社区与居民讨论制订"居民公约"。

华东政法学院志愿者在上海市老年人法律服务中心开展法律咨询服务。照片摄于2009年2月18日。

2009年1月6日，首届上海慈善大会颁发"上海慈善奖"及"抗震救灾捐赠特别奖"。

2010年1月16日，"蓝天下的至爱"启动仪式上的义工队伍。

"洋阿姨"在市儿童福利院开展志愿服务。照片摄于2010年5月22日。

1988年8月24日，上海市残疾人联合会第一次代表大会召开。

1999年8月22日，上海残疾人公务员考试报名。

2000年3月26日，上海电视台《时事传真》开播手语新闻。

2001 年 5 月，上海图书馆"盲文阅览区"开放仪式举行。

2003 年 6 月 19 日，上海市无障碍设施建设推进工作会议召开。

2003 年 11 月 15 日，全国成人高等学校招生统一考试，首届盲人保健按摩专业考试场。

2010 年 3 月 3 日，"爱耳日"公益演出活动举行。

1986 年 10 月举办上海市第一届特殊奥林匹克运动会，10 月 19 日在沪南体育场举行闭幕式。

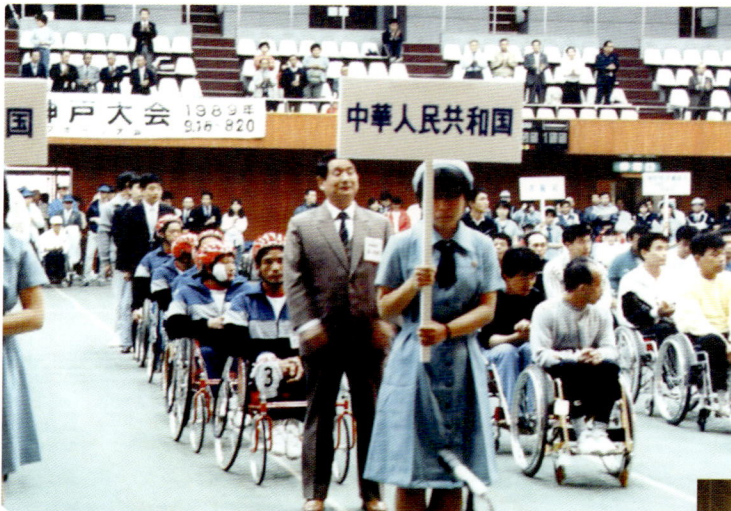

1989 年 9 月 15 日，中国代表队参加在日本举办的肢障人士轮椅车比赛，上海组团参赛。

1996 年 11 月 8 日，第一届亚太地区特奥会在上海举行。

2007 年 10 月 2 日，"2007 世界夏季特殊奥林匹克运动会"开幕式上，残疾人勇攀"长城"。

2008年11月6日，市残联举办纪念改革开放30周年上海市残疾人歌咏比赛。

2009年11月26日，市残联与华东师范大学签署残疾人大学生教育资源服务项目。

2010年11月1日，脊椎损伤者中途之家支援中心在上海揭牌。中国残联主席张海迪（左）揭牌。

2010年11月23日，《残疾人养护机构服务规范》地方标准新闻发布会召开。

1997 年 3 月 11 日，上海市民政系统开展"政务公开规范服务争当孺子牛"活动动员大会。副市长冯国勤（右四）出席会议并讲话。

1999 年 11 月 26 日，11 位首届上海市民政系统"孺子牛奖"获得者受表彰。

2008 年 7 月 23 日，全国"孺子牛奖"获得者、全国道德模范、普陀区民政局局长曹道云先进事迹报告会召开。

2002 年 10 月 25 日，市社团局在东方网开展社团法规宣传。

2004 年 1 月 15 日，上海交通大学与上海市民政局联合培养公共管理专业硕士（MBA）合作项目签约仪式。

2006 年 11 月 10 日，上海市民政系统法制宣传教育工作会议召开。

2008 年 12 月 2 日，上海市村民自治法律知识竞赛现场。

市民政信息研究中心。

2006 年 6 月 24 日，第一届上海市民政系统运动会在市儿童福利院开幕。

2008 年 4 月 26 日，上海市民政系统第十届"民政之花"文艺汇演。

2009 年 9 月 17 日，在东方艺术中心举行上海市民政系统庆祝中华人民共和国成立 60 周年歌咏大会。

上海市儿童福利院、上海市第一社会福利院、上海市第二社会福利院、上海市第三社会福利院。

"九五"民政十大建筑。

前排左起依次为：龙华烈士陵园、"上海双拥"号游船、上海市儿童福利院、上海市社区服务中心、"上海风采"电脑福利彩票卫星系统；后排左起依次为：上海市社会福利中心、上海市军休干部活动中心、上海双拥大厦、千鹤宾馆、众仁花苑。照片摄于2002年春。

2002 年 11 月 8 日，"民间组织发展与管理"上海国际研讨会在上海国际会议中心召开。

2004 年 10 月 12 日，国际第三年龄大学协会第 22 届代表大会在上海国际会议中心举行。

2006 年 6 月 27 日，上海老年人照料体系国际研讨会在上海国际会议中心召开。

《上海市志·民政·民生分志·民政卷（1978—2010）》
编纂委员会

主　任　朱勤皓

副主任　黎　荣　蒋　蕊　梅　哲　李　勇　曾　群

委　员　（以姓氏笔画为序）

马国平　马继东　王　晖　王晓虹　孙晓红　朱　勇　刘占一　刘伟权

刘忠飞　刘荣华　李志龙　吴　江　肖立强　沈家观　沈　敏　陈跃斌

张临俊　张晓颖　张　静　周　文　竺　亚　练进波　胡永明　赵　宇

娄国剑　徐　英　徐启华　曹　奕　陶继民　黄一飞　黄井波　黄爱国

章淑萍　程　坚　薛　峰

原主任　马伊里（2011.3—2013.4）　　　　施小琳（2013.4—2015.3）

原副主任　（以姓氏笔画为序）

方国平　王万里　王文寿　王　桢　华　源　匡　鹏　李　政　张恩迪

周书庆　周静波　桂余才　高菊兰　姚　凯　蔡华山　蔡苕升

《上海市志·民政·民生分志·民政卷（1978—2010）》
编纂人员

主　编　朱勤皓

副主编　李　勇

总　纂　王正玲

统　稿（以姓氏笔画为序）

王振华　朱金龙　任炽越　张玉枝　胡增耆　俞建平　陶志良　潘烈青

编　务（以姓氏笔画为序）

刘益平　张　俊　周明曦

编　纂（以姓氏笔画为序）

于乐锋　马　飞　马振宇　王宏阶　王劲颖　王斯纲　王菊如　王　静
王静雯　方颂华　史雅民　祁克萍　孙剑华　孙洁怡　吕春玲　刘芳均
刘竟先　朱敬红　宋小凤　李荣祥　张　凡　张春桂　陈以文　陈占彪
沈申勇　沈志成　季晓婕　邱　梅　陈辉楠　陈颖超　林克武　房建新
郑　翔　杨晓勇　赵文学　胡文敏　胡平波　胡加乐　赵庆寺　姜文荃
施庆儒　祝沁磊　姜　琦　郝　曌　倪冬英　徐龙虎　徐　芳　徐金龙
诸华敏　殷志刚　秦　嘉　曹　丹　黄　瑢　黄硕业　章震球　曹锦忠
鲍　洁　潘　晨

资料提供人员（以姓氏笔画为序）

上海市民政局

丁桂华　王丽敏　王伟鹤　马　光　冯　伟　孙　丹　江颖亮　江兆蓉
李　鑫　李建生　刘　正　任　薇　张永康　张艺雯　吴炳耀　应晶晶
余宏典　邱丽萍　沈　军　沈彦桥　沈　威　沈佩华　周公斗　周　菲
武树甲　杨素菊　范真理　林　超　林　婕　赵秀英　胡积伟　柳京燕
费弼弢　钱卫忠　徐　晨　戚仕智　黄建荣　鲁　滨　温连杰　程正源
韩伟成　董青宇　裘珍瑛　蔡英玉

上海市残疾人联合会

王丽洁　王　超　王　安　王海东　王昭睿　刘立伟　朱韫琦　陈　岩
张国英　陈荣根　李　莉　吴　萍　金　鑫　郭方文　洪　泽　赵继红
施新荣　闻　婧　袁亚萍　倪　定　徐　洁　殷建强　顾建新　龚佳韬
葛玉红　曾华炜　裘国莉　鲍　宇　薛恋鼎　潘依群

《上海市志·民政·民生分志·民政卷（1978—2010）》
评议专家名单

组　　长　　施德容

委　　员　　（以姓氏笔画为序）

王　伟　叶兴华　刘建军　张剑萍　余伟星　邹　怡　周静波　徐中振

唐旻红　谭雪明

《上海市志·民政·民生分志·民政卷（1978—2010）》
审定专家名单

组　　长　　施德容

委　　员　　（以姓氏笔画为序）

马伊里　叶兴华　吕　健　余伟星　何惠明　杨仁雷　徐中振　谢玲丽

《上海市志·民政·民生分志·民政卷（1978—2010）》
验收单位和人员名单

验收单位　　上海市地方志办公室

验收人员　　洪民荣　姜复生　黄晓明　过文瀚　杨军益

业务编辑　　余　璐

序

民政工作由来已久。唐有"安民立政"之说，宋有"修治民政"之论。中华人民共和国成立以来，民政部门肩负"上为党分忧，下为民解愁"的责任担当。

1978年党的十一届三中全会开启了中国改革开放新时代。在市委市政府领导下，上海民政工作全面恢复并不断发展创新，在保障人民群众基本生活权益、调节社会矛盾、促进社会稳定、维护社会公平、提高人民生活质量等多个方面发挥了重要作用。改革开放之初，打破"政社合一"体制，建立和完善城乡基层组织体系；以突破农村义务兵回乡务农的传统政策为引领，稳步推进征兵工作和退伍安置；针对人口老龄化和群众福利服务需求增长，建立了"四个层次（市—区县—街镇乡—居村）一条龙"福利服务网络。20世纪90年代，面对企业转制、社会转型，探索建立现代社会救助制度，恢复并依法开展社会组织登记管理；按照市委确定的"两级政府、三级管理、四级网络"新体制，全面推进城市社区建设和管理；围绕"五个老有"目标加快推进老龄事业发展。21世纪以来，社会救助政策体系不断健全，实现城乡低保标准并轨，"9073"养老服务格局建设全面推进，居委会直选、村委会"海选"和居民区"听证会""协调会""评议会"三会制度建设等稳步发展，退役士兵市场化安置有序推进，行政区划布局优化完善，婚姻登记和殡葬改革文明发展，"一门式"受理、居民家庭收入状况核对、社会工作专业化和职业化建设等一系列新机制、新模式、新方法不断涌现，为民政工作现代化发展不断注入新活力。

《上海市志·民政·民生分志·民政卷（1978—2010）》思路框架清晰、内容全面系统、资料翔实丰富，以细腻的文字、丰富的数据、直观的图表和照片，全景式地展现了上海民政33年发展的历史画卷，生动再现了民政事业不断扎实推进的历程和广大干部职工接续拼搏的精神面貌，深刻诠释了推动经济社会协调发展，建设责任政府、服务政府、法治政府的丰富内涵，是一部具有中国特色的社会发展历史教科书。

　　这部凝聚着诸多同志心血和汗水的志书终于付梓,对新时期民政工作接续奋斗,具有重要的指导和推动作用。习近平总书记指出,民政工作关系民生,连着民心,是社会建设的兜底性、基础性工作。我们要认真学习历史实践,深刻把握历史经验,以史为鉴,进一步牢固树立"民政为民、民政爱民"工作理念,更加勇于担当,更加奋发努力,着力打造超大城市民政事业发展的"上海模式"。

　　借此,我向上海市地方志办公室给予的指导帮助,向全体参编人员特别是为此付出巨大努力的上海市民政局老领导、老同志表示诚挚的感谢!

上海市民政局党组书记、局长　朱勤皓

2021 年 6 月

《上海市志(1978—2010)》凡例

一、本志坚持以马克思主义为指导,遵循辩证唯物主义和历史唯物主义原理,实事求是记述上海市自然、政治、经济、文化和社会的历史与现状。

二、本志为上海市首轮社会主义新方志中《上海通志》《上海市专志系列丛刊》之续,续义不续例,体例方面创新调整,并对首轮志书补缺正误。采用小篇平列体,分别编纂,陆续出版,汇为全志。

三、本志记述地域范围,以2010年底上海市行政区划为准。由上海市辐射至全国其他地区及国外事物,兼及记述。

四、本志记述内容的时限,上起1978年,下迄2010年,反映这一时期上海改革开放全貌。首轮《上海市专志系列丛刊》所缺或记述内容不够丰富的分志、分卷,上溯至事物发端。中国共产党分志、人民代表大会分志、人民政府分志、人民政协分志、民主党派分志,为保持同一届次内容记述的完整性,下延至2010年后的首个换届年份。

五、本志按自然、政治、经济、文化和社会为序设置分志、分卷,事以类从,类为一志,并兼顾当代社会分工的原则。全志除总述外,中国共产党分志、农业分志、工业分志、商业分志、服务业分志、城乡建设分志、金融分志、口岸分志设置综述卷,并设经济综述分志,加强全志整体性。各分志、分卷采用篇章节体,卷首设概述、大事记,以专记、附录、索引殿后。

六、本志体裁以述、记、志、传、图、表、录为主,力求内容与形式统一。

七、本志人物传遵循"生不立传"原则。入传人物排列先后以卒年为序,在世人物以人物简介(排列以生年为序)、人物表(人物录)记载。

八、本志采用规范的语体文、记述体,行文按《〈上海市志(1978—2010)〉编纂行文规范》,力求严谨、朴实、简洁、流畅,以第三人称记述。

九、本志纪年,凡1949年5月27日上海市解放以前的用历史纪年,一般标示朝代、年号、年份,括注公元纪年;1949年5月27日上海市解放后,一律采用公元纪年。

十、本志所记述的地名、机构名称、职称及币种、计量单位,一般按当时称谓。

十一、本志所用统计资料,原则上根据统计部门公布的材料;未列入统计部门统计的,根据部门统计的材料。

十二、本志资料来源于国家档案馆、上海市及有关省市档案馆、部门档案馆(室),以及历史文献、口碑资料、社会调查、部门提供的材料等,均经考证核实,一般不注明出处。

编 纂 说 明

一、《上海市志·民政·民生分志·民政卷(1978—2010)》，是上海市第二轮新编地方志的组成部分，同时又自成一体，单独成卷。本卷以马克思列宁主义、毛泽东思想、邓小平理论、"三个代表"重要思想、科学发展观和习近平新时代中国特色社会主义思想为指导，记述1978—2010年上海民政工作从全面恢复到加速发展和不断创新的过程。

二、上海市首轮新编地方志时，《上海民政志》的记载上限追溯到事物之发端，下限至1997年。《民政卷》作为上海市第二轮新编地方志的组成部分，根据《〈上海市志(1978—2010)〉编纂实施方案》的断限要求以及前志记载的实际情况，对1978—1990年的内容作简明记述，1990—2010年的内容作详细记述，记载下限适当突破2010年。

三、本卷分为三大部分：

第一部分设图照、凡例、编纂说明、目录、概述、大事记，是全卷提示。其中，图照由市民政局和市残疾人联合会共同编纂，市民政局工作图照居前，市残疾人联合会工作图照殿后。大事记由市民政局和市残疾人联合会共同编纂。

第二部分设社会救助与灾害救助、基层政权和社区建设、双拥优抚安置、老龄事业、社会福利、社会组织、社会事务、行政区划与地名管理、慈善事业与社会工作、残疾人事业、综合管理、人物共12篇，并设6篇专记殿后，为全卷主干。其中，第十篇"残疾人事业"为市残疾人联合会独立编纂；第十二篇"人物"由市民政局和市残疾人联合会共同编纂完成；其余各篇及专记均为市民政局独立编纂。第十二篇"人物"中第一章《人物传略》收录范围扩展至2018年底去世的人物；第二章《人物简介》中收录的部分人物调离民政系统后，仅记载其转任的第一个职务。

第三部分设附录、索引、编后记。其中，附录为市民政局和市残疾人联合会共同编纂，以市民政局内容为主。

四、本卷所记机构、会议等名称,使用规范简称。如中国共产党上海市委员会、上海市人民代表大会常务委员会、上海市人民政府,分别简称为"中共上海市委(或市委)""市人大常委会""市政府";上海市第九届人民代表大会第一次会议,简称为"市九届人大一次会议"。

五、本卷资料参考了市民政局档案、市残疾人联合会档案、《上海民政》杂志、《上海民政发展报告书》、新闻媒体刊登的报道、口述资料等。卷首照、串文照片主要由市民政局、市残疾人联合会提供。

目　　录

Contents

1. Construction of Shanghai Longhua Martyrs Cemetery (Longhua Martyrs

概　述

民政工作范围广泛，涉及国家基层政权建设、社会福利、社会保障、社会行政管理等多个方面。随着政治、经济、社会的发展变化，民政工作的内容也常有调整变化，但"上为党分忧，下为民解愁"的使命始终不变。

1949年中华人民共和国成立后，中央人民政府主管民政事务的机构为内务部，地方政府设民政厅（局）。1949年5月上海解放，中国人民解放军上海市军事管制委员会政务接管委员会，接管旧政权的民政局、社会局等机构。同年8月，市人民政府民政局成立（后改称上海市民政局）。解放初期的上海，生产萎缩，百业萧条，物价飞涨，社会治安混乱。为尽快恢复和发展国民经济，建立起正常的社会秩序，保障人民群众的安定生活，围绕党和政府的中心工作，开展废止旧政权的保甲制度，建立、巩固基层的人民民主政权；荡涤旧社会遗留下来的污泥浊水，收容、改造游民和妓女，清除黑社会的社会基础，维护社会的安定；动员40万灾民、难民返乡，保障安全过冬；同时，开展户政管理，救灾赈灾，部队官兵复员安置，烈军属优待抚恤，禁烟禁毒，邻里纠纷调解，行政区划，地名管理，婚姻登记，华侨、民族、宗教事务管理，区政人事管理，指导农业生产，催征公粮，支援全国解放战争和抗美援朝，接收改造养老院、孤儿院等慈善机构，改造同乡会等社会团体，盲、聋、哑等残疾人事务管理，改造公墓山庄，处理积枢浮厝等大量艰巨工作。

1950年起，市民政局的管理职能陆续移交：3月，户籍管理工作整建制移交公安部门；4月，邻里纠纷调解工作移交市人民法院；10月，区政人事工作移交市政府人事处。1952年11月，指导郊区农业生产工作移交市政府郊区工作办事处。1952年9月至1953年3月，少数民族和宗教、侨务管理事务分别移交市政府专门成立的管理机构。催征公粮工作停止。1954年，基层政权建设工作移交市人民委员会。1958年，收容教养工作移交市公安局。进入第一个"五年计划"后，上海经济蓬勃发展，社会日益稳定，旧政权遗留的大量问题得到解决，民政工作重点转向救灾救济、优抚安置、社会福利、婚姻登记和殡葬管理等。其中，社会救济、社会福利等大部分职能转向了单位，民政部门主要负责农村"五保"（对丧失劳动能力和生活没有依靠的老、弱、孤、穷、残的农村居民实行保吃、保穿、保住、保医、保葬）和"三无"人员（无生活来源、无劳动能力、无法定抚养人）。

"文化大革命"开始后，民政工作受到严重冲击。1968年，内务部被撤销，其业务分别由财政部、公安部、卫生部等部门管理。上海市民政局被市民政局革命委员会（以下简称革委会）取代，处室被撤销，下属机构被合并，大多数机关干部被下放劳动。市民政局革委会组成大班子和小班子，大班子搞运动，小班子维持优待抚恤、社会救济等日常工作。

1978年1月，第五届全国人大一次会议决定恢复统管民政工作的机构，设立民政部。全国各省、自治区、直辖市政府先后恢复民政厅（局）。同年8月，上海市民政局（以下简称市民政局）恢复建制。

1978年，中共十一届三中全会开启中国改革征程，上海作为全国最大的工业城市和经济中心，从改革开放初期的"后卫"转变为20世纪90年代中国对外开放的"领头羊"，在社会管理领域较早地遇到一系列严峻挑战。在波澜壮阔的改革大潮中，在市委、市政府的领导和民政部的指导下，上海民政勇于开拓创新，在全国较早出台专项政策举措，积极应对各种挑战，发挥着政府履行社会治理和公共服务职能的重要作用。从1978年到2010年的33年间，上海民政工作经历三个发展阶段：一是1978—1989年民政工作恢复和改革起步期。按照民政工作是政权建设的一部分、社会保障的一部分、行政管理的一部分（简称"三个一部分"）的工作定位，上海民政认真履行工作职责，夯实城市社会管理基层基础，为更加全面的改革打下基础。二是1990—1999年全面改革发展期。积极适应经济转轨和城市发展需要，构建"大民政"格局，为上海经济和社会协调发展提供重要保障。三是2000—2010年改革深化期。按照"惠民、善政、强基"的总体要求，民政工作进一步向"现代民政"推进。

（一）

改革开放后，上海民政拨乱反正，努力肃清"文化大革命"的影响，翻开了新的历史篇章。

1983年4月召开的第八次全国民政会议强调，民政部门在新的历史时期的任务是负责基层政权建设、优抚安置、救灾救济、社会福利、行政区划、殡葬改革、婚姻登记等工作，并将民政的基本职责概括为"三个一部分"。上海民政冲破"宁左勿右""一切从本本出发"的藩篱，大力提倡"敢想、敢说、敢做"的工作作风，在基层政权建设、社会福利事业、优抚安置、殡葬管理等领域，探索实践，奋力开拓。

在改革整顿中建立城乡基层组织体系。20世纪80年代初，民政部门重新负责基层政权的日常工作，按照民政部的统一部署，市民政局在市委、市政府的领导下，一是改革人民公社体制，建立乡政府；二是以居民委员会（以下简称居委会）整顿改选为起点和突破口，开展城市基层组织建设。

中国经济体制改革首先在农村起步，而长期以来实行的"政社合一"高度集中的体制已明显不能适应农村经济和社会的发展，1982年12月，全国人大通过的新《宪法》规定农村建立乡政府。1983年3月，市民政局与市农业委员会根据《宪法》和《中共中央、国务院关于实行政社分开建立乡政府的通知》的规定，以嘉定县为试点县，采用"一社一乡"的方法建立乡政府（以下简称撤社建乡）。至1984年5月，全市撤社建乡工作全部完成，共建立205个乡政府。在建立乡政府的同时，成立乡党委，保留人民公社管理委员会作为乡一级经济组织，形成党委、政府、经济三套班子（俗称"三驾马车"）并列的体制。1984年下半年，进一步将"三驾马车"改为乡党委、政府两套班子的体制。至此，人民公社"政社合一"的体制彻底终结。乡政府建立后，开展健全乡政权组织和乡人民代表大会制度。在撤社建乡期间，嘉定县曹王乡施庙大队于1984年3月在全市第一个建立村民委员会（以下简称村委）。以"一大队一村"，通过民主协商和群众选举建立村委会，由点及面推开，至年底，全市共建立3000多个村委会。1987年4月，全市开展村委会整顿改选，完善组织机构，调整充实领导班子，为开展村民自治活动奠定了组织基础。1989年，市人大颁布《上海市乡人民政府工作暂行条例》，使农村基层政府的工作有章可循，其一级政权组织的作用得以充分发挥。

1983年，上海全面开展城市基层组织建设。1983年4月至1985年7月，全市居委会开展整顿改选工作。居委会干部全部由居民选举产生，纠正了过去由政府任命的做法。对市区和郊县城镇居委会分别调整规模，全市居委会由1884个增加到2831个。改选后的居委会设人民调解、治安保卫、公共卫生、民政福利等工作委员会。1986年，市政府发布《上海市城市居民委员会工作条例（试行）》，对居委会性质、范围、组成、任务等作出具体规定，强调居委会是基层群众自治组织。1985年10月，在黄浦、长宁、虹口区的3个街道，组织召开居民代表大会和街道办事处简政放权、增加财力等管理体制的改革试点。试点取得成功后，全市所有街道办事处陆续进行改革，夯实了城市社会管理的基础。1987 年,市政府发布《上海市街道办事处工作暂行条例》,对街道办事处的性质、任务、组织机构、工作制度、工作关系和方法等作明确规定。1989 年,市民政局发布《上海市街道居民代表会议实施办法(试行)》,明确街道居民代表会议为街道辖区各界人士参加的,对社会性、地区性、群众性重大事情进行共同协商的民主制度。

社会救济由传统"三无"人员向部分特殊对象扩展。中共十一届三中全会以后,为解决"文化大革命"的遗留问题,社会救济由传统的"三无"人员扩展到部分特殊对象。1979 年 1 月,将国民党起义投诚人员中年老体弱、丧失劳动能力、无人赡养的,纳入特殊救济。1980 年 3 月,将平反纠错人员中无家可归的,纳入特殊救济。1986 年 11 月,对已在外省农村结婚、尚未安排工作、生活有较大困难的知识青年,实行生活补助。1988 年 3 月,对"文化大革命"前被错误处理,由上海送至外省劳改、劳教,平反后仍在外省的,接回上海并纳入特殊救济。至 20 世纪 80 年代末,救济对象有传统的"三无"人员、精简退职老弱残职工、散居归侨、外国侨民、老华侨、国民党宽大释放人员、因公致残完全丧失劳动能力的知识青年、支农三轮车工、国民党起义投诚人员、平反纠错人员、右派摘帽人员、港台回归人员、潘汉年案人员等共 16 类,救济标准各类有所不同,为 14 种标准,并随着经济的发展作相应的调整。

探索建立国家、集体和劳动者合理负担的农村社会养老保险制度。上海的城乡社会养老保险从建立农村社会养老保险起步。家庭联产承包制改变了农村资源配置和财产关系,农村劳动力逐步向非农业转移的同时,一部分老年人家庭出现了经济困难和养老窘境,单纯依靠集体负担农村老年人退休金或养老补贴的制度已不适应形势发展需要。1987 年 1 月,市民政局会同市农委根据民政部确定的在农村经济发达地区试行建立农村社会养老保险(简称农保)制度的决定,在嘉定县南翔镇、马陆乡开展建立农保制度的试点,以家庭赡养与制度养老、个人账户与集体统筹相结合为原则,采用按个人积累发放,国家、集体和劳动者个人三者合理负担的新型农村养老模式,在南翔镇和马陆乡试点成功,开创了农村老年人经济供养模式的先河。尽管早期的探索比较有限,但对促进上海农村经济社会发展起到积极作用,也为上海农保制度创立奠定了基础,同时对中国农保制度的建立和改革有所启示。20 世纪 90 年代,市政府将建立农保制度列为市政府实事项目在上海农村普遍推行(1999 年 4 月,农保工作移交市劳动保障部门)。

优抚安置工作在恢复中发展。粉碎"四人帮"后,推翻了"文化大革命"中诬陷部分烈士的不实之词,1978 年清明,安葬 1 500 多名烈士的上海市烈士陵园向社会开放。每年清明期间,市党政军领导、各民主党派、人民团体负责人和各界群众怀着崇敬的心情,前往烈士陵园举行祭扫烈士活动。1979 年,市烈士陵园内烈士史料陈列室开放。同年,全市开展烈士复核登记、烈属换证工作。20 世纪 80 年代起,开展抢救征集烈士史料,陆续编写出版烈士史迹,收集编写出版上海烈士英名录。1989 年 8 月,经国务院批准,上海市烈士陵园为全国重点烈士纪念建筑物保护单位。20 世纪 80 年代后期,经党中央、国务院批准,龙华烈士陵园筹建工作启动。

实行"两张通知"一起发和义务兵优待金制度。计划经济体制下,人民公社经济实行"三级所有,队为基础",农村烈军属优待所需经费列入大队的公益金。1980 年,市民政局决定对农村的烈属、义务兵家属实行普遍优待,要求切实落实优抚对象给予优待劳动工分;对生活有困难的在乡伤残军人和在乡复员军人、带病回乡退伍军人给予适当优待。1981 年,市政府发文再次明确规定,农村烈属和义务兵家属等普遍给予优待工分,并将优待标准从一个整劳动力收入的 30% 提高到 50%。1982 年农村实行联产承包责任制冲击了农村原有的经济模式,市民政局决定将优待劳动工分改为优待金,经费在生产大队集体公益金中提取。联产承包责任制使富余劳动力从农田里解放出来,促进了乡镇企业迅速发展,1983年,为鼓励适龄青年应征服役,青浦、金山、南汇县部分乡、镇突破长期以来实行的农村义务兵退伍回乡务农的传统政策,对应征青年发给入伍通知书的同时,发给乡镇企业招工通知(简称"两张通知")。义务兵在服役期间,其家属由所在企业发给优待金。这一创新举措陆续在上海城镇推广,企事业单位对应征入伍的在职青年发放优待金;劳动部门负责对批准入伍的无业青年落实单位,享受与在职入伍义务兵同等待遇,退伍后回单位复工。该政策有效地激发了人民群众送子参军和青年参军的热情,同时也缓解了退伍义务兵安置难的矛盾。

接收安置军队离退休干部。20世纪80年代初,军队退休制度确立,一大批离休、退休干部(以下简称军休干部)移交地方政府安置。接收安置军休干部由此成为民政部门承担的一项重要任务。国务院、中央军委制定了一系列特殊保障政策,建立了统一建房、成批安置、集中管理,中央财政保障为主,地方和军队财政补充,确保军休干部政治、生活待遇落实的安置保障模式。市政府设立双退安置领导小组,市、区县民政部门均设立双退安置办公室。市民政局在坚持国家保障为主体的同时,力求军休工作与城市经济社会发展水平相协调,制定政策,落实军休干部政治、生活待遇。上海安置工作的难点是住房建设。军地双方配合协作,采取按区县切块分建,与部队"换建换住"等灵活多样的方式,市政府拨出地方财力弥补中央财政下拨建房经费的不足,落实了易地安置军休干部的住房,建筑面积近14万平方米。从1986年起各区县陆续建立干休所,全市19个区县相继建成31个干休所,配备400多名工作人员,为军休干部提供服务保障(20世纪90年代后,军休干部住房建设方式有所调整)。

建立社会福利"四个层次一条龙"。改革开放初期,上海的社会福利设施不仅设施陈旧,且数量很少,全市仅有4家市属、4家区属社会福利院,42家农村敬老院。这些福利设施主要解决城市"三无"老人与农村"五保"老人的基本供养。1979年,上海进入老龄化社会,社会上对机构养老开始出现需求。1984年,按照民政部关于"三个转变"的要求,上海城市福利事业开始逐步实行由救助型向福利型、由供养型向康复型、由封闭型向开放型转变,创新市、区县、街道乡镇、居村委会"四个层次一条龙"的社会福利事业发展的实践,重点发展街道乡镇敬老院、包户组、残疾人寄托站等,开展对生活在社区的老年人、残疾人、优抚对象的三个服务系列。其中为老服务系列:在市层面,福利院面向社会,接收企事业单位孤老和家庭照料有困难的社会老人。在区县层面,鼓励区县民政局筹建社会福利院,并给予资助;在街道乡镇层面,要求每个街道乡镇都建敬老院,并给予资助;在居委会层面,推广闸北区开封街道创办孤老包户组的做法,发动居民开展为社区老年人的各种生活照料服务;伤残儿童服务系列:市儿童福利院面向社会,收养家庭照料有困难的低能和伤残儿童,开设伤残儿童康复门诊服务。虹口区育能院,收养有家伤残儿童。推广静安区武定街道创办伤残儿童寄托所的经验,14个区县相继创办了19家伤残儿童寄托所;精神病人服务系列:市民政精神病疗养院收治家庭、单位、地区无看管条件的在职精神病人。社区精神病的防治管理,形成以民政牵头、社区负责精神病人群防群治、卫生负责精神病人治疗、公安负责"武疯子"肇事的管理体系。民政部将上海"四个层次一条龙"的经验向全国推广,为推动中国社会福利事业的发展起到了引领示范作用。

社区服务由点到面逐步兴起。随着改革的发展,社区成为人们重要的基本生活空间。1986年上海市召开首次街道工作会议,拉开了新时期城市社区建设的帷幕。1987年,民政部提出发展社区服务的目标。1988年上海市召开第二次街道工作会议,明确社区建设的主要任务是立足于社区服务的试点和探索。上海民政以"立足民政、适度拓宽、便民利民"为原则,开始突破传统的"民政对象",社区服务由点向面逐步兴起。卢湾区打浦桥街道成立全市第一个街道社区服务中心,开展八大系列服务;南市区豫园街道成立全市第一家社区服务志愿者协会,发动社区居民开展互助服务。社区服务在全市范围内迅速推进,逐步形成以街道为中心、居委会为基础,社区单位和居民积极参与的系列化、网络化的社区服务体系。

福利彩票发行从摊点销售开始起步。发展社会福利事业,面临的主要问题是资金短缺。20 世纪 80 年代初,市民政局规划建设"五大中心"(伤残儿童康复中心、军休活动中心、残疾人康复活动中心、老年康复中心、假肢安装康复中心),在落实了伤残儿童康复中心和老年康复中心后,因缺乏资金其他项目搁浅。1987 年国务院批准民政部发行福利彩票,上海及时抓住机遇,成立市社会福利有奖募捐委员会及其发行管理工作机构,当年 7 月试发行面值 1 元的社会福利有奖募捐券,首批 400 万元奖券以"一张桌子、一只板凳、一把遮阳伞"的摊点模式进行销售并获得成功,且销量逐年攀升,1989 年达 834 万元。依靠社会力量筹集公益金,用于发展社会福利事业,成为上海民政发展社会福利事业、解决资金短缺的一条有效途径。

残疾人工作恢复并形成独立建制。1979 年 9 月,恢复了在"文化大革命"中被撤销的上海市盲人聋哑人协会,各区县盲人聋哑人协会随后成立。1984 年成立上海市残疾人福利基金会。盲人协会、聋人协会、肢残人协会、精神残疾人亲友会、智力残疾人亲友会等五个专门协会相继成立,全市形成了较为完整的残疾人组织机构。1986 年,上海市残疾人联合会(简称市残联)成立。1987 年,在全市开展残疾人抽样调查,上海共有各类残疾人近 50 万人,占全市总人口的 4%。1988 年 8 月,市残联第一次代表大会召开,选举产生市残联主席团、执行理事等。市残联为副局级单位(1996 年又调整为正局级单位),融代表、服务、管理功能为一体。由此,上海市残疾人工作有了专门的机构,为全市残疾人事业的持续发展奠定了坚实基础。

福利企业在政策驱动下迅速发展。改革开放之初,市民政局有 16 家安置盲、聋哑、肢残、智残人员的市属社会福利企业。改革开放后,安置残疾人就业的乡镇福利企业异军突起,凭借其灵活的机制,成为福利企业的后起之秀。在市民政局的推动和国家免税政策的驱动下,全市福利企业迅速发展。1979 年 5 月,上海第一家街道办福利生产单位——虹口区东长治街道福利工场成立。当月,市民政局召开城市福利工作会议,推动区县福利生产的发展。1984 年 4 月,在卢湾区顺昌街道召开街道福利企业工作会议,总结和推广解决市区残疾人就业的经验。同年 7 月,在川沙县凌桥乡召开郊县福利企业现场会,促进乡镇福利企业的发展。20 世纪 80 年代中期,民政部出台"多种渠道、多种形式发展福利生产"的方针政策后,上海市各有关部门就福利企业的人员安置、生产计划、物资供应、减免税金、技改贷款贴息等出台一系列文件,大力扶持福利企业的发展。地区福利企业数量持续增加,形成了市直属、区县直属和街道、乡镇、村所属的多元格局。大批残疾人得到就业安置,福利企业取得了良好的经济效益和社会效益。

行政区划围绕城市发展开始调整。进入改革开放新时期后,按照市委、市政府的要求,上海的行政区划围绕城市发展进行调整。1980 年 10 月和 1981 年 2 月,先后恢复吴淞区、闵行区。1984 年 7 月,川沙县、上海县、嘉定县、宝山县的部分区域划入市区。1988 年 1 月,撤销吴淞区、宝山县,建立全市第一个城乡一体化的宝山区。

依法开展婚姻登记并向管理拓展。1980 年 9 月,中国第二部《婚姻法》颁布,全市广泛开展新《婚姻法》宣传活动,各区县民政、工会、共青团、妇联、法院等部门将《婚姻法》与提倡晚婚、移风易俗、婚事新办结合起来,以群众喜闻乐见的形式到车间、田头、里弄大力宣传。各级工会、共青团经常组织隆重而又简朴的集体婚礼。在政府的倡导和推动下,晚婚晚育、文明节俭办婚事在 20 世纪 80 年代为广大青年所接受。新《婚姻法》重申婚姻自主的原则,对结婚年龄作了男不得早于 22 周岁、女不得早于20周岁的新规定;同时增加了晚婚晚育应予鼓励、禁止三代以内旁系血亲结婚等条款。但在执行过程中,一些单位对未达晚婚年龄的青年拒绝出具婚姻状况证明,市民政局对此及时予以纠正。20世纪80年代后期,根据民政部的要求,上海将婚前体检作为结婚登记的要件之一。同时,婚姻登记工作向管理拓展延伸。以查禁违法婚姻为重点的婚姻管理在各区、县广泛开展,对未办理结婚登记而以夫妻名义同居的当事人限期补办结婚登记手续,对不符合结婚登记条件的限期分居。1978—1989年,民政部门办理国内结婚登记近194万对,其中1981年28万多对,为历史最高;协议离婚登记出现上升趋势,1978年为422对,1989年达6 649对,总计3万多对。1978年,上海恢复了在"文化大革命"期间终止的涉外婚姻登记。随着对外交往的不断增加,涉外婚姻逐年增多,1978年为148对,1989年达1 345对。1978—1989年,民政部门办理涉外婚姻结婚登记7 684对。

殡葬管理向改革旧习俗、实现100%火化率推进。"文化大革命"中,公墓、骨灰堂等殡葬设施遭到严重破坏,造成市民治丧难、骨灰安置难的矛盾十分突出。改革开放前夕,遗体土葬、骨灰乱葬乱埋等现象回潮,迷信巫卜活跃,火葬场服务单一,普遍处于经营亏损状态。1981年恢复设立上海殡葬管理所。1982年召开上海市首次殡葬工作会议,确立"全面实现遗体火化"的工作目标和"破除旧的丧葬习俗,坚持火葬,坚决制止土葬,整顿火葬场"的改革方针。会后,移风易俗、丧俗改革在全市广泛持续开展,实现了"四个取代":遗体火化取代遗体土葬,黑纱黄花取代披麻戴孝,鞠躬敬礼取代跪拜磕头,哀乐取代念经吹打。1986年12月,市政府发布《上海市殡葬管理实施办法》指出,要坚持火葬,加强对遗体处理的管理;要破除封建迷信的丧葬习俗,加强对殡葬改革的管理;要严格审批手续,加强对社会上殡葬单位的管理。20世纪80年代中期,宝山县长兴、横沙两岛殡仪馆(火葬场)建成,实现了全市殡仪馆(火葬场)全覆盖。同时,迁建或改建火葬场,恢复建立公墓和骨灰堂,基本解决了市民治丧、骨灰安置难题,有效遏止了土葬回潮和骨灰乱葬乱埋现象,在全国率先实现遗体100%(回民除外)火化。各殡仪馆积极拓展服务项目,全部扭亏为盈。

(二)

20世纪90年代初,中央作出开发开放浦东的重大战略决策,上海进入了前所未有的大发展、大变革时期。这个时期,诸多深刻而莫测的社会变化及各种社会矛盾日益凸显。先后有100万失业下岗人员、50多万征地农民以及10多万"一老养一老"、支内回沪定居人员等特殊人群,出现了大量新的贫困问题;老龄化程度加速,老年人口增至200多万,在未富先老的情况下,养老设施严重不足,中心城区"一床难求"的矛盾异常突出;随着城市大规模建设和改造,100多万市民动迁,200万外来务工人员进城,企业的社会职能快速向社区转移。在如此严峻的背景下,市委、市政府提出民政工作要向"大民政"方向发展,民政要发挥社会管理、服务和保障的基础职能,管理方式要由封闭性向开放性转变,向社会福利事业多元化、社区建设群众化、帮困扶贫社会化方向转变;社会管理的对象由过去狭隘的特定人群向更广泛的人群发展;管理范围由部分社会事务和服务领域,向与国际大都市地位相适应的社会基本保障管理与服务转变。

建立现代社会救助制度。20世纪90年代初,按照党的十四届三中全会提出的构建社会主义市场经济体制的整体目标,上海开始企业改制。在激烈的经济变革和社会变迁中,出现相当数量的失业和下岗人员,一些"政府管不着、企业靠不上、家庭顾不上"的"三不管"人员生活陷入困境,一部分低收入人群的生活困难程度加大。然而,传统的社会救济由于覆盖面窄、标准低和缺少失业救助等缺陷,难以解决新的贫困问题。为应对转型期各种社会矛盾,上海在全国首创城镇居民最低生活保障制度,并根据经济社会发展的客观需求,针对不同阶段出现的主要矛盾和突出问题,适时确定救助保障重点,分阶段、有步骤地推出各项救助措施。1993年,上海制定城镇居民最低生活保障线,首次将待业人员纳入政府救助范围,标志着上海的社会救助开始进入制度化的发展轨道。在职职工家庭的最低生活保障虽然仍然由企业承担,但救助标准得到统一。同时,最低生活保障线还与职工最低工资线、失业保险相衔接,构成了上海三条保障线的基本框架。1994年,制定了农村居民最低生活保障线。1994年和1995年,根据物价上涨过快的情况,对城镇8万多"一老养一老"人员实施实物补助,对5万多支内退休回沪定居人员发放生活补助,并将城市粮油补贴政策由"普遍补"改为"特殊补",对50多万高于城镇低保线的低收入家庭成员,发放粮油帮困供应卡。这些措施逐步扩大了政府救助范围,缓解了特定时期低收入家庭成员的生活困难,并逐步使政府救济范围从传统的"三无"人员向社会其他困难成员覆盖。20世纪90年代中期,上海以探索体制、机制、法制建设为重点,完善社会救助工作。1996年,市政府颁布《上海市社会救助办法》。1997年,市民政局出台《关于实施〈上海市社会救助办法〉的若干规定》,全市开始探索社会救助"一口上下"(救助对象由街道、乡镇一个口子上报,救助款物由街道、乡镇一个口子下发)的运行机制,避免社会救助的重复和遗漏。1998年,全市所有街道、乡镇建立社会救助管理所,并实现市、区县、街道和乡镇社会救助计算机网络管理系统三级联网。20世纪90年代后期,为进一步配合现代企业制度的建立,将所有在职职工、下岗职工、失业人员等人均收入低于低保标准的家庭,其救助资金全部由政府财政承担,并逐步推出教育、住房、医疗救助配套政策,为建立独立于企事业单位之外的社会保障体系奠定了基础。

这一时期,全市各级工会系统开展送温暖工程。以1994年上海市慈善基金会成立为标志,慈善事业迅速发展。市慈善基金会、市社会帮困基金会、市残疾人福利基金会、市老年基金会等各类慈善团体,在政府的支持下,发挥着调动社会资源、帮困助弱的重要作用。"蓝天下的至爱"慈善系列活动、医疗救助、助学帮困等慈善活动此起彼伏,长年不断,温暖了整座城市。慈善组织在重大自然灾害和突发事件的社会捐赠中,在推进社会帮困和公益事业的发展中,尤其对未纳入基本保障及其他制度性保障范围,或虽得到政府救济、单位帮困和其他制度性互助保障等措施后依然存在困难的群体,发挥社会帮扶、拾遗补阙的作用。它既是政府救助的有益补充,又为引导市民的社会责任意识提供了有益的载体。

20世纪90年代,上海在全国率先出台《上海市残疾人分散安排就业办法》,建立残疾人劳动服务机构,开展残疾人就业介绍和职业培训。建立康复机构,完善组织管理和技术指导网络。与此同时,福利企业到达鼎盛时期,全市福利企业数量达4 200余家,产品横跨数10个行业,安置残疾人9.2万余人,占全市就业残疾人总数的45.5%。销售总额达208多亿,实现利税20多亿。到了20世纪90年代后期,福利企业因劳动力素质和技术含量偏低等原因,其生存和发展遇到了困难。1998年4月,政府将无法就业的重度残疾人纳入社会救助。1999年,市人大修订《上海市实施〈中华人民共和国残疾人保障法〉办法》,规定企业安置残疾人的比例应达到职工总数的1.6%,超过比例的奖励,未达到比例的缴纳残疾人就业保障金。至此,残疾人的保障转向由社会共同承担。1999年,对全市9 000多名无业残疾人机动轮椅车车主分流安排就业或解决其社会保障。

夯实社区建设和管理基础。在20世纪90年代上海城市建设、经济和社会发展突飞猛进的时期,随着改革开放全面展开,大量"农村人"变为"城里人","单位人"变为"社会人"。社会的大开放,引发人员的大流动,200万务工人员纷涌上海,基层社会管理出现大片"盲区";旧城改造形成的上百万市民大动迁,使得原有的社区、街道等基层管理组织的服务能力不堪重负。在建设现代化国际城市的过程中,市委、市政府加大社区建设和管理,将其放在重中之重的位置重点推进。1992年起,上海以精神文明创建和市府实事推动为载体,全面推进和改造社区硬件设施建设。社区服务中心和敬老院等社区设施的建设和改造连续被列入市政府实事项目。全市街道、居委会普遍建立社区服务中心和分中心,社区设施得到迅速普及和提高,社区服务内容不断丰富,浦东新区建立的罗山市民会馆,探索由社会多元投资、社团参与管理、提供的服务项目均来自民调需求的模式。1994年,市委、市政府下发《关于加强城市街道工作的意见》。11月,市政府颁布《上海市街道办事处工作规定》,明确街道办事处对区职能部门派驻机构具有人事建议权、对社区单位具有综合协调权和部分行政处罚权的规定,增强了街道办事处的工作权威。1996年3月,市委召开的上海市城区工作会议确定建立"两级政府、三级管理、四级网络"的新体制,以加强街道、居委会建设为核心,全面推进城市社区建设和管理。市民政局认真贯彻市城区工作会议精神,不断加强城市基层组织的组织、队伍、法制、民主、基础建设。在全市开展消除社区管理"盲区",新建街道办事处10多个、居委会近900个;起草《上海市街道办事处条例(草案)》,于1997年1月由市人大常委会审议通过;起草《实施〈上海市街道办事处条例〉若干意见》,于1998年12月由市政府办公厅转发,解决街道办事处、居委会机构的编制、体制、财力等方面存在的困难和问题;1997年,推行居村务公开,开展"居委会建设达标升级活动",统一全市居委会建设标准,促进基层民主建设的规范化和制度化建设;1999年,在村委会选举中试点"无候选人"的投票选举(俗称"海选"),在居委会开展直接选举(俗称"直选")试点,并探索在居民区建立社区工作者队伍,指导居委会开展民主选举、民主决策、民主管理、民主监督。全市居民区建立以党支部为领导核心,居民会议决策,居委会、社区工作者组织实施,辖区机关和企事业单位、社会团体以及居民群众广泛参与的居民区管理新框架。推进社会救助、社会福利、社区服务、社团组织、社会事务"五社进社区"。"社区是个家,建设靠大家"的理念被广大市民所接受,社区建设和管理逐步得到社会广泛的关心、支持和参与。

恢复并依法开展社会组织登记管理。1990年2月,为贯彻1989年10月国务院颁布的《社会团体登记管理条例》,市民政局成立上海市社会团体管理处。民政部门在中断了社团管理工作30年后,又重新恢复履职。历史上的上海由于政治、经济、人文、地理的特殊因素,是社团最活跃的地区之一。由于多次政治运动,尤其是"文化大革命"造成社团活动停滞、数量骤减。1978年后,社团重新活跃,数量骤增。1985年5月起,市民政局根据市政府要求对全市社团状况开展调查摸底,为依法登记管理奠定基础。1989年4月,对全市的协会、学会、研究会、联合会、基金会、联谊会等不以营利为目的的社团进行普查。社团数量已增至4 290个,基金会和民办非企业单位也迅速兴起;各类社团为上海的经济和社会发展发挥着积极作用,但也存在分类过细,审批不严,个别社团甚至偏离正确的政治方向等问题。

《社会团体登记管理条例》明确了民政部门和业务主管单位分工合作的"双重管理"体制。业务主管部门负责对申请成立的社团进行资格审查,民政部门负责社团的成立、变更和注销登记,并对社团日常活动进行监督管理。1990年6月,全市开展围绕"保护合法结社,结社必须依法"为主题的宣传周活动,大规模地宣传社团管理政策法规,为全面开展社团管理打下舆论基础。根据民政部的部署,1990年7月至1993年1月,上海开展第一次社团清理整顿,其重点是理顺管理体制,规范社团名称,改变多头审批,撤并重复设置及相同相似、分类过细的社团;查处偏离方向和不经批准非法成立的社团,以及以不正当手段索取非法收入、从事以营利为目的的经营活动的社团。1997年7月—1999年底,上海开展第二次社团清理整顿,旨在查处违法违纪社团,推动社团健康发展,确保社团在经济建设和社会发展中发挥积极作用。两次的清理整顿,都达到预期的目的。这个时期,上海社团管理工作坚持培育发展与监督管理并重,通过建立和完善社团的政策法规体系、行政管理体系、社会监督体系,促进社团规范、健康、有序发展。市民政局陆续制订社团管理规定、组织通则、社团会计制度、财务制度、换届审计制度、印章管理制度等。1999 年 8 月,上海成立副局级的市社会团体管理局,随后,各区县也相继成立社会团体管理局,为增强社团登记和管理力量,奠定了坚实的基础。

双拥工作在继承中创新发展。20 世纪 90 年代,全国开展创建双拥模范城(县)活动(简称双拥创建活动)。1991 年,由市委、市政府和上海警备区领导担任正副组长的上海市拥军优属拥政爱民工作领导小组成立,将 30 多个相关单位和部门纳入其中,并在市民政局设立办公室(简称市双拥办),负责组织、协调、指导军地双方开展双拥工作。全市普遍建立健全区、街道乡镇双拥领导机构。1991 年,黄浦区、嘉定县荣膺"全国双拥模范城(县)"称号,市委、市政府隆重举行上海市双拥工作表彰大会,将创建活动引向深入,推上新的高度。各级领导把双拥工作纳入议事日程和经济社会发展总体规划,广大军民爱国拥军、爱民奉献的热情日益高涨,围绕军营"菜篮子"工程、军官家属就业,提高优抚保障水平,安置转业、复员退伍军人和军休干部,以及智力、科技拥军等,相继推出政策措施,逐项落实。

以爱国主义为核心的国防和双拥宣传教育活动在全市广泛进行。"同呼吸、共命运、心连心"等标语醒目地出现在全市主要街道、商业区等公共场所及 50 多个黄金地段的电子屏幕和灯箱。双拥工作部门多次举办国防知识竞赛、双拥征文等活动,教育部门将国防教育纳入教学内容,社会各界每年组织数百万人参观龙华烈士陵园、南京路上好八连事迹展览馆等 800 多个教育基地。

智力拥军、科技拥军蓬勃开展。1995 年,以"服务国防、维护稳定"为宗旨的上海市拥军优属基金会成立后,大力开展智力拥军,成立"电视中专军人学校",为战士提供"入伍即入学,退伍前毕业"的学历教育机会,万余名战士获得国家教委制发的"中专学历证书"。之后又举办干部士官大专学历教育班,为烈属、现役军官配偶和待业子女、退伍军人普遍开展技能培训。高校和科研院所为部队科技强军战略的实施提供支持,各区县建立科教拥军培训基地 200 多个,赠送各类书籍近千万册,举办高科技讲座近万场次。

军地携手开展军民共建。以"思想共建""社区共建"为重点的军民共建社会主义精神文明活动在上海广泛开展。驻沪部队倡导广大官兵争做可爱的"上海兵"。1996 年,驻沪部队和武警官兵联合制定《上海市拥政爱民工作的若干规定》,对加强拥政爱民工作、执行群众纪律、支援地方两个文明建设等方面作出具体要求。驻沪部队识大体、顾大局,应上海市城市规划与建设的需要,主动拆营房、搬营地,支持地方市政建设;在洋山深水港、卢浦大桥、铁路南站等重大工程的建设中,在地铁施工抢险、防台抗洪中,为上海的发展,为保护人民的生命财产安全作出巨大贡献。

建立抚恤补助自然增长机制,确保优抚对象权益。1993 年,城镇义务兵家属优待金实行社会统筹。1995 年,税务部门按全市企业"三税"(增值税、营业税、消费税)的 3‰征收附加税,郊区(县)向当地区县和乡镇企业征收农村烈军属优待金,确保优待金的来源。20 世纪 90 年代,上海在全国首创建立优抚对象抚恤补助标准自然增长机制,使各类优抚对象的抚恤补助标准与上海市国民经济和职工收入状况的变化发展同步提高,重点优抚对象的生活标准达到或超过当地人均生活水平,各类不同优抚对象之间抚恤补助水平保持相对平衡;相继创设烈士褒扬金制度和烈属定期抚慰金制度,彰显对烈士献身精神的抚慰,对荣立二等功以上的在乡老复员军人定期发放荣誉金。此外,各企事业单位按政府有关规定保障优抚对象优先就业上岗,对下岗的优抚对象优先技能培训、职业介绍。各有关部门对不同的优抚对象在社会保障、户籍管理、租赁和购买公有住房、购买廉租房、动迁、教育、文化体育、交通、法律援助、征兵等方面给予优待。

围绕"五个老有"目标,加快推进老龄事业发展。 1995年7月,市委、市政府建立市老年工作协调联席会议,市委副书记、副市长分别担任联席会议正副组长,相关委办局为成员,市民政局局长兼秘书长。同时,将1983年成立的市老龄问题委员会更名为市老龄委员会。日常工作由市劳动局改为市民政局承担。上海自1979年进入老龄化城市后,将老龄工作置于改革发展稳定的大局中推进,以保证广大老年人享受经济和社会进步的成果。1988年7月,市人大颁布《上海市老年人保护条例》,这部全国最早颁布的保护老年人合法权益的地方性法规明确,老年人依法享有人格尊严和人身自由权、受赡养扶助权、房屋租赁和使用权、财产权、婚姻自由权、从国家和社会获得物质帮助权以及宪法和法律规定的其他权益。条例还规定,每年的重阳节(农历九月初九)为上海的敬老日。20世纪90年代,在完善老龄事业领导体制的基础上,着力加强法制体系和政策体系建设,将"老龄事业发展五年规划"列入市政府专项规划序列。1998年颁布的《上海市老年人权益保障条例》,成为上海推进老年人福利保障工作的基本遵循。市政府发布的《上海市老年事业发展"九五"计划和2010年远景目标》提出,到2000年,上海应初步改变老年事业相对滞后的状况,对内要起到"龙头"、示范、辐射作用,对外要成为具有中国特色社会主义老年事业的窗口。上海老龄工作围绕老有所养、老有所医、老有所为、老有所学、老有所乐的总体目标,进入了党政齐抓共管、各部门同心协力开创老龄事业的新局面。

推动社会力量参与养老机构建设。 20世纪90年代,上海老年人突破200万,且80岁以上高龄人口大幅增长。随着人口老龄化的不断加速、家庭养老功能的逐步减弱以及人们养老观念的转变,城区养老床位"一床难求"的矛盾非常突出。为破解这一民生难题,政府加大了财力投入,从1994年起,连续8年每年改扩建25个社区养老院列入市政府实事项目。1997年底,上海初步实现每个街道、每个乡镇都建有一所敬老院;全市养老机构发展到385家,其中社会办20家,养老总床位数1.65万张。然而,对于上海特大型城市庞大的养老需求仍然供不应求。1998年10月,市政府颁布实施《上海市养老机构管理办法》,确定了发展养老机构坚持政府投入和社会参与相结合的原则,鼓励引导社会力量参与举办养老机构。在政策引导下,养老服务向社会化方向发展,改变了长期以来由政府包揽老年人服务事业的局面。从1998年开始,市政府把每年新增2 500张养老床位列入为民办实事项目。与此同时,着手建立健全老年人社会福利事业管理体制。市民政局对传统的管理体制实行政事分开的改革,政府部门全力做好完善扶持政策,引导社会力量参与养老事业,加快社会福利社会化步伐;成立上海市社会福利中心,负责市属社会福利机构事务性的管理职能。各区县也对社会福利机构管理机制进行变革,养老机构的活力和服务能力得到明显增强。

创新销售形式大力推进福利彩票发行。 20世纪90年代,上海各级民政部门把发行福利彩票作为一项利国利民的事业大力推进。从1987年的摊点式销售,发展到实物兑奖的销售形式,使1990年总销量从1989年的834万元跃升到2 372万元,并且连续三年旺销。1992年达2 841万元,位居全国前十名。1995年推出"大奖组"销售形式。1998年,"上海风采"套票诞生,4月,中国第一位100万元大奖得主产生。当年,"上海风采"套票销售量达3亿元,实现了历史性突破。1998年4月,"上海风采"电脑福利彩票筹建工作启动,1999年10月1日,"上海风采"电脑福利彩票向社会发行销售,首次推出乐透型"35选7"的游戏。10月6日,中国第一位500万元大奖得主产生,开了全国乐透型电脑彩票高奖额的先河。这一时期,彩票管理体制不断完善,各项工作实现标准化、制度化和程序化。上海福利彩票在满足人们获奖、收藏、奉献爱心等多种愿望的同时,使千千万万的老年人、残疾人、孤儿和其他困难群体受益,有效地实现了财富的第三次分配;彩票以其独特而有效的方式,筹集社会闲散资金,投入到社会福利和社会保障事业。

加大行政区划调整力度,适应经济快速发展。为适应城市经济发展和浦东全面开发开放,设立浦东新区,将原杨浦、黄浦、南市3区的浦东部分,原川沙县的全部及上海县的三林地区,划入浦东新区。上海县与闵行区合并,成立新的闵行区。之后,撤县设区的进程不断推进。1992年,嘉定撤县设区。1997年金山县与原石化地区合并成立新的金山区。1999年,青浦撤县设区。这个时期上海全面开展了行政区域界线勘定工作。20世纪90年代,完成沪苏线、沪浙线的勘界,全面完成区县、乡镇街道行政界线勘定工作。

加快推进不占地、少占地的葬式改革。1990年召开的全市第三次殡葬工作会议,确立强化行政管理,推进丧葬习俗改革,注重经济效益与社会效益。为市民提供良好的治丧环境和规范服务,成为20世纪90年代殡葬事业发展的指导方针。全市15家殡仪馆经过改建或扩建,均设施先进、环境优美。1991年,上海成功举办第一次骨灰撒海活动,在社会上产生积极的影响。为推动这一不保留骨灰的葬式,政府给予政策鼓励,对参加海葬的家属以经济补贴。同时,以不占地、少占地为目标,倡导并持续推广骨灰安置多样化和习俗改革,创新室内葬、草坪葬、花坛葬、树葬等多种节地葬式。为方便市民办丧事,开通殡葬服务热线,24小时电话预约接运遗体。随着市场经济的建立,殡葬逐步放宽市场准入,社区殡葬服务网点和殡葬代理开始出现并发展迅速。为规范殡葬业的健康发展,先后制订发布《上海市殡葬管理条例》《上海市公墓管理办法》《上海市殡葬管理实施办法》等一系列殡葬法规、规章,对殡葬管理体制、管理方式、职能定位等作出明确规定。1998年8月,上海殡葬管理实行政事分开,分建市殡葬管理处和市殡葬服务中心,市殡葬管理处承担政府行政管理职能,市殡葬服务中心承担经营管理职能。

(三)

2000—2010年,围绕上海加快建设"四个中心"和社会主义现代化国际大都市,上海民政充分发挥民政在构建社会主义和谐社会中的重要基础作用。这一时期上海民政面临着前所未有的发展机遇和挑战。一是社会收入结构的变化。改革开放使人民群众生活水平普遍提高,也出现了不同群体之间收入差距拉大。由于医疗、教育等"硬支出",一部分相对贫困人口困难程度较为严重。二是社会人口结构的变化。城市人口更加老化,人口结构更为复杂。老年人口占户籍人口已超过20%,纯老家庭的老年人已达87万。同时,外来流动人口近500万,上海超过24万户、68万人人户分离。城市流浪乞讨人员每年约2.5万人。三是社会组织结构的变化。全市各类社会组织8 600多个,群众团队1.8万个。四是社会需求结构的变化。随着上海人均GDP向10 000美元攀升,市民的需求日益多样化、个性化。这些都对社会管理和公共服务形成巨大压力。这一时期,民政工作随着社会的发展进步和政府职能的不断转变,向"现代民政"发展,由解决基本民生向改善民生转变,服务领域继续向社会公众拓展,着力加强整体制度设计和法制建设,运用先进的理念和专业的方法综合解决社会问题。

完善社会救助政策体系。2000年前后,针对困难人群在医疗、教育、住房等方面的突出困难,施以有区别的救助。先后实行对大病重病和疑难杂症患者的医疗救助、减免中小学生学杂费和发放助学金的教育救助、廉租房配租救助,构成了以城乡居民最低生活保障制度为基础,单项救助政策措施相衔接的综合救助政策体系。针对救助政策的"断层"现象,将救助范围从绝对贫困对象拓展到相对贫困对象。一些收入略高于低保线的边缘困难家庭,在医疗、子女教育等方面的困难较为突出。对此,上海从解决基础民生出发,将医疗、教育等单项救助政策的覆盖范围拓展到相对贫困群体,在政策设计上体现"斜坡效应",弥补了政策的断层。同时,充分发挥社会互助帮困的作用,积极推进经常性捐赠工作,建立长效帮困和应急帮扶相结合的工作机制,让更多未纳入低保的低收入困难群体得到及时、有效的救助。自低保制度建立以来,农村低保标准逐步归并:2002年,将近郊、远郊、海岛三条线合并为郊区和海岛两条标准;2005年,全部归并为农村低保标准一条线。随着各类民生保障政策的出台,为保证政府施行社会救助的准确与公平,上海自2006年开始建设收入核对系统,充分利用现代信息化技术和收入核对专业方法,建立起一个面向全市居民家庭的收入、资产核对综合信息处理平台。2009年,市政府颁布《上海市居民经济状况核对办法》,有效地解决了家庭收入核查难题。至2010年,经过不断完善,一个相对完整的社会救助制度已经形成,社会救济的改革基本完成。

对流浪乞讨人员实现从收容遣送到救助管理的重大转变。20世纪80年代,人口流动开始出现。1982年国务院发布城市流浪乞讨人员收容遣送办法,对涌入城市的无业人员和灾民进行收容救济。20世纪90年代,流动人口迅速增加。1992年初,国务院《关于收容遣送工作改革问题的意见》出台,收容对象被扩大到"三无人员"(无合法证件、无固定住所、无稳定收入),即无身份证、暂住证和务工证的流动人员。收容遣送制度在实践中逐渐演变为城市治安管理的强制措施。2003年6月,国务院颁布《城市生活无着的流浪乞讨人员救助管理办法》,废止了收容遣送。8月,上海市和区县同时挂牌成立救助管理站。救助管理站对流浪乞讨人员以自愿受助、无偿救助为原则,给予临时性的救助措施,解决其临时的生活困难,并帮助受助人员返回家庭或所在单位,实现了从收容遣送到救助管理的重大转变。

残疾人事业在推进中全面发展。进入21世纪,上海市残疾人事业紧紧依托中国残疾人事业和上海的发展,取得显著进展,残疾人状况得到明显改善。1991年成立上海市残疾人事业领导小组后,使残疾人社会保障、康复、教育、文体等各项事业快速发展。2000年后,着重围绕残疾人的社会保障难题,推进残疾职工社会基本保障工作和农村残疾人参加养老保险、合作医疗工作,解决残疾人的晚年生活和基本医疗问题。为贯彻落实集中与分散相结合的就业方针,健全完善残疾人劳动服务机构、就业服务网络,鼓励残疾人个体就业,启动盲人按摩工作,增加盲人就业渠道。扶残帮困工作纳入全市大帮困体系。康复工作普遍开展,超额完成中国残联下达的康复任务指标。在全国率先开展"智障人士阳光行动",组织智障人士在社区参加简单劳动、康复训练、特奥运动。为维护残疾人合法权益,成立上海市残疾人法律援助中心。连年增加特殊教育投入,举办20多所特殊教育学校,全市残疾少年儿童入学率达98%。残疾人高等教育也由点到面,逐步扩展。残疾人文体活动蓬勃开展,各区县建立残疾人活动中心,开设阅览、棋类、音乐、舞蹈、书画、摄影等活动项目,成立全国首个"无障碍电影工作室",让视力和听力障碍者也能欣赏电影。多次举办残疾人运动会,2000年在上海成功举办第五届全国残疾人运动会,上海残疾人运动员多次参加国际比赛并获得佳绩。2007年第12届世界夏季特殊奥林匹克运动会在上海成功举办。2010年上海世博会设立生命阳光馆。至2010年,上海残疾人事业已经建立起较为完备的法规政策体系和理论体系,尊重关爱残疾人的人道主义精神深入人心,各项工作走在全国前列,并获得"全国残疾人工作示范城市"和"全国无障碍示范城市"等称号。

构建"9073"养老服务格局。2005年,市民政局根据对老年人的民意调查结果,提出上海建立"9073"养老服务的模式。2007年市政府颁布的《上海民政事业发展"十一五"规划》明确:上海将努力实现全市户籍老年人口中,90％由家庭自我照顾,7％享受社区居家养老(照顾)服务,3％享受机构养老服务。进入 21 世纪以后,上海实施用福利彩票公益金投入社区老年福利服务设施建设的"星光计划",老年活动室、日托服务机构等在全市星罗棋布。从 2000 年起,以家庭为支点,以社区为依托,将专业化服务导入家庭的居家养老服务在上海开始逐步推开。根据社区老年人的年龄和生活自理能力,规定服务等级和服务标准,为经济和生活自理困难的老人提供服务补贴。2004 年,社区居家养老服务首次列入市政府实事,并与当年开展的"万人就业项目"联动。服务补贴经费列入财政预算,政府财力投入从养老机构,扩大到日间服务机构、社区助餐点、社区居家养老服务补贴等,形成了"补老人、补服务、补项目"的财政供给方式。各区县不断整合社会资源,依托助老服务社、养老机构、医疗机构、便民服务网点等社区资源,开展以"助餐、助浴、助洁、助急、助行、助医"为主要内容的项目服务。与此同时,继续加大推进养老床位建设。2005 年起,每年新增 1 万张养老床位列入市政府实事项目。2008 年,新建 100 家老年人日间服务中心、服务 17 万居家老人、设立 200个老年人社区助餐服务点又列入市府实事项目。2005—2008 年,上海陆续出台数十项政策,对社会创办公益性养老机构,在建设用地、小区规划、公用事业收费、税收、医保结算、建设财力补贴、社区助老补贴等方面给予政策扶持,形成了鼓励、规范、引导养老服务事业发展的政策框架,极大地推动了机构养老和居家养老的快速发展。至 2010 年,上海初步形成以家庭为基础、社区为依托、服务机构为载体、社区居家养老服务和机构养老服务相结合的老年人福利事业发展体系;共为 25.2 万名居家老人提供了社区居家养老服务,其中约 13 万名老人经过评估享受到政府的服务补贴;全市有养老机构 625 家,床位近 10 万张,实现了"9073"的目标。

双拥工作向法制化、社会化深入发展。进入 21 世纪,上海将以往双拥实践中行之有效的做法和成功经验,用规章条文的形式固定下来,以提升双拥工作的整体水平。2004 年,市政府出台《关于本市加强拥军优属工作的若干规定》,各有关职能部门随即制定配套实施细则,对解决驻沪部队和优抚对象重点关注的科教拥军、司法维权、生活保障、就业安置、子女升学、住房解困、医疗服务等难点、热点问题作出规定。双拥创建的考核评选标准和实施办法,更加突出基层和平时,把解决难点、热点问题的力度和效果作为考评的重要内容。在创建活动的推动下,各区县努力打造双拥"品牌"和"拳头产品",落实转业、退伍军人安置,军嫂就业和重点优抚对象生活保障。在市级层面,开展"十个一"双拥工程建设,达到既办实事又传播辐射双拥精神的双重功效。改革开放后,上海新经济组织和新社会组织(简称"两新组织")逐渐产生并蓬勃发展,2004 年起,接纳退伍军人就业、与优抚对象结对关爱等拥军优属活动向"两新组织"延伸,拓展了双拥工作新领域。

完善抚恤优待与医疗保障等政策配套衔接。2001 年,上海对二等乙级以上革命伤残军人实行"不建立个人医疗账户,不实行个人自负医疗费,不设起付标准和最高支付限额"的医疗保障政策。2002 年,义务兵及其家属优待金从向社会筹集改变为纳入各级政府财政预算,之后,农村标准与城镇标准逐步实现统一。2005 年,大幅度提高抗战期间入伍的老复员军人的定补标准,平均增幅达80％;取消在职保健金和在乡抚恤金之间的差别,残疾抚恤统一为一个标准。2006 年和 2008 年,分别对超过退休年龄且收入水平低于相应定期抚恤金标准的烈士遗属、因公牺牲军人遗属、病故军人遗属和复员军人实行差额补助政策。2007 年,建立全市性的优抚对象医疗保障政策,对参战和参加核试验退役人员落实评残、工伤保险、特殊医疗救助等政策。2010 年,设立优抚对象定期差额补助机制,实现了优待抚恤补助标准的城乡一体化。

改革退役士兵行政化安置鼓励市场化就业。2002 年,上海市进行兵役制度改革,退役士兵安置改革也同步进行。20 世纪 90 年代,社会用工制度的改革以及国有企业的重组、合并,使得 1986

年开始实行的"两张通知"一起发的指令性安置遇到了困难,对退役士兵安置工作实行改革已势在必行。2002年10月,上海市制定并发布《上海市退役士兵安置工作暂行办法》,规定自同年冬季征兵工作开始,停止实行"两张通知"一起发,将士兵由入伍时安置恢复为退役后安置。随之,陆续制定下发一系列配套文件,在规范安置工作程序、保障退役士兵合法权益、加强退役士兵教育培训、促进退役士兵市场化就业等方面进行改革、探索和实践。采取双向选择和指令性安置相结合,使安置工作与市场化用工方式逐步衔接。引入鼓励扶持退役士兵自谋职业的市场化安置方式,拓宽退役士兵的安置渠道,对自谋职业的城镇退役士兵发放一次性经济补助,所需经费全部列入财政支出。鼓励并优待退役士兵报考上海高等院校和中等专业学校。自谋职业的退役士兵在就业服务和社会保障、个体经营、税收贷款以及户籍等方面享受优惠政策等。对农村入伍的能力素质优秀的退役士兵,纳入农村基层干部后备库;对回乡要求就业的,扶持实现非农就业。到2010年,退役士兵安置待遇实现了城乡一体化。全市安置率为100%,其中自谋职业81.2%。

构建社会治理居民自治和社区共治平台。进入21世纪,基层民主政治建设有序推进。1999年,上海在村委会选举中试点"无候选人"的直接投票选举,俗称"海选"。同年,在部分区开展居委会直接选举试点。之后,居村委会直选、"海选"比例逐届提高。到2009年,居委会直选比例达到84%,村委会"海选"比例达到75%。这一时期,各级民政部门推行建立居民区"听证会""协调会""评议会"三会制度,发动居民关心、参与社区公共事务,形成民主选举、民主决策、民主管理、民主监督的居村委会的自治体系。在街道层面搭建社区代表会议等制度平台,把社区群众、驻区单位、群众团队和社区民间组织等社区成员组织起来,开展社区共治,从而形成政府调控机制与社会协调机制互联、政府行政功能同社会自治功能互补、政府管理力量同社会调节力量互动的社区建设工作机制。同时,上海探索扎根社区的政务服务,全市推动社区事务受理服务中心建设,努力让群众"少跑一趟路、少跨一个门槛、少走一道程序"。2006年,建设100个社区事务受理服务中心列入市政府实事,并出台社区政务服务标准,采用统一标准的技术软件,将市、区县政府有关职能部门依法在街镇设立的各类受理事项和出证事项,归并到社区事务受理服务中心一门受理,通过电子政务、现场服务和电话咨询"三网合一"平台,实行"前台一口综合受理、后台网络联通协办"。当年,全市街镇全部建立社区事务受理服务中心,受理的行政事务达200多项,提高了政务办理的便捷度、透明度和亲和度。

全面推进社会组织建设与管理。进入21世纪,改革开放不断深化和上海实现"四个率先"的不断推进,为社会组织发展提供了新的机遇与空间,社会组织建设与管理进入全面发展的新阶段。2000年4月,根据1998年国务院颁布的《民办非企业单位登记管理暂行条例》,市、区县民政部门复查登记民办非企业单位2000多家。2004年,根据国务院颁布的《基金会管理条例》,将基金会从社团中分离出来,作为单独的一类社会组织进行登记管理。10年间,上海社会组织管理以发展为"主线",引导社会组织增强时代使命感,为社会作出积极贡献;以建设为"主题",引导社会组织在服务经济社会发展的大局中,实现自身的价值。开展社会组织自律与诚信和规范化建设;建立社会组织年金和工资基金管理制度,解决专职工作人员的养老保险待遇等具体问题;建立和完善政府购买服务制度,构建互动合作的新型政社关系,拓展社会组织的成长空间;把好登记和年检"两关",抓好咨询、筹备、受理、发证"四个环节",开展党建工作,确保正确的政治方向;出台促进行业协会发展的地方性法规,先后制定行业性、公益性、社区以及涉农民间组织的扶持政策措施,创建公益组织孵化基地、能力培训基地,提高社会组织的专业水平;倡导社会组织在社区发挥作用,对群众活动团队开展备案,培育发展一大批科普宣传、文化娱乐、医疗保健、全民健身、互助帮困、社会福利、老年娱乐等社区公益性社会组织;福利彩票公益金的使用试行"改拨为招",鼓励社会组织发现社区需求,通过社区公益创投和社区公益服务项目招投标平台获得资助;对社会组织实行年检和行政检查,查处违法案件1 100多件。至2010年,上海共有社会组织9 900个,其中社会团体3 560个,民办非企业单位6 225个,基金会115个。社会组织已经成为党和政府联系人民群众的桥梁和纽带,在促进上海经济发展、繁荣社会事业、参与公共管理、开展公益活动和扩大对外交往以及抵御突发性自然灾害等方面,发挥着日益重要的作用。

职业社会工作制度建立并全面启动。21世纪初,上海引入"柔性化管理、人性化服务"的专业社会工作(简称社工)理念和方法,并建立社工制度。上海社工制度探索始于20世纪90年代,华东理工大学、复旦大学等高校先后设立社工专业。1993年,市民政局批准成立上海市社会工作者协会。1997年,浦东新区开展实践探索,一批社工专业毕业生在民政、教育、卫生等领域开展工作。2003年2月,市政府工作报告提出"探索建立职业社会工作者制度"的要求。同年,《上海市社会工作者职业资格认证暂行办法》发布,将社工归入专业技术人才范畴,上海社工制度建设开始全面启动。在社会福利、社会救助、社区建设、婚姻家庭、社区矫治、禁毒戒毒等领域设置社工岗位;围绕职业资格、注册管理、继续教育等作出具体规定,并举行全市社工资格考试。上海负责起草的《社会工作者国家职业标准》经国家有关部委批准并颁布。上海社工发展初期,着眼于民生服务和社会治理,在民政工作领域开展专业服务;政法系统以政府购买服务的形式,开展禁毒戒毒、社区矫正、刑满解教人员帮教等社工服务。之后,扩展到医疗卫生、统一战线、灾后服务等20多个领域。2008年的"上海社工介入都江堰灾后重建项目"荣获"中华慈善奖"最具影响力项目和"上海市五一劳动奖状"。

行政区划顺应城市发展作出重大调整。进入21世纪,顺应建设特大型城市治理结构体系和优化基层社会管理体制的需要,上海行政区划调整,继续实施了市区撤并、撤县建区和建立"大浦东"的重大举措。根据《上海城市总体规划》突出新城、中心镇集约发展,对乡镇行政区划实施了一轮大规模的调整。2000—2010年,全市乡镇从212个调整为111个。改革政企合一的农场管理体制,14个国有农场实施了行政管理属地化。同期,还实施了建设国际汽车城和"三岛联动"的行政区划调整项目。

婚姻登记实现从管理到服务的重大转变。进入21世纪,上海婚姻登记管理工作稳步迈向法治化、规范化、信息化、人性化的道路。于1999年开始的以"首问责任制""两次受理申请办结制""责任追究制"为核心内容的婚姻登记行政执法责任制度,在全市婚姻登记机关实行。2001年,旨在倡导承诺和诚信,铭记婚姻家庭责任,推出庄重的结婚登记颁证仪式。2002年,全市各婚姻登记机关实行"百姓休息我办事",周一至周六全日办理结婚登记。2003年,国务院颁布实施新的《婚姻登记条例》,全面取消单位出具证明、取消强制婚检等规定,改由婚姻当事人签字声明。婚姻登记寓管理于服务之中,实现了从管理到服务的重大转变。2004年起,市、区县陆续成立婚姻登记中心,实行婚姻登记政事分开、管办分离。全市开展"婚姻登记文明窗口"创建活动,从细节入手,抓制度建设。婚姻登记场所宽敞明净,配备咨询台、电子排队叫号系统,分设离婚登记室等,以优美的环境、优良的设施、优质的服务面向公众。网上预约结婚登记、大型集体颁证仪式和个性化预约特色颁证等陆续推出,以满足婚姻当事人的需求。同时,加速婚姻登记工作信息化平台建设,完善数据库,实现了国内婚姻全市实时联网运行。市和区县婚姻登记机关建立婚姻家庭健康咨询室,联合心理咨询协会、社工协会、律师协会,对有需求者提供免费咨询服务,并推出愿意接受婚前健康体检的,其费用由政府买单的措施,使婚检率逐步回升,2010年回升至37%。

整顿规范殡葬市场秩序。全市殡仪馆开展技术改造消灭黑烟,净化了自然环境。持续推进葬式改革,严控墓穴占地面积,推广单双穴占地面积控制在 1 平方米之内的"小型墓"。在不断拓展治丧服务项目的同时,推出"千元办丧事",为社会低消费群体推出成套殡仪服务标准。设立帮困济丧基金,对低收入和其他特殊人群办丧事的费用予以减免。针对社会上殡葬市场乱象,民政、工商、公安、卫生和城管联合重拳出击整治非法中介机构(俗称"一条龙")、非法经营殡葬用品商店。全市殡仪馆全面推行《殡殓服务告知书》《殡殓服务申请书》《代理委托书》的"三书制度",既保护了丧事承办人的切身利益不受侵害,又为合法中介提供公平、公开、正当竞争的殡葬市场。同时,开展殡葬中介培训,将中介机构纳入规范化管理范畴。2008 年清明节成为国定假日,之后每年 4 月,市清明节工作领导小组启动组织协调工作,确保每年数百万市民集中出行祭扫的平安有序。

(四)

上海民政在 1978—2010 年的 33 年中,运用新理念、新手段、新方法,深化改革,加快发展,实现了民政事业跨越式发展和民政工作整体提升。

信息化建设是新时期推动民政工作现代化的重要手段。20 世纪 80 年代中期,市民政局开始将信息化的方法运用于干部考核工作。1995 年起,信息化建设全面启动。相继开发机关局域网硬件平台、办公自动化系统以及民政相关业务应用软件。1999 年,信息化建设进入快车道。开通"上海民政"网站,市民政信息系统暨"市民社保(IC)卡"民政分系统、市社会救助"一口上下"工作平台等综合性应用项目先后建成使用,并建成社会救助、优待抚恤、双退安置、福利事业、婚姻和收养登记、社区服务热线"88547"(2003 年改为"962200")、电脑福利彩票发行等一批业务管理信息系统。2005 年后,启动建设一批新的信息系统:社区事务受理"一门式"、上海市居民家庭经济状况评估、民政地理信息系统(民政 GIS)、民政数据综合统计分析系统、民政救灾业务管理子系统、对口支援业务管理子系统、定期集中式捐赠业务子系统等项目。在"5·12"汶川地震抗震救灾中,救灾捐赠系统、灾区来沪人员管理信息系统、卫星视频系统等民政信息系统和信息化设备,在上海救灾捐赠、通讯保障等方面发挥了重要作用。至 2010 年建成了由三级民政信息网络系统、市民政局网站、民政电子政务平台、各业务管理信息系统、民政业务综合数据库构成的民政信息化体系。信息化建设使全市民政系统的工作透明、公开、简约、高效。

不断学习和借鉴国际先进理念和做法,强化调查研究,是推动民政业务水平提升的有效途径。20 世纪 80 年代,与日本民间社会福利机构开展合作项目。20 世纪 90 年代起,与英国"关爱儿童"慈善组织,围绕孤残儿童家庭寄养的招募、选择、评估、管理和服务以及员工培训开展合作。21 世纪,与荷兰鹿特丹政府部门开展老年人福利和失智老人照料等合作项目等。通过开展对外合作交流,加快了民政事业与国际接轨的步伐,同时向世界充分展示中国改革开放带来的社会事业取得的成果。市民政局先后组团赴日韩、欧美等国,学习养老福利、社会救助、社区服务、社会行政事务管理等方面的先进理念和经验,选送 600 多人出国培训,促进了民政工作者的观念更新、视野开阔和能力提高;举办 20 多个国际会议,参与申办、筹备和举办 2007 年世界夏季特殊奥林匹克运动会及各种涉外、涉中国港澳台活动。在学习和了解世界先进经验和理论的同时,上海民政紧密结合中国的实际不断探索,大兴调查研究和理论创新之风,聚焦养老、儿童福利、社会救助、社会组织、社工、殡葬等社会热点难点,开展立法、政策研究,有效地发挥了理论指导和"智囊"作用。

依法行政、创建文明行业,是实现新时期民政工作上海高度、上海特色的重要基础。随着计划经济向市场经济的逐步转变,市民政局适时陆续修改和废止不适应经济建设和社会发展的政策性文件,并开展地方性法规和市政府规章的立法调研和草案起草工作,老年人、妇女儿童权益保护等3件地方性法规和6件市政府规章先后颁布实施。先后在社会救助、养老机构、福利企业、涉外婚姻咨询等领域,创制了18件地方性法规和市政府规章。作为全市推行行政执法责任制的试点单位之一,市民政局制订了22件推行行政执法责任制的文件。1997年,上海民政系统在全市党政机关率先实行政务公开,开展"政务公开,规范服务,争当孺子牛"活动,向社会公开最低生活保障、优待抚恤、婚姻登记、收养登记、社会福利企业、养老机构服务、社团登记、殡葬服务等12项为民服务项目,将申办条件、必备材料和办事程序全部公布于众,主动接受社会监督。此项活动向街道乡镇、居村委会民政岗位延伸。以民为本、为民解困、为民服务的理念逐步渗透到民政各个方面,有效地促进政风行风建设,带动上海民政事业实现不断提升和跨越。2005年,上海民政系统被评为"2003—2004年度上海市文明行业",至2010年底,连续4次获得"上海市文明行业"殊荣。

拓宽经费渠道、强有力的财力支撑,是民政事业发展的重要保障。改革开放后,公共财政向民政倾向。1978—2010年,全市民政财力总投入近400亿元,其中民政事业费投入近374亿元。民政基本建设费投入近26亿元(不含社会资本投入)。2010年全市民政事业费投入总量达57.25亿元,较1978年的2777万元,增长206倍;民政基本建设费投入6527万元,较1978年的284万元,增长23倍。各类民政事业经费累计支出达373.67亿元,年平均增长18.12%。为改变民政福利设施落后的状况,1987年开始销售福利彩票。从纸质型到电脑彩票、视频彩票,不断增强福利彩票的趣味性和新颖度,激发广大市民的兴趣。至2010年底,全市销售福利彩票近200亿元,积累福利彩票公益金65亿元,其中30亿元上缴中央,35亿元用于发展市、区两级的社会福利事业。福利彩票公益金对上海的福利事业发展,起到了积极的推动作用。仅其中"星光计划"一个项目,就支持了185家薄弱养老机构的改造,新增床位近1万张。

改革开放后的33年来,上海民政在恢复中艰难起步,大胆创新,砥砺前行,书写了一部不断冲破传统藩篱、探寻发展新路的民政改革史。在上海城市经济飞速发展的过程中,民政工作自觉融入经济社会发展的重大战略中,在保障人民群众基本生活权益、调节社会矛盾、促进社会稳定、维护社会公平、提高人民生活质量等多个方面作出突出贡献,实现了新突破和新发展:实现了社会救济向现代社会救助的历史性跨越,有效保障了城乡困难群众的基本生活,有力促进了社会公平和人民共享改革发展的成果;面向公众、多元化投资、多层次发展、专业化服务的社会福利事业发展格局基本形成,明显改善了老年人、孤儿和残疾人等特殊群体的福利待遇;形成了政策法规为保障、双拥共建和深化安置改革为动力、国家抚恤与社会优待相结合的格局,充分保障了广大优抚对象和军队退役人员的合法权益,巩固和发展了军政军民团结的政治局面;完善城乡基层服务和管理,党领导下的城乡基层自治机制基本形成,推进了城乡社区建设。社会组织结构优化、质量提高,在经济社会发展中的作用日益显现,已成为社会主义现代化建设的一支重要力量;行政区划、婚姻、收养、殡葬等朝着"服务型"方向转变,寓管理于服务之中,并不断拓展服务内容,规范标准,专项社会行政事务管理和服务水平不断提升。

2010年后,上海进入加快推进"四个率先"、加快建设"四个中心"和社会主义现代化国际大都市建设的关键时期。面向未来,机遇与挑战并存。改革是上海民政发展贯穿始终的主旋律,创新是上海民政发展取之不竭的原动力。上海民政将以习近平新时代中国特色社会主义思想为引领,抓住机遇,乘势而上,不断提升民政社会服务的综合保障水平,更好地发挥民政工作在创新基层社会管理中的基础性作用,加快推进上海现代大民政建设的步伐,为全面建成小康社会,在建设中国特色社会主义的伟大历史进程中书写新的篇章。

大事记

1978 年

2 月 6 日 市委、市革委会举行春节军民联欢会。市党政军领导苏振华、彭冲、刘耀宗等参加。

4 月 上海市烈士陵园向社会开放。

5 月 市属福利企业(除上海假肢厂、上海东海机械厂外)实行市和区民政局双重领导的体制。

7 月 31 日 市委、市革委会举行军民联欢晚会,庆祝中国人民解放军建军 51 周年。市党政军领导彭冲、何以祥和南京部队司令员聂凤智等参加。

8 月 市民政局撤销革命委员会建制,恢复设置内部各处室。

同月 张竹天任市民政局党组书记、局长。

11 月 28 日 市民政局召开上海市民政工作会议,传达贯彻第七次全国民政工作会议精神。

是年 市民政局会同相关部门临时受理涉外婚姻登记,由各区县民政局具体承办。1980 年 12 月 1 日后,由黄浦区民政局集中承办。1984 年 1 月 1 日,改由市民政局直接办理。

同年 市革委会召开上海市精神病防治管理工作现场经验交流会,总结、推广上海社区的精神病防治管理体系。

1979 年

4 月 10 日 宝山县设置上海首家县办养老机构。

5 月 10 日 虹口区东长治路街道创办上海首家街道福利工场。

5 月 27 日 上海举行纪念解放 30 周年联欢晚会。市委、市革委会领导彭冲和驻沪部队领导何以祥等,以及参加过解放上海战役的老同志,参加过保护工厂、商店、学校,迎接解放斗争的老同志,解放上海战役中英勇牺牲的烈士家属、老红军,来自各条战线的劳动模范、先进工作者等参加。

12 月 15 日 上海市第三届盲人聋哑人代表会议召开,恢复"文化大革命"中被撤销的市盲人聋哑人协会。

1980 年

2 月 闸北区开封街道成立上海首个孤老包护组。包护组依靠邻里互助,对孤老开展生活照料和精神慰藉等服务。

4 月 《龙华革命烈士史迹选编》出版。该书介绍顾正红、刘华、赵世炎、罗亦农、何孟雄以及"左联"五烈士等,并配有烈士遗像和遗物照片。

10 月 30 日 经国务院批准,上海恢复吴淞区建制,将宝钢地区办事处管辖的行政区域、宝山县城厢镇,以及宝钢与吴淞之间的地区,划归吴淞区管辖。

11月　民政部、卫生部、公安部在沪联合召开全国精神病防治管理工作交流会。

1981 年

2月22日　经国务院批准,上海恢复闵行区建制,将徐汇区的闵行、吴泾地区和上海县的15个生产大队划归闵行区管辖。

9月　市政府成立退伍军人和军队退休干部安置工作领导小组。1982年,领导小组下设办公室,办公室设在市民政局。1984年8月,该领导小组改称为市政府退伍军人和军队离休退休干部安置领导小组。

10月　国务院、中央军委颁布《关于军队干部退休的暂行规定》,对军队干部退休条件、安置去向和退休待遇作出规定,军队干部退休安置和管理工作成为民政部门承担的一项重要工作任务。

是年　驻崇明岛的上海警备区富民农场党委同崇明县港沿乡党委,开展军民共建文明村活动。1983年7月,市委、市政府和上海警备区在崇明县召开上海市军民共建精神文明现场会,总结推广富民农场和港沿乡的共建经验。

1982 年

3月24日　市委、市政府召开上海市优秀里弄工作者和先进居民委员会表彰大会,市委、市人大、市政府、市政协和驻沪部队领导陈国栋、胡立教、汪道涵等出席。

4月27日　市民政局召开上海市殡葬工作会议。会议要求在上海开展移风易俗宣传活动,倡导葬礼仪式改革。

4月　市民政局制定《关于〈上海市街道、城镇生产自救性社会福利生产单位管理暂行办法〉的通知》。

同月　静安区武定街道创办上海首家残疾儿童寄托所。

5月　《上海市革命烈士英名录》出版。该书收录自辛亥革命至1982年间牺牲的9293名烈士的英名和事迹。

7月　全国政法工作会议要求民政部门加强基层政权建设,要将农村基层政权建设列为重要任务之一。民政部门重新承担基层政权建设工作职责。

11月　南市区王家码头街道创办上海首家街道敬老院。

1983 年

1月26日　市委、市政府、上海警备区召开上海军民纪念延安"双拥运动"40周年大会。市党政军领导陈国栋、胡立教等出席并讲话。

3月17日　市政府和上海警备区联合召开上海市拥军优属拥政爱民先进代表大会。市党政军领导陈国栋、胡立教、杨堤、汪道涵和南京军区司令员向守志等出席。

5月5日　市民政局召开全市民政工作会议,传达贯彻第八次全国民政工作会议精神。

9月　市民政局会同市农委全面开展郊县撤社建乡工作。该项工作于1984年5月结束。

11月　市老龄问题委员会成立。

是年　上海部分郊县乡镇以入伍和就业"两张通知"一起发的形式,改革农村义务兵及其家属的优待形式。

1984 年

1月27日　宋庆龄雕像在宋庆龄陵园揭幕。国家副主席乌兰夫、国务委员方毅、全国人大常委会副委员长陈丕显、宋庆龄基金会主席康克清,以及上海市党政领导陈国栋等出席。

2月　黄履中任市民政局党委书记,曹匡人任市民政局局长。

4月4日　市党政军领导和各界人士前往宋庆龄陵园、上海市烈士陵园、宝山烈士墓和高桥烈士墓祭扫。同日,革命烈士群雕奠基仪式在市烈士陵园隆重举行。市党政领导陈国栋、胡立教、吴富善、崔健、杨堤、汪道涵、周谷城等挥锹为基石培土。此后,每年清明,市委、市政府都统一安排祭扫烈士陵园。

5月　市民政局会同市农委等部门全面开展建立村民委员会(以下简称村委会)工作。以原人民公社大队为基础,"一大队一村",通过民主协商和选举产生村委会。该项工作于1985年1月结束。

6月19日　市政府批转市民政局《关于本市居民委员会开展整顿改选工作的意见》。居民委员会(以下简称居委会)的整顿改选工作于1985年7月结束。

6月　上海3名残疾人运动员入选中国代表团,参加在美国纽约举行的第七届残疾人奥运会,其中2人登上领奖台,共夺得1枚金牌、3枚银牌、1枚铜牌。

7月　经国务院批准,川沙县、上海县、嘉定县、宝山县的部分地区划入上海市区。

8月　上海市第四届盲人聋哑人代表会议召开。

9月1日　经国务院批准,上海市区面积作调整,由230平方公里扩大到340多平方公里。

9月25日　上海港务局创办上海首家企业办幸福院(养老院)。

10月　市委、市政府召开上海市扶贫工作会议,传达贯彻民政部全国扶贫工作经验交流会精神。

11月15日　上海市残疾人福利基金会成立。

11月20日　上海首家骨灰寄存室寝园在上海县开业。

1985 年

3月19日　宋庆龄陵园(万国公墓)移交,由上海市孙中山故居、宋庆龄故居和陵园管理委员会管理。

5月4日　烈士群雕"万里长空且为忠魂舞"在市烈士陵园揭幕。市党政领导陈国栋、胡立教、汪道涵等,部分烈士亲属、群雕设计和施工单位代表、各界青少年代表1 000余人出席揭幕仪式。

7月　市政府下发《关于开展创建文明居民委员会活动的意见》,全市开展创建文明居委会、文明楼(组)、五好家庭等活动。

同月　市人大颁布《上海市普及义务教育条例》。8月,市政府颁布《上海市普及义务教育条例实施细则》。上海智力障碍儿童教育纳入义务教育轨道,实行9年特殊义务教育。

8月　全国12城市民政信息工作会议(上海、北京、天津、广州、重庆、武汉、西安、哈尔滨、沈阳、大连、青岛、烟台）在沪召开。会议分析新形势下城市民政工作的特点和发展趋势，讨论对策和措施。

同月　上海市荣誉军人疗养院（以下简称市荣军院）建成。该院11月27日开始接收休养员，原"光荣之家"8位孤老烈属同时入院供养。

9月3日　市委、中国共产党上海市顾问委员会（以下简称市顾委）、市人大、市政府、市政协领导到市烈士陵园举行纪念抗日战争胜利40周年活动，凭吊在抗日战争中牺牲的烈士。市委书记芮杏文到会并讲话。

9月12日　上海首家经营性公墓枫泾公墓在金山县开业。

9月　市民政局会同市农委等部门开展上海郊县撤乡建镇试点工作。

10月29日　市政府办公厅下发《关于从本市厂矿企业单位入伍的义务兵优待暂行办法》，首创城市义务兵的优待制度。

11月26日　上海首家控股联营公墓滨海古园在奉贤县开业。

12月17日　市民政局会同相关部门在嘉定县召开开发使用退伍军人两用人才现场经验交流大会。

1986 年

1月27日　市政府颁布《上海市优待革命烈士家属、革命军人家属和革命残废军人办法》。

2月2日　市政府颁布《上海市城市居民委员会工作条例（试行）》。

3月20日　市长江泽民看望市荣军院孤老烈属和休养人员，并合影留念。同日，江泽民视察市民政干校，并在校园内种下樱花树。

4月17日　市委、市政府召开上海市先进里弄工作者表彰大会。上海市委副书记黄菊、民政部副部长邹恩同等，向先进里弄工作者颁发证书和奖章。

5月　市民政局会同相关部门下发《贯彻国家计委等7个部门〈关于进一步保护和扶持社会福利生产的通知〉的意见》。

7月11日　南汇、川沙、奉贤等县遭受30多年来最大的龙卷风袭击，受伤554人，死亡31人，倒塌损坏房屋4 800余间。

9月25日　上海市残疾人代表会议召开。上海市残疾人联合会成立（以下简称市残联），下设盲人协会、聋哑人协会、肢残人协会。

9月30日　回民公墓移交市民族事务委员会管理。

10月9日　市政府办公厅下发《关于对城镇高（初）中毕业生和待业青年入伍的义务兵优待的暂行办法》。

10月13—19日　上海首届特殊奥林匹克运动会（以下简称特奥运动会）举行，全市16个区和市民政局直属单位组团选派305名智障人士参赛。在沪召开的全国第二次精神卫生工作会议的民政部副部长张德江、上海市副市长谢丽娟，以及民政部、卫生部、公安部的其他有关领导出席19日的特奥运动会闭幕式，并向获得优胜的运动员授奖。

10月28日　市残疾人福利基金会召开第三次理事会，市长江泽民、副市长谢丽娟兼任市残疾人福利基金会名誉理事长。

12月9日　市委、市政府下发《关于贯彻〈中共中央、国务院关于加强农村基层政权建设工作通知〉的意见》。

1987 年

1月　市民政局与市农委等部门成立"上海农村养老保险制度的改革"课题组,并在嘉定县南翔镇、马陆乡开展调研和试点工作。

1月27日,上海市春节军民联欢文艺晚会在上海展览中心友谊会堂举行,中共中央政治局常委、国家主席李先念出席联欢会。1989年1月,全国政协主席李先念再次出席联欢会,与上海党政军各界人士共迎新春。

同月　原由民政部门管理的市级机关、事业单位退休人员,均回原单位管理,退休费由原单位发给。军队无军籍退休人员和易地来沪的退休人员,仍由民政部门管理。

2月12日　市政府颁布《上海市街道办事处工作暂行条例》。

4月　市民政局会同相关部门在全市开展残疾人抽样调查,12月结束。市统计局公布,上海残疾人总数为49.35万人。

7月15日　市委、市政府在上海县召开上海市农村基层政权建设工作会议。会议要求乡镇政府要加强自身建设,实行政企分开,明确职责。市长江泽民、市委副书记吴邦国出席会议并讲话。

7月17日　市政府、上海警备区召开拥军优属拥政爱民经验交流大会,表彰市拥军优属先进单位77个,拥政爱民先进单位65个。

7月28日　上海市社会福利有奖募捐委员会成立。委员会下设办公室,办公室设在市民政局。

12月1日　市民政局与上海警备区政治部在嘉定县安亭镇召开退伍军人两用人才开发使用现场经验交流会。

12月3日　市政府颁布《上海市婚前健康检查暂行办法》,规定在全市普遍实行婚前健康检查,并作为结婚登记法定程序。

是年　上海实现遗体100%(回民除外)火化率。

1988 年

1月13日　国务院批准龙华革命烈士纪念地为全国文物保护单位。

1月21日　经国务院批准,上海撤销吴淞区、宝山县,设立宝山区。

2月16日　上海市春节军政军民联欢会在上海展览中心友谊会堂举行,正在上海的中央军委主席邓小平出席。1988—1994年邓小平每年都在上海与党政军各界人士参加迎春活动。

4月　市残联单列,为副局级单位,配备事业编制50名。

5月24日　真禅伤残儿童福利基金在上海市儿童福利院设立,并举行捐款仪式。

6月　孙金富任市民政局党委书记。

7月12日　市人大颁布《上海市老年人保护条例》。1989年11月,市民政局老年人保护办公室成立。该办公室承担条例赋予的检查、督促和协调职责。

7月　孙金富任市民政局局长。

8月24日　市残疾人联合会与市残疾人福利基金会组成新的市残联,并召开残联第一次代表大会。大会推选市人大常委会原主任胡立教为主席团名誉主席,推选市民政局原局长曹匡人等为名誉副主席,选举副市长谢丽娟为主席团主席,选举张万彬为理事长。市长朱镕基到会并讲话。

9月　市残联建立全国首个盲人有声读物图书馆。

同月　上海聋哑人美术班开学,为上海第一个残疾人业余大专班。

10月　上海市残疾人白内障复明、小儿麻痹后遗症矫治、聋儿听力语言训练三项康复工作联席会议成立。11月,市残联成立三项康复工作办公室(以下简称"康复办")。

11月22日　市委、市政府召开上海市街道工作会议。市委副书记吴邦国出席会议,副市长庄晓天出席会议并讲话。

12月31日　民政部、总政治部授予嘉定县、南汇县、市劳动局、青浦县朱家角镇、川沙县张江乡"全国培养和开发使用军地两用人才先进单位"。

1989 年

1月25日　市民政局召开全市民政工作会议,传达贯彻第九次全国民政会议精神。

1月28日　市人大颁布《上海市乡人民政府工作暂行条例》。

4月17日　民政部部长崔乃夫视察杨浦区五角场街道镇东居委会的社区服务工作。

4月　市政府颁布《上海市退伍义务兵安置条例实施细则》。

5月26日　为纪念上海解放40周年,缅怀为解放上海而英勇献身的革命先烈,市党政军领导和各界知名人士分别前往市烈士陵园和高桥烈士墓、宝山烈士陵园凭吊革命烈士。

8月20日　国务院批准上海市烈士陵园为全国重点烈士纪念建筑物保护单位。

9月23日　卢湾区打浦桥街道创办上海首家街道社区服务中心。

12月6日　市民政局、市残联会同相关部门召开市首届特殊教育工作会议,共同研究《特教1990年—2000年度发展规划》。副市长谢丽娟出席会议并讲话。

1990 年

1月14日　市委书记朱镕基参加川沙县举办的集体婚礼,并向39对新婚夫妇送上祝辞。

1月19日　中共中央总书记江泽民委托上海市市长朱镕基和副市长谢丽娟,将翻译《机器制造厂电能的合理使用》的稿费1500元,捐赠给市儿童福利院。

1月27日　市政府办公厅下发《关于本市行政区划变更审批权限的请示的通知》。

2月　市人大颁布《上海市妇女儿童保护条例》。3月6日,市妇女儿童保护委员会成立,委员会下设办公室,办公室设在市民政局。1995年3月,妇女儿童保护工作移交市妇联。

3月22日　市民政局召开上海市殡葬工作会议。会议明确上海殡葬工作今后五年的发展方向,部署增设殡仪服务单位等任务。

5月10日　市民政局会同市委宣传部等部门召开电话会议,纪念第一部《婚姻法》颁布40周年、第二部《婚姻法》颁布10周年。

5月　市政府下发《关于贯彻实施国务院发布的〈社会团体登记管理条例〉的通知》,规定全市所有的社会团体在核准登记前,先要进行清理整顿。11月,全市社会团体清理整顿全面展开。

同月　市人大法制委、市政府法制办、市民政局和市残联联合成立《上海市残疾人保护条例》起草小组,草案在全国率先提出按1.6%比例分散安排残疾人就业。

6月22日　市民政局下发《关于在"文革"中被破坏的寿穴、寿格处理的若干规定》。

6月　市残联"康复办"委派上海五官科医院眼科医生组成白内障手术医疗队,赴新疆施行白内障复明手术 408 眼次。

8月24日　民政部副部长张德江视察上海轮椅车厂,并题词"中国轮椅,上海第一"。

9月　市残联成立党组,张万彬任党组书记。

10月　龙华烈士陵园第一期工程破土动工。江泽民为陵园纪念碑题写"丹心碧血为人民",邓小平题写园名"龙华烈士陵园",陈云题写"龙华烈士纪念馆"馆名。

11月24日　市政府颁布《上海市城市贫困市民急病困难医疗补助办法》。

1991 年

1月22日　经市政府批准,白茅岭、军天湖、上海、川东等 4 个农场划归宝山区管辖。

2月6日　上海各界在市烈士陵园纪念龙华二十四烈士牺牲 60 周年。次日,上海文化、教育界在市烈士陵园纪念"左联"五烈士牺牲 60 周年。市老领导胡立教等向烈士纪念碑敬献花圈,夏征农、陈沂、柯灵等回忆左联的革命斗争历史。

2月22日　国家主席杨尚昆在上海市委书记朱镕基等陪同下,赴市烈士陵园凭吊烈士墓,向烈士纪念碑敬献花篮,并参观上海烈士史料陈列馆。

3月11日　市政府办公厅下发《关于举办骨灰撒海活动问题的通知》。3月19日,上海市首次骨灰撒海活动在"沪航一号"轮上举行,113 名死者骨灰撒入大海。副市长谢丽娟参加活动。

3月30日　市委、市政府召开上海街道工作会议。市委书记朱镕基到会并讲话。

4月10日　市民政局举行首批社会团体发证仪式。94 个全市性社会团体获得登记证。

5月6日　市民政局会同相关部门制定《关于民政部门管理的军队、地方离退休干部、职工及抚恤救济等人员提租补贴和认购住宅建设债券问题的处理意见》。

5—9月　上海遭受特大暴雨和龙卷风灾害。房屋倒塌 2 302 间,损坏 6 178 间,人员受伤 529人,死亡 29 人,直接经济损失 3 亿余元。中共中央总书记江泽民、国务院副总理田纪云及民政部、水利部等领导数次到沪视察受灾地区,慰问灾民和指导工作。

5月　市残联与日本神奈川县"肢体不自由儿者父母连合会"在上海签约缔结友好团体。副市长谢丽娟出席签约仪式。

6月10日　市民政局会同相关部门制定《关于军队离退休干部、无军籍退休职工计发住房提租补贴的离退休费口径的通知》。

6月21日　市政府成立市残疾人事业领导小组。

6月26日　龙华烈士陵园、龙华烈士纪念碑、龙华烈士纪念馆隆重揭幕。市党政军领导和老同志吴邦国、黄菊、陈铁迪、陈国栋等,以及各民主党派、人民团体负责人参加揭幕仪式。

7月4日　市政府颁布《上海市优抚对象优待办法》。1993 年 8 月 19 日,市政府对该办法作若干修正。

7月5日　市政府办公厅下发《关于制止私建骨灰坟墓问题的通知》。

9月16日　龙华烈士陵园(筹)与龙华公园合并,成立龙华烈士陵园。

11月8日　市拥军优属、拥政爱民工作(以下简称双拥工作)领导小组成立,领导小组下设办公室,办公室设在市民政局。

11 月 9 日　市民政局会同市教育局等部门在市烈士陵园召开现场会，交流、推广市烈士陵园和徐汇区教育局共建"革命传统教育基地"的做法。市委副书记陈至立、副市长谢丽娟到会并讲话。

12 月 19 日　市人大颁布《上海市收容遣送管理条例》。

1992 年

1 月 4 日　全国双拥工作领导小组、民政部、总政治部授予黄浦区、嘉定县"全国双拥模范城（县）"荣誉称号。

1 月　上海举行首届残疾人声乐大赛。

2 月 14 日　市政府颁布《关于上海市社会团体经费管理暂行规定》。

3 月 17 日　市委书记办公会议审议并同意，在市烈士陵园内，为罗亦农、赵世炎、陈延年、陈乔年、彭湃、杨殷 6 位烈士造墓树碑。

3 月 24 日　开展社区服务、组建志愿者队伍、开展为老年人服务，列为 1992 年市政府与人民生活密切相关的 12 件实事之一。

4 月　市民政局、市残联会同相关部门制定《关于企业劳动制度改革中照顾残疾职工的意见》。

5 月 8 日　市民政局制定《关于举行结婚登记发证仪式的通知》。

5 月　中国残联主席邓朴方致信长宁区、嘉定县政府，选定长宁区和嘉定县为全国精神病防治康复试点单位。

6 月 18 日　上海假肢中心开业。

6 月　市残联与日本蒲公英之家联合举办"纪念中日邦交正常化 20 周年蒲公英之花音乐节"。

7 月　市残疾人活动中心成立。1999 年 8 月，更名为市残疾人体育训练中心，原活动中心的业务归并到市残疾人康复职业培训中心。

同月　市残疾人劳动服务中心成立。该中心负责推动残疾人分散按比例就业的试点工作。至年底，全市除浦东新区外，各区县均建立残疾人劳动服务所。

8 月　市政府下发《上海市残疾人事业"八五"计划（1991—1995）》。

9 月 10 日　李白烈士塑像在上海市邮电学校隆重揭幕。

9 月 26 日　经国务院批准，上海撤销上海县、闵行区，设立新的闵行区。

9 月　著名导演谢晋执导的中国第一部反映智障儿童生活并由智障儿童担任主要演员的电影《启明星》在上海影城首映。中国残联主席邓朴方，上海市领导陈至立、金炳华、谢丽娟、龚学平等出席首映式。

10 月 5 日　市民政局在青浦县开展婚姻登记制度改革的试点工作。由原乡镇政府办理登记，改为由县民政局办理登记。1995 年 7 月，全市婚姻登记全部由区县民政局办理登记。

10 月 11 日　经国务院批准，上海撤销川沙县，设立浦东新区。浦东新区的行政区域包括原川沙县，上海县的三林乡，黄浦区、南市区、杨浦区的浦东部分。

同日　经国务院批准，上海撤销嘉定县，设立嘉定区。

12 月 18 日　批准成立上海市科学研究中心。1993 年 3 月 30 日召开成立大会，市老龄委主任杨堤和市老龄导陈国栋、王一平、韩哲一、杨士法、陈沂、张承宗等出席。

12 月　市民政局、市残联会同相关部门制定《方便残疾人使用的城市道路和建筑物设计规范》。

同月　上海第一批 24 个公园免费对残疾人开放。

是年　《上海民政》杂志（内刊）第四季度试刊。1993 年正式创刊，为季刊。1995 年改为双月刊。民政部部长崔乃夫、副部长陈虹及《解放日报》《文汇报》《新民晚报》、上海人民广播电台、新华社上海分社、中新社上海分社领导，分别为杂志创刊题词。

1993 年

1 月 1 日　上海城镇义务兵及其家属的优待金实行社会统筹。

1 月 16 日　市政府召开上海市社会团体工作会议。历时两年多的社会团体清理整顿工作基本结束，社会团体工作进入正常登记管理的轨道。

1 月　市政府转发市民政局《关于解决本市市区部分老人生活困难的意见》，扩大了政府救济范围。

2 月 21 日　市人大颁布《上海市实施〈中华人民共和国残疾人保障法〉办法》。

3 月　市民政局、市残联会同相关部门制定《上海市社区康复工作"八五"实施方案》。

4 月 9 日　市民政局在奉贤县奉新公墓举行上海首次植树葬活动。

4 月　《中国社会报》上海记者站成立。

4 月 16 日　上海市残疾人事业领导小组更名为上海市残疾人工作协调委员会。2006 年 11月，更名为市残疾人工作委员会（以下简称市残工委）。

5 月 28 日　市民政局制定《关于〈上海市革命伤残人员配置辅助器械的规定〉的通知》。

6 月 1 日　上海城镇居民最低生活保障线出台，确定 120 元为最低生活保障线。

7 月 14 日　市残联召开第二次代表大会。大会选举副市长谢丽娟为主席团主席，选举钱关林为理事长。市委书记吴邦国到会并讲话。

9 月 12 日　国务院批准上海市烈士陵园迁入龙华烈士陵园，名称为上海市龙华烈士陵园（以下简称龙华烈士陵园）。同日，国务院批准龙华烈士陵园为全国重点烈士纪念建筑保护单位。

12 月 20 日　市政府颁布《上海市残疾人分散安排就业办法》。

是年　市民政局会同相关部门创立以税种附加费等形式，实行城镇义务兵及其家属优待金的社会统筹，并对在服役期间立功的义务兵增发优待金。

1994 年

2 月 10 日　市儿童福利院和青年报社联合举办"好心人，请您抱一抱孤儿"的志愿服务活动。700 多个家庭和团体参与这一活动，103 个家庭抱孤儿回家过年，1 000 多名志愿者去市儿童福利院抱一抱孩子。

3 月　中残联、联合国儿童基金会在上海举办合作项目培训班。国内 13 个省市 40 多名领导干部及残联干部参加培训。

5 月 1 日　市民政局对全市城镇特困人员实行实物补助。

5 月 7 日　上海市慈善基金会成立。全国政协副主席董寅初、民政部副部长阎明复、上海市政协主席陈铁迪、上海市副市长谢丽娟等领导出席成立大会。

5 月 16 日　市委、市政府召开上海市街道工作会议，表彰从事地区工作 30 年以上的街道、居委会干部。市委副书记、市长黄菊,市委副书记王力平,副市长谢丽娟到会并讲话。

同日　在第十次全国民政会议上,民政部命名黄浦区、虹口区、嘉定区为全国民政工作先进区,南市区小东门街道、杨浦区江浦路街道、宝山区罗南镇、青浦县徐泾镇为全国民政全优街道(乡镇)。

5月27日　上海人民英雄纪念塔在黄浦公园内建成对外开放。中共中央总书记江泽民题写塔名。

7月20日　市委、市政府、上海警备区召开上海市拥军优属拥政爱民模范、先进命名表彰大会。

同日　市民政局会同相关部门制定《关于解决本市公民私下领养弃婴的处理意见》。

9月16日　市政府颁布《上海市社会团体管理规定》。

9月　上海电视大学设立残疾人学院。当年招收肢残学员,隔年招收聋哑学员。

11月6日　市政府颁布《上海市公墓管理办法》。

11月9日　市民政局制定《关于试行〈上海市尸体运输管理办法〉(试行)的通知》。

11月10日　市政府颁布《上海市街道办事处工作规定》。

12月22日　全国民政厅(局)长座谈会暨社区服务经验交流会在沪举行。

12月28日　市政府颁布《上海市涉外婚姻管理暂行办法》。

12月31日　上海市先进乡镇长、先进村委会主任表彰大会召开。市政府命名闵行区为"上海市村民自治示范区"。

是年　市民政局会同市统计局首创将优抚对象的抚恤补助标准与公布的城乡居民收入和城镇职工平均工资等挂钩,形成自然增长机制。

同年　上海市农村居民最低生活保障线出台。

1995 年

1月9日　市民政局召开全市民政工作会议,传达贯彻第十次全国民政会议精神。

1月18日　中共中央政治局委员、市委书记黄菊接见好军嫂韩素云等爱国拥军先进群体事迹报告团全体成员。

4月5日　龙华烈士陵园主体工程落成。

4月14日　上海市拥军优属基金会成立。

4月19日　民政部在沪召开"全国拥军优属保障基金研讨会",交流、推广上海的经验。

同月　国务院总理李鹏祭扫龙华烈士陵园,向革命烈士墓敬献花圈。

6月　全国残疾人乒乓球锦标赛首次在上海举行。上海市代表队、黑龙江代表队分别获团体总分第一、第二名。

7月1日　龙华烈士陵园向社会开放。

同日　市民政局发放粮油供应卡,替代实物补助,持卡人可以在指定商店领取折算成相应人民币的粮油等实物。

7月14日　上海首家涉外婚姻咨询服务中心获批准成立。

7月　市老年工作协调联席会议制度建立。12月,市老龄问题委员会更名为市老龄委员会。

9月8日　市政府颁布《上海市婚姻登记管理办法》。

10月　市残联与日本蒲公英之家在沪举办第三届亚洲蒲公英之花音乐节,亚洲12个国家和地区参加。

11月21日　民政部命名闵行区为"全国村民自治模范区";闵行区马桥镇被评为"全国最佳乡镇";南京东路、曹杨新村街道被命名为"全国最佳街道";马陆、凤溪、洞泾、周浦4个乡镇被命名为"中国乡镇之星";小东门、新华路、北站、乍浦路街道被命名为"中国街道之星"。

11月　施德容任市民政局局长。

是年　市民政局会同相关部门下发《关于给新追认革命烈士家属发一次性褒扬金的通知》,上海首创给烈士家属发放褒扬金的制度。

1996 年

1月8日　市政府颁布《上海市农村社会养老保险办法》。

1月9日　全国"热爱祖国、自强不息"报告团第100场演讲活动在上海举行,中共中央政治局委员、上海市委书记黄菊,全国人大常委会副委员长王光英,全国政协副主席董寅初,中宣部副部长刘云山,国务院副秘书长徐志坚,全国妇联常委应伊利,共青团中央常务书记刘鹏,中国残联主席邓朴方,民政部副部长徐瑞新,财政部副部长谢旭人等与会。

1月18日　市政府勘界工作领导小组成立。领导小组下设办公室,办公室设在市民政局,负责勘界的日常工作。

2月7日　市民政局会同市农委等部门在嘉定区召开上海市农村社会养老保险工作会议。

3月27日　市委、市政府召开上海城区工作会议,会议要求完善"两级政府三级管理"体制,大力加强城市社区建设和管理。下发《关于加强街道、居委会建设和社区管理的若干政策意见》和《关于进一步完善市对区"两级政府,两级管理"体制的政策意见》两个文件。

5月22日　上海市先进街道办事处、街道办事处主任、居委会和居委会主任表彰大会召开。108个先进集体和214个先进个人受到表彰。会上,市政府命名青浦县为"上海市村民自治示范县"。

6月　市残联机构级别调整为正局级。

7月　市政府下发《上海市残疾人事业"九五"计划(1996～2000)》。

7月　上海市民政局信息研究中心成立。

8月　市民政局会同相关部门下发《上海市国内婚姻介绍服务机构管理规定》,明确国内婚姻介绍机构申请登记的程序,以及相关部门的管理职责。

11月4日　市政府颁布《上海市社会救助办法》。

11月8日　第一届亚洲太平洋地区特奥运动会在上海体育馆开幕,来自亚太地区的15个国家和地区的44个代表团、521名弱智运动员参加5个大项的比赛。中共中央政治局委员、上海市委书记黄菊,全国人大常委会副委员长王光英,民政部部长多吉才让,国际特奥会主席沙金特·施莱佛,中国残联主席邓朴方,中国弱智人体育协会主席阎明复等出席开幕式。

11月29日　市委、市政府、上海警备区召开上海市拥军优属拥政爱民模范、先进单位表彰大会。

11月　市残联举办上海第四届残疾人艺术会演,各区县组织432名残疾人参加演出。

12月13日　上海《城市居住区公共服务设施设置规定》发布,社区服务设施列入居住区公建配套。

是年　上海民政系统在市政风行风测评中名列政府部门第一名。至2010年,先后4次获第一名。

同年　市民政局会同相关部门下发《关于给革命烈士在职家属发给定期抚慰金的通知》，首创对在职烈士家属发放抚慰金的制度。

同年　市民政局组织开发婚姻登记和婚姻档案管理软件。1997年起开始启用，2001年实现全市婚姻登记信息化联网管理。

同年　市民政局会同相关部门编制首个《上海市老年事业发展"九五"计划和2010年远景目标》，整体谋划和推进上海老龄事业的发展。

1997 年

1月24日　市人大颁布《上海市街道办事处条例》。

2月23日　市政府办公厅下发《关于做好牺牲病故军官随军家属易地安置交接工作意见的通知》。

2月25日　市民政局会同相关部门下发《关于本市民政部门管理的军队离退休干部有关待遇问题的通知》，明确民政部门管理的军队离退休干部参照地方有关规定享受补助补贴。

2月　市残联机关党组织关系从市民政局党委转出，归市级机关工作党委管理。7月，区县残联参照市残联进行级别调整，其党的工作由区县民政局党委（党组）负责。

3月11日　市民政局召开市民政系统开展"政务公开，规范服务，争当孺子牛"活动大会。首推12个服务项目，接受社会各界监督。

3月24日　市民政局召开上海市先进军队离退休干部（以下简称军休干部）、先进军休干部休养所（以下简称干休所）表彰大会。全市33名先进军休干部、3个先进干休所、21名干休工作者受到表彰。25日，先进集体和先进个人受到市党政军领导接见。

3月　施德容任市民政局党委书记。

4月13日　市民政局会同市农委等部门在青浦县赵巷镇方东村召开上海市农村村务公开现场会。

4月16日　市民政局会同市农委等部门在青浦县召开上海市农村社会养老保险工作会议。全市10个区县的200个农村的乡、镇已全部运转，120万人参加投保，占应投保人数的81%。

4月29日　经国务院批准，上海撤销金山县，设立金山区。

4月　市委、市政府召开上海市城区工作经验交流会议，就加强社区建设和管理作出部署。

5月16日　市民政局下发《关于开展居委会达标升级活动的通知》，要求各区县全面加强居委会的组织制度、基础设施和业务建设。

5月28日　龙华烈士纪念馆建成开馆。

6月10日　市民政局召开上海民政工作会议，要求上海民政工作向"大民政"格局转型发展，民政的社会保障和社会行政事务管理，要与社会主义市场经济体制相适应，与现代国际大都市社会功能相协调。

6月　上海市社区服务中心成立。

7月10日　市民政局召开上海市清理整顿社会团体工作会议。部署第二次全市清理整顿社会团体工作。

7月　上海市社会福利国际交流中心成立。

同月　全国双拥工作领导小组、民政部、解放军总政治部转发《关于上海市适应改革开放和发展社会主义市场经济新形势做好拥军优属工作的调查报告》。

同月 《人民日报》《解放军报》《解放日报》《文汇报》等报刊载反映上海拥军优属工作的长篇通讯《托起心中的长城》。

8月20日 市人大颁布《上海市殡葬管理条例》。

9月23日 市民政局会同相关部门下发《关于补办结婚登记和制止未婚生育的通知》。

同月 市政府批准,江湾机场区域由宝山区划入杨浦区。

11月15日 全国人大内务司法委员会对上海实施《中华人民共和国老年人权益保障法》一年来的情况进行执法检查。市人大、市政府领导参加执法检查活动。

11月 上海市社会福利中心成立,负责局属9个福利事业单位的管理。

12月10日 民政部命名长宁区、杨浦区、南市区、闵行区为全国民政工作先进区;卢湾区五里桥街道、浦东新区潍坊新村街道、闵行区马桥镇、南汇县周浦镇、奉贤县邬桥镇、崇明县堡镇为全国民政工作全优街道(乡镇)。

是年 市民政局会同相关部门出台百岁老人的优待政策。

1998 年

1月25日 市民政局举行首批成年孤儿回归社会仪式,31名成年孤儿分别由15个区接收安置,走上社会。

2月27日 经国务院批准,上海撤销松江县,设立松江区。

4月28日 市民政局会同相关部门,给予地方政府安置的军休干部在购买公有住房时,按购房当年的公有住房出售政策核定实际出售总价后,享受10%的一次性减免购房款的优惠。

4月 市委办公厅、市政府办公厅批转市民政局《关于加强上海市社会救助工作的意见》,要求社会救助和帮困在街道乡镇形成"一口上下"的运行机制。

同月 市民政局会同相关部门下发《关于对本市重残无业人员发放最低生活保障金的通知》。

同月 市民政局会同相关部门下发《上海市社会福利企业深化改革若干政策意见》和《关于〈上海市社会福利企业深化改革若干政策意见〉有关问题的说明》,对福利企业的改制原则、改制形式、保障残疾人职工权益等重大问题作出规定。

5月17日 市残疾人艺术团在外滩新世纪广场举行专场演出,展示残疾人自强自立的风采,增进社会对残疾人事业的理解。

5月25日 市委办公厅、市政府办公厅下发《关于进一步支持军队建设做好拥军优属工作的若干意见》,规定设立义务兵风险保障专项基金和拥军优属社会保障金。

5月 经市政府批准,浦东国际机场内的南汇祝桥、东海两镇部分区域及朝阳农场部分区域划入浦东新区。

6月15日 上海市社区服务热线开通。1999年5月23日,市、区社区服务热线联网。

6月 市政府颁布《上海市养老机构管理办法》。

8月 上海市殡葬服务中心成立,为自收自支、独立核算的事业单位,负责4家直属殡葬单位的管理。

8月18日 市人大颁布《上海市老年人权益保障条例》。

9月10日 市残联召开第三次代表大会。会议推选市委副书记孟建柱为主席团名誉主席,选举副市长冯国勤为主席团主席,选举徐凤建为理事长。

11月15日　市人大颁布《上海市居民同外国人、华侨、香港特别行政区居民、澳门地区居民、台湾地区居民婚姻登记和婚姻咨询若干规定》。

11月18日　在国务院召开的全国拥军优抚安置工作会议上,副市长冯国勤作《适应改革发展新形势,积极探索优抚安置工作新途径》的交流发言。

11月27日　市委副书记孟建柱等领导,听取市民政局等部门关于上海"三车整治"(残疾车载客营运、人力三轮车擅自安装动力装置、无牌无证机动三轮车非法营运)的工作方案汇报。孟建柱要求,以民政部门为主,各有关部门配合,继续完善工作方案,报送市委。经市委批准后,"三车"整治工作全面展开,至1999年底基本完成。

11月　上海市与江苏省298公里的界线勘定,贯通198公里。2001年8月,沪苏线勘界工作全线贯通。

12月　上海市与浙江省的界线勘定全线贯通。

是年　市民政局会同相关部门对城镇居民最低生活保障家庭实施房屋租金减免制度。

同年　卢湾区五里桥街道建立社区事务受理服务中心,在街镇层面一门承接政府职能部门依法延伸的政务类服务。

1999 年

4月30日　市民政信息系统和"社会保障(IC)卡"民政分系统建设启动,系统包括民政三级网建设,社会救助、婚姻登记、收养登记、双退、优抚、社保卡交换平台、内外WEB等应用子系统组成。

4月　农村养老保险业务从市民政局划归市劳动和社会保障局。

5月16日　市残疾人康复职业培训中心成立,市委副书记孟建柱、市政协副主席谢丽娟为中心揭牌。

5月27日　为纪念解放上海牺牲的7 785名烈士的《热血丰碑》一书首发。中共中央政治局委员、市委书记黄菊为《热血丰碑》作序,市委副书记、市长徐匡迪题写书名。南京军区副司令员黄信生等出席首发活动。

5月　上海市双拥活动中心成立。

6月1日　市人大颁布《上海市村民委员会选举办法》。

6月2日　市政府颁布《上海市社会福利企业管理办法》。

6月14日　市民政局下发《关于本市经营性公墓向特殊对象出售寿穴有关问题的通知》。

8月1日　市民政局会同相关部门下发《上海公民收养子女登记若干规定》。

8月10日　沪港社会福利交流研讨会召开。中华慈善总会会长阎明复、上海市慈善基金会会长陈铁迪和香港社会福利署署长梁建邦等出席开幕式。

8月15日　民政部部长多吉才让考察松江区社会福利院。

8月24日　上海市社会团体管理局成立,为市民政局的二级局(副局级),内设5个处。市委副书记孟建柱、市委组织部部长罗世谦、副市长冯国勤出席成立仪式并讲话。

9月16日　经国务院批准,上海撤销青浦县,设立青浦区。

9月　市民政局会同相关部门决定,将原由企业承担的职工家属最低生活保障的经费,全部由政府承担。

11月6日　上海市第五届特奥运动会开幕。中国特奥会主席阎明复、国际特奥会亚太地区总监容德根等出席开幕式。

11月22日　1999年上海老年人照顾体系国际研讨会召开,来自10多个国家和地区的100余名专家、学者、政府官员和管理人员参加。

11月　宝兴殡仪馆改造工程开工。2002年10月,新馆落成启用。

同月　市民政局召开"孺子牛奖"表彰暨创建文明行业动员大会,下发《关于创建文明行业的意见》。市委副书记孟建柱、副市长冯国勤到会并讲话。

12月3日　上海残疾人网站开通。

是年　在卢湾、浦东和长宁3个区部分街道的部分居委会,进行"健全居委会民主选举和完善居民区管理体制"试点工作。在5个居委会进行直接选举试点,18个居委会由居民代表组成的居民会议进行间接选举。

同年　上海进行村委会第五次换届选举,有1 165个村委会首次实行"海选",占总数的43.2%。

同年　国务院召开全国拥军优抚安置工作会议,发起"爱心献功臣"行动,上海与革命老区江西省兴国县开展"结对抚优"活动。

同年　市政府决定将军队移交地方的三星级宾馆华浦大厦改作双拥大厦,为部队和广大优抚对象服务。

同年　市民政局与美国俄勒冈大学签署"社区建设和社区服务"培训项目合作协议。

同年　闵行区、松江区被民政部命名为"全国村民自治模范区"。

2000 年

1月　市民政局会同相关部门实施医疗救助改革,将年终一次性救助改为每季度救助一次,医疗救助对象从城镇困难市民扩展到农村贫困户家庭成员。

同月　上海市民政传媒中心成立。

2月23日　中国残联主席邓朴方视察上海市残联及上海残疾人网和市残疾人康复职业培训中心。

3月15日　《上海养老设施建筑设计标准》颁布。它是中国第一部养老机构建设的技术标准。

3月25日　市民政局下发《关于严禁公墓销售超标准大墓的紧急通知》。

3月　上海市老龄事业发展中心成立。

5月6日　第五届全国残疾人运动会在沪举行,全国35个代表团的1 800多名运动员参加运动会。全国政协主席李瑞环出席开幕式。

5月14—21日　上海开展首届"助残周"活动,其后每年"全国助残日"当周,围绕"全国助残日"主题,在全市范围开展系列助残活动。

5月17日　首届中国国际残疾人和老年人康复护理保健用品用具展览会在上海举行。

5月28日　"同心铸长城——上海双拥成果展"在上海双拥大厦揭幕,为全市的爱国主义教育和国防教育增添一个重要基地。

6月13日　经国务院批准,上海撤销黄浦区、南市区,设立新的黄浦区。

6月23日　市民政局制定《上海市居民会议制度实施办法(试行)》。

6月26日　全国首个电脑福利彩票全热线销售系统——"上海风采"电脑福利彩票全热线销售系统运行。

9月1日　全国人大对上海贯彻实施《中华人民共和国居民委员会组织法》情况,进行执法检查。

9月22日　市人大颁布《上海市实施〈中华人民共和国村民委员会组织法〉办法》。

9月　市民政局会同相关部门启动全市城镇最低生活保障对象的安居救助。长宁、闸北等区进行廉租房制度的试点。

同月　市民政局与荷兰鹿特丹社会事务和就业局合作开展"上海—鹿特丹养老福利培训项目"。该项目于2004年圆满结束。

11月　市民政局会同相关部门下发《关于做好医疗救助工作的通知》,对低收入家庭中的大病重病患者给予医疗困难补助。

同月　市政府办公厅下发《关于做好职工医疗互助救助工作的通知》,明确"企业尽责救助、民政组织救助、社会参与救助"的工作方针。

同月　市政府办公厅下发《关于切实做好本市残疾人劳动就业工作意见的通知》。

同月　上海市社会团体监察总队成立。

12月20日　市委、市政府召开"上海市加强社团党建和管理工作会议",要求业务主管单位和登记机关双重负责社会团体的党建工作。市委副书记孟建柱、市委组织部部长罗世谦、副市长冯国勤到会并讲话。

12月28日　全国双拥办、民政部召开"爱心献功臣行动"电视电话总结表彰会,上海市政府被授予全国"爱心献功臣行动"组织工作先进单位称号;上海20个区县全部被评为全国"爱心献功臣行动"先进区县;有6个单位、2名个人分别被评为全国"爱心献功臣行动"先进单位和先进个人。

12月31日至2001年1月1日　市民政局会同相关部门举办"世纪婚典"活动,为全市100对"世纪婚典"新人证婚和颁发结婚证书。

12月　市民政局会同相关部门举行上海市"先进乡镇长""先进村委会""先进村委会主任"评比表彰活动。

同月　市残疾人法律援助中心暨市法律援助中心残疾人分中心成立。

是年　上海进行第六次居委会换届选举工作,有53个居委会实行居民直接选举,占总数的1.7%。

同年　市民政局会同相关部门在街道乡镇建立社区事务受理服务中心(简称"一门式"),作为市政府实事项目在全市推开,当年创建指标25个,实际完成50个。

同年　市民政局探索以上门、日托、邻里互助为主的社区居家养老服务。卢湾、长宁、杨浦、黄浦、静安、嘉定等6个区,开展依托养老机构的社区居家养老服务试点。

同年　市政府建立上海市殡葬工作联席会议制度,负责协调处理清明、冬至的祭扫,以及处理违法经营殡葬专用品活动和乱葬乱埋等现象。

同年　市民政局会同相关部门,依托上海高校的优质资源,开办士官大专班、干部本科班和部分优秀人才研究生班。

2001 年

1月9日　经国务院批准,上海撤销南汇县,设立南汇区;撤销奉贤县,设立奉贤区。

1月12日　黄浦、嘉定、宝山、杨浦、虹口、闵行、长宁、徐汇和崇明9个区县被命名为全国双拥模范城(县)。

2月　市民政局会同相关部门下发《关于做好本市城镇居民最低生活保障家庭中协议保留社会保险关系人员生活困难补助工作的通知》。

3月1日　市政府颁布《上海市城镇职工基本医疗保险办法》,军休干部和无军籍退休职工全部纳入范围。

4月5日　市民政局下发《关于对享受城镇最低生活保障的无业老人和未成年子女实施医疗救助的通知》。

4月10日　市民政局下发《关于全面开展居家养老服务的意见》。

4月25日　第一次全国民政信息化工作会议在上海召开,民政部部长多吉才让出席会议并讲话。市民政局的"数字民政"工程建设启动。

5月17日　由市委政法委牵头,公安、民政等11个委办局组成的上海市涉外民间组织管理联席会议制度建立。

5月19日　上海举行纪念《中华人民共和国残疾人保障法》颁布实施十周年座谈会,市委副书记刘云耕、市人大副主任漆世贵、副市长冯国勤、市政协副主席谢丽娟出席。

5月28日　上海市社区服务热线"安康通"老年人援助呼叫系统开通,并在虹口区先行试点。

5月　上海各区县和区与区之间的行政区域界线勘定任务全部完成。

6月26日　大型史诗剧《血沃龙华》首演,市党政军领导观看演出。该剧热情讴歌从五卅运动、上海工人三次武装起义,到上海解放前夕地下党的斗争,再现罗亦农、顾正红、柔石、茅丽瑛、王孝和、李白等烈士的光辉形象。

6月28日,经市政府批准,青浦区白鹤镇部分区域,划归嘉定区管辖。

7月22日,上海市双拥模范先进命名表彰大会召开,黄浦等15个区县被命名为上海市双拥模范区(县),被命名表彰的还有153个上海市拥军优属模范街道乡镇,390个上海市拥军优属模范单位,53个上海市拥政爱民模范单位,41个上海市拥军优属先进街道乡镇,26个上海市拥政爱民先进单位。同时,还授予30人上海市拥军优属模范、上海市拥政爱民模范、上海市好军嫂称号;授予100人上海市优抚对象先进个人称号。

7月25日　国际视障教育学会东亚区会议在沪召开,会议主题是"21世纪视障人士教育——全球展望"。上海市副市长周慕尧、中国残联副理事长王成金出席。

7月26日　市政府办公厅下发《关于加快实现本市社会福利社会化的意见》。

7月　位于乌鲁木齐南路406号的上海市军队离休退休干部活动中心竣工。

8月19日　市民政局制定《上海市老年人日间服务机构管理办法》。

9月17日　上海市首次举行结婚登记颁证仪式,副市长冯国勤为新人颁发结婚证书。

9月22日　市老龄委召开年度全体委员会议,总结上年度工作,部署当年老龄工作。此后,市老龄委每年都召开全体委员会议。

10月24日　市委、市政府召开上海市老龄工作会议。

10月27日　市政府下发《上海市老龄事业发展第十个五年计划纲要》。

10月　市民政局启动"星光计划",旨在社区增设、改善敬老院、老年活动室等老年福利设施。该项工作于2004年10月全面完成。

11月13日　"上海双拥号"游轮举行揭牌仪式。

12月4日 市民政局召开"上海市丧葬习俗改革经验交流会",推广闵行区建立园林景观式骨灰深埋区和室内葬做法。

12月28日 市政府颁布《上海市婚姻介绍机构管理办法》。

是年 21家市、区县办养老机构的内部医疗机构,获准纳入医疗保险结算单位。

同年 市民政局开展首届养老机构"十佳"服务明星评比和养老机构形象展示活动。

同年 市民政局举办驻沪部队英模人物和上海优抚对象的疗休养活动。

2002 年

1月10日 市政府颁布《上海市行业协会暂行办法》。

2月 市民政局推出婚姻收养登记的周六接待服务制度。

4月19日 副市长冯国勤率团前往英国,申办2007年世界夏季特奥运动会。5月,国际特奥会主席蒂姆·施莱佛通过录像在上海和华盛顿同时宣布,上海在全球14个申办城市的竞争中,赢得2007年第12届世界夏季特奥运动会的主办权。

5月 市民政局会同相关部门下发《关于郊区村级主要干部报酬问题的政策意见》。

6月 市民政局首次对殡仪馆、火葬场进行年度验审。

7月 市民政局会同相关部门下发《关于解决本市公民事实收养有关问题的处理意见》。

8月1日 市政府召开上海民政工作会议,下发《关于加快本市民政事业发展的若干意见》。

8月26日 市社会团体管理局"政务网站"开通。

8月 上海南汇、崇明、宝山等地遭受台风袭击。市民政局共下拨救灾款100万元,用于重灾户、贫困户、五保户危险房屋的抢修、翻建,以及灾民的生活救助。

9月4日 全国"五一"劳动奖章获得者聋人洪泽与28名通过专升本考试的聋人,一起进入上海大学美术学院艺术设计本科班。

9月21日 市民政局、市残联会同相关部门下发《关于将本市重残无业人员生活补助实施归并管理的通知》。

9月23日 联合国第二届世界老龄大会亚太地区后续行动会议召开,来自47个国家和地区及国际组织约90名政府官员、专家和学者参加会议。

同日 上海首届盲人戏曲展演会在卢湾文化宫举行。

9月 市民政局会同相关部门组织虹口、杨浦、普陀等区,对分别安置在嘉定、青浦、松江等区的448户、1859位三峡移民,开展"欢迎三峡库区农村移民落户上海生活用品捐赠活动"。

10月8日 第20届残疾人国际(DPI)亚太区残疾人领导人培训研讨会在上海开幕,来自亚太地区29个国家的100余人与会。中国残联主席邓朴方、残疾人国际亚太区主席维娜斯·伊拉甘、残疾人国际前世界主席罗恩·南杜里、日本国际协力事业团中国事务所所长樱田幸久出席开幕式。

10月16日 市政府颁布《上海市退役士兵安置工作暂行办法》。

10月17日 上海举办首届残疾人职业技能竞赛。

10月31日 上海被列入创建全国首批无障碍设施建设示范城市。

10月 市民政局向国际第三年龄大学协会(简称AIUTA)理事会作申办2004年代表大会的陈述,并获得上海2004年AIUTA代表大会的举办权。

同月 市人大颁布《上海市促进行业协会发展规定》,为中国首部促进行业协会发展的地方性法规。

11月25日　市政府颁布《上海市义务兵及其家属优待金发放管理办法》。

12月3日　上海市志愿者协会助残工作委员会成立,市政府副秘书长周太彤任名誉主任,市残联理事长徐凤建、市文明办副主任陈振民共同任主任,市文联、市总工会、团市委、市妇联、市卫生局、市教委有关领导任副主任。

12月17日　上海首座展示中国殡葬文化的陈列馆——上海滨海古园墓葬文化陈列馆,在滨海古园内建成。

12月　市民政局、市残联会同相关部门下发《关于开展"上海志愿者'7259'帮老助残行动"的通知》,2 264户"老养残"家庭受助。

是年　卢湾、黄浦、浦东、长宁、徐汇、静安等6个区被命名为首批"全国社区建设示范城区"称号。

同年　市民政局首次对民办非企业单位开展年检。

同年　市民政局下发《关于实施〈上海市婚姻介绍机构管理办法〉的暂行规定》。

同年　上海军休干部、干休所及其工作人员共计捐款627 650元,在江西、安徽筹建两所军休干部希望小学。该活动被评为市级机关系统2002年度"双文明""双十佳"好事之一。

同年　全市2 716家福利企业中的58 743名残疾职工全部纳入城镇或农村社会保险,实现"应保尽保"。

2003 年

1月22日　市民政局会同相关部门制定《关于本市退役士兵享受政府经费补贴培训的实施意见(暂行)》,规定上海接收的退役士兵,在其退役后尚未就业期间一年内,可免费参加一次政府经费补贴的职业技能培训。

2月22日　中国残疾人体育艺术培训基地在上海市漕宝路1688号落成,国务委员司马义·艾买提、中国残联主席邓朴方、国务院副秘书长徐绍史、中国残联理事长郭建模等出席落成典礼。

2月　市民政局、市残联会同相关部门举办"上海·中国特殊艺术展示周"活动,中国残联理事长郭建模、中国残联副主席刘小成、上海市委副书记殷一璀、上海市委宣传部部长王仲伟、上海市政协副主席宋仪侨等观看中国残疾人艺术团的演出。

同月　中国残联第17次全国残联工作会议在沪举行,会议就推动残疾人事业与全面建设小康社会协调发展进行研讨,中国残联主席邓朴方、中国残联理事长郭建模、上海市副市长冯国勤出席会议。

3月16日　市民政局会同相关部门制定《上海市社会工作者职业资格认证暂行办法》。11月,举行社会工作职业资格首次认证考试。2004年5月,首次颁发社会工作者职业资格证书。

3月　徐麟任市民政局党委书记,4月15日任市民政局局长。

4月29日　市民政局下发《关于进一步规范居家养老服务补贴经费管理和使用的通知》。

4月　市政府颁布《上海市无障碍设施建设和使用管理办法》。

4—5月　市民政局推出"非典"患者的生活和医疗临时救助办法,采取政府购买服务方式,向特殊家庭中无人照顾的对象发放"劳务服务补贴券"。

5月27日　市民政局制定《关于实施〈上海市退役士兵安置工作暂行办法〉的若干规定》。

6月30日　市民政局下发骨灰撒海补贴标准,对市劳模、残疾人、伤残军人去世后的骨灰撒海给予补贴。2007年4月调整补贴对象,对上海常住户籍人口过世后的骨灰撒海,都给予补贴。

7月7日　上海首届全日制普通高校特教班17名聋人学员,在上海应用技术学院艺术设计系顺利毕业。

7月18日　市委常委会听取市民政局关于上海开展第七届居委会换届工作情况汇报。之前,市民政局已经向市委书记办公会议以及市委副书记刘云耕、副市长周太彤作汇报。上海第七届居委会换届选举工作中,采取直接选举的居委会有766个,占参加换届选举居委会总数的31.4%。

同日　市残联召开第四次代表大会。大会聘请市委副书记刘云耕为主席团名誉主席,选举副市长周太彤为主席团主席,选举徐凤建为市残联理事长。

同日　市民政局下发《上海市社会工作师(助理)注册管理试行办法》。

7月24日　上海市双拥模范先进命名表彰大会召开。19个上海市双拥模范区(县)、141个拥军优属模范街道乡镇、585个拥军优属模范单位、57个拥政爱民模范单位、37个拥军优属先进街道乡镇、28个拥政爱民先进单位、10名拥军优属模范个人、10名拥政爱民模范个人、10名好军嫂、100名优抚对象先进个人受到命名表彰。

7月30日　市政府下发《关于做好本市生活无着的流浪乞讨人员救助管理工作的通知》。8月1日,市和区县19个救助管理站同时挂牌。

同日　第一期"银龄行动"31名老年医务志愿者赴新疆阿克苏地区进行为期3个月的志愿服务。

8月　第二届全国残疾人职业技能竞赛在上海、广州、北京三个赛区举行,上海赛区主要承办计算机类竞赛项目。8月9日,国务院副秘书长汪洋、中国残联主席邓朴方等,以及来自全国205名参赛选手和各地观摩团出席开幕式。

10月　第四届"远南"残疾人乒乓球锦标赛在上海举行,来自日本、韩国、马来西亚、中国大陆、中国台北、中国香港共6个国家和地区的105名残疾人运动员参赛。中国残疾人乒乓球代表团36名运动员参赛,取得10金11银3铜的优异成绩。

11月4日　市民政局下发《关于进一步深化居家养老服务试点工作的通知》。

11月8日　市政府、全国人大内务司法委员会、外交部、文化部、国家广播电影电视总局、共青团中央、中残联、中国残疾人福利基金会,共同在上海举行《联合国亚太残疾人十年》纪念活动。上海市副市长周太彤、中国残联副理事长申知非出席表彰仪式并颁奖。

11月17日　建设部、民政部、全国老龄办和中残联,在上海召开全国无障碍设施建设示范城创建活动情况交流会,建设部副部长黄卫、上海市副市长周太彤、中国残联副理事长申知非等领导参加。

11月　上海第一家"残疾青年见习基地"在上海麦当劳公司古北分店揭牌。

12月13日　市民政局会同相关部门下发《关于移交本市安置的军队师职退休干部比照享受同职级退休公务员医疗待遇的意见》。

12月30日　市政府办公厅下发《关于进一步加强本市革命烈士家属抚恤优待工作若干意见的通知》,对因单位破产、倒闭或其他特殊原因停发抚慰金的烈士遗属,可改由其户籍所在地区县民政部门发放。

12月　上海市民帮困互助基金会成立。

是年　市民政局制定《上海社区居家养老服务需求评估标准》。

同年　民政部命名闵行区、松江区、嘉定区为"全国村民自治模范区"。

同年　市民政局会同相关部门建成社会组织四级预警网络。

2004 年

1月1日　市民政局推行结婚登记特邀颁证师制度,聘请德高望重的社会贤达、家庭美满幸福的55岁以上社会名人为特邀颁证师。

1月10日　世界轮椅车基金会向市残联捐赠轮椅车。上海市副市长周太彤会见世界轮椅车基金会主席肯尼斯·贝林一行,并就上海残疾人事业的发展和合作进行友好交谈。

1月20日　市残联信息中心成立。

1月　上海市儿童临时看护中心成立。

1月29日　市政府颁布《关于本市加强拥军优属工作的若干规定》。

2月9日　市委办公厅、市政府办公厅下发《关于进一步做好本市孤残儿童工作的意见》。

2月23日　上海中医药大学的首届盲人保健按摩大专学历班开学。

2月　市民政局与荷兰鹿特丹社会事务和就业局、法国马赛市社会福利部、瑞典索尔纳市老年人照料部开展的中欧"上海老年人照料评估体系"合作项目正式启动。

3月2日　国际特奥会在北京与中国签订2007年上海举办世界夏季特奥会的协议。国务院副总理回良玉、中国残联主席邓朴方、国际特奥会主席蒂姆·施莱佛出席。

4月1日　市委主要领导视察嘉定区江桥镇太平村,肯定该村的村民民主管理办法。

4月　市民政局会同相关部门下发《关于本市实施助老服务项目的试行办法》,服务补贴经费第一次列入财政预算。

同月　上海市婚姻(收养)登记中心成立。

5月12日　上海社工网开通。

5月17日　全国婚姻登记工作会议在上海召开。民政部部长李学举等出席会议。上海市民政局局长徐麟在会上发言,介绍上海婚姻登记信息系统的开发和利用。

5月　上海社会福利评估事务所成立。之后陆续在市和区县层面分别成立社区居家养老指导中心,建立专业的第三方评估机制。

6月1日　国务院《基金会管理条例》实施当日,上海4家非公募基金会获市民政局批准成立。

6月18日　上海市儿童临时看护中心批准成立,2005年6月1日揭牌,为中国首家专门负责弃儿(疑似)临时照料和寻亲工作的机构。

6月20日　市民政信息系统暨市社会救助"一口上下"工作平台投入建设。12月31日全市联网。

7月9日　市民政局会同相关部门召开上海市军休干部安置工作暨先进表彰大会。

7月　上海市社会救助事务中心成立。

同月　市民政局、市残联会同相关部门举办第三届中国国际残疾人和老年人康复护理保健用品用具展览会。

8月11日　首届特殊学校艺术教师舞蹈培训班开班。20名艺术教师参加培训。

8月12日　市残联召开2004年残疾人大学生新生座谈会,市委副书记刘云耕、副市长周太彤出席。

8月18日　市委、市政府召开上海市村务公开工作暨先进表彰大会,要求民政部门牵头做好全市的村务公开和民主管理工作。

8月19日　市人大颁布《上海市村民委员会选举办法》。

9月　第十二届残奥会在雅典举行。上海选手共获得9金、5.5银、2.5铜,破四项首届纪录和一项残奥会纪录,实现金牌总数和奖牌总数双突破。

10月20日　市政府办公厅下发《关于〈本市实施扶持城镇退役士兵自谋职业优惠政策意见〉的通知》。

10月　国际第三年龄大学协会（AIUTA）第22届代表大会在上海召开,来自22个国家和地区的300余名代表出席。全国老龄工作委员会办公室常务副主任李本功出席,并对正在创建全国老龄工作先进区县的静安、长宁、嘉定等区,进行考察、验审。

12月13日　在冬至祭扫工作协调会上,市民政局推出错时祭扫、排堵保畅的新举措。

12月16日　市民政局下发《关于对本市特殊对象死亡后补贴殡葬费用的通知》。社会孤老等特殊对象死亡后,由社区服务中心提供殡葬服务的,政府给予补贴。

12月　市委八届六次全会通过《关于加强社区党建和社区建设工作的意见》。

是年　市民政局在普陀区9个街道开展上海市经常性捐助接收点试点工作。至年底,全市已在7个区建立经常性捐助接收点105个。

同年　市民政局在普陀区甘泉、宜川等街道,开展殡葬服务进社区试点。

同年　司法部、民政部联合命名松江区新桥镇春申村、嘉定区江桥镇太平村、浦东新区高行镇解放村、闵行区梅陇镇陇西村、奉贤区青村镇杨王村、青浦区练塘镇东庄村为"全国民主法治示范村"。

2005 年

1月18日　上海人民广播电台"990新闻频率"、市残疾人福利基金会共同主办的"同一片蓝天下"节目开播,主持人由视力残疾人鲁君担任,这是上海市第一个由残疾人主持的电台节目。

1月　市政府下发《关于开展对印度洋海啸灾区民间捐赠活动的实施意见》,市民政局组织社会开展募捐活动,共向灾区捐款7 788.7万元。

同月　市民政局首次在春节期间采取"节日补助券"的形式,向低保家庭发放一次性节日补助。

2月18日　市政府办公厅批转市民政局等部门《关于进一步做好本市歇业关闭企业中困难残疾职工保障工作的意见》,明确通过多项保障措施和帮困措施,切实做好2004年底前歇业、关闭的国有企业中困难残疾职工的社会保险和基本生活保障工作。

2月21日　市民政局会同相关部门要求,部分高校试点招收退役士兵工作,并实行单独命题、单独考试、单独录取。4月20日,市民政局会同相关部门下发《关于给予自谋职业的城镇退役士兵社会保险费和生活补助的通知》,要求对自谋职业或者进入全日制普通高校就读的城镇退役士兵,一次性给予社会保险费补助。

2月　静安、长宁、嘉定等区被命名为全国老龄工作先进区。

3月1日　上海"智障人士阳光行动"工作启动。当年对10 919名智障人士进行劳动技能培训和康复训练。

3月　市政府办公厅下发《关于加强社区建设扩大试点工作意见》和《加强社区建设扩大试点

工作指导要求》。

同月 市民政局、市残联会同相关部门下发《关于对本市特殊教育学校九年义务教育阶段学生实施减免学习费用的通知》。

4月28日 市民政局、市残联会同相关部门下发《关于进一步加强本市社区精神病人日间康复照料机构建设的意见》。

4月 2005年国际残疾人口足绘画艺术展在上海举行。19个国家和地区的46位口足画家来沪参展,展出作品150余幅。国际口足绘画艺术联合会主席埃罗斯·博纳米尼,以及有关外国驻沪领事和部分肢体残疾人代表等出席艺术展开幕式。

同月 市民政局会同相关部门下发《自然灾害应急处置预案》。

5月18日 经国务院批准,宝山区的长兴乡、横沙乡划入崇明县。

5月26日 市党政主要领导到普陀区召开和谐社区建设座谈会,就社区建设扩大试点工作提出具体要求。

5月 上海民政系统被市委、市政府授予2003—2004年度上海市文明行业称号。

同月 市民政局下发《关于全面推进本市殡葬服务进社区工作的通知》,确立"政府推动、依托社区、市场运作、百姓受益"殡葬服务进社区的工作原则。

同月 市委、市政府成立上海市村务公开领导小组,领导小组下设办公室,办公室设在市民政局。

同月 第一届残奥世界杯在英国曼彻斯特开赛。上海运动员周菊芳夺得场地500米计时赛冠军并破世界纪录,同时夺得2公里计时赛冠军。

7月26日 市政府办公厅下发《关于全面落实2005年市政府养老服务实事项目进一步推进本市养老服务工作意见》,下发18条养老服务扶持措施。并召开养老服务工作推进大会。

7月 在全国养老服务社会化示范活动启动会上,民政部批准杨浦区、浦东新区、第一社会福利院为全国养老服务社会化示范活动首批试点单位。

同月 上海首批街道(镇)救助管理咨询服务站在浦东新区梅园新村、金杨新村街道挂牌运行。

8月6日 第9号台风"麦莎"影响上海,全市受灾人数94.6万人,倒塌房屋1.56万间,农作物受灾面积55.78千公顷,受灾直接经济损失13.58亿元。

8月 市民政局下发《关于调整本市社会福利企业在职不在岗残疾职工最低收入标准的通知》,对因不能从事正常劳动而在职不在岗的残疾职工每月收入作出调整。

9月11日 第15号台风"卡努"影响上海。奉贤区柘林镇发生龙卷风,100多户居民住房倒塌、损坏。

9月 第17届世界聋人联合会亚太地区代表大会在沪举行,会议主题为"共筑和谐社会"。中国残联副理事长申知非、中国聋协名誉主席丁佑、亚太地区聋联秘书长小椋武夫,来自亚太地区12个国家和地区的正式代表、观察员,中国聋协全国委员,中国残联有关领导等120余人出席会议。

10月 市民政局探索建立社会组织工资基金和年金制度,选择普陀、静安、嘉定3区16家社会组织试点。

同月 市民政局下发《关于进一步加强医疗救助工作的意见》,对医疗救助对象的范围和救助标准进行调整。

11月11日 第八届亚太地区蒲公英音乐节(2005·上海)开幕,澳大利亚布里斯班,中国香港、高雄市,日本奈良,韩国首尔,马来西亚新山,菲律宾马尼拉,新加坡,泰国曼谷,越南胡志明市以及上海共 11 个城市的残疾人艺术家参加演出。

12 月 19 日　市民政局会同相关部门召开上海"两新"组织双拥共建工作经验交流会。

是年　市民政局会同相关部门开展全市先进街道办事处、先进街道办事处主任、先进居委会、先进居委会主任的评选表彰活动。

同年　市民政局对全市 135 个社区事务受理服务中心进行普查,并在浦东潍坊、闸北临汾、卢湾五里桥、长宁江苏等 10 个街道(镇),进行前台一口综合受理、后台网络联通协办的"一门式"服务试点工作。

同年　市民政局在上海试行《社会工作者国家职业标准》,并组织首次社会工作者职业资格鉴定。

同年　司法部、民政部联合命名宝山区月浦镇沈巷村、青浦区徐泾镇前明村、崇明县竖新镇前卫村、金山区张堰镇鲁堰村、南汇区周浦镇红桥村、徐汇区华泾镇建华村为"全国民主法治示范村"。

同年　市民政局会同相关部门实现上海伤残抚恤金城乡标准统一。

2006 年

2 月　市民政局会同相关部门下发《上海市社区代表会议实施办法》《上海市社区委员会章程》《上海市居民会议制度实施办法》《居民委员会职责和工作制度》《上海市居民区听证会、协调会、评议会制度试行办法》。

同月　市委、市政府在杨浦区召开社区建设扩大试点会议,再次明确上海社区建设试点的方向,进一步提出深化试点任务。

同月　2006 年元旦春节帮困送温暖工作圆满完成,组织走访慰问 43.23 万人次,救助帮困 118.13 万人,支出帮困资金 3.2 亿元。

3 月 23 日　市民政局召开殡葬与和谐社会座谈会,纪念毛泽东等老一辈无产阶级革命家倡导火化 50 周年。

4 月 17 日　市民政局会同相关部门下发《关于贯彻民政部等十九个部门〈关于加强流浪未成年人工作的意见〉的通知》。

5 月　市民政局会同相关部门建立气象灾害预警信息系统。

同月　联合国残疾人事务特别报告员谢克·哈赛·阿勒萨尼一行 3 人来沪访问,参观杨浦区殷行街道智障人士"阳光之家"和市残疾人体育训练中心。

6 月 24 日　上海民政系统第一届运动会开幕,全系统 34 个代表团 323 支代表队 1 642 名运动员参加比赛。运动会历时 3 个月,于 9 月 17 日闭幕。

6 月　市民政局下发《关于贯彻落实〈上海市人民政府办公厅转发市劳动局等六部门关于对协议保留社会关系人员开展特殊援助意见的通知〉有关事项的通知》,要求主动做好社会救助与社会保险的政策衔接。

7 月　市民政局在虹口、金山、闵行三区开展社区群众活动团队的备案制度试点。

8 月 5 日　市委主要领导到浦江镇联星村委会选举现场视察。

9 月 14 日　市民政局下发《关于开展收养登记调查评估工作的通知》。10 月 1 日起,上海收养登记实行收养登记前调查评估和收养登记后定期回访的制度。

9 月　市民政局会同相关部门下发《关于高龄无保障老人纳入社会保障后与社会救助有关政

策衔接的通知》。10月,下发《关于做好本市民政救济对象纳入社会保障后有关政策衔接的通知》。

10月13日　市民政局、市残联会同相关部门下发《关于下发〈上海市无业贫困精神病人免费服药项目实施方案〉的通知》。

10月15日　国务院副总理回良玉,上海市委代理书记、市长韩正,中国残联主席邓朴方等视察杨浦区殷行街道智障人士"阳光之家"。

10月20日　市民政局会同相关部门召开上海市纪念红军长征胜利70周年座谈会。

10月25日　"远南震撼之旅·梦圆2008"第九届远南运动会火炬中国传递暨中国残奥励志万里行上海站仪式,在世纪广场举行。

10月　2006年特奥运动会上海国际邀请赛在沪举行,国务院副总理回良玉,上海市委代理书记、市长韩正,国家体育总局局长刘鹏,中国残联主席邓朴方,国际特奥会主席蒂姆·施莱佛等出席。中国代表团在田径、举重、体操等12个项目上取得100金72银50铜的优异成绩。

同月　市政府下发《上海市残疾人事业"十一五"发展纲要》。

同月　市民政局会同相关部门下发《关于进一步加强本市帮困粮油供应工作的通知》,在徐汇、黄浦、静安三区先行推开。

11月17日　市民政局组织首次"驻沪部队师团职干部看上海"活动。

11月21日　上海民政系统在市政风行风测评中名列"综合管理类"第一名。

11月　市民政局启动全市性养老服务评估员培训工作,前后共培训15期,培训养老服务评估员630人,初步建立起一支评估队伍。

12月19日　市民政局会同相关部门下发《关于进一步做好城市流浪乞讨人员中危重病人、精神病人救治工作的实施办法》,明确43个医疗救护医院,完善上海流浪乞讨病人的救治工作。

12月28日　市政府颁布《上海市涉外婚姻管理暂行办法》。

12月　市民政局下发《关于开展社区市民综合帮扶试点工作的通知》,年内在黄浦、闸北、杨浦、青浦四区开展试点。

是年　上海完成第八届居委会、村委会换届选举工作。3 194个居委会中,采取直接选举的有1 691个,占居委会换届选举总数的53%;1 573个村中,采取海选方式的有595个,占村委会换届选举总数的35%。

同年　市民政局在市级民间组织中首次开展网上年度检查。

同年　市民政局会同相关部门完成南汇区范围内的市属农场行政管理属地化移交的相关工作。

同年　市民政局会同相关部门下发《关于进一步促进本市养老服务事业发展的意见》。提出财力、就业、医保等12条扶持措施。

同年　市政府办公厅先后下发《关于本市体育文化教育设施资源向社区开放指导意见的通知》《关于加强和推进社区事务受理服务中心建设的意见》《关于加强社区公共服务设施规划与管理的意见》等文件。

同年　市民政局会同相关部门下发《上海市养老服务需求评估标准》,以老年人生活自理能力、认知能力、情绪行为、视觉能力等参数,以及社会生活环境、重大疾病等背景参数,确定老年人服务的需求。

同年　市民政局会同相关部门下发《上海市双拥模范(先进)创建命名管理暂行办法》。

同年　市民政局会同相关部门探索建立上海市居民经济状况核对制度。

同年　市民政局会同相关部门推出"军民同心促和谐"主题实践活动,组织 10 万人次处以上领导干部参加"军营一日"活动,百万人次市民走进军营参观,千万人次青少年接受国防教育的目标。

同年　市民政局会同相关部门在奉贤区进行义务兵及其家属优待金农村标准与城镇标准统一的试点,至 2010 年,上海全部实行义务兵优待金农村与城镇标准的统一。

2007 年

1 月 10 日　市民政局会同相关部门下发《关于在本市民间组织中实施工资基金管理工作的通知》。

1 月 26 日　市政府召开上海民政工作会议,下发《上海民政事业发展"十一五"规划》。

1 月　市委办公厅、市政府办公厅下发《关于进一步做好随军随调军队干部配偶就业和生活保障工作的若干意见》。

2 月 9 日　市民政局会同相关部门下发《关于大力开展救助管理进社区工作的通知》。

2 月　王伟任市民政局党委书记、局长。

3 月 2 日　上海导盲犬项目启动。

4 月 3 日　市委书记习近平,市委副书记、市长韩正,市委副书记殷一璀、副市长周太彤等一行到杨浦区殷行街道,进行社区建设的工作调研。

4 月 25 日　上海民政系统被市委、市政府命名为"2005—2006 年度上海文明行业"。

5 月 20 日　在全国第十七个"助残日",上海首批"阳光工场"授牌活动在徐汇区举行。

5 月 27 日　市残联与 SMG 新闻中心联合在《时事传真》手语新闻节目中推出"阳光之窗"专栏节目。

5 月　市委办公厅、市政府办公厅下发《关于进一步加强本市居委会建设的意见》。

同月　代表中国体育界最高荣誉的"2007 年中国十佳劳伦斯冠军奖"颁奖典礼,在湖南长沙举行,上海残疾人运动员张蕾获得最佳残疾人运动员,成为获得此项殊荣的首位上海残疾人运动员。

6 月 23 日,市委、市政府下发《关于完善社区服务促进社区建设的实施意见》,要求建设社区事务受理中心、社区卫生中心、社区文化中心,建立城市综合管理数据库,实现信息资源共享。

6 月　市民政局开展社会组织评估试点工作,并成立工作指导委员会。试点范围主要是上海的行业协会、社会福利和教育领域的基金会,有关委办系统以及浦东、普陀、静安、闵行等区的部分民办非企业单位。

7 月 1 日　上海实行城镇重残人员纳入基本医疗保障。

7 月 18 日　上海阳光康复中心暨上海特奥竞赛训练中心落成,中共中央政治局委员、国务院副总理回良玉,上海市委书记习近平,上海市委副书记、市长韩正等为中心落成揭牌。

7 月　在中央召开的庆祝建军 70 周年大会上,副市长冯国勤作为全国各省市双拥代表作唯一的发言。

同月　"为盲人讲电影"志愿者讲解团成立,著名电影导演谢晋担任讲解团名誉顾问。

8 月 3 日　市残疾人用品用具供应服务站更名为市残疾人辅助器具资源中心。

8 月 6 日　民政卫星网络二期开始建设,年内完成并投入运营,形成覆盖全市民政区县、直属机构的视频会议系统。

8 月 31 日　市民政局会同相关部门下发《关于对本市常住户口人员捡拾本市弃婴及其他收养

有关问题的处理意见》。

9月10日　市民政局会同相关部门下发《关于加强铁路站车上城市生活无着的流浪乞讨人员救助管理工作的实施办法》。

9月29日　2007年世界特奥运动会执法人员火炬跑上海迎圣火和起跑仪式,在浦东滨江花园广场举行。市委书记习近平接过圣火,点燃圣火坛,并宣布火炬跑开始起跑。市委副书记、市长韩正等出席。

10月1日　中共中央总书记、国家主席胡锦涛视察虹口区曲阳街道"阳光之家",实地察看社区智障残疾人的技能学习和康复训练情况。

10月2日　2007年世界特奥运动会在上海体育场开幕,中共中央总书记、国家主席胡锦涛出席开幕式并宣布运动会开幕。165个国家和地区的特奥代表团参加该届特奥运动会(含朝鲜观察团)。10月11日,运动会闭幕,中共中央政治局委员、国务院副总理、上海世界夏季特奥会组委会名誉主席回良玉出席并宣布运动会闭幕。中国残联主席邓朴方到会致辞。

11月　上海市普陀区民政局党委书记、局长曹道云被授予中华人民共和国民政部最高荣誉奖——"孺子牛奖",民政部发出通知,要求在全国民政系统广泛深入地开展向曹道云学习的活动。

12月　市政府召开专题会议,部署福利企业税收优惠新政策调整工作,要求以一年为过渡期,确保新政策平稳、顺利实施。

是年　市民政局会同相关部门,按照每个居村委会5 000元的标准,下拨居村委会扶贫帮困专项资金。

同年　全市殡仪馆实行"低消费殡仪成套服务",中心城区三家殡仪馆低消费服务价格在1 000元以内,郊区殡仪馆在800元以内,由客户自主选择。

同年　民政部确定浦东新区、嘉定区、青浦区、金山区为"全国农村社区建设实验县(市、区)"。

2008 年

1月18日　龙华殡仪馆历时3年的整体改造工程竣工,总投资2.84亿元。

1月19日　英国首相戈登·布朗携夫人,在中国驻英国大使傅莹和上海市副市长唐登杰的陪同下,访问市残疾人体育训练中心,会见正在进行训练的上海脑瘫残疾人足球队运动员、雅典残奥会获奖运动员代表和上海男女坐式排球队,观看脑瘫残疾人足球队比赛。

2月　马伊里任市民政局党委书记、局长。

同月　市残联、新民晚报社联合主办的《阳光天地》专刊在新民晚报上推出。

3月7日　中国残联副主席、党组书记王新宪到上海,调研残疾人就业工作。

3月26日　市残疾人体育协会与利物浦埃弗顿足球俱乐部在奉贤区"阳光之家",联合举办"埃弗顿足球俱乐部教练员培训班",来自全市18个区县的18名辅读学校及盲人学校的体育教练参加培训。

3月　市民政局举行迎世博社区志愿服务行动启动仪式,制定《上海市社区志愿者行动纲要》。

同月　市民政局会同相关部门下发《上海市优抚对象医疗保障实施办法》。

4月21日　法国参议院议长克里斯蒂安·蓬斯莱一行来沪,看望在巴黎传递奥运火炬时受到袭击的残疾人火炬手金晶。4月7日,法国巴黎进行北京2008年奥运会火炬传递活动,来自中国的轮椅击剑运动员、火炬手金晶,在火炬传递途中遭到极少数"藏独"分子袭击,对方企图抢走火炬。

金晶毫不畏惧,紧紧护住火炬不被抢走。

4月　清明节首次被列为国家法定假日。市政府组织民政、公安、工商、交通、卫生、宣传等部门成立市清明工作指挥部,全面部署、指挥清明安全工作。市民政局首次尝试社会工作者加入公墓祭扫活动开展客户哀伤辅导。

5月6日　副市长胡延照调研虹口区残疾人工作。

5月7日　上海殡葬博物馆落成开馆。这是国内首家以近现代殡葬行业发展史为主题的博物馆。

5月12日　四川汶川发生特大地震,市民政局组织社会各界人士积极捐赠。截至10月底统计,全市共接收社会捐款25.25亿元,接收捐赠物资折价约2.52亿元。市民政局还组织"捐赠衣被、温暖灾区"活动,全市共筹集衣被718.01万件,筹集棉衣被420.53万件,接受捐款5 375.63万元。

5月18日　市民政局组织救灾卫星突击队,派遣两辆卫星通信车赴四川汶川地震灾区。市委副书记、市长韩正到发车现场为突击队送行。

5月　市残联派出专业人员参加国家康复医疗队。6月,市残联与市卫生局组成"上海四川汶川地震伤员康复工作领导小组"和"上海转送汶川地震伤员康复专家组"。7月,市残联组织康复专家赴部分伤员收治医院调研指导,对59名伤员的康复早期介入情况进行调研,并现场进行康复评估和指导。

同月　上海民政行业特有工种职业技能鉴定站建立,并在上海假肢厂有限公司、上海医疗器械高等专科学校建立两个实操考试点。

6月　市民政局开展"申城万名老人看发展"活动,全市9 934名独居、困难老人分18批游览东方明珠广播电视塔、奉贤都市菜园等景点。

7月　市民政局、市社工协会组织复旦大学、华东理工大学、上海师大、浦东新区4支社工专业队伍,分赴都江堰灾后居民安置点开展为期6个多月的服务。

8月7日　市民政局下发《关于开展本市社区群众团体备案工作的意见》。

8月26日　首届上海残疾人康复论坛在市残联康复中心举行。

8月　市政府办公厅下发《上海市创建全国残疾人工作示范城市总体实施方案(2007—2010年)》。

同月　卢湾区五里桥街道建立全市首个聚集社区共治、自治、公益服务和爱心慈善的社区社会组织服务中心,向居民提供衣、食、住、行共44项菜单式服务。

11月　市民政局总结浦东、闵行等区的试点经验,在全市范围内统一推行养老机构意外责任保险,提高养老机构发生意外责任风险的善后处置能力和抗风险能力。

12月　上海市居民经济状况核对中心成立。各区县民政局相应设立收入核对的临时工作机构。

同月　市残联试点建立11家残疾人阳光职业康复工场。

是年　200个老年人助餐服务点被列入市政府养老服务实事项目。全年全市共设立社区老年人助餐服务点216个,受益老年人1.9万人。

同年　市中心区全部建立街镇救助管理咨询服务站,郊区的区(县)政府所在街道也全部建立救助管理咨询服务站。

2009 年

1月6日　首届上海慈善大会举行,会上颁发"上海慈善奖"及"抗震救灾捐赠特别奖"。

1月10日　2009年世界冬季特奥运动会全球执法人员火炬跑上海站传递活动起跑仪式,在上海科技馆起跑。

2月26日　上海首个"残疾人阳光职业康复援助基地"在卢湾区瑞金二路街道挂牌。

3月28日　市委常委会听取市民政局关于上海第九届居(村)委会换届工作情况汇报。

3月　市民政局会同相关部门下发《关于评选上海市"老年维权十大标兵律师"有关工作的通知》。通过推荐和公示,产生上海首批"老年维权十大标兵律师"10名、"老年维权标兵律师提名奖"10名。

同月　海湾寝园、福寿园、市殡葬服务中心3家单位在公墓行业发出倡议,提出在全市经营性公墓中推进"二万五工程"(25 000平方米的简称)。全市首批参与该工程的22家经营性公墓辟出10 700平方米墓地和5 500格位,减免去世贫困人员的骨灰安葬、安放费用。

4月1日　市民政局在农村实行低保金按月发放制度。城镇低保家庭中的协保人员纳入低保范围。

4月21日　中国残联名誉主席邓朴方对上海世博会生命阳光馆筹备工作作出批示:"上海世博会生命·阳光馆十分重要,不仅可以促进中国,也可以促进世界残疾人事务,感谢上海以及各方面所做的创造性的工作。望再接再厉,出色地完成这项工作。"

4月23日　在第十四个"世界读书日",市残联、上海图书馆、上海电影评论学会在上海图书馆举行"悦读,让我们放飞——上海市残疾人读书指导委员会、无障碍电影工作室成立仪式"。

4月24日　经国务院批准,上海撤销南汇区,将其行政区域并入浦东新区,进一步推进浦东开发开放。

4月　市民政局制定《上海市民政婚姻收养登记行业优质服务标准(试行)》,至年底,全市婚姻、收养登记合格率达100%。

同月　市人大审议通过《上海市志愿服务条例》,规定市民政局是市政府推进志愿服务发展的职能部门。

同月　市民政局再次组织开展"申城万名老人看发展"活动,并组织上海老年人赴黄山短期疗养,政府给予一定补贴。

5月11日　市政府常务会议原则通过《上海市关于加快推进残疾人事业发展的实施意见》。

5月17日　第十九次"全国助残日"暨第十次"上海助残周"广场宣传活动在沪东工人文化宫广场举行。

6月,市民政局下发《关于落实大学生进社区工作的通知》。至年底,共有5 050名大学生进社区工作。

同月　市民政局下发《关于规范本市殡葬代理服务的通知》,要求殡葬服务代理单位及其从业人员,必须明示资质证书和上岗证书。

7月11日　电影《燃烧的生命》在上海影城举行首映仪式。影片根据"人民健康好卫士"——原浦东新区周家渡社区卫生服务中心中医科医生陈海新,身残志坚,用唯一能动的右手,坚持为病人把脉、开方的感人事迹改编。该片被国家广播电影电视总局列为优秀影片向全国推荐。

7月18日　中共中央政治局委员、上海市委书记俞正声视察嘉定工业园区虬桥村的村委会选举,并召开座谈会。

7月　马伊里任市民政局党组书记。

同月　市民政局与上海市对口支援都江堰市灾后重建指挥部、都江堰市民政局联合举行"上海——都江堰社区守望相助"试点总结暨视频签约仪式,全面启动上海市社区守望相助工作。至年底,上海和都江堰共结对居(村)委会200余个,受惠家庭约8 000余户。

同月　市政府颁布《上海市居民经济状况核对办法》。

8月14日　市政府召开上海世博会救助管理工作动员部署大会,成立上海世博会救助管理工作领导小组,统一协调处理上海世博会救助管理重大问题。

9月　全国老龄工作委员会办公室在全国6个省市启动"老年宜居社区"和"老年友好城市(区)"试点工作。长宁区、杨浦区被确定为"老年友好城市(区)"试点,黄浦区被确定为"老年宜居社区"试点。

10月9日　市政府办公厅下发《关于鼓励本市公益性社会组织参与社区民生服务的指导意见》,对扶持公益性社会组织参与社区就业服务、社区社会保障服务,作出规定。

10月28日　上海首家阳光助残社工事务所揭牌。

10月　市第三社会福利院失智老人照料中心新建工程竣工。该中心占地面积1 603平方米,建筑面积10 266平方米,设床位250张。

同月　《上海社区居家养老服务规范》颁布实施,为中国首部社区居家服务领域的地方标准。

11月　中国残联主席张海迪、副主席吕世明调研上海残疾人工作。

是年　市民政局会同相关部门对2008年全市福利企业中超比例安置的残疾人职工,给予补贴;对2008年全市未达人均3.5万元退税限额的1 200家福利企业,给予补贴。

同年　庆祝中华人民共和国成立和上海解放60周年,慰问重点优抚对象6 355名。市民政局会同相关部门举行"黄浦风采邀群英、华光熠彩庆华诞"的慰问活动。

同年　市民政局下发上海社区志愿者注册工作推进方案。全市4.1万名志愿者完成注册并领取"中国社区志愿者证"。

同年　嘉定区、青浦区、南汇区获得"全国村务公开民主管理示范区"称号。

同年　市民政局开展防灾减灾领域的社区风险评估工作,探索上海社区综合风险的评估模型,并在全国率先形成社区风险评估实践模式。

同年　《上海社区事务受理服务中心建设服务规范》颁布实施,它是中国首部社区政务服务的地方标准。

2010 年

2月　市民政局局长马伊里被推选为"2009年度中国十大社工人物",上海成立35家社工事务所,多领域推进社会工作被评选为"2009年度全国社会工作领域十大事件"之一。

同月　民政部评定浦东新区、市第一社会福利院、市儿童福利院、市民政第二精神卫生中心为首批社会工作人才队伍建设试点示范区和单位。

3月23日　民政部部长李立国和上海市委副书记、市长韩正签署协议,合作共建上海现代民政示范区,中共中央政治局委员、上海市委书记俞正声出席签约仪式。

3月26日　市民政局制定《关于本市开展"全国综合减灾示范社区"创建活动的指导意见》。

3月27日　市民政局制定《上海市社区志愿者行动纲要》。

3月28日　市残联举行创建全国残疾人工作示范城市验收总结大会,中国残联副主席吕世明、中国残联理事长王新宪、上海市副市长胡延照出席并讲话。吕世明代表中国残联授予上海市"全国残疾人工作示范城市"称号并颁发铜牌,王新宪、胡延照共同为"生命·阳光馆"——上海市创建全国残疾人工作示范城市纪念标志揭幕。

4月29日　中共中央总书记、国家主席胡锦涛来到上海世博会"生命·阳光馆",听取汇报,观看残疾人文艺表演和才艺展示,胡锦涛说:设立"生命·阳光馆"很有意义,体现全社会对残疾人的关爱。

5月10日　上海世博会"生命·阳光馆"举行活动周启动仪式,中共中央政治局委员、国务院副总理回良玉,中共中央政治局委员、上海市委书记俞正声,全国政协副主席邓朴方,中国残联主席张海迪,上海市委副书记、市长韩正,以及国务院有关部门负责人等出席仪式并参观"生命·阳光馆"。

7月　市民政局与相关部门联合开展"世博关爱行动",各类受益对象509万人(户)。

同月　市民政局开展上海十大百岁寿星评选活动。

同月　市人大修订、颁布《上海市促进行业协会发展规定》。

8月6日　市民政局会同相关部门制定《上海市退役士兵参加学历教育学费补贴发放办法》。

10月27日　联合国副秘书长沙祖康携夫人以及联合国官员参观上海世博会"生命·阳光馆"。

11月11日　市民政局会同相关部门下发《关于推进体育系统社会工作者队伍建设的实施意见》。

11月29日　"上海市残疾人养护基地"揭牌仪式在青浦区朱家角镇敬老院举行。

11月　脊髓损伤者"中途之家"试点工作总结大会在上海召开,中国残联主席张海迪出席并讲话。

同月　中国首部地方标准《上海市残疾人养护机构服务规范》出台。

12月8日　黄浦区南京东路社区、卢湾区瑞金二路社区等31个社区被授予"全国综合减灾示范社区"称号。

12月14日　《上海殡葬服务代理规范》颁布实施,为中国首部规范殡葬代理服务的地方标准。

12月　全市共建"阳光心园"222家,注册学员3 302人。

是年　上海世博会期间,市民政局会同相关部门推出赠送"世博大礼包"的活动,向全市居民家庭发放"世博大礼包"627万份。

同年　上海世博会期间,市民政局会同相关部门组织专职救助服务队,开展街面24小时巡察,共救助流浪乞讨人员21 764人次。

同年　市委、市政府下发《关于做好世博期间本市双拥工作的意见》。市民政局举行上海服务世博军民共建签约仪式;主办全国百名著名烈士家属看世博活动;组织驻沪部队150名师团干部看上海活动。

同年　上海市社区服务热线"962200"承担上海世博会赠票赠卡咨询电话任务,共计受理咨询电话6.2万个。

同年　市民政局开展静安区胶州路教师公寓大楼"11·15"特大火灾事故救助的社工介入工作。

同年　市民政局发布《上海市慈善事业发展纲要》。

第一篇

社会救助与灾害救助

改革开放初期,上海的救济对象覆盖"三无"孤老、享受原工资 40％的精减退职回乡老职工救济、农村"五保"户供养,散居归侨、外国侨民、宽释人员、残疾知青、起义投诚人员、平反纠错人员、右派摘帽人员、港台回归人员、潘案人员、特赦托派人员等 16 类人员的救济。随着国民经济的发展,政府不断提高救济标准。

20 世纪 90 年代初,按照党的十四届三中全会提出构建社会主义市场经济体制的目标,上海开始企业改制、物价改革。在激烈的经济变革和社会变迁中,因企业转换经营机制和改革用工制度,上海出现相当数量的失业和下岗人员,一些"政府管不着、企业靠不上、家庭顾不上"的"三不管"人员生活陷入困境。然而,传统的社会救济由于覆盖面窄、标准低和缺少失业救助等缺陷,难以解决新的贫困问题。为应对转型期各种社会矛盾,上海在全国首创城镇居民最低生活保障制度,并根据经济社会发展的客观需求,抓住不同阶段出现的主要矛盾和突出问题,适时确定救助保障重点,分阶段、有步骤地推出各项救助措施,致力于建立现代社会救助制度。上海确定"城乡一体、标准有别"的城乡低保标准联动机制,建立救助标准动态调整机制,并按照"分类施保"的原则,对社会孤老等特殊困难群体给予倾斜,辅之以粮油帮困等实物补助形式,形成以城乡居民最低生活保障制度为基础,生活、医疗、教育、住房等单项救助政策措施相衔接的综合救助政策体系;初步构建机构健全、法制完善、政策协调、手段先进、具有上海特点的现代社会救助体系,为推动经济体制改革、促进社会公平和社会进步作出积极贡献。

对流浪乞讨人员实施救助,保障其基本生活权利,是社会救助制度的一个组成部分。上海解放初,市民政局设收容教养处,负责收容、遣送、教养工作。对外省市流入上海的灾民、难民进行收容遣送,对游民、妓女、流浪儿童实施收容改造教育等。1958 年,教养业务移交公安部门,市民政局只负责收容遣送工作。改革开放后,随着流动人口的增加,收容遣送逐渐成为城市管理的手段。2003 年,国务院发布《城市生活无着的流浪乞讨人员救助管理办法》,决定废除收容遣送制度,确立新的救助管理制度。上海由此实现从收容遣送到救助管理的重大转变。市和区县救助管理站对流浪乞讨人员施以临时性的社会救助措施,解决其临时的生活困难,并帮助受助人员返回家庭或所在单位,建立起以自愿受助、无偿救助为原则的新型救助管理制度。

救灾减灾也是社会救助的内容之一。上海通过长期的城市防灾救灾实践,逐渐建立较为完善的"测、报、防、抗、救、援"全过程的应急管理方法,上海民政部门主要承担"救"和"援"的相关工作。一是救灾。设在市民政局的市应急救助办公室,负责自然灾害应急救助的日常工作,统一组织和协调上海市有关灾时宣传动员、转移安置、接受捐赠(募集)、恢复重建以及遗体处理等应急救助工作。二是援助。上海市建立灾害援助体系,主要是通过社会保险(特别是农业保险)、政府扶助和生产自救来进行救援工作。市民政局负责灾后救助和组织实施救灾捐赠。民政部门在做好上海灾害救济工作的同时,组织开展扶贫济困支援灾区的捐助活动,支援兄弟省市灾区人民恢复生产,重建家园,推动经常性捐赠活动的制度化、规范化和社会化。

1978—2010 年,市民政局涉及社会救济救助工作的内设机构先后有社会处、收容教养处、福利事业处、民政处、救济救灾处、福利事业管理处、社会福利处等,另有上海市社会救助事务中心负责全市社会救助的具体事务。上海市遣送站承担收容遣送工作,2003 年改为救助管理站承担流浪乞讨人员临时救助工作。

56

第一章　社　会　救　助

改革开放初期,社会救济标准按照各类对象分别进行多次调整,1978 年每人每月 12 元～60 元,至 1992 年提高到每人每月 83 元～148 元。这个时期,大量冤假错案得到平反和纠正,其中,一部分平反对象找不到原单位或者原本就没有单位,市民政局对这部分平反、纠错对象的生活困难,进行社会救济。人民公社撤销后,通过发展农村敬老院,集中安置农村"五保"户,对散居"五保"户的生活,则依靠集体经济予以保证。

1993 年,上海建立城镇最低生活保障制度。1994 年,建立农村最低生活保障制度。1996 年,市政府颁布实施《上海市社会救助办法》。低保制度建立后,针对困难群体的基本生活需求,动态调整救助标准,科学设计救助政策。确定"城乡一体、标准有别"的城乡低保标准联动机制。按照"分类施保"的原则,对社会孤老等特殊困难群体给予倾斜,辅之以粮油帮困等实物补助形式。1993—2010 年,先后 14 次调整低保标准,城镇低保标准从最初的每月 120 元提高到 2010 年的每月 450 元;农村低保标准与城镇保持同步增长,2010 年为每年 3 600 元。针对困难对象在医疗、教育、住房等方面的突出困难,在科学分类的基础上,施以有区别的救助。

市场经济体制下,社会救助制度在逐步发展、完善过程中,显现出五个明显特征:一是政府的社会救助面向全体市民,未达最低生活保障标准的上海市民,都可以向政府申请社会救助;二是社会救助的经费全部由政府承担,单位和社会帮困是社会救助的补充;三是采取"菜篮子"方法设置的低保线,由市民维持基本生活的若干元素组成,随着物价的变化,低保线随之调整;四是医疗、教育、住房等专项救助纳入社会救助的范畴,成为社会救助的重要组成部分,使社会救助制度逐步完善;五是对社会救助的申请人进行经济状况的核对,保证社会救助的公平、公正。

社会救助制度在发展和完善过程中,市民政局着重解决三个方面的问题:首先是形成和完善社会救助制度的运作机制,避免社会救助重复和遗漏,在街道乡镇层面建立救助对象一个口子向上报,救助款物一个口子向下发(以下简称一口上下)的工作机制,在街道乡镇层面设置社会救助所;其次是分类施保、不断推出的专项救助形成的社会救助政策体系,使市民因病致贫、上不起学以及住房困难等问题得以基本解决,将救助范围从绝对贫困对象拓展到相对贫困对象,缓解低保和低收入人员之间救助政策出现"断层"的矛盾;再次是建立居民家庭经济状况核对制度,使甄别低保家庭经济状况的标准和手段不尽科学的问题得以解决,为政府实施社会救助提供科学的依据。

2010 年,上海各类社会救助对象总共有 43.84 万人,该年支出社会救助资金 17.77 亿元。

第一节　社　会　救　济

一、社会救济制度

1952 年 12 月,市民政局制定《上海市社会救济暂行办法》,对无依无靠无劳动能力的老年人(60 岁及以上),或因病残丧失劳动能力而无法生活者,给予定期定量救济或者临时救济,并相应建立申请救济制度。该办法出台时,上海大规模的救济、疏散灾民难民工作已经告一段落,"以工代赈"也比较好地解决了失业人员的问题,因此,城市社会救济的主要对象是城市居民中的老弱病残且生活贫困者,救济的原则是维持基本生活,救济标准按照上海粮、柴(煤)、油、盐、菜等基本生活必需品的国家牌价核定,以及补助必需的水电、住房开支。

1962年2月,内务部下发《关于城市社会救济工作几个问题的解答》,明确"城市社会救济对象,只限于城市街道居民中的困难户""定期救济户一般指连续救济时间在半年以上的或者需要连续救济半年以上的救济户""对在职职工家属生活困难的补助,则应由职工所在单位负责解决"。市民政局按照内务部的规定,对城市居民中的困难户实施社会救济,城市社会救济的对象主要是"三无"孤老以及其他有特殊困难的家庭。"文化大革命"结束后,社会救济对象增加一部分生活困难的平反、纠错对象及其他特殊对象。

1992年6月30日,解放日报刊登的《他们也许是上海历史上最后一代"贫老"》长篇通讯,通过叙述上海三位老人的生活困境,反映了"政府管不着、企业靠不上、家庭顾不上"的"三不管"人员生活窘迫的社会现象。该报道引起了市委、市政府主要领导的高度重视。1993年1月,市政府转发市民政局《关于解决本市市区部分老人生活困难的意见》,将"靠企业职工遗属补助的孤老;独生子女判刑期间,无经济来源的;子女残疾虽有工作,但只能维持其自家生活的;独生子女残疾无业,媳妇或女婿虽有工作但孙辈尚未参加工作等四种情况的老人",纳入社会救济;要求区或街道建立"生活困难老年人救助基金",用于这四种情况生活困难老年人的临时性补助,由民政部门负责具体操作。该意见首次突破传统的政府救济范围,为低保制度的建立跨出了第一步。截至1993年5月底,全市社会救助对象约6500人。

社会救济制度一直持续到1993年上海最低保障制度的建立,其救济对象为新的社会救助制度所覆盖。

二、农村"五保"供养

1981年10月,市民政局下发《关于检查对五保户生活安排情况的通知》,明确上海"五保"户的范围:一是无劳动能力、生活无依靠的鳏、寡老人(包括双孤老);二是未成年的孤儿;三是丧失劳动能力、生活无依靠的残疾者;四是只有一个儿子或女儿,女儿已经出嫁,或儿子入赘到女方,又无赡养能力的老人;五是丧失劳动能力、无直系亲属依靠,而侄子等旁系亲属又确实靠不上的老人。1982年3月,全市完成农村"五保"户的普查、评定工作。

1983年1月,市民政局会同相关部门下发《关于转发民〔1982〕农104号文件的通知》(指民政部农救司的文件),要求做好"五保"户的评定发证工作,切实落实"五保"供给待遇。

1983年5月,市民政局会同相关部门下发《关于积极发展和巩固农村敬老院的联合通知》。要求加强对农村敬老院工作的领导,依靠社会各方面力量支持举办敬老院,民政部门给予必要的扶持,为集中供养"五保"户创造条件。当时,全市有58个人民公社(乡)建立敬老院,集中供养"五保"户1000余人。

1983年8月,市民政局下发《关于切实做好五保户普查工作的补充通知》,要求全市进一步落实"五保"户的供给标准和供给办法;明确上海农村"五保"户以集中供养为主,分散供养为辅。要求加大对敬老院设施设备等硬件的投入,建立管理、护理、医疗等制度。对分散供养的"五保"户,实行院户挂钩(敬老院与分散"五保"户挂钩)和所在村、组确定帮扶联系人的方式,建立分散供养"五保"户的服务网络。

1986年3月,民政部下发《关于对五保户坚持"入院自愿、出院自由"原则的通知》,要求对集中供养的"五保"户采取出入自由的原则,对不愿意入院的"五保"户继续采取分散供养的办法供养。

1988 年 1 月,市民政局下发《关于贯彻民政部〈关于一九八八年春节期间对五保户和特困户开展走访慰问活动的通知〉的通知》,要求郊区各级领导干部走访慰问敬老院和"五保"户。

1994 年 1 月,国务院颁布《农村五保供养工作条例》(俗称"老五保条例")。按照该条例规定,上海进一步明确"五保"户的范围,要求"五保"户生活照顾和物质帮助的待遇,不低于当地村民的一般生活水平。所需经费和实物由村级经济提留或者乡统筹经费中列支。

2005 年 7 月,市政府办公厅下发《关于全面落实 2005 年市政府养老服务实事项目,进一步推进本市养老服务工作意见的通知》,进一步加大对农村敬老院的改扩建力度,要求年内改造农村敬老院 21 家,新增养老床位 2 148 张。

2005 年,全市"五保"户为 5 048 人。集中供养的标准为每人每年平均 4 326 元,分散供养的标准为每人每年平均 3 063 元。供养标准均高于当年上海 2 340 元的农村最低生活保障标准。

2006 年,国务院修订颁布《农村五保供养工作条例》(俗称"新五保条例")。该条例明确:一是供养资金由村提留乡统筹转变为由各级人民政府财政预算中安排;二是提高供养标准,从"不应低于当地村民的一般生活水平"提高到"不得低于当地村民的平均生活水平";三是供养内容更加完善,除日常生活保障外,医疗、教育、住房、丧葬等,都有专项保障措施。农村"五保"供养制度从救济性质转变为福利性质。

2006 年 5 月,市民政局下发《关于做好农村五保供养对象台卡资料录入工作的通知》。要求对全市"五保"户进行全面摸底调查,填写、录入农村社会救济对象台卡,建立全市"五保"户的档案。

2010 年,全市共有"五保"户 3 571 人,其中集中供养的 1 553 人,占 43.49%;分散供养的 2 018 人,占 56.51%。由于上海郊区老年农民有养老保险金,以及从土地流转中获得收益,还有部分农民住房动迁、户籍变更为非农性质等,上海农村"五保"供养对象呈逐年减少的趋势。

表 1-1-1　2006—2010 年上海市农村五保供养人数情况统计表

年　份	2006	2007	2008	2009	2010
集中供养	2 565	2 453	1 687	1 519	1 553
分散供养	2 566	2 454	2 300	2 205	2 018
合　计	5 131	4 907	3 987	3 724	3 571

资料来源:上海市民政局档案

2010 年 11 月,民政部下发《关于表彰全国农村五保供养工作先进单位先进个人和模范敬老院的决定》,青浦区民政局、崇明县民政局、浦东新区川沙新镇社会救助事务管理所被评为全国农村"五保"供养工作先进单位,金山区廊下镇敬老院院长高月华、奉贤区青村镇敬老院院长俞玉莲、崇明县港沿镇敬老院院长施彩英被评为全国农村"五保"供养工作先进个人,金山区张堰镇敬老院、松江区车墩敬老院、青浦区赵巷镇敬老院、崇明县建设镇敬老院被评为全国模范敬老院。

三、特殊对象救济

【三轮车退休工人】

1978 年 2 月,市革委会下发《对市公安局、劳动局、民政局、财政局〈关于适当调整部分三轮车退休工人生活补贴费问题的请示报告〉的批复》。该文件明确,采取由集体工厂支援和国家补助相结合的办法调整三轮车退休工人的生活补贴,即从三轮车管理所下属的几个工厂的积累中提取30%,不足部分由市财政拨款,列入市民政局救济经费开支,具体工作由三轮车管理所办理。这类救济简称"三轮车退休工人生活补贴"。解放初期,上海对旧社会遗留下来的人力车、三轮车行业,采取停止发展、逐步转业、疏散的方针。先后安排7万多人力车、三轮车工人参加工农业生产建设。对剩下的年老体弱无法参加工农业生产的,上海以发给一次性一年的生活费,在1965年安置2 000多人。1970年,三轮车行业实行集体化后,又以退休方式安置3 800多人。

【精减回乡职工】

1978年11月,市民政局会同相关部门下发《关于做好精减回市郊农村的老职工生活困难补助工作的通知》,明确原来由民政部门执行的补助,改由原精减单位补助。20世纪60年代初,上海部分城市职工精减回乡,其中一部分职工回乡后生活发生困难。从1965年10月起,上海对精减回乡职工实行生活救济,这类救济简称"精减回乡职工救济"。1987年9月,市民政局下发《关于制定〈六十年代初精减下放职业制武装民警救济工作中若干具体问题的解答〉的通知》,明确下放武警现无固定经济收入,生活确实有困难的应向安置所在地民政部门申请,由安置地区的区、县民政局审查批准救济。2001年6月,市劳动和社会保障局下发《关于调整本市精简退职回乡老职工生活补助标准的通知》《关于调整六十年代精简退职回乡老职工死亡后配偶生活补助标准的通知》,提高精减回乡职工的生活补助标准,及精简回乡职工死亡后配偶生活补助标准。2002年10月,市劳动和社会保障局下发《关于六十年代初精简回乡等人员生活补助费改由社会保险经办机构直接发送的通知》,从2002年10月1日起,精简回乡职工的生活补助,纳入社会保障体系。2005年,原由民政部门管理的精简回乡职工救济工作移交劳动和社会保障部门统一管理。

【因公致残知青】

1978年12月,民政部规定,下乡知识青年因公致残,完全丧失劳动能力的,经县以上革委会批准,由民政部门按照职工全残后的最低标准,每月发给35元生活费;生活不能自理需要人扶持的,另发护理费;在指定的医疗单位治疗,医疗费用实报实销。上海遵照执行。

【起义投诚人员】

1979年1月,中共中央批转中央统战部、中央调查部、最高人民法院、公安部、民政部、总政治部《关于落实对国民党起义、投诚人员政策的请示报告》,对起义投诚后按当时有关规定遣资回家的,不再重新安排,年老体弱丧失劳动能力无人赡养的,给予社会救济。1980年6月,市民政局会同相关部门制定《关于做好起义投诚人员补助救济工作的通知》,明确起义投诚人员原无工作单位的,由民政部门给予适当补助。1982年10月,中央办公厅转发中央统战部等六部门《关于解决落实起义、投诚人员政策工作中遗留问题的报告》,规定起义投诚人员被错杀和被错判而在服刑期间死亡的,复查纠正后,其遗属生活确实困难的,由当地政府给予适当补助。上海遵照执行。

【安徽下放居民】

1979年1月,市革委会批转市民政局《关于本市下放安徽农村的闲散居民中的青年享受知青待遇的请示报告》,对已在当地结婚、父母双亡或无业的(包括父母在安徽农村务农的),只要坚持农村劳动,生活确有困难的,可按照知青补助的有关规定每人每月补助 10 元,他们的子女每人每月补助 5 元,但不超过两人;有父母或兄姐在上海工作的,由父母或兄姐工作单位负责补助,父母双亡或无业又没有兄姐弟妹的,由上海当年动员地区的民政部门负责补助。20 世纪 60 年代,上海曾经分两批动员社会闲散居民 8 400 户、34 400 人,到安徽省 31 个县农村落户务农,统称"安徽下放居民"。第一批安徽下放居民在 1962—1964 年之间下放,有 6 000 户、26 000 余人,简称"老户"。第二批安徽下放居民在 1969—1971 年之间,下放 2 400 户、8 400 余人,简称"新户"。1979 年 2 月,市民政局下发《关于处理本市下放安徽农村的闲散居民中几个问题的通知》,对安徽下放居民中知青界定为:"新户"中下放时确系应届中学毕业生、肄业生及年满 16 周岁的社会青年,可按知青政策回沪。"老户"中的孤老残疾人员,在农村无依无靠,而在上海市尚有直系亲属可依靠的,可给予返沪落户。1984 年 1 月,市民政局下发《关于对本市一九六二年至六四年期间下放安徽农村闲散居民中的孤老残疾人员定期补助工作纳入各区正常救济工作范围的通知》,将安徽下放居民中的定补对象的增减和定补经费的拨款问题,纳入原对口安置的各区的社会救济工作范围。规定"新户"中,在农村无依无靠,基本丧失劳动能力的孤老残疾人员是:(1)孤老或双孤老;(2)一户中父母年老(年龄掌握在女 55 周岁,男 60 周岁,如有双孤老则按平均年龄 57 周岁计算),或父母双亡,其子女均为残疾人员,全家均无劳动能力的;(3)一户中父母年老(年龄掌握同上),无子有女,但女儿已经出嫁,又无赡养能力的,可以照顾解决;(4)对没有任何亲属抚养的未满 18 周岁的子女,可照顾解决。2000 年 10 月,市民政局会同相关部门下发《关于提高上海市在安徽省农村下放居民中的定期补助对象补助标准的通知》,明确安徽下放居民中定期补助的对象范围:(1)下放时的户主和配偶(年龄掌握在女 55 周岁、男 60 周岁);(2)一户中父母年老(年龄掌握同上),其子女(已婚的除外)为残疾人员,如精神病、痴呆、低能、二级以上重残人员,丧失劳动能力;(3)年满 18 周岁以下的孤儿。2007 年 12 月,市民政局会同相关部门下发《关于调整原本市下放安徽居民中部分定期生活困难补助对象补助标准的通知》,对安徽下放居民定期生活困难补助标准作新规定。2008 年 10 月,市民政局会同相关部门下发《关于调整本市赴安徽农村务农的闲散居民中享受定期生活困难补助对象补助标准的通知》,对安徽下放居民的补助标准又作新的调整。

【特赦托派】

1979 年 3 月,根据《公安部党组关于全部释放在上海监护改造的托派头子的请示报告》,上海关押的 12 名托派头子全部释放,对其中比较知名的 4 名人员适当安排工作,其余 8 名有家的回家与其亲属团聚,无家可归的在上海市内安排住处,由民政部门发给生活费。

【平反纠错人员】

1980 年 3 月,最高人民法院、公安部、民政部、国家劳动总局下发《关于安置平反释放后无家可归人员的通知》,要求按照中央有关文件精神,对平反释放后无家可归、无亲可投人员实施安置和解决户口问题。对已经丧失劳动能力,无家可归、无亲可投的,由被捕前户口所在地政府负责安置,民政部门给予社会救济。上海遵照执行。

【特赦人员】

1980 年 5 月,市民政局下发《关于特赦人员生活待遇问题改由所在区政协负责的通知》,原由民政部门负责发生活费的特赦人员,从 1980 年 6 月起,他们的生活待遇、管理教育等问题,均归所在区政协负责。1964年4月,内务部曾经明确,对特赦释放战犯在安排工作之前,生活上确实有困难的,民政部门可给予救济。

【散居归侨】

1982年4月,市民政局会同相关部门下发《关于做好本市归国华侨救济工作的通知》。明确对居住在上海的归侨,因年老体弱、无就业条件、生活确有困难的,给予社会救济。

【宽释人员】

1983年1月,市民政局下发《关于给予原国民党县团以下宽释人员生活补助费的通知》,明确对原国民党县团以下党政军特人员宽大释放和转业安置对象,有劳动能力的酌情安排适当工作或劳动,也可自谋职业;无劳动能力的,原则上由家庭或亲友赡养,生活确有困难的,由当地政府给予适当救济。上海(指在上海的劳改单位释放)的宽大释放和转业人员,年龄在61岁以上,体弱多病,基本上丧失劳动能力,由民政部门按月发给生活补助费。同年7月25日,市民政局又制定《关于给予原国民党县团以下宽释人员生活补助费的补充通知》,对来沪安置(指外省劳改单位释放)的宽释人员,年龄在60周岁以上,或因病、因残已丧失劳动能力的,由民政部门发给生活补助费。

【农村已婚知青】

1986年11月,市民政局会同相关部门下发《关于进一步做好在外省市农村结婚尚未安排工作的上海知青生活困难补助工作的通知》,对在农村已经结婚的知识青年中尚未安排工作、生活有较大困难的,实施生活补助。生活困难补助由其父母单位负责。父母双亡或无业又没有兄姐弟妹的,由父母生前居住区的民政部门给予救助。

【历史老案纠错平反人员】

1988年3月,市政府下发《关于历史老案错误处理人员平反善后安置的实施办法的通知》,对"文化大革命"前受错误处理,由上海送至外省劳改、劳教,平反后仍在外省的,不论原来有无工作单位,凡属于下列情况之一的,由上海收回安置:一是在受错误处理时系上海市常住户口,现在沪有直系亲属的,或虽无直系亲属,但在沪有私房或有居住条件的;二是在受错误处理时系上海市常住户口,因受株连而被迫迁至外省城镇、农村的;三是本人系上海常住户口,至今未成家,只身在外省,现在上海和其他省市均无亲可投的。1988年5月,市民政局明确,历史老案纠错平反人员中的鳏、寡、孤、独,无业无劳动能力的人员由市民政局实施救济。

【三胞胎家庭】

1992年4月,市民政局会同相关部门下发《关于对生育三胞胎以上家庭给予生活补助的通知》,对生育三胞胎及以上家庭实施生活救济。

【重残无业】

1998年4月,市民政局会同相关部门下发《关于对本市重残无业人员发放最低生活保障金的通知》,将重残无业人员纳入救济范围。与低保家庭的审批条件不同,无论重残无业人员家庭经济状况如何,只要自身身体条件符合即可申请。

表 1-1-2　2010 年特殊救济对象的救济标准和人数情况统计表

救 济 对 象	救济标准(元/月)	人　数
三胞胎	585	99
重残无业	585	10 335
散居归侨	737	30
宽释人员	737	76
因公致残知青	737	7
纠错人员	737	9
港台回归人员	737	2
潘案人员	737	1
历史老案纠错平反人员	737	535
起义投诚人员	1 372	15
特赦托派	1 814	3

资料来源：上海市民政局档案

第二节　最低生活保障

一、建立低保制度

1993 年 4 月,市民政等部门根据市政府的要求,研究制定一条随物价指数进行调整的最低生活保障线标准,作为全市统一的实施困难补助的基本标准。市民政局邀请专家学者和专业机构,在对国外设定最低生活保障线的几种方法进行比较后,提出 4 套方案提交市政府。最后经市政府研究决定,城镇居民最低生活保障线为月人均 120 元。同时市政府确立职工最低工资标准线月人均 210元。1993 年 5 月 7 日,市民政局、财政局、劳动局、人事局、社会保险局、总工会联合制定《关于建立本市城镇居民最低生活保障线的通知》,从 1993 年 6 月 1 日起上海实施城镇居民最低生活保障制度。

1993 年城镇居民最低生活保障标准的确定,综合运用市场菜篮法和恩格尔系数方法。市场菜篮法：按照营养学标准确定的能够维持体力恢复的生活必需清单,同时,根据 1993 年市统计局城市社会经济调查队提供的 10％最低收入户的日常消费必需品数据,列举出吃、穿、住、医、教育、服务等 8 个方面必需品的清单,再根据市物价局提供的 1992 年市场零售价进行计算。恩格尔系数法：食品支出占全部生活消费支出的比重。最终得出当年城镇居民每人每月最低生活消费标准为120 元。

1994 年,市民政局与市统计局对全市农村居民最低生活水平进行测算,并会同市农委起草《关于做好本市农村扶贫工作的意见》,专题上报市政府并得到批准。同年 5 月,市政府办公厅批转该意见,公布上海市农村扶贫标准线,即农村居民最低生活保障线。农村居民最低生活保障线划分为近郊、远郊和海岛三条线：第一条线为近郊线,包含浦东新区、嘉定区、闵行区、宝山区(除长沙乡、横沙乡)的农村,标准为年人均收入 850 元(含农作物收入)；第二条线为远郊线,包含松江县、青浦县、南汇县、奉贤县、金山县的农村,标准为年人均收入750元;第三条线为海岛线,包含崇明县、宝山区的横沙乡和长兴乡农村,标准为年人均收入700元。

1996年11月,市政府颁布《上海市社会救助办法》,明确上海设立最低生活保障线。有上海市户籍的生活水平低于最低生活保障线的城乡居民个人或家庭,可以申请社会救助。社会救助应当向街道办事处或者乡镇政府申请。享受最低社会保障的家庭中,有家庭成员在职的,由单位按照上海市规定给予救助;家庭成员没有在职的,则由政府给予救助。

图1-1-1　1996年12月30日,《上海市社会救助办法》颁布实施新闻发布会举行

1997年4月,市民政局下发《关于实施〈上海市社会救助办法〉的若干规定》,农村实施低保的经费,由区县、乡镇、村按4：4：2的比例承担。

1998年4月,市民政局会同相关部门下发《关于对本市重残无业人员发放最低生活保障金的通知》,将上海年满16周岁、无业、丧失劳动能力、不能通过劳动获得经济收入、生活不能自理、靠亲属或家人照料的残疾人,纳入低保。

1998年4月,市委办公厅、市政府办公厅批转市民政局《关于加强上海市社会救助工作的意见》,进一步明确社会救助的五类对象:一是最低生活保障救助对象,即家庭人均收入低于最低生活保障线的家庭成员有工作单位的、没有工作单位的、失业人员、支内回沪退休职工;二是低收入家庭救助对象,即符合低收入家庭标准和特困人员帮困政策的对象;三是孤儿、孤老、重残无业人员、低收入家庭中生活不能自理的高龄老人、体弱多病的学龄前儿童等特定困难救助对象;四是政策规定的其他救助对象,即劳动和民政部门的传统救济对象;五是特殊困难对象,即虽享受养老、医疗、失业保险但不足以解决贫困的对象,以及患大病、重病或者发生意外事故的特殊困难对象。该意见还要求,对第五类特殊困难对象的救助,应当遵循"三多三少"的原则,即政府出面少些,帮困团体出面多些;依赖政府的报销少些,鼓励社会的互助多些;刚性的标准少些,弹性的标准多些。

1998年11月,市民政局会同相关部门下发《关于调整本市困难企业职工家属最低生活保障资金负担方式的通知》，困难企业职工家属最低生活保障资金所需补差部分由市、区县两级政府列入财政预算各承担 50％，其中属市级财政负担的 50％部分，由各区县财政局按年向市财政局申报。同年 7 月，市民政局试点改革低保经费的负担方式，将全市 108 家困难企业职工家属纳入政府的最低生活保障范围。

1999 年 9 月，市民政局会同相关部门下发《关于完善本市城镇居民最低生活保障制度的通知》，明确职工家属最低生活保障金所需经费，由市、区县两级政府按各 50％的比例承担，列入当年财政预算。至此，低保资金由政府和企业分担的方式改变为全部由政府承担。

2002 年 6 月，市政府办公厅批转市民政局等部门《关于确保本市郊区农村居民最低生活保障意见》，农村实施低保的经费由各级财政承担，足额保障。市财政对奉贤、南汇、金山、崇明等区县补贴 30％，其余的由区和乡镇两级财政分别承担。为缩小城镇居民与农村居民最低生活保障标准的差距，该意见还规定，将近郊与远郊两条线合并为一条线。郊区标准、海岛标准分别于城镇标准按比例挂钩：城镇与郊区的比例为 1.5∶1，城镇与海岛的比例为 1.7∶1。

2002 年 6 月，市民政局下发《关于调整低保家庭中有劳动收入人员基本生活费抵扣标准的通知》，从 7 月 1 日起，将上海市城镇居民最低生活保障家庭中，有实际就业行为、月劳动收入（包括计时制劳动收入等）不低于或等于上海市企业职工最低工资标准的人员，其基本生活费抵扣标准调整为 340 元/月·人。2003 年 3 月，抵扣标准调整为 390 元/月·人。

2002 年 7 月，市民政局下发《关于试行低保家庭成员就业后"救助渐退"办法的通知》，对低保家庭就业人员退出低保时重新核算低保金，应予扣减的低保金部分，按下列不同情况，采取逐步扣除、逐月退出的办法：（1）低保金扣除部分在 200 元/月以上的，在办理手续的次月起，每月扣除低保金扣除部分的三分之一，直至扣除完毕；（2）低保金扣除部分在 200 元/月（含 200 元/月）以下的，在办理手续的次月起，每月扣除低保金扣除部分的 50％，直至扣除完毕；（3）低保金扣除部分在 100 元/月（含 100 元/月）以下的，在办理手续的次月起，一次扣除完毕。

2002 年 9 月，市民政局会同相关部门下发《关于将本市重残无业人员生活补助实施归并管理的通知》，具有上海市户籍、年满 16 周岁的智商被评定为 IQ 值 49 以下或者完全丧失劳动能力的、不能通过劳动获取经济收入的、生活不能自理靠亲属或者家人照料的无业残疾人，以及具备上述条件，虽已参加社会养老保险，但尚未享受养老金且本人无经济收入的无业残疾人，可以享受生活补贴。生活补贴的标准为：城镇居民每人每月 380 元（城镇低保标准为 290 元），农村居民每人每年 3 080 元（农村低保标准为 2 240 元），海岛每人每年 2 820 元（海岛低保标准为 1 980 元）。重残无业人员生活补助的经费，除城镇每人每月 100 元、农村每人每月 70 元由残疾人就业保障金支出外，其余部分在各级民政部门的社会救助经费中支出。

2003 年 4 月，市民政局会同相关部门下发《关于适当调整低保家庭成员就业后"救助渐退"照顾时间有关事项的通知》，将有关"救助渐退"照顾时间，从原 1 个～3 个月调整到 2 个～6 个月。在办理退出手续当月，保留原救助额，从办理手续次月起逐步扣减应扣除的低保金。

2003 年 8 月，市民政局对全市低保金发放情况进行专项检查，重点检查低保金审批和发放的手续、低保金的管理、财务账目和计算机发放清单的相符、低保金专户或专门账户的设立等。

2003 年 12 月，市民政局会同相关部门下发《关于对低保家庭成员就业后实施"救助渐退"有关事项的通知》，从 2004 年 1 月起，低保家庭成员就业后退出低保的，在办理停止救济的手续后，将应予扣除的低保金累计总额，一次性发给；对低保家庭成员自谋职业而退出低保的家庭，在办理停止救济的手续后，将应予扣除的低保金累计总额的两倍，一次性发给。

2004年12月,市民政局会同相关部门下发《关于将低保家庭中有劳动收入人员基本生活费抵扣标准与低保标准的差额部分改为就业补贴标准等有关事项的通知》,对低保家庭中有劳动收入人员基本生活费抵扣标准与低保标准的差额部分改为就业补贴标准。2007年8月,市民政局会同相关部门制定《关于进一步完善本市社会救助分类施保有关政策的通知》,该通知规定,就业补贴免于计入家庭收入。

2005年6月,市民政局组织全市的检查,重点检查救助政策的落实情况。

2005年7月,市民政局会同相关部门下发《关于调整本市农村居民最低生活保障标准有关事项的通知》,加大对崇明县实施农村居民低保的资金投入,市财政对崇明县补贴比例从原30%调整为50%,奉贤、南汇、金山等三区补贴比例不变。该通知还取消原海岛农村居民低保标准,全市实行统一的农村居民低保标准。城镇标准与农村标准的比例为1.5∶1。

2009年6月,市民政局会同相关部门下发《关于将本市部分协议保留社会保险关系人员纳入城镇最低生活保障范围的通知》,从7月1日起,对原在再就业服务中心托管的领取生活费补贴的下岗职工中签订协议保留劳动关系人员,家庭人均收入低于城镇最低生活保障标准的,纳入城镇最低生活保障范围。协议保留劳动关系人员符合低保条件的也可以纳入低保范围。

2010年11月,市政府下发《贯彻国务院关于稳定消费价格总水平保障群众基本生活通知的实施意见》,要求建立最低生活保障标准与物价波动挂钩的机制,当物价上涨尤其是食品类价格上涨直接影响困难居民基本生活时,应当适时适度地调整最低生活保障标准或者发放物价补贴。

二、实物帮困

1994年4月,由于物价体制改革,主副食品上涨幅度较大,根据城镇居民生活指数上升的情况,市民政局会同相关部门下发《关于给予本市城镇特困人员定期实物补助的通知》,从1994年5月起,给上海市城镇特困人员实物补助。实物补助的对象范围:(1)享受民政部门定期抚恤和定期补助的各类优抚对象;(2)享受民政部门定期定量救济的各类对象;(3)由民政部门负责救济的落实政策对象;(4)上海市机关、企事业单位中,享受“一老养一老”定期困难补助的离退休人员;(5)外地支内回沪定居人员中“一老养一老”人均月生活水平低于120元的离退休人员。实物补助的内容为每人每月标一粳米10公斤、食油0.5公斤、白砂糖0.5公斤,所需经费由各区县财政负担。同年12月,市民政局扩大实物补助的对象范围:(1)上海市城镇居民中,已经丧偶又不能享受遗属补助的,本人已年满60周岁,无工作单位、无固定收入的老人;(2)上海市城镇居民中夫妻两人均已年满60周岁,无工作单位、无固定收入的老人。1995年6月,市民政局会同相关部门制定《关于对城镇特困人员实行定期补助的通知》,该通知规定,原补助的实物改为每人每月补助35元,补助金额计入定期补助款中。

1995年6月,市民政局会同相关部门下发《关于对本市城镇低收入家庭发放帮困粮油供应卡的通知》,规定帮困粮油卡发放范围为:(1)上海市城镇各类享受民政定期抚恤、补助、救济的对象;(2)上海市城镇常住户口居民家庭中人均各类收入低于230元/月的家庭;(3)上海市城镇原帮困对象家庭中人均各类收入略高于230元/月,但确有特殊困难的人员。帮困对象可以凭供应卡到指定的粮油商店购买粳米、食油、面粉及面制品。同年6月,市民政局制定《〈关于对本市城镇低收入家庭发放帮困粮油供应卡的通知〉的意见》,将城镇重残无业人员列入享受供应卡的范围。

1995年8月，市民政局下发《关于实施〈关于对本市城镇低收入家庭发放帮困粮油供应卡的通知〉的补充意见》，进一步明确相关政策：（1）无业残疾人员、无业精神病患者，家庭人均收入超过230元/人·月的，只发本人；（2）福利工场、工疗站月收入低于230元的残疾人员，家庭人均收入超过230元/人·月的，只发本人；（3）享受实物补助的对象，家庭人均收入超过230元/月，但生活确有困难的，只发本人或本人与配偶；（4）支内、支边、支疆离退休回沪定居人员，因种种原因，影响其生活，可视实际困难，发给本人或本人与配偶；（5）上海市城镇居民家庭中，人均各类收入略高于230元/月，但确有困难的人员，由各区、县视实际情况发放。1995年，粮油帮困供应卡的折算价为每人每月15元；1996年为20元；1997年为25元。

1996年3月，市民政局会同相关部门下发《关于调整1996年本市城镇居民最低生活保障线、农村扶贫线标准、企业职工最低工资标准和失业职工失业救济标准的通知》，从4月1日起，对城镇低收入家庭的救助办法为：（1）人均低于250元的家庭，每人每月发给价值20元的帮困粮油供应卡；（2）对其中符合市民政局有关文件规定的范围对象，除发给帮困粮油供应卡外，还按户每月发救助金40元。

1999年，市民政局会同相关部门下发《关于完善本市粮油帮困工作的通知》，进一步明确粮油帮困卡发放范围为城镇低保家庭中的老弱病残等6种对象：（1）"三无"对象、特殊救助对象；（2）学龄前儿童及中小学生；（3）70岁以上的老人；（4）重残无业人员；（5）与残疾人在上海市共同生活的，没有领取城镇居民最低生活保障金的非上海市城镇户籍的配偶子女；（6）大重病患者。

2005年8月，市民政局会同相关部门下发《关于将本市临时粮油帮困措施归并纳入粮油帮困制度的通知》，规定从当年8月起，全市将临时粮油帮困措施（15元）归并纳入粮油帮困制度。对原享受粮油帮困卡对象，其粮油帮困标准调整为40元；对低保家庭中60周岁～70周岁老人原享受的临时粮油帮困措施，归并入粮油帮困制度，发放15元的粮油帮困卡。

三、"一口上下"运行机制

1997年，市政府将完善全市城乡社会救助工作体系，作为当年要完成的与人民生活密切相关的十件实事之一，重点是在街道乡镇形成社会救助的申请、审批、发放的运行机制。

1997年11月，市民政局下发《上海市社会救助信息系统运行管理的暂行规定》，全市社会救助电脑信息系统实行统一管理，并对市、区县、街道乡镇三级社会救助计算机网络管理系统电脑化、规范化联网运行，提出组织管理、信息管理、技术管理和考核管理等四个方面要求。区县民政局负责考核街道乡镇的社会救助电脑管理工作。

1998年4月，市委办公厅、市政府办公厅批转市民政局《关于加强上海市社会救助工作的意见》，要求建立统一、协调的社会救助管理机构，明确市、区县、街道乡镇的职责，管理重心下移到街道乡镇，形成"一口上下"的运行机制，即救助对象一个口子向上，救助款物一个口子向下，各条的政策在块里相互衔接，覆盖全社会，避免出现遗漏和重复。对特殊困难对象，即虽享受养老、医疗、失业保险但不足以解决贫困的对象，以及患大病、重病或者发生意外事故的特殊困难对象，应当遵循"三多三少"的原则，即政府出面少些，帮困团体出面多些；依赖政府的报销少些，鼓励社会的互助多些；刚性的标准少些，弹性的标准多些。

1998年,市政府将建设街道乡镇社会救助管理所,作为深化社会保障工作实事项目的重要内容。当年,全市建立311个街道乡镇的社会救助管理所。政府各部门和社会各类救助资源不再各自发放,而是集中到街道乡镇救助事务机构,从而使救助政策和信息在块上实现衔接,使所有救助帮困政策措施通过基层救助机构"一口上下"运作、统一协调平衡;有效整合社会救助的政策和资源,使基层社会救助事务机构成为救助工作枢纽和信息、资源的集散地,有效避免救助对象的重复和遗漏,提高社会救助的准确性、及时性。

1999年3月,市民政局下发《关于开展社会救助管理所标准化建设活动的通知》,明确社会救助管理所是社会救助工作重心下移、一口上下的组织载体,是为民服务的窗口。对街道乡镇社会救助管理所的人员配备、办公场所、计算机硬件配置等提出具体要求,特别对规范服务,提出年内社会救助管理所员工持证上岗率要达到100%,社会救助管理所的工作覆盖率要达到100%,群众满意率要达到95%。

1999年8月,市民政局下发《关于建立社会救助行政执法责任制的通知》,明确市、区县、街道乡镇社会救助的行政执法职责,要求行政执法人员不得不作为和错误作为,不作为和错误作为要被追责,要求加强社会救助工作人员的培训和考核,申办《行政执法证》,实行持证上岗。

2002年6月,市政府下发《关于进一步加强本市社会救助工作的意见》,提出要健全社会救助管理机构和组织网络,建立统一、协调的社会救助管理机构,逐步形成"政府负责、民政管理、部门尽责、社会参与、街道乡镇实施"的社会救助管理体制。

2003年12月,市政府办公厅批转市民政局等部门《关于进一步做好困难群众帮困送温暖工作意见》,提出要加强对救助帮困工作的统筹协调,整合政府和社会的资源,完善市、区两级救助帮困的信息平台,按照"条块结合、以块为主"的原则,市、区民政部门要加强对社会帮困的组织协调和指导、监督工作。元旦、春节期间帮困送温暖进入规范化的轨道。

2004年4月,市民政局下发《关于推进本市社会救助三级网络信息系统实事工程建设有关事项的通知》,同年6月,市民政局下发《关于进一步推进本市社会救助三级网络信息系统实事工程建设的通知》。该两个通知要求,按照市政府实事工程项目的规定,建设上海社会救助信息管理系统工作平台,在静安、闵行、长宁、闸北等4个区先行试点,下半年分批推广,完成各街镇数据上传、倒库和校对工作。至2004年底,社会救助信息系统在全市19个区234个街道乡镇全面投入运行。

2004年8月,市民政局下发《关于在全市社会救助事务管理所开展文明窗口创建活动的意见》,提出"领导重视、推进有力,职责明确、业绩突出,政务公开、便民利民,环境整洁、服务文明"等文明窗口创建的标准和要求。

2006年6月,市民政局组织全市开展低保工作的自查活动,重点检查低保资金的管理和使用、工作机构建设和制度建设、低保政策落实情况等。

2007年8月,市民政局下发《关于开展基层社会救助工作规范化建设活动的通知》,要求开展以"规范管理、优质服务"为主题的全市基层救助工作规范化建设活动,从管理制度、办事程序、队伍建设、基层工作条件、资金管理、政务公开等六方面开展规范化建设。该通知还要求,以"健全制度、规范操作、提高素质、促进公平"为目标,健全完善制度,打造基层社会救助的服务窗口。该通知同时要求,救助金发放要实行社会化(即将发放的救助金打入低保户的个人银行卡),社会化发放比例要达到98%。

表 1-1-3　1995—2010 年全市享受粮油帮困人数和资金支出情况统计表

年　份	人数(万人)	资金(万元)	年　份	人数(万人)	资金(万元)
1995	36.4	3 276	2003	12.98	3 900
1996	50.1	10 545	2004	12.02	3 762
1997	48.2	14 257	2005	10.95	5 423
1998	45.3	13 800	2006	10.85	5 400
1999(7 月)	46.6	8 155	2007	10.15	5 400
1999	7.6	950	2008	10.32	5 500
2000	7.6	1 900	2009	10.71	5 592.7
2001	10.02	2 763	2010	10.62	5 655.3
2002	12.69	3 500			

资料来源：上海市民政局档案

表 1-1-4　2004—2010 年就业补贴标准表

年　份	2004	2005	2006	2007	2008	2009	2010
补贴标准(元)	180	180	180	270	360	360	445

资料来源：上海市民政局档案

表 1-1-5　2001—2010 年元旦春节帮困送温暖情况统计表

年　份	发放金额	覆盖人数
2001	4 000 万元	—
2002	9 508.76 万元	27.2 万人次
2003	1.42 亿元	50 万人次
2004	1.95 亿元	77.58 万人次
2005	—	25.02 万人次
2006	2.88 亿元	113.73 万人次
2007	3.94 亿元	111.23 万人次
2008	4.48 亿元	135.13 万人次
2009	5.4 亿元	170 万人次
2010	5.56 亿元	177 万人次

资料来源：上海市民政局档案

表 1-1-6　1993—2010 年上海市城镇低保标准统计表

年　份	标准(元/人·月)	年　份	标准(元/人·月)
1993	120	1995	165
1994	135	1996	185

（续表）

年　份	标准(元/人·月)	年　份	标准(元/人·月)
1997	195	2004	290
1998	205	2005	300
1999(4 月)	215	2006	320
1999(7 月)	280	2007	350
2000	280	2008	400
2001	280	2009	425
2002	290	2010	450
2003	290		

资料来源：上海市民政局档案

表 1-1-7　1994—2010 年上海市农村低保标准统计表

年　份	标准(元/人·年)			备　注
	近　郊	远　郊	海　岛	
1994	850	750	700	
1996	1 700	1 500	1 300	
1999(4 月)	1 800	1 600	1 400	
1999(7 月)	2 200	2 000	1 800	
2002	2 240		1 980	
2005	2 340			
2006	2 560			
2007	2 800			
2008	3 200			
2009	3 400			
2010	3 600			

资料来源：上海市民政局档案

表 1-1-8　1993—2010 年城镇低保人数和资金支出情况统计表

年　份	人数(万人)	资金(万元)	年　份	人数(万人)	资金(万元)
1993	0.65	936	1999	11.3	25 000
1994	0.7	1 060	2000	18.7	27 380
1995	0.75	1 395	2001	33.85	41 100
1996	0.77	1 647	2002	43.16	59 300
1997	0.77	1 716	2003	44.59	74 011
1998	1.3	2 654	2004	40.36	74 576

（续表）

年　份	人数(万人)	资金(万元)	年　份	人数(万人)	资金(万元)
2005	36.74	73 338	2008	34.08	103 816
2006	35.13	77 300	2009	36.29	118 105
2007	33.94	84 400	2010	35.37	132 700

资料来源：上海市民政局档案

表 1-1-9　1994—2010 年农村低保人数和资金支出情况统计表

年　份	人数(万人)	资金(万元)	年　份	人数(万人)	资金(万元)
1994	0.76	527	2003	10.46	10 800
1995	0.88	745	2004	9.99	9 435
1996	1.31	787	2005	11.55	10 841
1997	1.44	774	2006	13.16	12 300
1998	1.55	800	2007	11.83	11 700
1999	1.66	1 031	2008	11.72	12 300
2000	2.35	1 678	2009	10.04	12 156.63
2001	3.43	2 256	2010	8.11	12 700
2002	6.19	5 500			

资料来源：上海市民政局档案

第三节　专　项　救　助

一、医疗救助

1956 年 3 月，市民政局下发《上海市贫苦市民急病医疗补助办法》，明确上海市贫苦市民无固定职业和固定收入，患有足以致命的急性病，自己确实无法一次或分次负担医药费用，又无亲友帮助者，可酌情给予补助。

1982 年 7 月，市民政局制定《关于改进城市贫民医疗补助办法的意见》，明确凡居住在上海市区及郊县城镇常住户口中的社会救济户、家庭无人在业的社会困难户，患有严重疾病确需治疗，自己无法一次或分次负担医药费用，又无亲友帮助者，可以给予补助。

1990 年 12 月，市民政局会同相关部门下发《上海市城市贫困市民急病医疗困难补助办法》，明确市区和郊县城镇常住居民中两类人员可申请贫困市民急病医疗困难补助：第一类为无直系亲属依靠、无生活来源、无生产劳动能力，生活依靠政府救济的孤老、孤儿和孤残人员；第二类为由民政部门给予定期定量救济的其他各类特殊救济对象，家中无人在业、无固定经济收入的社会困难户，市和区县党政领导机关交办的个别特殊对象。

1994 年 5 月，市民政局会同相关部门下发《上海市精神病患者住院经费负担办法》及实施细则，明确根据患者本人单位和家庭补贴的情况分别实施不同的救助措施，对企业、机关、团体和事业单位职工中的精神病患者,其医疗费按劳保、公费条例规定的办法处理;对机关、团体以及企业在职职工扶养的直系亲属中无业精神病患者,其住院费、病室治疗费、药品等费用,按公费、劳保的规定报销一部分后,自理仍有困难的,分别由病员直系亲属所在单位或配偶所在单位、子女所在单位、父母所在单位负担。

1995年9月,市民政局下发《关于〈上海市精神病患者住院经费负担办法〉中几个具体问题的解答》,对离退休职工供养的直系亲属中的精神病患者的救助,参照在职职工直系亲属中的精神病患者的救助办法执行;对无直系亲属依靠、无任何生活来源、无生产劳动能力的社会救济对象中的精神病患者,其住院费、病室治疗费、药品费以及衣食生活等经费,由病人户口所在地的区县财政负担。

据统计,1997—1999年,上海连续三年对城镇无业市民中因患大病(重病)且本年度支付的医疗费发生额在1 000元以上、导致影响其家庭基本生活的实施医疗救助,救助金额原则上占其本人负担医疗费总数的四分之一,最高一般不超过5 000元,其医疗救助方式为每年春节前一次性救助。1997—1999年,全市由财政拨款500万元专项用于特困家庭的医疗补助。

2000年1月,市民政局会同相关部门下发《关于做好医疗救助工作的通知》,将上海城镇居民中无生活来源、无劳动能力又无法定赡养人、抚养人或扶养人的人员,最低生活保障家庭中丧失劳动能力的无业人员以及最低生活保障家庭中虽有医疗待遇,但因患大病、重病,在享受基本医疗保险待遇和其他补贴后个人负担医疗费仍有困难的人员,市政府规定的其他特殊贫困人员,纳入医疗救助范围。同时还规定,城镇困难人员医疗救助,门急诊医疗费用原则上自理,住院期间的基本医疗费用在扣除各项医疗保险可支付部分及单位应报销部分后,累计金额超过1 000元以上的,其个人支付部分按四分之一比例的额度给予补助,全年累计医疗救助额度一般不超过5 000元,对市政府规定的其他特殊贫困人员给予酌情补助。

2000年10月,市政府下发《关于促进本市发展多层次医疗保障的指导意见》,提出建立以基本医疗保险为主体、补充医疗保险为辅助和医疗救助为扶持的多层次医疗保障的目标,以及基本医疗保险与补充医疗保险相结合,规范引导与自愿参加相结合,单位、工会与个人共同负担相结合,政府、社会慈善机构的社会救助与行业、单位内部的医疗补助相结合等4个原则。明确按照居民最低生活保障工作要求,对于无力支付基本医疗费用的贫困人员,给予医疗救助。各行业、各单位以及各级工会组织,要继续承担对因病致贫职工的医疗救助责任。拓展医疗救助资金的筹集渠道,各级财政、民政福利彩票收入要适当增加对医疗救助资金投入,鼓励单位、个人积极参与社会捐赠,支持社会慈善事业的发展。规定民政部门按照"一口受理"的原则,对没有能力参加基本医疗保险、补充医疗保险的社会特困人员实施医疗救助。因病致贫、无力支付基本医疗费的特困人员,可根据不同的情况,向单位互助互济组织、民政部门、社会慈善机构申请一定额度的医疗救助资金。

2000年,市政府决定,年度医疗救助资金预算为5 000万元。其中,市财政出资3 000万元,市医保基金出资1 000万元,福利彩票公益金出资1 000万元。

2001年1月,市民政局会同相关部门下发《关于做好医疗救助工作的实施意见的通知》,进一步明确医疗救助的对象范围、救助条件和标准,以及申请审批程序等问题。对医疗救助4类对象作具体解释为:一是无生活来源、无劳动能力又无法定赡养人、扶养人或者抚养人的人员("三无"人员),是指享受民政部门定期定量救济的孤老、孤儿、孤残等人员;二是城镇最低生活保障家庭中丧失劳动能力的无业人员,是指经有关部门确认丧失劳动能力的无业人员;三是城镇最低生活保障家庭中有医保待遇的人员,是指因患大病重病,在享受基本医疗保险待遇和其他补贴后个人负担医疗费仍有困难的人员;四是市政府规定的其他特殊贫困人员,是指原由民政部门给予定期定量救济的各类特殊救济对象,以及尿毒症透析病人、精神病人、癌症病人等大病患者获得互助帮困后,但个人自付医疗费仍影响实际基本生活的特困人员。同时还规定,医疗救助资金由政府资助和社会筹集相结合。市医疗救助资金按照总量控制、统筹兼顾的原则,由市有关单位、部门拨至市民政局医疗救助专用账户,由市民政局按计划拨付各区县民政局。各区县医疗救助资金应按不低于医疗救助资金下拨款的50%的比例配套。

2001年3月,市民政局会同相关部门下发《关于对医保对象中低收入人员患大病重病实施医疗救助的通知》,将低收入家庭中因患尿毒症透析、精神病、恶性肿瘤等大病、重病,经各种互助帮困措施后,个人自负医疗费仍有困难,且影响家庭基本生活的医保对象纳入救助范围。

2001年3月,市医疗保险局下发《关于对本市医疗保险对象中尿毒症透析病人自负医疗费实行减免的通知》《关于进一步完善本市恶性肿瘤病人门诊大病医疗政策的通知》和《关于对本市医疗保险对象中精神病患者自负医疗费实行减负的通知》,三个通知分别对医疗保险对象患三种重大疾病对象的自负医疗费用实行减负,成为大重病患者享受医疗保险基本待遇后减轻医疗负担的重要救助政策,也为后续医疗救助减轻压力。

2001年4月,市民政局下发《关于对享受城镇最低生活保障的无业老人和未成年子女实施医疗救助的通知》,将已享受城镇最低生活保障的无业老人和未成年子女纳入救助范围。

2001年4月,市民政局下发《关于对农村最低生活保障对象患大病重病实施医疗救助的通知》,规定农村最低生活保障对象因患尿毒症透析、精神病、恶性肿瘤等大病重病,经各种互助帮困措施后,个人自负医疗费仍有困难的,可申请给予医疗救助。

据统计,2001年度,全市累计实施医疗救助27 156人次,支出救助金额3 525万元。

2002年2月,市医疗保险局、市民政局等部门下发《关于对本市城镇职工基本医疗保险对象中低收入困难人员住院起付线标准以下医疗费实行减免的通知》,对上海市最低生活保障家庭中享受城镇职工基本医疗保险待遇的人员(包括民政部门发放生活困难补助的协议保留社会保险关系人员),以及经市劳动能力鉴定中心鉴定为完全丧失劳动能力、因未到年龄不能比照享受退休时医疗保险待遇的低收入困难职工,给予"在上海市医疗保险定点医疗机构发生的住院或者急诊观察室留院观察所发生的医疗费用中统筹基金起付线以下的部分"减免。减免标准为:一是上海市最低生活保障家庭中享受城镇职工基本医疗保险待遇(包括由民政部门发放生活困难补助的协保人员)的人员减负85%,退休人员减负92%;二是经市劳动能力鉴定中心鉴定为完全丧失劳动能力,因未到年龄,不能比照享受退休时医疗保险待遇的低收入困难职工,统筹基金起付标准以下的医疗费用减负50%;三是以上人员中,如是精神病患者并住院治疗的,有关减负规定仍按《上海市医疗保险局、上海市财政局关于对本市医疗保险对象中精神病患者自负医疗费实行减负的通知》执行;四是上述统筹医疗起付标准以下的医疗费用中,不包括由个人医疗账户历年结余资金支付的费用。

2002年4月,市民政局下发《关于进一步完善医疗救助工作有关事项的通知》,规定各区县民政局必须按月审批基层上报的医疗救助申请,一般不得超过15天;街道、乡镇救助所受理后调查核证的时间要逐步控制在15天以内。

2002年9月,市政府批转市体改办《关于巩固和完善本市农村合作医疗补充意见》,明确要加大低保农民的保障力度,对因经济负担过重无力参加合作医疗、难以享受基本医疗保障的低保农民和"五保"户对象,如缴费确有困难,可由区县政府部门通过政府救济以及社会帮困,予以适当补助。医疗救助从医疗费用救济提前到参加医疗保障时的资助,从根本上解决贫困农民享受基本医疗保障待遇问题,医疗救助的范围也从城市向农村扩展。

　　2005年,市民政局会同相关部门下发《关于进一步加强医疗救助工作的通知》,进一步明确上海市医疗救助对象范围:一是无生活来源、无劳动能力又无法定赡养人、扶养人或抚养人的人员,主要是指享受民政部门定期定量救济的孤老、孤儿、孤残等人员;二是上海市城乡最低生活保障家庭中因患大病重病,在享受基本医疗待遇和其他补贴以及各种互助帮困措施后,个人负担医疗费仍有困难的人员;三是上海市城镇低收入家庭(人均收入在上海市城镇最低生活保障标准150%以下的家庭)中因患尿毒症透析、精神病、恶性肿瘤等大病重病,在享受基本医疗待遇和其他补贴以及各种互助帮困措施后,个人负担医疗费仍有困难的人员。这一政策明确申请医疗救助的低收入家庭的收入标准为低保标准的1.5倍,成为以后多个专项救助审核低收入家庭经济状况的依据。

　　2007年6月,市民政局会同相关部门下发《关于本市城乡低保家庭子女参加红十字会少儿住院医疗互助基金个人缴费减免事项的通知》,对城乡低保家庭子女参加少儿住院医疗互助基金个人缴费实施减免。医疗救助从事后的救助和费用减免提前到事前资助参保,更好地维护了贫困市民享受医保的权利。

　　2007年12月,市民政局下发《关于进一步做好2008年元旦春节期间医疗救助工作的通知》,要求在元旦、春节期间,对"已经给予大病重病医疗救助,但仍有较大困难的人员""低保及低收入家庭中因患常见病或慢性病的门急诊费用发生较大且影响其家庭基本生活的人员""患精神病、尿毒症和癌症等三类大病重病且发生医疗费用较大,影响其家庭基本生活,但未纳入医疗救助范围的人员",给予一次性临时医疗救助。

　　2008年2月,市民政局会同相关部门下发《关于进一步调整本市医疗救助政策有关事项的通知》,规定上海市农村低收入家庭(指家庭人均收入一般在上海市农村低保标准150%以下)中因患尿毒症透析、精神病、恶性肿瘤等大病重病,在享受新型农村合作医疗待遇和其他补贴以及各种互助帮困措施后,个人负担医疗费仍有困难,且影响家庭基本生活的,可以纳入医疗救助范围。至此,上海市医疗救助政策实现城乡低保、低收入家庭的全覆盖,并明确低收入家庭经济收入的标准。同时还规定,凡符合申请医疗救助条件的对象,其个人在上海市基本医保目录范围内实际自负的医疗费用支出,统一按以下标准实施救助:一是凡全年实际自负医疗费3万元以下(含3万元)部分,救助比例统一调整为50%;二是凡全年实际自负医疗费3万元以上部分,救助比例统一调整为60%;三是全年累计医疗救助总额统一调整提高为5万元。

　　2009年1月,金山区开展农村门诊及住院医疗救助试点工作,探索医疗救助即时结算方式,即实行医疗救助"一站式"管理服务。

　　2009年,市民政局下发《关于本市医疗救助资金实行社会化发放的通知》,自2009年8月起,上海市医疗救助金实行社会化发放,即发放给个人的医疗救助金打入其个人的银行账户,确保救助金安全。

　　2009年,市民政局下发《关于同意长宁区医疗救助审批权下放街镇的批复》。长宁区成为全市第一个将医疗救助审批权下放街镇的区。

　　2010年,市民政局又同意松江区、青浦区将医疗救助审批权下放至街镇。

表1-1-10　2002—2010年上海市实施医疗救助情况统计表

年　份	2002	2003	2004	2005	2006	2007	2008	2009	2010
人数(万人)	5.71	5.82	10.74	7.7	6.28	10.42	11.66	12.58	14.16
资金(万元)	5 761	6 949	8 317	9 485	7 681	11 206	17 734	21 349	23 800

资料来源:上海市民政局档案

二、教育救助

1999 年 8 月,市教委、市民政局等部门下发《上海市中小学生学杂费分期付款和减免及实行助学金制度的办法》,规定学杂费减免的对象和减免标准为:一是为国牺牲、被政府批准为烈士的,其子女在校就读,免收全部学杂费;二是父母双亡、经济困难、由其他亲属抚养的学生可根据具体情况酌情减免一半或全部学杂费;三是父母因下岗待业造成经济困难、家庭月人均收入符合上海市低收入家庭经济标准的学生,可根据具体情况酌情减免一半或全部学杂费;四是残疾人家庭经济困难的学生,可根据具体情况酌情减免一半或全部学杂费;五是因其他特殊情况造成经济发生困难家庭的学生,可根据具体情况酌情减免一半或全部学杂费。2000 年全年,上海有 6 000 多名中小学生享受助学金。助学金标准分为甲、乙、丙三等,具体为:小学甲等每生每月补助 100 元,乙等每生每月补助 70 元,丙等每生每月补助 40 元;中学甲等每生每月补助 150 元,乙等每生每月补助 120 元,丙等每生每月补助 90 元。

2001 年 8 月,市民政局会同相关部门下发《关于规范本市城乡居民最低生活保障家庭中的中、小学生教育救助出证回执工作的通知》,规定教育救助申请人(监护人)向户籍所在地街道、乡镇社会救助管理所提出出证申请,社会救助管理所审核确认后开具《享受城乡居民最低生活保障证明》,申请人持证明向所在学校申请教育救助减免及学生助学金。2001 年,全市共有 13 900 名困难中小学生得到教育帮困。

2002 年 2 月,市民政局会同相关部门下发《关于进一步规范教育救助减免出证、回执汇总统计等有关事项的通知》,对中小学生向街道乡镇社会救助管理所要求出具低保家庭证明,提出更明确和严格的要求。要求进一步加强教育和民政部门之间信息沟通,落实好教育救助政策。

2005 年 8 月,市政府办公厅批转市教委等部门《关于本市进一步做好义务教育阶段帮困助学工作实施意见》,规定帮困助学对象:一是上海市义务教育阶段就近入学的各类公立学校(或区县教育部门指定承担对口就近入学的民办学校)就读,经民政部门审定的上海市城乡低保家庭学生。二是上海市义务教育阶段就近入学的各类公立学校(或区县教育部门指定承担对口就近入学的民办学校)就读,经民政部门审定的上海市城乡特殊困难家庭学生。具体包括:为国牺牲,被政府批准为烈士的子女;父母双亡,且指定监护人家庭经济困难的学生;父母一方患大病重病或完全丧失劳动能力且家庭经济困难的学生;父母一方为重度残疾且家庭经济困难的学生;经济困难的丧偶单亲家庭学生。三是在上海市义务教育阶段就近入学的各类公立学校就读的具有上海市户籍的其他经济困难家庭学生。助学帮困的内容:一是低保家庭和特殊困难家庭学生,免杂费、书本费,补助生活费,(简称"两免一补");二是其他经济困难家庭学生,减免杂费,发放助学金。减免补助的标准:一是低保家庭和特殊困难家庭学生,免杂费、书本费,按现行义务教育阶段公立学校收费标准执行,转制学校比照公立学校收费标准执行。补助生活费,标准为每人每月 110 元(一年按 9 个月计算);二是其他经济困难家庭学生,根据实际困难程度,按现行义务教育阶段公立学校收费标准,酌情减免杂费。根据实际困难程度,发放助学金,具体为:小学甲等每生每月 120 元,乙等每生每月 90 元,丙等每生每月 60 元;中学甲等每生每月 170 元,乙等每生每月 140 元,丙等每生每月 110 元。

2006 年 1 月,市政府办公厅批转市教委等部门《关于免除本市义务教育阶段中小学生杂费实施意见》。该意见按照《国务院关于深化农村义务教育经费保障机制改革的通知》的精神,明确全市从 2006 年春季学期(2005 学年第二学期)起,在上海市郊区义务教育阶段公办学校中小学生中实施免除杂费政策;从2006年秋季学期开学(2006学年第一学期)起扩大到全市义务教育阶段公办学校中小学生,全部免除杂费。

表1-1-11 2005—2010年上海市义务教育帮困助学人数统计表

年 份	2005	2006	2007	2008	2009	2010
人数(万人次)	4.25	8.63	8.77	8.89	8.78	8.59

资料来源:上海市民政局档案

2006年4月,市教委、市民政局等部门下发《关于建立本市全日制中等职业学校帮困助学制度的实施意见》,规定助学帮困对象:一是在上海市全日制中等职业学校(含普通中专、职业高中和技工学校,不含综合高中学生)就读的上海市低保家庭学生、纯农户家庭学生和被市政府批准为烈士的子女,二是在上海市全日制中等职业学校就读的特殊困难家庭学生。

2009年10月,市政府办公厅批转市教委等部门《关于对本市中等职业学校农村、海岛家庭学生和涉农专业学生实施免费教育意见》,从2009年秋季开学起,对上海市中等职业学校农村、海岛(崇明岛、长兴岛、横沙岛的统称)家庭学生和涉农专业学生实施免费教育。规定助学帮困对象:一是在沪就读全日制普通中等职业学校(含公办和民办普通中专、职业学校、技工学校)中,来自农村、海岛家庭具有正式学籍的学生(含在沪就读的非上海市户籍学生);二是就读上海市全日制普通中等职业学校招生录取的涉农专业学生。对符合条件的对象实施免学费:在上海市国家级重点中等职业学校就读的学生,每人每学年免除学费4 000元;在上海市非国家级重点中等职业学校就读的学生,每人每学年免除学费2 600元。对符合条件的对象免书簿费:每人每学年免除课本和作业本费400元～600元。

三、住房救助

1998年12月,市政府下发《关于进一步深化本市城镇住房制度改革若干意见》,提出建立以最低收入家庭为对象的住房保障体系,由政府和单位提供一定数量的公有住房,供住房困难的最低收入家庭居住。对已经登记在册的人均居住面积4平方米以下的住房困难家庭,仍以各单位为主,在2000年前按照计划目标完成住房解困任务。

2000年8月,市政府批转市房改办等部门《上海市2000年公有住房租金调整办法》,公有住房租金调整后的减免政策,对烈属、因公牺牲军人家属,特等、一等伤残军人或特等、一等伤残军人配偶的住房,在上一年实付租金的基础上,增租部分全部减免;对民政部门确认的家庭人均月收入低于城市居民最低生活保障标准的,在上一年实付租金的基础上,增租部分全部减免。

2000年9月,市政府批转市房屋土地资源管理局(以下简称市房地局)等部门《上海市城镇廉租住房试行办法》,规定申请廉租住房家庭的条件:一是人均收入不超过上海市城镇居民最低生活保障标准,二是拥有私有住房和承租公有住房的居住面积不超过人均5平方米,三是至少有1人取得上海市非农业常住户口5年以上,四是家庭成员之间有法定的赡养、扶养或者抚养关系。救助的程序:由区廉租房办公室按照登记时间的先后顺序,根据申请家庭的实际情况安排。救助的方式:安排配租住房或者发放租金补贴。

2002年3月,市房地局会同相关部门下发《关于加强城镇廉租住房配租管理的意见》,规定租金配租的具体条件和程序,确保符合住房配租条件的低收入家庭有房可租、有房可住。

2003年12月,市房地局会同相关部门下发《关于进一步扩大廉租住房受益面的实施意见》,扩大住房救助对象范围:一是家庭人均收入符合民政部门规定的城镇居民最低生活保障标准,已连续享受民政部门救助6个月以上,且家庭人均居住面积低于7平方米;二是获得省、自治区、直辖市以及部以上劳动模范称号的退休职工,家庭人均月收入低于570元(含570元)、人均居住面积低于7平方米;三是烈属、因公牺牲军人家属,特等、一等伤残军人或特等、一等伤残军人配偶,家庭人均月收入低于570元(含570元)、人均居住面积低于7平方米。配租面积为人均居住面积7平方米(包括原住房居住面积)。调整租金配租标准:对所在地区已冻结即将动迁的符合廉租住房条件的对象,实行补贴资金累积,动迁时一次性支付;对非动迁地区符合廉租住房条件的对象统一确定租金补贴面积保底标准,廉租补差面积不足10平方米的按户补贴居住面积10平方米。调整实物配租标准:长宁、闸北、徐汇、卢湾、普陀、虹口、杨浦、黄浦、静安、浦东新区每户10平方米,闵行、嘉定、宝山、松江、青浦、奉贤、南汇、金山区和崇明县每户8平方米。

2005年4月,市房地局会同相关部门下发《关于进一步规范廉租住房管理的通知》,明确实行廉租住房分类退出的办法,建立廉租住房定期申报制度。对因家庭收入连续一年超出享受廉租住房收入认定标准或因家庭人口减少,家庭住房面积增加等原因,家庭人均居住面积超出上海市应享受廉租住房居住(面积)认定标准的,退出享受范围。廉租住房进入动态管理。

2007年1月,市政府批转市房地局等部门《关于本市扩大廉租住房受益面试点工作的意见》,明确在浦东新区南码头、潍坊街道和卢湾区五里桥、打浦桥街道先行试点。将廉租住房申请家庭的条件规定为:一是申请家庭自申请之月的上月起,连续6个月人均月收入低于500元(含500元),家庭不拥有机动车辆、出租房屋和3万元以上金融资产等价值较大的财产和临时的较大财产收入(如福利、体育彩票中奖等);二是申请家庭的人均居住面积低于7平方米(不含7平方米);三是申请家庭的成员具有上海市非农业常住户口且实际居住,并至少有一人取得上海市非农业常住户口5年以上,其他成员户口迁入此住处1年以上,但插队落户、支内等按照政策回沪的家庭成员,可不受此限制;四是申请家庭共同生活的成员之间须具有法定的赡养、扶养或抚养关系。

2007年8月,市政府批转市房地局等部门《关于本市扩大廉租住房受益面工作的意见》,将廉租住房申请家庭的条件重新规定为:一是申请家庭自申请之月的上月起,连续6个月人均月收入低于600元(含600元),家庭不拥有机动车辆、出租房屋和3万元以上金融资产等价值较大的财产和临时的较大财产收入(如福利、体育彩票中奖等);二是申请家庭的人均居住面积低于7平方米(不含7平方米);三是申请家庭的成员在户主户籍地具有上海市非农业常住户口且实际居住,并至少有一人取得上海市非农业常住户口3年以上,其他成员户口迁入此住处须满1年以上,但支援外地建设退休(职)回沪定居并迁入户口的人员,可不受此限制;四是申请家庭共同生活的成员之间须具有法定的赡养、扶养或抚养关系。意见规定,家庭月人均收入低于上海市职工月最低工资标准、符合廉租住房其他申请条件的4类特殊家庭可申请廉租住房:一是曾获得省部级及以上劳动模范称号的退休职工,二是烈属、因公牺牲军人家属、一至四级残疾军人,三是曾获得全国三八红旗手或2次及以上省部级三八红旗手称号的退休职工,四是“文化大革命”以前的归国老华侨。意见规定,廉租住房申请人应当向街镇的社区事务受理中心提出申请。意见规定对申请人住房面积和人均收入的核定标准和方法作了规定。该意见对每月每平方米居住面积租金补贴标准作了调整:中心城区和浦东新区为62元,闵行、宝山、嘉定为50元,其余区县为32元。

2008年10月,市民政局会同相关部门下发《关于调整本市廉租住房家庭收入和金融资产认定标准的通知》,进一步放宽申请家庭的准入标准,惠及低收入家庭。其中,廉租住房家庭收入认定标准,从原规定申请家庭自申请之月的上月起连续6个月人均月收入低于600元(含600元),调整为800元(含800元);廉租住房家庭的金融资产标准,从原规定申请家庭不拥有3万元以上的金融资产,调整为不拥有9万元以上的金融资产;其他标准仍按原规定执行。

2009年2月,市政府将"完成郊区县2000户农村低收入户危旧房翻建、修缮"列入当年实事工程项目。2010年3月,市政府又将"完成2500户低收入农户危旧房改造"列入当年市政府实事工程项目。

表 1-1-12　1996—2010 年全市农村危房改造情况统计表

年　份	改造户数	改造间数	支出资金(万元)
1996	470	1 414	763.33
1997	398	1 225	688.57
1998	499	1 444	709
1999	525	1 684	868.6
2000	320	800	—
2001	697	1 733	655
2002	1 000	2 500	1 500
2005	—	4 822	2 500
2009	2 016	—	—
2010	3 943	—	—

资料来源:上海市民政局档案

2009年11月,市政府下发《关于调整本市廉租住房准入标准继续扩大廉租住房受益面的通知》,进一步放低廉租住房准入门槛。将廉租住房家庭收入认定标准调整为申请家庭申请之月前连续6个月人均月可支配收入低于960元(含960元),将廉租住房家庭财产认定标准调整为申请家庭财产低于12万元(含12万元)。

2010年8月,市政府下发《关于调整本市廉租住房收入准入标准的通知》,将廉租住房家庭收入准入标准调整为:申请家庭申请之月前连续6个月人均月可支配收入低于1 100元(含1 100元),特殊家庭收入准入标准仍按原规定执行,廉租住房家庭的财产准入标准和住房困难面积标准维持不变。廉租住房家庭收入准入标准随着职工工资标准、人民生活水平提高逐步作适当放宽。

第四节　居民经济状况核对

1997年4月,市民政局下发《关于实施〈上海市社会救助办法的若干规定〉的通知》,规定不予救助的情形:一是拥有空调、高档组合音响、移动电话、摩托车等价值超过3 000元的非生活必需品,二是金银首饰折合现金、有价证券、银行存款、现金累计人均达1 200元以上的,三是日常生活消费明显高于上海市居民基本生活水平的,四是在申请和接受社会救助期间无正当理由拒绝劳动部门及街道办事处、乡镇政府所提供的职业技能培训或职业介绍的。以上标准都要依靠街道乡镇和居村委会通过调查,予以确定。而这些标准,有的比较容易确定,如拒绝职业介绍等。有的可以眼见为实,如摩托车、移动电话等。有的调查难度很大,如金银首饰和现金。消费水平高于居民基本生活,则弹性很大。

2006年7月,市政府常务会议指出:"探索建立认证系统是一件不得不做的事情,也是一件必须突破的工作。因为现在很多工作涉及收入问题,认证就是关键问题,要充分整合现有资源。建立统一的'认证系统',将来无论什么工作,都可以走这个渠道,各类政府机构均可以使用这个资源。"

2006年8月,市政府决定由市民政局负责居民经济状况核对工作的研究,并负责在试点阶段筹建独立的居民收入核对工作机构。

2006年12月,市政府要求:创设专职对申请政府保障家庭的经济情况核对的专业机构,为政府相关部门提供客观依据;制定居民家庭收入核对办法,实现对申请对象家庭经济状况的科学审核;建立面向全市居民家庭的收入、资产核对的综合信息处理平台,通过信息化手段为核对部门提供详尽的、客观的数据信息。

2007年3月,在浦东、卢湾两区4个街道开展扩大廉租住房受益面的收入核对试点工作。同年9月,试点工作扩大到全市19个区县61个街镇,浦东和卢湾全区推开,其他区县各选取2个街道。2008年覆盖到中心城区的126个街镇,中心城区和浦东新区全区推开,郊区(县)各2个街镇。2009年覆盖全市所有的227个街镇。

2007年,市民政局与市公积金中心、市劳动与社会保障局、市税务局先行开展公积金信息、社保信息和税务信息的手工比对工作。2007年9月,公积金电子比对专线开通。2008年1月,劳动电子比对专线(人社专线)开通。2008年9月,税务电子比对专线开通。2009年11月,婚姻、社会救助电子比对专线开通。

2009年6月,市民政局设立上海市居民经济状况核对中心。该中心负责开展核对和复核工作,建设核对和复核工作体系,建立和完善核对和复核系统操作平台等。

2009年7月,市民政局与市公安局之间的车辆信息比对方式由手工交换变更为电子交换。2010年6月,车辆电子比对专线开通。

2009年7月,市政府颁布《上海市居民经济状况核对办法》,明确居民经济状况核对的内容包括:可支配收入、财产。其中,可支配收入包括工资性收入、经营性净收入、财产性收入、转移性收入等,财产包括实物财产、货币财产等。核对方式包括入户调查、邻里访问、信函索证以及调取政府相关部门信息等。核对途径包括调查就业和劳动报酬、各种福利收入,以及房产、车辆、存款、有价证券持有情况。核对机构通过规定途径获得的相关信息进行核实后,出具书面报告,送政府相关部门,作为政府相关部门作出审批决定的参考。核对对象对审批决定提出异议时,政府相关部门可以要求核对机构进行复核。

2009年12月,市民政局会同相关部门下发《上海市经济适用住房申请家庭经济状况核对实施细则(试行)》,上海经济适用住房核对项目启动,并首先在徐汇和闵行两区进行试点。试点共对2418户家庭进行经济状况核对,出具2217份核对报告,另有201户家庭经核对自愿退出本次申请,检出率约为9.1%,为公共财政节省资金约6600万元。

2010年1月,经济适用住房核对业务系统上线。同年3月,廉租住房核对业务系统上线。

2010年4月,市民政局会同市相关部门向上海17家主要中资银行和中国证券登记结算有限责任公司上海分公司发出《关于协助查询本市低收入家庭财产的通知》,开始与商业银行开展电子比对专线建设。

2010年12月,市民政局会同相关部门下发《上海市经济适用住房申请家庭经济状况核对实施细则》,同时结合《关于加强经济适用住房申请审核、严肃查处隐瞒虚报行为的通知》,对上海行政区域范围内经济适用住房申请家庭的可支配收入、财产的核对等,作出具体规定。

2010年中国证监会复函民政部,表示基本同意上海进行证券核查试点工作,至年底原则同意上海先行试点证券查询并确定查询方案。

据2010年底统计,全市共完成廉租房申请家庭收入核对21 556户,其中出具报告16 546份,终止核对5 010户,平均检出率24.4%,节省公共财政资金约3 700余万元。其中:2007年完成核对616户,出具报告603份;2008年完成核对5 522户,出具报告4 059份;2009年完成核对10 058户,出具报告7 708份;2010年完成核对5 360户,出具报告4 176份。

第二章　流浪乞讨人员救助管理

改革开放后,对城市流浪乞讨人员(以下简称流浪乞讨人员)的救助工作经历两个阶段:第一阶段是对流浪乞讨人员进行收容遣送(以下简称收容遣送),第二阶段是对流浪乞讨人员的救助管理(以下简称救助管理)。

第一阶段的收容遣送工作,以1982年5月国务院颁布《城市流浪乞讨人员收容遣送办法》为标志。规定收容遣送的对象为:家居农村流入城市乞讨、城市居民中流浪街头乞讨和其他露宿街头生活无着的人员。1991年5月,国务院颁布《关于收容遣送工作改革问题的意见》,将无临时户口、无固定住所、无合法职业、无合法经济来源、无生活依靠等特征的人员调整为收容遣送对象。20世纪90年代,上海外来人口急剧增加,其中,流浪乞讨人员数量不断攀升。一些流浪乞讨人员滞留在上海火车站地区,给车站地区的治安秩序、站容站貌和管理工作,以及周围地区居民的正常生活带来较大影响。面对日益增大的收容遣送工作量,市民政局会同相关部门,采用"现场办公"的集中收容遣送方法,凡符合收容条件的,就地分流,即收即遣,形成"公安收,民政容,民政、公安、武警一起送"的收容遣送工作模式。1996年1月,市遣送站设立市流浪儿童保护教育中心。1998年4月,在嘉定区工读学校开设市流浪儿童保护教育中心二班。

作为特定历史条件形成下的收容遣送制度,在具体执行过程中出现扩大收容范围等偏差和问题。进入21世纪以后,收容遣送制度已不适应新的形势,亟须进行改革。

第二阶段的救助管理工作,以2003年6月国务院颁布《城市生活无着的流浪乞讨人员救助管理办法》、废止《城市流浪乞讨人员收容遣送办法》为标志。2003年7月,市政府下发通知,就贯彻执行国务院的救助管理办法和民政部的实施细则,部署上海对流浪乞讨人员救助管理的具体工作。同年8月,市与区县原收容遣送站全部更名为救助管理站。救助管理的基本原则是自愿救助、无偿救助。建立新时期的救助管理制度,将强制性的收容遣送改变为关爱型的救助管理,是对收容遣送制度的重大改革。

至2010年底,上海已经建立健全救助管理体制、机制、法制,并呈现出四个特点。第一,部门联动共同做。市民政局加强与公安、城管等各有关部门的协调,发挥慈善组织参与救助管理的积极作用,开创"三合一"联动机制,形成以民政为主、各方参与的上海救助管理工作的合力。第二,深入社区主动做。市民政局创新救助管理进社区的做法,在街镇成立救助管理咨询服务站,整合社区资源,广泛宣传动员,招募志愿人员,提高救助管理在社区的知晓度和参与率。第三,重大活动专项做。在上海举办上海合作组织峰会、第12届世界夏季特殊奥林匹克运动会(以下简称特奥会)、上海世界博览会(以下简称世博会)等重大活动期间,各相关部门建立健全制度,形成并完善机制,为维护上海的社会秩序作出贡献。第四,专业工作创新做。在严寒季节救助、反家庭暴力庇护、流浪乞讨人员疾病救治和铁路护送等方面,创新做法并取得成效。同时,积极做好流浪未成年人保护工作,对流浪未成年人救助实行生活制度化、流程标准化。在开展校园式管理模式,运用社会工作理念与专业技巧,开展心理矫治与辅导等方面进行探索并取得实效。

第一节 收 容 遣 送

20世纪80年代初,随着改革开放带来的经济发展,出现了人口的流动。1982年国务院发布城市流浪乞讨人员收容遣送办法,对涌入城市的无业人员和灾民进行收容救济,规定收容遣送工作由民政、公安部门负责,在大城市、中等城市、开放城市和其他流浪乞讨人员多的地方,设立收容遣送站;收容遣送站应及时了解被收容人员的姓名、身份及家庭住址等情况,对他们进行救济、教育,安排好他们的生活,加强对他们的思想政治教育,及时把他们遣送回原户口所在地。10月15日,民政部、公安部下发《城市流浪乞讨人员收容遣送办法实施细则》(试行),对开展城市流浪乞讨人员的收容遣送工作进行细化。

1991年5月,国务院发布《关于收容遣送工作改革问题的意见》指出,收容遣送对象,过去大部分是因灾或因生活困难乞讨的;现在这种需要社会救济的人不多了,大部分则是务工不着、无证经营、逃学、逃避计划生育、流浪成性、以乞讨为生财之道的人,被家庭遗弃或虐待的精神病人和痴呆傻人等。12月19日,市人大颁布《上海市收容遣送管理条例》,细化民政和公安部门的职责分工、收容遣送的对象范围。规定收容遣送对象范围为:流浪街头乞讨的;露宿街头,生活无着的;在上海市无正常居所,又无正当生活来源的;流落街头、无监护人监护的精神病患者或者智力严重缺损的;轻生获救后,身份不明,暂无家属、单位领回的人员。1992年,市民政局组织市和区县收容遣送站,依据法律法规相关要求,编写《收容遣送指南》《被收容人员守则》,修订收容遣送工作流程等几十项制度,加强收容遣送工作的规范化建设。1993年11月,设市收容遣送站第一分站(青浦);1994年12月,设市收容遣送站第二分站(大丰)。至1997年底,全市共有黄浦、闸北、闵行、嘉定、宝山、浦东、奉贤、松江、金山、青浦、崇明等11个区县的民政局设立了收容遣送站。

进入20世纪90年代,上海外来人口急剧增多,其中无合法证件、无固定住所、无正当工作的人员数量呈上升趋势,众多盲目来沪人员滞留在上海站地区,给当地的治安秩序和管理工作带来问题。因此,上海形成收容遣送工作"公安收,民政容,民政、公安、武警一起送"的新体制,即公安部门负责社会面的收容,民政部门负责接收、审查、管理教育;在执行遣送任务时,民政工作人员负责购票、生活等方面的后勤保障工作,公安和武警负责维护秩序和安全。

随着外来人口急剧增加,外地流浪来沪的儿童也随之增多,不少流浪儿童长期集聚在车站、闹市及旅游景点周围,拦住中外游客、游人乞讨索要钱物等。1996年1月,市遣送站内设立市流浪儿童保护教育中心,对年龄在12周岁~16周岁,屡遣屡返、长期流浪、有轻微违法行为的流浪儿童,进行保护性教育。1998年4月,市遣送站在嘉定区工读学校开设市流浪儿童保护教育中心二班,接收年龄在6周岁~18周岁,屡遣屡返、长期流浪、有轻微违法行为或者从事非法经营活动的男性流浪儿童。据2000年底统计,流浪儿童保护教育中心成立的5年内,共接纳来自全国28个省(市、区)的流浪儿童1 900余人次。其中,年龄最小的6岁,最大的16岁。该中心坚持教育、救助、保护"三管"齐下,帮助流浪儿童纠正不良行为。经过教育,流浪儿童能适应集体生活,基本懂礼貌,逐步能自我管理。约有70%的流浪儿童重返家乡或学校。该中心保护教育的流浪儿童,无一死亡、无一伤残、无一逃跑。

2000年,设市收容遣送站二站(后更名为市救助管理二站)。

表 1-2-1 1990—2003 年 7 月流浪乞讨人员救助情况统计表 单位：人次

年　份	收容量	年　份	收容量
1990	20 884	1997	102 871
1991	31 259	1998	142 014
1992	30 288	1999	178 864
1993	29 726	2000	201 800
1994	53 893	2001	280 118
1995	61 818	2002	231 491
1996	82 556	2003(1—7 月)	73 265

资料来源：上海市民政局档案

第二节　救　助　管　理

一、管理机制

2003 年 6 月 20 日,国务院颁布《城市生活无着的流浪乞讨人员救助管理办法》,同时废止《城市流浪乞讨人员收容遣送办法》。新办法规定,城市生活无着的流浪乞讨人员,是指因自身无力解决食宿,无亲友投靠,又不享受城市最低生活保障或者农村"五保"供养,正在城市流浪乞讨度日的人员,虽有流浪乞讨行为,但不具备上述规定情形的,不属于救助对象。新办法坚持自愿救助、无偿救助原则。城市流浪乞讨人员是政府"救助管理"的对象,只要他们自愿求助,经救助站核实后,就应当为他们提供无偿救助。救助站根据受助人员的需要,提供食物、住处和治疗,帮助联系、返回他们的亲属或者所在单位。救助管理站对流浪乞讨人员的救助是一项临时性措施,救助期限一般不超过 10 天。

2003 年 7 月 22 日,经国务院批准,民政部召开全国会议,下发《城市生活无着的流浪乞讨人员救助管理办法实施细则》,部署贯彻落实国务院《城市生活无着的流浪乞讨人员救助管理办法》。会议指出,20 多年来,中国各方面情况发生很大变化,《收容遣送办法》已不适应新形势需要,废止《收容遣送办法》,建立新型社会救助制度,这是中国社会救助制度的重大改革,也是中国民主法制建设的一件大事。要求各省市统一思想认识,明确政策要求,切实加强领导。

2003 年 7 月 30 日,市政府下发《关于做好本市生活无着的流浪乞讨人员救助管理工作的通知》,要求认真贯彻落实好国务院与民政部的救助管理办法及实施细则。该文件明确各级救助管理站的职能,落实工作经费和人员编制,要求健全制度,形成良好的工作机制。

与此同时,市政府建立全市救助管理工作联席会议制度,开展对全市收容遣送机构留站人员的核查,对遣送场所进行站容整顿和设施整改,清理不符合办法规定的相关文件,开展对干部员工的业务培训,提高他们的法制意识、社会工作技巧和整体执法水平。

2003 年 8 月 1 日,市民政局和 19 个区县民政局,同时举行救助管理站挂牌仪式。8 月 5 日,市人大决定,废止《上海市收容遣送管理条例》《上海市青少年保护条例》《上海市外来流动人员管理条例》中涉及收容遣送内容的相关条款。8 月,市民政局、市公安局、市卫生局、市建委、市环卫局、上

图1-2-1 2003年7月28日,市民政局召开贯彻国务院颁布的《城市生活无着的流浪乞讨人员救助管理办法》工作会议

海铁路局、市容监察总队等先后下发文件,废除原收容遣送的相关文件,建立救助管理各项工作制度,促进健全救助管理工作机制。同月,市民政局制订《关于印发救助管理站有关制度的通知》,各救助管理站也制定救助管理工作流程、站内管理、表格文书制作等规章制度。市救助管理站拟订《工作人员安全责任制》《工作人员行为规范》《救助人员接收工作程序》《救助人员送医院诊治的规定》等30余件内部管理制度。

2004年,市民政局公开《救助管理工作指南》《救助管理流程图》,以及救助管理的规范性文件,主要内容有办事机构、办事依据、受理地址、受理时间、受理电话、救助内容、投诉监督等。

2006年7月,民政部下发《救助管理机构基本规范》和《流浪未成年人救助保护机构基本规范》。根据民政部的要求,浦东、松江、嘉定、闵行、奉贤、宝山、杨浦、崇明、青浦等区县救助管理站先后完成设施的改扩建,优化场所环境,提升服务水平。

2010年5月,市救助管理二站迁址并独立运行。该站集中救助暂时找不到家的流浪人员,其中有失去记忆、有智力障碍与患精神疾病等各种情况。工作人员针对每个人的特点,通过聊家常、关注口音等,收集点滴信息,从中分析受助人员家乡的可能性,并多方联系。当寻亲信息得到确认后,安排人员护送受助人员安全回家。当年该站的寻亲成功率达到10%左右,受到民政部的肯定。

二、医疗救治

2003年8月,市民政局会同相关部门制定《关于做好城市生活无着的流浪乞讨受助人员医疗应急救治工作的通知》,明确市第六人民医院、同济医院和公惠医院等22家医疗机构分别为市、区县救助管理站对口医疗点,并规定城市生活无着的流浪乞讨受助人员医疗应急救治以基本医疗为原则。

2006年12月,市民政局会同市公安、财政、卫生等相关部门,制定《关于进一步做好城市流浪乞讨人员中危重病人、精神病人救治工作的实施办法》，经市政府同意后下发。该办法明确流浪乞讨病人救治基本对象、基本原则、工作流程、部门职责、经费保障等。救治基本对象为：必须抢救的有生命危险的流浪乞讨危重病人、危及他人生命安全或严重影响社会秩序和形象的流浪精神病人、因病需应急救治的流浪乞讨救助病人。确立先救治后救助和先救治后结算的原则。对流浪乞讨病人的救治，民政（慈善救助服务社）、公安、城管等部门的工作人员，谁发现谁负责，及时通知医疗急救中心（"120"），并负责将其送至当地定点相关医院（病情严重来不及送定点医院的，在就近医院抢救）进行救治。流浪乞讨病人经救治，病情稳定或治愈的，民政部门的救助管理站应及时进行甄别和确认病人身份。据 2010 年全年统计，全市救治流浪乞讨精神病人、危重病人 1 108 人次。

三、慈善救助服务

2003 年 10 月，浦东新区和静安区，组建由社会工作者及志愿者组成的慈善救助服务社，开展慈善组织参与救助管理的试点工作。

2004 年 1 月，19 个区县民政局推行组建慈善救助服务社，由专业社会工作者、相关行业和社会团体的志愿者组成，在公共场所协助、配合做好宣传、引导和护送等工作。慈善救助服务社还配备统一标识的慈善救助服务车，在中心城区巡查救助。

四、创新救助管理方式

【救助管理进社区】

2005 年，市民政局会同相关部门在浦东新区试行救助管理进社区工作。救助管理进社区是整合社区资源，发动社会参与，在街镇层面建立救助管理咨询服务站，形成街镇政府领导、民政主管、部门协作、社会支持、上下联动的救助管理工作格局。

2007 年 2 月，市民政局会同市公安、市城市管理行政执法局，联合印发《关于大力开展救助管理进社区工作的通知》，提出在浦东新区试点的基础上，向全市推开救助管理进社区工作；要求按照"先市区后郊区、先街道后乡镇"和"夯实基础、逐步推进"的原则分步进行。全市各街镇均成立领导小组，设立咨询服务站，基本做到"六个一"，即一块牌子、一套制度、一支队伍、一个台账、一条热线、一个场所。救助管理进社区，使社区居民对救助管理的知晓率和参与社区救助管理的积极性明显提高。

据 2007 年底不完全统计，自成立街镇救助管理咨询服务站的一年多时间，仅浦东新区沿江 14 个街镇，就招募在册志愿人员 700 多人，开展各类专题宣传活动 800 余次，发放宣传资料 19 000 余份，受理接待咨询人数 2 400 余人次，劝说引导流浪乞讨人员 350 余人次，直接救助 404 000 余人次。

至 2010 年底，全市实现街镇救助管理咨询服务站的全覆盖，初步形成城市救助管理条块结合、部门协作、上下联动的现代救助管理服务网络。

【"三合一"街头联动救助机制】

2006 年 6 月，"上海合作组织峰会"在沪召开。峰会召开前夕，全市进行集中专项救助。针对新形势下流浪乞讨人员救助管理工作出现的新情况，市民政、公安、城管部门探索"三合一"联动救助服务方法,创立对街头流浪乞讨人员开展主动救助的新机制。"三合一"联动救助服务,由各区县民政部门提供慈善救助服务车,车上配备 2 名民政慈善救助服务社工作人员、1 名公安民警、2 名城管队员,对街头流浪乞讨人员实行 24 小时不间断救助服务,及时发现,即时救助。在街头巡查中,宣传救助管理工作政策,发现流浪乞讨人员予以劝告、引导,对行动不便的未成年人、残疾人、老年人直接护送进救助管理站,对危重病人、精神病人及时送医院救治,对涉嫌违反市容法、治安处罚法的依法予以处置。

【铁路站救助管理】

2007 年 9 月,市民政局会同上海铁路局制定《关于加强铁路站车上城市生活无着的流浪乞讨人员救助管理工作的实施办法》,明确在上海火车站和上海火车南站设立救助咨询服务点,开展救助管理的法制宣传,组织志愿者开展日常巡查,协助做好主动救助和告知、劝阻、引导、护送工作。优先办理流浪乞讨受助人员和护送返乡工作人员的订票业务,车票加盖"政府救助,禁退禁卖"字样,严格乘车凭证管理。对于救助管理站工作人员护送病、残等特殊困难受助人员进站、乘车时,车站、列车积极协助并提供便利。同时,建立铁路、民政两部门的协作会议制度,解决工作中出现的重大问题。

【严寒季节救助】

2009 年 1 月起,上海市启动对城市流浪乞讨人员的严寒季节专项救助机制。为确保露宿街头的流浪乞讨人员得到应有救助,市民政、公安、城管部门开展"三合一"联动救助,发挥社区救助管理咨询服务站的作用,组织人员对桥洞、高架下等露宿街头人员集中的地方,不间断巡查,发现一个,救助一个。同时在市救助管理站内设立明显标志和应急救助区域,储备好大批御寒物品,为受助人员提供帮助和关怀。此后,每遇严寒季节,全市都会启动严寒专项救助工作。

2010 年 12 月,市民政局制定《严寒季节流浪乞讨等生活无着露宿街头人员人道主义救助管理应急预案(试行)》,规定在寒冬期间,根据气象部门发布的寒潮、低温等严寒灾害性气候预警,上海应迅速启动应急预案,并明确启动程序、救助实施和相关部门的职责分工等,使严寒季节专项救助工作更加规范化。

【家暴受害人庇护救助】

2009 年 6 月,市民政局会同相关部门制定《上海市贯彻实施〈关于预防和制止家庭暴力的若干意见〉的办法的通知》,提出预防和制止家庭暴力,依法保护公民特别是妇女、儿童的合法权益,维护家庭和社会稳定的 13 条实施意见。11 月,在市救助管理站筹划成立上海市反家庭暴力庇护救助中心,其主要服务对象为:居住在上海、因受到家庭暴力侵害后无处安身、需要暂时庇护救助的妇女、儿童和老人。庇护时间一般不超过 7 天。并为接受庇护的家庭暴力受害人提供法律服务、医疗救治、心理咨询、社会工作等人文关怀服务,帮助受害人尽快恢复身心健康。

五、流浪儿童救助保护

2006 年 1 月,全国召开保护流浪未成年人工作会议,下发民政部会同相关部门制定的《关于加强流浪未成年人工作的意见》。会议要求加强流浪未成年人救助保护工作的规范化建设,加强流浪未成年人救助保护机构的设施建设,切实提高保护流浪未成年人工作的专业化水平。4 月,市民政局会同相关部门制定贯彻实施的具体意见,要求充分认识加强流浪未成年人保护工作的重要性和必要性,进一步明确上海流浪未成年人保护工作的总体要求和主要目标,坚持"政府主导、部门联动、分级管理、条块结合、民政指导、社会参与"的原则,明确职能部门的职责分工,完善市和区县、街道工作的体系网络,建立、健全全社会齐抓共管的机制,创造流浪未成年人回归社会的良好环境。

2007 年起,全市流浪未成年人救助保护工作实现"衣、食、宿、学、训、医"一日生活制度化;探索校园式管理模式,激发受助人员回归主流社会的信心与愿望;有效运用社工理念与专业技巧,增强流浪未成年人关心集体、团结友爱的自觉性。

2003 年 8 月至 2010 年 12 月,市、区县两级救助管理机构共救助 18 周岁(不含)以下受助人员31 940 人次。

六、专项救助管理

2006 年 6 月,"上海合作组织峰会"在上海召开。为维护上海的社会秩序,确保峰会圆满成功,市民政、公安、城管部门以"三合一"联动救助服务的形式,对街头流浪乞讨人员实行 24 小时不间断救助服务,及时发现,主动救助。两个多月的街面专项救助,为维护上海社会稳定取得良好效果。

2007 年 10 月,第 12 届世界夏季特奥会在上海举行。市民政局会同相关部门,制定专项工作方案,遵循"先接收,后甄别""先救治,后救助"的原则,开展"三合一"联动救助,确保特奥会期间相关区域基本无流浪乞讨现象。

2008 年,北京举办第 29 届夏季奥林匹克运动会(以下简称奥运会)和残疾人奥林匹克运动会(以下简称残奥会)。市民政局采取多种方式,分阶段、有秩序地推进救助管理工作,圆满完成奥运会、残奥会筹备和举办期间的救助管理任务。市救助管理站获得"民政部 2008 年奥运会、残奥会举办期间救助管理工作先进单位"的荣誉。

2009 年 8 月,市政府成立以副秘书长为组长的 2010 上海世博会救助管理工作领导小组,以市政府名义召开上海世博会救助管理工作动员部署大会,转发市民政局、市公安局、市城市管理行政执法局、市卫生局、市社会治安综合治理办公室等八部门制定的《上海世博会救助管理工作方案》。根据方案要求,市民政局会同市公安、城管等部门制定《关于开展街面流浪乞讨人员集中救助管理专项工作的实施方案》。2010 年 5 月 1 日至 10 月 31 日世博会期间,全市民政、公安、城管、卫生等部门密切配合,按照积极救助、依法行政的要求,以及条块结合、以块为主的原则,全力开展街面流浪乞讨人员集中救助工作。通过加强领导,集中救助,社会发动,落实措施,共救助流浪乞讨人员 21764 人次,圆满完成了市政府提出的"努力实现世博区域无流浪乞讨人员,重点街区基本无流浪乞讨现象,街面流浪乞讨现象明显减少,因流浪乞讨扰乱社会治安秩序问题基本没有"的工作目标,得到市政府的肯定和民政部的通报表扬。

自 2003 年 8 月至 2010 年 12 月,全市共救助各类受助人员 22 万余人次。

表 1-2-2 2003 年 8 月—2010 年 12 月流浪乞讨人员救助情况统计表   单位:人次

年　　份	市救助管理站	市和区县救助管理站
2003(8—12 月)	2 374	4 228
2004	16 571	24 627

（续表）

年　份	市救助管理站	市和区县救助管理站
2005	20 483	33 367
2006	24 272	36 899
2007	21 377	32 570
2008	18 471	28 215
2009	19 549	32 532
2010	17 602	35 570
总　计	140 699	228 008

资料来源：上海市民政局档案

第三章　救灾减灾

20世纪90年代以来，随着全球气候变暖、海平面上升等诸多因素的交替影响，上海的自然灾害呈现出台风的多发性、潮位的趋高性、暴雨的突发性、洪水的复杂性以及大雾天气和高温对城市生产生活的影响。市委、市政府重视灾害的预防与应急管理工作，逐步建成上海城市应急管理体制。2002年成立上海市减灾领导小组及其办公室。2005年9月，成立上海市突发公共事件应急管理委员会，决定和部署突发公共事件应急管理工作。上海通过长期的城市防灾救灾实践，逐渐建立较为完善的"测、报、防、抗、救、援"全过程的应急管理方法，有效地应对各种自然灾害。上海民政部门主要承担"救"和"援"的相关工作。设在市民政局的市应急救助办公室，负责自然灾害应急救助的日常工作，统一组织和协调上海市有关灾时宣传动员、转移安置、接受捐赠（募集）、恢复重建以及遗体处理等应急救助工作。灾害发生后，市民政局将会同有关职能部门及时核查统计灾害影响范围和受灾程度，评估、核实自然灾害所造成的损失情况以及开展救灾紧急援助工作的综合情况，及时向市政府、民政部报告；根据具体受灾情况和救灾紧急援助实际需要，统一组织实施救灾捐赠活动；指导区县民政部门迅速设立灾民安置场所和救济物资供应站，做好灾民安置和救济款物的接收、发放、使用与管理工作，确保灾民的基本生活，并做好灾民及其家属的安抚工作；及时处理和焚化遇难者尸体。同时还负责灾后救助和组织实施救灾捐赠。

市委、市政府始终把立足上海、服务全国作为上海经济建设的一项基本原则，积极开展扶贫济困支援灾区的捐助活动。1993年以前，在兄弟省市遭遇突发性自然灾害时，上海民政部门及时发动全社会的力量，积极组织开展募捐工作，支援兄弟省市灾区人民恢复生产，重建家园。1994年，民政部开始在全国开展"扶贫济困送温暖"社会捐助跨省对口支援活动，上海对口援助的省市确定为云南省。进入21世纪后，上海民政部门响应民政部的倡导，进一步推动经常性捐赠活动的制度化、规范化和社会化，为支援灾区和贫困地区抗灾救灾发挥积极作用。

第一节　灾害救助

1980年8月1—22日，上海出现10次暴雨，其中3次为大暴雨，雨量之大为常年的4倍～5倍。农田受淹，产量大减，仅青浦县全年粮食减产达6 500万公斤。8月25日奉贤县又降暴雨，受涝的水稻3 382亩、棉花18 444亩、蔬菜2 452亩，塌房601间、畜棚726间。当年农业全面减产，粮、棉均减32%，油菜籽减9.3%。此外，7月23日下午4时许奉贤县遭龙卷风袭击，共伤10人，塌房148间，击坏房屋253间，吹倒电线杆40根。市、县两级政府迅速开展救灾工作。

1981年8月31日下午，第14号强台风袭击川沙县，沿海最大风力11级，又值大潮汛；9月1日凌晨1时30分，沿海最高潮位达5.64米，为川沙有记录以来最高潮位。黄浦公园水位达5.22米，市区和川沙县同受威胁。为顾全大局，确保市区安全，川沙县遵照市政府命令，开闸纳潮2个多小时，引水600多万立方米，金桥、东沟、北蔡、花木、洋泾、六里、严桥、杨思等沿江地区8个公社受淹农田1 800余亩，倒塌民房89间，死亡2人，受灾3 200人。市政府表彰川沙县顾全大局的精神和积极开展救灾工作。

1983年4月28日凌晨2时,崇明县遭大风、雷雨、冰雹袭击,个别地区降暴雨,房屋倒塌,重伤4人,轻伤3人;雷击还致1人死亡、3人昏迷。6月2—3日,崇明县又遭10级~11级偏东大风和暴雨袭击,吹倒玉米、棉花10万亩和房屋73间,伤6人,交通受阻。市、县两级政府对灾后工作进行妥善处置。

1985年7月31日至8月1日,第6号台风袭沪,全市普降大暴雨,局部特大暴雨,大面积严重积水,3.5万户居民家进水,大批工厂受淹,其中49家停产;塌损房舍3170间,倒树5362棵,供电故障673起,农田受淹74.9万亩;大风雨中沉船32艘,冲垮桥梁3座,触电死3人,雷击死1人。8月31日下午至9月3日,特大暴雨袭沪,市区及市郊大面积积水,触电死亡4人,124辆电车因漏电停驶,上海生物制品研究所几十万支防疫苗受潮,损失100多万元,有483家企业由保险公司赔偿损失547万元。市、县两级政府开展排水、救助等救灾工作。

1986年7月11日,南汇、川沙、奉贤的20多个乡镇遭受30多年来最大一次龙卷风袭击,死亡31人,受伤554人,1258间房屋被摧毁,直接经济损失2600多万元。在全市各单位配合下,当晚即妥善安置全部受灾群众。在此后半个多月时间内,1000多家乡镇企业先后恢复生产。市政府拨出专款帮助受灾地区人民恢复生产,重建家园,其中,核拨南汇县100万元救灾款用于灾害救助。

1987年7月28日,嘉定县封浜、江桥、桃浦遭龙卷风袭击,263户居民塌毁住房121间,严重损坏586间。灾后,市、县资助30万元,县保险公司赔偿家庭财产保险费52万元,市、县、乡镇几十个单位及数千名干部群众捐款12万元。灾后第8天,263户居民全部迁入修复或重建的新居。

1988年9月16日至1989年1月16日,上海持续秋冬干旱,长达123天,市区降水量42.3毫米,只有常年同期的1/5,为有记录以来所罕见。360万亩秋播作物(三麦、油菜)苗期生长受严重影响;蔬菜单产下降,播种面积比1987年减少1万多亩。灾情发生后,郊区4万多人、6800多座灌溉站投入抗旱。

1990年8月31日至9月1日,台风、暴雨、龙卷风袭沪,市区200多条路段积水,水深30厘米~40厘米,轮船停航,部分铁路被冲毁,列车停开。8月31日上午至中午,青浦、嘉定、南汇、川沙、金山及宝山区的14个乡镇20多个村受龙卷风侵袭。全市共毁房790间,吹倒棚舍1006间,刮倒树木1652株,折倒电杆133根,死亡3人,伤52人。市政府拨给嘉定县救灾款16万元,市民政局拨给川沙县救灾款3万元。

1991年7月,太湖地区遭洪涝威胁。当月4—7日,为加快太湖泄洪,避免太湖流域遭受洪灾,上海奉国家防汛指挥部命令,两次在青浦县红旗塘大坝、钱盛塘坝炸坝泄洪。泄洪后,冲毁堤防17.7公里,青浦、松江、金山等县受淹农作物250万亩,房屋倒塌2302间,损坏6178间,直接经济损失3亿多元。灾情发生后,市政府立即拨专款进行救助,组织群众恢复生产,安排好生活。同年8月,上海遭受特大暴雨袭击,松江、金山、青浦三县的部分乡镇还遭受龙卷风袭击。

1992年8月7日,龙卷风突袭奉贤县邬桥、萧塘、金汇、齐贤4个乡镇,2000户农户受灾,全县发动捐款救灾,共捐款72.14万元和日元1万元、澳元100元。市民政局下拨羊毛毯、棉絮、衣物5672件,200余户受灾群众及时得到灾害救济。

1994年,上海农村遭遇干旱、台风和暴雨等自然灾害的袭击,因灾死亡1人,倒塌房屋80间,损坏堤防5105米,堤防决口25处;受灾农田面积372万亩,成灾面积20万亩,粮食因灾减产6.17万吨;直接经济损失760.7万元,其中人民群众直接经济损失60.7万元。市民政局向崇明县和松江县各拨救灾款10万元,用于受灾贫困户的危险房屋修缮。

1996年9月和10月,市民政局分别向遭受龙卷风、强暴雨和冰雹袭击的青浦县、松江县、金山县和崇明县下拨救灾款 5 万元、10 万元、10 万元和 15 万元,用于受灾贫困户的住房修复及生活救助。

1996 年 11 月 27 日,四川中路 397 号～417 号发生重大火灾,受灾居民 45 户,影响到 76 户 238 人,伤亡严重。市领导对此十分重视,要求市民政局帮助黄浦区做好善后处理工作,尽快解决灾民吃、穿、住、医的困难。市民政局向黄浦区民政局拨款 50 万元,用于安排 200 多名灾民暂住旅馆的住宿费、伙食费,以及医疗救治费、遗体保护费、应急冬令衣被及日常生活用品费等。

1997 年 5 月,市民政局向遭受龙卷风、冰雹袭击的金山县下拨救灾款 20 万元。9 月,分别向遭受强台风袭击的南汇县、宝山区和松江县下拨救灾款 15 万元、10 万元和 10 万元。

1998 年 8 月,市民政局向遭受龙卷风和雷电袭击的青浦县下拨救灾款 10 万元,用于部分贫困户住房的恢复重建和灾后生活救济。

1999 年梅雨期间,全市共遭受暴雨 7 次、大暴雨 2 次,造成市区近百条(段)马路积水,市区居民进水 3.2 万户次,农户进水 1.36 万户次,农村企业厂房进水 655 家,倒塌民房 698 间,损坏民房 1 760 间,畜禽死亡 1.28 万只,农田受淹 127.10 万亩(其中水稻 98.26 万亩、经济作物 2.03 万亩、蔬菜瓜果作物 26.81 万亩),淹没鱼塘 26 627 亩,直接经济损失 7.1 亿元。8 月,市民政局从救灾基金(捐款)中列支 780 万元划拨给受灾区县,其中青浦县 140 万元、松江区 100 万元、金山区 100 万元、南汇县 80 万元、奉贤县 80 万元、嘉定区 60 万元、宝山区 60 万元、闵行区 40 万元、浦东新区 40 万元、崇明县 80 万元,专项用于重灾户、贫困户、敬老院危险房屋抢修和翻建及临时生活救济。

2000 年 3 月 12 日,金山区石化街道海塘一村 167 号 301 室居民家里发生管道液化气燃爆,受灾户数较多,损失严重。市民政局派员前往察看灾情后下拨救灾款 30 万元,用于灾民的安置转移、伤员的治疗和灾民生活临时救济。

2000 年 7 月,宝山路发生火灾,市民政局向闸北区民政局核拨救灾款 10 万元,专项用于灾民临时生活救济和医疗补助。

2000 年 12 月 22 日,黄浦区河南南路 126 号～132 号居民住宅发生火灾,受灾居民 15 户,死亡 4 人,重伤 3 人,轻伤 8 人,直接经济损失约 200 万元。市民政局向黄浦区民政局核拨救灾款 25 万元,专项用于灾民的临时生活救济、房屋维修和医疗救助。

2001 年,市民政局分两次向遭遇台风、龙卷风和暴雨袭击的崇明县下拨救灾款 80 万元和 30 万元;向遭受雷暴雨袭击的宝山区下拨救灾款 30 万元,用于重灾户、贫困户、五保户的房屋修建和临时生活救济。

2002 年 7 月 4—5 日,因第 5 号台风的影响,沿海的南汇、宝山、崇明等区县受灾严重。据统计,南汇区直接经济损失 1.4 亿元,其中 3 000 余户农村贫困户和近 8 700 户农村低收入家庭受灾尤为严重;宝山区直接经济损失 1 789.34 万元;崇明县因灾死亡 1 人,受伤 1 人,农作物绝收或接近绝收 65 000 亩,因灾倒塌房屋 13 间,损坏房屋 152 户、262 间,倒塌棚舍 111 间。市民政局分别向 3 个区县下拨救灾款 50 万元、30 万元和 20 万元,专项用于重灾户、贫困户、五保户危险房屋的抢修、翻建和灾民的临时生活救济。

2003 年 7 月,崇明县遭受大风、暴雨袭击。市财政紧急核拨救灾款 60 万元,专项用于重灾户、贫困户危险房屋修建和灾民临时生活救济。崇明县民政局将该笔救灾款一部分用于解决部分重灾户、散居"五保"户、农村贫困户灾后吃、住、医等方面的困难,全县 600 户,每户救助 500 元,共计 30 万元;一部分用于解决农村贫困户因灾倒(损)房的修建和翻建,全县共 100 户,每户平均 3 000 元,共计 30 万元。

2005年7月30日下午,青浦、松江、崇明三区县的部分乡镇遭遇龙卷风、暴雨和雷电袭击,因灾死亡1人,伤4人,倒塌房屋28间,损坏房屋466间,受灾人口2500人,转移安置100人,直接经济损失1081万元。市民政局迅速开展应急救助工作,将受灾状况调查和灾情评估上报市政府。8月,第9号台风"麦莎"影响上海,全市94.6万人受灾(其中因灾死亡7人),居民住房倒塌2800间、毁坏16107间,农作物受灾面积55.78千公顷,因灾直接经济损失13.58亿元。市民政局及时启动自然灾害救助应急预案,各级民政部门及时核实受灾情况,建立一户一卡的受灾台账,制定恢复重建计划。中央和市、区县及时安排恢复重建资金2500万元,使受灾群众的住房尽快得到修缮和重建。9月12日,受第15号台风"卡努"的影响,奉贤区柘林镇发生龙卷风,造成100多户居民住房倒塌、损坏。市民政局在获悉灾情1小时后就赶赴现场勘查灾情,并向市政府报告,紧急下拨15万元救灾款,发放150箱方便米饭,及时安抚灾民,帮助各级政府制定灾后重建方案。

2010年11月15日,静安区胶州路707弄1号发生特大火灾,造成人员伤亡,灾情严重。为及时妥善安置好受灾群众的生活,市民政局于11月16日核拨火灾应急救助款100万元,主要用于灾民安置、生活安排以及社工专业服务等工作。

第二节　防灾减灾

1990年,市民政局制定《上海市民政局抗震救灾预案》和《区、县民政部门在地震救灾工作中的职责和任务》,明确各级民政部门在地震救灾中的职责和任务。

1993年,市民政局向市政府相关部门报送《上海市民政局地震应急反应实施方案》,对地震应急中民政系统的任务、组织指挥体系、一般和应急状态下的行动方案及保障措施等做出规定。

2005年10月,上海开展一系列的减灾宣传教育活动,黄浦、卢湾、静安、杨崇明等区县民政局会同区消防、地震、防台防汛及民防部门,分别在社区、学校、机关、军营等处设立宣传点,赠送和发放《避灾自救手册》《国际减灾日特刊》《居民减灾手册》等减灾科普读物,利用板报、横幅的形式向广大群众宣传公共安全知识。

2005年,市民政局制定《上海市民政局自然灾害应急处置预案》,下发到各区县民政局。各区县民政局结合当地实际,制定本地区自然灾害应急处置预案。

2006年,市民政局组织开展"社区减灾平安行"应急减灾知识竞赛活动,进一步宣传、普及防灾减灾知识。

2006年,市民政局制定《上海市自然灾害救助应急预案》。该预案所称的自然灾害,主要包括发生在上海市的台风、暴雨、洪涝、浓雾、大风、雷电、干旱、低温雨雪冰冻等气象灾害,风暴潮、海啸等海洋灾害,地震灾害、地质灾害、重大生物灾害等。预案对自然灾害应急救助的组织体系、应急准备、信息管理、预警响应、应急响应、灾后救助与恢复重建等做出规定。预案要求各有关单位和区县民政局,按照各自职责,在自然灾害发生时有效地组织实施社会救助。

从2007年起,市民政局建立自然灾害灾情会商制度,每年年初,组织相关部门和专家,在分析相关数据的基础上,对每年可能发生的各类自然灾害做出趋势分析和对策研究。并对上一年自然灾害应对工作作出客观评估。通过评估,及时发现并解决工作中存在的薄弱环节和问题。

2008年起,市民政局会同相关部门,每年编写上一年度的《上海市自然灾害应对工作评估报告》和本年度《上海市自然灾害趋势分析及主要对策报告》。

2009年,市民政局下发《关于本市推荐全国综合减灾示范社区候选单位的通知》,明确推荐候

图1-3-1　2006年8月31日,上海"社区减灾平安行"应急减灾知识竞赛举行决赛

选单位的申报内容、条件,要求在全市开展"全国综合减灾示范社区"创建工作。当年,全市有18个社区被国家减灾委、民政部授予"全国综合减灾示范社区"称号。它们是:黄浦区半淞园路街道、徐汇区康健街道寿益坊居委会、长宁区新华街道当代新华小区、长宁区华阳街道、静安区曹家渡街道、静安区石门二路街道、普陀区长征镇、闸北区临汾路街道临汾路299弄居民区、闸北区大宁路街道、杨浦区新江湾城街道、杨浦区长白新村街道内江大楼居委会、浦东新区张江镇、浦东新区宣桥镇张家桥村、嘉定区嘉定镇街道银杏居委会、松江区岳阳街道、青浦区盈浦街道西部花苑社区、青浦区夏阳街道新青浦社区、崇明县东平镇。

2009年起,国务院确定每年5月12日为全国"防灾减灾日",集中开展防灾减灾宣传周活动。

2010年3月,市民政局下发《关于本市开展"全国综合减灾示范社区"创建活动的指导意见》,同时制定《上海市"国家综合减灾示范社区"评定标准(试行)》,提出创建活动四个方面的工作目标:一是提高全社会防灾减灾意识,普及防灾减灾知识,提升市民的防灾减灾技能;二是通过创建活动,完善社区灾害应急救助预案,完备社区减灾设施设备,健全社区防灾减灾队伍,形成减灾工作的长效机制;三是实现以各种灾害风险为管理目标的全灾害危机管理,评估、准备、应对和恢复等各个环节有机结合的全过程减灾管理;四是形成政府主导、社区运作、社会协同的全社会参与管理,最大程度保障人民群众生命和财产安全。

2010年3月,市民政局下发《关于加强本市灾害信息员队伍建设工作的实施意见》,要求在全市建立灾害信息员队伍,建立灾害信息员国家职业资格制度和各级灾害信息员管理制度,加强对灾害信息员的社会宣传和教育培训,探索建立灾害信息员社会化服务机制,形成规模适度、结构合理、管理规范的灾害信息员职业队伍体系。市民政局还下发《关于做好2010年灾害信息员职业技能鉴定工作的通知》。

2010年5月,"防灾减灾日"宣传周的主题是"减灾从社区做起"。市民政局会同相关部门,在

"防灾减灾日"广泛开展各类社区防灾减灾宣传教育活动,发放各类防灾减灾知识宣传资料65万多份,移动和电信通信运营商向市民发送防灾减灾公益短信224.7万条,发放家庭应急包25万个,开展急救初级培训和普及培训分别为6110人次和62747人次,宣传活动覆盖全市5300多个居村委会,开展各类演练50多次,科普场馆免费接待市民群众、学生4098人次。市民政局还和新民网合作,开展"社区防灾啄木鸟行动"有奖征集活动,征集到社区隐患1260条,覆盖18个区县、123个街道。市民政局还组织2010年"中国人保——全国防灾减灾知识大赛"等活动。

2010年,全市有31个社区被国家减灾委、民政部授予"全国综合减灾示范社区"称号。它们是:黄浦区南京东路街道社区、卢湾区瑞金二路街道社区、卢湾区五里桥街道社区、徐汇区徐家汇街道社区、长宁区新华街道社区、长宁区虹桥街道虹储居委会、长宁区天山路街道天山居委会、静安区静安寺街道社区、普陀区长风街道社区、普陀区曹杨街道桂杨园居委会、普陀区长寿街道普雄路居委会、虹口区凉城新村街道社区、虹口区广中路街道金属新村居委会、杨浦区控江路街道社区、杨浦区殷行街道工农三村第二居委会、杨浦区大桥街道广杭居委会、宝山区罗泾镇宝虹家园第一居委会、宝山区庙行镇馨康苑居委会、浦东新区浦兴路街道社区、浦东新区惠南镇桥北村、金山区石化街道辰凯居委会、金山区山阳镇金豪居委会、闵行区虹桥镇井亭苑居委会、嘉定区真新街道社区、嘉定区嘉定镇街道嘉中社区居委会、奉贤区南桥镇曙光第一居委会、松江区永丰街道社区、松江区泗泾镇润江居委会、青浦区盈浦街道解放社区居委会、青浦区朱家角镇西湖新村居委会、崇明县新海镇长征居委会。

第三节　救灾捐赠

1986年,云南、贵州、四川、广西遭受洪涝灾害,上海为灾区募集衣服602万件,重237.5吨。

1988年11月,云南澜沧、耿马地区地震,上海拨救灾款450万元(指市政府拨救灾款支持灾区,下同)。

1990年6月,副市长谢丽娟代表市政府前往西藏驻沪办事处,向西藏那曲遭受雪灾群众表示慰问并捐助50万元(其中包括10万元救灾药品)。

1991年5—6月,江苏、浙江、安徽遭受严重涝灾。市民政局向全市发出赈灾募捐的号召。此次募捐共接受捐款3700万元(其中支援安徽2000万元、江苏400万元、浙江200万元、上海受灾区县1100万元),接受各类捐赠物资4512吨,其中棉被15339条、棉衣裤345344件、绒线衣裤489579件、外着衣裤1529612件、其他衣物4645件,价值2026万元。

1991年7月,江苏、浙江、安徽遭受严重洪涝灾害,上海拨救灾款2500万元。

1991年8月18日,解放日报社、文汇报社、新民晚报社、上海电视台、上海人民广播电台、上海市红十字会等13家单位联合举行"灾区在我心中"赈灾千人义演,此次募捐共接受捐款1156.93万元(含物资)。

1994年9月1日,上海发起为云南灾区"捐衣被、送温暖、表深情、献爱心"的活动,在27天内共募集衣被7247141件,其中棉衣446496件、棉被63305条、羽绒服116777件、棉毛毯22540条、毛衣693940件、绒衣474823件、皮衣21295件、单衣5113450件、其他衣被物资294515件,衣被总重量为3546.53吨。全市共出动车辆1798台(次),运输里程达12735公里。募集衣被工作得到驻沪部队的支持,在集中装运的9天里,部队共派出官兵2606人(次),出动军车104台(次),将支援云南贫困(受灾)地区的衣被物资准时、安全地送往云南。

1996年2月,云南省丽江等地发生强烈地震,上海拨救灾款200万元和价值100万元的药品和防寒物资。春节前,在全市开展募集衣被支援云南地震灾区活动,共募集衣被727.66万件,计3 610.35吨(其中各类全新物品价值589.55万元),发往云南灾区。

1997年10月中下旬,上海开展募集衣被支援云南、重庆受灾贫困地区的活动,共募集衣被6 274 895件,其中棉毛裤493 691条、棉被32 605条、棉毛毯17 000条、毛衣746 078件、绒衣403 134件、皮衣20 782件、单衣4 384 360件、其他衣被52 601件,衣被总重量3 141吨,装满50节火车车皮和4艘千吨级驳船,发往云南、重庆两省市受灾贫困地区。

1998年,长江流域遭受历史上罕见的特大洪水袭击,党中央、国务院迅速组织抗洪抢险。上海人民纷纷伸出援助之手,踊跃捐款捐物。市民政局组织救灾捐赠接收工作,头10天内就将募集到的11 000多吨衣被送往灾区。此次募捐上海共募集捐款1.7亿元,衣被价值1 912万元(约1.2万吨,装运470节车皮)。

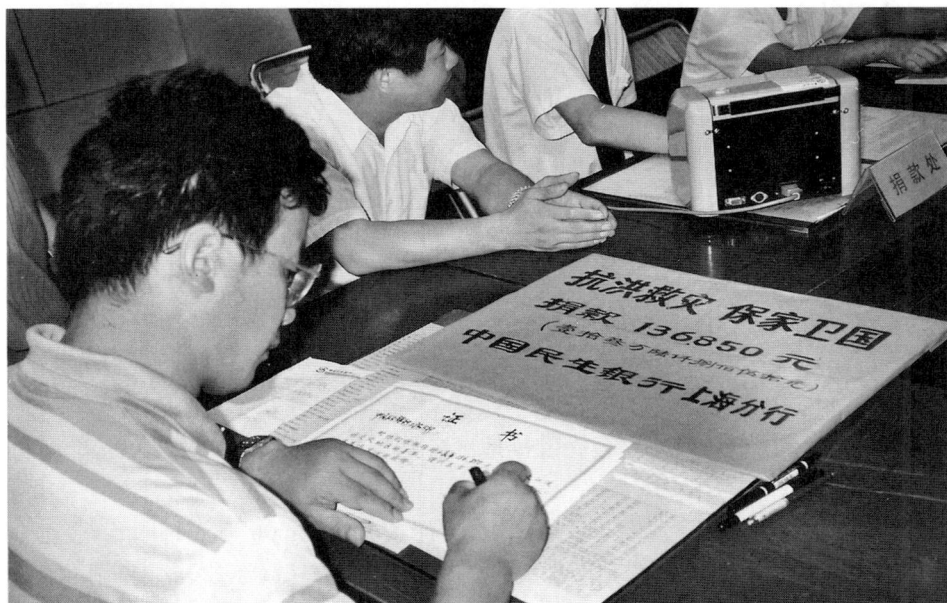

图1-3-2 1998年夏,长江流域遭百年一遇水灾,图为7月28日市民政局接收赈灾款

1998年11月19日晚,云南丽江宁蒗县连续发生5.0级、6.2级地震,上海拨救灾款300万元。

2000年10月下旬,新疆7个地(州)、32个县(市)遭受不同程度的雪灾,上海向灾区拨救灾款100万元。

2001年7月2—7日,广西连续遭受第3、第4号强台风的袭击。上海向灾区拨救灾款150万元。

2001年,西藏日喀则市发生特大洪涝灾害,上海拨救灾款500万元。

2002年7月20—23日,新疆阿克苏地区普降大到暴雨,局部特大暴雨,并形成山洪,上海拨救灾款100万元。

2002年,江西吉安市受灾严重,上海拨救灾款100万元。

2003年3月19日,市民政局收到上海第三批援藏干部联络组《关于请求支持日喀则救灾工作的报告》,反映去冬今春以来日喀则市接连发生灾情,给当地的经济发展带来严重影响,给人民群众财产造成很大损失。上海拨救灾款 200 万元。

2003 年 5 月 8 日,在抗击"非典"的战役中,市政府办公厅下发《关于加强本市防治非典型肺炎社会捐赠款物管理工作的通知》,就切实加强捐赠款物的管理使用,简化捐赠程序,强化捐赠工作规范和统计汇总,加大政府监督等做出规定。市民政局认真组织募捐工作,据 2003 年 6 月 30 日统计,全市共接收捐赠款物 4.95 亿元。

图 1 - 3 - 3　2003 年 5 月 16 日,上海市抗"非典"专项援助资金设立暨发放仪式举行

2003 年 7 月 21 日和 10 月 16 日,云南楚雄地区分别发生 6.2 级、6.1 级地震,上海分别拨救灾款 300 万元和 200 万元。

2003 年,新疆巴楚县、伽师县发生 6.8 级地震,上海拨救灾款 500 万元。同年,受强对流天气影响,安徽、江苏、湖南、湖北等地出现特大洪涝灾害,上海分别向安徽、江苏、湖南、湖北拨救灾款 500 万元、300 万元、100 万元、100 万元。

2004 年 12 月 26 日,印度洋发生强烈地震并引发海啸,给东南亚、南亚和非洲一些国家带来严重灾难。2005 年 1 月,市政府批转《市民政局关于开展对印度洋海啸灾区民间捐赠活动实施意见》。市民政局成立民间援助印度洋海啸灾区协调办公室,负责组织协调、宣传报道、数据汇总、信息发布和日常工作。市红十字会、市慈善基金会组织大型赈灾慈善义演、慈善捐赠等社会募捐活动。据 2005 年 1 月底统计,全市募集捐款 7 788.7 万元,其中市红十字会 4 277.9 万元,市慈善基金会 3 510.8 万元。

从 2005 年起,上海建立对兄弟省市援助的应急工作机制。市民政局根据《国务院自然灾害应急响应预案》,拟定《本市对兄弟省(区、市)受灾的援助应急响应和兄弟省(区、市)对上海市慰问的鸣谢应对响应的有关工作方案》,对应急援助响应的启动条件、分级处置、工作程序等做出明确规定。

2008 年 5 月 12 日,四川汶川发生 8.0 级大地震,上海先后 3 次拨救灾款 2 200 万元。上海人民纷纷捐赠救灾款物,市民政局负责统筹协调全市的社会募捐,制定《关于组织开展向 5.12 汶川地震灾区捐赠工作的通知》等 7 个文件,市慈善基金会、市红十字会与市民政局一起,共同建立 24 小时值班制度,开通 24 小时热线电话,与新闻媒体实行信息链接,并对资金管理、物资管理、捐赠统计等,做出明确规定。据 2008 年 10 月底的统计,全市共接受救灾捐款 25.25 亿元,接受救灾物资折价约 2.52 亿元。(汶川地震的援助工作详见本志专记)

2008 年 10 月,上海开展"捐赠衣被,温暖灾区"活动,为汶川地震灾区群众捐赠过冬衣被。全市接受各类衣被 718.01 万件,募集棉衣被 420.53 万件。社会各界捐款 5 375.63 万元,其中,2 612 万元定向用于购置棉衣被。

据统计,2005—2007 年,上海为 19 个兄弟省,拨救灾款总计 4 250 万元,救灾物资折合金额 170 万元。2008 年,上海为 11 个兄弟省拨救灾款 4 300 万元。2009 年,上海为 20 个兄弟省拨救灾款 3 100 万元。2010 年,上海为 16 个兄弟省拨救灾款 4 800 万元。

第二篇

基层政权和社区建设

解放初期,市民政部门承担基层政权建设的具体工作。1954年12月第三次全国民政会议后,民政部门不再承担基层政权建设的日常工作。1982年,民政部门重新负责基层政权建设的日常工作。

改革开放极大地改变上海城乡社区的面貌,在空前的社会变革中,"单位人"逐渐向"社会人"和"社区人"转变,社区成为人民群众生产生活和社会交往相互融合的重要平台和地域载体,逐步从单纯的居民居住区转变成为各种社会组织的落脚点、各种利益关系的交汇点、各种社会矛盾的交织点、各种社会资源的承载体,面临着满足人民群众不断变化增长和多样化的生活需要,以及满足群众民主参与需求的新形势和新要求。历届上海市委、市政府高度重视基层政权和社区建设工作,将其放在夯实城市管理基层基础和巩固党的执政基础的重中之重予以推进。上海民政始终坚持为上海改革开放的大局服务,为党和政府的中心工作服务,围绕夯实城市基层管理和基层政权基础、提升社区服务水平、发展基层民主等方面,积极应对社会挑战,勇于先行先试,不断探索新形势下加强基层政权和社区建设的新路子,为上海改革开放、经济建设和社会稳定作出应有贡献。

改革开放之初,百废待兴,上海民政积极参与基层政权和基层群众性自治组织的拨乱反正,恢复重建工作。在市区,恢复街道办事处,会同民政部开展上海街道办事处体制改革的试点,赋予街道办事处行使基层政权的职能,出台全国首部街道办事处暂行条例,开展居民委员会(以下简称居委会)整顿改选工作,健全组织机构。在郊县,撤销人民公社体制,建立乡人民政府(以下简称乡政府),改变"政社合一"的状况,明确郊县基层政府的各项职能作用,出台全国首部乡人民政府工作暂行条例,在全市普遍建立村民委员会(以下简称村委会)。基层政权和基层群众性自治组织的恢复和建设,为上海的基层社会管理和服务奠定组织基础。

1986年,上海市委、市政府召开首次街道工作会议,拉开新时期社区建设的帷幕。会议明确要完善社区服务,加强街道管理。上海民政着力推进由"民政服务"到全方位为民服务的社区服务,逐步形成以街道为中心、居委会为基础,社区单位和居民积极参与的系列化、网络化的社区服务体系。1992年开始,市政府连续把社区服务设施建设列为当年的市政府实事项目,社区服务设施建设取得实质性进展。20世纪90年代中后期,社区服务向社区建设提升。

1996年,上海召开首次城区工作会议,明确上海五年社区建设和管理的目标任务。从"体制、机制、编制、房子、票子"等五个方面着手,明确社区管理的要求,确立"两级政府、三级管理、四级网络"的城市管理体制。2000年4月召开的上海市社区工作会议,对前五年上海社区建设工作进行总结,提出再接再厉、开拓进取、促进社区建设和管理再上新台阶的要求。市民政局开展社区建设示范活动试点和创建工作,指导基层以加强社区党建和基层自治组织建设为重点,以发展基层民主推进社区居民自治为突破口,引导居民广泛有序参与;以社区为载体完善社区服务为抓手,加大"五社进社区"的工作力度。

2003年11月,市委提出探索社区管理网格化的要求。市民政局加强调研和扩大试点,积极为市委、市政府出谋划策。2007年市政府下发《关于完善社区服务促进社区建设的实施意见》,全面深化完善社区建设的体制机制,推行社会协同、公众参与的共治理念,明确建立社区"三中心"和实现社区资源共享，社区管理网格化机制。上海社区建设质量与水平进一步提升。2008年下半年，市民政局参与市委开展的"上海社会建设"专题调研。2009年上海召开全市社会建设工作会议，会上下发"1＋X"政策文件。会议明确提出，要进一步把工作重点聚焦到扩大公共服务、加强社区建设、培育社会组织、维护社会稳定、畅通民意表达、加强社会领域党建等6个方面。

1978年8月，恢复上海市民政局建制后，由社会处负责上海基层政权建设工作。1984年，社会处改成民政处继续负责上海基层政权工作。1987年3月，增设基层政权建设工作处，主要承担城乡基层政权建设、村委会和居委会建设等工作。2000年8月，基层政权建设工作处更名为基层政权和社区建设处(市社区服务办公室)。其主要职责是：调查了解基层政权和基层群众性自治组织的现状、存在问题，向市委、市政府提出改进和加强的意见建议；指导、推进社区建设和社区服务；总结交流基层政权和社区建设的工作经验，组织开展评比表彰活动；加强基层政权和基层群众性自治组织的制度建设和培训工作。

第一章　基层政权建设

　　街道办事处是区政府的派出机关,受区政府领导,依法在本辖区内行使相应的政府管理和服务职能。乡镇政府是乡镇人民代表大会的执行机关,是最基层的国家行政机关。随着上海发展的加快和改革的深化,基层政权组织的地位和作用都发生新的变化。改革开放以来的上海基层政权建设,经历恢复重建和行政管理体制改革,法制建设不断完善,职责任务逐步明确,综合管理权不断加强等进程,在基层社会管理和服务中的行政职能得到有效发挥。

　　"文化大革命"期间,街道办事处改名为"街道革命委员会"。1978 年,恢复"街道办事处"名称,街道工作开始拨乱反正,街道工作的重点转移到为经济建设服务、为人民生活服务上来。1985 年10 月起,市民政局开展街道办事处行政管理体制改革,拉开街道办事处法制化、规范化建设的序幕。之后,街道办事处的建设,主要围绕着发挥其在社区建设和社区管理中基础作用和有效行使行政管理职能,不断进行重心下移,理顺条块关系,强化街道办事处在基层社会管理和服务中的综合管理权,街道各项工作呈现出新的活力。市民政局主动配合相关部门开展街道办事处的法制建设,1987 年市政府发布《上海市街道办事处工作暂行条例》,1997 年市人大通过《上海市街道办事处条例》,对街道办事处的性质、机构设置、职责任务、工作制度等作了明确,加强了街道办事处的规范化建设。至 2010 年底,全市共有 99 个街道办事处。

　　1980 年 10 月后,撤销农村公社革命委员会,恢复人民公社管理委员会和镇政府。之后,为适应农村经济体制改革需要,乡镇政府建设围绕转变"政社合一"体制,建立乡政府,健全机构设置,明确各项管理职责进行。为加速城镇化发展,有步骤地实施撤乡建镇工作。市民政局着重配合开展乡政府法制建设,于 1987 年 7 月起草《上海市乡人民政府工作暂行条例》草案,对乡镇政府的性质、部门设置、职权任务等作明确,加强了乡镇政府的规范化建设。至 2010 年底,上海共有 109 个镇、2 个乡。

第一节　街道办事处建设

一、体制改革

　　1978 年 4 月,按照五届全国人大一次会议通过的新宪法,上海撤销"街道革命委员会",恢复为街道办事处。街道办事处工作开始拨乱反正,应对大量"知青返沪"和就业工作,以为民、利民、便民为宗旨,因地制宜、因陋就简地办起以综合服务、劳动服务、生活服务为主体的第三产业,既方便居民生活,同时也壮大街道的经济实力。

　　1985 年 10 月至 1986 年 3 月,民政部会同上海市委办公厅、市政府办公厅在上海开展街道办事处体制改革的调研。1986 年 10 月,市民政局会同市有关部门,选择黄浦区广东路街道办事处、长宁区天山路街道办事处、虹口区曲阳路街道办事处进行行政管理体制改革的试点。试点内容:一是由市、区授予 3 个街道办事处行使基层政权的某些职能;二是给街道办事处放权,对辖区内条块结合的双重领导体制单位,其涉及地区性、群众性的工作以街道办事处领导为主,系统性、专业性的工作以业务条线领导为主,辖区内企事业单位在安全、消防等地区性的工作方面,必须接受街道办事处的监督和检查;三是召开街道居民代表会议,代表由地区代表(居民区居民推选)、当然代表(街道办事处党政负责人和"五所一院"的负责人)、邀请代表(辖区内市属和规模较大的区属单位选派)三部分组成,听取评议街道办事处和区政府职能部门派出机构的工作报告;四是本着精简、统一、效能的原则,合理设置街道办事处机构,设置 4 个~5 个职能科和 1 个办公室,同时增加 10 个左右的人员编制。

1988 年 1 月,长宁区天山路街道办事处率先进行街道办事处财力体制改革,实行"定收定支,结余留用,超额分成,一定三年不变";同年 3 月后,全市所有街道办事处进行财力体制改革。

1988 年 4 月,全市 132 个街道办事处全部建立居民代表会议制度。

1989 年 3 月 21 日,市民政局制定《上海市街道居民代表会议实施办法》(以下简称《实施办法》),明确居民代表会议是街道辖区各界人士参加的,对本街道社会性、地区性、群众性的重大事情进行共同协商的民主制度,是居民群众参政议政的一种组织活动。居民代表会议的任务规定为:听取和评议街道办事处工作报告和公安派出所、粮管所、房管所、工商行政管理所、环境卫生管理所分所、地段医院、菜场负责人工作汇报;讨论街道辖区内的政治、经济、文化、社会公共福利等重大事项;根据国家法律、法规,讨论和制定街道辖区内的街规民约;动员街道辖区内居民和机关、团体、企事业单位参加社会公益事业,监督和支持街道的各项工作。《实施办法》还对代表的组成和任期以及会议制度作出具体规定。

1991 年 4 月,全市开展街道办事处机构设置调整,一般调整为 2 室 6 科,即办公室、综合治理办公室、民政科、卫生科、社会教育科、市政科、经济管理科、财务科,人员编制为 33 人。

1995 年 5 月,市委在黄浦区人民广场街道办事处、静安区静安寺街道办事处、南市区半淞园街道办事处、卢湾区五里桥街道办事处、徐汇区田林新村街道办事处、虹口区乍浦路街道办事处、普陀区长寿路街道办事处、长宁区新华路街道办事处、闸北区临汾路街道办事处、杨浦区殷行新村街道办事处开展职能调整的试点工作。各有关区通过授权、委托等方式下放部分监督处罚权;街道辖区各有关单位和部门共同组成城区管理委员会,明确政府、社会、企业三方职责,实行有偿服务和义务服务双管齐下管理城区的方法;成立由治安警、巡警、环保、卫生等部门派人组成的街道综合执法队。试点取得成功后,向全市各街道办事处进行推广,初步建立起"两级政府、三级管理"新的管理体制。

1996 年 3 月 27 日,市委、市政府召开上海市城区工作会议。会议下发《关于加强街道、居委会建设和社区管理的若干政策意见》,进一步明确街道办事处在社区建设中的领导作用和行政管理职能;规定街道办事处人员编制为 60 人,其中行政编制一般在 45 人左右;街道办事处对区职能部门设在辖区内的派出机构实行双重领导;区政府每年新增的财政收入中增拨一定的专项经费用于街道发展各项事业;明确街道办公用房面积。这些政策为全面加强街道建设创造基础条件。

1997 年 3 月后,街道办事处内设机构从原来的二办六科,增加到二办八科,设行政办公、社会发展、市政管理、社会治安综合治理、民政(社会保障)、财政经济等科室,司法行政、文化教育、卫生、监察等科室根据实际情况,可单独设置,也可与有关科室或机构合署办公。

1997 年 4 月 26 日,市政府办公厅下发《关于加强街道、居委会建设和社区管理的若干政策意见》(以下简称《意见》),明确街道、居委会兴办的公益性、福利性社区服务项目在公用设施增容费和使用费方面给予优惠;在公建配套方面,根据各区住宅小区实际需求,分轻重缓急进行配套。对明显不合理的公建配套结构要在规划上作调整,解决突出矛盾,做到新建住宅区公建配套计划统一平衡,统筹安排,确保公建配套与住宅建设同步进行;建立公建配套还旧账的基地台账,及时掌握项目建设进度和工作难点,加强协调和监督管理。《意见》还明确了对区政府派出机构与街道对应设置、街道办事处内设科室等。

1997年10月30日,市委办公厅转发《关于本市街道党政机构设置的意见》。按照《上海市街道办事处条例》规定的职责,街道办事处的工作机构分为两类:一类是指导协调机构,另一类是办事机构。指导协调机构可设立社会发展委员会、市政管理委员会、社会治安综合治理委员会和财政经济委员会等。办事机构可设立行政办公、社会发展、市政管理、社会治安综合治理、社会保障、财政经济等部门,办事机构一般可称科(室)。街道办事处机构一般设置6个,个别辖区情况特殊的街道可适当增设,但不超过8个。党群机构设置及其他有关问题方面明确:街道党工委设书记1名、副书记2名~3名,街道办事处设主任1名、副主任3名~4名。党工委领导职务与街道办事处领导职务可以兼任。街道党政机关配置国家机关行政编制,一般每个街道机关定编60名左右,具体定编数量按市编委有关文件执行。

1998年7月2日,市政府下发《关于进一步健全本市街道(镇)协管税收网络的若干意见》,明确根据街道(镇)协管税收的增长情况及对政府可用财力的贡献力,按照事权与财权相一致的原则,作增量比例返还,以增强对街道(镇)的财力支撑。

1998年8月27日,市政府下发《关于进一步加强本市街道监察队建设的若干意见》,对调整充实街道监察队的力量、完善街道监察队的运行机制、发挥街道监察队在社区综合管理中的作用等方面予以明确。

2007年6月23日,市政府下发《关于完善社区服务促进社区建设的实施意见》,强调要强化街道办事处的综合管理职能,发挥在社区服务和社区建设中的主导和牵头协调作用。主要职责为组织公共服务、强化综合管理、监督专业管理、指导自治组织。推动街道办事处职能转化,将工作重心放在社区管理和公共服务上,逐步淡化直接从事经济活动的行为。

2010年,市委制定《关于制定上海市国民经济和社会发展第十二个五年规划的建议》,提出街道办事处主要履行6项职能,即组织公共服务、实施综合管理、监督专业管理、协调社区资源、指导自治组织、维护社会稳定,推进街道办事处行政调控机制与社区自治机制结合、行政功能与自治功能互补的社区治理机制。

二、法制建设

1987年2月,在总结1985年10月开展的街道办事处行政管理体制改革试点经验的基础上,市政府发布《上海市街道办事处工作暂行条例》(以下简称《暂行条例》),对街道办事处的性质、职能、主要任务、组织机构等作明确规定。《暂行条例》明确街道办事处是区政府的派出机关,受区政府领导,行使基层政权的部分权力,管理本地区的行政工作。管辖区域的人口,一般为4万~5万人。街道办事处的主要任务:(1)宣传和执行党的路线、方针、政策和国家的法律、法规,对居民进行思想政治教育和法制教育;(2)进行社会主义精神文明建设,开展群众文化、体育、教育工作,做好爱国卫生、计划生育、环境保护工作,美化、绿化、净化城市环境;(3)配合有关部门做好市政建设管理和防空、防台、防汛、防震、防火、抢险救灾、住房改造、居民动迁等工作;(4)管理街道经济实体,发展为民、便民、利民的综合服务事业;(5)搞好劳动力管理,协同有关部门进行招工、聘用、调配等工作;(6)指导居委会开展工作,向上级政府反映居民的意见和要求,处理人民来信来访;(7)开展社会治安的综合治理,做好人民调解、治安保卫工作,保护老年人、妇女、儿童的合法权益,维护社会的安定团结;(8)兴办社会福利事业和福利生产工作,开展拥军优属活动和基层社会保障工作。《暂行条例》规定街道办事处对辖区内公安派出所、粮管所、房管所、工商行政管理所、环境卫生管理所分所、地段医院、菜场等单位的工作,有权进行督促、检查、协调;必要时也可会同有关单位统一研究、安排,并组织贯彻实施。《暂行条例》规定街道办事处根据工作需要,可设立一室四科;每年召开一次街道居民代表会议,向居民代表报告工作,接受居民监督。

1994年,根据《中华人民共和国地方各级人民代表大会和地方各级人民政府组织法》和《城市街道办事处组织条例》的规定,市民政局开展对《上海市街道办事处工作暂行条例》的修订工作。同年11月,市政府发布《上海市街道办事处工作规定》,对街道办事处的性质和职能、工作目标、设置规模、主要任务、会议制度、工作制度等内容作出规定,明确街道办事处要以经济建设为中心,以社区管理和社区服务为重点,建设文明社区;设置规模一般为管辖区域的居民人口5万~10万人。街道办事处的主要任务是:(1)贯彻法律、法规、规章,开展社会主义民主与法制的宣传教育和以弘扬社会公德为主的道德教育;(2)按照有关规定管理街道经济工作,指导街道经济组织发展生产经营;(3)制定社会治安综合治理规划并组织实施,开展人民调解、治安保卫工作,依照有关规定管理外来流动人口,维护老年人、妇女、青少年、儿童和残疾人的合法权益;(4)协同有关部门开展计划生育、爱国卫生、防病保健、市容环境卫生、环境保护和劳动就业的管理工作;(5)指导、支持和帮助居委会的工作,促进居委会的组织建设和制度建设;(6)开展社区服务、拥军优属工作,兴办社会福利事业,做好社区文化、科普、体育、教育工作;(7)配合有关部门检查督促新建、联建和改建住宅的公建配套设施的落实;(8)配合有关部门做好防汛、防台、防震、防火、抢险、防灾救灾工作;(9)向区政府反映居民群众的意见和要求,办理人民群众来信来访事项;(10)完成区政府交办的其他任务。街道办事处会议制度包括街道办事处办公会议、街道管理联席会议、居民代表会议和居委会主任会议。赋予街道办事处对区职能部门派驻机构具有人事建议权,对社区单位具有综合协调权和部分行政处罚权。

1997年1月15日,市十届人大常委会33次会议审议通过《上海市街道办事处条例》(以下简称《条例》),规定街道办事处14项职责:(1)指导、帮助居民委员会开展组织建设、制度建设和其他工作;(2)开展便民利民的社区服务;(3)兴办社会福利事业,做好社会救助和其他社会保障工作;(4)负责街道监察队的建设和管理;(5)开展计划生育、环境保护、教育、文化、卫生、科普、体育等工作;(6)维护老年人、未成年人、妇女、残疾人和归侨、侨眷、少数民族的合法权益;(7)组织实施社会治安综合治理规划,开展治安保卫、人民调解工作;(8)开展拥军优属,做好国防动员和兵役工作;(9)参与检查、督促新建改建住宅的公共建筑、市政设施配套项目的落实、验收工作,协助有关部门对公共建筑、市政配套设施的使用进行管理监督;(10)配合做好防灾救灾工作;(11)管理外来流动人员;(12)领导街道经济工作;(13)向区政府反映居民的意见和要求,处理群众来信来访事项;(14)办理区政府交办的事项。《条例》统一街道办事处的工作机构,设社会发展、市政管理、社会治安综合治理、社会保障、财政经济等机构;设立街道监察队,在辖区内对违反城市管理法律、法规等行为具有处罚权限;街道办事处有权组织、协调辖区内的公安、工商、税务等机构,依法支持、配合街道监察队的执法活动;有权对区政府有关部门派出机构主要行政负责人的任免、调动、考核和奖惩,提出意见和建议。街道办事处的城市管理事权、综合协调和人事协管权得到强化。

1998年12月28日,市政府发布《关于实施〈上海市街道办事处条例〉的若干意见》(以下简称《若干意见》),明确街道办事处的设立、变更或者撤销,应当针对中心区和城郊接合部区、人口稠密地区和人口逐步导入区的不同特点,符合便于联系群众和有效管理的要求;街道办事处管辖范围一般在5平方公里或10万人左右;对应建街道办事处而目前条件不具备的,由区政府建立街道办事处筹备组,并报市民政局备案。街道办事处的工作机构可分为指导协调机构(委员会)和办事机构(科室)两类,指导协调机构在街道办事处的领导下,对辖区内的社会公共事务进行指导、协调和监督,其成员由区职能部门派驻机构的负责人及街道办事处有关人员兼任,指导协调机构可以设立社会发展委员会、市政管理委员会、社会治安综合治理委员会和财政经济委员会等。办事机构可设立行政办公、社会发展、市政管理、社会治安综合治理、民政(社会保障)、财政经济等科室,个别辖区情况特殊的街道,可适当增设有关科室;司法行政、文化教育、卫生、监察等科室根据实际情况,可以单独设置,也可以与有关科室或机构合署办公;办事机构的科室最多不超过8个。在街道辖区内,可建立由街道办事处牵头、社区有关单位参与的社区联席会议制度,对社区联席会议形成的决定,街道办事处和各单位都应当遵守执行,街道办事处负责检查督促;市、区有关部门对社区内各单位的文明单位和综合性评比,应听取街道办事处意见,街道办事处有一票否决权;各职能部门的派出机构应定期向街道办事处汇报涉及社区建设和管理的工作,重要工作应及时通报;对各职能部门的派出机构开展工作的情况,街道办事处应进行检查、监督、督促和考核,并定期向有关职能部门反馈。

第二节　乡镇政府建设

一、体制改革

【撤社建乡】

1980年10月10日,上海郊区第一个人民公社(以下简称公社)管理委员会在松江县泗联公社通过民主选举产生。结束该地"文化大革命"期间党政不分的现象。公社管理委员会产生之后,开始行使管理职能。1980年10月至1981年6月,上海郊县206个公社、33个镇相继撤销革命委员会,恢复公社管理委员会或镇政府。

1983年3月,市民政局会同市农委,按照《宪法》和中共中央、国务院《关于实行政社分开建立乡政府的通知》的规定,确定嘉定县为建乡试点县,在全县18个公社全面开展建乡工作,同时由青浦、上海等县各择定一个公社进行建乡试点。建乡工作在原有公社管辖范围进行,采取"一社一乡"的做法。

1983年4月3日,嘉定县曹王乡在全市第一个挂起乡政府牌子。7月底,郊县24个试点公社完成建乡工作。市农委、市民政局及时总结建乡试点经验,并于当年9月结合县、乡、镇人民代表大会代表换届选举,在市郊全面开展建乡工作。

1984年5月,郊县建乡工作基本完成,共建立205个乡政府。乡政府机构中,一般设乡长1人,副乡长1人~2人,下设司法、民政、财政(或财粮)、文教卫生、计划生育、村镇建设(或基建)、会计(统计)等助理,以及文书1人,武装干部2人~3人。乡政府建立后,改变过去"政社合一"时政权建设摆不上位置、政府工作无人负责的状况,健全机构,发挥政府的职能作用。

1984年6月,市民政局会同市农委在10个郊县各选择1个乡进行乡级体制改革的试点工作,将原来的党、政、社三套班子,改为党、政两套班子,撤销公社管理委员会,把领导和管理经济的职能归还乡政府。试点结束后,在全市全面开展乡级体制改革,至1987年9月基本结束。

1984年8月20—21日,市民政局和市农委在嘉定县召开上海市乡政权建设工作经验交流会。

副市长叶公琦出席会议并讲话。青浦县香花桥乡、南汇县六灶乡、嘉定县徐行乡、川沙县蔡路乡和嘉定县曹王乡施店村村委会分别介绍在乡政权建设和村委会的工作经验。会议总结建乡工作的基本情况、建乡以来取得的初步成绩，提出从四个方面发挥乡政府的职能作用：一是建立岗位责任制，建立健全各项工作制度，切实改进工作作风；二是努力为人民多办事，办好事；三是进一步抓好社会治安综合治理，积极开展精神文明建设，促进社会风气的好转；四是加强对村委会的指导，充分发挥基层群众组织的自治作用。会议还提出以加强基层政权建设促进农村经济发展的要求。

1984 年 8 月，市财政局、市民政局选择嘉定县徐行乡进行试点，在该乡建立乡财政所，作为乡政府领导下的职能部门。1985 年 12 月，市政府批转市财政局、市民政局《关于建立乡（镇）财政和执行乡（镇）财政管理试行办法的报告》，上海全面开展建立乡财政所的工作，至 1986 年底全部完成。

【撤乡建镇】

1984 年 11 月 22 日，市民政局会同市农委，按照国务院批转民政部《关于调整建镇标准的报告》"凡总人口在 2 万以下或以上的乡，乡政府驻地非农业人口超过 2 000 人的，可以建镇；凡是具备建镇条件的乡，撤乡建镇后，实行镇管村的体制"的精神，指导各县对 167 个乡政府所在集镇的人口结构、经济情况、公用设施等规模进行调查。

1985 年 8 月 30 日，市政府批准市农委、市民政局《关于贯彻〈国务院批转民政部关于调整建镇标准的报告的通知〉的意见》，要求各县根据各自县城总体规划和建镇条件，统一规划，合理布局，有步骤地实施撤乡建镇工作。同年 9 月，各县选择一个乡进行撤乡建镇的试点，全市 10 个县的撤乡建镇试点工作于 1986 年初基本完成。由于撤乡后新建的镇各项工作还需进一步探索，涉及各方面的政策体系需要进一步完善，试点工作结束后，这项工作暂告一段落。进入 20 世纪 90 年代后，撤乡建镇工作重新启动。1995 年 6 月，全市 216 个乡镇中 140 个乡撤乡建镇。至 1997 年底，全市 15 个区 5 个县共有 205 个镇、9 个乡。

二、机构设置和任务职能

1986 年 11 月 13 日，市编制委员会下发《关于确定乡、镇党政机关人员编制的通知》，规定按每个乡、镇平均 27 名编制数下达到县（由事业费开支的计划生育干部和编制单列的司法助理各 1 名不包括在内）。乡、镇机关编制使用范围包括党群系统的党委正副书记、组织、宣传、纪检、秘书、共青团、妇联，政府系统的正副乡（镇）长、办公室、民政、财政、经济、村镇建设、文教卫生（科技）、计划统计助理等，以及人民武装部；人员分工宜粗不宜细，不与上级业务部门机构对口，不搞一事一职。各县的乡镇党政机关编制分配数为：上海县 540 人，嘉定县 594 人，宝山县 540 人，川沙县 810 人，南汇县 810 人，奉贤县 594 人，松江县 567 人，金山县 513 人，青浦县 648 人，崇明县 756 人，总计 6 372 人。

1987 年，按照乡镇党政机关编制数控制在"人口的千分之一左右，最高不得超过千分之一点三"的精神，全市郊县按总人口千分之一点三计算，尚余 367 名编制，因此，市编制委员会发文将这 367 名编制分配给各县。

1987 年 7 月 15 日，市委、市政府在上海县莘庄镇召开上海市农村基层政权建设工作会议，市委副书记、市长江泽民和市委副书记吴邦国出席会议并讲话。市农村党委、市农委、市民政局等部委办局负责人，各县党政负责人，以及市郊乡（镇）党委书记、乡（镇）长等 600 余人参加。会议肯定实行政社分开、建立乡镇政府以来，基层政权体制改革取得的初步成效，对进一步做好上海农村基层政权建设，推动农村经济和各项事业的发展提出要求：实行政企分开，明确政企职责，促进农村经济发展；搞好乡镇政府自身建设，努力提高干部素质，健全和完善乡镇政府的职能；加强干部的思想作风建设，进一步增强乡镇政府的权威。

1987年7月，市民政局根据《中华人民共和国宪法》和《中华人民共和国地方各级人民代表大会和地方各级人民政府组织法》的有关规定，结合上海市实际，起草《上海市乡人民政府工作暂行条例》（以下简称《暂行条例》）草案，于1989年1月28日经市九届人大常委会六次会议通过，同年3月1日起施行，这是上海第一个有关乡政府工作的地方性法规。《暂行条例》规定，乡政府是乡人民代表大会的执行机关，是乡级国家行政机关，对本级人民代表大会和上一级政府负责并报告工作，受本级人民代表大会监督和上级政府领导；乡政府按照《中华人民共和国地方各级人民代表大会和地方各级人民政府组织法》的有关规定行使职权，管理本行政区域内的行政工作，发布决定和命令；明确乡政府管理本行政区域内的经济事业，保障公民的人身权利、民主权利和其他权利，发展社会保障、社会公益、社会福利事业，加强对乡级财政的监督、管理，指导、支持村（居）民委员会的工作等14项主要任务。《暂行条例》对乡政府的设立及工作部门和人员的设置、乡长和副乡长的职责、工作部门的任务和助理的职责作具体规定：乡政府设乡长1人，副乡长若干人；乡长和副乡长由人民代表大会选举产生，每届任期三年，可连选连任；乡政府根据工作需要和精干的原则，可设办公室、人民武装部等工作部门和经济、司法、民政、教育文化、科技卫生、财政、村镇建设、环境保护、计划生育、计划统计等助理以及必要的干事；乡政府办公室设主任和文书等人员；乡人民武装部设部长和干事；经济助理设若干人，其他助理各设一人；乡政府根据本乡实际需要，在上一级政府核定的人员编制内，对工作部门和助理等人员的设置及其任务、职责可作个别调整，但需报经上一级政府批准。

1996年6月，市委、市政府召开上海市农村基层工作会议。会议下发《关于进一步加强农村基层工作的若干政策意见》，根据以加强基层党组织建设为核心、全面带动基层各项工作、加强社区建设和管理、全面促进两个文明建设，以及事权、财权、调控权相配套的原则，规定加强农村基层工作的15条政策，主要内容有9个方面：（1）进一步明确镇（乡）党委、政府在社区建设和社区管理中的领导作用和行政管理职能。（2）明责放权，理顺条块关系，在镇（乡）建立社区管理领导小组，增强镇（乡）政权的社区管理职能。（3）根据财随事转、费随事转的原则，县（区）将市返回的各种费用，按照各镇（乡）上交比例，相应给各镇（乡）返回；将市拨给县（区）各职能部门的专项事业费和县（区）各职能部门行政性经费逐步纳入县（区）财政统一管理；根据各镇（乡）财政，并制定相应政策，将部分行政性收费权下放给镇（乡）。（4）增强村委会管理社区能力，取消不合理收费，减轻村级经济负担。（5）妥善解决经济薄弱村干部待遇偏低问题，鼓励机关、事业单位工作人员担任村干部，提高退休村干部养老金标准。（6）抓好经济薄弱村扶持工作。（7）加强城镇居委会建设，明确城镇居委会规模、人员编制、办公用房面积、办公经费和居委会干部收入标准以及来源。（8）实行政企分开，在镇（乡）建立集体资产管理委员会，明确界定产权，确保集体权益不受侵犯。（9）深化企业改革，促进社区建设和社区管理。这些政策措施，为进一步加强农村基层工作创造条件，为完善郊区"三级政府、三级管理"体制奠定基础。

2010年7月30日，随着上海农村经济社会的发展，乡政府的工作任务、部门设置、人员构成等方面发生很大变化，原有的《暂行条例》已不适应现实情况。市十三届人大常委会二十次会议决定，通过废止《暂行条例》等5件地方性法规，乡政府的设置和工作适用《地方各级人民代表大会和地方各级人民政府组织法》的规定。

第二章　群众性自治组织建设

　　居委会和村委会是城市和农村居民自我管理、自我教育、自我服务的群众性自治组织,实行民主选举、民主决策、民主管理和民主监督。居委会和村委会是城市社会管理服务中的神经末梢,是党和政府联系人民群众的桥梁和纽带,是党的执政基础。随着上海改革开放的不断深化和经济社会的不断发展,基层社会发生深刻变化,居民群众的生活方式和价值观发生新的转变,利益诉求和服务需求日趋多元化,社区日益成为社会管理的重心、改变民生的依托和维护稳定的根基。市民政局负责指导基层群众性自治组织工作,通过引导社区居民用协商、沟通、妥协、合作的方法处理和协调社区事务,激发社区自治活力,推进政府行政管理与基层群众自治的有效衔接和良性互动。

　　改革开放初期,一是开展对居委会的整顿改选工作:调整规模、健全组织机构、理顺工作任务。二是加强制度建设。起草国内第一个城市居委会工作条例,界定居委会的性质、任务等,经市政府颁发施行。三是加强基础建设。20世纪90年代中期起,市委、市政府不断出台政策,对加强居委会建设、确保工作力量、足额保障工作经费、逐步提高成员待遇、落实居委会用房设施等作出明确规定。这些政策为不断加强居委会建设创造基础条件。四是加强民主建设。总结推广基层"三会"制度(听证会、协调会、评议会);试点推进居委会直接选举;培训指导居委会用"沟通、协商、妥协、合作"柔性化的自治方法协调解决社区事务,引导居民广泛参与;总结提炼基层自治经验,创建居委会自治家园等。至2010年底,全市共有3 747个居委会。

　　20世纪80年代,一是加强农村基层组织建设,采取"一大队一村"的做法,在全市农村普遍建立村委会,开展村委会整顿改选。二是加强民主建设。20世纪90年代起,着力开展村民自治示范活动,村委会实行由村民直接投票和"海选","海选"比例不断提高,开展推行"村务公开"和民主管理示范单位创建活动,全市所有的村均实行村务公开制度。三是加强法制建设。2000年市人大常委会通过《上海市实施〈中华人民共和国村民委员会组织法〉办法》。至2010年底,全市共有1 692个村委会。

第一节　居民委员会建设

一、整顿改选

　　1978年4月,按照五届全国人大一次会议通过的新宪法,上海撤销"里弄革命委员会",恢复为居委会。

　　1981年10月,市民政局根据民政部《关于城市居民委员会的工作由民政部门归口管理的通知》精神,对全市居委会的情况开展全面调查。调查发现居委会承担的任务与城市居委会性质不相适应,干部队伍老化、后继乏人,居委会管辖范围过大,影响工作的深入开展。为解决这些问题,从1983年4月开始,市民政局会同有关部门,在10个区的25个街道选择54个居委会进行整顿改选的试点工作,试点工作分为调整规模、健全组织机构、理顺工作任务三个阶段。1984年5月试点工作结束,市民政局、市财政局向市政府上报《关于本市居民委员会开展整顿改选工作的意见》,就加强对整顿改选工作的领导、居委会管辖范围的调整、机构设置和干部配备、居委会任务和经费等提出意见。6月19日,市政府批转《关于本市居民委员会开展整顿改选工作的意见》,全市范围的整顿改选居委会工作陆续展开。6月25日,市民政局召开各区分管区长和民政局局长会议,全面部署居委会整顿改选工作。11月21日,市政府办公厅和市民政局联合召开居委会整顿改选工作交流会议。

至1985年7月,全市1 884个居委会整顿改选工作全部结束,居委会由1 884个增加到2 831个;居委会规模统一调整为500户～800户,郊县城镇为400户～600户;健全组织机构,保障居委会工作经费,居委会干部由居民选举产生,纠正过去由街道任命的做法。改选后的居委会设人民调解、治安保卫、公共卫生、民政福利、文化教育、劳动服务等工作委员会,初步理顺了居委会的任务,减去一部分不应由居委会承担的任务。

二、任务职能

1986年2月,市民政局起草、经市人大通过的国内第一个城市居委会工作条例《上海市城市居民委员会工作条例(试行)》(以下简称《条例(试行)》)出台,自1987年3月1日起施行。《条例(试行)》规定,居委会是城市(包括县属镇)按居民居住地区建立的基层群众性自治组织,在街道办事处或镇政府指导下进行工作;基本职能是组织动员居民协助、配合当地政府做好城市管理工作,参加社会主义精神文明和物质文明建设,把本居住地区建设成安定团结、环境整洁、有利生产、方便生活的文明地区。居委会的任务:(1)向居民宣传党的方针、政策和国家法律、法令,动员居民响应政府号召,对居民进行理想、道德、文化、纪律、法制教育;(2)发动居民积极开展创建文明居委会、文明楼(组)、五好家庭等活动,会同本居住地区的机关、团体、部队、学校、企业、事业单位共建社会主义精神文明;(3)积极开展尊老爱幼活动,保护妇女、儿童、老人的合法权益;(4)积极做好人民调解工作,调解居民之间的一般纠纷;(5)开展群众性的治安保卫工作,协助政府搞好本居住地区的社会治安,做好综合治理工作;(6)动员居民搞好家庭和环境卫生,配合有关部门搞好预防保健、计划生育的宣传教育工作;(7)协助有关部门做好拥军优属、社会救济等社会公益福利事业;(8)积极组织社会劳动服务事业的开展,协助有关部门做好劳动就业工作;(9)及时向政府或有关部门反映居民的意见、要求,并提出建议;(10)办理本居住地区的其他公共事务。该条例特别强调居委会具有自治权,除街道办事处和镇政府外,任何机关、团体、部队、学校、企业、事业单位不得直接向居委会布置任务或索取书面材料、证明和各种报表;确需居委会协助或配合办理的,经街道办事处或镇政府统一安排后下达;属于街道办事处或镇政府自行办理的工作,应直接办理,不得下交居委会承办。

1990年1月1日《中华人民共和国城市居民委员会组织法》施行,《条例(试行)》与该法和城市居民区实际已不相适应。2002年,市政府决定,《条例(试行)》于2002年4月1日失效,居委会工作依据《中华人民共和国城市居民委员会组织法》执行。

三、居民自治

1990年,长宁区先后在全区202个居委会中开展以加强居委会建设为主要内容的居民自治竞赛活动,加快居委会工作社会化、规范化、制度化的进程。从1990年第四季度起,长宁区在总结竞赛活动的基础上,选择23个居委会开展创建示范居委会,把居民自治工作不断引向深入。

1997年，在全市居委会推行"居务公开"（公开居委会事务）制度，逐步确立和完善"居务公开"的基本内容、基本规范、活动方法等。将"居务公开"与"居委会建设达标升级活动"有机结合，以促进全市居委会的制度建设。至1999年底，全市居委会均实行居务公开制度，居民群众对居委会办事的范围、依据、程序、纪律和结果一目了然，给居民群众办事带来方便。

1999年，卢湾区五里桥街道在全国率先建立居民区层面的"三会"制度，由居委会主持召集听证会、协调会和评议会，让社区居民讨论社区事务，评议政府工作，解决社区事务，协调居民与政府、社区单位的关系。2001年，市民政局对居民区"三会"制度给予肯定，开始向全市推广。

2000年，市民政局制定《上海市居民会议制度实施办法（试行）》，明确居民会议的性质、职责、组成等方面内容。

2006年6月，市民政局下发《关于制定〈上海市居民会议制度实施办法〉〈居民委员会职责和工作制度〉〈上海市居民区听证会、协调会、评议会制度试行办法〉的通知》，确定居民会议的性质是居民群众发扬民主的组织制度和民主决策的组织形式，每半年至少召开一次。确定居民区"三会制度"是居民区居民群众参与民主管理、民主决策、民主监督的组织形式，并分别对听证会、协调会、评议会的人员组成、主要内容、程序作规范。全市居委会普遍建立起"三会"制度，促进社区居民"自己管理自己的事情"。各区在"三会"制度的基础上，探索创建"弄管会"、"民管组"、社情民意"气象站"、"议事厅"等民主参与载体和形式，激发居民群众参与自治活动的热情。

2009年，市民政局下发《关于开展"迎世博居委会自治家园"观摩点项目的通知》，召开区县、部分街镇负责人会议进行动员部署，并组织专家对虹口区曲阳路街道林云等21个居委会进行总结提炼，重点展示社区真实精彩的自治生活、居民认同的"社区领袖"如何协调解决社区公共利益、社区认同的新型居民社会关系、邻里守望相助的睦邻文化等内容，推动创建居委会自治家园的积极性。

2010年3月27日，"居委会自治家园"项目启动仪式在虹口区曲阳社区文化中心举行。在上海世博会期间，21个居委会自治家园对外开放，数千名中外游客观摩并亲身体验上海原生态的基层社会创新和居民自治生活。

四、达标升级

1997年5月16日，市民政局发出《关于开展居委会达标升级活动的通知》及《上海市居委会建设达标升级标准》，在全市开展居委会建设达标升级活动。根据各区县居委会建设基础不同的实际情况，将居委会建设分为三个等级，从组织建设、队伍建设、制度建设、工作条件、作用发挥、宣传教育、文明建设、社区服务、计划生育、治安保卫、人民调解、环境卫生等方面设定指标，要求居委会由三级到二级、一级逐级达标。

1998年底，全市3 501个居委会中，75％达标，其中一级居委会621个，占总数的17.7％；二级居委会959个，占总数的27.4％；三级居委会1 046个，占总数的29.9％。居委会建设达标街道（镇）48个。

1999年，各区县把深入开展居委会建设达标升级活动与创建文明小区活动紧密结合，全市3 518个居委会中，3 244个居委会建设达标，达标率92.2％，其中一级居委会1 145个，占总数的32.5％；二级居委会1 417个，占总数的40.3％；三级居委会682个，占总数的19.4％。居委会建设达标街道（镇）86个，居委会建设达标区10个。

2000年底，全市3 408个居委会中，3 097个居委会建设达标，达标率91.1％，其中一级居委会

1 321个,占总数的38.8%;二级居委会1 170个,占总数的34.3%;三级居委会606个,占总数的17.8%。居委会建设达标街道(镇)97个,居委会建设达标区10个。

2001年底,全市3 407个居委会中,3 168个居委会建设达标,达标率93%,其中一级居委会1 837个,占总数的53.9%;二级居委会681个,占总数的20%;三级居委会613个,占总数的18%。居委会建设达标街道(镇)105个,居委会建设达标区11个。

2002年底,全市3 393个居委会中,3 257个居委会建设达标,达标率96%,其中一级居委会2 036个,占总数的60%;二级居委会848个,占总数的25%;三级居委会373个,占总数的11%。居委会建设达标街道(镇)108个,居委会建设达标区11个。

2003年底,全市一级居委会达到2 266个,占总数的68.8%,居委会建设达标街道(镇)109个,居委会建设达标区11个。

通过达标升级活动,各区县及街道(镇)加大对居委会的投入力度,大部分居委会办公条件改善,工作环境焕然一新,干部待遇大幅提高。

表2-2-1 1998—2002年居委会达标升级情况统计表

年 份	居委会个数	建设达标率	一级居委会数	占居委会总数的比重	二级居委会数	占居委会总数的比重	三级居委会数	占居委会总数的比重
1998	3 501	75%	621	17.73%	959	27.40%	1 046	29.88%
1999	3 518	92.20%	1 145	32.55%	1 417	40.28%	682	19.39%
2000	3 408	91.10%	1 321	38.76%	1 170	34.33%	606	17.78%
2001	3 407	93%	1 837	53.92%	681	19.99%	613	17.99%
2002	3 393	96%	2 036	60.00%	848	24.99%	373	10.99%

资料来源:上海市民政局档案

五、岗位配置及待遇

1984年6月,针对居委会干部津贴、补贴普遍较低的情况,市民政局与市财政局协商,对居委会干部的津贴、补贴作较大幅度的调整和提高,经市政府批准同意。之后又多次调整。居委会干部的津贴:在原45元的基础上每人每月增加8元,1985年7月起再增加13元~15元。1987年7月起,每人每月增加12元。1989年10月起,每人每月再增加10元~12元,达到每人每月88元~92元。居委会干部的补贴(退休后到居委会工作),1984年6月起,从每人每月15元~20元,提高到18元~25元。1986年2月起,在原补贴基础上,平均每人每月增加12元。1993年3月起,凡担任居委会干部的离退休人员,其补贴和"三产"资金合在一起不满100元的,提高到100元。1994年4月起,在原来市财政补贴的30元~37元的基础上,提高到每人每月80元(不包奖金和其他补贴)。

1986年2月,市民政局起草《上海市城市居民委员会工作条例(试行)》规定,经市政府批准,自1987年3月1日起实施。《工作条例(试行)》对居委会性质、范围、组成、任务等都作了具体规定。居委会根据工作需要,可设人民调解、治安保卫、民政福利、公共卫生、文化教育、社会劳动服务等工作委员会;各工作委员会由3人~7人组成,设主任1人,副主任1人~2人;各工作委员会的主任由居委会副主任或委员兼任;居委会下设居民小组,居民小组一般为 20 户～40 户,由居民推选组长 1 人、副组长 1 人～2 人。

1990 年 7 月 31 日,市政府办公厅下发《关于街道办事处、居民委员会、里弄卫生站和街道文化站、图书馆配置集体事业编制问题的通知》,规定各区可根据本区财力和实际工作需要给居委会配备 2 名事业编制人员。

1990 年 12 月,市民政局在广泛听取意见并进行认真研究的基础上,对全市 4 541 名办理退养手续的原居委会干部提出解决方案:凡在 1990 年 7 月 31 日前办理退养手续的一律改为退休;由退养改为退休后,其退休工资仍按退养的津贴标准执行,福利待遇不变。此方案经市政府同意,于 1991 年 12 月实施。

1996 年 3 月 25 日,市委、市政府下发《关于加强街道、居委会建设和社区管理的政策意见》,规定:每个居委会一般配备 3 名～5 名专职干部,专职干部在职期间享受事业编制待遇,并可聘用部分工作人员;居委会工作人员的收入,应大致相当于全市职工人均月收入水平;适当提高居委会的办公经费标准,经区财政核定人员开支和办公经费等由公共财政支出;对新建的居委会,在新建之日起两年内,由区财政在每年按公共财政标准支出拨款的基础上,再增拨 3 万～5 万元经费,专项补充用于社区管理和社区服务;居委会办公用房按建筑面积 120 平方米～150 平方米的规定建造。

2007 年 5 月 6 日,市委办公厅下发《关于进一步加强本市居委会建设的意见》,规定:居委会成员一般应配置 5 人～9 人,且成员总数应为单数,其中全日制成员比例一般不低于三分之二;同时,可根据需要聘用若干居委会专职干事;居委会一般设主任 1 名、副主任 1 名、委员若干名;居委会可根据需要设置治保调解、社区保障、人口计生和公共卫生、环境物业、老龄工作等委员会,各委员会主任由居委会成员兼任,委员由居民小组长、居民代表或居民区积极分子组成;居委会工作经费原则上每年不低于 2 万元,辖区规模较大、服务和管理任务较重的可适当增加;有条件的街道(镇)还可为居委会增加帮困扶贫、社会稳定、实事工程、社会化服务等专项资金。

第二节　村民委员会建设

一、建立及整顿改选

1983 年 3 月,市民政局会同市农委在嘉定县曹王乡施庙大队试点,采用"一大队一村"的做法建立村委会,并按照《宪法》,召开村民大会,由每户 1 名代表以无记名投票方式选出村委会委员。3 月 23 日,上海第一个村委会在施庙大队成立。村委会下设人民调解、治安保卫、公共卫生 3 个委员会,并在原生产队范围设立村民小组。

1984 年 5 月,各县参照施庙村的模式,以原有的生产大队为基础,通过民主协商和群众选举,建立村委会。至 1985 年 1 月,全市农村建立村委会工作结束,共建立村委会 3 028 个。

1985 年 2 月 1 日,市民政局制定《关于村民委员会积极开展创建"文明村"活动的意见》,要求全市村委会在创建文明村活动中,着重抓好 5 方面工作:一是村风建设;二是村容村貌建设;三是要重视教育事业,抓好文化建设;四是协助乡政府做好各项行政事务工作;五是发展生产,改善村民生活。

1987 年 4 月 24 日,市民政局向各县民政局发出《关于开展村民委员会整顿改选工作的意见》,

要求在抓好思想整顿的基础上搞好组织整顿,严格按照《宪法》和法律的规定,改选村委会的领导班子;建立健全民政调解、治安保卫、文教卫生、公益事业等各个工作委员会。12月,全市的村委会整顿改选工作全部结束。在整个过程中,各村委会完善各项工作制度和村规民约,大力开展创文明村、五好家庭的活动,广大村民积极参加社会生活的民主管理,发挥基层群众性自治组织的自我管理、自我教育、自我服务的作用。

二、村民自治

【村民自治示范活动】

1991年1月,市民政局发出《关于开展村民自治示范活动的通知》,要求依据《中华人民共和国村民委员会组织法(试行)》的规定,立足于由村民依法办理群众自己的事情,依法选举村委会干部,建立村民会议或村民代表会议制度,建立健全村委会的治保、调解、公共卫生以及村民小组等下设机构和组织,制定必要的规章制度和村规民约,完成乡(镇)政府依法布置的各项国家任务。

1992年8月,市政府批转市民政局《关于在本市农村开展村民自治示范活动的通知》,此项工作列入各区县政府的重要议事日程。村民自治示范活动,围绕增强乡村干部和群众依法自治以及依法治村的民主与法制意识,使村委会的建设逐步走上制度化、规范化、法制化发展方向。区县、乡镇政府将村民自治示范活动与经济工作、社会综合治理工作、精神文明建设、社教工作相结合,以促进农村两个文明建设。到年底,全市有473个村委会开展村民自治示范活动。

1992年,市民政局会同市农委等有关部门对川沙县城镇乡长丰村和城西村的治安、经济、村民情况进行联合调查,起草《长丰村村民自治章程》。该《章程》经广泛征求意见和修改后,经长丰村村民代表会议一致通过。《章程》的建立使村民的行为规范有准则,此后建立村民自治章程活动在上海农村广泛推广。

1994年4月8日,市民政局在闵行区召开全市村民自治示范经验交流会。会后市民政局指导各区县及时修订村民自治示范(达标)工作规划,并制定《上海市村民自治示范单位验收办法》,明确村民自治示范村、示范镇(乡)、示范区(县)的标准及验收方法和基本程序。当年全市有739个村开展村民自治示范活动,使依法建制、以制治村和村民参与民主管理的农村社区管理机制得到进一步完善。

1996年,市民政局制定《上海市村委会建设五年规划》,提出规范村委会的直接选举、健全村民代表会议制度等工作目标,制定相应的工作措施。

2000年9月22日,市十一届人大常委会二十二次会议通过《上海市实施〈中华人民共和国村民委员会组织法〉办法》,内容涉及村委会的组织性质、成员组成、工作职责、村民会议、村务公开、村务监督等内容。明确村委会的性质是村民自我管理、自我教育、自我服务的基层群众性自治组织;确立村委会应当履行执行村民会议、村民代表会议的决议、决定,建立、健全村民实行自治活动的各项制度,编制并实施与乡、镇区域规划相适应的村经济和社会发展规划及年度计划,组织发展多种形式的本村经济,教育、督促村民遵守村民自治章程、村规民约,管理本村财务,妥善处理与驻地单位和邻村的关系等8项职责。结合上海实际,通过总结开展村民自治活动的实践经验,对村民会议、村民代表会议、村务公开、村务监督、村民自治章程和村规民约等制度和内容作具体规范。

2005年11月26日,中央政治局原常委、中纪委书记尉健行视察嘉定区江桥镇太平村民主政治建设工作。嘉定区江桥镇太平村党总支从巩固党的执政地位的高度着眼,把推进农村基层民主建设、建设社会主义政治文明列入重要议事日程,以制度建设为抓手进行积极的探索。老百姓心齐、气顺、劲足,全村形成民主团结、生动活泼、安定和谐的政治局面。太平村党总支的探索实践,为发展农村民主政治建设提供了新经验和新启示。

【村务公开】

1997 年 3 月,市民政局下发《关于进一步完善村务公开制度的通知》,明确村务公开的基本内容、主要形式、时间要求及保证措施,并转发民政部《关于进一步建立健全村务公开制度深化农村村民自治工作的通知》,指导各区县将村务公开列为村民自治示范(达标)活动的重要考评内容。同年4 月,市民政局和市纪委、市农村工作党委联合召开上海市农村镇(乡)村政务公开工作现场会,布置村务公开工作。会后,各区县按照"党委政府统一领导、纪检部门积极协调、民政部门业务指导"的职责分工,积极推行村务公开工作。

1997 年底,全市 30%的村制定村务公开制度,70%的村建立村务公开栏,50%的村做到村务公开内容经村民代表会议审议后公开,公开内容立卷归档。

1998 年 6 月,市纪委、市委组织部、市农村工作党委和市民政局联合召开上海市深化村务公开工作会议,对村务公开工作提出新的要求:一是年内各村全部实行村务公开;二是村务公开做到"五规范一满意",即内容规范、时间规范、程序规范、阵地规范、管理规范、群众满意;三是在推行村务公开的基础上,尽快普遍实行"四个民主"。11 月,市纪委、市委组织部、市农村工作党委和市民政局共同对各县区落实情况进行督促检查。

1999 年,全市有 97.9%的村建立财务公开制度,94.2%的村建立民主理财制度,87%的村建立村级财务预算制度,85.9%的村建立村务公开监督评议考核制度。在公开内容方面,财务收支情况,业务招待费使用,村干部劳动报酬、奖金及各种物质待遇,村干部外出费用使用情况,村民宅基地审批,农民应交税费标准、依据及上交使用情况,基建工程承包,村经济社会发展规划、年度目标及实施情况等重要内容,100%的村做到全部公开。在公开的形式方面,100%的村设置村务公开栏,62.9%的村村务公开栏设在室外。在公开程序方面,80.3%的村公开内容经监督小组审核或监督小组组长签字,89.9%的村村务公开内容经村民代表会议审议后再公开,83.3%的村有公开后的反馈工作。在监督管理方面,92.8%的村设立建立村务公开监督小组和村民民主理财小组,73.6%的村设立监督电话,50.8%的村设立监督箱,97.2%的村有专人负责村务公开工作,75.4%的村做到每期公开内容立卷归档。

2000 年,根据《上海市实施〈中华人民共和国村民委员会组织法〉办法》规定,将村务公开监督小组、村民民主理财小组合并,各村普遍建立村务监督小组。

2002 年,根据《上海市实施〈中华人民共和国村民委员会组织法〉办法》的规定,对任期届满的第六届村委会的财务进行审计,对村委会主任和分管财务的村委会成员进行离任审计,并将审计结果向村民公布。

2002 年 12 月,全市所有的村均实行村务公开制度,及时向村民公开本村的主要财产和债权债务、主要负责人和其他有关人员的报酬或者补贴及其他待遇、外出学习考察及业务招待费的使用情况、农村社会养老保险投保和发放情况、救灾救济款物的发放情况、集体拖欠村民资金和村民拖欠集体资金情况等项目内容。

2003 年,由市民政局牵头负责,市纪委等 7 个部门组成上海市村务公开工作协调小组,开展村务公开的协调和指导工作。

2005 年 3 月,市民政局会同市监察委、市农委、市房地局等部门开展农民土地征用补偿费的分配、管理和使用情况的专项检查,督促各区县把土地征用补偿费使用情况作为村务公开的重要内容,定期向村民进行公开,进一步提高村务公开工作的质量。

2005 年 4 月,市民政局按照市委办公厅的要求,撰写《上海建立健全惩治和预防腐败体系的实施意见》(村务公开部分)。7 月,市民政局会同有关部门根据全国村务公开协调小组的部署,以村务公开工作开展情况为主要内容,开展村干部廉洁自律专项督查调研活动,并总结各区县村务公开工作的经验和存在的薄弱环节。

2006 年,市民政局为进一步提升全市村务公开民主管理工作水平,开展村务公开民主管理示范单位创建活动。

2008 年,市民政局根据全国村务公开协调小组的部署,指导各区县民政局编制、修订村务公开目录,进一步规范村务公开内容。2009 年,按照全国村务公开协调小组提出的认定参考标准,组织各区县认真开展村务公开和民主管理"难点村"的调查摸底,经调查,发现有 25 个村务公开和民主管理"难点村"。根据中央有关开展"难点村"治理工作专项督查的要求,市纪委牵头成立 3 个督查工作小组,从 10 月 29 日至 11 月 6 日,对 9 个涉农区县进行专项督查。

2010 年,市民政局按照全国财务公开协调小组提出不能按期换届选举或暂缓选举的村作为"难点村"治理工作重点的要求,进一步梳理分析,确定全市 210 个未能按时选举的村为"难点村",起草《关于推进本市村务公开和民主管理"难点村"治理工作的实施意见》(征求意见稿),进一步明确今后一个阶段上海"难点村"治理工作的目标任务,为深入推进全市"难点村"治理工作打下良好基础。至年底,全市有 5 个"难点村"完成撤销建制工作,11 个完成换届选举。

三、先进表彰

1993 年 6 月 21 日,市政府授予青浦县凤溪乡坚强村、闵行区梅陇镇华一村"上海市村民自治示范村"称号。

1994 年 10 月,市政府命名闵行区为"上海市村民自治示范区"。1995 年 11 月,闵行区又被民政部评为"全国村民自治模范区",旗忠村等 8 个村委会被评为"全国模范村民委员会"。

1996 年,市政府命名青浦县为"上海市村民自治示范县"。至 1996 年底,全市有 59 个乡镇被市民政局、县区政府命名为示范(达标)乡镇,1 624 个村被县区民政局命名为示范(达标)村。

1997 年,市政府命名松江县为"上海市村民自治示范县"。全市新创建 6 个县区级村民自治示范镇、470 个村民自治示范(达标)村。1998 年,新创建 14 个县区级村民自治示范达标镇。

1999 年,民政部命名闵行区、松江区为"全国村民自治模范区"。

1999 年,市民政局命名嘉定区为"上海市村民自治达标区"。全市新创建 17 个村民自治达标镇、152 个村民自治达标村。

2000 年,市民政局命名南汇县为"上海市村民自治达标县"。全市新创建 31 个村民自治示范(达标)镇。至此,全市已有 50% 的区县创建成村民自治示范(达标)区县,51% 的乡镇创建成村民自治示范(达标)乡镇,77% 的村创建成村民自治示范(达标)村。

2001 年,市民政局命名浦东新区、奉贤区为"上海市村民自治达标区"。全市新创建村民自治示范(达标)镇 38 个。

2003 年,民政部命名闵行区、松江区、嘉定区为"全国村民自治模范区"。

2004 年,市民政局命名崇明县为"上海市村民自治达标县"。全市县区全部达到村民自治达标要求。

2007 年,市村务公开领导小组共命名上海市村务公开民主管理示范镇 23 个、示范村 166 个。

2009 年,全国村务公开协调小组命名嘉定区、青浦区、南汇区为"全国村务公开民主管理示范区"。市村务公开领导小组共命名上海市村务公开民主管理示范镇(街道)12 个、示范村 172 个。

2010 年,市村务公开领导小组命名闵行区为"上海市村务公开民主管理示范区"。全市共命名上海市村务公开民主管理示范镇 14 个、示范村 229 个。

第三节　居村民委员会民主选举

一、居委会换届选举

1994 年 1 月 7 日,按照《中华人民共和国城市居民委员会组织法》"居民委员会每届任期三年"的要求,市民政局下发《关于本市居民委员会换届选举工作的通知》,要求各区、街道要相应成立居委会换届选举工作机构,制定换届选举的工作计划,认真做好换届选举工作;候选人的产生必须是经居民酝酿讨论,为多数居民认同;参加投票选举的居民必须达到本居住区有选举权的半数以上。

1996 年,根据上海市城区工作会议关于市区居委会配备 3 名～5 名事业编制专职干部及市农村基层工作会议关于郊县居委会配备 2 名～3 名事业编制专职干部的要求,全市从纺织、仪表等系统待岗、下岗人员中选聘 3 679 名居委会干部,并对这些居委会干部进行岗位培训。居委会干部队伍通过充实调整,在年龄、文化结构上趋于合理,素质明显提高。

1997 年,全市进行第五次居委会换届选举(闵行、嘉定、奉贤、崇明、松江等区县已于 1996 年与村委会同时换届),3 316 个居委会经过居民会议选举,共产生居委会成员 18 407 名。与上届相比,居委会干部形成以中青年为主、老中青相结合的结构。

1999 年,在卢湾、浦东和长宁 3 个区进行"健全居委会民主选举和完善居民区管理体制"的试点。选择长二、金桥湾等 5 个居委会,开展由居民 1 人 1 票直接选举居委会成员的试点。

2000 年,上海市进行第六次居委会换届选举,全市共有 3 408 个居委会,其中 3 093 个居委会完成换届选举。共选举产生居委会成员 108 570 人,其中居委会主任 2 997 人,副主任和委员 15 573 人;中共党员 8 987 人,占 48.4%;大专以上学历 3 020 人,占 16.3%;平均年龄 48.2 岁。全市 53 个居委会实行居民直接选举,占总数的 1.7%。在这些直选居委会中,充分发动广大居民积极参与,激发居民的政治热情、民主意识和当家做主的意识,为扩大城市基层民主作有益探索。

2003 年 6 月 18 日,市委副书记刘云耕、副市长周太彤专题听取市民政局关于上海市第七次居委会换届工作情况汇报。7 月 15 日市委书记办公会、7 月 18 日市委常委会,分别专题听取市民政局汇报。8 月 12 日,市委、市政府召开上海市第七次会换届工作动员大会,刘云耕、周太彤出席并作动员部署。

2003 年 8 月 12 日至 12 月中旬,全市进行第七次居委会换届选举,市委、市政府提出全市各区县直接选举比例不低于 20%的要求。全市 3 293 个居委会,除 2002 年已完成换届选举的闵行、嘉定、奉贤、松江、崇明等 5 个区县外,共有 14 个区的 2 441 个居委会参加换届选举,其中采取直接选举的居委会扩大至 766 个,占参加换届选举居委会总数的 31.4%。选举产生居委会成员 14 511

人,其中居委会主任2 375人、副主任647人、委员11 489人;中共党员7 935人,占54.7%;大专以上学历2 963人,占20.4%。居委会成员基本实现属地化。

2003年11月1日,市委主要领导视察观摩静安区南京西路街道陕北居委会的现场选举,并召开座谈会。

图2-2-1 2003年11月1日,静安区南京西路街道陕北居委会换届选举

2006年4月13日,市委书记办公会专题听取市民政局关于上海市第八次居村委换届工作情况汇报。4月17日市政府常务会、4月18日市委常委会,分别专题听取市民政局汇报。4月19日,市委、市政府召开上海市第八次居村委换届工作动员大会。刘云耕、周太彤出席并作动员部署。

2006年4月19日至9月16日,全市进行第八次居委会换届选举,市委、市政府提出全市各区县直接选举比例不低于40%的要求。全市3 437个居委会中有3 371个居委会参加换届选举,采取直接选举的占居委会换届选举总数的53%。选举产生居委会成员18 712名,其中居委会主任3 222人、副主任1 066人、委员14 424人;中共党员9 606人,占51.3%;大专以上学历4 110人,占22.0%。353个居委会调整"议行分设"的模式,居委会成员属地化比例达89%,中心城区基本实现成员属地化。

2009年3月16日市政府常务会、3月28日市委常委会,分别专题听取市民政局关于上海市第九次居村委换届工作情况汇报。4月20日,市委、市政府召开上海市第九次居村委换届工作动员大会。市委常委吴志明、副市长胡延照出席并作动员部署,提出这次的直接选举比例和村委会"海选"比例将比上一届提高的要求;倡导退休的党员干部、基层社会组织负责人积极参选,并鼓励本属地的高校毕业生参选;居村委会成员以由本居住区选举产生为主。适当减少非全日制成员比例,确保每个居委会有三分之二的全日制成员。持有上海居住证或临时居住证、在居住地连续居住满一年的,可持身份证明登记参选。

2009年4—10月,全市3 389个居委会进行换届选举,直接选举比例达84%。选举产生居委会成员18 919名,其中居委会主任3 305人、副主任964人、委员14 650人;中共党员9 363人,占

49.5％；大专以上学历 2 963 人，占 30.4％。居委会成员属地化比例达 90％。

二、村委会换届选举

1987 年 11 月 24 日《中华人民共和国村民委员会组织法（试行）》公布后，根据"村民委员会主任、副主任和委员，由村民直接选举产生"的规定，上海积极推进民主选举村委会成员的工作，从 1990 年起每 3 年进行一次换届选举。1990 年，除金山县、青浦县的村委会任期未满外，全市七县一区（宝山区）分别进行村委会换届选举。通过选举，选出村委会主任 2 417 人、副主任 3 953 人、委员 6 647 人；其中男性 10 312 人，女性 2 705 人；35 岁以下 4 468 人，36 岁～45 岁 6 926 人，46 岁以上 1 623 人；党员 8 045 人，团员 842 人，群众 4 130 人。

1993 年 3 月 17 日，市民政局下发《关于按期开展村（居）民委员会换届选举工作的通知》，并以附件形式转发《松江县村民委员会选举办法》，细化村委会选举的程序和要求。1993 年，全市有 2 997 个村委会进行换届选举，选出村委会干部 13 720 人，其中党员 9 460 人，占 68.95％；高中以上（含中专）文化程度 3 237 人，占 23.59％；妇女 3 304 人，占 24.08％；45 岁（含 45 周岁）以下 10 995 人，占 80.14％。

1996 年，按照由全村选民进行直接、差额、无记名投票选举的民主程序，除青浦县、金山县外，全市有 2 226 个村委会进行换届选举，共选出村委会主任 2 133 人、副主任和委员 6 903 人，平均每个村委会有 4 名成员。其中党员 6 638 人，占 73.64％（主任中党员占 91.84％）；高中以上文化程度 2 800 人，占 30.99％（主任中高中以上文化程度占 42.57％）；妇女 2 212 人，占 24.48％；40 岁以下的 3 814 人，占 42.21％。这次换届选举改变以往村委会成员由村民代表或者户代表选举产生的做法，实行由村民直接投票选举，实现由间接选举到直接选举的跨越；提出"选民登记"的概念，实现村委会副主任和委员的差额选举。

1999 年 6 月 1 日，市十一届人大常委会十次会议通过《上海市村民委员会选举办法》（以下简称《选举办法》）。《选举办法》规定，村委会主任、副主任和委员，由本村有选举权的村民直接选举产生；任何组织或者个人不得指定、委派或者撤换村委会成员；村委会由主任、副主任和委员共 3 人～7 人组成，其成员的具体职数由村民会议或者村民代表会议决定；村委会成员中，妇女应当有适当的名额；村委会每届任期 3 年，届满应当及时举行换届选举；因特殊原因不能按时举行换届选举的，应当报区、县政府批准。《选举办法》明确，村委会的换届选举工作由市政府统一部署；区、县政府成立选举工作领导小组，领导本行政区域内的村委会换届选举工作；市和区、县民政部门负责指导村委会换届选举工作；村委会换届选举期间，乡镇政府应当设立选举工作指导小组，具体指导、帮助村民选举委员会工作。《选举办法》对选举机构的产生、组成及其职责，选民资格的界定，候选人的提名，投票选举，以及村委会成员缺额时的处理等作明确规定。在选民资格的界定上，充分考虑上海农村城市化进程不断加快的特点，把按照户籍所在地进行登记和按照居住地进行登记有机结合。市民政局根据立法说明的要求，编制《上海市村民委员会选举工作规程》，对选举的操作全程进行规范。2004 年 8 月 19 日，市十二届人大常委会十四次会议通过《关于修改〈上海市村民委员会选举办法〉的决定》。2010 年 9 月 17 日，市十三届人大常委会二十一次会议通过第二次修改决定。

1999 年，全市郊区 10 个区县和长宁、徐汇、普陀、闸北等 4 个市区进行村委会换届选举，实现全市村委会换届选举统一部署、统一届期、统一选举报表。全市 2 697 个村委会进行换届选举，其中实现"海选"（不设定候选人，由村民直接投票选举村委会成员）的村为 1 165 个，占总数的 43.2％；由 5

人以上联名提名候选人的村有 1 020 个,占总数的 37.8%;另有 512 个村采取 10 人联名提名候选人的方法。共选举产生村委会成员 9 846 人,其中党员占 81.2%,高中以上文化程度占 38.9%,妇女占 25.6%,年龄在 40 岁以下的占 35%。

2002 年,全市 1 872 个村委会进行换届选举,其中实行"海选"的村为 731 个,占总数的 39%;由 5 人以上联名提名初步候选人的村为 1 141 个,占总数的 61%。共选举产生新一届村委会成员 6 824 人,其中女性 1 921 人,占 28.15%;党员 5 716 人,占 83.76%;高中、中专以上文化程度的 3 458 人,占 50.67%;45 岁及以下的中青年 3 909 人,占 57.28%。

2005 年全市村委会换届选举延期至 2006 年与居委会换届选举同步。2006 年,全市 1 573 个村委会进行换届选举,其中实行"海选"的村为 595 个,占总数的 37.8%。共选举产生新一届村委会成员 6 588 人,其中女性 1 825 人,占 27.7%;党员 5 758 人,占 87.4%;高中、中专以上文化程度的 4 217 人,占 64.0%;45 岁及以下的中青年 2 965 人,占 45.0%。

2009 年 7 月 18 日,中共中央政治局委员、市委书记俞正声等领导视察观摩嘉定区嘉定工业园区虬桥村的现场选举,并在该村召开座谈会。

2009 年,全市 1 497 个村委会进行换届选举,其中实行"海选"的村为 1 120 个,占总数的 74.9%,海选比例大幅上升。共选举产生新一届村委会成员 5 414 人,其中女性 1 616 人,占 29.8%;中共党员 4 674 人,占 91.9%;高中、中专以上文化程度的 4 081 人,占 75.4%;45 岁及以下的中青年 2 645 人,占 48.9%。

第三章 社 区 服 务

　　20 世纪 80 年代初,面对日益扩大的民政对象需求,市民政局提出市、区、街道、居委会"四个层次一条龙、福利设施网络化"服务思路,"民政服务"向社区拓展。1987 年,民政部在武汉市召开全国城市社区服务工作经验交流会,倡导在城市开展以民政对象为服务主体的社区服务。上海着力开展社区服务体系建设,建立社区服务工作机构,动员、整合社区内各种资源,提出构建老年人服务、残疾人服务、优抚对象服务、便民利民服务等广泛覆盖社区居民生活的社区服务体系的目标。1989 年卢湾区打浦桥街道建立全国第一个街道社区服务中心。1990 年南市区豫园街道组建全国第一支社区服务志愿者队伍。1991 年黄浦区人民广场街道成立全国第一个社区建设协调会。从 1992 年起,上海社区建设进入以精神文明创建和市政府实事推动为载体,全面推进和改造社区硬件设施建设,不断提高市民文明素质和城市文明程度的攻坚拓展阶段,社区服务中心和敬老院等社区设施的建设和改造连年被列入市政府实事项目,1993 年底,全市各街道、居委会普遍建立社区服务中心和分中心,社区设施建设得到迅速普及和提高,社区服务的内容不断丰富,工作机制不断健全,基本形成具有上海特色的体系框架。此后,全市陆续对社区服务设施进行规范化改扩建,重点运用高科技服务手段,不断完善服务功能,全面提升服务水平,加快社区服务社会化、产业化和专业化进程。"社区服务管理系统""上海社区服务网""社区服务热线"相继建设。在政务服务上,探索街镇层面的社区事务"一门式"服务,在全国率先建立街道(镇)(以下简称街道)社区事务受理服务中心、开发受理信息系统,为居民提供"前台一口综合受理、后台网络联通协办"的社区事务"一门式"服务,方便市民办理个人政务事项。

第一节 社区服务机构

一、协调机构

　　1986 年 11 月,市民政局召开社会福利保障工作经验交流会,提出在发展社会福利事业的同时,要大力推进便民利民的社区服务;在服务对象上,要突破传统民政对象,向社区内有困难的家庭发展;要逐步增加服务内容,扩大服务范围;要求街道建立社会保障协调组织,加强对福利设施网络化的领导。至 1989 年底,上海市区 80 多个街道成立"街道社会保障委员会"。1990 年,全市有 18 个街道将社会保障委员会改为社区服务协调委员会。

　　1990 年 6 月,上海市召开居委会社区服务经验交流会,推动社区服务工作的发展。

　　1991 年 3 月,由市民政局、市老龄委、市卫生局、市劳动局、市工商局等 16 个部门组成上海市社区服务联席会议,由分管副市长牵头,办公室设在市民政局,加强对全市社区服务工作的协调和指导。1992 年 10 月,市民政局机关增设社区服务办公室。1993 年,先后有 13 个区建立由区领导负责、区民政局及相关部门领导参加的社区服务协调机构。1994 年,市区 117 个街镇建立 115 个社区服务协调机构。市、区、街镇三级社区服务协调机构的建立,保证了社区服务工作的顺利进行。

　　1996 年 10 月 21 日,"上海市社区服务联席会议"更名为"上海市社区服务协调委员会"。同年,调整充实上海市社区服务协调委员会的管理机构,协调委员会主任由分管副市长担任,副主任由市政府分管民政的副秘书长和市民政局局长兼任,市政府各有关职能部门、社会团体共25个为协调委员会成员单位,协调委员会的日常办事机构设在市民政局。区、街镇、居委会也都成立相应的社区服务协调机构。

1997年初,上海市社区服务网领导小组成立,小组成员包括市民政局、市经济和信息化委员会等单位,由市民政局负责社区服务网建设的决策和总体协调,领导小组下设建设指挥部(由市社区服务中心和市信息港网络中心组成),负责指挥网络建设的日常工作;市社区服务中心具体负责全市范围内社区服务网资源与服务的规划、组织、协调和运作;区社区服务中心负责本区范围内网络资源的经营和管理;街道镇社区服务中心负责本街镇范围内网络资源的经营与管理。

二、社区服务中心

1989年9月23日,卢湾区打浦桥街道在试点开展社区服务的基础上,成立全市第一个街道社区服务中心,开展八大系列服务。之后,全市部分街道也陆续建立社区服务中心。

图2-3-1　1989年9月,卢湾区打浦桥街道成立全市第一个社区服务中心,图为该中心的敬老送饭车

1992年,市政府把建立街道社区服务中心列入实事工程,要求每个街道建立一个社区服务中心。根据市政府要求,各街道普遍建立社区服务中心,但70%是在街道敬老院门口加挂一块社区服务中心牌子,规模小,设施差,服务内容单一,开展小家电维修、磨刀、修伞、缝纫裁剪、理发等便民服务。

从1994—1996年,上海市社区服务已形成100多个服务项目,主要有十大系列:特殊群体服务(对老年人、残疾人、孤儿以及有特殊困难的家庭或个人,提供衣、食、医、行等特殊服务)、生活服务(为社区居民提供日用小商品、家庭生活用品维修、住宅急修、理发美容、沐浴、洗衣被、家庭服务等)、文体服务(为社区居民提供棋牌、健身、书画、种花、养鸟、跳舞等服务项目)、教育服务(为社区

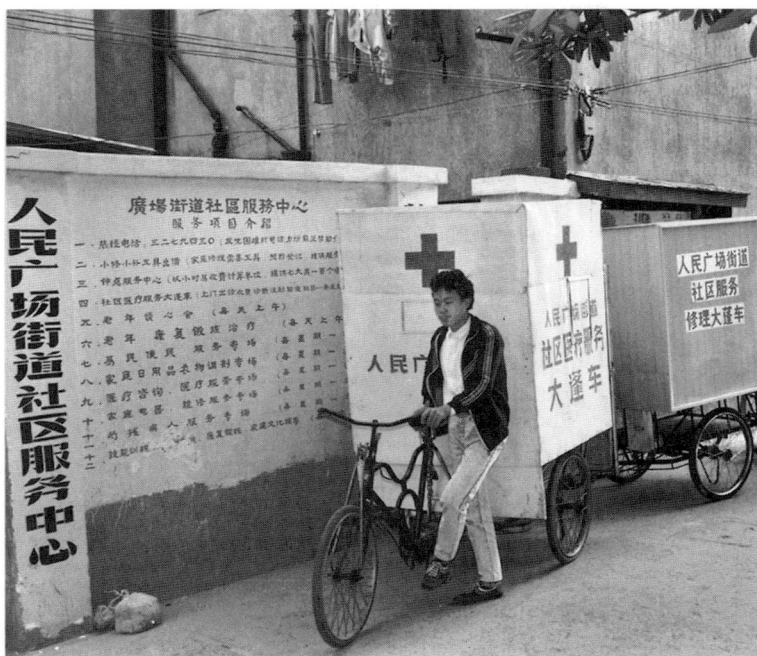

图 2-3-2 1992 年 10 月，黄浦区人民广场街道社区
服务中心的为民服务大篷车

居民提供日常生活常识、科学和文化知识）、咨询服务（为社区居民提供法律、心理、就业、就学、医疗保健、房屋买卖等咨询服务）、就业服务（为社区居民提供就业登记、培训、创业指导、就业中介提供社区服务岗位）、中介服务（为社区居民提供家政等服务）、医疗卫生服务（在居民区设置医疗卫生点，建立社区居民健康保健档案提供医疗卫生服务等）、信息服务（通过信息终端、信息网络为社区居民提供信息资源服务）、社区安定服务（治安巡逻、纠纷调解、青少年教育、两劳释放人员帮教、社区精神病人员管理等）。

1994 年 12 月，市民政局等部门制定《关于加快发展上海市社区服务业的意见》，提出每个街镇建立一所有一定规模的社区服务中心的任务。1995 年起，各区将发展街道社区服务中心和社区服务业列入本地区计划，分批改建街道社区服务中心、街道敬老院和居委会社区服务分中心，改建内容主要是扩大使用面积、室内装修和添置必要的设备。

1995 年，市政府将"改造街道敬老院，继续完善社区服务"列为当年市政府要完成的与人民生活密切相关的十件实事，要求建成 20 个街道社区服务中心示范点，使用面积在 300 平方米以上，服务设施 8 个以上，并根据居民需求开展电话咨询和应急援助等服务，发挥指导和辐射作用。

1996 年 2 月，浦东新区建立罗山市民会馆，以社会多元投资、社团参与管理的形式开展社区为民服务，提供的服务项目均来自民调需求。

1996 年，"改、扩建 25 个街道敬老院或街道社区服务中心，创建 14 个社区服务示范街道"被列为当年市政府实事项目。至 1996 年底，全市建立社区服务中心 115 个，使用面积近 5 万平方米；在市区居委会中建立社区服务分中心 2 236 个，专职服务人员 4 982 名（其中吸纳下岗待业人员 1 148 名）；分中心的服务设施 9 994 个，工作人员 21 026 名；建立 135 个"社区服务一条街"和 13 941 个便民利民社区服务设施，通过社区服务渠道解决 83 775 名下岗待业人员的就业，其中社区服务设施直接吸纳 7 000 多人，间接解决 7 万多人就业。

1997年,"改、扩建25个街道社区服务中心和街道敬老院,建立300个社区服务示范居委会"被列为当年市政府实事项目。全年改建、扩建20个社区服务中心,总投资6372万元;创建社区服务示范居委会694个。

1997年6月,上海市社区服务中心成立,为市民政局直属事业单位,主要职能为指导全市各区、街镇社区服务中心与居委会社区服务分中心的业务工作,对全市社区服务业进行行业化管理,推动公益性服务项目和经营性项目共同发展,负责社区服务网运作管理和社区服务业务培训工作。

1997年12月,市区116个街镇共建立114个社区服务中心;社区服务中心建筑面积达11.9万平方米。市区2664个居委会建立2086个社区服务分中心,有专职工作人员6739名,所辖设施共11882个,拥有工作人员23277人。

1998年12月,市区9个区建立10个区级社区服务中心,其中1998年新建5个,建筑面积1.6万多平方米。市区120个街镇共有115个社区服务中心,总建筑面积12万平方米。市区2820个居委会中建立2411个社区服务分中心,有专职工作人员3971人,所辖设施共12898个,拥有工作人员24020人。

2003年,市民政局针对社区居民的需求和现有社区服务中心设施的实际情况,指导部分区对7个街镇的社区服务中心进行维修或改扩建,增设为老服务项目和服务信息咨询功能,提升服务中心的综合效能。

2007年12月,全市共建成14个区级社区服务中心,总使用面积1.2万多平方米;122个街镇建立社区服务中心,总使用面积11万多平方米;3525个居委会和近1600个村建立社区服务分中心或活动中心,总使用面积71万多平方米;其中专职工作人员3900余人,其他工作人员和志愿服务人员2万余人。社区服务中心建设基本实现全覆盖。

2009年,市社会建设工作会议提出建设社区生活服务中心的要求,社区服务中心建设转向社区生活服务中心建设。市社区服务中心对徐汇、静安、黄浦等区的部分街镇情况进行调研,分析部分社区生活服务中心的运行情况,广泛听取专家学者和社区服务工作者的意见和建议,形成《社区生活服务中心建设和运行情况课题报告》,起草《上海社区服务"十二五"发展规划》和《关于推进社区生活服务中心建设的指导意见》,编制《社区生活服务中心建设服务规范手册》,加强对街镇社区生活服务中心建设的指导。截至2010年底,全市共建成社区生活服务中心19个。

三、社区事务受理中心

1998年,卢湾区五里桥街道在全国率先建立社区事务受理中心,在街镇层面一门承接政府职能部门依法延伸的政务类服务工作。

2000年,社区事务受理"一门式"服务列入市政府实事项目。4月25日,市民政局制定《关于在本市25个街道实行社区事务处理一门式服务的实施意见》,指出社区事务处理"一门式"服务是社区建设的重要组成部分,是街道本着政务公开、为民服务的宗旨,根据社区居民需求,将相关的社会事务集中办理,公开办事制度,规范办事程序,减少办事环节,提高办事效率的综合服务形式,是建立"民有所呼,我有所应"体制的重要组成部分。规定社区事务处理"一门式"服务的内容:社会保障卡申领发放和服务、社会救助、优待抚恤、社会福利、残疾人维权服务、老年人权益保障、婚姻咨询、信访接待、劳动就业、司法调解、工商税务、消费者权益保护、公安消防、户籍粮证、人口计生、社会保险、房管物业、市政管理等。

2000年12月,全市建立62个街道社区事务受理中心。2001年,全市新建40个街道社区事务受理中心。2002年,全市又新建17个街道社区事务受理中心,实现中心城区街镇的全覆盖。

2003年,全市社区事务受理中心向郊区城镇延伸,9个郊区街镇的社区事务受理中心建成运行,全市的街镇社区事务受理中心达到128个。

2004年,市民政局牵头开展社区事务受理中心规范化建设试点,组织25个街镇(占全市街镇总数15%左右)为试点单位,推进街镇社区事务受理服务中心的标准化建设,按统一规范在街镇建立统合政府各部门下沉服务的"一门式"服务机构,统一标识为街镇社区事务受理服务中心,作为街镇领导的事业单位,具体承接政府各部门为社区居民提供的政务服务;规定凡政府各部门在街镇设立的受理、办理和出证等事项,均列入受理服务中心集中办理,共涵盖人保、民政、公安、计生、房管、经委、总工会等12个部门190余项民生事务。

2005年5月18日,市政府在浦东新区召开全市推进社区事务受理服务机构建设座谈会。总结推广试点街道的经验,一是社区事务受理从过去各部门自成体系、分头受理向街道综合领导下的"一门式"受理转变;二是服务窗口从过去按条线设置归并为按大类综合设置;三是服务项目从过去提供政务类服务延伸到为社区群众提供日常生活服务;四是服务形式从"一门"向"一口"转变,让群众办事更加便捷。在试点过程中,各区、街道按照市委、市政府要求,以服务群众为重点,把完善"一门式"服务作为民心工程来抓,使"一门式"服务工作取得很大进展,服务内容有较大拓展,新的运作机制初步形成,运行流程进一步优化,便民举措更加扎实,日常管理进一步规范。

2006年,在全市新建、改扩建100个社区事务受理服务中心(以下简称受理服务中心)被列为当年的市政府实事项目。

2006年2月23日,市民政局研发完成"上海市社区事务受理服务中心'一门式'系统应用软件",通过由国家信息办、国务院发展研究中心、市信息委等10余位专家组成的评审小组的专业评审。

2006年7月,市民政局在总结试点经验基础上,起草《关于加强和推进社区事务受理服务中心建设的意见》(以下简称《意见》),当年8月,市政府办公厅发布《意见》,指出要坚持以人为本,不断改进政府公共服务方式,深入推进服务型政府建设;按照"让群众少跑一趟路、少跨一个门槛、少走一道程序"的要求,提高政务服务的便捷性、透明度和亲和力,使群众得实惠,社区更和谐。《意见》对"一门式"服务机构的设置、职责分工、人员配备、硬件设施、服务项目、流程规范和应用软件、制度与监督等都作了明确规定,并提出具体工作要求。标志着全市社区事务受理服务中心走向规范化建设阶段。

至2006年底,全市新建、改扩建100个受理服务中心任务全面完成。共建成社区事务受理服务中心达218个,在全市街镇基本实现全覆盖。全市90个受理服务中心完成该应用系统的安装并试运行,初步实现政务类服务认证体系的建立和受理服务中心局域内的资源共享。

2007年6月22日,上海召开推进上海市社区服务"三个中心"建设电视电话会议,市政府下发《关于完善社区服务促进社区建设的实施意见》,提出各街镇要按规划建立"三个中心",即社区事务受理服务中心、社区卫生服务中心和社区文化活动中心;要求完善社区事务受理服务工作机制,合理设置窗口,优化工作流程,加强信息共享和工作联动,实现服务事项按大类归口受理,有条件的逐步实行"一口"受理;探索试行电话、网络等多种受理方式,鼓励开展全程委托代理、全年无休等便民服务;全面推进受理服务中心标准化建设,在全市实行基本服务事项、办事流程、建设规范、标识标牌、管理软件和评估体系等运行机制和管理模式的规范统一。

2007年12月,市民政局以标准化建设为抓手,全面推进社区事务受理服务中心的服务项目、运行机制、管理模式、服务规范和标识标牌的"五个统一"。全市统一配送受理服务中心管理标准件的达120家,拓展服务内容,强化服务功能,方便居民群众,得到市民的广泛认可。市民政局制定《上海市社区事务受理服务中心规范手册》,第一次以标准化形式从受理服务中心的机构建设、设施规划、受理服务、信息化要求、绩效评估、实施要点等六个方面,对受理服务中心的体制机制、建设原则和管理服务基本内容提出规范标准。同时,对全市各职能部门在街镇层面提供的服务项目进行详尽梳理。受理服务中心建设和服务的地方标准经有关程序审定后正式立项,向国家劳动和社会保障部申报"社区综合政务办理员"的国家职业标准。全市30个街镇受理服务中心进行"一口受理"试点,使"前台一口受理,后台内部协办"的"一门式"工作机制逐步成为现实;10个街镇进行"一头管理"试点,实现在现有行政管理体制下受理服务中心机构对所属人员的统一考核、统一调配、统一培训、统一管理。

至2008年底,全市213个街镇实现社区事务受理服务中心的全覆盖,160家受理服务中心统一管理软件,实现服务项目、运行机制、管理模式、服务规范和标志标牌的统一。街镇受理服务中心也逐步开展全年无休及向居村委会延伸服务,520个村委会建立社区事务代理室。41个街镇受理服务中心实现"一头管理",60个受理服务中心实施"一口受理",并实时数据上传。共有1 042名窗口工作人员获得国信办的电子政务认证。

2009年,市民政局协同市质监局制定《社区事务受理服务中心建设服务规范》(上海市地方标准 DB31/T467—2009),由市质监局向社会发布。市民政局着力开展职业培训,逐步实行受理服务中心人员持证上岗;完成"社区事务综合办理员"职业培训大纲及教材编纂,并通过专家组审定。

至2009年底,196个受理服务中心实现管理标准件的统一配送,45个受理服务中心实现数据上传,33个受理服务中心实施"一口受理"服务,62个受理服务中心实行"一头管理"模式,基本完成街镇层面受理服务中心基础平台建设。对远郊区的延伸服务方面,有1 129个村委会建立社区事务代理室。

2010年,按照"全年无休、全市通办"的目标要求,在徐汇、黄浦、静安三个区试点的基础上,形成实施方案并在全市稳妥推进;同时,在不断完善"一头管理"的前提下,根据需求逐步实施"一口受理"。以标准化评估指标和国际公认的认证手段,按计划完成对107个受理服务中心的量化评估,有效促进受理服务中心的规范化建设。

第二节 规 划 和 政 策

1994年12月6日,市民政局、市计委、市教育局、市财政局、市人事局、市劳动局等17个单位联合下发《关于加快发展上海市社区服务业的意见》(以下简称《意见》),明确上海社区服务业的发展目标:努力适应市场经济,走社区服务社会化道路,加强管理,注重引导,扩大服务覆盖面,到20世纪末建成社会共同参与、多种经济成分并存、服务门类齐全、服务质量和管理水平较高、服务效益较好的社区服务网络;社区服务年产值年均增长15%左右;每千人拥有服务网点1个以上;各类社区服务设施1.2万个;每个街道乡镇建立一所有一定规模的社区服务中心、一所以上的敬老院(老年公寓、托老所)、一所以上托幼机构(含残疾儿童收托所);95%以上的居委会设立社区服务分中心等。

《意见》同时确定上海社区服务业的基本任务：充分发挥国家、集体、个人三者的积极性，依靠社会各方面力量共同兴办社区服务业；重视发挥社区服务中心的管理、辐射、服务、协调功能，切实开展居民需要的各种服务项目；创办和发展社区服务实体，不断壮大社区服务志愿者队伍和社会工作者队伍，通过培训提高专业化水平，立足基层，面向社会，为老年人、残疾人、优抚对象等特殊困难的群体提供社会福利服务；为社区居民提供便民利民服务；帮助下岗待业人员，提供再就业服务；为重点、实事工程提供有关服务；与社区内企事业单位和机关团体开展双向服务。

《意见》规定自 1995 年起，各区将发展街道社区服务中心和社区服务业的资金、劳动力、用地等列入本地区计划，逐年分批改建市区街道社区服务中心、街道敬老院和居委会社区服务分中心，所需资金和用房列入计划。《意见》还确定支持社区服务中心和社区服务业的具体措施。该文件是发展上海社区服务的第一个较为全面的政策性文件。

1996 年 3 月 25 日，市委、市政府下发《关于加强街道、居委会建设和社区管理的政策意见》，对街道、居委会加强社区管理和落实社区服务，在财力和共建配套方面提出具体的政策措施，规定对新建的街道和居委会，在新建之日起两年内，由区财政在每年按公共财政标准支出拨款的基础上，再分别增拨 30 万～50 万元、3 万～5 万元经费，专项补充用于社区管理和社区服务；要求有关部门根据市"九五"计划确定的目标，调整和提高居住区公建配套和社区服务设施的规划指标，特别是要增加文化教育宣传设施、便民利民服务设施、老年人生活服务设施等的规划指标；有条件的街道辖区内的企事业单位，应将其文化体育设施向社会开放，为社区服务；对兴办社区服务和社会福利事业，在财税、收费、用地、用房等方面予以政策倾斜和优惠；对街道、居委会兴办的公益性、福利性社区服务项目，在自来水、煤气等公用设施的初装费收取上实行优惠，并按最低标准收取使用费。

1996 年 12 月，社区服务设施规范被上海市建设委员会列入《城市居住区公共服务设施设置规定上海市标准》，社区服务设施建设被正式纳入上海市城市基础设施建设总体规划。

1997 年 4 月 26 日，市政府办公厅下发文件，明确街道、居委会兴办的社区服务中心（含分中心）等项目，减免 50％自来水、煤气增容费；对街道、居委会兴办的公益性、福利性社区服务项目，经市电力工业局核定后，其配电贴费（每千瓦 500 元）减半收取，供电贴费（每千瓦 300 元）全免；街道、居委会兴办的公益性、福利性社区服务项目，经市电话局核定后，电话初装费按低于企事业单位标准的宿舍标准收取。

2006 年 2 月 22 日，市政府批转市规划局、市民政局等六部门《关于加强社区公共服务设施规划和管理的意见的通知》，要求按照"社区有规划、设施能落实、居民可共享"的总体目标，在全市范围内，形成社区公共服务设施布局合理、配套齐全、使用方便、功能完善、环境优美、管理高效，适宜国内外各类人士生活、学习和创业的新兴和谐社区格局。坚持统一规划，统筹兼顾；合理布局，便民利民；因地制宜，差别配置；形式多样，资源共享。有计划推进社区公共服务设施规划落地。

2006 年 10 月 11 日，市政府办公厅转发市民政局等五部门《关于本市体育文化教育设施资源向社区开放指导意见的通知》，明确市、区属国有企事业单位在自身工作不受影响的前提下，其所拥有的有关设施符合社区居民需要、符合安全标准的，必须向社区居民开放。同时，对体育、文化、教育设施资源开放的组织管理、安全保障、经费补贴等作具体规定。

2007 年 6 月 23 日，市政府下发《关于完善社区服务促进社区建设的实施意见》，明确：建立面向社区群众、内容覆盖公共服务和多样化生活服务、主体多元、便捷高效的社区服务体系，创新服务方式，强化服务功能，实现让群众得实惠。提出以民生需求为导向，完善社区基本服务，按照规划在各街镇建立"三个中心"，推进社区生活服务等。

第三节　志愿者与先进表彰

1990年3月,南市区豫园街道成立全市第一家社区服务志愿者协会,发动社区居民开展互助服务。1991年全市参与社区服务人数不足6万人,1992年增加到30万人。1993年全市共有2 742个居委会建立社区服务志愿者队伍,注册登记的志愿者达到57.3万人。此后志愿者队伍继续扩大,到1998年底达到84万人,之后人数稳定在80万人左右。同时,部分街道探索试行"时间银行",即以社区为单位,每个社区成员在为他人提供无偿服务后,存入本人"账户"等量服务时间,日后需要社区提供服务时,取出相应的时间,获得无偿服务。

1994年起,上海先后开展创建社区服务示范中心、社区服务示范街道、社区服务示范居委会和创建全国社区服务示范城区的活动。至1996年底,经市政府批准,黄浦、闸北、卢湾、长宁4个区被评为"上海市社区服务示范区"。1994年7月7日,上海召开社区服务实事表彰大会,表彰1992—1993年度社区服务实事先进集体85个、先进个人291人;1997年4月23日,上海召开社区服务工作会议暨先进集体、先进个人表彰大会,表彰1994—1996年度社区服务先进集体60个、先进个人150人。

2008年,市民政局开始探索社区志愿者注册制度,赴普陀、卢湾、虹口等区和街道调研,与市志愿者协会进行沟通和协商,制定上海市社区志愿者注册工作推进方案,起草《志愿者注册制度实施意见》,规定社区志愿者注册登记方法,明确注册条件、申请方式、申请程序、编制证件号码等事项,基本确定上海社区志愿者与民政部志愿者数据库的对接和共享方案,开发上海社区志愿者网站。

2009年12月,全市18个区县的31个街镇有4万名志愿者完成注册,领取"中国社区志愿者证"。上海社区志愿者网站实现登记注册、社区志愿者组织与志愿者之间招募与评估、社区志愿者组织活动发布、社区志愿者服务时间登记、区域社区志愿者数量统计及其他注册管理功能。2010年,全市注册志愿者达29万人。

第四节　信息化建设

一、社区服务网

1996年,上海市行政机关办公决策服务系统建设领导小组开发"社区服务管理系统(SQXT)",主要有三方面功能:数据库功能、咨询服务功能和管理功能。该系统首先在黄浦区人民广场、南京东路、外滩、金陵东路4个街道联网。市信息港办公室将"上海市社区服务网(SCS)"列为信息港五大骨干工程之一,开始规划建立连接全市各街道社区、面向市民的服务网络。"上海市社区服务网"主要采取计算机服务的手段,面向市民提供有线新闻、政府之窗、金融证券、衣食住行、社区服务、休闲娱乐、经贸纵横、旅游购物、卫生保健、科技教育、招聘求职、网络互联12大类的服务项目。

1997年2月,市委、市政府决定由市民政局与市信息港办公室合作,成立上海市社区服务网领导小组,共同建设"上海社区服务网"。社区服务网的建设,使传统的以单个社区为界限的服务资源和服务对象,拓展到全市社区和全体市民。

在建设社区服务网的同时,开始社区电脑服务亭建设,作为社区服务网的窗口和载体。1997年底,卢湾区建成10个电脑服务亭。电脑服务亭为没有电脑的家庭提供上网服务,不会使用电脑的市民可以通过服务亭管理人员的帮助上网寻求服务信息。

1998年,上海社区服务网建设被列为市政府实事项目。11月23日,社区服务网初步开放,日访问量平均达1.8万人次。至1998年底,有8个区的区域概况、政务办事指南、社区服务设施和单位情况等信息上网。全市400个电脑服务亭点位确定,并实现ISDN连接;有205个公众电脑屋与社区服务网签订服务公约,社区服务网信息接入点总数达到800个。

1999年,上海社区服务网改版,突出服务性、交互性,扩大涵盖面;推出"服务超市""热线服务""二手交易""生活百事""法律法规""调查2000""好书大家读""千禧许愿""慈善义拍""福利彩票"等专题栏目,其中网上"服务超市"使市民足不出户即能获取商品配送等社区服务功能。同时,电脑服务亭功能不断扩展,由初期单纯提供信息的窗口,逐步转变为社区信息的汇集点和具体服务操作的实体。

2000年,上海社区服务网重点建设民政六大子系统上网工程,至年底,完成上海婚姻网、上海慈善网、上海老龄网、上海殡葬网、上海康健用品网、上海彩票网等专题网站建设,突出实体服务功能,兼顾信息发布,基本涵盖与广大市民生活密切相关的民政业务工作。

2001年,社区服务信息网推广工程被列为市政府实事项目。市社区服务中心与14个区的社区服务中心实现宽带网连接,各区社区服务中心与街道建立信息采编的联络员网络,以各区社区服务中心为基地的覆盖全市社区服务信息的网络体系得以建成。市社区服务中心完成社区服务"三网联动"运作体系的开发,将社区服务热线网、电脑网、实体网,通过市、区、街道、居委会四级社区服务中心的网络体系,把社会的服务资源集中起来,为市民提供方便快捷的上网查询与服务。同年,社区服务网还完成儿童网的网站开发,民政子系统网站增加至7个。

2002年底,社区服务信息资源管理平台系统全面建成并投入使用,基本形成1个市中心、14个区中心和116个街道中心的信息网络架构,为"三网联动"提供信息化服务的快速通道。电脑服务亭的运营方式,从与单位、组织签订承包协议转变到通过"4050"工程招标的方式,吸引下岗职工个人承包。

2003年,上海社区服务网被评选为"市信息化优秀应用项目"。市社区服务中心根据实施"星光计划"的总体要求,完成养老服务信息化系统软件的开发。该系统以社区服务网络为依托,管理体系由业务系统信息管理、养老服务受理和动态信息管理等部分组成,为养老服务的科学化、规范化管理奠定基础。

2005年,随着计算机和互联网产业的迅速发展,利用公共网络上网的居民数量大幅减少,社区电脑服务亭完成特定阶段的历史使命,硬件设备被统一回收。

2007年,市民政局对"上海社区服务网"进行网站重组和改版(现用网址 http://www.962200.net/),将其分立为"上海社区公共服务"和"上海社区生活服务"等模块;并新建"上海社区志愿服务网"(网址 http://c-home.962200.net/Web/Default.aspx)。社区服务信息平台全年发布社区动态信息8万余条,社区服务志愿者信息1.28万余条,居委会基本信息2 800余条,"一门式"信息1.6万条,新增社区公共服务信息5 300余条。全年网页浏览量达到150余万次。市民政局开发并投入使用社区服务资源在线统计系统,对各级社区服务中心、社区服务热线、居委会的基本情况,以及社区服务单位、社区服务项目、社区服务公共设施、社区服务志愿者的信息等7个大类、61个小项的数据进行较为全面的统计。

2008年,社区服务网的定位转为社区公共服务信息的集中发布门户、各类志愿者服务队伍和活动供需信息的交互平台、社区生活服务的网上受理窗口,并面向市民开设各类生活服务的网上在线咨询和预订服务。同年,初步开发社区生活服务圈信息系统,将多方采集的各类生活服务设施信息以电子地图的形式直观呈现,加大对公用事业信息和社会服务、市场服务信息的采集力度,按照街镇行政区划编印《上海社区生活地图册》,极大方便社区居民了解和查询周边各类社区服务实用信息。社区服务信息平台全年发布社区动态信息 7.6 万余条,基层社区报道总量达 40 余万条,13 个区的居委会基本信息 2 900 余条,社区公共服务信息 8 600 余条,社区服务志愿者信息 1.7 万余条,社区服务队伍 6 500 余支,社区服务网全年网页浏览量达 100 万次。

2009 年,市民政局在全国率先探索社区公益服务招投标工作。同年,建设"社区公益招投标网"(网址 http://gysq.org.cn/),面向社会,公告公益项目投标、中标等情况。2010 年,"社区服务网""社区公益招投标网""社区志愿服务网"改版,围绕居民需求较为集中的 30 个生活服务项目,组织人员实地征集、勘查,采集 100 个街镇的 1 万余个服务商家的信息,初步建立起生活服务信息核心数据库,形成社区志愿服务网、社区公益招投标网与社区服务主网站间信息共享、互为补充、各有侧重的架构。2010 年,社区服务网络平台新发布社区动态信息 7 万余条,累计发布基层社区报道 55 万余条,13 个区的居委会基本信息近 2 800 条,社区公共服务信息 7 300 余条,社区志愿者信息 30.6 万条,较上年增加 28 万多条,社区服务单位信息 9 万余条。

二、社区服务热线

1998 年 6 月 15 日,由市民政局、市文明办、市慈善基金会联合举办的上海市社区服务热线开通,电话号码为 63765555,全天 24 小时专人值班接听,主要包括服务、咨询、投诉三项内容。至1998 年底,全市已建立起市、区、街道、居委会四级热线服务网络,开设家政服务、法律、医疗和再就业咨询等丰富多样的便民服务项目。服务热线受到市民广泛关注,成为反映民情、沟通民意、考核基层服务水准的有效渠道。至 1998 年底,共接到市民求助电话 11 000 多个。

图 2-3-3 1998 年 6 月 15 日,上海市社区服务热线开通,市、区社区服务热线实现联网

1999年初,市区社区服务热线联网工作被列为市政府实事工程,参与"全市社会服务联合行动"。5月23日,市区社区服务热线联网正式开通,中共中央政治局委员、市委书记黄菊发来贺信,要求把社区服务热线办成沟通党和政府与人民群众的"连心桥",成为全体市民的"贴心线";市委副书记、市长徐匡迪为市社区服务中心题名。服务热线联网后,形成以1个市热线中心、15个区热线中心、100余个街道热线中心为节点的网络工作机制,电话号码改为88547("拨拨我社区"的谐音)。至1999年底,市社区服务热线共受理市民来电25 204个,其中服务类6 958个、咨询类15 100个、投诉类3 146个;全市平均答复率达100%,处理率达92%,满意率达82%,荣获市政府实事立功竞赛活动"金杯奖"提名。

2001年5月28日,市社区服务热线开通"安康通"老年人援助呼叫系统,在虹口区先行试点。该系统以社区服务热线为对外窗口,以各类实体服务资源为支撑,以先进的呼叫中心为枢纽,服务内容包括社区服务、医疗急救、事故报警、免费咨询等。同年11月,"安康通"老年人援助呼叫系统在全市推出,并于2002年、2003年、2005年、2006年、2007年5次被列为市政府实事项目。

2002年,市社区服务中心对呼叫系统进行改造并拓展功能,开发政务咨询、服务咨询、彩票咨询等栏目的自动语音服务项目,加快服务热线向人性化、自动化、规范化、标准化方向发展的步伐。"安康通"老年人呼叫系统还开发家政服务、物业维修、家电维修、法律咨询、陪医送药、代客购物等服务项目。至2002年底,市社区服务热线共受理市民来电11万余个,其中提供上门服务1.4万余次,接通率、处理率、满意率分别达到100%、98%、97%以上。"安康通"项目发展1万名用户的计划全面落实,年内举办"安康通"大型医疗、健康讲座11次,用户满意率达99%。

2003年5月,市社区服务热线号码由88547改为962200。年内共受理市民来电14万余个,接通率、处理率、满意率分别达到100%、95%、85%。"安康通"项目通过在社区发展老年人用户,以及加强与老干部、教育、航空航天、公安等部门的合作,开展"送老人一份关爱、给子女一份放心"的活动。9月,与文广新闻传媒集团、东方电视台、上海滑稽剧团联合举办"安康通"之夜,演出以"安康通"项目为主题的滑稽戏《第二十五孝》,在社会上产生较大反响。至2003年底,"安康通"项目用户总数达到2万户,全年为老人用户提供服务援助7 749人次。

2003年,推出"社区服务超市"的服务方式,以上海社区服务网和上海市社区服务热线为信息交换和服务管理平台,通过沟通社区服务的提供方和需求方,整合社区内各类服务实体资源,使社区服务数字化、商品化、标准化。"社区服务超市"推出管道疏通、开锁修锁、空调清洁清洗、电冰箱维修等12个项目,至年底共提供上门服务2 000多次。至2010年底,"社区服务超市"开办家政中介、物业维修、家电维修、社区事务处置及特需服务等40多项居家生活服务,加盟"社区服务超市"的各类服务单位100余家,受理居民服务需求8 000余次,服务规模和社会影响不断扩大。

2004年,社区服务热线共受理市民来电23万余个,其中受理"安康通"用户呼叫12万多个,接通率、处理率、满意率分别达到100%、95%、85%以上。年初,市社区服务中心与上海移动通信公司合作推出"上海移动安康通助老卡"服务,使老年人不但可以通过手机获取"安康通"项目原有的各项服务,并可享受到移动定位、移动求助、移动生活咨询等新型服务。至年底,"安康通"用户总数达到2.9万户,其中"安康通"移动用户超过3 000户。

2005年,社区服务热线共受理市民来电31.05万余个,其中受理"安康通"用户呼叫17.8万余个,接通率、处理率、满意率分别达到100%、99.4%和92.7%。至2005年底,"安康通"项目新增用户1.5万户,超额完成市政府实事项目要求新增1万户的任务,总数达到4.4万余户。

2006年,完成"962200热线服务网"网站的设计和开发,为全市热线联动做前期准备。将上海社区服务热线"962200"热线平台和"安康通"话务平台整合,实行统一管理。社区服务热线共受理市民来电 38 万余个,热线接通率、处理率、满意率分别达到 100％、99％、93％。"安康通"项目新增用户 2 万多户,超额完成市政府实事项目的任务要求,用户总数超过 6.5 万户;全年共受理用户来电呼叫 24 万余次,为老年人提供紧急救助 1 900 余次。

2007 年,社区服务热线共受理市民来电 40 余万个,接通率、处理率、满意率分别达到 100％、99.83％和 93.5％。至 2007 年底,"安康通"项目新增用户 1.6 万余户,用户总数超过 8 万户,全年受理用户来电 24 万余次,为老年人提供紧急救助 2 400 余次。

2008 年,社区服务热线共受理市民来电 40 万个,提供上门服务 9.5 万次,接通率、处理率、满意率分别达到 100％、99.83％、94％。"安康通"项目新增用户 1.5 万余户,用户总数超过 9.5 万户,全年受理用户来电 20 万余次,为老年人提供紧急救助 1 200 余次。

2009 年,根据社区服务热线"一呼百应"的工作要求,各区县、街镇对外服务电话统一自动转接至市社区服务热线。社区服务热线全年共接听市民来电 42 万多个,其中提供上门服务 9.5 万次,接通率、处理率、满意率分别达到 100％、99.83％、94％。"安康通"项目用户总数稳定在 9 万户左右,全年受理用户来电 20 万次左右,为老年人提供紧急救助 1 000 次左右,成为社区老年人日常生活中不可或缺的贴身"电子卫士"和"电子保姆"。

2010 年,"962200"社区服务热线承担上海世博会赠票赠卡咨询电话任务,共计受理咨询电话 6.2 万多个。为整合民政各类民生服务资源和力量,打造市民政局对外服务窗口的"一号通",社区服务热线新增民政咨询业务,对民政政策法规、便民问答、办事指南、服务机构等民政信息进行全面梳理和核对,建立专用的民政业务知识库。自 5 月 20 日民政咨询业务开通以来,共受理咨询来电 5 700 余个。6 月 22 日,市社区服务热线启动与"110"报警服务平台的应急联动试运行工作,通过电话方式受理由"110"报警服务台转发来的有关流浪乞讨人员求助的紧急类警报和居民日常生活服务求助的非紧急类订单,建立起民政与公安热线联动机制。2010 年,市社区服务热线共受理市民来电 45.36 万多个,接通率、处理率、满意率分别达到 100％、98.77％、94.6％。

第四章 社 区 建 设

上海社区建设起步于20世纪80年代。改革开放后,随着上海经济快速发展,社会加快转型,城市建设规模不断扩大,不同群体的利益深刻调整,上海社区建设为适应这种变化的情况,不断探索和实践。

1986年首次召开的上海市街道工作会议,开启新时期社区工作的征程。这一阶段主要是围绕便民利民开展社区服务探索和实践,并着力发挥街道、居委会基层组织的基础作用。1996年市委、市政府首次召开全市城区工作会议,明确城市建设和管理的基础在基层,围绕"体制""机制""编制""房子""票子",采取措施解决管理体制、执法队伍、人员编制、设施建设、财力机制等五个方面的突出问题,为上海社区建设夯实基础。2000年上海市社区工作会议召开后,以社区建设示范创建活动为抓手,以推进"居民自治"为主要内容,加大基层民主进程的步伐,在居民区普遍建立听证会、协调会、评议会制度,运用民主自治方法充分发挥社区协调利益、排忧解难、化解矛盾的作用,社区建设在原有基础上取得新进展。2005年全市开展社区建设扩大试点工作,按照构建社会主义和谐社会的要求,以和谐社区创建工作为抓手,提高居委会直接选举比例,加大社会协同、公众参与力度,上海社区建设全面深化,质量与水平进一步提升。

第一节 城市社区建设

1986年9月24日,市委、市政府召开上海市街道工作会议,提出街道工作的重点是:精神文明建设,城市建设管理工作,完善、发展以综合服务事业为主体的第三产业,社会治安综合治理。

1988年11月22日,市委、市政府召开街道工作会议。市委副书记吴邦国出席会议,副市长庄晓天出席会议并讲话。会议明确:与群众密切相关的工作事权,可以由区政府授权街道办事处。一是授予财权,对街道实行财政包干,给街道增强财力,增强活力;二是扩大街道的人事管理权限,科级以下干部任免、干部流动,在规定范围招聘集体事业编制干部由街道审批,报区政府备案;三是授予部分市政建设管理权,一些与居民生活关系密切的环境卫生、绿化管理、小型市政设施养护的人、财、物配套给街道管理;四是经济管理权。

1991年3月30日,市委、市政府召开上海街道工作会议。市委书记、市长朱镕基在会上讲话,市委副书记、副市长黄菊主持会议,市委副书记吴邦国、倪鸿福分别讲话和作工作报告。会议宣布,将全市街道党委改为区委派出机关——党的街道工作委员会,以加强党对街道工作领导。会议明确街道工作重点:搞好社会综合治理,加强城市管理;搞好精神文明建设;组织好人民生活,同时因地制宜的发展街道集体经济,努力把街道建设成安定团结、环境整洁、方便生活、服务四化的文明地区。

1994年5月16日,市委、市政府召开街道工作会议,对街道社区工作提出新的要求。一是加强城市管理,提高城市管理水平;二是大力开展社区服务,为居民群众多办实事、办好实事;三是维护地区社会稳定,确保一方平安;四是在"稳定、鼓劲"上下功夫,把精神文明建设提高到一个新的水平。同时,在充分发挥街道社会管理职能的前提下进一步理顺条块关系,围绕为经济建设服务的宗旨积极发展街道经济,切实加强街道干部队伍的自身建设,加强对街道工作的领导,大力支持街道各项工作等方面作明确。

进入20世纪90年代,上海加大改革开放力度,经济迅速发展、城市面貌深刻变化,对社区管理和基层政权建设提出新的要求。1995年第四季度到1996年第一季度,市委组织近250名各有关委办局领导和专家学者,开展规模空前的社区管理和基层政权建设调研。在分析研究上海社区建设与管理现状的同时,理清发展思路和政策意见,为市委、市政府召开上海有史以来第一次城区工作会议奠定扎实的基础。

1996年3月27日,市委、市政府召开上海市城区工作会议。中共中央政治局委员、市委书记黄菊讲话,市委副书记、市长徐匡迪主持会议。会议明确上海加强社区建设和管理的目标:到2000年,初步形成安定安全的社区治安秩序、便民利民的社区服务网络、团结和谐的社区人际关系、健康向上的社区文化氛围,并为建成配套设施齐全、环境舒适优雅、管理规范有序、保障功能完善的现代化社区奠定基础。会上下发《关于加强街道、居委会建设和社区管理的政策意见》,对街道、居委会机构编制、财力支配、社区公建配套等方面提出18条具体政策措施,主要内容为:进一步明确街道党工委、办事处在社区建设中的领导作用和行政管理职能;调整街道、居委会的设置规模,增加编制,充实干部力量;理顺条块关系,街道办事处对区职能部门设在辖区内的派出机构实行双重领导,在街道设立由街道办事处领导的街道监察队;根据"财随事转""费随事转"的原则,区政府每年从新增的财政收入中增拨一定的专项经费用于街道、居委会发展各项事业,绿化、环卫、市政等方面的专项经费核拨给街道办事处;明确街道、居委会办公用房面积、居委会干部的收入标准和办公经费及来源;调整和提高居住区公建配套和社区服务的规划指标;社区服务项目和社区福利事业采取各种倾斜性政策优惠。这些政策为全面加强街道、居委会建设创造基础条件,推动市、区两级政府及职能部门的权力下放和分权,相应配套下沉人、财、物支配权,实现管理重心下移,在全国率先确立"两级政府、三级管理、四级网络"的社区管理体制。

1996年上海市城区工作会议后,市民政局按照市委"构筑大民政"的要求,提出社会救助、社会福利、社区服务、社团组织、社会事务"五社进社区"的工作思路,并在抓基层基础建设、推进基层民主建设等方面加大工作力度。全市各级党政部门努力贯彻落实会议精神和工作目标,"社区是个家,建设靠大家"的理念经广泛宣传、深入人心。

1997年4月,市委、市政府召开上海市城区工作经验交流会议,明确加强社区建设和管理的思路,深化、细化推进社区建设和管理的阶段目标和任务,提出要着重做好的工作:一是进一步明确对街道、居委会兴办的公益性、福利性的社区服务项目在公用设施增容费和使用费方面给予优惠;二是按照"新账不欠,旧账逐年还清"的要求,逐步解决公建配套问题;三是进一步明确工商所、房产办事处等区政府职能部门派出机构与街道办事处对应设置,街道办事处对其有协助管理权;四是初步规范街道办事处内设机构;五是明确城区街道孤老去世后腾退的公房产权无偿划拨给街道办事处,用于发展公益福利事业。

1998年5月,市委、市政府召开全市城区工作会议,进一步明确加强社区建设和管理工作的指导思想和原则。会议指出,从今后城市管理的发展趋势看,社区的任务越来越重,发挥好街道党工委、办事处的综合管理作用是搞好城市管理的基础;要进一步加强街道党工委、办事处作为区委、区政府派出机关的法定地位,加强街道对地区派出机构工作的协调,更多地发挥街道党工委和办事处在地区性、社会性、群众性事务中的综合管理作用,尤其是加强监督检查的职能,在城市第三级管理层次上形成专业管理与综合管理有分有合、共同促进、相互制约的区政管理新格局。

2000年4月,市委、市政府召开上海市社区工作会议,对20世纪90年代上海社区建设工作进行总结,提出再接再厉、开拓进取、促进社区建设和管理工作再上新台阶的要求。会议强调要提高思想认识,进一步加强党的领导;加强综合协调,进一步形成工作的整体合力;实行分类指导,进一步有序推进工作;积极探索实践,进一步开拓创新。

2001年,根据中央办公厅、国务院办公厅转发《民政部关于在全国加强社区建设的意见》和民政部《全国城市社区建设示范活动指导纲要》的要求,市民政局在全市4个区、25个街道、50个居委会中开展社区建设示范活动试点工作,指导各区县开展社区建设示范创建活动。创建活动以加强社区党建和基层自治组织建设为重点,以推进社区事务民主自治为突破口,以开展社区建设示范活动为抓手,旨在进一步完善社区工作领导体制,形成"党委政府领导、民政部门牵头、有关部门配合、社区居委会主办、社会力量支持、群众组织参与"的工作格局,增强社区工作的综合性。

2001年,上海贯彻中共十五届五中全会关于"加强城乡基层政权机关和群众性自治组织建设"的精神,在2000年全市居委会换届选举的基础上,继续推进社区事务民主自治。卢湾区对社区事务进行分类分流后,在居委会成立社区事务工作站,减轻居委会的工作负担。黄浦等区以3个~5个居委会为一片,设立社区工作站,专门承担政府在居民区的有关工作。卢湾区通过在居民区建立听证会、评议会、协调会的"三会"制度,以协调居民与政府、社区单位的关系。全市部分居委会结合落实《公民道德建设实施纲要》精神,通过下发《居民公约》,发动居民群众参与社区公共事务,形成一些有益的做法,为进一步加强群众性自治组织的建设积累经验。

2002年,卢湾区、黄浦区、浦东新区、长宁区、徐汇区、静安区6个区被民政部命名为全国社区建设示范城区。同时,全市还创建上海市社区建设示范街道(镇)48个、示范居委会178个。

2003年5月,按照市委、市政府的要求,市民政局抽调40多名局机关干部组建社区建设调研组,就社区建设的领导体制、社区管理运行机制、基层民主政治建设等问题,在全市开展大调研,形成《关于深化上海社区建设的调研总报告》,总结2000年全市社区工作会议以来上海社区建设的新进展、新情况和新问题,并提出相应对策。至2007年,社区建设调研活动持续进行,其间每年形成调研报告,就社区网格化管理、社区为民服务设施资源、街道财力运行机制等作深入调研。

2003年,经考核评估,全市创建上海市社区建设示范居委会1255个、上海市社区建设示范街道(镇)35个,黄浦、卢湾、徐汇、长宁、静安、普陀、闸北、虹口、杨浦、浦东、嘉定11个区创建为上海市社区建设示范区。

2004年12月,市委八届六次全会通过《关于加强社区党建和社区建设工作的意见》,提出"社区党建全覆盖、社区建设实体化、社区管理网格化"这一新时期社区党建和社区建设的总体目标。在社区建设实体化方面,明确加强街道办事处在社区的综合管理职能,创造条件逐步淡化直至取消中心城区街道办事处招商引资的功能,确保街道办事处把工作重点转移到社会管理和公共服务上来。在社区管理网格化方面,提出探索建立"边界统一、协同巡查、分类执法"的社区行政管理执法机制,确保对社会事件作出应急联动反应和协同处置。

2004年,市政府成立市推进社区建设协调小组,市民政局作为主要成员单位,推进全市社区建设试点工作。开展试点工作的三年中,市委副书记、市长韩正3次听取专题汇报,分管副市长周太彤主持召开60多次座谈会。

2004年,在创建市示范社区的同时,在已创建成社区建设示范街道(镇)、示范居委会中又开展市模范社区建设创建活动,进一步提升创建活动的要求和质量。全年共创建市社区建设示范居委会834个、示范街道(镇)22个、示范城区1个,创建市社区建设模范居委会583个、模范街道(镇)29个。

2005年3月,市政府办公厅下发《关于加强社区建设扩大试点工作意见》和《加强社区建设扩大试点工作指导要求》。3月24日,市政府召开加强社区建设扩大试点工作座谈会,社区建设扩大试点工作全面展开。全市选择15个区、31个街道进行试点,涵盖全市不同区域和不同财力状况的区和街道。每个街道选择1项~2项任务进行各有侧重地试点,试点内容覆盖市政府《关于加强社区建设扩大试点的意见》确定的35项试点任务。5月26日,市委、市政府主要领导在普陀区召开和谐社区建设座谈会,就社区建设扩大试点工作提出具体要求。

2005年12月,市政府批准设立川沙新镇,川沙新镇探索形成"镇—社区"互动模式,为应对快速城市化过程中基层社会管理体制创新提供借鉴。

2005年,全市创建市社区建设示范居委会431个、示范街道(镇)19个,创建市社区建设模范居委会841个、模范街道(镇)37个。

2006年4月9日,国务院发布《关于加强和改进社区服务工作的意见》。为贯彻落实该意见精神,市政府在总结试点经验和社区建设大调研的基础上,于2007年6月23日出台《关于完善社区服务促进社区建设的实施意见》(以下简称《实施意见》),明确完善社区服务、促进社区建设的指导思想、基本原则和工作目标,要求着眼于解决人民群众最关心、最直接、最现实的利益问题,把完善社区服务、促进社区建设作为构建社会主义和谐社会、提高党的执政能力的重要基础,逐步把社区建设成为管理有序、服务完善、文明祥和的社会生活共同体;建立面向社区群众、内容覆盖公共服务和多样化生活服务、主体多元、便捷高效的社区服务体系,创新服务方式,强化服务功能,让群众得实惠。在具体措施上,提出各街道、镇(乡)按规划建立"三个中心",即社区事务受理服务中心、社区卫生服务中心和社区文化活动中心。在社区管理网格化方面,要采用"万米单元网格管理方法"与"城市部件管理方法"相结合的方式,以区县为单位,构建城市网格化管理平台。以社区网格为基本单元,建立全市统一编码,涵盖公共设施、道路交通、环卫环保、园林绿化、其他设施等相关基础设施部件和动态管理事件的城市综合管理数据库,逐步实现市、区县、街道镇乡三级管理信息资源共享。依托城市网格化管理,向社区进一步下移管理重心、整合管理资源和推进管理协同,不断完善社区城管的作业服务、执法监督和综合评价,提升城市社区管理和公共服务水平。《实施意见》还明确一系列体制机制保障措施,规定各级政府要加大对社区服务和社区建设的投入,建立和完善以区县政府为主体的社区财力保障机制;加快建立促进社区发展的公共财政制度;制定扶持引导政策,吸引社会资金参与社区建设和服务;强化街道办事处的综合管理职能,加快社区公共服务的信息化建设等,为上海社区建设的深化完善奠定全面的政策基础。

2006年12月,市民政局制定《关于开展和谐社区创建活动的通知》,下发和谐示范居委会、街道(镇)指导标准,在全市范围内开展和谐社区创建工作。当年,全市创建市社区建设示范居委会269个、示范街道(镇)2个,创建市社区建设模范居委会598个、模范街道(镇)36个。

2007年11月,市民政局制定《上海市和谐社区建设(居民区)示范指导标准(试行)》和《上海市和谐社区建设(街道)示范指导标准(试行)》。至年底,共创建市和谐社区建设示范街道(镇)3个、示范居委会32个,创建市社区建设示范居委会93个、示范街道(镇)1个、市社区建设模范居委会273个、模范街道(镇)14个。

2008年,全年创建市和谐社区建设示范街道(镇)39个、示范居委会504个,社区建设示范街道(镇)2个、示范居委会62个,社区建设模范街道(镇)5个、模范居委会175个。

2009年,全市创建黄浦区等全国和谐社区建设示范区6个、虹口区曲阳路街道等全国和谐社区建设示范街道7个、黄浦区半淞园路街道黄浦新苑居委会等全国和谐社区建设示范居委会16个,创建市和谐社区建设示范街道(镇)30个、示范居委会440个,社区建设模范街道(镇)3个、模范居委会 183 个。

2010 年,全年创建市和谐社区建设示范街道(镇)11 个、示范居委会 250 个,社区建设模范街道(镇)1 个、模范居委会 184 个,社区建设示范居委会 59 个。

截至 2010 年底,全市共有 6 个区被民政部命名为全国社区建设示范区,134 个街道(镇)创建成市社区建设示范街道(镇),3 301 个居委会创建成市社区建设示范居委会;123 个街道(镇)创建成市社区建设模范街道(镇),2 726 个居委会创建成市社区建设模范居委会;有 6 个区创建成全国和谐社区建设示范区,7 个街道创建成全国和谐社区示范街道,16 个居委会创建成全国和谐社区建设示范居委会,80 个街道(镇)创建成市和谐社区建设示范街道(镇),1 194 个居委会创建成市和谐社区建设示范居委会。

第二节　农村社区建设

2006 年 9 月,民政部下发《关于做好农村社区建设试点工作推进社会主义新农村建设的通知》,决定在全国有条件的地区开展农村社区建设的研究探索和试点工作。

2007 年 4 月 16 日,市民政局召开农村基政工作会议,传达民政部《全国农村社区建设实验县(市、区)工作实施方案》精神,组织各区(县)申报"全国农村社区建设实验县(市、区)",开展农村社区建设实验工作,要求从深化村民自治、加强农村社会管理、推进农村社区服务、发展农村社区文化、加强农村社区基础设施建设、推进农村社会工作发展等方面,探索开展农村社区建设实验活动。

2007 年 9 月,浦东新区、青浦区、嘉定区、金山区被民政部命名为"全国农村社区建设实验区"。

2008 年 5 月,市民政局、市农委在松江区泖港镇黄桥村召开加强农村公共服务设施建设推进会,要求突出重点,全面推进村级文化活动室、卫生室、社区事务受理代理室、为农综合服务站、便民连锁店("三室一站一店")等农村公共服务设施建设。

2008 年 7 月,南汇区被民政部命名为"全国农村社区建设实验区"。

2009 年 3 月,市民政局按照民政部《关于开展农村社区建设实验全覆盖创建活动的通知》精神,市民政局会同市农委积极指导各区(县)开展农村社区建设,建立健全以"三室一站一店"为主要内容的农村社区服务体系,逐步完善农村社区村民自治功能,进一步增强农村社区经济发展、社会管理、公共服务、文化建设的功能。

2009 年 12 月,金山区、青浦区被民政部命名为"全国农村社区建设实验全覆盖示范单位"。

2010 年,市民政局会同市农委指导各区(县)加强和完善农村社区建设,开展世博年上海农村社区文明建设专项活动,以"三室一站一店一屋一苑"("一屋一苑"为农家书屋、健身苑)为载体,不断完善农村社区各项功能,全面提升全市农村社区建设水平。

第三节　培　训　与　表　彰

一、培训

1984 年起,市民政局会同有关部门对全市街道办事处主任开展培训。1984—1988 年,全市先后培训街道办事处主任 41 人。1988—1992 年,举办街道办事处主任培训班 9 期,培训正、副主任 301 人。同时,各区普遍开展对街道办事处科以下干部培训。从 1994 年 10 月起,对街道办事处主任开展第二轮岗位培训,1994年培训2期,1995年培训4期,每期学员40人,培训45天;学习结束后进行考试或考查,合格者发给结业证书,记入《上海市干部培训记录手册》,并存入档案,作为干部使用、晋级、考核的条件之一。

1987年4月15日,民政部、中组部下发《关于认真做好乡镇干部培训工作的通知》。市民政局根据文件要求,统一下发培训计划,分级实施。市民政局负责培训乡镇长,县民政局会同有关部门负责培训乡镇一般干部和村委会主任,乡负责培训村委会一般干部。1988年3月,市农委、市委组织部、市民政局在市民政干部学校举办全市第一期乡镇长培训班,参加学员37人。至1991年底,全市在职乡镇长培训率达68.8%。1990年起,市民政局组织开展对村委会主任培训。2006年开始,全市每年集中开展对全部村委会主任培训。

1996年8月13日,市民政局发出通知,要求进一步贯彻落实上海市城区工作会议精神,加强居委会干部培训,提高居委会干部的政治和业务素质,适应新时期居委会建设的发展需要,促进社区两个文明建设;对新招聘的居委会干部一律实行先培训后上岗,对在职的居委会干部组织分期、分批轮训,做到授课与座谈讨论相结合、理论与实践相结合、考核与小结相结合。各区县居委会干部的培训率应达到90%以上。1999年,市民政局会同有关部门,指导各区县对近2万名居委会干部进行分期分批培训。2004年,指导各区县开展对2300多名新当选的居委会主任分期分批的培训。从2006年起,全市每年集中开展对全部居委会主任培训。

二、表彰

【表彰居委会和街道办事处】

1982年1月,市政府发出通知,发动广大居民积极投入推选优秀里弄工作者和先进居民委员会活动。截至2月28日,共收到推选信344340封(其中郊县895封);参加推选的人数达370625人次(其中郊县12221人次);被推荐的对象有12225人(其中郊县416人);被推荐的先进集体有511个(其中郊县90个)。

1982年3月24日,市委、市政府召开"上海市优秀里弄工作者和先进居民委员会表彰大会"。市委第一书记陈国栋、市委第二书记胡立教出席会议,市委书记、市长汪道涵出席会议并讲话。市委、市人大、市政府、市政协、驻沪三军的领导及各部委办、局,市工、青、妇,区、县、街道、镇负责人,以及居委会干部、里弄工作积极分子等18000人参加大会。部分新办合作社和个体劳动者代表也应邀列席会议。

1986年4月18日,市委、市政府召开"上海市先进里弄工作者表彰大会"。市党政领导黄菊、张定鸿、石祝三、王涛等出席。民政部副部长邹恩同、上海市副市长谢丽娟出席会议并讲话。大会向240位先进里弄工作者颁发证书和奖状。

1989年10月30日,市民政局召开"上海市先进居委会和先进居委会工作者表彰大会"。对取得突出成绩的66个先进居委会和328名先进居委会工作者给予表彰并颁发奖状证书。副市长谢丽娟出席并讲话。市民政局局长孙金富主持会议。市民政局副局长钱关林宣布表彰决定。市人大常委会副主任王崇基,市政协副主席陈铭珊,市有关部门、区县、街道党委和办事处负责人及部分居委会代表共1700人出席表彰大会。

1992年9月15日,上海市表彰从各区县遴选出来的19个"上海市先进街道办事处"、24名"上海市先进街道办事处主任"、75个"上海市先进居委会"、342名"上海市先进居委会工作者"。

1994 年 5 月 16 日,市委、市政府召开"上海市街道工作会议",表彰从事地区工作 30 年以上的街道、居委会干部。

1996 年 5 月 22 日,市委、市政府召开"上海市先进街道办事处、街道办事处主任、居民委员会、居民委员会主任表彰大会"。市委副书记王力平出席并讲话。会议表彰 108 个先进集体和 214 名先进个人。

1998 年,在各区县按照先进条件进行广泛推荐、评选、审核的基础上,产生上海市先进街道办事处 27 个、先进街道办事处主任 26 人、先进居委会 79 个、先进居委会主任 175 人,并予以表彰。

2006 年初,市人事局、市民政局开展 2002—2005 年度上海市先进街道办事处、先进街道办事处主任、先进居委会、先进居委会主任评选表彰活动。评选出先进街道办事处 26 个、先进街道办事处主任 27 人、先进居委会 78 个、先进居委会主任 178 人。

表 2-4-1 1992—2006 年受表彰街道办事处汇总表

年 份	1992	1995	1998	2002	2006
先进街道办事处(个)	19	24	27	25	26
先进街道办事处主任(人)	24	27	26	30	27

资料来源:上海市民政局档案

表 2-4-2 1989—2005 年受表彰居委会汇总表

年 份	1989	1992	1995	1998	2002	2005
上海市先进居民委员会(个)	66	75	84	79	82	78
上海市先进居民委员会主任(人)	323	342	187	175	179	178

资料来源:上海市民政局档案

【表彰村委会和乡镇政府】

1990 年,市农委、市民政局决定开展首次评比表彰上海市先进乡镇长、先进村委会、先进村委会主任。1991 年 11 月 27 日,21 名镇长、29 个村委会和 78 名村委会主任获得先进称号。

1995 年,民政部对优秀村委会主任进行表彰,闵行区梅陇镇华一村村委会主任张鑫忠等 6 人获"全国优秀村民委员会主任"荣誉称号。

1997 年 11 月 13 日,市民政局举行新闻发布会,向新闻单位宣读有关表彰"上海市先进乡镇长、先进村委会、先进村委会主任"的决定和获奖名单。在会上,市政府还命名松江县为上海市村民自治示范县。

从 1991—2004 年,市农委、市民政局、市人事局每 3 年举行一次评比表彰先进乡(镇)长、先进村委会、先进村委会主任活动。对评比产生的先进集体和个人,由市农委、市民政局授予荣誉称号,并予以表彰和奖励。

表 2-4-3 1991—2004 年受表彰乡(镇)长汇总表 单位:人

年 份	1991	1994	1997	2000	2004
上海市先进乡(镇)长	21	23	22	22	19

资料来源:上海市民政局档案

表 2 - 4 - 4　1991—2005 年受表彰村委会汇总表

年　　份	1991	1994	1997	2000	2004
上海市先进村民委员会(个)	29	31	31	32	62
上海市先进村民委员会主任(人)	78	71	68	49	102

资料来源：上海市民政局档案

第三篇

双拥优抚安置

双拥，是地方拥军优属、军队拥政爱民工作的简称，是在党的领导下，以巩固和加强军政军民团结为主旨，军民共同为中国革命、建设和改革事业团结奋斗的政治与社会活动。在改革开放新的历史时期，上海市双拥工作的内容主要包括：广泛开展国防教育，增强国防拥军观念；支持军队的改革和建设，保护军事设施，尊重和爱护军队，切实帮助驻沪部队和优抚对象解决实际困难；开展创建双拥模范城（县）"军民共建社会主义精神文明"活动；部队尊重地方政府，遵守群众纪律，支持地方工作，维护社会秩序；积极支援国家和地方经济建设与公益事业，奋勇参加抢险救灾等。

抚恤优待，是国家抚恤和群众优待。国家为保障对军人的抚恤优待，激励军人保卫祖国、建设祖国的献身精神，加强国防和军队建设，根据有关法律，制定抚恤优待政策。中国人民解放军现役军人、退出现役的残疾军人以及复员军人、退伍军人、烈士遗属、因公牺牲军人遗属、病故军人遗属、现役军人家属，依照规定享受抚恤优待。改革开放后，上海市优抚工作实行国家和社会相结合的方针，保障军人的优抚与国民经济和社会发展相适应，保障优抚对象的生活不低于全市平均生活水平；优抚所需经费由各级政府分级负担，建立优抚对象抚恤补助标准自然增长机制；实行优抚对象定期定量补助标准，每年按略高于上海市物价的幅度调整一次；对在乡重点优抚对象，建立与城乡人民生活同步提高的抚恤补助标准的自然增长机制等。

烈士褒扬，是为发扬烈士忘我牺牲精神所开展的一系列工作。政府对在革命斗争、保卫祖国和社会主义建设事业中壮烈牺牲，经军队或政府审核批准的革命烈士（以下简称烈士）遗属实行抚恤，建立烈士建筑物，搜集、整理、陈列著名烈士的遗物和斗争史料，编印《革命烈士英名录》。改革开放以来，上海市各级政府认真审核、办理烈士追认工作，保护烈士就义地遗址，修建烈士陵园，加强对烈士纪念建筑物的建设和保护，建设烈士史料陈列馆（室），开展烈士史料的征集、研究工作，编纂和出版烈士事迹、传记，举办烈士事迹展览和烈士纪念活动。

1978年8月至2010年，市民政局优抚处负责抚恤优待、烈士褒扬工作，上海市烈士管理所负责烈士墓的建设、维护、管理，以及烈士资料的征集、编纂和出版工作，20世纪80年代中期其职能归并到优抚处，该机构牌子仍保留。1991年12月，上海市双拥工作领导小组成立，市主要领导和分管领导分别担任组长和副组长，成员由各相关部门组成；领导小组下设办公室，由市民政局局长兼任主任。

双退安置，是地方政府按照国家法规政策，对退出现役的复员退伍军人的安置，对军队离休退休干部（以下简称军休干部）以及军队无军籍退休退职职工（以下简称无军籍职工）的安置。20世纪80年代后，上海市积极探索退役士兵安置改革途径，形成了有上海特色的安置方式：从基本沿袭计划经济时代的传统做法、入伍与退伍后工作的"两张通知"一起发到指令性分配与双向选择相结合。在发展社会主义市场经济的形势下，通过加大军地两用人才开发培训，加大退役士兵就业安置的扶持力度，尝试"供需见面、双向选择"的市场化就业方式，逐步建立起社会保障、政府优待、个人努力相结合的三位一体的培训安置新体制，把安置工作引向市场，由此走出单一计划安置模式，逐步通过市场化方式安置退役士兵。

20世纪80年代起，上海市开始分批次分年度计划接收军休干部，制定军休干部安置工作一系列政策措施,明确各级政府和有关部门的工作职责,构建完备的军休工作体制。在服务管理过程中,坚持服务宗旨,逐步构建社会化服务网络,切实保障军休干部各项待遇落到实处。至 2010 年底,上海接收安置 5 批军休干部和军队无军籍退休退职职工,共计 9 823 名。

1978 年 12 月,上海市接收安置复员退伍军人办公室(以下简称市复退办)仍划归市民政局("文化大革命"中由上海警备区领导)。1979 年 12 月 10 日,更名为上海市复员退伍军人安置办公室。1980 年 2 月,改名为上海市人民政府安置复员退伍军人办公室。1980 年 10 月,成立上海市复员退伍军人安置工作领导小组。1981 年 9 月,成立上海市人民政府退伍军人和军队退休干部安置工作领导小组,办公室设在市民政局(以下简称市"双退"安置办公室),负责处理日常工作。1984 年 8 月,上海市人民政府退伍军人和军队退休干部安置工作领导小组改名为上海市人民政府退伍军人和军队离休退休干部安置领导小组,领导小组由分管副市长任组长,成员由相关委办局领导组成,各区县均设立相应的机构。

第一章 双拥工作

中共十一届三中全会后,随着各项社会建设事业的全面恢复,双拥工作在继承光荣传统的基础上创新发展。

20世纪80年代,在政府的大力倡导和组织下,社会各界继承和发扬光荣传统,广泛开展拥军优属工作;驻沪部队满腔热情地做好拥政爱民工作,积极开展军民共建活动。

20世纪90年代初,随着创建双拥模范城(县)活动的兴起,市区县相继成立双拥工作领导小组并发挥牵头协调作用,各级各部门各部队把双拥工作纳入重要的议事日程和经济社会发展总体规划,充分调动军地双方的积极因素,将地方拥军优属与部队拥政爱民工作形成合力,形成争先创优的良好发展态势。各级政府和群众积极开展"实事拥军",努力帮助驻沪部队解决军人子女就学、随军随调家属就业和生活保障、军人军属司法维权等;结合上海经济社会发展特点,积极创新工作载体和内容,开创智力拥军、科教拥军活动,"爱心献功臣行动""十个一"拥军工程建设,打造双拥工作的亮点和品牌;并以"创建双拥模范(先进)活动"为载体,推动双拥工作"你追我赶、争先创优"的局面。驻沪部队发扬拥政爱民的光荣传统,识大体顾大局,支援地方市政建设,为重点工程建设投入大量的人力、物力,提供了有力的支持和保障。每逢灾情,驻沪各部队全力以赴抢险救灾,奋不顾身保护国家和人民生命财产。驻沪部队与驻地群众开展共建社会主义精神文明的活动,形成政府搭台、军地互动、社会各界共同参与的良好局面。

进入21世纪后,上海市双拥工作注重将以往群众实践中的一些成功经验和行之有效的做法,用规章条文的形式固化下来指导和规范实践活动,制定《关于本市加强拥军优属工作的若干规定》《关于驻沪部队随军随调家属转移进沪、就业及社会保障工作的实施意见》《关于进一步做好随军随调军队干部配偶就业和生活保障工作的若干意见》《上海市维护国防利益和军人军属合法权益工作机制若干规定(试行)》等,全市双拥工作逐步迈上常态化、规范化、法制化轨道,并顺应"两新组织"蓬勃兴起的新形势,探索社区和"两新组织"开展拥军优属活动的形式和方法,不断拓展双拥工作新领域。

上海军民在中央和市委、市政府领导下,按照军政军民"同呼吸、共命运、心连心"的总体要求,着眼于社会生产力发展和部队战斗力提高的总目标,坚持以持续开展创建双拥模范(先进)活动为抓手,通过强化宣传教育、健全组织网络、完善政策法规、拓宽社会化拥军道路、创新工作载体等多种途径,不断构筑上海市双拥工作新高地,推动上海市双拥工作不断跃上新台阶,取得新成果。

1992—2010年,上海市先后有14个区县被评为"全国双拥模范区(县)",19个区县均被评为"上海市双拥模范城(县)"。

第一节 拥军优属

一、春节、八一拥军慰问活动

【走访部队、举行大型军民联欢会】

1978年1月20日,市委、市革委会组织上海市人民春节拥军慰问团,分4路前往陆、海、空三军驻沪部队和武警部队慰问。慰问团由市领导和有关部门领导、先进人物代表和文艺工作者组成,向部队赠送慰问信和慰问品,文艺工作者进行慰问演出。随后,文艺工作者还深入海岛哨所、舰艇、基层连队和医院进行慰问演出。2月6日,市委、市革委会举行"上海市一九七八年春节军民联欢会",老红军、烈军属、劳动模范、先进生产者、先进工作者代表和驻沪部队官兵代表欢聚一堂。市领导苏振华、彭冲等和驻沪部队负责人刘耀宗、刘文学等出席。上海市舞蹈学校演出反映军民鱼水情的舞剧《苗岭风雷》。春节期间,还举行拥军优属专场演出,表演喜闻乐见的歌舞、话剧、杂技和魔术,慰问驻沪部队、武装警察部队和烈军属、残废军人、复员退伍军人和军队退休干部。

1978年7月31日,市委、市革委会举行庆祝建军51周年军民联欢晚会。市领导彭冲、严佑民、王一平和驻沪三军领导何以祥、康庄、林青等,与工、青、妇,各区、县、局,大专院校负责人,老红军、烈军属、残废军人、复员退伍军人代表和各界群众代表1600多人参加晚会。

1980年1月10日,市委印发《关于广泛深入地开展拥军优属、拥政爱民活动的通知》,要求在春节期间,市政府要给驻沪部队指战员和烈军属、革命残废军人、复员退伍军人发慰问信;要组织精干的慰问团,对驻沪部队师以上领导机关、驻海岛部队和部队医院以及民航、公安、宝钢工程兵进行慰问。春节前夕,市委、市人大、市政府、市政协负责人和各界代表及文艺团队组成的慰问团分别走访驻沪部队慰问指战员并举行文艺演出。

1980年1月25日,市政府和驻沪部队召开上海市拥军优属拥政爱民大会。市委第一书记、市长彭冲,市委第二书记陈国栋,市委书记王一平等出席。驻沪部队负责人何以祥、李宝奇等,市人大、市政府、市政协领导和各部、委、办、局,各区县,各民主党派,各群众团体的负责人以及广大基层干部和部队指战员代表共1.7万人出席大会。彭冲在大会上讲话,指出在面对新的形势和任务,我们要在党的领导下,进一步实现军政大团结,军民大团结。各级党委要切实加强对拥军优属、拥政爱民活动的领导;要紧密联系实际,认真进行一次加强军政团结、军民团结的宣传教育;要搞好春节期间的慰问工作;要广泛开展群众性的拥军优属活动,切实做好优抚对象和复员退伍军人的工作。南京部队副司令员兼上海警备区司令员何以祥在会上讲话。

1980年7月31日,市政府举行建军53周年军民联欢会,市四套班子领导和驻沪部队领导陈国栋、严佑民、王一平、汪道涵、孙林瑞、章尘、于善孚、韩德彩等,与老红军、老英雄,在学雷锋、学"硬骨头六连"、学空军航空兵一师的活动中涌现出的模范人物和先进单位的代表,烈军属代表,革命残废军人、复员退伍军人代表,劳动模范、"三八"红旗手、新长征突击手代表,出席联欢会。上海市京剧三团演出京剧《齐天大圣》。

1981年1月,市委、市政府为减轻部队负担,精简春节慰问团规模,文艺工作者不再随团到部队演出,改为巡回放映电影,新上映的《情天恨海》《好事多磨》《白蛇传》《梅花巾》四部故事片在部队巡回放映,受到官兵的欢迎。

1984年2月,上海为精简会议,节约开支,取消往年全市各条线分别举行春节联欢会,统一由市委、市人大、市政府、市政协、上海警备区联合举办上海市各界春节联欢大会,党政军领导和各界代表出席。2月2日,中共中央政治局委员、国家副主席乌兰夫,中央书记处书记、全国人大常委会副委员长陈丕显出席,与上海市党政军领导及上海各界1.8万余人共庆新春佳节。1985年2月20日,全国人大常委会副委员长赛福鼎,全国政协副主席刘靖基出席上海市各界人士春节联欢团拜会。1987年1月26日,中共中央政治局常委、国家主席李先念,中央顾问委员会常委宋时轮,中顾委常委、全国政协副主席程子华和全国政协副主席刘靖基,出席上海市春节军民联欢会。

1985年7月29日,市委副书记、市长江泽民到上海警备区机关驻地,慰问部队指战员,政委平昌喜、副司令员于书元介绍部队作战、训练、民兵工作、军民共建和体制改革、精简整编的进展情况。江泽民表示,警备区部队对上海的两个文明建设和地方治安工作做了很多工作。目前部队正在进行精简整编,上海需要和欢迎军队转业干部,要妥善做好安置工作。7月30日,市委、市人大、市政府领导芮杏文、江泽民、陈国栋、胡立教、汪道涵到吴淞军港,慰问并检阅驻沪海军指战员。

1986年1月15日,市委副书记吴邦国带领市工人文化宫演出队到海岛驻地部队慰问。1987年1月10日,市政府领导带队到驻余山、大戢山守岛部队慰问。1996年1月,春节慰问团登上驻沪海军某部驻守的余山岛,市拥军优属基金会向守岛部队赠送慰问金和慰问品,衡山集团公司与驻岛部队达成军民共建意向。

1989年1月,全国政协主席李先念出席上海市迎新晚会,与上海党政军和各界人士共迎新年。

1990年起,上海一般不再举行春节军民联欢会,简化为拥军拥政座谈会。市四套班子领导每年春节、八一走访慰问部队的传统一直保持从未间断,为部队基层巡回放映电影的活动随着电视等其他娱乐形式的丰富而逐渐退出。

【召开座谈会、报告会】

1978年春节前夕,市民政局召开烈军属、伤残军人、复员退伍军人春节座谈会。30多名优抚对象出席,与会者表达了继续发扬光荣革命传统,积极为社会主义四化建设贡献力量的决心和信心。

1979年1月25日,市民政局召开优抚对象春节座谈会。邹韬奋烈士夫人沈粹缜、新四军军长叶挺烈士儿子叶启光、在"中美合作社"牺牲的许晓轩烈士夫人姜绮华、情报战线秦鸿钧烈士夫人韩慧如等著名烈士家属,在战争年代出生入死屡建战功的退休老红军吴大胜、吴荣泉、黄鹤辉、惠占府等50余人出席。

1982年7月16日,市民政局举行纪念建军55周年报告会,上海警备区顾问、老红军罗玉琪应邀作关于中国人民解放军的历史和光荣传统,以及在保卫、建设四化中的地位和作用的报告。

1984年1月20日,市政府和驻沪部队联合举行春节拥军拥政茶话会。市委、市人大、市政府、市政协领导陈国栋、胡立教、杨堤、汪道涵,上海警备区司令员郭涛等出席。汪道涵代表市委、市政府和全市人民致辞,郭涛代表驻沪部队致答辞。1987年8月15日,市委办公厅、市政府办公厅在市府礼堂隆重举行英模报告会,邀请驻沪部队赴京参加全军英雄模范代表会议的代表作报告。5名代表是:1953年在保卫上海的两次防空作战中,创造了击落敌机3架的辉煌战绩,被空军授予"二级模范飞行员"光荣称号,又在新时期不断为人民作出新贡献的驻沪空军副司令员宋中文;"南京路上好八连"代表、连长吴卫平;勇于开拓、热爱海军事业,荣立过二等功、被解放军三总部树为基层干部标兵的海军某舰艇大队副大队长吕尚清;多次被评为全国和上海市"三八"红旗手的海军4805厂高级工程师萨本茂;教书育人、在药学研究等方面取得显著成绩、多次立功受奖的第二军医大学教授刘丽琳。上海市党政军领导芮杏文、江泽民、曾庆红和千余名党政干部参加。

1988年2月,正在上海的中央军委主席邓小平出席上海市春节军政军民茶话会。

20世纪90年代后,双拥工作座谈会、报告会成为市政府春节、八一建军节活动的重要形式和内容,每年举行。

【区县、基层慰问活动】

1979年春节前夕,全市各区县领导普遍开展走访慰问驻所在地部队和优抚对象活动。1月28日年初一,虹口区委机关50余人分别到全区13个街道,与街道办事处干部一起,访问26户烈军属、老红军和革命残废军人。普陀区党政机关 25 人分别参加各街道的慰问活动。

1981 年 7 月，各区县运用画廊、黑板报、读报会和有线广播等多种形式，大张旗鼓地宣传人民解放军的丰功伟绩。卢湾区顺昌路街道和南市区半淞园路街道，通过访问本地区烈属，搜集烈士的英雄事迹，举办烈士事迹展览，对青少年进行革命传统教育。粮食、财贸、房管等系统的基层单位，主动关心照顾烈军属等优抚对象。静安区团委组织团员青年和少先队员上门为烈军属、重残废军人服务。奉贤县青村公社、南汇县盐仓公社、青浦县实验小学等单位，发动大队干部、民兵、共青团员、教师为烈军属挑水、担柴、运粮、打扫卫生。闸北区山西北路街道用福利工场的积累购置一台洗衣机，为 14 户烈属老人义务洗涤衣服。当年，市民政局派出调查组，到郊县调查农村实行生产责任制后，优待工作中出现的新情况、新问题等。

1981 年 12 月，市政府批转市民政局《关于一九八二年新年、春节期间开展拥军优属活动的请示报告》，要求各区县对当地驻军进行走访慰问，虚心听取意见；对部队要求地方解决的问题，认真研究，妥善处理；各级民政部门要组织工作组，深入到社、队和街道里弄，对各项优抚政策落实情况进行一次检查，发现问题及时研究解决；要广泛开展群众性的拥军优属活动，组织拥军优属服务队，到部队和街道、里弄、公社、大队，开展为指战员服务和为烈军属、残废军人、老红军做好事等活动。

1983 年 7 月，各地区、各单位积极开展向人民群众进行拥军优属的宣传教育，普陀区举行"南京路上好八连和爱国拥军模范刘运奎先进事迹报告会"；虹口区和驻军联合举办"向亲人汇报会"；徐汇区召开报告会，广泛宣传驻沪部队在军民共建精神文明、培养军地两用人才和支援地方建设方面的事迹，宣传军人在部队健康成长和军人家属积极鼓励亲人安心服役的事迹。各区县党政领导纷纷走访慰问本地区驻军部队，征求对地方工作的意见，并帮助解决部队在战备、训练和生活等方面的一些困难。各区县和街道、公社以及各单位都普遍召开优抚对象座谈会、表彰会。各级民政部门深入基层，检查优抚安置工作。静安区团委组织各行各业到驻军营地热情为指战员开展各项服务活动。上海无线电三十二厂组织拥军服务队，到警备区老干部休养所、一〇九医院为干部、战士、伤病员和职工修理收音机、录音机和电视机。嘉定、南汇、上海、青浦等县团委专门召开会议，组织团员青年帮助缺乏劳力的烈军属、残废军人耕种责任田和口粮田。

1985 年 7 月，市政府批转市民政局报告，要求各地区、各部门在庆祝建军 58 周年之际，宣传人民解放军为中国革命和建设作出的巨大贡献；宣传老山、者阴山前线部队指战员用鲜血和生命维护祖国尊严、保卫四化建设的功勋；宣传在新形势下开展拥军优属活动的重要意义，增强军政军民团结，建立新型的军政军民关系。各区县、街道、乡镇普遍召开烈军属、残废军人、复员退伍军人代表座谈会或抗日老战士座谈会。长宁、南市、虹口、闸北、徐汇、卢湾、静安、川沙等区县邀请参加对越自卫还击战立功军人和指战员到机关、工厂、企业作报告。

1986 年 1 月，市政府发出通知，要求春节期间各部门、各单位以基层为主、小型为主开展各项活动：结合实际情况，对干部群众深入进行拥军优属教育，要走访驻沪部队，走访本地区、本单位烈军属，看望军队离休老同志；认真检查和做好对边防、海防部队的拥军支前工作，切实帮助部队解决实际问题，认真检查和解决在优抚安置工作上的问题；组织各种形式的拥军优属服务队，热情为指战员和烈军属、残废军人服务。此后，春节、八一建军节期间群众性的拥军优属活动在全市广泛深入地开展。

二、重要活动

1979 年 5 月 27 日，上海市各界代表在文化广场举行"纪念上海解放三十周年联欢晚会"。参加过解放上海战役的指战员,30年前为迎接上海解放领导和参加过保护工厂、商店、学校的老同志,在解放上海战役中英勇牺牲的烈士的家属,在职和离职休养的老干部、老红军,以及各条战线的劳动模范、先进工作者欢聚一堂,共庆胜利。市委、市革委会领导彭冲、严佑民、王一平等以及驻沪部队领导、市高级法院院长、在沪的中央委员和中央候补委员,全国人大常委、全国政协常委参加。上海乐团、上海歌剧院、上海评弹团、上海音乐学院、上海芭蕾舞团、上海越剧院、上海昆剧团、上海儿童艺术团、上海歌舞团的演员,以及正在上海演出的四川省舞蹈音乐演出团为晚会演出精彩的节目。

1981年8月1日,驻沪陆、海、空三军部队上午在人民广场举行盛大阅兵,市四套班子和驻沪部队的领导和各界知名人士、各条战线的先进单位代表和先进个人以及群众代表等近万人参加。

1983年1月14日,市政府批转市民政局《关于纪念"双拥运动"四十周年,广泛开展春节拥军优属活动的请示报告》,决定在上海市掀起群众性的拥军优属活动的热潮。1月26日,市委、市政府和上海警备区隆重举行上海军民纪念延安"双拥"运动40周年大会。市委第一书记陈国栋主持会议,市党政领导胡立教、韩哲一、钟民等,驻沪部队领导王景昆、章尘、沈佩华、于善孚、韩德彩等出席。韩哲一、王景昆在大会上讲话。

1983年3月17日,上海市召开拥军优属、拥政爱民先进代表大会。会上,市民政局副局长孙成伯汇报全市拥军优属工作的情况,上海警备区政治部主任阮武昌汇报驻沪部队开展拥政爱民工作的情况。普陀区、崇明县政府,静安区团委,上海第九棉纺厂,杨浦区四平街道医院,崇明县裕安公社管委会,上海警备区某部,驻沪海军某部,驻沪空军某部雷达修理所,二军大附属长征医院中医科,武警上海总队二支队警通中队,南京路上好八连等单位代表,在会上介绍开展"双拥"工作经验。会议一致通过全市军民关于发扬"双拥"传统,进一步加强军政军民大团结的倡议书。

1985年10月,市政府决定,向在云南老山前线参战立功的上海籍指战员按立功等级赠送慰问品。民政部门向近400名在云南老山前线荣立战功的指战员赠送慰问品。

1986年10月22日,市委、市政府举行"纪念红军长征胜利五十周年"文艺晚会。120多位上海老战士充满激情演唱《红军歌》,著名民族音乐歌唱家才旦卓玛、吴雁泽、马玉涛、于淑珍等参加演出。市委、市人大、市政府领导芮杏文、江泽民、杨堤、黄菊、曾庆红、胡立教等出席。

1987年建军60周年,上海开展庆祝慰问系列活动。7月24日,市党政领导、人民团体、民主党派和各界代表,分6路冒雨赴驻沪部队的基层单位进行慰问,市委副书记、市长江泽民到武警上海总队某部六中队慰问,赞扬武警上海总队组建以来,为保卫上海安全、维护城市治安、支援重点工程建设和抢险救灾作出的贡献。7月30日,市政府在云峰剧院举行军民联欢会,驻沪陆、海、空、武警部队与上海市各界代表近2 000人参加。8月1日,市党政领导应驻沪部队邀请,前往上海警备区某部和驻沪海军某部,参观军事设施,观看民兵军事训练成果汇报表演,检阅海军仪仗队和军舰演习。

1997年建军70周年,上海举行建军70周年大型座谈会,中共中央政治局委员、市委书记黄菊出席并讲话。全市开展宣传活动,宣传人民解放军在中国共产党领导下走过的光辉历程和建立的丰功伟绩,军政军民团结的重要现实意义和长远战略意义,驻沪部队拥政爱民、积极支持地方两个文明建设以及各级党委、政府和人民群众关心爱护支持人民军队建设的生动事迹,以激发广大军民爱国热情,增强全民国防意识,为推进社会主义改革开放和现代化建设而努力奋斗。

1998年5月,市双拥办、市拥军优属基金会与上海电视台自5月起联合主办《当代军人》电视专题栏目。同年 7 月,市双拥办、市拥军优属基金会在"八一"期间与上海电视台、东方电视台联合举办多项专题文艺节目。1999 年 1 月 18 日,空军政治部歌舞团在东方电视台演播剧场演出《走在春风里——99 双拥文艺晚会》。市领导龚学平等,驻沪三军及武警部队领导王金重、张西绍、梅仁桂、郭旭恒、龚德宏、杜承喜等出席,军烈属、伤残军人、军队离退休干部代表,以及市劳模代表 1 000 多人参加。

1999 年 4 月 23 日,海军东海舰队在吴淞军港举行纪念人民海军成立 50 周年庆祝大会,黄菊出席并讲话。

2000 年 10 月,为纪念抗美援朝 50 周年,市拥军优属基金会拨款 79.75 万元,对 675 户抗美援朝志愿军持证烈属和 920 名抗美援朝志愿军伤残军人进行慰问并发放慰问金。向全市军休干部中 300 余名志愿军老战士发慰问信,并赠送反映抗美援朝战争的书籍。

2001 年,市双拥办出资创作排演的大型史诗剧《血沃龙华》在上海公演。

2004 年 10 月 20 日,全国省区市双拥办主任会议在上海市召开,上海市、浙江省、沈阳军区和铁道部等 10 多个军地单位,介绍结合新形势和新任务做好双拥工作的经验。民政部副部长、全国双拥工作领导小组副组长罗平飞,上海市委副书记刘云耕,上海市副市长冯国勤等出席。

2005 年 9 月 3 日,市委、市政府举行"中国人民抗日战争胜利 60 周年纪念章转授仪式",市拥军优属基金会出资 160 余万元,向 3 224 位抗战牺牲的烈士持证遗属、参加抗战的残疾军人、参加抗战的在乡复员军人、民政部门管理的军休干部和驻沪部队离休干部中的抗战老干部,每人发放一次性慰问金 500 元。

2006 年举办纪念红军长征胜利 70 周年活动。9 月 29 日,市领导赴佘山岛走访慰问驻岛部队官兵,察看竣工不久的综合楼和正在进行改建的拥军楼工程,向部队官兵赠送慰问品,帮助部队安装卫星电视地面接收设备。10 月 20 日,市双拥办、市拥军优属基金会召开"上海市纪念红军长征胜利 70 周年座谈会",向参加长征的老红军和 1937 年 7 月 7 日前参加革命并牺牲的持证烈士遗属发放慰问金和纪念品。

2007 年建军 80 周年,上海各界连续多日开展慰问庆祝活动:7 月 10 日,市双拥办与市文广集团、上海时空之旅文化发展有限公司联合举办"庆祝建军 80 周年'时空之旅'慰问驻沪部队和优抚对象专场演出";7 月 20 日,市双拥办与市委宣传部、上海音乐学院联合举办双拥音乐会,军地领导和近 2 000 名驻沪部队官兵代表观看演出;7 月 21 日,市政府在上海警备区向驻沪三军、武警部队每位官兵赠送慰问品;7 月 30 日,市委、市政府举行庆祝建军 80 周年军政座谈会,市委书记习近平主持会议并讲话,座谈会前,市领导前往"南京路上好八连"驻地,慰问部队干部战士;7 月 31 日晚,举行上海市庆祝建军 80 周年文艺晚会,市领导习近平、韩正,龚学平、蒋以任等四套班子领导和驻沪三军、武警部队主要领导出席。副市长冯国勤在中共中央、国务院、中央军委召开的庆祝建军 80 周年大会上发言,汇报上海双拥工作的经验和做法。

2009 年 5 月 27 日,为庆祝中华人民共和国成立 60 周年和上海解放 60 周年,市双拥办、市拥军优属基金会共同开展慰问建国功臣活动,市拥军优属基金会出资近 400 万元,委托驻沪部队各大单位政治部、各区县双拥办通过上门走访和召开座谈会等方式,对上海解放前牺牲烈士的遗属及新中国成立前参加革命工作的其他重点优抚对象进行慰问,向每位建国功臣送慰问信和 600 元慰问金。同年 9 月,市双拥办会同上海警备区政治部、市拥军优属基金会在扬子江码头"上海风采"邮轮举行"庆祝中华人民共和国成立 60 周年'黄浦风采邀群英、华光熠彩庆华诞'——慰问为上海解放和建设事业作出贡献的老同志"活动。

2010 年 5 月,上海市各级政府部门和各部队以"服务世博大局,共筑军地和谐平安"为主题,高层次谋划,多平台运作,大力度落实,扎实做好世博双拥工作。市委办公厅、市政府办公厅印发加强世博期间做好双拥工作的文件。

三、支持部队建设

20 世纪 80 年代后期起,上海市拥军活动更加注重实效,为驻军多办实事,市委、市政府把关心支持部队建设和双拥工作列入上海市经济社会发展的总体规划。1990 年,上海市地方各级组织主动为驻军办实事,至 1991 年,为驻军解决各种实际问题 2 000 多件。市有关部门帮助部队改建、扩建靶场和训练基地,市农委发动各区县、乡镇帮助部队建立蔬菜大棚 153 个、副食品生产基地 27 个,派出农技人员 560 人次指导部队基层单位养猪种菜。至 1995 年,各区县用于部队的补贴近千万元,支持部队建设其他项目资金 4 300 多万元。1997 年 4 月,解放军总后勤部在上海召开全军驻城市部队"菜篮子工程"现场会,推广上海在改革开放和发展社会主义市场经济新形势下做好拥军优属工作的经验。

1997 年,市委、市政府坚持拥军特事特办,全面支持军队的改革和建设。全市随军家属、军转干部和复员退伍军人安置率达 100%,各级财政为驻军提供大量的粮油补贴及减免水、电、煤费,各级政府把部队官兵的粮油副食品生产供应纳入地方菜篮子工程。至 1999 年,为驻军无偿划拨近千亩土地,提供数千万元启动资金、万余吨低于成本价的农用物资和原料,帮助驻军建立 29 个副食品生产基地,建成 80 多个塑料大棚。杨浦区兴办拥军菜篮子配送中心,按照一级批发市场的价格,为驻军伙食单位送菜上门。

1997 年 7 月,市委办公厅、市政府办公厅转发市双拥办《关于进一步支持部队建设做好拥军优属工作的若干意见》(简称《若干意见》)。《若干意见》规定,在国家政策允许范围内,各级工商部门和行业主管部门在为部队办理生产许可证、营业执照等时要简化手续,及时审批;各有关部门要在资金、税收、能源、原材料、技术等方面给予支持和便利,并给予部队享受国家规定的减免税政策;由市政交通部门修建和养护的通往部队营以上单位的道路要确保畅通;上海市境内的各种公路、桥梁、渡口、隧道和各类停车场,对军车免收通行费和停车费;对军地有争议的设施和场地、道路,要通过正常途径合理解决,在解决前不得擅自开发或施工。《若干意见》规定,各机关、团体、企事业单位不得以任何名义向驻军单位和官兵摊派集资款,不得擅自要求部队提供人、财、物。对公益事业或建设项目确需部队支持的,必须报经市或区县有关部门统一协调安排。对随军随调家属的安置,《若干意见》提出实行计划与指导相结合的安置办法,凡符合条件的军官家属办理随军、随调手续免收城市建设费。培养军地两用人才的工作,要按照部队的战备训练情况,商定具体计划并组织实施。

1999 年,上海市广泛开展"爱心献功臣行动",社会各界捐款总额近 2 200 万元,帮助 3 473 户重点优抚对象解决生活、医疗、住房等方面的困难;开展为革命功臣体检、送保险、送彩电等"送温暖"活动,有 5 万名重点优抚对象与社区、单位结成对子;上海市与革命老区江西省兴国县结对帮扶,共投入 1 400 万元,为当地重点优抚对象修建住房,新建福利院、修建烈士陵园、建立重点优抚对象医疗保障基金等。全国双拥工作领导小组、民政部对上海"爱心献功臣行动"给予充分肯定,在 1999 年 12 月 28 日中央召开的总结表彰大会上,授予上海市政府全国"爱心献功臣行动"组织工作先进单位称号,全市 20 个区县全部被评为全国"爱心献功臣行动"先进区县,6 个单位、2 名个人被评为全国"爱心献功臣行动"先进单位和先进个人。

2000年,上海市各级党委、政府把军转干部、退役士兵、随军随调家属工作安置及维护军人合法权益等作为"固长城、稳军心"的一项政治任务,各区县普遍成立"维护国防利益指导小组",同时在区县法院设立"维护国防利益合议庭",在区县司法局设立"维护军人军属合法权益法律援助中心",在区县人武部设立"维护国防利益法律咨询站",在各乡镇街道的法律服务(援助)中心普遍开设优抚对象法律咨询服务窗口,主动为广大军民提供法律援助。市委、市政府加大支持国防建设力度,召开专题议军会,研究解决国防后备力量建设和驻沪部队存在的实际困难。2000—2003年,上海市各级政府积极支持部队建设,为驻沪部队办了一批实事,如为部队房屋进行"平改坡"、拓宽道路、修缮营房和训练设施,以及新辟拥军公交线、为驻军提供水电费补贴、投资建设"菜篮子工程"等。

2001年,上海市内影剧院等观瞻场所,对现役军人、伤残军人和军队离退休干部实行免费或半票;各级政府在部队训练用地、营房建设等方面依法优先审批,有的项目给予费用减免;在智力优属、优先安排军官子女上学问题上,各区县采取措施实行跟踪教育制度,一些区县还制定《烈士、军人子女就读优待办法》,采取军人子女参加中考给予特别加分政策,解除军人的后顾之忧。

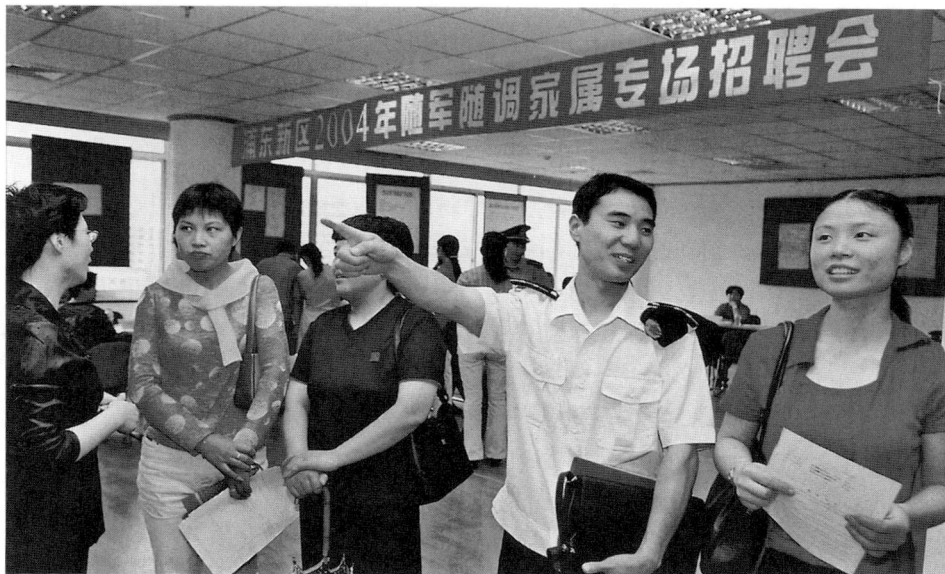

图3-1-1　2004年9月,浦东新区举办随军随调家属专场招聘会

2010年5—10月,上海地方政府为入驻世博任务部队落实屯兵点44处、营房38万平方米、训练场地6万平方米,投入资金进行配套设施改造。落实世博期间每天300辆大巴的交通保障以及饮食、医疗、服装等各项后勤服务保障。市双拥工作有关成员单位,各区县和水、电、燃气、邮政、电信、环卫等各类公用事业和服务性单位结合世博安保部队实际需求,为部队提供优质服务和保障,为部队协调解决了执勤点官兵就餐保障、垃圾清运、有线电视、晾衣场、官兵家属来队保障。优先安排子女入学入托、家属就业等。

2008—2010年,全市帮助部队修建营区、家属区300余处,近80万平方米;修缮通往营区道路64条,建军人俱乐部175个、副食品基地10个,划拨生产用地160余亩。

四、优抚对象保障

1978—1989年,上海的拥军优属工作从集中于春节、八一向经常化、群众化、制度化发展。拥军优属服务网从组织形式、制度、活动内容上向多层次、多形式、多功能综合服务方面发展,全市50万烈军属常年受到各级拥军优属服务组织的热情照顾和关怀。黄浦区南京东路街道成立专门委员会,负责组织和指导辖区内的拥军优属工作,居委会成立18个服务站,坚持多渠道、多层次、多种形式为优抚对象办实事;徐汇区华山路街道对年老体弱多病、生活有特殊困难的优抚对象实行定对象、定项目、定时间、定参加人员的"四定"服务,成立照顾组,为生活料理有困难的烈军属服务,受到驻军部队和优抚对象的欢迎和赞誉。

1994年,随着经济体制改革深入开展和用工制度的改革,出现军官配偶随军随调(以下简称随军随调家属)安置就业难的问题,各区县采取多种措施予以解决。长宁区每年下达指标,分期分批解决随军随调家属就业问题;虹口区成立军人家属就业指导中心,由区政府统一计划安排随军随调家属就业;宝山区实行指令性安置办法,各级政府部门和企事业单位招聘人员时,在同等条件下优先录用军嫂。

1996年,针对重点优抚对象生活保障问题,市民政部门总结推广部分区县开展地区、企事业单位和烈属、伤残军人结对包户或聘为"荣誉职工"的做法。当年,全市共有1 037个街道居委会和2 053家企事业单位参与结对包户4 696户,聘优抚对象为荣誉职工702人。部分郊县开展科技优抚、劳力帮困助耕等活动,为优抚对象开设"庄稼医院"和"拥军优属服务咨询站"等,切实为农村优抚对象排忧解难。

1997年5月25日,市委办公厅、市政府办公厅转发市双拥办《关于进一步支持军队建设做好拥军优属工作的若干意见》,对全市各级各部门各单位在住房、就业、就学等各方面为优抚对象提供优待服务等在政策上作出详细规定:采取指令与指导相结合的办法,做好驻沪部队随军随调家属的安置工作;铁路、民航、轮船码头和公路长途客运站设立军人售票窗口和开设军人候车(机、船)室;全市公园对现役军人、革命伤残军人、军队离退休干部免收门票;设立"义务兵风险保障专项金";设立全市性的"拥军优属社会保障金",采取政府补贴、统筹金提取、社会捐助等办法,按市、区县、街道乡镇三级管理,专项储存,用于解决优抚对象的特殊困难,保障优抚对象的生活。

1997年8月,通过提供择业指导,举办招聘专场,下达就业指标等渠道,全市约有90%的军嫂解决了就业问题。各区县基本上都设立帮助军嫂就业的专门机构,建立军嫂安置工作档案。1998年3月9日,上海第一个"军嫂温馨之家"在虹口区乍浦路街道挂牌成立,向辖区内的军嫂在再就业、技能培训、保健、文化知识学习、体育、娱乐等多方面提供优质服务,并给予生活困难的军人家庭现金或实物补助。乍浦路街道为这个"温馨之家"建立20万元的"固长城爱心基金"。

1998年11月,市政府办公厅发出《关于加强拥军优抚工作的通知》,要求切实解决好优抚对象的实际困难;各企事业单位在精简调整中,对烈属、因公牺牲军人家属、病故军人家属、革命伤残军人、现役军人配偶一律不安排下岗;各区县和街道要关心和支持驻沪部队随军随调家属的安置工作,以市场安置为主,对少数确因情况特殊造成就业安置困难的,采取特殊办法予以妥善安置,可通过职业介绍所和提供专门职业指导、免费开展职业培训等形式,帮助实现就业安置;对已设立的全市性拥军优属保障金实行专户储存,回避风险,建立严格的财务管理制度,保证该资金用于解决优抚对象的特殊困难。

2000年11月,市双拥工作领导小组第八次全体(扩大)会议制定《关于进一步加强本市双拥工作的若干措施和说明》,规定妥善安置军嫂就业,采取行政调配和市场调节相结合的办法,由中央在沪单位、市属和区县所属经营状况较好的单位每年拿出一定的收入稳定、长期日班制的就业岗位,专门用于安置军嫂。2002年4月28日,驻沪部队所有飞行员和大部分三级舰艇以上军政负责人随军随调家属的就业安置问题全部解决。

2003年起,市财政每年拨款100万元专款用于解决重点优抚对象特殊困难,全市建立市、区、街道乡镇三级临时补助机制,市拥军优属基金会每年出资100万元用于解决优抚对象的临时困难。

2004年4月,市政府印发《关于本市加强拥军优属工作的若干规定》,全面系统地规范相关政策。在随军随调家属安置上,确立以市场就业为主导、政府安置重点对象为辅助、保底就业为基础的原则,为随军随调家属的首次就业创造条件,同时鼓励随军随调家属通过市场推荐方式实现就业;每年由市政府下达计划,安置驻沪部队中的飞行员、潜艇干部、从事舰艇工作满10年的军官及荣立二等功以上的军官或因战因公致残(二等乙级以上)、牺牲等军官的配偶;对经过培训及二次推荐仍无法实现就业、但本人有就业需求的随军随调家属,安排其参加公益性劳动"兜底"就业;在促进随军随调家属就业方面推出各项优惠政策,各级就业服务机构开展职业介绍和职业指导,各区县劳动保障部门安排有针对性的职业技能培训,各级政府对驻岛及驻扎在市外监狱、劳教场所等处和其他艰苦地区的部队在当地的随军随调家属的就业给予帮助,拓展"军嫂"就业渠道,有效解决军人的后顾之忧。规定全市向公众开放的各类收费观瞻场所对持有效证件的现役军人、革命伤残军人、军队离退休干部和革命烈士家属实行优待;各类文化和体育场所对上述人员观看电影、演出和体育比赛实行优惠;同时规定全市各级政府及职能部门支持上海市拥军优属基金会的发展,全市各级"拥军优属社会保障金"按市、区县、街镇三级进行管理,专项储存,用于支持部队建设,解决优抚对象的特殊困难。同年7月,市劳动和社会保障局、市人事局、市民政局、市医疗保险局联合发布《关于驻沪部队随军随调家属转移进沪、就业及社会保障工作的实施意见》,对随军随调家属转移进沪、就业及社会保障工作作出具体安排。

2006年,上海各区县陆续推出支持军队建设、做好优抚对象特殊保障的举措。闸北区组建全市首家"军嫂就业服务社",发放"军嫂就业保障卡",对持卡自主创业的军嫂实行减税、贴息等优惠政策,对吸纳军嫂就业的单位进行优惠补贴;徐汇区对军嫂安置实行"承诺制""一条龙"服务,军嫂在外地属公务员或事业编制的,随调到该区安排在相应的岗位,在区职业介绍所登记的军嫂,确保6个月内找到一份工作;静安区通过发放创业扶持金、自谋职业奖励金的方式,实现对部队随军随调家属的多途径、多渠道安置;虹口区在全市率先建立"驻区部队转业干部实习基地",成立"涉军维权办公室",积极开展"法律进军营"活动;徐汇区实行重点优抚对象在原有医疗待遇不降低的前提下,优先享受社区医疗免费服务项目、减免项目和医疗困难补助,建立重点优抚对象居家养老补贴机制和精神慰藉服务机制;长宁区在全市率先构建涵盖优抚对象人生各个阶段、各种困难的立体化优抚保障体系,增加精神慰藉、医疗、教育、生育、节日、丧葬补助等优待项目;嘉定区推出军人子女优先择校就读等举措,在全市首建部队官兵困难补助制度,为官兵落实"上海市职工重大病医疗保险"。

2007年1月,市委办公厅、市政府办公厅转发市民政局等部门《关于进一步做好随军随调军队干部配偶就业和生活保障工作的若干意见》,在全市范围内实行重点对象指令性安置、一般对象鼓励市场就业、市场就业有困难人员实行就业托底和营区灵活就业,以及加大培训力度,提高就业技能,强化社会保障,发放生活补贴等一系列政策措施;关注驻沪部队随军随调家属的户籍属地化管理,提出建立全市随军随调军队干部家属数据库并实施动态管理。7月24日,市民政局、市公安局、市财政局等部门联合制定配套实施细则,印发《上海市随军随调军队干部配偶就业和生活保障指南》,各级政府积极落实随军随调家属就业和生活保障政策的实施细则,各区县人武部也都成立"两就"组织,按照"重点对象指令性安置,困难对象托底就业,一般对象通过市场实现就业"的扶持原则,2008 年帮助 339 人次的随军随调家属通过参加公益性岗位劳动实现托底就业。

2008 年 8 月 28 日,上海市各级政府努力为军人解除后顾之忧,将维护军人及家属的合法权益作为拥军优属工作的重要内容,配合上海警备区政治部等部门研究出台《上海市维护国防利益和军人军属合法权益工作机制若干规定(试行)》,实施驻沪部队老红军医疗保健补助政策,建立维权法庭 21 个、维权法律咨询站 473 个,解决官兵涉法问题 1 230 件。

2009 年 10 月,维护国防利益和军人军属合法权益工作领导小组办公室主任会议,要求各区县抓紧调整涉军维权组织,组织辖区律师事务所与驻区部队建立共建关系,摸清辖区涉军维权工作情况,制作并下发涉军维权工作联系卡。

五、"十个一"拥军工程

1995 年,上海市开启"十个一"拥军工程建设。同年 4 月,市拥军优属基金会成立。

1996 年 6 月,上海警备区、上海电视大学、电视中专学校尝试开办电视中专军人学校,探索战士"入伍即入学,退伍前毕业"的军营学历教育新路子。

1999 年,市政府将军队移交地方的三星级宾馆华浦大厦改作双拥大厦,为部队和广大优抚对象服务。同年 5 月 26 日,上海市双拥活动中心成立。该中心从 2001 年起,每年承办武警上海总队驻苏北和皖南部队退伍老兵"游上海"活动。2002 年起组织承办上海市重点优抚对象和驻沪部队英模代表疗休养活动,至 2010 年,有 15 426 人次(含荣誉军人)受益。

1999 年 9 月,上海市双拥工作展览馆开馆,是全国第一座双拥工作展示馆。展馆以展示拥军优属、拥政爱民成果为主题,由市民政局、市双拥办主办。2003 年、2007 年先后进行两次改版。该展览馆成为青少年、市民接受爱国主义、国防教育的一个窗口。

2000 年 11 月,以"双拥"命名的游轮——"上海双拥号"建成,为驻沪部队、过往上海的部队官兵和广大优抚对象提供优质、优惠的观光服务。

2000 年 12 月,上海市双拥艺术团成立。艺术团由部队文工团和地方文艺工作者共同组成,每年"五一""十一"等节假日义务开展广场文艺演出,宣传双拥成果,讴歌军政军民团结。

图 3 - 1 - 2　2004 年 10 月 1 日,上海双拥艺术团在国庆广场进行文艺演出

2002 年,由市拥军优属基金会投资百余万元、覆盖驻军基层单位的"卫星传输远程教育网络"

建成,使广大官兵不出营门就能接受教育,创全国为驻军开展学历教育之先例。

2003 年底,上海市黄山荣誉军人疗养基地建成。自 2004 年起,每年组织驻军官兵和市重点优抚对象前往市双拥活动中心、黄山荣誉军人疗养基地疗休养,通过参观、游览和座谈等活动,让驻军官兵和重点优抚对象分享上海三个文明建设的成果。

图 3 - 1 - 3　2007 年 9 月 24 日,海岛拥军工程竣工交付仪式举行

2006 年,市双拥办推进以"军民同心促和谐"为主题的国防教育"十百千万"实践活动,有计划、有步骤地安排十万(人次)各级党委、政府处级以上领导干部参加"军营一日"活动,百万(人次)市民走进军营参观,千万(人次)青少年接受国防教育,推进国防教育进机关、进企业、进学校、进社区、进家庭。至 2010 年,超过 10 万人次的处级以上领导干部、120 余万社会群众和近千万人次的青少年学生走进军营,接受军训和国防教育。

2008 年,上海市开发"驻沪部队随军随调军队干部家属信息管理系统",建立和完善有关数据库,通过军地、部门合作,实施动态管理。

六、智力科教拥军

20 世纪 80 年代中期,上海的智力拥军工作开始起步。1984—1986 年,造船系统的四八〇五厂,江南、沪东、中华、求新等造船厂培训近万名干部战士,其中大多数取得各类二级技工以上的合格证书。

1986 年 10 月,市委、市政府批准同意上海警备区《关于进一步搞好培养军地两用人才工作的报告》。在各有关部门的支持协助下,上海警备区 8 个民用技术培训基地建成,开设汽车驾驶、家用电器维修、电影放映、初级卫生、专科技术、烹调、漆工、内河航运、养殖等项目。1987 年,市饮食服务公司向海军上海基地派出 20 名一级、特级厨师,举办以培养等级厨师为主的培训班。在之后的 4 年内,共举办 20 期厨师培训班,培训出二、三、四、五等级厨师 792 名,使该基地所有的基层单位都有等级厨师。市饮食服务公司还帮助新建一个中型等级厨师培训中心。

1991年初，由上海警备区政治部和市劳动局主办的上海军民共育两用人才学校成立。该校开办通用电工、农机修理、电视机维修、法律服务等4个专业，学员毕业时由市劳动局组织考核，成绩合格者发给技术等级证书。同年8月，上海制定实施军民共育军地两用人才5年规划，提出5年发展目标，力争到1995年，使干部大专以上文化程度的比例在1991年基础上提高25%，使30%左右的专业军士和军士长达到中专毕业水平，每年有一定数量的士兵通过高中文化补习考入军队院校，确保农村籍士兵在退伍前学到一门专业知识、掌握一项民用技能。1994年底，全市形成军民共建的多层次教育网络，建立72个育才基地和192个育才点。

1996年7月，市拥军优属基金会出资200余万元，试点开办上海电视中专军人学校，中央军委副主席、国防部长迟浩田题写校名。学校为战士提供"入伍即入学，退伍即毕业"的学历教育机会，首期学员达到2063人。1997年7月16日，上海电视中专军人学校经过一年试点正式开学，学员扩展至驻沪陆、海、空军和武警部队。

1997年，全市各界累计投资125万元，创办43所拥军学校、151个军人培训基地，培训5000多名军地两用人才，并使大批士兵经过补习而顺利就读中专、大专。同时，还为近3000名烈军属后代在升学就业、转岗培训等方面提供智力扶助。

1998年，市拥军优属基金会与上海青年再就业免费学校联手，为军官家属开办初级计算机运用培训班，为军嫂再就业拓展空间。依托空军政治学院教学力量开办"军人函授中专学校"，战士中专学历教育在驻沪陆、海、空军，武警部队全面普及。

1999年6月26日，根据总政治部关于军队各大单位和武警部队在年内要选择一所地方高等院校，进行依托国民教育培养干部试点的要求，复旦大学与武警部队在上海举行签字仪式，复旦大学以招收部队生、发展部队预备生和接收应届毕业生三种模式开展试点。至2000年，全市先后创办军营科技夜校、科技拥军培训中心，开设战士文化补习班、技术技能培训班，在读军人近2万人，近万人获得国家教委制发的中专学历证书。

2001年5月，市拥军优属基金会出资110万元，与上海警备区政治部、南京政治学院上海分院合办上海警备区干部士官大专学历教育班，警备区选送了近500名优秀军官、士官参加；出资70多万元，帮助武警皖南、苏北部队分散执勤点解决收看电视节目难和学习难的问题。2002年，市拥军优属基金会投资百余万元，在驻沪武警部队建成覆盖基层单位的"卫星传输远程教育网络"，并逐步向驻军各单位延伸。各区县根据驻军需要，开展科技进军营活动，组织百名专家教授、百台电脑进军营活动。复旦大学、同济大学、华东理工大学、上海大学等院校与部队签订协议书，把大学的高科技成果嫁接到部队的科技练兵中。向部队赠送科技图书30余万册、科技设备2万余套（件），举办高科技讲座2000余场次，协助部队科技攻关28项。2004年，各级政府依托上海高校和高科技产业园区，积极支持部队实施人才战略工程，建立科教拥军基地，对接部队科研项目。

2008年11月，由市拥军优属基金会全程资助的驻沪空军某部"双百十"人才培养工程启动，以部队团以上干部、空军技术保留骨干和机关干部为主体，用2年～3年时间，培养100名大专升本科、100名本科升研究生、10名硕士研究生升博士生的作战人才。

截至2010年，上海市各级建立科教拥军培训基地200多个，为部队培养大专以上人才3300多人、各类专业人才4.24万人；赠送科技图书近千万册，举办高科技讲座近万场次，帮助部队科技攻关、军地合作科研、转让科技成果等700多项。地方科研单位与部队建立科教研协作关系，每年按部队需求定向输送科研骨干，将部队科研成果纳入地方评比范围，帮助部队把新装备和新技术转化为战斗力。在地方科研单位支持下,驻沪部队开发研制的"便携式导弹作战自动化系统""数据容灾备份系统"等一批科研成果在全军获科技进步奖。

七、社会化拥军

1979年,上海市创建群众性的拥军优属服务网逐渐形成。1982年,全市149个街道全部建立拥军优属服务网,为烈军属和残废军人提供各种生活服务。拥军优属服务网有居委会、粮管所、房管所、派出所、菜场、地段医院、文化馆、影剧场、商店、理发店、浴室等单位。他们在街道办事处组织下,根据各自的特点,主动为优抚对象服务。1990年12月,上海的拥军优属服务网络遍布全市城镇乡村,5 414个地区和单位建立各类服务组织,54个街道、乡镇设立"爱国拥军奖励基金",30个街道建立"优抚园""烈军属之家"等活动基地。

1993年,随着多种经济成分共存的市场经济体制逐步完善,上海努力开拓社会拥军优属的新渠道,按照"国家、社会、群众"三结合优抚制度的原则,建立"上海市拥军优属保障基金",依靠社会筹集资金,为双拥工作注入新活力。当年筹措资金500多万元,全市70%的街道乡镇都建立"爱国拥军奖励基金",对城镇入伍义务兵及家属发放优待金。

1995年4月14日,上海市拥军优属基金会成立,市委副书记王力平任名誉会长,副市长孟建柱任会长,理事会选举王传友、刘云耕、周慕尧、孙金富、尉文渊为副会长。

1995年,在全市争创双拥街、双拥岛、双拥旅游商城、双拥文明小区等群众性活动中,把拥军优属、拥政爱民活动与地区、企业两个文明建设紧密结合,扩大了社会参与面。南京路双拥街从外滩至成都路,200余家商店挂牌对军人和优抚对象实行"三优"(优先、优质、优惠),设立军人购物导购员,1994—1995年受益的军人、优抚对象近4万人次。沿街单位与"南京路上好八连"、武警十中队等开展共建,部队主动参与地方治安、卫生、助老、做好事和重大改造工程,谱写了军民鱼水情的新篇章。1996年,淮海中路、新客站地区、徐家汇商城、人民广场等上百个地区和街道开展了以"三优先"服务为内容的创建双拥模范活动,双拥岛、双拥桥、双拥楼、双拥地铁站、双拥地铁列车、双拥病房等群众性双拥创建活动在全市蓬勃发展;制定"双拥公约",开设"军人优先"窗口;机场、车站、码头等窗口单位开设军人售票窗口,设立军人候机、候车、候船等服务项目。区县通过建立"拥军优属协会"、开展双拥主题服务日活动等形式,发动和组织机关、街道、企事业单位、学校和驻军广泛参与双拥服务活动。全市2 053家企事业单位主动与烈属、伤残军人等优抚对象结对,包户关心照顾,聘请702人为本单位荣誉职工。数千家企事业单位对本单位职工中的烈属每月发给80元抚慰金。部分区县还积极组织和推动"三资"企业参与创建双拥模范和开展社区拥军优属活动。

1995年4月19日,"全国拥军优属保障基金研讨会"在上海召开,上海代表在会上作专题发言,介绍市拥军优属保障基金设立后,以"服务国防、维护稳定"为宗旨,积极引导和发动社会各界对拥军优属事业给予物质和道义上的支持,为驻沪部队及其官兵、上海优抚对象等特殊社会保障对象办实事的经验。民政部对上海市的经验给予充分肯定。

1996年4月,市拥军优属基金会成立一周年之际,组织20位著名烈士家属到龙华烈士陵园祭扫烈士英灵,参观内环高架路、杨浦、南浦大桥和东方明珠电视塔等建设成果;举办"百家单位捐赠暨颁证"活动,全市各级机关、企事业单位的百余名代表向基金会捐赠1 172万元。4月10日,举办"为了心中的长城"电视文艺晚会。

1997年7月,市拥军优属基金会出资百万元,开展3项资助活动:一是助学活动,资助100名就读高校的烈士子女或经济困难的烈士和因公牺牲、病故军人及现役军人在校子女的学业;二是解困送温暖活动,资助生活困难的烈士家属和革命伤残军人各 100 名;三是慰问活动,慰问 100 名军休干部中贡献突出或经济困难的老同志。

据 1997 年 12 月统计,全市拥军优属服务网点 10 660 个,参加服务的人员 17 万人次,被服务对象 21 万多人(次)。各行业、各单位根据自身业务范围和条件,制定行之有效的服务制度。商业和副食品单位对优抚对象实行"三专一送":专券优待、专摊供应、专人服务和送货上门;医疗单位实行"四优一送":优先挂号、看病、配药、出诊和送医上门;房管部门实行"二优一改":优先修房,优先修理水、电,改善居住条件;对家中无人照顾、日常生活有困难的优抚对象,社区采取"四定服务":定服务对象、服务项目、服务时间、服务人员。各行各业拥军服务队定期或在节日到部队服务,为部队官兵优惠供应各种商品、副食品、书籍,免费修理家用电器和日用品,免费诊治疾病等。社会各界共组织 37 320 次拥军服务活动,参加服务共 40 多万人次。

1998 年 8 月,上海市拥军优属基金会向解放军总政治部捐赠 100 万元,抚慰在抗洪斗争中牺牲的 27 位烈士家属。

1998 年 9 月,由市双拥办投资研制的全国首套"双拥多媒体软件"在卢湾区民政局率先使用。系统软件采用文字、照片、卡通、图片、录像、电影、音乐和解说等多种媒体手段,形成双拥体系、为您服务、双拥政策、档案查询、特色项目和双拥宣传等六大模块,既供管理部门用于信息、资料和档案的展示、运用、传输、储存,又可供优抚对象用于政策查询,并且兼容了传统题材音乐、影视资料的观摩功能。这套软件在全市各区县被逐步采用。

2000 年 1 月 20 日,继上海市第一辆"双拥"公交车于 1997 年 3 月 5 日在 205 路开通后,上海市首条双拥公交线路开通。这条由嘉定到浏河的跨省长途双拥公交线由驻嘉定的空军某部队与嘉定大众公共交通有限公司共建共育。2002 年 6 月,上海市开通虬江码头至军工路沿线 1.3 公里路段公交车线路,解决几十年来沿线驻军及其家属出行难的问题。

2003 年 5 月,上海市拥军优属基金会拨出 100 万元为军队抗击"非典"提供保障;市抗击"非典"专项援助资金拨出经费,按每户 1 000 元的标准送去慰问金,并通过发放服务券的方式为赴京抗击"非典"军队医务人员家中的老人、未成年人等提供居家服务。

2004 年,上海探索"两新组织"(新社会组织、新经济组织)开展拥军优属活动。市委、市政府分管领导深入民营企业开展调研,在全市范围深入发动"两新组织"开展拥军优属试点。各区县有的动员"两新组织"参加"军营一日"活动,有的组织律师事务所与驻区部队开展签约结对活动,成为部队的常年法律顾问。2005 年,全市共有 6 万多个不同类型的"两新组织"以不同形式参加双拥共建工作,吸纳 3 万余名历年退役军人和近 500 名随军随调家属上岗就业,有 2 000 余名"两新组织"法人代表参加"军营一日"活动。2010 年,浦东新区 3 000 多家"两新组织"参与拥军优属活动,成为社会化拥军的生力军,开展军地同学创新理论、同树文明新风、同建和谐平安的"三同"活动。

2008 年 5 月 12 日,汶川大地震,市双拥办于震灾发生次日,即与驻沪部队各大单位建立信息传输渠道,及时掌握驻沪部队官兵参加抗震救灾情况及其家庭受灾情况,逐户逐人走访慰问,出资 50.54 万元慰问 637 户入川抢险官兵的在沪家属,出资 107.8 万元慰问 597 名驻沪部队中灾区籍家庭受灾官兵,通过社区力量和社工队伍帮助 19 户赴川官兵家属解决生活中的实际困难。

2010 年 4 月 14 日,上海市拥军优属基金会成立 15 周年,15 年间基金会的资金由成立时的 4 000 万元扩大到 14 亿元,共办理拥军优属实事数千件,受益人数达 10 万余人次,累计支出 2.27 亿元。

图 3-1-4　2005 年 12 月 19 日,上海市"两新"组织双拥共建工作经验交流会召开

八、普及国防教育

1980 年 1 月 23 日,市委印发《关于向吕士才同志学习的通知》。吕士才是第二军医大学主治军医、讲师。1979 年 1 月,他抱病率手术队赴对越自卫还击作战前线,执行战伤救治任务,连续工作 4 个月,手术队荣立集体二等功,吕士才荣立二等功。吕士才因过度疲劳,不幸逝世。中央军委授予他"模范军医"称号。1980 年"八一"期间,上海市烈士陵园展出对越自卫还击作战中牺牲的上海籍烈士英雄事迹。

1983 年 6 月,召开上海市"双拥"先进代表大会,全市企事业单位和居村委会运用报告会、读报会和广播等多种形式向广大群众和优抚对象进行双拥工作宣传。1987 年 7 月,上海市各界举行纪念会、报告会、电影映展、国防知识竞赛、征诗征文等活动,开展群众性的增强国防观念的教育。1989 年 8 月 7 日,上海市举行国防教育经验交流会,把国防教育放在重要的战略地位,作为提高市民素质的基础教育来抓,长宁区委等单位交流了开展国防教育的经验,有 30 个单位受到表彰。总政有关部队的领导出席会议。

1990 年起,上海市加大双拥宣传力度,广泛开展以爱国主义为核心的国防和双拥宣传教育活动。同年 4 月,上海市第一座标有"拥军优属、拥政爱民"字样、体现军民鱼水情的纪念碑在杨浦区沪东新村落成。1991 年 7 月 29 日,上海市第一所国防教育学校——黄浦区国防教育学校落成,总参谋长迟浩田上将为学校题写校名。该校位于浦东昌邑路 145 号,面积 1 300 多平方米,设有国防教育图片厅、兵器陈列室、国防图书资料室、军事指挥室等,展出陆、海、空兵器及兵器模型 100 多件。1991 年 12 月,上海市第一个反映拥军优属、拥政爱民丰硕成果的"双拥馆"在长宁区落成,成为群众接受党和军队优良传统教育的重要场所。

1992 年 8 月 20 日,上海市九届人大常委第 35 次会议通过《上海市国防教育条例》,该《条例》成为中国最早出台的地方性国防教育法规。据1995年统计,全市国防教育基地和少年军校达1 000余所,上百万人次接受国防教育和军事训练。

1995年1月18日,上海市举行好军嫂韩素云爱国拥军先进群体事迹报告会,中共中央政治局委员、市委书记、市长黄菊接见报告团全体成员。

1996年6月,全国各省、自治区、直辖市国防教育委员会和部队共200余名代表,汇聚上海交流开展全民国防教育经验,上海警备区副政委、少将李仰录作"上海市全民国防教育工作汇报"。代表们参观闸北区国防教育资料馆、青少年国防教育活动中心和浦东新区国防教育设施。同年11月,市国防教育委员会、市教委联合印发《上海市中小学国防教育实施纲要》。

1997年7月30日,由驻沪部队牵头,部队政治部门和上海市拥军优属基金会联合主办的上海市首届"双拥杯"国防好新闻颁奖仪式,在上海警备区隆重举行。《新民晚报》等9名在报道部队建设和双拥工作中作出突出贡献的新闻记者成为"双拥杯"国防好新闻奖的第一批获得者。同年,在"强我国防、兴我中华"全国国防知识竞赛中,黄浦区、南汇县、闸北区、普陀区、宝山区、虹口区、长宁区、杨浦区和卢湾区获得全国竞赛先进单位;150个单位分别荣获上海市团体一二三等奖、荣誉奖和基层单位组织奖;494名个人获得全国个人一二三等奖、纪念奖、先进个人等;12篇征文被评为全国"国防与科技"征文一二三等奖;3 578名个人分别获得上海市个人一二三等奖、纪念奖和先进个人奖。

1997年8月,全民国防教育"三级网络"在上海市形成。参加党校学习轮训的处、局级干部均接受一堂国防教育课;全市4 500多名企业领导和120多万名职工参加国防教育活动,57家企业建立国防教育馆,1 470家企业开设国防教育画廊;每年有2万多名高校学生和10万余名中学生参加军训,国防教育纳入学校教学计划。"军营一日"活动,成为全民国防教育的一种重要形式。龙华烈士陵园等534个国防教育基地全年接待参观群众484万人次。1998年3月,市国防教育办公室在闵行区组织开展"上海市中小学国防教育书架工程"建设试点,在该区22所中小学中,各建立一个藏书1 000册以上,以革命斗争史、全军成长壮大历程、英模人物事迹、华夏五千年历史、军事科技知识等内容为主的国防教育专用书架,此试点经验在全市得到推广。1999年11月6日,市委、市政府、上海警备区举行上海市全民国防教育总结表彰大会,12个区(县)、161个单位、75名个人受到表彰。市领导黄菊、徐匡迪,上海警备区领导王文惠等会见受表彰的先进单位和先进个人代表。

截至2000年12月,全市建成国防和传统教育基地800多处,在陆、海、空港等主要交通枢纽设立"军人之家",各服务行业普遍设立"军人优先"告示牌,广泛开展"优先、优质、优惠"服务。在繁华街道设置双拥宣传灯箱,各主要新闻单位坚持经常性的双拥公益广告宣传,在文艺舞台上不断展示军爱民、民拥军的文艺节目,军地双方先后组织建国功臣事迹报告会、抗洪抢险事迹报告会、老战士传统教育报告会、双拥故事演讲会、双拥征文等活动。

2001年9月15日首个全国全民国防教育日,在市国防教育委员会的组织下,全市机关干部、专职武装干部、民兵预备役人员、中小学生等1.2万余人走上街头,以设点宣传、专场文艺演出、国防教育黑板报展评、国防法规咨询等形式开展宣传活动。全市共发放宣传品5万余份,打出横幅标语150多条,制作宣传展板、黑板报1 500多块。市委领导发表电视讲话,上海警备区和市政府领导到宣传点视察。2002年9月21日第二个全民国防教育日,市国防教育委员会和市教委在全市中小学联合举办"我与国防"主题读书演讲活动和"国防教育电影周"活动。此后,每年的全民国防教育日,都组织开展系列国防教育宣传活动。

2005年9月17日,为中国人民纪念抗日战争胜利60周年和世界反法西斯战争胜利60周年,市国防教育办公室在全市广泛开展第五个全民国防教育日宣传活动。同日,由市文明办、市教委、市国防教育办和东方网络电视有限公司等单位联合建成的"国防主题乐园"开通;浦东新区梅园社区国防教育基地"长城家园"揭牌。2006 年 9 月 16 日,全市各区县结合纪念红军长征胜利 70 周年,开展设点宣传、专场文艺演出、国防教育宣传图板和黑板报展评、国防法规咨询等宣传活动,近 8 万人参加活动。

2007 年 12 月 29 日,上海市首个国防教育信息站——"申武国防教育信息站",在上海陆军预备役高射炮兵师建成并开通。2009 年 5 月,市国防教育办公室联合市教委、团市委、上海警备区学生军训工作办公室,在全市 61 所高校开展以"爱我中华、情系国防"为主题的大学生国防教育主题演讲比赛。

2009 年 8 月 12 日,上海市维护国防利益和军人军属合法权益工作领导小组成员单位联络员会议召开。会议传达学习全国维护国防利益和军人军属合法权益工作表彰会精神,研究上海市贯彻落实全国表彰会精神的意见。

2010 年,由市双拥办组织编撰、军事科学出版社出版的《上海市民国防和双拥知识手册》累计印发 624 万册,免费赠送给驻沪三军、武警部队全体官兵和全市居民。

截至 2010 年底,上海市共有军地共建的国防教育基地 1 600 多个、红色旅游基地 22 个,年接受教育群众达 440 余万人次。从 1992 年起开展的市、区两级党政领导班子成员每年一次的"军营一日"活动已形成制度,至 2010 年,到部队体验生活的干部达 10 万余人次。

第二节　拥 政 爱 民

1978 年,上海警备区所属各部队在市郊农村春耕、三夏、三抢、三秋等农忙季节,及时组织人力、物力进行支援。当年夏收一开始,警备区领导就带领机关和直属分队收割麦子,许多师团级领导干部也以身作则和干部战士一起到农业生产第一线大干苦干。

1979 年,上海警备区广大指战员,积极参加和支援上海市工农业生产。共支援工农业生产劳动日 12.4 万多个,帮助地方运输各种物资 2 200 多吨,为农业耕种收割 18 300 多亩,修理农机具 570 多台(件),积绿肥 1 300 多担。8 月,驻金山某团领导机关发现附近生产队插秧任务重,为了不误农时,团领导决定停止办公两天,带领机关指战员参加双抢劳动。夏天第 10 号台风影响上海,又遇大潮汛,海水冲垮横沙、长兴岛的外海堤 4 000 多米。驻横沙岛某团干部战士在团长率领下,帮助群众围圩打坝,冒着大雨连续奋战 30 多个小时,终于堵住洪水,保护了群众的生命财产。盛夏,上海商业局驻松江供应站收购了大量生猪,如不及时运走就有中暑死亡的危险。驻松江部队立即抽调 10 辆汽车,日夜兼程,把生猪安全运送到市区。入冬,驻川沙部队抽调 400 多名干部战士,连续 3 天和广大群众一起奋战川杨河;驻市区部队主动参与驻地周围工厂、商店、菜场劳动,或派战士到车站码头值勤,为人民群众做好事。

1980 年 7 月,上海港货物积压,上海警备区和驻沪海、空军派出 900 多人,奋战一个多月,搬运各种物资 24 万余吨。夏季,上海连续阴雨,部分早稻发芽、霉烂,上海警备区派出 6 000 余名官兵,帮助地方抢收抢种,并腾出房屋 1.4 万余平方米,为地方摊晒受潮的稻谷 60 多万斤,使国家和农民减少了损失。

1982 年 1 月起,每月的 10 日、20 日,"南京路上好八连"官兵到南京路开展便民服务活动,为群众开展理发、补鞋、磨刀、量血压等服务。同年 12 月,上海警备区广大指战员主动与 104 家企事业单位、218 生产队定点挂钩,支援地方建设,共建精神文明。上半年共支援地方 11.95 万多个劳动日,汽车 746 辆次,运输各种物资 3 551 吨,运送肥料 1.88 多万担,修理农机具 200 余件,为群众治病 4.4 万多人次,植树 31.27 多万棵。7 月中旬西瓜旺季,警备区及时组织人力车辆支援,一周内派出汽车 330 多辆次,为地方运西瓜 2 000 多万斤。驻沪某师派出千余名战士到 7 个码头、3 个果品公司搬运西瓜 150 余万斤。部队各医院和卫生队热情为驻地群众开展防病治病,帮助培训地方医务人员。警备区各部队经常组织干部战士到街道、公园、菜场、商店等公共场所打扫卫生、服务执勤,为地区孤老上门服务。

1982 年,驻沪海军派出舰艇护渔护航,参与地方海岸调查、海区测绘,配合院校师生出海实习和领航。全舰队共支援地方生产和社会公益事业 34.5 万个劳动日,派出车辆 4 000 多台次,支援肥料 6 000 多吨,植树 60 多万株,支援公益事业 34 项。在抢险救灾中,共出动 8 100 多人次,抢运各种物资 2 390 吨,抢救、抢修民船 38 艘。

1985 年 2 月,各驻沪部队纷纷派出干部战士到车站、码头、机场应对春运客运高峰,在北火车站、十六铺码头、大达码头、公平路码头和虹桥机场,子弟兵一日三班,义务执勤为群众服务。同年 9 月,杨浦区 36 名优秀教师去浙江雁荡山度假,发生食物中毒,情况十分危急,驻沪空军某部派飞机送去医生、药品。同年,在"沪嘉"高速公路、铁路上海新客站、石化总厂二期工程等国家重点工程,上海警备区派出 1 100 余人,计劳动日 9.4 万余个,投入机械 100 多台。在宝钢一期工程投产前,驻沪海军某部派出 1 000 多人、45 台车,帮助清理土方。长海医院派出医务人员深入农村、工厂、街道、学校,全年为群众治病 100 万余人次。

1986 年,驻沪各部队和武警上海总队在支援上海市虹桥路拓宽、浦东煤气厂、宝钢二期工程、秦山核电站等重点工程建设中,共出动人员 35 万人次、车辆 4 360 台次、舰艇 87 艘次。参加抢险救灾 118 次,派出人员 923 人次,出动车辆 1 421 台次,舰艇 27 艘次,抢救遇险遇害群众 1 355 人,抢运各种物资 1 317 吨。各部队还为地方培养了各种专业人员 2 395 人,为群众治病 120 余万人次。

1988 年,在长江口外和黄浦江内的抢险救援中,海军某部派出舰艇 47 艘次,救出中外海员和渔民 32 人,被誉为"海上救星"。驻沪部队全年帮助修理农机具 867 台件,为驻地群众治病 3 万余人次,对 16 所学校的 5 000 余名师生进行军训,在全市 13 个点上协助搞好社会治安。有 37 个单位被地方各级政府评为拥政爱民先进单位。"3.24"列车相撞事故发生后,警备区 100 多名官兵和医务人员立即奔赴现场,抢救伤员。11 月 7 日,奉贤县农资公司贝港木材仓库发生严重火灾,某团 263 名官兵灭火 3 个多小时,终于扑灭大火。1988 年,上海地区"甲肝"流行,第二军医大学派出 271 名医务人员参加防治工作,增设肝炎病床 750 张,收治甲肝病人 967 例。同年,空军政治学院全年派出校外辅导员 603 人,作形势报告 49 人次、军政座谈会 54 次、研讨会 42 次,帮助转化失足青少年 120 人。

1989—1991 年,驻沪空军部队多次紧急出动飞机抢运伤员及急需物资。驻沪空军某部运输中队,20 多次支援地方抢险救灾、航测、航拍。上海 10 名教师 1990 年在赴外地休养时不慎食物中毒,运输中队的战鹰,迅速将医生和急救药品送到出事地点,使中毒教师转危为安。驻沪空军为出版浦东开发宣传画册承担航摄任务。在 1991 年夏突如其来的洪涝灾害面前,驻沪空军组成了配备 3 架运输机的抢险救灾分队。

1991 年 7 月 20 日,上海警备区守备旅、警备团"南京路上好八连",驻沪海军、空军、空军政治学院和二军大数千名官兵集结太浦河,参加太浦河治理工程。当年,武警上海总队出动兵力 4 500 人次,赴青浦县莲盛乡筑堤加固、抢修泄洪通道,共抢筑堤圩 9 500 米,完成土方 2.53 万立方米,保住了 4 个村庄、900 亩鱼塘,为国家和群众减少损失 27 万元,为太浦闸开闸分流泄洪赢得了时间。

1991 年,驻沪海军登陆舰部队的近百个学雷锋小组经常到街道里弄、工厂学校开展为民活动,与吴淞、杨浦、黄浦、宝山等区县设立 64 个共建点,其中有 42 个被市区县命名为文明单位,分别被评为上海市"学雷锋先进单位"。该部队还先后参加上钢五厂机械设备大检修、上游引水工程、铁路上海站、越江隧道等 20 多项市政重点工程建设。

1992 年 1 月 29 日,上海警备区 700 多名官兵,在司令员徐文义、政委朱晓初的带领下,开赴杨浦大桥浦东、浦西段工地义务劳动。当年,驻沪部队官兵还参加外滩扩建建设。

1995 年,驻沪部队共投入 31 万个劳动日,出动车辆 2 359 台次、舰艇 40 艘次,支援上海经济建设。先后参加南北高架道路、上海大剧院等 20 项重点工程建设。组织 732 个拥政爱民服务小组为烈军属、贫困户做好事。在抢险救灾中出动兵力 4 370 人次、车辆 208 台次,抢救群众 2 873 人,挽回国家和人民财产损失 220 多万元。

1996 年,驻沪部队先后参加上海市 10 多项重点工程建设,投入 29 万个劳动日,出动车辆 1 870 台次、舰艇 35 艘次。武警上海总队直接参与地方经济建设 19 万个劳动日,派出车辆 2 000 多台次,先后参加了八万人体育馆、复兴东路拓宽等多项市政重点工程的建设。7 月中旬,在延安路高架(西段)重点工程施工的关键时刻,在总队政委李俊谦率领下,三支队派出 260 名官兵,顶烈日,冒酷暑,奋战四天搬运建材 800 多吨,清除建筑垃圾 100 多吨。11 月份,延安路高架(东段)工程启动,被誉为"南京路上学八连模范中队"的一支队十中队官兵进驻工地,为工程如期竣工连续奋战 7 天。

1997 年,驻沪部队投入 30 多万个劳动日,出动车辆 2 800 多台次,支援上海地铁二号线、上海体育场、徐浦大桥、浦东陆家嘴中心绿地、滨江大道等 10 多项重大工程建设。部队 1 100 多个"献爱心、送温暖"小组为烈军属、贫困户做好事、办实事,26 个单位被评为市双拥工作先进单位,3 个单位被评为全国双拥工作先进单位。

1998 年 12 月,上海警备区官兵全年投入劳动日 63 729 个,动用车辆 2 567 台次,先后参加浦东国际机场、中共"一大"会址、延安路高架、天津路改造等 11 项工程建设。

1999 年 7 月,"南京路上好八连"官兵参加南京路步行街改造工程建设。2002 年 7 月,上海警备区组织全区 1 200 多名官兵,顶着 36℃高温,在东起卢浦大桥浦东引桥、西至 318 国道沪青平高速公路主体立交桥、北到共和新路高架地铁工程的工地,参加清理平整道路、搬运建筑材料等义务劳动。全年参加重点工程建设 42 项,投入近 5 000 个劳动日。4 月、10 月,警备区官兵、职工和离退休老同志踊跃参与扶贫济困送温暖募捐活动,共筹得捐款 25 万多元、衣物 1.4 万多件。

2003 年,"非典"期间,第二军医大学、武警上海总队先后派出两批共 78 名医务人员奔赴第一线,支援全国抗击"非典"。

2003 年 7 月 1 日,轨道交通地铁四号线穿越黄浦江江底隧道施工现场突然渗水塌方,大量流沙涌入江底隧道,地表大面积沉降,房屋倾斜、倒塌,江堤断裂。险情发生后,武警上海总队立即派出兵力 6 300 人次、车辆 360 台次、船艇 1 艘,担负抢险救灾任务。官兵连续奋战 9 个昼夜,装填沙袋 30 万余只约 1.45 万吨,抢筑长 80 米、高 8 米、宽 7 米的防汛大堤,使险情迅速得到控制。同时,抢出并保护财税票据等重要物资 2 000 多件。

2003 年 8 月 5 日,停泊在上海黄浦江上游水源保护区吴泾热电厂码头的中海集团的"长阳"轮被不明小船撞击,发生溢油事件,污染面积达 10 平方公里,驻沪部队官兵奋力参加了黄浦江清除油污战斗。同年 9 月,驻沪部队参加"9·18"船舶灭火战斗重大抢险救灾工作。10 月 31 日,武警上海总队派出兵力 2 300 多人次、车辆 160 台次,分别在铁路上海站西站、南站、杨浦站和北郊站等 8 个站点抢运发往云南、江西、安徽等灾区救灾物资 1 000 余吨。同时,武警上海总队捐助 5.4 万元人民币,购买新棉被运往灾区。

2004 年 12 月,上海警备区组成医疗服务队,抽调警备区、海军上海保障基地、空军上海指挥所、第二军医大学、武警上海总队等单位的 11 名专家组成医疗服务队,赴崇明县三峡移民村、八一大道等地,开展义诊巡诊活动,免费发放药品。

2005 年 8 月,驻沪部队出动官兵抗击第 9 号台风"麦莎"和第 15 号台风"卡努",保卫上海人民生命财产安全。

2006 年 3 月,上海警备区组织驻沪部队近千名官兵参加黄浦江涵养林奉贤段义务植树活动。同年 12 月,组织全区部队向贫困地区捐款 53 万元。

2006 年,在"上合组织峰会"、2007 年女足世界杯等重大活动期间,驻沪三军和武警部队抽调大量官兵全程做好安保工作。

2007 年 9 月,驻沪部队官兵抗击 13 号台风"韦帕";10 月,抗击 16 号台风"罗莎",奋力保卫人民生命财产安全。同年 10 月,上海警备区组织 700 名官兵参加 2007 年世界夏季特殊奥林匹克运动会开、闭幕式表演。

2008 年 1 月,上海地区发生特大冰冻雨雪灾害,上海警备区组织兵力 3 000 人次,武警上海总队派出兵力 1.8 万人次,先后担负越江大桥、机场、隧道等重要部位的执勤保障任务。"5·12"汶川大地震后,上海警备区等驻沪部队官兵奔赴救灾一线,抢救遇险群众 4 863 人,救治群众 88 618 人次,实施手术 2 622 台次。部队官兵共为灾区捐款 3 351 万元、捐物 90 617 件。同年 5 月,上海警备区召开百日大练兵暨奥运安保工作会议。7 月,组织部队官兵开展奥运安保实兵演练,排爆专业分队官兵进行排爆处理。在奥运会期间,驻沪部队官兵担任安保备勤,维护社会稳定,确保了各项赛事活动顺利进行。

2010 年 1 月,上海警备区开展"送温暖、献爱心、军民共建和谐社会"活动。警备区领导分别带队看望慰问虹口、静安、奉贤区部分敬老院和困难户、特困生、残疾人、军烈属,并为他们送上价值 40 万元的慰问金和慰问品。

2010 年,在长达 184 天的世博会举办期间,驻世博园区部队根据入园客流变化,不断更新思路,创新执勤方法,提高安检效率和安全保卫水平,保持了世博游客安全有序。海、空军部队针对世博园区水域空域广、安全隐患多等实际,细化安保预案,强化技术侦测,顺利完成了水域、空域、码头、专用船舶和水门的探摸、侦测任务,确保了世博水域和空中安全。

第三节　军民共建

1981 年,驻崇明岛的上海警备区富民农场党委同崇明县港沿乡党委,首次开展军民共建文明村活动,随后驻沪部队与驻地机关、企事业单位共建活动全面展开。1983 年 7 月,市委、市政府和上海警备区联合在崇明岛召开上海市军民共建精神文明(以下简称军民共建)现场会,总结推广富民农场和港沿乡的共建经验。

1983 年 2 月 11 日,上海警备区召开军民共建表彰大会,表彰 21 个先进单位和 42 名先进个人。军民共建文明活动由点到面,建有 382 个共建点,其中有 80 多个共建点跨进文明单位行列。

1984 年 6 月 22 日,上海警备区领导带领部分机关干部,专程走访市政府,征询上海在进一步对外开放和改革中,地方政府对军队的意见与要求。

1985年2月,上海沪东造船厂组成慰问团,赴广西前线慰问驻沪空军参战部队。沪东造船厂与该部队为军民共建单位。慰问团给干部、战士赠送慰问品和一面绣着"爱中华、卫山河"的锦旗,并在距越方几百米的前哨阵地,与40余名立功人员代表座谈,鼓励他们为保卫南疆再立新功。战士们用写着"共建之花开边陲"的横匾表达牢记人民嘱托、镇守南疆的决心。同年2月14日,上海警备区领导走访市委、市政府,表示要在地方党委统一部署下,进一步开展军民共建活动,为振兴上海经济作出贡献。市委第一书记陈国栋、第二书记胡立教、市委书记杨堤、阮崇武以及有关部门领导参加会见。

1985年2月,市"五讲四美三热爱"活动委员会发出《1985年五讲四美三热爱活动要点》,提出要进一步开展军民共建和各种形式的共建活动,年内要求有50%以上的共建点建成区县、局一级的文明单位,成为改革和两个文明建设的示范点。郊县共建活动的重点应放在县城和大的集镇,以城镇带动农村。共建活动要为四化建设共育军地两用人才,搞好"智力双拥"。共建活动尽量做到军地双方彼此受益。同时要继续发展警民共建、厂际共建、厂街共建、厂校共建、店街共建、工农共建等各种共建活动。同年12月26日,驻沪部队成立军民共建协调小组,推动共建活动。当年,全市715个军民共建点中,1/4被评为县以上文明单位,驻沪部队有59个单位被评为上海市军民共建先进单位。

1986年1月,根据市精神文明建设的具体规划,当年确定21个军民共建重点单位,即一个区(原吴淞区)、两条路(南京路、淮海路)、三个街道(新华街道、辽原街道、延中街道)、四个"窗口"(铁路上海站、上海港客运总站、虹桥机场、豫园)、五所学校(同济大学、建材学院、大同中学、杨浦区工读学校、杨浦区二联小学)、六个企业(上海石化总厂涤纶二厂、沪东造船厂、4805厂、大中华橡胶厂、人民饭店、静安区第六粮店),承担驻沪部队牵头任务的上海警备区,对军民共建开展组织和发动工作。5月,上海警备区军民共建表彰大会在上海石化总厂召开,对41个部队单位进行表彰,向23个地方共建单位赠送锦旗。8月,上海警备区召开民兵政工会议,要求区县人武部在组织发动民兵参加两个文明建设的同时,做好军民共建活动的协调工作。当年,上海警备区先后两次召开代管单位会议研究共建工作,推动几十个在沪的代管单位在共建活动中发挥积极作用。1986年底,经过调整后的663个军民共建点,有283个被评为县以上文明单位,驻沪部队有74个单位被评为上海市军民共建先进单位。

1987年3月,上海警备区召开军民共育两用人才研讨会,市委主要领导与百余名企事业单位领导参加会议。会议号召全市各级党政机关和社会各界要支持部队培养两用人才。会后,科技、教育、文化部门和企事业单位主动上门为部队育才作贡献。市劳动局培训中心和科技出版社为适应培养军地两用人才需要,编写出版车工技术、钳工技术、电工技术、机械识图等14种培训教材;上海铁合金厂总结了"定向、培训、安置"一条龙的经验。

1987年5月,经市委、市政府批准,上海市军民共建共育领导小组成立,统管全市军民共建共育工作,22个区县相继成立军民共建共育领导小组。5月底,市委、市政府召开上海市文明单位、军民共建先进单位命名表彰大会,74个军民共建先进集体得到表彰。12月,上海警备区、市民政局在嘉定县联合召开退伍军人两用人才开发使用现场会。上海军民共育两用人才工作形成多层次教育网络,72个育才基地和190多个育才点先后开放,培养了一大批中专生和技术人才。300多名高中级工程技术人员和大中学教师给军人授课,开办60多个各种类型的文化补习班,提前完成2 400余名军官的中等教育普及任务;200名军官参加"军营大专班"的深造;800多名老战士获得职业技术等级证书。

1988年起,上海市军民共建共育活动更加注重实效,立足于为两个文明建设服务,为改革开放发展外向型经济服务,为提高人的素质服务。1—3月,海军某部队、上海警备区和武警上海总队先后召开培养军地两用人才的总结表彰会。4月,市委、市政府召开上海市军民共建共育经验交流会,总结全市军民共建共育活动的经验。5月,上海警备区军民共建经验交流会在松江县召开。6月,市政府、上海警备区联合召开上海市先进基层武装部先进专职武装干部代表会议,把军民共建作为会议的重要内容。1988年,经市"五讲四美三热爱"委员会批准,下发《军民共建共育先进单位标准》。同年10月,全市调整后的军民共建点为932个,共建单位遍及街道、乡镇、学校、企事业单位以及车站、码头等场所,共建活动从一般的劳务支援向围绕经济建设发展,从自发松散型向制度化、规范化发展,组织网络健全,活动常年坚持。

1991年3月8日,上海警备区隆重召开"上海民兵和南京路民兵为民服务10周年"总结表彰大会。总政副主任于永波,南京军区副政委裴九洲,中共中央政治局委员、市委书记、市长朱镕基,上海警备区司令员徐文义,政委朱晓初及市委、市政府、南京军区政治部领导等出席会议。上海民兵和南京路民兵坚持10年为民服务活动,为弘扬"好八连"、雷锋精神作出了贡献,涌现出一大批先进人物,共有万名民兵加入中国共产党,1万多名民兵担任车间以上领导,成为两个文明建设的一支生力军。会上,市委、市政府和上海警备区给南京路民兵授予"坚持十年学雷锋、南京路上树新风"锦旗,授予南市区、卢湾区、虹口区、闸北区、松江县、港务局人武部"弘扬雷锋精神、继承好八连传统"锦旗,授予海运局"上海轮"民兵连"坚持十年学雷锋,'上海轮'上送春风"锦旗。同年7月,"南京路上好八连"再次被南京军区评为拥政爱民先进单位。该连自1984年以来,已经12次被民政部、总政治部、南京军区和上海市评为先进称号。"南京路上好八连"与南京东路街道结成军民共建对子,坚持参加每月在南京路开展的为民服务活动,长期关心该街道云中里委30多户孤寡老人的生活,有20多名干部战士分别担任少教所、中小学的校外辅导员。此外,驻沪海军登陆舰部队有近百个学雷锋小组经常到街道里弄、工厂学校开展为民活动,与吴淞、杨浦、黄浦、宝山等区县设立64个共建点,其中有42个被市、区县命名为文明单位。截至1991年12月底,全市共有1000多个军民共建点,80%以上被评为市和区(县)、局级文明单位。

1991年8月30日,上海市第一家"双拥之家"在江湾镇揭牌,"双拥之家"由虹口区江湾镇政府和空军86770部队共同创办。同年10月4日,市精神文明建设活动委员会、市军民共建共育领导小组联合召开"上海市军民共建共育工作理论研讨、经验交流会",纪念军民共建活动开展10周年。副市长谢丽娟为军民共建理论研讨获奖论文的作者授奖。市委宣传部副部长龚心瀚总结并部署军民共建工作。

1992年9月,一座高5.1米、宽3.3米的"双拥纪念碑"在复兴岛揭碑,由岛上的企业和驻岛部队共同集资设立。复兴岛上有中华造船厂、海洋渔业公司等企业和驻岛部队共30余家,先后有10家企业、驻岛部队分别被市、区命名为文明单位和双拥先进单位。

1993年1月25日,上海警备区首次表彰人武系统的"十佳故乡指导员"和20名"优秀故乡指导员"。市人武系统深入开展"故乡指导员"活动,配合部队做好现役军人、军人家属的思想政治工作和排忧解难工作,做到"兵送走,不撒手;兵回来,不下岗"。"故乡指导员"队伍发展到4000多人,遍布厂矿企业、乡镇、街道、商店等,普及率达到95%。

1994年11月,中央宣传部、解放军总政治部通报表彰132对军民共建文明先进单位,其中有上海5对10家军地单位:黄浦区南京东路街道办事处与83330部队132分队、黄浦区人民广场街道办事处与武警上海总队一支队十中队、中国船舶工业总公司上海船舶工业公司与海军装备技术部驻上海地区军事代表局、杨浦区五角场镇四平村与39034部队直属通信站、上海石油化工股份有限公司涤纶二厂与83318部队。

1995年，南京空军政治学院学员三大队学员27队坚持集体认养杨浦区社会福利院的孤寡老人为"妈妈"，先后认养孤老15人，无论部队番号怎么变，人员怎么换，27队孝亲敬老的行动却从未间断，"99个'儿女'3个'妈'的故事"在申城成为美谈。

截至1995年12月，全市共有军民共建点1 490个，其中10％被评为市级文明单位，80％以上被评为区（县）、局级文明单位。在开展军民共建活动的同时，纠正共建中出现的"物化"倾向。年内，对全市军民共建点进行普查，调整了157个共建点，把宣传邓小平建设有中国特色社会主义理论和党的路线、方针、政策，弘扬爱国奉献和艰苦奋斗精神，军民共学雷锋、好八连，作为共建的主要内容。

1997年7月29日，上海召开军民共建共育经验交流会。市委副书记、市精神文明建设委员会常务副主任陈至立到会并讲话，177个先进集体受到市委、市政府的表彰。

2000年，按照《公民道德建设实施纲要》和《军人道德规范》要求，全市广泛开展社会公德、职业道德、家庭美德和"军民同心促和谐"等主题宣传教育活动。在军民共建活动中，涌现出南京路上好八连、海军上海基地佘山观通站、驻沪空军通信站、武警一支队十中队、二支队三中队、武警消防总队五支队车站路中队，以及吴孟超、高荣华、宋元俊等拥政爱民模范单位和个人。

截至2008年12月底，全市共有3 265个军民共建点，其中85％被评为区县以上先进，培育了一批精神文明建设示范点。政府搭台、军地互动、社会各界共同参与的军民共建局面已经形成。

2009年10月20日，上海市召开"军徽映夕阳"军民共建活动部署动员大会，并举行军地签约仪式。该项活动发动驻沪部队基层部队和民兵预备役人员参与上海老龄事业建设。养老机构与部队开展结对共建，驻地部队和民兵预备役官兵开展看望老人、谈心交流、慰问演出、为老人举办集体生日会或助养、认养老人等活动；与社区需要帮助的独居老人、困难老人结对，定期上门慰问、打扫，为老人排忧解难等。

2010年3月，上海市服务世博军民共建签约仪式举行，宝钢集团有限公司、中国电信上海公司、徐汇区斜土路街道办事处等15个机关、企事业单位，分别与15支部队签约结对。6月，上海世博会园区"军民共建、服务世博"活动签约暨授牌仪式在上海世博局举行。世博会期间，驻沪部队深入开展"参与世博、守护世博、奉献世博、学习世博"活动，组织官兵和民兵预备役人员组成志愿者服务队、文明礼仪宣传站、社区平安小分队和民兵世博志愿者服务站等，倡导文明出行，传播世博礼仪，参加环境整治；全市设立50多个军警民联系点，组成城市武装巡逻小组200余支，共计599个机关、企事业单位和"两新"组织与任务部队开展"世博双拥"结对共建等活动，为任务部队建立流动图书室、网络学习室、心理咨询室、文体活动室、医疗服务站等"四室一站"，赠送价值8 900万余元的电脑、电视机等慰问品。

第四节　评比表彰

1978年5月8日，上海市烈属、军属、革命残废军人、复员退伍军人积极分子代表大会在市革委会礼堂召开。与会者中有参加过长征的老红军战士，有为中国革命和世界革命献出生命的烈士家属，有支持亲人安心服役的军人家属，有奋勇杀敌光荣负伤的残废军人，有复员不下岗的复员退伍军人，还有驻沪部队的英雄模范等。会上表扬了一批优抚工作中的先进集体和积极分子，并分别予以授奖。大会通过致全市烈属、军属、革命残废军人、复员退伍军人的倡议书。市委书记、市革委会副主任严佑民和市革委会、上海警备区领导出席大会并讲话。

1983年1月，21个区县先后召开拥军优属和优抚对象先进代表大会，总结交流在新形势下做好拥军优属工作的经验，向在拥军优属工作中成绩显著的先进单位和个人，以及在"四化"建设中作出贡献的烈属、军属、革命残废军人、复员退伍军人颁发奖状和证书。各区县涌现出拥军优属先进单位1 164个，拥军优属先进个人611人，优抚对象先进个人2 004人。

1983年3月，上海市双拥先进代表大会在友谊电影院举行，市党政领导出席会议，民政部和解放军总政治部发来贺电，会议通过给全市人民的双拥倡议书，对140个拥军优属先进单位、60名先进个人、100个拥政爱民先进单位、100名先进个人和199名先进优抚对象进行表彰。

1984年7月，上海市代表团一行15人赴京出席全国双拥先进代表大会，代表团成员有：优抚安置工作先进单位南京东路街道办事处、华山路街道办事处和南汇县瓦屑乡政府的代表；拥军优属先进单位崇明县政府、沪东造船厂、共青团上海县委的代表；优抚对象先进个人许晓轩烈士夫人姜绮华，现役军人家属王逵、钱连生，退伍军人武明根、吴红兵，以及特邀代表李白烈士夫人裘慧英。

1987年7月，上海市拥军优属拥政爱民经验交流大会在云峰剧场举行，会议表彰徐汇区永嘉街道等77个拥军优属先进单位和中国人民解放军85医院等65个拥政爱民先进单位。

1988年7月27日，为纪念延安兴起"双拥"运动45周年和庆祝建军61周年，民政部、总政治部通报表彰在双拥工作中做出突出成绩的先进单位和个人。黄浦区民政局、杨浦区延吉新村街道办事处、嘉定县马陆乡政府、崇明县堡镇镇政府、市公交公司第一分公司和川沙县民政局等6个单位，静安区民政局张宪廷、上海沪东造船厂人民武装部李作玉，分别受到表彰。

1991年12月，市委、市政府和驻沪部队、武警上海总队在上海展览中心友谊会堂举行全市双拥工作表彰大会。这是上海市首次举行的双拥模范先进评选命名表彰活动，市领导吴邦国、黄菊等出席，会上命名表彰了一批上海市双拥模范区（县）、拥军优属模范街道（乡镇）、拥军优属模范单位、上海市拥政爱民先进单位。创建双拥模范区（县）、拥政爱民先进单位和拥军优属模范街道（乡镇）、单位的创建活动在上海市蓬勃开展。

1992年1月，全国双拥工作领导小组、民政部和总政治部在北京人民大会堂召开全国双拥模范城（县）命名大会，黄浦区、嘉定县被命名为全国双拥模范城（县）称号。此次评选之前，黄浦区已有两个单位被评为全国双拥工作先进集体。嘉定县创建的征优质兵、组织故乡指导员、实行军烈属优待服务、安置复退军人和开发军地两用人才等5个工作系列的经验，被南京军区和总政治部推广。

1993年11月，全国双拥工作领导小组下发《双拥模范城（县）命名管理办法》，对双拥模范城（县）的命名作出规范，双拥模范城（县）分全国和省（自治区、直辖市）两级，实行动态管理，不搞终身制。规定全国双拥模范城（县）一般二至三年命名一次，省级双拥模范城（县）每二年命名一次。

1995年，市双拥工作领导小组命名南京路、四川北路、豫园旅游商城等14个双拥一条街（岛、商城、小区）。1996年10月，又命名表彰了上海站地区、人民广场、金陵东路、徐家汇商城等17个（条）双拥一条街、双拥广场、双拥地区。

1996年初，市双拥办制定《上海市拥军优属拥政爱民模范区（县）考评内容》，规定：双拥模范区（县）应当双拥组织健全，双拥工作纳入各职能部门的目标管理责任制考核内容；区县全部街道乡镇建立基层拥军优属保障基金，积极开展智力拥军育才和智力优属活动，积极开展创建双拥一条街（双拥小区、双拥商城）活动等。对全市驻军和各区县创建活动进行全面总结和考核评比。

1996 年 11 月 29 日，上海市召开上海市双拥模范、先进命名表彰大会，表彰 12 个上海市双拥模范区（县），375 个拥军优属模范、先进街道（乡镇）和单位，73 个拥政爱民模范、先进单位，以及拥军优属十佳个人、拥政爱民十佳个人、十佳军嫂、百名优抚对象先进个人等。市委副书记王力平到会讲话。会前，中共中央政治局委员、市委书记黄菊，市长徐匡迪等领导接见部分双拥模范代表。

1997 年 7 月 24 日，民政部、总政治部在北京召开表彰拥军优属、拥政爱民先进单位和模范个人电视电话会议，上海衡山集团、市煤气公司、上海电焊机厂、徐汇区教育局、静安寺街道被评为全国拥军优属先进单位；"南京路上好八连"被评为全国拥政爱民先进单位；黄浦区区长张来庆，获 1996 年"上海市十佳军嫂"称号的孙逸梅，第二军医大学附属长征医院骨科主任、教授侯春林，被评为全国拥军优属拥政爱民模范个人。

1997 年 8 月 27 日，中宣部、总政治部在北京召开表彰军民共建先进单位电视电话会议。黄浦区南京东路街道办事处、上海警备区"好八连"等 8 对先进单位受到表彰。中共中央总书记、国家主席、中央军委主席江泽民为此题写"军民共建社会主义精神文明先进单位"的奖匾。

2000 年 1 月 12 日，全国双拥工作领导小组、民政部、总政治部在北京召开全国双拥模范城（县）命名大会，上海市的黄浦、嘉定、宝山、杨浦、闵行、虹口、长宁、崇明、徐汇等区县被命名为全国双拥模范城（县）。

2000 年 7 月，市委、市政府和上海警备区召开上海市双拥模范、先进命名表彰大会，市委副书记、市长徐匡迪出席并讲话。会上命名 15 个上海市双拥模范区县、153 个拥军优属模范街道乡镇、390 个拥军优属模范单位、53 个拥政爱民模范单位、41 个拥军优属先进街道乡镇、26 个拥政爱民先进单位，授予 30 名上海市拥军优属模范、上海市拥政爱民模范、上海市好军嫂称号，授予 100 名上海市优抚先进个人称号。

2003 年 7 月，市委、市政府和上海警备区召开上海市双拥模范、先进命名表彰大会，市委副书记、市长韩正主持会议并讲话。会上表彰 19 个上海市双拥模范区县、141 个拥军优属模范街道乡镇、585 个拥军优属模范单位、57 个拥政爱民模范单位、37 个拥军优属先进街道乡镇、28 个拥政爱民先进单位、10 名拥军优属模范个人、10 名拥政爱民模范个人、10 名好军嫂、100 名优抚对象先进个人。

2004 年 1 月，全国双拥工作会议召开，309 个市（区）县被授予全国双拥模范城（县）荣誉称号。会上，上海市黄浦区、嘉定区等 11 个区被命名为全国双拥模范城，中国石油化工股份有限公司上海分公司等 4 个单位被命名为爱国拥军模范单位，松江区人事局局长方岷、崇明县堡镇镇党委书记洪德辉被命名为爱国拥军模范个人。

2006 年，上海市下发《上海市双拥模范（先进）创建命名管理暂行办法》《上海双拥模范区县考评标准》等文件，进一步制定和完善双拥创建的考评办法及标准，把创建和考评的重点放在基层和平时，把落实兑现各项拥军优属政策作为考评的必要条件，把解决难点、热点问题的工作力度和效果作为考评的重要内容，加大工作实绩考评的比重，增加民主监督的内容，增加考评的激励性标准和否决性标准。

2008 年 1 月，在全国双拥模范城（县）命名暨双拥模范单位和个人表彰大会上，上海市有 12 个区被命名为全国双拥模范城，5 个单位被命名为全国爱国拥军模范单位，3 名个人被命名为全国爱国拥军模范。同年 5 月，上海市双拥模范（先进）命名表彰大会举行，中共中央政治局委员、市委书记俞正声出席会议并讲话，会上表彰一批双拥模范（先进）集体和个人。自 1992 年黄浦区、嘉定县首次荣获全国双拥模范城（县）起，1992—2010 年，黄浦区、嘉定区、杨浦区、虹口区、宝山区、闵行区、长宁区、徐汇区、崇明县、浦东新区、静安区、卢湾区、松江区、奉贤区先后被评为"全国双拥模范区(县)",19个区县都被评为"上海市双拥模范城(县)"。

表 3-1-1　1991—2008 年上海市获全国双拥模范城(县)、上海市双拥模范城(县)一览表

年　份	全国双拥模范城(县)	上海市双拥模范区(县)
1991		黄浦区、杨浦区、虹口区、宝山区、静安区、长宁区、南市区、嘉定县、金山县、南汇县、川沙县、松江县
1992	黄浦区、嘉定县	
1993	杨浦区	
1994	黄浦区、嘉定区、虹口区、宝山区、杨浦区	黄浦区、嘉定区、虹口区、宝山区、杨浦区、崇明县、闵行区
1996		黄浦区、嘉定区、杨浦区、虹口区、宝山区、崇明县、闵行区、南市区、徐汇区、长宁区、南汇县
1997	黄浦区、嘉定区、杨浦区、虹口区、宝山区、闵行区、崇明县	
2000	黄浦区、嘉定区、宝山区、杨浦区、虹口区、闵行区、长宁区、徐汇区、崇明县	黄浦区、嘉定区、宝山区、杨浦区、虹口区、闵行区、长宁区、徐汇区、南市区、闸北区、静安区、卢湾区、浦东新区、崇明县、南汇县
2003		黄浦区、嘉定区、宝山区、浦东新区、虹口区、闵行区、杨浦区、长宁区、徐汇区、静安区、卢湾区、闸北区、南汇区、金山区、青浦区、松江区、奉贤区、普陀区、崇明县
2004	黄浦区、嘉定区、宝山区、浦东新区、虹口区、闵行区、杨浦区、长宁区、徐汇区、静安区、卢湾区	
2008	杨浦区、徐汇区、松江区、浦东新区、宝山区、闵行区、虹口区、静安区、长宁区、嘉定区、奉贤区、黄浦区	杨浦区、徐汇区、松江区、浦东新区、宝山区、闵行区、虹口区、静安区、长宁区、嘉定区、奉贤区、黄浦区、卢湾区、金山区、普陀区、青浦区、南汇区、闸北区、崇明县

资料来源：上海市民政局档案

第二章 抚恤优待

改革开放以来,在体制转轨、社会转型的过程中,上海市的抚恤优待工作经历探索改革、机制创新、完善政策体系的过程。

抚恤补助和优待金。在国家政策规定的基础上,上海加大对优抚对象的抚恤补助和优待:1985年规定在职入伍的义务兵,由所在单位按当年上海职工平均工资及本单位平均奖金的50%发给优待金,并逐步实行优待金由社会统筹;1993年创设对烈士、因公牺牲军人另行增发地方一次性抚恤金制度;1994年建立优抚对象抚恤补助标准自然增长机制;1995年创设给新追认的烈士家属再发给其遗属一次性褒扬金制度;1996年创设给烈士在职家属发放定期抚慰金制度;2001年对农村60岁以上老年退伍士兵试行地方性定期补助,并在全市各区县推广。截至2010年,上海形成包括一次性抚恤、伤残抚恤、定期抚恤、定期定量补助等在内的14类国家和上海市的抚恤补助和优待金政策体系。

社会优待。在推行社会优待优抚对象的工作上,上海形成就业优待,着力解决驻沪部队军官随军、随调家属的就业安置;住房优待,优先供应建房材料,住房困难的房租减免;交通优待,设立军人售票窗口,残废军人乘坐火车、轮船、飞机、长途汽车优先购票并按规定享受减价优待;教育优待,现役军人子女入学、入托,在同等条件下优先接收,以及文化娱乐优待和户籍优待等。

截至2010年底,全市优抚对象共有50万人,享受政府抚恤优待的重点优抚对象共32 213人(户)。其中,伤残人员7 075人,烈士遗属4 749人,因公牺牲军人遗属281人,病故军人遗属5 501人,在乡复员军人3 272人,带病回乡退伍军人548人,享受生活补助的参战退役人员2 315人,享受生活补助的参加核试验军队退役人员60人,义务兵及其家属8 412户。

第一节 抚恤补助和优待金

一、一次性抚恤

1979年2月1日,经国务院批准从1979年2月份起,调整牺牲、病故军人的一次抚恤金标准,其中对营职以下干部,特别是对牺牲、病故的战士、班长级的一次抚恤金标准,作较大幅度的提高。具体规定是,牺牲的:战士级提高177.7%,班长级提高117.4%,连、排职提高96.4%,营职提高71.4%,团职提高44.5%,师职和师职以上提高0.77%。对病故军人的抚恤金也作相似比例的提高。据此,经过调整,上海市的牺牲军人一次性抚恤标准为500元~700元,病故军人为400元~600元。

1980年6月4日,国务院《革命烈士褒扬条例》和民政部《关于贯彻执行〈革命烈士褒扬条例〉若干具体问题的解释》施行,上海市对烈士、因公牺牲军人和病故军人的一次性抚恤金,按照国家规定其发放范围和顺序是:(1)有父母(或抚养人)无配偶的,发给父母(或抚养人);(2)有配偶无父母(或抚养人)的,发给配偶;(3)既有父母(或抚养人)又有配偶的,各发半数;(4)无父母(或抚养人)和配偶的,发给子女;(5)无父母(或抚养人)、配偶、子女的,发给未满18周岁的弟妹;(6)无上述亲属的,不发。2004年10月1日起,修订后的《军人抚恤优待条例》将发放范围和顺序调整为:发给烈士、因公牺牲军人、病故军人的父母(抚养人)、配偶、子女;没有父母(抚养人)、配偶、子女的,发给未满18周岁的兄弟姐妹和已满18周岁但无生活费来源且由该军人生前供养的兄弟姐妹。

1980年8月,民政部、财政部下发《关于给对越自卫还击作战牺牲人员家属增发抚恤金和提高革命烈士抚恤金标准的通知》,将烈士一次性抚恤金的标准从因公牺牲军人中分离出来,成为单独一项,标准为800元~1000元。

1984年4月1日,民政部、财政部下发《关于提高革命烈士一次性抚恤金标准的通知》,上海将烈士一次性抚恤金提高为2000元~2400元。

1985年10月29日,民政部、财政部下发《关于调整烈士一次性抚恤金标准的通知》,规定自1984年4月1日起牺牲并被批准为烈士的,其一次性抚恤金的标准调整为:(1)烈士生前有工资收入的,按其牺牲时的40个月工资计发;(2)烈士生前无工资收入或工资低于军队23级正排职干部工资标准的,按其牺牲时军队23级正排职干部的40个月工资计发。被军委或大军区授予英雄模范称号的烈士,增发应领一次抚恤金的1/3;荣立二等功以上的军人、参战民兵民工被批准为烈士的,增发应领一次抚恤金的1/4。

1988年8月1日,国务院《军人抚恤优待条例》和民政部《关于贯彻执行〈军人抚恤优待条例〉若干具体问题的解释》施行。一次性抚恤的标准为:烈士,40个月工资;因公牺牲军人,20个月工资;病故军人,10个月工资;原规定的病故一次性抚恤金最高金额不得超过3000元的限制予以取消。同时,对立功和获得荣誉称号的现役军人死亡,一次性抚恤金分别按下列比例增发:(1)被中华人民共和国主席或者中央军事委员会授予荣誉称号的,增发35%;(2)被军区(方面军)授予荣誉称号的,增发30%;(3)立一等功的,增发25%;(4)立二等功的,增发15%;(5)立三等功的,增发5%。2004年10月1日起,修订后的《军人抚恤优待条例》将现役军人死亡一次性抚恤金标准调整为:烈士,80个月工资;因公牺牲,40个月工资;病故,20个月工资;月工资或者津贴低于排职少尉军官工资标准的,按照排职少尉军官工资标准发给其遗属一次性抚恤金;获得荣誉称号或者立功的烈士、因公牺牲军人、病故军人,一次性抚恤金的增发比例与1984年的规定基本相同。

1993年10月,市民政局、市财政局下发《关于对牺牲军人有关待遇问题的通知》,除按国家统一标准发给一次性抚恤外,上海市另外增发地方一次性抚恤金,标准为:烈士增发40个月工资,因公牺牲军人增发30个月工资。

1995年,市民政局、市财政局《关于给新追认革命烈士家属发一次性褒扬金的通知》和1997年市委办公厅、市政府办公厅转发的《关于进一步支持部队建设做好拥军优属工作的若干意见》规定,凡1995年1月1日以后牺牲的烈士,除国家和地方的一次性抚恤金外,再发给其遗属一次性褒扬金5万元,作为地方政府对烈士遗属的抚慰。

2001年,民政部、财政部下发《关于调整一次性抚恤金发放办法的通知》。上海自2002年1月1日起,国家机关工作人员、人民警察的死亡一次性抚恤金,改为由死者生前所在工作单位发放。此前,上海按照民政部《关于军人、机关工作人员牺牲、病故一次性抚恤金应由家属居住地的县(市)民政部门发给的通知》规定,统一由家属居住地的县(市)民政部门发给。发放标准根据国家和上海市的有关规定,随着历年来军人抚恤有关政策的调整,也得到相应的提高。

2005年,市民政局、市财政局《关于保留牺牲军人一次性抚恤金和提高烈士一次性褒扬金标准的通知》,对2004年10月1日以后牺牲的烈士,其地方一次性烈士褒扬金标准提高为10万元;因参战或参加军事训练死亡的无工作单位民兵民工,一次性抚恤参照国家和上海市关于军人的相应规定执行。

2010年,全市军人死亡一次性抚恤金支出共计2 266.6万元。

二、伤残抚恤

1979年6月,根据国务院、中央军委《关于做好部队退伍义务兵伤病残战士安置工作的通知》精神,上海对不入住残废军人休养院而回家安置的特等、一等残废军人中生活不能自理,饮食起居需人扶持的,按不超过当地一个普通工人工资的标准发给护理费。此后随着干部离退休等政策的建立和完善,护理费发放范围逐步扩大到特、一等伤残国家机关工作人员、伤残人民警察和伤残民兵民工。发放途径,在乡的由民政部门负责,在职(含离退休的,下同)由所在单位负责。

1981年,按照民政部的统一组织和部署,上海为6 932名伤残人员换发伤残证件。通过换证工作,纠正了旧证中对伤残类别、性质、残情、部位、姓名、籍贯、出生年月等差错,进一步理顺伤残人员管理和抚恤金发放的关系,建立、健全伤残人员一人一档的资料档案,同时帮助解决伤残人员生活等方面的一些实际困难。

1990年3月15日,市民政局下发《关于进一步完善和加强革命伤残人员资料档案的通知》,进一步完善伤残人员的资料档案,加强档案管理工作。同年,按照民政部统一部署,上海市为8 186名革命伤残人员换发伤残证件。

1991年1月3日,市民政局制定《上海市评残工作管理办法》,对上海市伤残人员伤残等级的评定、调整,伤残证件的发放管理等具体工作进行规范。1993年5月28日,市民政局制定《上海市革命伤残人员配置辅助器械的规定》,对上海市伤残人员配制各类辅助器械的对象、原则、范围、条件、手续等作出规范。

1993年,根据国家和上海市的相关规定,向一至四级伤残人员发放护理费,并按照上年度上海市城镇职工平均工资水平逐年调整标准。一至四级伤残人员的护理费标准为:(1) 因战、因公一级和二级伤残的,为上海市职工月平均工资的50%;(2) 因战、因公三级和四级伤残的,为上海市职工月平均工资的40%;(3) 因病一级至四级伤残的,为上海市职工月平均工资的30%。至2010年12月,一至四级伤残人员护理费标准,最高为每月1 783元,最低为每月1 070元。从2005年7月1日起,将原由所在单位发放的在职一至四级残疾军人和伤残民兵民工护理费,统一改为由户籍所在地的区县民政部门负责发放。

1994年1月1日,上海市在国家规定标准的基础上,根据国家关于伤残人员按照有无工作,分别享受伤残抚恤金和伤残保健金规定,向伤残人员发放相应的地方抚恤补助金和保健补助金,标准为:在乡的,城镇每人每月173元～280元,农村每人每月104元～168元;在职的,每人每年61元～225元。

1997年4月1日,民政部下发《伤残抚恤管理暂行办法》,对伤残人员伤残等级的评定、调整,伤残证件的发放管理,伤残抚恤的给付、转移、中止、取消和恢复等作出具体规定。

1999年,上海市调整伤残人员的伤残抚恤补助标准。享受伤残抚恤补助人数共7 779人。革命伤残军人按伤残等级,抚恤(保健)金新标准为:在乡每人每年最高为5 340元,最低780元;在职每年最高为1 000元,最低195元。地方伤残抚恤(保健)补助标准调整为:在乡地方伤残补助城镇最高每人每月938元,最低450元;农村最高613元,最低307元。在职地方伤残保健补助标准每年最高为845元,最低340元。提高特、一等革命伤残人员护理费年标准基数为1 030元。从1999

年起,对全市无工作的在乡二等甲级以下伤残军人的遗属,给予生活补助每月 260 元,共补助 129 人,补助金额 40 万元。对革命伤残军人的配偶和未成年子女户籍可异地迁入和就地农转非,全年已办理农转非 245 人。为伤残军人更换伤残辅助器械(假肢、电动车和电动轮椅车),共计价值 136 万元。

1999 年 10 月,在中华人民共和国成立 50 周年之际,上海市共投入 136 万元(其中中央拨款 39.9 万元)为残疾军人统一配置最先进的国产假肢、电动残疾车及一批其他高档辅助器械。

2000 年 12 月,全市享受伤残抚恤补助 7 654 人,发放金额 846.93 万元。

2001 年,上海市实行二等乙级以上革命伤残军人"不建立个人医疗账户,不实行个人自负医疗费,不设起付标准和最高支付限额"的医疗保障政策。规定分散安置的患精神病退役义务兵,按全市在乡二等甲级革命伤残军人抚恤标准发给生活补助费,并享受上海市二等乙级以上革命伤残军人的医疗保障待遇。

2002 年 3 月 28 日,为缓解失业残疾军人面临的实际困难,上海市执行民政部下发《关于失业伤残军人抚恤问题的通知》,制定《关于失业伤残军人改领抚恤金的通知》,对符合规定条件的失业伤残军人,经批准后,可将原在职伤残保健金改领为在乡伤残抚恤金,解决贫困和失业伤残军人的实际生活困难。

2003 年,上海市伤残人员地方抚恤补助金和保健补助金标准提高为:在乡的,城镇每人每月 524 元～1 077 元,农村每人每月 357 元～706 元;在职的,每人每年 664 元～1 560 元。

2004 年 10 月 1 日,国务院《军人抚恤优待条例》施行,将伤残等级由重到轻分为一至十级(其中因病评残的为一至六级)。此前,伤残人员按致残性质分为因战、因公和因病致残(因病致残仅限于服现役时除因战、因公以外原因致残的义务兵和初级士官);其伤残等级按由重到轻分为四等六级,即特等、一等、二等甲级、二等乙级、三等甲级、三等乙级(其中因病评残的为一等、二等甲级、二等乙级)。

2004 年,市民政部门对残疾军人生活状况开展调查。全市有 93％的残疾军人安置在国营企业,多数企业效益不好,"关、停、并、转"现象普遍。据统计,约有 70％残疾军人的工资收入加上保健金,低于在乡残疾军人的抚恤金。残疾军人要求取消保健金和抚恤金差别的呼声越来越高。2005 年 7 月 19 日,根据民政部、财政部的有关文件精神,市民政局、市财政局下发《关于提高部分优抚对象抚恤补助标准的通知》,从 2004 年 10 月 1 日起取消上海市伤残人员在职伤残保健金和在乡抚恤金之间的差别,同时一并取消在乡伤残人员地方抚恤补助城乡标准的差别,统一归并为残疾抚恤金一个标准,解决了大部分残疾军人保障水平偏低的问题。据统计,仅此一项,全市财政当年增加支出 6 422.8 万元。

2005 年,根据民政部、总后勤部《军人新旧残疾等级套改办法》的规定,上海将伤残人员原四等六级的伤残等级,与新的伤残等级作出套改衔接。全市 7 104 名伤残人员换发伤残证件。同年 8 月,市民政局与市人事局、市劳动和社会保障局、市财政局联合下发《关于调整本市一至四级伤残人员护理费标准的通知》,护理费标准从每月 1 878 元调整为每月 2 033 元。

2006 年 7 月 10 日,市民政局、市财政局下发《上海市伤残人员配置辅助器械的规定》,对配置辅助器械的对象、原则、范围、条件、办理程序、经费渠道等进行规范和调整。

2007 年 7 月 31 日,民政部下发《伤残抚恤管理办法》。

2010 年,市民政局会同第二军医大学下发《关于指定医疗卫生机构建立医疗卫生专家小组的通知》,建立全市性的医疗卫生专家小组,对伤残人员开展伤残等级评定和调整的集中检评,进一步规范评残工作。

2010 年 10 月，上海市伤残人员残疾抚恤金标准调整为每年 8 196 元～40 956 元。1978 年时，上海市伤残人员（在乡）伤残抚恤金标准为每年 80 元～520 元，以一级（原特等）因战和八级（原三等乙级）因公在乡残疾军人为例，其伤残抚恤补助标准分别提高 77.8 倍和 148 倍；而同期上述两类在职残疾军人抚恤补助标准的提高幅度，则分别达到 567.8 倍和 594.8 倍。

2010 年 11 月 8 日，市民政局、市档案局联合下发《关于贯彻执行〈伤残人员档案管理办法〉的意见》，进一步加强全市优抚伤残档案的规范化管理，并实行电子化的动态管理机制。

截至 2010 年 12 月 31 日统计，上海市有残疾军人（原称革命残废军人、革命伤残军人）6 695 人，伤残公务员（原称残废工作人员、伤残国家机关工作人员）126 人，伤残人民警察（原称残废人民警察）232 人，因战因公伤残人员（原称参战残废民兵民工，后改称伤残民兵民工）19 人。

三、定期抚恤

1979 年 5 月 28 日，民政部下发《关于城市烈属、病故军人家属定期定量补助问题的通知》规定：对无劳动能力的烈士、病故军人的父母、配偶、未成年子女，虽其居住城市的直系亲属中有人在机关、企业、事业等单位工作，但因为工资收入较少，生活经常发生困难而无力供养（抚养）他们的，不再由其亲属所在单位负责解决，而改由县、市、市辖区民政部门给予定期定量补助。同年 10 月 30 日，民政部、财政部下发《关于改进优抚对象定期定量补助工作的规定》明确：对孤老烈士家属和孤老病故军人、失踪军人家属，没有亲属抚养或虽有亲属而无力抚养的烈士、病故、失踪军人的未成年子女，以及丧失劳动能力而其子女又无力供养的烈士、病故、失踪军人的父母和配偶，给予定期定量补助；补助的基本标准为农村每人每月 6 元～10 元，小城市和城镇每人每月 10 元～15 元，大、中城市每人每月 15 元～20 元。同年 12 月 15 日，市民政局、市财政局下发通知，在国家规定的基础上，上海市区和郊区城镇困难优抚对象定期定量补助标准，由原来的每人每月 15 元～18 元调整为 15 元～20 元，农村每人每月 6 元～10 元，市区和郊县城镇孤老烈属定期定量补助标准为每人每月 23 元～28 元。

1980 年 8 月 4 日，民政部要求在补助对象方面要保证重点，使家居农村年老体弱、丧失劳动能力的烈士的父母和配偶一般都能享受补助；对城市烈属的补助不适用有关控制面的要求，应从实际出发，实事求是，自行掌握。据此，同年 10 月 21 日，市民政局制定《关于本市优抚对象定期定量补助标准具体掌握上的若干规定》，对补助对象的范围、城乡烈士遗属等对象补助的具体标准、有关的家庭收入核对等进行规范，提高孤老烈属、烈士遗孤以及 80 岁以上的烈士父母、配偶等对象的补助标准，明确对生活困难的再婚的烈士配偶的补助原则。

1985 年 1 月 1 日，根据民政部、财政部《关于对革命烈士家属、因公牺牲军人家属、病故军人家属发给定期抚恤金的通知》，上海市按居住地将标准分为农村、小城镇和大中城市三个档次，并提高了相应标准，其中：烈士、因公牺牲军人遗属的标准分别为 20 元～25 元、30 元～35 元和 35 元～40 元；病故军人遗属的标准分别为 15 元～20 元、25 元～30 元和 30 元～35 元。1988 年《军人抚恤优待条例》将可以享受定期抚恤金的烈士、因公牺牲军人、病故军人遗属范围从父母（抚养人）、配偶、子女扩大到依靠军人生活的 18 周岁以下的弟妹，同时增加已满 18 周岁但因读书或伤残无生活来源的子女可以申请定期抚恤金的规定。

1994 年 9 月 6 日，市民政局印发《关于领取征地养老金的烈属、因公牺牲、病故军人家属可以保留农村定期抚恤金现行标准给予定期定量补助的函复》，根据上海市城市发展等实际情况，对领取征地养老金的优抚对象的抚恤补助政策作出调整。

1996年，市政府对优抚对象的抚恤补助标准，已初步形成与人民生活同步提高的自然增长机制，全年共发放定期抚恤补助金1938万余元，比上年增长39.29％；伤残军人抚恤、保健金标准有所提高，在乡特等伤残军人全年为9278元，达到全市职工年平均工资水平，比上年增长52％；城镇及农村义务兵家属优待金发放8219万余元。

1997年8月6日，市民政局下发《关于对里弄生产组退休的烈士父母、配偶给予补差的通知》，对相应烈士、因公牺牲军人、病故军人遗属的抚恤补助问题作出规定。

1999年，上海市为保障重点优抚对象的基本生活高于当地人民群众的平均生活水平，年内三次调整烈士家属、因公牺牲军人家属、失踪军人家属、老复员军人、带病回乡退伍军人的抚恤补助标准和伤残人员的伤残抚恤补助标准。至年底，全市享受定期抚恤和定补人数共8180人，支出金额4546万元。新标准为：市区每人每月最高为1378元，最低为648元；农村每人每月最高为860元，最低403元。全市共有4459名烈士家属享受抚慰金，其中，对3944名在职烈士家属从10月1日开始，抚慰金提高到每人每月100元。为6222名优抚对象办理医疗减免，减免金额663万元。

1999年7月1日，市民政局下发《关于本市优抚对象定期抚恤金和定期定量补助若干问题处理规定的通知》，对享受定期抚恤的对象范围、发放程序、关系转移以及其他有关具体问题作了系统规范，并明确对由于就学或伤残以外的原因丧失劳动能力、无生活来源的烈士、因公牺牲军人成年子女，给予定期定量补助。同时，根据1988年《军人抚恤优待条例》规定，明确享受定期抚恤金的人员死亡时，除当月应发的定期抚恤金外，可增发半年定期抚恤金，作为丧葬补助。

2001年12月27日，市民政局对再婚的烈士配偶和领取定期定量补助的烈士成年子女的具体补助标准作出统一。

2004年，《军人抚恤优待条例》修订后，将烈属的定期定量补助归入定期抚恤中。可以享受定期抚恤金的烈士、因公牺牲军人、病故军人遗属范围从弟妹又扩大为兄弟姐妹，并相应增加已满18周岁兄弟姐妹因上学无生活费来源也可申领定期抚恤的规定。此后，申领定期抚恤金的烈士、因公牺牲军人、病故军人遗属范围为：（1）父母（抚养人）、配偶无劳动能力、无生活费来源，或者收入水平低于当地居民平均生活水平的；（2）子女未满18周岁或者已满18周岁但因上学或者残疾无生活费来源的；（3）兄弟姐妹未满18周岁或者已满18周岁但因上学无生活费来源且由该军人生前供养的。

2005年，根据国家有关政策，将烈士遗属和因公牺牲军人遗属定期抚恤金由原来的一个标准分为两个标准。

截至2010年12月统计，上海市享受定期抚恤金的烈士遗属、因公牺牲军人遗属、病故军人遗属共1006人，当年定期抚恤经费达到3668.3万元。

表3-2-1　1979年与2010年上海市烈士遗属、因公牺牲军人遗属、
病故军人遗属定期抚恤金标准对比表

单位：元/月

执行起始时间	城　镇		农　村	
类别及标准（元）	1979年10月	2010年10月	1979年10月	2010年10月
在乡烈士遗属、失踪军人遗属（孤老、遗孤）	23～28	3 124	6～10	2 187
在乡因公牺牲军人遗属（孤老、遗孤）	23～28	2 980	6～10	2 086

（续表）

执行起始时间　　类别及标准（元）	城　镇		农　村	
	1979 年 10 月	2010 年 10 月	1979 年 10 月	2010 年 10 月
在乡病故军人遗属 （孤老、遗孤）	15～20	2 523	6～10	1 766
在乡烈士遗属、失踪军人遗属 （父母、配偶、未成年子女）	15～20	2 403	6～10	1 682
在乡因公牺牲军人遗属 （父母、配偶、未成年子女）	15～20	2 206	6～10	1 544
在乡病故军人遗属 （父母、配偶、未成年子女）	15～20	1 910	6～10	1 337

注：上述标准已包含中央标准
资料来源：上海市民政局档案

四、定期定量补助

1979 年 10 月 30 日，民政部、财政部下发《关于改进优抚对象定期定量补助工作的规定》，明确对带病回乡不能经常参加生产劳动，生活特别困难的复员、退伍军人，以及完全丧失劳动能力、生活困难的复员军人，应当给予定期定量补助，补助标准与烈士遗属、病故军人遗属相同。同年 12 月 15 日，市民政局、市财政局下发了贯彻该规定的通知，对在乡的抗日战争时期入伍、军龄较长、贡献较大的复员军人的补助标准，定为每人每月 23 元～28 元。此后，上海在乡复员军人和带病回乡退伍军人定期定量补助标准得到逐步增长。

1980 年 12 月，上海市各县对优抚对象定期定量的补助工作，扩大补助范围，压缩不合理部分，更有效地发挥补助效果，使农村优抚对象中的孤、老、病、残人员的生活进一步得到保障。

1984 年 4 月 9 日，民政部下发《关于对一九五五年前后复员到地方的女兵生活待遇问题的通知》，将符合相关条件的复员女兵列入可以享受定期定量补助的复员军人范围。

1986 年 4 月 16 日，民政部、财政部下发《关于进一步做好定期定量补助工作切实解决在乡复员军人生活困难的通知》，在提高在乡复员军人定期定量补助标准的同时，进一步扩大补助面。同年 10 月 10 日，市民政局下发《关于在乡务农复员军人定期定量补助取消年龄限制的通知》。1988 年 7 月 18 日，国务院颁布《军人抚恤优待条例》，将生活困难的复员军人享受定期定量补助列入正式条文。

1995 年 12 月 22 日，为表彰在乡老复员军人的历史功绩，提高他们的社会地位，市民政局、市财政局下发《关于对在乡老复员军人发给定期荣誉金和发放丧葬补助费的通知》，决定从 1996 年 1 月 1 日起，对在部队荣立二等功以上的在乡老复员军人（1954 年 10 月 31 日以前入伍的）发给定期荣誉金，发放标准为：（1）中央军委、国防部授予战斗英雄称号以及军以上单位授予特级和一级战斗英雄称号的，每月享受荣誉金 100 元；（2）军以上单位授予二级、三级战斗英雄称号的，每月享受荣誉金 80 元；（3）部队授予特等功、一等功的，每月享受荣誉金 60 元；（4）部队授予二等功、大功的，每月享受荣誉金 50 元。该文件同时规定：在乡老复员军人病故后，增发 6 个月的定期定量补助作为丧葬补助费。此后，丧葬补助的范围，由在乡复员军人扩大到当时领取定期定量补助的所有对象。

1997年9月18日,市民政局下发《关于对精简下放职工中的复员军人实行差额补助的通知》,对精简下放的复员军人按相应参加革命时期给予差额补助。

1999年7月1日,市民政局下发《关于本市优抚对象定期抚恤金和定期定量补助若干问题处理规定的通知》,对城镇和农村在乡复员军人、带病回乡退伍军人享受定期定量补助的条件作了系统的整理和规范,进一步明确对征地养老、精简下放、乡办企事业单位退休等复员军人的补助原则,规定享受定期定量补助的对象范围为:一是1954年10月31日以前入伍,持有复员军人证件或经组织批准复员,并已确定其身份、没有参加工作的复员军人,包括家居农村在抗日战争时期、解放战争时期入伍的复员军人,家居农村在1949年10月1日至1954年10月31日期间入伍的复员军人,家居城镇未参加工作的复员军人,家居城镇在1955年前后复员无工作的女兵。二是按同时期入伍的在乡复员军人定补标准给予相应差额补助的复员军人,包括原领取精简下放职工补助费的在乡复员军人,其补助费低于在乡复员军人标准的;原在农村享受定期定量补助的在乡复员军人,因国家征用土地,转为城镇户口的,已领取城镇征地养老金的,养老金低于城镇在乡复员军人补助费的;家居城镇在乡办企事业单位退休的复员军人,按城镇定期定量补助标准补足。三是带病回乡退伍军人患慢性病和精神病的,要有原部队师、团以上卫生医疗机关出具的病情材料证明,本人档案有记载,由当地民政部门指定区以上医院检查,确属部队带病(原部位)退伍、丧失劳动能力的。四是根据市政府办公厅《关于加强拥军优抚工作的通知》规定,对在乡伤残军人病故后,其家属没有工作的,给予遗属生活补助。

2005年4月19日,民政部、财政部下发《关于提高回乡务农抗战老战士等在乡复员军人生活补助标准和维修抗日烈士纪念设施等工作的通知》,自当年1月1日起,中央财政开始承担在乡复员军人的定期定量补助资金,标准为500元/年(实际拨付给上海等东部7省市的标准为250元/年);对回乡务农抗战老战士的定期定量补助标准,在此基础上再增发500元/年(其中中央财政承担360元/年,地方财政承担140元/年)。根据中央文件精神,2005年7月,市民政局、市财政局下发《关于提高部分优抚对象抚恤补助标准的通知》,大幅度提高抗战期间入伍的老复员军人的定补标准,补助标准平均增幅达80%。

2006年5月12日,民政部在《关于复员军人按照规定享受定期定量补助的通知》中,对《军人抚恤优待条例》中关于复员军人享受定期定量补助的条件作出相应明确,除在乡的退伍红军老战士、西路军红军老战士、红军失散人员(上海市无上述三类人员)以外,其他时期入伍的复员军人享受民政部门定期定量补助,应当同时符合以下两个条件:(1)自退出现役后从未经组织安排或本人申请被录用到国家机关或企事业单位工作;(2)孤老或年老体弱、丧失劳动能力,生活困难的。

2010年,上海市在乡复员军人和带病回乡退伍军人的定期定量补助标准,由1979年的每月6元~10元提高至:城镇在乡复员军人定期定量补助标准为1485元~2283元/月,农村为1040元~1598元/月;带病回乡退伍军人城镇为1201元/月,农村为841元/月。当年上海市财政此项支出为4534.9万元。

五、退役人员生活补助和医疗救助

2001年,南汇县在全市率先对农村60岁以上的老年退伍士兵试行地方性定期补助,标准为100元/月。随后,浦东新区、闵行、宝山、嘉定、金山、松江、奉贤、青浦、崇明等市郊区县也纷纷开始这方面的尝试。补助政策实行初期,标准为每月60元、80元、100元不等,由区县政府或有关部门根据当地实际情况自定。2010年,上海市农村60岁以上的老年退伍士兵试行地方性定期补助标准为100元/月～120元/月,当年各区县向10 519名60岁以上退伍军人发放生活补助,总金额为1 647万元。

2003年6月6日,民政部、财政部、人事部、劳动和社会保障部下发《关于解决原8023部队退役军人生活医疗困难问题的复函》,要求对部分参战退役人员和参加核试验军队退役人员逐步建立起生活补助制度。市民政部门按规定落实宣传告知、申报登记、调档核实、会审认定、统计上报、经费落实和发放等工作。

2006年5月26日,针对参加核试验退役人员中部分人员实际存在的医疗困难问题,确定上海市参加核试验军队退役人员特殊医疗救助的实施方案,明确相应操作程序和经费渠道。除已按规定享受残疾军人伤残抚恤、工伤保险等待遇外的参加核试验军队退役人员,因本人患病负担较重且影响其家庭生活的,由区县民政部门按其自负部分(限于上海市基本医疗保险支付范围的医疗费用)85％的比例给予特殊医疗救助。当年,市财政部门从市级医疗救助费中划拨100万元专门落实此项政策。

2007年7月6日,民政部、财政部、人事部、劳动和社会保障部下发《关于调整部分优抚对象等人员抚恤和生活补助标准的通知》及配套意见,对参战退役人员、参加核试验军队退役人员的身份确认和相关待遇的办理条件、办理程序、申报审核程序作明确的规定。当年起,对农村和城镇无工作单位且家庭生活困难的参战退役人员,以及不符合评残和享受带病回乡退伍军人生活补助条件,但患病或生活困难的农村和城镇无工作单位的原8023部队和其他参加核试验军队退役人员(以下统称参加核试验军队退役人员),给予每人每月100元的生活补助。据2008年6月统计,上海市当时享受生活补助待遇的参战退役人员和参加核试验军队退役人员分别为1 941人和30人。2008年10月1日起,在国家规定标准的基础上,上海市财政增加地方补助的标准,使其总的补助标准达到200元/月。此后,随着国家和上海市优抚对象抚恤补助标准的调整,此项补助标准也得到相应提高。

2007年5月,上海市自实行参加核试验军队退役人员特殊医疗救助的实施方案一年中,有46名核试验军队退役人员享受特殊医疗救助,救助经费16万元,单笔补助金额最高达7万元。2008年救助190人,金额18万元;2009年救助142人,金额22万元;2010年救助133人,金额27万元。

2010年,上海市享受生活补助待遇的参战退役人员2 315人,享受生活补助待遇的参加核试验军队退役人员60人,生活补助标准提高到每月500元,当年经费支出为814.9万元。

六、差额补助

2006年8月1日,市民政局、市财政局决定从8月1日起,在调整原有优抚对象抚恤补助标准的同时,对超过退休年龄(视作为丧失劳动能力)且收入水平低于相应定期抚恤金标准的烈士遗属、因公牺牲军人遗属、病故军人遗属,实行差额补助政策。

2007年,上海市对超过退休年龄(视作为丧失劳动能力)且收入水平低于相应定期抚恤金标准的烈士遗属、因公牺牲军人遗属、病故军人遗属,实行的差额补助政策,又扩展到复员军人,规定从2008年1月1日起,对超过退休年龄且收入水平低于相应定期定量补助标准的复员军人(指在1954年10月31日前入伍,后经批准从部队复员的人员),实行差额补助政策。上海市建立和完善优抚对象抚恤补助自然增长机制后,在乡优抚对象的基本生活得到相应保障。该两项政策,为部分低收入的优抚对象建立起一种最低生活保障制度,解决部分退休较早或从外地退休回沪的优抚对象,特别是退休的烈士遗属、因公牺牲军人遗属、病故军人遗属,存在退休收入低于相应在乡优抚对象定期抚恤补助的现象,解决在职、在乡优抚对象间出现的收入"倒差"等失衡问题。

2010年,上海市共对3 069名超过退休年龄且收入水平低于相应定期抚恤金标准的烈士、因公牺牲军人、病故军人遗属给予差额补助,总金额为1 647万元。同年,有151名超过退休年龄且收入水平低于相应定期定量补助标准的复员军人享受差额补助,总金额为101万元。

七、农村优抚对象优待金

1979年,上海市郊县农村优抚对象的优待,从解放初期以代耕土地发展到优待劳动日。当年,绝大部分公社生产队(以下简称社队)对烈属、战士家属普遍优待劳动工分(劳动日)。

1980年11月29日,市民政局下发《关于切实做好一九八〇年度优抚对象优待工分工作的通知》,要求各县、社队对战士家属普遍优待工分时,对烈士不仅要给予同等优待,而且要保证烈属的生活略高于当地社员的实际生活水平,其优待的工分数要略高于军属;对年老体弱、丧失劳动能力、生活困难的复员军人和带病回乡、长期不能劳动、生活困难的复员、退伍军人,也要给予优待工分。

1980年12月,上海市郊县农村实行生产责任制以后,妥善安排了优抚对象的生产和生活,对农村中的烈士家属和义务兵家属普遍实行优待工分。据统计,年底市郊农村各公社、生产大队、生产队,对39 408户烈士家属、义务兵家属普遍优待的工分,折合金额726万元,比1979年增加74%。各县对农村优待政策进行检查,使应当享受优待的优抚对象都得到优待,并保证在社员年终分配时一次落实兑现。

1982年12月,上海市农村义务兵家属优待金逐步实行乡镇统筹。

1983年12月,上海市农村烈属平均每户获得优待金近300元,义务兵家属平均每户获得优待金近280元。为使烈军属的生活水平同其他群众一样不断提高,市郊10个县对优待标准,已从1978年按一个整劳力全年收入的30%提高到50%左右。

1986年1月27日,市政府批转市民政局制定的《上海市优待革命烈士家属、革命军人家属和革命残废军人办法》,规定:家居农村的烈属和牺牲、病故军人家属及义务兵家属,由乡政府采取平衡负担的办法给予优待,优待标准不低于乡办或村办企业职工年平均工资和奖金的50%;给烈属的优待要略高于义务兵家属;家居农村生活有困难的在乡残废军人,应根据其困难大小,由乡政府采取平衡负担的办法给予优待,保证他们的生活不低于本村农民的平均生活水平。此后,农村以帮耕帮种、优待工分为主的优待形式基本上被优待金取代,帮耕帮种成为扶助烈军属发展生产、改善生活的一种辅助性优待手段。

1991年7月4日,市政府颁布《上海市优抚对象优待办法》,规定:在义务兵服现役期间,按规定发给优待金;对家居农村的义务兵家属,由乡镇政府采取平衡负担的办法发给优待金,优待金标准不低于乡办或村办企业职工年平均工资和奖金的50%;家居农村的革命烈士家属、因公牺牲军人家属和病故军人家属,由乡镇政府采取平衡负担的办法给予优待,优待金标准不低于义务兵家属;家居农村生活有困难的领取伤残抚恤金的革命伤残军人、未参加工作的复员军人和带病回乡的退伍军人,视其困难程度,由乡镇政府采取平衡负担的办法给予适当优待,保证他们的生活不低于当地农民的平均生活水平。义务兵在服现役期间立功受奖和超期服现役的,增发一定比例的优待金。

1993年2月,市政府办公厅转发市政府征兵办、市民政局等五部门制定的《上海市义务兵及其家属优待金征收使用管理暂行办法》,使优待金的落实更具操作性。

1995年,嘉定区采取税收附加的方式,在全市率先实行义务兵及其家属(含农村在乡烈士遗属等重点优抚对象,下同)优待金全区农村统筹,使优待金负担合理,及时兑现。当年12月22日,市政府办公厅转发市征兵办、市民政局等五部门制定的《上海市义务兵及其家属优待金筹集发放管理办法》。各郊区(县)根据自身情况,参照该文件规定和嘉定区做法,由税务部门按企业"三税"(增值税、营业税、消费税)一定比例征收附加税的办法,向当地区县和乡镇企业征收农村义务兵及其家属的优待金。此项措施保证了优待金的来源。同时,各区县或乡镇按农村劳动力年人均收入的标准发放农村的义务兵家属优待金。1995年,农村义务兵及其家属优待金发放达3 104万元。

1998年11月,市政府办公厅下发《关于加强拥军优抚工作的通知》,要求:对农村义务兵家属优待金的社会统筹实行均衡负担,解决多出兵、多负担的不合理情况,积极创造条件,尽快对农村义务兵家属优待金实行区、县级税种附加费社会统筹;对统筹的义务兵家属优待金,要制定严格的管理办法,确保专款专用。上海市10个有农村的区县,对农村义务兵家属优待金全面实行区县级社会统筹。

1999年,全市兑现农村义务兵家属优待金4 434户,发放金额3 203万元。

2006年,上海市优待金农村标准逐步与城镇标准统一。至2008年,除个别区外,均达到17 764元/年,个别乡镇超过这一标准。

2010年,上海市所有的市郊区县农村和城镇义务兵及其家属优待金实现同一个标准,实现"义务相等、待遇相同"的目标。同期,随着农村义务兵及其家属优待金标准的大幅提高,为平衡城乡享受定期抚恤补助优抚对象之间的待遇差别,对部分农村优抚对象优待金政策作出相应调整,明确享受定期抚恤金和定期定量补助的农业户籍的烈士遗属、因公牺牲军人遗属、病故军人遗属,以及生活有困难的残疾军人、在乡复员军人、带病回乡退伍军人,给予适当优待,保证他们不低于当地农民的平均生活水平,所需经费列入各区县(或乡镇)政府财政预算。

八、城镇优抚对象优待金

1985年10月29日,市政府办公厅转发市征兵办、市民政局、市劳动局、市财政局《关于从本市厂矿、企事业单位入伍的义务兵暂行优待办法》,规定:自当年10月1日起,在职入伍的义务兵,由所在单位按当年上海市职工平均工资和平均奖金的50%发给优待金,并明确发放方式和资金渠道。在此前,城镇义务兵家属,除政治优待和节日慰问外,基本没有物质优待。

1986年,市政府批转市民政局制定的《上海市优待革命烈士家属、革命军人家属和革命残废军人办法》,明确:家居城镇在职入伍的义务兵在服现役期间,由其所在单位按规定发给优待金,其供养亲属仍享受原单位职工供养亲属的福利待遇;待业入伍义务兵的家属,生活有困难的,由区县政府给予适当补助。

1986年10月9日,市政府办公厅转发《对城镇高(初)中毕业生和待业青年入伍义务兵优待的暂行办法》,对城镇高(初)中毕业生和待业青年入伍的,享受与在职义务兵家属同样的优待金。

1991年7月4日,市政府发布《上海市优抚对象优待办法》,明确:对家居城镇的义务兵,在服现役期间,按照市政府有关规定发给优待金;对在职入伍的义务兵在服现役期间,其供养的直系亲属仍享受原单位职工供养直系亲属的劳动保险福利待遇。义务兵服役期间立功受奖的,对其可增发义务兵及其家属优待金,具体标准为:义务兵获大军区以上荣誉称号的增发1500元,立一等功的增发1000元,立二等功的增发800元,立三等功的增发600元;一年内获两种以上奖励的,按最高一项标准增发。

1993年2月,市政府办公厅转发市征兵办、市民政局等五部门制定的《上海市义务兵及其家属优待金征收使用管理暂行办法》明确:上海市城镇义务兵及其家属优待金开始实行社会统筹,由财政、税务部门征收,并纳入市级附加收入,视同预算内收入。

1995年12月22日,市政府办公厅转发市征兵办、市民政局等五部门制定的《上海市义务兵及其家属优待金筹集发放管理办法》,从当年起,城镇义务兵及其家属优待金由税务部门按全市企业"三税"(增值税、营业税、消费税)的3‰征收附加税,保证了优待金的来源。同时,按上年度全市职工年人均工资性收入的标准发放城镇义务兵及其家属优待金。当年,城镇义务兵及其家属优待金标准达到7401元,发放总额达到5177万元。

1998年11月,市政府办公厅下发《关于加强拥军优抚工作的通知》提出,对统筹的义务兵家属优待金,要制定严格的管理办法,确保专款专用。

1999年,全市兑现1998年城镇义务兵家属优待金10013户,发放金额1.2亿元。对2名获得二等功、134名获得三等功的义务兵家属共增发优待金82000元。

2002年11月25日,市政府办公厅转发市民政局等四部门修订的《上海市义务兵及其家属优待金发放管理办法》,义务兵及其家属优待金从向社会筹集改变为纳入各级政府财政预算,城镇标准定为17764元/年。

2007年3月27日,市政府办公厅转发市民政局等四部门再次修订后的《上海市义务兵及其家属优待金管理办法》,对农村重点优抚对象的优待金作出进一步调整规范。2010年4月22日,为进一步做好从全日制高等学校在校学生中征集义务兵工作,市民政局、市征兵办、市财政局、市教育局四部门制定《关于对非上海生源在校大学生义务兵发放优待补助金的若干规定》,决定从2009年1月起,对从上海全日制高等学校在校学生中征集的入学前为外地户籍义务兵发放优待补助金,并对优待补助金标准、信息管理、申领发放程序、经费保障等提出具体意见。

2010年,全市享受义务兵及其家属优待金共8412户,其中城镇义务兵7342人(含大学生义务兵1783人),农村义务兵1070人。义务兵及其家属优待金年标准为22000元,当年发放义务兵及其家属优待金共计1.85亿元。

九、烈士遗属定期抚慰金

1996年1月30日,经市政府批准,市民政局、市劳动局、市人事局、市财政局下发《关于给革命烈士在职家属发给定期抚慰金的通知》,规定:从当年1月1日起,对烈士的在职(含离退休)的父母(抚养人)、配偶、子女,由其所在单位发放定期抚慰金,标准为80元/月。通过这种形式,对在职优抚对象的社会优待进行初步探索。截至11月底,全市有3451名在职革命烈士家属按月享受定期抚慰金,各单位累计发放达331万元。

1997年5月25日,市委办公厅、市政府办公厅下发文件,对发放定期抚慰金待遇予以重申。同年12月16日,市民政局下发《关于无工作的烈士成年子女发放定期抚慰金的通知》,将定期抚慰金的发放范围扩大到无工作的烈士成年子女,并明确这部分对象的抚慰金由区县民政部门发放。

1999年10月20日,市民政局、市劳动和社会保障局、市人事局、市财政局发文规定,自当年10

月 1 日起,定期抚恤金的标准调整到 100 元/月。

2000 年,全市在职烈士家属享受抚慰金的有 4 459 人,发放金额 452 万元。

2003 年 12 月 30 日,市政府办公厅转发市民政局等六部门《关于进一步加强本市革命烈士家属抚恤优待工作若干意见的通知》明确:对因单位破产、倒闭或其他特殊原因停发抚慰金的烈士遗属,可改由其户籍所在地的区县民政部门发放。

2006 年 8 月 14 日,市民政局、市财政局下发《关于调整部分优抚对象抚恤补助标准的通知》,将定期抚慰金的标准进一步调整到 200 元/月;同时将由社会优待改为政府优待,全部归由区县民政部门发放。

2010 年,全市民政部门共向 4 157 名烈士遗属发放定期抚慰金,总金额 997 万元。

十、优抚对象医疗费减免和补助

1986 年 1 月 27 日,市政府批转市民政局制定的《上海市优待革命烈士家属、革命军人家属和革命残废军人办法》,规定:烈属、军属和残废军人,因病就诊时,当地医疗单位应当优先治疗,负担医疗费确有困难的烈属、军属,区县卫生部门应当酌情给予减免,对二等以上残废军人就诊免付挂号费。在此之前,优抚对象的医疗保障一直沿用 1953 年发布的《上海市革命烈士家属、革命军人家属诊治疾病优待暂行办法》的规定,烈士家属、革命军人家属在治疗疾病时,享有就诊(包括住院)优先权;在公、私医院住院治疗,其应缴的住院、医药等费,根据其家庭经济及劳动力不同情况,分别予以全免或减免的优待政策。

1991 年 7 月 4 日,市政府颁布《上海市优抚对象优待办法》,规定:烈士家属、因公牺牲军人家属、病故军人家属、革命伤残军人因病就诊时,医疗单位应当优先治疗;不享受公费医疗待遇的烈士家属、因公牺牲军人家属、病故军人家属、现役军人家属以及带病回乡的复员退伍军人,因病治疗无力支付医疗费的,区县卫生部门应当酌情给予减免;二等以上革命伤残军人就诊,凭《革命伤残军人证》,免付挂号费。

1997 年 11 月 6 日,市委办公厅、市政府办公厅下发《关于进一步支持部队建设做好拥军优属工作的若干意见》,提出:在国家机关、社会团体、企事业单位工作的革命伤残军人,应享受所在单位因公(工)伤残职工相同的生活福利医疗待遇;领取伤残抚恤金的二等乙级以上(含二等乙级)革命伤残军人,享受公费医疗待遇;三等革命伤残军人不享受公费医疗待遇的,伤口复发所需医疗费,由区县政府解决;因病所需医疗费本人支付有困难的,由区县政府酌情给予补助。烈士家属、因公牺牲和病故军人家属、革命伤残军人因病就诊时,医疗单位应当优先治疗。不享受公费医疗待遇的烈士家属、因公牺牲和病故军人家属、现役军人家属以及带病回乡的复员退伍军人,因病治疗而无力支付医疗费的,区、县卫生部门应酌情给予减免。二等以上革命伤残军人就诊,凭《革命伤残军人证》,免付挂号费。

1998 年 12 月 3 日,市政府办公厅下发《关于加强拥军优抚工作的通知》,要求:对在职的烈士家属、因公牺牲军人家属、病故军人家属、现役军人家属和革命伤残军人的医疗费用,由其所在单位优先给予解决;医疗保险部门和各单位在制定有关政策时,要充分考虑优抚对象的生活和经济状况,给予必要的照顾和倾斜。

1999 年 11 月 2 日,市卫生和医疗保险部门下发《关于重申对革命伤残军人、离休干部就诊挂号费收费及报销办法的通知》,再次强调对二等以上革命伤残军人在医院就诊时,凭《革命伤残军人证》,医院应免收挂号费。

2000年,上海市开始实行公费医疗改革,建立城镇职工基本医疗保险制度。为保障残疾军人的医疗待遇,市医疗保险局在2000年11月15日公布的《上海市城镇职工基本医疗保险办法实施细则》中规定:老红军、离休干部、二等乙级以上革命伤残军人,不建立个人医疗账户,不实行个人自负医疗费,不设起付标准和最高支付限额,其发生的医疗费用单独结算,单独管理。同时,将受长期抚恤的在乡二等乙级以上革命伤残军人、荣军院的革命伤残军人与相应在职对象一起纳入上海市城镇职工基本医疗保险范围,予以切实保障。

2001年,全市为5 349名优抚对象办理医疗费减免。

2003年5月4日,市政府办公厅转发《关于进一步加强本市革命烈士家属抚恤优待工作的若干意见》,规定:烈属凭证在医疗机构挂号、就诊、付费、取药和住院时,享受优先照顾和优质服务;享受定期抚恤补助的烈属,其医疗费用由各区县给予减免,所需经费按原渠道由区县财政负担;各区县可根据实际情况,制定具体管理办法。对经劳动能力鉴定中心鉴定,部分丧失、大部分丧失或完全丧失劳动能力、重新就业确有困难的烈士遗属,在按规定办理提前退休前,各区县可参照有关规定解决其医疗困难。

2004年8月1日,国务院颁布经过修订的《军人抚恤优待条例》规定:国家对一级至六级残疾军人的医疗费用按照规定予以保障,由所在医疗保险统筹地区社会保险经办机构单独列账管理。七级至十级残疾军人旧伤复发的医疗费用,已经参加工伤保险的由工伤保险基金支付,未参加工伤保险,有工作的由工作单位解决,没有工作的由当地县级以上地方政府负责解决;七级至十级残疾军人旧伤复发以外的医疗费用,未参加医疗保险且本人支付有困难的,由当地县级以上地方政府酌情给予补助。残疾军人、复员军人、带病回乡退伍军人,以及烈士遗属、因公牺牲军人遗属、病故军人遗属享受医疗优惠待遇。在国家机关、社会团体、企业事业单位工作的残疾军人,享受与所在单位工伤人员同等的生活福利和医疗待遇。在此之前,上海市优抚对象的医疗保障,大部分区县主要是通过对部分在乡重点优抚对象实行医疗费减免的办法解决,个别区县缺乏制度安排;各区县医疗减免的对象范围和标准存在较大差异,覆盖面较小、标准偏低的情况较为普遍。

2004年9月12日,市政府下发《关于本市加强拥军优属工作若干规定的通知》,要求各类医疗机构要对重点优抚对象和现役军人就医实行优先、优惠服务。同年3月19日,市卫生局印发《关于加强本市医疗机构拥军优属工作的通知》,明确对现役军人和优抚对象实行挂号、就诊、付费、取药、化验"五优先",以及相关费用减免等具体优待措施。

2008年3月12日,市民政局、市财政局会同相关部门制定《上海市优抚对象医疗保障实施办法》,明确重点对象范围并确定医疗保障实施原则:(1)户籍地管理原则;(2)以各类社会基本医疗保障为基础,实行医疗补助的原则;(3)原有医疗待遇不降低的原则。同时,明确优抚对象城镇居民保险的个人缴费部分由区县财政承担,要求各区县建立优抚对象医疗补助制度,优抚对象医疗补助的给付比例应不低于可补助部分的50%;优抚对象到医疗机构就医时,凭《中华人民共和国残疾军人证》《上海市烈属优待证》《上海市重点优抚对象医疗优待证》,可享受挂号、就诊、化验、付费、取药、住院"六优先";针对原存在的优抚对象就医不规范的行为提出相应的罚则。同年4月15日,市卫生局下发《关于对本市优抚对象开展就医优先照顾的通知》,对优抚对象开展"六优先"及相关便利服务作出具体规范。同年,各区县在此基础上,相应制定各自的优抚对象医疗保障办法实施细则,建立健全从国家到上海市,以及各区县的优抚对象医疗优待制度体系。

2010年,全市共有8 848名重点优抚对象享受医疗补助,医疗补助金额1 332万元。

十一、临时性困难补助

1980年，上海市对生活困难优抚对象的临时补助和定期补助的比例在4∶6或3∶7之间，经费由区县财政或乡镇财政承担。

进入21世纪后，上海为解决对困难优抚对象临时补助范围、用途、标准、审批程序等不统一，资金来源不固定、补助标准偏低、覆盖面较窄、补助情况不平衡等问题出台新的政策措施。2001年9月12日，市民政局下发《关于对志愿军老战士和志愿军烈士遗属等重点优抚对象进行临时困难补助的通知》，规定：市、区县、街道乡镇按1∶1∶1的比例，每年拨出优抚对象临时困难补助专款，用于解决优抚对象在生活、医疗、住房等方面的困难。对全市生活特别困难的志愿军老战士和志愿军烈士遗属等重点优抚对象落实专项经费，初步建立起覆盖全市的临时性困难补助机制。

2003年12月30日，市政府办公厅转发市民政局等六部门《关于进一步加强革命烈士家属抚恤优待工作的若干意见》，对退休前丧失劳动能力的烈士家属给予临时抚恤补助每月460元。

2003年起，上海市拥军优属基金会每年拨出一定资金作为优抚对象临时困难补助款，至2010年累计帮困6万多人次，使遇到特殊困难的重点优抚对象及时得到关心和帮助。

2010年，全市向10 771名优抚对象发放临时困难补助，总金额达582万元。

表3-2-2　2010年上海市享受国家财政抚恤补助的优抚对象情况统计表　　　　单位：人

区　县	在乡烈属、因公牺牲和病故军人遗属	伤残人员	在乡复员军人	带病回乡退伍军人	在乡参战退役人员	在乡参加核试验军队退役人员	总　数
黄浦区	13	228	2	1	8	5	257
卢湾区	10	159	0	0	6	0	175
徐汇区	21	608	8	2	6	2	647
长宁区	25	439	1	1	25	1	492
静安区	11	187	3	1	7	0	209
普陀区	22	447	10	4	18	5	506
闸北区	24	306	4	2	11	1	348
虹口区	36	538	2	4	8	1	589
杨浦区	38	724	2	3	38	5	810
闵行区	47	399	192	10	126	0	774
宝山区	49	352	163	22	33	10	629
嘉定区	50	226	353	13	56	0	698
浦东新区	70	706	121	23	100	17	1 037
金山区	88	232	370	75	215	1	981
松江区	75	279	366	44	212	0	976
南汇区	136	360	448	58	374	2	1 378

（续表）

区　县	在乡烈属、因公牺牲和病故军人遗属	伤残人员	在乡复员军人	带病回乡退伍军人	在乡参战退役人员	在乡参加核试验军队退役人员	总　数
奉贤区	93	275	639	56	147	0	1 210
青浦区	48	204	122	7	305	1	687
崇明县	150	403	466	222	620	9	1 870
上海市	1 006	7 072	3 272	548	2 315	60	14 273

资料来源：上海市民政局档案

十二、抚恤补助标准自然增长机制

1994 年以前,优抚对象的抚恤补助标准长期以来一直落后于上海社会经济发展和居民基本消费支出实际水平。经过深入调研,上海市于 1994 年建立抚恤补助标准自然增长机制。其基本内容是:以一级因战残疾军人(原为特等因战伤残军人)的残疾抚恤金和在乡孤老烈属的定期抚恤金标准为基准值,分别参照上年度上海市职工平均工资和城乡居民家庭人均可支配收入进行调整,其他重点优抚对象的定期抚恤补助标准则根据上述调整后的金额按适当比例依次递减确定。这使得各类优抚对象的抚恤补助标准与上海市国民经济和职工收入状况的变化发展同步提高,从根本上解决优抚对象生活保障水平较低的问题。此后,随着上海市国民经济的发展,这一机制的优越性越来越明显。据抽样调查,享受定期抚恤补助的重点优抚对象的生活标准绝大部分已达到或超过当地人均生活水平。

第二节　社　会　优　待

一、就业优待

1986 年 1 月 27 日,市政府批转市民政局制定的《上海市优待革命烈士家属、革命军人家属和革命残废军人办法》,要求劳动部门对烈士和牺牲军人的直系亲属,按规定安排一人就业;企事业单位在招工时,对符合招工条件的烈属、牺牲和病故军人家属、二等以上残废军人的子女,优先录用;乡镇政府应优先安排烈属、军属和残废军人进乡镇企事业单位工作,积极扶持他们发展生产、勤劳致富,纳入重点户、专业户、经济联合体的规划;供销、信贷、物资、粮食、工商、科技等部门,要在资金、物资供应、技术辅导、信息提供、发给工商执照和产品收购等方面优先照顾;乡政府应帮助缺乏劳动力的烈属、军属和残废军人种好承包责任田和口粮田。

1991 年 7 月 4 日,市政府发布《上海市优抚对象优待办法》,再次强调《上海市优待革命烈士家属、革命军人家属和革命残废军人办法》中规定的各项优惠政策。

1997 年 5 月 14 日,市委办公厅、市政府办公厅下发文件,要求人事、劳动部门采取指令与指导相结合的办法,认真做好驻沪部队军官随军、随调家属的安置工作;凡符合随军、随调条件的军官家属要求调到驻沪部队所在地的,按现行的归口审批办法办理随军、随调手续,并免征城市建设费;现役军人家属按国家规定享受探亲假和有关待遇；对两地分居并有幼年子女的军人妻子，在工种上要给予照顾，在其妊娠和哺乳期间不安排上夜班或从事强体力劳动；凡国有企业在转换经营机制、实行劳动力优化组合过程中，要确保优抚对象在同等条件下享有优先上岗的权利，不能以伤残或家庭负担较重为由轻易安排他们下岗；对优抚对象中因自身表现不好而安排下岗待工的，要在教育帮助的基础上，优先进行技能培训、职业介绍，为他们重新上岗创造条件；对破产企业中的优抚对象，有关部门、主管单位和街道、镇要优先进行技能培训、职业介绍，为他们重新就业创造条件。

1998年11月16日，市政府办公厅下发《关于加强拥军优抚工作的通知》，要求各企事业单位在精简调整中，对烈属、因公牺牲军人家属、病故军人家属、革命伤残军人、现役军人配偶一般不安排下岗；各区县和街道要关心和支持驻沪部队军官配偶随军随调后的安置工作，以市场安置为主，对少数确因情况特殊造成就业安置困难的，采取特殊办法予以妥善安置；可通过职业介绍所和提供专门职业指导、免费开展职业培训等形式，帮助实现就业安置；各区县要多渠道、多层次做好现役军官配偶随军随调后的就业培训工作，提高他们竞争上岗能力；市劳动和社会保障局、市总工会、团市委、市妇联等部门要免费举办一些有针对性的特色培训班，在给予政策扶持的同时，尽可能地拓宽现役军人配偶的就业渠道；对批准随军随调落户上海市的军官配偶，凡尚未落实就业岗位的，统一纳入上海最低生活保障线，参照对失业人员的有关规定，由劳动和社会保障部门给予其享受失业保险的待遇。

2003年12月3日，市政府办公厅转发《关于进一步加强本市革命烈士家属抚恤优待工作的若干意见》，提出：各级机关、企事业单位和社会团体要继续做好烈属的优待工作；用人单位要关心本单位烈属的学习、工作和生活情况，同等条件下，在工作安排、学习培训等方面要体现对烈属优先优待的原则；各单位在精简调整中，一般不得解除与烈属的劳动关系；对破产、倒闭企业职工中的有劳动能力的烈属，应由原所在单位及其上级主管单位（以下合称原单位）妥善安置；在本系统内确无法重新安排就业的烈属，原单位应为其缴足15年的养老、医疗等社会保险费，烈属可进入劳动力市场重新选择再就业；烈属所在企业破产、倒闭且无主管部门的，由所在街道乡镇负责其劳动就业、社会保障及临时生活医疗救助；各级劳动保障部门要拓宽就业渠道，积极为烈属创造重新就业的条件，鼓励有劳动能力的烈属自主创业；对已办理求职登记的烈属，区县、街道乡镇劳动保障部门要按规定为其提供职业指导、职业介绍和职业培训等免费就业服务；对有劳动能力但由于各种原因在短时间内难以被社会用工单位吸纳就业的烈属，区县劳动保障部门要按照就业特困人员安置办法优先安排其进入公益性劳动就业。

2004年5月4日，市政府下发《关于本市加强拥军优属工作若干规定》，要求公安、人事、劳动保障部门要积极为准予进沪的随军随调家属办理落户等相关手续，各级政府及有关部门要做好随军随调家属的就业、培训和生活保障工作。一是坚持以市场就业为主导、政府安置重点对象为辅助、保底就业为基础的原则，为随军随调家属的首次就业创造条件，鼓励随军随调家属通过市场推荐方式实现就业；对驻沪部队中的飞行员、潜艇干部、从事舰艇工作满10年的军官、荣立二等功以上的军官或因战因公致残（二等乙级以上）、牺牲等军官的配偶，每年由市政府下达计划给予安置；对经过培训及二次推荐仍无法实现就业、但本人有就业需求的随军随调家属，给予就业帮助，安排其参加公益性劳动。二是上海市出台的促进就业的各项优惠政策，均适用于随军随调家属；各级就业服务机构要安排专人，为随军随调家属开展职业介绍和职业指导；各区县劳动保障部门要为随军随调家属安排有针对性的职业技能培训；各级政府要对驻岛及驻扎在市外监狱、劳教场所等处和其他艰苦地区的部队在当地的随军随调家属的就业给予帮助;各有关部门要对随军随调家属从事个体工商经营、创办非正规劳动组织、创立微小型企业给予支持,并按上海市有关规定予以优先办理开业指导及小额贷款的担保贴息。三是凡有用工需求的机关、企事业单位、社会团体,要优先录(聘)用随军随调家属;各级政府及有关部门要鼓励企事业单位主动接收军官配偶就业并与其签订两年以上劳动聘用合同;各级政府及有关部门要为随军随调家属参加上海市的人才引进、人才招聘创造各种便利条件,并鼓励用人单位在同等条件下优先录用随军随调家属。四是对未实现就业的随军随调家属,可按照市劳动保障局《关于对户口已报入本市的军队随军随调军官配偶享受失业保险若干问题的通知》的规定,予以享受相应的失业保险待遇;失业救济期满后仍未实现就业且生活确有困难的,由民政部门参照上海市居民最低生活保障标准,对其实施最长不超过一年的临时生活困难救济。五是对来沪后有工作的随军随调家属,所在单位要按上海市规定,及时为他们办理各项社会保险等接续手续;对其中年龄偏大、在上海市实际缴费年限满5年、已到达法定退休年龄,其个人养老保险缴费年限(含连续工龄)不满15年的,可按照市劳动保障局、市人事局、市公安局、市医疗保险局《关于外省市转移进沪人员若干问题处理意见的通知》中的有关规定执行。六是各有关部门要认真落实《国务院办公厅、中央军委办公厅关于印发〈中国人民解放军军人配偶随军未就业期间社会保险暂行办法〉的通知》精神,做好随军随调家属的社会保险工作。同时,企事业单位在改制、改革中,对烈士家属、因公牺牲军人家属、病故军人家属、革命伤残军人、现役军人配偶就业岗位要保持相对稳定,并确保优抚对象在同等条件下优先上岗;各有关部门、主管单位和街道镇对下岗失业的优抚对象要优先进行技能培训、职业介绍,为他们重新就业创造条件;对分居两地的现役军人配偶,其所在单位在安排工种、班次等方面应予照顾;对按规定探亲的,应安排假期,准予报销路费,并按公休假处理其工资、福利待遇。7月14日,市劳动和社会保障局、市人事局、市民政局、市医疗保险局印发《关于驻沪部队随军随调家属转移进沪、就业及社会保障工作的实施意见》,对上述规定作具体落实。

2004年10月1日,上海市执行修订后的《军人抚恤优待条例》,规定:经军队师(旅)级以上单位政治机关批准随军的现役军官家属、文职干部家属、士官家属,由驻军所在地的公安机关办理落户手续。随军前是国家机关、社会团体、企业事业单位职工的,驻军所在地政府劳动保障部门、人事部门应当接收和妥善安置;随军前没有工作单位的,驻军所在地政府应当根据本人的实际情况作出相应安置;对自谋职业的,按照国家有关规定减免有关费用。驻边疆国境的县(市)、沙漠区、国家确定的边远地区中的三类地区和军队确定的特、一、二类岛屿部队的现役军官、文职干部、士官,其符合随军条件无法随军的家属,所在地政府应当妥善安置,保障其生活不低于当地的平均生活水平。

2007年7月20日,市民政局、市公安局、市财政局、市人事局、市劳动和社会保障局制定《关于印发〈关于进一步做好随军随调军队干部配偶就业和生活保障工作的若干意见〉的实施细则》,结合上海市实际情况,对随军随调军队干部配偶就业和生活保障有关具体措施作出改进,对随军随调军队干部配偶转移进沪、就业、社会保障及相应数据库管理作出具体规范。

二、住房优待

1979年11月5日,市房地产管理局、市民政局制定《关于解决本市的革命烈士家属、失踪、病故军人家属、革命残废军人、军队退休干部住房困难的暂行办法》,对有关优抚对象住房困难的确定提出具体标准,明确解决途径。

1986年1月27日,市政府批转市民政局制定的《上海市优待革命烈士家属、革命军人家属和革命残废军人办法》,要求:供销、物资部门对烈属、军属和残废军人的建房材料,在同等条件下应优先供应;各部门、各单位在分配住房时,应将烈士、牺牲军人、现役军人计为分房人口;对烈属、二等以上残废军人的住房困难,应从优解决;对军属、三等残废军人的住房困难,在同等条件下优先照顾;所在单位无房源的,由主管部门统筹解决,无工作单位或非正式职工的,其住房困难由区县政府统筹解决;对自愿购买住房的,优先照顾。

1986年2月19日,市政府办公厅下发《关于妥善解决未随军的军队干部家属住房困难的通知》,明确要求国家机关、人民团体、企事业单位在分配住房时(包括动迁分配住房),对现役军人应计为分房人口,未随军的干部家属享受双职工分房待遇,在和职工同等条件下应优先解决现役军人家属住房困难;所在单位无房源的,由主管部门统一解决;对自愿购买商品住宅的,应该予以优先照顾。对家住上海城镇的现役军人家属,无工作单位或非正式职工(指季节性临时工或经济困难的个体户),其住房困难由所在区县政府在无归属户房源中统筹解决;对家住上海农村的未随军军队干部家属,住房确有困难需要修建的,如符合当地"四房户"(指无房、平房、危房、特困)条件,由所在乡政府按规定安排住宅基地,县物资部门可按规定照顾供应建筑材料。

1991年7月4日,市政府颁布《上海市优抚对象优待办法》,明确:各部门、各单位在分配住房时,应将烈士、因公牺牲军人、现役军人计为分房人口;对烈士家属、二等以上革命伤残军人住房困难的,所在单位应从优解决;所在单位无房源的,由主管部门统筹解决;无工作单位或非正式职工的,由共同生活的亲属所在单位解决;全家无工作单位或均非正式职工的,由区县政府统筹解决;对现役军人家属、三等革命伤残军人和复员退伍军人的住房困难,在同等条件下优先照顾;供销、物资部门对烈士家属、因公牺牲军人家属、病故军人家属、现役军人家属和革命伤残军人的建房材料,在同等条件下应优先供应。

1997年5月14日,市委办公厅、市政府办公厅《关于进一步支持部队建设做好拥军优属工作的若干意见》提出:各部门、各单位对烈士家属、因公牺牲和病故军人家属、现役军人家属、革命伤残军人在住房分配、动迁分房时,在同等条件下应予优先照顾;对烈士、因公牺牲和病故军人的配偶分房时,不得因没有配偶单位承担费用而降低分房标准;对现役军人配偶分房应给予本单位双职工待遇,不得要求部队分担费用;对烈士家属、因公牺牲军人家属和现役军人家属在住房分配、动迁分房时,应将烈士、因公牺牲军人、现役军人计为分房人口;对烈士家属、因公牺牲军人家属和特等、一等伤残军人在按成本价购买公有住房时,可按控制标准增加10平方米的建筑面积。

1998年11月16日,市政府办公厅《关于加强拥军优抚工作的通知》要求,对烈属,特、一等革命伤残军人,可按有关规定,给予享受房租减免政策。

2004年5月4日,市政府下发《关于本市加强拥军优属工作的若干规定》,要求各级政府及其职能部门、各企事业单位要给予优抚对象适当的房租及购房优待;优抚对象申请廉租房时,对其认定标准可适当放宽;对涉及动拆迁的优抚对象,给予购买中低价商品房等的优待。当年3月12日和5月11日,市房屋土地资源管理局相继印发《关于使用享受廉租住房政策劳模和重点优抚对象的若干意见》和《关于贯彻落实〈本市加强拥军优属工作若干规定〉的通知》,对烈士、因公牺牲军人遗属和一至四级残疾军人(即特、一等革命伤残军人)在享受廉租住房和租赁、购买公有住房等方面落实相应优待。

三、交通优待

1986年,残废军人乘坐火车、轮船、飞机、长途汽车,交通部门照顾优先购票并按规定享受减价优待。

1991年,革命伤残军人乘坐国营的火车、轮船和国内民航客机以及国营、集体、个体工商户的长途客运汽车,凭《革命伤残军人证》,按规定享受减价优待,交通部门照顾优先购票。

1997年,上海市出台文件,要求铁路、民航、轮船码头和公路长途客运站应设立军人售票窗口,开设军人候车(机、船)室,保证现役军人、革命伤残军人优先乘车(机、船),并享受国家规定的减收票价待遇;市内公交线路车、地铁对革命伤残军人乘车给予免费待遇。同年7月4日和8月26日,上海市地铁营运公司和市公共交通客运管理处分别对革命伤残军人乘坐地铁和公交线路实行免费。

2004年,市政府要求民航、铁路、水运和公路长途客运等部门要坚持设立军人售票窗口,开设军人候车(船)室,现役军人、革命伤残军人优先购票、优先乘车(船),并享受国家规定的优待;对革命伤残军人、烈士家属乘坐市内公共交通车辆,给予优待。同年3月25日,市城市交通管理局规定,除残疾军人外,烈士遗属凭市民政部门颁发的《上海市烈属优待证》,同样可以享受优先并免费乘坐市内公共汽电车、轨道交通的待遇。

四、教育优待

1986年1月27日,市政府批转市民政局制定的《上海市优待革命烈士家属、革命军人家属和革命残废军人办法》,规定:烈士子女在国家举办的幼儿园、中小学上学,免收学杂费;报考高等院校和中等专业学校、各局技术学校,在同等条件下优先录取。

1991年7月4日,市政府颁布的《上海市优抚对象优待办法》规定:烈士子女和革命伤残军人报考高等院校、中等专业学校、职业技术学校、技工学校的,录取的文化和身体条件应适当放宽。

1997年5月14日,市委办公厅、市政府办公厅《关于进一步支持部队建设做好拥军优属工作的若干意见》指出,对烈士、因公牺牲军人和革命伤残军人的子女就读,教育部门应组织、指导各类学校在思想品德、学业等方面给予关心,必要时指定教师重点帮助;各类中小学校、幼儿园对上述对象因家长工作调动、住房搬迁需插班学习的,应及时予以接收;烈士子女在国家举办的学校上学,免交学杂费;入国家举办的托儿所、幼儿园,托费中由家长承担的部分给予减免;现役军人子女入学、入托,按就近原则予以安排,不得收取额外费用;入幼儿园、托儿所的管理费用,属单位报销的部分,由地方单位一方承担;烈士子女和革命伤残军人、荣立二等功以上的退伍军人报考上海市高等学校及各类中等学校的,在录取时给予政策上照顾。

2004年1月,市政府下发的《关于本市加强拥军优属工作若干规定的通知》要求,革命伤残军人、复退军人(复退一年内)、现役军人(含其子女)报考上海市高中阶段学校和高等学校的,在录取时分别给予适当的优待;烈士子女、因公牺牲军人子女,长期在边海防、高山海岛、舰艇部队、特殊艰苦岗位工作的军人和军队飞行员子女报名就读和报考上海市各级各类学校的,在录取时分别给予不同类别的优待;现役军人工作调动,其未成年子女随调转学的,由区县教育部门及学校及时予以妥善安排。

2004年8月1日,修订后的《军人抚恤优待条例》规定:义务兵和初级士官退出现役后,报考国家公务员、高等学校和中等职业学校,在与其他考生同等条件下优先录取;残疾军人、烈士子女、因公牺牲军人子女、一级至四级残疾军人的子女,驻边疆国境的县(市)、沙漠区、国家确定的边远地区中的三类地区和军队确定的特、一、二类岛屿部队现役军人的子女报考普通高中、中等职业学校、高等学校,在与其他考生同等条件下优先录取;接受学历教育的,在同等条件下优先享受国家规定的各项助学政策;现役军人子女的入学、入托,在同等条件下优先接收。同年10月21日,民政部、教育部、总政治部印发《优抚对象及其子女教育优待暂行办法》,对有关具体问题予以明确。对此,市教育部门结合上海实际,给予落实。

2005年8月22日,市政府办公厅转发市教育、市民政等五部门《关于本市进一步做好义务教育阶段帮困助学工作的实施意见》,将烈士子女纳入帮困范围,按特困家庭学生的标准减免相关费用并给予相应补助。

五、文化娱乐优待

1979年4月3日,市民政局转发市电影发行放映公司《关于恢复对革命残废军人购买电影票实行优先照顾的通知》,恢复对革命残废军人购买电影票实行优先照顾。

1979年4月26日,市民政局转发市文化局《关于恢复对革命残废军人优先照顾购买戏票的通知》,恢复了"文化大革命"前对残疾军人凭证给予相应优待照顾的优待政策。

1986年1月27日,市政府批转市民政局制定的《上海市优待革命烈士家属、革命军人家属和革命残废军人办法》规定,文化部门应优先照顾残废军人购买电影票和戏票,残废军人游览公园免购门票。1991年7月4日,市政府发布《上海市优抚对象优待办法》,再次重申这一规定。

1997年1月,市委办公厅、市政府办公厅下发《关于进一步支持部队建设做好拥军优属工作的若干意见》,要求公园对现役军人、革命伤残军人、军队离退休干部免收门票。同年7月30日,市园林管理局下发《关于本市公园对现役军人等免收门票的通知》。

2000年1月1日,上海市确定103个公园、陵园、纪念馆、文博单位和111个影剧院,对现役军人、革命伤残军人、军队离退休干部实行免费参观和半票观看演出的优待。

2004年5月4日,市政府下发《关于本市加强拥军优属工作的若干规定》,要求上海向公众开放的各类收费观瞻场所,对持有效证件的现役军人、革命伤残军人、军队离退休干部和烈属实行优待;各类文化和体育场所对上述人员观看电影、演出和体育比赛实行优惠;各类观瞻场所和文化、体育场所需张贴优待、优惠告示,简化接待手续;非国有资本投资经营的观瞻场所和文化、体育场所接待上述人员,可参照本款有关规定办理;政府部门出资兴建的体育场馆和运动场所,应对部队有计划组织的军事训练给予支持。同年,修订后公布的《军人抚恤优待条例》规定,现役军人、残疾军人凭有效证件参观游览公园、博物馆、名胜古迹享受优待。同年4月16日,市委宣传部、市旅游委、市建设委、市国资委联合下发《关于本市观瞻场所加强拥军优属工作的实施细则》,对有关待遇予以落实。

六、户籍优待

1999年4月2日,市公安局、市民政局制定《关于对本市革命伤残军人配偶、未成年子女异地入户和就地农转非户籍申报办法》,对外地户籍或本市农业户籍的残疾军人配偶、未成年子女,给予照顾办理异地入户和就地农转非手续。至 2010 年底,全市共办理残疾军人配偶、未成年子女户籍异地入户或就地农转非手续 498 人(户)。

表 3-2-3　1999—2010 年上海市残疾军人配偶、未成年子女户籍优待情况统计表

年　份	办理人(户)数	年　份	办理人(户)数
1999	245	2005	14
2000	155	2006	10
2001	20	2007	3
2002	16	2008	4
2003	3	2009	9
2004	7	2010	12

资料来源:上海市民政局档案

第三节　优抚对象和事业单位普查

1978 年,民政部决定在全国范围内组织开展优抚安置对象普查。市民政局在虹口区乍浦街道、金山县张堰公社进行试点。1979 年 2 月 9 日,市民政局召开区县民政局局长会议,介绍试点经验,对普查工作进行部署。全市普查工作至当年 8 月底基本结束,约 1.65 万人投入此项工作,各区县街道、公社召开各种会议和优抚对象座谈会 1.1 万次,参加会议 60.993 1 万人次,上门访问优抚对象 11.581 6 万户,基本上做到逐户访问。1979 年 9 月,经过普查,摸清了“文化大革命”后上海优抚对象的底数和基本情况。当年全市有烈军属 100 534 户(其中孤老烈属 229 户)、253 331 人;有革命残废军人复员、退伍军人 256 765 人(其中单身年老复员军人 256 人);有军队退休干部 167 人,优抚对象共计 509 963 人。普查中发现了一些问题,如活着的“病故军人”、回乡已 20 多年的“失踪军人”、已复员转业 10 多年的“军属”等;郊县有些优抚对象未获劳动工分优待或优待不足等。通过普查,这些问题得到纠正或初步解决,并建立起优抚对象档案分级管理制度,各区县将登记中取得的表格、统计资料,分门别类装订成册,分级保管。同时建立优抚对象迁入入册、迁出注销制度。此次普查,为做好改革开放新形势下的优抚工作奠定了基础。

2000 年 12 月,民政部、财政部下发《关于开展全国重点优抚安置对象和优抚安置事业单位普查工作的通知》,对全国重点优抚安置对象和优抚安置事业单位展开普查,以进一步准确掌握优抚安置对象和优抚安置事业单位的实际情况,逐步建立优抚安置信息管理系统,提高优抚安置管理水平和资金使用效率。全国制定统一的普查项目和标准,普查标准时点为 2000 年 12 月 31 日;普查年度数据为 2000 年全年。普查对象包括,革命伤残人员、烈士家属等 9 种优抚对象,和移交地方政府安置的军休干部、退休职工等;普查的优抚安置事业单位为:优抚医院、光荣院、烈士纪念建筑物、军队离退休干部休养所(服务站)、军用饮食供应站、供水站和军人接待转运站。2001 年 6 月 30 日,上海市重点优抚安置对象和优抚安置事业单位普查工作如期完成,并将有关数据材料及光盘上报民政部。列入这次普查的重点优抚对象共 19 201 人,其中革命伤残人员 7 439 人,烈士家属 4 297 人,因公牺牲和病故军人家属 1 662 人,在乡复员军人 5 379 人,带病回乡退伍军人 424 人。军休干

部 2 503 人,其中离休干部(含 1981 年前安置的)946 人,退休干部(含退休士官)1 553 人;无军籍退休职工 1 348 人,其中退休 1 293 人,退职 13 人;解放前参加革命工作的 42 人;2000 年退伍兵 6 415 人,其中农村入伍的 1 958 人,城镇入伍的 4 457 人;转业士官 168 人,复员干部 62 人;优抚事业单位共 15 个,其中光荣院和优抚医院各 1 个,各级革命烈士纪念建筑物保护单位 13 个。安置事业单位共计 31 个,其中干休所 30 个,军休中心 1 个。通过此次普查,民政部开始建立起优抚安置信息管理系统,上海市的民政优抚信息管理系统也进一步得到完善。

第三章 烈士褒扬

中共十一届三中全会以后,烈士褒扬工作得到恢复和发展。

烈士审核。1980年6月,国务院颁布《革命烈士褒扬条例》,市民政局依据条例,严格烈士审核审批程序,审慎做好烈士报批工作;组织换发烈士证件;建立和完善烈士档案管理制度;至2010年共办理238名烈士(未含军队批准的烈士)的审核报批手续。

烈士纪念建筑物修建。1986年10月,民政部、财政部联合印发《关于对全国烈士纪念建筑物加强管理保护的通知》,确定烈士纪念建筑物根据其纪念意义及规模大小,实行全国重点、省级、县级保护单位的分级管理体制。上海各级政府通过财政拨款、民政部门自筹、社会募捐集资等方式,不断对烈士纪念建筑物进行整修、迁建和扩建,其中市政府投资6亿多元修建上海市龙华烈士陵园。至2010年,全市被确定为全国重点保护单位2处,上海市保护单位4处,区县保护单位15处。

烈士公祭和纪念活动。1978年以来,上海在清明节、上海解放日、抗战胜利日、著名烈士殉难日等组织开展纪念活动。每年清明期间,市党政军主要领导,各民主党派和人民团体负责人、烈士遗属及群众代表等都前往烈士陵园参加祭扫活动。历届市主要领导参加祭扫仪式。

编纂烈士英名录、烈士事迹。1999年,出版《热血丰碑——解放上海烈士英名谱》,记载为解放上海壮烈牺牲的7735名革命烈士的英名和事迹,全书共49.4万字,为全国第一部战役性烈士名录。2009年,编纂《上海市烈士英名录》(新版),整理收录自辛亥革命以来15085位烈士的英名和事迹,以及编印50余篇烈士事迹传记史料,建立较为完善的烈士信息数据库。

第一节 烈士追认审核

一、审核审批程序

1980年6月4日,国务院发布《革命烈士褒扬条例》(以下简称《条例》)。市政府根据国家规定,确定烈士审批程序:因战牺牲的中央、地方国家机关及其所属企事业单位的人员,符合烈士条件的,由死者生前所在单位的主管部门(指局、区、县或相当级别的单位)报请所在地的区县政府审批;因公牺牲的中央、地方国家机关及其所属企事业单位的人员,符合烈士条件的,由死者生前所在单位的主管部门报请市政府审批;需报请民政部批准为烈士的,由死者生前所在单位的主管部门报市民政局审核后,转报民政部审批。《条例》公布以前,对敌作战牺牲或对敌作战负伤后因伤死亡的;对敌作战致成残废后不久因伤口复发死亡的;在作战前线担任向导、修建工事、救护伤员、执行运输等战勤任务牺牲,或者在战区守卫重点目标牺牲的;因执行革命任务遭敌人杀害,或者被敌人俘虏、逮捕后坚贞不屈遭敌人杀害或受折磨致死的牺牲人员,需追认为烈士者,由死者家属居住地的区县政府审查,报市政府审批,同时抄报市民政局。《条例》公布以前,为保卫或抢救人民生命、国家财产和集体财产牺牲的对象,不再补办追认烈士手续。在对越自卫还击战、中印边界自卫还击战和抗美援朝战争期间失踪的军人、参战民兵民工,中华人民共和国成立以前失踪的军人和因参加对敌作战、对敌斗争失踪的地方工作人员,未发现其投敌、叛变、被俘、自杀、判刑的,都按对敌作战牺牲处理,由家属居住地的区、县民政局负责审查,报区县政府审批,并抄报市民政局备案。

市民政局对填发《革命烈士证明书》作出层级和程序规定:部队批准的烈士,烈士家属居住地的区县政府,凭部队的《革命烈士通知书》,填发《革命烈士证明书》;民政部批准的烈士,烈士家属居住地的区县政府,凭民政部的《革命烈士通知书》,填发《革命烈士证明书》;市政府批准的烈士,由市民政局凭市政府的批准文件填发《革命烈士通知书》,烈士家属居住地的区县政府,凭市民政局的通知书,填发《革命烈士证明书》;区县政府批准的烈士,家属居住本区县的,由区县政府填发《革命烈士通知书》,并填发《革命烈士证明书》;家属居住其他区县的,由居住地的区县政府,凭批准区县政府发的《革命烈士通知书》,填发《革命烈士证明书》。

2006年,上海市对审批烈士对象分为两类:一类是《革命烈士褒扬条例》公布后牺牲的人员,包括因战牺牲人员、因公牺牲人员、需报请民政部批烈的其他牺牲人员;一类是《条例》公布前牺牲的人员,包括在共产党领导下,因对敌作战或对敌斗争牺牲的人员,在对越自卫还击战、中印边界自卫还击战和抗美援朝战争期间失踪的军人,参战民兵民工,解放以前失踪的军人和因参加对敌作战、对敌斗争失踪的地方工作人员,参加辛亥革命、北伐战争、抗日战争确因对敌作战牺牲的国民党人和其他爱国人士。按照分类,市民政部门对审核流程进行了梳理,对报批材料进行了规范。

1978—2010年,市民政局按照有关法规和政策,为市政府把好烈士审核关,共办理238名烈士的审核手续。(《上海市(1981年1月至2009年12月)烈士名录》详见表3-3-3)

二、证件管理

1950—1970年代,烈士家属持有的烈属证样式不统一,部分烈属证由于年代久远而损坏,也有烈属因各种原因遗失证件,或从未领过烈属证。1983年,根据民政部通知,上海市开展烈属证的换证、补证工作。对持有解放前人民军队或人民政权颁发的各种烈属证(包括革命军人、革命工作人员牺牲证明书),以及解放后中央人民政府、人民解放军、内务部和县以上政府颁发的烈属证(包括《革命军人牺牲证明书》《抗美援朝军人牺牲证明书》)的烈士直系亲属,换发和补发《革命烈士证明书》;对烈属证遗失或者虽经县市以上政府批准享受烈属待遇但尚未发证的烈士直系亲属,经县市政府或民政部门审核,补发《革命烈士证明书》。通过补证、换证工作,建立和完善了区县和街道乡镇二级烈士档案管理制度。旧证、换证登记表和有关证明材料,归入烈士档案,由建档机构长期保存。

第二节　烈士纪念建筑物

一、烈士纪念建筑保护单位审核

1986年10月,民政部、财政部下发《关于对全国烈士纪念建筑物加强管理保护的通知》,规定对现有和今后新建的烈士纪念建筑物,根据其纪念意义及规模大小,分别确定为全国重点保护单位,省、自治区、直辖市保护单位和县(市)保护单位。确定为全国重点保护单位的原则是:(一)为纪念在各个革命历史时期的重大事件、重要战役和主要革命根据地斗争中牺牲的烈士而修建的烈士纪念建筑物;(二)为纪念在全国有重要影响的著名烈士和为中国革命牺牲的知名国际友人而修建的烈士纪念建筑物;(三)对外开放的重点地区、少数民族地区修建的规模较大的烈士纪念建筑物。列为全国重点保护的单位,由民政部提出,报国务院批准后由民政部公布。列为省、自治区、直辖市的保护单位,由省、自治区、直辖市政府核定公布,并报国务院备案。列为县(市)的保护单位,由县(市)政府核定公布,报省、自治区、直辖市政府备案。

1987年12月,经市政府批准,高桥烈士陵园、宝山烈士陵园为市级烈士纪念建筑物保护单位。

1988年1月,国务院批准龙华革命烈士纪念地为全国文物保护单位。

1989年8月,经国务院批准,上海市烈士陵园为全国重点烈士纪念建筑物保护单位。

1993年9月,国务院批准上海市烈士陵园迁址扩建,与龙华烈士陵园合并建设,名称为上海市龙华烈士陵园(以下简称龙华烈士陵园);同时批准龙华烈士陵园为全国重点烈士纪念建筑物保护单位。

1995年7月,经市政府批准,嘉定革命烈士陵园为上海市烈士纪念建筑物保护单位。

1999年12月,经市政府批准,松江革命烈士陵园(今松江烈士陵园)为上海市烈士纪念建筑物保护单位。

2009年2月,高桥烈士陵园被批准为全国重点烈士纪念建筑物保护单位。

至2010年,川沙烈士陵园、三林烈士陵园、南汇烈士陵园、闵行区烈士陵园、金山区漕泾烈士墓、奉贤区烈士陵园、青浦区东乡烈士陵园、青浦区西乡烈士陵园、崇明县烈士馆、李一谔烈士墓、陆龙飞烈士墓、庄行暴动烈士纪念碑、北宋战斗抗日烈士纪念碑、李主一烈士纪念碑,分别经所在区县政府批准为区县烈士纪念建筑物保护单位。

二、烈士陵园(纪念馆、纪念设施)建设

截至2010年,上海市共有14个烈士陵园(纪念馆):龙华、宝山、浦东(高桥、川沙、三林塘)、嘉定、松江、闵行、崇明、金山、南汇、奉贤、青浦(东乡、西乡)。安葬烈士7 483名(含无名烈士和骨灰)。市财政投入6.1亿多元,区县财政投入1.1亿多元,用于改扩建烈士纪念设施,面积30多万平方米。

【上海市烈士陵园】

位于漕溪路200号。建于1966年,以龙华中心公墓基础上,将虹桥、大场、江湾等地(公墓)烈士墓移至此地。面积6.46万平方米。由烈士墓区、烈士骨灰陈放室、烈士史料陈列馆、纪念碑、纪念广场等单元组成。墓区安葬自1925年"五卅"运动以来,各个历史时期在上海牺牲的1 100余名烈士遗骸。骨灰室安放解放前后牺牲的400多名烈士的骨灰盒。纪念碑镌刻毛泽东的手迹"死难烈士万岁"。1978年因安放部分去世的革命老干部骨灰,改名为"龙华革命公墓",后因拓展烈士事迹史料展览,对市民公众开放,恢复"上海市烈士陵园"名称,并一度保留"龙华革命公墓"的牌子。1979年,陵园举办纪念上海解放卅周年——烈士史料展览,之后历年举办专题展览12次,并编纂出版烈士事迹史料、传记书刊等20多种。1983年接收并管理龙华24烈士就义地。1984—1990年,参与龙华烈士陵园前期筹建准备工作。1985年,全市青少年集资捐建的烈士群雕——"且为忠魂舞"(后迁建龙华烈士陵园)落成。陵园内设有上海烈士史料陈列馆,市长汪道涵题名。陈列面积1 200平方米,陈列辛亥革命、"五卅"运动、上海工人第三次武装起义、"四一二"反革命政变、抗日战争、解放战争和社会主义建设各时期牺牲的部分烈士事迹及文物资料。1989年8月20日,国务院批准上海市烈士陵园为全国重点烈士纪念建筑物保护单位。1993年9月12日,国务院批准上海市烈士陵园迁建,与龙华烈士陵园一并建设,名称为上海市龙华烈士陵园(简称龙华烈士陵园)。1994年11月1日,上海市烈士陵园闭园,上海烈士史料陈列馆同时停止对社会公众开放,展示的史料、图片、文物均移交龙华烈士陵园(筹),墓区烈士遗骸移葬龙华烈士陵园(筹)新建墓区。

【上海市龙华烈士陵园】

位于龙华西路 180 号。1990 年 10 月第一期工程破土动工。同年 10 月 15 日,江泽民为陵园纪念碑题写"丹心碧血为人民";同年 10 月 24 日,邓小平题写园名"龙华烈士陵园";1991 年 2 月 22 日,陈云题写"龙华烈士纪念馆"馆名。1991 年 6 月 26 日,第一期工程竣工揭幕,7 月 1 日对外开放。1993 年 9 月,国务院批准上海市烈士陵园迁入龙华烈士陵园一并建设,名称为上海市龙华烈士陵园(简称龙华烈士陵园);同时,批准龙华烈士陵园为全国重点烈士纪念建筑物保护单位。1994 年 5 月 27 日,被列入市政府重大工程建设项目的龙华烈士陵园开工奠基。龙华烈士纪念馆于 1997 年 5 月 28 日开馆。1998 年 4 月清明前夕,龙华烈士纪念雕塑园全面建成。龙华烈士陵园占地 19 万平方米,建有纪念、瞻仰、碑苑、遗址、烈士墓、就义地及地下通道、青少年教育活动和游憩等区域。每一区域都由不同的建筑群构成。建设总投资 6 亿多元。陵园内,安葬各个时期的革命烈士 1 700 多人(龙华烈士陵园建设详见专记)。

【高桥烈士陵园】

位于浦东新区高桥镇欧高路钟家弄 78 号。建于 1954 年,安葬 1 619 名为解放上海时牺牲在浦东川沙高桥一带的烈士。高桥烈士墓占地面积 23 946 平方米。纪念碑上"为解放上海而牺牲的英雄们永垂不朽"为市长陈毅所题。1993 年,更名为高桥烈士陵园,并建立烈士事迹陈列馆。1995 年 11 月,浦东新区政府开展雕塑资金专项募集活动,市民踊跃捐款。1997 年清明节前,陵园内高 12 米、宽 20 米的"八一"雕塑竣工。2003 年 5 月 30 日,浦东新区政府批准对高桥烈士陵园进行整体改扩建,工程分两期进行,总投资 4 500 余万元,于 2005 年 12 月 30 日竣工。改建后的陵园面积为 25 611 平方米,烈士墓区占地 3 400 平方米,烈士的遗骸或骨灰分别安葬在 36 个墓穴内,立碑 68 块。陵园新建的"上海战役浦东纪念馆",建筑面积 2 846 平方米,展厅面积 1 500 平方米,重点展示解放上海战役中在浦东地区作战牺牲的烈士照片和实物史料,其中平面资料 203 件,烈士遗物 149 件,复制文物 103 件。馆内设 6 个厅,除序厅、英烈厅外,其余各厅主题为"运筹帷幄、进军上海""鏖战浦东""乘胜追击""黎明朝晖"。纪念馆采用壁画、雕塑、模型、影景合成等形式,通过声、光、电等高科技手段,真实再现当年解放上海时激烈而悲壮的战斗场景,内容富有感染力。

【宝山烈士陵园】

位于宝山区宝杨路 599 号。建于 1957 年,集中安葬 1 886 名为解放上海而牺牲的烈士遗骸,安放解放后牺牲的 16 名烈士的骨灰盒。1976 年,烈士墓全面整修,更名为宝山烈士公墓;1987 年 12 月 2 日更名为宝山烈士陵园。2004—2006 年,陵园进行全面改扩建,增建上海解放纪念馆、解放上海烈士英名墙,重建宝山烈士纪念馆。陵园总面积为 20 878 平方米,地上建筑面积 2 792 平方米。园馆褒扬的各个革命时期牺牲的烈士共 2 258 人(含安葬于墓区的 1 886 名烈士)。新建的上海解放纪念馆与宝山烈士纪念馆,陈列内容丰富翔实,展示手段生动形象。

【嘉定革命烈士陵园】

位于嘉定区塔城东路 486 号。建于 1959 年 4 月,在嘉定城西门外,占地面积 1.12 万平方米,将散葬的 418 名烈士遗骸按照牺牲的历史时期,分别安葬于 40 座墓穴中。墓前立碑,镌刻烈士姓名和烈士简要事迹,并建造 118 平方米的烈士纪念堂。1992 年,烈士陵园迁址新建于塔城东路,1994 年 3 月完成一期工程,2000 年 3 月完成二期工程,陵园面积扩大至 53 亩。新建陵园主体建筑有烈士墓区群体雕塑墓碑 6 座、群体墓穴 17 处、烈士史料陈列馆、烈士骨灰安放室。陵园共安葬烈士遗骸、安放烈士骨灰 741 名。烈士史料陈列馆中央为圆形瞻仰大厅,设三个展室:一室、二室为史料陈列室,三室为电化教育室,运用声、光、电、影视合成、视听台等现代化手段展示烈士事迹。花岗石下沉式广场,建有 244 个踏步(象征 244 名无名烈士)的人行高架路。用红色彩道板铺设的南广场长 28 米,寓意为中国共产党领导中华儿女浴血奋斗 28 年。

【松江烈士陵园】

位于松江区联络公路 753 号。1957 年,松江县政府在松江县苗圃桃园内建造侯绍裘、姜辉麟烈士纪念碑,面积 2 500 平方米。"文化大革命"期间,碑地被占,树木被砍。1984 年,将原两位烈士合建的一块纪念碑分建成两块纪念碑,恢复初建时面积,修建了围墙。1986 年 5 月,定名为"松江烈士陵园",陈云为姜辉麟烈士碑撰文,陆定一为侯绍裘烈士碑撰文。1993 年 12 月 22 日,新建的松江烈士陵园落成,占地面积 21 130 平方米,绿化面积 1 万平方米。陵园祭奠广场 1 800 平方米,纪念碑平台 900 平方米,纪念碑高 20 米,四片呈下垂状的红旗墙体代表四个革命时期,墙体为枫叶红色。烈士墓区 900 平方米,安葬着 173 位烈士,墓区前端正中为 4 个组成半圆形的墓,由东至西分别是 10 位无名烈士的合葬墓、侯绍裘烈士墓、姜辉麟烈士墓和在淞沪战役米市渡阻击战中牺牲的战士合葬墓。700 平方米的陈展大厅,设有"松江革命英烈事迹展"。陵园内有侯绍裘、姜辉麟、顾桂龙(由陈云同志题写碑文)等烈士纪念碑。

【川沙烈士陵园】

位于浦东新区川沙镇华夏东路 2629 号。建于 1956 年春,占地面积 1.24 万平方米,后扩建为 15 318 平方米,将分散安葬在蔡路、北蔡、花木、张江、唐镇和城厢镇等处的烈士遗骸迁葬于此。1993 年,更名为川沙烈士陵园,安葬烈士 375 名。浦东新区政府先后投资 700 余万元,对陵园进行全面改建。新建烈士墓区一号墓体安葬 343 名为解放浦东牺牲在川沙地区的解放军战士,墓地建有"浩气长存"主题雕塑,高 7 米,宽 8.8 米,近百吨重;二号墓体安葬新中国成立后牺牲的烈士共 30 人,墓地有红色大理石建造的红旗和烈士英雄纪念章形状的建筑;三号墓体安葬王剑山、杨培生等 5 位大革命时期牺牲的烈士,墓穴上有烈士半身塑像。新建的川沙烈士纪念馆坐落在广场西侧,一楼展厅的陈展面积为 200 平方米,介绍各个历史时期牺牲的部分烈士事迹,采用影景合成、幻灯投影、场景变换等现代科技手段。"烈士英名录"为黑色大理石墙面,镌刻着浦东地区 500 多名革命烈士的英名。

【三林烈士陵园】

位于浦东新区三林镇人民桥南三鲁路 7681 号。1987 年 3 月,上海县三林乡政府投资 20 多万元建造,占地面积 5 344 平方米。2001 年,浦东新区政府和三林镇政府投资 150 万元改建烈士陵园,增设烈士事迹陈列室,陈列抗美援朝时期和解放后在保卫祖国、抗洪抢险中牺牲的 39 位烈士的遗物、图片资料等。陵园纪念广场设 12 米高的金山石纪念碑,以沈干城、王三川烈士为原型的"日月同辉"主题铸铜雕塑。烈士墓区 400 平方米,安葬着沈干城、毛福余、王圆方等烈士的遗骨。

【南汇烈士陵园】

位于浦东新区周浦镇康沈路 1646 弄 58 号,原为周浦烈士墓,建于 1960 年,占地面积 14 241 平方米。安葬为解放周浦而牺牲的 127 位解放军指战员、在抗战时期牺牲的中共南汇县第一任书记周大根和 1930 年泥城暴动领导人之一沈千祥等一批南汇籍烈士。1982 年,墓园内增建烈士陈列室,面积 300 平方米,陈列大革命时期、抗日战争时期、解放战争时期、新中国成立以后 4 个历史时期与南汇相关的烈士遗物、照片等 100 余件。烈士英名室内镌刻 661 名南汇籍烈士的英名,其中大革命时期牺牲的 10 人,抗日战争时期牺牲的 201 人,解放战争时期牺牲的 178 人,解放后牺牲的 272 人。1997 年,南汇县民政局投资 18 万元新建教育视听室;2008 年,投资 80 万元对烈士陈列室和烈士墓区进行改造和维修。

【闵行区烈士陵园】

位于闵行区中春路 3999 弄 388 号。原为上海县烈士公墓,建于 1949 年秋,位于北桥黄家塘,安葬解放上海战役中牺牲的解放军指战员 135 人。1962 年春,在北桥农场苗圃重建上海县烈士墓,将安葬在陈行的 9 位烈士遗骸也迁葬于此。1981 年 4 月至 1985 年 6 月,在莘庄镇莘西路 66 号新建上海县烈士陵园,占地面积 1.1 万平方米,将安葬在北桥及部分散葬在县境内的 144 位烈士的遗骸全部迁葬于新建陵园。1993 年 3 月,更名为闵行区烈士陵园。2003 年,烈士陵园再度迁建。同年 12 月,将分葬在华漕等地的 36 位烈士遗骸迁葬到新建陵园。2005 年,又先后迁入石建清、赵瑞卿、赵生余 3 位烈士遗骸。至此,陵园共安葬有姓名烈士 159 人,无名烈士 24 人。2005 年 3 月,建成革命烈士事迹陈列馆。闵行区烈士陵园占地面积 2.46 万余平方米,主要建筑有祭扫广场、烈士事迹陈列馆和烈士墓区。

【金山区漕泾烈士墓】

位于漕泾镇东海村镇南路 2042 号,建于 1950 年 2 月,安葬 1950 年 1 月 23 日在漕泾进行作战训练时遇国民党飞机空袭而牺牲的 33 位革命烈士,以及 31 军、淞沪五军区的 2 位烈士和在解放战争中牺牲的金山籍战士王伯余烈士,后经数次改扩建。1972 年 5 月,修建烈士纪念墓塔。1991 年 3 月,更名为漕泾烈士陵园,同时对陵园进行改扩建。新建陵园占地面积 5 533 平方米,由墓区、墓碑、纪念广场、展览厅等部分组成。2004 年 4 月,将原烈士陈列室改建为金山区烈士史料陈列馆,以文字、图表、图片、实物等形式,展示金山县各个历史时期的烈士事迹。

【奉贤区烈士陵园】

位于奉贤区青村镇光明社区金钱公路 3030 号,建于 1989 年 3 月,1999 年 10 月改造修缮,面积 5 200 平方米,由祭扫瞻仰区、烈士历史资料陈列区、绿化区、生活办公区等部分组成。祭扫瞻仰区建有革命烈士纪念碑,烈士墓区安葬为解放奉贤牺牲的原中国人民解放军 90 师 10 位烈士和在不同革命历史时期牺牲的烈士。纪念活动广场占地面积 424 平方米。奉贤区革命烈士史料陈列室,陈列奉贤革命简史及各个历史时期牺牲的 398 名烈士英名和部分烈士遗物、遗照。

【青浦区东乡烈士陵园】

位于青浦区华新镇火星村 60 号。1938 年,淞沪抗日游击纵队三支队在沈泾塘与日寇作战,为安葬阵亡烈士,当时抗日政府在火烧庙西买下 666.67 平方米墓地安葬烈士,于 1939 年清明节建造,俗称火烧庙烈士墓。解放后正式建成烈士墓。1983 年,增建烈士事迹陈列室、接待室和办公室。陵园墓地中央建 13 米高的朱红纪念塔,正面刻有"革命烈士永垂不朽",塔顶有直径 1 米的红五角星。墓地安葬抗日战争、解放战争、抗美援朝战争、对越自卫反击战,以及社会主义革命与建设时期牺牲的 370 名烈士,其中无名烈士 286 人。

【青浦区西乡烈士陵园】

位于青浦区练塘镇松蒸公路 4656 弄 49 号,原为小蒸烈士墓,建于 1973 年 4 月,安葬抗日战争时期在庄前港战斗中牺牲的 7 位烈士,占地 598 平方米,墓园有门柱、纪念碑等。嗣后陆续迁入大革命时期及解放战争时期在青西地区牺牲的 10 多个烈士墓。1984 年 8 月,陈云为小蒸农民暴动领导人之一吴志喜烈士题写碑文"吴志喜烈士永垂不朽"。1985 年,青浦县财政拨款 16 万元将小蒸烈士墓迁建至练塘镇松蒸公路处,占地面积 6 200 平方米。1999 年,将在沈巷的谢石关烈士墓、莲盛的尤家洪烈士墓,以及商塌等处的烈士墓迁入小蒸烈士墓集中安葬,更名为"西乡革命烈士陵园"。墓区安葬 48 名烈士,其中无名烈士 12 人。烈士陈列室面积 137 平方米,展示各个历史时期牺牲的 77 名烈士事迹,其中著名烈士有吴志喜、徐文思、徐勋、方强、周达明、丁锡山等。

【崇明县烈士馆】

位于崇明县新河镇新开河路 279 号。1951 年初,崇明县新河区成立烈士纪念委员会,筹款修建烈士纪念塔,塔内陈列光荣匾,镌刻龚兆奇、郭泽露等 38 位烈士的英名,谢觉哉题词"为社会主义革命牺牲的人永远活在过着社会主义幸福生活的人的心上"。1956 年,在纪念塔东侧建造一座烈士纪念堂。1957 年,烈士纪念塔更名为崇明县烈士馆。烈士馆占地面积 14 520 平方米,其中建筑面积 1 600 平方米、广场面积 1 920 平方米、湖水面积 940 平方米、绿化面积 1 万平方米。烈士馆资料档案室保存民主革命和社会主义建设时期牺牲的烈士档案 427 份,烈士遗物 22 件,照片、图片 301 张,以及文书档案 50 卷。革命史迹展览室记录 427 位烈士的英名,展出照片 255 张,油画、国画各一幅,文字说明版块 193 块,半身雕塑 1 座,全身雕塑 2 座。

【李一谔烈士墓】

位于金山区金山卫镇长春村。1952 年,在张泾河西岸初建李一谔烈士墓,1950 年代后期移至金山卫镇长春村,即原李氏祖坟处,并设花岗石墓碑,"文化大革命"期间遭损坏。1985 年 7 月,金山县政府加以修缮,重立水泥墓碑。1988 年,市政府批准以烈士陵园规格拨资重建,1989 年 2 月底竣工。陵园占地面积约 333 平方米。

【陆龙飞烈士墓】

位于金山区枫泾镇枫泾公墓东南角。陆龙飞烈士墓原在枫围乡长安村陆氏家族祖坟内,解放后松江县政府建纪念碑。1988 年 3 月 25 日迁葬于枫泾公墓东南角。墓地南北宽 20 米,东西长 7.86 米,面积 157 平方米。墓区呈长方形,前为纪念碑,宽 5 米,高 2 米,由大理石镶成,正面刻有陈云题写的"陆龙飞烈士永垂不朽",背面刻有陆龙飞烈士的生平事迹,墓后塑建烈士雕塑胸像。墓区东西各有数级阶石,通达枫泾公墓。1991 年,金山县政府拨款 2.6 万元重塑烈士像,用花岗岩胸像取代原铜像,胸像连座高 2.5 米,宽 1.1 米;同时增修南侧驳岸,整治瞻礼平台,种植松柏。通往公墓大门的道边有陆龙飞烈士事迹展览长廊。2005 年,金山区财政拨款近 30 万元对烈士墓进行全面整修。

【庄行暴动烈士纪念碑】

位于奉贤区庄行镇红十字路。1967 年 5 月,为纪念 1929 年 1 月庄行暴动中牺牲的唐一新、吴大龙、黄多生、冯银楼、张四弟等 5 位烈士,庄行镇修建庄行暴动烈士纪念碑,纪念碑坐北朝南,高 15.7 米。1986 年 4 月于原地重建,原上海市老领导刘晓题写碑名。2008 年 3 月,区政府投资 122 万元修建纪念广场。

【北宋战斗抗日烈士纪念碑】

位于奉贤区奉城镇头桥社区北宋村 5 组。1964 年 4 月,为纪念 1944 年 3 月 27 日浦东抗日游击队淞沪支队北宋抗日突围战中牺牲的 20 多名战士,由奉贤县政府修建。纪念碑坐南朝北,四方塔形,砖石结构,高 15.6 米。1993 年、2008 年两次重建。

【李主一烈士纪念碑】

位于奉贤区奉城镇川南奉公路 9915 号。1957 年 5 月,奉贤县人民委员会在曙光中学内建造李主一烈士纪念碑,"文化大革命"期间被毁。1980 年 1 月,奉贤县政府重建纪念碑,占地面积 176.7 平方米,高 8.5 米,碑上镌刻北京故宫博物馆馆长吴仲超题词"李主一烈士不朽,死得其所"。

【赵天鹏烈士纪念碑】

位于奉贤区四团镇文鹏街路四团中学内。1959 年 4 月,由奉贤县政府修建。纪念碑呈方形塔式,高约 4 米。1964 年 6 月在原址重建。2001 年初,奉贤县民政局、财政局、教育局和四团镇政府联合投资 30 多万元在原址重新规划、设计和改建,当年 3 月竣工。

【陆更生烈士墓】

位于浦东新区曹路镇秦家港路 1595 号。陆更生为南京军区司令部干部,1956 年因抢救国家财产牺牲。

【林达烈士墓、杨定烈士墓】

位于浦东新区老港镇港西北首。林达,原名林有璋,老港镇籍,新四军 1 纵队 3 旅 9 团政委、团长,1947 年 7 月在战斗中牺牲,1995 年迁入老港墓地。杨定,原名杨志雄,老港镇籍,1942 年 6 月 21 日被捕,6 月 23 日被日军杀害。1997 年,老港镇政府在老港公墓堂专辟墓区建造烈士墓地,墓碑朝南,砂石结构,碑后的烈士墙由红色大理石砌造,镌刻烈士生平事迹。

【金山公园无名烈士墓】

位于金山区朱泾镇公园路 96 号金山公园内。1949 年 5 月,为安葬解放朱泾牺牲的一位中国人民解放军排长而建,后迁墓于金山公园,占地 200 平方米。1988 年,朱泾镇政府为烈士墓立碑。

【金山散葬烈士墓】

位于金山区枫泾镇大新桥西枫泾公墓内。金山区民政局在枫泾公墓内陆龙飞烈士墓旁购置了 30 平方米的空地,用于安葬原来散葬各处的烈士及新中国成立后牺牲的烈士,共安葬 8 位烈士,其中有 1939 年在安徽泾县遭敌机轰炸重伤后不治身亡的朱国安烈士,1997 年 8 月 1 日为救落海儿童牺牲的张鲜军烈士,2005 年 10 月 23 日因勇斗歹徒牺牲的杨群利烈士。

【泥城革命史迹馆】

位于浦东新区泥城镇南芦公路 1887 号。1986 年 10 月,南汇县泥城乡党委和泥城乡政府建立革命烈士纪念碑亭、烈士事迹展览厅,作为泥城乡革命传统教育基地。2004 年 12 月,泥城镇投入 300 余万元对教育基地进行改扩建,占地面积 7 380 平方米,塑建"泥城暴动""汇角血战""南渡浙东"等雕塑,多功能展览厅展示 1928—1975 年间泥城地区 97 名烈士的事迹。

【仓桥烈士纪念塔】

位于青浦区青安路桥北堍。1958 年,青浦县城厢公社为纪念在解放战争等战役和其他历史事件中牺牲的 42 名烈士而建。1977—1986 年,民政部门进行多次修缮。

第三节　烈士公祭和纪念活动

一、清明公祭

1978 年清明,上海市烈士陵园向社会开放,连续一个月扫墓群众络绎不绝,缅怀革命先烈的光辉业绩。

1979 年 4 月 5 日,市政协副主席、常委和委员 60 多人,到市烈士陵园进行扫墓活动,市政协副主席张承宗、周谷城向烈士纪念碑敬献花圈。周谷城还专门作了一首诗《清明扫烈士墓》:陷阵复冲锋,斯成革命功。开来还继往,数典莫忘宗。今日群英舞,他年盛业宏。血流岂无价? 四化有奇勋。1982 年 4 月 5 日,市人大、市政府、市政协负责人,烈士李白、许晓轩、秦鸿钧的亲属,在市烈士陵园纪念碑前举行悼念仪式并瞻仰烈士墓。1984 年 4 月 4 日,市党政军领导和各界人士前往市烈士陵园祭扫。

1985 年起,市委办公厅、市政府办公厅和市民政局共同组织落实每年清明节期间市党政军领导和各界代表在市烈士陵园举行的公祭烈士活动,出席范围为市委书记、副书记、常委,市人大常委会主任、副主任,市长、副市长,市政协主席、副主席,市纪委书记、副书记,市委老同志,驻沪三军、武警部队主要负责人,市高级人民法院院长,市人民检察院检察长,市委、市人大常委会、市政府、市政协正副秘书长,各民主党派、工商联和主要人民团体负责人、烈士遗属代表等。公祭活动由市委副书记主持。程序为:(1)奏国歌;(2)向烈士纪念碑敬献花圈;(3)向烈士纪念碑三鞠躬;(4)奏国际歌;(5)向烈士墓敬献鲜花。此后,每年清明祭扫先烈的活动均以此规格和程序进行。1995 年清明起,清明祭扫先烈活动在上海市龙华烈士陵园举行。

二、其他纪念活动

1984 年 5 月 27 日,为纪念上海解放 35 周年,市党政军领导和各界人士分三路在市烈士陵园、宝山烈士墓和高桥烈士墓悼念革命烈士。1985 年 5 月 4 日,上海烈士群雕塑像在市烈士陵园落成,市领导陈国栋、胡立教、汪道涵等出席揭幕仪式。同年 9 月 3 日,抗日战争胜利 40 周年纪念日,市党政军领导、各民主党派和各人民团体负责人、抗日战争时期的老战士以及青少年代表 400 余人,在市烈士陵园举行仪式,缅怀在抗日战争中牺牲的革命烈士。市委书记芮杏文讲话,市人大主任胡立教主持仪式。

1989 年 5 月 26 日,为纪念上海解放 40 周年,市党政军领导和各界知名人士分三路前往市烈士陵园、高桥烈士墓、宝山烈士陵园凭吊革命烈士,缅怀为解放上海而英勇献身的先烈。以后每逢上海解放 5 周年、10 周年,市党政军领导和各界人士分三路前往烈士陵园祭奠革命先烈。

1991 年 2 月 6 日,为纪念龙华二十四烈士牺牲 60 周年,市委党史研究室、市总工会、团市委和徐汇、黄浦、杨浦、虹口区委等 7 个单位在市烈士陵园举行纪念会。纪念会前,老同志胡立教、钟民和与会者向烈士纪念碑敬献花圈。2 月 7 日,"左联"会址纪念馆、上海作协和徐汇区教育局在市烈士陵园举行纪念大会。文学出版教育界 200 余人向烈士纪念碑敬献花圈,左联老同志夏征农、陈沂、柯灵等回忆了左联的革命斗争历史,"纪念左联五烈士专题展览"同时开幕。

1991 年 2 月 22 日,国家主席杨尚昆在市长朱镕基等陪同下,瞻仰上海市烈士陵园,并向烈士纪念碑敬献花篮。杨尚昆参观了上海烈士史料陈列馆,希望烈士陵园和烈士史料陈列馆成为青少年教育的重要阵地,发挥更大的作用。

1996 年 11 月 1 日,全国百个中小学爱国主义教育基地命名大会在京举行,龙华烈士陵园被命名为全国中小学爱国主义教育基地。

1997 年 5 月 28 日,龙华烈士纪念馆在上海解放 48 周年时举行开馆仪式,"申城百年英烈颂"宣传教育活动同时在纪念馆拉开序幕。中共中央政治局委员、市委书记黄菊为龙华烈士纪念馆开馆揭幕。

1999 年 4 月 4 日,为纪念上海解放 50 周年,市委党史研究室、市教育党委、上海教育出版社联合召开《上海英烈故事》出版座谈会。秦鸿钧烈士夫人韩慧如、李白烈士之子李恒胜等与中小学师生代表进行座谈。《上海英烈故事》全书约 40 万字,收入 74 位英烈的故事,是一本对中小学生进行爱国主义和革命传统教育的优秀读物。

1999 年 5 月 27 日,为纪念上海解放 50 周年,在解放战争中立下战功的老英模代表、老劳模代表、驻沪三军和武警官兵、青年工人和学生等前往高桥烈士陵园、宝山烈士陵园缅怀祭扫革命先烈。龙华烈士陵园举办"少年英烈颂——20 世纪中国著名少年英烈事迹展",展出 28 位少年英烈的事迹,并到外省市巡展;编纂出版大型画册《龙华烈士陵园》《龙华碑苑诗文赏析》等书刊。

2000 年 4 月 2 日,上海市开通全国首个以"褒扬烈士、教育群众"为主旨的一级网站龙华网站(http://www. slmmm. net),为烈士们树立起一座网上的丰碑。

2001 年 12 月 20 日,为纪念党的早期优秀领导人恽代英烈士英勇就义 70 周年,恽代英烈士纪念墓在龙华烈士陵园落成。恽代英烈士之子恽希仲等亲属、市委副书记刘云耕出席揭幕仪式,社会各界代表在烈士墓前献花。上海是恽代英一生主要工作过的地方,龙华烈士陵园陈列了恽代英的事迹材料,周恩来亲笔题写的恽代英狱中诗镌刻在陵园碑亭中。

2008 年 10 月 1 日,市党政军领导、各民主党派和人民团体负责人、社会各界代表前往上海市人民英雄纪念塔广场(位于外滩),向革命先烈敬献花篮,中共中央政治局委员、市委书记俞正声,市委副书记、市长韩正等参加活动。此后,向上海市人民英雄纪念塔敬献花篮成为每年国庆节的一项纪念活动。

2009 年 9 月 3 日,在淞沪抗战纪念馆举行上海市祭悼抗战英烈仪式,俞正声、韩正等市党政领导,驻沪部队、民主党派、人民团体负责人和社会各界代表出席;祭悼仪式后,全体人员瞻仰淞沪抗战纪念馆。

第四节 编纂出版烈士相关书籍

一、编纂烈士英名录

1980年9月,民政部下发《关于编好烈士英名录等项工作的通知》,要求在1979年优抚对象普查的基础上编好烈士英名录。1981年6月19日,市民政局下发《关于进一步做好编写烈士英名录工作的通知》,要求各区县民政部门和有关单位组织力量开展烈士英名录编写工作,由市烈士陵园管理所组织统编。1982年5月,《上海市革命烈士英名录》编写完成,收录自辛亥革命起至1982年各个历史时期牺牲的9 293位烈士的生平事迹。

1987年,市民政局会同市委党史研究室、上海警备区政治部,组织人员开展对解放上海战役期间牺牲的烈士史料收集和调查核实工作,在埋葬于上海的各烈士墓地的烈士名单基础上,结合第三野战军参战部队移交给上海地方政府的《淞沪战役烈士登记表》,查阅有关省市民政部门编写的革命烈士英名录,参考、吸收一些参战老同志的回忆,基本查清解放上海牺牲的烈士共计7 785名,其中人民解放军指战员7 613名、随军干部和支前民工72名、上海各界志士100名。

1999年5月,由市委党史研究室、市民政局、上海警备区政治部编撰,上海人民出版社出版《热血丰碑——解放上海烈士英名谱》,中共中央政治局委员、市委书记黄菊作序,市委副书记、市长徐匡迪题写书名。全书记载为解放上海壮烈牺牲的7 735名革命烈士的姓名和事迹,分烈士事迹概述、烈士英名谱两部分,共49.4万字,为全国第一部战役性烈士名录。5月26日,举行首发仪式,南京军区和市领导向驻沪部队、烈属和军休干部代表赠送该书。此外,还向全国各省、市、县民政部门和相关参战部队、烈士家属赠送2 000余册。该书入国家图书馆收藏并获荣誉证书。山东、广西、安徽、江西等地一些烈士家属从该书获悉亲人的下落,第一次到沪为亲人扫墓,了却多年的夙愿。

2009年,在烈士信息数据库基础上,编纂《上海市烈士英名录》(新版)。编纂的资料来源主要有:1949年以来由市政府批准烈士的信息、《上海市革命烈士英名录》(1982年版)、全市统一换(补)发革命烈士证明书的信息、《热血丰碑——解放上海烈士英名谱》、各区县接收到的部队和外省市批准的烈士信息、安眠于龙华烈士陵园和各区县烈士陵园的烈士信息、由部队移交的解放上海期间牺牲的烈士名录等,共计33 321条烈士信息。经过比对、核实、甄别、归并,最终收录自辛亥革命以来15 085名烈士的英名和事迹汇编成书。《上海市烈士英名录》由中共中央政治局常委、市委书记俞正声作序。该书以时间为序、区县为单位编例,收录烈士资料内容相对完整,基本反映了全市英烈的情况。此后,在该书出版的基础上,开发一套烈士管理查询软件,供全市民政部门和烈士管理单位联网查询,为烈士褒扬工作和烈士家属提供方便快捷的服务。

表3-3-1 1981年1月—2009年12月上海市烈士英名录(未含军队批准的烈士)

烈士姓名	性别	籍 贯	生卒年月	批准机关	批准时间
方志明	男	上海市川沙县	1920—1950.11	上海市政府	1981.1.8
梁星玉	男	江苏省宝应县	1960.2—1980.12	上海市政府	1981.1.12
云守璞	男	江苏省泗阳县	1944.8—1980.7	上海市政府	1981.2.11
朱 华	男	江苏省句容县	1956.6—1981.1	上海市政府	1981.3.17

（续表一）

烈士姓名	性别	籍　贯	生 卒 年 月	批准机关	批准时间
袁金娣	女	江苏省常州市	1915.9—1981.3	上海市政府	1981.4.15
杨钧乐	男	广东省高鹤县	1933.11—1981.4	上海市政府	1981.5.9
鲁水芳	男	上海市金山县	1925—1948.4（农历）	上海市政府	1981.5.5
黄珊臣	男	上海市金山县	1909—1928.1	上海市政府	1981.5.5
金小其	男	上海市奉贤县	1925.5—1947.5（农历）	上海市政府	1981.6.2
王济普	男	河南省济源县	1918.12—1972.4	上海市政府	1981.7.20
彭加木	男	广东省番禹县	1925.6—1980.6	上海市政府	1981.8.24
顾思礼	男	上海市崇明县	1935.9—1981.9	上海市政府	1981.9.12
张林生	男	上海市崇明县	1957.3—1981.8	上海市政府	1981.9.12
汤一鸣	男	上海市奉贤县	1912.6—1944	上海市政府	1981.9.23
戈宝松	男	上海市川沙县	？—1945.7	上海市政府	1981.11.17
顾瑞荣	男	上海市南汇县	？—1947.1	上海市政府	1981.11.17
钱一宏	男	上海市南汇县	？—1944.8	上海市政府	1981.11.17
黄掌宝	男	上海市南汇县	？—1944（秋）	上海市政府	1981.12.16
范祥初	男	上海市南汇县	1923—1947（春）	上海市政府	1982.1.5
陆福根	男	上海市川沙县	1925—1949.10	上海市政府	1982.3.11
蔡德嘉	男	上海市川沙县	1918—1949.10	上海市政府	1982.3.11
雷　根	男	福建省才溪县	1914—1941.1	上海市政府	1982.6.30
王　达	男	江苏省江都县	1923—1945.5	上海市政府	1982.6.30
陈礼桥	男	江苏省海门县	1931.3—1981.1	上海市政府	1982.9.3
叶献文	男	上海市宝山县	1899—1949.9	上海市政府	1982.12.14
石龙生	男	上海市金山县	1941—1982.4	上海市政府	1982.10.25
冯海根	男	浙江省慈溪县	1950.8—1982.9	上海市政府	1982.10.25
顾富根	男	上海市	1933.12—1959.8	上海市政府	1983.4.6
胡兴桂	男	江苏省铜山县	1921.10—1951.7、8	杨浦区政府	1983.5.30
朱关生	男	上海市南汇县	1926.5—1947.8	上海市政府	1983.6.1
陆阿金	男	上海市南汇县	1921—1947.4	上海市政府	1983.6.1
周祖贤	男	上海市奉贤县	1922—1946.8	上海市政府	1983.10.13
王祥云	男	上海市奉贤县	1924—1947.9	上海市政府	1983.10.13
钱蕾菁	女	上海市	1915—1943（年初）	上海市政府	1983.12.20
许珠嬗	女	浙江省湖州市	1930—1982.10	上海市政府	1983.12.31
黄家平	男	江苏省海门县	1959—1982.10	上海市政府	1983.12.31

(续表二)

烈士姓名	性别	籍　贯	生 卒 年 月	批准机关	批准时间
计淑人	女	上海市松江县	1916—1950.10	上海市政府	1983.12.20
赵瑞卿	男	上海市上海县	1909—1949.3(农历)	上海市政府	1984.3.16
汤校明	男	上海市金山县	1941.6—1984.2	上海市政府	1984.4.5
周秉元	男	上海市金山县	1944.7—1984.2	上海市政府	1984.4.5
邱兴谷	男	上海市崇明县	1897—1938.10(农历)	上海市政府	1984.4.5
施从云	男	安徽省桐城县	1879.4—1912.1	上海市政府	1984.4.5
顾春福	男	江苏省兴化县	1910—1946.10(农历)	上海市政府	1984.4.26
吴阿桃	男	上海市青浦县	1924—1949.3(农历)	上海市政府	1984.4.27
费和尚	男	上海市青浦县	1920—1949.3(农历)	上海市政府	1984.4.27
戴根咸	男	上海市青浦县	1914—1939.8(农历)	上海市政府	1984.4.27
戴根云	男	上海市青浦县	1900—1939.8(农历)	上海市政府	1984.4.27
戴进祥	男	上海市青浦县	1911—1939.8(农历)	上海市政府	1984.4.27
郎慧良	男	浙江省宁波市	1962.10—1983.4	上海市政府	1984.5.21
王禹九	男	浙江省黄岩县	1902—1939.3	上海市政府	1984.6.25
戴仲清	男	安徽省怀宁县	1921.9—1941.7	上海市政府	1984.9.1
谷志明	男	安徽省定远县	1965.9—1984.6	上海市政府	1984.9.25
盛　翼	男	江苏省靖江县	1927.8—1945.8	卢湾区政府	1984.10.5
黄瑞高	男	上海市松江县	1918.3—1947.7	上海市政府	1984.11.12
莫伯如	男	上海市南汇县	1912—1945.6	上海市政府	1984.11.12
张阿毛	男	上海市南汇县	1917—1947.2	上海市政府	1984.11.12
邬银生	男	上海市南汇县	1920—1944.8	上海市政府	1984.11.12
王安保	男	江苏省大丰县	1902.8—1947(春)	上海市政府	1984.11.28
陈祥兴	男	上海市青浦县	1927—1946.8	上海市政府	1984.12.15
周旭辉	男	浙江省海宁县	1963.10—1981.12	上海市政府	1984.12.15
诸国南	男	上海市青浦县	1917—1938.11(农历)	上海市政府	1984.12.15
刘湛恩	男	湖北省阳新县	1895—1938.4	上海市政府	1984.12.29
许海波	男	江苏省灌云县	1932—1950	徐汇区政府	1984.12.31
郑生荣	男	上海市奉贤县	1920—1947(夏)	上海市政府	1985.1.5
赵渭生	男	浙江省天台县	1897—1930.4	上海市政府	1985.1.8
黄永胜	男	浙江省诸暨县	1907.10—1937.9	上海市政府	1985.1.9
丁雪明	男	江苏省武进县	1957.10—1985.1	上海市政府	1985.2.16
甘　正	男	上海市嘉定县	1916—1947.6	上海市政府	1985.3.29

（续表三）

烈士姓名	性别	籍　贯	生卒年月	批准机关	批准时间
沈国珠	女	上海市	1944.10—1984.9	上海市政府	1985.5.4
陈月泉	男	上海市南汇县	1919—1948.5	上海市政府	1985.5.29
张阿林	男	上海市青浦县	1919—1949.2	上海市政府	1985.5.29
瞿房九	男	上海市南汇县	1924—1944.3	上海市政府	1985.7.2
唐端丰	男	浙江省镇海县	1921.1—1941.11	上海市政府	1985.7.20
王阿五	男	上海市奉贤县	1925—1945.5	上海市政府	1985.10.21
钟炎兴	男	上海市南汇县	1919—1948.2	上海市政府	1985.11.4
冯国华	男	上海市宝山县	1900—1938.10	上海市政府	1985.11.7
朱云仙	女	上海市南汇县	1924.11—1948.2	上海市政府	1985.12.31
刘宗歆	男	浙江省上虞县	1912.4—1941.12	上海市政府	1986.1.24
沈一清	男	上海市南汇县	1900—1942（春）	上海市政府	1986.6.21
丁振康	男	上海市南汇县	1914—1947（秋）	上海市政府	1986.6.21
杨季豪	男	上海市	1914—1937.10	上海市政府	1986.7.18
余毓明	男	浙江省慈溪县	1909—1942.9	上海市政府	1986.9.12
黄汉魁	男	上海市宝山县	1904—1929.12	上海市政府	1986.11.3
刘士生	男	上海市嘉定县	1917—1944（春）	上海市政府	1986.11.3
张道明	男	上海市崇明县	1919.10—1942.7	上海市政府	1986.11.3
徐达卿	男	上海市崇明县	1916.12—1939.3	上海市政府	1986.11.3
杨　修	男	江苏省常州市	1914—1948.7	上海市政府	1986.11.3
贾顺华	男	江苏省淮安县	1959.10—1986.11	上海市政府	1986.11.20
汪伯乐	男	安徽省怀宁县	1900—1926（冬）	上海市政府	1987.1.17
张志文	男	上海市嘉定县	1912—1939.7	上海市政府	1987.2.17
林安琪	女	浙江省宁海县	1931—1949.6	上海市政府	1987.2.22
华　辉	女	江苏省无锡市	1920—1941（春）	上海市政府	1987.2.22
王守光	男	湖南省长沙市	1909—1937.11	上海市政府	1987.2.22
李世昌	男	河北省阜城县	1898—1940.5	上海市政府	1987.2.15
张宝才	男	上海市川沙县	1915.10—1942.12	上海市政府	1987.4.4
朱小三	男	上海市南汇县	1916—1948.5	上海市政府	1987.4.22
鲍考良	男	安徽省	1901—1927.7	上海市政府	1987.4.28
龚选登	男	广东海南乐会	1901—1939	上海市政府	1987.6.3
朱炎晖	男	浙江省瑞安县	1901—1938.11	上海市政府	1987.7.3
陈龙虎	男	浙江省永康县	1914—1936.11	上海市政府	1987.7.3

（续表四）

烈士姓名	性别	籍　贯	生卒年月	批准机关	批准时间
张星平	男	江苏省海门县	1963.1—1986.4	上海市政府	1987.9.16
顾百刚	男	浙江省镇海县	1965.9—1984.4	上海市政府	1987.9.16
楼浩卿	男	浙江省诸暨县	1902—1938.4	上海市政府	1987.10.5
潘国勇	男	江苏省建湖县	1960.2—1987.12	上海市政府	1987.12.19
薛宝源	男	山东省鱼台县	1952.10—1987.12	上海市政府	1987.12.19
徐阿增	男	浙江省吴兴县	1903—1941.5	上海市政府	1987.12.13
沈富清	男	上海市青浦县	1923—1946.12	上海市政府	1988.4.12
郭丕哉	男	上海市崇明县	1906—1939.7（农历）	上海市政府	1988.4.19
张泰昌	男	浙江省杭州市	1918—1943.5	上海市政府	1988.4.19
高凤郎	男	上海市崇明县	1911—1939.9（农历）	上海市政府	1988.4.19
杨阿根	男	上海市南汇县	1912—1944.8	上海市政府	1988.4.19
陈根全	男	上海市南汇县	1920—1944.5	上海市政府	1988.4.19
董根堂	男	上海市南汇县	1911—1945（春）	上海市政府	1988.4.19
费银虎	男	上海市青浦县	1919—1939.3	上海市政府	1988.4.29
秦阿来	男	上海市青浦县	1924—1946（秋）	上海市政府	1988.4.29
陈　侃	男	上海市青浦县	1903—1940.6（农历）	上海市政府	1988.5.9
张国庆	男	广东省开平县	1920—1944.8	上海市政府	1988.5.19
罗企尧	男	上海市崇明县	1910—19389.3（农历）	上海市政府	1988.5.9
周建清	男	上海市崇明县	1919—1939.3（农历）	上海市政府	1988.5.9
奚文相	男	上海市崇明县	1918—1939.3（农历）	上海市政府	1988.5.9
陈德龙	男	上海市崇明县	1921—1939.3（农历）	上海市政府	1988.5.9
沈秉良	男	上海市崇明县	1919—1939.3（农历）	上海市政府	1988.5.9
龚思周	男	上海市崇明县	1918—1939.4（农历）	上海市政府	1988.5.9
顾才楼	男	上海市南汇县	1924——1947.6	上海市政府	1988.6.25
瞿维良	男	上海市青浦县	1909—1939.6（农历）	上海市政府	1988.6.25
何品生	男	上海市青浦县	1918—1939.6（农历）	上海市政府	1988.6.25
唐阿祝	男	上海市青浦县	1912—1939.6（农历）	上海市政府	1988.6.25
谢昇标	男	浙江省临海市	1903—1938.4	上海市政府	1988.6.25
张永锦	男	江苏省无锡市	1927—1947.6	上海市政府	1988.12.21
何伯英	男	上海市青浦县	1914—1939.11	上海市政府	1988.12.21
巢林宝	男	江苏省武进县	1939.3—1985.9	上海市政府	1989.1.20
季培林	男	上海市金山县	1954.8—1985.7	上海市政府	1989.1.20

（续表五）

烈士姓名	性别	籍　贯	生卒年月	批准机关	批准时间
李铁雄	男	上海市南汇县	1931.4—1988.9	上海市政府	1989.3.6
张永青	男	浙江省定海县	1951.5—1988.9	上海市政府	1989.3.6
倪金林	男	上海市青浦县	1906—1939.7	上海市政府	1989.3.17
诸人龙	男	上海市青浦县	1910—1940.4	上海市政府	1989.3.17
陈仁宽	男	浙江省定海县	1913—1942（年底）	上海市政府	1989.3.17
鲍长根	男	上海市南汇县	1915—1939.6（农历）	上海市政府	1989.3.17
鲍冬生	男	上海市南汇县	1916—1939.6（农历）	上海市政府	1989.3.17
秦火生	男	上海市南汇县	1923—1939.6（农历）	上海市政府	1989.3.17
黄三囝	男	上海市南汇县	1918—1939.6（农历）	上海市政府	1989.3.17
张阿二	男	上海市南汇县	1911—1939.5	上海市政府	1989.3.17
钱国仪	男	上海市南汇县	1918—1939.12	上海市政府	1989.3.17
俞昌言	男	上海市青浦县	1908—1939.4	上海市政府	1989.3.31
谭阿五	男	上海市上海县	？—1946.12	上海市政府	1989.3.31
盛铃发	男	上海市川沙县	1944.6—1989.7	上海市政府	1989.8.22
姚龙祥	男	上海市青浦县	1919—1939（夏）	上海市政府	1989.12.26
马阿高	男	上海市青浦县	1903—1939.5	上海市政府	1989.12.26
顾景希	男	上海市青浦县	1909—1939.6	上海市政府	1989.12.26
唐阿三	男	上海市南汇县	1915—1945.10	上海市政府	1989.12.26
周金楼	男	上海市奉贤县	1925—1944.3	上海市政府	1989.11.26
张阿余	男	上海市青浦县	1918—1940.8	上海市政府	1989.11.26
陆维良	男	上海市青浦县	1903—1946.11	上海市政府	1990.2.14
王瀛成	男	江苏省涟水县	1914.8—1951.1	上海市政府	1990.2.14
唐义鲁	男	浙江省镇海市	1935—1989.5	上海市政府	1990.9.11
蒋岳明	男	上海市奉贤县	1925—1944.3	上海市政府	1990.9.14
姚森周	男	上海市崇明县	1928—1957.4	上海市政府	1990.10.6
李朝宰	男	上海市崇明县	1915.10—1938.10	上海市政府	1990.12.22
沈阿雨	男	上海市奉贤县	1911.11—1946.9	上海市政府	1991.1.30
卫金林	男	上海市奉贤县	1911.9—1946.9	上海市政府	1991.1.30
王伯余	男	上海市金山县	1926—1948.11	上海市政府	1991.4.25
周雪生	男	上海市南汇县	1907—1944.11	上海市政府	1991.6.24
黎增炎	男	浙江省上虞县	1916—1949（年初）	上海市政府	1991.9.17
唐建一	男	江苏省泰兴县	1953.9—1991.6	上海市政府	1991.12.1

烈士姓名	性别	籍 贯	生 卒 年 月	批准机关	批准时间
连鸿波	男	福建省闽侯县	1910—1937.12	上海市政府	1992.6.8
李荣才	男	浙江舟山普陀	1928—1948.9	上海市政府	1992.6.8
赵锦春	男	上海市崇明县	1945—1991.7	上海市政府	1993.2.17
施平安	男	上海市崇明县	1946—1991.6	上海市政府	1993.2.17
周长生	男	上海市南汇县	1910—1944.11	上海市政府	1993.3.6
蔡如生	男	江苏省海门县	1959.1—1990.8	上海市政府	1993.4.19
沙兴康	男	上海市宝山区	1956.4—1993.8	上海市政府	1993.9.22
俞连初	男	上海市南汇县	1921—1944.8	上海市政府	1994.3.1
卓长江	男	山东省滕县	1953.9—1994.2	上海市政府	1994.4.3
李 宁	男	上海市宝山区	1969.4—1994.5	上海市政府	1994.6.16
冉隆泽	男	四川省黔江县	1971.9—1994.5	上海市政府	1994.6.16
刘国华	男	安徽省巢县	1953.3—1993.12	上海市政府	1994.12.16
王 伟	男	江苏省盐城市	1974.9—1993.12	上海市政府	1995.5.9
吴士元	男	安徽省芜湖市	1914—1941	上海市政府	1995.7.31
施义郎	男	上海市崇明县	1916.2—1948.7(农历)	上海市政府	1995.7.28
富明初	男	上海市川沙县	1957.2—1994.6	上海市政府	1995.11.29
张锦生	男	江苏省无锡市	1922.11—1951.7	民政部	1995.6.21
周伯耕	男	浙江省东阳县	1923.5—1944(秋)	上海市政府	1996.5.30
李鸿宾	男	浙江省平湖县	1924.12—1944.11	上海市政府	1996.6.26
高汝河	男	山东省临清市	1950.12—1995.2	上海市政府	1996.6.20
朱影渔	男	江苏省无锡市	1922—1949.5	上海市政府	1996.8.28
荀伟章	男	江苏省盐城市	1960.9—1996.6	上海市政府	1996.10.17
陶志群	男	江苏省张家港	1946.4—1995.7	上海市政府	1996.10.17
王步荣	男	江苏省阜宁县	1956.10—1996.7	上海市政府	1997.1.20
沈意平	男	江苏省江阴县	1958—1995.7	上海市政府	1997.1.20
杨大雄	男	上海市	1921.10—1945.6	上海市政府	1997.1.22
陆卫涛	男	上海市崇明县	1961.6—1996.6	上海市政府	1997.3.3
郑世庚	男	浙江省镇海县	1914.4—1944.4	上海市政府	1997.5.10
李 钧	男	江苏省江都县	1963.4—1997.3	上海市政府	1997.6.1
陈玉芬	女	浙江省宁波市	1961.12—1995.1	上海市政府	1997.7.9
陈坚强	男	安徽省无为县	1952.8—1996.9	上海市政府	1997.7.23
朱培勇	男	江苏省镇江市	1957.6—1996.11	上海市政府	1997.9.11

（续表七）

烈士姓名	性别	籍　贯	生 卒 年 月	批准机关	批准时间
顾　超	男	上海市南汇县	1915—1955	民政部	1997.9.29
张鲜军	男	上海市金山县	1975.12—1997.8	上海市政府	1997.10.20
张志忠	男	台湾省嘉义县	1907—1954	民政部	1997.10.28
陶建芳	男	上海市南汇县	1904.1—1951.1	民政部	1997.12.4
季　云	女	江苏省南通市	1921—1950	民政部	1998.1.13
宋世安	男	浙江省嵊县	1903.4—1937.8	上海市政府	1998.1.8
章　晟	男	浙江省永康市	1976.1—1997.10	上海市政府	1998
唐美玲	女	上海市	1950.4—1997.10	上海市政府	1998.3.5
焦金全	男	上海市	1963.10—1997.8	上海市政府	1998.4.22
石建清	男	上海市闵行区	1980.12—1998.3	上海市政府	1998.6.2
孙榴宝	男	山东省郯城县	1950.8—1997.9	上海市政府	1998.12.22
童浙云	男	浙江省余姚市	1916.10—1945.6(农历)	上海市政府	1998.12.23
姒元正	男	浙江省绍兴市	1938.7—1997.9	上海市政府	1999.1.27
毕　磊	男	山东省淄博市	196.6—1998.2	上海市政府	1999.2.12
徐鸿涛	男	浙江省慈溪县	1906—1960	民政部	1999.5.8
王可生	男	上海市南汇县	1930.5—1944.8	上海市政府	1999.8.24
吕　俊	男	浙江省宁波市	1978.3—1998.8	上海市政府	1999.10.19
杨振刚	男	上海市崇明县	1970.6—1997.7	上海市政府	2000.11.1
陈秀丰	男	江苏省海门县	1907—1947.2(农历)	上海市政府	2000.12.19
王子琴	男	上海市金山县	1898—1929.2	上海市政府	2001.1.23
成连辉	男	湖南省长沙市	1921—1951.4	民政部	2001.2.13
王土泉	男	上海市	1963—1998.10	上海市政府	2001.3.30
卓蓓驰	男	浙江省嘉善县	1975—2001.4	上海市政府	2001.5.21
陈卫国	男	上海市	1958.11—2003.2	上海市政府	2003.2.15
陈德喜	男	江苏省无锡市	1955.11—2003.10	上海市政府	2004.10.14
严德海	男	河北省唐山市	1962.2—2005.6	上海市政府	2005.7.7
马剑飞	男	上海市闵行区	1941.4—2005.8	上海市政府	2007.1.30
何志清	男	江苏省武进县	1916.5—1944.8	上海市政府	2007.2.16
杨群利	男	上海市金山县	1966.10—2005.10	上海市政府	2007.4.16
贺宝根	男	浙江省镇海县	1962.11—2007.8	上海市政府	2007.11.20
龚惠东	男	上海市崇明县	1960.6—2008.1	上海市政府	2008.3.11
陈鑫韡	男	上海市奉贤区	1988.8—2008.4	上海市政府	2008.4.10
陈　刚	男	上海市崇明县	1979.12—2008.7	上海市政府	2008.12.17

（续表八）

烈士姓名	性别	籍　贯	生　卒　年　月	批准机关	批准时间
方福新	男	上海市	1958.3—2008.7	上海市政府	2009.1.4
李　珂	男	上海市	1959.2—2008.7	上海市政府	2009.1.4
张义阶	男	上海市	1952.—2008.7	上海市政府	2009.1.4
张建平	男	上海市	1961.1—2008.7	上海市政府	2009.1.4
徐维亚	男	上海市	1960.9—2008.7	上海市政府	2009.1.4
倪景荣	男	上海市	1961.8—2008.7	上海市政府	2009.1.4
曹建昌	男	上海市川沙县	1964.3—2007.4	上海市政府	2009.1.21
齐孝祥	男	辽宁省北票市	1896—1938(秋)	上海市政府	2009.12.1
季天良	男	江苏省泰兴县	1919.12—1947(正月底)	上海市政府	2009.12.23

资料来源：上海市民政局档案

二、编写出版烈士书籍

1980年，上海市编印出版《龙华革命烈士史迹选编》3辑，此后又编印出版《上海烈士小传》(1983年)、《上海烈士书简》(1987年)、《上海市烈士陵园(彩色图解)》(1990年)。同期，为中共中央党史研究室编辑出版的《革命烈士传》提供烈士传8篇，为民政部《烈士传》编委会编写第一次国内革命战争时期13位著名烈士的传记，为《中共党史人物》撰写孙炳文、李白、茅丽瑛等6位烈士的传记，为《中华著名烈士传》组织百余篇上海烈士传记。

1987年，市民政局和市委党史研究室共同收集资料，于1998年组织编写和出版发行《上海英烈传》10卷。

1999年，编辑出版《热血丰碑——解放上海烈士英名谱》。同年，市民政局完成《中华著名烈士》丛书中由上海市负责的109篇书稿的撰写。

2009年，为纪念中华人民共和国成立和上海解放60周年，市民政局组织龙华烈士陵园、市双拥活动中心和18个区县民政局优抚部门，开展大规模的烈士信息采集整理工作。信息采集对象为在上海从事革命而牺牲的烈士、安葬在上海的烈士、上海籍的烈士、直系亲属持证人户籍在上海(含无直系亲属)的烈士，按照烈士信息分类，录入电子系统进行梳理整合，建立起较为完善的烈士信息数据库。当年8月，完成数据资料的录入汇总和初步校对工作。本着"一个不漏、还原史实"的指导思想，采用以时为序和以区县为单位的编纂方法，包含烈士姓名、出生年月、籍贯、参加革命时间、入党(团)时间、生前所在单位和职务、牺牲时间、安葬地点、简要事迹等。

表3-3-2　1980—2009年上海市烈士陵园、龙华烈士陵园烈士事迹出版物一览表

序号	书刊名称	出版时间	出版单位	字数(万)
1	龙华革命烈士史迹选编(1)	1980年	上海人民出版社	6
2	龙华革命烈士史迹简介	1980年	—	—

（续表）

序号	书 刊 名 称	出版时间	出 版 单 位	字数（万）
3	龙华革命烈士史迹选编（2）	1981 年	上海人民出版社	6
4	无畏战士	1980 年	—	3
5	龙华革命烈士史迹选编（3）	1982 年	上海人民出版社	6
6	上海烈士小传	1983 年	上海人民出版社	15
7	上海革命烈士英名录（1—3册）	1983 年	—	150
8	碧血洒老山	1986 年	—	10
9	革命烈士资料交流（1—4期）	1986 年	—	8
10	上海烈士书简	1987 年	上海人民出版社	9.6
11	烈士少年时	1987 年	上海少儿出版社	8
12	南疆烈士书简	1990 年	上海少儿出版社	8
13	共和国旗帜上的英名	1990 年	上海少儿出版社	10
14	上海市烈士陵园（彩色图解）	1990 年	上海翻译出版社	—
15	上海市烈士陵园简介	1990 年	—	—
16	上海英烈传（1—9卷）	1987—1997 年	百家出版社	180
17	龙华烈士陵园	1995 年	上海教育出版社	2
18	烈士与纪念馆研究（第一辑）	1996 年	上海社会科学出版社	24
19	烈士与纪念馆研究（第二辑）	1998 年	上海人民出版社	20
20	烈士与纪念馆研究（第三辑）	1999 年	上海人民出版社	20
21	烈士与纪念馆研究（第四辑）	2000 年	上海人民出版社	21
22	烈士与纪念馆研究（第五辑）	2001 年	上海党史出版社	19
23	烈士与纪念馆研究（第六辑）	2002 年	上海党史出版社	22
24	烈士与纪念馆研究（第七辑）	2003 年	上海人民出版社	20
25	烈士与纪念馆研究（第八辑）	2004 年	上海人民出版社	30
26	烈士与纪念馆研究（第九辑）	2005 年	上海人民出版社	23
27	烈士与纪念馆研究（第十辑）	2006 年	上海人民出版社	25
28	烈士与纪念馆研究（第十一辑）	2009 年	上海人民出版社	29

资料来源：上海市民政局资料

表 3 - 3 - 3　1984—2011 年上海市各区县部分烈士事迹出版物一览表

序号	书 刊 名 称	出版时间	编 写 单 位	出 版 单 位	字数（万）
1	英烈小传	1985 年	闸北区民政局 闸北区委党史办	—	6
2	静安英烈	1991 年	静安区委党史办 静安区民政局	—	25

（续表一）

序号	书刊名称	出版时间	编写单位	出版单位	字数（万）
3	鏖战浦东	2003年	高桥烈士陵园	—	5
4	血沃春申——闵行区英烈录	2006年	闵行区烈士陵园	上海远东出版社	5
5	上海解放纪念馆（画册）	2006年	上海解放纪念馆	—	0.5
6	用热血铸造明天	2007年	宝山烈士陵园 宝山烈士纪念馆	—	7.5
7	钳击吴淞口（画册）	2008年	上海解放纪念馆	—	1.4
8	嘉定革命烈士传略	1988年	嘉定县委党史办 嘉定县民政局	—	—
9	忆革命先烈 燃红色激情——嘉定英烈士故事选编	2011年	嘉定革命烈士陵园		—
10	嘉定烈士英名录	2011年	嘉定革命烈士陵园		—
11	金山碧血	1990年	金山县委党史研究室	—	9.6
12	三十三烈士事迹介绍	1996年	金山区漕泾镇党委	—	0.6
13	云间魂	1992年	松江区烈士陵园	—	—
14	松江县革命烈士略传	1995年	松江烈士陵园	—	—
15	青浦烈士小传	1984年	青浦县志编纂办 青浦县民政局 青浦县博物馆		8
16	青浦抗战史料	1986年	青浦县委宣传部 青浦县委党史办 青浦县志编纂办 青浦县档案馆 青浦县博物馆	—	18
17	青浦烈士小传（第二集）	1987年	青浦县委党史办 青浦县志编纂办 青浦县民政局 青浦县博物馆		7
18	青浦英烈	1990年	青浦县委党史办 青浦县志编纂办 青浦县民政局 青浦县博物馆	—	14
19	抗日战争中的青浦	1995年	青浦县委宣传部 青浦县委党史研究室 青浦县地方志办公室	上海社会科学院出版社	13.5
20	青浦抗战史	2005年		上海教育出版社	20
21	烈士英名录	2009年	青浦区民政局	—	6

（续表二）

序号	书 刊 名 称	出版时间	编 写 单 位	出版单位	字数(万)
22	崇明英烈	1991年	崇明县委党史研究室	华东化工学院出版社	29.7
23	崇明英烈	2011年	崇明县委组织部崇明县民政局	同济大学出版社	64.5

注：上述出版物情况按区县顺序排列
资料来源：上海市民政局资料

第四章　双退安置与军供保障

改革开放后,上海市的退役士兵安置工作经历单纯计划指令安置、实行市场化就业与计划安置相结合两个历史阶段。

改革开放之初,上海市的退役士兵安置工作沿袭计划经济时代的传统做法,即按照"从哪里来,回哪里去"的基本原则,对城镇退役士兵的安置,实行"按系统分配任务,包干安置"的指令性办法;对农村退役士兵的安置,主要是回乡参加农业生产。1986 年,上海市开始实行"征兵、招工"两张通知书一起发的办法(以下简称"两通"),即在批准入伍的同时,由各级劳动部门负责对应征城镇待业青年优先落实到企事业单位,作为该单位的正式职工,退伍后回招工单位复工。这一政策的实行,在社会就业面临许多困难的形势下,有效地激发了青年参军的热情,同时缓解了退伍义务兵回来后安置难的矛盾。随着社会用工制度的改革以及国有企业的重组、合并等,使得"两通"遇到了较大的困难,对退役士兵安置工作实行改革势在必行。2002 年,随着兵役制度的改革,退役士兵安置改革也同步进行。同年 10 月,上海市发布《上海市退役士兵安置工作暂行办法》,规定自同年冬季征兵工作开始,停止实行 16 年之久的"两通"做法,将士兵由入伍时安置恢复为退役后安置。随后,陆续制定下发一系列的配套文件,在规范安置工作程序、保障退役士兵合法权益、加强退役士兵教育培训、促进退役士兵市场化就业等方面进行探索和实践,从而走出单一的计划安置模式,基本形成"计划与市场相结合,计划向市场过渡"的安置机制。

中共十一届三中全会以后,军队干部退休制度正式确立,根据邓小平新时期建军思想实施的百万,军队离休、退休干部移交地方政府安置。国务院、中央军委制定一系列特殊保障政策,建立了统一建房、成批安置、集中管理,中央财政保障为主,地方和军队财政补充,确保军休干部政治、生活待遇落实的安置保障模式。1981 年,市政府批准设立"上海市人民政府退伍军人和军队退休干部安置领导小组"(以下简称市双退安置领导小组),1983 年国务院办公厅通知明确军队离休干部移交地方由民政部门管理后,该机构名称中增加了"离休"两字。市政府于 1983 年制定《关于接收安置军队退休干部几个问题的意见》以及 1985 年批转《关于加快本市军队离休退休干部接收安置工作的请示》两个政策性文件,成为指导规范上海市军休工作起步、发展的主要政策依据。为了与体制转轨、社会转型相适应,与生产力发展和社会进步相协调,在安置方式、建房方式、经费保障、服务模式、工作理念等方面,进行不断的调整和完善。1986 年起,各区县开始陆续建立军队离休退休干部休养所(以下简称干休所)。市民政部门注重落实军休干部政治待遇、生活待遇;广大军休干部发扬优良革命传统,热心参与社会公益活动。截至 2010 年底,全市共建立军休服务管理机构 28 个,接收 5 批军队离休退休干部和无军籍退休退职职工,共 9 823 名。

上海市的军供保障工作于 1978 年 8 月移交市民政局管理,上海市新老兵转运站(后改名为市军供站),为过往部队和新老兵"医、食、住、行"提供切实有力的保障。1984 年后,上海市军供保障工作建立新老兵接待转运联席会议,成立新老兵联合运输办公室,组建军供饮食动员保障基地,确保军供应急保障供应。

第一节　退伍军人安置

一、接收安置

改革开放之初,上海市的退役士兵安置工作沿袭计划经济时代的传统做法,按照"从哪里来,回哪里去"的基本原则,对城镇退役士兵的安置,实行"按系统分配任务,包干安置"的指令性办法,入伍时有正式工作的原则上回原单位办理复工复职,无职业的城镇青年由劳动部门安排就业,原为在校学生自愿复学的可予复学;对农村的退役士兵安置,则主要是介绍其回乡参加农业生产。在工作体制上,民政、劳动、兵役、卫生、人事、房地等部门有明确分工。

1979年,按照中央关于下乡知识青年退伍安置去向问题的规定,上海下乡知青在外地应征入伍的,退伍后上海予以接收安置,不需要再回到农村。

从1980年开始,对无房或严重缺房的回乡退伍军人,上海市物资、建材部门每年下达一定数量的计划建筑材料指标,专材专用于退伍军人建房;区县财政部门拨出经费,给予建房补助。1982—1990年共帮助18 786户退伍军人建造房屋。20世纪90年代后,随着建材价格放开,不再下达建材指标。1991年建房补助经费按回乡退伍军人总人数的8%、每户2 000元的标准提取,1995年起,建房补助费调整为按回乡退伍军人总人数的14%、每户3 000元的标准提取,由各区县安置部门统筹安排使用。

1983年2月,国务院、中央军委发布《中国人民解放军志愿兵退出现役安置暂行办法》,上海市开始接收安置转业志愿兵。

自1983年起,对城镇退伍军人开始实行"区别安置"的原则。凡在服役期间立功、获军以上单位授予荣誉称号、超期服役以及参战的退伍军人,本人可优先选择安排去向和工种,由用人单位作为骨干培养使用。对服役期满表现较好的,待机统一安排。而对无正当理由,本人要求中途退伍的;入伍前有犯罪行为或犯有严重错误的;因犯有严重错误被部队作中途退伍的;被部队开除军籍或除名的;被劳动教养、期满解除劳教后作提前退伍的;在部队或退伍后待安排期间犯罪被判处有期徒刑以上刑罚,刑满释放的;无正当理由不服从分配逾期半年的,安置部门均不予安置,作为待业处理。"区别安置"的原则,受到部队和广大退伍军人的欢迎。

同年,安置工作转向以开发使用退伍军人军地两用人才为重点。回郊县农村的退伍军人,通过乡镇企业、优先招工、扶持从事个体经营等多种渠道进行安排。其中经过部队培训的两用人才使用率达100%。1985年以来,上海市先后三次召开全市退伍军人军地两用人才开发使用经验交流大会,上海市劳动局、嘉定县、南汇县、川沙县张江乡、青浦县朱家角镇和退伍军人吴权民、孙玉焕、韩大衡、马新生、马永道分别被评为全国开发使用两用人才先进集体和先进个人;1995年12月,退伍军人程秉海、谢裕中、周定元、徐雪鑫被评为全国优秀退伍军人企业家,受到民政部和解放军总政治部的表彰。2009年11月,胡剑平、薛兴文、吴桂明、杨文兴、姜海龙被授予"全国优秀复员退伍军人"称号。

1984年11月15日,市政府召开欢迎退伍军人大会,市委书记、市双退安置领导小组组长阮崇武出席大会并讲话,他要求各级组织满腔热情地做好退伍军人的接收安置工作,贯彻改革精神,鼓励先进,"区别安置",充分发挥军地两用人才的作用,加强培养教育,使他们在两个文明建设中发挥积极作用。1986年11月25日,市政府召开的欢迎退伍军人大会充分肯定退伍军人回到地方后,发扬部队光荣传统,在振兴上海的建设中作出的积极贡献。据统计,退伍军人中被评为上海市 1985 年度劳动模范 21 人,市新长征突击手 9 人,区县、局先进工作者 267 人,当选为各级人民代表的 557 人。

1986 年 10 月,经市政府批准,从 1986 年冬季征兵开始,对上海市应征的城镇待业青年,实行《入伍通知书》和《分配工作单位通知书》一起发的"两通"政策,即在批准入伍的同时,由各级劳动部门负责对应征城镇待业青年优先落实到企事业单位,作为该单位的正式职工,退伍后回招工单位复工。这一政策的实行,在社会就业面临许多困难的形势下,有效地激发起人民群众送子参军和待业青年要求参军的热情,同时也缓解了退伍义务兵回来后安置难的矛盾。

1989 年,南市、黄浦、卢湾三个区开始试行指令性分配与双向选择相结合的安置办法,受到退伍军人的响应。

1989 年 4 月 16 日,市政府发布《上海市退伍义务兵安置条例实施细则》,规定:每年退伍义务兵回到上海前,市劳动部门应下达劳动指标,凡有增人指标的单位,均应优先接收安置退伍军人,不得以任何理由拒绝接收;对入伍前是农业户口的,在服役期间荣立二等功以上的,获得大军区以上单位授予的荣誉称号并获得一级或二级英雄模范奖章的,或在保卫边海防的对敌作战中荣立三等战功的,烈士遗孤或兄弟、姐妹接替参军等情况的退伍义务兵由国家统一分配工作。对因战因公致伤和致病、乡镇安排有困难的,可以安置到区县属企事业单位,转为非农业户口。1996 年进一步放宽政策,对在部队荣立三等功、各方面表现特别优秀的退伍军人给予办理户口"农转非",并给予安排工作。

1996 年,一部分退伍军人和转业志愿兵主动提出不需要政府安排工作而自行就业。民政部门尊重他们的意愿,将档案和关系转往街道和乡镇。1997 年,将部分退役军人纳入享受失业保险待遇的范围。2001 年 5 月 31 日,市双退安置办公室首次举办转业士官"双向选择"安置专场会,推行"供需见面、双向选择"的市场化就业方式。在这场 30 余名转业士官参加的"双向选择"安置会上,有 40% 以上的转业士官达成安置意向,为探索建立社会主义市场经济体制下退役士兵安置机制取得初步经验。

2002 年,根据修改后的《中华人民共和国兵役法》,上海市进行兵役制度改革,退役士兵安置改革也同步进行,开展规范安置工作程序、保障退役士兵合法权益、加强退役士兵教育培训、促进退役士兵市场化就业等探索。同年 4 月,为提高政府工作效率,市双退安置办公室调整部分职能:中途退伍、外地入伍退伍义务兵的接收安置,由原来区县民政部门受理并提出审核意见,报市民政部门审批同意后,区县民政部门接收安置,改为由区县民政部门审核、审批同意后直接接收安置;市区转业士官由原来市民政部门接收安置,郊区转业士官由市民政部门接收、区县民政部门安置,改为上海入伍的转业士官,由原征集地或父母、配偶户口所在地的区县民政部门审核、审批同意后接收安置,外省市入伍的转业士官由父母或配偶户口所在地的区县民政部门受理并提出审核意见,报市民政部门审批同意后,由区县民政部门接收安置。

2002 年 10 月,市政府发布的《上海市退役士兵安置工作暂行办法》(以下简称《暂行办法》),为上海市退役士兵安置改革提供了法律依据。《暂行办法》明确安置工作的属地化原则,规定区县政府作为行政主体,负责做好辖区内的退役士兵安置工作;规范政府向接收单位下达安置任务的依据和程序,使单位在接收退役士兵的具体操作上"有章可循";采取双向选择和指令性安置相结合的办法安排退役士兵到单位就业,使安置工作与市场化用工方式逐步衔接;引入鼓励扶持退役士兵自谋职业的市场化安置方式,拓宽退役士兵的安置渠道。为保障《暂行办法》的实施,上海市陆续制定下发一系列配套文件。

2002年10月,市民政局与市财政局联合制定《关于对本市自谋职业的城镇退役士兵给予发放一次性经济补助的通知》,一次性经济补助标准为:退伍义务兵3万元,复员士官4万元,转业士官5万元,所需经费全部列入财政支出。

2002年,实行16年之久的"两通"政策终止执行,将士兵由入伍时安置恢复为退役后安置,安置指标从原先由各级劳动部门下达改为由区县政府属地化下达,并采取双向选择与一次性指令安置相结合,在安置方式上增加了自谋职业。至2003年,全市19个区县都进行了计划与市场相结合、鼓励退役士兵自谋职业的安置改革。

2003年5月,市民政局制定实施《暂行办法》的若干规定,对落实安置指标和退役士兵安排就业的程序等作出规范,以切实保障城镇退役士兵第一次安排就业的合法权益。在落实安置指标的依据上,采取将单位的职工人数和经济状况相结合的办法。合理确定安置指标分配计划,从根本上保障退役士兵享受政府安排就业的合法权益。徐汇、闸北、普陀、崇明等区县在下达指标工作开始前,预先走访有关部门和一些企事业单位,了解市场用工需求,并在充分协商的基础上落实安置指标。在安置指标落实以后,公开所有指标岗位信息,并组织退役士兵与接收单位进行双向选择。退役士兵在双向选择中未被单位录取,仍然在指标岗位中为其进行保底安置。双向选择体现"公开、公平、公正"的原则,增加了安置工作的透明度,受到广大退役士兵和用人单位的一致好评。同年11月10日,市民政局在黄浦区召开现场会,总结和推广黄浦区为适应社会转型的需要,成立专为退役士兵介绍就业的民办非企业单位——黄浦区退伍军人职业介绍所的做法。该区退伍军人职业介绍所发挥社会中介组织的优势,与辖区内众多企业建立用工联系制度,为企业和退役士兵之间构筑一个用工岗位供需信息平台。

2004年10月,市政府办公厅转发市民政局等十部门《关于本市实施扶持城镇退役士兵自谋职业优惠政策的意见》,规定自谋职业的退役士兵可在就业服务、社会保障、个体经营、税收贷款、户籍等方面享受优惠政策。同年12月18日,全市开展退役士兵安置工作宣传月活动,各区县民政部门联合劳动保障、人事、征兵、工商、财税、教育等部门以及街道、乡镇等组织,在全市设立130多处宣传点,开展宣传咨询活动。

2005年4月,市民政局、市劳动保障局、市医疗保险局联合下发《关于给予自谋职业的城镇退役士兵社会保险费和生活补助的通知》,规定对自谋职业的城镇退役士兵,一次性给予24个月的社会保险费补助;进入全日制普通高校就读的,按此标准给予生活补助。当年,全市共接收2004年冬季退役士兵4 635人,其中1 114人通过双向选择落实单位,1 914人选择自谋职业,自谋职业率占应安置的3 454名城镇退役士兵总数的55.4%。

2006年起,上海市逐年提高农村退役士兵的安置补助金标准,用三年时间实现了安置待遇的城乡一体化,并在教育培训、就业指导和就业服务上享受与城镇退役士兵同样的优惠政策。各级政府出台政策,对回乡务农的退役军人妥善安排好生产和生活,对要求就业的扶持其实现非农就业。对入伍前系上海市城镇企业合同制职工的,退役后由区县安置部门介绍其回原单位就业;原单位撤销、注销的,由其户籍所在地的乡镇妥善安置。在西藏服役的当年度农村退役士兵,由区县按照规定安排就业或办理自谋职业。

2006—2010年,全市自谋职业比例逐年提高。2006年,全市共接收安置4 318人,其中城镇退役士兵3 335人,选择自谋职业的2 257人,占应安置总数的67.7%;2007年,全市共接收安置退役士兵4 000人,其中城镇退役士兵3 302人,选择自谋职业2 399人,占应安置总数的72.7%;2008

年达77.4%;2009年达77.6%;2010年达81.2%。在自谋职业工作中,先培训和推荐就业、后办自谋职业手续成为上海市的普遍做法。对已办理自谋职业手续的退役士兵,尽管安置部门的法定义务已经履行完毕,但安置部门还是积极与劳动、人事等部门密切协作,通过举办退役士兵专场招聘会以及在职业介绍机构开设退役士兵就业专窗等方式,为退役士兵优先、多次推荐就业岗位,努力扶持退役士兵通过市场实现就业。徐汇、浦东、普陀等区在安置部门的协调联系下,区劳动和社会保障部门增设退役士兵就业服务的业务窗口,并利用当地网络等媒体及时发布单位用工需求;虹口、普陀、南汇、金山等区积极发挥基层和社区的作用,在各街道乡镇设立退役军人服务站,建立退役士兵信息库,对退役士兵情况进行分类登记,并及时向用人单位推荐退役士兵。据统计,上海市城镇退役士兵办理自谋职业手续后,一年内实现就业或就学的比例接近90%。

图3-4-1 2007年4月12日,黄浦区开展退役士兵安置"双向"选择服务工作

二、教育培训

1993年,为使安置工作更加适应劳动力市场的需要,上海市和各区县分别开办会计、电脑、工商管理等10余个项目的职业培训班,当年,1 300多名退伍军人参加就业前的技术培训。1994年起,上海市每年设专项培训经费,1994年按每人50元标准,1996年提高为每人100元标准,由市、区县二级财政分别列支。经过培训的退伍军人有95%被各企事业单位录用。

1996年4月,黄浦区成立退伍军人职业技术培训中心。12月,各区县普遍建立或依托培训机构,开设电脑、电工、财会、烹饪、汽车修理、电器维修等实用课程。2001年4月,嘉定区成立"军地两用人才培训中心",该中心由教育培训、就业服务两部分组成。教育培训部以区成人教育学院为中心,街镇成人教育学校为辅助,社会办学为补充,根据用人单位、退伍军人实际情况,依托区、镇两级成人高校及区内各类培训场所,采取多种形式开展退伍军人技术、学历培训。同时,鼓励退伍军人自行参加社会培训和自学,帮助退伍军人提高科技、文化和劳动素养。据统计,1996—2001年全市退伍军人培训率达75%,培训合格率达91.5%。

2002年,上海市开启退役士兵安置改革后,各区县不断创新培训工作方式。黄浦、卢湾、徐汇、长宁、虹口、杨浦等区专门邀请就业指导专家,为退役士兵详细介绍上海的就业形势以及自主创业、自谋职业方面的优惠政策,传授求职技巧,帮助退役士兵摆正就业心态;嘉定、浦东、普陀、青浦等区县组织退役士兵实地参观企业,增加对地方就业情况的感性认识;嘉定、闸北、静安等区通过广泛征求退役士兵和用工单位的培训需求,有重点地引导退役士兵参加适应市场就业形势发展的职业技能培训,提高培训的针对性和实用性;浦东、嘉定等区采取培训激励措施,规定凡要求政府安排就业或推荐就业的退役士兵,必须参加教育培训并取得相应的培训合格证书或职业资格证书等等。

2002年11月,市民政局、市教委下发《关于对退役士兵报考本市高等院校和中等职业学校实行优待的通知》规定:退役士兵退役后一年内报考上海市高等院校的,给予10分~30分的加分;报考中等专业学校的,可以免试入学。对考入全日制院校的退役士兵,给予享受自谋职业经济补助等待遇。2003年1月,市民政局、市劳动保障局下发《关于本市退役士兵享受政府经费补贴培训的实施意见(暂行)》,规定退役士兵退役后就业前可以免费享受职业培训。

2005年2月,市民政局与市教委联合制定《关于做好2005年本市部分民办高校进行依法自主招生改革试点招收退役士兵工作的通知》。上海市3所高校依法自主招收退役士兵的试点,对退役士兵考生实行单独命题、单独考试、单独录取的优惠政策。2006年,自主招收退役士兵的院校扩大到6所。2006年,为每位退役士兵办理含有2 000元培训资金的培训账户卡,全市有2 204名退役士兵参加各类职业技能培训。

2010年4月,市委办公厅、市政府办公厅印发《关于进一步做好本市退役士兵文化教育和职业技能培训工作的意见》,鼓励部分全日制高等院校试点自主招收退役士兵;退役士兵既可参加初、中、高级职业技能培训,还可参加技能类定向培训、创业培训及青年职业见习实训,并可享受50%~100%不等的培训费补贴;年龄不满30周岁、未就业的退役士兵可按照上海市青年职业见习计划的有关规定,进入人力资源社会保障部门认定为青年职业见习基地的用人单位,在实际工作岗位接受一段时间的实践性培训,见习期间每月给予相当于上海市最低工资标准60%的见习生活费补贴。

2010年8月,市民政局、市教委、市财政局联合下发《上海市退役士兵参加学历教育学费补贴发放办法》,对发放对象、发放标准、发放年限、发放部门、发放程序等作出具体规定。

截至2010年底,全市共有265名退役士兵被高校录取。

第二节 复员干部接收安置

1979年10月,针对在乡复员军人中因年老丧失劳动能力的人数增多,补助面偏窄、补助标准偏低,一部分人的生活存在困难的状况,民政部、财政部下发《关于改进优抚对象定期定量补助工作的规定》。市民政局要求农村相关部门,对年老体弱、丧失劳动能力、生活困难的复员军人和带病回乡、长期不能劳动、生活困难的复员、退伍军人,给予工分优待,并在当年开展的优抚对象普查工作检查落实情况,对发现的问题及时予以纠正。

1980年,上海市根据中共中央、国务院、中央军委批转总政治部、民政部、国家劳动总局《关于将1969—1975年期间军队复员干部改办转业的请示报告》，对这期间接收安置的复员干部改办了转业手续，解决了这一历史遗留问题(1969—1975年间，军队退役干部全部办理复员手续，上海市共接收安置16 723名复员军人及其随军配偶、子女7 363人)。

从1980年起，上海市对解决复员干部的住房困难采取由市统一拨房、专房专用、分别情况、分批分期的方法予以解决。1993年，根据国家《关于做好军队复员干部安置工作的通知》精神，上海对复员干部的住房调整原则上由录用单位按照解决本单位职工的住房办法优先予以解决，对复员干部个人修建私有住宅的，享有与转业干部同等的优惠待遇。

1985年，市劳动局对安置在全民所有制企业工作的军队复员干部工资待遇问题予以明确，应根据军龄、工种(岗位)来确定工资和定级。

1986年4月，民政部、财政部下发《关于进一步做好定期定量补助工作切实解决在乡复员军人生活困难的通知》，要求切实解决在乡复员军人生活困难，适当扩大定期定量补助面，提高补助标准。据此，上海市落实了城镇每人每月生活不低于20元，农村每人每月生活不低于15元的标准，所增加的经费列入政府财政。1993年，总政治部、总后勤部下发《关于调整干部复员费和安家、回乡生产、医药生活补助费标准的通知》，对复员到县(市)以下地区的干部，除按规定发给安家补助费外，在原标准的基础上，军龄每满一年增发半个月的本人原薪金(工资)。

1993年5月，国务院双退安置领导小组、民政部、公安部、财政部、劳动部、人事部、国家税务局、国家工商行政管理局、总政治部联合下发《关于做好军队复员干部安置工作的通知》，上海市根据该通知规定，对复员干部接收条件和政策作相应的修订和调整。按照对符合中国人民解放军《现役军官服役条例》《文职干部暂行条例》规定，对退出现役的军官和文职干部，本人自愿作复员安置的，除自愿回农村者外，均落实非农业户口；自愿复员的干部，政府不负责安排工作，由本人自行就业；复员干部创办经济实体和开办私营企业，政府按规定给予低息贷款和适当减免营业税和所得税。

2002年，上海市复员干部的接收工作，由原市民政部门直接接收，改由市民政部门审批同意后，将档案等材料转至有关区县民政部门负责接收。同年11月，市公安局、市民政局下发《关于退役士兵、复员干部、军队离休退休干部、无军籍退休(退职)及其随迁家属办理户口申报和迁移手续的通知》，对经批准来沪安置的复员干部及其随迁家属办理户口申报和迁移手续，本着方便当事人的原则，公安派出所(警察署)凭其入伍前户籍证明、市双退安置办公室出具的审批表、区县双退安置办公室出具的《户口证明信》，办理入户手续。

2003年，随着干部人事、劳动用工和社会保障等制度的改革，对军队复员干部住房问题进一步作出规定：复员干部的住房纳入安置地住房供应保障体系，主要采取购买经济适用住房、现有住房或者修建自有住房等方式解决；安置地政府建设的经济适用住房，同等条件下应当优先向军队复员干部出售；对无自有住房且符合当地政府规定的廉租住房对象条件的军队复员干部家庭，安置地政府应当纳入当地廉租住房保障范围，优先予以解决；租住军产住房的，按照军产住房管理规定，经批准可以购买军队现有住房或者经济适用住房；军队复员干部享受与其复员时军队职务等级相当或者同等条件地方人员买房或者建房的有关待遇；符合享受住房补贴条件的军队复员干部，其服现役期间的住房补贴，由军队团级以上单位财务部门按照规定程序报批，在离队时计发给个人，其中，租住军产住房的，应核定其个人住房资金账户余额并向本人出具待支取证明，在其退还军产住房时发给个人。此后，上海市对复员干部的住房按照此新规执行。

第三节　军休人员安置与服务

一、军休干部接收安置

1981 年 10 月 13 日,国务院、中央军委下发《关于军队干部退休的暂行规定》,指出军队退休干部在长期革命斗争中,英勇作战,努力工作,对革命战争和军队建设作出重要贡献,妥善安置军队退休干部是各级政府的一项重要任务;男年满 55 周岁,女年满 50 周岁,或因战因公致残、积劳成疾、基本丧失工作能力的,可办理退休手续。军休干部安置去向的审定工作按照军队审核、地方审定的方式进行。对符合移交安置条件的军休干部,根据个人不同情况,一般可在部队驻地、本人原籍或入伍地、配偶原籍或配偶、子女、父母居住地安置。

1983 年 2 月,市政府批转市双退安置领导小组《关于接收军队退休干部几个问题的意见》,规定了上海市接收安置军队退休干部的范围。同年 7 月,中共中央、国务院决定,军队部分离休干部移交地方,由民政部门管理。从此,军队离休退休干部(以下简称军休干部)有计划分批移交上海民政部门安置。

1985 年,全国军休干部交接工作全面启动。当年 9 月,市政府批转市双退安置领导小组《关于加快军队离休退休干部接收安置工作的请示》,对军休干部安置工作的机构和人员、建房进度和住房分配、经费和物资管理使用,加快交接安置步伐,以及军休干部随迁家属、政治待遇、医疗等问题作出具体规定,对各级政府、部门在军休工作中的职责分工作出明确规定,构建了上海市军休工作体制。根据上海安置条件,在加快交接安置步伐方面规定:要打破批次界限,根据现有房源条件,凡符合安置去向、住房面积的,要及时接收安置;要优先接收驻高原、边防、海岛等艰苦地区和撤销单位的军队离休退休干部;对不需分房的军队离休退休干部可以随时接收安置;对现住上海军产营房的军队离休退休干部,经与部队协商同意后,可仍住原处,先办理交接手续。

1985 年 10 月 10 日,市政府召开军队离退休干部安置工作会议,遵照党中央、国务院关于做好军休干部移交地方安置工作的指示,就加快安置步伐的有关问题进行讨论和部署。会议要求各有关部门和各区县政府加强领导,提高认识,加快步伐,积极承担安置任务,热情欢迎部队老同志回到上海安度晚年。要求建立和健全有关军队离休、退休干部服务机构,按照规定切实解决好人员配备、医疗保健、随迁家属、子女工作安排等问题。

1988 年 3 月 28 日,市政府双退安置领导小组召开会议,副市长、市双退安置领导小组组长谢丽娟主持会议研究军休干部工作。会议明确军休干部在移交上海安置后,要按中央和市政府的有关规定给予优待;对市场上部分计划供应的紧俏商品,可列入供应计划。

至 1991 年,上海审定三批符合移交安置条件的军休干部。

1994 年 8 月,国务院双退安置领导小组、民政部、财政部、总参谋部、总政治部、总后勤部下发《关于做好第四批军队离退休干部退休志愿兵交接工作的通知》,规定第四批军休干部实行年度计划交接的原则。1995 年 12 月,上海市开始按照中央下达的年度交接计划接收安置第四批军休干部。

1996 年,经市委批准,1981 年前军队移交政府安置由市委组织部和老干部局管理的军队离休干部移交民政部门。1997 年,109 名军队离休干部移交民政部门管理。

1999 年 10 月,上海市制定《上海市第四批军队离退休干部接收安置暂行办法》,对军休干部的交接手续、档案的整理与移交,以及家属子女的随迁随调等问题作出具体政策性规定。

2000年,上海市第四批军休干部安置任务完成率超过70%。

2001年,在完成第四批军休干部接收安置余留任务的同时,启动第五批军休干部接收安置工作。全年共接收军休干部377人,其中第四批军休干部255人,第五批军休干部122人。2002年,接收安置军休干部194人。2003年,接收安置军休干部224人。

2004年年初,中央办公厅发文和召开的全国军休安置工作会议,完善了军休干部安置去向、住房保障、政治待遇、生活待遇、医疗保障、安置管理、组织机构等7个方面的政策体系,提出军休干部移交地方政府安置实行五年规划和年度计划相结合的办法。当年2月,上海市建立军休干部交接工作军地联席会议制度,规范交接工作的程序和要求;7月,召开上海市军休安置工作会议,对落实全国军休安置工作会议精神作出部署,并在《上海民政事业"十一五"发展规划》中提出着力构建"安置常态化、保障制度化、管理规范化、服务社会化"的目标。

2004年,接收安置军休干部369人,完成2004年度659名进沪安置的审定工作。

2005年,上海市召开军队离退休干部交接工作军地联席会议,加强军地双方的沟通协调,以保质保量地完成年度交接任务。联席会议原则上每年召开一次。

2006年11月,民政部、总政治部下发《军队离休退休干部移交政府安置交接工作办法》,对军休干部移交安置计划、交接准备、交接程序等进一步明确规定。

至2010年底,上海接收安置5批军休干部和军队无军籍退休退职职工,共计9 823名。

二、军队无军籍退休退职职工安置

1992年10月,上海市对接收军队无军籍退休退职职工的条件和申报户口作出规定:在上海有集体户口,其配偶在上海有常住户口的;配偶在上海有常住户口的,只身进上海安置的;夫妇双方均是无军籍退休退职职工,其中一方从上海到部队工作的,在上海有直系亲属的;原从上海到部队,配偶从上海随调迁出,在上海有直系亲属的;从上海到部队工作,退休退职时,在新疆、青海、西藏或海岛等艰苦地区连续工作五年以上的。同时规定从外地回上海安置和从上海郊县进市区安置的,可随带未成年子女(未满15周岁,以及普通中学在校学生)。同年11月25日,民政部、财政部、卫生部、总后勤部下发《关于进一步做好军队无军籍退休退职职工安置工作的通知》,对军队无军籍退休退职职工的生活待遇、公费医疗待遇、住房及加强接收安置领导等作出具体规定。

1993年5月29日,为妥善安置军队无军籍退休退职职工,做好服务管理工作,市民政局下发《上海市军队无军籍退休退职职工服务管理暂行规定(试行)》。

2005年,民政部、财政部、劳动和社会保障部、总后勤部联合下发《关于加强和改进军队无军籍退休退职职工移交安置工作的意见》,对军队退休退职职工移交安置相关政策进行调整和完善,明确移交安置范围和对象:军队机关、部队及事业单位中,凡在1986年以前参加工作且纳入国家劳动计划的全民固定工人,解放后至2004年底前参加工作的录用制职员干部,以及1971年11月底以前参加工作的计划内长期临时工,工作5年以上退休退职后,均由民政部门接收安置;拟移交政府安置的无军籍职工,由军队各大单位一次性核准登记注册,上报总后勤部汇总并会同民政部核定,录入民政部优抚安置信息管理数据库,作为移交安置的依据;调整移交安置办法,由按计划分批次安置逐步改为实行按年度交接安置制度;规定无军籍职工的退休费及各类津贴补贴项目标准,按照国家和安置地政府的有关规定执行,其中基本退休生活费由中央财政预算安排,此外对无军籍退休退职职工的住房保障、医疗保障等也作出明确规定。

2010 年 3 月,民政部优抚安置局、财政部办公厅、人力资源和社会保障部办公厅、总后勤部司令部下发《军队无军籍退休退职职工移交政府安置交接工作办法》,进一步规范军队无军籍退休退职职工移交政府安置交接工作。

至 2010 年底,上海市先后完成了四批无军籍退休退职职工移交安置计划。军队无军籍退休退职职工移交地方后,由市民政部门按照地方事业单位退休人员的待遇标准,与地方退休人员同等享受地方政府出台的各种补贴和调整退休费标准,区县财政每年补助保障经费 850 万元,街道(镇)负责进行日常管理。

三、住房保障

1981 年,上海市根据国家计划委员会、财政部、民政部、国家物资总局下达的第一批军休干部建房计划,建房 5.01 万平方米。这批住房由上海市住宅建设指挥部(后改为综合开发办公室)委托各区县住宅办承建,1984 年底竣工,并陆续交付使用。此后,又先后完成国家有关部门下达的第二、三、四批建房计划。

1985 年 10 月 10 日,市政府召开军队离退休干部安置工作会议,为加快接收安置步伐,除已建成的数万平方米住房要尽快分配、安排好外,确定采取区县"切块分建"的办法,加快第二批军休干部住房建设速度。根据房源,打破批次,及时接收,做好军休干部接收安置工作。

1987 年,市政府办公厅批转《关于进一步做好军队离退休干部接收安置工作的意见》,规定凡属驻沪部队的,将建房经费、建材指标一次拨给部队,由部队自建住房,或与部队交换住房,住部队营房的,先移交,后分房安置。1982—1991 年,一至三批的住房建设,采取大部分划区分建、小部分与部队单位换建换住的办法解决。

1988 年 3 月 28 日,市政府双退安置领导小组召开会议,专题研究军休干部工作。对于军休干部的住房,重申区县"切块分建"的原则,要求落到实处,加快建房进度。

1991 年,国家和军队有关部门对军休干部安置住房的建设方式作出调整,从第四批安置计划起,就地安置的军休干部住房建设,原则上由军队承担;易地安置的军休干部住房建设,原则上由地方政府承担。据此,上海市安置部门负责征地、规划、建设,于 1998 年底完成第四批易地安置军休干部住房建设任务。

1994 年,上海市公有住房出售政策出台。11 月 30 日,市住房制度改革办公室《关于移交政府安置的军队离退休干部执行本市房改方案若干问题的报告》中,同意凡愿意购房的并居住在上海房管局直管公房的军休干部,与上海市居民一样执行市政府批转的《关于出售公有住房的暂行办法》。公房出售中,属单位产权的售房款由单位归集;交房管局直管的公房售房款由市公积金管理中心归集;军休干部建房投资属中央一块的,如产权已交地方房管部门直管的也应按上述原则办理,若中央对此有明确规定的,按中央意见办。对未列入 1994 年售房范围的军休干部住房,今后再售房时,按售房当年的政策执行。按建筑面积控制标准内购房的,可准予购买两处。根据这一规定,第一、二、三批军休干部中居住地方直管公房的 1 600 余人享受上述政策,取得原住公房的产权,不少军休干部将原住房置换后,改善了居住环境。

1998 年 4 月 28 日,市房改办根据市政府有关领导批示精神复函市民政局,同意移交地方政府安置的军休干部在购买公有住房时,按购房当年的公有住房出售政策核定实际出售总价后,享受

10%的一次性减免购房款的优惠。绝大部分军休干部通过房改取得原住公房的产权,获得对自有房产的处置权。

1999年9月,中央军委《进一步深化军队住房制度改革方案》、民政部等八部委《关于印发〈移交政府安置的军队离休退休干部住房保障改革实施办法〉的通知》下发后,上海市承担的第五批易地安置军休干部住房还未开工建设,因此将已下达的住房建设经费转化为住房补贴经费,与中央财政按住房补贴标准追加经费合二为一,共3252万元,按照政策规定把住房补贴计发给第五批易地安置的军休干部,不再为他们单独规划和建设住房。在落实各批次建房任务中,上海市地方财政给予较多补助,为军休干部住房建设发挥了重要作用。

2003年,上海市全年累计发放军休干部住房补贴款1584万元。

2004年1月,中央办公厅、国务院办公厅、中央军委办公厅下发《关于进一步做好军队离休退休干部移交政府安置管理工作的意见》规定,移交政府安置的军休干部的住房保障原则上执行军队统一的住房制度,由国家和个人合理负担,实行住房补贴、货币补差相结合的办法,稳妥推进住房分配货币化、管理社会化。同年,民政部、财政部、总政治部、总后勤部下发《关于调整移交政府安置的军队离退休干部住房租金和房租补贴标准有关问题的通知》。

2007年8月,民政部、财政部、国土资源部、建设部、总政治部、总后勤部下发《关于移交政府安置的军队离退休干部购房面积未达标货币补差有关问题的通知》和《关于移交政府安置的军队离退休干部购买现有住房有关问题的通知》。这两个通知中的政策规定与上海市房改政策存在差异,为维护军休干部利益,避免产生不同政策造成的矛盾,2008年12月,市民政局、市财政局等七部门联合下发《关于做好本市接收安置的军队离退休干部购房面积未达标货币补差和购买现有住房工作有关问题的通知》,确定从贯彻落实中央2007年两个通知起,上海市安置的军休干部住房改革,统一执行国家和军队制定的关于移交政府安置的军休干部住房改革政策。

四、医疗生活保障

1991年,市民政部门按政策规定落实军休干部及其家属、遗属的生活、医疗待遇;结合地方财力给予关怀照顾;主动把军休保障的有些方面纳入地方保障体系之中。

1994年,军休干部的生活待遇执行军队统一项目和标准后,市政府仍然决定由各区县财政出经费,参照地方标准给予军休干部一定的补贴:每人每年不低于480元的生活补贴,市社会保险局、市财政局、市总工会规定的节日生活补贴,每人每年"八一"建军节补贴200元,每人每月煤水电物价补贴10元。

1996年,按照市委、市政府要求,妥善解决了1981年以前军队移交政府安置的离休干部生活待遇方面的具体问题。

1997年,为全市军队退休干部的公费医疗制定专项政策,与上海市公费医疗制度改革方案相衔接。

2001年3月1日,上海市机关、事业单位实施《上海市城镇职工基本医疗保险办法》。同年4月起,军休干部实行医疗保险。实行统一的医疗保险制度后,军队离休干部与地方离休干部一样继续享受公费医疗,军队退休干部和无军籍退休职工全部纳入医疗保险范围;所需医疗费用,除中央财政定额拨付外,不足部分由医疗统筹基金支付;个人负担部分由市医疗互助保障基金支付70%,负担较重造成困难的,再由服务管理机构适当补助。

2001年12月,全市军休干部、退休士官的离退休费增加600余万元,发放军粮差价补贴和物价补贴120万元。调整了军队离休干部服装费标准。

2004年起,在贯彻执行中央有关军休工作政策规定时,与上海市出台的民生、惠老保障政策,以及新的《军人抚恤优待条例》有机结合,使军休干部无经济收入家属、遗属的生活和医疗保障更趋完善。市民政、财政、卫生、医保等部门根据中央有关文件规定,对军休干部及其家属、遗属医疗保障和生活补助等问题,先后制定四项政策:1. 军队离休干部无经济收入家属、遗属(系指无工作的父母、配偶及因残疾丧失劳动能力的子女),纳入上海市医疗保险范围,按照实际年龄分别享受在职或退休人员基本医疗保险待遇。2. 军队退休干部无经济收入家属、遗属医疗补助,2006年8月之前,由服务管理机构报销50%;2006年8月之后,年满70岁的享受政府出台的城镇高龄无保障老人养老待遇,不符合高龄养老条件的从2008年1月起,纳入上海市城镇居民基本医疗保险,不再由服务管理机构报销医疗费。3. 军休干部2004年10月31日之后病故的,其遗属符合享受定期抚恤金条件的,全额享受定期抚恤金;有工资收入但达不到定期抚恤金标准的,从2006年8月起,由户籍所在地民政部门给予差额补助。2004年10月1日之前病故的离休干部,其遗属无经济收入的由服务管理机构先按规定发给生活补助,再按定期抚恤金标准补助差额;退休干部遗属无经济收入的,或享受政府高龄养老政策,或由服务管理机构参照上海市城镇居民最低生活保障标准发放生活补助费。4. 军队师职退休干部医疗待遇,于2004年12月13日出台《关于移交本市安置的军队师职退休干部比照享受同职级退休公务员医疗待遇的意见》。

2006年,上海市每年为接收安置的师职退休干部办理比照享受同职级退休公务员医疗待遇的医疗就诊证的审批、办证工作。根据国家、军队有关政策规定,按时足额给军休干部发放离退休费和津贴补贴,及时调整离退休费和津补贴标准。中心城区的服务管理机构,根据军休干部"小集中、大分散"的居住特点,主动加强与房管、电力、煤气、自来水等部门的联系,为军休干部提供维修服务。

五、服务设施及经费保障

1985年11月27日,根据民政部提出建立"军队离退休干部休养所"(以下简称干休所)的要求,南市区建立第一个干休所。1985年11月,市军队离休退休干部活动服务中心成立(2001年6月更名为市军队离休退休干部活动中心),主要负责军休干部的学习、文体、重大节庆等活动,指导区县干休所开展工作。2000年,市民政局为第四批异地安置的军休干部建立直属的古美干休所。至2003年,全市共建立干休所33个。干休所成立党的基层组织和军队离退休干部管理委员会,实行所长负责、党组织保证监督、离退休干部参与管理的领导体制,形成干休所内和社会两个服务网络。同时,落实军休干部的政治待遇和生活待遇,开展适合他们特点的文娱、体育、旅游等活动。

1990年7月,民政部下发《军队离休退休干部休养所暂行规定》。1991年10月,市民政局制定《上海市〈军队离休退休干部休养所暂行规定〉实施办法》,对机构和职责、思想政治工作、民主管理、集体性服务工作、生产经营、发挥军休干部作用等6个方面作出规定,并确定考核与奖惩措施。1992年起,市双退安置办公室连续8年开展对干休所的达标考核,以促进干休所规范化建设,全面提高服务管理质量。

1998年3月,市财政局、市民政局下发《关于本市军队离退休干部休养所执行地方事业单位同等经费标准的通知》,决定从1998年起,上海市各区县民政部门所属的干休所,执行地方事业单位同等经费标准,纳入民政部门的管理范围,由同级财政对其实行"核定收支,定额或定量补助,超支不补,结余留用"的预算办法,理顺了服务管理机构经费保障渠道,解决了干休所经费不足问题。据统计,至 2010 年,地方财力共补助机构经费 2 亿多元。

2000 年 10 月,市民政局下发《上海市军队离退休干部休养所标准化建设实施细则(试行)》,共 6 章 31 条,提出干休所软硬件建设的新标准,促使区县民政部门加大对干休所建设的投入,重视干休所班子队伍的建设。经过考评,2004 年 7 月,市民政局向获得上海市"干休所标准化建设单位"称号的虹口区第一干休所等 5 个单位命名授牌。

2003 年 7 月,杂志《军休天地》(内刊)创刊,该杂志由市军队离休退休干部活动中心主办。此外,全市有半数以上服务管理机构创办通讯小报,举办反映和表现军休干部"习惯的生活方式和精神价值"的主题征文活动,编印成集的有《难忘穿上军装那一天》《军功章的故事》《我的军休生活》《说说我家幸福事》《我与改革开放 30 年》《与健康同行》。各服务管理机构组织军休干部撰写回忆录并汇集成书。每年,上海市军休系统都以"八一"、春节、重阳节等节日为契机,组织开展多种形式的文化建设活动。

2004 年 1 月,中央办公厅、国务院办公厅、中央军委办公厅《关于进一步做好军队离休退休干部移交政府安置管理工作的意见》规定,对服务管理机构用房按照集中安置的军休干部购房补贴建筑面积标准的 10% 安排,由安置地政府统一规划建设。服务管理机构用房主要包括管理人员办公室、老干部活动室、医务室、车库等。中央财政安排服务管理机构用房建设补助资金,不足部分由地方解决。2005 年 1 月,浦东新区为适应军休工作新任务的要求,对服务管理机构的设置进行调整,撤销区属 5 个干休所,建立全市第一个军休干部服务管理中心。2006 年 4 月,闵行区撤销区属 3 个干休所,建立全市第二个军休干部服务管理中心。2007 年,全市服务管理机构经费总支出 4 205.3 万元。其中,中央财政拨款 1 722 万元,市区县两级财政支出 2 483.3 万元。

截至 2010 年,全市军休服务管理机构 28 个(含市军休活动中心),用房面积 41 612 平方米,配备工作人员近 400 人。

六、社会公益活动

1998 年夏,中国江南、华南大部分地区及北方局部地区普降大暴雨到特大暴雨。长江干流及鄱阳湖、洞庭湖水系,珠江、闽江和嫩江、松花江等江河相继发生了有史以来的特大洪水。上海市军休干部捐款 17 万余元,支持抗洪救灾。

2002 年 5 月,全市各干休所近 3 000 名军休干部、工作人员及军休干部家属共捐款 62.765 万元,为革命老区安徽省金寨县及江西省修水县各建一所希望小学,并正式命名为"上海军休干部希望小学",迟浩田为希望小学题名。2005 年,组织开展军休干部回访"上海军休干部希望小学"活动,2006 年、2008 年又分别进行回访。

2007 年,市军休干部邀请"上海军休干部希望小学"师生到上海,与军休干部一起参加纪念建军 80 周年文艺汇演。

2008 年 5 月,汶川地震,全市军休干部捐款 180 万元,交特殊党费 170 万元,其中交特殊党费在万元以上的 14 人。

2008 年 6 月,虹口区部分军休干部参加市老龄委组织的"银龄行动"送医下乡活动。

2009 年 1 月,虹口区第一干休所军休干部响应上海市希望工程办公室、共青团都江堰市委号召,投入"我的四川娃,助学都江堰"活动,与5名受助学生牵手结对,每年资助1万元,帮助他们完成学业。1963年被国防部授予"南京路上好八连"的时任指导员王经文,退休后积极参与关心下一代活动,是长宁区关工委报告团荣誉团长,先后举办报告会260场,受教育者达6.8万余人次。

2010年3月,杨浦区部分军休干部下社区开展医疗咨询便民服务活动。

2010年,组织开展江西、安徽两地军休干部希望小学"看世博"夏令营活动,"上海军休干部希望小学夏令营基地"揭牌。

七、先进表彰

1989年、1996年、2004年,民政部、总政治部、总后勤部先后开展三次全国军休干部评比表彰活动。上海市共有军休干部42人(次)、服务管理单位9个(次)、工作人员13人(次)受到表彰。其中,1996年11月,闸北区干休所离休干部段永柱、杨浦第二干休所退休干部江金龙作为先进军休干部代表赴京参加表彰大会。

1997年3月24日,市民政局、上海警备区政治部召开表彰大会,中共中央政治局委员、市委书记黄菊等会见获得上海市先进军队离退休干部、先进军休工作单位、先进军休工作者称号的代表,并合影留念。黄菊高度评价军休干部为上海社区建设、社会治安和关心下一代所作出的无私奉献,充分肯定各级安置部门为接收安置军休干部、落实政治和生活待遇、服务管理中所倾注的大量心血。黄菊说,做好安置军队离退休干部以及服务管理工作,是一项长期的政治任务,上海将一如既往地按照中央的部署和要求,把安置服务工作做得更好。

1998年9月,市民政局下发《上海市军队离退休干部休养所精神文明创建活动的若干意见(试行)》,全市有80%的服务管理机构先后创建成为区级文明单位。1999年7月,全市军休系统开展首届军休干部精神文明十佳好事评选活动。共推荐十佳好事57件,经投票评选和审定,离休干部朱韵山"生命在奉献中延续"等被评为上海市军休干部精神文明十佳好事。当年八一建军节,市民政局召开表彰报告会,对获得十佳好事和26件十佳好事提名的个人进行通报表彰。

2000年8月,上海市开展1997—1999年度先进干休所、先进军休干部、先进军休工作者的评选表彰活动。8个先进干休所、41名先进军休干部、17名先进军休工作人员受到表彰。

2001年10月16日,上海市召开第二届军休干部精神文明"十佳"好事、干休所"十佳"服务范例表彰大会,通报表彰双"十佳"及31件精神文明"十佳"好事提名事例、12个"十佳"服务范例提名事例。

2007年,民政部组织开展"和谐军休家园、和谐军休家庭"创建活动,上海市于2008年7月24日表彰10个市"和谐军休家园"(其中2个获全国"和谐军休家园"称号)、50个市"和谐军休家庭"(其中3个获全国"和谐军休家庭"称号)。

2007年,上海市有5个军休服务管理单位获得市级文明单位称号。在2004—2007年市文明办委托国家统计局上海调查总队进行的"公众满意度测评"中,军休服务连续四年获得第一。

2009年,庆祝中华人民共和国成立60周年期间,民政部、总政治部联合表彰移交政府安置的先进军队离退休干部、军休工作先进单位和先进个人,唐玮等11名上海市军休干部获"全国先进军队离退休干部"称号,浦东新区军队离退休干部服务管理中心、徐汇区干休所获"全国军休工作先进单位"称号,顾新明等5人获"全国军休工作先进个人"称号。

2010年,市老龄办、上海警备区政治部、市民政局、市教委、市文广局、团市委、市妇联、市关心下一代工作委员会、市老年基金会联合表彰上海市第四届"孝亲敬老楷模""孝亲敬老之星"和"孝亲敬老模范单位"，军休干部左兰芬、蒋连芝、张炳旺和军休服务管理机构工作人员袁菊莉、董伦宜获"上海市孝亲敬老之星"称号，上海市军古美干休所、虹口区第一干休所、闸北区干休所获"上海市孝亲敬老模范单位"称号。

第四节　军 供 保 障

一、协调机构

1984年9月，市政府办公厅召开由相关委、办、局主管领导和驻沪各部队、武警上海总队、驻沪铁路航务军代处有关领导参加的新老兵接待转运联席会议，此后，联席会议每年召开，对军供工作进行部署和协调。联席会议主要组成单位为：市政府办公厅、市民政局、上海警备区后勤部、市发展和改革委员会经济动员办、市财政局、市公安局、市卫生局、市食品药品监督局、市供电局、市粮食局、市城市交通管理局、市自来水公司、锦江国际集团、中石化上海分公司、上海铁路局、上海港口管理局、驻上海铁路局军代处、军供饮食动员保障基地。联席会议下设办公室，办公地点设在市民政局，办公室主任由市民政局双退安置办公室领导兼任，具体事宜由上海市军供站承办。联席会议的职责是：负责全市军用饮食工作的领导、组织、指挥和协调，研究决定涉及军供饮食工作的重大事项，发布军供工作的决议、决定和命令。

为做好每年新老兵接待转运工作，铁路、港口、军供站会同军代处、部队医院、公安、运管、海事、地铁、食品药品监督所等部门成立新老兵联合运输办公室，各单位成立由分管领导负责的新老兵运输领导小组，做到职责明确，责任落实。联合运输办公室负责计划调度、现场服务、饮食供应、票务分配、安全保卫、协调联络等各项工作，按照"服务好、保障好、协调好"的工作要求，发挥职能和作用。

二、服务保障机构

上海市军供站。位于制造局路94弄6号，占地面积3 040平方米，建筑面积7 500平方米，1978年8月成立，名称为上海市新老兵转运站，1980年10月更名为上海市军供站。该单位是全国重要的集陆、水、空运输和军供保障为一体的一级军供站，是市政府支援过往部队的组织机构和战备设施，业务上接受南京军区驻沪铁路、航务军代处的指导，承担过往上海地区"五站五港"（即上海站、上海南站、虹桥站、南翔站、杨浦站、吴淞码头、外高桥码头、张华浜码头、虹桥国际机场、浦东国际机场）过往部队、入伍新兵和退役老兵的军供膳宿保障任务。1999年11月21日，市军供站接待大楼改造工程竣工，副市长冯国勤出席竣工典礼。

市军供站为市民政局直属单位，行政级别为正处级。1978—1984年，市军供站财政经费实行统收统支、全额拨款；1985年后，实行平战结合、以站养站、自收自支；1994年实行财政差额补贴；1997年实行部分全额拨款、自收自支；2004年后实行全额拨款。

市军供站由总站、南翔分站、南站分站组成，军供保障服务延伸至陆、水、空区域，成为一项全年全天候的工作。为了加强领导，便于管理，全站人、财、物服从军供需要，由总站统一指挥、统一管理、统一部署、统一调配，充分发挥人员、资源的整体优势，做到分工明确、任务清晰、配合协作、责任到人，避免了总站、分站各自接受军供通报和铁路、水路交叉中转可能出现的无序忙乱现象，在军供保障点多量大的情况下,确保军供接待保障任务的完成。

南翔分站。前身为1952年2月在真如火车站建立的临时军运供应站,1965年5月迁址南翔火车站,归属市第二商业局管理,1978年8月移交市民政局管理,改名为上海市新老兵转运站,1980年10月改名为市军供站。1981年8月市军供站制造局路新楼竣工启用,南翔军供站改为市军供站南翔分站。南翔分站位于沪宁铁路南翔火车站内,占地面积13 500平方米,建筑面积4 500平方米。

南站分站。2004年4月,经铁道部批准,市军供站南站分站建设项目按照二级军供站的标准列入上海南站建设工程。2008年7月开工建设,2009年底投入使用。南站分站邻近铁路上海南站,占地面积2 864平方米,建筑面积4 000平方米,隶属市军供站管理。

市军供站在铁路、航务、公交、卫生、公安、商业等部门和驻沪部队的协同配合下,完成过境新老兵、调防和演练部队等军供保障任务,为过往部队提供住宿、医疗、娱乐、饭菜制作和运送等服务。1984年,南京军区军交部授予上海市军供站“子弟兵旅途之家”称号;1987—2010年,其中有5次被民政部、总后勤部评为全国军供站正规化建设先进单位和先进军供站。

1978—2010年,市军供站4次被评为上海市拥军优属模范单位,3次被评为上海市文明单位。

三、社会化保障

2007年10月11日,上海市军供饮食动员保障基地成立。它为解决军供保障面临的新问题,适应部队快速机动大批供应的要求,创建的一个平战结合、寓军于民的军供饮食动员保障基地。在国家经济动员办公室、南京军区联勤部、上海警备区后勤部的关心和支持下,以市军供站为主体,成员单位有宝钢发展餐饮管理分公司、上海乐惠食品有限公司、上海莘莘营养配膳有限公司等。基地成立后,多次召开基地预案编制调研会议,各成员单位积极做好应急保障预案的编制工作,从动员目标和流程、运营优势、应急准备、应急规划、预案实施、生产加工等方面进行周密部署,贴近实际,贴近实战,确保在任何情况下军供应急保障供应任务顺利完成。截至2010年,作为在全国率先进行的社会资源模块化配置和综合保障试点工作,该保障基地先后完成南京军区、上海警备区、市交通战备办公室有关演练应急保障供应任务2 972人次,完成抗震救灾过往部队应急保障供应任务6 405人次,为汶川地震灾区提供快速食品28万份,并参加多次新老兵中转应急供应。

宝钢发展餐饮管理分公司,服务于宝钢股份等公司4万余人的营养配膳,拥有3条先进的现代化营养盒饭餐饮生产线、1条自动化点心生产线,每天可供应3万余份盒饭。宝钢餐饮作为军供饮食保障动员中心成员单位,负责平战时军供饮食保障任务,生产任务所需原料按平时采购的渠道,由相关供应企业保障供应。

上海乐惠食品有限公司,隶属于上海良友(集团)有限公司,是集食品生产、研发、销售、储运于一体的国内最具规模的专业米面制品加工企业之一,乐惠食品无菌方便米饭日生产能力可达8万份,适合于战时紧急供应。

上海莘莘营养配膳公司,由上海市教委和上海师范大学共同创办,一次性供餐能力达到3万份。在接到军供命令后,以标准化的生产加工方式,保证生产安全系数,确保在规定时间内保质保量地完成军供任务。

截至2010年,上海市军供保障工作顺应部队任务的需要,从正规化建设入手,在市内600平方公里范围内,只要部队有供应需要,立即启动应急程序,按照任务量大小,由专人紧急召集三个梯队人员在最短时间内到位,实现了年年接待供应无事故,圆满完成过往部队接待供应保障任务。

第四篇

老龄事业

上海是全国最早进入人口老龄化的城市。1979年末，上海60岁以上户籍老年人口达115.48万人，占户籍总人口的10.2%；65岁及以上老年人口占户籍总人口的7.2%，比全国进入老龄化社会提前20年。进入21世纪后，上海的人口老龄化速度进一步加快，到2010年底，达到331.02万人，占户籍人口的23.4%；80岁及以上的高龄老年人达到59.83万人，占户籍老年人口总数的18.1%，占户籍总人口的4.2%。

上海人口老龄化的发展，呈现出数量大、速度快、高龄化三个特征。与此同时，还面临三个迫切需要解决的难题：一是实施计划生育后，独生子女家庭增多，家庭普遍小型化，家庭对老年人的照料功能逐步减弱，迫切需要发展社会化的为老服务；二是计划经济向市场经济转型过程中，单位大包大揽的福利制度难以为继，亟需建立、完善为老年人服务的社会福利制度，以保障老年人的晚年生活；三是上海"未富先老"，老年社会福利欠账较多，政府的社会保障制度还处于起步建立过程中。上海在这样的历史条件下进入老龄化社会，加强老龄工作，推进老龄事业实现跨越式发展，成为上海面临的一项重大任务。

改革开放以来，市委、市政府高度关心和重视老龄事业，积极应对人口老龄化挑战，加强对全市老龄工作的领导和协调，把发展老龄事业作为经济社会统筹发展的重要内容，健全和完善有关老龄工作的法规政策和措施，探索实践适合上海市情的"大城养老"发展模式，围绕"老有所养、老有所医、老有所学、老有所为、老有所乐"（以下简称"五个老有"），综合运用经济、法律和行政手段，使上海的老龄事业与经济社会实现同步发展，为保证老年人安度晚年生活和推动经济社会协调发展作出积极贡献。

20世纪90年代以来，上海建立最低生活保障线制度，对困难老年人及时予以救助，保障其基本生活。完善以社会统筹和个人账户相结合的养老保险运行机制，建立基本养老金正常调整机制，始终把养老服务体系建设，作为老龄事业发展的重中之重，聚焦养老服务的供给矛盾，大力推进养老机构建设。从1994年开始将改造街道敬老院列入市政府实事项目，从1998年起，每年将新增养老床位列入市政府实事项目。2000年起，探索社区居家养老服务，大力建设老年人日间服务中心、助餐点等设施，探索并实践90%由家庭自我照顾、7%享受社区居家养老（照顾）服务、3%享受机构养老服务（以下简称"9073"）的发展模式。为实现"五个老有"目标，鼓励全社会为老年人安度晚年提供生活、娱乐等各类服务，开办老年学校、老年用品商店，兴建各类老年文化体育活动设施，开设老年病医院，设立家庭病床，组织身体力行的老年人参与两个文明建设，开展尊老敬老宣传教育，为老年人提供法律援助，维护合法权益等。

1978—2010年，上海建立健全老龄工作体制、机制，社会资源得到整合。养老社会保险、医疗保险及老年教育、文化、卫生、体育等分别由政府相关部门履行职责。民政部门承担养老服务，建立、完善老年人社会福利制度，开展老年人的救助帮困活动等。1997年起，市劳动部门承担的老龄工作综合协调职能移交市民政局。2000年4月，成立市老龄工作委员会并下设办公室，办公室设在市民政局，设立老龄工作处，负责组织、协调党政有关部门和社会各方，拟订老龄事业发展规划，协调、推动老龄工作组织实施"五个老有"，表彰老龄工作的先进典型等。

第一章 老龄工作

　　20世纪80年代初,上海开始建立老龄工作机构,陆续组建上海市老龄问题委员会、市委老干部局、市老年基金会、市退休职工管理委员会,创办《上海老年报》等。20世纪90年代,先后建立上海市老年工作协调联席会议制度,成立上海市老龄工作委员会,统筹规划和协调指导全市的老龄工作,研究、制定老龄事业发展战略和重大政策,协调和推动有关部门实施老龄事业发展规划,指导、督促和检查各区县老龄工作。同时,全市建立起市、区县、街道乡镇三级老龄工作机构。制定和完善老龄工作法规规章,颁布《上海市老年人保护条例》《上海市老年人权益保障条例》等地方性法规,并制定一批救助、养老服务的地方性法规与市政府规章,初步实现老龄工作的制度化和规范化。

　　20世纪90年代中期,市政府下发市计委、市民政局等12个部门联合制定的《上海市老年事业发展"九五"计划和2010年远景目标》,老龄事业发展开始纳入全市社会经济发展规划之中。各区县分别根据本地区的实际,制定老龄事业发展规划。2001年,市政府发布《上海市老龄事业发展十五计划纲要》。其后,又陆续发布上海市老龄事业"十一五"和"十二五"发展规划,形成老龄工作的长效机制,为老龄事业的深入发展奠定坚实的基础。其间,市委、市政府制定《关于进一步加强老龄工作的意见》,提出要建立健全以养老保险、医疗保险、社会救助、社会互助为重点,全方位、多层次的养老保障体系;建立健全与社会主义市场经济体制相适应,以生活照料、医疗保健、文化教育、健身娱乐和法律服务为主要内容的社区为老服务体系;提高老年人的物质和精神文化生活水平,实现"五个老有"。

第一节 工 作 机 制

一、老龄问题委员会

　　改革开放前,上海没有专门研究老龄问题和为老年人服务的工作机构。1979年上海进入老龄化城市,20世纪80年代初开始,上海陆续组建专门为老年人服务的工作机构和老年科学研究机构。1983年11月,根据国务院办公厅转发《中国老龄问题全国委员会关于我国老龄工作中几个问题的请示》的通知精神,市政府批复由市劳动局牵头,市老干部局、市总工会、市人事局、市民政局、上海社会科学院等22个相关部门成立上海市老龄问题委员会,市政协原副主席宋日昌担任名誉主任,日常工作由市劳动局负责,研究城市人口老龄化的特点和相关对策。市老龄问题委员会成立后,建立全体委员会议、主任办公会议、老龄工作会议、老年教育联席会议、老龄工作干部大会、区县老龄工作例会,以及顾问座谈会、老龄事业座谈会等会议制度,陆续建立相关涉老机构,1982年6月,上海市老干部局挂牌(次年7月改为上海市委老干部局),负责全市离休老干部工作。1984年12月,上海市老年基金会成立,专门为老龄事业筹措资金。1986年1月,《上海老年报》报社成立,负责宣传报道老龄工作动态、方针政策和实践经验。同时,上海市退休职工管理委员会(简称市退管会)成立,负责全市退休职工的工作。1989年,市民政局设置老年人保护办公室。1993年3月,上海市老龄科研中心成立。

二、老年工作协调联席会议

1995年7月,市委、市政府决定建立上海市老年工作协调联席会议制度,成员由市委组织部、市人事局、市委老干部局、市劳动局、市社会保险管理局、市民政局、市财政局、市总工会等部门负责人组成,市民政局局长兼任秘书长。职责是:贯彻执行党中央、国务院和市委、市政府有关涉老工作方面的方针政策和有关法令法规;拟定全市涉老工作规划,督促、指导各涉老机构的工作;协调全市重大涉老活动以及涉老工作中出现的问题;指导和协调上海涉老机构拟定有关行政规章和规定等工作。同年12月,市民政局成立市老年工作协调联席会议办公室(与老年人保护办公室合署办公),配备3名专职工作人员,负责联络工作。市老龄问题委员会更名为市老龄委员会,日常工作由市民政局管理。

从1996年起,各区县按照市里的模式建立老年工作协调联席会议制度,部分街道、乡镇建立联席会议制度或老年工作领导小组。

三、老龄工作委员会

2000年4月,市委根据中央精神,撤销上海市老龄委员会,成立上海市老龄工作委员会(以下简称市老龄委),由市委、市政府25个部门的34位负责人为委员。市老龄委办公室设在市民政局,市民政局局长、分管副局长任办公室主任和副主任,原市老龄委员会的职责、编制、经费转入市老龄委办公室(以下简称市老龄办)。根据全国老龄委要求,增补市老龄委成员单位,至2010年,由33个部门和单位组成,具体是:市委组织部、市委宣传部、上海市精神文明建设委员会办公室(以下简称市委文明办)、市委老干部局、市高级人民法院、上海市发展和改革委员会(以下简称市发改委)、上海市经济和信息化委员会(以下简称市经信委)、上海市教育委员会(以下简称市教委)、上海市科学技术委员会(以下简称市科委)、市公安局、市民政局、市司法局、市财政局、上海市人力资源和社会保障局(以下简称市人保局)、上海城乡建设和交通委员会(以下简称市建交委)、上海市农林工作委员会(以下简称市农委)、上海市规划和国土资源管理局(以下简称市规土局)、上海市文化广播影视局(以下简称市文广影视局)、市卫生局、上海市人口与计划生育委员会(以下简称市人口计生委)、上海市工商管理局(以下简称市工商局)、市统计局、市体育局、市旅游局、市绿化市容局、市住房保障局、市总工会、团市委、市妇联、解放日报社、文新集团、文广集团、市老年基金会。同年,市民政局成立老龄工作处(以下简称老工处),与老龄办"一套班子,两块牌子",撤销老年人保护办公室和老年工作协调联席会议办公室。老工处负责拟订老龄事业发展规划和政策,推动相关政策法规实施,指导、协调老年人权益保障工作,统筹协调涉老部门落实老龄工作。这一时期,先后设置市老龄事业发展中心、市老年人法律服务中心、市老龄科研中心、市老龄对外交流中心。全市建立起市、区县、街镇三级老龄委及其办事机构,居村委会有专人负责老龄工作,形成从市到基层的老龄工作网络。到2010年底,市和区县老龄工作机构总数为254个,从事老龄工作的人员6 896人。市老龄委的建立,标志着上海老龄工作步入党政齐抓共管、各部门同心协力进一步发展的新阶段,使老龄工作在机制上实现高效、统一。

第二节　法 制 建 设

一、地方性法规

1984年6月,市老龄问题委员会、市总工会、市妇联、市司法局、上海大学民主与法制报报社、上海法制报社等单位,就上海老年工作立法问题进行多次研讨,起草《上海市保护老年人合法权益的暂行规定(草案)》。

1988年7月21日,市九届人大常委会二次会议通过《上海市老年人保护条例》,自1988年10月15日起施行。该条例是国内最早颁布实施的一部关于老年人保护的地方性法规,共18条。明确老年人为60周岁以上的公民;老年人合法权益包括老年人依法享有的人格尊严和人身自由权、受赡养扶助权、房屋租赁和使用权、财产权、婚姻自由权、从国家和社会获得物质帮助权以及宪法和法律规定的其他权益;保护老年人合法权益是各级国家机关、社会团体、企业事业组织、基层群众性自治组织、家庭和公民的共同责任;规定相关部门的责任和维权途径,各级政府的民政部门主管条例实施,负责检查、督促、协调老年人保护工作;确定每年的重阳节(农历九月初九)为"上海市敬老日"。

1998年8月18日,根据《中华人民共和国老年人权益保障法》(以下简称《老年法》)和其他法律法规的规定,结合上海实际和《上海市老年人保护条例》的实践,市十一届人大常委会四次会议通过《上海市老年人权益保障条例》(以下简称《条例》),自1999年1月1日起施行。《条例》分总则、家庭赡养与扶养、社会保障、参与社会发展、法律责任、附则,共6章40条。《条例》规定禁止歧视、侮辱、虐待或者遗弃老年人的行为;老年人依法享有的权利,在原《上海市老年人保护条例》基础上增加受教育权、从国家和社会获得物质帮助权、参与社会发展权、享受社会发展成果权以及宪法和法律规定的其他权利。针对老年人关心的财产和住房问题,《条例》作出具体规定,以切实保护老年人的合法权益。《条例》还规定,市和区县政府领导要协调有关部门做好老年人权益保障工作,各级民政部门负责《条例》实施的具体组织工作,并对有关部门的老年人权益保障工作进行检查、督促,乡镇政府和街道办事处应当有人分管老年人权益保障工作。《条例》规定,"本市建立老年人法律服务中心,为老年人提供法律咨询,代理有关法律事务,开展非诉讼调解等服务"。《条例》实施后,《上海市老年人保护条例》废止。

2010年9月17日,为与相关法律法规的名称相一致,市十三届人大常委会二十一次会议对《上海市老年人权益保障条例》进行修正。

二、监督检查

1989年9月,市人大法制委员会组织部分市人大代表对《条例》实施情况进行检查。11月17日,市九届人大十二次会议对《条例》实施一年来的情况进行审议并提出改进意见。

1991年10月23日,市人大法制委员会召开扩大会议,对贯彻实施《条例》三年来的情况进行检查,市民政局汇报《条例》的贯彻实施情况。

1997年9月15—16日,市人大组织部分市人大代表对《老年法》实施一周年和《条例》实施九年来的情况进行视察,与部分老年人和涉老工作者进行座谈。11月15—21日,全国人大内务司法委员会对上海实施《老年法》情况进行检查,充分肯定上海贯彻实施《老年法》所做的工作。

2003 年 7 月 2—30 日,全国人大内务司法委员会一行七人抵沪调研《老年法》执法情况,先后考察金色港湾老年公寓、老干部活动中心、三门托老所等 10 个老年服务设施,走访慰问农村老年人家庭,召开企事业单位和社会各界代表参加的座谈会。调研组对上海各级政府为老年人购买服务、制定居家养老政策、探索社会化的养老机构运作模式、建立社区托老所、为老年人提供法律服务等工作给予较高评价。

2010 年,市老龄办组织老年人权益保障调研工作,结合市老龄办相关课题研究,先后走访 9 个区县,查看老年维权示范岗的工作情况,发放《老年人权益情况调查表》266 份。

第三节　发 展 规 划

1985 年 6 月 4 日,市老龄问题委员会向市计委报送《关于"七五"期间老年医疗、教育、福利事业的一些建议》,提出应根据上海人口老化现状及发展趋势,制定"七五"期间改善老年人医疗条件、办好老年教育、发展老年福利设施等方面的规划和目标。

1992 年 12 月 2 日,市老龄问题委员在向市委、市政府汇报上海市老龄事业"八五"计划中提出,在"八五"期间成立老龄科学研究中心、加强老龄科学研究、推进老龄事业发展等意见。

1997 年 3 月 5 日,由市计委、市民政局、市社保局、市卫生局、市人事局、市教委、市财政局、市建委、市规划局、市总工会、市妇联、市老龄委等 12 个部门联合制定的《上海市老年事业发展"九五"计划和 2010 年远景目标》提出,到 2000 年上海应初步改变老年事业相对滞后的状况,对内要起到"龙头"、示范、辐射作用,对外要成为具有中国特色社会主义老年事业的窗口;老年人的生活质量要有明显的提高,确实需要住院养老的老年人基本上都能进入老年福利机构;老年人的平均预期寿命接近世界发达国家水平;进一步弘扬尊老敬老的社会风尚;老年群体的素质与城市文明程度同步提高;"五个老有"的总体水平与经济发展和社会进步相协调。

1999 年 7 月,市老龄委员会会同相关部门,根据上海人口老龄化发展趋势及对经济社会发展的影响等问题,研讨"十五"期间老年事业发展的指导方针、总体目标、主要任务、政策趋向、保障措施以及老年事业发展的 15 年远景设想。2001 年 10 月 27 日,市政府下发《上海市老龄事业发展第十个五年计划纲要》,提出到 2005 年的目标是:初步形成政府、社会、家庭、个人相结合,适应社会主义市场经济要求的老年保障体系框架;建立老龄事业正常投入机制,健全老龄工作体制,使老年人生活和老龄工作中的热点、难点问题基本得到解决和缓解,老年人生活质量有较明显改善,尊老敬老社会风尚逐步形成,老年人政治和文化素质进一步提高,老年人文化教育和社会福利设施有较大发展。

2007 年 2 月,市政府发布《上海市老龄事业发展"十一五"规划》,提出老年人基本社会保障、养老服务事业、老年人社区服务和管理、老年人文化生活、老年人权益保障、老年人社会参与等 6 个方面的工作目标和保障措施;确定对"十一五"老龄事业发展规划实施监测和评估的工作要求;建立老年人口与老龄事业发展统计监测制度,纳入上海市社会经济统计体系;定期组织市老龄委各委员单位对落实本规划情况进行互评监测,建立对五年规划的中期评估和终期评审制度;着力构建与人口老龄化进程相适应的上海养老福利服务模式,逐步形成以居家养老为主、机构养老为辅的"9073"养老格局;大力培育社区居家养老(照顾)服务组织和专业队伍,推行集约化运作、项目化服务,促进社区居家养老(照顾)服务向社会化、专业化发展;形成 10 万人左右的养老服务专业队伍。

2010 年,启动《上海市老龄事业发展"十二五"规划》的编制工作,确定 11 个课题研究。2012 年

3月28日，市政府发布《上海市老龄事业发展"十二五"规划》，全面分析上海老龄事业发展面临的新形势，指出"十二五"期间应坚持以老年人需求为导向，在充分认识人口老龄化对经济社会产生影响的同时，准确把握老龄化社会对产业结构调整等方面所具有的促进作用，依托上海"四个中心"建设，制定应对人口老龄化的政策措施，为老年人创造"健康、参与和保障"的良好社会环境，实现老龄事业与上海经济社会发展之间的良性互动。要求从上海经济社会发展的状况和人口老龄化的实际出发，注重发挥家庭和社区功能，培育壮大为老服务事业和产业；完善城乡一体发展的老年社会保障和老年医疗保健体系，建立架构统一、梯次合理、水平适度的基本养老保障、医疗保障体系和养老金年度增长调整机制，强化社区保健服务；增加养老公共产品供给，发展老年教育和文体，加强科技助老和新科技应用，大力发展老龄产业，满足老年人多层次需求，提高老年人生活和生命质量，让老年人共享经济社会发展成果，努力营造代际和睦、人人共享、和谐发展的老年宜居社会环境。

第四节　重要会议

1983年上海市老龄问题委员会成立后，全市陆续建立起相关会议制度。尤其是上海老年工作协调联席会议制度和上海市老龄工作委员会建立以后，逐步完善了"全体委员会议""主任办公会议""老龄工作会议""老年教育联席会议""老龄工作干部会""区县老龄工作例会"等会议制度。通过定期和不定期的会议，传达交流全国老龄工作要求和经验，制定老龄工作规划、计划，布置年度工作，表彰老龄工作先进，开展国际交流。

其中"全体委员会议"的主要议项是，传达全国老龄工作会议精神和中央领导指示等，总结上海老龄工作情况，对全市老龄工作作出部署。上海市老龄工作委员会建立后，"全体委员会议"扩大到各区县分管老龄工作的党政领导参加。"主任办公会议"的主要议项是，针对上海老龄工作中的具体事项进行研究，确定具体方案和作出决定。"区县老龄工作例会"每年度举行，由各区县轮流主办，开展区县、街镇基层老龄工作的交流和研讨。

1995年7月4日，市老年工作协调联席会议召开第一次全体会议，研究关于建立市老年工作协调联席会议制度、调整市老龄问题委员会机构和职能、机关和企事业单位退休干部和职工管理、调整市退管会机构和职能、完善市老年基金会管理体制等问题。

1996年4月19日，市老年工作协调联席会议全体会议研究建立和完善老年社会保障体系、搞好为老服务和帮困助老活动、维护老年人合法权益等问题。会议要求，城镇要逐步完善职工养老保险体制，建立健全以街道、居委会为基础的社会救助网络；农村要健全县、乡、村三级帮困网络，保障"五保"老年人和老年贫困户的生活；要加快发展老年福利设施和老年慈善事业，注意保护老年人的合法权益，进一步落实老年人优先就医、就近就医等措施。

1997年9月8日，市老年工作协调联席会议全体会议要求认真落实《上海市老年事业发展"九五"计划和远景目标》，切实为老年人办几件好事，加强对老年人的保障力度；贯彻和宣传《老年人权益保障法》，强化全社会的老龄意识和养老意识，在全市形成一个良好的敬老、养老的社会环境；加强老年工作机构建设，理顺体制关系，形成社会各方共同参与老年工作的合力，做好上海老年工作。

1998年9月25日，市老年工作协调联席会议全体会议提出要努力建立老年保障的"八大"体系：养老保障体系、医疗保健体系、护理照料体系、政策法规体系、文化娱乐体系、老年教育体系、参与社会体系和老年慈善体系，以迎接人口老龄化高峰期的到来；对实施老年事业发展规划、实施《老年法》和《条例》、健全老年工作体制、迎接"国际老年人节"等工作进行部署。

2000 年 8 月 21 日,市委、市政府召开市老龄委第一次全体会议,专题研究贯彻落实《中共中央、国务院关于加强老龄工作的决定》,部署落实涉老实事项目。会议通过市老龄工作机构的设置、市老龄委的工作职责和制度,开展上海市人口老龄化对策课题研究的议案。会议同意市老龄办提出的关于 2000 年要完成的涉老实事项目,原则同意市老龄办起草的《关于上海老龄事业发展"十五"计划和 2015 年远景目标纲要(草案)》。

2001 年 9 月 22 日,市老龄委(扩大)会议决定,市老龄委内设 6 个专业工作小组:由市委宣传部牵头的老龄宣传工作小组、由市教委牵头的老年教育工作小组、由市司法局牵头的老年维权工作小组、由市人事局牵头的老年人才开发工作小组、由市民政局牵头的老年帮困工作小组、由市劳动保障局牵头的老年服务产业工作小组。

2001 年 10 月 24 日,市老龄委(扩大)会议要求:积极探索具有中国特色、时代特征、上海特点的老龄事业发展新路,坚持"健康老龄化"发展方向,最大限度地使老年人生活能够自理,并积极参与社会活动,保持乐观向上的积极心态;鼓励和引导各种非政府机构和境内外个人广泛参与;倡导居家养老的社会化养老模式,努力形成以家庭为载体、社区养老服务为依托、社会养老保障制度为后盾的居家养老体系;适应社会经济发展的要求,转变老龄工作方法,加强政府管理,实现工作重心向社区下移。

2002 年 10 月 14 日,市老龄委(扩大)会议要求:一是形成政府确定发展目标、制定扶持政策,老龄工作部门主管,社区、社会团体、企事业单位、民办非企业单位等各种组织和市民广泛参与的老龄工作新格局。二是加强调查研究,不断解决老龄工作面临的新情况、新问题,从社会舆论、政策机制、财力支持、工作机制等方面,为上海老龄事业发展创造有利的条件和环境。三是老龄工作重心下移到社区,搞好老年教育,丰富老年生活,提高老年生活质量,维护老年人权益,使为老服务工作落到实处。四是依托社区开展"老有所养、老有所医、老有所教、老有所学、老有所乐、老有所为"活动,帮助老年人解决各种问题,提高他们的生活质量。五是以健康老龄化为方向,以老年人的需求为导向,开展不同层次的为老服务,让老年人享受健康快乐的晚年生活。六是整合社区资源,建设老龄服务设施,建立为老服务补贴制度和财力机制,为社区为老服务工作提供保障。

2003 年 9 月 29 日,市老龄委召开(扩大)会议要求:一是大力发展生活照料、文化娱乐、老年教育、健身保健、精神慰藉、法律援助、紧急求助等各种社区为老服务项目,健全社区各种为老服务设施,培育社区老龄民间组织,将"六个老有"落实到社区。二是紧紧抓住老年人最现实、最关心、最直接的问题,使各项决策和工作真正体现老年人愿望,使广大老年人从经济和社会发展中得到更多实惠。三是推出居家养老服务券,为困难老年人、特殊贡献老年人和高龄老年人全额购买服务或者提供服务优惠;年内在浦东新区和杨浦区试点,2004 年在全市推行;计划在 2004 年底,为 2 万名困难老年人和高龄老年人购买服务,提供万名居家养老服务就业岗位。

2004 年 10 月 21 日,市老龄委(扩大)会议决定:一是坚持健康老龄化方向,大力发展老年福利事业,构建居家养老服务 3 张网:"生活照料服务网",即通过上门和日托服务等形式,为需要帮助的居家老年人提供日间的生活照料、护理服务和精神慰藉;"社区紧急援助网",主要开展纯老家庭关爱行动,通过经常问候、热线咨询、安全检查、应急求助等举措,建立起对纯老家庭的关心服务和紧急援助网络;"医疗卫生保健网",依托社区医疗卫生资源,为老年人建立健康档案,定期进行体检并提供医疗、保健服务。二是关心和重视城市中的独居老年人和农村中的老年农民,完善老年人的各种社会保障制度和服务措施。

2006 年 3 月 29 日,市老龄委(扩大)会议研究部署上海"十一五"期间及当年的老龄工作,确定:

一是增加财政的社会保障投入,多渠道筹措社会保障基金,逐步缩小养老金差距,探索建立农村养老金增长机制。二是完善全市街道、镇社区卫生服务的网络布局,重点推进村卫生室(社区卫生服务站)标准化建设;继续扩大居家养老服务的受益面;新增 5 万名服务对象,达到 10 万人,争取"十一五"末达到 20 万人。三是设立社区为老服务热线电话,整合社区服务资源,推进企业退休人员社区管理服务工作。四是为 2 万名老年人安装紧急援助呼叫装置,达到 6 万用户,并拓展服务内容。五是进一步宣传贯彻《老年法》《上海市老年人权益保障条例》,开展执法检查,加大执法力度,严厉打击侵害老年人合法权益的严重违法行为。六是对在"银龄行动"中做出突出成绩的个人和单位进行表彰。

2006 年 10 月 29 日,市老龄委(扩大)会议决定:一是表彰 10 名"孝亲敬老十佳孝星"、116 名"孝亲敬老模范儿女"、1 046 个"孝亲敬老模范家庭"、新命名 177 个"爱心助老特色基地"、159 个"爱心助老之星";二是继续完善基本养老保险、基本医疗保险和城镇居民最低生活保障制度,扩大养老保障覆盖面;三是积极推进企业退休人员社区管理服务工作,进一步发挥社区单位、社区资源的作用;四是建立符合上海特点、适合实际需要的养老服务模式,提供以"助餐、助洁、助急、助行、助浴、助医"为主要内容的生活照料服务、紧急援助服务和医疗保健服务;五是完善老年护理网络及服务功能,以独居老年人为重点,完善对纯老家庭老年人和高龄、困难老年人的结对关爱工作;六是丰富老年人的精神文化生活,为老年人发挥余热提供舞台。

2007 年 5 月 16 日,市老龄委(扩大)会议传达全国第九次老龄工作会议精神,提出上海的发展目标:一是按照"保基本、广覆盖"的要求,基本形成较为完善的老年人基本养老保障体系,基本形成老年人家庭自我照料、居家养老照料与机构养老为一体的养老服务格局。二是至 2010 年,全市享受社区居家照料服务的人数力争达到 25 万人,全市养老床位达到 10 万张;构建完善的社区为老服务网络,为老年人提供生活照料、安全援助、精神慰藉和医疗保健等服务;健全老年维权网络。三是进一步完善或改进社区老年人文化、体育和教育设施,2010 年达到市区老年人平均步行 500 米左右就有一个公共文化活动设施,全市参加多种形式老年教育的人数达到老年人总数的 30%,参与社区文体活动的比例保持在 60%以上。

2008 年 5 月 12 日,市老龄委(扩大)会议提出重点抓好五方面工作:一是从上海市情出发,着力完善养老保障制度,切实保障老年人基本生活水平稳步提高;二是做实做细社区为老服务工作,确保完成市政府养老实事项目,深化社区医疗卫生服务,加强老年人"社区健康干预"机制,帮助老年人养成健康的行为习惯、生活方式以及对慢性病的自我管理;三是办好第八届老年人体育运动会、第五届老年人文化艺术节、"红叶风采"敬老日文艺晚会等大型涉老文体活动,发挥全市近 2 万个老年文艺、体育团队的作用,加强社区老年文娱设施建设,组织开展适合老年人的文化娱乐活动;四是发挥老年人的社会作用,鼓励老年人参与志愿公益活动和精神文明建设活动,发展老龄工作领域的社工队伍;五是认真开展老龄工作委员单位的评估工作,制定和完善关于养老保障、老龄产业、老年福利和老年人优待等方面的法规、政策和办法,加强老龄工作机构自身建设。

2009 年 5 月 12 日,市老龄委(扩大)会议提出重点抓好六方面工作:一是努力扩大养老保障覆盖面,力争使农民享有养老保障权益的人数达到 98%,对尚未纳入保障制度的老年人在两年内分类纳保,切实减轻老年人医疗负担,探索老年护理保障制度;二是推进养老服务,完成纳入市政府实事工程的养老服务项目;三是抓好社区老龄工作,从城市物质环境、经济社会环境和社会服务环境三方面入手开展"老年友好型城市"建设;四是抓好敬老爱老助老宣传教育,增强全社会老龄意识;五是组织好第 22 个敬老日活动;六是抓好自身队伍建设,培育社区公益性老龄社会组织,并发挥其作用。

2010年5月31日,市老龄委(扩大)会议传达全国老龄委十二次全体会议精神,对上海老龄工作作出部署:一是全面完成"十一五"规划各项任务,结合开展应对人口老龄化战略研究,研究制定老龄事业发展"十二五"规划;二是积极做好上海老年人参与世博会的各项活动;三是继续完善养老保障体系,统筹兼顾各类人群的收入水平;四是抓好养老服务工作,全力完成养老服务设施建设;五是以创建全国老年友好型城市和宜居社区为契机,着力推进社区老龄工作;六是抓好敬老爱老助老宣传教育,增强全社会老龄意识。会议表彰了上海市老龄工作先进单位和先进个人。

第五节 老龄科学研究

一、调查与研究

1985年6月,市老龄问题委员会和市公安局户政处委托华东师范大学人口研究所,进行第一次上海市区老龄人口状况和意愿的抽样调查。调查样本分布12个区60个街道420个居民小组,对6715名(男55岁、女50岁及以上)具有市区常住户口人员进行调查,内容包括性别、年龄、文化程度、婚姻状况、工作情况、经济负担、健康状况、家庭情况、居住方式、兴趣爱好,以及对再工作、居住方式、当前上海市区最迫切需要解决的老龄问题等,共43个项目近200个指标,相关数据编入《上海市人口统计资料汇编1949—1988》。

1986年,市老龄问题委员会、上海市老年学学会组织复旦大学人口研究所、上海社会科学院社会学和人口学研究所、上海第一医科大学、上海市计划委员会(以下简称市计委)、市劳动局等单位组成"上海市老龄问题战略对策研究"课题组,并完成编印《上海市老龄问题战略对策研究》文集。

1987年,针对上海高龄老人和农村老人赡养等问题,市老龄问题委员会就"高龄老人问题""上海农村老人赡养问题""上海市人口老龄化问题"开展专题研究,并召开研讨会。

1990年10月,市老龄问题委员会就中国养老模式进行研究并召开"老年人与家庭"研讨会,提出走国家、集体、家庭三结合的道路,由社会提供经济保障,以家庭养老为主,同时发展社区老年服务设施,以补充家庭养老不足的观点,全国政协常委、市老龄委主任杨堤致开幕词,香港、台湾、日本等地学者100多人参加。

1992年12月,上海市老龄科学研究中心批准成立,内设实践与政策研究室、老年经济学、老年社会学、老年人口学、老年心理学、老年医学及老年人中风防治等各研究所,由此开始全面系统的老龄问题研究。从20世纪90年代起,就"上海人口老龄化前景与对策""迈向21世纪老龄问题""老人与发展"等专题开展研究,分别于1990年、1997年和1998年在上海举办全国性的专题研讨会。全国、全市各级老龄办领导,涉老部门,全国著名的老年学学者、专家来沪交流、演讲。

1993年,法国养老保险基金会向中国老龄协会(全国老龄问题委员会)提议,合作开展"代际关系与家庭互助"的调查,对中法两国家庭内部的代际关系及家庭成员互助情况进行比较研究。受中国老龄协会委托,市老龄问题委员会、市老龄科学研究中心具体负责上海地区的调查。1997年3月,市老龄科学研究中心编制《上海市代际关系与家庭互助调查数据汇编》。该项目为政府部门制定老年政策提供科学依据。

1994年10月,市老龄问题委员会、市妇联、市退管会联合举办"'94上海'家庭与老年人'研讨会",就如何促进健康的老龄化及家庭在现阶段养老模式中的作用进行研讨,来自大陆与中国香港、台湾地区，以及日本、新加坡、韩国等国家的学者与代表 100 余人参加，共提交论文 40 余篇。

1996 年 7 月，市老龄委员会开展对全市 20 个区县的长寿老年人的政策调查，为上海出台全国最早的百岁老年人优待政策提供依据。

1996 年，市老龄科学研究中心启动科研项目《上海市老年保障体系及其运行机制研究》，有 12 个分课题：老年经济保障、医疗保障、服务保障及保障体系的法制建设和保障的考核指标体系等，反映当前和未来老龄化社会和高龄化年龄结构遇到的难点和热点问题。

1997 年，卢湾、静安、长宁、普陀和闸北等区针对老年型特大城市老年人的住房问题开展《上海老年人住房情况跟踪调查》抽样调查，调查 1 540 户 1 904 位老年人。

1998 年 8 月，市老龄委员会、市民政局、市财政局、市老龄科研中心会同与有关高校的专家学者，开展"上海市老年护理互助会实施方案研究"，并制定试点实施方案。

2001 年 10 月，"第二届华裔老年人国际研讨会"在上海召开。会议以"提高新世纪老年人生活质量"为主题展开研讨，共收到论文 122 篇，其中境外代表论文 45 篇、内地代表论文 77 篇，来自美国、加拿大及中国大陆和中国香港、台湾地区的代表 170 余人参加。

2002 年 3 月，在嘉定区召开"中国长江三角洲地区农村养老模式暨中外比较研讨会"。会后，将论文汇集编辑题为《中国长江三角洲地区农村养老模式研究——中国长江三角洲地区农村养老模式及中外比较研讨会论文集》，由华龄出版社出版。会议由市老龄科学研究中心、浙江省老龄科研中心、江苏省老年学学会主办。

2006 年，市老龄科学研究中心与高校相关院系和科研院所、相关涉老部门协同合作，历经 1 年多时间，完成 2004—2005 年上海市户籍老年人的经济状况分析研究、上海郊区农村老年人护理与社会照顾体系研究、《上海市老年人权益保障条例》修改、外地来（回）沪老年人口现状和养老保障对策研究、上海市区老年人居住现状及发展老年住宅对策研究、社会（民间）办日托养老机构现状及发展、世界部分国家（地区）长期照护政策比较和上海老年人照顾体系的建立和法律完善、老年人社区健康保健服务制度研究、小康社会老年人生活质量评估的指标体系研究。

2007 年，市老龄科学研究中心主办"积极老龄化与社会参与论坛"，从积极老龄化理念、老年人再就业、老年人力资源、老年协会建设、老年教育、信息技术、法律、医学等方面阐释在积极老龄化过程中，老年人参与社会所面临的主要矛盾及解决办法，来自北京、浙江、江苏及上海的专家学者、老龄工作者近百人参加。

2009 年，市老龄科研中心会同上海社科院人口与社会发展研究所，通过社会招投标形式承接市发改委组织的《上海人口老龄化趋势分析和应对措施研究》课题。研究分析上海人口老龄化对经济社会发展的影响，总结相关国家应对老龄化社会的做法，提出可供上海借鉴的经验；研究分析"十二五"期间以及到 2020 年上海人口老龄化的趋势，预测老年人口的规模，分析预测老年人在养老、社会保障等方面的需求；总结上海在应对人口老龄化方面的经验和不足，提出前瞻性和可操作性的"十二五"期间应对人口老龄化的对策措施。

2009 年 4 月，以"两岸老人生活形态、照顾形态与科技应用"为主题的"第三届海峡两岸老龄福祉研讨会"在上海举行。会议就照料服务模式、福利政策制定、未来发展趋势及基本理论等不同层面进行研讨。研讨会由中国民主建国会上海市委员会、中国老龄科学研究中心和中国台湾南开科技大学共同主办，由市老龄办、北京大学老年学研究所和中国人口发展研究中心协办，市老龄科学研究中心承办。

2010 年 5 月，市老龄办开展上海"十二五"规划老龄事业发展规划研究，下设多个分课题：上海

"十一五"期间老龄事业发展的基本经验与启示研究,应对人口老龄化挑战的国际、国内比较研究,完善老龄工作体制及老龄工作平台建设研究,上海养老福利服务"十二五"规划研究,健全老龄政策法规体系研究,上海老年卫生保健体系及健康干预研究,老年护理保险研究等。

二、专业书刊

从 1986 年起,由市老龄问题委员会和市老年学学会开始编辑《老龄问题研究》内部通报。

1993 年 5 月 10 日,由市老龄科学研究中心、市老年学学会主办的内部季刊《上海老龄科学》创刊办刊宗旨是:宣传党和政府有关老龄事业和老龄工作的方针、政策、法令,提供上海老龄事业发展和老龄工作经验交流平台,开展老龄问题、老年学的理论研究和应用研究,反映老龄科研和老年学动态,介绍国内外有关资料。杂志栏目有调查研究、实践探索、热点交流、信息资料、探讨争鸣、他山之石、论坛专辑等。至 2010 年底,《上海老龄科学》出刊 68 期。2006 年起,期刊在上海市老龄科学研究中心网站上开辟链接,每期内容制作成 PDF 图文上传网站,为专业读者提供更便利的学习和交流平台。

1986—2010 年出版的著作有《上海市老龄问题战略对策研究》(1986)、《上海老年人口》(1989)、《老年学文集——上海市人口老龄化前景与对策》(1990)、《老人与家庭:老龄问题与老年学论文集》(1992)、《社会老年学教程》(1992 年第 1 版,1998 年 6 月第 2 版)、《家庭与老人》(1996)、《迈向 21 世纪老龄问题》(1997)、《以案说法——老年人权益保护》(1997)、《上海市老年人口地图集》(1997)、《上海市老年保障体系及其运行机制研究》(1998)、《银色的盾牌:老年人权益保障文集》(1998)、《迈向 21 世纪老龄问题国际研讨会论文集》(1998)、《实用老年生活大全》(1998)、《老年人自我保护指南》(1999)、《提高新世纪老年人生活质量研究——第二届华裔老人国际研讨会论文集》("十五"国家重点图书出版规划——中国老龄理论文库,2003)、《中国长江三角洲地区农村养老模式研究》("十五"国家重点图书出版规划——中国老龄理论文库 2003)、《行为决定健康》(2010)。

三、老年人口和老龄事业监测统计

1996 年开始,市老龄科学研究中心会同市公安局对全市户籍人口中老年人口数据进行统计分析,1997 年起,每年向社会发布上海市老年人口信息。1999 年 11 月,市老龄委员会、市老龄科学研究中心对 1998 年末上海市户籍老年人口数据进行统计,编撰《上海市人口老龄化报告书》,主要内容:人口老龄化现状、特点及发展趋势,老年人的经济供养、医疗保健、生活照料、社会参与、居住环境、休闲生活、权益保障及老龄工作概况等。

根据 2004 年国家统计局规定,将反映老龄事业发展的统计数据纳入民政统计指标体系。

2004 年上海市发生多起独居老年人在家中意外死亡、长时间未被发现的事件,为防止类似事件发生,做好独居老年人的结对关心工作,市老龄办决定对上海独居老年人开展全面调查,当年 9 月完成《上海市纯老家庭老年人关爱工作情况的调查报告》。2007 年起"纯老家庭"老年人情况作为一项重要指标,纳入监测统计调查范围。

2005 年,市老龄科学研究中心与市统计局、市人口和计生委组成课题组,提出在上海建立老年人口和老龄事业发展监测统计制度的建议。2006 年 6 月,副市长、市老龄委副主任周太彤作出"抓紧建立老年人口与老龄事业发展监测统计制度"的批示。8 月,市政府召集市民政局、市统计局、市公安局、市劳动保障局、市卫生局等部门召开专题会议,研究建立上海市老年人口与老龄事业发展统计监测制度的有关工作。市统计局、市老龄办组织编制监测统计制度的各项指标,在广泛征求意见的基础上,建立上海市老年人口和老龄事业监测统计调查制度。此后,《上海市老年人口和老龄事业监测统计信息》和《上海市老年人口和老龄事业数据手册》的统计、信息发布和信息编制工作,成为上海市老年人口统计工作的专项制度。

2007年起,市民政局、市老龄办、市统计局三部门联合,首次向社会公布《上海市老年人口和老龄事业监测统计信息》。至2010年,每年都向社会发布相关数据。

表 4-1-1 1979—2010 年上海市户籍老年人口状况统计表

年份	人口数											
	60岁+		80岁+		100岁+（人）			平均预期寿命（岁）			纯老（人）	
	万人	%	万人	%	总数	男	女	全市	男	女	总数	独居
1979	115.48	10.2	—	—	—	—	—	—	—	—	—	—
1982	136.0	11.5	—	—	20	3	17	—	—	—	—	—
1990	189.11	14.2	17.19	1.3	79	7	72	75.46	73.16	77.74		
1996	231.67	17.76	24.76	1.9	170	—	—	76.11	74.07	78.21		
1997	234.10	17.90	25.40	1.94	164	—	—	77.20	75.18	79.21		
1998	235.6	18.03	26.6	2.0	208	36	172	77.03	75.06	79.02	—	—
1999	238.52	18.16	28.49	2.2	235	—	—	78.44	76.38	80.53	—	—
2000	241.76	18.3	30.56	2.3	306	42	264	78.77	76.71	80.81	—	—
2001	246.61	18.6	32.91	2.5	372	71	301	79.66	77.47	81.83	—	—
2002	249.49	18.7	35.28	2.6	428	89	339	79.52	77.36	81.63	—	—
2003	254.67	19.0	37.62	2.8	454	106	348	79.80	77.78	81.81	—	—
2004	260.78	19.3	40.70	3.0	548	134	414	80.29	78.08	82.48	70.96	16.56
2005	266.37	19.6	43.77	3.2	600	132	468	80.13	77.89	82.36	—	—
2006	275.62	20.1	46.78	3.4	680	140	540	80.97	78.64	83.29	78.72	17.24
2007	286.83	20.8	50.24	3.6	758	163	595	81.08	78.87	83.29	84.37	19.30
2008	300.57	21.6	53.44	3.8	836	175	661	81.28	79.06	83.50	86.38	18.80
2009	315.70	22.5	56.65	4.0	903	184	719	81.73	79.42	84.06	92.21	18.87
2010	331.02	23.4	59.83	4.2	997	201	796	82.13	79.82	84.44	94.56	19.32

资料来源：上海市民政局档案

第二章 老 年 保 障

　　20世纪80年代以来,上海逐步建立社会养老保险体系、基本医疗保险制度和最低生活保障制度等,健全完善政府、社会、家庭和个人相结合的养老保障体系,对困难老年人及时予以救助帮困,加强老年人群体的保障力度,化解老龄社会带来的"医、食、住、行、养、乐"等热点、难点问题,不断提高老年人的生活质量。

　　同时,全市广泛深入贯彻实施涉老法律法规,处理大批涉老纠纷案件,深入开展尊老敬老宣传教育,为老年人提供法律援助。到2010年,全市建立起市、区县、街道乡镇、居(村)委会四级维权网络,各地区、各部门充分发挥维权网络的作用,不断提高涉老纠纷的调处率,积极维护老年人的合法权益,为老年人创造良好的生活环境。

第一节　老年人社会保障

一、养老保险

【农村社会养老保险】
　　1987年之前,上海市郊乡镇普遍实行的退养金制度。1987年市民政局开始在嘉定县南翔镇、马陆乡探索建立农村社会养老保险制度。至1991年底,嘉定县18个乡镇全部建立以乡镇为统筹单位的农村社会养老保险制度。1992年,市农委、市民政局等五部门制定《上海市县级农村社会养老保险试点基本方案》,至年底,全市农村社会养老保险试点单位发展到6个县的38个乡镇。1993年,市政府将全面推广农村社会养老保险列入实事项目,至年底,全市农村全部启动建立社会养老保险制度的工作。1996年2月,市政府颁布《上海市农村社会养老保险办法》,至1997年底,全市200个乡镇全部建立农村社会养老保险制度,参加保险的人数为121万,有29.5万名农民领取养老金。2007年,市政府部署完善农村社会养老保险制度:由区县统一征缴基数,区县统筹、管理保险基金,每年调整养老金金额,发放养老金的年龄从65周岁调整为60周岁,并对年龄偏大、月养老金低于标准的人员给予适当倾斜。同时,在农村普遍开展"家庭赡养协议"签订工作。截至2009年10月,全市农村户籍养老保障覆盖面达到99.08%。2010年11月,国务院下发《关于开展新型农村社会养老保险试点指导意见》,上海开始实施新型农村养老保险制度,将年满16周岁(不含在校学生)、未参加城镇职工基本养老保险或小城镇社会保险的农村居民纳入新型社会农村养老保险制度,至年底参保人数为69.06万人。

【城镇职工养老保险】
　　1993年2月,市人大审议通过《上海市城镇职工养老保险制度改革实施方案》,市政府成立市社会保险管理委员会。1994年,市政府颁布《上海市城镇职工养老保险办法》,上海建立社会统筹和个人账户相结合的养老保险制度。据1995年底统计,全市有427万城镇职工、181万退休人员参加城镇职工社会养老保险。1997年,市政府颁布《上海市企业补充养老保险试行办法》,在全市试行企业补充养老保险(2000年,企业补充养老保险更名为企业年金)。1998年,在部分破产企业中试行养老金的社会化发放。至2000年底,全市230余万退休人员全部实现养老金社会化发放。至2010年底,全市共有894.89万人参加城镇基本养老保险。

【小城镇社会保险】

2002年6月,市政府下发《关于本市郊区开展小城镇社会保险试点意见的通知》,同年10月发布并实施《上海市小城镇社会保险暂行办法》,实行"五险合一"(养老、医疗、失业、生育、工伤),其中基本保险实行社会统筹(市级),补充保险实行个人账户,与城镇职工社会养老保险、农村社会养老保险都可以衔接,保障力度高于农村社会养老保险。小城镇社会保险实施初期都是被征地的农民参加,农村的企事业单位逐步从农村社会养老保险转入。至2010年底,全市小城镇社会保险参保人数达到154.58万人。

【外来从业人员养老保障】

2002年9月,《上海市外来从业人员综合保险暂行办法》开始实施,外来农民工据此办法参加外来从业人员综合保险。综合保险费由用人单位或无单位的农民工缴纳,缴费基数为上年度全市职工月平均工资的60%。除外地施工企业外,用人单位和无单位的外来从业人员均按照缴费基数的12.5%缴纳综合保险费,其中,5%用于养老补贴。外来从业人员在男年满60周岁、女年满50周岁时,可以凭老年补贴凭证一次性兑现老年补贴。2009年6月,市人社局发布《关于外来从业人员参加本市城镇职工基本养老保险若干问题的通知》,规定45周岁以下的部分外来从业人员,以及在沪工作的外籍人员、获得境外永久(长期)居留权人员和中国台湾、香港、澳门地区居民也被纳入上海市城镇职工社会保险制度,参加上海市城镇职工社会养老保险制度。

【城镇无保障老年人保障】

2006年9月1日,市政府下发《关于将本市城镇高龄无保障老人纳入社会保障的通知》,批准并开始实施专门针对无保障老年人的城镇高龄老年人保障制度,将符合条件的城镇高龄无保障老人统一纳入上海市新建立的社会保障制度之内,解决因各种原因没有纳入基本社会保障的老年群体问题。办法规定,凡上海城镇户籍中年满70周岁,在上海居住、生活满30年,且未纳入基本养老、医疗保险制度以及未享受征地养老待遇的老年人,给予享受新制度规定的养老、医疗保障待遇。2006年其基本的养老待遇为每人每月养老金460元。当年,纳入保障的高龄老年人为6.28万人。2008年11月17日,经市政府同意,市人保局、市民政局、市公安局、市财政局制定《关于完善本市城镇老年居民养老保障若干问题处理意见的通知》,规定城镇高龄无保障老年人纳入社会保障的范围调整为年满65周岁,上海市城镇户籍且已满15年,未享受基本养老、医疗以及征地养老待遇的老年居民。具体标准为:年满70周岁,每人每月养老待遇为500元;年满65周岁、不满70周岁的每人每月养老待遇为400元,并从当年12月1日起实施。

二、医疗保障

【城镇退休人员医疗保险】

1994年,上海确定"总体规划、分步实施、逐步推进、不断完善"的医疗保险制度改革的指导方针。1995 年 3 月,市政府成立市医疗保险局,并选择部分企事业单位和医院进行医疗保险制度改革的模拟运转。1996 年 5 月,《上海市城镇企业职工住院医疗保险暂行办法》出台;1997 年 5 月,《上海市城镇企业职工门急诊部分项目医疗保险暂行办法》出台;1998 年 11 月,又出台了《上海市城镇企业退休人员门诊急诊医疗保险暂行办法》。至 1998 年底,医疗保险参保率达 98.29%。2000 年 10 月,市政府颁布《上海市城镇职工基本医疗保险办法》,建立社会统筹和个人账户相结合的城镇职工基本医疗保险制度。规定退休人员个人不缴纳基本医疗保险费,对个人账户计入金额和个人负担医疗费的比例给予适当照顾,减少退休人员个人的支付比例。2008 年,市政府修订《上海市城镇职工基本医疗保险办法》,调整城镇职工基本医疗保险缴费的计算方法。至 2010 年底,全市参加城镇职工基本医疗保险的人数达 860 余万人。

【新型农村合作医疗制度】

2000 年起,上海新型农村合作医疗制度全面实施,筹资方式由"农民互助"向"个人缴费、集体扶持、政府补贴"转变,提升农村合作医疗的保障水平,农民参保率也随之上升。至 2007 年,全市农村新型合作医疗覆盖率达 100%,实现应保尽保。2010 年,初步建成全市政策统一、区域补偿均衡、筹资稳定增长、管理规范便捷的新型农村合作医疗制度。村卫生室、社区卫生服务中心、二级和三级医疗机构门诊补偿比例分别达到 80%、70%、60% 和 50%。

【城镇高龄无保障老年人医疗保障】

2006 年 9 月,上海执行"高龄城镇无保障老年人医保制度",凡上海城镇户籍年满 70 周岁,在上海居住、生活满 30 年,且未纳入基本养老、医疗保险制度以及未享受征地养老待遇的老年人,其门诊、急诊医疗费用报销 50%,住院医疗费用报销 70%。2008 年 1 月实施上海市城镇居民基本医疗保险办法后,原享受基本医疗保障的高龄老年人及老年遗属等归并人群约 10 万人,均纳入居民基本医疗保险覆盖范围;此后该政策扩大至城镇所有无医保居民(包括老年无保障人群),保障水平略高于原家属劳保的水平。

【医疗互助保障】

上海市城镇职工实行基本医疗保险办法后,2001 年市总工会 4 月 1 日实施《上海市退休职工住院互助医疗保障计划》,本着个人自愿、工会组织、团体参加的原则,由退休职工个人缴费,社会各界资助,政府补贴支持筹措建立。市退管会办公室会同市职工保障互助会,实施上海市退休人员住院补充医疗互助保障计划,组织各级退管会确保退休人员应保尽保。据市职工保障互助会统计,截至 2010 年 12 月,退休职工有效参保人数超过 300 万,当年给付 81 万人次,给付金额 4.6 亿元;累计给付 563.79 万人次,累计给付医疗保障金 26.66 亿元。为提高退休回沪定居人员的医疗保障待遇,经市政府同意,市人社局等五部门联合下发《关于 2010 年度本市实施市民社区医疗互助帮困计划有关事项的通知》,市民社区医疗互助帮困资金的筹资标准由原每人每年 500 元提高到每人每年 650 元,其中参加对象个人缴费由原 70 元提高到 90 元,其余 560 元由市、区县两级政府按 1∶1 比例筹集;门诊医疗互助帮困补贴每人每年 150 元维持不变;门诊医疗互助帮困补贴用完后,门急诊医疗费个人现金自负年累计标准由原 800 元降低为 500 元,超过部分由市民社区医疗互助帮困资金支付,比例由原 60% 提高到 75%,通过"一升一降",提高参保人员的门急诊报销待遇。

【医疗卫生服务】

2005年6月1日,市卫生局发出《关于落实70岁以上老人就医便利优惠政策的通知》,要求各级医院对年满70岁的老年人就医实行挂号、就诊、检查、付费、取药"五优先"服务,开设老年病专科或老年病门诊,设立老年人专用候诊座位等,为老年人提供专项服务。同时调动社会力量,为老年白内障患者实施复明手术。2008年,为方便退休老年人在外地就医,上海分别与浙江杭州、嘉兴、湖州、安吉4个地区签订异地就医医疗费委托报销协议,对长期定居在异地的参保人员,在异地发生的医疗费可以在当地的医保经办机构就近报销,缓解参保老年人异地医疗费报销困难的矛盾。进入21世纪以来,全市重点加强社区卫生服务中心建设,为老年人提供医疗咨询、上门服务、疾病预防、健康教育等服务,并与养老机构建立广泛的医疗卫生服务关系,与离休干部、老年重残人员结对服务,利用广播、电视、报刊、社区宣传栏等多种形式宣传普及老年期养生和保健常识,各级医院常年面向所在社区开办老年健康讲座,积极推广科学、健康的生活方式。2009年下发《关于继续扩大本市社区卫生服务站医保联网结算的通知》,将社区卫生服务站距医保定点一级医疗机构服务半径的医保联网距离调整为2公里,并据此新增一批医保联网的社区卫生服务中心。截至2010年底,上海市已形成由240个社区卫生服务中心、44家分中心和738个社区卫生服务站、1 476个村卫生室组成的较为完善的社区卫生服务网络。

三、社会救助与扶助

【生活救助】

1993年1月,市政府批准市民政局等部门提出的《关于解决本市市区部分老人生活困难的意见》,突破传统的政府救济范围,将企业职工遗属补助的孤老;独生子女判刑期间,无经济来源的;子女残疾虽有工作,但只能维持其自家生活的;独生子女残疾无业,媳妇或女婿虽有工作但孙辈尚未参加工作等四种情况的老人纳入民政救济范围,同时要求区或街道建立"生活困难老年人救助基金",用于生活困难老年人的临时性补助。同年5月7日,市民政局、财政局、劳动局、人事局、总工会等联合下发《关于建立本市城镇居民最低生活保障线的通知》,确定从1993年6月1日起实施上海市最低生活保障制度,标准为每人每月120元,覆盖上海低于最低生活保障线的所有人群。从1994年开始,上海开始实施粮油帮困政策。1994年5月,市民政局等6个单位联合制定的《关于给予本市城镇特困人员定期实物补助的通知》开始实施。对"一老养一老"并享受定期生活困难补助的离退休人员、年满60周岁的无业老人等救助对象,按月发给大米20公斤、食油500克、白糖500克。1995年7月起又改为现金补助,标准为每人每月35元。1996年4月起调整为每人每月40元。到1996年底,有8.1万人得到实物救助。

【医疗救助】

1995年,市卫生局、市红十字会、市老年基金会共同发起在部分基层医院为特困老年人实施医疗救助,为救助对象提供免收挂号费、诊疗费的优惠活动。2006年,为更好地统筹利用医疗帮困资源,加大社区医疗帮困力度,依托全市社区卫生服务中心和医保计算机网络系统,将市残联、市慈善基金会和市民帮困互助基金会的帮困卡统一制发,下发《关于制定〈社区医疗帮困一卡通计划〉方案

(试行)的通知》,对"一卡通"持卡人免收诊查费,并对就诊的有关服务类收费减免60%。截至2010年底,市残疾人联合会、市慈善基金会、市老年基金会共发放医疗救助卡约4.7万张,其中绝大多数是贫困老年人;各医疗定点机构为持卡人提供医疗服务35.4万人次。

【住房救助】

2007年,市房屋土地资源管理局印发《实行廉租住房保障对象实物配租的意见(试行)》,将孤老及无子女的老年夫妇符合廉租条件的列入实物配租范围,当年在长宁和徐汇两区试点。2010年起,规定在申请经济适用住房时,年满70周岁的老年人(孤寡老年人除外)与具有法定赡养、抚养或者扶养关系的家庭成员一同申请。从2007年9月起,完善社会救助分类施保政策体系,对退休老年人部分养老收入免于计入家庭收入,相应减轻家庭负担。

【计划生育特别扶助】

2004年7月1日,上海市全面实施农村部分计划生育家庭奖励扶助制度,对夫妻双方均为上海农村户籍的农民,符合规定条件的,在年老时(男年满60周岁、女年满55周岁),每人每年可领取600元奖励扶助费。2004—2009年,全市累计发放奖励金1.7亿元,31万人次得到实惠。根据《上海市计划生育奖励与补助若干规定》,从2009年起,扶助标准在国家基础上提高50%,对独生子女伤残或死亡的父母在年满49岁以后,分别给予每人每月扶助金120元、150元。2010年约有1.8万户独生子女伤残或死亡的家庭享受到特别扶助。

四、"银发无忧"商业保险

2005年,市老龄办联合新华人寿保险公司探索推出老年人人身意外险,简称"银发无忧"。保险每期保障期限为一年,参保对象为上海市55周岁以上或持有退休证且生活可自理、无智力障碍的老年人,责任范围为被保险人在住所以外遭受的人身意外伤害事故,每份标准保费为20元,保额为10 000元,同时根据各年龄段老年人的实际情况设定最高投保份数。"银发无忧"是商业保险参与社会保障体系的有益尝试。2006年起,"银发无忧"保险放宽年龄限制,以50周岁以上常住人口为对象,在保障内容上免费增加老年人自家居室内的意外伤害保障,增加骨折津贴附加险。2007年,主险和附加险被合并为一险,形成集意外伤害保障为一体的综合保障计划,加大对高龄段老年人的保障力度。上海市民帮困互助基金会和市老年基金会共同出资110万元为5.5万名困难独居老年人购买保险。2008年,"银发无忧"新增旅游意外身故(保额20 000元)、特定地点就餐(老年助餐点)造成的食物中毒医疗(最高赔付1 000元)和身故保障(保额30 000元)等3项保障内容。市老年基金会和上海市民帮困互助基金会共同出资180万元,为9万名困难独居老年人购买保险。2009年,"银发无忧"新增意外住院护理保险(附加险),使保障范围和保障力度进一步加大。政府从福利彩票公益金中出资180万元,为9万名低保、困难老年人购买保险。一些区县向困难老年人、80岁以上高龄老年人赠送"银发无忧"保险,实现高龄老年人全覆盖。2010年,政府从福利彩票公益金中出资195万元,为9.75万名低保、困难老年人购买"银发无忧"保险,向福利机构的老年人赠送1.3万份保险。民政部、全国老龄办、中国保监会对这项创新型工作给予充分肯定。截至2010年底,"银发无忧"参保老年人达273万人次,理赔超过2万多人次。

第二节　老年人权益保障

一、法律服务

1998 年 5 月，市民政局成立由财政拨款、配有 10 个事业编制的"上海市老年人法律服务中心"，该中心既是全市对外服务窗口，也是市老龄办的信访室，开展为老年人提供政策法律咨询、代理有关法律事务、开展非诉讼调解等服务，研究和探索新形势下老年人权益保障方面的新情况和新问题，为市政府及有关部门制定保障老年人合法权益的法规和政策提供依据及建议。该中心发挥华东政法学院（现为华东政法大学）、复旦大学法学院、上海大学法学院（现为上海政法学院）等法律院校的专业优势及利用师生志愿者的人才资源，为老年人提供服务。截至 2010 年底，累计接待来访 17 187 人次、来电 17 395 次、来信 2 470 封。

表 4-2-1　1998—2010 年上海市老年人法律服务中心服务情况统计表

年　份	来　访	来　电	来　信	合　计
1998	2 254	424	306	2 984
1999	2 241	1 636	241	4 118
2000	1 342	762	101	2 205
2001	1 210	1 037	169	2 416
2002	1 722	2 104	280	4 106
2003	1 475	1 794	302	3 571
2004	1 020	1 457	219	2 696
2005	868	1 192	207	2 267
2006	803	1 015	168	1 986
2007	630	782	187	1 599
2008	1 141	1 425	136	2 702
2009	945	1 402	89	2 436
2010	1 536	2 365	65	3 966

资料来源：上海市民政局档案

进入 21 世纪，全市基本建成市、区县、街道乡镇、居村委会 4 级维权网络，建立老年维权服务窗口。2002 年 7 月，成立以司法局为主，人大内司委、法院、公安、房地产、法律援助、律师协会、退管会等部门组成的维护老年人权益工作小组，把老年维权的工作重心落到街镇的司法信访综合服务窗口及各社区居村委会。区县层面建立民政、公安、司法、房管、法院等部门共同参加的涉老纠纷案件联合接待、调解组织或制度，增强维权合力；公安分局建立管段民警、警署、分局层层负责的老年人保护工作网络；各级法院坚持"优先受理、及时审理、方便诉讼、注重调解、审执兼顾"，对行动不便的老年人上门受理或开庭，各区县法院建立老年法庭、合议庭 16 个。静安区法院老年审判庭自 1994 年设立至 2010 年，共受理各类涉老民事案件 3 222 件，审结 3 204 件，结案率达到 99.4%。

2002—2010 年，全市接待涉老纠纷共计 34.4 万人次，调处率 97.86％。

表 4‒2‒2　2002—2010 年上海市接待涉老纠纷情况统计表

年　　份	受理数(人)	调处数(人)	调　处　率
2002	26 635	26 635	100.00％
2003	33 207	31 421	94.62％
2004	31 555	30 606	96.99％
2005	38 379	37 345	97.31％
2006	42 024	41 187	98.01％
2007	36 151	35 633	98.57％
2008	44 395	43 620	98.25％
2009	47 320	46 612	98.50％
2010	44 991	44 232	98.31％

资料来源：上海市民政局档案

二、维权示范岗

2002 年 7 月，6 家区县法律援助中心和 6 家街道乡镇司法信访综合服务窗口被命名为上海市第一批"老年维权示范岗"。

2003 年 8 月 21 日，市老龄办、市司法局对市法律援助中心、市老年人法律服务中心等 100 家单位被命名为上海市第二批"老年维权示范岗"，10 家单位被评为"2003 年上海市老年维权工作十佳先进单位"，10 人被评为"2003 年上海市老年维权工作十佳先进个人"。

2004 年 8 月，123 家单位被命名为上海市第三批"老年维权示范岗"。

2005 年 8 月，徐汇区长桥街道司法信访综合服务窗口等 100 家单位被命名为上海市第四批"老年维权示范岗"。2006 年，根据全国老龄办、公安部、司法部下发的《关于评选表彰"全国老年维权示范岗"的通知》精神，经市老年维权工作小组评估推荐，上海共有 35 家单位被评为"全国老年维权示范岗"。

2009 年 3 月 18 日，黄浦区南京东路街道司法信访综合窗口等 62 家单位被命名为上海市第五批"老年维权示范岗"。2002—2009 年，上海先后命名 5 批"老年维权示范岗"，共计 397 家。

第三章　老年社会生活

20世纪80年代起,上海大力推动老年文化体育活动发展,加大投入,扶持、推动老年教育,将老年教育纳入成人教育范畴,在全市形成多层次、多形式、多学制、多学科的老年教育体系。市和各区县普遍建立老年人文娱团队和老年人体育团队,街道、乡镇和居委会、村委会成立老年人戏曲、舞蹈、歌咏、琴棋书画、花鸟、读书读报和健身、拳操、门球等兴趣小组,组织老年人开展丰富多彩的娱乐健身活动,进行各种形式的老年文艺演出和体育比赛,让老年人丰富晚年生活,陶冶情操,增进健康。同时,逐步建立设施完备、功能齐全的市、区县和街道、镇乡综合性老年活动中心,在居、村委会普遍建立老年活动室,加强公益性体育健身场地和设施建设,为老年人开展文化教育和体育健身活动提供场所。与此同时,社区老年党组织进一步加强,开展各类党课教育、民主生活会、读书(报)班、法律讲座、形势辅导等形式的思想政治工作。

与此同时,积极创造条件,鼓励老年人融入社会,继续参与社会发展,重视和珍惜老年人的知识、经验和技能,发挥老年人的专长和作用。许多老年人积极参与社会公益事业,以志愿者身份参与为老服务、社区建设等工作,一大批老科技工作者、老医务工作者、老教师、老劳模等发挥余热,继续为经济和社会发展贡献力量。

第一节　老年教育文化体育

一、老年教育

1985年6月,上海市老年人进修学院建立。9月4日,市老龄问题委员会向市政府上报《关于开展老年人教育的报告》,分析全市老年人情况和老年教育状况,提出开展老年教育的指导思想、办学方式等建议。1986年1月14日,市老龄问题委员会向市政府上报《关于进一步开展老年教育的意见》,对加强上海市老年教育的领导和办学经费等提出建议。3月和5月,由市工农教育委员会牵头,会同市老龄问题委员会、市委老干部局、市高教局、市教育局、市总工会、市广播电视局、市教育工会、上海电视大学、市离休干部进修学院、上海老年人进修学院等11家单位,连续召开两次老年教育联席会议,统筹安排和协调全市老年教育有关问题。

1987年8月,市政府召开成人教育会议,把老年教育纳入成人教育范畴。11月19日,市成人教育委员会、市老龄问题委员会联合制定《本市老年教育情况及今后工作的意见》,指出老年教育是成人教育的组成部分,是解决人口老龄化的一项重要对策,也是社会主义精神文明建设的重要内容。该意见总结老年大学和老年学校的办学成果,对老年大学和老年学校的办学方式、课程、学制、教材、办学经费和组织开展各种服务(包括技术服务、文化艺术服务)等方面提出要求。该意见发布后,老年教育得到迅速发展,创办了一批示范性老年大学,同时充分运用现代传媒手段,开办面向老年人的电视和网络学校,在全市形成多层次、多形式、多学制、多学科的老年教育体系,扩大了老年教育覆盖面。

1992年4月1日,市成人教育委员会、市老龄问题委员会下发《关于进一步发展本市地区老年教育的意见》,总结地区老年教育的状况。据统计,区县、街镇老年学校已达 120 所,学员 3 万多人;居委会分校 398 所,学员 3 万多人,初步形成老年教育的三级网络。该意见提出,到 1995 年末,全市街道都建有一所老年学校,乡镇、企事业单位也可举办老年教育,使参加老年学校的人数达到老年人总数的 5%。

1993 年 10 月 29 日,上海市老年教育协会成立。1994 年 1 月 14 日,市成人教育委员会、市老龄问题委员会制定《适应改革开放需要进一步发展本市老年教育事业的意见》,对进一步发展城乡老年教育、不断提高教学质量、坚持"学为结合,以学促为",以及加强自身建设、建立高素质的办学队伍等提出要求。

1995 年 3 月 23 日,市老龄问题委员会转发市教委、市财政局《关于适当调整区、县成人教育经费定额的通知》,明确各区县将成人教育经费中部分用于老年教育,依据上年度末老龄人口基数按每人每年 1 元的定额,提取老年教育经费。

1995 年,由市老龄问题委员会、上海老年大学和上海电视大学创办的国内第一所远程老年大学——上海空中老年大学成立,11 月 20 日在上海电视大学演播厅举行"空中老年大学"开播仪式。远程老年电视教育根据老年人的学习需求,先后开设 20 门电视课程,发行教材累计 35.14 万册。电视课程分为 5 类,其中保健类占 55%,法律、德育类占 15%,心理类占 15%,家政类占 10%,休闲类占 5%,保健类课程最受老年人的欢迎。

1998 年 6 月 10 日,市教委下发《关于同意将老年大学不列入社会力量办学管理范围》的批复,由市教委等相关部门制定《上海市老年大学(学校)设置的暂行规定》,对全市老年教育进行管理。

1999 年 10 月 15 日,"上海网上老年大学"开通。远程老年网络教育视频课程达 105 门,并专门设立"专家咨询"栏目,由专家挂牌回答老年人在网上的提问。

2004 年,市政府实事项目要求,改善老年教育条件,兴办 10 所、完善 80 所老年学校。同年,明确空中老年大学由上海远程教育集团牵头,上海老年大学、上海市老龄事业发展中心共同参与的办学体制。2006 年,上海空中老年大学和上海网上老年大学合并,更名为上海远程老年大学。"上海老年人学习网"(www.e60sh.com)也于当年开通。上海远程老年教育以广播电视、计算机网络等现代信息技术为教学手段,以设在全市各区县、居村委会涉老机构中的"学习收视点"为基层学习单位,进行远程老年教育。

2004 年 10 月,上海成功举办国际第三年龄大学协会(简称 AIUTA)第 22 届代表大会,推进国际交流。

2007 年,上海成立老年教育教材编委会和办公室,研究上海老年教育教材编写工作,当年推出包括政经、外语、保健、家政、文艺等类别的《新世纪老年课堂》教材 9 本。2009 年完成《老年钢琴实用教程》(一)、《瓷绘工艺》(二)的编写工作。2010 年编辑出版《老年钢琴实用教程》(二、三、四册)、《瓷绘工艺》(三、四册)、《老年大学声乐实用教程》、《家庭养花与园艺疗法》。

2008 年,根据市教委、市老龄办《关于在本市开展创建示范性老年大学(学校)评估的通知》,全市开展创建示范性老年大学(学校)的评估工作,当年有 23 所老年大学和学校被评为示范性老年大学和学校,14 所老年大学和学校被评为特色老年大学和学校,15 个收视点被评为上海远程老年大学示范收视点,352 个收视点被评为上海远程老年大学合格收视点。2009 年,上海远程老年教育以收视点为平台,不断丰富收视内容,完善收视点数据库,加强收视点辅导员队伍建设,并建立 28 个示范收视点。市老龄办、市教委组织专家组经对部分老年大学进行评估后,授予上海老年大学东华大学分校等 19 所学校为"上海市示范性老年大学"称号,授予徐汇区老年大学等 10 所学校"上海市特色老年大学"称号。2010 年,上海远程老年大学共有基层学习收视点 4 213 个,占全市居村委会总数的 75％;养老机构收视点 178 个,占全市养老机构的 29％。当年,评选出 100 名远程老年教育收视点优秀工作者。

截至 2010 年底,上海老年教育机构总计 277 个,其中市级老年大学 5 所,高校举办老年大学 9 所,分校、系统校和区县老年大学 49 所,街镇老年学校 214 所,居村委会老年学校办学点 4 144 个,形成保健、外语、电脑、文史、家政、书画、音乐、工艺、舞蹈、戏剧等老年学校教育课程 11 大类近 200 门课程,老年远程教育网络视频课程 105 门。参加各类老年学校学习的学员数达 54.04 万人,其中 60 岁以上学员 39.02 万人;参加老年远程教育学员数达 27.53 万人,其中 60 岁以上学员 21.76 万人;参加老年社会教育近 50 万人次,基本实现"十一五"期间老年教育发展的"一、二、三"目标,即参加老年学校教育、老年远程教育、老年社会教育活动的人数分别占全市中低龄老年人的 10％、20％、30％。

二、文化娱乐

20 世纪 80 年代开始,各区县普遍建立老年人文娱和体育团队,街道乡镇和居村委会成立老年人戏曲、舞蹈、歌咏、琴棋书画、花鸟、读书读报和健身、拳操等兴趣小组,组织老年人开展经常性的文化娱乐和体育比赛。同时,逐步建立设施完备、功能齐全的市、区县和街道乡镇综合性老年活动中心,在居村委会开设老年活动室、公益性体育健身场地和设施。辖区内的文化体育活动场所向老年人开放,图书馆、文化馆、美术馆、博物馆、科技馆以及公园、园林、旅游景点等向老年人免费或优惠开放。新闻媒体开办老年节目或老年栏目,文艺、影视、戏剧创作出版老年人喜闻乐见的文艺作品日益增多。

1985 年 10 月 18 日,市老龄问题委员会、市文化局在市政府大礼堂举办两场上海市老年文艺交流演出,400 多位老年人表演大合唱、京剧联唱、舞蹈、越剧、锡剧清唱等 23 个节目。1987 年 10 月 31 日,市老龄问题委员会、市委老干部局、团市委在"大世界"举办尊老敬老重阳联欢,老年人展示书画摄影作品、时装表演、猜谜等,6 000 余人参加活动。

1990 年 1 月 12 日,市老龄问题委员会、市老年基金会、上海老年报社在静安体育馆举办"'90 百老文艺明星新春联欢会",各文艺剧种的著名艺术家及上海老年爵士乐队、老年迪斯科队和老年时装队登台演出,3 000 名各界老年人参加联欢。

为庆祝 1999 年"国际老年人年"和中华人民共和国诞生 50 周年、上海解放 50 周年,5 月 15 日,市老龄委员会承办的"'99 上海老年艺术节"在淮海公园广场启动。艺术节历时 15 天,举行专场演出、诗歌会、书画展、送戏下乡等活动 1 825 次,12 万人次参加,观众近 50 万人次,评选奖项 429 个,其中获"优秀节目演出纪念奖"9 个,33 个单位获"组织工作荣誉奖"。

2002 年 9 月 6 日,以"文化艺术和科学健身"为主题的上海市第二届老年文化艺术节在上海艺海剧院隆重开幕,参加活动的老年人数达 28.3 万人次。

2003 年,全国老龄办、中央组织部、文化部、广播电视总局、解放军总政治部在全国发起并组织老年文艺调演活动,经过初选和复选,上海市参演的 10 个节目分别获得 4 个金奖、4 个银奖和 2 个铜奖。10 月 12 日,60 多位上海老年人带着获奖的 3 个节目,赴北京汇报演出。

2004 年 5—11 月,上海举办第三届老年文化艺术节,历时半年多,参加活动的老年人 25 万余人,约占全市老年人总数的 10％。活动形式有服饰表演、舞蹈、健身操、孝敬父母演讲和老年人网上棋牌比赛等。通过评选，共产生9个金奖、16个银奖、54个铜奖。其中《时代鼓声》《时髦外婆》两个节目被全国老龄办选中，参加全国汇报演出。

2005年，全市以中老年人为主体的群众文艺团队达1.6万多家。2006年，上海组织首届迎世博"光明杯"银发使者评选活动，分初赛、复赛两个阶段，共有舞蹈、健身操、歌唱、器乐、曲艺、服饰、书画、摄影、外语9个项目。经过初赛，147个项目、约1万名老年人进入复赛。

2006年5—11月，上海举办第四届老年文化艺术节，活动内容除舞蹈、健身操、服饰、书画、摄影等传统项目外，增设曲艺、戏曲卡拉OK等项目，并于敬老日期间在南京东路世纪广场举行"天天演""周周演"活动，选出精品节目到社区、农村和敬老院巡回演出。历时6个月的艺术节有30万人次参加，评出优秀组织单位19个、优秀文艺团队20个、优秀艺术指导20名、文艺积极分子60名。在全市比赛中选出最优秀的节目赴北京参加"红叶风采"全国老年文艺汇演。

2008年5—10月，上海举办第五届老年文化艺术节，举行健身操（舞）、舞蹈大赛、红叶风采大型文艺晚会、摄影大赛、收藏展、社区老年人电视大赛、"九九关爱"电视直播等11项大型活动，近10万人次老年人参赛，评选出金奖6个、银奖13个、铜奖20个。文化艺术节期间，组织优秀文艺节目进社区、农村演出。

2010年，组织30多场"上海市老龄艺术团进社区"巡回演出活动，为敬老院及独居老年人、困难老年人、高龄老年人慰问演出；举办上海市中老年合唱、舞蹈比赛和"九九关爱，盛世枫叶红"大型文艺晚会。在全国老龄办举办的第二届中国老年文化艺术节上，上海市老龄艺术团舞蹈队《老胳膊老腿舞起来》节目获大赛特等奖，艺术团服饰队《花样年华》节目获服饰大赛金奖。原创舞蹈《留守妈妈》赴京参加全国重阳节电视文艺晚会演出。

截至2010年，全市有市老龄艺术团、市银发艺术团、市老干部合唱团、市老年合唱艺术团、和平老年爵士乐队等各类老年文艺团体1万余个。

三、健身与设施

1982年初，上海市老年人体育协会成立，会员2万多人，至1997年，会员发展到40多万人。该协会开展辅导老年人拳操活动和举办各类老年人体育比赛。

1986年10月5日，市老年人体育协会、市老龄问题委员会举办上海市首届老年人运动会，由各区县、高校、市委老干部局、火车头体育协会、金山石化总厂、驻沪三军干休所等38个代表团参加，运动员近4000人。比赛项目有拳操、足球、篮球、门球、游泳、桥牌、围棋等14个项目。1988年6月10日，上海市第二届老年运动会有28个代表团、3749名运动员参加，共进行1200多场比赛，历时5个多月，于12月28日闭幕。至2010年，共举办八届上海市老年人运动会。其中第八届老年人运动会设38个竞赛展示项目，有1426个运动队、13047人次参加；老年人万步行活动，参加人数逾5000人；各类老年体育展示活动194次，27556人次参加。

1998年，市政府将第一批社区健身苑点建设列入实事项目。到2001年，全市建成2000余个健身点。

2002年，市体育局、市文明办下发《关于开展上海市"体育进社区活动"的通知》，市体育局、市农委制定《上海市郊区体育工作规定（暂行）》，全市开始启动社区市民健康体质监测站建设，社区体育指导员纳入社区管理。2003年，市体育局和市老龄办联合发出《关于进一步加强本市老年人体育工作的意见》，把老年人体育工作纳入了年度考核内容。

2007 年，全年开展老年体育竞赛、培训、交流、联谊等各类活动百余次，其中大型或较大型的活动有：上海市第三届"三林杯"女子门球锦标赛、上海市花棒秧歌比赛、上海市第四届中老年足球比赛、上海市第三届老年人浦江彩巾操比赛、上海市中老年武术太极拳（剑）比赛、上海市首届"东方杯"老年人射击比赛、全民健身与奥运同行·全国亿万老年人健步走向北京奥运（上海）启动仪式等。

2009 年，上海开展以"庆新中国 60 华诞、迎 2010 世博盛会"为主题的老年体育健身活动。在第一届全国老年人体育健身大会上，上海派出 12 个队 179 人参加 10 个项目的交流比赛，获得金奖 29 个、银奖 15 个、铜奖 7 个、优秀组织奖 1 个、道德风尚奖 5 个。同年，围绕"全民健身日"、迎世博等重大节日庆典，开展丰富多彩的竞赛展示活动，2.3 万余名老年人参与；举办近百次地区性赛事，2.2 万多名老年人参加比赛。

2010 年，在"全民健身日"、世博倒计时、世博园演示和上海市第十五届全民健身节、"敬老月"等活动中，圆满完成近 50 项市级以上老年体育竞赛计划，市老年体育协会武术委员会组队参加全国太极拳（剑）比赛获 2 金 3 银；在第四届全国体育大会上，上海老年运动员获海模 7 个一等奖、空模 4 个一等奖、无线电 1 个二等奖；在第 17 届全国冬泳比赛中，嘉定区老年冬泳队获团体总分第三名；在"张江杯"全国老年人健身球操比赛中，张江镇获 1 个一等奖，会同五角场、新泾镇获 4 个二等奖、1 个三等奖；在全国老年人气排球比赛中，上海男子队获金奖；在全国老年人柔力球、网球、足球、软式排球等比赛中，上海都取得好成绩。以参与"世博"为主题，市老年体育协会旅游委员会全年组织 1 733 个团队、5 万人次老年人安全出游，其中境外游 27 个团队 647 人次。

"十一五"期间，上海完善公共体育场地建设，建成社区健身苑 7 741 处、公共运动场 316 处 764 片，新增社区体育设施面积 37.8 万平方米；建成健身步道 575 条，长度达 362 公里。截至 2010 年末，全市建有社区健身俱乐部 108 个、社区体育指导站 213 个、社会体育指导员 2.3 万余人，参加老年体育健身活动人数占全市 60 岁及以上老年人口的 60%。市绿化管理局自 2005 年起启动老公园改造工程，至 2010 年累计完成老公园改造 53 座，增添无障碍设施和健身活动设施。截至 2010 年，全市各类老年人体育、健身团队有 1 万余个。

四、与国外及中国港澳台地区交流活动

2004 年 10 月 12—15 日，国际第三年龄大学协会（AIUTA）第 22 届代表大会在上海举行，来自 22 个国家和地区及中国大陆、港澳台地区的代表共计 300 余人出席，共同探讨和交流老年教育的必要性及其方式方法，与会代表参观了上海部分老年大学和社区老年学校。

2009 年，在台北市举办的"沪港澳台壮年网球团体邀请赛"上，上海队获得金牌；在第八届亚洲中老年射击比赛中，中国队的上海老队员获得 6 金 3 银 3 铜共 12 块奖牌；在日本举办的"京都国际老将田径黄金大赛"上，上海获 2 金 2 银 2 铜共 6 块奖牌；在中国台北市老年运动会上，上海老年篮球队获得 65 岁以上年龄组冠军；在马来西亚举办的第 25 届全球华人篮球邀请赛上，上海获得两个第一名。上海元老足球队还与德国船舶工业界人士足球队举行"船人爱心"慈善足球义赛，筹得善款 40 万元，用于支援安徽辛县希望小学建设。

2010 年，在台北市举办的第 14 届亚洲华裔"长青杯"足球比赛上，东华元老队获甲组（55 岁以上）第三名；在第八届世界中老年足球邀请赛中，上海获老年组第二名；在第 26 届全球华人篮球比赛中，上海获 65 岁组冠、亚军。

第二节 老年人为社会服务

一、关怀青少年

【关心下一代】

1991年11月,上海市成立关心下一代工作委员会,330名老干部组成关心下一代报告团,10万余人参与,他们在社区、学校、企事业单位开展革命传统教育。2007年,关心下一代报告团发展到1 900多个,20多万老年人参与,开展老少结对读书、结对关爱等活动。2009年,组织开展以"我与共和国共成长""我与世博有约"为主题的老年与青年结对博客秀活动,受到广大青年学生的欢迎。同年,市委老干部局与市文化广播影视管理局组织身体力行的老年人参与网吧社会监督工作。

【百老德育讲师团】

2000年,由老将军、老领导、老艺术家、老劳模等组成的"百老德育讲师团"成立。他们以青少年教育为己任,怀着满腔热情,下基层、进学校、走社区,用生动的故事、精彩的演出,向市民特别是学校师生讲授人生信念、传播文明知识。他们不拿报酬、自贴车费的公益行动,被誉为是"白发与青丝的交融",又被形象地比喻为"夕阳与朝阳的传承"。2005年2月7日,中共中央总书记、国家主席胡锦涛在中央办公厅呈报上海百老德育讲师团情况报告上批示"这种形式可加以推广"。中宣部、全国文明办、上海市委分别作出宣传上海百老德育讲师团事迹的决定。至2010年,"百老德育讲师团"已为200多万青少年作3 000多场德育讲座、展览和演出。

二、志愿服务

【银龄行动】

2003年,经国务院批准,全国老龄委号召老年知识分子到西部地区开展智力援助,称之为"银龄行动"。当年5月,由市老龄办牵头,市老龄事业发展中心、市卫生工作者协会、市退休教育工作者协会、市退(离)休高级专家协会共同参与的"银龄行动"启动。上海各主流媒体发布招募简章,300多位老年医护工作者报名,最终挑选31位赴新疆阿克苏地区进行为期3个月的医疗志愿服务。2004年第二期"银龄行动"扩大到博尔塔拉蒙古自治州的9个县市的12个医院和4所学校,服务项目从医疗卫生扩展到教育,时间由3个月延长至4个月,老年志愿者增加到40名。"银龄行动"被评为"2004年度上海市社会主义精神文明十佳好人好事",2人获"全国银龄行动十佳老年人"奖,3人获提名奖。2006年第四期"银龄行动"起,志愿服务地域扩大到巴音郭楞蒙古自治州。当年,30位老年志愿者在阿克苏、博州、巴州地区开展为期4个月的志愿服务。2009年第七期"银龄行动"在组织实施和招募工作中采取由市统筹协调、各区县与受援地对口援助的形式,23名老年志愿者在阿克苏、巴州、博州地区和克拉玛依市的13家单位开展志愿服务。

截至2010年,上海共开展八期"银龄行动",216位老专家赴新疆4个地区的90家单位进行志愿服务,援助范围从医疗卫生拓展到教育、畜牧、生物技术、考古、园林、城规、文广等领域,受援单位118家。据统计,老年医务志愿者共接诊病人73 087例,查房会诊17 034万次,抢救危重病人1 303人次,处理疑难病症2 737例,开展各类手术760例;举办专业培训班606期,培训医务骨干7 858人次;举办学术讲座 843 期,参加人数 26 815 人次;带培助手 715 人。老年教育志愿者举办教研讲座 410 次,培训教师 13 865 人次,开展辅导及接受咨询、答疑 232 次,受助学生 4 254 人次;深入 30 多所学校,指导、评审青少年科技作品 250 余件;举办科技创造发明、青少年科普等讲座、报告会 27 次,培训 29 400 人;为 30 名运动员辅导 98 次。畜牧专家深入农牧区调查走访养殖户 109 户,诊断畜禽 35 564 头,防疫治疗 6 983 头;开展学术讲座及培训 44 次,培训 2 402 人次;编写各类资料手册 283 000 万字。农技专家筛选防治棉花主要病虫害农药品种 5 个,诊断夏季育苗药剂危害 1 次。城市规划专家参与村镇城市规划 9 个、抗震安居小区户型设计 10 个、城市小区详细规划 25 个、城市建筑立面效果审核 18 个,提出合理化建议和意见 18 条。考古专家鉴定馆藏文物和民间流失文物 200 余件,确定 26 处新的野外文物保护点;举办专业培训班 11 天,培训 350 人次。与此同时,虹口区、杨浦区和浦东新区还开展本地区的“银龄行动”试点工作。虹口区通过“银龄行动—社区行”活动,举办各类讲座 60 余场;组织 13 名医疗专家对口南汇区开展援助,先后诊治病人 1 200 余人次。杨浦区招募各类志愿者近 150 人,为社区老年人开展义诊咨询等服务活动,筹建老年人才数据库。浦东新区组织 92 场医疗、保健巡回讲座,开展外语、礼仪培训,在 8 个街道建立“夕阳红心灵咨询室”。

【上海市老年志愿者总队】

2009 年 7 月,上海市老年志愿者总队成立,16 个区县分别成立所在区县老年志愿者队,部分街道成立志愿者服务分队。2010 年,老年志愿者总队通过组织动员老年人当好世博义务宣传员、安全巡查员、社区接待员、环境保护员、义务介绍员,发动老年人直接参与上海世博会的组织和活动。2010 年底,登记在册的老年志愿者总数为 164 752 人,参与社区平安巡逻、环境保洁、文明劝导、交通值勤、世博知识宣讲、世博接待、语言服务等各项志愿服务活动共计 1 300 余万人次。

【上海笑口常开艺术团】

2005 年 5 月 20 日,市社会福利行业协会成立“笑口常开艺术团”,是由退休的专业老演员组成的公益性文艺团队,上海越剧院、上海沪剧院、上海淮剧团和上海金盾艺术团一批著名表演艺术家为团员。为让养老机构中的老年人欣赏到上海各戏曲剧种、各艺术流派的艺术风格,艺术团的每场演出剧目都经过精心编排,有京剧、越剧、沪剧等传统戏剧,有上海说唱、独角戏等上海老年人喜欢的“本土特色”,又有魔术、杂技、脱口秀等紧跟舞台潮流的新节目。笑口常开艺术团深入养老机构,走进社区,共为老年观众献演 1 000 余场。2006 年,笑口常开艺术团被评为上海市社会主义精神文明十佳好人好事提名奖,2010 年被评为全国社区服务先进单位。

第四章　尊老敬老活动

上海进入老龄化社会后,逐步形成以"敬老日""春节"为重点的常态化敬老、爱老、助老的社会环境。各级领导走访慰问特困、高龄、特殊贡献老年人和老年服务机构,组织开展老年法律咨询和为老服务活动,开展敬老文化进学校、进社区、进机关、进企业系列宣传活动,评选孝亲敬老之星和先进集体。从 1995 年起,全市广泛开展创建敬老居委会、敬老村活动,居民尊老敬老意识得到增强,侵犯和虐待老年人案件的发生率明显降低。

1998 年,在居委会建设老年活动室被列为市政府实事项目,其后一直作为市老年实事重点建设项目。自 2002 年起,建立为老服务紧急援助系统,为特定老年群体免费安装紧急呼叫装置,连续五年被列为市政府实事项目。2005 年,独居老年人结对关爱活动被列为市政府实事项目。

20 世纪 90 年代初,由市退管会、市总工会、市民政局等 7 个单位在全市开展"尊老社会一条龙服务"活动,年满 70 周岁以上的老年人凭证可在规定范围内享受优先、优惠或免费服务。2005 年,市政府以政府实事项目的形式进一步落实老年人看病、进公园、进部分文化场馆等服务项目。2007 年,市建交委、市交通局、市财政局、市老龄办等共同研究制定 70 岁以上老年人免费乘车政策,于当年敬老日实施。全市充分利用社区资源,建立起适合老年人实际需要的以"助餐、助洁、助急、助行、助浴、助医"为主要内容的生活照料服务、紧急援助服务和医疗保健服务;积极推动服务行业发挥老年优待服务的"窗口"作用,为老年人乘车、就医、就餐、出行等提供优质服务,重点解决好高龄、"空巢"、失能、半失能、特困老年人的实际困难。

第一节　老　年　优　待

一、百岁寿星优待

1985 年 6 月 25 日,市老龄问题委员会下发《关于做好长寿老年人服务管理工作的通知》,要求各区县和街道乡镇做好长寿老年人调查工作,按人立卡,建立分级服务制度;做好长寿老年人的医疗保健工作,建立健康档案;对百岁以上老年人可开支一些敬老费或赠送一些生活用品。

1997 年 3 月 7 日,市老龄委员会、市财政局、市卫生局、市民政局、市社保局、市牛奶公司制定《关于本市百岁老年人实行长寿政策的通知》,对上海常住户口年满 100 岁及以上的老年人实行长寿政策:(1)发给"百岁寿星"荣誉证书;(2)每人每月 100 元营养补贴,由各区县财政列支,其后逐步调整为每月 300 元;(3)市牛奶公司免费提供每人每天一瓶牛奶;(4)市卫生局负责安排医院定期免费体检和巡诊。此外,强生出租汽车公司给百岁老人发放乘车卡。

2010 年 2 月,市老龄办等部门制定《关于做好赠送"百岁寿星生日贺卡"工作的通知》,以市政府名义赠送百岁寿星生日贺卡(代替原赠送的《百岁老年人荣誉证书》),当年向百岁老年人发放百岁寿星生日贺卡 574 份,向新增的 325 位百岁老年人赠送强生出租公司的乘车卡,向全市 1 105 位百岁老年人发放由上海工商界爱国建设特种基金会捐赠的每人 200 元节日慰问金,并走访每一位百岁老年人。

二、社会优待

1990年10月,由市退管会牵头,市总工会、市民政局、市劳动局、市老龄问题委员会、市人事局、市委老干部局七部门共同发起,在全市开展"尊老社会一条龙"服务活动,向全市年满70周岁以上老年人发放"高龄老年人优待证",老年人持优待证可以享受乘车、乘轮渡、进公园、进公厕、看电影、购物、看病等优先、优惠、优质和优待服务,市公用事业局、文化局、卫生局、园林局等16个单位参加服务活动。

1997年3月28日,市委办公厅、市政府办公厅转发市退管会等八部门《关于本市进一步做好尊老社会一条龙服务工作的意见》,对上海市常住户口、年满70周岁的老年人,设立15个优待项目,在上海的公园、轮渡、公交、医院等公共设施中享受免费、优惠或优先服务。同时规定,尊老服务活动每年由发起单位组织一次检查,每3年进行一次全市性评比表彰。

2000年10月26日,上海市召开"尊老社会一条龙"服务工作十周年总结表彰大会。据统计,全市持有"尊老社会一条龙"服务证的70岁以上老年人约130万人,服务项目21类156项,持证老年人享受到各种免费、优先服务达1.49亿人次,免费、优惠服务金额5 380万元。

2005年,以政府实事项目形式,进一步落实老年人看病、进公园、进部分文化场馆等服务项目。2008年,全市"尊老社会一条龙"服务单位达51个,当年共发放高龄老年人优待证12.4万张。至2010年,累计发放高龄老年人优待证289万余张,全市有55个行业和单位加入"尊老社会一条龙"服务行列;全市18个景点对70岁以上老年人免票,24个景点门票打折优惠。

从2007年10月19日起,上海对70岁以上老年人限时免费乘车,即:70岁以上老年人在非高峰时段(7:00—9:00、17:00—19:00除外)持红色社保卡乘坐轨道交通线(磁浮线除外)和公交线路(机场线、旅游线除外),可享受免费乘车;国定节假日全天免费乘车。

截至2010年底,上海148座城市公园中,127座公园免费开放。收费公园中,市绿化和市容管理局直属的6个公园对70岁以上老年人全部免费入园;其他收费公园,对70岁以上老年人实行不同程度的优惠。全市公园还推出每日免费供应开水、每周一次家庭养花义诊、每月一次健康医疗咨询、每年夏季的观看免费露天电影等服务项目。徐汇、卢湾、黄浦、虹口等区的公园还推出免费阅览室、便民茶室等特色服务。

第二节　敬　老　实　事

一、政府项目

【老年活动室】

1998年,"每个居委会建有一个老年活动室"被列为市政府实事项目之一,当年全市老年活动室数量达到3 271个。至2000年,上海建成100个标准化老年活动室。2001年10月,结合市政府实事项目的实施,根据民政部"关于在全国实施社区老年福利服务星光计划"(简称"星光计划")要求,市民政局提出实施"星光计划"的意见,加大在居村委会层面上创建标准化老年活动室的力度,社区老年活动室建设得到快速发展。至2004年5月,全市共建成社区标准化老年活动室1 408个,使用面积近 30 万平方米。2005 年初,市民政局、市老龄办下发《关于建设标准化老年活动室实事项目的实施意见》和《上海市标准化星光老年活动室创建导则》。同年 12 月制定《关于加强社区老年活动室管理的意见(试行)》,提出"十一五"期间,社区老年活动室建设通过新建、改建的方式进一步向标准化迈进,活动室的使用面积在 100 平方米以上且相对独立,周边环境整洁美观,道路平整、通畅。活动室围绕"五个老有"的要求设置项目和功能,使其成为社区老年活动的载体和综合服务设施。截至 2010 年底,全市共有各类社区老年活动室 6 062 个,使用面积约 156.04 万平方米;其中标准化老年活动室 4 831 个,使用面积约 147.9 万平方米。全市各区县、街道乡镇普遍建立老年人活动中心,各居村委会普遍建立老年活动室。

【紧急呼叫服务】

20 世纪 90 年代,上海开始探索利用现代信息技术支持老年人居家养老的新模式。从 1992 年起,为有需要的独居老年人安装求助电铃。2000 年起,市老龄办通过扶持上海阳光助老服务中心,在有需要的老年人家庭中安装"阳光呼叫器",为老年人提供配送货品、家电维修、代理代办、急救报警等有偿或低偿服务,同时组织阳光助老服务志愿者队伍提供部分无偿服务。当年,为 1 000 余户老年人家庭安装"阳光呼叫器",提供上千次呼叫服务。2001 年,通过政府购买服务的形式,建立为老服务紧急援助系统,为特定老年群体免费安装紧急呼叫装置。这项工作自 2002 年起,连续五年被列为市政府实事项目。2005 年,以独居老年人为重点,全市实施"安康通"紧急呼叫装置安装,共安装 1 万套。2007 年,市政府实事项目确定以独居老年人为重点,为 2 万户老年人家庭安装紧急呼叫装置。到 2008 年,全市共为 9.6 万名老年人安装紧急呼叫装置。紧急呼叫装置项目在社区构筑一个为老服务平台,整合社区有关服务资源,使各项服务"有呼速应,有难尽帮"。

【独居关爱行动】

2004 年,市老龄办对全市纯老年人家庭和独居老年人进行全面摸底调查。据调查统计,上海纯老年人家庭中的老年人为 71 万人,占上海户籍老年人口总数的 28％,其中独居老人 16.6 万人。2004 年 10 月 8 日,市老龄办发出《关于开展本市纯老年人家庭结对关爱工作的意见》,全面启动"纯老家庭"老年人结对关爱工作。通过组织动员社区力量及子女亲属,共同关心纯老年人家庭,开展政府牵头,依托社区,子女亲属,社会广泛参与,并以子女为第一责任人,由居委会干部或社区志愿者具体实施的结对关爱行动,为老年人提供问候和应急等服务,并为有需要的家庭安装紧急呼叫装置。2005 年,对 16.6 万独居老年人开展结对关爱活动列为市政府实事项目。2006 年,市老龄办提出让老年人享受"5＋X"服务,"5"即广泛告知、经常问候、热线咨询、安全检查、应急求助,"X"是老年人所需的其他社区服务,确定关爱服务内容和落实结对关爱工作的 8 个环节。据统计,当年通过结对关爱活动,发现并有效防止独居老年人意外事件约 300 起。2010 年 3 月,"上海市独居老年人结对关爱志愿服务"被市精神文明建设委员会和上海市志愿者协会命名为"上海市志愿服务优秀品牌"。

【健康老年人游黄山活动】

2001 年 9 月,上海开展"千名健康老年人游黄山"活动,首次尝试由政府购买服务、组织实施,采用市场化运作方式,为老龄实事项目的社会化、市场化操作积累经验。该项活动由市老龄办主办,市老龄事业发展中心和上海市黄山老年疗养院承办、各区县老龄办协办。市老龄办在老年人活动经费中专门拨出部分补贴资金,对参加疗养的每位老年人补贴300元。2002—2007年,共组织近8 000名老年人游黄山,补贴经费200多万元。2008年,组织2 000余名独居、困难老年人赴黄山疗养院短期休养。

【冬季为老助浴活动】

2004年初,市老龄办、市老年基金会启动"冬季为老助浴"活动,向全市经济困难和家中不具备洗浴条件的老年人发放免费沐浴券,到所在社区附近的指定浴室沐浴。到2006年1月,全市有290余家社会和企事业单位的浴室参加"冬季为老助浴"活动,2007年增加到323家,每年为18万人次的老年人提供免费助浴服务,资助金额共计100余万元。自2009年起,"冬季为老助浴"资金开始从福利彩票公益金中列支。2010年,全市有307家浴室参加"冬季为老助浴"活动,为近3万名老年人提供近18万人次的助浴服务。

【万名老人系列活动】

2004年,上海在敬老日期间首次组织"万名老年人看上海,万名老年人游浦江"活动。活动由市老龄办主办,委托专业旅行社承办。2005年,该项活动有3.8万多人次参加。2007年,活动改名为"万名独居、困难老年人游览东方明珠",有9 772名老年人参加。2008年,增加奉贤都市菜园、城市规划馆等景点,有9 934名老年人参加。2009年,在保留"东方明珠"等常规景点的基础上,更新市郊观光景点,有9 827名老年人参加。2010年,市老龄办、市老年基金会、市退管会联合发起"申城万名老年人游世博"活动,由市老龄办出资118万元,宝钢集团捐款200万元,组织全市13 680名老年人和老年志愿者参加该项活动。

【老年友好城市和老年宜居社区】

2009年起,根据全国老龄办的部署和要求,上海开展"老年友好城市""老年宜居社区"试点工

图4-4-1 2010年9月7日,举行"申城万名老年人游世博"活动启动仪式

作,黄浦、长宁、杨浦区和浦东新区是第一批试点单位。同年9月,上海市长宁区、杨浦区被列入全国"老年友好城市"试点单位,黄浦区被列入全国"老年宜居社区"试点单位。各试点区充分发挥市场在养老服务资源配置方面的决定性作用,充分发挥政府在保障基本养老服务需求方面的主导作用,充分发挥家庭养老的基础性作用,着力完善社区居家养老网络体系,努力推动服务设施网点化、服务资源集约化、服务方式智能化、服务主体多元化、服务项目特色化,使老年人生活的社区在环境优美、居住舒适、设施齐全、服务完善、文明和谐五个方面得到有效提升,满足老年人日益增长的多层次、多样化养老服务需求。

二、社会敬老活动

【扶老上网、电信助老】

进入21世纪,市老龄办、市科协、市老年基金会等共同发起"扶老上网"工程,计划从2003年起用3年时间扶助10万名60岁以上的老年人掌握电脑上网技能,帮助他们融入信息社会,享受数字生活。该工程通过编写专用教材,循序渐进、由浅入深地传授相关知识,组织网络征文、电脑游戏、网页制作等各种丰富多彩的活动,为老年人提供展示成果的机会,通过设立"16000099"服务热线,联合发挥"老小孩"网站等社会力量,为老年人提供热线咨询、电脑代购、上门维修等服务,为老年人的生活带来便利。2003—2006年为期3年的"扶老上网"工程,使10万余名老年人接受了信息化知识和应用技能的培训。

2006年,上海电信公司与"老小孩"网站联合推出首款针对中老年人及家庭的固定电话业务套餐——"老小孩—e家助理",每月支付6元功能费,老年人便可享受200个号码通讯录、语音呼叫、三方通话、语音提醒、实用服务信息收听等多项服务。使用固话套餐后,老年人无需再记住电话号码,只要拨通118114,就能实现与子女的自动拨打,还可以与子女开通"电话会议",实现电话录音设置、时间提醒等功能,把电话变为生活"百宝箱"。

【百万老年人刷卡无障碍计划】

2007年6月,市老年基金会、市老年学学会、上海银行共同推出"百万老年人刷卡无障碍"导银志愿者服务计划,3年内对百万老年人进行培训,让老年人充分享受现代科技给生活带来的便利。在每月领取养老金的高峰日,全市有300多名老年志愿者上岗提供导银服务。截至2010年底,上海银行养老金客户使用ATM机领取养老金的比例由活动前的14.3%提高到36%,新增使用ATM机的养老金客户30.24万人。同时,志愿者还在全市近千个社区开设使用ATM机消除数字隔阂的培训讲座,3年共培训老年人71万人次。

【储存时间式为老服务】

1998年,上海市虹口区提篮桥街道首先在晋阳居委会试行"储存时间式为老服务"模式,以自愿、就近签约结对,由低龄健康老年人或志愿者为高龄老年人或生活自理困难老年人提供服务,街道、居委会对服务内容、时间审核记录后,将服务的时间储存起来,待提供服务者本人需要服务时,再由他人为其提供相应的服务。其后,在长宁区虹桥街道虹储居委会等也试行了"储存时间式为老服务"。

三、老龄产业

【老年用品展会】

1986年10月,上海举办首届老年用品展销会。1987—1989年,市老龄问题委员会、市老年基金会、上海展览中心联合举办第二、三、四届老年用品展销会。1990年后,"老年用品展销会"扩展为"中老年用品展销会"。

2000年5月7—9日,首届上海国际残疾人老年人康复护理保健展(CHINA AID,后简称为"上海老博会")在上海国际展览中心举行。展会由第五届全国残运会组委会、市民政局和市国际贸易促进委员会主办,上海国际展览中心承办。来自美国、德国、日本、韩国、中国香港等国家和地区生产残疾人、老年人用品的厂商在此展出近年来研制、生产的领先产品,展会规模3000平方米。为期3天的展会展品门类全、种类多,是残疾人和老年人康复、护理保健以及日常生活辅助用品的一次空前大汇展。第二届上海老博会,于2002年5月8—10日在上海国际展览中心举行。展会由市民政局、市残联和市国际贸易促进委员会主办,上海国际展览中心承办。展会规模达到4500平方米,集中展示来自日本、美国、德国、韩国、澳大利亚等国家的残疾人、老年人康复护理、辅助器具、无障碍设施等产品。2004—2010年,市民政局、市残联和市国际贸易促进委员会等又共同主办三届上海老博会,展会面积扩大到6000平方米,吸引数百家国内外展商参展,展品中包括老年人用品领域中的最新技术及产品。其中2010年5月17日开展的第五届上海老博会,作为上海世博会事务协调局特别支持的活动,充分利用世博会平台资源,与"世博会生命阳光馆"联合互动,以"理解·关爱·和谐生活"为主题,集专业性和国际性为一体,为政府部门、机构、展商、观众以及相关行业人员提供全方位、多角度的展示交流平台。

2006年11月,市老龄办、市民政局举办首届"上海国际老龄产业博览会"。展会设在上海光大会展中心,分设保健、医药卫生,日常生活用品,社会化养老服务,休闲、旅游,文化、教育等5个展览区域,参展商84家。2009年9月,第三届上海国际老龄产业博览会暨2009年上海福祉博览会在上海东亚展览馆举办。2010年10月22日,为促进中国老龄产业快速发展,充分体现"城市,让老年人生活更美好",由市老龄办、市商务委员会指导,上海国际老龄产业博览会组委会主办的"2010年上海国际老龄产业博览会"开展,展会设医疗保健及营养健康品、老年用品、养老机构、老年旅游、老年保险及理财产品、居家养老服务等6个展览区域。

【老年公寓】

2005年3月,注册资金2亿元的亲和源老年公寓在上海浦东新区康桥镇落成。其老年公寓由12幢多层电梯住宅楼组成,共设838套居室,可供1600位左右的老年人居住。其配套设施齐全,有健康会所、老年护理院、公共服务大楼、配餐中心、景观花园等和"管家式"服务,区别于传统意义上的养老院,成为一个不脱离社会、既相对独立又不乏开放的老年生活环境,形成融居家养老、社区养老和机构养老为一体的新模式。老年人以会员形式入住,是中国第一家会员制的老年公寓式。

【老年旅游】

1994年,上海第一家专门从事老年旅游的老城隍庙旅行社开业,举办"夕阳红老年之旅"。从本地游开始,逐渐向外省市景点拓展,游程从一日游变为多日游。2004年,国内首份《老年旅游合同》在上海推出。2006 年,《上海老年报》登载了"上海老年旅游综合情况调查问卷",据回收和该问卷,根据旅游"食、住、行、游、购、娱"六大要素,细分为 16 个问题。问卷调查显示:上海老年人最爱好养生保健游,占 23.28%,其余依次为休闲度假游、文化鉴赏游与都市观光游等。2007 年,市老年人体育协会成立体育旅游委员会,当年有近 3 万人次参加路途长短不一的自行车体育旅游。

【以房养老】

2007 年,上海试点以房养老。具体做法是:65 岁及以上的老年人,可以将自己的产权房与市公积金管理中心进行房屋买卖交易,交易完成后,老年人可一次性收取房款,房屋将由公积金管理中心再返租给老人,租期由双方约定,租金与市场价等同。老年人可按租期年限将租金一次性付给公积金管理中心,其他费用均由公积金管理中心交付。

第三节　宣传与表彰

一、宣传活动

1985 年 1 月 5 日,上海市"五讲四美三热爱"活动委员会、市老龄问题委员会、市总工会等 11 家单位下发《关于在春节前后开展尊老敬老活动的通知》,对春节期间在全市集中进行群众性的尊老敬老活动提出要求。2 月 7 日,市老龄问题委员会在市政府会议室举行尊老敬老电视座谈会。12 月 10 日,市老龄问题委员会、市"五讲四美三热爱"活动委员会、市总工会下发《关于元旦春节期间做好尊老敬老工作的通知》,要求各区县、各部门、各单位在 1986 年元旦、春节期间开展尊老敬老活动,并作为社会主义精神文明建设的一项重要内容和经常性工作,对职工、学生进行尊老敬老教育。

1985 年 6 月 19 日,市老龄问题委员会、市委老干部局、市劳动局党组联合向市委宣传部递交《关于创办〈老年人报〉的报告》。7 月 10 日,市委宣传部批复同意创办《老年人报》。后因《老年人报》报名已被广州市同类报纸使用,最终定名为《上海老年报》。1986 年 1 月 7 日,《上海老年报》出版发行。1991 年 7 月 29 日,市老龄问题委员会向市委宣传部提交《关于调整〈上海老年报〉的办报方针、提高质量和加强领导的报告》,提出把以离休干部为主要读者、兼顾其他退休职工,改为以退休职工为主要读者、兼顾离休干部,以扩大服务对象,增加报纸发行量。《上海老年报》创刊以来,为适应老龄工作的新形势、新任务和老年读者的需要,扩大新闻版,增加信息量,加强可读性,在保持原有特色基础上拓宽报道内容,进一步丰富广大老年人的精神文化生活,有效地维护老年人合法权益。经市新闻出版局同意,版面和刊期经历数次变更:1986 年 1 月—1990 年 12 月为 4 开 4 版,每周一期;1991 年 1 月起改为 4 开 8 版每周一期;1994 年 1 月起改为对开 4 版每周一期;1995 年 1 月起,每月增出一次月末版,月末版报纸扩为对开 8 版;1998 年 1 月起改为 4 开 16 版每周一期;2001 年 1 月起改为 4 开 12 版每周一期;2002 年 1 月起改为 4 开 8 版,刊期由周一刊变更为周二刊;2004 年 1 月起改为 4 开 8 版,刊期由周二刊变更为周三刊。

1987 年 1 月 19 日,市老龄问题委员会、上海人民广播电台、上海电视台在国际俱乐部举行尊老敬老春节联谊会,社会各界老年代表 300 多人参加。10 月 31 日,市老龄问题委员会、市委老干部局、团市委在"大世界"举办尊老敬老重阳联欢会,6 000 多人参加。

1988 年 7 月 21 日,市民政局、市老龄问题委员会下发《关于宣传贯彻上海市老年人保护条例的通知》,各系统、各区县、各单位开展声势浩大的宣传活动,组织开展《上海市老年人保护条例》进单位、进学校、进家庭、进社区的"四进"活动。在上海东方广播电台《为您服务》和《金色年代》栏目,策划制作每周一次的《老年法律》专题节目,宣传老年法律知识,分析典型案例,解答相关的法律问题,累计播出各类法制专题350余次。

1994年,市老龄问题委员会组织有关部门、老年工作者、专家学者开展与家庭有关的法律法规的宣传活动,召开"家庭与老年人"国际研讨会,研究老年人在家庭中的地位、心态、生活状况,增强保护老年人合法权益的社会意识。在庆祝"国际老年人节"暨上海市敬老日大会上,表彰"两奖一评"活动评选出的先进集体和先进个人,倡导尊老敬老的社会风尚。

1995年11月28日,上海人民广播电台开播《老年广场》节目,为老年人架起心灵和情感交流的空中桥梁,节目开设银发世界、娴静逸致、长寿之道、湖心亭等栏目。

1996年10月19日,在外滩陈毅广场开展大型《中华人民共和国老年人权益保障法》学习宣传咨询活动,19个区县在各自中心区域设立分会场。市老龄委员会在复兴公园举行"96上海市敬老日社会公益活动",由司法、工会、妇联、老龄等部门提供法律政策咨询,华东、中山、市六、市九等多家医院的教授、医师提供免费医疗咨询。

1997年1月16日,市老龄委员会举行上海老龄宣传工作会议暨第二届上海老龄新闻颁奖仪式,上海各大新闻单位领导,老龄新闻获奖作者、编辑,各区县老龄委员会领导等120人参加。会议要求,要进一步加强老龄工作宣传力度,广泛深入地宣传《老年法》,积极探索中国特色的养老模式。

1997年8月9日至11月22日,市老龄委员会和上海人民广播电台在990千赫《老年广场》节目中开设"爱心助老特色榜"专栏,播出市老龄委员会和黄浦、闸北等6个区老龄委员会推荐的14个特色项目,大光明电影院等单位介绍坚持为老年人举办免费敬老公益场等尊老敬老的做法和体会。

1998年1月起,市老年工作协调联席会议办公室与上海人民广播电台共同举办每月一次的"公仆与老人"节目,宣传老龄工作的有关政策,听取老年人的意见和建议,解决老年人的困难,节目为期一年。市委、市政府领导及市民政局、市总工会、市老龄委员会、市房地局、市劳动和社会保障局、市委老干部局、市人事局、市高级人民法院、市医保局、市卫生局等部门领导先后到直播室接听老年听众来电,解答有关政策。

1998年7月2日,市民政局下发《关于开展〈中华人民共和国老年人权益保障法〉和〈上海市老年人保护条例〉实施情况执法自查的通知》,同时开展大规模的宣传活动,市、区县、街道乡镇及居村委共设宣传咨询点2 508处,16 914人参加宣传咨询活动,接受咨询服务27.7万人次。

1999年8月,市老年工作协调联席会议办公室发出通知,要求切实加强对老年人的政治思想教育工作,广泛开展健康有益的文化娱乐和体育健身活动,丰富老年人的生活。编辑出版《老年工作法规政策汇编》第二册,在上海教育电视台连续播出《条例》系列讲座22讲。

1999年10月,上海东方广播电台等单位推出792千赫的专题栏目《常青树》,每周播出4次,宣传政府部门的老年工作政策,倾听老年市民的意见和呼声。同月,市民政局、市委组织部、市委宣传部等17个部门联合下发通知,决定从10月1—31日在全市开展以丰富老年人文化生活和助老为主要内容的敬老爱老宣传月活动。其间,举办上海老年工作20年成果展,公布上海市第四届"敬老好儿女金榜奖""老有所为精英奖"获奖名单,表彰开拓老年事业先进集体和第二批市级敬老居委会、敬老村,进行"让晚霞更绚丽——上海老年工作20年征文"表彰活动,组织大型医疗咨询活动、老年文艺汇演、"庆祝国际老年人节暨本市敬老日电视文艺晚会"及中国国际老年用品博览会,市老龄办与市老年大学联合在上海教育电视台播出《上海市老年人权益保障条例》电视讲座60集。

1999年,市老龄委员会创建"上海老龄之窗"互联网查询宣传平台,开设现状和发展、方针和措施、工作机构、服务指南、特色询问、人生夕阳红等栏目,为老年人生活提供新的信息平台。

2000年10月6日,市民政局在上海市社区服务中心举行"上海老龄网"开通仪式,推出老龄新闻、学海泛舟、娱乐空间、求医问药、颐养天年、权益保障、购物指南、留言板等8个板块,内容涵盖老年人日常生活的各个方面。

2001年1月,市房屋土地资源管理局、市民政局制定《关于房地产管理中贯彻〈上海市老年人权益保障条例〉的通知》。同年7月,东方电视台《东方大讲坛》、东方法制网、上海东方广播电台、市人大培训中心等单位主办"全面实施《老年法》,努力提高老年人的保障水平"的市民讲座。

2001年,老年宽带频道"老小孩"在上海开通。"老小孩宽带频道"包括"影视""娱乐""专题""互动"等4个栏目,用户既可以在线欣赏怀旧电影、戏曲节目,也可体验棋牌为主的联网游戏,还能浏览电脑学习及老年生活相关的各类专题,或者到论坛、聊天室享受交流的乐趣。老年宽带频道还陆续推出"戏曲""网上教学"等栏目,邀请专家学者在网上与老年人交流,开设网上讲座。"老小孩宽带频道"还组织老年人自拍DV作品等活动,老年人自己拍摄的作品也在频道中展示。

2002年9—12月,上海老年报社、东方法制网举办"老年人住房权益保障有奖征文"活动,并刊登老年人权益保障意愿征求意见表,共收到征文250余篇,反馈意见表700余份,刊登征文26篇。同时在《上海老年报》开设"以案说法""护身宝典""法律服务台""易律师信箱"等专栏,供老年人普法维权学习。

2003年9月24日至10月中旬,市法宣办组织开展老年普法宣传活动,内容包括:孝敬父母演讲、诗歌会、书画展、拳操腰鼓、文艺戏曲、旅游观光、法律咨询、法律竞赛、公开庭审、以案论法、《老年法》巡回宣传等。

2004年7月,全市开展以"老年人权益保障"为主题的"法在我心中,维权要依法"的宪法宣传周活动,上海人民广播电台播出专题节目36次,上海电视台播出宣传节目16次,《解放日报》《文汇报》《新民晚报》《新闻报》《劳动报》《上海法制报》刊发文章180余篇。

2006年,市老龄委组织"全国老龄事业发展成就展"上海参展工作,全面收集反映上海老龄事业成就、老年人精神面貌和老龄工作的情况,以文字、照片、图片、实物等方式参展。

2006年,上海开展纪念《老年法》颁布实施10周年宣传周活动,举办上海市第四届老年人权益保障理论研讨会,对全市335家老年维权示范岗进行检查评估,开展评选推荐全国老年维权示范岗和敬老模范居村居委会等活动。9月30日,市老龄办在徐家汇港汇广场举行大型法律宣传和咨询服务活动,共接待老年人咨询、投诉320余人,接受医疗保健咨询300多人。

2007年10月19日,市老龄办、市老年基金会等单位在全市开展"庆祝上海市第二十个敬老日大型法律咨询、为老便民服务"系列活动。上海东方电视台以"和谐共享,真情久久"为主题,开展连续11个小时的老年节目直播活动。11月17日,市老龄办与市教委、市民政局举办"幸福忘年交,辉映夕阳红"敬老爱老结对活动,向全市中小学赠送《孝亲敬老歌》光碟和《中国敬老故事专辑》书籍,发动全市中小学生开展"唱响敬老歌、学做敬老事"活动,倡导全市中小学与相邻的养老院签订结对协议,组织学生到养老院做志愿者,为老年人服务。

2008年1月,《金色年代》杂志由上海文艺出版集团故事会文化传媒有限公司创刊。《金色年代》通过将故事、人物、观点及方法融为一体的形式来编撰,具体板块设置有:"金色话题"探讨读者生活中的热点,"享受生活"将人物、故事、知识三者结合,"和谐家庭"分享让家庭更为温馨、幸福的方法,"身心健康"用简明易懂的语言、生动的形式讲述老年人关心的健康知识。

图 4-4-2　2006 年,纪念《上海老年报》创刊 20 周年座谈会召开

　　2008 年 10 月 7 日,市老龄办、市退管会举办"2008 年上海市敬老日大型宣传咨询和为老服务活动",多家单位联合承办"九九关爱——上海市 2008 年重阳节全天节目大放送"12 小时直播活动,上海东方卫视与艺术人文频道联合直播"感动九九——上海市老有所为、孝亲敬老颁奖典礼"。市民政局、市老龄办举办"庆奥运、迎重阳,送戏下社区"活动,为困难老年人提供助浴、助洁等多项服务,走访慰问、帮困总金额达 4 561.7 万元;市卫生局举行"关注中老年人口腔健康"活动,设咨询点 697 个,提供免费服务,修复牙齿 6 712 只;市体育局举行一年一度的重阳节登高健身体育旅游活动;市旅游局开展"旅游咨询服务进社区"活动;市信息委在南京路步行街开展"敬老卡"宣传咨询服务活动;市司法局"12348"司法专线开通老年维权热线服务;市工商管理部门以"为老服务"为主题,通过消费维权的形式,帮助老年人群体排忧解难;市房地局组织物业服务企业开展多种形式的"助老送温暖"活动;市绿化局在 19 座公园推出迎重阳"关爱老年人身体健康,提高公园服务水平"健康医疗咨询便民服务活动;团市委举行"孝满天下"上海青少年重阳节大型敬老系列活动;市老龄办和上海警备区在全市范围搭建驻沪部队参与老龄工作的特殊平台,开展军民共建专项助老活动。

　　2009 年 5 月 15 日,"上海老龄网"进行全面改造,新开通的"上海老龄网"(www. shanghai60. org. cn)设立老龄新闻、政策法规、服务设施、银龄行动、老年维权、老年教育、区县动态、老龄科研、《上海老年报》(电子版)和公告信息十大栏目,为全市老龄工作的信息交流、政策咨询以及老年人的活动和服务信息发布提供全新平台。10 月 25 日,市老年基金会开通集资讯、服务、娱乐为一体的老年人网上家园——"九九关爱网"。

　　当年,上海人民广播电台在调频 107.2 千赫开设新栏目《金色年华》,每月 4 期。《上海老年报》与多家报纸杂志合作开设"治安防范宝典"专栏,在《新民晚报》《上海老干部工作》刊登有关老年维权文章 30 余篇。市老年人法律服务中心在上海人民广播电台《金色年代》栏目开设"老年维权"专题,全年录制、播出老年维权节目 36 集;在上海东方广播电台《为您服务》栏目直播老年权益和老年心理疏导专题 31 次。

2010年上海市"敬老日"暨首次"敬老月"活动期间,市委、市政府主要领导走访慰问各界老年人,市老龄办、市退管会及法院、公安、司法、公证、民政、卫生等部门在静安公园举办大型宣传咨询和为老服务活动,共为1500余位老年人提供各类咨询服务;市及各区县老龄办举行"庆世博千名老年人重阳佘山登高活动"。

二、评比表彰

【两奖一评】

1988年,由中国老龄问题委员会倡导、《中国老年》杂志发起、联合全国20家老年报刊举办"老有所为精英奖""敬老好儿女金榜奖"(以下简称"两奖")评选活动。10月15日,上海市"两奖"评委会在上海展览中心召开表彰大会,153人获得"老有所为精英奖",199人获得"敬老好儿女金榜奖",向全国推荐"两奖"候选人55名。1989年,152人获得"老有所为精英奖",199人获得"敬老好儿女金榜奖"。

1992年6月,市老龄问题委员会、市民政局、市退管会等部门组织开展评选"重视老年工作领导者功勋奖""老有所为先进集体创新奖"活动(简称"一评"),全市共评出"功勋奖"5人、"创新奖"集体3个。1996年,评出"老有所为精英奖"18人、"敬老好儿女金榜奖"21人、"开拓老年事业先进集体"15个。

【敬老居委会、敬老村】

1995年,上海开展创建敬老居委会、敬老村活动。1996年,市老龄办制定《敬老小区(敬老村)评估标准(试行)》,敬老小区标准为:组织网络健全,工作制度规范,老年设施完善,为老服务全面,帮困措施落实,维权机制有力,敬老氛围浓郁。全市共有841个居村委会开展创建活动,占总数13%;428个居村委会通过街道乡镇或区县验收,264个居村委会被评为区县敬老居委会、敬老村。1997年8月,市老年人保护办公室会同市老龄委员会、市退管会和各区县老年人保护办公室,对全市申报上海市敬老居委会、敬老村的57个居村委会进行考核验收,确定33个居委会、11个村为首批上海市敬老居委会、敬老村。1999年、2002年又先后命名两批共300个上海市敬老居委会、敬老村。各区县也命名表彰一批敬老居委会、敬老村。2005年,经市老龄办审核批准,黄浦区小东门街道金坛居委会等208个居村委会被评为第4批上海市敬老居委会、敬老村。2006年,经各区县老龄办层层推荐选拔,20个居村委会被评为"全国敬老模范村居(社区)"。1997—2006年,全市累计命名上海市敬老居委会、敬老村508个,区县敬老居委会、敬老村2 669个。

【爱心助老特色基地】

1998年,市老龄委员会与上海6家新闻单位共同发起创建"爱心助老特色基地"活动。2月,市老龄委员会在大光明电影院为上海社会公益基金会等5家单位举行"爱心助老特色基地"命名仪式。6月中旬,在千鹤宾馆为上海工商界爱国建设特种基金会等38家单位举行第二批"爱心助老特色基地"授牌仪式。当年全市创建"爱心助老特色基地"122个。1999年,市老龄委员会先后命名两批"爱心助老特色基地",共计400个。年末,市老龄委员会与各新闻单位联合开展"十佳爱心助老特色基地"评选活动,经市民投票评选,上海工商界爱国建设特种基金会等10家单位获上海市"十佳爱心助老特色基地"称号。截至2000年底,"爱心助老特色基地"达1 019家。2003年9月29

日,市老龄委员会命名武警上海总队二支队二中队等 124 家单位为第八批"爱心助老特色基地"。同年评出 102 个"百佳爱心助老特色基地"。2005 年,"爱心助老特色基地"评选分为"爱心助老特色基地"与"爱心助老之星"两部分,并对 971 家"爱心助老特色基地"进行第二次评估。经评定,755 家"爱心助老特色基地"合格,216 家单位被撤销"爱心助老特色基地"称号,新命名 177 个"爱心助老特色基地"和 159 个"爱心助老之星"。2009 年 7 月,全市开展"爱心助老特色基地"创建和评估工作,评估合格的"爱心助老特色基地"799 家,撤销"爱心助老特色基地"称号的 197 家,新增"爱心助老特色基地"201 家。至 2010 年,"爱心助老特色基地"总数为 1 000 家。在 1 000 家"爱心助老特色基地"基础上,经各区县及成员单位评选推荐,市老龄办审查评议,命名上海市法律援助中心等 10 家单位为上海市"十佳爱心助老特色基地"。

【孝亲敬老】

2003 年,全市老龄系统、宣传系统、教委系统、共青团和妇联组织开展孝亲敬老评选活动,推选出"孝亲敬老之星"25 人,其中男性 10 人、女性 15 人,最年长的 76 岁,最年幼的 13 岁;闸北区老龄办、金山区金山中学被评为优秀组织者。

2006 年,市老龄办开展评选表彰千户上海市孝亲敬老模范家庭、百名上海市孝亲敬老模范儿女以及十佳上海市孝星;上海市第四届孝亲敬老演讲比赛,征集孝亲敬老好文章等活动。共评选出 1 046 户"孝亲敬老模范家庭"、116 名"孝亲敬老模范儿女",10 人被推荐为"孝亲敬老十佳孝星",9 个区县获"优秀组织奖",评出"敬老好文章"15 篇。向全国老龄办推荐"中华孝亲敬老楷模"候选人 2 名、"全国孝亲敬老之星"候选人 57 名,推荐杨浦区、虹口区为"优秀组织者"。2008 年,共评选出上海市"孝亲敬老模范家庭"1 077 户、"孝亲敬老之星"220 人、"上海市孝亲敬老楷模"和"孝亲敬老楷模提名奖"各 10 人、敬老好文章 37 篇、优秀组织奖 6 个;其中荣获"全国孝亲敬老楷模提名奖"1 人、"全国孝亲敬老之星"57 人、优秀组织奖 2 个。2010 年,共评选出上海市"孝亲敬老楷模"10 人、"孝亲敬老楷模提名奖"10 人、"孝亲敬老之星"231 人、"孝亲敬老模范单位(集体)"132 个。向全国老龄办推荐"中华孝亲敬老楷模"候选人 6 人、"全国孝亲敬老之星"候选人 62 人、"全国孝亲敬老模范集体"11 个。2010 年 12 月,上海市普陀区陈德骅获"中华孝亲敬老楷模"荣誉称号,松江区洪照生等人获"中华孝亲敬老楷模提名奖",上置集团等单位获"全国敬老模范单位"荣誉称号,65 人获"全国孝亲敬老之星"荣誉称号。

【其他荣誉称号】

2003 年 9 月 29 日,市老龄委召开助老和为老服务先进表彰大会,授予上海工商爱国建设特种基金会等 123 家单位"助老帮困先进集体"荣誉称号、马韫芳等 63 人"助老帮困先进个人"荣誉称号。

2006 年,全市开展老龄工作先进集体和先进个人评选,徐汇区老龄办等 5 个单位获"上海市独居老年人关爱工作优秀组织奖",黄浦区外滩街道等 30 个单位获"上海市独居老年人关爱先进集体"。

2008 年,举办首届"上海市十大寿星评选活动",评选 10 位百岁老年人为"十大寿星"。2009 年,李素清、王云妹、徐琼玉、龚宝芝、吕玉玲 5 位老人两度荣获"十大寿星"称号。2010 年,在评选"十大寿星"的基础上,加设"百岁夫妻双星奖""十佳百岁寿星风采奖",评选出上海"十大女寿星""十大男寿星"各 10 人。浦东新区张木成、徐东英夫妇获首届"中国十大百岁夫妻"和上海市 2010

年"百岁夫妻双星奖",李素清老人连续3年荣登上海最高寿榜首。2010年9月,崇明县被中国老年学学会授予"中国长寿之乡"称号,成为长三角经济发达地区首个"中国长寿之乡"。

2009年,市老龄委共评选出上海市老龄工作先进单位176个、先进个人203名。2010年,共评选出上海市老龄工作先进单位176个、先进个人203名。

第五章 养老服务

1978年下半年,市民政局将养老福利事业的改革作为突破口,提出打开直属社会福利院的大门,为社会提供服务;鼓励和支持区县民政局、街道乡镇政府兴建养老机构、兴办养老服务的"两条腿走路"方针。1978年11月,在市养老院(今第一社会福利院)设立退休职工养老部。1979年4月,宝山县社会福利院建成。同年7月,崇明县城桥镇新建改革开放后第一家农村敬老院。1980年2月,闸北区开封街道创办孤老包户组。1982年11月,南市区王家码头街道创办第一家街道敬老院。1983年7月,卢湾区打浦桥街道成立敬老服务中心。上海养老服务领域由此拉开改革的序幕。

20世纪80年代,市民政局着力构建"四个层次一条龙"的养老服务格局,在市、区县、街道乡镇、居村委会4个层级,建设养老服务设施,开展上门为老服务。在市民政局的推动并资助下,一批区县社会福利院和农村敬老院相继建成,街镇上门为老服务得到推广。1984年11月,民政部在福建省漳州市召开"全国社会福利事业单位整顿改革经验交流会"(以下简称"漳州会议"),总结推广上海改革创新养老服务的经验和做法。1987年9月,民政部在武汉召开"全国城市社区服务工作经验交流会"(以下简称"武汉会议"),上海市民政局在会上介绍开展养老、助残、优抚和便民利民等社区服务的经验和做法。

20世纪90年代,上海开始向市场经济转型,产业结构面临大调整,原本企业承担的大量养老服务事项,亟需转移到由社会承担,社会保障的重心转向了政府。市民政局转变养老服务的指导思想,探索建立养老服务新的体制、机制和法制,动员社会力量,吸引更多的资源投入养老服务事业。1991年,市、区两级社会福利院入住人员中非"三无""五保"社会对象占比开始超过传统民政对象,市属养老机构逐步由收住"三无""五保"对象向收养社会老人的方向转变。

1994年,上海首次将改造25个街道敬老院,增加养老床位和服务内容,提高养老服务质量列入市政府实事项目,并连年列入市政府实事项目持续推进。1998年,市政府颁布《养老机构管理办法》,将政府发展养老服务的方向、原则和大政方针,以法的形式予以固化。1999年,市民政局开展事业单位性质养老机构"拨款改补贴"机制的试点工作,旨在推动政府办养老机构进行相应的人事用工制度和收入分配制度等方面的改革,改善管理,提高服务质量。2000年,市民政局制定《上海市养老福利事业"十五规划"和2015年远景目标纲要》提出,要形成和完善机构养老和社区居家养老两大服务体系;要鼓励社会创办养老机构,试行公办民营、委托管理等模式,政府要从办养老机构转变为管养老机构,推进公办养老机构改革;要依托社区开展日间照顾服务和上门服务,要为困难老年人、高龄老年人和有特殊贡献老年人购买服务,探索补贴机制。2001年,市政府批转市民政局等22个部门《关于加快实现本市社会福利社会化的意见》,推出上海实行社会福利社会化的15条扶持政策,完善养老服务社会化的运作机制。

2005年,市民政局制定《上海市民政事业发展"十一五规划"》,提出90%由家庭自我照顾,7%享受社区居家养老服务,3%享受机构养老服务的"9073"上海养老服务目标。至2010年底,上海共建有养老机构625家,床位97 841张,约占全市户籍老年人总数的3%。全市为25.5万老年人提供了社区养老服务,约占全市户籍老年人总数的7.5%,实现了2005年制定的目标。

1978—2010 年,上海养老服务实现了"三个转变":一是服务人群由传统的民政对象为中心的社会救助转变成为全社会老年人服务的社会福利;二是举办主体由政府独办向政府和社会(企业、集体和个人)一起办转变;三是工作方法由单纯地依靠行政手段转变为依靠政策法规、体制机制、宏观调控。

随着社会和经济的发展,家庭日益小型化,独居老年人和纯老年人的现象越来越多,社区居家养老服务的需求逐步增大。社区居家养老服务经历早期探索、以社区为单位的系列服务到以需求为导向的专业化、社会化服务的发展过程。其中,政府对困难、高龄、有特殊贡献的老年人购买服务,实施补贴;对需要服务的老年人实施评估,按照需求实施服务和补贴;培育服务机构,形成了一支专业化的服务队伍,从而保证了社区居家养老服务的健康持久地深入发展,社区居家养老服务成为上海老年人的一项社会福利制度。同时,市政府出台专门的养老机构政府规章,市民政局通过建立政府监管和行业自律机制,全面推进了养老服务质量管理。

第一节 机构养老服务

一、发展方针与规划

【发展方针】

1978 年 8 月,市民政局恢复建制,成为市发展养老服务的职能部门。面临突出的"文化大革命"期间城市和农村养老福利工作完全停滞、倒退现状,1978 年下半年,市民政局将养老福利事业改革作为突破口,提出直属社会福利院向社会开放,收住有家的老年人;鼓励和支持区县民政局、街道乡镇政府兴建养老机构。

1979 年开始,区县属社会福利院陆续建设和开业,改变了区县属社会福利院断档的局面。1984 年,市政府要求有条件的区县都要建一所社会福利院,所有的街道、乡镇都应建一所敬老院。区县的社会福利院先后建成开业的同时,街道乡镇敬老院也陆续恢复和新建,从 1994 年起连续 4 年,市政府把每年改扩建 25 个社区养老院列入市政府实事项目。至 1998 年,除个别区县和街道乡镇外,区县属社会福利院和街道乡镇敬老院基本实现全覆盖。

1984 年 11 月,民政部"漳州会议"首次提出"社会福利社会办"的指导思想,提倡社会福利事业由国家包办向国家、集体、个人一起办转变,支持城市社会福利院和农村敬老院向社会老年人开放。上海贯彻"漳州会议"的精神,倡导企事业单位、个人等社会力量参与养老服务,社会办养老机构开始快速发展。

1992 年 1 月,市民政局通过新闻媒体宣布上海市养老机构全方位对外开放,鼓励社会力量举办养老机构。截至 1997 年底,全市有 20 家民办养老机构、床位数 1 276 张。1998 年 6 月《上海市养老机构管理办法》发布,明确境内组织和个人可以出资设置养老机构,境外组织或者个人可以与境内组织合资、合作设置养老机构。该办法实施后,民办养老机构明显增加。至 1999 年底,民办养老机构已建 74 家,床位达 5 695 张,占当年养老床位总量的 23.5%。1998 年 10 月至 1999 年 7 月,社会办养老床位占这期间新增养老床位的 76.2%。

【发展规划】

1996 年,市民政局制定《上海市老年事业发展"九五"计划和 2010 年远景目标》,提出要在

1996—2000 年期间,逐步建立城乡老年福利设施体系,到 2010 年,养老床位发展到 2.2 万张。

1997 年 2 月,市民政局制定《上海市民政福利事业"九五"发展规划》,提出上海社会福利事业基本上形成三个系列、五个层次服务网络格局。三个系列的组成是:老人、孤残儿童、慢性精神残疾者福利事业;五个层次的组成是:市、区县、街道乡镇、居村委会及民间(企事业单位、社会团体或个人)举办的社会福利单位或设施。要求在"九五"期间,发展社会福利事业的多层次资助体系,鼓励社会各界兴办福利事业,构建民办公助新模式。

1998 年 5 月,市民政局下发《上海市民政局关于各区县制定本地区养老机构发展规划的通知》,提出各区县因地制宜制定养老机构发展规划。1999 年 5 月,宝山区民政局在全市各区县第一个完成《养老机构 2000 年—2010 年发展规划》编制工作。市民政局推广宝山区民政局的做法,要求各区县同步编制规划。

2000 年 10 月,《上海市养老福利事业十五规划和 2015 年远景目标纲要》(以下简称"养老规划")编制完成,各区县民政局也同步完成。"养老规划"分析上海市养老服务面临的形势,明确"十五"期间以及今后一个阶段上海市养老服务发展的指导思想、原则、目标、任务,提出了推动发展的具体措施,对上海市养老服务持续发展影响深远。"养老规划"首次提出"依托社区养老机构,开展日间照顾服务和上门服务,建立覆盖全市各个社区的居家老年人服务体系";提出对养老机构进行分类,重点发展护理型为主的养老机构(床位),"十五"期间,建立护理型养老机构(床位)标准,加大发展护理型养老机构的力度;在医养结合方面,提出通过设置内设医疗机构或者与社区医疗卫生机构建立密切联系等多样化形式,加强养老机构的卫生医疗、康复服务等功能;提出建立政府为困难老年人和特殊贡献老年人购买服务机制,建立老年人入住服务或者居家服务保障线制度,对于确有需要但是无力承担费用的对象,由政府通过招标方式为其购买服务;为保证有护理需求的老年人入住,建立入住老年人"鉴别机制";提出形成政府宏观管理、社会中介组织承办、福利机构实体化运作的管理体系,政府从办养老机构完全转变为管养老机构;推进公办养老机构改革,探索拨款改补贴机制,试行公办民营、委托管理模式,提高政府办养老机构的运作效率;鼓励社会办养老机构发展,"十五"期间,社会办养老机构床位占养老床位总量的 40% 左右。

2001 年 7 月,市政府办公厅转发市民政局等 22 个部门《关于加快实现本市社会福利社会化意见的通知》,提出各级政府要将本地区社会福利院机构及床位数的发展,作为指导性指标纳入国民经济和社会发展计划;各级政府和市、区县规划管理部门在编制中心城分区规划、区(县)域规划,详细规划时,尤其在制定城镇居住区规划时,无论是新区建设,还是旧区改造,都要按照国家技术监督局、建设部发布的《城市居住区规划设计规范》《城市居住地区级公共服务设施设置标准》服务设施纳入公共设施,进行统一配套规划。还要按照每千居民 2 张床位以上的比例设置养老机构。尽可能靠近本社区交通便利、环境良好的区位安排建设,设计、施工均要严格按照规划和福利机构建设设施标准及规划实施。

2006 年 1 月 20 日,市十二届人大四次会议通过的《上海市国民经济和社会发展第十一个五年规划纲要》,在全国首次将养老机构床位的指标——至"十一五"末养老机构床位数达到 10 万张,纳入规划目标。

2007 年 1 月,市政府发布的《上海民政事业发展"十一五"规划》,在全国范围第一个将养老服务刚性指标(养老床位、社区居家养老服务人数)纳入省市一级的国民经济和社会发展规划,明确 90% 由家庭自我照顾,7% 享受社区居家养老服务,3% 享受机构养老服务。

二、扶持政策

1978年,面对养老机构床位严重不足的问题,市政府推出政策措施,加快养老机构建设。当年12月,市民政局批复虹口区筹建幸福院,同意其为事业编制,工资待遇参照市福利事业单位现行工资标准,从民政福利费中开支。1979年,市民政局先后对宝山县、卢湾区、普陀区创办区县养老机构的报告分别作出批复,同意宝山长兴老年队改为县社会福利院,同意卢湾区创办养老院,同意普陀区试办幸福院,作为县或区办福利事业单位,工资待遇按事业单位标准执行;开办经费从民政福利费中开支。此后其他区县办社会福利院也以同样方式落实编制、经费等。

1983年7月,市民政局批复同意社会办的嘉定镇社会福利院可以收养城镇社会孤老,同意嘉定镇和其他县属镇入院的社会孤老每人每月供给费由民政经费支出,退休孤老入院管理费由民政经费支出,其余经费由县及有关城镇自筹解决。

1985—1986年,全市进入街道乡镇敬老院建设改造的高潮,政府在开办经费等方面予以支持,根据项目的不同,给予一定的资助。1985年1月,市民政局对金山县朱行等7个乡办敬老院项目补贴2万元;对嘉定县外冈、朱家桥、江桥、桃浦、封浜5个乡的新建敬老院资助5万元,对曹王、嘉西、委塘、安亭和马陆等乡办敬老院增补3.7万元,合计资助8.7万元;对上海县鲁汇、塘湾、虹桥、七宝乡镇的新建敬老院资助2万元,对陈行、北桥、纪王等乡办敬老院增补1.5万元。同年2—12月,对高桥镇、城厢镇、漕河泾镇、开封路街道、新华路街道、江苏路街道、山西路街道、武夷路街道、永嘉路街道、长桥街道等创办敬老院,分别给予一次性资助1万~2.5万元。1986年,对天山路街道、华阳路街道、遵义路街道、虹桥街道、程家桥街道、宜川路街道、彭浦新村街道、斜土路街道、湖南路街道等敬老院项目分别给予一次性1万~2.5万元的开办费资助。

1994—1997年,全市投入约8900万元资金,对纳入市政府实事项目的74家街道镇敬老院进行改造。1996年,徐汇区政府无偿划拨土地并投入1000余万元,建成有150多张床位的区第一社会福利院。之后,松江区投入4500余万元建成松江区社会福利院,奉贤县也建成该县的社会福利院(今为奉贤区社会福利院),闵行区投入7000多万元对原福利院进行部分新建、部分改建,浦东新区在同一时期建成区社会福利院。至1998年,除个别区县和街道乡镇,区社会福利院和街道乡镇敬老院基本实现全覆盖。同时,市财政投入资金,对市第一、第三社会福利院等一批市属养老机构进行大规模改建,区及街道乡镇也投入资金,对街镇级养老机构进行新建或改造。

1998年,上海被民政部列为社会福利社会化试点,市民政局开展了"社会福利社会化"改革的系列举措:一是调整养老机构收费标准,二是在部分市属、区属养老机构中进行"拨款改补贴"的试点改革,三是探索为困难老年人先评估后服务,四是推动与社会力量的合作。

1999年,市民政局开展养老机构拨款改补贴试点工作。拨款改补贴是指将原先拨付给养老机构的经费,转变为对住养老人的直接补贴,补贴依据老人的困难程度而不同。市民政局拟定《市属养老机构实施拨款机制改革的暂行规定》,选择市第三、第四福利院和杨浦、卢湾、南市、闵行四个区属养老机构作为试点单位,进行测算和试运转。

根据市政府办公厅转发的市民政局等22个部门共同出台的关于《加快实现本市社会福利社会化意见》,对社会力量参与养老福利事业和社会福利事业的建设用地、小区规划、公用事业收费、税收等16个方面给予政策优惠。

2006年,市政府将养老服务纳入"十一五"规划的重要指标体系通盘考虑,并连续13年将养老服务列入市政府实事项目,强化目标管理,加大政府财力投入,完善扶持政策。

2005—2008 年,市民政局等多个部门出台《关于全面落实 2005 年市政府养老服务实事项目,进一步推进本市养老服务工作的意见》《关于进一步促进本市养老服务事业发展的意见》《关于全面落实 2008 年市政府养老服务实事项目,进一步推进本市养老服务工作的意见》,先后在放宽准入、资源统筹、建设财力补贴、养老服务补贴、促进就业扶持、养老设施建设与统筹、医保结算、综合责任保险等方面共制定 40 条扶持措施,为养老服务创造新的发展环境。

2007 年 1 月,民政部开始启动"农村五保供养服务设施建设霞光计划",计划在"十一五"时期,在政府投入的基础上,利用发行福利彩票筹集的公益金,修建、改建一批敬老院等农村五保供养服务机构以及散居五保对象的集中居住点,集中解决各地农村五保供养设施滞后的问题。同年 11 月,市民政局下发《关于开展农村养老服务设施建设"霞光计划"的通知》明确,2007—2010 年,以经济薄弱村为重点,通过改建、扩建,有重点、有步骤地改造一批农村建筑陈旧、设施薄弱的养老服务机构。至"十一五"期末,力争使农村养老服务设施有较大改善,管理服务水平有较大提高,基本满足农村老年人生活照料需求,使他们共享上海经济社会发展成果。"霞光计划"对经济相对薄弱的农村养老机构改造给予资助,通过彩票公益金资助郊区养老设施改造,共完成"霞光计划"民政部项目 31 个、上海市项目 106 个。福利彩票公益金共资助 4 607 万元,其中国家福利彩票公益金资助 620 万元、市福利彩票公益金资助 3 987 万元。

1998—2004 年,市级建设财力对市政府实事每年新增 2 500 张养老床位建设进行补贴。2005 年,调整为每年新增 6 000 张养老床位,实际建设财力补贴标准从每新增一张床位补助 1 400 元～1 600 元,调整为每新增一张床位补助 5 000 元。2006—2010 年,新增养老床位为每年 1 万张。

三、服务对象

改革开放初期,养老服务的主要服务人群为城镇"三无"老年人和农村"五保"老年人的两类传统民政对象,"三无""五保"老年人也是入住社会福利机构的重点人群。

1978 年 11 月,市民政局制定《试办退休职工养老部的若干规定》,明确社会福利院可以收住离退休自费寄养老年人,并在上海市养老院试办退休职工养老部。该规定明确的入院条件是:凡是市区常住户口无直系亲属依靠的国家机关和企事业单位的退休职工,本人自愿,均可申请入院。入院者的基本生活费由本人自理,医疗费按原单位规定办理。

1979 年 6—7 月,市民政局组织开展对 10 个市区城市社会福利对象的调查,旨在摸清情况,寻找对策。被调查的 10 个区共有孤老 13 336 人,约占总人口的 2.27‰,其中社会孤老 6 377 人、退休孤老 6 959 人、平均年龄 70 岁左右、生活不能自理的占 18.5%,因此,对孤老的救助福利工作的重点是解决生活照料问题。调查报告提出"三个转变":要从社会救济,转变为积极开展社会福利工作;社会福利事业要从主要收养"三无对象",转变为积极挖掘潜力,创造条件,扩大自费对象范围;特别是从国家包办社会福利工作的办法,转变为主要依靠各级组织,争取各方面的支持,群策群力地积极兴办各种社会福利事业。"三个转变"在上海首先提出,后经不断充实完善,在 1984 年 11 月民政部"漳州会议"上,被确定为"由救济型向福利型转变,由供养型向供养康复型转变,由封闭型向开放型转变",并成为全国推动养老福利事业发展的方针。

1979 年,全市 4 家市属社会福利院入住人员中,86%左右仍为传统民政对象,当年接收首批 68 名退休孤老,自费入住市属社会福利院。以后传统民政对象逐年减少,1979 年全市社会孤老 7 252

人,1989 年减少到 3 140 人。

进入 20 世纪 90 年代中期,随着上海社会经济的发展,入住社会福利院的老年人由原来单纯的"三无""五保"对象为主,逐步转变为以社会对象为主。1991 年,市、区县两级社会福利院入住人员中非"三无""五保"社会对象占比开始超过传统民政对象。

表 4 - 5 - 1　1990—1997 年市、区社会福利院入住人员情况统计表

年　份	传统民政对象		普通对象		合　计	
	人	%	人	%	人	%
1990	1 076	54.3	905	45.7	1 981	100.0
1991	989	49.6	1 002	50.4	1 991	100.0
1992	1 007	47.1	1 131	52.9	2 138	100.0
1993	1 000	41.1	1 431	58.9	2 431	100.0
1994	919	34.7	1 729	65.3	2 648	100.0
1995	873	32.1	1 849	67.9	2 722	100.0
1996	826	28.8	2 040	71.2	2 866	100.0
1997	781	22.7	2 660	77.3	3 441	100.0

资料来源:上海市民政局档案

四、养老机构

【市属养老机构】

上海市第一社会福利院位于徐汇区宛平南路 465 号。1956 年 1 月,市民政局接办 6 家民间慈善组织运营的残老收容机构。同年 3 月,在普育西路 105 号成立"上海市养老院",统一收住上海市无家可归的残疾人和老年人。1960 年上半年,上海市养老院迁到谨记路(今宛平南路)。1979 年,首批 68 名退休孤老职工自费入院。1980 年 7 月 24 日,"上海市养老院"更名为"上海市第一社会福利院"。该院建筑面积 5 392 平方米,床位 190 张,是一所集养老护理、社区示范辐射、养老护理培训示教功能等于一体的全市示范养老机构。1985 年初,上海养老机构第一个小型医疗所在该院设立,住院老年人生了病在本院就能诊治。这个"小医院"设在新大楼底层,有抢救室、化验室、针灸推拿室、理疗室和体疗室等。1993 年 12 月,市第一社会福利院被市民政局评定为市一级福利事业单位。1998 年,市民政局拨款对该院进行改扩建,新建一幢 9 层的业务大楼,装修原南大楼,并对活动室、康复室、老年人居室进行全面升级改造。

上海市第二社会福利院位于崇明区港沿镇港沿中路 1718 号。该院前身是天主教教会办的大公所。1958 年底,市民政局将市区收养的 525 名收养对象迁至该地,建立崇明残老院。1959 年 6 月,更名为崇明养老院。"文化大革命"期间该院由崇明县政府管理,1976 年 6 月重新划归市民政局管理,更名为市第二社会福利院。1986 年前,该院收养对象主要是老年人,1986 年开始,逐步转变为以收养残疾人为主,主要承接儿童福利院重残对象成年后的集中供养。1993 年 12 月 25 日,中国香港商人闻儒根捐赠 30 万元,市政府有关部门投资 40 多万元,在院内建成专门收养社会孤老的"闻裕仁福利院",并向社会开放,收住了 50 名左右的社会老年人。1995 年末,收养在院的 554 人

中,残疾人员共有504人,占91%;老年人50人,占9%。2004年,该院完成2.1万平方米建筑设施的改造,设施水平得到全面提升,床位数增至800张。2005年,该工程获部级优秀项目二等奖。2007年后,该院不再纳入上海养老机构床位数统计。

上海市第三社会福利院位于宝山区漠河路655号。该院在"上海市儿童教养院"原址改建而成。1979年4月,更名为"上海市第三社会福利院"。1986年3月,中国香港实业家沈炳麟捐款60万元,市民政局自筹资金40万元,为该院建造老年人康复中心主体大楼,建筑面积2 800平方米。1986年8月22日,该院设立上海市老年人康复中心,分为康复检测治疗区和住院大楼两部分,核定床位90张。1988年7月14日,日本大阪枚方疗育院董事长山西悦郎捐款3 000万日元,建造康复中心的二期工程——康复医疗科研楼,建筑面积855平方米。1990年5月9日,市卫生局同意市老年人康复中心更名为市民政老年医院。1996年,市财政局拨款3 444万元,对该院进行总体改造,2000年4月工程竣工。全院占地面积2.66万平方米,建筑面积6 293平方米。2003年,市第三社会福利院与荷兰鹿特丹市劳伦斯基金会邻里养老院结为友好院。2009年10月,政府投资7 576万元新建的失智照料中心建成开业。改造后,总建筑面积32 921平方米,用地面积36 732平方米,床位总数800张。

上海市第四社会福利院位于松江区松汇西路480号(今为松汇西路1172号)。该院是上海历史最久的福利机构,其前身是清朝乾隆元年(1736年)的普济堂安老所。1958年松江县划入上海市,松江专区安老院更名为"上海市松江老残教养院"。1960年8月更名为"松江县福利院"。1977年9月划归市民政局管理,更名为"上海市老残院"。1980年7月29日更名为"上海市第四社会福利院"。1981年12月,该院新建面积为2 156平方米的5层楼老年人宿舍。全院占地面积13 333平方米,建筑面积9 300平方米,有两幢老年人生活楼,86间老年人居室,设置320张床位。1985年7月18日,院内的明末园林"颐园"被县政府定为县级文物保护单位。1987年4月,该院开始接收有子女老年人的自费寄养。2008年10月,该院进行总体改扩建,总建筑面积19 449平方米,新建316张床位。

众仁慈善服务中心位于嘉定区南翔镇众仁路1号,由众仁老年公寓和众仁乐园两家养老机构组成。1996年5月,市民政局和市慈善基金会的上海众仁花苑项目获市发改委批准。第一期开发项目位于嘉定区南翔镇众仁路1号,占地面积2万平方米,建筑面积为3万平方米,总投资1.2亿元,床位数400张。1997年5月7日开工,1998年12月底竣工。1999年5月,"上海市众仁老年公寓"收住老年人。该中心为市民政局直属事业单位,有3幢老年人居住楼和1幢综合活动楼,共有独立成套公寓式住房近200套,约400张床位。2006年,市众仁慈善服务中心对嘉定区菊园新区平城路160号的原有设施进行改扩建,众仁乐园于2008年4月底投入使用,有5幢公寓楼,200余套房间,350张床位,设置单人间和双人间两种房型。

截至2010年底,市属养老机构共有5家,床位3 616张。

【区县属养老机构】

1979年4月,宝山县社会福利院建立。该院坐落于长兴岛,原为生产自救性质的长兴公社老年队,是上海最早的一家区县属社会福利院,也是全市首家最早集中收养歇业三轮车工人的养老院。建有二层楼房两幢14间,平房39间,床位120张。1980年11月,经全面修缮后,收养宝山县城镇居民中的"三无"对象;1982年起收养自费的第一批退休职工和歇业三轮车工人。1988年更名为宝山区社会福利院。1991年,投资400万元在原址进行全面改造,共有建筑面积5 045平方米,核定床位 200 张。2004 年,取得 ISO 国际质量认证资格证书。2010 年,福利院部分被动拆迁后进行新建和改建,占地面积约 2.5 万平方米,建筑面积约 5 000 平方米。

1979 年 8 月,普陀区社会福利院建立。该院前身是普陀区幸福院,由区民政局和朱家湾街道合办。一年后,由区民政局独办。该院曾三次搬家,成立之初院址是石泉六村 21 号,面积 150 平方米,床位 20 张,收养"三无"老年人 21 人;1983 年迁入曹杨四村 292 号,面积 1 164 平方米,床位 100 张;1991 年 10 月,在普陀区枣阳路 515 号新建,更名为普陀区社会福利院。该院由普陀区政府投资兴办,建筑面积 5 000 平方米,床位 234 张,主要收养社会孤老、社会其他有照护需求的老年人。

1979 年 12 月,虹口区社会福利院建立(原名虹口区幸福院)。该院位于虹口区密云路 623 号,由虹口区政府投资举办。1987 年进行改建,建筑面积 5 215 平方米,占地面积 5 333 平方米,床位数 240 张,主要收住"三无"和家庭无力照管老年人。2003 年该院通过 ISO9001:2000 质量认证。

1984 年 2 月,南市区社会福利院建立。该院位于浦东新区东三街 55 号,由南市区政府投资举办。建筑面积 3 612 平方米,使用面积 2 522 平方米。1994 年 9 月新增南市区育能院,建筑面积 1 050 平方米,使用面积 240 平方米,床位数 190 张,主要收住"三无"和家庭无力照护的老年人。2000 年,南市区与黄浦区合并后更名为黄浦区第一社会福利院。2001 年 5 月进行改建。

1987 年 12 月,上海县社会福利院建立。该院位于闵行区七莘路 700 号,占地面积 15 642 平方米,建筑面积为 5 400 平方米,总投资 1 200 万元。院内主体大楼 5 层,建筑面积为 4 350 平方米,床位 200 张。主要收住社会孤老、孤儿、伤残人以及在家养老有困难的离退休老年人。1992 年,上海县与闵行区合并后更名为闵行区社会福利院。2000 年,该院投资约 1 亿元,对养老机构设施进行大规模的改扩建,改造后的福利院占地面积 21 062 平方米,分 6 个区:老年公寓区、医疗区、休养区、养护区、特护区、行政区。建筑面积 23 343 平方米,床位 600 张。

1988 年 6 月,杨浦区社会福利院建立。该院位于杨浦区松花江路 55 弄 5 号,由杨浦区政府投资举办,1986 年 7 月 2 日破土动工,1987 年竣工。院内共有两栋楼,分别为东海楼及综合楼,有 55 个房间,160 张床位。1997 年 8 月,区政府再投资 1 000 万元,建造新的住养区"南山楼",1998 年 5 月竣工,7 月 10 日启用,全院总床位数增加到 260 张,该项目是 1998 年市府实事工程项目之一。2004 年,"综合楼"改名为"瑞星楼",新增床位 70 张,全院总床位数增加到 330 张。2009 年 6 月,在原有南山楼、东海楼、瑞星楼三个护理区的基础上,由区政府投资 1.5 亿元,新建住养区域新大楼 1 号楼、2 号楼、3 号楼。建成后全院核定床位 1 000 张,主要收住"三无"和家庭无力照护的老年人。

1988 年 7 月,静安区老年公寓(又名孙克仁老年福利院)建立。该院位于静安区延安西路 399 号,由静安区政府投资举办,中国香港慈善家孙克仁提供捐赠并命名。占地面积 1 240 平方米,建筑面积 3 229 平方米,床位 155 张。主要收住有一定自理能力但需要生活照护的老年人。

1988 年 10 月,闸北区社会福利院建立。该院位于静安区阳泉路 429 号,由闸北区政府投资举办。占地面积 714 平方米,建筑面积 4 145 平方米,床位 317 张,主要收住"三无"和家庭无力照护的老人。1998 年 10 月,区政府投资对设施进行改扩建。

1989 年 10 月,黄浦区社会福利院建立。该院位于浦东新区商城路 415 弄东园四村 427 号,由黄浦区政府投资举办。建筑面积 1 600 平方米,120 张床位。成立之初主要收住孤老和生活确有特殊困难的老年人及 12 周岁以下伤残儿童,后主要收住家庭无力照护的老年人。2000 年,南市区与黄浦区合并后更名为黄浦区第二社会福利院。

1990年10月,长宁区社会福利院建立。该院位于闵行区虹井路鸭场浪41号。占地面积4333平方米,建筑面积3009平方米,床位120张。主要收住社会孤老、企业孤老以及社会其他困难老年人。2002年通过ISO9001：2000质量认证。

1992年4月,闵行区第二社会福利院建立。该院位于闵行区兰坪路37号,由闵行区政府出资建设。建筑面积1050平方米,占地面积1400平方米。1995年新建食堂、办公楼,1996年住养楼改扩建后建筑面积为1350平方米,2003年改造后建筑面积为1684平方米。床位45张,1995年住养楼改扩建后床位数为60张,2003年区政府投资全面改造,改造后核定床位数为90张。主要服务对象为社会孤老及生活照料有需求的老年人。2003年通过ISO9001：2000质量认证,2010年通过ISO9001：2008再认证。

1994年9月,黄浦区陈娟英敬老院建立。该院位于浦东新区杨新东路18号,由中国香港同胞陈娟英捐赠80万元,南市区政府、市社会福利有奖募捐委员会、南市区民政局等共同集资260万元,计340万元建造而成。1992年9月开工,1993年12月竣工。占地面积4333平方米,主楼4层,总建筑面积2054平方米,内设老人双人房36间、三人房10间,床位102张。主要服务对象为失能老年人。

1995年10月,金山县社会福利院建立。该院位于金山区石化街道海棠新村70号,原名逢春福利院,2001年12月更名为金山区社会福利院。占地面积3400平方米,建筑面积1793平方米,床位54张。主要服务对象为社会孤老及生活照料有需求的老人。

1996年10月,徐汇区社会福利院建立。该院位于徐汇区虹漕南路601号,由徐汇区政府投资举办。占地面积3761平方米,建筑面积4898平方米,绿化面积1650平方米,床位180张,主要为失能老年人提供服务。

1997年9月,奉贤县社会福利院建立。该院位于奉贤县南桥镇古华南路98号(今奉贤区南桥镇古华路119号),由奉贤县政府投资举办。占地面积16650平方米,建筑面积9400平方米,绿化面积6200平方米。2001年更名为奉贤区社会福利院。成立之初床位202张,2008年进行二期工程,增加床位118张,共320张。主要收住该区孤寡老年人及低保低收入等困难家庭老人。

1997年10月,长宁区第二社会福利院建立。该院位于闵行区中华美路60弄38号～40号,由长宁区政府投资举办。建筑面积2647.26平方米,床位124张。2007年,长宁区政府又投入资金514万元进行内部改造。主要收住该区孤寡老年人及低保低收入等困难家庭老人。

1998年12月,松江区社会福利院建立。该院位于松江区其昌路600号,由松江区政府投资举办。建筑面积22450平方米,占地面积3万平方米,床位300张。2009年投资7000多万元进行改扩建,新增床位200张,共500张,主要为失能老年人提供服务。

1999年5月,浦东新区社会福利院建立。该院位于浦东新区川沙路5637号,由浦东新区政府投资举办。占地面积13300平方米,主体大楼3层,建筑面积8950平方米,床位200张,主要为失能老年人提供服务。2002年取得ISO国际质量认证,自2003—2010年连创4届上海市文明单位。

2000年2月,黄浦区千鹤老年公寓建立。该院位于浦东新区昌里路120号,由黄浦区政府投资举办。建筑面积2754平方米,床位155张,主要为失能老年人提供服务。

2000年2月,黄浦区老年公寓建立。该院位于黄浦区长沙路149弄16号,由黄浦区政府投资举办。建筑面积1800平方米,床位80张,主要为生活能够自理的高龄老年人提供服务。

2001年3月,虹口区社会福利中心建立。该院位于虹口区广灵四路268号,由虹口区政府投资2300万元举办。建筑面积5577平方米,占地面积3250平方米,床位180张。

2001年8月,徐汇区第二社会福利院建立。该院位于徐汇区龙州路600号,由徐汇区政府投资举办。建筑面积8 694平方米,占地面积7 265平方米,床位312张。

截至2010年底,全市区县属社会福利院共有23家,床位5 449张。

【街道乡镇办养老机构】

上海市于1958年开始兴办农村敬老院,集中收养"五保"老人。1958年崇明、嘉定等10个郊县共办敬老院150所,有4 045位"五保"老人入院。60年代初,大批敬老院停办。1979年,崇明、松江等5县仅存42所敬老院,留院老人630人。1979年以后,农村地区敬老院陆续恢复。城市地区街道敬老院发展晚于农村敬老院,从1982年开始起步,逐步覆盖各街道。

1979年7月,崇明县城桥镇敬老院建立。该院位于城桥镇老街油车湾路67号,原为城桥镇油车湾菜园所在地,是改革开放后全市农村第一家新办的敬老院,由镇党委、镇政府拨款10万元筹建。1981年7月,建成二层小楼。创建初期入院对象是:农村"五保"老人,子女在外地工作的烈军属,亲属是侨胞的孤独老年人及其他没有依靠的老年人,有特殊困难的老年人。至1982年6月,全院入住老年人近30人,以后逐年增多。主要收住需要寄养护理的普通老年人及"五保"老人,服务护理范围包括轻度、中度、重度患者的生活起居和日常照料,或者需要特殊护理的老年人。

1980年7月,嘉定县曹王人民公社利用公社卫生院旧房,创建该县第一所农村敬老院,收养老人9人。1982年增加到15人。敬老院发挥集中供养老人的优越性,特别是在农村普遍实行家庭承包责任制后,被认为是供养"五保"老人的最好形式,受到老年人的欢迎和社会各方面的关心和支持。

1982年11月,南市区王家码头街道创办全市第一家街道敬老院——王家码头敬老院。创办之初,收住4名孤老,配备2名工作人员负责料理老年人的日常生活。为丰富老年人的精神生活并为他们日常生活提供方便,王家码头街道赠送敬老院电视机、缝纫机和洗衣机等。1988年7月,王家码头敬老院划归小东门街道管理。小东门街道当即把扩建敬老院列为本地区十件实事之一,投资7万元,配备多种服务设备,当年接纳13名老年人入住。后因市政拆迁,王家码头敬老院撤销,入住老年人转到其他养老机构。

1983—1984年,嘉定县安亭、长征、嘉西、黄渡、望新、娄塘、方泰、南翔、华亭、戬浜、唐行等乡镇敬老院相继建成。至1987年7月,全县20个乡镇都举办敬老院,总投资213.4万元,总建筑面积1.16万平方米,床位458张,工作人员126人,在院"五保"老人、社会孤老和寄养老人348人,其中年龄最大的102岁,长期卧床不起生活全靠护理的有48人。

1987年,长宁区华阳敬老院建立并对外收住老年人。该院位于上海长宁路396弄79号,占地面积3 700平方米,床位172张。1995年8月,被市民政局批准为首批上海市一级敬老院。

1990年,崇明县民政局针对农村敬老院设施陈旧的现状,对全县敬老院作全面调查摸底,制定改建计划,并落实改造经费。1991—1992年,全县投资220万元改造13所敬老院,改建面积6 797平方米,使在院老人的居住条件赶上或超过了当地居民的居住条件。

1990年11月,市民政局召开街道敬老院经验交流会,会议提出要探索改革,提高效益,增强自我发展能力,大力开展多种有偿服务。全市共兴办街道镇敬老院121家,收养各类老年人924人(包括社会孤老276人、离退休孤老299人)。全市街道镇敬老院共有484名工作人员,房屋使用面积9 574平方米。

1991年,全市有127家街镇敬老院向社会开放,共有1 180张床位,收住老年人1 106人。为满足社会对养老服务的迫切需求,普陀区曹安路街道率先通过协调,腾出闲置的托儿所,筹集资金,按照敬老院的要求对其进行改造后投入使用。之后该区的真如镇、宜川街道、长风街道和杨浦区的殷行街道,金山石化地区及其他区的多个街道镇,相继投入大量人力、物力和财力,对近百所托儿所进行改造,为缓解养老服务床位严重不足与养老服务需求激增的矛盾起到积极作用。

1994—1995年,市区改(扩)建50家街道镇敬老院,总投资4 500万元,新增加使用面积1.3万多平方米,新增床位1 100多张。

1997年,市、区、街道共投资4 332.6万元(其中市财政、市计委补助300万元)改扩建街镇敬老院18家,使用面积由3 365平方米增加到17 920平方米,床位由238张增加到1 099张,净增床位861张,平均每个街道敬老院的床位由13张增至61张。1997年底,街道乡镇养老机构共计346家,床位11 297张,除收住社会孤老和"五保"老人外,还接收自费寄养的社会老年人。

1998年,市府实事项目改造6个敬老院,使用面积也由改造前的1 145平方米增加到5 432平方米,床位由83张增加到310张,平均每个敬老院的床位由13.8张增加到51.7张。

1998年底,上海共有乡镇敬老院202家,实现了每个乡镇都有敬老院。全市农村"五保"老人进入敬老院集中供养或与敬老院挂钩实行分散供养,保证"五保"老年人的基本生活条件在区县人均水平之上。2010年,入住乡镇敬老院的"五保"老人等政府供养对象约2 000人,其他为自费寄养人员。

2006年5月,安亭社会福利院建立。该院位于嘉定区安亭镇,由嘉定区镇政府投资7 500万元建造。占地面积77 097平方米,建筑面积31 700平方米,床位426张,绿化面积占全部面积的59%,是一所融生活照料、医疗康复、文化娱乐为一体的综合型养老机构。

到2010年,全市共有街道乡镇敬老院260家,其中街道养老院71家、农村敬老院189家,总数比1997年减少了86家。减少的原因是全市一些街道乡镇合并,敬老院通过改造、合并向规模化发展。2010年街道乡镇敬老院的床位数为36 591张,是1997年的3倍以上。

表4-5-2　2010年上海市街道乡镇举办敬老院数和床位数情况统计表

区　县	机 构 数	床 位 数
浦东新区	65	10 966
徐汇区	17	1 378
长宁区	4	388
普陀区	18	2 024
闸北区	7	712
虹口区	10	577
杨浦区	10	952
黄浦区	3	239
卢湾区	2	109
静安区	2	74
闵行区	18	2 921

（续表）

区　县	机　构　数	床　位　数
宝山区	15	3 346
嘉定区	11	2 692
金山区	15	1 758
松江区	13	1 776
青浦区	13	1 601
奉贤区	11	1 301
崇明区	26	3 777
合　计	260	36 591

资料来源：上海市民政局档案

【社会办（民办）养老机构】

1984年9月，上海港务局退休孤老幸福院建成。该院位于浦东张家浜，是上海第一家由企业创办的养老院，由港务局投入1.5万元，局工会具体筹办，下属机修厂提供场所，驳船公司负责改建完成，共设床位27张，第一批收住退休孤老12人。该院为每位老人配备衣柜、床头柜、藤椅等，院内有老人活动室，配有彩电、棋类、书报等，专门聘请4位护理人员负责照料老年人的日常生活。

1985年9月，松江县同乐养老院建成。原名洞泾老年乐园，为全市第一家个人举办的养老机构。该院位于松江县洞泾镇，由离休干部高拜良个人投资创办。占地面积1 667平方米，创建初期租借的联红大队房屋简陋，在市老年基金会等的帮助下，1985年由乡、村无偿提供土地，新建11间平房，使用面积220平方米，可以满足20多名老年人入住。1985年11月2日，11位老年人入住新的房屋。1997年4月，又新建3间房屋。1999年11月，更名为同乐养老院。

1991年1月，上海市退休职工嘉定公寓开业。该院位于嘉定区戬浜镇嘉戬公路685号，由市总工会、退管会牵头19个单位集资600余万元举办。占地10 600平方米，建筑面积5 000余平方米，绿化面积2 000余平方米，由19幢田园式小楼和1幢综合楼组成，床位300张。

1991年5月，上海市退休职工浦东公寓开业。该院位于浦东新区齐河路10弄2号，由一幢6层居民楼改建而成，由市总工会、退管会牵头16个单位集资举办。建筑面积约600平方米，床位97张，工作人员10人。1995年12月，由原浦东公寓和嘉定公寓组成上海市退休职工公寓，成为市总工会下属的专门面向全市退休职工服务的事业单位。

1996年9月，上海长江农场敬老院建成。该院由上海农工商集团总公司投资建立，成为全市农场创办、最早向社会开放、接受老年人前往农村养老的社会办养老机构。

1998年是社会办养老机构快速发展的一年，从1997年底的20家、床位数1 276张，增加到1998年底的49家、床位数3 451张。

1999年1月，上海金色港湾老年公寓在卢湾区建成。由三航局下属集体企业航福无线电元件厂创办，是全国第一家由集体企业投资创办的养老机构。1997年动工，1998年底竣工并试运行，1999年1月1日开业。原厂长转为院长，原职工转为服务人员。在卢湾区民政局支持下，公寓开业之初,开办老年人"日托班",是全市第一家向社区辐射、开展日间服务的养老机构。2000年,金色港湾老年公寓又面向社区开展送餐服务,成为全市最早向社区提供送餐服务的养老机构。2001年底,该老年公寓第二期工程竣工并投入使用。

1999年9月,上海大华福利院建成。该院由民营企业大华汽车服务公司投资2800余万元创办,为当时投资额最多、规模最大、设备设施最完善的一家民营企业办养老机构。占地面积1万平方米,建筑面积7600平方米,绿化面积4300平方米,床位290张。

1999年12月,上海民建大铭敬老院建成。该院由民建虹口区委和上海大铭冷气工程有限公司联合兴办,为上海首家由民主党派创办的敬老院。

2003年6月,市民政局对全市社会办养老机构进行调查显示:机构平均建筑面积2030平方米,平均绿化面积1104平方米,平均床位78.44张,具有独立卫生设施的占83.08%,老人平均入住率64.03%。调查表明,社会办养老机构床位数不断上升,1997年仅占总床位数的7.71%,2000年上升至25.88%,2002年达29.32%。社会办养老机构中,社会组织办的占61.5%,个人办的占28.2%。在倡导社会办养老机构过程中,各级政府给予积极支持,投入资金占经费总额的34.36%。

2003年7月,全市20家社会办养老机构负责人联合向同行发出倡议:一要认真学习法律法规,进一步强化尊老敬老的氛围和意识;二要不断提高完善养老机构的设施标准,为老年人营造健康祥和的生活环境;三要为社区居家养老服务发挥辐射作用;四要不断提高机构管理服务水平,努力培养综合素质强、专业水平高的养老从业人员队伍;五要严格执行政府制定的养老机构物价政策。

2010年,上海市全年新增社会办养老机构床位4980张,占当年全市新增养老机构床位总数的46%。

截至2010年底,全市共有养老机构625家,床位97841张,约占全市户籍老年人口数的3.1%。其中,市、区县政府办养老机构28家,床位9065张;街道乡镇办养老机构260家,床位36591张;社会办养老机构337家,床位52185张。政府办养老机构床位数占总床位数的46.7%,社会办养老机构床位数占53.3%。

单位:家

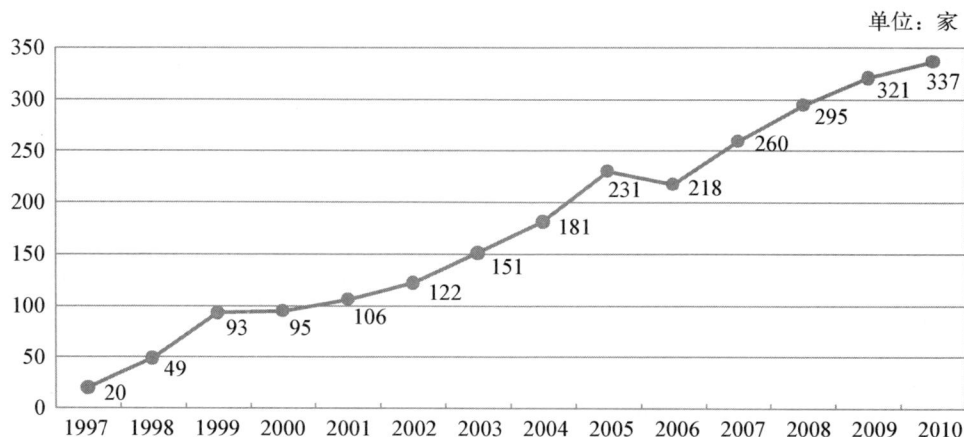

图4-5-1　1997—2010年上海市社会办养老机构增长情况图

图片来源:由上海市民政局档案中数据汇总制作

285

单位：张

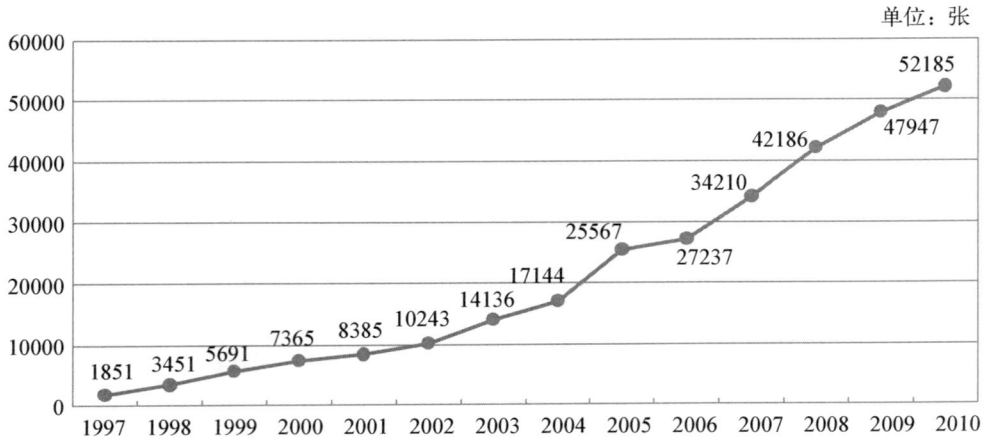

图 4‑5‑2 1997—2010 年上海市社会办养老机构床位数增长情况图

图片来源：由上海市民政局档案中数据汇总制作

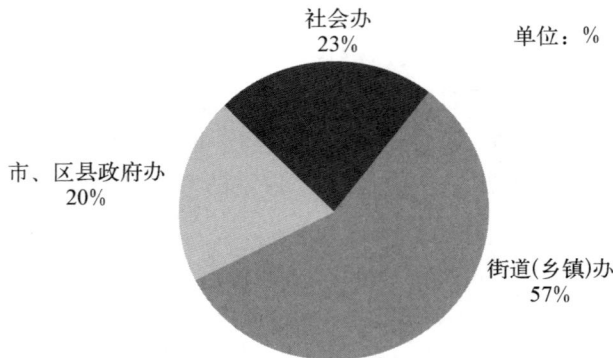

图 4‑5‑3 1999 年上海市按举办主体分类
养老机构床位构成图

图片来源：由上海市民政局档案中数据汇总制作

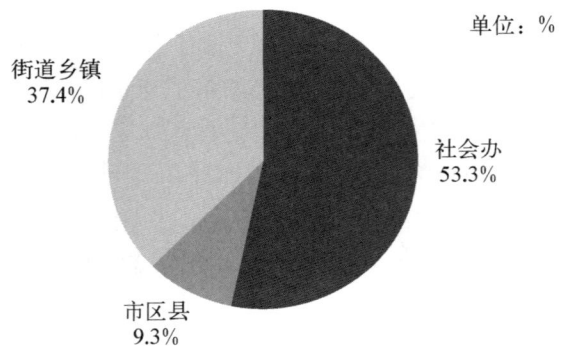

图 4‑5‑4 2010 年上海市按举办主体分类
养老机构床位构成图

图片来源：由上海市民政局档案中数据汇总制作

单位：张

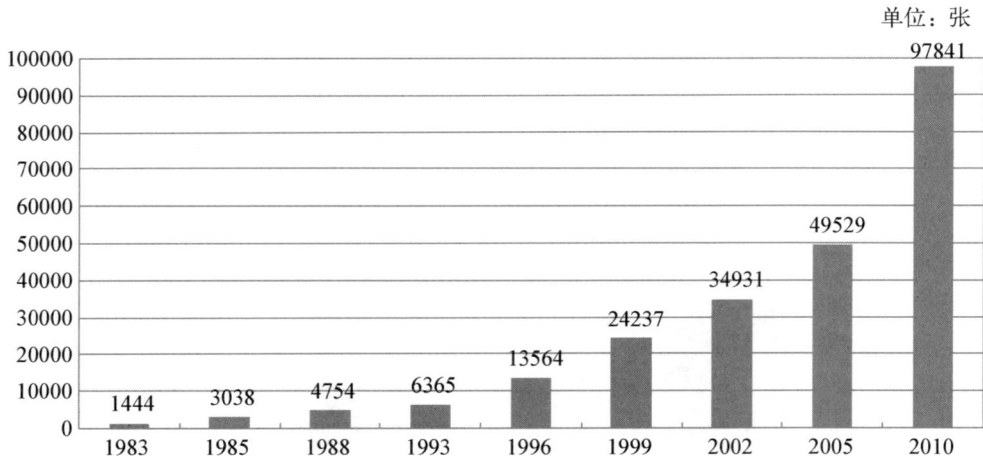

图 4‑5‑5 1983—2010 年上海市养老机构床位数变动情况图

图片来源：由上海市民政局档案中数据汇总制作

第二节　社区养老服务

一、社区互助帮扶

【孤老包护组】

1979年末,市民政局对全市孤老进行全面摸底。据统计,上海共有孤老13 336人,其中退休孤老6 900多人、闲散孤老3 300多人、靠社会救济的孤老3 100多人。孤老平均年龄为74岁,有近2 500人生活不能自理,约占孤老总人数的19%左右。统计表明,孤老存在"四多""四差"特点,即高龄多、劳动者多、文盲多、女性多;健康状况差、自理生活能力差、住房条件差、精神文化生活差。孤老不仅有基本生活照料问题,还有精神安慰等方面的问题,多数孤老受传统观念影响,不愿意入住敬老院,日常生活面临诸多困难。

1980年2月,闸北区开封街道组织成立全市第一个社会孤老关心小组(后改称"包护组"),发扬邻里互助传统美德,开展对老年人的自愿服务。该街道共有孤老49人,不少孤老生活不能自理,其中一些孤老得到邻居自发性照护,街道引势利导,把群众自发性的照护变为自觉的、经常的、有组织的邻里互助行动。南林居委会率先开展对老年人的自愿包护服务,街道推广南林居委会做法,组织多个孤老包护组,解决孤老日常生活照护、精神慰藉等基本需求。包护组由居民小组长、退休工人、居民积极分子和孤老的左邻右舍组成,每个包护组配备2名～3名志愿者,义务为孤老理发、缝补洗涤、买米买煤、生病护理等,并建立粮店、菜场、煤店等8个为孤老送温暖联络点。同时,地段医院为孤老设立家庭病床、出诊、送药上门。街道成立"孤老保护站",协调联络管理孤老保护工作,由2名专职人员负责。1980年底,市民政局总结并推广闸北区开封街道组织孤老包护组的经验与做法,孤老包护组的服务形式很快在全市推广。

1980年11月,黄浦区在南京东路街道贵州居委会进行照护孤老的"关心小组"试点,组建37个小组,照护孤老50人。次年11月全区推广贵州居委会经验。1982年3月,全区有798个"关心小组",照护孤老1 180人,占孤老总人数的54%。至1989年,全区孤老包护组发展到1 205个,包护孤老1 537人;成立824个关心小组,关怀照护800余名生活难以自理的老人。

1981年9月,普陀区长寿里居委会办起全区第一个孤老包护组,以就地、分散上门服务的形式,为孤老解决日常生活困难。之后孤老包护组在全区推广。1990年,全区有孤老包护组133个,包护老人185人。大部分孤老早晚起居有人关心,日常用品有人代买,季节变化有人上门问寒问暖,逢年过节有人代办年货和打扫卫生,生老病死有人帮助料理。

1982年6月,全国城市社会福利工作会议对上海开展孤老包护组的经验进行介绍和推广。当年,上海首次在民政事业统计中将孤老包护组情况列入统计。1982年7月,全市先后建立2 344个孤老包护组,2 357名孤老基本上都有人关心和照护。

1982年6月,静安区召开各街道经验交流会,推广康定、威海、江宁、武定等街道包护组的做法。全区有190个包护组,包护人员393人。1984年,全区孤老1 898人,其中社会孤老535人、社会救济孤老173人、退休孤老1 190人,平均年龄为76.5岁。依靠各居委会,对其中生活不能自理的137名孤老,组成135个包护组,包护人员287人。康定等7个街道还建立8个孤老服务站。1992年,全区孤老2 586人,其中社会孤老373人、退休孤老947人、单身老人1 266人。全区有孤老包护组296个,包护人员327人。

1982年底,杨浦区在全区建立孤老包护组333个,被包护老人344人,参与包护人员643人。该区宁国街道也是全市率先建立孤老包护组的街道之一,早在1979年就做过探索尝试。区民政局及时推广宁国街道做法,使孤老包护组在全区得到快速发展,到1990年,孤老包护组已发展到1 112个,被包护的老人1 200余人,参与包护人员1 729人。

1982年,卢湾区建立照护小组115个,开展孤老包护服务。1984年,包护组发展到233个,服务对象扩大到退休职工中有困难的孤老。1990年,全区757个包护组包护孤老526人。1993年,1 138个包护组为1 689名社会孤老、离退休孤老和身边无子女老人,承担买米、配药、家务、洗理等服务。

1983年,南市区成立孤老包护组766个,包护孤老766人,使每位孤老平时有人关心、节日有人探望、困难有人照料。

据1983年3月统计,全市建立2 400余个孤老包护组,被包护的社会孤老达2 400多人。1989年,全市已有85%的居委会建起老年人包护组6 590个,受包护的社会孤老和有困难的老年人11 600多人。

表4-5-3　1982年上海市孤老包护组情况统计表

| | 街道、城镇数 | 建立包护组的街道城镇数 | 占街道城镇百分比(%) | 合 计 | | | 其 中 | | | | | | 开展孤老服务站街道数 |
| | | | | | | | 救济孤老 | | | 闲散孤老 | | | |
				包护组个数	被包护人数	包护服务人员数	包护组个数	被包护人数	包护服务人员数	包护组个数	被包护人数	包护服务人员数	
市区	122	116	95	2 856	2 932	5 701	2 366	2 389	4 748	90	43	53	4
郊县	33	21	63.6	197	197	371	197	197	371	—	—	—	—
合计	155	137	88.4	3 053	3 129	6 072	2 563	2 586	5 119	90	43	53	4

资料来源:上海市民政局档案

【家庭敬老室】

1980年3月,黄浦区南京东路街道云中居委会首创"家庭敬老室"服务形式。通过集中使用某个社会孤老的房屋,由社区居委会出资进行改造和装修,将邻近的社会孤老集中在一起,委派专人负责照护老年人的生活,提供生活起居、文化娱乐、康复护理、医疗保健等多项服务内容。服务初期被称为"敬老班",街道办有11个敬老班,服务孤老63人。此服务形式逐步扩大到其他街道,至年底,全区共有87个敬老班,并统一改称为"家庭敬老室"。

黄浦区家庭敬老室经验迅速在各区不少社区推广。至1988年,全市建有家庭敬老室1 840个,1997年发展到2 061个。随着养老服务的不断发展,家庭敬老室逐步被其他专业化的养老服务形式替代。

【托老所】

托老所最早起始于20世纪80年代末卢湾区济南街道与"白日孤老"的结对活动。托老所是短期接待老年人托管服务的社区养老服务场所,具有生活起居、文化娱乐、康复训练、医疗保健等多项服务内容,分为日托、周托、全托、临时托等。它采取早进晚回的方法,为日间无人照顾的老年人提供食宿和娱乐服务,以解除双职工家庭的后顾之忧。这种因人而异、因地制宜的家庭式安置、照料老人的方式,顺应老人怀旧和恋家的心理特点,很受老人欢迎。

1988年底,全市社区服务中心共设立托老所32所,在托老年人271人。

1992年4月,杨浦区长白街道春风托老所开业。该所总建筑面积450平方米,床位50张,由长白一村居委和多家纺织企业联营,从养老、护理、治疗、善终等方面入手,开办全托、日托、夜托、临托和家托"五托并举"和"临终服务",兼办老年食堂、老年家政。嘉定区为满足本村不愿意离开乡里或者入住敬老院支付能力不足的农村老年人的需求,以村级经济为后盾由村集体举办托老所,其中马陆镇创办7家托老所,床位485张,入住率达90%左右。

到2010年,大部分托老所转型为养老机构或老年人日间服务中心,嘉定、奉贤等郊区还有少量托老所。

表4－5－4　1997年上海市家庭敬老室统计表

单位:个

单　位	敬老室	单　位	敬老室	单　位	敬老室
合　计	2 061	长宁区	136	杨浦区	135
黄浦区	445	静安区	91	宝山区	36
南市区	149	普陀区	198	浦东新区	100
卢湾区	192	闸北区	161	闵行区	47
徐汇区	100	虹口区	256	嘉定区	15

资料来源:上海市民政局档案

二、社区涉老服务业

1987年起,民政部在全国倡导以养老服务等为主要内容的社区服务业。1988年召开的全国第九次民政会议确定,今后五年要大力发展城市社区服务工作。1994年4月,民政部会同国家计委等十四部委下发《关于加快发展社区服务业的意见》,提出到本世纪末,社区服务业产值每年要以13.6%的速度增长,85%以上的街道兴办一所社区服务中心、老年公寓等福利服务设施,为老年人等对象提供社会福利服务。1994年12月22—27日,民政部在上海召开全国民政厅(局)长座谈会暨全国社区服务经验交流会,国务委员李贵鲜为大会召开作重要批示,希望上海社区服务与其他地区经验在全国推广,取得更好效果。

1994年,市政府提出"改造街道敬老院并为社区社会孤老建立家庭敬老室,巩固和完善社区服务",并列入当年市府实事项目,市财政拨款250万元,区、街道自筹1 000万元,到年底按计划圆满完成25个街道敬老院的改造扩建,新增使用面积5 318平方米,床位489张,并建立家庭敬老室1 300多个。

1994年12月,市民政局会同市体制改革委员会等17个部门联合下发《关于加快发展上海市社区服务业的意见》,提出每个街道建立1所以上敬老院(老年公寓、托老所),切实开展养老等各项服务,为老年人等特殊困难群体提供社会福利服务,逐年分批改建街道敬老院等,扩大使用面积和添置必要设备,所需资金和用房、用地列入计划。要将社区敬老院视为社会福利事业单位,在建设费用、税收、服务价格等方面给予支持与优惠。

同年，在95％的街道社区服务中心，进一步规范社区志愿者队伍，为社区老年人开展志愿服务，有小事不出楼、相互结对、上门开展服务等多种服务形式。据统计，从1992年1月—1994年6月，全市共为7.8万名行动不便老人解决就医难，为2 000多名独居老人安装求助电铃，为7 000多名老人解决吃饭难的问题。

至1997年底，据统计，市区街道和居委会，共建立各种老人服务设施8 112个。其中老人康复站391个、老人活动室2 138个、老年学校844个、老年谈心站1 373个、老年理发室1 392个等。

三、社区居家养老服务

【发展历程】

进入21世纪，非专业化和非制度化的民间互助和无偿低偿的社区服务已经满足不了日益增长的居家养老服务需求，上门服务、日托服务、助餐点等多种形式的专业化服务快速发展。

2000年6月，市民政局制定《居家养老服务试点实施方案》，依托养老机构开展居家养老服务试点工作，选择黄浦、静安、卢湾、长宁、杨浦、嘉定6个区的12个街道作为试点单位。该方案明确全市居家养老试点主要有三种形式：依托养老机构、依托社区服务中心、独立设立。社区居家养老服务试点的目标确定为"雪中送炭"，主要是解决社区中经济困难老人、有特殊贡献老人和高龄老人的生活护理照料需求，以服务补贴的形式，对特定的老年人群体提供服务支持。

2000年8月，中共中央、国务院下发《关于加强老龄工作的决定》，提出要"建立家庭养老为基础、社区服务为依托、社会养老为补充的养老机制""加快社区老年服务设施和服务网络建设，努力形成设施配套、功能完善、管理规范的社区老年服务体系"。同年10月，市民政局制定《上海市养老福利事业十五规划和2015年远景目标纲要》（以下简称"养老规划"），提出"依托社区养老机构，开展日间照顾服务和上门服务，建立覆盖全市各个社区的居家老年人服务体系"。"养老规划"还提出建立政府为困难老年人和特殊贡献老年人购买服务的机制，建立老年人入住服务或者居家服务保障线制度，对于确有需要但是无力承担费用的对象，由政府通过招标方式为其购买服务。

2000年，上海开始社区居家养老服务试点。服务模式上，一是居家上门服务，二是依托社区服务设施开展日间服务、助餐服务等项目；运作模式上，建立政府、中介组织、服务机构的运行机制，组建专业化服务队伍；财力保障上，建立对困难老年人的养老服务补贴机制。截至2000年底，6个试点区开展依托养老机构的居家养老服务试点工作，21家养老机构设立居家老人护理服务部，为社区老人开展服务，其中静安区设立独立的居家养老服务中心。

2001年4月，市民政局下发《关于全面开展居家养老服务的意见》，要求在试点基础上，在全市各区县全面推开居家养老服务，成立居家养老服务机构，开展面向社区老人的上门护理照料和日间护理照顾服务。居家养老服务机构可以依托养老机构，也可以利用社区原有的为老服务设施和人员，进行资源整合。市民政局同时下发《居家养老服务补贴资金来源和使用方案》，筹资700万元，对纳入试点范围的12个街道，给予每个街道3万元的试点资金补贴，同时要求区和街道按照1：1：1的比例给予补贴，补贴资金用于为接受服务但没有支付能力的老人购买服务。当年，社区居家养老月服务老人近3 000人。一些试点单位对居家养老服务工作给予积极支持，嘉定区新城街道拨出10多万元，给开展居家养老服务的敬老院改善日间照护设施。各区县根据实际需要，制定相关服务补贴政策，街道根据不同情况确定每次服务时间、工时标准。2002年，卢湾区享受居家养老补贴 610 人次,年补贴金额为 10.62 万元。2003 年,居家养老补贴 993 人次,年补贴 66.7 万元。

2002 年 8 月,市民政局制定《上海市街道乡镇居家养老服务分中心工作职责(试行)》,明确其具体职责主要是:采集汇总老年人基本信息资料,承办本社区老年人居家养老服务工作,接受咨询、宣传居家养老服务有关政策,对本社区开设的老年人日间服务机构日常工作进行业务指导,做好本社区居家养老服务其他事务性工作等。

2003 年"非典"期间,市民政局推出"服务券"形式,为第一线医护人员的老年家属购买社区居家养老服务。当年下半年,浦东新区和杨浦区在服务对象中全面推广服务券方式。市民政局对服务券的使用流程做了具体规定,即以服务券的形式,实施政府购买服务,为符合条件的对象提供服务费补贴或优惠;服务券由市民政局统一印制;以政府购买服务的形式,由居家养老服务社选派符合条件的服务人员,为服务对象提供服务;服务人员通过提供服务,获得居家养老服务券,每月依据服务券与居家养老服务社兑现一次;服务券不能兑换成现金,也不能累计计算,当月有效。

2003 年 7 月,市民政局制定《上海社区居家养老服务需求评估标准》,开始培训专业评估员,对首批评估员发给行业资质证书。

2003 年 11 月,市民政局下发《关于进一步深化居家养老服务试点工作的通知》,选择浦东新区和杨浦区为服务运作机制试点单位,开展深化居家养老服务试点工作。深化试点工作的主要内容:一是进一步健全和完善市、区县、街道乡镇三级居家养老服务管理网络和服务实体组织,建立政事分开、政社分开的运作机制;二是建立评估体系,发行居家养老服务券,建立服务准入制度,并通过服务券兑现政府补贴;三是将居家养老列入全市万人就业项目,通过招聘上海失业、协保人员(即 4 050 人员)和农村富余劳动力,通过培训获得市劳动保障部门的职业资格证书,担任居家养老服务员,享受相关的扶持政策。

2004 年 4 月,市民政局下发《关于进一步推进深化居家养老服务工作的通知》,要求扩大试点成果,将居家养老服务与社区助老万人就业项目结合,不断扩大居家养老服务范围,细化居家养老服务方式。对居家养老服务的对象、服务内容、运作机制、资金来源、费用标准等进一步明确,予以规范。

2004 年 4 月,市民政局、市劳动和社会保障局、市财政局制定《关于本市实施社区助老服务项目试行办法》,由市财政对接受居家养老服务中的百岁老年人等给予服务补贴。对接受居家养老服务并符合补贴条件的老年人,经评估使用"居家养老服务补贴券",实施购买服务补贴,社区助老服务作为"万人就业项目"在全市范围推进,服务补贴经费列入财政预算。2004 年 12 月底,全市有 223 个街道乡镇开展这项工作,月服务老年人数达 2.6 万人,其中享受政府补贴的困难老年人 18 858 人,自费老年人 7 199 人;提供护理员岗位 9 928 个,其中失业、协保等再就业人员 3 777 人;全年补贴经费总计 1 774 万元,其中市财政补贴 328.5 万元,市福利彩票公益金补贴 420 万元,区县公益金补贴 373.5 万元,区县财政补贴 652 万元。至此,上海初步建立起全市性的居家养老服务网络,使社区居家老年人能够获得就近便捷、专业化的照料护理和其他服务。

2004—2005 年,在欧盟"亚洲城市项目"资助下,市民政局组织专家,借鉴荷兰、瑞典、法国等国的经验,结合上海实际,对评估标准进行较大调整,明确评估参数的权重比例,并实现分值化。2004 年 9 月,从全市社会福利服务机构中选派 12 名专业人员赴欧盟进行短期专业培训。该项目主要内容:1. 建立评估标准和照护等级。依据并采用国际通用的日常生活活动评估量表、认知功能评估量表等评估工具,确定评估标准的四大主要参数(生活自理能力、认知能力、情绪行为、视觉能力)和两大背景参数(社会生活环境、重大疾病),评估结果为"轻度""中度""重度"三个照料等级,从而实现评估标准的量化。2. 开展试评估。2005年3月和2005年7—8月,先后开展两个阶段的试评估。开发评估信息管理系统和数据库,将申请人信息、评估表和评估报告内容全部输入计算机系统。开发数据录入、打分、汇总、分析的程序,可以自动生成评估结论,结论包括评估结果和服务建议。3. 开展评估试点。2005年8月完成的《上海市养老需求评估指导手册》,对评估表涉及的评估参数及评估报告作详细的操作说明。同年10月起,市民政局选择浦东新区和徐汇区的部分街镇进行评估试点工作。试点街道全部采用新的评估标准对服务申请老年人进行评估。2006年起,新的评估标准逐步向全市推广,培训的510名评估员,按照新的养老服务需求评估标准,对当年全市8万多人次进行了评估。从2007年起,在全市范围统一启用新的评估表及服务补贴申请、审批等工作用表,开展评估员准入资质认定和上岗培训,共开设养老服务评估员培训班11期,有630余名评估员参加培训,确保评估人员全部持证上岗。2010年,13万名老年人经评估得到服务补贴,服务补贴总金额约3亿元,发挥了政府补贴资金"守门人"的作用。

2004年4月,市民政局下发《关于进一步推进深化居家养老服务工作的通知》,明确政府采取服务券形式,为4类老年人购买服务或提供优惠:1. 困难老年人。低保或经济困难家庭中,生活不能自理或部分不能自理的老年人,补贴标准每人每月一般在100元~250元。2. 特殊贡献老年人。伤残优抚对象、省市级以上劳动模范(全国单项先进等)和归侨中经济相对困难,生活不能自理或部分不能自理的老年人,补贴标准每人每月一般在50元~250元。3. 百岁以上老年人。补贴标准每人每月100元。4. 80岁以上其他老年人(指以上三类对象之外的老年人),该类对象在接受居家养老服务时,按其服务费用总额给予15%的优惠,每月优惠补贴最高不超过150元。

2004年6月,上海召开深化居家养老服务推进工作大会,副市长周太彤讲话,浦东新区和杨浦区作了交流发言。周太彤在会上肯定了居家养老服务试点的模式和成效,要求居家养老服务的对象要逐步从困难和特殊老人面向全体老人。

2005年7月,市政府办公厅转发市民政局等部门《关于全面落实2005年市政府养老服务实事项目进一步推进本市养老服务工作意见》,扩大社区助老补贴范围,将原对部分困难老年人实行补贴扩大到70周岁以上低收入且生活不能自理的老年人、70周岁以下低保且生活不能自理的老年人;调整补贴标准,由每人每月一般在50元~250元调整为150元~250元;明确居家老年人享受的养老服务补贴可以带入公益性养老机构。

2005年,社区居家养老服务首次列入市政府实事项目,并列入政府预算。2005年度居家养老预算补贴实际使用资金:政府购买服务补贴资金4 839.6万元,其中福利彩票公益金1 813.5万元、财政资金3 026.1万元。

2005年7月,市政府办公厅转发市民政局等六部门《关于全面落实2005年市政府养老服务实事项目进一步推进本市养老服务工作意见》,对居家养老服务的指标、扩大社区助老补贴范围和标准、开展分级评估等予以明确。

2006年10月,市政府转发市民政局等部门的《关于进一步促进本市养老服务事业发展的意见》,对补贴范围和标准作新的规定:1. 调整养老服务补贴标准,经评估,对60周岁及以上低保、低收入且需要生活照料(照料等级分轻度、中度和重度)的上海市户籍老年人,给予人均200元/月的养老服务补贴。2. 设立养老服务专项护理补贴,对享受养老服务补贴的低保、低收入的上海市户籍老年人,经评估,照料等级为中度或重度者,设立养老服务专项护理补贴,标准为中度每人100元/月、重度每人200元/月。明确按照照护等级轻中重度予以差别化补贴。该意见还明确,提高

"万人就业项目"养老服务人员收入、解决居家养老工作经费,新政策促使服务人数快速增长,服务队伍发展壮大。当年受到服务的人数突破10万人,服务人员发展到近3.3万人,其中社区助老"万人就业项目"的再就业人员1.2万人、外来务工人员1.2万人、退休聘用及在编人员8700人。

2008年1月,市民政局、市发改委、市财政局、市劳动和社会保障局下发《关于全面落实2008年市政府养老服务实事项目进一步推进本市养老服务工作的意见》,出台10项养老服务扶持措施,其中,提高养老服务补贴标准,在原人均200元/月的基础上提高到人均300元/月;扩大养老服务补贴受益面,对80周岁及以上、独居或"纯老家庭"的上海市户籍城镇老年人,本人月养老金低于全市城镇企业月平均养老金的,经评估需要生活照料者(照料等级分轻度、中度和重度),按养老服务补贴和养老服务专项护理补贴标准的50%给予补贴等。

截至2010年底,全市社区助老服务社共233家,服务队伍发展到3.3万人,全市有13万名老年人经评估得到服务补贴,补贴人数约占服务总人数的51.6%,服务补贴总金额3亿元;自费购买服务的老年人12.2万人,约占服务总人数的48.4%。另有8000名老年人的养老服务补贴带入养老机构。

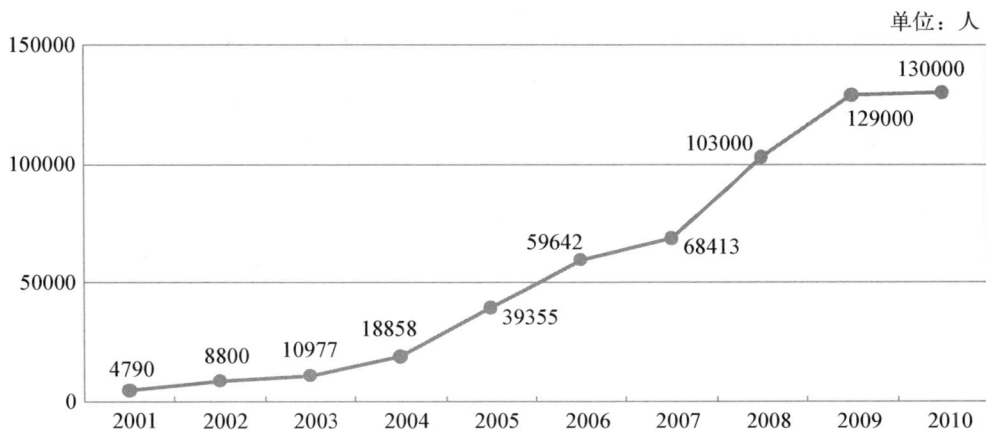

图4-5-6　2001—2010年上海市养老服务补贴人数情况图

图片来源:由上海市民政局档案中数据汇总制作

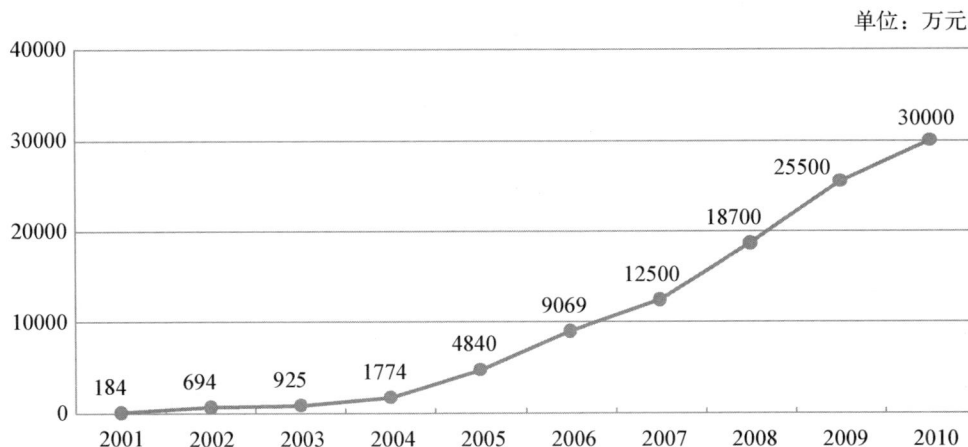

图4-5-7　2001—2010年上海市养老服务补贴资金情况图

图片来源:由上海市民政局档案中数据汇总制作

【服务形式和内容】

居家上门服务 1996年下半年,市民政局提出依托养老机构开展居家上门服务的要求,并成立调研组走访周边居民区,了解服务需求。徐汇区爱建大厦1位德籍华裔归国高龄孤老为第一位居家上门服务的对象,由市第一社会福利院派护理人员上门提供服务。当年有12位老年人接受居家上门服务。

2000年开始,市民政局开展居家养老服务试点,当年共为100多位老年人提供居家上门服务。服务人员为上海市下岗失业人员、外来人员等,经培训后与街道乡镇居家养老服务中心签订服务协议,上门为孤老或特殊困难的不能自理老年人提供生活照料服务,服务内容主要为:买菜、做饭、洗衣服、打扫卫生、帮助洗漱、喂饭、洗澡、陪医就诊等服务。2001年底,为3 700位老年人提供了上门居家服务。

2005年社区居家养老服务全面推进后,至当年底,上门居家服务5.3万名老年人。下半年,市民政局开展社区居家养老服务调研,提出"项目化＋集约化服务模式"。包括个人起居生活照料、送餐服务、家居改造和辅助器具安装、康复治疗和保健训练、安康通紧急援助服务、社工咨询服务等。在此基础上形成"助餐、助洁、助急、助浴、助行、助医"为主要内容的项目化、专业化服务模式。

2006年3月6日,市民政局召开养老服务工作会议,针对社区居家养老服务存在的以家政类服务为主、服务内容单一、服务效率低下、队伍不规范等问题,要求大力推进项目化、集约化服务,改变"保姆式"服务现状。服务内容由"助洁"为主,逐步发展为"六助"服务菜单,并由助老服务社派出护理、家政、康复、社工等专业人员提供项目服务。到2006年底,全市共为10万名老人提供了"六助"等服务项目。

至2010年底,为23.5万名老年人提供了居家上门服务。

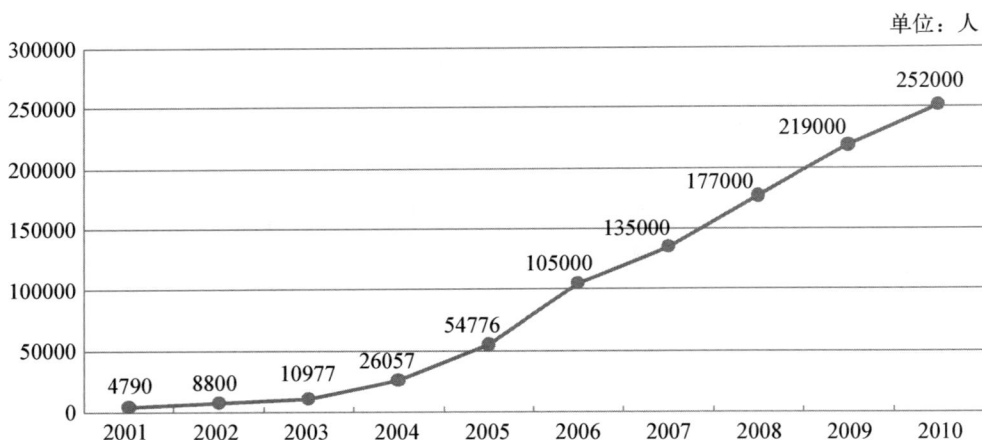

图4-5-8 2001—2010年上海市社区居家养老服务人数变化图

图片来源:由上海市民政局档案中数据汇总制作

社区托养服务 2002年,社区老年人日间服务中心开始连续被列入市政府实事项目。当年,全市老年人日间服务中心发展到80个,月日托老人1 000人左右。2008年,社区老年人日间服务中心服务老人增加到6 400人。至2010年底,全市拥有社区老年人日间照料中心达303家,为9 000名老年人提供日间照料服务。

至2010年底,全市社区助老服务社为233家,服务队伍发展到3.3万名,共为25.2万名居家老年人提供了社区居家养老服务,其中,为23.5万名老年人提供上门服务。

2008 年 12 月,市民政局下发《关于进一步做好老年人日间服务机构建设经费补贴工作的通知》,明确补贴范围、补贴标准、申请流程等,其中对建设投资额在 31 万～60 万元的项目,市财力补贴 15 万元;对建设投资额在 61 万～100 万元的项目,市财力补贴 30 万元;对建设投资额在 100 万元以上的项目,市财力补贴 40 万元。

表 4-5-5 2005 年上海市老年人日间服务中心情况统计表 单位:家

设置形式	举办主体		
	政府办	社会办	合 计
依托社区服务中心	2	0	2
依托福利机构	35	13	48
依托活动室	16	0	16
独立	15	2	17
合 计	68	15	83

资料来源:上海市民政局《社会福利年报》

表 4-5-6 2010 年上海市社区养老服务设施分布情况统计表 单位:家

	日间服务中心	助餐服务点			
		单一型	综合型	综合示范型	小 计
黄浦区	14	5	4	6	15
卢湾区	11	9	0	1	10
徐汇区	17	37	6	6	49
长宁区	15	27	6	7	40
静安区	10	27	2	7	36
普陀区	13	22	3	3	28
闸北区	12	18	2	2	22
虹口区	13	12	4	1	17
杨浦区	20	26	8	4	38
闵行区	14	21	7	6	34
宝山区	27	3	16	2	21
嘉定区	20	0	13	4	17
浦东新区	60	34	13	12	59
金山区	19	4	1	0	5
奉贤区	14	2	1	0	3
松江区	7	3	0	0	3
青浦区	8	1	3	2	6
崇明县	8	0	1	0	1

(续表)

	日间服务中心	助餐服务点			
		单一型	综合型	综合示范型	小　计
福利中心	1				
小　计		251	90	63	
合　计	303	404			

资料来源:上海市民政局档案

社区助餐服务　1991年,嘉定县封浜乡新华村、方泰乡陆巷村、桃浦乡真建村相继建立老年食堂,日均用餐150人。1992年,市政府实事项目列入"开展为老年人提供午餐,对其中行动不便的实行送饭上门"的项目。1992年,长宁区附设的老年食堂解决了436名老人吃饭问题。1994年底,全市为7 065位老人提供午餐服务。1997年,为9 170位老人提供就餐服务。1997年底,全市有老年食堂127个。

2006年8月,静安区由区乐龄助老服务总社牵头,青凤老年生活护理服务社在静安寺街道范围内开展老年助餐服务。截至2007年5月底,为177名老年人提供集中就餐、上门送餐等形式的助餐服务。同年11月,徐汇区康健街道借助区第一社会福利院的资源成立康健街道为老服务配膳中心,为社区100多名老年人提供餐饮服务,其中80多位困难老年人享受送餐服务,20位老年人来配膳中心用餐。同时,静安、杨浦、黄浦、徐汇等区依托社区资源,探索多种形式的助餐服务,解决老年人的助餐服务需求。至2007年底,全市有69个街镇设立118个社区助餐服务点,为8 000多名高龄、独居老年人提供助餐服务,政府对低收入老年人给予补贴。

2008年,新建200个助餐服务点列入市政府实事项目,以重点满足独居、高龄、生活自理有困难、低收入老年群体的助餐需求。同年4月,市民政局下发《关于鼓励社区设立老年人助餐服务点的通知》,明确社区老年人助餐服务点是指以社区为主导,为社区老年人提供膳食加工配制、外送、集中用餐等服务的场所。助餐服务点按功能、规模与服务提供能力,分为综合型助餐服务点与单一型助餐服务点。其中,集膳食加工配制、外送及集中用餐等功能为一体,配送餐能力在150客/餐以上的为综合型助餐服务点;具备配送餐能力500客/餐以上,并同时承担2个以上助餐服务点膳食配送的为综合型助餐服务示范点;具备膳食加工配制、外送、集中用餐等功能之一或之二,供餐能力不低于50客/餐的为单一型助餐服务点。明确具体的设立条件、审核认定要求、项目资助办法,对综合型助餐服务示范点、综合型助餐服务点、助餐服务点,分别按每个20万元、9万元、1万元的额度,由市福利彩票公益金提供一次性资助,各区县按不少于1:1的比例予以配比,并根据实际情况对助餐服务点日常运作予以支持。

2010年,新设立社区老年人助餐服务点65个,拥有社区老年人助餐服务点404家,受益老年人近4万人。

第三节　养老服务管理

一、制度建设与政府监管

1980年初,市民政局制定《上海市社会福利院管理工作条例》,对组织体制、人员编制、单位任务、对象管理、财产物资管理、职工业务纪律、奖惩制度等作具体规定。规定职工必须做到：不准打骂虐待、歧视、侮辱病员和收养人员，不准侵占、购买、借用病员和收养人员的财物，不准侵占、克扣病员和收养人员的粮油和其他生活供应品，不准让收养人员替职工干私活或代职工值班，不准压制民主、打击报复等"五个不准"业务纪律。各单位分别制定各部门以至各岗位、各工种的岗位责任制，从领导到每个职工职责分明。

1982年6月26日，民政部对市民政局制定的《上海市福利事业单位业务考核指标暂行规定》予以肯定，并全文转发全国各省、自治区、直辖市民政部门。同年7月，市民政局向全市推行该业务考核指标，指标包括业务方针、管理内容、职责分工、考核和奖励办法等。要求全市和区福利事业单位按照指标要求，结合各单位具体情况，将内容逐项进行分解细化，分别制定部门、管理区以至班组落实指标的具体措施，建立单位、管理区、班组三级考核制度，实行逐级考核。市民政局对各单位采取临时抽查与定期考核两种方式进行，临时抽查不发通知、不打招呼、不定时间、不事先确定内容，以暗查的方式进行考核。临时抽查与全面考核，一般一年各进行2次。4次考核的平均成绩即为单位年终考核成绩，以得分高低决出名次，张榜公布，对前三名给予物质奖励和精神鼓励。

1987年7月，市民政局下发《上海市社会福利设施设立审批暂行规定》，明确社会福利设施是指为老年人及其他需要帮助者提供生活照料、护理和康复等服务建立的托老所、养老院、敬老院、老年公寓和福利院，以及为满足社区成员的多种需求，依托街道和居委会建立的社区服务中心等设施。对市区的审批权限做出规定：兴办床位在20张以上、50张以下（不含50张）社会福利设施的，应当经区县民政局批准；兴办床位数在50张以上，或者区县、街道乡镇社区服务中心等社会福利设施的，应当经市民政局批准。对社会福利设施的开办申请条件、批准程序、开业审批程序、变更与终止、年度检查等也作出具体规定。

1988年，市民政局制订地区社会福利事业考核指标，并逐年组织实施考核。1992年4月，市民政局下发《上海市社会福利事业单位考核办法》，要求对福利事业单位全面管理，并规定考核项目、内容、标准，要求各单位制订内部检查考核及奖惩的具体办法和规定。

1991年5月，市民政局制定《上海市社会办社会福利事业单位管理试行办法》，要求在该办法公布施行后的三个月内，全市现有的社会办福利事业单位，应按本办法的有关规定，到所在区县民政局补办登记手续。对拒不补办登记手续的，经教育无效，予以取缔。明确社会办社会福利事业单位，系指公民个人或合伙举办的老人福利院（敬老院、托老所）、伤残儿童日托站（寄托站）等非营利性质的事业单位。公民申请举办社会福利事业单位，必须是上海常住户口的非在职人员，具有与开展业务相适应的资金、场地、房屋、生活设施和管理、医护人员等条件。公民个人或合伙举办的社会福利事业单位，必须向所在地区街道乡镇民政部门提出书面申请，经所在地区的区县民政局核准后发给许可证，方可开业。还明确社会办社会福利事业单位必须符合相关规定，必须接受政府和社会的监督等。

1991年9月，市民政局下发《关于对本市各社会福利院等级评审结果的通知》，根据等级评分标准，对养老机构管理工作、房屋及环境设施、医疗康复设备、职工素质等4个方面几十项工作内容进行具体的考核、评定。将养老机构分为一、二、三3个等级，等级考核评定与收费标准挂钩。经评审，一级社会福利院为：市第一社会福利院、杨浦区社会福利院、虹口区社会福利院；二级社会福利院为：市第二、第三社会福利院，黄浦区、南市区、普陀区、长宁区、上海县社会福利院；三级社会福利院为：市第四社会福利院，闸北区、宝山区社会福利院等。

1994年1月,市民政局制定《上海市社会福利院收养人员管理办法》,对入院老人的条件、入院程序、财物保管、遗款处理、费用收交、收养人员的义务与权利、纪律与奖惩等事项作出规定。入院者必须做到:不准污辱、谩骂、诽谤和殴打干部、职工和其他收养人员;不准赌博、酗酒,不准偷窃公私财物;不准以任何理由毁坏国家或他人物品;不准制造和散布谣言或搬弄是非,挑起事端,骚扰院内正常生活和工作秩序;必须在规定的时间和地点接待家属和亲友来院探望,未经许可,不准在院留宿;必须在指定的楼面和铺位生活和就寝,未经许可,不准擅自调换;不准从事或参与任何违法、违纪活动。对违反纪律者,按规定惩处。

1995年,市民政局对部分街道敬老院组织开展上海市二级敬老院评审,当年全市评审出20家二级敬老院,占街道、镇敬老院总数的12%。1996年,全市有41家二级敬老院。1997年,全市二级以上敬老院达到68家。

1995年8月,市民政局下发《关于评定本市街道(镇)一级敬老院的通知》,在全市开展争创一级敬老院活动。1997年,普陀区曹安街道敬老院、杨浦区四平街道敬老院和长宁区华阳街道敬老院成为街道敬老院中首批市一级敬老院。

1997年7月,市民政局下发《上海市社会福利设施设立审批暂行规定》,加强对社会福利设施的设立审批,包括为老年人及其他需要帮助者提供生活照料、护理和康复等服务建立的托老所、养老院、敬老院、老年公寓和福利院,以及为满足社区成员的多种需求,依托街道和居民委员会建立的社区服务中心等设施;提倡和鼓励企业、事业单位、社会团体和个人投资兴办或者资助以老年人为主要服务对象的社会福利设施,并对社会福利设施予以政策支持;规定床位数20张以上需经区(县)民政局批准,床位数在20张以下的社会福利设施,不得作为独立的机构,应当按照社区服务中心的分支机构进行设立审批;市、区县民政局应当对本辖区社会福利设施的经营服务范围、项目和质量、收费价格、财务账目等进行监督检查。

1998年6月,市政府发布《上海市养老机构管理办法》(以下简称《办法》),《办法》对养老机构的发展原则、设置规划、管理部门、验收发证、名称使用、合并解散、服务合同、分级护理、膳食配置、保健服务、文体活动、夜间值班、收费规定、监督评估、年度验审、行政处罚等作出具体规定;对养老机构的设置主体、条件、区域、审批、批准、验收等提出具体要求,对规范养老机构建设、鼓励社会力量参与举办养老机构起到重要作用。在此基础上,市民政局又先后制定《上海市养老机构设置细则》《上海市养老机构年度验审办法》《上海市养老机构处罚办法》等一系列规范性文件,初步形成鼓励、规范、引导、扶持养老服务不断发展的法制框架。

1998年10月,国务院发布《民办非企业单位登记管理暂行条例》,为非营利性养老机构登记提供了路径。从2000年起,各区县将已设立的社区养老机构转变为民办非企业单位,并要求新建的街镇和社会办养老机构一律进行民办非企业单位登记,使其走上规范化发展道路。

1999年2月,市民政局制定《养老机构设置细则》,对养老机构设置主体、设置规划条件、设置申请材料、申请受理部门、名称使用、执业条件、执业申请材料、执业审批、年度验审、合并与解散、补办登记、处罚等予以明确。同年11月,市民政局下发《核定本市补办执业登记的养老机构名单的通知》,核准上海387家养老机构准予执业(从1999年6月1日至1999年10月底,为1998年10月1日前已经执业的养老机构开展补办登记手续)。

2000年6月,市民政局制定《上海市养老机构年度验审办法》,明确年度验审内容,包括是否符合《养老设施建筑设计标准》的规定,是否符合《上海市养老机构管理服务基本标准》的规定,养老机构使用的名称与核准的名称是否一致,养老机构所在地与核准的场所是否一致,养老机构的收费和支出情况,养老机构的卫生防疫和消防安全是否符合有关部门的规定,养老机构的合并和变更是否按照设置审批程序办理变更手续,养老机构募集财物的数量及使用是否符合有关规定,合资、合作设置养老机构的股东或出资人是否按照章程或合同规定缴清出资或提供合作条件,营利性养老机构是否按照规定办理变更登记,养老机构是否从事超越服务范围的活动,养老机构有无伪造、涂改、出租、出借、转让执业证照的行为,养老机构执业证照的期限是否到期,以及其他需要审查的事项。当年,全市首次开展养老机构年度验审工作。经自查、互查、抽查和综合评估认定,全市纳入年度验审的411家养老机构中,通过验审的为347家,需要整改暂缓验审的64家,年度验审通过率为84%。

2001年1月,市民政局制定《养老机构处罚暂行办法》,明确处罚的具体情形、处罚基准、处罚措施、行政救济途径等。

2002年7月,市民政局首次组织对上海市社会办养老机构全面检查,检查内容包括:遵守国家法规、养老机构内各专业工作人员资质、执业资质、服务人员配比、消防安全、服务收费、民主管理、环境卫生等10个方面,对在管理、服务和设施上尚存在不足的机构发出整改通知。2003年初,完成对全市19个区县122家社会办养老机构的全面检查,检查结果表明,全市社会办养老机构中80%左右情况良好,19%左右基本合格,少数机构情况较差,列入撤销计划。

2003年1月,市民政局下发《关于进一步加强养老机构管理的若干意见》,从尊老敬老、养老护理服务、收费管理、居家养老服务、法制意识、ISO质量体系认证、院内民主管理、教育培训、管理服务规范化、院容院貌等10个方面,提出具体的管理要求。

2004年,全市纳入年度验审的439家养老机构中,通过验审的为374家,需要整改暂缓验审的65家(包括尚未正式开业及正在改扩建的13家),年度验审通过率为85.2%。

二、行业自律

1997年11月,市政府办公厅转发市民政局《关于扶持本市民政事业发展若干意见》,市民政局对福利事业管理体制进行改革,原民政福利事业管理处实行政事分开,分为民政福利事业管理处和上海市社会福利中心(以下简称市福利中心)。市福利中心为市民政局直属事业单位,由中心本部及下属11家单位构成,均为市级财政全额拨款事业单位和独立法人。福利中心的职能:1. 实施对局直属福利事业单位全面管理;2. 受政府职能部门的委托,对全市社会福利事业单位实施行业管理;3. 将中心建设成为一个多功能的基地,以发挥能够向民政系统内外提供各类服务的功能;4. 成为当前福利事业单位各类管理人员与各类护理人员的上岗、等级、业务等培训的基地。1999年3月,举行福利中心挂牌仪式。据2009年统计资料,福利中心在编职工1 710人,非在编职工595人,下属机构共有床位4 760张。

2001年8月,上海市社会福利行业协会筹备工作启动。2003年,市民政局下发《关于上海市社会福利行业协会履行行业管理职能的通知》,要求行业协会充分发挥行业代表的作用,履行章程规定的职能,并接受政府部门的委托,逐步在社会福利行业管理中承担以下职能:1. 参与制定行业服务标准;2. 开展行业评估活动;3. 承办社会福利机构基本规范评估事务;4. 承办社会福利机构行业等级初审事务;5. 承办行业从业人员业务培训组织工作;6. 开展行业统计、行业调查,发布行业信息;7. 出具公信证明等。

2003年7月,市社会福利行业协会召开第一届会员大会及第一届理事会,选举产生第一届理事会理事,首批 294 个社会福利机构成为协会成员。2003 年 8 月,行业协会在市民政局正式登记注册。同年 8 月,行业协会第一届理事会第二次会议通过《上海市社会福利行业协会行规公约》。2004 年 5 月,社会福利行业协会发起成立上海市社会福利评估事务所,主要职能包括:制定评估标准,开展行业评估,提供咨询服务,开展评估人员培训,承担政府或社会组织委托事项。

2003 年 9 月,全国首条养老福利法律咨询服务热线在浦东开通,副市长周太彤出席开通仪式。浦东新区 50 家律师事务所为 50 家养老机构义务担任法律顾问签字仪式同时举行。周太彤称赞浦东新区为老年人做了件有意义的好事,让老年人在法律保护下,安享幸福晚年。

图 4-5-9　2003 年 9 月 12 日,浦东新区 50 家律师事务所义务为养老机构担任法律顾问协议签字仪式举行

2008 年 6 月,经市民政局批准,协会业务范围在原行业维权、行业协调、行业宣传、行业培训、咨询服务、人才信息交流、行业理论研究的基础上,增加行业评估、行业统计、行业调研等事项。

2006—2010 年,市社会福利行业协会在会员中组织开展以规范行业管理、提高行业服务水平为目标的养老机构"行检""行评"活动。通过制定标准、开展自查自纠和专家上门指导的方式,摸清家底,查找薄弱环节,明确整改目标。同年 5 月,行业协会对全市所有养老机构进行一次"行检""行评"。同时以"创建达标示范单位""推荐整改先进单位"活动为抓手,通过自我整改、自我评估、自愿申报的方法,评选出"达标示范单位"127 家、"整改先进单位"40 家。2007 年起,行检行评工作建立定期申报、专家小组指导验收、行检行评工作领导小组审查批准的长效工作机制,每年定期对自我申报单位进行评估验收。至 2010 年底,全市近 500 家会员单位,有 362 家被评为"重点项目达标示范单位",达标率为 73%。

三、标准化建设

20 世纪 80 年代开始,上海在强化养老服务标准化工作中,加强机构的考核管理。至 20 世纪

90年代,全市乡镇敬老院、市级社会福利院和区县级社会福利院等级标准也先后出台。

1994年7月,市民政局制定《上海市社会福利院收养人员分级护理标准》,对入住老年人按生活能力、所患疾病等进行评定,并要求按照评定的等级,提供相应的服务。

进入21世纪,市民政局会同相关部门着手制订相关行业标准。2000年1月,市建委发布《上海市养老设施建筑设计标准》(DGJ08—82—2000),成为上海第一部与养老服务相关的行业标准,其主要内容包括养老机构的设置、总平面设计、用房与面积标准、性能标准、使用标准、设备标准和设施标准。

2000年,市民政局将ISO国际质量认证体系首次引入养老福利领域。同时,按照以人为本的服务理念,推行养老机构配置专业社工,造就专业化、职业化养老服务队伍,探索人性化的服务模式,通过依托专业化、社会化培训机构使证书培训和继续教育培训相结合,有效提高养老服务工作人员的能力和水平。当年,市第三社会福利院率先在全国开展养老机构ISO质量体系认证工作。2002年,市民政局在试点的基础上,开展以市、区县属养老机构为主的社会福利机构ISO质量体系认证工作,众仁花苑和松江区、杨浦区、长宁区社会福利院,以及徐汇区第二社会福利院等养老机构,通过质量体系的认证。一批养老机构开始进入咨询、认证程序。4月24日,杨浦区社会福利院通过英国帕尔技术管理公司ISO9001的认证,成为上海首家获得国际上著名认证机构认证的养老机构。2003年,先后有22家市、区县两级的养老机构和部分街道乡镇及社会办养老机构通过ISO质量体系认证。上海工汇福利院成为全国第一家通过ISO9001国际服务质量体系认证的社会办养老机构。

2001年4月,市民政局制定《上海市养老机构管理和服务基本标准》,具体明确养老机构人员配比、管理要求、服务分类、分级护理等。

2009年10月,《社区居家养老服务规范》(DB31/T461—2009)作为上海市地方标准正式发布,在全市各社区养老服务机构推广实施。该规范明确居家养老服务机构的工作流程、服务内容、服务管理和上岗资质等。

2009年,各区县积极开展贯标培训、梳理制度、规范服务、加强考核,有步骤、分阶段地推进,并针对资金使用管理、设施管理、规范用工、信息化管理等薄弱环节,研究出台区域性管理办法和规范性文件,以促进全市社区居家养老服务管理水平的提升。12月,市民政局按照民政部的部署,对照《老年人社会福利机构基本规范》《老年人建筑设计规范》和《养老护理员国家职业标准》,组织开展"两规范一标准"专项检查。对全市2009年11月底已执业的养老机构,从设施设备和环境、服务、管理、队伍建设等4个方面共27类87个项目进行全面检查,检查达标率为97%。2010年3月,市民政局要求在对456个实事项目自查的基础上,针对存在的问题,对照《养老设施建筑设计标准》等制度规范,在全市开展整改工作,集中排查存在的安全隐患,清理未达标的改扩建项目,检查控制补贴资金发放。

2010年4月,市民政局制定《养老机构行业优质服务标准》,将业务考核与文明行业建设指标结合。各区县民政部门均制定对养老机构进行考核评估的具体指标,定期进行考核,使目标管理、业务考核和服务评估工作有机结合。

四、社会化示范活动

2001年6月,市民政局下发《关于在本市开展社会福利社会化示范活动的意见》,要求社会福利社会化示范活动围绕实现投资主体多元化、服务对象公众化、运行机制市场化、服务方式多样化、服务队伍专业化开展。2002年,创建社会福利社会化达标区和示范区活动在全市范围开展。至年底,全市19个区县全部通过社会福利社会化达标区的考评,浦东新区被评为社会福利社会化示范区。

2005年,全国民政厅局长会议决定,把开展养老服务示范活动作为社会福利的重点工作加以推进。同年3月,民政部发出通知,明确开展示范活动的指导思想、基本方式、标准、指导原则和基本要求,根据民政部要求,市民政局在示范活动两种基本形式(以区县为单位、以养老服务机构为单位)基础上,增加"社区居家养老服务机构",并针对每种形式制定相应的示范标准,以此明确养老服务的发展重点、发展模式和发展机制。7月,民政部在青岛召开"全国养老服务社会化示范活动"启动工作会议,上海市民政局在会上作交流发言。

2006年7月,民政部在大连召开全国养老服务社会化经验交流会,市民政局再次在会上作《制定政策,采取措施,创新机制,全力推进养老服务社会化发展进程》的发言。

2007年,浦东新区、杨浦区和市第一社会福利院被评为"全国养老福利社会化示范单位"。2010年12月,长宁区、闵行区、嘉定区、徐汇区、普陀区被评为第三批"全国养老福利社会化示范单位"。

五、收费管理

1978年11月,市民政局制定《试办退休职工养老部的若干规定》,在上海市养老院(后改名为市第一社会福利院)试办退休职工养老部,并规定收费标准。1979年,首批68名退休孤老职工自费入院。

1981年3月,市民政局制定《关于收养安置退休孤老职工的暂行规定》,规定市第一社会福利院主要收养安置党政机关、人民团体、事业单位的退休孤老,在条件许可的情况下,适当安置部分企业的退休孤老。收费标准为:企业的退休孤老每人每月托管费25元,党政机关、人民团体、事业单位的退休孤老托管费由民政部门在民政经费中统一划拨,入院者的伙食费、衣被费由本人自理,医疗费按劳保条例规定办理。此外,入院者每月还须交付数额不等的杂支费。

1984年9月,市民政局印发《关于调整社会福利院收养退休孤老收费标准的通知》,决定从1984年10月1日起,对新入院退休孤老的收费标准作适当调整。

1991年9月,市民政局、市财政局、市物价局下发《关于统一本市社会福利事业单位离退休孤老及自费寄养人员收费标准的通知》,根据设施及管理情况实行按等级收费。市和区办社会福利院收费标准为:托管费,一级社会福利院每人每月90元,二级社会福利院每人每月75元,三级社会福利院每人每月60元;护理费,特殊护理每人每月120元,全护理每人每月60元,半护理每人每月30元,全自理不收取护理费。

1995年5月,社会福利院收费标准调整为:托管费,一级社会福利院每人每月150元,二级社会福利院每人每月120元,三级社会福利院每人每月100元;护理费,一级护理(原特殊护理)每人每月180元,二级护理(原全护理)每人每月120元,三级护理(原半护理)每人每月60元。因情况特殊需专人护理的,其护理费由入院老年人同福利院面议。街道乡镇办的集体性质的敬老院收费标准,由各区县民政部门会同物价部门和财政部门制定。

1999年8月,经市物价局批准对养老机构收费进行规范。收费标准分3类:一是对市、区县政府投资举办并运作的养老机构实行政府限价,二是对街道乡镇投资举办但实行自收自支的养老机构实行指导价,三是对完全依靠社会资金举办的养老机构实行自主定价。根据市物价局规定,托管费从150元统一调整到500元,一级护理从180元调到480元,二级护理从120元调到300元,三级护理从60元调到150元,专门护理仍按原规定实行面议。实行新的收费办法和运行机制后,对入住养老机构的老年人实行"老年人老办法、新人新办法",即对原住院老年人,执行原收费标准,其成本不足部分,仍继续享受政府给予的一定补贴;对于新入院老年人,按照成本核定的收费标准收费,同时根据新的办法,按需要实施补贴。

2001年8月,市民政局、市物价局制定《关于居家养老服务收费问题的通知》,明确社区居家养老服务纳入收费管理,收费标准由养老服务机构自主确定,并可与服务对象双向协商定价。养老服务机构开展居家养老服务,收费标准必须明码标价、规范收费。

2008年6—7月,市民政局与市物价局联合开展公办养老机构定价成本调研和成本监审,对2005—2007年上海24家公办养老机构的托管费、护理费等收费成本进行调查分析,形成《上海市公办养老机构定价成本监审报告》初稿。在此基础上核定运营成本,为调整公办养老机构收费标准提供依据。

六、保险支付

【医保结算】

1999年7月,为方便养老机构中住养老年人就医,市医疗保险局同意市民政局对市、区县20家养老机构内设医疗机构和医保补贴方案,认可20家养老机构内设医疗机构的资格,明确养老机构的内部医疗机构纳入医保结算问题解决前,由市医保局每年核拨一定费用解决医保对象的报销问题。

2001年11月,市医保局、市民政局下发《关于本市部分养老机构中的内部医疗机构纳入医保结算范围的试行意见》,将部分养老机构内部医疗机构纳入医保结算范围,规定从2002年1月1日起,住养老年人在养老机构就诊医疗后,可直接在养老机构内进行医疗账户段和个人自负段医疗费的电脑联网结算,对结算单位、结算对象、结算范围、结算项目、结算标准和医保业务指导、监督管理等作出相关规定。

2005年7月,市政府办公厅转发市民政局等六部门《关于全面落实2005年市政府养老服务实事项目推进本市养老服务工作的意见》,对规模较大、参保人员占住养人员60%以上、持有卫生行政部门颁发的《医疗机构执业许可证》的养老机构,其内设医疗机构的医保费用,纳入医保联网的账户段、支付段结算。同时,闵行区社会福利院、松江区社会福利院被列入附加基金段医保结算试点。2006年,对全市养老机构内设医疗机构,符合一定条件的、管理较好的全面放开附加基金段医保结算。

2010年,黄浦区卫护敬老院保健站等18家养老机构的内部医疗机构被批准医保联网结算。截至2010年底,全市医保联网的养老机构达72家。其中,入住黄浦区兴林老年公寓等25家养老机构的参保老年人,在内部医疗机构就医时可享受医疗账户段和个人自负段的资金结算;市第一社会福利院等47家养老机构中的参保老年人,在内部医疗机构就医时,在享受个人医疗账户段、个人自负段的资金结算基础上,还可以享受附加基金段的医保联网结算。

【意外责任保险】

2007 年 3 月,市民政局在浦东新区开展"养老机构入住老年人意外责任险"试点工作,通过政府资助和养老机构支付保险费用的方式,由阳光保险对浦东养老机构发生责任和意外事故予以赔付,保障老年人合法权益。

2008 年 12 月,市民政局下发《推行养老机构意外责任保险的通知》和《实施养老机构意外责任保险投保方案的通知》,规定:年保险费单价为 120 元/床位,保费由市、区县民政局分别资助 1/3,养老机构承担 1/3,实际床位数超出核定床位的,超出部分由养老机构自行承担全额保费。通过养老机构自我承担与政府补贴相结合的办法,形成由政府推动、专业保险企业参与、养老机构受益的养老服务风险分担机制。2009 年,全市共有 498 家养老机构的 45 388 张养老床位签约投保;至 12 月 14 日,向保险公司报案 760 件,赔付 364 件,赔付金额 317 万元。

2010 年,全市 541 家养老机构 52 816 张养老床位投保综合责任险,缴纳保费 686 万元;全年养老机构报案 1 076 起,其中 673 起获赔结案,赔款金额共计 634 万元;撤案 138 起,拒赔 10 起,另有 255 起案件老年人治疗尚未结束。综合责任险提高了养老机构意外责任风险的善后处置能力。

七、队伍建设

【培训、技能比赛与职称】

从 20 世纪 80 年代初开始,市民政局连续举办 5 期护理员培训班,对近 200 名市属福利事业单位的护理员进行为期 6 个月的全脱产培训。1991—1994 年 4 月,又先后举办 6 期培训班,对市和区县属单位 250 余名护理员进行培训。各学科成绩均合格者,发给结业证书,即取得三级以上护理员技术等级考试资格。经市劳动人事部门同意,将市民政局所属社会福利事业单位护理员纳入上海市技术工种系列,护理人员享受技术工种的相应待遇。

1995 年 7 月,市民政局下发《关于举行护士、护理员技术操作比赛的通知》,对参加竞赛的优胜个人和集体,给予精神和物质的奖励,设一等奖 1 名、二等奖 2 名、三等奖 3 名,鼓励奖若干名和优秀组织奖若干名。8 月,市民政局开办福利事业系统第一期护士岗位培训班,近 50 名护理人员经过培训,取得护士上岗证。通过举办病案管理专题讲座、召开药房管理现场操作经验交流会等,促进业务管理水平的提高。此后,市民政局开办多期护训班,向培训合格的人员颁发护理员证书。

1996 年 6 月,市民政局下发《关于举办全市区县福利事业单位护理员技能操作竞赛的通知》,护理员技能竞赛扩大到区县属福利事业单位范围。1997 年 8 月,市民政局下发《关于开展护理员基本理论、技能竞赛活动的通知》,于 10 月举行了市民政福利事业系统护理员基本理论、基本技能竞赛活动。

1999 年 3 月,市民政局制定《关于本市养老机构工作人员培训工作的暂行规定》,明确养老机构的培训对象、培训内容和要求、主管部门职责、承办单位职责等。当年,为 1 800 余名培训上岗的护理人员核(换)发新的《上海市护理员执业证书》。

2000 年 7 月,依托市社会福利中心,经市劳动局批准,注册成立上海市养老护理员职业培训中心。2001 年起,分批分期对上海市 428 家养老机构负责人进行业务培训。

2002 年,市民政局举办"上海市第一届社会福利事业护理员知识和技能比赛"活动,首次将比赛和考工定级相结合,通过知识考试和实际技能操作,使在比赛中达到一定等级标准的护理员即可获得中级或高级护理员职称资格。来自市、区县属 29 家福利事业单位的 106 名护理员参加比赛,其中 3 名护理员获得高级护理员职称资格,69 名护理员获得中级护理员职称资格;市民政局对前 6 名获奖者,授予"上海市民政系统技术能手"荣誉称号。

2002 年 2 月,劳动部颁布《国家养老护理员职业标准》,规定养老护理员分为四级,经鉴定合格后才能取得职业资格。该职业标准的出台,标志着养老护理员被纳入国家职业系列。经与市劳动局协商,市民政局颁证的护理员自动转为国家职业系列的初级护理员。

2003 年 7 月,市社会福利行业协会编写《养老机构院长、业务主管培训教材》《养老护理基础知识与技能》《养老服务需求评估》《养老服务管理实用手册》《案例集》等培训教材,并与市劳动部门合作开发养老护理上岗培训、初级培训大纲和题库,聘请业内外专家组成教师队伍。

2004 年 4 月,经市劳动人事局同意,市民政局下发《关于进一步深化居家养老服务工作的通知》,明确黄浦区卫生学校、浦东安老护理职业学校等 22 家培训机构可以开展养老护理员职业培训。

2006 年 12 月,上海市第 174 技能鉴定所养老护理职业技能鉴定点挂牌,该鉴定点通过程序化鉴定方案和程序化考试要求,承担全市养老护理人员等级培训的资格鉴定工作。职业技能鉴定有助于对养老护理员的职业技能水平做出客观的测量和评价,为进行全方位的培训和考核提供依据。

2007 年 9 月,市民政局组织民政系统养老护理员进行技能操作比赛,各区县 29 个团队、81 人参加。经过激烈竞争,4 名选手获养老护理员国家职业资格三级证书,18 名选手获养老护理员国家职业资格四级证书。

2009 年 12 月,市社会福利行业协会开展了以"迎世博、比技能、促发展"为主题的"全行业养老护理员国家职业资格四级技能操作比赛"活动,来自全行业 17 个区县、38 支团队、114 名选手参加竞赛。经过角逐,99 名选手获养老护理员国家职业资格四级证书,12 名选手晋升养老护理员国家职业资格三级,评选出团体奖 6 个、优秀组织奖 17 个、上海市养老服务行业技术标兵 12 人。

2010 年 11 月,上海选派 4 名选手赴京参加全国养老护理员职业技能竞赛,杨浦区民星第三敬老院卢艳获得三等奖,市第二社会福利院张跃娣、市第三社会福利院黄琴、安亭社会福利院刘红获得优秀奖。

【十佳服务明星】

2001 年 10 月,市民政局开展首届养老机构"十佳服务明星"评比和养老机构形象展示活动,以弘扬养老机构和居家养老一线服务人员的奉献精神,向社会展示他们爱岗敬业、钻研服务技能的明星风采。经过机构推荐、专家投票评选和公证机构公证,牛广德等 10 人当选为"十佳服务明星",朱小凤等 5 人获提名。10 月 25 日,在市工人文化宫举办上海市首届养老机构"十佳服务明星"揭晓颁奖暨市养老机构形象展示开幕仪式。形象展通过图片、文字、声像等形式,生动展示上海养老福利事业在新世纪的崭新形象。市人大副主任漆世贵等领导向服务明星颁奖,并为上海市养老机构形象展揭幕。

2003 年 10 月 4 日,上海市"古北杯"第二届养老机构"十佳服务明星"表彰大会在市社会福利中心举行,市领导刘云耕、包信宝、周太彤、王荣华等出席,并向王士贤等"十佳服务明星"和王利铭等 6 位提名奖获得者颁奖。9 月 29 日,《新民晚报》用整版篇幅,刊登题为"平凡在爱心中升华"的"十佳服务明星"风采录,市民政局局长徐麟撰写《他们为上海添彩》的致辞。

2005 年 9 月,戎煜等 10 人荣获上海市第三届养老机构"十佳服务明星"称号,朱金秀等 10 人获"十佳服务明星"提名奖。

2007 年 9 月,李申育等 10 人荣获上海市第四届养老机构"十佳服务明星"称号,任翠珍等 10 人荣获上海市第一届社区居家养老"十佳服务明星"称号。

2009年9月,朱凌云等10人获上海市第五届养老机构"十佳"服务明星称号,黄琴等10人获上海市社区居家养老"十佳"服务明星称号,陆明芳等10人获上海市第五届养老服务"双十佳"服务明星提名奖。

第五篇

社会福利

改革开放初,全市有 16 家安置残疾人就业的市局社会福利企业。20 世纪 80 年代,在市民服务部门和国家税收优惠政策的驱动下,区县、街道乡镇、村等社会办的福利企业发展迅速,大批残疾人得到就业安置。20 世纪 90 年代中期,上海福利企业发展进入最辉煌的历史时期。全市福利企业安置残疾人集中就业超过 9 万人,实现利润总额 20.5 亿元,产品涉及通讯电线电缆、仪电仪表、化工、服装等 10 类 600 多项。福利企业取得良好的经济效益和社会效益。20 世纪 90 年代后期,在激动的市场竞争中,福利企业遇到发展中的瓶颈,福利企业数量持续减少。随着残疾人按比例分散就业的逐步扩大、社会保障制度的完善,福利企业承担的残疾人社会保障的主要角色逐渐淡化。

以假肢和矫形器(辅助器具)为主的康复辅助器具的生产与管理,是社会福利事业的组成部分。中华人民共和国建立初期主要以承担政府拥军优抚项目为主,为伤残军人等优抚对象安装假肢、配备轮椅等辅助器具。改革开放后,假肢市场的发展带动康复辅具产业的形成和发展。2004 年,国务院颁布《对确需保留的行政审批项目设定行政许可的决定》,将假肢和矫形器(辅助器具)生产装配企业资格认定设定为由省级政府民政部门实施的行政许可审批项目。2007 年,上海依法开展对 16 家假肢和矫形器(辅助器具)生产装配企业的资格认定工作。

儿童和精神病人福利是民政部门的传统工作。上海解放后,市民政局接收国民政府时期的儿童教养院、老残教养院,将其改造成儿童、精神病人福利机构。计划经济体制下,儿童的照料大都由家庭负责,市民政局负责城镇孤儿的供养,农村孤儿则纳入人民公社的"五保"救济。上海的孤儿大多是被遗弃的患有疾病的婴幼儿(以下简称弃婴弃儿),市儿童福利机构主要养育弃婴弃儿。上海精神病人的治疗和急性精神病人的照料由医疗机构负责,有家、在职的精神病人由家庭和单位负责照料,市民政局负责无业慢性"三无精神病人"(无依无靠、无家可归、无生活来源的精神病人的简称,下同)的收治。

改革开放以来,市民政局不断改善儿童福利院的设施、设备,提高康复治疗的水平,同时积极推广社区伤残儿童寄托等服务。市民政局的精神病院收治家庭、单位无法看管的精神病人,探索建立社区精神病人的工疗站和监护组,构建精神病人的社区群防群治网络。随着上海社会福利制度的不断建立、健全,社区伤残儿童和社区精神病人的工作,先后转移到市残联,市民政局仍然管理儿童和精神病人的福利机构,并使这些福利事业不断得到发展。

中华人民共和国成立后,发展社会福利事业的资金主要依靠政府财政,渠道单一,资源不足。1987 年国务院批准民政部发行社会福利有奖募捐券,所募集的公益金用于发展"安老、扶幼、助残、济困"的社会福利事业。上海市民政局抓住机遇,于 1987 年 7 月试发行福利奖券(1994 年 12 月更名为福利彩票),在竞争中不断创新发展,实现了彩票品种、销售形式和管理模式的改变。上海发行福利彩票,从"拉横幅、摆桌子、推小车"的分散式摊点销售起步,历经声势浩大的"大奖组"集中销售、首创"上海风采"套票和"网点销售、电视开奖"形式,国内首个上线运行全热线福利彩票销售系统,发行全国第一张乐透型电脑福利彩票,最高奖金达 500 万元,创全国电脑福利彩票奖额之最。上海的福利彩票发行始终按照市场营销规律,围绕市民热爱福利彩票的心理,不断创新福利彩票样式和销售模式。"刮刮乐""中福在线"为主的乐透型、数字型、即开型、视频型等品牌层出不穷。销量从年数百万元,增长至年近 30 亿元。至 2010 年底,上海福利彩票累计销售 196.4 亿元,募得公益金 65 亿元,其中,上缴中央 30 亿元,上海留存 35 亿元。资助各类慈善公益项目 4 000 多个,受助困难群众 280 万余人次。

第一章 福利企业

计划经济体制下,为安置一般企业难以接收的盲人、聋哑人就业,市民政局陆续办起 10 多家福利企业(市属福利企业的发展、调整、退出另有专记)。1978 年以来,在国家税收优惠政策的扶持下,区县、街道乡镇、村等社会办的福利企业发展迅速,大批残疾人得到就业安置,成为参与社会生产和生活的重要成员。从 1979 年 5 月上海市第一家街道办福利生产单位——虹口区东长治街道福利工场成立,到 80 年代中期,渐渐形成市直属、区县直属、街道乡镇、村社会办福利企业(以下简称地区福利企业)多元格局。

1985—1997 年,上海福利企业的数量、质量、经济效益逐年提高,残疾职工安置人数、收入待遇稳步增长。20 世纪 80 年代中后期开始,市直属福利企业转换经营机制,完成由国家单一投资的国有企业,到由国资控股、自然人投资持股的有限责任公司的体制转变。20 世纪 90 年代中后期,地区福利企业呈现量大面广的发展趋势,遍及各个街道乡镇、村,使大多数有劳动能力的残疾人就近得到就业安置。1997 年底,上海的福利企业数量发展达到峰值。

20 世纪 90 年代后期,福利企业开始遇到发展中的瓶颈,企业数量和职工人数逐年减少。但在"控制数量、提高质量"的原则指导下,企业经营水平仍然保持一定的增长。集中就业残疾人职工的权益保障逐渐规范,至 2003 年底,全面推行劳动合同制,所有残疾人职工参加社会保险,达到"应保尽保"的目标。

这一时期地区福利企业数量开始下降,同时一批按现代企业制度要求建立的福利企业开始出现,以股份合作制为主的多种企业组织形式在上海的福利企业中快速发展。1998 年市民政局等六部门联合发布《上海市社会福利企业深化改革若干政策意见》、1999 年市政府发布《上海市社会福利企业管理办法》,为上海福利企业的健康稳定发展提供政策指引。

自 2007 年 7 月开始,全国统一实施新的福利企业税收优惠政策,上海福利企业数量持续下滑的势头并未停止,残疾人职工日趋减少。为此,上海先后出台财政补贴、信贷支持、政府采购优先等多方面扶持政策,以缓解福利企业困难,维持集中就业残疾人职工队伍的稳定,惠及 1 200 家福利企业 19 261 名残疾人职工。

随着经济社会的转型,政府扶持福利企业政策的效应在市场竞争中逐渐弱化。市属福利企业难以生存和发展,逐渐退出。与此同时,逐步形成多渠道、多层次、多种形式的稳定的残疾人就业模式,逐步消解因福利企业萎缩而导致的集中就业残疾人职工的出路问题。上海的社会保障制度逐步建立健全,各种社会救助以及生活补贴等政策措施逐步成熟,社区的"阳光之家"让残疾人在家门口有康复活动场所。对残疾人职工的各种保障,从原先由企业承担逐步转移纳入完善的上海社会保障体系之中。到 2010 年底,全市共有福利企业 1 455 家,职工总数 108 473 人。其中,残疾人职工 36 559 人,占职工总数的 33.7%。

第一节　发　展　过　程

一、初创阶段

上海的市属福利企业源自 20 世纪五六十年代的生产自救小组和盲聋哑福利工场(厂)。1964年,市民政局将原分属各区民政部门管理的规模较大的福利工场集中合并,实行人、财、物、供、产、销统一管理,成为地方国营性质的市属福利企业。

1978 年 5 月,市属盲聋哑工厂(除上海假肢厂、上海东海机械厂仍直属市民政局领导外)实行市、区双重领导体制:各区负责福利企业的党建、人事,审批属于控制单位购买的商品等;市民政局负责生产业务、财务、基建、工资福利等。

1979 年 5 月,上海第一家街道办福利生产单位——虹口区东长治街道福利工场成立,职工以街道地区的肢残人和智障人为主。同年,市直属福利企业实现年产值 4 123 万元,利润 1 256万元。

1980 年 6 月 13 日,市第三社会福利院的五金工场划出改建为全市第一家集体所有制的市属福利工厂——上海新桥五金厂,用以安排市民政局福利事业单位收养人员中的青、壮、残等人员就业。

从 1980 年 1 月 1 日起,根据财政部、民政部《关于民政部门举办的福利生产单位缴纳所得税问题的通知》要求,福利生产单位盲、聋、哑、残人员占生产人员总数 35% 以上的免缴所得税,超过10%、未达 35% 的减半交纳所得税;民政部门新办的福利生产单位,可以从投产的当月起免交所得税一年。这一减免优惠政策,促使上海地区福利企业迈出发展的第一步。至 1981 年,地区福利企业的兴办形式进一步多样化,出现以区县民政局自办、街道办、联合办和分散与集中相结合等 4 种形式的福利企业,总数达 86 家。

1980 年 7 月,根据民政部关于改革社会福利生产管理体制、按经济规律办事的要求,上海改变市、区双重领导的管理体制,成立上海市民政工业公司,对市属福利生产企业行使行政管理职能。保留社会福利生产管理处建制,与市民政工业公司实行"两块牌子、一套班子"的管理体制,指导各区县发展福利生产。市民政工业公司下设地区福利企业办公室,负责区县所属福利企业的宏观管理。

1982 年 4 月 1 日,市民政局出台《上海市街道、城镇生产自救性社会福利生产单位管理暂行办法》,明确"因地制宜、因陋就简、小型多样、逐步发展"的指导思想,以及"生产自救、自负盈亏、量入为出、按劳分配、适当照顾、进出自愿、管而不包"的原则。同时就管理人员的组成及其职责、生产劳动、财务管理、积累分配、思想政治工作等作出规定。

1984 年,根据全国社会福利工厂整顿工作经验交流会精神要求,各区县民政局相继设立民政工业公司或福利生产管理站等主管机构,负责辖区内福利企业的管理工作。

1980 年代初期,据市民政工业公司统计,其所辖直属企业达 18 家,其中代管企业 2 家,产品包括汽车零配件、仪表元件、高低压油管、假肢、塑料制品、图钉、鞋扣等,完成工业总产值(不变价)8 015 万元,实现利润 2 467 万元,比 1980 年翻一番,达到历史最高水平。市属福利企业已初具规模,良好的业绩使上海成为全国福利企业的排头兵。

1980—1985 年,上海的福利企业经济运行情况良好,经济效益呈上升趋势。

二、高峰阶段

1985 年 9 月,民政部在大连召开全国福利生产改革工作经验交流会,要求福利企业走"放开、搞活"的道路,通过多种渠道、多种形式发展福利生产。大连会议后,随着中国经济的快速发展,全国的福利企业进入急剧扩张时期。上海的福利企业也迅速发展,逐渐形成市直属、区县直属和街道乡镇、村和厂矿所属的多元格局。

1986 年 7 月,市民政工业公司与市残疾人福利基金会、上海搪瓷六厂和松江县新桥乡共同投资兴办的联营企业——新桥搪瓷联营厂成立。

1987 年 3 月 21 日,市民政工业公司改制为市民政福利企业公司,为市民政局领导下实行自主经营、独立核算、自负盈亏的全民所有制企业。公司按照市民政局委托要求,安置残疾人就业,对市属民政福利企业实施行政管理,对区县所属民政福利企业进行业务指导。同时,撤销市民政局福利生产管理处。同年 9 月,市民政福利企业公司地区福利企业生产办公室改为市民政局地区福利企业办公室,对全市区县、街道乡镇福利企业开展业务指导。

1987 年 9 月,在上海自行车配件厂承包责任制的试点基础上,市民政福利企业公司在市属福利企业中开始推行厂长负责制和第一轮承包经营责任制。上海低压电器四厂、上海民力电器五金厂等 6 家福利企业实行厂长负责制;上海民力电器五金厂、上海假肢厂等 5 家福利企业实行承包经营责任制。截至 1989 年底,市民政福利企业公司所属 18 家企业除 2 家代管企业和上海油管厂、上海图钉厂外,全部与市民政福利企业公司签订承包经营合同。承包责任制成为市属福利企业一项新的经营管理制度。第一轮承包坚持企业的社会主义全民所有制,按照所有权与经营权分离的原则,确立国家与企业的责权利关系,扩大企业的自主经营权。

1987 年 12 月 4 日,由市民政福利企业公司、上海南汇防水涂料厂、中国投资信托公司、房地产公司、交通银行上海分行合资兴建的第一家具有较高现代化程度的具有福利企业性质的联营厂——上海南汇防水涂料厂三分厂投产,标志着地区联营福利企业从粗放型、简单劳动型向技术型的转变。该厂从联邦德国引进的花色塑料卷材地板生产线,是上海市首家引进国外先进设备生产花色塑料卷材地板的厂家,并列入上海市技改项目。通过创办这些技术含量较高的新型福利企业,市属福利企业的生产水平得以逐年提高。

1987 年,全市 709 家福利企业完成工业总产值近 55 317 万元,实现利润 8 512.1 万元,分别比上年增长 84.1% 和 70.63%;至年底共安置"四残"人员(盲、聋、哑和肢体残疾的简称)26 176 人,占职工总数的 42.52%,占生产人员的 53.15%。市属 18 家福利企业(包括 2 家代管厂)全年共完成产值 9 317.62 万元,实现利润 2 177 万元,分别比 1986 年增长 6.46% 和 2.07%。

1988 年,全市 1 128 家福利企业共完成工业总产值 142 610 万元,实现利税 20 407 万元,分别比1987 年增长 152.96% 和 119.30%;至年底共安置"四残"人员 36 442 人,占生产人员总数的 50%。市属 18 家福利企业(包括 2 家代管厂)全年完成产值 9 693.2 万元,实现利税 1 683.64 万元,产值比上年增长 4.03%,利税比上年下降 22.47%。

1990 年 12 月,上海低压电器一厂、上海低压电器四厂等先后与市民政福利企业公司签订第二轮经营承包合同。同年,市民政福利企业公司完成工业总产值(1980 年不变价)9 521 万元,比上年同期下降 1.56%;实现销售 1.250 2 亿元,比上年同期增长 2.67%;实现利税 1 269 万元,比上年同期下降 25.37%;完成出口产值 1 248 万元,比上年同期增长 1.44%。

1991年10月，上海假肢中心成立。保留原上海假肢厂，实行"两块牌子，一套班子"，为独立核算、自负盈亏、自主经营的全民所有制性质的事业单位，实行企业化管理。

1992年5月，市民政福利企业公司更名为市民政工业总公司。1992—1993年，市民政工业总公司先后出台《市属福利企业深化改革的若干试行意见》《关于制定市属福利企业进一步深化改革的若干措施的通知》等文件，转换经营机制，调动干部、职工的积极性，增强企业实力与活力，开启市属福利企业深化改革、转换机制之路。

随着计划经济向市场经济转化，福利企业原有的优惠政策相对减弱，生产经营举步维艰。自1987年后，市直属福利企业陆续出现生产滑坡、利润下降的局面，经济效益从1986年的2 600万元下跌到1990年的1 200万元。到1994年，除上海假肢厂、上海仪表元件厂等少数企业外，大多数市直属福利企业都处于微利或亏损状态，有的企业甚至出现资不抵债、濒临倒闭的局面。同年，市属福利企业开始进行资产重组，上海汽车零件厂、上海低压电器二厂等企业先后利用地块增值的机遇，及时置换转让，共筹集资金14 160万元，用以调整产品结构、减人增效、转换经营机制。上海低压电器二厂、上海低压电器五厂、上海向阳开关厂进行产品结构调整和资产重组，成立上海天阳电器实业公司。1996年1月，市民政工业技术研究所、上海民利实业公司和上海民政技术经济发展公司合并，组建上海民心商贸有限公司。

20世纪90年代始，上海地区福利企业开始改制，出现有限责任公司、股份合作制企业、抵押承包经营、租赁经营、集体参股和部分资产置换组建股份合作制等多种形式。1992年底至1996年底，长宁区福利企业中有限责任公司从8家发展到11家，股份合作制企业由7家变为5家。嘉定区从1994年起即在部分基础较好的福利企业中进行股份合作制改革试点，坚持以集体控股为主和"残疾人安置生活权利不变、正确处理和合理使用减免税政策不变、民政主管体制不变"的原则，至1996年底，全区363家福利企业中已改制的达153家，占福利企业总数的42%；其中改为股份合作制的企业103家，占改制福利企业总数的67.3%。

1993年12月，财政部、国家税务总局发布《关于对福利企业、学校办企业征税问题的通知》，规定从1994年起，福利企业应按规定依法交纳增值税、消费税、营业税；原福利企业享受的流转税优惠政策依然保留，但采取先征收后返还的办法。1994年1月起，市税务局按照财政部、国家税务总局的通知要求，对全市各类福利企业实行流转税先征收后全额返还的办法。同年4月，市财政局、市税务局出台《关于民政福利企业减免企业所得税问题的通知》，规定福利企业按安置"四残"人员的比例免税，且对人均应纳税所得额700元（含700元）以下免征所得税，人均应纳税所得额700元以上部分则按规定缴纳所得税。上海的福利企业尤其是地区福利企业，在税收优惠政策的惠及下，获得发展壮大的良好机遇。

1995年5月，市民政局将地区福利企业办公室与上海民政工业总公司分设，改变原来"两块牌子，一套班子"的状况。地区福利企业办公室行使对全市地区福利企业的指导、管理、督促、协调和服务职能。

截至1996年底，上海共有福利企业4 046家。地区福利企业呈现量大面广的趋势，遍及各个街道乡镇、村，具有产品多、行业复杂的特点，几乎各行各业都有福利企业的产品。闵行区上海马桥电缆厂、宝山区上海扬行铜材厂、上海通讯电缆厂一分厂、松江县飞航电线电缆公司、崇明县上海华星牙膏厂、上海海滨电控设备厂、浦东新区上海喔喔集团有限公司等成为较为著名的福利企业。但是，市场经济条件下的激烈竞争与福利企业结构不合理的矛盾逐渐显现出来，地区福利企业发展出现许多困难，如小企业多，规模效益好的企业少；微利亏损企业多，经济效益好、高利税的企业少；从事简易加工产品的企业多,科技含量高、产品上档次的企业少;从事简单加工操作工人多,科技人员及技术骨干人员少;职工中文化素质低得多,中等以上文化水平的少。

1997年4月,撤销市民政局地区福利企业办公室,成立市民政福利企业管理处,统一行使管理全市福利企业的行政职能,实现政企分开、政资分离,为理顺和健全上海的福利企业管理奠定基础。1997年4月,市政府转发《市民政局关于扶持本市民政事业发展的若干意见》,明确对福利企业的生产按"同等优先"的原则予以安排。同年10月,上海仪表元件厂、上海低压电器四厂生产的桑塔纳轿车配件与上海汽车零件厂新建厂房等优质资产进行优化组合,成立上海三智汽配实业有限公司,该企业与上海大众汽车有限公司、上海汽车(集团)总公司、上海通用汽车有限公司等大型企业形成长期稳定的合作关系。此外,上海新建印刷厂、上海泓康机电设备成套有限公司也相继在"同等优先"的原则下得到政策优惠。

1997—1998年,上海民政工业总公司先后开办多家联营福利企业,强化企业意识,参与市场竞争。1997年7月,与上海海螺(集团)有限公司联合创办第一家市属联营福利企业——上海良春衬衫厂,定牌生产绿叶牌衬衫。同年10月,上海天阳企业有限责任公司成立。1998年10月,与上海制皂集团公司联合创办上海昌化日化厂。

1997年,一些具备条件的福利企业开始由粗放型向集约型转变。一批以资产为纽带、产品为龙头、科技为先导的福利企业集团公司在浦东新区、闵行区等地先后建立起来。从市属福利企业到松江、嘉定、浦东、宝山、奉贤、闵行、长宁、南市、普陀等各个区县,资产重组、联合兼并、股份合作等各种改制方式全面推进。松江县有2/3的企业改制为股份合作制企业,在改制过程中明确照顾老、残、困职工,不得因改制而辞退或降低收入,把好资产评估、明晰产权、资金收缴、企业登记4个关。闵行区为维护残疾人职工合法权益,从资产存量中提取一定比例作为残疾人职工共有股,由民政部门管理,年终分红利时照顾给残疾人职工及认股困难的职工。宝山、闵行、嘉定、奉贤等区县,明确改制为股份合作制的福利企业历年积累的减免税金用于扶持福利企业的生产发展或当地的福利事业。以股份合作制为主的多种企业组织形式快速发展,适应市场经济发展的新型福利企业机制逐步形成。据不完全统计,至1997年底全市已有近700家福利企业进行改制。

截至1997年底,全市共有福利企业4 204家,残疾人职工92 638人,全市福利企业实现年销售收入208.9亿元,实现年利润总额20.5亿元。上海福利企业发展达到峰值。

三、转型调整阶段

1998年4月25日,市民政局会同市体制改革委员会、市国有资产管理办公室、市税务局、市工商管理局制定《上海市社会福利企业深化改革若干政策意见》,对福利企业的改制原则、改制形式、保障残疾人职工权益等重大问题作出明确规定,鼓励福利企业创新,突破原有的运作模式,走市场经济和适合上海本地区特点的发展道路,为上海福利企业深化改革、健康发展提供政策依据。

1998年,市属福利企业完成工业总产值(1990年不变价)14 193万元,比上年同期增长6.7%;实现销售收入18 619万元,比上年同期增长12.2%(包括民心、民福两家公司的商业销售收入2 606万元,总计实现销售收入21 225万元);实现利润845万元(已扣除重复计算部分和地块置换收益超1997年的部分),比上年同期下降43.3%;其中营业利润亏损2 311万元,比上年同期增加亏损375万元;全公司职工人均年收入为7 518.68元,比上年增长11.4%。

1999年1月,上海假肢厂、上海轮椅车厂、上海图钉厂合并,组建为全民所有制福利企业上海假肢厂有限责任公司,为进一步盘活存量资产,发展假肢、轮椅产品,在市属福利企业建立三大产品、四大板块经营格局奠定基础。

1999年8月11日,市民政福利企业管理处更名为上海市社会福利企业管理处,对全市福利企业实行行使管理、指导、协调、服务、监督的职能,其职责包括对福利企业的年检、审证、发证、变更以及新办福利企业的审批,推动国家有关福利企业的政策、方针的贯彻落实,管理、使用福利企业管理费及减免税金,并负责全市福利企业技术改造及技改贷款的审核报审、产业产品质量的监督等。根据福利企业减免税金使用规范的需要,2000年,进一步明确该处审批下拨福利企业扶持发展资金、扶残帮困资金,并监督其使用情况的职能。

上海市社会福利企业管理处成立后,区县民政局相继设立福利企业管理科(站),绝大部分街道乡镇成立福利企业管理所,在全市形成三级管理网络。

1999年10月,市财政局、市国家税务局、市地方税务局发布《关于为安置"三车"人员而转办、新办福利企业享受有关税收优惠政策若干问题的通知》,明确由国有企业、集体企业、多种经济成分共同投资的有限责任公司转办、新办的福利企业吸纳安置"三车"整顿中的残疾车主。转办福利企业应以安置残疾车主为主,企业残疾人职工人数中安置残疾车主人数原则上应达到80%,最低一般不少于2/3。经市委、市政府领导批准,由民政、税务、工商等部门共同协商,在市经济委员会、市商务委员会下属的国有、集体企业及区县有关企业中,转办、新办福利企业74家,吸纳安置无业残疾车主2 700余人。

2000年4月12日,民政部在全国社会福利社会化工作会议上指出,要按照《中共中央关于国有企业改革和发展若干重大问题的决定》中提出的"推进国有企业战略性改组""建立和完善现代企业制度""加强和改善企业管理"的原则和要求,推进各地福利企业的改革、改组、改造,民政部门要逐步与直属的福利企业在人财物等方面脱钩。2001年11月,民政部再次发文强调,要把民政部门直属的福利企业作为改制的重点或试点。同年4月,市民政直属福利企业改制工作启动。

2001—2002年,在市民政局加大改革力度、加快转制步伐的要求下,市属福利企业退出工作涉及近20家企业,参与转制200多人,转移劳动关系2 000多人,资产评估与交易额近4 000万元,处置资产4 000万元,处理债务数千万余元。

2002年10月,市民政工业总公司更名为上海民政(集团)有限公司。该公司受市国资委委托,管理、经营市民政局的经营性国有资产。

2003年1月,经市国有资产管理办公室同意,上海民政(集团)有限公司与其下属的上海低压电器一厂,由原上下级隶属关系转变为投资与被投资关系。

截至2003年底,市属福利企业转制、兼并、出售及银行贷款清偿工作基本结束。在原市属福利企业大批退出的同时,一批转制福利企业经过层层筛选后,以一种新的体制和面貌出现。上海低压电器一厂转制为"上海宏意低压电器合作公司",上海油管厂则改制为"上海四花高压油管合作公司",成为市属福利企业改革中诞生的第一批转制体。上海图钉厂部分转制为"上海四方文教用品合作公司",上海铝铆钉厂和上海民心商贸旗下的西埃实业公司转制为"上海众振铝铆钉制造合作公司"和"上海西埃实业有限公司"。这些福利企业继承原有企业的部分优势产品,改变体制,轻装上阵,在市场竞争中开始自负盈亏、自谋生路。

1997—2005年间,福利企业由4 204家减少为2 324家,减少44.7%;残疾人职工人数由92 638人减少为48 244人,减少47.9%。闵行、松江、嘉定等区部分具有一定规模的福利企业,在中小型企业改制和"国退民进"浪潮中纷纷退出福利企业。

2004年12月,在上海新建印刷厂基础上改制组建的上海新建印刷厂有限公司成立。该公司由上海民政(集团)有限公司和该厂10名自然人共同投资,其中国资占85%,经营者群体占15%,完成由国家单一投资的国有企业向国资控股、自然人投资持股的有限责任公司的体制转变。

2006年7月,财政部、国家税务总局在辽宁、上海开展调整完善现行福利企业税收优惠政策的试点工作。2007年6月,国家税务总局、财政部出台《关于促进残疾人就业税收优惠政策的通知》,国家税务总局、民政部、中国残疾人联合会出台《关于促进残疾人就业税收优惠政策征管办法的通知》,规定对安置残疾人的单位,实行由税务机关按单位实际安置残疾人的人数,限额即征即退增值税或减征营业税的办法;实际安置的每位残疾人每年可退还的增值税或减征的营业税的具体限额,由县级以上税务机关根据单位所在区县的最低工资标准的6倍确定,最高不得超过每人每年3.5万元;在所得税方面,对安置残疾人的单位实行按照支付给残疾人的实际工资税前加计100%扣除的办法。9月,市财政局、市民政局、市残疾人联合会联合转发《关于促进残疾人就业税收优惠政策征管办法的通知》,并同步实施。

2008年,上海福利企业一度面临极大困难,福利企业数量逐月下降,安置的残疾人职工日趋减少。至当年底,全市仅剩1 524家福利企业,比2007年底净减少474家,同比减少23.7%;销售收入减少287 725.41万元,同比减少7.7%;利税减少107 661.14万元,同比减少46.9%。同年12月22日,市政府召开专题会议听取市民政局关于加大力度扶持残疾人就业、摆脱福利企业困难的情况汇报,会议提出对残疾人就业给予适当补贴、落实有关福利企业税收优惠政策、对困难福利企业发放贷款、及时出台政府优先采购和专产政策、促进残疾人分散就业、适当增加市属福利企业下岗残疾人生活补贴等6个方面的意见,并明确相关部门和单位的责任。

2009年3月,根据国务院关于应对经济形势的总体部署,市人力资源和社会保障局、市财政局下发《关于2009年帮助困难企业减轻负担稳定就业岗位有关事项的通知》,要求切实做好上海市"帮企业、保就业、促稳定"工作,做好困难企业的认定工作,帮助困难企业稳定就业岗位。市民政局配合开展对困难福利企业的认定工作。至2009年底,共有31家福利企业列入困难企业,共获补贴金额291.6万元。同年4月,市民政局、市财政局、市人力资源和社会保障局、市残疾人联合会发布《关于2009年对本市部分福利企业残疾人职工社会保险实施补贴的暂行意见》,对超比例安置残疾人的福利企业,超过规定比例和人数的那部分残疾人职工,在2009年内每人给予一次性3 000元的社会保险费补贴,补贴金额达2 177.40万元,全市共有7 258名残疾人职工受益。同时,市民政局、市财税部门、市残联在对2008年全市福利企业税收情况进行调查核准的基础上,对全市流转税实际未达人均3.5万元退税限额的福利企业,通过残疾人保障金和福利彩票公益金的渠道进行补贴,共计2 500万元,稳定全市1 200家福利企业,惠及19 261万名残疾人职工。

2006—2010年间,上海福利企业数继续呈下降态势。至2010年底,全市福利企业仅1 445家,其中市属福利企业8家。

表5-1-1　1980—2010年上海市福利企业情况统计表

年　份	企业总数(家)	销售收入(万元)	利润总额(万元)
1980	85	4 823.2	1 669
1981	104	5 282	1 636.5
1982	131	5 951.6	1 818.7
1983	159	7 205.9	2 260.1

（续表）

年　份	企业总数（家）	销售收入（万元）	利润总额（万元）
1984	254	11 396	2 631.8
1985	362	18 167.8	3 936.3
1986	472	29 199.2	4 739.7
1987	709	55 317	8 512.1
1988	1 128	142 610	20 407
1989	1 509	199 047.6	24 701.9
1990	1 709	235 305.75	31 933.84
1991	2 158	422 392.32	52 744.07
1992	2 731	715 424.14	82 645.03
1993	3 045	1 177 737.76	127 029.28
1994	3 408	1 463 177.5	158 183.25
1995	3 799	1 973 094.85	198 511.04
1996	4 046	1 937 807.08	190 928.54
1997	4 204	2 088 655	205 893
1998	4 009	2 069 384.38	200 415.97
1999	3 794	2 120 599.18	213 983.92
2000	3 581	2 305 086.62	224 223.11
2001	3 202	2 339 730.52	239 201.17
2002	2 955	2 542 240.13	269 537.65
2003	2 724	2 947 723.89	317 596.44
2004	2 538	3 318 995.85	289 775.26
2005	2 324	3 326 728.73	294 254.94
2006	2 104	3 767 121.24	334 970.66
2007	1 998	3 732 392.86	229 562.89
2008	1 524	3 444 667.45	121 904.75
2009	1 495	3 035 052.15	164 744.14
2010	1 455	3 541 582.01	188 185.11

资料来源：上海市民政局档案

表 5 - 1 - 2　1998—2003 年上海市福利企业分布情况统计表　　　　　　　　单位：家

年　份	总　数	直　属	乡镇街道	村	其　他
1998	4 009	501	1 536	1 686	286
1999	3 794	414	1 474	1 582	324

（续表）

年　份	总　数	直　属	乡镇街道	村	其　他
2000	3 581	325	1 296	1 541	419
2001	3 202	292	1 169	1 406	335
2002	2 955	270	1 090	1 293	302
2003	2 724	229	870	1 345	280

资料来源：上海市民政局档案

表 5 - 1 - 3　2004—2006 年上海市福利企业分布情况统计表　　　　单位：家

年　份	总　数	城　镇	农　村	海岛农村
2004	2 538	689	1 582	267
2005	2 324	773	1 298	253
2006	2 104	714	1 147	243

资料来源：上海市民政局档案

表 5 - 1 - 4　2007—2010 年上海市福利企业分布情况统计表　　　　单位：家

年　份	总　数	城　镇	农　村
2007	1 998	621	1 377
2008	1 524	390	1 134
2009	1 495	435	1 060
2010	1 455	431	1 024

资料来源：上海市民政局档案

第二节　管　理

一、归口管理与产供销政策

1978 年 12 月，市民政局、市轻工业局决定，从 1979 年 1 月 1 日开始，上海图钉厂生产的单片图钉，按 1979 年产销衔接计划，转交市民政局下属上海低压电器三厂生产。

1979 年 2 月，市计委发布《关于民政福利工厂产供销由工业部门归口管理的通知》，明确自 1979 年 3 月起，各福利工厂的生产计划、原材料供应、产品销售、生产技术等业务，按产品分别归口市机电一局、仪表局、轻工业局等有关工业部门及其下属公司负责管理，企业的劳动工资、财务、政治工作仍由民政部门负责管理。同年 3 月，市机电一局转发市计委《通知》，明确市属福利企业中，上海油管厂、上海汽车零件厂、上海铝铆钉厂归口拖拉机汽车公司，上海低压电器一厂、上海低压电器二厂、上海向阳胶木厂归口电器公司，上海东海机械厂、上海民力五金厂归口标准件公司，要求各福利工厂将工厂概况、生产情况、新产品试制情况、有关业务问题以及产品物资申请计划，向归口公司汇报。

1982年10月1日起,市计划委员会决定,市民政局所属上海低压电器四厂、上海低压电器五厂的产供销由上海电器公司归口管理;工厂的生产计划、原材料供应、协作配套、产品销售、技术、质量、新产品开发等工作,由上海电器公司负责管理;人事调动、劳动力安排、劳动工资、奖金福利、财务管理、政治工作等工作,由市民政工业公司负责管理。

1990年9月,民政部、国家计委、财政部、劳动部、物资部、国家工商行政管理局、中国残疾人联合会出台《社会福利企业管理暂行办法》,明确对福利企业按产品实行行业归口管理,要求各地在安排福利企业生产时,要按国家产业政策的有关规定办理;对适合残疾人生产、工艺相对简单、销路比较稳定且福利企业具有生产优势的产品,应优先调剂和安排给福利企业生产,逐步划定某些产品为福利企业专产专营;计划、物资和各行业归口部门对福利企业的生产、建设中所需的原材料、燃料、技术等,要积极给予支持和照顾;对纳入国家和地方指令性调拨计划产品生产所需的计划分配物资,分别由国家和地方按计划供应。

20世纪90年代后期,随着以高度集中为特点的计划经济体制逐渐淡出历史舞台,对福利企业的产供销对口政策也同步淡化,代之以"同等优先安排生产"、产品纳入政府采购、专产专营等过渡性的扶持政策,为在市场经济条件下面临竞争的福利企业提供发展机遇。

二、管理费收取与使用

20世纪80年代末,市民政局决定对民政福利企业的销售或营业收入按一定比例提取管理费。1987年,市税务局、市民政局发布《关于对区、县、街道、乡镇、村办民政福利企业税收征免规定及其他财税政策掌握中的几个具体问题的处理意见的通知》中,明确主管民政福利企业的区县民政局或区县民政福利企业公司,可按营业收入1%提取管理费。此做法于1990年9月获得市物价局的认可。

1991年5月,市民政局、市财政局、市税务局下发《关于民政部门收缴集体社会福利企业管理费的规定》,明确市、区县民政部门及街道、乡镇的留存比例,对减、免、缓缴管理费的情况作出规定。同时,明确规定管理费的使用范围,包括提缴上级管理费(区县民政局按规定比例向市民政局上缴的管理费)、拨补下级管理费、未纳入预算福利企业管理机构行政经费支出、新产品试制失败损失、展品及样品费,以及经过批准符合规定的经费开支等。

1992年6月,国家物价局、财政部出台《关于征收社会福利生产管理费暂行规定》,明确管理费以福利企业销售收入额(或营业收入额)为计征依据,交纳比例最高为销售收入额(或营业收入额)的1%;由区县福利生产管理机构统一收取,逐级上交,分级使用;同时规定管理费的开支范围。至此,社会福利生产管理费成为经国家批准的行政事业性收费项目。

1994年9月,市民政局制定《关于征收社会福利企业管理费的暂行规定》,明确市民政部门委托各区县民政部门按季度办理征收管理费工作,并按规定比例分留提交;要求按照"取之于民,用之于民"、服务于福利企业发展的原则,对所收管理费分类按比例使用,其中70%应使用于福利企业技术改造扶持基金和帮残基金。

1997年8—11月,市民政局先后下发《福利企业管理费管理和使用办法》《本市民政部门征收社会福利企业管理费补充规定的通知》《关于本市区(县)民政部门留用管理费的管理和使用办法的通知》等文件,明确民政部门收取的管理费必须严格执行财务制度,设置专项账户,并接受每年的审计。为扶持福利企业发展,要求自1997年起,区县民政主管部门应从留用的管理费中提取30%,建立福利企业扶持基金,用于福利企业的技改贷款贴息、流动资金贷款等。同时,分别对全市各级民政部门管理费按比例用于福利企业扶持发展基金、扶残帮困基金、民政发展基金等用途作详细规定。

根据1999年国家计划委员会、财政部《关于第二批降低收费标准的通知》精神,2000年,市民政局发布《关于征缴社会福利生产管理费若干具体问题处理意见的通知》《关于降低社会福利生产管理费收费标准的通知》,确定福利企业管理费从按销售(或营业)收入额的1%(最高)收取,降为按福利企业销售(或营业)收入额的0.5%(最高)收取;按逐级收缴、分级使用的原则,由区县民政局向辖区内福利企业征收,按比例上缴市社会福利企业管理处、下拨街道乡镇民政部门、区县民政局留用;对确有困难的福利企业管理费的减征情形作规定。

20世纪90年代末至21世纪初,对按时足额上缴管理费的区县民政局及福利企业,市社会福利企业管理处从收取的管理费中,下拨扶残帮困基金,主要用于因自然灾害、职工本人严重疾病、家庭实际人均收入低于当地最低生活保障标准的职工、有特殊困难的福利企业。据不完全统计,1999年、2000年和2001年分别下拨162.18万元、56.07万元和121万元资金。下拨的扶持发展基金,主要用于福利企业技术改造贷款贴息、新产品试制因非人为因素造成损失补贴、参加市(部)级展销展品损失补贴、区县民政局扶持残疾人事业重大投资项目补贴,以及少量的区县管理机构申报的购置设备等。据不完全统计,在1999年、2000年和2001年分别下拨150.56万元、67.50万元和77.90万元资金。

2001年11月5日,财政部、国家计委发布《关于公布取消部分涉及乡镇(集体)企业负担的行政事业性收费项目的通知》,明确自2002年1月1日起取消社会福利生产管理费,同时规定取消收费后"有关部门和单位开展相关工作所需经费纳入同级财政预算,由财政部门酌情解决"。同年12月30日,上海市相关职能部门召开会议,就管理费取消后,如何保持管理机构稳定,继续做好管理、指导、服务工作进行研究;提出停止收缴福利生产管理费后,福利企业管理机构继续存在、不削减职责的意见。但与之相关的福利企业扶持发展基金使用核准、福利企业减征管理费的审批、福利企业扶残帮困基金使用核准、扶残帮困和送温暖使用资金核准等4个事项,于2003年8月取消。

三、年检验审

1992年12月,民政部、国家税务局发出《关于加强社会福利企业年检工作的通知》,要求持有《社会福利企业证书》的企业,均应办理年检认证;明确福利企业年检认证的标准为:安置"四残"人员达到生产人员总数的35%(含35%)以上,每个残疾人职工都应有适当的劳动岗位,残疾人职工劳动岗位出勤率应达到80%以上。

1994年8月,市民政局、市国家税务局制定《上海市社会福利企业年检实施细则》和《新办社会福利企业审批程序规定》,明确年检程序:福利企业应在每年度的第一季度按年检标准进行自查后向当地民政部门申请年检认证;各级民政部门会同当地税务等部门组成年检小组开展福利企业年检认证;福利企业年检结果,由同级民政部门和税务部门盖章通过后,报市民政局确认;市民政、税务部门根据实际需要,对各区、县年检工作进行检查。该实施细则在年检认证的标准中,增加退还税金的管理和使用、向民政部门交纳管理费两项内容。之后,根据福利企业管理的需要,每年对福利企业年检内容有所侧重,其中1997年度的年检重点为:福利企业残疾人职工按规定必须达到占生产人员的比例,残疾人职工必须达到最低生活保障线,建立和完善残疾人职工养老保险情况,遵守国家税收政策及福利企业规范使用减免税金情况等内容；1998 年度的年检验审三大重点为：检查改制企业（组建福利企业资格）主办部门是否处于控股地位，国家扶持资金、残疾人职工保障资金的提取和使用情况，管理费缴纳情况等，并要求对未改制福利企业利润总额分配情况进行检查；1999 年度将贯彻落实《上海市社会福利企业管理办法》作为年检的重中之重，同时强调在"三车"管理中为安置残疾车主而转办、新办的福利企业必须以安置残疾车主为主，对有外商投资（包括中国港、澳、台地区）的合资、合作企业以及采取个人承包经营方式的企业，一经查实立即注销其福利企业资质；2002 年度的年检验审重点为：规范使用退免税金，要求未改制福利企业可供分配利润总额按 5％提取残疾人职工保障资金，按 10％提取法定盈余公积金，按 10％提取公益金，按 25％提取国家扶持资金，同时再次强调残疾人职工的安置比例和岗位安排必须达到国家规定的要求，明确残疾人职工的最低收入必须达到相应的保障线，遵循"同工同酬、适当照顾"的原则，提高残疾人职工的收入，福利企业应按有关规定规范残疾人职工用工退工手续，残疾人职工必须参加社会保险；2005 年度的年检验审重点为：红利分配不得超过可供分配利润总额的 40％的标准。

2000 年 4 月，市社会福利企业管理处明确福利企业年检组织规则，即：由市民政局部署，区县民政局实施，经历企业自查、区县民政税务联合抽查、市级民政税务联合抽查的三阶段，对合格的发给年检合格标识。

2010 年，市国家税务局、市地方税务局、市民政局、市残疾人联合会出台《关于制定本市残疾人就业企业享受税收优惠政策资格年度验审管理办法的通知》，明确残疾人就业企业资格年度审验包括资格认定部门出具的资质认定材料和证书，纳税人与残疾人签订的劳动合同或服务协议，纳税人为残疾人缴纳社会保险费的记录，纳税人向残疾人通过银行等金融机构实际支付工资的凭证，具备安置残疾人上岗工作的基本设施，月实际安置的残疾人比例是否超过 25％、是否存在累计 3 个月安置比例不达标的情况、实际安置的残疾人人数是否符合规定，申请享受增值税、营业税退减税优惠的货物、劳务是否符合政策的规定等 7 项内容。

表 5 - 1 - 5　1998—2010 年上海福利企业历年年检验审情况统计表　　　　　　单位：家

年　份	参加年检企业数	年检合格企业数
1998	4 009	3 950
1999	3 795	3 612
2000	3 341	3 177
2001	3 009	2 897
2002	2 835	2 687
2003	2 566	2 562
2004	2 360	2 348
2005	2 206	2 203
2006	2 120	2 104
2007	1 998	1 998
2008	1 507	1 484

（续表）

年　份	参加年检企业数	年检合格企业数
2009	1 495	1 401
2010	1 455	1 353

资料来源：上海市民政局档案

第三节　残疾人职工保障

一、安置与用工制度

1982年4月1日,市民政局下发《上海市街道、城镇生产自救性社会福利生产单位管理暂行办法》指出,街道、城镇举办生产自救性的社会福利生产单位是"安置部分家居城镇,尚有一定劳动能力,生活能够自理,而劳动部门安排确有困难的盲、聋哑、肢体残缺人员,以及智力缺损较轻的痴呆人员",并明确生产人员中盲、聋哑、残以及痴呆人员,应逐步达到半数左右。20世纪80年代中期,民政部出台"多种渠道、多种形式发展福利生产"政策后,上海的福利企业蓬勃发展,安置的残疾人职工人数大幅攀升。

1989年8月,民政部、劳动部、卫生部、中国残疾人联合会发布《社会福利企业招用残疾职工的暂行规定》,提出福利企业招用残疾人职工要坚持"面向社会,公开招收,全面考核,择优录用"的原则,招用残疾人职工应逐步实行劳动合同制。1990年,民政部、国家计委、财政部、劳动部、物资部、国家工商局、中国残疾人联合会出台《社会福利企业管理暂行办法》,规定福利企业应安置残疾人员需达到生产人员总数的35%以上。同年底,上海福利企业安置就业的残疾人职工达46 129人。

进入90年代中后期,随着企业深化改革、转换经营机制工作的开展,以及福利企业生产任务不足等情况,市属福利企业面临人员分流的问题。1995年底,需要分流市属福利企业超比例安置的1 989名残疾人职工。1998年6月,市属福利企业下岗残疾人职工达1 231人(其中盲人659人、聋哑人及其他残疾人572人)。

1995年5月,市国家税务局,市地方税务局、市民政局下发《关于本市民政福利企业税收征免中若干具体问题处理意见的通知》,明确民政福利企业安置残疾人员范围及标准为年龄在16周岁～45周岁、具有一定的劳动能力的上海市户籍残疾人员(郊县困难户可放宽至59周岁);残疾人员的认定以领取市残疾人联合会发放的残疾证为准,盲人(一级盲)可按1∶2计算比例。同年底,上海福利企业安置就业的残疾人职工达86 687人。

上海福利企业对残疾人职工用工政策的改革始于市属福利企业。1997年,根据《上海市劳动合同规定》,市民政局对市属福利企业实行劳动合同制,明确对于残疾人职工,只要本人要求,无论其连续工龄长短,用人单位均应与其签订无固定期限劳动合同。至1998年,市属福利企业全面推行全员劳动合同制。

1997年,全市福利企业安置的残疾人员92 638人,占同时期上海市可就业残疾人员的近50%,上海的福利企业成为保障残疾人劳动就业的主要渠道。

2000年9月,市民政工业总公司成立再就业服务中心,以解决市属福利企业在产业结构调整中下岗职工分流安置问题。同时,市民政局下发《关于做好市属福利企业下岗职工分流安置工作的通知》，要求积极做好下岗职工的思想政治工作，切实做好公司系统下岗职工的分流安置工作。根据市政府《关于进一步加强国有企业下岗职工管理和完善再就业服务中心建设问题的通知》，残疾人职工一般不予下岗，企业和上级主管部门应妥善做好转岗和安置工作。为此，市民政局规定，在局属事业单位中残疾人职工占职工总数比例不到 1.6% 的，应按规定比例从市属福利企业下岗职工中吸收安置残疾人职工。对符合丧失劳动能力提前退休条件的，或破产国有企业中距离退休年龄不足 5 年的残疾人职工，由本人申请并经市劳动和社会保障局批准，可以提前退休。

2001 年 5 月，市政府批转《上海市残疾人事业"十五"计划（2001 年—2005 年）》，明确继续贯彻集中与分散相结合的残疾人就业政策，逐步解决市场经济条件下残疾人就业所面临的困难；要求福利企业在转变性质之前，要优先安排好残疾人职工的基本生活保障。2002 年 6 月，市政府办公厅转发市残工委、市劳动保障局、市民政局、市残疾人联合会《关于进一步加强本市残疾人劳动就业社会保险和社会救助工作意见的通知》，要求保证残疾人职工就业相对稳定，提出用人单位出现生产经营困难、企业进行改组或改制进行经济性裁员等需要照顾残疾职工的情形；对因企业关停并转与残疾职工解除劳动关系的，有关单位及其主管部门或接管部门应妥善安排落实残疾人职工的社会保险等相关保障。

2002 年 10 月，根据市政府、市劳动和社会保障局有关撤销全市各级再就业服务中心的要求，市民政工业总公司再就业服务中心撤销，其主要职能由新组建的上海民政劳动服务有限公司承担。同年底，上海民政（集团）有限公司有 2 512 名职工（包括 1 712 名残疾人职工）的劳动关系转入上海民政劳动服务有限公司。

2003 年 12 月，市民政局下发《关于规范社会福利企业残疾人员用工退工手续的通知》，明确城镇福利企业录用残疾人员，均应到所在区县残疾人劳动服务机构办理招工手续；执行《上海市劳动合同条例》，与本人签订书面形式的劳动合同；农村福利企业录用城镇或农村户籍残疾人员参照执行。同年底，全市福利企业中共安置残疾人职工 59 085 人，其中视力残疾 5 750 人、听力残疾 7 281 人、肢体残疾 28 098 人、智力残疾 17 956 人。

2004 年 10 月，国务院办公厅转发民政部等部门《关于进一步加强扶助贫困残疾人工作意见的通知》，要求积极推进贫困残疾人就业和再就业。2005 年，市民政局、市残疾人联合会按照"就近、合适、灵活"的原则积极推进残疾人的就业。通过努力，残疾人员就业数新增 5 454 人，其中再就业 792 人，企业分散安置 2 159 人，福利企业集中安置 1 883 人，个体开业及非正规就业 620 人。市民政（集团）公司在落实解决残疾人职工生活困难的同时，通过新办福利企业和填补自然减员等办法，帮助 57 名残疾人重新就业。同年底，福利企业共安置 48 244 名残疾人就业。

2007 年，根据国家实施的促进残疾人就业的税收优惠新政策，民政部出台《福利企业资格认定办法》，规定福利企业安置残疾人职工占职工总人数的 25% 以上，且残疾人职工人数不少于 10 人；同时企业依法与安置就业的每位残疾人职工签订 1 年（含）以上的劳动合同或者服务协议，并且安置的每位残疾人职工在单位实际上岗从事全日制工作。2008 年 7 月 1 日起，上海市正式执行新的福利企业资格认定办法。同年底，上海福利企业共安置就业的残疾人职工为 36 973 人。

1998 年后，随着福利企业进入市场竞争，以及受政策调整等诸多因素的影响，上海的福利企业数和残疾人职工人数呈逐年下降趋势。至 2010 年底，上海的福利企业仅为 1 455 家，残疾人职工仅为 36 559 人。

表 5-1-6　1980—2010 年上海福利企业职工、残疾人职工人数情况统计表

年　份	企业总数(家)	职工总数(人)	残疾人职工数(人)
1980	85	11 294	5 020
1981	104	13 036	5 228
1982	131	14 207	6 504
1983	159	15 666	7 082
1984	254	19 946	8 594
1985	362	33 366	13 493
1986	472	43 508	17 434
1987	709	61 425	26 176
1988	1 128	88 129	36 442
1989	1 509	99 409	42 529
1990	1 709	108 600	46 129
1991	2 158	136 012	57 804
1992	2 731	163 653	68 855
1993	3 045	174 860	74 788
1994	3 408	188 085	81 523
1995	3 799	201 449	86 687
1996	4 046	214 892	91 778
1997	4 204	215 280	92 638
1998	4 009	196 325	83 850
1999	3 794	193 004	82 810
2000	3 581	181 285	77 446
2001	3 202	161 412	68 859
2002	2 955	149 348	63 910
2003	2 724	138 491	59 085
2004	2 538	125 535	53 653
2005	2 324	112 880	48 244
2006	2 104	106 379	46 758
2007	1 998	111 880	44 302
2008	1 524	106 933	36 973
2009	1 495	105 602	35 668
2010	1 455	108 473	36 559

资料来源：上海市民政局档案

二、薪酬待遇

1979 年,市属福利企业健全职工平均月工资为 50.12 元,聋哑人为 48.07 元,盲人为 45.05 元。同时开始实行奖金制,每人每月 3.66 元。随着企业利润的逐年增长,市属福利企业职工的工资也稳步提高。至 1987 年,市属福利企业残疾人职工月平均工资为 85 元,月奖金为 8 元~15 元。1982 年 4 月 1 日,市民政局制定的《上海市街道、城镇生产自救性社会福利生产单位管理暂行办法》,明确社会福利生产单位根据"量入为出""按劳分配"的原则,合理安排积累与分配的比例。生产人员的劳动收入,在扣除工场(厂)生产材料、生产费用和税金后,可按净收入的 40%~60% 左右用作分配。有条件的单位,可以采取计件津贴或基本津贴加奖励等分配形式。

1990 年,民政部、国家计委、财政部、劳动部、物资部、国家工商行政管理局、中国残疾人联合会出台《社会福利企业管理暂行办法》,规定福利企业要逐步实行工资总额与企业经济效益挂钩的原则,工资基数、挂钩基数和浮动系数由企业主管部门提出方案,报经计划、劳动、财政部门审定后执行。

1996 年底,全市地区福利企业职工 208 556 人,其中安置残疾人职工 88 986 人;残疾人职工平均年收入 3 219.3 元,比上年增长 27%。

从 1997 年起,在坚持"同工同酬,适当照顾,上不封顶,下要保底"原则的同时,开始实施残疾人职工最低工资线和最低生活保障。同年 8 月,市民政局下发《关于本市福利企业残疾职工最低收入标准暂行规定的通知》,规定对各类福利企业中有一定劳动能力、按月提供劳动的集中安置的残疾人职工实行每月不低于 315 元的最低收入标准;对缺乏劳动能力、无法提供正常劳动的分散安置残疾人员,则参照各区县当地的生活标准,按照城镇、近郊、远郊、海岛 4 类区域范围,依次按每月 185 元、142 元、125 元、105 元等 4 档最低收入标准。

1998 年、1999 年,市民政局每年对各类福利企业中的残疾人职工最低收入标准进行调整。其中,1998 年 7 月起,对有一定劳动能力、按月提供劳动的集中安置的残疾人职工的最低收入标准调整至 325 元;分散安置的残疾人职工的最低收入标准仍按原规定执行,并不得下浮。同时,规定集中安置的残疾人职工确因企业生产任务不足而待工的,待工期间收入可比照城镇分散安置残疾人职工最低收入标准发给。1999 年 7 月,有一定劳动能力、按月提供劳动的集中安置的残疾人职工的最低收入标准调整至每月 370 元;分散安置的残疾人职工最低收入标准,城镇为每月 215 元,近郊为每年 1 800 元,远郊为每年 1 600 元,海岛为每年 1 400 元。

1999 年 9 月,市劳动和社会保障局等部门决定自 1999 年 7 月 1 日起,将上海市企业职工最低工资标准提高为每月 423 元/人;城镇居民最低生活保障线由原人均 215 元/月,调整为人均 280 元/月(农村仍按原标准)。市民政局要求全市福利企业也遵照执行。至此,上海福利企业提供正常岗位劳动的城镇残疾人职工的最低工资标准,与上海企业职工最低工资标准接轨。

1999—2006 年间,市民政局对福利企业中分散安置的残疾人职工以及应上岗而未上岗残疾人职工的最低收入标准适时进行调整。如 1999 年底,再次对郊区福利企业中分散安置的残疾人职工最低收入标准进行调整,近郊为每年 2 200 元,远郊为每年 2 000 元,海岛为每年 1 800 元。2002 年,自 7 月 1 日起在城镇福利企业中执行 535 元的月最低工资标准,农村福利企业职工最低工资按区县政府下发的相关标准。对未下发标准的区县、郊区(含近郊、远郊)和海岛从事正常劳动的残疾人职工按当地乡镇企业职工平均工资标准的 65% 执行。2004 年 11 月,对应上岗而不能正常上岗残疾人职工的月最低收入标准,区分福利企业经济状况分类确定;企业退免税或利税总额较多的仍应按上海月最低收入标准执行;确有特殊困难的,企业年实际人均退返流转税额或利税总额在 4 000元(含)～7 000 元(不含)的福利企业,一般农村不低于 450 元,海岛农村不低于 380 元;年实际人均退返流转税额或利税总额在 4 000 元(不含)以下的微利亏损福利企业,一般农村不低于 350 元,海岛农村不低于 290 元。2005 年,市民政局先后下发《关于调整本市社会福利企业在职不在岗残疾职工最低收入标准的通知》《关于妥善解决本市部分社会福利企业残疾职工收入保障问题的指导意见》,自 7 月 1 日起,对部分福利企业中因不能从事正常劳动而在职不在岗的残疾人职工的最低收入标准,按照所在企业参加养老保险类型分别加以确定。其中,参加城镇养老保险的企业,每月最低收入标准为 380 元;参加农村养老保险的企业,每月最低收入标准为 260 元。对部分福利企业中应上岗不能正常上岗残疾人职工最低收入标准,沿用 2004 年按福利企业经济状况分类确定的办法,企业年实际人均退返流转税额或利税总额在 4 000 元(含)～7 000 元(不含)的福利企业,一般农村不低于 490 元,海岛农村不低于 415 元;年实际人均退返流转税额或利税总额在 4 000 元(不含)以下的微利亏损福利企业,一般农村不低于 380 元,海岛农村不低于 315 元。2006 年 9 月 1 日起,部分福利企业中因不能从事正常劳动的在职不在岗残疾人职工,所在企业参加城镇养老保险的,其每月最低收入调整至不低于 416 元;所在企业参加农村养老保险的,其每月最低收入调整至不低于280 元。

2007 年 9 月 1 日起,在全市范围内开始实施新的税收优惠政策,福利企业资格认定和退税条件中,明确要求福利企业要通过银行等金融机构向安置的每位残疾人职工实际支付不低于上海市最低工资标准的工资。至此,对上海福利企业中部分无法从事正常劳动或因企业原因不能从事正常劳动的残疾人职工逐年调整最低收入标准的做法结束。

表 5-1-7　1998—2010 年上海福利企业残疾人职工、职工人均年收入情况统计表

年　份	残疾职工数	残疾人职工人均年收入(万元)	全部职工人均年收入(万元)
1998	83 850	0.34	0.57
1999	82 810	0.37	0.65
2000	77 446	0.42	0.71
2001	68 859	0.48	0.79
2002	63 910	0.52	0.84
2003	59 085	0.58	0.93
2004	53 653	0.64	1.01
2005	48 244	0.71	1.10
2006	46 758	0.80	1.29
2007	44 302	0.93	1.45
2008	36 973	1.25	1.78
2009	35 668	1.23	1.97
2010	36 559	1.38	—

资料来源:上海市民政局档案

三、社会保障

1990 年 9 月,民政部、国家计委、财政部、劳动部、物资部、国家工商局、中国残疾人联合会出台《社会福利企业管理暂行办法》,要求福利企业职工的社会保险按当地同所有制同行业同工种规定执行,明确企业所有职工都应参加养老保险或退休费用统筹,养老保险金的交纳办法按国家有关规定执行。

至 1994 年底,市属福利企业全体职工全部纳入社会统筹参加养老保险,至 1998 年底全部参加医疗保险。

1996 年底,上海地区福利企业中有职工 208 556 人,其中安置残疾人职工 88 986 人;参加农村养老保险的乡镇(村)办福利企业有 2 459 家,123 347 名职工(包括残疾人职工),占乡镇、村办福利企业职工总数的 73%;市区街道福利企业职工参加社会养老统筹和商业保险的有 3 661 人。

1997 年 12 月,市社会保险管理局、市民政局下发《关于本市地区民福企业参加养老保险若干问题的处理意见》和《关于本市区属民福企业参加养老保险若干问题的处理意见》,要求区县属福利企业办理参加养老保险手续后,应按规定缴纳并补缴历年养老保险费;区县下属各街道、镇办的集体性质的福利企业,从 1993 年 1 月 1 日起统一按上海的规定执行。

至 1999 年 7 月,全市街道福利企业部分落实残疾人职工的投保,农村、乡镇福利企业参加农村养老保险投保率达 95% 以上。同年底,因经营困难无力补交历年养老保险金等原因,上海各区县城镇福利企业中尚有 482 家共计 8 521 人未参加社会养老保险,其中 1992 年前兴办的福利企业232 家。

2000 年 3 月,市社会福利企业管理处下发《关于本市社会福利企业参加城镇养老保险的实施意见》,对应参加而尚未参加上海市城镇养老保险的福利企业的参保工作进行部署。为妥善解决补缴职工历年保险费这一历史遗留问题,对确定参加养老保险对象、工资总额测算、补缴数额等方面提出指导性意见。同年 5 月,对缴纳 1993 年 1 月—1998 年 12 月底的养老保险费有困难的部分福利企业,实行缓缴或分期补缴的办法。2003 年 9 月,市民政局下发《关于切实做好城镇社会福利企业养老保险工作的通知》,明确尚未参加城镇养老保险的企业必须在年底之前办理参加养老保险的相关手续,同时补缴自 1993 年以来的养老保险费。为帮助亏损、微利福利企业解决补缴养老保险费资金不足的困难,要求各区县民政部门可通过福利企业退免税金提留的 10%～20% 民政福利事业经费、各级民政部门收缴的福利生产管理费中按规定比例提留的扶残帮困金、企业历年可供分配利润总额中提取的国家扶持资金,以及残疾人职工保障资金、区县福利彩票提留的福利费等资金渠道筹集的资金,帮助这类企业弥补资金的不足。上海推动福利企业参加城镇养老保险工作(简称“推保”工作)启动后,市民政局通过筹集部分资金下拨区县,帮助福利企业建立养老账户,对 1998 年 1月—2000 年 12 月补缴残疾人职工养老金的福利企业资金予以补贴。各中心城区通过挖潜,通过区、街镇财政、残联以及企业自筹等渠道,为残疾人职工“推保”工作提供资金保障。

在 2002 年度“推保”工作中,全市 2 768 家福利企业,涉及残疾人职工 61 199 人,其中已参保59 546 人,尚有 1 653 人因征地工等原因在处理中。在已参保残疾人职工中,城保为 10 708 人,农保为 48 838 人,分别占应参保总人数的 97% 和 98%。当年共为 3 438 名残疾职工补缴社会保险,补缴金额约 1 138 万元,其中城保 611 人、农保 2 827 人。

截至 2003 年 11 月底,全市 2 716 家福利企业中的残疾人职工 58 743 人,已全部纳入城镇或农村社会保险。其中,参加城镇社会养老保险 10 263 人、农保 48 100 人、小城镇社会保险及其他保障 380 人。在 2002—2003 年的福利企业残疾人职工"推保"工作中,共为 3 905 名残疾人职工补缴社会保险金 1 985.8 万元。

2007 年,市民政局下发《上海市福利企业资格认定实施办法(试行)》,要求自 2007 年 7 月 1 日起,福利企业应为安置的每位残疾人职工按规定月足额缴纳基本养老保险、基本医疗保险、失业保险和工伤保险等社会保险。

表 5-1-8　2004—2010 年上海福利企业残疾人职工参加社保人数情况统计表　　单位:人

年　份	总人数	其　中			
		城　保	镇　保	农　保	其　他
2004	52 887	8 875	5 408	38 604	—
2005	47 623	8 416	9 259	29 948	—
2006	45 405	7 554	10 522	26 942	387
2007	42 858	6 887	13 747	21 580	644
2008	36 724	6 300	16 284	13 461	679
2009	35 292	5 801	18 125	10 365	1 001
2010	36 557	5 413	22 615	6 906	1 623

资料来源:上海市民政局档案

第四节　技术改造与产品

一、技术改造

1990 年 9 月,民政部、国家计委、财政部、劳动部、物资部、国家工商局、中国残疾人联合会出台《社会福利企业管理暂行办法》,要求各有关部门要积极支持和具体帮助福利企业搞好技术改造;技术改造项目应按隶属关系和计划管理体制,按国家有关规定纳入地方计划及行业规划。

1986—1993 年底,市属福利企业实际投资技改项目共 45 项,投资总额为 3 542 万元。"八五"期间(1991—1995 年),福利企业的技术改造逐渐由市属福利企业向地区福利企业转移,从几十万元的技改项目向几百万元甚至上千万元投资的大型技术改造项目转移,从现有产品和设备的技术改造向引进设备、更新产品、提高水平的技术改造项目转移。一大批福利企业通过技术改造脱胎换骨成为新兴企业,进入本行业的先进行列。与此同时,对一些困难的企业从调整产品、产业结构入手,多方筹集资金,适度进行技术改造,使这些企业逐渐走出困境。"八五"期间,民政福利企业有案可查的技改项目共 98 项,成功率 96%,总投资额达 5.15 亿元,利用银行贷款 3.1 亿元。从技改项目中获益并达到年利税超千万元的有上海霞飞日化厂、上海沪中日化厂、上海庆丰彩印厂、上海马桥电缆厂、上海奉贤海滨电控设备厂、上海天马电脑绣花厂等著名企业。市属福利企业中,有上海新沪标准件厂、上海仪表元件厂、上海低压电器四厂等企业为宝山钢铁公司和上海大众汽车有限公司生产配套产品。

1993—1997 年,市民政局对福利企业技改贷款贴息项目 32 个,总贷款额达 9 742 万元,可贴息

332.88 万元,其中下拨企业 133.12 万元,下拨率为 40％;从各区县上报的 7 个项目中选出 3 个项目,总投资 1 920 万元,报民政部批准列为工行技改贷款贴息项目。

1997 年 5—9 月,根据海关总署制定的《残疾人专用品免征进口税收暂行规定》,民政部先后制定出台《关于办理进口残疾人专用品免税有关事项的通知》《残疾人专用品免征进口税收暂行规定实施办法》,规定个人自带(用)的残疾人专用品的进口由纳税人直接在进口海关办理免税手续;以贸易形式批量进口的残疾人专用品的进口免税,按隶属关系或残疾人专用品类别由民政部审核后,报海关总署审批。同时规定,福利企业进口的设备必须具备适合残疾人操作的一些特殊装置,适合进口单位的残疾人操作,残疾人操作该设备安全方便,并能减轻残疾人职工的劳动强度,提高效率,进口的设备或生产线上必须有残疾人上岗等条件,才能被认定为残疾人专用劳动设备和劳动保护设备。据 2000 年 3 月统计,自 1997 年起,引进的免税进口残疾人专用设备项目,共有 16 家企业、19 个项目。其中,13 家企业的 16 个项目计 20 台(套)设备全部投入正常生产。这些项目共用汇 1 462.56 万美元,可免征关税 438.77 万美元,折合人民币 3 685.65 万元。项目陆续投产后,实现新增年产值 8.83 亿元,新增年利税 9 410.14 万元。特别是引进成套设备的 5 家福利企业所生产的新产品,在技术性能、产品质量上都达到国内先进水平,替代老产品,拓展销售市场。如上海马桥电缆厂引进交联电缆生产线后,生产的交联电缆在绝缘性能、抗拉强度、尺度精度上都达到国际水准,至 2000 年已形成产值超过 10 亿元的生产能力,5 年里销售产值增长 3.5 倍。上海惠普电池厂在上海电池厂收回白象牌商标使用权后,销售大幅度滑坡,在极端困难情况下,依靠引进先进设备生产出高性能、高质量的品牌产品,重新赢得市场。上海轮椅车厂进口一台液压数控弯管机,解决轮椅车生产线上的瓶颈工序,使年生产能力猛增 1 万多辆;1999 年销售轮椅车 3.8 万辆,销售产值增加 300 万元;同时,新设备投产后为 50 多名残疾人职工提供直接的工作岗位,随着企业生产规模相应扩大,又为近 200 名残疾人提供上岗就业的机会。

据 2001 年、2002 年的统计,全市共引进的免税进口残疾人专用设备项目 30 个,引进设备 578 台(套),设备总投资 38 270.2 万元,可免关税 4 115.3 万元。上海飞航电线电缆公司 1999 年产值 1.8 亿元,利润 1 400 万元;引进一条高压电力电缆生产线后,2001 年销售收入达到 2.43 亿元,利润达到 2 448 万元;2002 年销售收入达到 3.5 亿元,利润达到 3 664 万元。上海天马电脑绣花有限公司从 1997 年起陆续进口绣花机、激光切割机共 105 台;设备更新后,企业经济效益逐年提高,从 1997 年的销售收入 1 900 万元、利润 1 080 万元,到 2002 年销售收入达到 3 217 万元、利润 1 460 万元。部分福利企业通过技术改造,增强企业的竞争力,2002 年度郊区、市区福利企业销售收入前 20 强榜单中,开展过技术改造的企业分别占 35％和 20％;郊区、市区利润总额前 20 强榜单中,开展过技术改造的企业分别占 50％和 20％。

2003 年,引进免税进口残疾人专用设备项目共立项 29 项,项目总投资为 34 102.616 万元,用汇额 3 080.65 万美元,经报请民政部批准 27 项。至年底,完成专用生产设备项目 27 项,免征关税 3 700 万元人民币,其中 8 个项目通过竣工验收。年内 50 台(套)进口设备投产。

2006 年,全市福利企业进口国外残疾人专用生产设备项目共立项 16 项,设备仪器 56 台(套),总投资 22 465.6 万元人民币,用汇额 2 516.58 万美元。经报请民政部批准的免征关税项目 17 项(次)、设备仪器 39 台(套),用汇 1 097.88 万美元,其中上年接转项目 4 个。全年共完成专用生产设备项目 11 项,免征关税 2 136.28 万元人民币。年内有 2 个项目通过竣工验收。这些设备适合残疾人操作,安全方便,既能提高效率,又能减轻残疾人职工的劳动强度。

二、产品

1978年起,上海图钉厂生产的"四方"牌单片图钉远销东南亚、中国香港、巴基斯坦、欧洲等十几个国家和地区,年换取外汇50多万美元。其外销图钉镀镍抗锈力居同行业之首,生产的121型弹片镀镍图钉荣获民政部颁发的优质产品证书。

1979年,上海油管厂试制成功加护套高压油管,使产品寿命从原来的20个工作小时~50个工作小时,提高到2 000个工作小时,被用户称为"长寿管"。

1983年,上海假肢厂生产的单自由度肌电控制前臂假手、两个自由度肌电控制前臂假手以及sj202—Ⅰ型、sj202—Ⅱ型骨架式机械假手,在民政部假肢科学研究所主持召开的产品技术鉴定会上顺利通过鉴定;1985年,该厂的SXJ—P.T.B小腿获得民政部优质产品证书;1986年,PTB小腿获得国家银质奖,上海假肢厂也因此成为全国19 000余家福利企业中第二个获得国家最高质量奖的单位。同时期,该厂生产的双健牌病理鞋获上海市和民政部优质产品证书,双健牌机械前臂获上海市优质产品证书。

80年代中期起,上海市属福利企业开展产品创优、产品创新活动,生产许多省优、部优产品,为企业的发展注入强劲动力。上海汽车零件厂的S195曲轴油封、上海自行车配件厂的SC67型脚蹬、上海低压电器一厂的JK60手揿启动开关、上海低压电器二厂的BM1—100A保护式母线、上海油管厂"长乐"牌M10X1自行车前后轴和"四花"牌195型高压油管总成、上海仪表元件厂的"上元"牌DH10系列信号灯、上海低压电器二厂的"闪光"牌和"地球"牌ZBJ—100D二级双用插座、上海低压电器一厂的"上海"牌JX260手揿起动开关等产品,先后获上海市优质产品称号。上海图钉厂的121型弹片镀镍图钉、上海自行车配件厂的"永久"牌SC67型脚蹬、上海油管厂的"长乐"牌M10系列自行车前后轴、上海汽车零件厂"双环"牌S195曲轴油封、上海向阳胶木厂的"天工"牌JH5—25螺钉组合型接线座、上海民协继电器厂的"电花"牌JY—16A电磁继电器、上海光辉自动化仪表厂的"光仪"牌气动偏心旋转调节阀等产品,先后获民政部颁发的优质产品证书。

1986年5月,由上海市民政工业技术研究所开发的DTB多功能盲人探路棒通过局级科技成果鉴定,经批量生产,于当年12月发到所属企业近2 000名盲人职工手中,给众多盲人职工的出行带来便利。同年,该研究所开发的四边对孔活动假眼座获上海市科学技术进步三等奖。

1988年,上海低压电器五厂研制的埋入式以PTC热敏元件为传感器的JWD1型电机热保护继电器,上海市日用化学研究所、上海霞飞日用化工厂研制的霞飞洗面奶,上海霞飞日用化工厂研制的霞飞特效增白粉蜜,上海中达仪表厂研制的SWXY系列数字温度显示控制仪,分别获1988年民政部科学技术进步奖的二、三、三、四等奖。

1988年,普陀区的上海曹杨建筑粘合剂厂研制成功"申泰"牌JCTA粘合剂。这种干粉型瓷砖粘合剂,大大改善无机硅酸盐材料的脆性,具有相当的韧性和保水性,填补国内的空白,也突破国外粘合剂厂商的技术垄断。该产品荣获第十届全国"星火杯"创造发明优秀产品奖、上海市科技进步二等奖、市科委火炬三等奖,1998年又被列为国家重点新产品。JCTA - 300陶瓷砖粘合剂(产品企业标准Q/IFPC06—97)获采用国际标准产品标志证书,并获1998年上海市标准化科技成果一等奖。

1990年,由上海市民政工业技术研究所和同济大学机械学研究室联合研制的"液压控制膝关节大腿假肢"通过技术鉴定,为假肢科研填补一项国内空白。同年,上海新沪标准件厂生产的高强度螺帽受到宝山钢铁总厂的好评;上海仪表元件厂的桑塔纳轿车电瓶线和上海低压电器四厂的桑塔纳轿车前后烟灰盒等产品,得到上海大众汽车有限公司的质量认可;上海铝铆钉厂的"金鸡"牌$5系列击芯铝铆钉、上海霞飞日用化工厂"霞飞"牌特效增白粉蜜、上海汇丽化学建材总厂三分厂"汇丽"牌低发泡花色卷材塑料地板被评为民政部优质产品。同时,至1990年有效期满的上海图钉厂的"四方"牌121单片镀镍图钉、上海假肢厂的"双健"牌PTB小腿假肢,通过民政部优质产品复查。

1992年,上海自行车配件厂开发的YE803越野运动型自行车全塑脚蹬,获民政部颁发的科技进步三等奖;上海汽车零件厂开发的M—1型矿车专用密封件,获民政部颁发的科技进步四等奖;上海低压电器五厂研制的埋入式以PTC热敏元件为传感器的JWD1型电机热保护继电器,获民政部科技进步二等奖。

1995年10月,上海民协继电器厂自动扶梯用操纵电器元件,获第三届上海科技节发明与专利产品金奖。

截至1996年底,上海区县福利企业遍及各个街道乡镇、村,具有产品多、行业复杂的特点,主要有10个大类:通讯电线、电缆、仪器、仪表制造及加工业(600家),化工及日用化工产品制造和加工业(300余家),电器、机械及五金加工和制造业(500余家),汽车、摩托车配件生产和加工行业(300余家),服装及羊毛制品原材料和床上用品制造及加工业(400余家),印刷和制品加工业(200余家),食品生产和加工业(100余家),建材、装潢饰品及室内用具(400家),橡胶、塑料制品生产和加工业(300余家),其他类(儿童玩具、童车、日用百货、医药、文教用品、文艺用品、废品回收加工等行业)。其中,松江县的上海发起毛纺有限公司自产自销全羊毛64支纱,具有防水防蛀的功能,填补了国内空白。该企业专为上海三枪集团公司提供原料,年销售收入达到1亿元;浦东新区的上海喔喔集团有限公司自产自销的"喔喔奶糖",被评为上海市名牌产品;上海小龙人食品总厂销售的"小龙人糖果"遍及全国各地,深受顾客欢迎。

1996年12月,在民政部召开的全国科技成果展览会上,上海有10家福利企业参展,送展的10项产品中有荣获星火成果金奖的光辉仪表公司的调节阀与定位器,获亚太地区博览会金奖的中亚电池厂无汞电池、闵行区宏大铝业装潢公司的喷涂铝材、松江县华明电子金属柜厂的自动寄包柜等。

1997年,松江县上海华利电工器材厂试制成功180级聚酯亚胺包铜圆线,并于10月22日通过上海电缆研究所、上海市机电工业技术监督所、上海市机电产品质量检测中心和市民政局等有关部门的技术鉴定。在同年11月的第四届上海科技博览会上,松江县上海威荣电器(集团)有限公司生产的"松控"牌系列母线槽、上海吉利新型钢模制造公司生产的ZJL系列模板支撑构件,经专家评定,双双获得参展项目金奖。

1999年,宝山区民政局下属的上海康乐光电仪器厂生产的YP—1型青霉素过敏快速试验仪,被评为99国际医疗器械优秀成果金奖。

1998年起,崇明上海裕安电工器材有限公司生产的"裕生"牌漆包圆绕组线等产品,连续12年获上海名牌产品称号;2002年1月,"裕生"商标被认定为上海市著名商标。

自1980年代末期开始,普陀区的上海曹杨建筑粘合剂厂走出一条紧跟市场需求、创新企业产品的发展之路。该厂研制的JCTA—600建筑腻子于1999年被认定为上海市高新技术成果转化项目,2000年获国家级火炬计划项目证书;JCTA—690防水膜、新型防水宝、JCTA—900EPS板薄抹灰外墙保温系统分别于2003年、2004年、2005年被评为上海市高新技术成果转化项目;JCTA保温节能专用多功能胶浆于2006年获上海市重点新产品称号;JCTA—950无机保温砂浆系统项目获2007年市建设科技成果推广项目、2008年市职工节能减排优秀成果项目三等奖、2011年上海市建材行业"上海南方水泥杯"技术革新一等奖。该厂的"ST申泰"商标2008年起获上海市著名商标称号,2011年顺利通过复评。企业产品行销全国30多个省、市、地区,部分产品远销东欧、美国、非洲及东南亚地区。产品广泛使用于北京钓鱼台国宾馆、国家大剧院、国务院管理局部长公寓楼、八一军委大楼,上海市政府大楼,上海大剧院、东方明珠塔、金茂大厦、上海地铁、明珠线、浦东国际机场,世博中国馆、德国馆、俄罗斯馆等国家和省市重大、重点工程。

2003年,松江区上海雄风起重设备厂的防爆专利产品被认定为"上海市高新技术成果"A级项目,2004年该厂生产的钢丝绳电动葫芦被评为上海市名牌产品,2006年企业和产品被评为上海市"品牌企业""品牌产品",2007年企业的起重设备产品被评为上海市名牌产品。

2005年1月,上海崇明特种电磁线厂"崇磁"牌漆包线被认定为上海市著名商标,2007—2010年被评为上海名牌产品。

2006年3月,奉贤区的上海申通电缆厂"申通"牌35 KV及以下铜芯铝芯塑料绝缘电力电缆被推荐为2005年度上海名牌产品。

2007年,奉贤区的上海海滨电气股份有限公司的海滨星高低压电器成套控制设备被推荐为2007年度品牌产品,上海帝高绒毛服饰有限公司的百纯帝高羊绒针织品被推荐为2007年度上海名牌。

2008年12月,青浦区上海练塘药业有限公司"泖峰"牌血宁糖浆和复方羊角颗粒被评为2008年度上海中药行业名优产品。

2009年11月,宝山区上海联畅化学纤维厂的"阻燃型单孔中空或多孔三维卷曲聚酯短纤维生产方法",在由国家知识产权局主办的中国国际专利与名牌博览会上荣获银奖。同年,上海国有资产监督管理委员会系统下属的上海海昌医用塑胶厂生产的"海昌"牌70 ml系列药用塑料瓶,被评为2008年度上海医药行业名优产品。

2009年,上海施威焊接产业有限公司成功开发19个系列98个规格型号的产品,其中MZ自动埋弧、明弧焊机,NB系列二氧化碳气体保护焊机等一批产品被命名为上海市名牌产品。2010年,该公司的施威电焊机被推荐为2010年度上海名牌。

2010年,上海东洋燃气厨房设备有限责任公司生产销售的燃气蒸箱18 KW(ZX—S—18—DX)、燃气中餐灶单眼21 KW鼓风式(ZCR—QZ—21—DX)、燃气大锅灶单眼25 KW鼓风式(DZT760—QZ—25—DX),分别被评为上海市燃气行业2010年度商用燃气器具能效和环保Ⅰ级、Ⅲ级、Ⅲ级优质产品。同年,上海海滨电气股份有限公司的海滨星高低压电器成套控制设备被推荐为2010年品牌产品。

表5-1-9 上海福利企业部分获奖产品目录表

企 业 名 称	产 品	获 得 荣 誉
上海图钉厂	121型弹片镀镍图钉	民政部优质产品
上海假肢厂	SXJ—P. T. B小腿假肢	民政部优质产品
	PTB小腿	国家银质奖
	双健牌病理鞋	上海市优质产品 民政部优质产品
	双健牌机械前臂	上海市优质产品

（续表一）

企 业 名 称	产 品	获 得 荣 誉
上海汽车零件厂	SI95 曲轴油封	上海市优质产品
	M—1 型矿车专用密封件	民政部科技进步四等奖
上海自行车配件厂	SC67 型脚蹬	上海市优质产品
	YE803 越野运动型自行车全塑脚蹬	民政部科技进步三等奖
上海低压电器一厂	JK60 手揿启动开关 上海牌 JX260 手揿起动开关	上海市优质产品
上海低压电器二厂	BM1—100A 保护式母线 闪光牌、地球牌 ZBJ—100D 二级双用插座	上海市优质产品
上海低压电器五厂	JWD1 型电机热保护继电器	民政部科学技术进步奖二等奖
上海油管厂	长乐牌 M10X1 自行车前后轴	上海市优质产品
	四花牌 195 型高压油管总成	上海市优质产品
上海仪表元件厂	上元牌 DH10 系列信号灯	上海市优质产品
上海铝铆钉厂	金鸡牌∮5 系列击芯铝铆钉	民政部优质产品
上海向阳胶木厂	天工牌 JH5—25 螺钉组合型接线座	民政部优质产品
上海民协继电器厂	电花牌 JY—16A 电磁继电器	民政部优质产品
上海光辉自动化仪表厂	光仪牌气动偏心旋转调节阀	民政部优质产品
上海市民政工业技术研究所	四边对孔活动假眼	上海市科学技术进步三等奖
上海市日用化学研究所 上海霞飞日用化工厂	霞飞洗面奶	民政部科学技术进步奖三等奖
上海霞飞日用化工厂	霞飞特效增白粉蜜	民政部科学技术进步奖三等奖
上海中达仪表厂	SWXY 系列数字温度显示控制仪	民政部科学技术进步奖三等奖
上海曹杨建筑粘合剂厂	申泰牌 JCTA 粘合剂	第十届全国"星火杯"创造发明优秀产品奖 上海市科技进步二等奖 市科委火炬三等奖
	JCTA—300 陶瓷砖粘合剂（产品企业标准 Q/IFPC06—97）	市标准化科技成果一等奖
	JCTA—600 建筑腻子	上海市高新技术成果转化项目 国家级火炬计划项目证书
	JCTA—690 防水膜	上海市高新技术成果转化项目
	新型防水宝	上海市高新技术成果转化项目
	JCTA—900EPS 板薄抹灰外墙保温系统	上海市高新技术成果转化项目

（续表二）

企 业 名 称	产　品	获 得 荣 誉
上海曹杨建筑粘合剂厂	JCTA—950 无机保温砂浆系统项目	市建设科技成果推广项目 市职工节能减排优秀成果项目三等奖 市建材行业"上海南方水泥杯"技术革新一等奖
	JCTA 保温节能专用多功能胶浆	上海市重点新产品
	"ST 申泰"商标	上海市著名商标
上海汇丽化学建材总厂三分厂	汇丽牌低发泡花色卷材塑料地板	民政部优质产品
上海民协继电器厂	自动扶梯操纵电器元件	第三届上海科技节发明与专利产品金奖
光辉仪表公司	调节阀与定位器	全国科技成果星火成果金奖
中亚电池厂	无汞电池	亚太地区博览会金奖
闵行区宏大铝业装潢公司	喷涂铝材	亚太地区博览会金奖
松江县华明电子金属柜厂	自动寄包柜	亚太地区博览会金奖
松江县上海威荣电器（集团）有限公司	松控牌系列母线槽	第四届上海科技博览会参展项目金奖
上海吉利新型钢模制造公司	ZJL 系列模板支撑构件	第四届上海科技博览会参展项目金奖
上海康乐光电仪器厂	YP—1 型青霉素过敏快速试验仪	99 国际医疗器械优秀成果金奖
上海裕安电工器材有限公司	裕生牌漆包圆绕组线	上海名牌产品、上海市著名商标
上海雄风起重设备厂	防爆专利产品	上海市高新技术成果 A 级项目
	企业和产品	上海市品牌企业、品牌产品
	起重设备产品	上海市名牌产品
上海崇明特种电磁线厂	崇磁牌漆包线	上海市著名商标 上海名牌产品
上海申通电缆厂	申通牌 35KV 及以下铜芯铝芯塑料绝缘电力电缆	上海名牌产品
上海海滨电气股份有限公司	海滨星高低压电器成套控制设备	上海名牌产品 上海品牌产品
上海帝高绒毛服饰有限公司	百纯帝高羊绒针织品	上海名牌产品
上海练塘药业有限公司	泖峰牌血宁糖浆 复方羊角颗粒	上海中药行业名优产品
上海联畅化学纤维厂	阻燃型单孔中空或多孔三维卷曲聚酯短纤维生产方法	中国国际专利与名牌博览会银奖
上海海昌医用塑胶厂	海昌牌 70 ml 系列药用塑料瓶	上海医药行业名优产品

（续表三）

企 业 名 称	产　品	获 得 荣 誉
上海施威焊接产业有限公司	MZ 自动埋弧焊机 明弧焊机 NB 系列二氧化碳气体保护焊机 施威电焊机	上海市名牌产品
上海东洋燃气厨房设备有限责任公司	燃气蒸箱 18 KW（ZXY—S—18—DX）	上海市燃气行业 2010 年度商用燃气器具能效和环保Ⅰ级优质产品
	燃气中餐灶单眼 21 KW 鼓风式（ZCR—QZ—21—DX）	上海市燃气行业 2010 年度商用燃气器具能效和环保Ⅲ级优质产品
	燃气大锅灶单眼 25 KW 鼓风式（DZT760—QZ—25—DX）	

资料来源：上海市民政局档案

第五节　康复辅助器具生产与管理

最早发端于以假肢和矫形器等伤残用品的康复辅助器具（简称康复辅具）的生产与管理，是社会福利事业的重要组成部分，由民政部门实施行政管理。1959 年，市民政局在虹口区通州路 418 号成立上海市社会福利工厂，将一批公私合营的假肢作坊归并到该厂，组成一个假肢车间，生产假手、假腿、假眼和助听器等残疾人用品，主要承担政府拥军优抚项目，为伤残军人等优抚对象安装假肢、配备轮椅等辅助器具。

1964 年 3 月，内务部城福司在上海召开假肢工作座谈会，会议决定组织主要假肢产品的统一设计。为落实民政部对假肢生产统一设计和专业化生产的要求，将假肢车间从上海市社会福利工厂分离出来，成立上海假肢厂，地址仍在通州路 418 号。1965 年 5 月，上海假肢厂搬迁至胶州路 207 号。

除民政系统的上海假肢厂外，上海较早开展假肢研究的还有中国科学院上海生理研究所（现改制为上海科生假肢有限公司）、上海交通大学。1977 年 12 月，中国科学院上海生理研究所与上海假肢厂联合研制的"肌电控制前臂假肢研究"项目，获上海市重大科学技术成果奖。

1979 年 8 月 27 日至 9 月 4 日，民政部在北京召开全国假肢工作会议，下发《按照专业化协作的原则，实行假肢标准零部件专业化生产的方案》和《假肢科学研究和新产品研制规划》两个文件。据此，上海假肢厂承担骨架式牵引机械假手等产品的生产和供应全国的任务，同时继续承担民政部单自由度肌电假肢研制任务，经过两年多研发，各项技术指标明显改进，于 1983 年 12 月 8 日通过民政部北京假肢科学研究所组织的科学技术成果鉴定。

1979 年，由中国科学院上海生理研究所假肢研究组研制成功 3 个自由度肌电控制上臂假肢，于 1981 年 7 月通过技术鉴定，1983 年和 1985 年分别获得中国科学院科技成果二等奖和国家科技进步三等奖，填补中国多自由度上臂假肢的空白。

1979 年，上海假肢厂组织假肢技术交流会，开始与德国奥托博克公司接触，探讨技术合作与交流。1986 年派出专家到德国奥托博克公司考察。1987 年开始引进奥托博克公司产品。1986 年上海假肢厂又与中国台湾德林义肢公司接触，开展合作交流。其间，上海假肢厂多次组团或派人到德国、英国、日本等发达国家和中国台湾地区进行考察,洽谈引进产品和技术合作。1980 年代中后期,上海假肢厂先后引进德国奥托博克公司、中国台湾德林义肢公司、英国英中耐公司等国际著名假肢矫形器生产商的假肢零部件及现代假肢装配技术,成为国内最早采用现代假肢装配技术的机构。1986 年,该厂生产的 PTB 小腿荣获国家银质奖。

1988 年,中国科学院上海生理研究所假肢研究组经过几年的努力,研制成功国内第一只 4 个自由度肌电控制全臂假肢,通过引出残端肩部、胸部和背部的肌电,控制假肢的手指、腕、肘、肩 4 个自由度的各个动作,把中国的假肢技术推进到一个新的水平。

假肢市场的发展,带动康复辅具产业的形成和发展。1984 年 12 月经市科学技术委员会批准,市民政工业技术研究所成立,先后研发成功 DTB 多功能盲人探路棒、DMK—1 型电子盲文卡尺、IS—1 型热塑性板材、轮椅电动引导装置和残肢仿真手套等项目,并投入生产。1989 年,上海轮椅车厂引进的德国生产流水线建成投产。

1988 年 8 月,民政部在沈阳召开全国假肢行业深化管理改革加快技术进步经验交流会。按照会议“简政放权,引进竞争机制,增强企业活力”的要求,1991 年 10 月,市民政局成立上海假肢中心。

1980 年代末,个体经营者开始涉足假肢装配业务。短短的四五年间,上海假肢厂周边的胶州路形成“假肢一条街”。一些跨国公司凭借其先进的技术和产品,或直接、或间接地投资假肢产品和装配业务。市第六人民医院、新华医院、市儿童医院等三甲医院为解决病人的需求,相继增设假肢矫形器装配机构。随着残疾人康复事业的发展,市残疾人康复职业培训中心设立上海联康假肢矫形器制造有限公司,为上海肢残人提供适配服务。上海假肢市场形成国有、民营、外资企业相互竞争、共同发展的格局。

1992 年 7 月,中国科学院上海生理研究所研制的肌电控制假肢系列产品,参加在美国芝加哥召开的国际假肢协会第七次世界大会的商品展览,这是中国唯一参展项目,也是中国高科技假肢产品首次出现在国际展台。

1997 年,上海科生假肢公司被上海市高新技术企业(产品)认定办公室认定为第一批上海市高新技术企业,这是中国假肢行业首家获得省市级高新技术企业证书的企业,并通过历年的复审。

2005 年 10 月 12 日,民政部发布《假肢和矫形器(辅助器具)生产装配企业资格认定办法》,明确从事假肢和矫形器(辅助器具)产品生产装配的企业,在工商登记注册前,应当由省、自治区、直辖市政府民政部门进行资格认定。

2006 年 6 月,市民政局明确市社会福利企业管理处作为职能部门承担对全市假肢和矫形器(辅助器具)生产装配企业的资格认定。

2007 年,上海开展资格认定工作,对 16 家假肢和矫形器(辅助器具)生产装配企业依法进行资格认定并颁发证书。

2008 年 1 月 4 日,市政府召开专题会议研究上海市残疾人康复等工作,会议提出要统筹规划,整合资源,优势互补,合力推进,形成政府主导、部门协作、社会参与的网络系统,在全市逐步构建起辅助器具康复服务框架体系。同年 7 月 23 日,上海市康复器具协会第一届会员代表大会召开,通过《上海市康复器具协会章程》,选举产生协会第一届理事会和负责人。该协会行使行业协会的职责。

2009 年 1 月,由上海科生假肢有限公司研发、具有自主知识产权的 MH11E 型多功能肌电控制假肢,被民政部评为 2009 年度科学技术创新成果奖二等奖。

2010 年 5 月,民政部办公厅批准建立上海民政行业特有工种职业技能鉴定站。上海假肢厂有限公司、上海医疗器械高等专科学校成为两个实操考试点。

2010年，假肢、矫形器师2个专业、3个级别的职业技能鉴定培训和考试工作在上海进行。当年报名并参加考试23人，其中16人参加笔试，由民政部职业技能鉴定培训中心直接阅卷；参加实操考试23人，合格22人。

2010年，本着优势互补、资源共享、互惠双赢、共同发展的原则，上海市康复器具协会与上海医疗器械高等专科学校共建实践基地，为行业发展培养高素质、高技能的应用型人才开辟新路。

据2010年底统计，市民政局共对25家企业开展假肢和矫形器（辅助器具）生产装配企业的资格认定。

第二章 儿童社会福利

上海解放后,民政部门承担孤儿的养育和收治工作。改革开放后,将孤儿工作纳入社会福利发展的轨道。

上海对孤儿的接收、养育的具体工作主要由上海市儿童福利院承担,其前身为天主教人士于1911年开办的新普育堂。1956年1月,市政府接管后将其更名为"上海市育儿院",1964年7月更名为"上海市儿童福利院",1978年更名为"上海市第一社会福利院",1980年7月恢复"上海市儿童福利院"院名。

随着经济的发展和社会稳定,属于民政部门救济范围的孤儿的数量越来越少。然而,弃婴弃儿作为一种社会现象却一直存在。上海市儿童福利院(以下简称市儿福院)接收养育的主要对象是弃婴弃儿,其中伤残比例很高。据1982年底的统计,市儿福院养育的500多名弃婴弃儿中,体残、智残的占比高达97.48%。

从20世纪80年代起,市民政局先后采取四项举措:第一,协调卫生、公安等部门,加大对上海弃婴弃儿的救治和寻亲力度,对确实寻找不到直系亲属或者其他监护人的弃婴弃儿,民政部门再予以养育;第二,引入国内外的先进理念,不断提高市儿福院自身素质和专业技术水平,做好康复治疗工作,对孤残儿童开展特殊教育,对身体健康、智力正常的孤儿提供义务教育,甚至高等教育的机会,同时不断加大财政资金投入,改善硬件设施;第三,在社区和家庭开展孤儿寄养,让孤儿回归家庭,回归社会,并想方设法安置好成年孤儿的就业和生活;第四,动员社会各方面力量共同关心孤残儿童的成长,鼓励好心人"抱一抱孤儿",使市儿福院成为市民献爱心、做慈善、建设精神文明的窗口和平台。上海对抚养弃婴弃儿"供养、治疗、教育"相结合的实践经验,得到民政部的肯定和推广。

20世纪80年代,上海部分街道开办伤残儿童寄托所,为有家伤残儿童家庭解决后顾之忧。随着上海残疾人事业的发展,这些先行探索实践的服务设施和服务形式,逐渐纳入社区残疾人福利事业。

第一节 弃婴弃儿福利保障

一、设施建设

坐落于普育西路105号的市儿福院,占地2.44万平方米,建筑面积1.76万平方米,是一座建于1911年的砖木结构、中西合璧的老建筑。改革开放后,政府多次投入资金维修。1989年5月,在市儿福院内,上海市儿童康复中心大楼落成,总面积2.8万平方米。大楼内配备有联合国儿童基金会捐助的全套残疾儿童康复器材,设有门诊部和住院部。

1998年7月,由于市儿福院建筑设施陈旧老化严重,经市政府批准,市儿福院整体迁建工作启动,确定新院地址为闵行区中春路9977号。1999年12月25日新院开工奠基,2001年6月1日主体工程竣工。全院占地面积约6万平方米,建筑面积约3.2万平方米,绿化率达60%。同年9月25日,市儿福院完成整体搬迁,10月1日举行入驻仪式,市人大常委会主任陈铁迪、副市长冯国勤、

**图 5 - 2 - 1　1999 年 12 月 25 日,市儿童福利院、市慈善基金会
残疾儿童康复中心奠基仪式举行**

市政协副主席陈正兴等领导,以及社会各界 400 多人参加仪式。

搬迁新院后,市儿福院成立照料中心、康复中心、后勤保障三大中心。新增科研培训功能,先进的硬件设施和师资力量,使之成为全国儿童福利领域的培训中心,并新增有家残疾儿童住院服务,为社区残疾儿童提供康复、特教、生活护理等服务。

2005 年 6 月,上海市儿童临时看护中心成立运行,其为隶属于市民政局的全额拨款事业单位,负责接收上海范围内经体检或救治后,符合验收要求的 1 周岁～14 周岁弃儿(疑似),提供临时生活照料或特殊教育,便于公安部门查找和甄别身份。其为全国首家专门负责弃儿(疑似)临时照料和寻亲工作的机构。

二、服务管理

【接收程序】

1997 年 12 月,市民政局、市财政局、市公安局、市卫生局下发《关于解决市儿福院弃儿救治和孤儿安置问题的通知》,对市儿福院接收弃婴弃儿的工作流程进行规范,改变之前在上海区域范围内发现的弃婴弃儿由发现地公安民警直接送至市儿福院的方法。新规为:各级公安部门在接收到弃儿后,将弃儿送到所在区县指定医院,同时联系所在区县民政局移交弃儿和相关的弃婴证明材料,所在区县民政局负责弃儿的体检及救治的有关事宜,其中属于重症需要转院救治的转至指定的市级医院;经过体检或救治无生命危险的弃儿,由区县民政局负责送市儿福院,同时提供弃婴单、发现弃婴的市民等有关人员的陈述笔录以及指定医院出具的体检证明、出院小结等。

2004 年 2 月,市委办公厅、市政府办公厅转发《市民政局、市财政局、市劳动保障局、市卫生局、市公安局、市委宣传部、市教委关于进一步做好本市孤残儿童工作的意见》,进一步明确儿童福利工作流程以及各流程中的部门职责,形成民政、公安、卫生、区县齐抓共管弃婴弃儿收容、救治、照料、康复、教育、安置的工作机制。根据规定,市民发现弃婴、弃儿后应首先向公安部门报警,公安机关及时将弃婴、弃儿(疑似)送到指定的所在区县定点医疗机构体检或救治,办妥相关手续后,开展查找工作。经医疗机构体检或救治后,弃婴直接由市儿福院接收,弃儿(疑似)由市儿童临时看护中心接收,继续进行查找。60天后,确实无法找到亲属的,经公安部门确认弃儿身份,再移送市儿福院。

市儿福院根据儿童的年龄和身体状况,对入院弃婴弃儿给予相应生活照料,对病患儿童开展医疗救治、日常保健和康复工作,并通过院内特殊教育和就近入学等,让他们接受学前教育和义务教育及其他阶段教育。弃婴弃儿年满18周岁后,有劳动能力的成年孤儿,经评估后符合相关要求的,回归社区安置;生活不能自理、无劳动能力的大龄残疾成年孤儿转入市第二社会福利院继续供养。

表 5-2-1　2000—2010 年上海市儿童福利院在册孤儿数量统计表

年　　份	数量(个)
2000	1 012
2001	1 137
2002	1 290
2003	1 370
2004	1 633
2005	1 792
2006	1 930
2007	2 097
2008	2 238
2009	2 349
2010	2 225

资料来源:上海市民政局档案

【生活养育】

改革开放以后,根据民政部关于社会福利机构要改变单纯供养的思路,逐步拓展养育理念。1980年,上海对孤残儿童开始将生活照护扩展到保健和活动锻炼。1983年,逐渐发展为包括营养、生活护理等多方面内容的专业服务。1986年,市儿福院对其中166名孤儿进行生活自理能力培养,有效率达92.8%。1995年,对肢体与智力较正常及矫治手术后的孩子,尝试个别化精心护理,也取得明显效果。

2002年,市儿福院实行ISO质量控制标准体系,制定保育工作要求,确定科学个别化的保教计划。采用北京师范大学梁志燊教授编制的《中国儿童发展量表》,初步建立起儿童发展评估体系,使儿童在语言、认知、运动能力等发展水平上都有不同程度的提高,同时还将智力开发、人格完善等教育内涵和肢体、语言等康复内涵融入日常护理中,有效提升儿童的生活养育质量。

2008年4月,市民政局转发民政部《关于发放使用〈儿童福利证〉的通知》。上海开始实施"儿童福利证"制度。

政府对福利机构儿童的供给标准逐步提高，从 1992 年孤儿每人每月 109 元，到 2010 年提高至每人每月 540 元。（详见下表）

表 5‑2‑2　1990—2010 年上海市福利事业单位收养人员供给标准调整统计表　　　单位：元

调整年度	类　　别	伙食费		被服费		医药费		杂支费		文教费		合计
		调整前	调整后	调整前	调整后	调整前	调整后	调整前	调整后	调整前	调整后	
1990	1 周岁以下婴儿	38	38	7.5	11	5	8	0.3	1	无	无	
	1 岁～7 岁幼儿	37	37	8.3	11	5	8	0.3	1	0.3	2	60
	7 岁以上儿童	37	37	7.7	11	5	8	0.5	2	0.7	2	60
1991	1 周岁以下婴儿	38	55	11	11	8	8	1	1	无	无	75
	1 岁～7 岁幼儿	37	55	11	11	8	8	1	1	2	2	78
	7 岁以上儿童	37	55	11	11	8	8	2	2	2	2	78
1992	婴幼儿童	55	70	11	16	8	16	2	4	2	3	109
1993	婴幼儿童	70	85	16	30	16	25	4	8	3	5	153
1994	婴幼儿童	85	105	30	30	25	25	8	8	5	5	173
1995	婴幼儿童	105	135	30	30	25	25	8	8	5	5	203
1997	婴幼儿童	135	155	30	40	25	50	8	15	5	8	268
1999	婴幼儿童	155	160	40	45	50	70	15	20	8	14	309
2006	婴幼儿童	160	225	45	45	70	70	20	55	14	14	409
2008	婴幼儿童	225	300	45	60	70	70	55	55	14	10	495
	学龄儿童	225	300	45	60	70	70	55	85	14	25	540
2010	学龄儿童	225	300	45	60	70	70	55	85	14	25	540

资料来源：上海市民政局档案

【医疗救治】

1996 年，全国实施"残疾孤儿康复工程"，上海将新华医院、市第九人民医院、市胸科医院等列为指定单位，对住院治疗的残疾孤儿，医院免收住院费，并减半收取手术费和治疗费。

1997 年，市民政局与市卫生部门研究决定，由市卫生局指定 1 所～2 所市级医院参与重症患病弃儿的救治工作，各区县卫生局亦指定相应的医院，负责弃儿的体检及救治工作。2005 年 3 月 6 日，市卫生局、市财政局、市公安局、市民政局下发文件，明确定点医疗机构的确定、工作流程、费用结算等，对弃婴和弃儿（疑似）救治工作中市级和区级定点医院会诊和转诊进行划分，并对体检、验收的流程和标准等作出规定。

2003 年"非典"时期，市儿福院为重点防范单位之一，制定"防非典"工作方案和紧急预案、《"非典"防治工作规范性操作要求》《"非典"防治工作处罚规定》，层层落实，责任到人。"非典"期间，院内 400 多名弃婴弃儿，未出现 1 例疑似或确诊病例。"防非典"期间制定的措施成为日后常态管理的制度，提升了弃婴弃儿卫生防疫工作。

2004年,民政部在全国启动"残疾孤儿手术康复明天计划"(以下简称"明天计划"),为福利机构中具有手术适应证的孤残儿童开展手术矫治。市民政局成立上海市"明天计划"办公室,办公室设在市儿福院。在"明天计划"办公室的协调安排下,该计划顺利实施。市儿福院与指定医疗机构选择适宜手术的儿童,提出手术康复方案,填报手术康复申请表,向民政部"明天计划"办公室申请资金资助额度。经民政部"明天计划"办公室审批后,先拨付50%资助资金。在手术完成后,按规定逐级上报相关材料通过审核后,拨付剩下的50%资助资金。据统计,2004—2010年上海完成矫治手术529人。

2009年,民政部与中国儿童少年基金会联合开展全国"孤儿保障大行动",通过筹集善款为孤儿发放重大疾病公益保险。2010年7月,民政部发文要求进一步推动落实"孤儿保障大行动"。上海在爱心企业、人士的支持下,为孤儿提供公益保险的费用落实到位,并为孤儿发放保险卡。2010年,市儿福院儿童全部参加上海市少儿医保和住院基金。

【教育培养】
1983年,市儿福院抽调3名工作人员成立教育领导小组,并自编教学大纲和智障儿童教材,全院各班级的教学活动开始按要求、有计划地进行。同时开展教研活动、专业培训,以提高师资水平和教学质量。

1993年6月1日,由玉佛寺真禅法师捐赠的"真禅学校"在市儿福院落成开学。该校设12个班级,其中普通小学特殊教育班、弱智儿童辅读班和聋哑儿童语言训练班各4个。2001年,3位从真禅学校毕业的孩子考上大学,成为市儿福院第一批大学生。同年,教育部门同意市民政局提出拟将真禅学校纳入特殊教育体系的申请。2004年,经闵行区机构编制委员会研究批准,真禅学校挂靠闵行区教育局,更名为"启心学校",隶属于市儿福院的全额拨款事业单位,所需人员和办学经费由市儿福院全额拨付,核定事业编制60名。启心学校设学前和学龄两个部门,覆盖幼儿期至九年制义务教育阶段全部特教课程。校内约40名教师分布在学龄、学前教育及康复教育等多个工作领域。教师中拥有大专及以上学历的超过90%,中级职称1/4,青年教师60%。

2003年,为提高儿童的学习兴趣,培养活泼开朗的个性,市儿福院与美国半边天基金会合作,引进国外先进的婴幼儿早期教育理论——"瑞杰欧"教育法,开展"祖母计划"(婴幼儿抚育计划)和"小姐妹学前教育计划"。2009年,启心学校首次提出"全人教育"理念,即所有的孩子,无论残疾类型、残疾程度,都应享有接受教育的权利,且贯穿个人成长的全过程,包括文化、心理、职业技能、社会功能等多领域的发展。"全人教育"理念逐渐融入弃婴弃儿教育保障工作中,为孩子创造更多平等接受教育的机会。

在传授文化知识的同时,市儿福院注重培养孩子的文体特长,鼓励8岁以上的智障儿童参加国内、国际举办的田径、乒乓、篮球等各项特殊奥林匹克运动。1986年10月,上海举行首届特殊奥林匹克运动会(以下简称特奥会),参赛的10名智障儿童取得4项冠军和4项亚军;1986年12月,中国香港举行第11届特奥会,3名参赛智障儿童获得2块金牌、2块银牌和1块铜牌。1995年在美国举办的第九届国际夏季特奥会上,获得乒乓球单打和男子双打冠军。无臂少年杨杰的绘画作品先后获得国际残疾人年画展银质奖章、上海市儿童美术作品展览优秀奖、上海市少儿书法绘画三等奖,日本国际残疾儿童书画大赛银奖等,并获得"上海市自强少年"称号。

【康复训练】
1983年,市儿福院将残疾儿童的康复训练列入孤儿保障工作的重要组成部分,在实践中逐渐摸索出一套行之有效的功能训练法,将已形成的"养、治、教"工作内容融为一体,以实现重残变轻残、残而不废的工作目标。

1985年6月,上海市伤残儿童康复中心成立,同时与10个街道的伤残儿童日托站结为共建。市伤残儿童康复中心设立门诊咨询、智能测定、肢体功能测定、运动功能训练、针灸推拿、理疗等7个科。1985—1987年,对院内28名脑性瘫痪患儿进行康复训练,有效率达78.5%;对200名伤残儿童通过以自理生活"十会"功能训练,93%均有不同程度的效果。

1988年,民政部与联合国儿童基金会合作,在市儿福院建立中国残疾儿童康复研究培训中心,开展残疾儿童康复研究,收集和介绍有关信息和资料,开展对外交流,有计划地培养不同层次的专业技术人员,逐步完善残疾儿童康复工作体系。1989年5月,市伤残儿童康复中心大楼落成。该中心总面积2.8万平方米,配备有联合国儿童基金会捐助的全套残疾儿童康复器材。6月,经市卫生局同意,在市儿福院内成立上海市聋儿听力语训中心。1989年,成立上海市残疾儿童康复中心,后更名为上海市民政残疾儿童康复医院。1990年12月14日,全国残疾人三项康复工作办公室将上海市儿福院定为全国开展聋儿听力语训试点。

2001年11月,位于市儿福院的市慈善基金会众仁儿童康复中心落成启用,总建筑面积3 356平方米,为院内外残疾儿童提供肢体功能、听力语言、智力心理康复等服务。康复工作人员为医师、治疗师、特教老师和社工。康复中心配备先进的多感官、感觉统合、可视音乐、体疗等训练设备。对脑瘫、脑发育不全、先天畸形、外伤等原因造成的上肢或下肢无法正常运动的儿童,开展体疗、手部精细运动、理疗、推拿等。

2003年,众仁儿童康复中心的聋儿语训项目启动,对听障儿童、语言发育滞后和构音障碍儿童,开展语言治疗、构音矫治、听力测试、耳膜制作和各种语言能力评估。语言治疗师运用专业的呼吸训练、口肌训练方法对儿童的构音器官和发声方式进行有针对性的干预。在训练内容的选择上注重语言前技能、语言理解能力、语言表达能力的全方位培养。服务形式有一对一的个别训练,还有自闭症、唐氏征的集体语训课。康复中心设立自闭症小组,由特教老师、康复治疗师、心理咨询师等专业人员组成,与中国香港协康会合作,引入结构化教学法,通过感觉统合训练、操作训练、语言训练、游戏课程、音乐治疗等方法,对自闭症儿童进行综合干预。

三、融入社会

【社会寄养】

20世纪80年代后期,弃婴弃儿数量开始增多,由于残疾婴幼儿很少有人收养,留院人数也逐年增加。20世纪90年代,上海开始尝试将弃婴弃儿寄养,一是寄养至其他福利机构,二是家庭寄养。

1993年2月,市儿福院与市第二社会福利院确立寄养关系,并明确寄养对象范围、供给费结算标准等相关事宜。1994年9月,与上海海科福利院签定委托寄养关系。此后,又先后与上海虹口惠馨儿童康健院等7家社会福利机构建立委托寄养关系。1998年,在民政部和安徽省民政厅的支持下,与安徽相关社会福利机构开展异地寄养工作。

1994年,探索让福利机构养育的孩子走入家庭,感受家庭温暖的全新养育模式,从与青年报社联合策划并举办"好心人抱一抱孤儿"和"孤残儿童周日家庭寄托"活动开始,至1997年5月,市民政局、市慈善基金会、新民晚报社联袂倡议在全市范围内开展"让孤残儿童拥有温馨之家"家庭寄养慈善活动,逐步形成"政府出资、社会支持、家庭寄养、统一监护"的运作模式。

1997年7月,市儿福院成立家庭寄养办公室,负责寄养家庭的招募、选择、评估、管理、服务等工作。经筛选,首批40名弃婴弃儿进入各寄养家庭。到2000年,有220名孤残儿童陆续走进普通家庭。

2001年7月,经上海市引进国外智力领导小组办公室批准,市儿福院"上海家庭寄养"项目立项。随后,邀请英国家庭寄养工作专家Robert Glover来院开展培训,并送6名工作人员到英国接受培训。2000年与2002年,成功举办两届孤残儿童照料与家庭寄养研讨会,提升家庭寄养工作的理论和实务水平。

从2000年起,市儿福院先后在寄养儿童较为集中的崇明和南汇(今浦东新区)建立寄养工作站,构建院寄养中心、寄养工作站两级管理和监督管理模式,依托寄养工作站,加强对寄养家庭的康复指导以及日常监督和管理。2002年,建立家庭寄养工作专业评估体系,设立专业评估指标与运作模式,用专业评估量表,对家庭寄养的工作目标、工作特点、服务范围、服务内容进行专业评估。截至2010年12月底,在476名寄养儿童中,已有39名考入中专、职校,2名考入大学,5名走上工作岗位,其他儿童在智力、社会交往、生活能力上,均有不同程度的提高和改善。

2003年10月,民政部在调研总结上海市家庭寄养模式经验的基础上,制定出台《家庭寄养管理暂行办法》,从国家层面对全国儿童福利机构家庭寄养工作进行规范,并向全国推广。

【成年孤儿安置】

20世纪90年代初,市民政局对符合安置标准的大龄成年孤儿进行安置,由市民政系统福利企业接纳安排就业。但随着市场经济发展和产业结构调整,民政福利企业自身面临诸多困难,接纳安置成年孤儿陷入困境。

1997年4月,市政府办公厅转发《上海市民政局关于扶持本市民政事业发展若干意见的通知》中首次明确,孤儿成年后采取分散安置办法,原则上由各区县每年各安置2名成年孤儿;每名成年孤儿安置费暂定为10万元,由市财政、区财政、市儿福院分别按50%、30%、20%的比例承担;成年孤儿的住房,由各区调剂解决。同年12月,市民政局、市财政局、市公安局、市卫生局联合印发《关于解决市儿童福利院弃儿救治和孤儿安置问题的通知》,提出具体的实施意见。2002年8月,市民政局制定《关于进一步规范本市孤儿安置工作及2002年成年孤儿安置分配意见的通知》,对上海安置成年孤儿工作进行规范。2004年市委、市政府的文件中关于落实"孤儿安置"工作提出,成年孤儿的安置分解到各区县落实,努力做到每人有住房、有工作。市财政按每人10万元标准予以补贴。2006年,市儿福院引入社会工作方法,为大龄孤儿开设"社会融合"培训项目,内容包括前期培训、社区实践、技能培训、岗位实习等。此后,又逐渐开展模拟社区生活、人际沟通技巧等培训,提升成年孤儿的社会适应能力,配合接收安置区更好地帮助成年孤儿回归社会后平稳过渡。

经过近20年的探索,全市成年孤儿回归社会安置工作,逐步形成由民政部门牵头、区县具体落实、相关部门共同协作、市儿福院配合的工作模式。据统计,自1998年至2010年12月,全市有125名成年孤儿回归社会安置,顺利完成从机构养育到社会自立的人生转变,开启全新的人生旅程。

四、社工介入

2003年,上海民政部门以社会工作人才队伍建设为契机,运用社会工作专业方法和技巧,逐步把社工专业引入到孤残儿童寄养、教育、康复、收养、义工管理等各个领域。市儿福院以此为契机,引进第一批社会工作专业毕业的学生,第一次在家庭寄养中心设置专业社工岗位,开始尝试将社会工作理念、方法融入家庭寄养日常工作中。

2008 年,市儿福院将社工理念和方法开始逐步向儿童生活区、儿童心理辅导、特殊困难儿童等方面拓展;采用个案管理的方法和"社区融合"培训项目等,对所有已离院参加工作的原服务对象在工作中的表现进行跟进和辅导,对即将离院的服务对象开展补充性社会生活技能训练,提高他们独立生活的能力。

2009 年,市儿福院新设置社工部和学生部,建立社工督导制度并聘任专业督导,将社工工作纳入规范、系统的管理。2010 年,将社工工作纳入 ISO 质量和管理体系,对社工工作质量控制点进行梳理、汇总和考核,不断树立社工专业、统一、规范的良好形象,增强社工的职业责任感与道德感。

截至 2010 年底,民政系统从事儿童社会工作的 50 人,全部具有社会工作专业学习背景,其中硕士 2 人、本科 37 人;取得社会工作师资质 22 人、助理社会工作师资质 20 人,已初步形成一支具有一定规模和实务经验的社工队伍。

第二节　有家伤残儿童福利

一、福利机构向社会开放

1978 年 11 月,市民政局制定《试办有家伤残儿童部的若干规定》,要求市儿福院面向社会收养家庭照料有困难的低能和伤残儿童。1985 年,市儿福院设立的市伤残儿童康复中心向上海和全国的伤残儿童开放。该中心还与 10 个街道的伤残儿童日托站建立共建关系。1986 年 8 月,市儿福院伤残儿童康复中心面向社会设立康复门诊,为脑瘫患儿提供康复治疗。据 1986 年底统计,该中心全年接待门诊 228 人次,进行康复治疗 72 人,为 30 个伤残儿童日托站的 157 名伤残儿童进行体检和运动功能评定。至 1995 年底,市儿福院先后收养 431 名有家伤残儿童。1989 年 6 月,市儿福院伤残儿童康复中心更名为民政残疾儿童康复医院,其中脑瘫儿童康复和听力语言障碍康复对社会伤残儿童开放。

1998 年,聋儿听力语言训练中心开办聋儿家长学校,将聋儿语言训练工作向社会延伸。通过培训,使聋儿家长了解了国内外最新的语训信息,掌握了常用助听设备的使用、保养和维修常识,也增加了聋儿通过语言训练逐渐康复的信心。2001 年 11 月,众仁儿童康复中心落成启用,为伤残儿童家长及其他从事伤残儿童康复工作者提供咨询、培训等服务。此后,自闭症小组和聋儿语言训练,向部分有需要的家庭残疾儿童开放,将市级福利机构的专业服务进一步辐射到社区残疾儿童。

二、区办有家伤残儿童机构

1979 年 5 月,虹口区在永定路 71 号创办虹口区育能院,设两个班收托有家弱智儿童 30 人。1982 年育能院迁址四平路幸福村 286 号,规模扩大到四个班。1988 年 3 月,投资 35 万元对育能院进行改造,改造工程于 1989 年 12 月竣工,使用面积扩大到 1 000 平方米,更名为虹口区儿童福利院。该院收托范围为 7 岁~12 岁低能儿童和 3 岁~5 岁有家聋哑儿童,采用"养、治、教"三结合方针,施以特殊教育,尽可能使他们残而不废,聋而不哑,成为自食其力的劳动者。1986 年 9 月 20 日,该院聋儿语言训练班招生开班,先后开办三期聋儿语训班,训练聋儿 19 人。1991 年,该院通过实践,摸索总结出一套独特的"目标项目训练"法,编制 8 章 303 条适合弱智儿童不同个性和特点的培训目标,按照目标要求,开展肢体功能锻炼和语言训练。1993 年该院被国家教育委员会、民政部、中国残疾人联合会、卫生部等 11 个部委评为全国先进单位。1998 年 8 月,经市教育、民政、残联等部门同意,在该院附设虹口区聋儿家长学校。截至 2003 年,该院的聋儿康复考核连续 5 年获全市第一。同年,该院通过 ISO 国际质量管理体系认证。2004 年 9 月,开始开办全托业务,提出以日托带全托,以"语训及康复训练"为特色,形成康复、特教、语训、护理、生活保健等全方位立体的服务模式。同年,建立全托、日托交替的特殊训练班,使残疾儿童能在生活自理,认知能力提高的前提下,进入到康训班、音乐班、医疗康复班、道德教育班等,以培养其综合能力。此教育、康复方法,受到残疾儿童家长的欢迎,当年入托人数达到 103 人。

三、社区残疾儿童寄托机构

1982 年 4 月 1 日,为将残疾儿童家长从沉重的日常照料中解脱出来,解除后顾之忧,静安区武定街道在慈溪路 159 号创办上海市第一个街道伤残儿童寄托所,接收有家弱智残疾儿童,当年收托伤残儿童 14 人。伤残儿童寄托所的建立得到社会各界和新闻媒体的好评。5 月 20 日,上海电视台播放新闻录像,民政部派专人采访总结。1983 年 9 月,在全国第八次民政会议上,上海就此作交流发言。1986 年,武定街道伤残儿童寄托所迁到新闸路 944 弄 50 号,收托规模有所扩大,收托伤残儿童人数常年保持在 20 人～30 人。武定街道伤残儿童寄托所经验在各区得到推广,1988 年,14 个区县创办寄托所 49 所,在托伤残儿童 395 人。随着社会发展和管理要求的不断提高,初期创办的寄托所因大多设施简陋,无法达到社会福利事业发展要求而进行调整,有的并入街道敬老院,有的停办。到 1993 年,全市伤残儿童寄托所 37 所,在托伤残儿童 357 人;1997 年末,减至 16 所,在托伤残儿童 116 人。

图 5-2-2　20 世纪 80 年代初,静安区武定街道在全市创建了第一所伤残儿童寄托所

截至 2010 年底,市、区依法登记成立以儿童为服务对象,提供特殊教育、康复训练等服务的社会组织共计 38 家,大多为开展自闭症儿童特殊教育与康复训练的机构,其中业务主管部门为妇联、教育、体育、卫生、残联以及街道办事处。

2002 年 5 月,由上海市教育委员会与浦东新区社会发展局共同兴建的上海浦东新区特殊教育学校成立。这是一所集听障、智障与脑瘫教育为一体的,全市唯一一所综合型九年一贯制特殊教育学校。该校集中招收脑瘫学生入学,填补中国特教领域专收脑瘫学生的空白。学校占地 14 561 平方米,划分为教学、康教、体育 3 个功能区域,拥有全国一流的康复教育设施。校内设启音、启智、养护三个教学部,共有 30 个教学班,300 多名学生。学校坚持走"医教结合"道路,构建以脑瘫教育为特色,适合 3 类残障孩子发展的教育体系。各类残障学生,特别是脑瘫孩子,通过专业康复训练,教育培养,塑造健康人格,提高综合素养。2010 年,学校组织撰写的《浦东新区脑瘫学生康复与教育的实证研究》课题,获第十届教育科研优秀成果一等奖。学校还先后获"全国优秀特殊教育学校""上海市示范性特殊教育学校"和"上海市五一劳动奖状"等荣誉称号。

2003 年,徐汇区致康儿童康健园创立,为侨眷吕舜玲创办的民间脑瘫儿童康复机构。创办人因罹患脑瘫,生活无法自理,18 岁确诊后,被父母送到中国香港治疗,久病成医,掌握一套独特的脑瘫康复推拿方法。回到上海后,在有关部门支持下,在香港实业家父母的资助下,先后建立"上海红十字会福利站""上海爱侨肢残者福利中心"等社会组织,为肢残人康复、就业和文娱活动提供各种帮助和服务,慕名而来的患儿在接受治疗后恢复部分功能,有的有明显改善,家长们称其为"吕氏推拿"。吕舜玲在父母亲的支持下,变卖了父母留在上海的两栋花园洋房,成立专为脑瘫儿童服务的社会服务机构,以她多年摸索出的推拿治疗方法,使 100 多名脑瘫儿童得到不同程度的康复。

2003 年 10 月,黄浦区残疾人联合会原理事长、残障人士吴忠伟退休后创办上海悦苗残疾人寄养园。吴忠伟为帮助减轻残障儿童家庭的疾苦,克服资金短缺、缺少专业人员等困难创办该机构。机构成立后,针对家庭特别困难的学员给予减免学费;在不断提高护理质量的同时,注重开发心智障碍孩子的潜在智能,组织他们参加生活、劳动和社会实践活动,训练培养生活自理、人际交往和社会融合能力,有 50 余名学员参加职业康复和非正规就业劳动实训。

四、重生行动

2008 年,民政部与李嘉诚基金会在全国联合实施"全国贫困家庭唇腭裂儿童手术康复计划"(以下简称"重生行动")。该计划帮助贫困家庭唇腭裂儿童解除疾患。市民政局成立实施该项目工作小组,确定上海的资助对象一般为城市和农村最低生活保障家庭、低收入家庭中 18 周岁以下,患有唇腭裂及相关畸形的未成年人。上海"重生行动"由同济大学附属口腔医院实施手术。据 2010 年 4 月项目一期结束时统计,上海实施手术 63 例,术后情况良好。

第三节 社 会 关 爱

一、"好心人抱一抱孤儿"

1994 年春节期间,市儿福院与青年报社举办"好心人抱一抱孤儿"的活动。大年初一,副市长谢丽娟前往市儿福院,把一名孤儿抱回家过年。"好心人抱一抱孤儿"活动唤起全社会对孤儿的关爱。据不完全统计,此次活动共有700多个家庭和团体参加,103个家庭抱孤儿回家过年,来院参与"抱一抱"孤儿活动的志愿者有1000多人。

1994年3月1日,市儿福院再次与青年报社,联合东方电视台共同推出"周日家庭寄托"活动。64名在福利机构生活的孩子寄托给50多个家庭。

1997年5月,市民政局、市慈善基金会、新民晚报社联合酝酿发起"让孤残儿童进入社区"慈善活动的倡议,报名登记家庭共有102户,经调查筛选,最终选定40户家庭作为首批寄养家庭。在与市儿福院签订"委托协议书"后,40名孤残儿童委托交由家庭寄养。

根据"委托协议书"的内容,家庭寄养不改变监护关系;市儿福院负责寄养情况的指导、管理和监督寄养情况,寄养家庭负责寄养儿童生活起居、常见病的就医治疗、学习教育、参与社会活动等,同时获取一定的劳务费补贴等。"让孤残儿童进入社区"慈善家庭寄养活动的开展,使"政府出资、社会支持、家庭寄养、统一监护"的孤残儿童家庭寄养工作模式初见雏形。

二、社会捐赠

1981年六一国际儿童节前后,市儿福院收到3000余件节日赠礼。1986年六一儿童节前后,上海2000多名伤残儿童在中福会少年宫举行首次全市性伤残儿童联欢活动,市总工会、市妇联、中国康华实业公司上海分公司、市残疾人福利基金会和市红十字会分别向伤残儿童赠送节日礼物。

1988年5月,以玉佛寺方丈真禅法师的法名命名的"真禅伤残儿童福利基金会"在市儿福院设立,并举行捐款仪式,捐款10万元,此前真禅法师已先后3次向伤残儿童捐款4万元,用于发展康复、教育和福利事业。1993年6月1日,由真禅法师捐资近40万元建立的真禅学校在市儿福院举行落成典礼。当日,真禅法师又捐资5万元给校方作为办学基金。2001年9月,3位从真禅学校毕业的孩子成为市儿福院第一批大学生。

1990年1月,中共中央总书记江泽民委托市长朱镕基和副市长谢丽娟,将其本人翻译的《机器制造厂电能的合理使用》一书所得稿酬1500元,捐赠给市儿福院,资助在院孤儿欢度春节。

1992年6月1日,数十名外国驻沪领事馆官员和上海商城等外资企业人员来到市儿福院,捐赠价值10万元的康复器材和钢琴等文娱用品。在上海的德迅海空有限公司也向孩子们赠送价值3000美元的少儿运动鞋。裕华实业集团公司赠送价值4000元的电风扇。

1993年六一儿童节期间,社会各界纷纷前往市儿福院捐赠款物,短短几天捐赠总价值达4万余元。除了个人以外,还有东亚运动会组委会、市物资局团委等18家单位前往捐赠。

1994年5月2日,中外合作上海哥士摩娱乐城发展有限公司向上海市慈善基金筹委会捐赠150万元人民币,专项用于助养市儿福院10名孤儿,关心他们的道德修养、文化教育、生活技能、身体状况,直到他们成年。

三、志愿者服务

1995年春节前,市儿福院首次举办"市长夫人年夜饭",市领导夫人们与院内养育的孤儿共度佳节。以后每年都举行一次。

2007年,市儿福院获得"市志愿者服务基地"称号,志愿者服务的规模不断扩大,服务领域不断拓展,逐渐形成有特色的志愿者服务体系和社会服务平台。据不完全统计,每年前往市儿福院参加志愿服务活动的达 5 300 多人次。

2009 年底，上海人民广播电台 103.7 兆赫"阿彦和他的朋友们"志愿者团队成立。志愿者团队每周定期组织听友志愿者活动或参与市儿福院大型活动项目。志愿服务项目主要包括：开设学龄儿童、青春期学生艺术培训课，开设高考课业辅导班，参与大龄孤残儿童的迎春联欢会或元宵灯会，陪伴孤残儿童度过愉快温馨的六一儿童节，协助院方举办暑期儿童运动会，参与儿童羽毛球比赛，举办学生歌会等。

2010 年 6 月，荧光小筑协力事务所"关爱成长"项目（聋儿手语社）进入市儿福院开展志愿服务。该组织主要为聋哑儿童服务，通过定期组织各类活动，关注并陪伴聋哑儿童成长，让聋哑儿童进一步融入社会大家庭，提高聋哑儿童的生活自理能力，加强他们与健听人的交流沟通，项目活动内容有游戏天地、互动厨房、户外活动等。

2010 年，"故事妈妈"（成立于 2009 年的上海故事妈妈工作室，致力于在全国各地推广"生命教育"理念，传播积极向上的人生信念）志愿者走进市儿福院启心学校，向伤残儿童传递健康的生命理念。面对不同年龄、不同身心条件、不同生活经历的孩子们，志愿者精心选择合适的主题，设计生动多样的讲故事方式，通过或轻松有趣的游戏、或开放激烈的讨论，由看似简单的故事引发孩子对生命各层面的思考，逐步培养他们面对困难、适应社会的能力和积极乐观的人生态度。

第三章 民政精神卫生福利

民政精神卫生福利是整个精神卫生事业的重要组成部分。"三无"（无依无靠、无家可归、无生活来源）精神病人，是民政部门的救济对象。解放初期，流落街头的精神病人曾对上海的城市管理造成一定的影响。1953年6月，市政府提出，以市民政局为主负责管理对社会危害较大、医院无法长期收治、无家庭管束的精神病人。市民政局与市卫生局、市公安局共同成立上海精神病防治管理工作小组。其中，民政部门负责收治"三无"精神病人，卫生部门负责精神病人的治疗，公安部门负责"武疯子"的肇事处理。

市民政局先后创办市民政第一精神卫生中心（以下简称市一精院）、市民政第二精神卫生中心（以下简称市二精院）、市民政第三精神卫生中心（以下简称市三精院）。

1980年，市民政局要求3家精神病院收治部分家庭、地区和单位均无看管条件的有家无业或者有业无家的精神病人。到20世纪90年代，3家精神病院中，收治对象基本是有家庭或者有职业的精神病人。由于服务对象发生根本性的变化，市民政局的精神病院性质、任务也随之发生变化，逐步向福利型、康复型转变。市民政局不断改建、扩建3家精神病院的设施，增添设备，以康复为重点，引入社会工作，开展学术活动，加强与上海精神卫生行业的交流，不断提升自身的康复治疗能力和水平。

为加强对有家庭或有职业但无看管条件的精神病人的看管，继1978年静安区武定街道创办精神病人工疗站，在居委会建立精神病人监护组后，社区精神病人群防群治网在全市构建。1985年，上海街道乡镇兴办安置残疾人就业的福利工厂，工疗站大都归并到街道乡镇的福利工厂。20世纪90年代后，精神病人的保障工作逐步纳入社区残疾人事业中。

进入21世纪，精神病防治管理工作以市卫生局为主负责，市民政局共同参与，主要负责管理下属3家精神病院，其工作重心转向康复治疗，精神病院的名称改为精神卫生中心。

第一节 机构与服务管理

一、机构建设

1959年，上海市精神病疗养所在上海县莘庄镇中街127号成立。1962年8月，该所从莘庄迁移至青沪公路2000号（现中春路9999号）原农业跃进机械厂旧址，同时更名为上海市第一精神病疗养所。1964年后，由市民政局主管，更名为上海市第一精神病疗养院。1977年8月，该院女性精神病人迁往市第二精神病疗养院，第一精神病疗养院主要以男性精神病人为主。1992年，更名为上海市第一精神病院。1999年3月，更名为上海市民政第一精神病院。2009年4月，更名为上海市民政第一精神卫生中心。1979年，市第一精神病疗养院实施翻建，共翻建病房1999平方米，浴室、烘间150平方米，办公用房251平方米及人防工事地下室316平方米。1983年，翻建容纳200张床位的病房1993平方米、工疗用房1072平方米。1993年，新建医疗综合业务楼，总建筑面积1250平方米。1996年，新建肺科病房后勤辅房。1997年，建造复员退伍军人精神科病房，设床位

100 张。

1959 年，南汇精神病疗养所成立，专收女性精神病人。1964 年 5 月，更名为上海市第二精神病疗养院。1987 年 5 月，更名为上海市第二精神康复院。1992 年 12 月，更名为上海市第二精神病院。2009 年 4 月，更名为上海市民政第二精神卫生中心。1991—2010 年，在市民政第二精神病院建设过程中，市财政共拨资金 1.43 亿元，先后新建、改建了病房大楼、医技综合楼、食堂、锅炉房、浴室、车库、洗衣房、配电房、门卫等建筑，建筑面积共 7 367 平方米。

1958 年，徐汇区精神病疗养所建立，于 1964 年迁至闻喜路 590 号，更名为上海市第三精神病疗养院。1986 年，更名为上海市第三精神康复院。1992 年，更名为上海市第三精神病院。1999 年，更名为上海市民政第三精神病院。2009 年，更名为上海市民政第三精神卫生中心。1978 年 3 月，市第三精神病疗养院新建肺结核病区（六病区）。1979 年，建造工疗房。1985 年，建造复员、退伍军人精神病人病区楼。1985 年 12 月，建造新医务大楼。1987 年 6 月，新建综合服务楼、锅炉房。2004 年 12 月，市民政第三精神病院进行总体改扩建，至 2007 年 3 月竣工。项目占地面积 39 166 平方米，床位 900 张，建筑面积 30 469 平方米；其中新建建筑面积 26 020 平方米，改建建筑面积 4 449 平方米，项目总投资 7 560 万元。

二、收养对象及经费

"三无"精神病人在院期间所需的一切费用均由政府承担，由民政事业费支付。其伙食费、衣着费等基本生活待遇，随着城市居民生活水平提高而随时调整。

1978 年 11 月，市民政局制定《精神病疗养院收治精神病人若干规定》，明确各精神病疗养院主要收容上海常住户口中的本人无业以及本人虽在业但无亲属依靠的精神病人。1980 年，市民政局制定的《上海市精神病疗养院管理工作条例》明确，精神病疗养院收治对象主要是市区和县属城镇常住户口中"三无"精神病人。从 1978 年起，市第三精神病疗养院内试办复员、退伍军人精神病房，并开始收治精神病人中的肺结核患者。1999 年，复员退伍军人病房搬迁至市民政第一精神病院。

自 1978 年起，精神卫生机构开始收取少量费用，接收部分原不属民政部门收治的享受公费和劳保医疗待遇的在职精神病患者入院。1980 年，市民政局出台的《上海市精神病疗养院管理工作条例》规定，精神病疗养院在床位许可的情况下，也可以收治部分家庭、地区和单位均无看管条件、严重影响社会治安的有家无业或有业无家的自费"武疯"精神病人。1981 年，三家精神病院收治的自费（含劳保对象）病人共计 520 人。1982 年自费病人上升至 899 人，占在院病人半数以上。此后自费病人入院比例持续上升，1984 年自费病人占在院病人数的 80.6%，1989 年达 82.5%。1991 年调整提高自费病人住院费收费标准后，自费入院的病人有所下降。至 2010 年底，市民政局 3 家精神院共有服务对象 1 800 人，其中市一精院 628 人、市二精院 407 人、市三精院 765 人。

三、康复和社会模拟活动

从 20 世纪 80 年代开始，上海民政各精神卫生福利机构逐步从收养型向康复型发展转变，相继推出精神病人工疗、娱疗等康复项目，推进慢性精神疾病康复工作发展。

1986 年，市一精院创建模拟社会生活区，使患者有机会接触"社会"，享有独立的生活环境。

1995年组建由慢性精神病患者组成的合唱团。2008年,由合唱团孕育而生的"一精神韵"获上海市综合系统精神文明创建活动品牌奖。1986年以来,市二精院通过组织病员参加"康复之花"事业单位文艺汇演、"民政之花"文艺演出等活动,促进精神病患者康复。2002年增设康复中心,规范各类康复管理。2006年3月,成立市二精院民乐队,多次参加"民政之花"文艺汇演并获奖。1982—1990年,市三精院通过组织病员进行田间耕作开展康复活动。2000年后,康复项目中逐步增加体育活动、手工编织、音乐治疗和作业治疗,丰富病员的病区生活,缓解病员的功能衰退。2004年,该院建立管乐队,先后参加各类文艺汇演和义演等。

2005年,市二精院首次将社会工作方法介入到慢性精神疾病康复领域,在院内以社工"小组""个案"的专业手法,推进住院患者的康复工作。2007年,市二精院成立家属俱乐部,社工介入慢性精神康复工作初显成效。2009年,市二精院被授予"全国社工人才队伍建设试点示范单位"。市一精院于2006年开始引进专业社工人员,对收治对象开展专业帮助,做到社工与医疗、护理和康复工作有机融合。2009年7月,社工部的"心灵港湾——精神康复服务"获市民政系统创建文明行业十佳服务品牌奖。市三精院于2008年起开展社工小组活动,成立"同舟共'技'""一米阳光""家庭的爱"3个专业社工小组。2009年,创建社会工作实习基地,开展各类兴趣小组活动,提升康复治疗的疗效。

四、医技和质量管理

市一精院采用该院医师授课、外请专家授课的"内培外训"方式,开展医务专业人员的培训工作,参加上海市精神卫生中心、上海市医学会、精神科年会学术论文交流活动。至2009年,该院已发表专业论文49篇,其中《建立慢性精神分裂症患者模拟生活的情况报告》获民政部科学技术进步奖,《慢性精神分裂症康复的探索——18例模拟生活区观察分析》获民政部科学技术三等奖。

2000年,市属三家民政精神卫生机构先后开展ISO质量管理体系认证工作。2003年起,市二精院启动。2004年10月,市三精院启动。2005年11月,市一精院首次获得方圆标志认证中心ISO9001质量管理体系认证,2005—2010年每年都通过认证。质量体系认证工作进一步提高了科学管理水平,为精神病患者的护理、康复提供更优质的服务。

第二节　社区防治与康复

一、社区防治管理体系

1956年,上海成立由市卫生局、民政局、公安局负责人组成的"三人小组",成为国内最早的社区精神疾病防治工作的领导和协调机构。1978年,市政府召开上海市精神疾病防治管理工作现场经验交流会,推广由街道主办的精神障碍患者工疗组和由居委会组织的精神病看护网。这一防治和康复形式,在全市得到推广普及,全市的精神病人防治康复社区工作网络基本形成。

上海各级地方行政机构——市、区县及基层(街道、工厂、乡镇)分别建立由卫生、民政、公安等系统组成的精神疾病防治管理领导(或协调)小组,规划、协调和推动社区防治管理工作的开展。市及区县领导(或协调)小组设办公室,负责处理日常工作。

市及区县二级设专科医院,基层一级在基层一般医疗保健机构中增设精神科,开展所在地区的精神疾病防治管理工作。市级层面有市精神卫生中心负责规划和指导全市社区精神疾病防治管理工作,负责各级精神病防治管理机构医务人员的培训和提高工作。市民政系统3家精神卫生社会福利机构主要任务是,收治社会"三无"患者。市公安系统设一所精神疾病管制医院,主要收治和监护触犯刑律的精神障碍患者。区县级精神病防治院(站)是社区精神疾病防治网的中心,负责安排和指导本辖区的精神病防治管理工作。基层精神病防治点是开展社区精神病防治管理工作的第一线,在城市落实在街道医院,工厂落实在工厂保健站,农村落实在乡镇卫生院,把防治管理措施落实到每个患者。

二、社区康复

工疗组由街道、企业、乡镇、工厂主办,把社区中的精神障碍患者集中管理,进行工疗、药疗、娱疗、精神疗法"四结合"医疗,促进精神障碍患者的社区康复。1978年,市民政局通过对静安区武定街道调查发现,街道辖区11个居委会共有各类精神障碍患者353人,其中精神分裂症269人。这些患者中30%住过医院,肇事肇祸的占21.4%。街道对家中缺乏看管条件、有一定劳动能力、发病率高、危害大的精神障碍患者统一集中起来,从事一些简便、安全的手工加工劳动,开展文体娱乐活动,结合药物治疗,控制病情复发,通过工疗形式把患者组织管理起来。此经验随后在全市得到推广。

1978年10月,各区都建立起精神病防治工作领导小组,杨浦、虹口、卢湾、徐汇、闸北、长宁、黄浦等7个区由民政、卫生部门组织建立了办事机构;110个街道建立精神病防治管理小组。1979年全市79个街道建立工疗组105个,1 869名患者得到集中管理。1985年全市共有118个工疗组,接纳患者3 227人。之后,街道工疗组相继进行调整或归并,工疗组数量和患者逐年减少。

在推进工疗组的同时,上海广泛建立精神障碍患者监护组和精神障碍患者康复站。监护组由病人家属、邻居与居民小组长组成,对居委会内的精神病人实施群众性监督,一旦发现患者有发病征兆,即与街道医院联系,及时采取相应措施。监护组发动群众关心患者就医、服药、生活及工作,为专业人员提供病患者的病情信息,协助患者及家属解决一些具体困难,并向社会宣传关心爱护精神障碍患者。同时,支持个人与集体或全民与集体企业合办,建立一定数量的精神障碍患者康复站,主要收治慢性精神障碍患者,进行康复医疗,有效补充了专科病床的不足。

1980年,全市共建立居委会精神病监护组323个,5 000余名患者在监护网内得到有效监护。1982年,全市共有641个居委会建立监护组,监护病人14 866人。1983年,监护组发展到908个,监护病人19 169人。1984年,全市共建立监护组1 180个,监护病人22 291人。至1990年底,市区共有监护组2 692个,郊县有214个,监护病人41 000人。

上海市社区精神病防治网,在各个阶段为精神障碍患者社区康复提供了多种医疗和康复服务形式,使多数患者得到了合适的防治服务,保障了社会安定,减少了患者家属及社会的后顾之忧。1983年8月16日,上海市召开精神病防治、管理工作表彰大会,共表彰了在群防群治工作中作出成绩的先进集体109个、先进个人195人。自1978年恢复建立由卫生、公安、民政部门负责的市精神病防治管理领导小组以来,全市10个区和6个县相继建立了领导小组,90%的街道医院和370多家大厂设有经过专业培训的精神科医生,80%的街道成立工疗站,42%的居委会组织精神病人看护小组。2 800名慢性病人安排在有合适工作的97个街道工疗站,15 000名返居在家的病人由家属、邻居、里弄干部照顾、保护。

1980 年 11 月和 1986 年 10 月,民政部、卫生部、公安部在上海先后召开"全国精神病防治管理工作经验交流会"和"全国第二次精神卫生工作会议",充分肯定上海的经验和模式。

表 5 - 3 - 1　1980—1990 年上海社区精神病人监护情况统计表

年　份	监护组数	监护病人数
1980	323 个	5 000 余名
1982	641 个	14 866 名
1983	908 个	19 169 名
1984	1 180 个	22 291 名
1990	2 906 个	41 000 名

资料来源:上海市民政局档案

2005 年 4 月,市民政局贯彻实施《上海市精神卫生条例》中关于"街道办事处和有条件的镇(乡)人民政府应当设立社会福利性质的工疗站、日托康复站,为精神疾病患者提供就近康复的场所"的规定,会同市卫生局、市财政局、市公安局、市残疾人联合会制定《关于进一步加强本市社区精神病人日间康复照料机构建设的意见》。该意见明确了社区康复机构建设的总体目标和具体标准,包括机构功能与形式、机构标准与规模、人员配备与管理制度;部门工作职责和经费保障及优惠政策等,并随文印发《社区精神病人日间康复照料机构标准》(基本型、标准型、示范性)的 3 个标准。据统计,全市有各类在册重性精神病患者约 10 万人,其中易肇事肇祸、危害社会治安的约占 10%。

第四章 福 利 彩 票

上海福利彩票于 1987 年从即开传统型彩票起步,20 世纪 90 年代中期逐步转变为"上海风采"套票,21 世纪初发展为电脑票,销售系统由准热线系统跃升为全热线系统,确立了电脑福利彩票在全国领先的技术优势,形成以电脑票为主力,以即开票、套票为两翼,三管齐下、全面发展的格局。营销方式从分散摊点、"大奖组"的"人海"战术,转变为长效的、网络化的市场,形成"条块结合,上下联动"的营销体系和相对稳定的专业技术及销售队伍。管理方式从"粗放型"转变为科学管理,先后出台代销社会福利有奖募捐券若干规定、发行工作程序和加强财务管理等一系列规范性文件,为全市福利彩票安全运行、健康发展提供制度保障。

至 2010 年底,上海累计筹集福利彩票公益金 65 亿多元。其中,上缴中央 30 亿多元,上海留存约 35 亿元。根据福利彩票"扶老、助残、救孤、济困"的发行宗旨,全市资助各类慈善公益项目超过 4 000 个,受助困难群众 280 万余人次,共资助公益金 30 亿元(结余 5 亿元,存于市、区县两级财政)。其中,上海养老服务实事项目、上海社区市民综合帮扶项目和松江区社会福利院项目被民政部评为全国 100 个最具有明显社会效益和广泛社会影响的优秀福利彩票公益金项目。

福利彩票已经成为推动社会福利和公益慈善发展的重要力量,在社会保障和改善民生、构建和谐社会中发挥了重要的积极作用。

第一节 销 售

一、传统型彩票

1987 年 7 月,上海为全国首批 10 个试点省市之一,开始销售中国社会福利有奖募捐券。有奖募捐券属于传统型彩票,又称"被动型"彩票,由发行部门事先在彩票上印好顺序号码,构成一个完整的开奖组;发行前将销售截止日期、开奖地点、奖金等级、得奖金额及游戏规则等信息公布于众;销售至开奖日前,由组织部门收回尾票,清点后集中封存。有奖募捐券面值 1 元,设奖为小额现金和实物。上海试发"中国社会福利有奖募捐券",采用零星布点设摊销售形式,当年销售 373.71万元。

二、即开型彩票与"大奖组"

1988 年,即开型福利彩票问世。剥开式的"三同花""丰收乐"和"同花乐",刮开式的"西游记""红楼梦"等人物奖券,因票面设计精美、寓意深刻,将传统文化融入彩票之中,一经面市即受到广大市民的喜爱。

1990 年 4 月 28 日,即开即兑、以实物兑奖为主的即开型有奖募捐集中销售活动在中山公园举行,并取得成功。实物兑奖的形式逐渐成为主流,在全市范围推广。社会各界对国家发行福利奖券、支持公益事业的认识逐渐增强,有奖募捐券销售呈现快速增长趋势,并且连续三年旺销,全年总销量从1987年的370多万元跃至1990年的2 370多万元,总销量位居全国前十之列。但摊点销售形式吸引力越来越低,1993年,销售开始下滑,1994年仅销售1 623万元。

1995年3月,黄浦区、青浦县尝试"大奖组"销售形式,一举成功。"大奖组"是在一定时间内,一个地点或一个区域内多个地点,集中销售福利彩票(1994年12月福利有奖募捐更名为福利彩票)。"大奖组"具有销售场面大、宣传声势大的特点,由此产生千万人参与和互动的火爆场面,青浦县城厢镇百货商店门前组织开展的200万"大奖组",在两天半的时间里即销售一空。此后,上海福利彩票销售以"大奖组"为主,规模不断扩大,由二三百万发展到千万元。1996年,全年销售首次突破亿元大关,达1.17亿元。1999年4月,长宁、南市、普陀、嘉定、奉贤5个区县联合组织7 000万元"大奖组",在不同的销售现场实行"五统一",即"统一策划、统一设奖、统一调度、统一宣传、统一开奖"。多点联销的奖组更大,奖额更高,"大奖组"3天内全部售罄。但"大奖组"场面宏大,人多拥挤,稍有不慎就会酿成安全事故,这一销售形式逐渐淡出。

三、套票

【"上海风采"套票】

1998年3月,经中国福利彩票发行中心批准并印制,上海推出"上海风采"福利彩票套票。套票具有集多张成套、一次购买、多期兑奖的特点,它逐步取代了"大奖组"的集中销售方式。套票由市民政局组织设计,第一套"上海风采"以改革开放后上海变化为主题,编入具有上海地方特色的十大景点,每套150元,套票内含有30张不同画面的彩票和一张珍藏卡,不仅印刷精美,还有较高的观赏和收藏价值。

1998年3月30日,在"上海风采"套票发行工作会议上,副市长冯国勤和与会各级领导带头认购。4月4日,"上海风采"套票通过各区县募委会组织的网点和市工商银行网点向市民发售。首发当日全市售出12万套,之后平均每天售出3万套。4月19日,首批印制的48万套全部售完,销售总额达7 200万元。6月8日,"上海风采"套票第一期开奖仪式在东方电视台演播大厅举行。6月15日,隆重举行首批8位一等奖入围者的摇奖活动,民政部副部长徐瑞新、上海市副市长冯国勤、中国福利彩票发行中心等领导出席。6月29日,"上海风采"套票电视开奖第四期电视摇奖及开奖活动诞生了全国首位100万元大奖得主。"网点销售、电视开奖"的销售模式,有效激发了广大市民的购买热情,当年,"上海风采"套票销量达2.8亿元。

1999年,第二套"上海风采"套票珍藏集发行,内有52张面值5元的彩票和4张特种票。与第一套彩票不同的是,该套彩票内还有一张带编号的收藏证书,一张由上海市集邮总公司印制的邮票,珍藏集还附有每张彩票的开奖日期。

2000年,第三套"上海风采"珍藏册面市。这本珍藏册为即开型和传统即开结合型彩票,共有40张面值5元的彩票和1枚珍藏卡,票面图案以"新世纪、新追求、珍惜环境、珍惜生命"为主题,展示"让上海的天更蓝、地更绿、水更清"的环保理念,首次用环保纸制作。

"上海风采"推出后,全国各地的"风采套票"纷纷应运而生。"上海风采"套票荣获中国福利彩票发行中心授予的"全国福利彩票试点工作奖"。

表 5-4-1 "上海风采"福利彩票(98版)名称(票面图案)一览表

期 号	名称(票面图案)	期 号	名称(票面图案)
1	人民广场	17	上海证券交易所
2	人民大厦	18	新锦江大酒店
3	上海宝山钢铁总厂	19	上海商城
4	上海石化总厂	20	东方明珠广播电视塔
5	上海飞机制造厂	21	上海博物馆
6	南浦大桥	22	龙华烈士陵园
7	杨浦大桥	23	上海体育场
8	内环高架桥	24	上海居民小区
9	罗山路立交桥	25	虹桥开发区
10	地铁一号线	26	古北新区别墅群
11	上海港	27	徐家汇中心绿地
12	上海航空港	28	浦东陆家嘴金融贸易区
13	南京路	29	浦东金桥出口加工区
14	淮海路	30	浦东滨江大道
15	豫园商城	31	上海风采虎虎有生气珍藏卡
16	上海金融街		

资料来源:上海市福利彩票发行中心档案

表 5-4-2 "上海风采"福利彩票(99版)名称(票面图案)一览表

期 号	名称(票面图案)	开奖日期	期 号	名称(票面图案)	开奖日期
1	上海炼油厂	1月4日	14	外滩金融街	4月5日
2	上海大众汽车有限公司	1月11日	15	陆家嘴金融贸易开发区	4月12日
3	沪东造船厂	1月18日	16	中国人民银行上海市分行	4月19日
4	长征系列运载火箭	1月25日	17	中国工商银行上海市分行	4月26日
5	上海新康电子有限公司	2月1日	18	中国建设银行上海市分行	5月3日
6	孙桥现代农业科技园区	2月8日	19	浦东发展银行	5月10日
7	"菜篮子"工程	2月15日	20	上海银行	5月17日
8	上海航空公司	2月22日	21	中国太平洋保险公司	5月24日
9	中国海运(集团)总公司	3月1日	22	上海证券大厦	5月31日
10	延安东路隧道复线	3月8日	23	上海证券交易所	6月7日
11	南北高架立交桥	3月15日	24	申银万国证券公司	6月14日
12	徐浦大桥	3月22日	25	中国外汇交易中心	6月21日
13	"名都城"住宅小区	3月29日	26	浦东新上海商业城	6月28日

(续表)

期 号	名称(票面图案)	开奖日期	期 号	名称(票面图案)	开奖日期
27	上海地下商城香港名店街	7月6日	42	上海图书馆	10月18日
28	新世界商城	7月12日	43	上海大剧院	10月25日
29	徐家汇商业中心	7月19日	44	上海博物馆展厅	11月1日
30	闸北"不夜城"	7月26日	45	东方电视台	11月3日
31	超市	8月2日	46	衡山路文化长廊	11月15日
32	金陵东路商业街	8月9日	47	外滩音乐广场	11月22日
33	华山路宾馆区	8月16日	48	上海儿童医学中心	11月29日
34	上海植物园	8月23日	49	长征医院	12月6日
35	上海太阳岛度假区	8月30日	50	上海体育馆	12月13日
36	锦江乐园	9月6日	51	高尔夫球场	12月20日
37	虹桥经济技术开发区	9月13日	52	众仁老人乐园	12月27日
38	华东出口商品交易会展厅	9月20日	特种票1	济困	2月8日
39	金茂大厦	9月27日	特种票2	助残	5月10日
40	复旦大学	10月4日	特种票3	扶幼	5月24日
41	复兴高级中学	10月11日	特种票4	安老	10月11日

资料来源：上海市福利彩票发行中心档案

【"上海风采"系列主题套票】

赈灾主题 1998年7月,发行销售以赈灾为主题的"上海风采"福利彩票套票。当年,长江流域发生特大洪灾,上海立即设计并发行"上海风采"福利彩票套票2.91亿元,筹集8 730万元赈灾资金。市民政局被民政部授予中国福利彩票赈灾专项募集模范单位。

儿童主题 1999年,发行以儿童为主题的"自古英雄出少年"传统即开结合型套票。全套20张,横式联票,每张面值5元,发行50万套。票面图案选自上海美术电影制片厂和上海教育电视台合拍的同名动画片中20位古今中外少年英雄,依次为冯婉贞、华罗庚、小萝卜头、冰心、达·芬奇、卓别林、安徒生、高尔基、爱迪生、卓娅、皇甫谧、包拯、郑成功、松赞干布、张衡、岳云、成吉思汗、李寄、赵云、缇萦,图案构思巧妙,造型逼真。此套票为上海儿童福利院筹集建设资金2 000万元。

"十二生肖"主题 2001年,发行"上海风采"第一套生肖票——马年主题套票,有100元的简装套票、150元的精装珍藏册和10元1张的贺卡,共3个种类。简装套票含20张面值5元的彩票;珍藏册含20张面值5元的彩票和1枚珍藏卡,背面为书法作品;贺卡含1张面值5元的彩票。兑奖规则:刮开彩票即开兑奖区,若出现1匹马图案,即得四等奖,中取奖金3元;出现2匹马图案,即得三等奖,中取奖金50元;出现3匹马图案,即得二等奖,中取奖金1 000元;出现4匹马图案,即取得一等奖入围资格;一等奖奖金额为10万元至100万元,具体奖额由一等奖入围者摇动大转盘确定。马年生肖票一上市就销售一空,下半年又追加发行以历代文物马匹图案为画面的套票,即新马年主题票。此后,每年发行一套生肖票,票面各具特色,羊年主题套票采用年画,猴年主题套票采用全市征集的儿童画,鸡年主题套票采用剪纸,狗年主题套票采用全市征集的宠物狗照片,猪年主题套票采用金山农民画,鼠年主题套票采用漫画,牛年主题套票采用水墨画,虎年主题套票采用动漫画,兔年主题套票采用卡通图画。其中,2003 年的羊年主题套票为中国首套异形彩票,之后 2005 年鸡年、2006 年狗年、2007 年猪年和 2010 年虎年主题套票也均为异形彩票。

《福》《寿》《财》《爱》系列 2001 年,发行全套 80＋4 枚彩票均以中国历代书法家所书写的"福、寿、财、爱"4 个字为票面,堪称中国首套书法福利彩票,其中"福"字票为 20＋1 枚,既有马王堆汉墓帛书、曹全碑、礼器碑、冀师盘、牛橛造像记等珍贵文物上的"福"字,也有王羲之、怀素、欧阳询、褚遂良、李邕、宋徽宗赵佶、赵之谦等历代书法大家笔下的"福"字,真、草、隶、篆、行各种字体齐全,十分精彩,套票珍藏卡则以中国传统红色团花剪纸为主图,中心图案是一个白色的"福"字。买一本套票,可拥有 2 100 次中奖机会。

"生态"主题 2002 年,发行"生态"主题套票,画面设计为新颖的双联票,每两张 5 元票组成一幅完整画面,共 20 张,分为"白云""绿地"各一组。图案分别为《上海·新天地·太平桥绿地》《上海·世纪大道·日晷叶》《上海·人民广场》《上海·静安公园·荷花池》《上海·人行天桥·世纪公园》《上海·延安中路绿地》《上海·浦东国际机场》《上海·南翔·古猗园》《上海·老城隍庙·古城绿地》《上海·浦东·滨江大道》。

抗"非典"专题 2003 年上半年,发行抗"非典"专题福利彩票,抗击"非典"募集专项援助资金,共计发行 1.47 亿元。

区县主题 2005 年,发行以区县为主题的福利彩票小套票,有"和谐浦东""和谐卢湾""长宁风采""新普陀风貌""爱心闸北""春在杨浦""航天闵行""金山沙排赛""和谐松江""青浦风采"等 18 种。

"计划生育"主题 2005—2009 年,发行"计划生育"系列专题福利彩票,共 6 套。第一套是 2005 年发行的《成就辉煌、应对挑战》(又名《中国 13 亿人口日》),第二套是 2005 年发行的《遏制艾滋、履行承诺》,第三套是 2006 年发行的《落实国策、维护权益》,第四套是 2007 年发行的《科学育儿、传承希望》,第五套是 2008 年发行的《孕前关爱、孕育和谐》,第六套是 2009 年发行的《融入城市、开启明天》。6 套彩票采用的画面均由上海市计划生育委员会提供,以漫画形式简洁明快地展现主题,充满时代气息。每套彩票 10 张,每张 3 元,奖组规模 30 000 元,返奖比例 65％,中奖面 11.57％。这些套票由上海总承销,所筹集资金用于人口与计划生育、人口安全、优生优育、出生缺陷一级干预工程、流动人口计划生育服务等方面的公益事业。

婚庆主题 2006 年 4 月,发行婚庆系列网点即开型套票,共两组,即"百年好合"和"I love you"系列。婚庆彩票以 300 元为一个设奖单位,分装 10 套,每套 10 张,售价 50 元。在一个设奖单位中,设置 1 个大奖、10 个中奖和 35 个小奖,返奖比例为 65.33％,中奖面 74％。婚庆彩票的推出,深受新人喜爱,在婚礼上,向来宾赠送彩票,送上一份幸运。

汽车主题 2007 年 4 月 19 日,首套"汽车主题票"于第 12 届上海车展期间发行。该套票由市福利彩票发行中心(以下简称福彩中心)与永达汽车集团共同推出,是为车展"量身定制"的特长形状的彩票,在车展现场第一财经"天下汽车"展区设立展台,向参观者展示、销售,给爱车族提供了奉献爱心的平台,成为上海车展一道独特的风景线。汽车主题票每 20 万元为一个设奖单位,每个设奖单位的返奖比例为 65％,中奖比例为 2％。每套售价 100 元,内含面值 5 元的彩票

20 张。

"九九关爱"老年主题　2007 年 10 月 19 日,发行即开型"九九关爱"老年主题套票,邀请著名漫画家郑辛遥参与图案设计,用 20 幅诙谐、生动的老年人漫画头像表现出"老有所乐、老有所爱、老有所养、老有所为"的主题。每套 20 张,每张 5 元,售价 100 元;返奖比例 65%,中奖面 9.1%。

特奥主题　2007 年 10 月,发行"上海风采"世界夏季特殊奥林匹克运动会主题套票。每套 20 张,每张 5 元,售价 100 元;珍藏册每本 150 元,20 张,每张 5 元。每组 10 万元为一个设奖单位,每个设奖单位的返奖比例为 65%,中奖面 7.26%。

"上海世博会"主题　2009 年 8 月 28 日,中国福利彩票世博会主题彩票首批 4 个游戏在上海面市。"中国福利彩票世博会主题彩票"工作小组策划、研发 23 种 130 个票面的游戏品种。世博主题票设计精美、开奖有趣、返奖率高,所筹集公益金悉数用于汶川地震灾区恢复重建。该彩票不仅糅合了世博文化和中国文化的元素,实现世博主题与福利彩票宗旨有机结合,而且给网点即开票的发行带来新的机遇。至世博会结束,全市总共销售世博彩票 1.1 亿元,全国共销售世博彩票 22 亿元,在宣传上海世博会的同时提升了福利彩票品牌形象。

世博会主题"邮彩联票"　2010 年 10 月 9 日,经财政部批准,世博会主题"邮彩联票"发行。世博会主题"邮彩联票"是既传统又具现代创新模式的传统型彩票,邮票和彩票设计成联票,在中国乃至世界尚属首次。它以上海世博会"四馆"为主题,具有较高的美学欣赏价值和史料研究价值,收藏意义比中奖意义更大。"邮彩联票"限量发行 30 万套,深受全国集邮集彩爱好者欢迎。其间,上海将世博会主题彩票汇编成册,推出"2010 世博福利彩票珍藏册"。

四、电脑型彩票

1998 年 4 月 28 日,成立"上海风采"电脑福利彩票筹建领导小组及项目办公室,开展引进人才、筹措资金、设计玩法、建立管理系统等工作。1999 年 9 月 28 日,上海福利彩票准热线销售系统开始模拟销售试运行,在限时限额范围内,彩民可以免费投注 5 注(每注 2 元),引起无数彩民对科技含量高的电脑彩票的极大兴趣。电脑型彩票是利用计算机系统实现联网,通过电脑终端机打印和售出的彩票。常见的电脑型福利彩票有乐透型和数字型游戏,由购买者自主选择号码(所以又被称为"主动型"彩票),再进行开奖,按游戏规则确定购买者是否中奖及中奖金额。

1999 年 10 月,"上海风采"电脑福利彩票向社会发行销售,首次推出乐透型游戏"37 选 7"(后改为"35 选 7"),在设奖上相比套票大奖 100 万元有了更高的突破,最高奖金达 500 万元,创当时全国电脑乐透型福利彩票高奖额之最。11 月 6 日,"上海风采"电脑福利彩票(37 选 7)第 10 期,徐汇区汇龙商场销售点产生首个 500 万元一等奖。中奖者花 50 元买了 25 注彩票,不仅中出一等奖,而且还有二等奖两注、四等奖一注、五等奖一注,奖金总额 500 多万元,另加"奖上奖"一辆别克轿车(价值 31.8 万元),在全国范围引起轰动。中奖者将 62.5 万元捐赠给市慈善基金会。

2000 年 4 月,上海电脑福利彩票电话投注系统开通,广大市民只需通过电话绑定有效银行卡便能实现"足不出户"购买彩票。当年 11 月,"幸运七"(35 选 7)第 39 期产生了上海第一位电话投注 500 万元大奖得主。

2000 年 6 月,"上海风采"电脑福利彩票全热线销售系统上线,依托这套全热线销售系统,又相继推出了"37 选 7"(后改为"35 选 7")、"天天彩选 3"及"天天彩选 4"等国内首创的数字型新游戏。上海福利彩票的销售形式发生了根本改变,形成了以电脑型彩票为主力的新格局。

2001年9月，推出每半小时开奖一次的"时时乐"游戏。每注投注号码共有3个数位，每个数位的号码范围为0～9，每天销售23期。"时时乐"游戏是全国第一款快速开奖型福利彩票，创造了当时国内福利彩票开奖频率最高、间隔时间最短的新纪录。

2001年10月28日，在南京路步行街上开设了首家福利彩票专卖店，店内拥有几十台电脑投注机，并配备专业销售员为顾客进行选号服务，还布置了一个彩票文化展示区，展示了自清朝以来数百种彩票品种。专卖店集购彩、休闲、娱乐于一体，不仅突破了福利彩票传统的销售形式，而且把商业运作与福利彩票的销售有机结合起来，开创了福利彩票销售的新形式。

2003年2月16日，发行全国联销的电脑福利彩票游戏"双色球"。这是全国首个统一游戏规则、统一开奖、共享奖池的联销游戏，标志着电脑福利彩票全国联销时代的到来。"双色球"游戏销售方式上借鉴了"上海风采"福利彩票套票"网点销售、电视开奖"的模式，并以"大奖大、小奖多"的特点，在上海范围内迅速传播开来，再次激发了广大市民踊跃购买的热情，这也标志着福利彩票正式迎来品牌时代。随后，还先后发行了"幸运35"（后更名为"七乐彩"）、"幸运37"（后更名为"东方6＋1"）等电脑型福利彩票，让广大彩民有了更多的选择。

2003年10月，将电脑福利彩票"幸运37"更名为"江浙沪大乐透"，扩展至由江苏省、浙江省和上海市进行区域联销。2004年6月，电脑福利彩票"幸运37"区域联销增加了安徽、江西和福建3个省，将原有的"江浙沪大乐透"更名为"东方大乐透"，原先的6个奖级将调整为7个奖级，增加5元的七等奖，中奖面也扩大12倍。"东方大乐透"采用乐透型"37选7"玩法，六省市实行区域联网销售、统一奖池、统一开奖、统一派奖。这是继双色球之后，又一具有一定影响力的大乐透福彩玩法。

2003年12月1日，由中国福利彩票发行管理中心统一组织发行，在全国销售的"乐透型"福利彩票——"双色球"在全市1800个AWI型终端机上正式开卖。"双色球"以"大奖大，小奖多"为特点迅速在本市流行开来，并逐渐成为福利彩票热销品种。2004年10月18日，第二个全国联合销售的电脑福利彩票"3D"游戏面市，标志着"天天彩"（选3）游戏在上海的试点结束。

2005年3月，财政部下发《关于上海市试点发行基诺电脑福利彩票游戏的通知》。5月，在澳门路开设第一家视频型福利彩票销售厅"中福在线"，开设了"好运射击""开心一刻""三江风光""四花选五""连环夺宝""趣味高尔夫""幸运五彩"等多款视频游戏。"中福在线"的推出是中国即开型彩票发行方式的改革，是福利彩票发行技术的进步，真正实现福利彩票销售无纸化，利用视频互动，将实时性、趣味性、娱乐性相结合，提供广大彩民"购彩、娱乐、体验"为一体的休闲新选择。6月，推出"上海KENO"游戏。"上海KENO"是一款基诺型游戏，从大范围的数字里面（80个）任意选出一组数字（20个）作为开奖号码的一种组合式彩票游戏，每5分钟开奖一次。

2007年1月，全国联销的福利彩票"七乐彩"（30选7）在上海面市，并停止销售"幸运35"（35选7）。"七乐彩"由购买者从01～30个号码中选择7个号码组合为一投注号码，每周销售3期。同年11月12日，"15选5"游戏上市，填补了上海福彩小乐透游戏的市场空白。

2008年2月，"东方大乐透"（37选7）停止销售。3月15日，新的联销游戏"东方6＋1"在江、浙、沪、闽、皖、赣等华东六省市上市销售，游戏采用6位数号码与12生肖的组合方式，增加趣味性的同时又融入了传统元素。

2010年8月，中国福利彩票"双色球"第2010092期，中奖者凭借自选蓝色球复式5注、倍投10倍，共投注200元的一张彩票，中得"双色球"当期50注一等奖和50注二等奖，共得奖金2.59亿元,刷新上海市彩票中奖新纪录,中奖彩民向上海市民帮困互助基金会及灾区捐赠1036万元,创当时国内彩民捐赠的最高纪录。

2010年12月,上海推出每10分钟销售一期的"时时彩"。该游戏可以选择1个~5个数位进行投注,每个数位的号码为0~9,开奖频率高,投注节奏快,是一款快速开奖的电脑型福利彩票。

表5-4-3 电脑型福利彩票品种概览表

项目类型	名 称	承销范围	开奖频数	开 奖 单 位
乐透型	双色球	全国	每周3次	中福彩中心
	七乐彩	全国	每周3次	中福彩中心
	15选5	华东地区	每周7次	浙江负责摇奖 上海负责数据统计
数字型	3D	全国	每周7次	中福彩中心
	天天彩(选4)	上海	每周7次	市福彩中心
	东方6+1	华东地区	每周3次	浙江负责摇奖 上海负责数据统计
	时时乐	上海	23期/天	市福彩中心
	时时彩	上海	82期/天	市福彩中心
基诺型	上海KENO	上海	192期/天	市福彩中心

资料来源:上海市福利彩票发行中心档案

五、宣传

1998年6月15日,在东方电视台大厅,首批8位"上海风采"福利彩票套票一等奖入围者进行摇奖活动。"大转盘"摇奖一时风靡全国,摇奖节目成为当年十大社会新闻热点之一。

2000年5月,市民政局邀请国际影星阿诺·施瓦辛格携夫人来沪,以"慈善大使"身份在市儿童福利院与孤残儿童一起参加了当期福利彩票摇奖活动,引起社会的极大关注。

2002年,市民政局、上海电视台共同在财经频道创办了《喜从天降》游戏摇奖节目和《天天精彩》谈彩评彩节目,彩民参与同专家点评相结合,为广大彩民的购彩过程增添了乐趣。

2003年10月15日,中国福利彩票网点即开票在上海举行首发仪式。上海成为全国网点即开票的样板。

2003年10月23日,由市慈善基金会、市福彩中心、上海东方卫视3家单位共同设立并附属于市慈善基金会的"东方卫视福善基金"揭牌。

2004年4月,上海福利彩票网上创办"主任接待日"特色栏目,每月定期答复彩民疑问。

2004年7月11日,市民政局与美国汇盈股份有限公司上海分公司共同策划设计的网点即开票——"喜来堂"系列彩票举办首发式。"喜来堂"系列彩票在游戏玩法中与电视进行互动,市福彩中心与东视文艺频道在每周六晚19:00的"喜从天降"节目中加开了"喜来堂"板块。刮到三个"TV"的彩民朋友可以通过拨打声讯电话竞争入场券,入围者将有机会角逐最高10万元的电视游戏奖金。

2004 年,上海广播电台第一财经广播频率《精彩大世界》栏目开始每周进行一次福利彩票即时信息直播,将最真实、有效的中奖信息、彩民问答及时反馈。

2005 年 2 月 28 日,市民政局与上海东方数据广播有限公司联手打造的专业彩票广播频率开通。

2005 年 6 月,第一个以"扬善传爱、寓捐于乐"为主题的电视频道——"幸福彩"频道,在 SITV 上海数字付费电视平台亮相,该频道以促进社会公益事业为宗旨,融合国内所有的彩票种类、彩票信息、彩票游戏等内容,倡导全新、健康的娱乐玩彩理念。"时时乐"开奖直播、《幸运彩经》《彩市来风》《彩市指南》等丰富活泼的彩票栏目,实现"玩彩、购彩、游戏"三者的有机结合,从信息性、娱乐性、指导性等方面为彩民带来了彩票资讯。

2005 年,《喜从天降》节目改版,增加"点亮彩民心愿"小品栏目,全年制作 46 期,接待彩民 4 600 人次,发放奖金 432 万元,为彩民服务制作节目光盘 335 张,成为上海彩民喜闻乐见的娱乐节目。

2006 年 2 月 26 日,市民政局和《东视新闻》联手推出"爱心行动"帮困基金电视节目,向全社会传递"扶老、助残、救孤、济困"的公益宗旨,呼吁社会各界和广大市民关心帮助弱势群体。

2007 年 1 月 13 日,市民政局、市红十字会、上海电视台新闻中心和市福彩中心共同创立的"爱心行动"基金启动。

2008 年,围绕"扶老"主题开展两次大型宣传活动:一是与上海文广数据传媒公司合作,通过赠送"安康听"老年信息专用收音机,为老年人和白内障老年患者送去爱心;二是与东方网的《城市信息报》合作,开设为老年人服务的"孝心专版",宣传敬老行孝的道德风尚。

2009 年,民政部根据 1998 年以来为抗灾救灾发行一系列专题和定向的福利彩票情况,在"扶老、助残、救孤、济困"宗旨基础上,增加"赈灾"内容,进一步丰富福利彩票发行宗旨的内涵。

2010 年,市福彩中心研发 23 个世博会主题彩票新品种,票面不仅印制 130 种精美图案,还在套票的封页和玩法说明部分印上"扶老、助残、救孤、济困、赈灾"字样,向国内外广大游客宣传福利彩票发行宗旨。

六、销售概况

2000 年底,上海福利彩票全年销售额首次突破 10 亿元大关,达到 11.6 亿元,人均 88 元,实现福利彩票"全国销量"和"人均销量"两个第一的佳绩。

2001 年,上海销售的福利彩票票种结构发生变化,全市共设置电脑福利彩票投注站 1 448 个,开设大型福利彩票专卖店 1 个,电脑型福利彩票占全年总销量的 88%,形成电脑型福利彩票主导市场的格局。至 2002 年底,从 1994 年开始的"大奖组"销售活动,全市共举办约 150 场,销售福利彩票近 6 亿元。1998—2002 年,通过发行"上海风采"福利彩票套票,共销售福利彩票 12 亿元。2003 年起,"上海风采"福利彩票套票每年推出一款生肖套票,将民俗文化融入福利彩票之中,经常推出与人民群众息息相关的主题票。2006 年,电话投注系统完成系统升级和扩容。同年,建成三个彩票投注代理系统,销量达 4 148 万元,同比增长 35.7%。2007 年 2 月,在原有电话投注基础上,开通短信投注系统,为彩票市场健康发展开辟一条良好的途径。2008 年,开通以短信投注为主的集中账户平台,引导白领阶层参与购彩。2009 年,工商银行、浦发银行、建设银行等银行卡用户可电话、短信投注。

　　至 2010 年底,全市福利彩票共产生百万元以上大奖 678 个,其中 500 万元以上大奖 367 个,中奖者按照 20% 的税率向国家缴纳个人所得税 6.8 亿元。

　　1987—2010 年,福利彩票的发行、销售工作愈加规范化,从早期的"散兵游勇"逐渐发展到"统一着装、统一形象、统一标识",在不少闹市、商业区,福利彩票销售点已然成为一道亮丽的风景线,上海的福利彩票销售工作成为全国的"试验田"和"排头兵"。

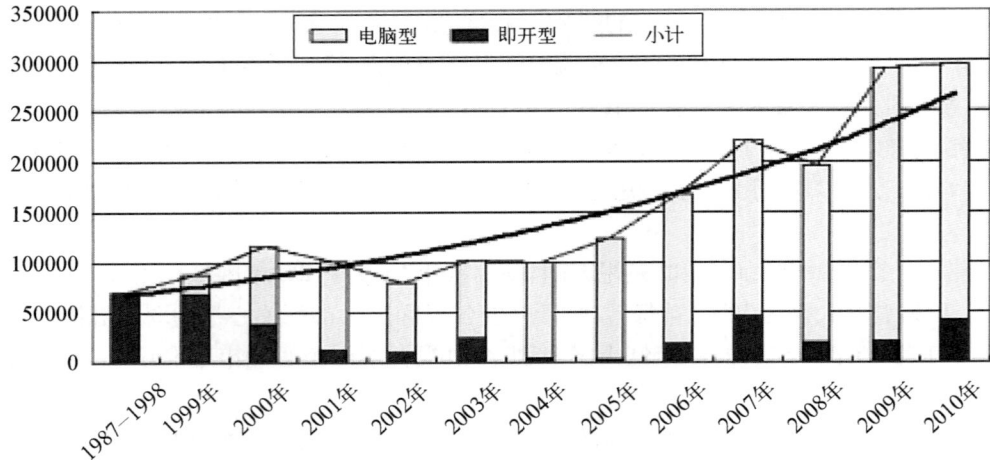

图 5-4-1　1987—2010 年上海福彩历年销售情况表

图片来源:上海市福利彩票发行中心档案

表 5-4-4　1987—2010 年上海福彩销售额累计表

年　度	历年福利彩票销售额(万元)	年　度	历年福利彩票销售额(万元)
1987	373.71	2000	127 451.61
1988	701.8	2001	100 356.05
1989	833.99	2002	80 032.00
1990	2 371.89	2003	102 551.00
1991	2 724.00	2004	100 273.42
1992	2 841.00	2005	123 528.65
1993	1 496.60	2006	167 850.46
1994	1 523.00	2007	221 108.83
1995	9 492.00	2008	195 329.60
1996	11 770.00	2009	291 953.43
1997	5 833.70	2010	295 040.57
1998	30 900.90	合　计	1 964 116.31
1999	87 778.10		

资料来源:上海市福利彩票发行中心档案

第二节 管 理

一、机构和队伍建设

1987年7月28日,上海市社会有奖募捐委员会(以下简称市募委)在锦江大礼堂成立,委员会设主任、副主任、秘书长、副秘书长,委员由各部、委、局协商产生。市募委第一任主任张瑞芳,副主任曹匡人、龚心瀚、杨增年、汪宗熙、罗大明、钱关林、蒋明道。秘书长由市民政局干部担任,有奖募捐办公室(以下简称募办)设在市民政局。工作人员经费和公用经费在发行管理费中开支。21个区县民政局相继设临时的工作监管部门。1992年,人事部、民政部联合印发《关于地方社会福利有奖募捐机构和人员编制意见的通知》,根据文件精神,各区县建立相应机构,配备发行、财务等工作人员。

1987年7月至1988年4月,有奖募捐券代销人员主要是工商银行上海分行、农业银行上海分行、各街道乡镇、部分大中型企事业单位的职工,社会上个人申请代销有奖募捐券,凭户口本、身份证,在市、区县有奖募捐办公室办理。1988年5月—1989年,在实行部门、单位代销或包销的同时,发展部分个体代销专业户。市募办印发了有奖募捐宣传单和《奖券代销人员守则》,规范销售工作。

1990年,市募办鼓励各区县扩大个体代销户。徐汇区率先由单位代销转向个体代销,挑选热爱有奖募捐工作、正派守法、有活动能力的退休、待业人员担任代销员,与代销员签订协议,明确权利义务,并进行教育培训,逐步建立起一支稳定的销售队伍。

1991年2月,上海有奖募捐年度工作会议上提出加强对销售队伍法律教育和作风建设的要求,引进激励机制,开展评优活动,调动销售人员积极性。1992年,市募办提出代销人员在销售过程中必须做到"微笑服务、文明用语、礼貌待人"的要求,提倡人性化服务。

1993年,制订《社会福利有奖募捐券发行工作程序》,强调代销人员要坚决遵守《奖券代销人员守则》,秉公办事,树立良好的社会形象,维护有奖募捐的声誉;1994年,规定招、应聘工作双方要根据协议书条款,将责、权、利落实到人。

1995年6月4日,上海市福利彩票发行中心建立,为市民政局下属自收自支事业单位,事业编制15个。1999年、2004年,又两次增加事业编制。市福彩中心事业编制共33人。各区县成立"有奖募捐办公室"。全市形成发行社会福利彩票机构管理二级制。

1995—1999年,随着电脑彩票投注机的推广,市福彩中心加强对销售队伍的培训力度,代销人员上岗前,必须经过业务培训,做到应知应会,熟悉彩票的玩法和规则,操作熟练准确、安全有效,掌握对"失败票""注销票"和"兑奖票"的处置方法,能识别不同彩票的站址、机号和出票时间,按时结账、交款。1999年起,开设《彩票营销学》讲座,以提高彩票工作人员和代销者的业务素质。

2001年12月,成立上海市福利彩票服务中心,为民办非企业法人单位,承接市福彩中心委托的销售管理、代销站点规划设置、督查、宣传、业务培训等。

2001年,按照市场营销规律,开展人事制度改革,实行中层干部竞聘上岗,建立一支适应彩票事业发展的市场营销、技术服务和管理队伍。通过对销售人员的培训,业务技能和服务水平明显提升,有23个投注站获"全国优胜投注站"称号。2003年,随着彩票玩法的不断创新,对销售员进行集中培训,使他们正确掌握"幸运35"(35选7)、"江浙沪大乐透"(37选7)、"天天彩"(选3、选4)、"时时乐"及即开票的游戏规则和销售技巧,熟练掌握终端机(美彩、申彩)的销售功能。

2004年起,市福彩中心不定期抽检注销票,杜绝侵吞销售款的发生。2005年,进一步完善制度,先后制定《即开型彩票兑奖票管理的暂行规定》《财务付款暂行规定补充说明》《员工手册》等。2006年,开展ISO—9001质量管理体系认证活动,按照国际标准执行管理和服务流程,完善内控自律机制,由简单的建章立制向完善的科学管理体系转变,由粗放型管理向集约化管理转变,从整体上提高福利彩票工作标准化、规范化、程序化水平。

2007年,制定《电脑福利彩票代销网点管理制度》,明确代销人员的主要职责、岗位要求和具体标准。同时,在市福彩中心内部严格各项审批程序,突出管理的科学性、有效性。明确代销网点布点工作归口管理,明确技术部数据统计职责,制订技术部向财务及市场等业务部门提供统计报表的工作流程等,形成相互制约、相互配合的运行机制,确保营销安全和效率提高。

2010年,福利彩票销售进入世博园,以热情的服务、真诚的微笑赢得各方赞誉。

二、市场管理

1987年7月,民政部等七部门联合下发《关于做好社会福利有奖募捐工作的通知》,提出了对奖券市场管理的要求。8月1日,市政府批转市民政局《关于在本市开展社会福利有奖募捐活动的通知》,要求各区县政府、各委办局严格遵照执行。

1989年1月,市募办制定《代销社会福利有奖募捐券若干规定》,制发《销售申请表》和《奖券领用表》,规范市场销售。针对奖券销售市场出现的假冒伪劣现象,如采取挖补、涂改、剪贴、撕拼、刮换等手段骗取头等奖,采取多种识别手段予以抵制和打击,还通过多品种、新玩法、轮流翻新等方法,使奖券伪造者的非法行为难以得逞,保证营销安全和彩民的合法利益。1990年,制定《关于上海市社会福利有奖募捐发行工作程序》,规范"大奖组"销售活动各环节,对兑奖奖券的验证、领奖等,作出严格的规定。1991年1月5日,向全市推广嘉定县对奖券销售建档立卷的经验,要求卷宗材料包括:奖券领用单、销售证明书、奖券销售说明、公证书、开奖程序说明、开奖现场记录、设奖方案、奖品进货发票、中奖兑付登记表、弃奖处理说明表及市募办奖券销售核算表等,所有材料必须齐全。1993年8月,印发《关于要求社会福利奖券销售点规范化的通知》,要求各销售网店做到"七个统一":统一横幅、统一桌椅、统一形象、统一阳伞、统一废券箱、统一许可证、统一戴胸卡。

1995年3月,福利彩票"大奖组"销售全面推行,每个奖组销售人员少则五六十人,多则200余人。为确保安全,避免差错,各区县分别开展"大奖组"销售培训,要求做到"文明服务、礼貌用语;要唱票找零、当面清点;钱袋胸前挂,大钱小票分开放;诚实销售,老少无欺;解疑得当,不说过头话"等。12月25日,市福彩中心印发《关于组织"大奖组"销售的程序规范及防范措施的通知》,提出在准备阶段,由区县募办向当地政府申报,成立指挥班子,选好购票场地,制订活动方案;在实施阶段,注重奉献与机遇、爱心与幸运同在的宣传引导,强化安全防范措施,销售员做好上岗前服务技巧等培训,事先公证开奖、兑奖的程序;在收尾阶段,做好善后工作,领奖公告准确无误,办理房屋、汽车大奖立户时,要为中奖者提供方便,尽快协助办妥产权、牌照等手续;收尾解款时要派警力护送等。

2000年7月,为解决电脑福利彩票在市场销售中出现打印失败票的问题,制定《热线系统打印失败票处理暂行规定》。9月,印发《电脑福利彩票投注站责任人变更管理办法》,与电脑投注站签订协议书。2001年8月,印发《"上海风采"电脑福利彩票摇奖管理暂行办法》,办法为总则、摇奖组织、摇奖程序、摇奖设备、摇奖人员、监督和附则七章内容,充分体现福利彩票摇奖的公平、公开、公正原则。

2002年,开展电脑彩票销售市场布点配置和加强电脑福利彩票投注站的规范化建设。为使投注站的设置、迁移、变更、停机等工作更加有序和规范,对彩票销售的有关文件进行修订和完善,汇编《"上海风采"电脑福利彩票投注站管理制度》。开发各种通信接口的使用技术,使销售终端机在通信接口上适用性更广。2003 年,市福彩中心对投注站的兑奖票、注销票等进行不定期抽检。对投注站统一发放简易票架、服装、胸卡等。

2004 年 5 月 14 日,财政部下发《关于暂停集中销售即开型彩票的通知》,市福彩中心对 2003 年以来举办"大奖组"的区县进行清理检查,检查组一致认为"大奖组"销售比较规范,特别在资金管理、诚信销售等方面管理得当,对"大奖组"销售工作给予肯定。同时,加强数据机房管理,制定 10 多项规定,采用多级密集指令,限定操作人员权限,杜绝人为篡改数据的可能;对各种数据资料备份,由专人负责,异地保存。与市公证处、电视台等部门研究,对开奖、兑奖的操作流程的规范更加缜密,整个摇奖过程必须在公证员严格监督下完成。全年 9 000 多次开奖运行正常,兑奖 12 317 人次(其中电脑票一等奖 35 人次)无一差错。

2005 年,为落实中国福彩中心"决胜终端"的工作要求,以"服务站点、规范管理"为目标,在虹口、杨浦、闸北三区试点设置物流配送站,对符合条件的 500 个站点进行迁址,同时对露天销售点逐步过渡到进堂入室。

2007 年,对中福在线进行规范管理,严格审批程序,控制游戏人员规模。2008 年,根据民政部《关于做好中福在线即开型彩票清理整顿等有关工作的通知》,制定《上海中福在线清理整顿工作实施方案》和《资金清算细则》,组织人员到各销售厅清点物资、清算资金,由第三方进行评估。根据财政部、民政部、国家体育总局下发的《关于彩票机构利用互联网销售彩票有关问题的通知》,向 45 家单位函告关停彩票互联网委托代购业务,督促各代理商向客户做好解释及资金清算等善后工作。

2010 年初,为迎接上海世博会,市民政、市政、市容等部门,对彩票摊亭进行整治。开展"创优良网点、销世博彩票、看世纪盛会"的服务竞赛活动,修订《代销网点(电脑票)管理规定》《代销网点(电脑票)设置细则》等,印发《网点即开票中心站补充管理规定》和《2010 年网点即开票中心站销售指标考核规定》,明确管理职能;建立服务部和配送站,明确市、区县两级机构对网点的管理职能,通过加强日常巡检和整改督查,加强网点管理,树立窗口形象。

第三节　公益金管理与使用

一、公益金筹集

【提取比例】

根据民政部《发行社会福利有奖募捐券试行办法》规定,奖券销售收入分配原则是:总额的 35％作为奖金返给中奖者,总额的 15％为发行成本费用,除去应付奖金和发行费用外的净收入作为社会福利基金(公益金)。1987 年公益金提取比例为 50％左右。

1988—1991 年,随着福利彩票的返奖比例逐步提高,最高达 50％,公益金提取比例相应降至 35％左右。

1992—2001 年,公益金实际提取比例下降至 30％左右,仅 1992 年和 1997 年提取比例超过 30％,分别为 32％和 33％。

1992 年起,福利彩票发行量在"大奖组"销售方式的刺激下大幅提高,公益金的筹集量也相应增加。1996 年福利彩票销售收入突破 1 亿元,筹集公益金 3 700 余万元;1999 年福利彩票销售收入突破 8 亿元,筹集公益金 2.7 亿元;2000 年福利彩票销售收入突破 10 亿元,筹集公益金 3.5 亿元。

2001 年 10 月,国务院下发《关于进一步规范彩票管理的通知》,要求从 2002 年 1 月 1 日起,彩票发行资金构成比例调整为"返奖比例不得低于 50%,发行经费比例不得高于 15%,彩票公益金比例不得低于 35%"。

2003 年,因"非典"疫情影响,为促进福利彩票销售,经报请有关部门同意,上海当年公益金提取比例低于 35%。

随着彩票市场发展,彩票发行新增了乐透型、数字型、竞猜型、即开型等多种类型,不同类型的彩票游戏资金构成比例有所不同,相应实行不同的返奖率政策。

2005 年,根据财政部对网点即开型彩票资金构成比例的规定,从 9 月 1 日起,网点即开型彩票的返奖比例为 65%,发行经费比例为 15%,公益金比例为 20%;其他彩票的资金构成比例暂不作调整。经过这轮调整,2005—2010 年公益金实际提取比例在 34% 左右,因每年福利彩票发行量保持在较高水平,筹集的公益金总量也处于较高水平。

【中央与上海市分成】

1987 年,民政部《发行社会福利有奖募捐券试行办法》规定,发行奖券资金总额,除去应付奖金和发行费用外的净收入作为社会福利基金,由中募委与发售地区募委会三七分成。1987—1993 年,中央集中的公益金占 20% 左右,地方留成的公益金在 80% 左右波动,大体符合中央与地方三七分成的政策精神。

1994 年,民政部《有奖募捐社会福利资金管理使用办法》规定,社会福利资金实行分级按比例留成使用的原则,独立组织销售的县级募委的留成比例不得低于彩票面值的 20%。1998 年,财政部、民政部发布《社会福利基金使用管理暂行办法》,明确社会福利资金的留成比例,省、地市两级的留成比例不得超过彩票销售总额的 5%,县级留成比例不得低于彩票销售总额的 20%。按照财政部、民政部文件要求,1994—2000 年,上海留成的公益金在 20% 左右浮动。

2001 年起,国家把中央集中的公益金的使用范围扩大到社会保障和教育领域。同年 10 月,国务院下发《关于进一步规范彩票管理的通知》,对公益金的分配比例进行调整,中央留成公益金比例由 2000 年的 20% 提高至 2004 年的 55% 左右。2005 年起,中央和上海留成的公益金按 50:50 的比例进行分配。

2006 年 3 月,财政部下发《关于调整彩票公益金分配政策的通知》,明确公益金在中央与地方之间按 50:50 的比例分配。上海留成的公益金,由市财政部门商市民政部门研究后确定分配。

【市、区县分配比例】

电脑型福利彩票　公益金提取比例为 35%,其中上缴中国福利彩票发行中心 17.5%,市级留存 12.5%,区县留存 5%。

即开型福利彩票　公益金提取比例为 20%,其中上缴中国福利彩票发行中心 10%,区县留存 10%。中奖资金 65%,弃奖转入地方公益金专户。发行费用 15%。

视频彩票(中福在线)　公益金占 22%,中奖资金占 65%,发行费用占 13%。

1987—2010 年,上海发行福利彩票筹集的公益金共计 65 亿元。其中上缴中央 30 亿多元,上海留存约 35 亿元。全市资助各类慈善公益项目超过 4000 个,受助困难群众 280 万余人次,共资助公益金 30 亿元(结余 5 亿元,存于市、区县两级财政)。

表 5－4－5　1987—2010 年上海市福利彩票公益金筹集额累计表　　　　　单位：万元

年　度	历年公益金筹集额			
	总　额	市级留存	区县级留存	上缴中央
1987—1991	2 453.85	1 052.04	935.90	465.91
1992	885.12	303.30	439.77	142.05
1993	469.60	160.70	234.10	74.80
1994	490.40	173.40	240.80	76.20
1995	2 911.20	515.30	1 942.00	453.90
1996	3 738.67	684.20	2 495.40	559.07
1997	1 934.50	392.60	1 264.80	277.10
1998	9 392.60	3 484.50	4 408.10	1 500.00
1999	27 020.00	13 221.00	9 499.00	4 300.00
2000	35 877.00	16 847.00	11 030.00	8 000.00
2001	30 212.00	10 825.00	5 887.00	13 500.00
2002	28 005.00	7 346.00	4 659.00	16 000.00
2003	30 760.00	8 589.00	5 087.00	17 084.00
2004	35 100.00	9 700.00	5 500.00	19 900.00
2005	43 147.00	15 731.00	5 844.00	21 572.00
2006	57 161.00	21 225.00	7 356.00	28 580.00
2007	75 474.07	30 824.24	6 912.79	37 737.04
2008	66 195.35	23 355.09	9 742.59	33 097.67
2009	99 079.98	37 072.36	12 467.63	49 539.99
2010	108 319.02	46 773.64	11 472.37	50 073.01
合　计	658 626.36	248 275.37	107 418.25	302 932.74

资料来源：上海市福利彩票发行中心档案

表 5－4－6　2004—2010 年上海市福利彩票公益金资助情况统计表　　　　　单位：万元

	2004 年	2005 年	2006 年	2007 年	2008 年	2009 年	2010 年	合　计
上海市	16 617.3	15 345.7	31 138.0	22 549.2	34 105.8	35 601.5	42 515.8	197 873.3
市本级	11 819.0	10 618.0	26 140.4	17 270.0	25 685.0	28 197.6	28 921.0	148 651.0
黄浦区	585.9	512.2	293.3	452.7	250.1	194.7	162.6	2 451.5
卢湾区	17.4	213.5	279.5	191.5	196.7	50.2	302.6	1 251.4
徐汇区	286.2	319.9	388.9	419.2	444.3	842.0	162.7	2 863.2
长宁区	575.5	370.0	166.8	294.5	122.8	942.4	2 114.3	4 586.3
静安区	20.7	79.0	67.3	120.8	136.2	194.5	265.9	884.4
普陀区	260.6	292.8	475.1	419.3	394.8	458.4	803.5	3 104.5
闸北区	185.1	336.1	71.9	144.4	808.3	72.0	432.2	2 050.0

（续表）

	2004 年	2005 年	2006 年	2007 年	2008 年	2009 年	2010 年	合 计
虹口区	508.5	347.5	428.2	409.7	603.6	244.5	229.0	2 771.0
杨浦区	20.0	326.2	434.0	467.9	669.2	511.2	383.6	2 812.1
闵行区	200.0	505.6	64.8	329.8	582.2	711.8	1 354.8	3 749.0
宝山区	101.0	35.0	299.0	600.0	2 573.7	560.0	1 092.9	5 261.6
嘉定区	313.2	263.0	100.0	118.7	142.4	153.5	208.5	1 299.3
浦东新区	500.0	550.0	1 435.1	493.7	764.3	764.3	455.6	4 963.0
金山区	113.6	69.5	86.6	165.0	280.5	145.3	544.9	1 405.4
松江区	216.8	194.3	35.1	36.5	93.3	120.0	2 443.9	3 139.9
青浦区	492.4	109.5	300.0	232.1	83.6	373.9	472.4	2 063.9
南汇区	153.8	90.9	30.0	16.1	74.8	869.9		1 235.5
奉贤区	232.0	92.7	2.0	327.3	200.0	187.3	159.9	1 201.2
崇明县	15.6	20.0	40.0	40.0		8.0	2 005.5	2 129.1

资料来源：上海市福利彩票发行中心档案

二、公益金管理

【制度建设】

1990 年,在中募委召开的全国财务会议上,市募委就上海市福利资金的使用管理在会上作交流发言,明确资金"三个投向":大型示范项目、中小型普及项目、区县规划社区项目;坚持"三个保证":保证重点,保证多销多得,保证专款专用。1991 年 8 月,市募委印发《关于加强区县社会福利有奖募捐财务管理的通知》,再次强调建立健全财务机构、配齐人员、独立专户、专款专用等管理事项。

1994 年 10 月,市民政局、市募委联合下发《关于市募委社会福利资金资助项目实施审计、监证的通知》,要求从 1993 年起,对市募委资助项目实施年度监证,对审计规范、内容、时间、报告和费用等 5 个方面作出具体规定。

1997 年,市民政局和市募办联合下发《关于对有奖募捐社会福利资金管理使用情况进行专项检查的通知》,要求各区县对 1993 年以来福利资金管理使用情况进行自查,内容包括资助是否符合范围、专款是否专用、审批手续是否齐全等,自查情况书面报市募办。

同年,市募办下发通知,就建档工作提出具体要求:1993—1996 年每个项目必须具备申请报告、领导批件、收款收据和使用检查报告 4 种资料;1997 年 1 月以后的资助项目,除上述 4 种资料外,还须有初审论证表、本级评审委员会讨论记录及决议,以及反映项目形象、功能、效益的资料和照片等共 8 种归档材料。

2009 年 4 月,市民政局下发《关于公益金资助项目实施公益招投标的意见》,改拨为招,进一步加强公益金资助慈善公益项目的评审和管理,以社会需要为导向,不断扩大公益金的资助面。

2010 年 11 月,为进一步鼓励公益服务组织积极参与社区慈善公益服务,市民政局下发《关于进一步规范上海社区公益服务项目招投标工作的通知》《关于进一步规范上海社区公益创投活动的通知》,从项目确定、实施流程、日常管理、资金安排、工作规则、其他规定、组织领导等 7 个方面,加强对公益招投标、公益创投工作的管理。

【预算管理】

按照"公益金执行收支两条线管理,不用于平衡财政一般预算,专款专用,结余结转下年继续使用"的预算管理原则,坚持公益金管办分离和公益性原则,严格界定使用范围,专项用于资助"扶老、助残、救孤、济困"等社会公益事业。

市民政局对年度公益金预算编制工作严格规定,统一编制说明、编制口径、编制内容和工作流程;当年支出预算控制在上年公益金收入的 70%～100% 内,不编制赤字预算。对重大项目,实行任务分解、跟踪管理,依据项目进度拨付公益金。同时强化内部监管,开展市级公益金资助项目专项审计,按绩效管理原则建立对项目的追踪问效机制,强调合规性审计监督和有效性绩效评价相结合,不断提高公益金的管理水平和质量。

【项目管理】

公益金资助实行项目管理,建立严格的事前、事中和事后管理流程,确保项目选择及实施的合规、合理和有效。公益金直接资助项目的日常管理流程主要包括 10 个环节,流程严密,管理规范。

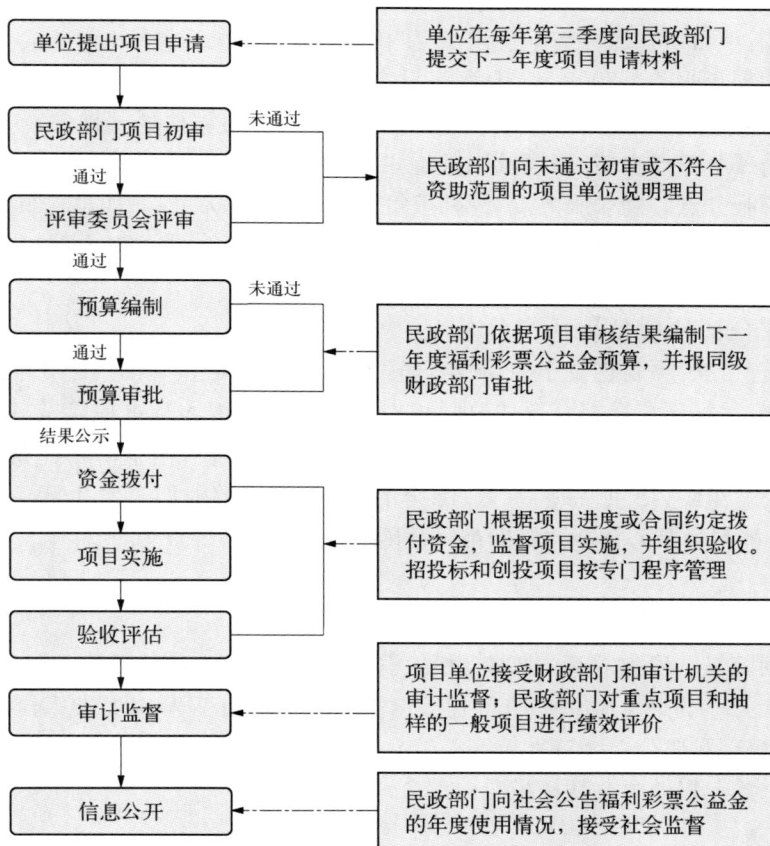

图 5 - 4 - 2　福利彩票公益金直接资助项目管理流程

图片来源:根据上海市民政局档案汇总制作

三、公益金使用

【养老服务实事项目】

社区居家养老服务　上海自 2000 年开始不断探索社区居家养老服务，即以家庭为核心，以社区为依托，以专业化服务机构为载体，通过上门、日托或邻里互助等形式，为居家老年人提供生活照料、康复护理等为主要内容的社会化服务。2004 年起，社区居家养老服务连续 7 年被列为市政府实事项目，养老服务补贴经费纳入政府财政预算。每年市、区两级福利彩票公益金资助符合补贴条件的老年人养老服务补贴和养老服务专项护理补贴 2 000 万元。

养老机构床位建设　按照政策扶持、社会参与、下沉社区、多样发展的工作原则，2005 年起，市政府加大养老设施建设力度，每年将新增 1 万张养老床位列入市政府实事，在政府实事项目和扶持政策的鼓励推进下，连续 6 年每年完成 1 万张养老床位。每年新增养老床位的建设经费，由市建设财力和市福利彩票公益金给予每张新增床位 5 000 元的一次性补贴，每年补贴资金 5 000 万元，其中市福利彩票公益金出资 1 000 万元，区县相应配比。全市养老总床位数从"九五"末的 2.8 万张，跃升至 2009 年底的 10 万张，创造了跨越式的发展速度，全面完成建设 10 万张养老床位的"十一五"目标任务。此外，以经济薄弱村为重点，通过改建、扩建，有重点、有步骤地改造一批农村建筑陈旧、设施薄弱的养老服务机构。2007—2010 年，由市福利彩票公益金每年出资 2 000 万，资助农村薄弱养老机构改造，项目所在区县按不少于 1∶1 比例配比。

社区老年人助餐等服务　2008 年，上海将设立社区老年人助餐服务点列入市政府实事项目，鼓励社区充分依托养老机构、老年活动室、学校、居委、送餐公司等社区和社会资源，设立老年人助餐服务点。按照助餐服务点功能、规模及服务提供能力，市福利彩票公益金对"综合型助餐服务示范点""综合型助餐服务点""助餐服务点"分别按每个 20 万元、9 万元、1 万元的额度，提供一次性差别资助。至 2009 年底，全市已设立社区老年人助餐服务点 339 个，受益老人数 3.4 万人。

【社区市民综合帮扶项目】

"社区市民综合帮扶"项目创设于 2006 年，经过试点、重点推进、全面推广 3 个阶段，2008 年起，在上海市全面开展。"社区市民综合帮扶"项目，对一部分未能纳入基本保险及其他制度性互助保障范围或虽得到政府救济及其他帮困后仍然存在困难的特殊市民，由上海市民帮困互助基金会及区县相应的慈善公益组织，提供及时、有效、综合的帮扶，以缓解他们日常生活中的急、难、愁。自 2004—2009 年底，福利彩票公益金共资助市民帮困互助基金会 7 500 万元。

【松江社会福利院项目】

松江社会福利院是一座融养老、护理、康复、医疗、娱乐休闲为一体的综合性、福利型的老年人的"乐园"。占地 3 万平方米，其中一期工程 300 张床位，二期工程 200 张床位。福利院总投资 4 300 万元，其中，福利彩票公益金资助 1 268 万元，主要用于基础设施投入。在院夕阳红雕像基座上刻有福利彩票公益金资助永久性标识。

【其他资助部分项目】

1998 年，经市计划委员会批准上海市儿童福利院迁建项目。位于普育西路 105 号的上海市儿童福利院,因建筑年代久远、设施陈旧,已不能适应孤残儿童养育、康复、特教等业务的实际需要,迁建于沪青平公路2000号(今中春路9977号)。福彩公益金资助2 000万元用于工程建设。

2003年,为进一步完善市儿童福利院孤残儿童康复及职业技能培训等功能,资助310万元用于市儿童福利院综合楼建设项目。

2009年,资助市慈善基金会650万元。其中,孤残儿童救助项目300万元,农村大病救助项目150万元,"蓝天下的至爱"项目200万元。

2009年,资助市残疾人福利基金会600万元。其中,"7259"帮老助残项目300万元,市属福利企业残疾职工内退补贴和协保残疾职工生活困难补助项目300万元。

2009年,资助市残疾人联合会400万元用于"阳光之家"补贴项目。

2009年,资助市职工保障互助会500万元,用于"退休职工住院补充医疗互助保障计划"。

2009年,资助医疗救助资金1 900万元。

2009年,资助汶川地震灾后恢复重建项目经费2 430万元,用于各区县与对口支援都江堰社区开展守望相助,购置衣被支援都江堰困难群众。

2007—2010年,共计资助848万元,用于市儿童福利院孤弃儿童大病、重病治疗费支出。

2010年,资助残疾人等特困群体福利事业项目经费3 419万元,用于残疾人医保补贴、帮困助残等。

2010年,资助扶贫济困公益事业项目经费10 794.92万元,用于医疗救助、生活帮困等。

2010年,通过公益创投和招投标形式,购买社会组织的服务10 107万元,用于"扶贫、济困、救孤、助残"项目。

第六篇

社会组织

1949年(民国38年)1月,据国民上海市社会局统计,上海除慈善团体、宗教团体外,经登记的社会团体1 336个,团体会员896个,个人会员100.986 4万人。事实上,中华人民共和国成立前夕上海的社会团体远远不止这些。

1950年9月,中央人民政府政务院颁布《社会团体登记暂行办法》。同年11月9日,上海市市长陈毅签署市政府令,提出上海市社会团体情况复杂,新的团体为数甚多,登记、调查、审核等工作,必须谨慎从事,要求市民政局遵照《社会团体登记暂行办法》,结合目前具体情况及已有的材料研究草拟计划,充分做好必要准备,正确并有步骤地开展工作。1951年3月23日,中央内务部颁布《社会团体登记暂行办法实施细则》。4月4日,陈毅签署市政府令,要求市民政局与有关单位研究,并作积极准备,以便展开此一工作。4月30日,陈毅再次指示市民政局积极准备展开全市的社团登记工作,并将进行情况随时上报。1951年7月,市民政局草拟《上海市社会团体登记计划(草案)》,对审批原则、实施步骤及时提出具体意见,其中,对社团登记工作的组织领导,提出在市政府领导下,建立"社会团体登记审理委员会",以相关的行政部门与进步的人民团体为主,吸收社会有关人士参加组成。执行机构为"社会团体登记审理处",设在市民政局,下设人民群众团体、社会公益团体、文艺工作团体、学术研究团体和宗教团体等5个登记组。7月19日,市民政局作出《社团登记工作计划若干问题的决议》,对部分社团登记与改造问题作出具体规定。

1951年11月13日,市政府在报纸上公布中央政务院和内务部分别制定的《社会团体登记暂行办法》和《社会团体登记暂行办法施行细则》,同时刊登市民政局公告,规定自即日起先实施工会团体登记备案工作。由于当时全国"反贪污、反浪费、反官僚主义"的"三反"运动已经开始,暂缓办理社会团体(以下简称社团)的登记工作。

1952年起,上海的社团工作转向以清理整顿为重点,审查整顿旧有公益团体,结合社会需要,分别采取动员结束或联合开办业务等办法,整顿旧社团223个,其中结束162个,取缔12个,参加联办业务的49个。到1956年4月,旧社团保留303个。上海旧社团审查整顿工作圆满完成。

1956年4月3日,市民政局邀请宗教事务局、公安局、文化局、工商局、卫生局、教育局等12个单位,研究加强社团管理工作,一致同意将社团按不同性质分别归口由各相关业务部门负责改造和处理。8月5日,市人民委员会批复,同意市民政局《关于社会团体登记和旧社会团体处理工作意见的报告》。市民政局对当时存在的590个社团,按不同情况予以处理:对解放后经过党政领导批准的287个社团,照章办理登记手续;对旧上海遗留下来的和解放后群众自发筹组的279个社团,分别归口各有关单位负责整顿改造或撤销;对暂时无口可归,或与民政业务有关的24个社团,由民政局根据情况处理。

1957年,市民政局根据中央内务部办公厅"关于你市解放后新组织的人民团体的登记问题,在社会团体登记暂行办法未修改前,请仍按原办法执行"的指示,又重新草拟《上海市社会团体登记工作方案(草案)》,提出要采取"逐步开展、分别审查、各个批准"的方法,有计划、有步骤地进行社团登记工作,具体审查工作以原归口的业务主管部门为主,经审查研究后提出初步意见,报请市人民委员会核批。经市人民委员会批准成立登记的,由市民政局发给登记证;批准备案或筹备登记的,由市民政局发给批复。凡经批准登记、备案或筹备登记的社团,由其业务主管部门负责经常掌握、领导;未经批准登记的社团,仍由原归口的主管部门进行整顿处理。工作方案(草案)准备于 1957 年第三季度在全市开始办理登记,但由于整风反右和肃反运动的深入开展而中辍。

自 1958 年底起,新组建社团经业务主管部门或上级社团组织批准,即可开展活动。"文化大革命"中,上海社团组织的建设与发展处于停滞状态。

改革开放后,社会组织蓬勃兴起。1989 年,国务院颁布《社会团体登记管理条例》,明确"双重管理"体制,即各级登记管理机关(民政部门)和业务主管单位(与社会组织业务范围相关的党政部门和授权组织)依法分工合作管理。民政部门负责社团(含基金会)的成立登记、变更登记、注销登记并对社团的日常活动进行监督管理。1998 年国务院颁布新的《社会团体登记管理条例》和《民办非企业单位登记管理暂行条例》,首次将民办非企业单位(以下简称民非)纳入民政依法登记管理范畴。2004 年国务院颁布《基金会管理条例》,将基金会从社团中剥离出来,作为单独的一类社会组织进行登记管理。

随着改革开放步伐的加快、中国加入世界贸易组织和上海实现"四个率先"的不断推进,社会组织的建设与管理工作全面发展。上海社会组织管理工作坚持培育发展与监督管理并重,通过建立和完善政策法规体系、行政管理体系、社会监督体系和社会组织自律机制,促进社会组织健康、有序发展,为上海的经济发展、政治稳定和社会进步作出积极的贡献。市人大颁布《上海市促进行业协会发展规定》,市政府先后制定《关于上海市社会团体经费管理暂行规定》《上海市社会团体管理规定》《上海市行业协会暂行办法》;市民政局制定《上海市社会团体组织通则》《上海市社会团体分类规定(试行)的通知》《上海市民办非企业单位名称管理暂行规定》《关于办理民办非企业单位迁出迁入变更登记有关问题的通知》《关于开展本市社区群众活动团队备案工作的意见》等一系列规范性文件,会同相关部门制定《上海市社会团体会计制度》《上海市社会团体财务制度》,以及组织机构代码管理、银行账户与收据管理、会费收取与经营活动、印章管理等规定,从法律制度上管理、指导、协调社会组织的发展和运行。

20 世纪 90 年代以来,上海不断提出并实践加强社会组织建设与管理的创新举措,先后制定行业性、公益性、社区性以及涉农民间组织的政策措施;推行社会组织在社区发挥服务社会的功能;开展涉外社会组织登记试点和群众活动团队备案工作,拓展社会组织发展领域和空间;建立社会组织年金制度和工资基金管理制度;开展社会组织规范化建设评估,深化社会组织自律与诚信建设,提高社会组织社会公信力;建立和完善政府购买服务机制,促进政社分离、政府职能转移;把好登记和年检"两关",抓好咨询、筹备、受理、发证"四个环节",结合业务工作推进社会组织党建工作,保证正确的政治方向;建立公益组织的孵化基地、能力培训基地,形成社会组织发展的支持体系。

1990 年市民政局设立社会团体管理处。1999 年成立副局级的市社会团体管理局,内设 5 个正处级机构,在市民政局领导下开展社会组织登记管理工作。2001 年成立正处级的上海市社会团体监察总队。上海各区县也先后成立社会团体管理局(办),部分区县内设综合执法科。

第一章　登记管理

中共十一届三中全会后,上海社团数量快速增长,由 1981 年的 633 个增至 1989 年的 4 290 个。这个时期,社团的成立由各部门或上级社团批准后,即可开展活动。1985 年 2 月,根据市政府部署,市民政局对上海的社团开展调查统计和摸底工作。

20 世纪 90 年代初开始,市民政局依法陆续行使对社团、民非、基金会的登记管理职能。

社团登记管理。1989 年 10 月,国务院颁布《社会团体登记管理条例》。在市委、市政府的统一部署下,上海先后两次开展对社团的清理整顿工作:第一次 1990 年 5 月—1993 年 1 月,第二次 1997 年 7 月—2000 年底。清理整顿着重解决三个问题:一是建立社团的管理体制。1991 年,上海认定首批 37 个部门为全市性社团(以下在市登记机关登记的社团简称市级,在区县登记机关登记的社团简称区县级)的业务主管部门。二是规范社团名称,整顿社团机构。三是检查社团在政治方向、业务活动、财务状况、内部管理、遵纪守法等方面的情况。整改、清除一些不符合条件的、名不符实等各类问题的社团。第二次清理整顿结束时,上海社团的数量由 3 228 个减少到 2 895 个,基本达到"控制数量、提高质量"的预期目标。

民非登记管理。1998 年国务院颁布《民办非企业单位登记管理暂行条例》之后,由市和区县民政部门依法实施统一登记、归口管理。2000 年 4 月,市民政局对民非开展复查登记和核查登记,至 2001 年 12 月,全市 2 136 个民非复查登记工作全部通过评估验收,其中市级 51 个、区县级 2 085 个。2004 年,上海开始开展涉外民非登记试点工作。

基金会登记管理。1988 年以前,基金会的登记管理大部分是由各级政府部门或归口管理部门批准成立。1988 年国务院颁布的《基金会管理办法》规定,基金会是社团的一部分,成立基金会由其归口管理部门报人民银行审查批准,民政部门登记注册发给许可证。1999 年 9 月,基金会的审批和监管职责全部移交民政部门。2004 年,国务院颁布《基金会管理条例》,将基金会从社团中分离出来,作为单独的一类非营利性法人,民政部门是基金会的登记管理机关。当年,市民政局完成 63 个基金会换证登记工作。

民政部门在对社会组织登记管理中,根据社会组织对社会主义市场经济和社会发展的有益程度,提出鼓励发展、允许发展、限制发展和禁止发展的登记管理措施;配合业务主管单位,在社会组织中开展党的建设工作,保证社会组织正确的发展方向。

截至 2010 年底,上海共有社会组织 9 900 个,其中社团 3 560 个、民非 6 225 个、基金会 115 个。

第一节　社会团体登记管理

一、登记

【概况】

中共十一届三中全会以后,人民群众摆脱"左"的思想束缚,社会参与意识普遍提高,为社团组织的发展创造了条件。原有的各类、各级社团迅速恢复,大量新的社团纷纷涌现,形成中国有史以来社团发展最快、工作最活跃的时期。1981年,上海各类社团仅有633个;1984年,发展到2 256个。

1984年11月17日,中共中央、国务院下发《关于严格控制成立全国性组织的通知》,对有些单位和个人不经审批,随意成立全国性的组织提出批评,指出这种做法发展下去,可能助长某些不正之风,不利于四化建设,并提出三条处理意见,要求各地、各部门认真执行,进行检查处理。

1985年2月4日,副市长阮崇武对市民政局领导布置社团登记工作。7月,市民政局在中断社团管理工作近30年后,重新恢复对全市社团组织的管理工作。8月,市政府办公厅转发市民政局关于调查社团情况的通知。经过调查摸底,全市有各类社团2 256个。市社团存在的主要问题为:社团民间组织性质不够明确,有些社团提出列入行政编制的要求;有些社团摊子铺得很大,工作方法、人员分工呈机关化倾向;社团专职人员不稳定,年龄老化;有些社团开支浪费大,有的在经济上出了问题;社团机构设置太多、太细;有些社团无归口单位。

1986年4月3日,中央有关领导批示:社团管理可先在北京、上海等地试行。之后,民政部启动《社团登记管理条例》的起草工作。上海参与讨论并提出修改意见。

1988年9月6日,市领导听取市民政局关于全市社团工作情况的汇报。市委书记江泽民就上海开展社团管理工作提出“摸清情况”“组织准备”“依法管理”三点意见。会后,市民政局陆续调集专职人员成立社团登记管理筹备组,启动对全市社团情况的调查、落实组织构架、着手起草制定有关法规。

1989年4月22日,经市政府同意,市民政局对全市各类社团分布情况进行一次全面调查,全市的协会、学会、研究会、联合会、基金会、联谊会等不以营利为目的的社团,均被列入调查范围。据调查统计,1989年全市社团总数已达4 290个,与1985年相比,全市社团在数量上翻了近一番,以平均每天一个半的速度发展,并呈现出社团向系统化、网络化发展,行业性团体大幅度增加、联谊会层出不穷、学术性团体发展快速、兴趣性社团越来越多等特点。

1989年10月,国务院颁布《社会团体登记管理条例》,民政部门承担对社会团体的登记管理职责,上海社团管理工作从此进入社会主义法制轨道。至2010年底,全市有3 560个社会团体。

【清理整顿与复查登记】

1989年10月25日,国务院颁布《社会团体登记管理条例》。1990年3月20日,市政府办公会议听取并原则同意市民政局关于上海社会团体工作的情况汇报,确定上海对社会团体实行“党政共抓,归口、分层双重管理”的原则,同意建立上海市清理整顿社会团体领导小组。

1990年5月,市政府下发《关于贯彻实施国务院发布的〈社会团体登记管理条例〉的通知》,部署开展对社团的清理整顿工作,并成立上海市清理整顿社会团体领导小组(以下简称领导小组),副市长谢丽娟任领导小组组长。5月25日,领导小组召开第一次全体会议,研究社团清理整顿工作方案。

同年6月,市委宣传部、市民政局、市司法局共同举办《社会团体登记管理条例》宣传周活动,围绕“保护合法结社,结社必须合法”的主题,市委宣传部召开新闻发布会,市民政局向新闻界发布全市社团的基本情况和对社团清理整顿、复查登记的计划;市委宣传部、市民政局、市司法局联合发文,要求各区县、各部委办、各社团开展学习《社会团体登记管理条例》活动;市民政局在市政府礼堂举办两场大型报告会和讲座,详细介绍《社会团体登记管理条例》基本精神和社团登记程序;市政府召开“社团与振兴上海”座谈会等,宣传周活动为社团清理整顿和复查登记营造了良好的舆论氛围。

7月16日,领导小组发出《上海市关于开展清理整顿社会团体试点工作的通知》。7月24日,领导小组召开试点工作会议。之后,在科技、建设、宣传3个系统,市科委、建委、文化局、文联、社联5个单位,共700多个社团开展清理整顿的试点工作。同时,各区县也在1 300多个社团中开展试点工作。试点工作的内容和做法是:调整社团管理体制,整顿社团内部机构和外部组织,规范社团名称,审查社团经济状况等。11月20日起,清理整顿工作在上海全面展开。

1991年4月10日,上海市召开首批社团发证大会,94个全市性社团核准登记,取得登记证。10月22日起,上海社团清理整顿工作进入审核和复查登记阶段。10月24日,市民政局召开新闻发布会,介绍两年来上海贯彻《社会团体登记管理条例》情况。10月27日,在人民广场举办由40个社团400多名会员参加的"社会团体为民服务日"活动,展示社团的桥梁、纽带、助手作用和服务四化建设的精神风貌。10月31日,市民政局、市文联等单位联合举办题为"桥梁、纽带、服务——庆祝《社会团体登记管理条例》颁布两周年"文艺晚会。市委、市政府有关委办负责人,社团负责人等400余人出席。

截至1992年12月15日,全市共核准登记2 673个社团,其中复查登记社团2 407个、新成立登记社团266个,市级社团692个,区县级社团1 981个,法人社团1 494个,非法人社团1 179个。此次对社团的清理整顿工作,从1990年7月开始,至1993年1月结束,其间共解散、合并、归并近1 800个社团。

1997年6月23日,市委办公厅、市政府办公厅根据党中央、国务院有关文件对所有社团普遍进行一次检查、清理、整顿的要求发出通知。这是时隔5年后开展的第二次清理整顿。在市民政局的部署下,1997年7月1日开始,全市开展清理非法社团,查处违法违纪社团,规范社团行为,加强社团管理,确保在改革开放、经济建设和社会发展中发挥积极作用为目的的清理整顿工作,根据社团政治方向、业务活动、财务状况、内部管理、遵纪守法等方面的情况,分别作出保留、整改、合并、撤销的处理。至1999年底,清理整顿工作结束,完成了对2 680个社团的清理。

【双重管理体制】

1990年5月10日,市政府发出《关于贯彻实施〈社会团体登记管理条例〉的通知》,明确市委、市政府决定上海对社团实行党政共抓,归口、分层双重管理的原则,市和区县民政部门是社团的登记管理机关,社团的业务主管部门要切实承担起对社团的资格审查以及日常业务活动的指导和管理工作。1991年5月27日,市委办公厅、市政府办公厅转发市民政局《关于认定全市性社会团体的业务主管部门的若干意见》,认定首批37个部门为全市性社团的业务主管部门,包括市委组织部、市委宣传部、市委统战部、市计划委员会、市经济委员会、市农业委员会、市建设委员会、市对外经济贸易委员会、市科学技术委员会、市宗教事务局、市物价局、中国人民银行上海市分行等。

2000年12月31日,市委办公厅、市政府办公厅转发市民政局、市社团局《关于确认本市社会团体和民办非企业单位的业务主管单位的若干意见》,进一步明确业务主管单位的范围和被授权作为业务主管单位的组织需要同时具备的4个条件,包括市或区县编制管理机关"定职能、定机构、定编制"的组织,有具体机构或人员从事社团和民非管理工作的组织等。同时授权市总工会、共青团上海市委、市妇女联合会、市科学技术协会、市社会科学界联合会、市文学艺术界联合会、市作家协会、市残疾人联合会、市政府发展研究中心为全市性社团和民非的业务主管单位,区县党委和政府可参照对符合条件的组织予以授权。对社区中规模较小、专业性不强的民间组织,区县党委和政府也可授权街道党工委、办事处履行业务主管单位的职责。

2009 年 3 月 20 日,市民政局对部分社会组织的业务主管单位进行调整、认定:市经济和信息化委员会、市商务委员会、市人力资源和社会保障局、市城乡建设和交通委员会、市交通运输和港口管理局、市住房保障和房屋管理局、市规划和国土资源管理局、市绿化和市容管理局、市口岸服务办公室、市旅游局等为社会组织的业务主管单位。2010 年 8 月 30 日,经市政府同意,市民政局授权上海市工商联为社团业务主管单位。

【上海区域社团登记】

《社会团体登记管理条例》规定,民政部门负责社团的成立登记、变更登记、注销登记,并对社团日常活动进行监督管理。1990 年 2 月,市民政局设立社会团体管理处(对外称上海市社会团体管理处),配备行政编制 12 名。各区县也陆续成立社会团体管理科(对外称社会团体管理办公室)。4 月 23—28 日,市民政局举办区县社团干部培训班,学习并掌握社团登记的规定。社团成立登记应具备如下条件:有符合中国宪法和法律规定,反映成员共同目的和要求的章程;有得到多数发起者拥护的负责人;有一定数量的成员;有合法的经费来源;有办事机构和固定的办公地点;有业务主管部门审查同意的文件。对已经登记的社团改变名称、法定代表人或者负责人、办事机构地址或联络地址,由民政部门办理变更登记。对社团改变宗旨、任务或解散,由民政部门办理注销登记。民政部门负责在媒体发布登记公告。

1992 年 7 月 16 日,民政部对《上海市民政局关于非法人社会团体改为法人社会团体登记事宜的请示》予以复函并印发全国民政部门。复函明确由非法人社团改为法人社团,应先办理非法人社团注销登记,后履行法人社团成立登记手续。

1994 年 9 月 16 日,市政府颁布《上海市社会团体管理规定》。再次重申市、区县民政局主管社团的职责。并规定社团的活动,同时接受有关业务主管部门的领导或者指导;成立全市性的社团或跨区县的社团,应经市级有关业务主管部门审查同意后,向市民政局申请登记;成立区县性社团,应经区县级有关业务主管部门审查同意后,向其所在地的区县民政局申请登记;建立基金会,按照《基金会管理办法》和国家金融主管部门的有关规定执行等。

1996 年 12 月 26 日,市民政局制定《上海市社会团体组织通则》,细化《社会团体登记管理条例》和《上海市社会团体管理规定》的相关内容,明确社团的章程应当载明的 11 个事项:社团的名称应冠以一定的地域概念,并与其业务范围、成员分布和活动地域相符,会员两年内不履行义务,可视为自动退会,会员(代表)大会(基金会理事会)每届任期最长不得超过五年,换届延期最长不得超过一年等;规定会员(代表)大会(基金会理事会)的六项职权和理事会的七项主要职责,以及理事会理事的人数组成,明确理事会每年至少召开一次会议。社团注销登记,或被撤销登记、取缔,应将会徽、会标、全部会员证交登记管理机关;社团一年内无正常活动,即被视为自动终止;社团注销登记后,必须将全部印章、证书等上交登记管理机关。印章、证书遗失的,应登报声明作废。社团章程的制定和修改,应报登记管理机关核准后生效。

1998 年 10 月,国务院修订颁布《社会团体登记管理条例》,其中规定:成立社团应当有 50 个以上的个人会员或者 30 个以上的单位会员,个人会员、单位会员混合组成的,会员总数不得少于 50 个等。对社团申请筹备和成立登记、变更登记、注销登记以及分支机构和代表机构的设立条件、程序、要求和需提交材料等作出规定。

1999 年 8 月 24 日,上海市社会团体管理局挂牌成立。这是全国第一个以"社会团体"命名的社团管理机构,是上海市民政局领导的、专门负责上海市社会组织登记管理的副局级行政机构。

2000年,市民政局、市社团局贯彻党的十五大报告提出的"培育和发展社会中介组织"的要求,根据社团对社会主义市场经济和社会发展的有益程度,在受理成立申请方面,实行4项措施:鼓励发展对政治体制改革和国民经济发展有利的行业性社团和对社区建设有促进作用的社区类社团,允许发展专业人员、专业技术和专门事业类的专业性社团,控制发展业务宽泛、不易界定的联谊性社团,禁止发展宗旨不明、功能不强及不利于民族团结以及与国家法律法规相悖的社团。

2005年1月7日,市民政局、市社团局制定《关于做好农村专业经济协会登记管理工作的意见(试行)》,提出上海应当在市、郊区(县)和乡镇三个层面推动成立农村专业经济协会。市级层面要把发展农业经济类的行业协会放在首位,积极推动农业类行业协会的成立;郊区(县)层面要把重点放在发展郊区(县)的特色农副产品方面,推动成立各类涉农的农村专业经济协会;乡镇层面对一些地区具备条件需要成立,并体现农民自下而上自愿发起愿望的农村专业经济协会,应当允许成立。同月11日,市民政局、市社团局召开发展农村专业经济协会工作会议。会议提出三点要求:一、要高度重视发展农村专业经济协会的工作,把它作为当年社团工作的新的增长点;二、要做好各部门的统筹协调,形成合力,针对各区县的强项发展农村专业经济协会;三、要坚持"民办、民管、民受益",政府部门要给予必要的支持。截至2010年底,在市民政局登记的农村专业经济协会15个。

截至2010年底,上海共有社团3 560个,其中在市民政局登记1 095个,在区县民政局登记2 465个。

【社团分支机构、代表机构登记与备案】

1992年7月7日,民政部下发《关于对全国性和跨省(自治区、直辖市)性社团在会址以外地区设立分支机构或派出机构及其管理问题的通知》,市民政局根据文件规定,对全国性和跨省(自治区、直辖市)性社团在上海设立的分支机构进行备案和实施监督管理。

2001年11月,市民政局、市社团局根据民政部的部署,对经登记管理机关备案或者批准的分支机构、代表机构符合以下条件的予以保留,办理登记,其条件是:有规范的名称、固定的住所,符合社团章程所规定的业务范围。对有下列情形之一的不予登记:分支机构业务范围相同或者相似的,在分支机构、代表机构下设立分支机构、代表机构的,分支机构、代表机构的业务与该社团宗旨、业务范围无关的,设定的活动范围超越该社团设定的活动地域的等。复查登记工作从2001年12月1日开始,至2002年12月1日完成。截至2002年11月底,上海共完成全市性社团分支机构、代表机构复查登记212个,有1 500个分支(代表)机构完成复查登记和成立登记。

2002年3月20日,民政部下发《关于全国性社会团体异地设立分支(代表)机构问题的通知》,全国性社团申请异地设立分支(代表)机构,经业务主管单位审查同意后,向拟设在地的省级人民政府提出申请;拟设在地省级政府社团登记管理机关需在规定时限内提出书面意见,通知该社团并抄报民政部;民政部按照有关规定批准该分支(代表)机构登记后,将有关批准文件抄送拟设在地省级政府社团登记管理机关备案。截至2002年12月底,上海共收到民政部批准登记的全国性社团异地设立分支(代表)机构备案122个。

2005年12月6日,市社团局制定《关于对全国性社会团体、分支(代表)机构设立和日常监督管理的意见》,对全国性社团拟在沪设立分支(代表)机构、经民政部委托管理的在沪全国性社团、经民政部委托管理的在沪全国性社团分支(代表)机构进行备案所需要提交的材料作出规定。并参照对市级社团及其分支(代表)机构的管理方式,履行登记管理机关的日常监督管理职责。据2006年12

月底统计,民政部委托上海日常管理的全国性社团 23 个,社团分支(代表)机构 432 个;基金会 1 个,基金会分支机构 1 个。

【异地商会登记】

2003 年 1 月 27 日,民政部办公厅下发《关于异地商会登记有关问题的意见》,明确异地商会的登记工作应坚持"登记在省,试点先行"的政策,异地商会由单位会员组成,不吸收个人会员,条件具备的省、自治区、直辖市可先行试点,进行试点工作的省、自治区、直辖市要进一步理顺与业务主管单位等方面的关系,加强对异地商会的监督管理。市民政局按照民政部的意见,对异地商会实施登记。截至 2010 年底,市民政局登记异地商会 24 个。

【登记收费】

1996 年 9 月 16 日,民政部办公厅转发国家计委、财政部《关于调整社会团体登记收费标准的通知》,明确民政部门在办理社团登记过程中,向申请单位收取登记费的标准为:申请费每件 10 元,登记费每件 90 元(含证书费),变更登记费每件 40 元。

2002 年 3 月 6 日,市社团局制定《关于社会团体分支(代表)机构复查登记参照社会团体变更登记收取登记管理费的通知》,上海市社团分支机构、代表机构的登记发证参照社团变更登记的收费标准执行,即允许登记的每个分支机构或代表机构,收取登记管理费 50 元人民币。

2003 年 7 月 30 日,国家发改委、财政部制定《关于社会团体分支(代表)机构登记费标准等有关问题的通知》,明确社会团体分支(代表)机构登记费标准为:每件 40 元(含证书费),变更登记费标准为每件 20 元,申请费标准为每件 10 元。

2009 年 1 月 14 日,市社团局发出《关于取消和停止征收社会团体、民办非企业单位登记费的通知》,自 2009 年 1 月 1 日起,取消和停止征收社团登记费以及民非登记费。至此,实行多年的社会组织登记费取消。

【公告发布】

1989 年 10 月《社会团体登记管理条例》颁布后,市民政局对社团的成立登记、变更登记、注销登记,在《解放日报》《文化报》刊登公告。进入 21 世纪,又增加在政府官网发布的渠道。2003 年 12 月 13 日,市民政局、市社团局制定《关于本市民间组织登记公告的暂行规定》明确:市级民间组织登记公告由市民政局、市社团局联合发布。登记公告须在上海市公开发行的报刊上发布,市社团局政务网站同时发布。

【社团党建】

1999 年 9 月,市委组织部、市民政局、市社团局制定《关于在社团中切实加强党的工作的若干意见(试行)》,要求全市性社团(宗教团体除外)要采取多种形式建立起党组织,有条件的区县级社团也要积极建立党组织,以保证党的路线、方针、政策在社团中的贯彻落实。当年,上海市公共交通协会在批准登记时即建立党的基层组织。上海的社团党建工作引起国务院和民政部领导的重视,国务院副总理李岚清、民政部部长多吉才让等通过会议、批示等途径给予鼓励和肯定。中央党校的教授专程来沪专题考察。

2000 年 8 月,市委召开加强社会组织党建工作座谈会,明确提出 4 点要求:一是进一步统一思想,提高认识;二是进一步解放思想,鼓励探索;三是进一步提高社会组织党建工作实效性;四是进一步加强领导,从组织上保证社会组织党建工作的顺利进行。同月 30 日,上海市社会团体党建工作指导小组及办公室正式成立。市民政局、市社团局在配合各业务主管单位开展党建工作中,确立严把"两关"的党建工作思路:一是准入关,凡新成立的核准登记和党建工作同步进行;二是年检关,在年度检查时,检查党建工作的情况,对具备条件而尚未建立党组织的,督促其尽快建立党组织,保证正确的发展方向。据 2000 年底数据统计,在全市 2 555 个社团中,已建党组织的有 716 个,党的工作覆盖数为 1 242 个,覆盖率达 48.61%;全市已登记发证的 425 个民非中,党的工作覆盖数为 365 个,覆盖率达 85.88%。

二、分类

【学术性社团】

1978 年 6 月,上海市航海学会成立,由上海市航运企业、海事机构、科研院所、航运交易、航道勘测、救助打捞、远洋渔业、船舶工业等单位发起,业务范围是:开展航海及相关专业的学术、科普、咨询和出版活动。1983 年 12 月 14 日,上海市统一战线理论研究会成立,由市统一战线理论工作者和实际工作者发起,业务范围是:宣传党的统战方针政策,调查研究统战工作实际问题,交流、研讨统战工作理论和经验,为市委、市政府提供决策咨询服务。1985 年 9 月,上海市日本学会成立,由上海市各高校、科研机构等单位从事对日研究和对日交流的个人发起,业务范围是:调研、交流、咨询和编辑出版等。1991 年 7 月,上海宋庆龄研究会成立,由热心推动和繁荣上海地区宋庆龄纪念、宣传、研究工作的人士发起,业务范围是:史料征集、学术研究、研讨交流、编写著作、出版刊物、宣传教育、决策咨询。1995 年 3 月,上海金融法制研究会成立,由上海市金融法制理论工作者、实务工作者、支持者发起,业务范围是:学术研究、法律咨询、决策咨询、专业培训、社会科学普及、学术著述出版。

截至 2010 年底,在市民政局登记成立的学术性社团 326 个。

【行业性社团】

1978 年 10 月,上海市包装技术协会成立,由上海市包装工作者和包装行业企事业单位发起成立,业务范围是:技术交流、行业管理、咨询服务、编辑报刊、展览评比、教育培训。1982 年 2 月,上海市食品工业协会成立(1997 年更名为上海市食品协会),由上海市食品行业企事业单位发起,业务范围是:行业调研、行业协调、行业培训、会展招商、编辑出版、咨询服务、信息交流、参与标准制定、产品评审推介、组织国内外考察等。1984 年 9 月,上海奶业行业协会成立,由上海市奶牛养殖企业、乳品加工企业等单位以及其他相关经济组织发起,业务范围是:行业调研、信息发布、技术培训、咨询服务、国内外技术交流、会展招商、产品推介、编辑出版刊物、行业资质评估等。1994 年 2 月,上海市保险同业公会成立,由上海市保险行业企事业单位发起,业务范围是:行业交流、协调自律、技术培训、统计调研、编辑出版业内刊物、咨询服务、国内外信息技术交流等。2001 年 1 月,上海市信息服务业行业协会成立,由上海市信息服务业企业发起,业务范围是:信息中介服务、行业统计、调研、信息发布、公信证明、价格协调、国内外经济技术合作交流。

截至 2010 年底,在市民政局登记的行业性社团 207 个。

【专业性社团】

1979 年 3 月,上海市航海模型协会成立,由上海市广大航海、建筑模型爱好者及热心支持航海建模运动的个人和团体发起,业务范围是:组织训练、竞赛、表演、展览、培训交流讲座,研制推广模型器材、资料等。1986 年 10 月,上海市注册会计师协会成立,由上海市会计师事务所和注册会计师发起,业务范围是:贯彻准则、组织进修、参与交往、协调关系。1988 年 3 月,上海市外商投资企业协会成立,由上海市外商投资企业、台港澳投资企业和其他有关组织联合发起,业务范围是:维护会员合法权益,增进会员企业之间、企业和政府机构之间的沟通与交流,反映企业诉求,解读政府政策,促进企业发展。1995 年 5 月,上海青年志愿者协会成立,由上海市志愿从事社会公益与社会服务事业的各界青年和青年组织发起,业务范围是:开展青年志愿者的培训、交流、评选、表彰等管理工作,组织开展国内外合作与交流活动。2007 年 2 月,上海市气体工业协会成立,由上海市气体生产、储运和经营,相关仪器仪表、附件和设备制造,科研、工程设计、教育培训、检测机构、社团和大专院校等相关企事业单位发起,业务范围是:会员协调、技术服务、鉴定评审、试验检测、调研咨询、教育培训、标准编写、出版刊物、信息服务、会议展览、技术推广和交流合作等。

截至 2010 年底,在市民政局登记的专业性社团 391 个。

【联合性社团】

1979 年 8 月,上海市企业管理协会成立(2000 年更名为上海市企业联合会),由上海市各种所有制和各行业企业发起,业务范围是:开展劳动关系协调、学术研究、咨询服务、教育培训、编辑出版及国内外交流。1988 年 11 月,福建省在沪企业协会成立(2002 年更名为上海市福建商会),由福建籍乡亲以及在福建出生、工作或生活过的非福建籍贯人士在沪投资兴办的各类企业、福建省企事业单位驻沪机构及福建省其他有关部门驻沪机构发起,业务范围是:促进闽沪经济、科技、文教、卫生等领域的协作,开展信息交流,开展培训和咨询服务,开展社会公益活动。1991 年 3 月,上海市工业经济联合会成立,由上海市行业性社团、专业性社团的经济团体联合组织,以及相关的企业、经济研究单位、大专院校和经济界知名人士等发起,业务范围是:组织编制上海行业发展五年规划建议,参与和推动国有企业改革发展,组织论坛和研讨会,开展行业协会发展的调查研究等。1995 年 2 月,上海市广东商会成立,由广东籍的法人或自然人在上海市注册登记的房地产企业、建筑企业、陶瓷洁具、五金建筑材料、餐饮等单位发起,业务范围是:组织交流信息、促进发展、政企协调、培训联谊、提供服务。1997 年 12 月,上海市各地在沪企业(商会)联合会成立,由全国各地在上海的企业和商会发起,业务范围是:信息交流、咨询服务、业务培训,以及为各地在沪企业提供服务。

截至 2010 年底,在市民政局登记的联合性社团 171 个,其中异地商会 23 个。

第二节　民办非企业单位登记管理

一、登记

【复查登记】

1996 年 8 月,中央办公厅、国务院办公厅下发《关于加强社会团体和民办非企业单位管理工作的通知》明确,要理顺关于社团和民非的管理体制。1998年10月25日,国务院颁布《民办非企业单位登记管理暂行条例》(以下简称《暂行条例》),明确民非是指企业事业单位、社会团体和其他社会力量以及公民个人利用非国有资产举办的,从事非营利性社会服务活动的社会组织;民非不得从事营利性经营活动等。

2000年4月,市民政局、市社团局按照民政部的部署,制定《关于开展对本市民办非企业单位复查登记工作的实施意见》,决定从4月1日起,上海启动民非复查登记工作。复查登记的对象,是在《暂行条例》颁布之前已经上海市有关部门批准或登记的民非,主要是各级政府的职能部门依照有关法律法规审批成立的,以及有关部门自行批准成立的、未经编制部门或工商行政管理机关登记注册的单位;复查登记的范围为:教育、卫生、科技、文化、体育、司法、劳动、民政、社会中介服务等行(事)业中的各类民非。其间,市民政局、市社团局先后与市教委联合发出《关于本市民办院校进行民办非企业单位登记有关事项的通知》,与市企事业社团统一代码标识办公室联合发出《关于本市民办非企业单位申领组织机构代码有关事项的通知》,与市劳动和社会保障局联合发出《关于本市民办技工学校和社会培训机构进行民办非企业单位登记有关事项的通知》,与市卫生局联合发出《关于转发民政部、卫生部〈关于城镇非营利性医疗机构进行民办非企业单位登记有关问题的通知〉的通知》,与市体育局联合发出《关于对全市青少年体育俱乐部进行注册登记的通知》。

2000年12月4日,民政部与文化部联合颁布《文化类民办非企业单位登记审查管理暂行办法》,明确文化类民非划分为:从事舞台艺术创作、演出和传统艺术整理、加工和保护的民办艺术表演团(队),从事艺术人才培养和教育的民办艺术院(校),从事老年文化活动、辅导、培训的老年文化大学,从事文化艺术辅导及丰富群众文化生活业务的民办文化馆或活动中心(站),从事图书、资料、文献情报借阅及社会教育工作的民办图书馆(室),从事文物宣传、保护、展览等活动的民办博物馆(院),从事艺术收藏、展览及交流的民办美术馆(室)、书画雕塑(室)、名人纪念馆、名人故居纪念馆、收藏馆(室),从事艺术发掘、整理、研究、咨询及艺术科技开发的民办艺术研究院(所),从事文化传播、交流的文化网络中心(站),从事文化艺术活动的其他民非等十大类型。

2001年10月19日,民政部与教育部联合颁布《教育类民办非企业单位登记办法》(试行),明确教育类民非必须按照《社会力量办学条例》的规定审批设立,由县级以上地方政府教育行政部门发给《社会力量办学许可证》后,到同级民政部门进行登记;已经取得《社会力量办学许可证》的教育类民非,应在2001年12月31日前进行复查登记,对经审查不符合登记条件的,或未按规定的限期办理复查登记手续的单位,民政部门不予登记。

至2001年12月底统计,全市民非复查登记工作结束,19个区县民非复查登记工作全部通过评估验收,共登记民非2 136个,其中市级51个、区县级2 085个。

【程序与规范】

《暂行条例》规定,成立民非,应当经其业务主管单位审查同意后,向同级民政部门申请登记。准予登记的民非,由登记管理机关根据其依法承担民事责任的不同方式,分别发给《民办非企业单位(法人)登记证书》《民办非企业单位(合伙)登记证书》《民办非企业单位(个体)登记证书》;民非自行解散的,分立、合并的,或者由于其他原因需要注销登记的,应当向登记管理机关办理注销登记;1999年12月民政部下发《民办非企业单位登记暂行办法》规定:举办民非,应按照行(事)业申请登记:教育事业、卫生事业、文化事业、科技事业、体育事业、劳动事业、民政事业、社会中介服务业、法律服务业、其他等10类。

2000年3月8日,市民政局依据民政部的有关规定制定《上海市民办非企业单位名称管理暂行规定》，民非名称应由以下部分依次组成：地域名、任意名、行（事）业或业务领域、组织形式，民非名称不能单独冠以市辖区的名称或地名，应与所在市的行政区划名称或地名连用，任意名应由两个以上的汉字组成，民非应根据其业务，依照国家行（事）业分类标准划分的类别，在民非名称中标明所属行（事）业或者业务特点，两个以上民非向同一登记管理机关申请相同的符合规定的民非名称，登记管理机关依照申请在先原则登记。

2000 年 3 月 21 日，市民政局制定《上海市民办非企业单位登记实施意见》，对民非的登记程序、登记对象、登记条件与事项、变更注销登记、公告证书和年度检查等作进一步的细化。同日，市民政局制定《上海市民办非企业单位登记管理公开服务项目》，明确三个服务项目的办事程序：一是成立登记程序，包括受理、审查、核准、发证、公告，对核准登记的，由登记管理机关在公开发行的市级报刊上发布公告；二是变更登记程序，应自业务主管单位审查同意之日起 30 日内，向登记管理机关申请变更登记，包括变更住所、变更业务范围、变更法定代表人或负责人、变更注册资金、变更业务主管单位、变更名称；三是注销登记，需要提供：业务主管单位的审查文件、注销登记申请书、注销登记表、清算报告、民非登记证书（正、副本）、印章和财务凭证等。

2003 年 12 月 30 日，市民政局对社会科学类民非的审批把关工作制定相关意见。申请举办政治、经济、哲学、法学、历史、人口、民族、文化等社会科学类研究活动的民非，分级审批权限为：市级社会科学类民非由市级业务主管单位前置审批，市民政局审核登记；区县级社会科学类民非由所在区业务主管单位前置审批，区县民政局审核登记，区县民政局在同意受理前，应将有关情况及时报市社团局备案。

2003 年 12 月 31 日，民政部下发《关于对上海开展涉外民办非企业单位登记试点工作请示的批复》，同意上海开展涉外民非登记试点工作。2004 年 1 月 29 日，市政府发文，同意市民政局开展涉外民非登记试点工作。当年，上海日本商工俱乐部、上海根与芽青少年活动中心两个涉外民非先后在市民政局注册登记成立。

2004 年 10 月 18 日，中央办公厅、国务院办公厅就加强民办社会科学研究机构的管理工作提出意见，明确申请登记民办社会科学研究机构，必须经业务主管单位审查同意后，到民政部门办理登记手续，工商行政部门不再负责民办社科研究机构的登记和管理。据此，上海贯彻中央文件的要求，开展民办社会科学研究机构的登记工作。

2006 年 6 月 2 日，市民政局、市社团局制定《关于办理民办非企业单位迁出迁入变更登记有关问题的通知》，对民非跨区域住所变更、业务主管单位由市有关部门变更为区县有关部门的登记手续作出修改，改变以往需要在原登记管理机关注销登记后，再到新的登记管理机关重新申请成立登记的手续，以迁出、迁入变更登记的方式，简化登记手续。

2006 年 12 月 27 日，市民政局、市社团局制定《关于开展本市民办学校民事主体资格变更登记工作的通知》，规定变更登记的对象是，全市在《中华人民共和国民办教育促进法》施行前，依据《民办非企业单位登记管理暂行条例》登记为合伙、个体形式的民办学校，包括经教育部门许可设立的民办教育机构和经劳动和社会保障部门许可设立的民办职业培训机构。对符合民非（法人）登记条件的民办学校，发给民非（法人）登记证书并进行公告；不符合变更为法人主体资格条件的民办学校，应向登记管理机关申请注销登记；在规定期限内，未提出变更申请，也未提出注销登记申请的，由登记管理机关向教育部门或劳动和社会保障部门提出撤销许可的建议。该项工作从 2007 年 1 月 1 日开始，至 6 月 30 日结束。据统计，全市应办理登记的民办学校 91 所，完成其中 82 所。

2007 年 4 月，上海启动外籍人员子女学校涉外民非登记试点工作。市民政局、市社团局与市教委签署会议纪要,同意将满足下列条件的外籍人员子女学校列入登记试点:一是经市教委批准同意,办学比较规范的;二是已经税务部门登记,对依法纳税没有异议的;三是向教育部申请教育质量认证并向市民政局、市社团局提出登记申请的。2008年7月和11月,对外籍人员子女学校的开办资金、法定代表人、章程等内容作进一步的明确,并再次以签署会议纪要的形式进行明确。截至2010年底,在市民政局注册登记的外籍人员子女学校32所。

2007年11月26日,民政部下发《关于进一步做好民办高校登记管理工作的通知》,明确:对不具备法人条件的,不予登记;对民办高校在申请登记时的开办资金认定问题,可要求举办者提交社会审计机构出具的验资报告,或者教育行政部门提供的有关证明文件,否则不予登记;对违反《民办非企业单位登记管理暂行条例》规定开展活动的,要指出错误、限期整改,视其情节轻重,可给予"年检基本合格"或"年检不合格"的结论,情节严重的,应当撤销登记。截至2010年12月底,上海具备法人条件纳入登记的民办高校29所,撤销登记2所,注销登记5所。

截至2010年底,全市共有民非6 225个(含涉外34个),其中在市民政局登记的355个,在区县民政局登记的5 870个。

二、分类

【教育事业类】

2000年6月,上海建桥职业技术学院成立,由上海建桥(集团)有限公司举办,2005年更名为上海建桥学院后,由从事专科高等职业教育转变为以本科教育为主的全日制普通高等学校,开设本科专业30个、专科专业12个,涵盖经济学、文学、工学等多个学科门类。2001年2月,上海杉达大学成立(2002年更名为上海杉达学院),由上海交通大学等学校部分教授共同举办,为全日制普通本科院校,从事大学本、专科学历教育(含普通、成人)以及非学历教育培训。2005年4月,上海师范大学天华学院成立,由上海师范大学、上海天华教育文化投资有限公司和上海天贤教育后勤服务有限公司共同举办,为本科教育的民办高校,先后与美国和德国6所大学建立校际合作交流协议与合作项目。2005年,上海台商子女学校成立,由13名热心教育的台商出资举办,主要招收在沪的台商子女,实施幼儿园以及小学部、国中部、高中部一贯制教学。

截至2010年底,在市民政局注册登记的教育事业类民非61个(包括外籍人员子女学校32个)。

【卫生事业类】

2002年3月,上海中冶医院成立,由中冶职工医院出资举办,是一所集医疗、预防、保健、康复、急救、教学、科研于一体的二级综合性医院。康复医学儿童康复专科是其医学特色专科,同时形成中医骨伤科的小针刀、无痛胃肠镜与PEG技术、儿科哮喘治疗等特色医疗。核定床位702张。2004年3月,上海市中医药科技服务中心成立,由上海市中医文献馆出资举办,主要承担上海市中医药科研项目招标、中期管理、鉴定、验收等事务工作,开展成果推广应用、中介服务等。2007年1月,上海杨思医院成立,由上海维康投资管理有限公司出资举办,有24个一级科室,其中骨科、消化科、口腔科、内分泌科、泌尿外科被评为上海市社会医疗机构优势学科,肝肿瘤介入专科、口腔种植被评为上海市社会医疗机构特色专病。2010年10月,上海东方介入影像研究所成立,由上海市第六人民医院出资举办,开展介入影像新技术开发的基础研究和应用研究,介入影像新技术的推广、专业人才培训、专业项目咨询和评估。

截至 2010 年底,在市民政局注册登记的卫生事业类民非 9 个。

【文化事业类】

2000 年 3 月,上海市银行博物馆成立,由工商银行上海市分行出资举办,总展览面积 5 000 平方米,展示各类金融历史文物 5 000 余件,藏品 3 万余件,藏品涵盖中国历代货币和银行业相关的各类票据、机器、用具、刊物、礼品等,全面反映中国银行业发展的流金岁月。2001 年 10 月,上海银发艺术团成立,由上海市退休职工管理委员会举办,利用节庆及各类公益活动,组织安排老年人开展文艺创作、交流、演出、比赛等活动,并深入基层、街道、敬老院进行慰问演出。2001 年 12 月,上海周小燕歌剧中心成立,由上海音乐学院和 2 名自然人共同举办,推广、传播中外歌剧名作和当代中国歌剧、培养新一代高水平歌剧人才,先后与国内外歌剧表演团体合作演出《原野》《乡村骑士》《茶花女》等多部歌剧。2003 年 7 月,上海纺织博物馆成立,由上海纺织集团出资举办,户外展示面积 1 500 平方米,室内展示面积 4 480 平方米,通过实物、资料、场景、图文、模型、多媒体等,展示上海地区纺织业发展的历史文脉,演绎上海纺织业 6 000 多年的产业历史和文化。博物馆被命名为全国科普教育基地等。

截至 2010 年底,在市民政局注册登记的文化事业类民非 82 个。

【科技事业类】

2001 年 3 月,上海中信国健生物技术研究院成立,由上海兰生国建药业有限公司出资举办,从事生物技术和方法研发、生物工程制品及相关产品的研发、生物技术服务。2001 年 8 月,上海转基因研究中心成立,由上海杰隆生物工程股份有限公司举办,先后承担包括国家转基因新品种培育科技重大专项、国家"863"、科技部、农业部以及市科委、市农委等在内的科研项目 20 余项。2004 年 2 月,上海现代城市与区域发展规划研究院成立(2005 年更名为上海现代城市与区域发展研究院),由 3 名自然人共同举办,开展中国城市经济、社会、文化与管理的综合研究,先后组织撰写各类专报近 200 篇,其中约 30 篇得到中央和省部级领导批示。2008 年 1 月,上海企业竞争力研究中心成立,由同济大学、东华大学、上海社会科学院、上海市工业经济联合会等 8 个单位共同举办,开展课题研究、市场调研、咨询、测评、发布、讲坛等多种形式,为政府和广大企业提供服务,先后承担市人大和市政府有关部门的课题研究 30 余项。

截至 2010 年底,在市民政局注册登记的科技事业类民非 47 个。

【体育事业类】

2001 年 6 月,上海国际象棋小世界棋艺俱乐部成立,由中国国际象棋协会秘书长提议发起,静安区体委国际象棋几位教练联合其他单位举办,开设启蒙、初级至高级以及国际精英各级教学班次,是闵行、徐汇、黄浦、浦东、嘉定等区县近 20 所校园指定的专业培训服务单位。2005 年 5 月,上海赛艇船艇运动俱乐部成立,是一个组织滑水、帆船、帆板、手划艇、龙舟、快艇等水上运动训练和比赛的俱乐部,多次承办国内国际重大赛事,如 2007 年特奥会水上运动项目,第二届、第六届亚洲赛艇锦标赛,以及一年一度"淀山湖杯"上海国际赛艇邀请赛等。2008 年 3 月,上海市曹燕华乒乓球俱乐部成立,由上海市体育运动学校和上海曹燕华乒乓球培训学校合作举办,以奥运战略为目标、以合作共赢为原则、以科学训练为支撑、以市场化运作为补充,形成全新的合作模式,并在每个年龄段及连续衔接上形成一套持续发展的训练教育体系。

截至2010年底,在市民政局注册登记的体育事业类民非33个。

【劳动事业类】

1999年8月,上海市妇女就业促进中心成立,开展各类促进女性就业创业活动,免费举办职业培训班,定期发布适合女性创业的项目信息、创业资金扶持等。2004年10月,上海市杨浦安全技术培训中心成立,为生产经营企业提供安全生产、电焊作业、危化作业等职业技术培训,还受市、区安监局委托,对区域内农民工开展安全知识教育培训,提高农民工安全素质和安全生产技能。2004年12月,上海卢技安全技术培训中心成立,承接市安监局委托的金属焊接切割、生产经营单位负责人、安全生产管理人员、农民工安全生产技术等项目的培训,提高参训人员的工作技能和增强安全意识。2005年7月,上海思成轻工安全职业技能培训中心成立,以特种作业企业和员工为主要培训对象,开展生产经营单位负责人、安全管理干部培训。

截至2010年底,在市民政局注册登记的劳动事业类民非11个。

【民政事业类】

2000年6月,上海慈善捐赠救助物资服务中心成立(2005年更名为上海慈善物资管理中心),由上海市慈善基金会举办。它秉承"物尽其用,造福于民"的服务宗旨,对慈善捐赠物资及合法募集的物资实行规范管理。2005年9月,上海益群居家养老服务指导中心成立,由上海农工商(集团)有限公司举办,主要为上海农场系统内有特殊贡献的老人、有特殊困难的老人提供关爱和帮助服务,同时为农场系统社区内的失业无业人员提供再就业岗位,实现就业解困。2010年5月,上海小笼包聋人协力事务所成立,它坚持"让聋人回归社会,了解自身价值"的宗旨,以项目为牵引开展工作。它开发"品牌和设计""无声课堂""为梦想发声"等3个项目,在帮助有能力、有理想的听障人士创造就业机会、就业指导培训等方面,得到社会各方的大力支持和受到社会的广泛赞誉。

截至2010年底,在市民政局注册登记的民政事业类民非21个。

【社会中介服务业类】

2001年10月,上海市中小企业人才交流服务中心成立,举办人才招聘会、设立招聘网站、人才超市,和为中小企业提供职业技能、人事管理等培训,以及提供人事政策法规咨询、就业援助指导等方面的人力资源服务。连续多年被上海市人才服务协会评为"信得过人才中介机构"。2004年8月,上海产业评估中心成立,致力于市、区工业项目准入标准制定及其评估工作。它拥有硕士以上学历专业技术人员近50人。先后参与《上海工业产业导向及布局指南》《上海产业用地指南》等导向性文件的编制,和参与市、区有关产业布局规划和土地利用总体规划或专项规划的编制,共完成课题与规划项目数百项。2009年3月,上海市中小企业技术人才引进服务中心成立,开展上海对口支援地区的"就业扶贫"等工作。它在云南文山州开展就业信息化建设,应用互联网技术,搭建文山州就业信息服务平台,为重点贫困对象在州内州外实现上岗就业、脱贫增收的做法,受到两地政府的好评。

截至2010年底,在市民政局注册登记的社会中介服务业类民非7个。

【法律服务业类】

2001年2月,上海中法公证法律交流培训中心成立,由法国公证人协会高等理事会、中国公证员协会、上市公证员协会共同举办。到 2010 年底,培训中心已组织 13 批 200 多名公证员和公证管理人员赴法国培训;在中国举办"法国公证法律专题讲座"17 期,听众超过 1 800 多人次,促进中法两国在法律方面的交流。2004 年 2 月,上海公信扬知识产权司法鉴定所成立,从事司法机关或者仲裁机构委托的涉及专利、商标、著作权、计算机软件和商业秘密等知识产权争议案件中的相关内容鉴定。鉴定所拥有 23 名具有司法鉴定人资质的专职鉴定人。2005 年 3 月,上海东方计算机司法鉴定所成立,从事司法机关、律师事务所、企事业单位、个人以及其他委托人的委托,提供有关计算机司法鉴定的服务,包括电子邮件鉴定、网络游戏服务鉴定、外挂软件鉴定、电子商务系统等类型的鉴定。2010 年 12 月,上海经贸商事调解中心成立,由上海现代服务业联合会举办,解决当事人之间在贸易、投资、金融、证券、保险、知识产权、技术转让、房地产、工程承揽、运输等商事领域的各类纠纷调解提供服务。

截至 2010 年底,在市民政局注册登记的法律服务业类民非 7 个。

【其他类】

2002 年 7 月,上海市现代上海研究中心成立,由上海党史报刊社举办,从事现代上海发展研究的资料征编、宣传教育及学术交流、人才培养。2004 年 3 月,上海日本商工俱乐部成立,由在沪日资企业、日方在沪机构和具有日本国籍的人员共同举办,通过搭建服务平台,对其成员在中国开展贸易、投资及其他经济或交流活动提供帮助和便利,并帮助日资企业及时、准确掌握政府相关外资政策,促进中日经济交流发展。2004 年 11 月,上海根与芽青少年活动中心成立,由 1 名长期居住上海的美籍友人举办,通过组织引导志愿者参与社会公益活动来提高其环境保护意识。主要项目有"百万植树计划""绿色办公室评估""有机农场""乐苗计划""希望之家"等。2006 年 4 月,上海总部经济促进中心成立,由上海市对外服务有限公司、上海银行、陆家嘴金融贸易区等单位共同举办,为企业总部建设和推动上海总部经济发展提供服务的机构。2007 年 10 月,上海时代经济发展研究院成立,由上海市政府发展研究中心牵头指导,众多专家学者和民营企业共同举办,承接政府、企业和机构委托的专题研究,开展中国宏观经济研究、欧美及东亚经济研究、上海自由贸易区及长三角经济研究、文化发展研究等。

截至 2010 年底,在市民政局注册登记的其他类民非 77 个(包括涉外民非 2 个)。

第三节　基金会登记管理

一、登记

1988 年 9 月 27 日,国务院颁布《基金会管理办法》,明确:基金会是指对国内外社会团体和其他组织以及个人自愿捐赠资金进行管理的民间非营利性组织,是社会团体法人;基金会的活动宗旨是通过资金资助推进科学研究、文化教育、社会福利和其他公益事业的发展;建立基金会,由其归口管理的部门报经人民银行审查批准,民政部门登记注册发给许可证。

1989 年 10 月,国务院颁布《社会团体登记管理条例》,将基金会列入社团进行登记管理。1990 年 2 月 26 日,中国人民银行上海市分行、市民政局联合转发中国人民银行《关于进一步清理整顿基金会的通知》,从 3 月 1—20 日对上海的基金会开展清理整顿。清理整顿的对象:市、区县、街道乡镇以及各部门各单位设立的各类基金会(包括基金)。清理整顿的内容是:基金会的成立情况,以及成立之后到 1989 年 12 月 31 日间的业务开展情况和财务管理情况。清理整顿结束后,按照《社会团体登记管理条例》的规定,符合登记条件的基金会,凭人民银行分行的清理整顿意见书,向民政部门办理社会团体登记;经过清理整顿后不符合《基金会管理办法》的,或者未经清理整顿的,一律不予登记。据统计,上海共有各类基金会 156 个,绝大部分是由各级政府部门或归口管理部门批准成立。其中,市级基金会 36 个,区县级基金会 45 个,街道乡镇级基金会 75 个;文化事业性基金会 22 个,教育奖励性基金会 26 个,残疾人福利基金会 11 个,社会福利基金会 46 个,其他基金会 12 个。经过清理整顿,156 个基金会中的 105 个基本符合规定。

1999 年 9 月,中国人民银行和民政部联合下发《关于做好社团基金会监管职责交接工作的通知》,明确:中国人民银行将基金会的审批和监管职责全部移交民政部。交接工作采取按监管责任分工、上下分别对口交接的方法,即中国人民银行总行向民政部移交,中国人民银行各分行、营业管理部及省会城市中心支行向各省、自治区、直辖市民政厅(局)移交。据此,市民政局共接收中国人民银行上海市分行移交的 47 个基金会的各类档案资料。同年 10 月 17 日,市民政局制定《关于变更基金会的业务主管单位的通知》,对重新确定基金会的业务主管单位作出规定:全市性基金会,原先挂靠在市政府职能部门或者党的工作部门或者市政府授权组织的,可改原挂靠单位为业务主管单位;区县性基金会,原先挂靠在区县政府职能部门或者党的工作部门或者区县授权的组织的,可改原挂靠单位为业务主管单位;原无挂靠单位的基金会,或原有的挂靠单位与其业务不相关的,应按照业务归口的要求,确认业务主管单位。根据该通知的规定,交接后的 47 个基金会,在当年 11 月 25 日前全部按照业务归口重新确定业务主管单位。

2004 年 3 月 8 日,国务院颁布《基金会管理条例》(以下简称《条例》),将基金会从社团中分离出来,作为单独的一类非营利法人组织。《条例》明确:国务院民政部门和省、自治区、直辖市政府民政部门是基金会的登记管理机关,负责本行政区域内地方性公募基金会和非公募基金会的登记管理工作;省、自治区、直辖市政府有关部门或者省、自治区、直辖市政府授权的组织,是省、自治区、直辖市政府民政部门登记的基金会的业务主管单位。5 月 28 日,市民政局、市社团局召开上海市贯彻实施《条例》新闻发布会。6 月 1 日,上海举行首批非公募基金会成立颁证仪式。副市长周太彤等向首批获准成立的上海复旦大学教育发展基金会、上海福岛自然灾害减灾基金会、上海吴孟超医学科技基金会、上海市自然与健康基金会等 4 个非公募基金会颁发法人证书。

2004 年 6 月,上海启动基金会换发登记证书工作。同月 7 日,市政府常务会议听取关于贯彻实施《基金会管理条例》工作的汇报。10 日,市民政局、市社团局制定《本市基金会换发登记证书的实施意见》,明确换证范围:依据国务院 1988 年颁布的《基金会管理办法》,经中国人民银行上海市分行审批,由市民政局(以下称登记管理机关)登记的基金会;未经登记管理机关登记,但符合《基金会管理条例》中基金会设立条件的,可以申请登记;不符合条件的,登记管理机关配合业务主管单位妥善处理。基金会的负责人为理事长、副理事长和秘书长,依照章程规定的程序,从理事中选举产生。法定代表人必须由理事长担任,理事长、副理事长和秘书长不得由各级党政机关、审判机关、检察机关在职工作人员、部队现役军人等现职国家工作人员兼任,上海市基金会的业务主管单位是市政府有关部门。由区县政府有关部门作为业务主管单位的基金会,必须变更业务主管单位等。6 月 21 日,市社团局召开全市基金会换证工作会议,部署基金会换证工作的范围、工作要求和换证工作的步骤。会议强调,换证工作要着力解决好国家工作人员兼职、原始基金不足、理事会成员超额、部分基金会业务主管单位调整等问题。12 月 1 日,市民政局、市社团局制定《关于贯彻民政部〈关于现职国家工作人员不得兼任基金会负责人有关问题的通知〉的通知》。

2004 年 6 月 21 日,民政部颁布《基金会名称管理规定》,对公募和非公募基金会的名称予以规范：应当依次包括字号、公益活动的业务范围，并以"基金会"字样结束。公募基金会的字号不得使用自然人姓名、法人或者其他组织的名称或者字号。非公募基金会的字号可以使用自然人姓名、法人或者其他组织的名称或者字号，但应当符合以下规定：（一）使用自然人姓名、法人或者其他组织的名称或者字号，需经该自然人、法人或者其他组织同意；（二）不得使用曾因犯罪被判处剥夺政治权利的自然人的姓名；（三）一般不得使用党和国家领导人、老一辈革命家的姓名。基金会使用已故名人的姓名作为字号，该名人必须是在相关公益领域内有重大贡献、在国际国内享有盛誉的杰出人物。

截至 2005 年 2 月 1 日，上海按期完成准予登记的 63 个各类基金会的换证工作（包括业务主管单位由区教育局变更为市教委的 14 个区教育基金会），其中依据原《基金会管理办法》登记的基金会 59 个，依据《基金会管理条例》登记的新成立非公募基金会 4 个。此外，还有民政部委托上海日常管理的全国性基金会 1 个。

2005 年 9 月，上海市社会团体管理局进行内设机构调整，成立基金会管理处。

2007 年 7 月，市财政局、市国家税务局、市地方税务局制定《关于做好本市公益救济性捐赠机构管理工作的通知》，明确接受公益救济性捐赠机构的认定管理、公益救济性捐赠票据管理和日常管理等。财税部门根据该文件认定 49 家基金会接受公益救济性捐赠税前扣除资格。

2007 年 8 月 16 日，市民政局、市社团局制定《上海市基金会信息公布实施办法》，对基金会向社会公布信息的内容、公布的方式、监督管理等作出规定，以规范基金会信息公布活动，保护捐赠人及相关当事人的合法权益，促进公益事业发展。该办法要求基金会应当向社会公布年度工作报告、组织募捐活动的信息、开展公益资助项目的信息；基金会公布的信息资料应当真实、准确、完整，不得有虚假记载、误导性陈述或者重大遗漏；基金会应当保证捐赠人和社会公众能够快捷、方便地查阅或者复制公布的信息资料。

截至 2010 年底统计，全市有公募基金会和非公募基金会共 115 个。

二、分类

【公募基金会】

1981 年 5 月，上海市儿童基金会成立，为市妇联等单位发起，原名上海市儿童少年活动基金会。开展"上海母亲关爱行动"为主线的系列灾区援助活动，资助建立"全国第一个野外教育活动基地——上海市少年儿童佘山活动营地"，设立儿童工作"白玉兰奖"和"六一"育苗奖等。1984 年 10 月，上海市残疾人福利基金会成立，1988 年与上海市残疾人联合会合并。它动员社会力量，发展残疾人事业，开展扶残帮困，兴办福利机构。1984 年 12 月，上海市老年基金会成立，由市老龄委员会等单位发起，资助和兴办老年事业，开展"九九关爱小剧场""资助社区老年人用餐""社区双月为老服务"等项目。1986 年 5 月，上海宋庆龄基金会创立，由中国福利会发起成立，在教育、文化、医疗卫生和社会领域，开发、实施、支持和资助各类公益项目，改善妇女、儿童等各类受助人群的生存状况，推动社会均衡发展。1993 年 9 月，上海市教育发展基金会成立，由市教委等单位发起。设立的申银万国奖和优秀中学生助学金等，奖励全面发展的优秀大中学生，帮助品学兼优但家庭经济困难的学生完成学业。1994 年 5 月，上海市慈善基金会成立，由市政协、市文明办、市民政局发起，以安老、扶幼、助学、济困为宗旨，依靠社会办慈善，办好慈善为社会，发展慈善公益事业。1995 年 4 月，上海市拥军优属基金会成立，举办和资助各项拥军优属活动，资助驻沪部队文化建设；为退役军人的创业、培训、特殊困难提供资助;实施各项拥军优属计划等。开展智力拥军工程,帮助驻沪部队提高官兵文化素质等。2003年12月,上海市民帮困互助基金会成立,后更名为上海市帮困互助基金会。它协助政府为特殊困难群众提供应急性、临时性救助,资助社会公益项目,推进"社区市民综合帮扶"项目工作等。2006年5月17日,上海市华侨事业发展基金会成立,兴办、资助、实施各项有助于鼓励和支持社会公益事业的发展,为海内外广大侨胞服务,促进华侨事业发展的项目。2009年12月,上海公益事业发展基金会成立,后更名为上海联劝公益基金会。它资助养老助残、困境儿童关爱、社区建设、社会救助、扶贫、社工服务、救灾减灾、民政领域公益组织发展及其研究、交流等公益慈善项目。

截至2010年底,在市民政局登记成立的公募基金会48家。

【非公募基金会】

2001年4月,上海交通大学教育发展基金会成立,设立资助项目,开展教育、培训及咨询活动。坚持以全面覆盖为原则,确保每一个贫困生不因经济贫困而退学,服务于上海交通大学的发展。2004年6月,上海吴孟超医学科技基金会成立,设立医学奖和科研资助项目、专项发展基金,资助学术交流和出版、医学公益事业。基金会设立吴孟超医学基金资助项目:临床医学基础与应用研究、贫困地区学生助学、绿色医院建设技术研究、贫困地区基层医院培训、医学学术出版、贫困家庭儿童重大疾病治疗、国际学术合作与交流等;组织医学公益活动、开展医疗慈善事业等。2004年6月,上海复旦大学教育发展基金会成立,用于更新教学、科研、图书及信息设施,延揽中外名师,扶植重点学科、重点实验室,奖励作出突出贡献的优秀教职工,奖助品学兼优的学生及家庭困难的学生,资助优秀师生出国深造、参与国际学术交流。2005年4月,上海颜德馨中医药基金会成立,是全国第一家以弘扬中医药为特色的基金会。促进中医药产业化、现代化、国际化,进行各类合适的投资。通过网站传递国内外的中医药信息、开展科研交流、公布捐赠信息等,颜德馨从医70多年的宝贵经验也在网上无偿公布。2006年5月,上海阮仪三城市遗产保护基金会成立,开展城市遗产保护,资助和奖励个人和组织进行遗产的科研和教育。2008年8月,上海真爱梦想公益基金会成立,由金融机构和上市公司的专业管理人员发起和运营,以专业化管理模式,通过扶贫帮困、辅助改善教育设施、资助素质和能力教育、促进就业等方式为社会弱势群体的自我发展提供更多的机会和可能性。业务范围是扶贫帮困、辅助改善教育设施、资助素质和能力教育、促进就业、资助和支持公益组织发展。2010年2月,上海民生公益基金会成立,资助社会特困人群、安老扶幼、帮困助学。深入革命老区、西北贫困地区调研教学现状,组织江西革命老区与安徽皖南山区优秀师生200人到上海参观世博会,开展"情暖民生"济贫活动。

截至2010年底,在市民政局登记成立的非公募基金会67家。

第二章 培育和发展

上海自开展社会组织登记工作以来，坚持培育发展与监督管理并重的指导思想，为社会组织的健康发展创造良好的环境。2006年，《上海市国民经济和社会发展第十一个五年规划纲要》确定培育和发展各类社会组织，加快培育能够承担事务性工作、提供公益性服务、调节民间纠纷、发展慈善事业的社区民间组织，继续推进行业协会和市场中介发展改革，支持行业企业组建行业协会并引入竞争机制"。

20世纪90年代以来，市民政局依托上海国际化大都市的区位优势，根据经济社会发展需要，以培育为前提，以发展为核心，积极开展探索和实践。

一是推进"社团进社区"。通过在区、街镇建立民间组织服务中心，带动社区中的民间组织发挥作用，形成社团和社区的联动发展。全市1200多家社区民间组织，涉及生活服务、劳动就业、文化教育、市容环境及社会稳定等多个领域。

二是推行政府购买服务。提升社会组织承担公共服务的能力。

三是推进行业协会政社分开。通过促进地方性法规和市政府规章的制定，促进行业协会市场化运作，发挥行业协会"服务、自律、代表、协调"的功能。

四是推进孵化基地建设。2009年，浦东新区设立中国内地首个公益服务园；2010年，市民政局设立社会创新孵化园。政府为一些初创期的社会组织或者公益项目，免费提供场地空间和运营保障，促进其"孵化"、成长。

五是推进"枢纽式"管理。在政府管理部门和社会组织之间设立一个组织载体，并通过该组织载体，服务和管理一个系统、一个领域的社会组织，实现党建、业务指导和协调服务等三方面的枢纽管理功能。

六是推进社会组织专职人员的社会保险。在社会组织中实行专职人员的社会保险和年金制度，实施社会组织的工资基金管理，解决长期以来税收等方面的问题。

七是推进社会组织规范化建设。健全以章程为核心的管理制度，增强社会组织自主发展自我管理能力，提高社会组织的透明度和公信力，建立科学合理的评估指标体系、评估制度和评估工作机制。

八是开展先进命名表彰活动。一批社会组织先后获得全国先进社会组织、上海市先进社会组织等称号。

九是组织召开和承办重要会议。通过承办上海国际研讨会，与其他省市合作举办论坛等，总结交流经验，营造有利于社会组织发展的社会氛围，开展行政执法人员、信息员和社会组织从业人员的培训，不断提高业务能力和守法意识。

第一节 社团进社区

1998年5月28—29日，市民政局召开区县社团工作会议，就新形势下社团如何参与社区建设开展讨论并形成共识。2000年12月，市民政局、社团局对静安、普陀、宝山和南汇4个区县的自发性群众团队进行调研,开展问卷调查。调查结果显示,社区中存在大量社团和自发性群众团队,因其活动贴近群众、贴近生活而深受社区居民欢迎。

2000年12月31日,市委办公厅、市政府办公厅转发市民政局、市社团局《关于确认本市社会团体和民办非企业单位的业务主管单位的若干意见》,对社区中规模较小、专业性不强的民间组织,区县党委和政府可授权街道党工委、办事处履行业务主管单位的职责。

2001年5月17日,全市第一个由街道作为业务主管单位的社团法人——长宁区华阳路街道老年协会成立。5月24日,普陀区民间组织服务中心成立,承接政府委托转移职能为民间组织、社区居民服务,开展党建工作,人力资源管理等。

2002年9月16日,普陀区长寿路街道民间组织服务中心成立。该中心设立一个综合部和三个专门工作部,服务和指导社区内200多个民间组织,针对百姓需求,开展各项公益活动,并在推进政府职能转变、发展公益事业和推进再就业中发挥作用。

2002年11月7日,市政府在普陀区召开"上海市社团进社区经验交流会",同时举办"上海市社团进社区成果展"。会议对全市开展"社团进社区"作了部署,市委常委、副市长冯国勤在参观成果展后题词"社团进社区,服务为人民"。12月31日,市委办公厅下发《关于进一步推进本市民间组织参与社区建设和管理的意见》,提出要加快"社团进社区"步伐,积极培育发展社区中的民间组织,更好地发挥在社区建设和管理中的作用;各区县街道乡镇要建立社区民间组织服务中心,为社区各类民间组织服务;社区中已客观存在但不符合登记条件的群众团队,可成立街道乡镇群众团队活动指导站,将其挂靠在街道乡镇民间组织服务中心。2003年3月31日,市民政局、市社团局制定《关于在本市街道(乡镇)组建社区民间组织服务中心的实施意见》,明确社会组织服务中心6个综合型功能定位:服务民间组织、党建、人力资源管理、监督预警、承担政府委托或转移职能的工作和服务社区居民的功能。截至2010年底,全市成立社会组织服务中心103个。

2004年,社区群众活动团队的调查统计工作在全市启动。据统计,至年底,全市共有社区群众活动团队1.6万个,参加人员43.5万人。2006年7月起,在虹口、金山、闵行3个区开展社区群众活动团队备案工作试点。2008年8月7日,市民政局、市社团局制定社区群众活动团队备案工作意见,规定凡符合10人或以上相对固定的成员,有1名或以上相对固定的召集人或联系人,有具体活动内容和相对固定活动时间及地点的群众活动团队列入备案范围。当年,全市备案的社区群众活动团队共有1.8万个,参加活动群众46万人。

2007年6月23日,市政府下发《关于完善社区服务促进社区建设实施意见》,要求加快培育能够协助政府承担事务性工作、提供公益性服务、调解民间纠纷、发展慈善事业的社区公益性民间组织;区县要探索制定有利于社区民间公益性组织发展的财力支持、人员待遇及其他相关配套政策;街道办事处、乡镇政府要建立政府购买服务机制,支持社区民间公益性组织运作,要培育社区民间组织服务载体,对社区群众活动团队实行备案管理,加强指导,给予经费、场地等支持;市民政局要切实履行职能部门职责,制定和实施社区服务和社区建设发展规划,加强日常业务指导。2008年10月15日,市民政局、市社团局在长寿路街道召开长寿路街道民间组织服务中心经验交流推广会;11月25日,在虹口区政府召开上海市社区群众活动团队备案工作推进会,总结推广虹口、金山、闵行3个试点区开展群众活动团队备案工作做法和经验。

2009年5月15日,市民政局会同相关部门制定《关于鼓励本市社会组织吸纳大学生就业的指导意见》。对社会组织吸纳大学生就业和提供见习培训等,可享受10项优惠措施:允许自成立之日起两年内缴足注册资金;在18个月的初创期内,按市有关规定给予有关创业场地房租补贴、社会保险费补贴、贷款担保及贴息的扶持;在批准登记后的三年内,可免收管理类、登记类和证照类等有关行政事业性收费;鼓励社区(街道)和有关部门、单位,对创办期的社会组织按规定吸纳上海大学生就业的,可给予一定期限的房租减免;政府部门优先向社会公信力强、吸纳大学生多、获得社会组织规范化建设等级评估以及由大学生自主创办的社会组织购买服务;业务主管单位可根据实际为社会组织建立年金制度给予资金支持等。

2009年10月9日,市政府办公厅制定《关于鼓励本市公益性社会组织参与社区民生服务的指导意见》,明确6类扶持对象、10项服务范围、12项扶持政策。其中10项服务为:社区就业、社区社会保障、社区救助、社区公共卫生和计划生育、社区文化、社区安全、社区环境保护、社区生活、行政事务代理和专业化社会工作服务,以及为来沪务工人员提供与上述有关的各项民生服务。

第二节　政府购买服务

20世纪90年代末开始,上海开展引导社会组织特别是民非通过竞争,获得政府项目资金,向社会提供有效服务,即政府向社会组织购买服务。通过政府购买服务培育发展一大批社会事业类、社区建设类、协管服务类、科技创新类民非。

2000年,卢湾区政府在养老领域向民间组织购买服务。区民政局对金色港湾老年公寓、中山敬老院、居家养老服务队等进行政府购买服务的试点。此后,又培育发展瑞金二路社区事务服务所、卢湾区社区学院等,拓展政府购买服务的内容和领域,形成以区民政局为购买主体,有关社会组织为服务载体,内容涉及为老服务、社会调查、人口普查、人员培训等方面的政府购买服务体系。浦东新区、普陀、静安等区先后制定政府购买公共服务的综合或单项性政策,逐步建立购买服务机制。在浦东新区,政府各部门提出年度购买服务的项目并编制相应的预算,新区购买公共服务审定委员会负责审定,财政部门安排预算,购买服务的项目通过政府公共信息平台对外发布、招标,由政府部门或授权的事业单位与服务供应方签订合同,相关部门会同财政部门根据行业特点,设置评估标准,采用内外部评估机制相结合的方式,分别对购买服务的实施情况进行绩效评估,根据评估结果按合同约定支付资金。同时建立契约管理、过程监督和效果评估的机制。

2008年1月11日,在市政府召开的基金会发展与管理工作专题会上,市民政局下发对上海市慈善基金会等7家社会组织实施福利彩票公益金项目资助的通知,从2007年开始,暂定两年,每年从上年度福彩公益金中支出总额约7 000万元的资金,分别资助7家社会组织按照"扶老、助残、救孤、济困"的宗旨,部分用于市民政局指定的民生项目,部分用于按照该社会组织宗旨和业务范围开展公益项目。

2009年5月,市民政局对福利彩票公益金的资助方式引入公益招投标和公益创投的市场化运作机制。招投标,即:政府提出公益服务项目需求,社会组织参与竞标;公益创投,即:由社会组织发现社区居民需求,设计出新的公益服务项目,得到公益金的项目资助。招投标和公益创投都要经过申请、第三方评审、项目公示、行政审批、合同签订、经费拨付、项目监督和绩效评估等环节。当年,全市111个项目中标,资助资金总额3 983.6万元。

第三节　行业协会政社分开

1986年,上海开始行政性公司改革,其中一部分行政性公司转变为行业协会,至1989年全市有行业协会62个。1989年10月,国务院颁布《社会团体登记管理条例》后,对行业协会进行社会团体登记。1991年5月,市民政局对行业协会的名称进行规范,属于行业性社团,一般以行业协会、同业公会、商会命名(注:在实践中,以商会命名的社团划入联合性社团)。至1994年8月,上海共有行业协会102个,拥有会员企业单位2.2万多家,协会专职工作人员近千名。

进入21世纪,上海从应对入世挑战、转变政府职能和规范市场经济秩序等需要出发,2001年2月5日,市政府决定成立由市政府体制改革办公室牵头,市政府法制办、市政府发展研究中心、市社团局等有关部门参加的行业协会改革和发展方案工作小组及行业协会立法调研工作小组。同年10月,市委、市政府决定,成立上海市行业协会发展署和上海市市场中介发展署。2002年1月10日,市政府颁布《上海市行业协会暂行办法》,明确:各级政府部门应当扶持和促进行业协会的发展,将本应属于行业管理的职能转移给行业协会承担,充分发挥行业协会在经济建设和社会发展中的作用,并保障行业协会独立开展工作;行业协会按照国家现行行业或者产品分类标准设立,也可以按照经营方式、经营环节及服务功能设立,对大类行业协会和经法律法规授权或者接受政府委托、具有一定行业管理职能的行业协会,实行"一业一会",同一行业或者产品,在上海市范围内只设立一个行业协会,对同业企业较集中、具有构成区域经济特色的行业或者产品,也可以由以区县区域内企业为主体发起组建市行业协会,经市社团管理局批准后,承担全市性行业协会的功能。市民政局按照该规章,对行业协会开展分类管理。10月31日,市人大通过《上海市促进行业协会发展规定》,就行业协会的职能定位、办会原则、政会分开、购买服务等方面作规定。明确市行业协会发展署、市社团登记管理部门和市政府有关工作部门应当按照各自职责,做好促进行业协会发展的具体工作,市民政局、市社团局根据规定和要求,对现有的行业协会按照扩大覆盖面,增强代表性;政会分开;规范内部运行机制;132家行业协会全部完成政府机构、人事和财务应当与行业协会分开的改革任务,同时,为推动企业在入世相关、新兴产业和优势产业等3个重点领域组建48个行业协会。截至2003年底,全市有行业协会175个。2006年,民政部函复同意上海市社会团体管理局在浦东新区试行行业协会登记及管理模式改革试点。2007年浦东新区出台转变政府职能,建立新型政社合作关系的指导意见,提出要合理定位与健全社会组织的基本职能、组织体系和运作机制,政府与社会组织实行"六个分开",即主体、机构、职能、人员、资产、住所分开。

2004年7月,市委、市政府决定,撤销市行业协会发展署,成立上海市社会服务局,由市社会服务局承担行业协会的管理工作。8月20日,市政府召开行业协会建设推进会,部署加强行业协会建设的有关工作。会前,市委副书记、市长韩正会见部分行业协会的代表,他要求行业协会坚持走自我管理、自我约束、自我发展的路子,坚持服务市场化、专业化的方向,为上海产业发展不断作出新的贡献。

2008年4月,市政府办公厅转发市民政局等部门《关于全市进一步支持行业协会商会加快改革和发展实施意见的通知》,从提高对行业协会改革发展重要性认识、巩固行业协会改革发展成果、推进政府职能转变和支持行业协会改革发展、鼓励行业协会发挥自身职能、加强行业协会自身建设和规范管理等5个方面,提出具体的工作要求。

2008年10月,市委、市政府决定,撤销上海市社会服务局,将其管理行业协会的职责划归市民政局。

2009年9月,市委、市政府制定《关于推进本市企业协会政社分开工作的实施意见》。要求市、区县两级的企业协会在人员、机构、财务、资产等方面与党政机关实行"四分开"。企业协会政社分开工作,按照动员部署、自查整改、检查验收等3个阶段展开,落实调查摸底、责任分工、检查督促、

图 6-2-1 2009 年 9 月 29 日，上海市企业协会政社分开动员会在沪召开

跟踪指导等 4 项工作，保证企业协会改革工作顺利推进。截至 2010 年 6 月底，市、区县两级共 524 个企业协会（其中市级 108 个、区县 416 个）在人员、机构、财务、资产基本实现与党政机关的"四分开"，其中人员分开 244 个，机构分开 117 个，财务分开 60 个，资产分开 68 个，有 335 名处级及处以上领导干部和 243 名处以下公务员从企业协会中退出。

2010 年 7 月 30 日，市人大修订颁布《上海市促进行业协会发展规定》。明确：市社团登记管理部门和市政府有关工作部门应当按照各自职责，做好促进行业协会发展的具体工作；申请设立行业协会的，应当向社团登记管理部门提出，并提交筹备申请书、章程草案等文件；社团登记管理部门在办理登记手续过程中，应当听取相关方面的意见；上海市国家机关工作人员不得在行业协会中担任职务；行业协会办事机构的专职工作人员应当逐步职业化等。市民政局、市社团局根据修订后的规定，开展行业协会的直接登记和新一轮的政社分开等项工作。

第四节 孵化基地建设

2008 年 3 月 5 日，副市长胡延照到浦东新区市民中心、上海浦东非营利组织发展中心，调研政社合作平台和公益组织孵化器运作情况，给予充分肯定。2009 年 11 月 20 日，浦东新区社区公益服务（塘桥）园开园，成为全市首个街镇社区层面的公益性社会组织支持服务平台。12 月 15 日，上海浦东公益服务园在峨山路 613 号（原上海东星手帕厂区）揭牌。该服务园由浦东新区民政局按照"企业提供办公用房和物业服务，政府提供财政补贴和下发入驻标准，社会组织自我管理和服务"的思路进行运作。园区总建筑面积 3 200 平方米，设有公用活动共享空间和办公场所。入驻的社会组织均可享受政府提供的办公补贴和运营补贴，并享受财会代理、法律咨询等服务。该服务园形成"1 个平台""6 大运作机制"："1 个平台"，即搭建政社、社社合作平台，打造政社合作新模式；"6 大运作机制"，即专业孵化、规范引领、人才输送、自我服务、项目发展、供需对接机制。最先入驻的 10 个社会组织发起成立的浦东新区公益组织项目合作促进会,全权代理该园的公共服务。这是中国内地首个公益组织聚集办公,并为之提供多种共享服务的园区。浦东新区政府每年补贴400万元,用于社会组织场地租金和免费提供会议、培训、展示等公益空间。

2010年2月2日,市民政局立项,筹建上海市社会创新孵化园项目。项目选址(租赁)卢湾区SOHO丽园创意园(丽园路501号A1楼)。建筑面积为1189平方米。一期工程项目投入377.32万元,二期装饰工程投入97万元。6月25日,市民政局、市社区发展研究会在上海市社会创新孵化园联合举办"推进社会创新与发展公益组织研讨会",总结并推广社会创新孵化园这一探索与实践。

2010年7月4日,民政部和上海市政府签署《共同建设国家现代民政示范区合作协议》,双方将从8个方面加强合作,创新社会组织发展模式是其中的重要内容。7月5日,上海市社会创新孵化园开园。该孵化园以解决残疾人就业这一现实社会问题为案例,以社会组织为主体,以现代服务业为依托,以政府、社会组织、社会企业三方跨界合作互动为保障,在创意设计、电脑编程、话务咨询、会务保障、工艺制作、餐饮服务、保健按摩等现代服务业领域,对有能力的残疾人开展培训和就业实训,并形成设计、策划、推广、批量制作和销售的网络化运作平台。孵化园设有展览区、会议室和多功能厅,面向社会开放,并以招标方式选择浦东非营利组织发展中心(NPI)为孵化园项目的委托管理方,负责整个园区的项目筛选和运营管理。孵化园开园第一年,策划并开展近百场公益研讨会和论坛,以及各类"公益心体验"项目;组织和接待来自政府、企业及各类社会团体和大专院校等各行各业上万人次的参观访问,近2万名市民享受到孵化园带来的公益体验。同时,通过公益活动和媒体宣传,对社会产生积极影响,孵化园促成近50家爱心企业与园区公益机构达成各种形式的合作。民政部部长李立国、副部长姜力、市委副书记殷一璀等领导出席开园仪式。

2010年,杨浦区民政局与高校、国家级大学生创业示范园合作,开展社会组织孵化园区建设。至年底,建成杨浦区社会组织公益创新实践园、延吉新村街道公益性社会组织孵化园、大桥街道公益性社会组织孵化园和中国(上海)创业者公共实训基地大学生示范园等4个具有社会组织孵化培育功能的园区。

第五节 枢纽式管理

2005年5月,市委常委会议提出:要探索并形成一个按照中央精神、符合上海实际、具有特大型城市特色的非政府组织"管理平台"和办法。同年6月,市社团局会同市相关部门开展调研,在吸收传统枢纽组织——市社联、市科协等管理实践的基础上,于2006年提出枢纽式管理的思路,即在政府管理部门和社会组织之间设立一个组织载体,通过该载体服务和管理一个系统、一个领域的社会组织,行使一部分党和政府授权或委托的职能,并把社会组织的需求、意见和建议向政府管理部门反馈,使其成为加强党建工作的支撑、完善双重管理的依托、凝聚团体会员的载体和实现合作共治的平台。

2006年4月12日,在上海召开的"部分省市民间组织发展与管理工作研讨会"上,副市长周太彤介绍上海开展枢纽式管理的构想和作用。同年5月,市民政局、市社团局选择市工业经济联合会、市商业联合会和静安、普陀两个区进行枢纽式管理的试点。

同年8月,普陀区委制定《民间组织枢纽式管理试点工作的意见》,明确:依托区和街镇两级民间组织服务中心建立管理枢纽、按照分散组织由所在的街镇进行属地管理、特殊组织由区民间组织服务中心进行统一管理的原则,将全区300多个社会组织纳入枢纽式管理。该区的民间组织服务中心的功能主要有服务、管理、协调、预警等 4 个方面。

2007 年 7 月,静安区成立静安区社会组织联合会。之后,该区又相继成立 5 个社区(街道)和劳动、文化、教育社会组织联合会,形成"1＋5＋X"枢纽管理模式,把同性质、同类别、同领域的社会组织联合起来,实行枢纽式管理。区社会组织联合会业务范围包括调查研究、指导咨询、交流合作、反映诉求和管理协调。

2008 年 1 月,普陀区长寿路街道社区民间组织管理体制改革项目(即民间组织枢纽式管理),获得"第四届中国地方政府创新奖"。

截至 2010 年底,全市共有普陀、静安、虹口、长宁 4 个区开展枢纽式管理工作,并逐步实现三方面管理枢纽功能:党建功能,建立管理枢纽党组织,对上接受归口党委的领导,对下领导所属社会组织党的工作;业务指导功能,根据管理枢纽建设和发展情况,接受政府委托,协助业务主管单位履行对社会组织的部分日常管理和指导职能;协调服务功能,加强所属社会组织自身建设,反映诉求,提供服务,维护社会组织合法利益。

第六节　社会保险和工资基金管理

一、社会保险

2000 年 3 月 28 日,市民政局制定《关于社会团体人员编制和工资保险福利问题的暂行规定》,明确:社团常设机构专职人员编制及所需经费,实行自收自支,由社团自筹解决;民政部门对社团的人员编制,按该社团的注册(活动)资金并兼顾其业务活动需要和经费支付能力核定,社团申请成立登记时,同时申请编制数额,经业务主管单位审查同意后,由业务主管单位报同级民政部门核定,民政部门核准社团成立登记的同时,核定其编制数额;社团专职人员的工资、保险、福利待遇按照国务院 1998 年发布的国务院第 250 号令精神,参照国家对事业单位的有关规定执行,社团专职人员必须按国家有关规定,参加社会保险。

2002 年 11 月 25 日,市民政局会同相关部门制定《关于社会团体和民办非企业单位专职人员社会保险问题的通知》,明确:社团和民非应本着精简、高效的原则,以自身业务需要和经费支付能力为依据,申请专职人员职数;凭法人登记证书及代码证到单位所在地的社会保险经办机构按规定办理社会养老保险登记手续,基本养老保险的缴费基数和缴费比例按照上海市统一规定执行,有经济承受能力的社团和民非还可为专职人员办理缴纳补充养老保险费手续,建立单位的补充养老保险制度。

2008 年 1 月 7 日,为破解社会组织在激励人才、稳定队伍方面的难题,市民政局会同相关部门经过研究协商,确定在社团、基金会和民非中建立年金制度。社会组织已经参加上海市城镇基本养老保险,并按时足额缴纳基本养老保险费的,均可自主建立单位年金制度;制定本单位年金的实施方案,需经民主程序通过后报劳动保障部门备案;年金所需费用可由单位和职工共同缴纳。8 月 5 日,市社团局召开社会组织建立年金制度试点工作会议,宣布经各级民政部门逐级推荐,在 8 700 多个社会组织中确定 59 个单位为第一批试点单位。同年 10 月 31 日,举行社会组织建立年金制度试点单位签约仪式。27 个社会组织的代表,与 6 家专业年金运作机构签署《年金受托管理合同》《年金账户管理合同》。

截至 2010 年底,上海共有 125 个社会组织建立年金制度。

二、工资基金管理

2005 年 10 月，市社团局选择普陀、静安、嘉定 3 个区 16 个民间组织进行工资基金管理试点，以减轻民间组织的经济负担，改变民间组织工资基金没有明确的政府部门进行管理，税务部门只能按企业标准处理民间组织工作人员的税前列支工资水平，即按人均每月 960 元进行税前扣除的做法。

2006 年 8 月 2 日，市政府召开民间组织工资基金管理协调会。会议要求市地方税务局和主管部门共同研究制定上海市民间组织工资基金管理办法。会后，市编办明确市社团局为上海市民间组织工资基金管理工作的职能部门。同年 10 月 18 日，市社团局召开民间组织工资基金管理工作会议，部署民间组织工资基金申报和审核办法、核定标准、注意事项、时间节点。

2007 年 1 月 10 日，市民政局会同相关部门下发《关于在本市民间组织中实施工资基金管理工作的通知》，明确民间组织发给专职、兼职工作人员的劳动报酬、津贴、补贴等，属于国家规定的工资总额组成部分的，均纳入工资基金管理范围。市、区县两级社团登记管理机关审核民间组织工资基金时，应依据民间组织年检结论、相关年报、社会同类人员工资标准、行业或单位劳务费用比例情况，作出核定意见。税务部门复核后，按国家有关规定处理税前列支事宜。同时规定工资基金管理申报及审核办法。

2007—2009 年，上海全面推广社会组织的工资基金管理，经市社团局与市税务部门商定，三年共为参加工资基金管理的社会组织减免 3 亿多元所得税。

第七节　自律诚信与规范化建设

一、自律与诚信建设

2005 年 2 月，上海将 2005 年作为开展民非自律与诚信建设活动年。活动的主要内容是：规范章程；建立公开、透明的信息披露制度；提供优质服务，真情回报社会；建立健全财务制度；坚决查处违法行为等 5 个方面。活动期间，全市有 98％的民非对章程进行规范，披露信息的占 92％，建立健全财务管理制度的占 95％；举办各类主题公益活动 842 次，参加单位 4 236 个，提供服务 154 万人次，其中免费服务 114 万人次，低于成本价服务 40 万人次，直接社会效益 9 600 万元。

2005 年 2 月 25 日，民政部在北京召开"民办非企业单位自律与诚信建设活动"新闻发布视频会议，市社团局立即召开专题会议作出部署，发出《上海市社会团体管理局关于开展民办非企业单位自律和诚信建设活动的实施意见》。3 月 14 日，市社团局印发普陀区长寿路街道民间组织服务中心、上海金色港湾老年公寓、上海慈善捐赠救助物资服务中心等 27 个民非发起的"响应书"，承诺依法办事，争做守法模范；建立健全财务制度，依法纳税；恪守非营利原则，积极承担社会责任；诚实守信，公开服务内容、收费项目和标准，信守服务承诺，遵守行规行约，形成完备的自律运作机制；及时向公众披露信息，自觉接受各界监督，增加民非的社会公信度。12 月 27 日，市民政局、市社团局召开自律与诚信建设活动总结会，表彰在推进民非自律与诚信建设活动中发挥积极作用的 8 个区的登记管理机关，并授予"上海市民办非企业单位自律与诚信建设活动优秀组织奖"称号。

2006 年 2 月，上海决定继续深入开展民非自律与诚信建设活动。据 11 月底统计，全市民非已建立理事会会议制度、财务、劳动用工、印章管理等制度的 4 469 个，占 95％；已披露年度工作报告的 4 502 个,占 95.7％;已披露财务状况的 4 465 个,占 94.9％;已披露筹资或接受捐赠情况的 3 308 个,占 70.3％;已建立服务承诺制的 4 422 个,占 94％。在市级媒体宣传报道 825 次,在区县级媒体宣传报道 927 次,撰写调研报告和有关研究文章 850 篇。全市查处违法行为 122 件,取缔非法机构 1 个。共举办各类自律与诚信建设活动 1 050 次;参加活动的民非 4 691 个;公众接受民非服务 201.58 万人次,其中免费服务 126.68 万人次;低于成本价服务 74.90 万人次;提供的各类服务直接社会效益达 22 066 万元。4 月 20 日,市民政局、市社团局召开市级民非自律与诚信建设活动培训会,并提出四方面要求:一、要进一步开展自律与诚信建设活动,以自律练好内功,以诚信外塑形象;二、要狠抓落实,注重实效;三、要在工作中体现特色,进一步开创民非发展与管理工作新局面,继续争创全国和全市先进;四、各业务主管单位要积极配合,共同推进民非自律与诚信建设活动。

2008 年 1 月 29 日,市社团局发出开展民非信息公开和承诺服务活动的通知,要求民非将登记证书、税务登记证书、收费许可证(正本)等,以及章程(或章程摘要)、服务项目和收费标准等有关信息,在住所(或服务场所)的醒目位置,向社会公众公开;民非年度工作报告以及接受、使用捐赠资助的有关情况,在登记管理机关指定的网站(媒体)上,向社会公开。至年底,全市 90％以上的基金会和民非都按照要求进行公开。

二、规范化建设

2007 年 6 月,上海被民政部列为全国民间组织评估体系试点城市。6 月 22 日,市民政局、市社团局发出《关于在本市民间组织中开展规范化建设评估试点工作的通知》,从 6—12 月,在上海的行业协会,社会福利和教育领域基金会,市经委、市教委、市社联、市民政等系统以及浦东新区、普陀区、静安区、闵行区的部分民非开展规范化建设评估试点工作,健全以章程为核心的内部管理制度,建立一支懂专业、高素质的职业管理队伍,完善以诚信为重点的信息披露制度,探索建立科学合理的评估指标体系、评估制度和评估工作机制。并印发上海市社团(行业性)、基金会和民非规范化建设评估标准(试行)。6 月 28 日,市社团局召开上海市民间组织规范化建设评估试点工作动员会,部署试点工作。市社团局、市社会服务局等单位成立评估试点工作指导小组。设定组织实施,行业协会自查、自评,提交填报申报书和评估流程,最终由评估机构按照评估标准(一级指标:基础条件、组织建设、业务活动和社会影响 4 项,以及与其相关的二级指标 16 项、三级指标 50 项、四级指标 114 项,满分为 1 000 分)作出最终评估。经评估,上海市市政公路工程行业协会为 5A 级,上海市信息服务业行业协会、上海市建筑材料行业协会、上海人才中介行业协会、上海市保险同业公会、上海市生物医药行业协会、上海交电家电商业行业协会等 6 个行业协会为 4A 级,上海市饲料行业协会为 3A 级。

2007 年 9 月 14 日,市民政局、市社团局制定《上海市民间组织规范化建设评估办法(试行)》,明确:在民政部门登记一年以上的民间组织可以参加评估,民间组织规范化建设评估每年(第四季度)进行一次,评估结果有效期为三年。评估等级分为五等,依次为★★★★★(五星级)、★★★★(四星级)、★★★(三星级)、★★(二星级)、★(一星级)。星级越高,表示民间组织规范化建设的水平越高。评估满分为 1 000 分,950 分以上为五星级民间组织,901 分～950 分为四星级民间组织,851 分～900 分为三星级民间组织,801 分～850 分为二星级民间组织,700 分～800 分为一星级民间组织。市评估委员会负责市级民间组织和区县申报的四星、五星级民间组织的星级评定;区县评估委员会负责本区县一星、二星、三星级民间组织的评定,以及本区县四星、五星级民间组织的初审和申报工作。政府相关部门可以根据评估结果,对星级民间组织予以重点扶持,给予相应的奖励或政策优惠。

2008年3月,上海市社会组织规范化建设评估委员会成立,负责全市社会组织规范化建设评估工作的宏观指导,负责市级评估和区县申报的4A、5A级社会组织的评定。委员会由市委组织部、市政治文明办、市精神文明办、市社会服务局、市社团局、市政府外办、市财政局、市审计局、市公安局、市经委、市社科院社会发展研究院、华东理工大学(上海华夏社会发展研究院)等12个部门和单位组成,办公室设在市社团局,并下设社会团体、基金会和民非三个评估指导小组,具体负责评估工作的组织实施。7月4日,“上海市社会组织规范化建设评估试点工作总结推进会”在上海展览中心召开,上海市慈善基金会、上海市信息服务行业协会等首批试点的41个社会组织分别获得5A、4A、3A的等级证书。会后,第二批评估试点工作在64个社会组织中展开。

2010年12月27日,民政部发布《社会组织评估管理办法》,社会组织的评估工作在全国范围内全面展开。

第八节　命　名　表　彰

2002年,市民政局会同市妇联等部门在2001—2002年度的民间组织工作岗位上做出突出成绩的集体和个人中,评选上海市民间组织三八先进集体、个人。经市评选小组审定,邹祥英、徐秀清、马继红、陈维莉、程夏、陈秀娟等6人荣获“上海市民间组织三八红旗手”称号,上海市计划生育协会、长宁区华阳街道群众团队指导站、虹口区上海好事服务技能培训中心、上海市浦东新区民办安达医院护理部等4个民间组织荣获“上海市民间组织三八红旗集体”称号。

2004年12月7—11日,由民政部、国家发改委、国务院国资监督管理委员会主办的“全国行业协会成就汇报展览会”在北京展览馆举行,上海24个行业协会参展。上海被评为展览效果优秀单位(展区)第一名和组织工作优秀单位第六名。12月10日,民政部在人民大会堂首次举行全国先进民间组织表彰大会。上海市慈善基金会、上海市造船工程学会、上海市信息服务业行业协会、上海杉达学院、上海市房产经济学会、上海市生物医药行业协会、上海市青少年发展基金会、上海市建筑材料行业协会、上海市台湾同胞投资企业协会、上海市普陀区长寿路街道民间组织服务中心、上海卢湾区金色港湾老年公寓、上海对外经济贸易企业协会、上海计算机用户协会、上海市计划生育协会等14个民间组织(社团9个、民非3个、基金会2个)被授予全国先进民间组织称号。上海市慈善基金会理事长陈铁迪代表获奖民间组织作交流发言。

2005年8月,经市政府批准,市民政局会同市人事局等相关部门共同组织开展首次上海市先进民间组织评选表彰活动。上海老新闻工作者协会等198家民间组织被授予上海市先进民间组织称号,并在2006年12月6日的《解放日报》和《文汇报》以光荣榜整版刊登的形式进行通报表彰。12月19日,市民政局、市社团局表彰在推进上海市民非自律与诚信建设活动中发挥积极作用的8个单位,并授予“优秀组织奖”。它们是:浦东新区社会团体管理办公室、闵行区社会团体管理局、嘉定区社会团体管理局、普陀区社会团体管理局、闸北区社会团体管理局、长宁区社会团体管理局、松江区社会团体管理局、杨浦区社会团体管理局。

2006年2月9日,民政部在北京召开“全国民办非企业单位自律与诚信建设活动年表彰会”(视频会议),普陀区曹杨新村街道民间组织服务中心、上海2007特奥中心、上海安达医院、上海国际金融研究中心、上海海粟美术设计专修学院、上海勤劳劳动保障事务服务中心、长宁区华阳路街道群众团队活动指导站、嘉定区嘉定镇街道夕阳红俱乐部、闵行上锅职业技能培训中心、闸北区临汾路街道社区事务工作站、震旦进修学院、松江区朝日进修学校等民非被授予"全国民办非企业单位自律与诚信建设先进单位"称号,市民政局、闵行区社会团体管理局、浦东新区社会团体管理办公室等3个登记管理机关被授予"全国民办非企业单位自律与诚信建设活动最佳组织奖"称号。12月25日,民政部下发《关于表彰全国民间组织登记管理工作先进单位和全国民间组织登记管理工作先进个人的决定》,授予上海市社会团体管理局、普陀区社会团体管理局、浦东新区社会团体办公室、闵行区社会团体管理局等4个单位为"全国民间组织登记管理工作先进单位",授予上海市社会团体监察总队总队长李荣祥、静安区民政局副局长兼社会团体管理局局长姜进其、金山区民政局副局长兼社会团体管理局局长庞旭峰、松江区社会团体管理局副局长刘青、闸北区民政局社团管理科科长朱慧等5人为"全国民间组织登记管理工作先进个人"。

2010年2月4日,民政部下发《关于表彰全国先进社会组织的决定》,上海市16个社会组织名列其中,它们是:上海市宇航学会、上海市工业经济联合会、上海市市政公路工程行业协会、上海市外商投资企业协会、上海人才服务行业协会、静安区社会组织联合会、上海数字娱乐中心、上海慈善物资管理中心、上海杨思医院、上海市自强社会服务总社、上海乐群社工服务社、上海市老年基金会、上海科普教育发展基金会、上海市华侨事业发展基金会、上海市拥军优属基金会、上海浦东非营利组织发展中心。2月26日,民政部在人民大会堂召开全国先进社会组织暨社会组织深入学习实践科学发展观活动总结大会。市民政局、杨浦区民政局、虹口区民政局被民政部评为"社会组织深入学习实践科学发展观活动指导工作先进单位",上海市信息服务业行业协会、上海市拥军优属基金会、普陀区长寿路街道民间组织服务中心被评为"社会组织深入学习实践科学发展观活动先进单位"。

2010年10月22日,市社团局发出《关于推荐评选2009—2010年度上海市三八红旗手(集体)的通知》,首次将社会组织纳入体制内荣誉评选范围。经过层层推荐和评审,获得上海市三八红旗集体称号的是:上海市建筑材料行业协会、上海市应昌期围棋教育基金会"倡棋"围棋教室、上海市女企业家协会、上海市眼镜行业协会秘书处。获得上海市三八红旗手称号的是:奉贤区水产学会秘书长陈薇,松江心理咨询工作协会秘书长王英,徐汇燕萍京剧团团长周燕萍,安亭社会福利院党支部书记、院长孟瑛。

第九节　重要会议和培训

一、重要会议

2002年4月10日,市民政局、市社团局召开"上海市民间组织管理工作经验交流会"。会议总结、交流市社团局成立以来上海民间组织工作所取得的成绩和经验,并对当前和今后一段时期民间组织的培育发展与管理工作作出全面部署:一、加快以行业性社团为主的民间组织的培育发展;二、完成社团分支机构、代表机构的复查登记工作;三、提高民间组织党建工作的有效性;四、加大社区民间组织培育发展力度;五、发挥民间组织四级预警网络作用;六、启动实施"数字民间组织"发展战略。

2002年11月8—9日,由民政部主办,市民政局、市社团局承办的"民间组织发展与管理"上海国际研讨会在上海国际会议中心举行。会上,9位中外专家作大会发言,23位代表在4个小组会上作交流发言。研讨会共收到来自美国、日本、澳大利亚、中国香港等国家和地区及内地应征论文133篇,内容涉及民间组织法规政策、民间组织自律机制、行业协会发展、民间组织制度创新等方面。国务院有关部委、各省市民间组织管理部门、上海市有关委办局、各区县和部分街道的负责人和管理干部,以及国内外专家学者240人参加会议。次年7月,谢玲丽主编《NGO在中国——2002年民间组织发展与管理上海国际研讨会论文集》由上海社会科学院出版,共收录国内外专家论文49篇。

2003年1月30日,上海召开"上海市民间组织发展与管理工作会议",传达全国民间组织管理工作会议精神,对当前工作作出部署:一、加快民间组织政策法规建设,创造良好的民间组织可持续发展的政策环境;二、以社区为平台,深入推进"社团进社区,服务为人民"工作;三、继续调整民间组织结构,加大培育和发展行业协会和公益性、服务性民间组织的力度;四、创新民间组织管理制度,不断完善民间组织管理手段;五、大力推进政务信息化建设,提高民间组织管理工作水平等。

2004年11月8—10日,市社团局和苏州市民政局合作举办"第十四次全国部分城市民间组织管理工作交流会"。来自全国24个城市近百名民间组织管理干部聚会申城,通过交流发言、小组讨论、实地学习考察等多种形式,对民间组织如何推进经济社会发展,特别是在构建社会主义和谐社会中发挥作用等课题进行深入研讨。

2005年8月30日,市社团局会同相关部门与江苏、浙江两省民间组织管理局在上海国际会议中心举办首届"长三角民间组织——行业协会与区域经济发展合作交流论坛"。论坛签署"长三角行业协会合作交流倡议书",发起筹建"长三角非织造行业协会",编印首届"长三角民间组织合作交流论坛"论文汇编,建立"长三角民间组织合作交流论坛联席会议",由沪、苏、浙三地轮流举办,并逐步向华东地区乃至全国的民间组织开放。

2006年4月12日,由民政部民间组织管理局和市民政局、市社团局共同举办的"部分省市民间组织发展与管理工作研讨会"在上海海鸥饭店召开。市委副书记王安顺致辞,副市长周太彤作总结讲话。与会代表分别交流民间组织发展与管理工作的经验,并研讨有关问题。周太彤在总结讲话中介绍上海开展枢纽式管理的构想和作用,并对上海市下一步的工作提出要求:要积极从加强社会建设和管理的角度来认识、定位、推动民间组织工作的发展,努力建立一个适应市场经济发展需要和民间组织健康成长的管理机制。北京、上海、山东等9个省市民间组织登记管理机关的领导和部分专家学者等约50人出席会议。

2008年1月11日,市政府召开基金会发展与管理工作专题会。周太彤要求围绕加快社会建设这个主题,优化环境,深化管理,积极支持基金会发展。会上,市民政局通报近年来上海基金会建设与管理的情况,上海市慈善基金会、上海文化发展基金会、上海市教育发展基金会等作交流发言。会议下发《上海市民政局关于对上海市慈善基金会等7家社会组织实施项目资助的通知》。10多家基金会的负责人出席。

2009年3月28日,由市民政局、市社团局主办,市人才服务行业协会承办,市社会组织服务中心协办的"上海市社会组织促进大学生就业招聘会"在上海八万人体育场举行。市、区两级170个社会组织到现场招聘,面向大学生提供250个类别1800多个岗位,包括教师、医生、护士、行政管理、金融服务、心理咨询、设计策划、法律顾问等,部分岗位月薪达5000元。招聘对象主要针对上海应届、历届(近两年内毕业的)高校毕业生,学历要求大专以上。招聘会共吸引4.5万名高校毕业生前来应聘,收到应聘简历8954份,现场达成初步录用意向1038人次。该次招聘会被民政部民间

图6-2-2　2006年4月12日,部分省市民间组织发展与管理工作研讨会在沪召开

组织管理局、国家行政学院政治学教研部、清华大学NGO研究所、中国社会报等8家单位评选为"2009年度中国社会组织十件大事"之一。

二、培训

1990年11月26—29日,举办《社会团体登记管理条例》培训班,上海大学文学院社会学系、市政法管理干部学院教授,分别讲授"社会学与社团管理""法律与社团管理"等知识;市科协、市医药行业协会、市头脑奥林匹克协会等社团介绍各自的情况,并自编社团案例供学员模拟处理。市委、市政府各部委办局,工青妇社团的干部以及各区县民政部门社团管理干部74人参加培训。

1996年,举办社团财会人员业务培训。培训的内容是市财政局和市民政局联合制定的《上海市社会团体财务制度》《上海市社会团体会计制度》,900余名社团财会人员参加培训。对1 800余名社团秘书长进行业务培训。

1997年对全市业务主管单位干部和部分社团秘书长,1998年对各区县社团登记管理干部,分别进行《上海市社会团体组织通则》业务培训。

2000年,先后举办4期业务培训班,对区县社团登记管理干部、社团会计、信息和执法干部以及市社团局新进人员进行业务知识培训,共240多人参加。

2003年10—11月,举办两批共4期市级民间组织负责人岗位培训班。培训内容除政策法规、实务操作外,还采用问卷方式,对社团的基本情况进行抽样调查。300余名社团负责人先后参加培训。

2004年,举办5期市和区县登记管理干部培训班,就工作重点、难点展开研讨,召开《行政许可法》辅导报告会。年内,还组织4批近50名登记管理干部赴国外培训和兄弟省市学习考察。5月10、12、13日,分别组织市级社团业务主管单位联络员和基金会秘书长等100多人,学习《基金会管理条例》。

2005年,对市和区县150多名登记管理干部执法文书培训;组织两批17名市和区县登记管理机关和部分街镇民政干部外出培训和考察;举办10期《民间非营利组织会计制度》培训班,646个市级民间组织共824人参加。

2006年,组织市和区县40多名信息员集中进行信息化管理工作培训;组织4批31名市、区县两级登记管理机关和部分街镇民政干部外出培训和考察;举办4期区县民非负责人岗位培训班,224人参加培训。

2007年8月29日,举办全市民间组织专职管理人员岗位培训。培训内容为法律法规、民间组织的理论和实务操作等。同年,市社团局对市和区县100多名信息员及执法人员集中培训;组织两批14名市、区两级登记管理机关和部分街镇民政干部外出培训和考察;举办两期《民间非营利组织会计制度》培训班,118个单位150人接受培训。

2008年,举办市和区县近百名信息员和执法人员业务培训,26期共2866人次参加的社会组织专职人员培训班,2批44名区县、街道社会组织服务中心负责人和信息员省际学习考察。

2009年,组织10期专题培训,共约600人参加,具体为:信息员业务培训,基金会秘书长业务培训,执法监察工作人员执法实务培训,区县、街道民政科长社会组织管理工作知识培训,民非负责人业务培训等。组织5批70名社会组织负责人和专职工作人员外出考察、培训。

2010年6月29日至7月1日,举办"2010年上海市行业协会秘书长能力建设培训班"。市民政局领导作推进上海行业协会改革发展的专题报告。清华大学、华东理工大学、上海电视大学的3位研究行业协会问题专家、学者分别围绕《以改革促发展:转型期行业协会及其管理体制》《优化行业协会内部治理问题》《提升行业协会整合资源能力》主题作专题报告。市人才服务行业协会、市生物医药行业协会秘书长以《行业协会创新活力和能力建设》《行业协会自主办会和规范化建设》专题交流各自行业协会的经验和做法。上海市生物医药、铝业、人才服务、建设工程检测等80多个行业协会的秘书长参加培训。

第三章 监 督 管 理

20 世纪 90 年代初,上海开始依法对社会组织开展登记,监督管理工作也同步进行。先后制定社团会计制度、社团财务制度等,对组织机构代码、银行账户与收据、会费收取与经营活动、印章等予以规范,促使社团良性发展和运行。

1999 年之后,市社团局和市社会团体监察总队战立,执法监察力量得到加强。在实施监督管理的实践中,逐步形成市、区县两级联动执法的机制,与市公安局、市文化市场行政执法总队等部门建立定期联络制度;建立市、区县、街镇、居村委会的 4 级预警工作网络,实现对社会组织网络化的监督管理;对连续两年以上(包括两年)未参加年度检查、且名存实亡的社会组织进行处置。在方法上,借助信息化网络技术,年度检查实行"网上填写、网上报送"。

1990—2010 年,民政登记部门坚持严格按照《社会团体登记管理条例》的规定,在登记时把住社会团体的准入关。凡是违背四项基本原则,与国家宪法、法律、法规相抵触的,政治倾向不良的,坚决不予登记;对申请成立社会组织的,实行验资制度,保证注册资金的真实性、合法性。

截至 2010 年底,上海共受理执法案件 1 176 件,平均结案率为 78.2%;行政处罚案件 63 件;查处非法社会组织 229 件,其中取缔案件 41 件、责令劝散案件 188 件。

第一节 日 常 监 管

一、财务会计制度

1991 年 12 月 9 日,市财政局、市民政局联合制定《上海市社会团体财务管理的若干规定》(以下简称《若干规定》)和《上海市社会团体会计核算办法》(以下简称《核算办法》)。社团财务制度在全国尚处空白,民政部向全国转发了上海制定的这两个文件。《若干规定》设总则、财务机构及职责、财务收支、成本核算、税收和银行账户、结余资金的使用、固定资产、现金和附则共 8 章,其中"成本核算"明确:技术服务项目实施过程中,实际消耗的各种原材料、辅料、备品、备件、外购半成品,差旅费、会议费、资料费,借用及消耗设备费、测试费,按合同支付给上级的管理费等;"税收和银行账户"规定:从事经营服务的,应按规定向所在地工商行政管理部门办理工商登记,向所在地税务机关办理税务登记;经营"四技"(技术成果转让、技术服务、技术咨询、技术培训)服务项目的还应报请科委批准,取得科技经营证书或科技咨询证书。从事经营服务所取得的收入,均应按规定照章纳税。任何单位和个人不准租借银行账户等。"结余资金的使用"规定:除基金会的基金和行政拨款结余外,可按规定结转专用基金,其中 50% 用于团体事业发展基金,30% 用于集体福利基金,20% 用于奖励基金,不得动用发展基金购买商品房或建造职工住宅等。《核算办法》设总说明、会计科目、会计科目使用说明、会计凭证、会计账薄、会计报表、会计分录举例共 6 个部分。《若干规定》和《核算办法》自 1992 年 1 月 1 日起同时施行。

1994 年 10 月 8 日,市财政局、市民政局重新制定《上海市社会团体财务制度》(以下简称《财务制度》)和《上海市社会团体会计制度》(以下简称《会计制度》)。《财务制度》明确社团的收入,包括业务收入、其他收入、补助收入等 3 大类,其中,业务收入是指"会费收入、咨询收入、科技收入、编辑出版收入、会议活动收入等"。社团的支出,包括业务支出、管理费用、其他支出、补助支出等 4 大类。规定一般设备单价在 200 元以上,专用设备单价在 500 元以上,且耐用时间在一年以上的,作为固定资产;单价虽未达到标准,但耐用时间在一年以上的大批同类物资如家具、图书,也作为固定资产管理;单价虽已超过规定标准,但易耗易损,更换频繁的,可不作为固定资产。《会计制度》明确会计科目,包括资产类、负债类、净资产类、损益类的设置;会计凭证,包括原始凭证和记账凭证必须具备的内容和编制要求作出规定;会计账簿,包括日记账(分为现金日记账和银行日记账)、明细账和总账的编制要求。同时附资产负债表、损益表、收支明细表、收益分配表这 4 种表的格式和式样及编制要求等。《财务制度》和《会计制度》同时自 1995 年 1 月 1 日起施行。

1999 年 12 月 3 日,民政部办公厅转发《财政部关于对明确民办非企业单位财务管理制度等问题的函的通知》,明确民非应根据国家有关规定,统一纳入非营利组织财务、会计体系,执行非营利组织财务、会计规则;民非在开展业务需要收取有关费用时,应按照现行行政事业性收费审批管理的有关规定,履行收费审批程序;收费经批准后,应按行政事业性收费票据管理的规定,到财政主管部门申领使用省级以上财政部门统一印制或监制的行政事业性收费票据。

二、银行账户与收据管理

1991 年 1 月 10 日,市民政局、中国人民银行上海市分行转发民政部、中国人民银行《关于社会团体开立银行账户有关问题的通知》,明确经登记管理机关登记的社团,方可凭登记管理机关发给的社团登记证书填制开户申请书,向银行申请开立银行账户,经银行审查同意后办理开户手续。市民政局在转发该通知的同时作出补充规定:一个社团只能开一个基本账户,已开立多个银行账户的,须予清理整顿,除保留一个账户外,其余账户于 1991 年 5 月底前向开户银行办理销户手续。

1992 年 5 月 1 日起,上海开始使用《上海市社会团体统一发票》。它由市民政局设计,经市税务局审核批准到指定发票定点印刷厂印制,并由市和区县民政局负责发售的,专门用于上海市社团开办的各种实体机构。如社团开展符合《社会团体登记管理条例》规定的咨询活动和因自身业务和宗旨相适应的需要而设立的实体机构,并办理了税务登记手续的报社、杂志社、出版社、培训中心(学校)、研究中心(或研究所)等有关活动,其取得的收入应使用《上海市社会团体统一发票》,付款单位可作为合法凭证入账。

1993 年 1 月 1 日起,上海开始使用《上海市社会团体统一收据》。该收据由市财政局监制。其使用范围为:收会费、代办费、会务费等,社团开展办班培训、咨询服务、质量检测等项活动,依据法律、法规、规章或由物价管理机关批准,需收取行政、事业性费用的,自 1993 年 1 月 1 日起,使用《上海市社会团体行政事业性收费专用收据》。

1999 年 10 月 9 日,民政部、中国人民银行下发《关于民办非企业单位开立银行账户有关问题的通知》规定,民非凭各级民政部门核发的民非登记证书,并提供其组织机构代码,向银行申请开立基本存款账户,经银行审查同意,取得中国人民银行核发的开户许可证后办理开户手续。民非应于银行账户开立之日起 5 日内报登记管理机关备案。

2002 年 8 月 20 日,市财政局、市地方税务局发出《关于本市社会团体和民办非企业单位票据及税收管理问题的通知》,明确社团和民非的应税收入应按规定缴纳各税;社团和民非从事国家税收政策规定的免税项目,如幼儿园、养老院等,可按规定程序向税务机关提出减免税申请,经税务机关审核批准后,依法享受减免营业税的税收优惠。社团、民非的应税项目使用《上海市服务业统一发票》,民非非应税项目使用《上海市民办非企业专用发票》。社团收取会费时使用市财政局监制的《上海市社会团体专用收据》,接受捐赠、内部款项结算、代办事项使用市财政局监制的《上海市社会团体统一收据》。

三、会费与经营活动管理

1990 年 2 月 13 日,市政府办公厅转发市财政局等三部门《关于社团收费和开支问题的几点意见》明确:社团的各种收费项目及收费标准,由主管委、办、局审批,主管部门的批件抄送同级物价、财政和民政部门备案。个人会员会费,由本人承担;企业团体会费,从企业基金、利润留成、盈亏包干、超收分成或税后留利中开支;行政事业单位团体会费,从预算外收入中开支。

1992 年 2 月 14 日,市政府颁布《关于上海市社会团体经费管理暂行规定》,对社团的经费收入,包括会费收入、行政事业性收入、"四技"服务等收入、捐助收入、拨款收入等 4 项收入提出具体要求;各社团必须从 9 个方面严格遵守财务管理制度。10 月 4 日,民政部、财政部制定《关于社会团体收取会费的通知》明确:社团收取会费的标准,应由社团理事会或常务理事会通过,经业务主管部门审核后,报社团登记管理机关审定。社团会费,个人会员应由个人负担,不得由所在单位支付;团体会员会费,企业应从自有资金中开支;事业单位从预算包干结余(收支结余)中开支;社团从自有资金中开支。社团的会费,应用于围绕团体宗旨开展业务活动,支付专职工作人员的工资、福利和办公开支,不得挪作他用。

1995 年 9 月 4 日,市民政局、市工商行政管理局转发民政部、国家工商行政管理局《关于社会团体开展经营活动有关问题的通知》,明确开展经营活动的社团,必须具有社团法人资格;社团从事经营活动,必须经工商行政管理部门登记注册,并领取《企业法人营业执照》或《营业执照》;社团投资设立企业法人的程序,依照有关企业法人登记管理法规办理,登记注册后,必须及时向社团登记管理机关备案。

1999 年 6 月 16 日,市物价局、市民政局制定《关于民间组织收费的若干决定》,社团的会费由会员在自愿的基础上,按章程的规定交纳;社团和民非举办各种培训班的收费标准,按照市物价局有关文件执行;民间组织的服务性收费按规定实行明码标价;不再实行收费许可证制度。

2003 年 7 月 30 日,民政部、财政部下发《关于调整社会团体会费政策等有关问题的通知》明确,社团通过的会费标准决议,应在 30 日内分别报送业务主管单位、社团登记管理机关和财政部门备案。2006 年 7 月 25 日,民政部、财政部制定《关于进一步明确社会团体会费政策的通知》指出,社团制定或修改会费标准,召开会员大会或者会员代表大会,必须有 2/3 以上会员或会员代表出席,并经出席会员或会员代表 1/2 以上表决通过,表决采取无记名投票方式进行。各级民政、财政部门要进一步加强对社团收取会费行为的监督检查。

2007 年 12 月 24 日,市民政局、市社团局转发民政部等六部委《关于规范社会团体收费行为有关问题的通知》,明确:社团的收费主要包括:社团会费、行政事业性收费、经营服务性收费、捐赠收入等;社团举办的各类评比达标表彰活动一般应在会员范围内开展,必须坚持谁举办、谁出钱的原则。根据该通知的要求,市社团局配合市纠风办完成全市社团评比达标表彰活动清理工作,共审核社团评比达标表彰项目 268 项,其中列入清理范围的有 182 项、拟保留 102 项、撤销 80 项。

四、印章管理

1991年1月26日,市民政局、市公安局转发民政部、公安部《社会团体印章管理的暂行规定》。社团刻制印章,须持社团登记证书和民政部门出具的证明,到公安部门办理呈批,经公安部门批准后,到指定的刻制印章的工厂或刻字社刻制,并提交其刻制印章的委托书。地方性社团印章的尺寸、样式是:直径为4厘米,中间可刊会徽(没有会徽的可空着),会徽外刊社团名称,自左而右环行。市民政局同时规定,经核准登记的社团的印章,分别由市、区县社团登记管理机关统一办理刻制,在《上海市社会团体成立登记申请书》中留下印模后,发给社团启用。

1994年3月18日,市民政局、市公安局制定《关于清理收缴不予登记社团组织印章的通知》,凡未获准登记的社团组织(包括决定合并的、改为社会团体内部组织的、改为单位内部组织的、自行解散的),原来由哪个单位批准成立的,其印章(包括所有的部门印章和业务用章)仍由哪个单位负责收缴;未经任何单位批准擅自成立的,由各级民政部门下令解散,收缴其印章。各区县局、部委办在6月30日前,将本地区、本部门收缴的印章汇总,登记造册后交相应的民政部门统一销毁,销毁印章的名册送相应的公安机关备案。

同年6月1日,市民政局、市公安局转发民政部、公安部《社会团体印章管理规定》。明确印章的规格、式样和制发,印章的名称、文字、字体和质料,专用印章的制发,印章的管理和缴销。地方性社团印章的规格、式样和制发是:直径4.2厘米,中央为五角星,五角星外为社团名称,自左而右环行,由地方社团登记管理机关出具证明,经该社团总部所在地的公安机关办理准刻手续后,由地方社团登记管理机关制发。市民政局要求各社团原使用的印章凡是与新规定不符的,从1994年7月1日起更换新印章,1994年12月31日前更换完毕。

2000年1月19日,民政部、公安部制定《民办非企业单位印章管理规定》。明确印章的规格、式样,印章的名称、文字、文体,印章的刻制审批程序,印章的管理和缴销。地方民非印章的规格是:名称印章直径为4.2厘米,办事机构的印章直径为4厘米,专用印必须小于名称印章且直径最大不超过4.2厘米,最小不小于3厘米。

2003年11月5日,市社团局转发民政部《关于做好民间组织刻制印章管理工作的通知》,取消民间组织刻制印章审批项目,民间组织申请刻制印章,须凭登记证书或批准文本和登记管理机关出具的刻制印章证明,到所在地县级以上公安机关办理印章审批手续。

五、组织机构代码管理

1991年3月6日,市民政局转发上海市技术监督局《关于分配代码区段的函》。明确各区县社团代码区段,并要求各区县社团管理部门做好社团代码的赋予工作。

表6-3-1　上海市社团代码区段分配一览表

机构名称	法人码段	非法人码段
黄浦区民政局	50110000—50110490	A7669190—A7674189
南市区民政局	50110491—50110980	A7674190—A7679189

（续表）

机构名称	法人码段	非法人码段
卢湾区民政局	50110981—50111470	A7679190—A7684189
徐汇区民政局	50111471—50111960	A7684190—A7689189
长宁区民政局	50111961—50112450	A7689190—A7694189
静安区民政局	50112451—50112940	A7694190—A7699189
普陀区民政局	50112941—50113430	A7699190—A7704189
闸北区民政局	50113431—50113920	A7704190—A7709189
虹口区民政局	50113921—50114410	A7709190—A7714189
杨浦区民政局	50114411—50114900	A7714190—A7719189
闵行区民政局	50114901—50115285	A7719190—A7724189
宝山区民政局	50115286—50115775	A7724190—A7729189
上海县民政局	50115776—50116175	A7729190—A7734189
嘉定县民政局	50116176—50116575	A7734190—A7739189
川沙县民政局	50116576—50116975	A7739190—A7744189
南汇县民政局	50116976—50117375	A7744190—A7749189
奉贤县民政局	50117376—50117775	A7749190—A7754189
松江县民政局	50117776—50118175	A7754190—A7759189
金山县民政局	50118176—50118575	A7759190—A7764189
青浦县民政局	50118576—50118975	A7764190—A7769189
崇明县民政局	50118976—50119375	A7769190—A7774189
上海市民政局	50176756—50186755	A7774190—A7784189

资料来源：上海市民政局档案

2000 年 10 月 10 日，市社团局、市企事业社团统一代码办公室制定《关于本市民办非企业单位申领组织机构代码有关事项的通知》，从 2000 年 4 月 1 日起，经核准登记的民非在领取《民办非企业单位登记证书》后 15 天内，持登记证书到市、区县组织机构代码登记处申办《中华人民共和国组织机构代码证书》。已经质量技术监督部门赋码取得《中华人民共和国组织机构代码证书》的，均应经所在区县社团管理部门复查登记。经复查准予登记的，持相关证书，到市、区县组织机构代码登记处办理确认手续。

2001 年 12 月 13 日，市质量技术监督局、市社团局对在沪的社团分支机构、代表机构（简称分支机构）代码赋码作出规定，分支机构一般不予赋码。但一些对外业务往来较多确有需要建立银行基本存款账户的分支机构允许赋码，经其所在社团审查同意并出具证明材料，向登记管理机关申请。登记管理机关同意后出具通知书，社团凭通知书向上海市组织机构代码管理中心申请办理。分支机构代码采用国家统一规定的以"A"字当头的社团非法人代码。

2004 年 6 月 17 日，市社团局、市组织机构代码管理中心发出通知，在 2003 年 12 月 31 日之前已领取非法人组织机构代码证，且被赋 A 码的分支机构，需要变更、换证的，需经市社会团体管理局重新审核,经审核同意后,至市组织机构代码管理中心办理变更、换证手续。

第二节 年 度 检 查

1992 年 12 月,市民政局根据国务院《社会团体登记管理条例》的相关规定,决定开展社团年度检查。凡在 1992 年 6 月 30 日之前,经市、区县民政部门依法核准登记的社团,均属本年度检查范围。年度检查的内容是:核准登记项目的变更情况,主要业务活动情况,经费管理、财务收支情况,遵纪守法的情况等,各社团须提交书面材料。对于达到年度检查合格标准的,发给年度检查合格证明;对达不到年度检查合格标准的,登记管理机关书面通知限期改正或视其情节轻重作出适当处罚。当年,全市 2 400 多个社团参加年度检查。1993 年,市民政局规定年度检查的内容是:业务活动开展的情况,制度建设、财务管理、遵纪守法等情况。全市 2 200 多个社团参加年度检查。

1994 年 6 月 30 日,市民政局发出《关于社会团体年检和财务审计的通知》。从 1995 年 1 月起,全市各类社团在每年第一季度向登记管理机关提交年检报告书,社团年检时不再进行财务审计。从 1994 年 7 月起,实行社团法人换届审计制度,审计统一由市审计中心受理。1994 年,全市社团参检率为 99.6%,年检合格率为 96.9%。社团办公地址或法人代表(负责人)改变后,未按规定办理变更登记手续以及设立分支机构未经业务主管部门同意,未报社团登记管理机关备案等问题都在年检中得到纠正。1995 年,全市 2 900 余个社团参加年检。据年检资料显示:1994 年,全市共有团体会员 21.4 万多个,个人会员 314 万多人,社团办刊物近千种,年发行量 1 000 多万册;社团办的实体 780 多个,注册资金 30 530.70 万元,社团年总收入 41 250.40 万元。

1996 年 5 月,民政部颁布《社会团体年度检查暂行办法》,规定社团年检于每年第一季度进行。如有特殊情况,可适当顺延,但须于 6 月 30 日前结束。社团年检的内容:1. 执行法律法规和有关政策情况;2. 开展业务活动情况;3. 开展经营活动情况;4. 财务管理和经费收支情况;5. 办事机构和分支机构设置情况;6. 负责人变化情况;7. 在编及聘用工作人员情况;8. 其他有关情况。社团年检的结论分为"合格"和"不合格"两类。1996 年,全市 3 000 余个社团参加年检。1995 年,全市社团共有团体会员 27.9 万个,个人会员 378 万人;社团办刊物 847 种,年发行量 1 421 万册;社团办的实体 888 个,注册资金 34 765.4 万元;全市社团各项经费年总收入为 63 924.4 万元,支出 30 281.8 万元,结余 33 642.6 万元。

1997—2000 年,全市社团第二次清理整顿期间年检暂停。2001 年恢复年检。当年,全市应参加年检的 2 436 个社团中,通过年检的 2 276 个,注销或撤销登记的 39 个,未通过的 98 个,执法查处的 23 个。

2002 年,全市应参加年检的全市性社团共有 959 个,通过年检的 904 个;同年,也是上海首次开展对民非年检,采取对参检单位抽取不低于 10% 的比例进行实地检查核实。全市应参加年检的 2 032 个,实际参加 1 996 个,通过年检的 1 978 个。与此同时,上海开始尝试"网上年检",实行网下布置和网上布置相结合、书面材料和电子版本(与《报告书》内容一致的 3 寸电脑年检盘片)相结合的方式。

2003 年 2 月 12 日,市社团局制定上海市社会团体年度检查标准(试行),社团符合 7 种情形的为年检合格:1. 遵守法律法规和有关政策规定;2. 依据章程开展活动,无违法违纪行为;3. 组织机构健全,内部管理有序,认真按民主程序办事;4. 已建立党组织或已确定党建工作联络员(宗教团体除外);5. 财务制度完善,收入和支出符合国家有关规定;6. 及时办理有关变更登记、机构设

置登记或备案手续;7. 在规定时限内接受年度检查。社团有下列情形之一的,为年检不合格:
1. 有违法违纪行为的;2. 一年中未开展任何业务活动的;3. 年经费收入不足3万元(人民币),且
难以维持正常业务活动的;4. 未建立党组织或未确定党建工作联络员的;5. 会费标准未经会员大
会通过,乱收会费的;6. 内部矛盾严重,重大决策缺乏民主程序的;7. 无固定办公地点一年以上
的;8. 无专职工作人员的;9. 未办理有关变更登记、机构设置登记或备案手续的;10. 无特殊情
况,未在规定时限内接受年度检查的;11. 年检中弄虚作假的;12. 违反其他有关规定的。对年检
不合格社团的处理措施是:拒不参加年检,情节严重的,由登记管理机关依据《社会团体登记管理
条例》予以处罚直至撤销登记。

同年,全市应参加年检的2 531个社团中,市级社团合格率为92.1%,区县级社团合格率为
93.4%;全市应参加年检的2 955个民非中,市级民非合格率为95.6%,区县级民非合格率为
93.5%。民政部委托上海日常管理的1个全国性民非首次参加年检并合格。

2004年,全市应参加年检的2 677个社团中,市级社团958个,年检合格885个,合格率为
92.38%;区县级社团1 719个,年检合格1 631个,合格率为94.88%;全市应参加年检的3 574个民
非中,市级民非178个,年检合格171个,合格率为96.07%;区县级民非3 396个,年检合格3 159
个,合格率为93.02%。

2005年4月7日,民政部颁布《民办非企业单位年度检查办法》规定,民非年检结论分为"合格"
"基本合格""不合格"三种。"基本合格""不合格"的应当进行整改,整改期限为3个月。整改期结
束,民非应向登记管理机关报送整改报告,登记管理机关对整改结果进行评定并出具意见。对年检
"不合格"的,登记管理机关根据情况,可以责令其在整改期间停止活动。在被限期停止活动的,登
记管理机关可以封存其登记证书、印章和财务凭证。对连续两年不参加年检,或连续两年"不合格"
的,予以撤销登记并公告。

同年,开展市级民间组织年度检查。在应参加年检的974个市级社团中有858个通过年检,合
格率为88.09%;69个基金会中有65个通过年检,合格率为94.2%;164个民非有160个通过年
检,合格率为98%。该年的"网上年检",实行网上填写并下载年检报告书,按程序报送的方式进行
年检。

2006年1月12日,民政部颁布《基金会年度检查办法》规定,年度检查报告的内容应当包括:
财务会计报告、注册会计师审计报告、开展募捐、接受捐赠、提供资助等活动的情况以及人员和机构
的变动情况等。同时还对年检审查中基金会、境外基金会代表机构年检合格、基本合格、不合格的
情形作出规定。

同年,上海在市级民间组织中首次开展网上年度检查。截至6月30日,应当参加2005年度检
查的1 318个市级民间组织中有1 278个完成网上年检信息的填报工作,填报率为97%。在完成年
检的1 271个市级民间组织中,年检合格1 229个,基本合格30个,不合格12个,合格率为99.1%。
其中,完成年检的964个市级社团中,年检合格963个,不合格1个,合格率为99.9%;完成年检的
58个基金会中,年检合格30个,基本合格25个,不合格3个,合格率为94.8%;完成年检的249个
市级民非中,年检合格236个,基本合格5个,不合格8个,年检合格率为96.8%。

2007年,全市应当参加2006年度检查的1 348个市级民间组织中有1 314个完成网上年检信
息填报工作,填报率97.5%。在完成年检的1 308个市级民间组织中,年检合格1 263个,基本合格
38个,不合格7个,合格率99.5%。其中,完成年检的983个市级社团中,年检合格980个,基本合
格3个,不合格0个,合格率100%;完成年检的255个市级民非中,年检合格218个,基本合格32

个,不合格 5 个,年检合格率 98%。这一年,也是首次试行将业务主管单位加入网上审批流程,全市880 个市、区县级业务主管单位中,482 个参与年检报告书的网上审批,参与率达 55%。

2008 年,全市应当参加 2007 年度检查的 1 404 个市级民间组织中有 1 357 个完成网上年检信息填报工作,填报率 96.7%。在完成年检的 1 341 个市级民间组织中,年检合格 1 273 个,基本合格52 个,不合格 11 个,合格率 99.2%。其中完成年检的 993 个市级社团中,年检合格 989 个,不合格4 个,合格率 99.69%;完成年检的 272 个市级民非中,年检合格 213 个,基本合格 52 个,不合格 7个,年检合格率 97.4%。从当年起,上海的"网上年检",实行"网上填写、网上报送"的方式进行年检。

2009 年 4 月 3 日,市社团局制定《关于做好市级社会组织年检工作的若干意见》,进一步明确年检工作中各处室和监察总队的职责和工作程序,组织实施的内容包括:关于年检通知的送达,关于对年检基本合格、不合格社会组织的处理,关于对未在规定时间内参加年检的社会组织的处理,关于对年检中发现的社会组织突出问题的处理,关于年检结论的公告及年检材料归档。

2009 年,上海全面实行"网上填写、网上报送"的方式进行网上年检。至 6 月底,应当参加 2008年度检查的 8 029 个社会组织中有 7 772 个完成年检工作,完成率 96.8%。完成年检的社会组织中,年检合格 7 139 个,其中社团 3 006 个、民非 4 048 个、基金会 85 个;年检基本合格 326 个,其中社团 48 个、民非 277 个、基金会 1 个;年检不合格 307 个,其中社团 21 个、民非 286 个。

第三节　执 法 监 察

一、查处违法违规社会组织

1991 年 10 月 24 日,市民政局局长签署《关于解散"上海市企业经济促进会"的命令》。根据举报,查实"上海市企业经济促进会"违反《社会团体登记管理条例》规定,未经批准,擅自成立,私刻公章和财务管理混乱等问题,被宣布解散。1996 年,全年立案查处非法和违法违规社团 59 件,其中责令停止活动 51 件,撤销登记 2 件,向中国人民银行上海分行作通报 6 起基金会违反《基金会管理办法》的情况。

1997 年 7 月 18 日,市民政局转发民政部《关于查处非法社团组织的通知》,要求全市对未经核准登记,擅自以社团或社团分支组织名义在所辖区域内进行活动的非法社团组织,依法坚决予以查处,劝其停止活动并自行解散;对拒不自行解散的,由当地民政部门责令其解散;对仍不执行解散命令,继续在社会上进行活动的非法社团组织,民政部门应会同公安部门强制执行。同时将处理结果报市民政局备案。当年,市和区县民政局分别对 5 个严重违规的社团作出行政处罚。1998 年,全年取缔 2 个经济上有诈骗行为的非法组织。1999 年,全市取缔非法社团组织 10 个,其中市级 6 个、区县级 4 个。

2000 年 5 月 29 日,市社团局转发民政部《取缔非法民间组织暂行办法》,明确具有下列情形之一的属于非法民间组织:1. 未经批准,擅自开展社团筹备活动的;2. 未经登记,擅自以社团或者民非名义进行活动的;3. 被撤销登记后,继续以社团或者民非名义进行活动的。取缔非法民间组织,由违法行为发生地的登记管理机关负责。涉及两个以上同级登记管理机关的非法民间组织的取缔,由它们的共同上级登记管理机关负责,或者指定相关登记管理机关予以取缔。当年,上海对 3个非法社会组织予以取缔,对 2 个非法社会组织责令劝散。2000 年,全年受理案件 105 件,包括查实或协查非法涉外民间组织 10 件。2001 年,全年受理案件 117 件,其中查处违法违规社团 67 个,依法取缔非法组织和活动 29 件。2002 年,全年受理案件 81 件,其中查处违法违规民间组织 28 件。

2000 年 11 月,上海市社会团体监察总队成立,为行政事务执行机构,编制 30 名(2008 年 5 月列入参公管理),负责对上海市民间组织实施监督检查和违法案件的查处,于 2001 年 7 月 19 日揭牌成立。

2003 年,组织开展全市首次行业协会专项行政检查,对 18 个收费数额较大、在群众中影响较大的行业协会提出整改意见。全年受理案件 90 件,其中查处违法违规民间组织 71 件。2004 年,开展以行业协会和婚介机构为重点的行政检查,检查的重点是:行业协会组织评比评审活动和财务情况,婚介机构的设立条件、规范服务、执行章程等情况。全市 116 个社会团体、225 个民非接受检查。全年受理案件 191 件,其中查处违法违规民间组织 130 件。

2005 年,全年共受理案件 212 件,其中取缔非法民间组织 5 件,劝散 28 件,实施责令改正等行政处罚 38 件。2006 年全年受理案件 81 件,立案查处 7 件。2007 年,全年受理案件 48 件。

2008 年 8 月 18 日,市民政局、市社团局发出《关于在本市区县开展对名存实亡社会组织处置工作的通知》,要求认真清理核查经依法核准登记但连续两年以上(包括两年)未参加年度检查,且已无法取得联系的名存实亡的社会组织名单,区分不同情况,分类处置,已处置完毕的名存实亡的社会组织应立即从上海社会组织数据库中予以清除,列入另库备查。当年,市民政局共对 4 个名存实亡的社会组织予以撤销登记。

2008 年 12 月 17—18 日,市社团局召开上海市社会组织执法监察工作会议,并提出 4 项任务:进一步加强执法制度建设,不断健全和完善社会组织执法监察管理体系;进一步加强执法主体能力建设,全面提高执法队伍的工作能力和水平;进一步加强执法规范化建设,全面提升登记管理机关的监管水平和业务能力;进一步抓好预警网络建设检查考评工作,以绩效考核全面推动执法监察工作。

2008 年,全年受理案件 113 件;2009 年,受理案件 54 件;2010 年,受理案件 15 件。

二、预警网络与培训

2001 年,市社团局完成首部《上海社团执法案例选》一书的编写,用于指导行政执法人员。2003 年 3 月,完成《上海社团执法案例选(二)》一书的编写,该书选择 10 件被依法取缔、撤销登记、警告等行政处罚的典型案例。通过案情介绍、处罚依据和案件评析,为行政执法人员提供实践参考。2006 年 7 月,《上海市社会团体管理局行政执法案例集(三)》一书完成,该书在对近 3 年来的行政执法实践进行总结和梳理的基础上,从 403 件受理案件中选择 12 件具有典型意义的案例编写而成。

2002 年 11 月 25 日,市社团局制定《关于加强本市民间组织预警网络建设工作的通知》,通过纵向建立市—区县—街镇—居村委(社区民间组织服务中心)四级网络,横向建立以社团局为主,业务主管单位和相关部门协同配合,由民间组织积极参与的框架,构建民间组织管理网络体系。制定和完善民间组织预警网络各项工作规章制度,深化民间组织管理工作,形成"服务、协调、管理、预警"四位一体的民间组织网络机制。市社团局召开专题会议作出部署,并选择徐汇区为试点,开展民间组织四级预警网络建设工作。

2003 年 12 月,全市 19 个区县的民间组织预警网络建设工作全部通过验收;同时,还建立和完善市和区县两级登记管理机关综合执法联席会议制度和与市公安局、市文化市场行政执法总队等部门的定期联络制度。至此，上海形成一个纵向为市、区县、街镇、居村委，横向以社团局为主、业务主管单位和相关部门协同配合、民间组织积极参与多功能的民间组织四级网络，其中街镇、居村委的信息员达6 000余人。2004年，全年经预警网络上报预警信息90条。

2005年6月2日，市民政局、社团局发出《关于组织开展本市民间组织预警网络检查考评工作的通知》，检查考评的内容：从民间组织预警网络的组织机构、制度建设、队伍建设、网络运转、工作实绩和工作创新等方面入手，全面检查考核评比区县社会组织预警网络的运作管理实效；检查考评方法是：对照考核标准，分别采用听取汇报和实地抽查相结合，自评、互评和上级考评相结合的方法，逐项打分，综合评定。考评得分90分以上为民间组织预警网络工作先进单位，70分以上为达标单位；对考评为先进单位的，市局给予表彰奖励。该通知随文制定考核评比标准，其中，一级考核项目中的组织机构、制度建设、队伍建设分别为（10分），网络运转（30分），工作实绩（40分），工作创新（10分）；二级考核项目规定具体标准（占分值）。检查考评每两年一次，第一次考评在2006年年底组织实施。

同年8月23日，市社团局制定《上海市社会团体监察总队案件文书立卷归档管理办法》，明确各类案件执法工作程序、办案责任制和办案期限等。

2005年12月，市社团召开民间组织预警网络工作经验交流暨行政执法研讨会，对预警网络创建工作及运转情况进行阶段性总结和表彰，6个区县获得"预警网络建设优胜单位"称号。当年，全年培训预警网络信息员近6 000人次，经由预警网络上报预警信息102条，在多家媒体曝光4起典型违法案例。

2006年，完成对17个街镇预警网络建设工作情况的考评，培训预警网络信息员近9 000人次，经由预警网络上报预警信息122条。2007年，全年对15个街镇3 700人次的预警网络信息员、联络员进行理论和实务操作培训；经由预警网络上报预警信息281条，其中涉及各类社会组织非法、违法活动的177条；在多家媒体曝光某基金会的违法行为。2008年4月10日，市社团局制定《关于切实加强本市奥运期间社会组织预警网络工作的通知》，对加强奥运期间社会组织预警网络工作提出4点工作要求：一是要严密部署和开展社会组织预警网络工作，确保奥运期间对非法社会组织信息的捕捉、处理工作不出纰漏；二是各区县要成立突发事件应急处理小组，细化各项预警方案，完善应急处突措施；三是要加强业务培训；四是要严格信息报送，对可能影响社会稳定的预警信息，应在第一时间快速反映，及时处置，同时抄报相关部门。

2009年，完成对17个街镇预警网络建设工作情况的考评。2010年3月25日，市社团局制定《关于切实加强上海世博会期间社会组织预警网络工作的通知》，就配合相关部门做好上海世博会期间的安全保卫工作，提出3点要求：一是社会组织预警网络工作要为上海世博会服务；二是认真做好社会组织预警网络的各项准备工作；三是确保社会组织预警网络高效灵敏。

2010年8月起，市社团监察总队启动2009—2010年度社会组织四级预警网络检查考核工作。8月24日，市社团监察总队对杨浦区的社会组织预警网络建设工作进行检查考核，通过听取汇报、查阅网络资料、电话抽查信息员等方式对预警网络的组织机构、制度建设、队伍建设、网络运转等情况进行全面了解与考评。

2010年，完成《预警网络信息员手册》的修订和《社会组织知识宣传手册》的编写工作。12月，市社团局编写的《社会组织行政执法实务参考》一书，由中国社会出版社印制出版，向全国公开发行。《实务参考》全书9.5万余字，分为登记篇、监督检查篇、案件查处篇等3个篇目，篇目下设18

个章节、96个小节，并附37个法律文书样稿和14个真实的行政执法事项案例，记述社会组织成立登记、日常监管、年度检查、案件查处，即社会组织从"生"到"死"的各项工作环节，并就每个环节的时间节点、操作方式、办事流程、工作内容、表格制作、案卷归档等进行翔实的编撰，其中既包含行政执法的法律依据、工作程序、操作流程，又包含工作技巧、经验总结、注意事项等。

第四节　案件处置

一、撤销登记

2000年1月31日，上海市地质矿产经济学会、上海市职工文化艺术联合会、上海市红楼梦学会、上海市社会福利研究会、上海市民办科技实业家协会、上海市生物能学会、上海市社会审计协会均因未按规定参加社团清理整顿和申请重新登记，分别被依法查处。依据《社会团体登记管理条例》第三十三条之规定，对其作出撤销登记的行政处罚。

2000年6月5日，上海市中医药界联谊会、上海市小天鹅芭蕾艺术促进会均因未按规定参加社团清理整顿和申请重新登记，分别被依法查处。依据《社会团体登记管理条例》第三十三条之规定，对其作出撤销登记的行政处罚。

2006年2月27日，上海市浦东开发开放研究会、上海新世纪改革发展研究所均因未按照规定接受监督检查，分别被依法查处。依据《社会团体登记管理条例》第三十三条之规定，对其作出撤销登记的行政处罚。

2008年8月5日，上海旅馆业行业协会、上海新闻摄影学会、上海福岛自然灾害减灾基金会均因未按照规定接受监督检查，分别被依法查处。依据《社会团体登记管理条例》第三十三条之规定，对其作出撤销登记的行政处罚。

2008年8月25日，上海电视节发展基金会因未按照规定接受监督检查，被依法查处。依据《基金会管理条例》第三十六条之规定，对其作出撤销登记的行政处罚。

2009年3月9日上海纺织海外联谊会、3月19日上海市社会力量办学研究会、4月3日上海科技海外联谊会、4月7日上海农业生产资料流通协会、6月16日上海市企业文化协会、6月23日上海印刷物资协会，均因未按照规定接受监督检查，分别被依法查处。依据《社会团体登记管理条例》第三十三条之规定，对其作出撤销登记的行政处罚。

2009年7月2日，上海音像协会、上海市美育学会、上海轻工机械行业协会、上海市管道技术协会、上海土产商业行业协会、上海宁夏经济促进会均因未按照规定接受监督检查，分别被依法查处。依据《社会团体登记管理条例》第三十三条之规定，对其作出撤销登记的行政处罚。

2009年7月2日，上海曼都发型美容进修学校因未按照规定接受监督检查，被依法查处。依据《民办非企业单位登记管理暂行条例》第二十五条之规定，对其作出撤销登记的行政处罚。

二、取缔非法社会组织

2000年2月18日，"某合一功专业委员会联络站"因未经民政部门登记擅自以社会组织名义对外进行活动被依法查处。依据《社会团体登记管理条例》第三十五条之规定，对其依法予以取缔。

2000年7月12日"某经学会"、7月18日"某协会（筹）"、12月5日"某爱好者协会"，均因未经民政部门登记擅自以社会组织名义对外进行活动,分别被依法查处。依据《社会团体登记管理条例》第三十五条和民政部《取缔非法民间组织暂行办法》第九条之规定,对其依法予以取缔。

2001年6月12日"某协会上海联络处"、6月28日,"某木材协会",均因未经民政部门登记擅自以社会组织名义对外进行活动,分别被依法查处。依据《社会团体登记管理条例》第三十五条和民政部《取缔非法民间组织暂行办法》第九条之规定,对其依法予以取缔。

2002年6月24日"某文化研究中心"、7月31日"某人才教育中心",均因未经民政部门登记擅自以社会组织名义对外进行活动,分别被依法查处。依据《民办非企业单位登记管理暂行条例》第二十七条和民政部《取缔非法民间组织暂行办法》第九条之规定,对其依法予以取缔。

2005年4月4日,"某协会"因未经民政部门登记擅自以社会组织名义对外进行活动,被依法查处。依据《社会团体登记管理条例》第三十五条和民政部《取缔非法民间组织暂行办法》第九条之规定,对其依法予以取缔。

2008年5月22日,"某公平正义党"因未经民政部门登记擅自以社会组织名义对外进行活动,被依法查处。依据《社会团体登记管理条例》第三十五条和民政部《取缔非法民间组织暂行办法》第九条之规定,对其依法予以取缔。

截至2010年底,上海共实施撤销登记的行政处罚63件,取缔非法社会组织41件。

第七篇

社会事务

婚姻登记管理、收养登记、殡葬管理是政府行政管理的社会事务，由民政部门承担该职能。改革开放33年来，民政专项事务工作顺应现代社会管理和社会文明发展的要求，坚持依法行政，移风易俗，为城市软环境建设发挥积极作用。

婚姻登记管理是按照法律法规，对公民进行结婚、离婚、复婚的登记、处理违法婚姻、宣传婚姻法制、指导婚俗改革。1950年4月，新中国第一部法律《婚姻法》颁布后，市政府制定《上海市婚姻登记暂行办法》。1952年12月12日，市政府向社会公布：自12月20日起，在全市试行办理婚姻登记；同日起，市法院停止办理公证结婚；结婚、离婚、恢复结婚均须依法履行登记。办理登记市区为各区政府，郊区为乡政府，水上船户为经常停泊地的区政府。它标志着上海婚姻登记制度的正式建立。1953年12月9日，市长陈毅签署市政府令，发布《上海市婚姻登记暂行办法》（修正本），进一步规范婚姻登记的程序和规定。结婚登记、恢复结婚和双方自愿离婚，男女双方均应随带身份证明文件亲自到任何一方居住地（区、乡）政府登记。一方愿意离婚的申请由法院负责调解或判决。20世纪60年代起，根据内务部的相关要求，上海将婚姻当事人提供所在单位或居村委会出具其婚姻状况证明，作为婚姻登记要件之一；离婚登记贯彻"以调解和好为主"的指导思想，通过当事人所在单位、居村委以及当事人亲属、邻居等，尽可能进行劝说使其重归于好。60年代中期，上海开始提倡计划生育和晚婚晚育。

改革开放后，以1980年新中国第二部《婚姻法》颁布为标志，婚姻登记与管理合为一体，逐步建立健全婚姻登记管理机构，加强婚姻登记员队伍建设，开展文明窗口创建活动。以1994年《婚姻登记管理条例》颁布为标志，婚姻登记开始向综合管理转变。市政府、市人大制定相关规章和法规，完善执法依据，加强集中登记管理、推进婚俗改革，加大对违法婚姻查处力度。全市婚姻登记机关推行行政执法责任制，开展创建"文明婚姻登记处"活动。2003年国务院《婚姻登记条例》发布后，婚姻登记实现向服务的根本转变。婚姻登记取消单位或居村委会出具证明、取消强制婚检制度。上海进行婚姻管理体制改革，登记与管理政事分开、管办分离。各级婚姻登记机构严格依法行政，创新服务形式，婚姻登记工作迈上了法制化、规范化、信息化、人性化的轨道。

1978年1月至2010年12月，全市共办理国内结婚登记412.39万对，其中一方为上海户籍、一方为外省市户籍的"两地婚姻"比例逐年上升，到2010年占比近40%。办理涉外结婚登记62 847对，涉及73个国家和地区。办理国内离婚登记447 064对、涉外离婚登记3 682对。婚姻登记量的变化与人口结构、婚姻家庭观念变化存在一定的联系，反映出社会流动和社会开放度，也是上海深化改革、扩大开放历史进程的见证。

收养登记，是指政府按照相关法律、法规，对收养行为的确立进行登记管理，使原来没有直系血亲关系的人之间产生父母子女关系的一种民事法律行为。收养他人子女的人为收养人；被他人收养的人为被收养人；将子女或儿童送给他人收养的人为送养人，送养人可以是自然人，也可以是社会福利机构。上海解放后，收养关系的确立，是根据被收养对象的不同分别由市民政局、市外办和司法及公安等部门负责进行。市民政局负责办理上海市公民收养儿童福利机构查找不到生父母孩子（以下简称市儿福院儿童）的收养登记；涉及外国人、中国香港、澳门特别行政区和中国台湾地区居民的收养由市外办负责审批;其他的收养则通过办理司法公证或民间私订协议,向公安部门申请办理被收养人的户口迁移,同时也存在不办任何手续的私下收养的现象。1956年3月,市司法局对民间的收养政策进行调整,规定:农村10岁以下的儿童,其生父母子女众多生活确实困难,准予收养并办理公证手续。20世纪60年代起,随着提倡计划生育和上海户口的收紧,市公安部门对收养入上海户口的政策也更为严格。送养和弃婴的数量逐渐减少。

1992年4月《中华人民共和国收养法》(以下简称《收养法》)实施后,收养工作归口民政部门。按照《收养法》规定,收养应当有利于被收养的未成年人的抚养、成长,上海民政坚持保护被收养人的宗旨,特别是收养社会福利院的孤儿,对收养申请人家庭进行有无不良记录,以及生活、教育等条件开展评估,严格把好收养登记关,贯彻"一切为了孩子"的工作方针,同时妥善解决一批《收养法》出台前民间事实收养等方面的遗留问题。

殡葬管理,是行政管理机关根据国家法律、法规,对社会的殡葬活动和为社会提供服务的殡葬服务业实施的行政管理。1950年3月,市政府颁布《上海市私立公墓管理规则》《上海市私立火葬物管理规则》《上海市丙舍管理规则》《上海市殡仪馆管理规则》等法规,加强对市立、私立公墓,私立殡仪馆的管理。1953年3月,殡葬管理职能由卫生局移交市民政局,殡葬管理主要任务由保障环境卫生转变为推行殡葬政策,提供火葬,移风易俗。1956年,市殡葬管理所对尚存的私营殡仪馆实行公私合营,成为城市居民殡殓、火化和墓葬的服务场所。20世纪五六十年代,嘉定、浦东、宝山、松江、金山、青浦、奉贤、崇明等相继建成火葬场。"文化大革命"期间,市区有龙华火葬场和西宝兴路火葬场,郊区有7家火葬场。"文化大革命"开始后,公墓被视作"四旧"(旧思想、旧文化、旧风俗、旧习惯)而遭到平毁,市区仅存的万国殡仪馆、安乐殡仪馆、国华殡仪馆、锡金殡仪馆、斜桥殡仪馆全部关闭。

改革开放初期,上海的殡葬服务设施数量少,设备陈旧简陋,与上海的发展不相适应。1985年,国务院《关于殡葬管理的暂行规定》发布,明确殡葬管理的方针:积极地、有步骤地推行火葬、改革土葬,破除封建迷信的丧葬习俗,提倡节俭、文明办丧事。上海民政制定发展殡葬服务设施的规划,改造殡葬服务设施,恢复并有序控制公墓发展。经过多年努力,上海建成一批与国际化大都市相匹配的殡葬服务设施,殡葬行业职工以其高质量的服务,赢得社会的尊重。上海民政积极倡导海葬、树葬、草坪葬、花坛葬、壁葬、骨灰深埋等节地生态葬式,大力推进移风易俗、节俭办丧事;整顿、规范殡葬市场,为市民创造良好的治丧环境。

第一章　婚姻登记管理

1978年,上海将一度由法院办理协议离婚的职能重新回归民政部门。随着对外开放和国家侨务政策的落实,恢复了"文化大革命"期间被终止的涉外婚姻登记(含涉中国港澳地区,1985年恢复涉中国台湾地区)。1980年9月中国第二部《婚姻法》颁布,同年11月民政部发布《婚姻登记办法》。新《婚姻法》在重申原《婚姻法》各项原则的同时,增加了提倡晚婚和计划生育的原则规定,适当提高了法定婚龄,界定了旁系血亲禁止结婚的范围等。上海广泛持久地开展普法宣传教育,并推行婚前健康检查,将婚前体检作为申请结婚登记必经的法定程序。针对一些单位将晚婚年龄取代法定婚龄的现象,市民政局通过新闻媒体,向社会阐明两者之间的关系并纠正偏差。1990年5月,全市开展第一部《婚姻法》颁布40周年、第二部《婚姻法》颁布10周年纪念活动,进一步倡导男女平等、自愿、自主婚姻。各区县婚姻登记机关对违法婚姻进行清理,对未办登记同居的补办结婚登记。1994年1月,国务院颁布《婚姻登记管理条例》,婚姻登记向综合管理转变。1995年,市政府制定《上海市婚姻登记管理办法》和《上海市涉外婚姻管理暂行办法》。1998年,市人大常委会通过《上海市居民同外国人、华侨、香港特别行政区居民、澳门地区居民、台湾地区居民婚姻登记和婚姻咨询若干规定》,从法制层面为上海婚姻登记的有序、规范发展提供保障。1999年起,市民政局在全市婚姻登记机关推行行政执法责任制。进入21世纪,中国经济快速发展,人口流动呈常态化,政府加大行政职能的转变。2003年7月国务院颁布《婚姻登记条例》,对原《婚姻登记管理条例》作出重大修改。上海的婚姻登记由此从管理向服务转变:取消内地居民办理结婚、离婚登记由单位或居村委会出具证明的规定,结婚登记改由当事人作无配偶及与对方没有禁止结婚的亲属关系的签字声明;取消强制婚检,为结婚当事人提供免费自愿婚检服务;市、区县分别成立婚姻登记中心,实行管办分离;推出国内婚姻网上预约登记系统;推行结婚颁证制度,市、区县政府加大硬件投入,提供宽敞温馨的结婚登记颁证大厅;登记机关实行"百姓休息我工作",增加周六及国定节假日办理结婚登记;设立婚姻家庭健康咨询室,社工等专业人员义务开展离婚劝和、和谐家庭等法律咨询服务;登记员须岗位培训、持证上岗、统一着装、佩戴标识;对婚姻介绍机构实行政府主导、行业自律的管理方式。

1978年,市民政局设社会处,管理婚姻登记事务。1984年,社会处改名为民政处,婚姻登记仍由该处负责。1990年,设上海市婚姻登记处(事业单位法人)。1997年,市民政局将上海市婚姻登记处由事业单位法人改设为市民政局内设处室,并更名婚姻管理与收养登记处,直至2010年。2004年,市民政局成立上海市婚姻收养中心(事业单位法人),负责办理上海市涉外国人、华侨和港澳台居民的婚姻登记,将其和婚姻管理与收养登记处实行"政事分开"。1994年起,市民政局设收养登记处,与婚姻登记处合署办公,"两块牌子一套班子"。

第一节　婚　姻　登　记

一、国内婚姻登记

"文化大革命"期间,上海市区的婚姻登记工作下放到街道,郊县仍在乡镇。1975年8月,市区内双方自愿离婚登记由街道划归各区法院办理。"文化大革命"结束后,结婚登记工作重新回归区民政科。1978年1月28日,市民政局会同市高法院向市委、市革委会提交《关于市区男女双方自愿离婚的登记工作仍划归各区革委会民政科办理的请示报告》,3月29日市革委会批复同意,区民政科恢复办理双方自愿离婚登记工作。

1979年8月22日,市革委会发布《关于推行计划生育的若干规定》,其中对晚婚年龄作出统一规定:农村,男25周岁,女23周岁;城市,男27周岁,女25周岁。单位或居村委会普遍以晚婚年龄为依据对申请结婚的当事人出具证明。

1979年,上海结婚登记数大幅上升,上半年市区结婚登记33 174对,比上年同期增加61.2%。其中大量为已达晚婚年龄的回沪知青,此外还有近300对在"文化大革命"中遭受打击而被迫离婚,在冤假错案得到平反后恢复婚姻关系的。

1979年10月24日,市革委会对经市民政局转报的市高教局《关于大年龄学生结婚问题的请示》作出批复,同意对少数因特殊情况而又年龄在30周岁以上的学生经学校审核批准可以结婚,解决了恢复高考后入学的大龄青年申请结婚登记遇到的没有单位出具婚姻状况证明的问题。

1980年5月,上海市和区县建立婚前健康检查委员会,此后,各区县妇幼保健所陆续开展婚前健康检查及婚姻保健指导。

1980年9月10日,第二部《婚姻法》颁布,新《婚姻法》重申婚姻自主的原则,对第一部《婚姻法》作部分修改和调整,其中涉及婚姻登记的有:结婚年龄,男不得早于22周岁,女不得早于20周岁(分别比第一部《婚姻法》提高2岁);增加晚婚晚育应予鼓励、禁止三代以内旁系血亲结婚的规定等条款。

1981年1月1日,第二部《婚姻法》正式实施。全市结婚登记出现前所未有的高潮,1月上旬共办理结婚登记7 023对,比上年同期增加2.58倍,其中郊县农村结婚登记增加数高于市区,青浦县沈行公社、南汇县周西公社等超过上年全年登记数。据1—6月底的统计,全市结婚登记183 367对,比上年同期增长124%。同时,离婚登记数也明显上升,1981年1—6月,全市协议离婚受理1 884对,比上年同期增长78%,经过调查核实和劝说,批准663对的离婚登记。9月11日,市民政局召开婚姻登记工作会议,会议交流新《婚姻法》实施以来婚姻登记工作的情况,研究婚姻登记工作中出现的新情况、新问题,提出加强和改进的措施。闸北区民政局重点介绍贯彻执行新《婚姻法》关于禁止直系血亲和三代以内的旁系血亲和患麻风病未经治愈或患其他在医学上认为不应当结婚的疾病的规定,对婚姻申请当事人的具体情况开展调查分析,区别不同情况妥善处理,耐心说服当事人。杨浦区民政局介绍在办理离婚协议中,依靠单位、地区、亲友做好调解工作,慎重、稳妥地做好协议离婚登记。会议强调各级婚姻登记机构要坚持依法行政,强调结婚和离婚登记必须男女双方完全自愿,结婚登记必须到达法定年龄,没有禁止结婚的血亲关系(同一祖父母、外祖父母的堂、姑表、姨表兄弟姐妹之间禁止结婚),没有禁止结婚的疾病。同时要配合有关部门开展提倡晚婚、计划生育和婚事新办。会议要求各县民政局要切实加强对公社、镇婚姻登记工作的业务指导。1981年,上海结婚登记数跃升为28万多对,比1980年猛增11万多对,创下历史最高纪录。结婚登记数的增加,一是在50年代生育高峰期出生的人已进入晚婚年龄,二是新《婚姻法》重新规定法定婚龄,许多单位不再以晚婚年龄作为是否出具婚姻状况证明的主要依据。

1983年4月21日,市民政局会同相关部门制定《关于解决部分劳教人员婚姻登记问题的通知》,明确对于劳教前确有恋爱关系,现在双方要求结婚,或已经离婚双方又要求复婚的,都应当允许向政府登记结婚或复婚。劳教管理所除路程假以外,可批准给予婚假3天。此举弥补了上海劳教人员婚姻登记政策的空白。

1986年3月,经过修订的国务院《婚姻登记办法》施行。该办法纠正一些单位在执行《婚姻法》中出现的偏差,明确对符合《婚姻法》规定的条件的结婚当事人因受单位或他人干涉不能获得所需证件的,同样准予登记,发给《结婚证》。市民政局负责人于3月15日《婚姻登记办法》实施当日,通过新闻媒体向社会解答相关问题,指出把计划生育同贯彻《婚姻法》对立起来,不给已经达到婚姻法规定结婚年龄的当事人出具婚姻状况证明,是侵犯公民结婚自由合法权益的行为,必须认真纠正。鼓励青年适当晚婚,但不能以晚婚年龄替代法定婚龄,对已达法定婚龄的青年,经动员仍坚持结婚的,应出具证明,允许结婚,如当事人仍取不到单位有关证明的,婚姻登记机关应依法准予登记,发给《结婚证》。

1986年4月23日,市民政局制定关于贯彻新的《婚姻登记办法》几个具体问题的意见,对《婚姻状况证明》的制发、居村委会出具《婚姻状况证明》、婚姻登记档案保管和出具婚姻关系证明书以及婚姻证书和收费等问题,均作出明确规定。5月,上海统一使用民政部的《结婚证》《离婚证》《夫妻关系证明书》《解除夫妻关系证明书》《结婚登记申请书》《离婚登记申请书》《申请出具夫妻关系证明书》《申请出具解除夫妻关系证明书》,并通过新闻媒体将样式向社会公布。

1986年11月13日,市民政局针对群众反映的郊县市属农场的婚姻登记问题作出决定,农场职工、家属的婚姻登记,以到就近乡镇政府办理为宜。申请结婚的当事人,要求到一方父母所在地的婚姻登记机关办理结婚登记,如果当事人提供的户籍证明(户口簿)能够反映其父子(女)或母子(女)关系的,其他法定证件齐全,即可受理。

20世纪80年代起,协议离婚数持续增长。婚姻登记机关根据《婚姻法》关于经过查明双方确实是自愿并对子女和财产问题已有适当处理,发给离婚证的规定,1980年全市办理协议离婚登记883对,至1985年全市当年办理协议离婚登记2136对。据市民政婚姻登记部门对1986年上半年全市办理1500多对协议离婚登记的情况分析,其中35岁以下青年占三分之二,结婚不到两年的占四分之一,第三者插足、一方或双方有外遇的占四分之一强。12月11日,市民政局发出开展离婚登记法律咨询服务的通知,从1987年1月1日起,上海各婚姻登记机关全面开展离婚登记法律咨询服务,向申请离婚登记的男女双方解释离婚登记法定程序,对提出的离婚理由调查核实,并视情促使双方消除分歧,重新和好。

1986年9月1日,卫生部、民政部下发《关于婚前健康检查问题的通知》指出:患麻风病或性病未经治愈者禁止结婚,这是减少出生缺陷、提高人口健康素质的一项重要措施。1987年12月3日,市政府发布《上海市婚前健康检查暂行办法》,要求结婚的男女双方均应持所在单位或居村委会出具的《婚姻状况证明》(包括双方是否具有血缘关系的说明),在指定的医疗保健单位进行婚前健康检查。经检查取得《婚前体检证明》后,方可到一方户口所在地的婚姻登记机关申请结婚登记。婚前健康检查的费用由本人自理。12月31日,市卫生局下发健康检查项目及收费标准。1988年2月8日,市民政局制定实施《上海市婚前健康检查暂行办法》的通知,自4月1日起,上海在全市范围内普遍施行婚前健康检查,婚前体检将作为申请结婚登记必经的法定程序,婚前体检是否合格是当事人可否结婚的条件之一。3月22日,市卫生局、市民政局制定实施婚前体检的补充通知,明确男女双方原则上应到一方或双方户口所在地的指定医疗保健单位进行婚前健康检查,也可到就近的指定医疗保健单位进行婚前健康检查。如果女方年龄已经超过55周岁(含55周岁),双方不愿作婚前健康检查,婚姻登记机关经审查符合其他结婚条件的,可给予办理结婚登记。1989年,全市有221 044人接受婚前健康检查,婚前检查率达98.42%,上海成为全国婚前健康检查受检率最高的城市。

1989年1月12日，市政府批转市民政局、市计生委、市司法局等六部门联合制定的《关于认真贯彻执行〈婚姻法〉加强对违法婚姻综合治理的几点意见》，针对违反法定结婚年龄的早婚、不履行结婚登记手续就以夫妻关系同居等违法婚姻当事人，按照《上海市婚姻登记办法实施细则》予以处理，并通报当事人所在单位。对于父母纵容子女不进行登记就以夫妻关系同居的，应向其父母所在单位通报。1月18日，市民政局、市财政局制定《关于对违法婚姻经济处罚的财务处理意见的通知》指出，各婚姻登记机关对违法婚姻当事人处以经济罚款的，必须出具由市财政局印制的上海市罚没财物统一收据，并加盖婚姻登记机关公章。

1991年1月19日，市民政局制定《办理离婚登记工作须知》，规定：离婚登记工作要按照咨询、受理、审查、登记四个流程进行。婚姻登记机关要查明双方当事人是否确系自愿，并对子女、房屋已有适当处理；了解双方当事人的婚姻基础、婚后感情、离婚的直接原因，进行调解；核实当事人所达成的协议内容是否落实，对双方分居后住房均要与房主、户主直接见面，并写出书面意见；向双方单位了解当事人婚姻现状，并请单位协助工作；经审查双方确系自愿，当事人单位要对协议加盖公章；离婚登记完成后婚姻登记机关向双方当事人单位发出已经离婚的书面通知。

1992年10月，青浦县民政局成立婚姻管理所，实行在县民政局集中办理婚姻登记。随着上海郊县交通建设的快速发展，集中办理婚姻登记的条件日臻成熟。至1995年7月1日，上海10个郊县全部实现婚姻登记在县民政局办理，结束了婚姻登记在乡镇政府无专门机构、无专职人员办理的历史。

1997年9月，市民政局与市计生委联合制定《关于补办结婚登记和制止未婚生育的通知》，对1981年第二部《婚姻法》实施后，未办理结婚登记而以夫妻名义同居的当事人进行调查摸底，对符合条件的，限期补办结婚登记手续；对不符合条件的，限期分居。当年底，全市补办结婚登记4 571对。

1999年7月1日，市民政局对结婚登记程序作出调整，即结婚登记先受理、审查，符合条件的领取贴有当事人照片的婚前医学检查介绍信，到指定医院检查，体检合格再登记、领证，以杜绝曾经发生过的未达法定婚龄和冒名顶替婚检等情况。

2003年8月，国务院发布《婚姻登记条例》，取消婚姻当事人由单位或居村委会出具《婚姻状况证明》，改为"本人无配偶以及与对方当事人没有直系血亲和三代以内旁系血亲关系的签字声明"；取消强制婚检；增加补办结婚登记、无效婚姻和可撤销婚姻的规定；对符合婚姻登记条件的当场办理，发给结婚证或离婚证（原来办理离婚登记需要一个月时间）。同年10月1日，与该条例同时实施的还有民政部制定的《婚姻登记工作暂行规范》，该暂行规范对婚姻登记机关的设置、结婚和离婚登记的程序、撤销婚姻登记和补领婚姻证件的要求，以及婚姻登记机关和婚姻登记员的监督和管理等做具体规定。上海的婚姻登记开始实现从管理向服务的重大转变。

2003年10月，婚姻登记机关推出婚姻诚信措施：印制《结婚当事人权利和义务告知书》，发放给办理婚姻登记的当事人。在有关的婚姻登记表格、文书上，加印婚姻登记机关不予受理结婚登记的5种情况：（一）未到法定结婚年龄的，（二）非双方自愿的，（三）一方或者双方已有配偶的，（四）属于直系血亲或者三代以内旁系血亲的，（五）患有医学上认为不应当结婚的疾病的；不予受理离婚登记的3种情况：（一）未达成离婚协议的，（二）属于无民事行为能力人或者限制民事行为能力人的，（三）其结婚登记不是在中国内地办理的。提醒婚姻当事人按照婚姻登记《声明书》的要求,把好当事人签名关和口头承诺关。

2007年7月16日,崇明县民政局设立长兴乡、横沙乡婚姻登记站,使居住在该岛上的婚姻登记当事人可直接在所在乡办理婚姻登记。

1978—2010年,上海市共办理国内结婚登记4 123 900对、离婚登记447 064对。20世纪50年代的生育高峰形成80年代的结婚高峰,每年结婚登记均为10万对以上,有些年达20多万对;进入90年代,结婚数开始下降,每年在10万对左右徘徊。20世纪90年代起,两地婚姻(一方为上海户籍、一方为外省市户籍)比例逐年上升,到2010年占比近40%。1978—2010年,离婚数快速上升,1978年离婚数422对,1985年突破2 000对,2005年突破3 000对,持续居高不下。

表7-1-1　1978—2010年上海市办理国内结婚、离婚登记统计表　　　　单位:对

年　份	国内结婚		国内离婚
	结婚登记	其中两地婚姻	
1978	89 864	无统计	422
1979	128 547	无统计	868
1980	167 838	无统计	883
1981	281 844	无统计	1 304
1982	193 517	无统计	1 529
1983	149 363	无统计	1 656
1984	140 465	无统计	1 854
1985	181 541	无统计	2 136
1986	189 359	无统计	3 383
1987	154 503	无统计	4 280
1988	147 018	无统计	5 499
1989	116 039	无统计	6 649
1990	106 289	无统计	7 268
1991	94 617	无统计	7 662
1992	93 867	无统计	7 927
1993	86 210	无统计	7 587
1994	84 572	无统计	9 549
1995	81 245	无统计	9 740
1996	86 589	无统计	10 618
1997	85 969	14 295	11 281
1998	82 192	15 522	13 666
1999	88 913	17 916	16 662
2000	89 523	19 444	17 233
2001	89 582	21 609	16 931

（续表）

年 份	国内结婚		国内离婚
	结婚登记	其中两地婚姻	
2002	92 448	25 628	15 248
2003	105 459	30 895	19 704
2004	123 037	39 734	27 374
2005	100 299	35 903	30 745
2006	162 663	55 994	37 394
2007	117 825	45 974	37 095
2008	138 981	53 214	36 811
2009	147 413	56 217	38 772
2010	128 050	46 481	37 685
合 计	4 125 641	—	447 415

说明："两地婚姻"是指上海市居民与外省市户籍居民缔结婚姻关系

资料来源：上海市民政局档案

二、涉外婚姻登记

1978年，中国恢复涉外婚姻登记。国务院《关于中国人同在华外国人结婚问题的内部规定》明确：中国人同在华外国人之间的正当恋爱婚姻，不应干预，双方自愿要求结婚而又符合中国《婚姻法》者，应予批准。

1979年8月11日，市公安局发文明确：中国血统外国籍人、长住中国的外侨（包括华侨、港澳同胞）申请与中国人结婚，由各区县民政局受理，公安部门负责审查。

1980年11月26日，市政府外事办公室、市民政局、市公安局制定《关于办理中国人同在沪长住外国人以及临时来沪外国人结婚登记的有关规定》，明确：一是凡中国人同外国人（包括外国驻沪领馆人员、外国专家、教师、留学生、实习生、工程技术人员、临时来沪外国人）申请结婚登记，统一由黄浦区民政局办理，其他各区县民政部门不再受理。二是申请结婚的当事双方，原则上各自向所在单位提交申请报告。区属集体事业单位、里弄生产单位及无业居民，可向街道办事处报告。三是对申请人中的外国人，均由黄浦区民政局填写政审登记表送市公安局外事科办理政审。四是黄浦区民政局根据审查结果提出意见，报市民政局审核，并转报市外办审批。经市政府外办批准后，通知中外双方当事人到黄浦区民政局办理结婚登记。五是中国人同长住上海的外国侨民、长住上海或临时来沪的华侨、港澳同胞以及中国血统的外籍人结婚，由各区县民政部门商有关公安部门审批。已取得外国籍的中外混血人由黄浦区民政局办理。

1983年3月10日，民政部发布《华侨同国内公民、港澳同胞同内地公民之间办理婚姻登记的几项规定》，明确：华侨同国内公民、港澳同胞同内地公民之间结婚、双方自愿离婚和复婚，凡要求在国内（内地）办理的，男女双方须共同到国内（内地）一方户口所在地的县级以上政府婚姻登记机关申请登记。7月28日，市民政局召开涉外婚姻登记工作会议，传达民政部颁布的中国公民同外国人办理婚姻登记的规定,公布司法部委托的中国香港八位律师签字和驻中国香港机构及有关中国印鉴式样、司法部委托的中国香港八位律师印章和驻中国澳门机构及有关中国印鉴式样。

1983年11月21日,市民政局、市公安局制定《关于中国公民同外国人办理婚姻登记审查工作的通知》,明确:涉外婚姻登记不再经市政府外办审查。12月7日,市民政局转发民政部《关于中国公民同外国人办理婚姻登记的几项规定》,明确:凡个人相关证件齐全、符合条件的中国公民和外国人,持证件和男女双方照片,可到婚姻登记机关提出申请;经婚姻登记机关审查,符合《婚姻法》的准予登记,1个月内办理登记手续,发给结婚证。同时规定,现役军人、外交人员、公安人员、机要人员和其他掌握重大机密人员不准与外国人结婚。

1983年12月7日,市民政局在转发民政部《中国公民同外国人办理婚姻登记的几项规定》的通知中明确:自1984年1月1日起,中国公民同常驻中国和临时来华的外国人(包括已取得外国籍的中外混血人)的结婚登记,由市民政局办理。中国公民同外籍华人和定居我国的侨民的结婚登记仍由各区县民政局办理。

1983年12月8日,民政部办公厅转发《关于驻外使领馆处理华侨婚姻问题的若干规定》,明确:申请结婚的男女双方均是华侨,且符合中国《婚姻法》的规定者如驻在国法律允许,双方又坚持要中国使领馆为其办理结婚登记的,使领馆可为其办理结婚登记,并颁发结婚证书。如驻在国有关当局要求,也可为该证书出具译文,并证明其与原本相符。鉴于离婚案件比较复杂,驻外使领馆原则上不受理华侨申请离婚的案件。

1984年1月,市民政局建立涉外婚姻登记接待室。1985年7月1日起,涉外婚姻登记统一由市民政局直接办理。

1988年6月7日,市民政局、市司法局作出规定:1979年1月1日以后在大陆定居的中国台湾同胞申请与上海居民结婚的,由区县民政局受理;来大陆探亲旅游、经商的中国台湾同胞申请与上海居民结婚的,由市民政局受理。

20世纪90年代,上海涉外婚姻数量持续迅速增长,1990年全市涉外结婚登记1 345对,比1989年上升40%;1991年涉外结婚登记1 865对,比1990年上升38.7%;1992年涉外结婚登记2 555对,比1991年上升40%。这个时期,社会上出现非法设立以营利为目的的涉外婚姻介绍所,用欺骗手段从事涉外婚姻介绍。1993年下半年有5家涉外婚姻介绍机构被政府有关部门责令停办。

1998年2月,市民政局会同市政府侨务办公室、上海社会科学院、中国香港大学联合组成课题组,在沪港两地对1991—1995年在沪办理结婚登记的2 800余名上海一方当事人,进行沪港通婚状况的抽样调查。调查结果显示,沪港两地通婚的婚姻质量良好。

2003年8月8日,国务院颁布《婚姻登记条例》,废止原涉外婚姻只要其国家所在地相关机构认可,可以在中国办理登记手续的规定;新条例规定结婚登记至少一方为中国户籍,双方都是外籍人士不得在中国登记结婚。当事人符合结婚条件的当场予以登记,发给结婚证。婚姻登记机关可以办理中国公民与外国人之间的离婚登记。

1978—2010年,全市共办理涉外结婚登记62 847对,1980年起结婚登记数迅速上升,1980—1989年平均每年732对,1990年突破1 000对,1992年突破2 000对,1995年突破3 000对,1996年起趋向平缓,每年3 000对左右。涉及的国家逐渐增多,1986年涉及14个国家和地区,到2010年涉及73个国家和地区。

图 7 - 1 - 1　2002 年 5 月 1 日,浦东新区举行涉外婚姻颁证仪式

表 7 - 1 - 2　1978—2010 年上海市办理涉外结婚、离婚登记统计表　　　　单位:对

年　份	结婚登记	离婚登记	年　份	结婚登记	离婚登记
1978	148	—	1995	3 033	78
1979	215	—	1996	3 107	99
1980	398	—	1997	2 839	84
1981	628	—	1998	2 926	90
1982	677	—	1999	2 872	80
1983	679	—	2000	3 187	69
1984	781	—	2001	3 448	86
1985	826	5	2002	2 705	93
1986	794	17	2003	2 418	149
1987	773	26	2004	2 636	281
1988	802	33	2005	2 407	305
1989	963	29	2006	2 960	355
1990	1 345	28	2007	2 495	384
1991	1 865	30	2008	2 626	392
1992	2 555	41	2009	2 492	402
1993	2 552	59	2010	2 236	404
1994	2 459	63	合计	62 847	—

资料来源:上海市民政局档案

第二节　法制宣传和婚俗改革

一、法制宣传

1979年1月,市民政局会同有关部门联合发出通知,要求春节前后,全市大张旗鼓地宣传用社会主义思想处理好恋爱、婚姻、家庭问题,提倡晚婚和计划生育;表扬带头移风易俗、节约办婚事的青年和家长;宣传和表扬民主和睦的新家庭,反对变相买卖婚姻和包办婚姻;批评教育歧视虐待老人、妇女、儿童和干涉婚姻自主的行为。

1981年1月,全市广泛深入地开展第二部《婚姻法》简称新《婚姻法》宣传活动,各区县工会、青年团、妇联、法院等部门领导干部亲自宣讲新《婚姻法》。为使新《婚姻法》家喻户晓,许多单位开展的宣传活动形式多样,内容生动,有的把新《婚姻法》内容编成文艺节目,进行巡回演出;有的举办图片展览,出黑板报,编写新《婚姻法》宣传资料,制成幻灯片放映;有的组织宣传小分队,下基层宣讲。很多单位把新《婚姻法》宣传同春节前后的移风易俗、发扬新风尚、新道德和青少年教育结合起来。

1982年1月,市民政局、市高法院、司法局等六单位联合发出《关于进一步深入宣传婚姻法的通知》,要求继续广泛地宣传新《婚姻法》,着重宣传婚姻自由,加强社会主义婚姻道德教育,大力提倡节俭办婚事,造成强大的社会舆论,增强法制观念,以保证新《婚姻法》的贯彻实施。这次宣传活动要求做到:充分认识宣传和贯彻新《婚姻法》的重要性;继续广泛、深入地宣传新《婚姻法》的基本原则;在继续抓好婚事新办宣传的同时,春节后至5月1日前,重点搞好婚姻自由和社会主义婚姻道德的宣传;各单位要结合本单位实际情况,使遵守新《婚姻法》成为群众的自觉行为。

1990年5月,市委宣传部、市民政局等10个部门共同组织开展"上海市纪念第一部《婚姻法》颁

图7-1-2　1990年5月10日,上海市举行纪念第一部《婚姻法》颁布40周年、
第二部《婚姻法》颁布10周年大会

布 40 周年、第二部《婚姻法》颁布 10 周年宣传活动"。5 月 10 日,召开全市电话会议,副市长谢丽娟出席会议并讲话,全市 20 多万人收听。上海主要报纸均在头版醒目位置刊登消息和评论,电台、电视台作专题报道。5 月 20 日,5 000 多人走上街头,在静安寺、外滩、中山公园、人民公园、襄阳公园等区域,向市民宣传《婚姻法》。2 786 名专家、律师和婚姻登记工作者在公交车站、轮渡码头和各主要街道旁设摊,进行宣传咨询。全市各区县共设立 112 个咨询宣传点,利用广播、黑板报、录像等形式宣传。全市各咨询宣传点共发放宣传资料 14 万份,接待前来咨询的市民 5 万余人次。

1995 年 11 月 10—13 日,市委宣传部、市民政局等七部门举办新《婚姻法》颁布 15 周年宣传周活动,印制宣传材料发到各区县、街道、乡镇、居村委会,在外滩陈毅广场及各区县闹市区设立咨询点开展现场咨询活动,各区县运用有线电视、有线广播、区报、县报等媒介开展宣传。

1999 年 10 月 30 日,市民政局会同徐汇区民政局联合举办上海市婚姻法制宣传咨询活动,市计生委、市侨办、市公安局、市司法局等单位参与,数十家新闻媒体采访和报道宣传咨询活动。

2003 年 10 月,为贯彻新修订的《婚姻登记条例》,市民政局、市司法局、市法宣办联合开展婚姻法规宣传周活动,街道乡镇采用黑板报、横幅、文艺演出等多种形式进行宣传,发放宣传资料 2 万余份。

二、婚俗改革

20 世纪 80 年代,在市民政局的倡导和推动下,改革旧婚俗、婚事新办渐成风气。1980 年 2 月 8 日,长宁区、普陀区曹杨街道和青浦县朱家角镇民政部门会同工青妇组织分别为新婚青年举行集体婚礼。新人们表示要做移风易俗的带头人,不收礼、不办喜酒、不坐轿车,联名向即将在春节结婚的青年发出婚事新办的倡议。1981 年 9 月 28 日,200 余对青年男女在市体育馆举行隆重而简朴的集体婚礼,市领导到场向新郎、新娘表示祝贺,青年宫书画小组和 78 岁高龄的国画家吴野洲等,专门为新婚伴侣创作象征比翼双飞寓意的国画。

1981 年 12 月,全市开展提倡移风易俗、婚事新办、克服铺张浪费不良风气的宣传教育活动,把树新风、破旧俗、煞歪风作为建设社会主义精神文明、深入开展"五讲四美"活动的重要内容,作为关心群众生活、为群众办好事的重要措施,形成"婚事新办光荣"的社会舆论。徐汇区召开婚事新办经验交流大会,区人大代表和政协委员到各单位广泛宣传。吴淞区在干部动员大会上宣读区委"关于提倡婚事新办,发扬节俭好风尚的通知",要求各级组织齐心协力转变社会风气。川沙县组织青年移风易俗先进事迹报告团,在全县巡回宣讲。虹口区委纪委要求各级党团组织通过组织生活,教育未婚党员、团员带头做到婚事新办,少办或不办酒席,不收受至亲以外的贺礼,不动用公车运送嫁妆、迎送新娘,不搞封建迷信活动。普陀区和卢湾区发出"关于提倡俭朴办婚事,致全区共产党员和共青团员的一封信"。黄浦区对正在筹办婚事的青年进行家庭访问,宣传婚事新办的意义。长宁区民政局制定提倡婚事新办、反对铺张浪费的"致结婚青年一封信",发送给前来登记结婚的青年。

1990 年 1 月 14 日,已连续 6 年每年举办集体婚礼的川沙县又一次为 39 对新人举行结婚仪式,正在川沙县搞农村调查研究的市委书记、市长朱镕基来到县政府小礼堂,向正在举行集体婚礼的新人表示祝贺,祝福他们互敬互助互爱,终身幸福,希望新人们争当"四有"新人,做四化建设的标兵,为振兴川沙、振兴上海立新功。婚礼结束后,39 对新婚夫妇到川沙烈士陵园,把一束束鲜花献给革命先烈。

进入 20 世纪 90 年代中期,随着经济的发展给人们生活水平带来的提高,出现专业的婚庆公司,与此同时,水下婚礼、热气球婚礼、烛光婚礼、慈善婚礼、DV 婚礼等富有创意的个性化婚礼受到新婚男女的欢迎。

1998 年 10 月,卢湾区政府在复兴公园举办首届"玫瑰婚典",将文化、历史、音乐、时尚融合到婚礼中。1999 年 12 月,举办海外"玫瑰婚典",首次带领新人走向海外新加坡。2000 年 10 月,"玫瑰婚典"再次在复兴公园举行,并于同月带领新人赴中国香港举行婚礼。2000 年 11 月,玫瑰婚典作为特别节目,在上海电视台《相约星期六》播出。2001 年 10 月,"玫瑰婚典"举行万人欢腾花车游活动。至 2010 年 11 月,连续 13 年举办的"玫瑰婚典"活动,为渴望浪漫、崇尚个性的新人提供超越传统的创意,成为上海旅游节的品牌项目。

第三节　法　制　建　设

一、国内婚姻地方法规

1988 年 8 月 8 日,市政府批准发布《上海市婚姻登记办法实施细则》(以下简称《实施细则》),共设 9 章 41 条,自当年 10 月 1 日起施行。《实施细则》明确:办理婚姻登记的机关是区政府和乡、镇政府;市民政局主管上海的婚姻登记工作。申请结婚的男女双方应持有证件、证明:(一)本人居民身份证或户籍证明;(二)所在单位或居村委会出具的《婚姻状况证明》,不在本区、本乡或本镇申请结婚登记的一方当事人,其《婚姻状况证明》须加盖街道办事处或乡、镇政府公章;(三)由指定医疗保健单位出具的认定可以结婚的《婚前体检证明》;(四)本人正面免冠近期二寸单人照片三张。劳动教养人员申请结婚登记,除应持原工作单位、街道办事处或乡、镇政府出具的《婚姻状况证明》外,还必须持有劳动教养管理所出具的结婚登记的准假证明;正在服刑人员在关押或保外就医、监外执行期间,不准结婚;在缓刑或假释期间申请结婚登记的,婚姻登记机关应予办理;申请结婚的当事人,因受单位或他人干涉不能获得所需证明时,婚姻登记机关应查明原因。对确已符合《婚姻法》规定的结婚条件的当事人双方,婚姻登记机关应主动同有关单位联系,做好疏导工作。经疏导无效,当事人仍不能取得所需证明的,婚姻登记机关可将调查和联系的情况在《结婚申请书》中注明,依法为当事人办理结婚登记,发给结婚证。申请结婚的男女双方或一方当事人有下列情况之一的,禁止结婚,不予办理结婚登记:(一)未到法定结婚年龄,即男不满 22 周岁,女不满 20 周岁的;(二)非自愿的;(三)已有配偶的;(四)属于直系血亲和三代以内旁系血亲的;(五)患麻风病、性病未经治愈,或患医学上认为不应当结婚的其他疾病的;(六)法院判决离婚尚未生效的。申请离婚登记的当事人双方,在进行婚姻法律咨询、正式办理申请手续和领取离婚证时,必须亲自到场。取得离婚证,即解除夫妻关系;申请离婚登记的当事人应在接到婚姻登记机关通知书之日起,30 天内办理离婚登记手续或领取离婚证;逾期不办理离婚手续,或逾期不领取离婚证,除有特殊情况外,即作为自动撤销离婚登记申请结案。《实施细则》对复婚登记、婚姻登记档案管理和出证制度、处罚,包括未依法履行结婚登记而以夫妻名义同居的男女双方,由婚姻登记机关责令双方当事人限期补办结婚登记,婚姻登记机关可视情节轻重,处以 50 元以上、200 元以下的罚款等作出规定。1994 年 12 月 8 日,市政府令第 91 号决定,将《实施细则》第四条第一款修改为:区办理婚姻登记的机关是区民政局,县办理婚姻登记的机关是县民政局或者县民政局委托的乡、镇政府。

1995 年,市民政局根据《中华人民共和国婚姻法》和《婚姻登记管理条例》的规定,对《上海市婚姻登记办法实施细则》组织修订。同年 9 月 8 日,市政府发布《上海市婚姻登记管理办法》共 7 章 47

条,对婚姻登记管理机关和登记管理员、结婚登记、离婚登记、婚姻登记档案管理和出证制度、监督管理等作出规定。明确:各机关、团体、企业事业单位有责任为本单位或者本地区申请婚姻登记的当事人出具必需的证明,不得以任何借口拒绝或者限制。已回境内定居的原因私出境人员申请结婚登记时,还应当提供中国驻外使(领)馆或者驻港、澳工作机构出具的其在境外期间的婚姻状况证明,或者提交由申请人作出的并经公证的其在境外期间无婚姻关系的保证书。申请结婚登记的当事人,因受单位或他人干涉,不能获得结婚登记所需证明时,婚姻登记管理机关在查明事实后,对符合结婚条件的,应当予以登记,并发给结婚证。婚姻当事人遗失、损毁结婚证或者离婚证的,可向原受理登记的婚姻登记管理机关申请出具夫妻关系证明书或者解除夫妻关系证明书,婚姻登记管理机关对符合条件的,自受理申请之日起7天内出具有关证明书。申请婚姻登记的当事人弄虚作假,骗取结婚证或者离婚证的,婚姻登记管理机关应当撤销其婚姻登记,报市民政局备案,并对当事人处以200元的罚款。

1999年10月29日,市政府令第73号决定,对《上海市婚姻登记管理办法》作出修改:自愿离婚协议书应当写明双方当事人自愿离婚的意思表示、子女抚养、夫妻一方生活困难的经济帮助、财产和债务处理以及住房安排等协议事项;当事人申请离婚登记时,婚姻登记管理机关应当向双方当事人了解情况,告知离婚登记的法定条件和程序;婚姻登记管理机关对要求离婚的当事人,从受理离婚登记申请之日起30日内予以审查,对符合离婚条件的,发出领取离婚证的通知。删去婚姻登记管理机关在双方当事人取得离婚证后,应当通知双方当事人所在单位和户口所在地的户籍管理部门的条款。

2007年11月30日,市政府令第75号决定,废止《上海市婚姻登记管理办法》。上海的婚姻登记依照国务院颁布的《婚姻登记条例》执行。

二、涉外婚姻地方法规

1994年12月28日,为加强涉外婚姻的管理,保护婚姻当事人的合法权益,根据《中华人民共和国婚姻法》及有关规定,市政府发布《上海市涉外婚姻管理暂行办法》,自1995年2月1日起正式施行。《暂行办法》共7章40条,对涉外婚姻咨询、结婚、离婚、婚姻关系证明、法律责任等作出规定。其中对涉外婚姻咨询机构的设立,实行许可证制度;申请设立涉外婚姻咨询机构,应当由市妇女联合会、市总工会或者团市委以群众团体的名义举办,有具备涉外婚姻咨询服务资格的主管人员和咨询员等6个条件,不得邀请或者接待以婚姻介绍或者变相婚姻介绍为目的的境外团组在境内活动。婚姻当事人要求在上海结婚的,双方亲自到市民政局办理申请登记手续,填写《结婚登记申请书》;申请结婚登记的外国人(不含外国侨民)提供的婚姻状况证明,由该国公证机关出具,并经该国外交部(或者外交部授权机关)和中国驻该国使、领馆认证;申请结婚登记的双方当事人应当自接到领证通知之日起3个月内亲自到市民政局领取结婚证;因特殊情况需要延长领证期限的,应经市民政局同意,但延长期限不得超过3个月。当事人要求在上海市离婚的,国内公民与华侨之间,内地居民与中国香港、澳门、台湾地区的居民之间的婚姻,双方当事人自愿离婚且对子女抚养、夫妻一方生活困难的经济帮助、财产及债务处理等事项达成协议的,双方亲自到市民政局办理申请登记手续,填写《离婚登记申请书》和《自愿离婚协议书》;中国公民与外国人之间的婚姻,双方当事人自愿离婚或者一方当事人要求离婚的,依法向法院提起离婚诉讼。《暂行办法》对婚姻关系证明的申请出证、审查出证程序,以及法律责任的罚则、执法程序、复议和诉讼、重婚检举、行政处分等作出规定。1997

年12月19日,市政府对《上海市涉外婚姻管理暂行办法》进行修改并重新公布,修改的内容自1998年1月1日起施行。1999年10月29日,市政府对《上海市涉外婚姻管理暂行办法》进行第二次修正,2000年1月1日起施行。2009年12月25日,市政府制定《关于公布本市第四批取消和调整行政审批事项的通知》,取消"对涉外婚姻咨询机构设立的许可(由市妇联、市总工会或者团市委以群众团体名义举办)"的行政审批事项。2010年12月20日,市政府令第53号决定,废止《上海市涉外婚姻管理暂行办法》。涉外婚姻登记依照国务院颁布的《婚姻登记条例》执行。

1998年11月5日,市人大常委会通过《上海市居民同外国人、华侨、香港特别行政区居民、澳门地区居民、台湾地区居民婚姻登记和婚姻咨询若干规定》(以下简称《若干规定》),这是全国第一部有关涉外婚姻登记、咨询方面的地方性法规。《若干规定》明确:上海市居民与外国人、华侨、中国香港特别行政区居民、中国澳门地区居民、中国台湾地区(以下简称港澳台)居民要求在上海市结婚,或者与华侨、中国港澳台地区居民在上海市自愿协议离婚的,男女双方当事人必须共同到市民政部门申请结婚登记或者离婚登记(统称婚姻登记);市民政部门应当自受理婚姻登记申请之日起30日内完成审查,并书面通知男女双方当事人,对符合条件的予以婚姻登记,发给结婚证或者离婚证;符合婚姻登记条件的男女双方当事人应当自接到领证通知之日起3个月内,共同到市民政部门领取结婚证或者离婚证;逾期不领证的,视作撤回申请;因特殊情况需要延长领证期限的,应在领证期限内向市民政部门提出书面申请,经同意后可以延长领证期限,但延长期限不得超过3个月。《若干规定》明确:设立涉及外国人、华侨、港澳台地区居民的婚姻咨询机构,应当经市民政部门批准,取得婚姻咨询许可证;任何单位不得从事涉及外国人、华侨、港澳台地区居民的婚姻介绍活动;任何个人不得以营利为目的从事涉及外国人、华侨、港澳台地区居民的婚姻介绍活动;对违反规定的,由市民政部门责令改正,处以1万元以上、5万元以下罚款;情节严重的,处以5万元以上、20万元以下罚款;情节特别严重的,处以20万元以上、50万元以下罚款;有违法所得的,没收违法所得。

2010年7月30日,市十三届人大常委会二十次会议决定,废止《上海市居民同外国人、华侨、香港特别行政区居民、澳门地区居民、台湾地区居民婚姻登记和婚姻咨询若干规定》。废止的理由是:该规定最核心的涉外婚姻咨询机构设置许可已被取消,其他有关涉外婚姻的登记程序、罚则等内容也发生新的变化。同时,国务院颁布的《婚姻登记条例》对涉外婚姻的登记程序作详尽规范,上海的涉外婚姻登记依照国务院颁布的《婚姻登记条例》执行。

三、婚介机构地方法规

2001年12月28日,市政府发布《上海市婚姻介绍机构管理办法》(以下简称《办法》),对婚姻介绍机构(简称婚介机构)的性质、设立及其管理、服务规范、争议解决与法律责任等作出规定。明确婚介机构是为征婚当事人提供婚姻介绍服务的中介组织。《办法》在婚介机构的设立及其管理方面规定:需设立婚介机构的,应向市民政局提出申请;市民政局自收到申请材料之日起15日内作出审批决定;予以批准的,颁发《婚姻介绍机构服务许可证》(以下简称许可证);不予批准的,书面告知申请人,并说明理由;工会、共青团、妇联、残联等社会团体举办的婚介机构,应当自取得许可证之日起30日内,依法办理民办非企业单位登记,领取登记证书后,方可从事婚姻介绍服务活动;非社会团体举办的婚姻介绍机构,自取得许可证之日起30日内,到工商行政部门办理登记注册手续,领取营业执照后,方可从事婚姻介绍服务活动。《办法》对婚介机构设立条件、负责人的限制条件、申请材料、分支机构的条件和审批、变更和终止、年检等作出规范。《办法》规定婚姻介绍服务合同应当明确的 5 项内容：婚介机构或者媒体应合同约定，如实公开征婚当事人的信息资料，信息资料在婚姻介绍服务期限内备份并留存，并对隐私权保护、服务记录、征婚广告、服务价格等作出规定。对争议解决与法律责任方面，明确解决的 5 个途径：对无许可证从事婚姻介绍服务活动的、从事欺诈性婚姻介绍服务活动等十一项行为之一的，由民政部门责令改正，予以警告，并可对经营性行为处以 1 000 元以上、30 000 元以下的罚款，对非经营性行为处以 100 元以上、1 000 元以下的罚款的行政处罚。《办法》还对婚介机构在媒体刊登或者播放的征婚广告，冒用其他单位名义发布的；征婚广告含有虚假内容的，由民政部门移送工商行政部门依法予以处理等作出规定。

2004 年 6 月 24 日，市政府根据《中华人民共和国行政许可法》的有关规定，对《上海市婚姻介绍机构管理办法》作出修改，取消设立婚介机构的前置审批，婚介机构按非经营性和经营性向不同的部门登记，非经营性的到机构所在地区县民政部门办理民办非企业单位登记手续，经营性的到工商行政部门办理登记注册手续。

第四节　依　法　行　政

一、行政执法责任制

1999 年 1 月 25 日，市民政局召开婚姻工作会议，确定年内各区县开展婚姻管理行政执法责任制试点。闸北、南市、卢湾、闵行、普陀、宝山、南汇 7 个区县民政局婚姻登记机关先行开展"首问责任制""两次受理申请办结制""责任追究制"为核心内容的婚姻登记行政执法责任制。6 月 4 日，市民政局召开区县民政局局长、法制部门负责人和婚姻科长会议，交流、推广试点区县的做法。

2000 年 1 月 21 日，市民政局下发《关于在全市推行婚姻登记管理行政执法责任制的通知》，明确：2000—2002 年期间，婚姻登记管理推行职责明确、程序规范、制度齐全、监督有力、奖惩分明的行政执法责任制度；执法依据为《婚姻法》《婚姻登记管理条例》等；执法主体为市和区县民政局；婚姻登记员应持《行政执法证》《婚姻登记管理员资格证书》上岗；全市婚姻登记管理部门实行公开告知、两次受理申请完毕制度；区县民政局定期进行执法自查，自查个案数量不低于上年总数的 10％，市民政局对区县民政局进行检查执法，检查数量不低于上年总数的 1％；建立自行纠正错误机制，区县民政局发现适用法律错误或违反法定程序的，上报市民政局核实后，自行纠正错误。

二、婚姻档案管理

1987 年 7 月 1 日起，婚姻登记档案由所在区县民政局集中保管，保管期限为 10 年，期满后移交区县档案馆。涉外婚姻档案由市民政局管理并保存。

1991 年 3 月 12 日，市民政局与市档案局共同制定《上海市婚姻档案管理规定》，明确婚姻登记档案的管理部门、婚姻登记档案的组成部分、文件归档要求、婚姻登记档案管理人员要求等。当年，市民政局对 1951—1991 年间的婚姻档案进行全面清理，共清查档案 300 多万份。

1995 年，各区县民政局对 1994 年的档案进行立卷归档，对 1995 年的档案做到材料收集不过当天，立卷装订不过月。虹口区婚姻档案实行电脑管理，并在库房内安装使用档案"密集架"，提高婚姻档案管理的质量和容量。

1997 年 1 月起，各级婚姻登记和档案管理使用电脑管理软件。

2006 年 9 月 22 日,市民政局、市档案局联合下发《关于规范婚姻登记档案管理的通知》,对婚姻登记档案的规范整理、按时移交,严格程序、及时向社会提供利用,促进婚姻登记档案信息互联互通、资源共享等作出具体规定。办理婚姻登记所形成的电子数据,依照《婚姻登记档案目录数据库结构》等要求,与纸质材料一并归档和移交。加强婚姻登记管理系统和档案管理系统的数据衔接,逐步完善电子政务环境下的婚姻登记电子数据实时归档与接收的运行机制,按规定数据格式,整合全市新增婚姻登记档案信息。各区县档案馆加快馆藏婚姻登记档案数字化进程,依托公务网定期向市档案馆充实和更新婚姻登记档案信息。民政和档案系统通过整合婚姻登记档案信息,逐步形成"一种资源,两个窗口"的服务体系。

截至 2010 年底,婚姻登记管理信息系统中累计录入 1 499 728 对婚姻信息。

三、婚姻状况证明

20 世纪 80 年代初,全市逐步统一文本格式,为公民因结婚证或离婚证丢失、损坏等原因,出具婚姻证明。

1986 年 11 月,上海按照民政部规定,使用全国统一式样的《婚姻状况证明》。1987 年 4 月 1 日,根据国务院《婚姻登记办法》建立婚姻登记出证制度,凡在上海办理婚姻登记的当事人,因遗失《结婚证》《离婚证》,或因出国、继承财产以及其他正当理由,需要证明其夫妻关系或已解除夫妻关系的,均可向原婚姻登记机关申请出具《夫妻关系证明书》或《解除夫妻关系证明书》,两种证明书与《结婚证》《离婚证》具有同等法律效力。

1987 年 6 月 1 日,市民政局制定《关于婚姻登记出证制度的补充通知》,就原始婚姻登记档案已散失的出证问题、涉外婚姻登记出证作出具体规定。1991 年 3 月 21 日,市民政局制定《关于出具〈婚姻登记证明〉的通知》,为方便婚姻当事人子女出国等,统一全市《婚姻登记证明》样式。

1994 年 10 月 14 日,市民政局制定《关于本市自费留学生回国结婚出具婚姻状况证明问题的暂行规定》,解决自费留学生回国定居后,在办理结婚登记时,因无法提供本人在国外期间的婚姻状况证明而影响办理结婚登记手续的问题。自费留学生出国前已达婚龄的,需由原工作单位或街道办事处、乡镇政府出具出国前的未婚证明。提交经现居住地公证机关公证的本人在国外期间无任何婚姻关系的保证书和经公证的两名了解当事人情况的亲友出具的未婚担保书。担保书上须注明担保人的姓名、性别、住址、身份证号码及与被担保人的关系。现工作单位或居村委会出具的回国后的未婚证明。

1995 年 1 月,市民政局统一制定《出具婚姻关系证明》。1997 年 4 月 1 日起,上海使用民政部新版《婚姻状况证明》。当年,市民政局开发和完善婚姻管理电脑软件,全市各级婚姻登记机关全面实行婚姻证书电脑打印,并开展电子婚姻登记档案的保管和利用,使婚姻登记管理更趋规范。

1997 年,市民政局针对原上海支边、支内人员及上山下乡知青在外省市登记结婚、已回沪定居的部分当事人需要出具《婚姻关系证明书》的情况,制定有关异地补证的规定。补领婚姻登记证的条件是:当事人遗失、损毁婚姻证件;当事人依法登记结婚或者离婚,现今仍然维持该状况;补领婚姻登记证当事人提交身份证件。

2003 年,上海市婚姻登记系统信息系统建立,由于婚姻登记尚未实现全国实时联网,《婚姻登记记录证明》只局限于证明当事人在上海辖区内的婚姻信息。出具的证明可用于购房、贷款、出国、迁户口、征婚等 50 余项事务。

2004年4月6日,市民政局制定《关于出具婚姻登记记录证明的通知》,对出具《无婚姻登记记录证明》的申请对象、需提供的证件和证明予以明确。

四、婚姻登记收费

【国内婚姻登记收费】

20世纪80年代初期,根据民政部的文件规定,上海开始恢复结(离)婚证的收费。每对0.20元;之后证书重新设计改版,每对收费0.8元。

1986年12月11日,经报请市政府同意,市民政局制定《关于开展离婚登记法律咨询服务和收费标准的通知》,规定:从1987年1月1日起,建立离婚登记法律咨询服务制度,包括调查了解、调解等工作,每对收取咨询服务费2元。

1987年6月1日,市民政局制定《关于婚姻登记启用新证和调整收费标准的通知》,规定:从1987年7月1日起,启用民政部重新设计印制的新的《结婚证》和《离婚证》。新的婚姻证书收费标准调整为:平装《结婚证》每对收费3元(含档案保管费1元,下同),精装《结婚证》每对收费8元;《离婚证》每对收费10元。

1989年11月14日,经市物价局批准,上海的国内结婚登记费每对收费8元、国内离婚登记费每对收费10元。

1992年6月2日,民政部转发国家物价局、财政部《关于发布民政系统行政事业性收费项目及标准的通知》,从7月1日起,办理国内婚姻登记(结婚、夫妻关系证明书),收取婚姻证书费每对9元。

1994年9月9日,市民政局制定《关于调整部分婚姻登记收费项目的通知》明确:国内结婚登记费按民政部通知标准每对9元;国内婚姻登记咨询费仍维持2元。

2002年2月,根据财政部、国家发展计划委员会的文件规定,婚姻证书费,离婚、解除夫妻关系证明书费,涉外结婚或复婚登记手续费,内地公民同港、澳、台、华侨结婚或复婚登记手续费以及离婚登记手续费,统一变更为婚姻登记费(含证书工本费)。

2011年2月22日,市民政局制定《关于做好婚姻、收养登记收费标准调整的通知》明确:从2011年1月1日起,降低婚姻登记证书工本费的标准:结婚登记工本费从9元调整至5元,离婚登记工本费从10元调整至5元。自2011年1月1日起按老标准收费的婚姻登记当事人可带好原票据至婚姻登记机关退回差额费用。

2013年1月23日,市民政局转发《市财政局、市物价局关于2012年本市行政事业性收费清理工作有关事项的通知》明确:从2013年1月1日起,取消婚姻登记工本费,不再收取结婚登记和离婚登记工本费。

【涉外婚姻登记收费】

1983年8月25日,根据民政部文件规定,市民政局制定《关于华侨同国内公民、港澳同胞同内地公民婚姻登记收取婚姻证书工本费和登记手续费的通知》,明确:从9月1日起,华侨同国内公民、港澳同胞同内地公民登记婚姻时,每对收取结婚证书工本费和登记手续费共10元;离婚每对共收5元。外籍华人、外国人与中国公民登记结婚的,每对收取结婚登记工本费和登记手续费共20元;离婚每对收取10元。

1985年7月1日,上海调整外国人、外籍华人(包括长住港、澳的)结婚登记每对收费提高为30元,对定居我国的侨民仍按国内标准收费。华侨、港澳同胞结婚登记,每对收费提高为20元;离婚登记,每对收费提高为20元。除定居我国的侨民外,一般均收取外汇兑换券。

1994年1月,外汇兑换券停止使用后,上海开始在涉外婚姻登记中收取美金。1997年6月,民政部计划财务司发文同意上海试行现阶段的涉外婚姻登记收费标准(涉外国人每对收取美金30元,涉港澳台同胞、华侨每对收取美金20元)。1999年,改为人民币收费,即涉外国人每对收取80元,涉港澳台同胞、华侨每对收取60元,直至2004年6月涉外、国内婚姻登记收费标准并轨。

2004年6月起,根据市财政局、市物价局印发《关于发布2003年上海市行政事业性收费项目目录的通知》明确:不再区分国内婚姻登记和涉外,涉港、澳、台、华侨婚姻登记收费标准。结婚登记工本费9元/对、离婚登记工本费10元/对、夫妻关系证明书9元/对、解除婚姻关系证明书10元/对、婚姻登记查档费2元/人·次。2011年1月1日起,降低婚姻登记证书工本费的标准:结婚登记工本费从9元调整至5元,离婚登记工本费从10元调整至5元。

2013年1月1日起,取消婚姻登记工本费,不再收取结婚登记和离婚登记工本费。

五、婚介机构管理

改革开放后,社会上出现专业的婚介服务机构,为有择偶需求的单身青年、离异人士、丧偶人士牵线搭桥。据统计,1995年,全市有婚介机构38家,到90年代末增至100多家。婚介机构一方面为人际交往少、范围小的男女当事人提供交往平台,另一方面受经济利益驱动,以虚假服务、婚托等手段坑害征婚当事人的不正当行为也时有发生,婚介机构面临信誉危机。

1995年5月,市民政局对群众反映的2名日本人分别在上海园林宾馆和上海宾馆等场所从事非法涉外婚介活动,开展调查取证。根据《上海市涉外婚姻管理暂行办法》第三十二条规定,市民政局分别于5月30日和10月12日责令其停止在上海从事非法涉外婚介的违法行为,并在市公安局外国人出入境管理处的配合下,责令其限期离境,同时对其在上海进行涉外婚介所牟取的非法所得予以没收,上交国库。

1996年8月14日,市民政局、市工商局、市公安局联合制定《上海市国内婚姻介绍服务机构管理规定》,明确国内婚姻介绍服务机构的定义,工商、民政、公安三部门的职责分工,申请成立登记的程序、活动原则、法律责任等内容。

1997年1月1日起,各区县民政局会同工商、公安部门对婚姻介绍服务机构进行调查摸底和清理整顿,对不符合规定、未经登记开展婚姻介绍活动的12家机构和个人进行整顿和查处。1999年8—9月,市民政局对1997年以来经批准建立的85家国内婚介机构的人员构成、服务项目、服务形式、收费标准、场地设备等逐一进行调查。

2000年3月2日,市民政局在全市推行《上海市婚姻介绍服务机构工作情况信息表》,要求婚介机构定期上报并形成制度;3月7日,开展《上海市婚姻介绍服务机构自律公约书》试点工作,在部分区县开展婚介机构与区县民政局签订《行业自律公约书》。对经营不善、管理不规范、投诉反映较多的婚介机构,限期整改或劝其关门歇业、停止经营。当年,全市有11家婚介机构关门歇业,收回《执业许可证》。

2001年12月,市政府颁布《上海市婚姻介绍机构管理办法》,规定由市民政局批准颁发婚姻介绍机构服务许可证,然后进行工商或民办非企业单位登记,方可开办婚介机构,还设置了处罚条款。

2004年6月,《上海市婚姻介绍机构管理办法》经过修改,取消由市民政局对成立婚姻介绍机构前置审批的规定。

2002年3月,全市开展婚介机构清理整顿工作。各区县民政局协调工商、公安等部门,对辖区内的婚介机构从制度明示、证明的提供、服务合同的签订、服务活动的记录等方面进行整顿和管理,督促婚介机构签订《自律公约书》。经过3个月清理整顿,48家婚介机构通过年检,换发许可证。通过清理整顿,对婚介机构的投诉明显减少。

2002年11月,市民政局批准成立上海市婚姻介绍机构管理协会,开启政府职能部门与婚介机构管理协会双管齐下的管理模式。民政部门负责对非法和违法的婚介机构开展执法检查,接待受理信访和投诉,并对婚介管理协会进行指导和监督,婚介机构的日常管理全部由婚介管理协会承担,从而形成政府主导、行业自律的管理方式。

2003年3月15日,市民政局依据《上海市婚姻介绍机构管理办法》中行政处罚的规定,对经民办非企业单位登记的婚介机构设立服务点未向社团登记管理部门备案的,婚介机构逾期未办理年检或者年检不合格、继续从事婚介服务活动等行为的行政处罚进行量化,作出规定:对经营性行为处以1 000元以上、30 000元以下罚款,对非经营性行为处以100元以上、1 000元以下罚款。2009年5月7日,进一步明确:明知征婚当事人提供的证明虚假而予以发布的,应责令改正,予以警告,并可处罚款:对经营性行为,每发布1例虚假征婚信息,处以1 000元罚款,但一次罚款总额最高不超过30 000元;对非经营性行为,每发布1例虚假征婚信息,处以100元罚款,但一次罚款总额最高不超过1 000元。对"媒体未向市民政局备案的""雇佣他人充当征婚当事人的"等其他5项行为,根据行为的不同程度对处罚金额作出进一步量化。

2006年6月,上海市婚姻介绍机构管理协会开展行业从业人员上岗资格业务培训,开展"上海市示范婚介机构"的创建、申报和评审活动,18个会员单位被授予"示范婚介机构"称号。2007年,协会起草《上海市婚姻介绍服务规范》。2008年4月8日,协会主办婚介行业发展战略研讨会,围绕"诚信婚介,社会责任"为主题展开讨论交流。2008年10月12日,协会承办《诚信服务信誉保障》活动启动仪式暨大型公益免费咨询交友活动,近万名单身白领青年在卢湾体育馆参加交友活动。

第五节　婚　姻　服　务

一、网上预约登记

2002年2月9日起,上海各级婚姻登记机关响应市政府倡导的"群众休息我办事",实行每周一至六的工作日制度,让婚姻当事人星期六也能办理婚姻登记。2003年5月,实行中午值班制。2006年5月起,增加每年1月1日、5月1日、10月1日办理结婚登记。

2003年9月,静安、卢湾、徐汇、闵行等4个区的婚姻登记机关应用国内婚姻"网上办事"应用软件系统,开展婚姻登记网上咨询、表格下载、预约受理等业务的试点。全市343人次进行网上咨询,505人次进行网上预约,至当年底,通过网上预约并完成婚姻登记229对。2004年1月,婚姻登记系统软件功能进一步升级并完善。2008年10月,对婚姻登记网上预约系统再次升级改造,细化预约时间段,加强系统的稳定性和互动性。2009年,结婚登记网上预约系统增加涉外婚姻预约功能。

进入21世纪,选择在特殊的日子登记结婚渐成风气。2008年8月8日,第29届奥运会在北京开幕当天,上海迎来首个单日婚姻登记高峰,当天全市婚姻登记机构为7 156对新人办理结婚登记。

2009年9月9日,因其谐音为"爱你久久",市民政局成立"九九婚"特别领导小组,各区县作充分的准备工作,网上预约"9·9"领证的新人超过4 900对,当天为8 787对新人办理结婚登记。2010年10月10日,全市婚姻登记机关在法定休息天加班,满足"十全十美"结婚登记愿望,全天共为10 113对新人办理结婚登记。

二、婚姻家庭健康咨询

2003年11月,上海第一家婚姻家庭健康咨询室在普陀区婚姻登记中心设立,它为当事人免费提供家庭健康、优生优育、心理辅导、法律等方面的咨询服务。2004年9月,市民政局在普陀区召开现场会予以推广。2005年8月4日,市政府转发市卫生、民政等部门联合制定的进一步做好婚前保健服务工作的意见,针对取消强制婚检制度后婚前体检检查人数明显下降的状况,提出在婚姻登记机关内设立婚姻家庭健康咨询室,咨询室由民政部门负责管理,卫生、计生部门派出婚前保健医师和专业人员,为新人提供免费婚前保健咨询和医学检查等服务,当事人可自愿领取"免费婚检联系单",到经许可的医疗、保健机构接受婚前医学检查,其费用由政府支付。通过咨询服务,至2010年全市婚前咨询率达到98%以上,婚检率从3%回升至37.11%。

2008年4月,市民政局发布《关于在全市婚姻登记机关设立社会工作者岗位推进社工队伍建设的通知》,要求在"十一五"期间,全市各婚姻登记机关设立社工岗位,利用专业社会工作理念、知识和技能,从事婚姻登记咨询、婚姻家庭健康咨询、离婚咨询调解等工作。年内,徐汇区、浦东新区民政局在咨询窗口、离婚登记窗口安排社工开展服务。

三、颁发结婚证制度

2000年12月31日,市民政局、徐汇区政府、新民晚报社、东方电视台、光大会展中心联合举办"世纪婚典",副市长冯国勤看望100对参加"世纪婚典"的新人,市人大常委会原主任叶公琦为新人证婚,市区县的有关领导为新人颁发结婚证书。东方电视台进行实况转播。

2001年8月14日,市民政局下发《关于本市在办理结婚登记时实行颁发结婚证书仪式的通知》,决定在全市办理结婚登记时实行颁发结婚证书仪式,以使结婚当事人在结婚登记现场深切感受法律的严肃、庄重,更加明确在婚姻家庭中的权利、义务和责任;对颁证室面积、背景、颁证台、颁证员、服装和胸卡、颁证词等作出具体规定。

2001年9月17日,市民政局在市婚姻登记中心举行首次结婚登记颁证仪式,副市长冯国勤为新人颁发结婚证书。闵行、黄浦、南汇、普陀、卢湾、虹口、青浦7个区均在年底前实行结婚登记颁证仪式。新人们在国旗、国徽下宣誓承诺,郑重地接过颁证员手中的结婚证,感受婚姻的庄严、神圣。

2004年1月起,市民政局在全面实行结婚颁证仪式之后又推一项新举措:聘请一批德高望重、家庭美满幸福、热心社会公益事业的知名科学家、艺术家、社会名流、金婚夫妇等担任结婚登记特邀颁证师,在重大节庆日为新人颁发结婚证。1月1日,在市民政局百年历史的办公大楼举行特邀颁证师聘请仪式。副市长周太彤向大桥建设总指挥朱志豪、"抓斗大王"包起帆等14位知名人士颁发特邀颁证师聘书。

2006年4月20日,市民政局制定《关于进一步完善结婚登记特邀颁证师制度的通知》,规定:

每个区县确定 5 个左右人选,统一由市民政局发聘书,聘期为 2 年,期满可续聘,特邀颁证师的姓名、简介、颁证时间应在区县民政局网站上公布,以便当事人网上选择和预约颁证师。

结婚颁证仪式推行后,区县政府将此作为开展法制宣传教育的一项重要措施。2008 年 7 月,闵行区建成上海第一家高标准的婚姻登记颁证中心。上海 20 个婚姻登记场所都超过 200 平方米,有 5 个区的结婚登记场所面积在 500 平方米以上。设有登记大厅、等候区、化妆室、观礼席等,颁证大厅宽敞明亮,高贵典雅,国徽高悬。各区县婚姻登记部门还举办多种形式的颁证活动,奉贤区的"贤人颁证"、浦东新区的"区长颁证日"、普陀区在苏州河上举办的"幸福游艇"集体颁证仪式、长宁区的"爱在长宁、情系军营"双拥集体婚礼、杨浦区"情定一生,爱满杨浦"集体颁证婚礼、青浦区的"江南水乡"婚典、松江区的"携手相约,爱在茸城"集体婚礼、闵行区的"新尚婚典"等各种专题集体颁证仪式深受新人欢迎。

第六节 规 范 化 建 设

一、持证上岗制度

1986 年 1 月,市民政局推行婚姻登记员持证上岗制度。婚姻登记员经市民政局业务培训、考核合格后,发给婚姻登记员证书,持证上岗。婚姻登记员必须做到:严格执行《婚姻法》《婚姻登记管理条例》等有关法律法规,秉公执法,不得徇私枉法、以权谋私,不得要求当事人出具法律、法规规定以外的其他证件或者证明,不得承办本人或者近亲属的婚姻登记。

1986 年 10 月 28 日,市民政局举行授证大会。市区和乡镇 568 名婚姻登记干部,自 6 月分期分批通过培训考核后,取得执法员资格,正式佩戴金底红字的"婚姻登记员"证章。市民政局向婚姻登记员颁发证书、证章。

1997 年 12 月,首批 20 名市和各区县婚姻登记机关的行政执法人员获得市政府颁发的《行政执法证》;全市 135 名从事婚姻登记工作的专职干部和聘用人员通过专业法的资格考试,获得《婚姻登记员资格证书》。

2006 年 5 月,全市婚姻(收养)登记员近 200 人次接受培训。2008 年 1 月起,对全市婚姻登记员进行资格年审培训。

2010 年 9 月,市民政局组织全市新任婚姻登记员业务培训,确保所有登记员均持证上岗,确保上海世博会期间婚姻窗口服务工作平稳有序。全市各婚姻登记机关制定迎世博窗口服务工作方案,严格依法行政和热情服务。在年内文明行业测评中,婚姻登记窗口获评市民满意行业,市民政局婚姻管理处获得"迎世博优质服务奖"。

二、文明窗口创建

1991 年,市民政局首次开展先进婚姻登记机关和个人的评比,全市 20 个登记处被评为先进,14 个登记处被通报表扬,41 名婚姻登记员被评为优秀。

1996 年,全市婚姻登记部门开展"让人民高兴,使人民放心"文明窗口创建活动,活动内容包括:加强硬件建设,创造良好环境;下发公约规则,公开办事制度,接受群众监督;开展优质服务,塑造窗口形象等。市、区县民政局分别举办培训班,提高婚姻收养登记人员的业务素质。

1996年9月10日,市民政局《关于加强婚姻服务管理工作意见的通知》明确:建立婚姻服务经济实体。婚姻服务机构必须办理工商注册登记手续,建立具有法人资格、独立核算的经济实体。在职机关干部不能担任法人代表,实行政企分开。各区县从本地区实际出发,因地制宜确定婚姻服务项目、收费标准。婚姻登记与婚姻服务场所分开、收费分开,服务项目必须价格公开、张榜公布,服务收费和登记收费必须分别出具发票,严禁婚姻登记搭车收费,婚姻服务要贯彻当事人自愿和便民利民原则。

1997年1月,市民政系统开展"政务公开、规范窗口服务、争当孺子牛"活动。婚姻收养登记部门统一制定新的结婚登记、离婚登记、收养登记和登记员守则,连同登记依据、程序、公民权益、登记人员的责任等内容,在各婚姻登记机构公开上墙;在醒目位置分别设立公示板、评议箱,发放评议表格,接受社会和婚姻当事人的评议,开设语音咨询电话、直拨咨询电话,利用多种方式公布婚姻登记相关内容,方便当事人查询。当年底,全市有10个区县的婚姻登记处被评为"文明窗口",杨浦区民政局婚姻登记处被评为全国民政系统"文明服务示范窗口"。

2001年4月,市民政局开展婚姻登记机关行风评议工作。2002年,开展创建"文明婚姻登记处"活动。2003年2月,开展上海市民政系统示范婚姻登记处达标活动,对场地、设施、队伍、制度建设等方面作出规定。

2004年起,婚姻登记员统一枣红色着装,佩戴专用标识。

2004年5月,全国婚姻登记工作会议在上海召开。民政部部长李学举、副部长陈杰昌、中纪委驻民政部纪检组长张印忠等出席会议。市民政局以全国婚姻工作会议为契机,加强政风行风建设,对全市的婚姻登记机关登记工作制定工作标准,包括机构设置、人员配置、办公环境与设备、政务公开内容等作详细而明确的规定,确保登记合格率100%。

2004年6月,市民政局发出《严格制止借婚姻登记乱收费的通知》,规定:婚姻登记机关不得从事与经营服务有关的活动,禁止以"打闷包"形式强制收费服务,婚庆公司不准在婚姻登记机关设点等。

2005年12月,市民政局组织开展2004—2005年度上海市优秀婚姻登记员评比工作,评选出19名优秀婚姻登记员。

2006年3月,市民政局为全面提高婚姻登记机关依法行政、规范服务,树立文明高效的政府形象,开展评审"上海市婚姻登记机关规范化建设窗口单位",并围绕婚姻登记机关的建设和管理、推行婚姻登记政务公开、依法登记与文明服务三个方面制定评审标准。其中规定办公场所总面积要达到200平方米以上,分别设立结婚室、离婚室、档案室、颁证厅、休息(等候)区域和婚姻家庭健康咨询室;婚姻登记大厅内悬挂国徽。结婚登记室为敞开式,当事人和登记员相对平坐,离婚登记室要有私密性,颁证室有国旗、国徽、明亮的灯光和音像设备,休息(等候)区域要摆放相关法律法规宣传资料、服务质量评价表和投诉信箱,有工作人员提供相关咨询;落实"首问责任制",做到"来有迎声、问有答声、走有送声"。登记机关和登记员要廉政守纪,坚决杜绝吃拿卡要、搭车收费,不得从事有偿服务。12月,市婚姻(收养)登记中心和黄浦、普陀、闵行、浦东、徐汇、闸北、松江、青浦、嘉定等区的10个婚姻登记中心被命名为"全国婚姻登记规范化建设窗口单位"。经市民政局评审,市婚姻(收养)登记中心和19个区县婚姻登记机关被命名为"上海市婚姻登记规范化建设窗口单位"。

2009年4月,市民政局制定《上海市民政婚姻收养登记行业优质服务标准(试行)》,从行业服务标准、文明用语、服务承诺、服务流程、便民措施、管理制度和岗位职责7个方面进一步对婚姻收养登记进行规范。至年底,婚姻登记合格率达100%。

第七节 信息化建设

1996 年 7 月,市民政局根据当年上海的头号工程"信息港工程",全面推行全市婚姻登记机关婚姻登记信息化建设工作,婚姻登记机关统一配置电脑,开发婚姻登记和婚姻档案管理计算机单机版软件,成为上海民政信息系统的重要子系统之一。

1997 年 1 月起,各级婚姻登记机关在婚姻登记和档案管理中开始使用婚姻管理软件。1998 年11 月,在全市婚姻档案实现电脑化管理的基础上,设计出符合上海婚姻登记实际、操作简便、实用性强的"上海市婚姻登记电脑管理系统软件"。12 月 4 日开办新软件使用培训班,在全市 20 个区县婚姻登记机关正式推广使用。同年,实现涉外婚姻登记信息化管理。

1999 年 10 月,根据市政府实事工程要求,完成市民社会保障卡中关于市民婚姻状况信息的采集输入工作,使社会保障卡在年底顺利发到市民手中。同年,全市婚姻登记工作实行联网管理。

2000 年 9 月 28 日,市民政局"上海婚姻网"开通,副市长冯国勤出席开通仪式并讲话。"上海婚姻网"设有会员专区、热门话题、玫瑰之约、情感方舟、红娘热线、婚事指南、幸福家庭、圆缘茶坊等 8 个板块。至 2000 年底,"上海婚姻网"有注册会员 15 500 余人,在线会员 50 余人,网民点击量百万人次。

2001 年 11 月,在单机版的基础上开发实现国内婚姻全市联网登记,市和 19 个区县婚姻登记机构实时联网运行,所有婚姻登记数据通过三级民政信息网络平台汇总到市局中心数据库,形成完整统一的全市婚姻登记信息化工作平台和数据库。2002 年,在完成"国内婚姻信息管理子系统"开发的基础上,进一步完善该系统的功能开发。

2002 年 4 月,在婚姻登记中开展"社会保障卡"婚姻信息的使用和变更工作,以保证当事人卡内婚姻信息的准确性。当年,全市各级婚姻登记机关在登记工作中的"社会保障卡"使用率达到 30%。

2003 年 9 月,上海作为全国试运行的试点单位之一,根据民政部《关于涉外、涉港澳台居民和涉华侨婚姻登记信息系统试运行的通知》要求,上海涉外婚姻登记完成网络设备的配置,为在全国试运行作好前期准备。

2007 年 9 月,上海各级婚姻登记机关为每个婚姻登记员配备 1 台电脑及配套的打印设备,以实现登记和统计分析管理等功能。各婚姻登记处配备专用电脑,通过宽带或电话拨号等方式接入因特网,接受当事人婚姻网上预约登记和咨询。截至 2008 年 7 月底,累计录入约 145 万对历史婚姻登记信息,其中结婚登记约 122 万对,离婚登记约 23 万对。数据库的建立,从技术层面有效防止重婚现象的发生。

2008 年,为全市 20 个婚姻登记机关配置 40 台第二代身份证阅读器,用于对婚姻当事人身份证件真伪的审核。

第二章　收养登记与私自收养治理

1992年4月,《中华人民共和国收养法》(以下简称《收养法》)实施,上海的收养工作从此步入依法登记、规范管理的轨道。依照《收养法》的规定,收养工作归口民政部门,由市民政局主管。同年5月,按照《收养法》规定,国内居民的收养登记按照对象的不同分别为两个不同的登记渠道:收养市儿福院儿童,送养人是儿福院,由市民政局办理登记;收养特殊困难家庭无力抚养的子女、监护人送养的孤儿、三代以内同辈旁系血亲的子女、继父或继母收养继子女,由收养人、送养人(自然人)订立书面协议,通过公证处办理收养公证。1998年11月,经过修订的《收养法》重新颁布,进一步规范和完善收养制度,所有收养登记统一由市民政部门负责办理,公证处不再办理收养公证。民政部门的职责是:办理收养登记,办理解除收养登记,撤销收养登记,补发收养登记证和解除收养关系证明,出具收养关系证明,建立和保管收养登记档案,宣传收养法律法规,教育公民依法收养,处理违法收养。

1992—2010年的18年间,上海贯彻《收养法》关于"收养应当有利于被收养的未成年人的抚养、成长"的精神,坚持依法规范,在规范中体现服务,制定《上海公民收养子女登记若干规定》《上海市收养登记工作规范》;理顺区县民政部门收养审批权限;推行收养登记行政执法责任制;大力宣传《收养法》;坚持"一切为了孩子"的理念,开展收养登记评估;努力解决公民事实收养历史遗留问题。从而实现收养登记的法制化和规范化,增强公民依法收养的意识,维护收养人与被收养人的合法权益。

第一节　收　养　登　记

一、国内收养登记

1991年12月《收养法》颁布之前,国家对收养尚未制定专门的法律法规,上海的收养登记分别按不同类型的被收养对象,由市民政、司法、公安等部门办理相关手续确立收养关系。国内公民申请收养市儿福院儿童的登记,由市民政局办理。其他的收养通过公证处办理收养公证或收养人与送养人订立书面协议,向公安部门申办户口迁移确立收养关系。

1991年12月《收养法》颁布,1992年4月实施。收养法确定收养人、送养人和被收养人的条件和收养不得违反计划生育等原则。4月1日,民政部颁布《中国公民办理收养登记的若干规定》明确:中国公民在中华人民共和国收养查找不到生父母的弃婴和儿童,收养社会福利机构抚养的孤儿,办理收养登记的机关,是县级以上政府的民政部门。据此,上海办理国内居民的收养登记按照对象的不同分为两种程序:一是收养社会和社会福利机构的弃婴、儿童,送养人是儿福院,在民政部门办理登记;二是收养特殊困难家庭无力抚养的子女、监护人送养的孤儿、三代以内同辈旁系血亲的子女、继父或继母收养继子女,收养人与送养人(自然人)订立书面协议,办理收养公证。4月,市民政局制定《收养法实施办法》,将在沪收养孤儿、弃婴(儿)具体方法和程序,通过新闻媒体向社会公布:今后凡在沪收养孤儿、弃婴(儿)为子女的国内外公民、海外华侨、中国港澳同胞、中国台湾居民,均需经过正常途径和法律程序,确立合法收养关系。收养人须持必须的收养证明材料到市民政局福利事业管理处(普育西路 105 号)办理收养申请,经该处审核符合收养条件者,发给同意收养通知书。收养人凭通知书到市儿童福利院与该院签订收养协议书,同时由该院出具同意送养证明书,收养人再以收养协议书和同意送养证明书至市民政局婚姻登记管理处(虹桥路 885 弄 4 号)办理收养登记,领取收养证,并到公安机关申报被收养人户口。对外国公民收养孤儿、弃婴(儿),在取得收养协议书和收养证后,还须到市公证机关办理收养公证。在各种文件、证件齐全的情况下,外国公民才能为被收养子女办理出境手续。

1995 年 7 月,市民政局试行将收养政策咨询和证明材料审核下放给闵行、嘉定、浦东、青浦、松江等区县民政局承担,为收养当事人就近咨询、申请登记提供方便。1996—1998 年,市民政局又陆续将政策咨询、证明材料收集及审核,下放给各区县民政局承办。至此,上海的国内公民收养登记由市民政局直接办理改为市和区县民政局二级管理,明晰层级职权。

1998 年 11 月,《收养法》(修订)颁布,于 1999 年 4 月 1 日起实施。1999 年 5 月 25 日民政部颁布实施《中国公民收养子女登记办法》统一收养程序,所有的收养登记全部到民政部门办理,公证处不再办理确立收养关系的公证。

图 7-2-1　1999 年 4 月,新修订的《收养法》颁布实施,图为民政部门收养登记咨询窗口

1999 年 8 月 1 日,市民政局会同有关部门联合制定《上海公民收养子女登记若干规定》,对收养的适用范围、登记机关、申请要求、登记发证、公告、独生子女待遇、户口登记、登记员制度等作出明确规定。其中对上海公民申请收养程序规定为:收养市儿福院儿童,向收养人户口所在地的区县民政局申请;收养社会弃婴、儿童,向弃婴儿童发现地的区县民政局申请;收养生父母有特殊困难无力抚养的子女、监护人送养的孤儿,向被收养人的生父母或者监护人常住户口所在地的区县民政局申请。收养三代以内同辈旁系血亲的子女,继父或者继母收养继子女的,被收养人是上海居民的,向被收养人户口所在地的区县民政局申请;被收养人是外省市居民的,向被收养人户口所在地的县级民政局申请。

1999 年 8 月 1 日,市民政局将社会弃婴收养登记审批权下放给区县民政局,市民政局负责内审把关。2002年7月31日,市民政局决定,原由市民政局负责审批的国内公民收养由监护人监护的孤儿、收养上海三代以内同辈旁系血亲的子女、收养生父母有特殊困难无力抚养的子女、继父或者继母收养上海继子女的,从8月1日起,审批权限下放,改为由区县民政部门直接负责受理、审批、登记。同时取消市民政局内审把关。

2003年8月1日,市民政局规范弃婴寻亲公告制度,规定:弃婴寻亲公告由市、区县收养登记部门统一发布。弃婴寻亲公告发布内容包括:弃婴姓名、出生年月、性别、身体特征、被捡拾的时间和地点、随身携带物品、身穿服装、公告期限、认领方式,并附弃婴被捡拾时的一寸正面免冠照片一张,弃婴在捡拾前姓名不详、出生年月是估算的要特别注明,便于弃婴父母的寻亲查找。社会福利机构抚养的弃婴寻亲公告,由市民政局收养登记处统一办理,公告内容增加弃婴入院时间。收养社会弃婴的当事人,在申请收养登记之前,应先到弃婴捡拾地的区县民政局,拟好《弃婴寻亲公告》内容,提出刊登弃婴寻亲公告申请。区县民政局对符合收养条件的当事人,出具《弃婴寻亲公告介绍信》,由收养当事人持介绍信和公告样式统一到指定报刊办理刊登、查找弃婴生父母的公告。

2008年1月,市民政局根据民政部对收养工作的要求,结合上海收养工作的实际,制定《上海市收养登记工作规范》,对"收养登记机关和登记员""收养登记""解除收养登记""撤销收养登记""补领收养登记证、解除收养关系证明""收养档案和证件管理""监督与管理"等作全面规范。

1992—2010年,上海共办理国内收养登记14561件。

表7-2-1 1992—2010年上海市办理国内收养登记情况统计表

年 份	收养数(件)	年 份	收养数(件)
1992	50	2002	1 052
1993	125	2003	1 068
1994	214	2004	1 169
1995	566	2005	827
1996	1 025	2006	761
1997	509	2007	646
1998	553	2008	778
1999	1 163	2009	660
2000	1 303	2010	615
2001	1 477	合计	14 561

资料来源:上海市民政局档案

二、涉外收养登记

1981年,一对美籍华人夫妇向中国驻美国大使馆提出在上海收养一名中国孩子的申请。同年6月17日司法部就此事函复:收养人女方应年满35岁以上、婚后无子女,并经县以上医院证明夫妇一方确无生育能力;收养人夫妇提交的收养申请书内容应包括收养人的经济情况、收养目的,对被收养人不遗弃、不虐待的保证等;申请书要经过驻在国公证机关或有关政府部门公证和中国驻该国使领馆认证；被收养的范围限于国内亲属的子女或在社会福利院和医院的弃婴、孤儿；收养人与被收养人的生父母（或监护人），亲自到被收养人户籍所在地公证机关申请，有识别能力的被收养人要经其本人同意。这些内容成为《收养法》颁布前涉外收养的主要依据。

1986年8月20日，市民政局会同相关部门联合制定《关于外国人向上海市儿童福利院领养小孩问题的暂行规定》明确：外国人在市儿福院领养儿童，原则上要从严掌握，一般仅限于在华居住的外国官员、专家和友好人士，对临时来华的外国人一般不予批准。同时对收养程序进行规范，外国人领养市儿福院儿童，向市民政局提出申请，并提供必要证明，经市民政局审查同意并报市政府外事办公室，同时抄送市司法局公证管理处、市公安局出入境管理处备案。经核准后，由市民政局向市儿福院发出同意领养的通知，领养人持市儿福院出具的同意领养证明到市公证处申办公证。被领养人凭公证处的《领养关系证明书》，向市公安局出入境管理处申办出境手续。该暂行规定对于外籍华人、华侨、港澳同胞领养市儿福院儿童也同样适用。

1991年10月，市外事办不再承担涉外领养审批，改由市民政局负责审批。

1991年12月，《收养法》颁布，使涉外收养工作开始步入有法可依、依法办事的法制化轨道。《收养法》有关收养人、被收养人和送养人等的条款同样适用外国人收养中国境内的子女，此外还需要收养人的年龄、婚姻、职业、财产、健康、有无受过刑事处罚等状况的证明材料，这些材料须经其所在国公证机构或者公证人公证，外交部门和中国使领馆认证。其收养程序是，外国人收养中国境内的子女由民政部门登记，并到指定的公证处办理收养公证，收养人与送养人订立书面协议。

1992年4月1日，民政部发布《中国公民办理收养登记的若干规定》，对涉中国港、澳、台地区居民和华侨在境内收养查找不到生父母的弃婴和儿童，以及收养社会福利机构儿童作明确规定。中国港、澳、台地区居民均需要提供其有效的身份证明，经过公证的收养人年龄、婚姻、家庭成员、职业、财产、健康等状况的证明。华侨要提供中国护照或代替护照的证件，经居住国公证机关或公证人公证并经该国外交部门或外交部门授权的机构认证和中国驻该国使领馆认证的年龄、婚姻、家庭成员、职业、财产、健康等状况的证明。

1992年4月上海制定《收养法实施办法》规定，在沪收养孤儿、弃婴（儿）为子女的境外公民，均需经过正常途径和法律程序，确立合法收养关系。在取得收养协议书和收养证后，还须到市公证机关办理收养公证。在各种文件、证件齐全的情况下，方可办理被收养子女出境手续。

1992年10月，根据民政部《关于外国人收养我国社会福利院抚养的儿童若干问题的补充通知》规定，外国人收养上海市儿福院儿童，可通过该国政府批准的收养组织与中国收养事务中心联系，若没有政府批准的收养组织可直接与中国收养事务中心联系，递交申请及有关证明材料。经中国收养事务中心审核并批准，市民政局通知市儿福院物色合适的儿童，将拟送养儿童的照片、体检表等材料及市儿福院出具的《同意送养意向书》送达收养人。收养人同意后与市儿福院订立书面协议。长期在上海居住的外国人收养市儿福院的儿童，可直接与市民政局联系。外国收养组织或个人不能直接与市儿福院联系收养事务。

1993年11月，民政部发布《外国人在中华人民共和国收养子女实施办法》对收养程序作出调整，规定外国人收养社会福利院儿童的材料全部报送民政部收养事务中心，由该中心统一安排涉外送养。据此，上海民政部门不再直接受理外国人的收养申请，所有可供涉外收养儿童的材料全部报送中国收养事务中心（1996年改称中国收养中心）。

2001年10月起，市民政局在办理涉外收养登记时，举行庄重的颁证仪式。收养人在中华人民共和国国徽、国旗下，承诺依法维护被收养人的合法权利，收养登记部门向收养人和被收养人赠送纪念品：一只印有中国国旗和孩子照片的茶杯、一枚刻有孩子生肖的印章、一个雕有东方明珠电视塔的水晶制品和一本上海风景的明信片。

1992—2010年，全市办理涉外收养登记1 139人。

表7-2-2　1992—2010年上海市办理涉外收养登记统计表　　　　单位：件

年　份	外国人	华　侨	中国香港居民	中国澳门居民	中国台湾居民	小　计
1992	19	0	2	0	0	21
1993	8	0	0	0	0	8
1994	35	1	0	0	0	36
1995	45	0	1	0	0	46
1996	49	2	2	0	0	53
1997	37	0	0	0	1	38
1998	49	2	0	0	0	51
1999	31	2	1	1	0	35
2000	63	11	1	0	0	75
2001	72	5	3	0	2	82
2002	63	3	2	0	1	69
2003	98	5	4	0	2	109
2004	71	3	2	0	0	76
2005	42	5	1	0	1	49
2006	34	0	1	0	1	36
2007	33	2	1	0	4	40
2008	60	1	2	0	1	64
2009	37	1	2	0	0	40
2010	215	1	0	0	0	216
合　计	1 060	44	25	1	9	1 139

资料来源：上海市民政局档案

第二节　收养法宣传

1992年4月1日《收养法》正式实施，市民政局印制2 000本《收养法规》汇编发至各街道办事处和公安派出所，通过读报会、黑板报等形式，让公民了解合法收养程序，知晓私下收养社会弃婴和私下送养、收养是违法行为。

1993年，市民政局印制《本市公民收养子女须知》《港、澳同胞收养须知》《海外华侨收养须知》《台湾居民收养须知》《外国公民来华收养须知》，在收养登记场所发放。

1995年11月10—13日，市民政局会同有关部门在《收养法》颁布3周年之际，举办收养法制宣传周活动。副市长谢丽娟向市民作专题电视讲话，要求每个家庭和市民增强自觉守法的观念，抵制违法行为。市民政局印制宣传材料发到各区县、街道、乡镇、居村委会,在外滩陈毅广场及各区县人流集中的公共场所设立宣传咨询点,各区县运用有线电视、有线广播、区报、县报等媒介开展宣传。全市共出黑板报、墙报近 5 000 块,挂横幅 4 300 余幅,张贴标语 17 400 余条,发放资料近 10 万份;新华社、人民日报社等中央媒体和上海新闻媒体共刊登播放 64 篇消息、特写和评论。

1999 年 10 月 30 日,市民政局会同徐汇区民政局联合举办收养法制宣传咨询活动,邀请市计生委、市侨办、市公安局、市司法局等单位一起参与,共有 13 家新闻媒体采访和报道此次宣传咨询活动。

2002 年 5 月,市民政局会同有关部门开展《收养法》实施 10 周年和《中国公民收养子女登记办法》实施 3 周年收养法律法规宣传教育活动。5 月 25 日,黄浦、静安两区,在老西门和静安公园设立宣传咨询点。与此同时,闸北、杨浦、闵行、卢湾、普陀、虹口、奉贤、松江、青浦、嘉定、长宁、崇明等 12 个区县,也在各自区县的人口密集区域举办宣传咨询活动。5 月 27 日,市民政局副局长在上海人民广播电台"市民与社会"栏目,与市民就收养法律法规进行对话与交流;在为期半个月的宣传教育活动期间,全市共发放宣传资料 33 500 份,现场接待咨询 2 500 人次,刊出黑板报、宣传画板 1 760 块(期),参加法律讲座 600 余人次,居村委有线广播播放 500 余次。

2002 年 12 月 2 日,上海市法制宣传日活动中,收养法律法规为重点内容。

2008 年 5 月,市民政局通过媒体报道和现场咨询解答等形式,回应四川汶川地震后,上海市民纷纷到民政部门表示希望收养在地震中失去父母的孩子的热情与爱心,对广大市民进行《收养法》宣传教育。

第三节　私自收养治理

一、私自收养状况

1992 年 5 月,市民政局会同相关部门联合制定《上海市弃婴管理和收养的规定》,明确任何单位和个人在公共场所和社会上任何地方发现弃婴,应立即送往当地民政部门或公安派出所处置,禁止私自收养或转送他人供养。但原有事实收养社会弃婴的历史遗留问题还未解决,新的私下收养社会弃婴的现象屡有发生。没有合法收养手续的孩子报不上户口,导致这些孩子就学、就医和就业产生很多困难。收养当事人信访不断,要求解决子女的收养登记和申报户口的呼声非常强烈。

1994 年 3 月,市民政局会同相关部门在全市开展居民私下收养弃婴情况的专题调查。据统计,自 1980 年至 1994 年 2 月,全市共有 5 358 名弃婴被公民私下收养,其中属于《收养法》规定由民政部门管理的有 2 032 名。弃婴的来源有从医院抱的,马路边、车站旁捡的,经人介绍转送的,其中相当一部分是从外地抱来的,也有超生父母为逃避计划生育处罚遗弃的,甚至有被少数犯罪分子拐卖的。由于这些弃婴没有合法的送养人,无法确立合法的收养关系而不能申报户口。

二、解决措施

1994 年 7 月,市民政局会同相关部门制定《关于解决本市公民私下领养弃婴的处理意见》,对事实领养的范围、登记程序、所需证件证明等作出规定,对公民私下事实收养社会弃婴开展登记管理工作。

1996 年 7 月,市民政局等部门再次联合发文,制定《〈关于解决本市公民私下领养弃婴的处理意见〉的补充规定》,对收养人的年龄视情作适当放宽。截至 1998 年 11 月,有 1 621 个符合《收养法》

规定的私下收养弃婴的家庭办理收养登记,收养关系得到确立。

1999 年 5 月,市民政局会同相关部门再次在全市范围内开展事实收养的情况调查,发现全市共有擅自收养社会弃婴 6 528 名,其中符合 1999 年 4 月 1 日修订后的《收养法》和《中国公民收养子女登记办法》条件的 4 005 名,不符合条件的有 2 523 名(包括《收养法》实施之前的事实收养 977 名),其中单身男性收养女婴年龄相差不到 40 周岁的 348 人,收养人先领养弃婴后又生育的 772 人,收养人生育子女后又领养弃婴的 1 328 人,被收养人年龄超过 14 周岁的 75 人。市民政局根据市政府关于解决此类问题要"有疏有导"的精神,经过反复研究,形成解决社会弃婴事实收养历史遗留问题的思路与方案。

2002 年 7 月,市民政局针对 1999 年 5 月的调查情况,与相关部门联合制定《关于解决本市公民事实收养有关问题的处理意见》,对 1999 年 4 月 1 日《收养法》修订之前发生的不符合《收养法》规定的事实收养问题,根据不同时间和不同类型,采取不同的政策规定。各区县民政局协调区有关部门,在政策范围内为当事人办理收养、抚养手续。当年,全市共办理事实收养个案 595 件,其中事实收养登记 393 件、抚养事实公证个案 202 件。

至 2003 年底,全市共办理历史遗留事实收养登记 1 169 件,办理事实抚养公证 612 件,使大部分符合条件的历史遗留的事实收养问题得到解决。

2006 年 2 月,市民政局在普陀区的曹杨街道和长征镇建立社区婚姻收养家庭健康咨询室的试点,并于同年 8 月在全区 9 个街道全面推行。各街道、镇从增强收养管理的有效性入手,依托社区婚姻收养家庭健康咨询室这一平台,组建由楼组、居委计生员等提供信息,评估员、计生指导员、社区民警进行宣传教育的监督管理信息网络,做到"第一时间发现、第一时间反馈、第一时间处置",预防、制止和减少违法收养的发生。

2007 年 2 月 28 日,市民政局召开 2007 年度上海市婚姻收养登记管理工作会议,推广普陀区社区婚姻收养家庭健康咨询室的做法,并在长寿路街道召开现场会。会后,松江区、金山区、南汇区、崇明县通过整合区县、街道乡镇民政、公安、计生、卫生等部门的力量,明确各单位、各部门的工作职责,充分发挥居村委会计划生育基层协会的作用,建立联动、合作的工作体制,将从源头上预防和减少事实收养落到实处。

2007 年 8 月 31 日,经市政府同意,市民政局等部门制定《关于对本市常住户口人员捡拾本市弃婴及其他收养有关问题的处理意见》,要求对 2006 年 12 月底前发生的上海市常住户口人员捡拾的弃婴做好办理事实抚养公证前的调查审核、公证和户口申报工作。

2009 年 9 月 5 日,市民政局等部门下发《关于贯彻落实民政部、公安部、司法部、卫生部、国家人口和计划生育委员会〈关于解决国内公民私自收养子女有关问题的通知〉实施意见的通知》,为解决事实收养家庭的实际困难进一步提供政策依据。

1994 年 4 月至 2010 年 12 月,各区县收养登记机关共办理事实收养历史遗留问题的收养登记 995 件,办理事实抚养审核 1 265 件,共计 2 260 件。公民捡拾社会弃婴事实私下抚养历史遗留问题逐步得到解决。

表 7-2-3　1994—2010 年上海各区县办理事实收养登记和事实抚养审核数据统计表　　　单位:件

区　　县	事实收养	事实抚养	小　　计
黄　浦	15	16	31
卢　湾	6	11	17

区　县	事实收养	事实抚养	小　计
徐　汇	17	22	39
静　安	0	9	9
长　宁	11	6	17
普　陀	12	27	39
闸　北	20	20	40
虹　口	3	26	29
杨　浦	20	22	42
闵　行	30	64	94
浦　东	125	205	330
嘉　定	63	51	114
宝　山	62	66	128
南　汇	187	217	404
奉　贤	42	31	73
金　山	49	76	125
松　江	79	99	178
青　浦	106	120	226
崇　明	148	177	325
合　计	995	1 265	2 260

资料来源：上海市民政局档案

第四节　规范化建设

一、完善制度

1992年，上海建立收养登记员持证上岗和年审制度。市民政局组织进行资质培训和考核，对合格者颁发《收养登记员资格证书》并予以行政任命。收养登记员每年至少一次业务政策培训，培训内容为：收养登记法规、工作规范、电脑和操作技术、收养疑难案例分析和收养理论研讨。

1996年，全市收养登记部门开展"让人民高兴，使人民放心"文明窗口创建活动，活动内容包括：加强硬件建设，创造良好环境；下发公约规则，公开办事制度，接受群众监督；开展优质服务，塑造窗口形象等。市、区县民政局分别举办培训班，提高收养登记管理人员的业务素质。

1999年，市民政局作为市政府实施行政执法责任制的试点单位，清理并整顿规范性文件和执法文书，完善执法依据，明晰市与区县收养登记管理的层级职权、制定收养行政执法委托制度，推行"首问责任制""两次受理办结制""责任追究制"为核心内容的收养登记行政执法责任制。

2007年10月，市民政局对各区县50余名收养登记员和分管收养登记的民政局长进行收养登记员岗位资格培训，制定收养登记需要的证件证明材料样式、登记程序等收养登记工作规范。

2008年，市民政局进一步规范收养登记员的职责：解答咨询，审查当事人是否具备收养登记、解除收养登记、补发收养登记证、撤销收养登记的条件，颁发收养登记证，出具收养登记证明，办理完毕后收养登记材料的收集、整理、归档。

2009年4月，市民政局制定收养登记行业优质服务标准（试行），全市收养服务窗口的服务形象和登记人员业务能力明显提高。至年底，收养登记合格率达100％。

二、档案管理

1996年4月，民政部颁布《中国公民办理收养登记的若干规定》（修订）对收养登记档案的保管作出规定。市民政局按照其规定，规范收养登记档案内容，实行收养登记档案一人一档，永久保存。档案内容以类型区分略有不同，主要为：收养登记申请书、单位证明、不育证明或不宜生育疾病证明、无子女证明、弃婴证明、寻亲公告和收据、户口簿复印件（如生育过子女的须有子女户口复印件）、身份证复印件、结婚证复印件、离过婚者的离婚证件复印件、证人证言公证书、与区县计生部门签订的协议书、精神病患者治愈或病情稳定证明、病残儿医学鉴定诊断证明；有送养人的需送养申请书、特殊困难证明、与区县计生部门签订的协议书、户口簿复印件、身份证复印件、结婚证复印件、离婚者的离婚证件复印件、离婚后单身送养人的另一方同意送养的书面意见、因丧偶或一方下落不明的单身送养人的配偶死亡证明、丧偶或下落不明一方父母同意送养的书面意见、退回独生子女证通知单；被收养人的户口簿复印件、出生证明或出生公证书，年满10周岁以上的被收养人愿意被收养的意愿书。

1998年初，研制开发收养登记和收养档案管理计算机单机版软件，并在市收养登记工作中使用，实现用电脑打印收养证书和输入档案资料。1999年8月，区县民政局直接承办国内收养登记、审批、发证工作后，市民政局在各区县民政局推广使用收养登记、档案管理计算机单机版软件，并开展微机使用业务培训。该软件的应用不仅使证书整洁美观、档案规范完整，还有利于统计分析，提高工作效率。

1999年11月18日，市民政局对收养非社会福利机构抚养的查找不到生父母的弃婴、儿童的登记档案，收养生父母有特殊困难无力抚养的子女登记档案（收养人、送养人、被收养人）登记档案的内容作出进一步规范，同时还对收养上海市监护人送养的孤儿登记档案内容、收养上海市三代以内同辈旁系血亲的子女登记档案内容和继父或者继母收养上海市继子女的登记档案内容作出规范。

2001年初，研制开发收养子系统软件，2003年10月通过验收，在全市投入运用，实现收养登记全市联网管理。

2003年，市民政局按照民政部《收养登记档案暂行管理办法》的要求，增加建立收养关系登记材料，包括收养登记申请书、询问笔录、收养登记审批表，以及中国公民办理收养子女登记，外国人、华侨以及居住在中国香港、澳门、台湾地区的中国公民办理收养登记时出具的证件和各项证明材料，收养登记证复印件，收养协议和其他有关材料。解除收养关系登记材料包括各项证明材料、解除收养关系证明复印件；撤销收养登记材料包括收缴的收养登记证或者因故无法收缴收养登记证而出具的相关证明材料，以及其他有关收养登记、解除收养关系登记、撤销收养登记的材料。在收养登记工作中形成的电子文件，按照《电子文件归档和管理规范》（GB/T18894—2002）进行整理归档，同时打印出纸质文件一并归档。归档时限为登记手续办理完毕后60日内完成。

2007年9月，对收养登记管理系统进行升级改造。升级后的系统功能更齐全、操作更简便，于2008年7月1日在全市正式联网运用。

三、收养家庭评估

2003年，市民政局借鉴欧美、澳洲等国家对收养家庭评估的经验和做法，结合上海实际，在普陀区长征镇试点开展对收养家庭进行调查评估。长征镇民间组织服务中心的收养工作专职评估员，对辖区内需要收养子女的家庭上门访谈、实地察看，到居委会和居民中调查了解，对家庭收养条件进行综合评估并形成评估报告，作为区民政局审批收养家庭的重要参考依据。对已经确立收养登记关系的家庭，评估员定期追踪访问，了解被收养人的成长情况。

2004年，普陀区民政局采取政府购买服务方式，在全区各个街镇民间组织服务中心配备专职评估员，并统一评估标准和方法，全面开展对收养家庭的综合调查评估。2005年9月，市民政局在长征镇召开上海市收养家庭评估工作现场会，向全市推广普陀区的做法。

2006年9月，市民政局决定10月1日起，在全市各级收养登记中心对收养登记申请人实行收养登记前调查评估和收养登记后定期回访的评估制度，并对评估标准、条件和表式作出统一规定。调查评估的主要内容为：收养子女的原因和动机，申请人的工作经历、受教育情况、身体健康状况、兴趣爱好以及婚姻家庭关系、与父母兄弟姐妹的关系，是否有家庭责任心，有无婚生子女，是否具备民事行为能力或限制民事行为能力，是否有影响抚养孩子的不利因素，经济收入、住房条件和抚养孩子经济能力情况，是否有酗酒、吸毒、赌博、家庭暴力、虐待儿童等行为，有无犯罪记录等。市、区县民政局收养登记中心在向收养人颁发收养登记证书后，评估员在3个月内，对收养家庭进行一次回访，了解被收养儿童是否得到良好的抚养和教育，并记录在收养登记档案中。

第三章 殡葬管理

改革开放后，为适应市民安葬安放骨灰的需要，上海开始恢复并建设公墓和骨灰堂。1986年12月，市政府颁布《上海市殡葬管理实施办法》。市民政局根据该《实施办法》的规定，制定《上海市殡葬行业申报、审核登记等若干规定》，一批已经开业、且符合审核条件的殡仪馆、火葬场、公墓、骨灰寄存室持民政部门的批准件，办理企业登记手续。之后，市人大、市政府先后颁布《上海市殡葬管理条例》《上海市公墓管理办法》，上海殡葬管理的法制建设不断得到完善。市民政局根据地方性法规和市政府规章的规定，对殡葬服务机构开展年度验审、等级评定、实行殡葬业务事故处理和赔偿，以及开展制止骨灰乱埋乱葬、整治殡葬市场等工作。1987年，随着宝山县长兴岛殡仪馆的建成，上海除回族亡故者按其宗教形式和华侨允许土葬以外，遗体全部实行火葬，成为全国第一个实现100％火化率的城市。

20世纪90年代以来，上海推行殡葬习俗改革，举办宣传咨询活动，倡导鲜花祭扫，用鲜花换鞭炮，推行文明祭扫等；在骨灰处置方式上，推行不占地或少占地的骨灰安置方式，以缓解每年约10万亡故者骨灰安葬与上海土地资源稀缺的矛盾。1991年，上海在全国率先开展骨灰撒海活动，之后，骨灰室内葬、骨灰深埋、小型墓等葬式相继推出。

进入21世纪以后，上海殡葬服务机构开展提高殡葬行业服务水平和公益活动。先后推出低价服务套餐，出台面对各种特殊对象的补贴和减免政策，同时开通24小时电话服务热线，实行"一条龙"的服务接待，全市殡葬服务的满意度得到大幅提升；殡葬行业的队伍建设、文化建设也在这一时期得到加强，涌现一批全国和上海市的先进模范集体和个人。

截至2010年底，上海共有15家殡仪馆、44家经营性公墓和10家承办骨灰长期存放业务的经营性骨灰堂。

1978年，殡葬管理所恢复成立。1984年8月，改名为上海市殡葬事业管理处，1998年8月，市殡葬事业管理处分建为市殡葬管理处（以下简称殡管处）和市殡葬服务中心，实行行政管理职能和经营职能的分离。同月，市殡葬服务中心挂牌，为实行独立核算、自收自支的事业单位，承担对市属殡葬服务机构经营管理职能。2004年6月，市民政局明确上海市殡葬行业协会承担行业管理的职能。至此，上海形成由市殡管处承担政府行政管理职能，市殡葬服务中心承担经营管理职能，市殡葬行业协会开展行业服务、行业自律、行业协调的管理体制。

第一节 服务机构

一、殡仪馆

【发展概况】

20世纪80年代，为改善市民治丧环境，在市、区县两级财政的支持下，市和区县相继开展了殡仪馆新建、迁建或改扩建工程。

1982年，位于浦江镇谈家港东首沈杜公路的上海县杜行火葬场建成。

1984年,宝山县横沙火葬场(1992年更名殡仪馆)建成,1987年宝山县长兴殡仪馆建成。2005年,横沙、长兴两岛划入崇明县。

1984年9月,龙华火葬场和西宝兴路火葬场分别更名为上海市龙华殡仪馆、上海市宝兴殡仪馆。至1985年底,郊县火葬场亦分别更名为殡仪馆。

1986年,郊区殡仪馆改造工程启动。当年,嘉定殡仪馆(原名练西火葬场),投资176万元移址嘉定西门外嘉朱公路建造新馆,1987年底落成。1987年,南汇新风火葬场由惠南镇西南城角卫星河口东侧迁至沪南公路,更名为南汇殡仪馆。成立于1957年5月的新陆火葬场,因浦东开发的需要于1993年由东陆路搬迁至龚路,并更名为浦东殡仪馆。位于江海乡工农村的奉贤县殡仪馆,1989年1月迁至奉贤青村镇光明社区金钱公路,2001年更名为奉贤区殡仪馆。1997年,青浦区殡仪馆由青浦城区北侧青安路易地新建于青浦城区西侧青赵路。1998年12月—1999年12月,松江区殡仪馆进行总体改造。2002年,宝山区长兴、横沙两岛的殡仪馆改建工程相继竣工。2005年12月,崇明县殡仪馆由新河镇新开河路迁至新河镇草港公路。

1987年,市区殡仪馆改造和新建工程启动。同年1月,市民政局向市政府提交《关于龙华、宝兴两家殡仪馆煤气焚尸间迁离市区的请示》。市长江泽民作出批示,要求市计划委员会与财政局抓紧研究。1992年,市民政局申请新建上海市益善殡仪馆,以解决不在中心城区火化遗体的问题。经与市规划等部门研究,确定在老沪闵路1500号建馆。1995年6月,益善殡仪馆建成,龙华殡仪馆和宝兴殡仪馆相继不再火化遗体,经过殡殓仪式后的遗体全部移至益善殡仪馆火化。

1998年底,市民政局针对上海中心城区殡仪馆布局和规模不尽合理的状况,委托市规划设计院编制《上海市殡葬设施规划》。1999年3月10日,市民政局邀请市有关部门的专家对《上海市殡葬设施规划》从环保、卫生、绿化建设、社会理念、社区配套等角度进行论证。该规划提出把殡葬设施建设纳入城市建设总体规划,增加殡仪馆总量,做到合理布局、方便群众、一次规划、分步实施、有序发展。该规划经市政府市长办公会议讨论,获原则通过,会议指出:殡仪馆、火葬场是社会公益性设施,也是城市建设和发展总体规划的重要内容。会议要求运用市场机制,以促进规划布点的顺利进行。

1999年,市财政拨款9 000万元、宝兴殡仪馆自筹5 905万元,对宝兴殡仪馆进行改造。2002年10月18日,改建工程全面竣工并举行新馆落成仪式。2005年,龙华殡仪馆整体改建工程作为上海市重大建设项目获市财政拨款2亿元,龙华殡仪馆自筹3 570.75万元,于2008年3月新馆竣工并启用。

至2010年,上海共有殡仪馆15家,其中市属3家,分别是龙华殡仪馆、宝兴殡仪馆、益善殡仪馆;区县所属共12家,分别位于闵行区、宝山区、嘉定区、浦东新区、金山区、松江区、青浦区、奉贤区、崇明县。全市每年遗体火化量约10万具。

【机构简介】

龙华殡仪馆　原名龙华火葬场,建于1952年,与龙华公墓为同一机构,1954年经市政府批准将龙华公墓一分为二成立龙华火葬场。龙华火葬场的兴建,成为上海市全面推行火葬的一个历史性标志。1984年9月14日,龙华火葬场更名为上海市龙华殡仪馆,位于漕溪路210号。更名后的龙华殡仪馆,逐步新建和改造馆内设施设备,设大厅1个、西式特色礼厅2个、中式特色礼厅3个、其他类型礼厅15个,共计21个礼厅。1997年,龙华殡仪馆的火化功能全面转移至上海市益善殡仪馆。2003年,馆内寄存骨灰全部迁移至卫家角息园。2002年8月,龙华殡仪馆通过ISO质量、环境管理体系认证。2003年6月,龙华成为通过ISO质量、环境、职业健康安全整合型管理体系认证的殡仪馆。随着丧家殡仪服务需求的不断变化,原有场所和设施设备已越来越难以适应市场的需求。2005年1月,龙华殡仪馆作为市民政局重大项目开始大规模改建,项目总投资2.357亿元。2008年3月28日,新馆正式竣工启用。改建后的殡仪馆占地总面积为48 485平方米,其中绿化面积为14 025平方米,主体分为业务综合楼、中小礼厅、一号大厅、生活辅助楼和天使酒家等五个建筑。共有礼厅26个:设有大厅1个,面积1 250平方米,分为上下两层,下层为追悼大厅,上层为会议及中控区域,可同时容纳1 000人左右;中厅13个,小厅11个,告别厅1个。建有地面大巴士停车场及地下停车库,地面大巴士停车场可停放50辆左右,地下停车库可停放240辆左右。是一家集殡仪陪同服务、遗体修复与养护服务、遗体接送服务、国际遗体运输服务、上门服务、个性化丧仪策划服务、单殓服务、花艺服务、专职司仪服务、丧宴承办及承担社会公益服务于一体的大型综合性殡仪机构。2010年殡殓量22 813具,涉外业务百件以上。

宝兴殡仪馆　建于清光绪三十四年(1908年),1950年更名为西宝兴路火葬场,1984年9月更名为上海市宝兴殡仪馆,位于西宝兴路833号。1999年10月,宝兴殡仪馆停止火化,火化业务由上海市益善殡仪馆承担,是一家集业务受理、遗体接运、遗体化妆护理、追悼仪式、国际运尸、用品销售、丧宴承办于一体的综合性殡仪馆,与龙华殡仪馆共同担负着上海市区主要的殡殓业务。2001年,宝兴殡仪馆成为全国殡葬行业首家成功通过ISO体系管理标准,获得ISO9002/14001双认证的单位。1999—2002年,宝兴殡仪馆进行总体改造,工程总投资1.49亿元。改建后占地总面积21 536平方米,其中绿化面积5 680平方米。馆内礼厅总数17个,其中大厅1个,面积806平方米,可容纳350人~400人;特色礼厅3个;中小礼厅13个。建造两个地下停车库,其中社会车辆地下停车库面积3 250平方米。年殡殓量2万具以上。设骨灰寄存楼,是市区可提供骨灰寄存和祭扫服务的殡仪馆,寄存格位12 953个,寄存率保持在70%以上,每年清明和冬至,接待大量的祭扫人群。2010年殡殓量21 134具。

益善殡仪馆　建于1995年,位于闵行区老沪闵路1500号,是一家集殡、殓、葬于一体的综合性殡仪馆。占地面积19 043平方米,其中绿化面积7 600平方米。服务业务有遗体接运、防腐、整容化妆、追悼仪式、遗体火化、骨灰安置,以及国际遗体运输等。殡殓服务能力达5 000具。共有礼厅6个,其中大厅1个,面积300平方米,可容纳200人~250人;中小礼厅4个。建馆初期的火化任务主要依靠第一期的8台火化炉,随后于当年下半年启动了第二期6台火化炉的建造。2010年,共有火化炉22台,其中平板炉12台、捡灰炉10台,年遗体火化处理能力达5万具,是国内承担火化业务量最大的殡仪馆。2010年殡殓量3 942具,火化量47 889具。

浦东殡仪馆　原名新陆火葬场,建于1957年5月,位于东陆路530号。1993年,因浦东开发开放需要搬迁至龚路支路1401号,并更名为浦东殡仪馆。占地58 772平方米,其中建筑面积8 940平方米,绿地面积31 691平方米,绿化覆盖率63%。下设7个服务部门,为逝者家属提供咨询接待、陪同治丧,遗体接运、化妆整容、火化、个性化丧仪策划、殡葬用品销售和其他殡仪服务等。有悼念礼厅8个,其中特大厅1个、大厅1个、中厅4个、小厅2个,遗体接运车辆17辆,遗体火化机10台,其中平板式火化机4台、捡灰式火化机6台,其中2台火化机安装有烟气排放后处理装置,采用"催化剂烟气后处理"技术。年殡殓、火化量1.2万具左右。骨灰寄存楼面积611平方米,可安置骨灰盒5 600余只。2010年火化量10 468具。

南汇殡仪馆　原名新风火葬场,建于1966年,1987年迁至沪南公路9707号,更名为南汇殡仪馆。占地面积1.8万平方米,其中河道面积占6%,绿化面积占40%,建筑面积占54%。馆内有礼厅5个、告别厅1个、平板火化炉4台、高档环保火化炉2台,可提供多样化殡葬服务。2010年火化量4 468具。

闵行区殡仪馆　原名上海县杜行火葬场,建于1982年,1984年11月更名为上海县殡仪馆,1993年更名为闵行区殡仪馆,位于闵行区浦江镇谈家港东首沈杜公路2748号。占地面积14 740平方米,其中建筑面积4 103平方米、绿化面积6 181平方米。馆内有中小礼厅5个、大厅1个、告别厅1个、守灵厅3个。2010年火化量4 542具。

宝山区殡仪馆　原名宝山县火葬场,建于1965年3月,又称杨行火葬场。1985年更名为宝山县殡仪馆。1988年,宝山撤县建区,更名为宝山区殡仪馆,位于杨行镇宝安公路111号(近蕰川路)。占地面积1.25万平方米,其中建筑面积4 000平方米。馆内有大厅1个,面积350平方米;中厅2个,小厅3个,燃油火化炉6台。2010年火化量16 947具。

嘉定区殡仪馆　原名嘉定县练西火葬场,建于1958年,位于嘉定镇西门候黄桥北首。1966年更名为嘉定县火化殡仪馆。1986年投资176万元移址建造新馆,1987年2月更名为嘉定县殡仪馆。1993年4月,因嘉定撤县建区,更名为嘉定区殡仪馆,新址位于嘉定区嘉定镇城区西门外嘉朱公路320号。2000年投资1 800万元,征地15亩,新建火化间和增建吊唁厅。殡仪馆占地面积为2.36万平方米,其中建筑面积5 600平方米。2010年火化量5 327具。

金山区殡仪馆　建于1965年,位于金山区朱泾镇(原新农镇三浜村)金张公路6605号。占地面积14 350平方米,其中建筑面积3 836平方米、绿化面积7 781平方米,绿化率达55%以上,整体规划突出宾馆化、园林化。2010年,火化量3 906具。

松江区殡仪馆　建于1965年,位于松江区松汇东路60号。1998年12月—1999年12月,松江区殡仪馆进行总体改造,工程总投资2 500万元。改建后占地面积为11 655平方米,其中绿化面积2 882平方米。馆内有火化炉5台,其中2台为高档捡灰炉;不锈钢冷藏柜10组,可同时冷藏存放60具遗体。2010年火化量5 088具。

青浦区殡仪馆　建于1966年,1997年迁建于青浦城区西侧青赵路1919号,1998年7月投入使用。占地面积28 382平方米,其中建筑面积5 500平方米,绿化率达52%。馆内有大厅1个、中厅2个、小厅2个、守灵堂3个;火化炉5台,其中2台为高档捡灰炉;遗体冷藏柜72格位,可供出租的遗容水晶棺30台。2010年,火化量4 413具。

奉贤区殡仪馆　原名奉贤火葬场,建于1966年,位于江海乡工农村,1984年更名为奉贤县殡仪馆,1989年1月迁至奉贤青村镇光明社区金钱公路3008号。2001年奉贤撤县建区,更名为奉贤区殡仪馆。为集遗体接运、殡殓、火化、寄存于一体的殡仪馆。占地面积25 214平方米,其中建筑面积5 400平方米、绿化面积和其他面积19 814平方米。馆内有大小礼厅4个,火化炉8台。2010年,火化量4 700具。

崇明县殡仪馆　原名崇明县火葬场,建于20世纪60年代中期,2005年12月迁至新址新河镇草港公路3200号。新建的崇明县殡仪馆投资2 631万元,征用土地38 686平方米,建筑面积7 838平方米,绿化率达40%以上,是一所能提供遗体火化和殡殓配套服务的综合性殡仪馆。馆内有各具特色、不同规模档次的吊唁厅9个;8台燃油火化炉,其中高档捡灰炉4台、普通平板炉4台;活动式冷库6座。2010年火化量5 934具。

长兴殡仪馆　建于1987年,位于宝山县(今为崇明区)长兴镇长明村,2001年进行大规模改造,2002年5月新馆投入使用。占地面积5 867平方米,其中建筑面积1 380平方米,担负遗体火化、骨灰寄存、殡葬等业务。2010年,均火化量341具。

横沙殡仪馆　建于1984年,原名横沙岛火葬场,位于宝山县(今为崇明区)横沙乡民星村14队,1992年更名为宝山区横沙殡仪馆。横沙岛火葬场的建立,为全岛取消土葬、遗体火化提供了殡殓场所。2001年,市、区政府投资400多万元对殡仪馆进行改造,改建后其占地面积6 565平方米,其中建筑面积1 927平方米、绿化面积2 300平方米。馆内有大礼厅(吊唁厅)1个,可容纳200人～250人;中、小礼厅2个。2010年火化量292具。

表7-3-1　截至2010年底上海市殡仪馆一览表

名　　称	地　　址
上海市龙华殡仪馆	漕溪路210号
上海市宝兴殡仪馆	西宝兴路833号
上海市益善殡仪馆	老沪闵路1500号
浦东殡仪馆	浦东龚路支路1401号
南汇殡仪馆	浦东沪南公路9707号
闵行区殡仪馆	浦江镇沈杜公路2748号
宝山区殡仪馆	宝山宝安公路111号
嘉定区殡仪馆	嘉定嘉朱公路320号
金山区殡仪馆	金山金张公路6605号
松江区殡仪馆	松江松汇东路60号
青浦区殡仪馆	青浦青赵路1919号
奉贤区殡仪馆	奉贤金钱公路3008号
崇明县殡仪馆	崇明新河镇草港公路3200号
长兴殡仪馆	崇明县长兴镇长明村
横沙殡仪馆	崇明县横沙乡民新村14组

资料来源:上海市民政局档案

二、公墓、骨灰堂

【发展概况】

上海解放前,先后出现过100多家公墓。解放后,为配合市政建设,市中心的山东路公墓、静安寺公墓、八仙桥公墓陆续迁移,原址改做体育场或者公园。1957年,上海4家市立公墓和24家公私合营的公墓合在一起,按地区成立了联义、龙华、吉安、大场4个中心公墓,每个中心公墓下辖若干个卫星公墓。1966年"文化大革命"开始后,由市殡葬管理所直接管理的34个公墓被关闭。

1973年,万国公墓恢复,宋氏墓地经整修恢复原貌。1981年国家名誉主席宋庆龄去世,骨灰安葬在万国公墓中宋氏墓地,1984年万国公墓改为宋庆龄陵园。

1980年,回民公墓建成开放,信奉伊斯兰教的回族群众获得了按照宗教习惯葬埋遗体的场所。

"文化大革命"后,上海市民亡故后的骨灰或存放于火葬场的骨灰寄存室或安葬于周边省市公墓,郊区则出现骨灰乱葬乱埋的现象。每到清明、冬至,市民往返外省市公墓祭扫饱受交通拥堵之困,迫切希望上海恢复公墓。

1984年11月20日,市殡葬事业管理处、市工商界爱国建设委员会、上海县颛桥公社三方联营,在沪闵路徐家湾桥建设的寝园骨灰存放室开业。1986年,位于青浦县徐泾镇的卫家角骨灰寄存室易名为卫家角息园,其新落成的两幢大楼可容放骨灰盒6万余只。嘉定县长征乡的梨园山庄、万安殡葬,松江县泗泾镇的息安骨灰堂等也在这个时期建成并对外营业。

1985年11月26日,由市殡葬事业管理处、五四农场、市农场局花木公司联合兴建的江南园林建筑风格的滨海古园开业。同年,利用围海造田土地兴建的奉新公墓(后改名海湾寝园)建成,创建于1935年、前身为私立枫泾太平公墓的枫泾公墓恢复开放。1986年12月10日,根据国务院关于"沿海有条件的城市须建华侨公墓,争取第二代、第三代华侨回归祖国,建设祖国"的文件精神,市民政部门会同朱家角镇政府、市工商界爱国建设委员会共同投资的淀山湖归园建成运营。1987年,位于嘉定区嘉松北路3485号的松鹤墓园获准开放。1988年7月,利用村内历史形成的老墓区建设的上海县仙鹤园墓园建成。同年10月,位于松江县佘山镇的天马山公墓建成开放。1989年10月,市殡葬服务中心与青浦区徐泾镇迮庵村联合投资建设的国有与集体联营企业的徐泾西园竣工开业。

1990年3月23日,上海市第三次殡葬工作会议提出上海持续稳定地发展殡葬事业的要求,倡导不占地或少占地安置骨灰以实现骨灰处理多样化,上海的塔葬、壁葬开始快速发展。1992年,卫家角息园建成占地53337平方米的园林式骨灰壁葬园。1994年,位于青浦县外青松公路的福寿园建成大容量的骨灰塔楼。1995年3月,位于闵行区浦江镇沈杜公路福乐山庄建成仿古典式宝塔。同年,位于松江县佘山镇的天马塔园陆续建成规划11座塔楼中的2座塔楼。

20世纪90年代,上海的骨灰葬公墓快速发展。1993年4月位于嘉定区嘉安公路的长安墓园、1995年1月位于松江县永昆公路的华夏公墓、1996年11月位于闵行区华漕镇的天国墓园、1999年位于松江区泖港镇的浦南陵园相继建成。息园、福寿园、福乐山庄、天马塔园、永福陵园等也相继获准销售骨灰葬墓穴。

进入21世纪以后,骨灰葬公墓继续发展。2003年位于浦东新区曹路镇的天逸静园、2005年6月位于浦东新区军港路的汇龙园陵园、同年7月前身为崇明殡仪馆瀛新古园的瀛新园陵园、2007年1月位于浦东新区临港新城的福寿园海港陵园相继建成。

至2010年底,全市有44家经营性公墓和10家承办骨灰长期存放业务的经营性骨灰堂,形成国有、国有和集体合作、集体和民营合作等多种经济成分参与墓园经营的局面。其中,市殡葬服务中心拥有龙华殡仪馆、宝兴殡仪馆、益善殡仪馆、卫家角息园4家直属单位,淀山湖归园、滨海古园、徐径西园、颛桥寝园4家控股联营单位,为上海市民提供丧事服务和涉外丧事服务。

【机构简介】

万国公墓 原名薤露园,1913年创办于徐家汇。1917年,因铁路建设占用墓园土地西迁至虹桥,改名为万国公墓,占地面积81907平方米。上海解放后,该公墓由市政府卫生局接管,后划归市民政局。当时,已售出墓穴和骨灰7889穴(包括寿穴),建墓2925座。"文化大革命"初期,万国公墓被全部破坏。1967年9月,墓地被上海警备区派部队接管。1973年,为解决外国侨民去世后的骨灰安葬问题,市民政局从上海警备区收回包括宋氏墓地在内的20010平方米,恢复万国公墓。1980—1981年,经市政府批准,又收回了其余土地,同时征用了其他部分土地,使公墓的占地面积扩大到101350平方米。1981年5月29日,宋庆龄病逝。根据宋庆龄的遗嘱,1981年6月4日,宋庆龄骨灰安葬于万国公墓其父母合葬墓的东侧。1983年7月,市编制委员会批复同意建立宋庆龄陵园管理机构,与万国公墓为一套班子两块牌子。1984年1月10日,经党中央同意,正式启用中华人民共和国名誉主席宋庆龄陵园(简称宋庆龄陵园)名称。宋庆龄陵园的牌匾悬挂在新建的东大门,万国公墓的牌匾继续挂在虹桥路北大门。1985年1月,市政府决定,建立上海市孙中山故居、宋庆龄故居和陵园管理委员会(简称管委会)。同年3月,万国公墓随同宋庆龄陵园由市民政局划归管委会管理。

枫泾公墓　原名枫泾太平公墓(私营),建于1935年,位于浙江省嘉善县枫泾镇(南镇)西栅张家浜(今枫泾镇新春村),墓区四面环河。上海解放后,公墓土地收归国有。1951年3月,浙江省嘉善县枫泾镇(南镇)并入江苏省松江县枫泾镇(北镇),自此公墓成为江苏省属地(松江县枫泾镇)。1958年11月江苏省松江县划归上海市,公墓成为上海市属地(松江县枫泾镇)。1966年10月,公墓又随枫泾镇从松江县划归金山县管辖,名称由松江县枫泾镇太平公墓改为金山县枫泾镇太平公墓。1985年9月,经市民政局批准开业,更名金山县枫泾公墓,由于原是老公墓,又是全市最早正式开业的公墓,故殡葬业内称其为上海市第一家经营性公墓。1996年,根据业务发展的需要,经市殡葬事业管理处批准扩建新墓区,先后征地62 698平方米,公墓用地总面积合计为104 805平方米。2005年,经批准再次扩建墓区,由金山区房地局测定界桩同意征地78 973平方米。

回民公墓　位于青浦区徐泾镇卫家角谢卫路508号。1979年初,市政府为落实民族宗教政策,尊重少数民族的土葬风俗于1980年兴建而成。1986年9月30日,回民公墓由市民政局移交市民族事务委员会主管。1988年,市政府拨专款对公墓的工作生活区和墓区进行全面建设。公墓占地面积63 732平方米,其中殡礼大厅面积500平方米,业务大厅面积200多平方米,清真食府面积750平方米。墓区环境优美、庄严肃穆、清丽典雅,有浓厚的伊斯兰文化特色。截至2009年1月,安葬遗体10 088具。除回族、维吾尔族等少数民族亡人外,还安葬了中国港、澳、台地区的穆斯林亡人,旅居美国、爱尔兰、菲律宾、玻利维亚等国的华侨穆斯林亡人,以及印度尼西亚、马来西亚、沙特阿拉伯、巴基斯坦、吉布提、尼日尔等国籍的穆斯林亡人。

颛桥寝园　建于1984年12月,位于沪闵路4044号,由市民政局、市工商界爱国建设委员会与上海县颛桥公社三方共同投资100.5万元,在颛桥徐家湾苗圃内建立,公墓性质为国有与集体联营企业。占地面积44 689平方米,其中绿地面积24 212平方米。寝园主营骨灰寄存、壁葬及墓葬业务。截至2010年底,共销售墓穴7 554穴、壁葬8 640格。

滨海古园　1985年,由市殡葬事业管理处、五四农场、市农场局花木公司联合兴建的上海市首家国营公墓。占地面积约80.04万平方米,其中绿地面积397 532平方米。古园以江南园林建筑风格建造,注重园林化、艺术化与个性化。2002年12月17日,建成全国首座展示我国殡葬文化的场所——墓葬文化陈列馆。截至2010年底,共销售墓穴14万穴。

淀山湖归园公墓　又名华侨公墓,建于1985年12月,位于青浦区朱家角镇港朱家角港周路8号。根据1984年国务院关于"沿海有条件的城市须建华侨公墓,争取第二代、第三代华侨回归祖国,建设祖国"的文件精神,为满足华侨及中国港、澳、台同胞叶落归根的愿望,经市政府批准,由市民政部门与朱家角镇政府共同投资250万元,兴建上海地区唯一可对符合条件者实施棺葬(土葬),也可骨灰葬、骨灰寄存、牌位存放的园林式古典建筑公墓,公墓性质为国有与集体联营企业,1986年12月10日正式运营。占地面积约166 750平方米,其中绿地面积98 716平方米,园内四面环水,亭阁点缀,苍松翠柏成荫。园区有华侨墓区、国内墓区、佛堂祭奠区三个部分。

海湾寝园　原名奉新公墓,简称海湾园,建于1985年,位于奉贤区海湾旅游区海乐路200号。2000年改制为民营企业。占地面积653 660平方米,其中绿地面积457 562平方米。园内有接待服务区、园林休闲区、安葬祭祀区及石料加工区。园区的规格墓、艺术墓、生态小型墓个性突出、风格各异,并有众多名人墓及名人纪念像。2010年,建成上海知青广场和知青博物馆,每年的3月份举行"亡故知青公祭"及"公益落葬"活动。截至2010年底,共销售墓穴54 520穴。

卫家角息园 建于1986年,位于徐泾镇卫家角谢卫路598号,为市民政局下属事业单位,经营服务范围为骨灰墓葬、骨灰壁葬、骨灰寄存等,是一座综合性的殡葬服务基地。占地面积13.34万平方米,是一座江南园林式陵园。骨灰墓葬分为艺术墓区及普通墓区,并具有墓型多、款式全、道路宽、绿化美、环境好等特点。息园的骨灰寄存(室内葬)历史悠久,2001年9月,为推行殡葬改革、探索葬式多样化,对原骨灰寄存室进行内外装修,在空间设计、格位更新及灯光、音响、大堂、用具等方面大胆创新,环境整洁美观,设施完备。为使寄存服务更为完善,寄存架采用IC卡刷卡开门,并通过电脑控制进行统计管理,具有一定的安全性和先进性。

松鹤墓园 建于1987年,位于嘉定区嘉松北路3485号,为国有与集体联营企业。占地面积640 320平方米,其中绿地面积134 067平方米。园内有公共服务区、休闲景观区和人文墓葬区。园区墓式多样,草坪葬、树葬、花坛葬、生态环保葬、长廊壁葬等一应俱全,并提供免费骨灰寄存服务。截至2010年底,共销售墓穴196 185穴、壁葬6 620格。

仙鹤园墓园 建于1988年7月,位于闵行区仙鹤路588号,原由上海县马桥乡民主村与上海县殡葬管理所联营,利用村内历史形成的老墓区建成,为集体所有制企业。2003年7月更名为上海仙鹤园墓园。占地面积226 646平方米,其中绿地面积84 042平方米。截至2010年底,共销售墓穴84 596穴、壁葬107格。

天马山公墓 建于1988年10月,位于松江区佘山镇沈砖公路3555号,为国有与集体联营企业。占地面积450 892平方米,其中绿地面积320 160平方米。墓区内马尾山高18.9米,山地面积18 676平方米。截至2010年底,共销售墓穴56 842穴、壁葬165格。

徐泾西园 建于1989年10月,位于青浦区徐泾镇诸陆西路183号,由市殡葬服务中心与青浦区徐泾镇迮庵村联合投资建设,为国有与集体联营企业。占地面积188 094平方米,其中老墓区134 734平方米、新墓区53 360平方米。以骨灰墓葬为主,同时提供艺术墓葬、壁葬、草坪葬等多葬式服务,并开展生态葬、千元葬等公益性活动,以满足不同层次客户的需要。截至2010年,共销售墓穴76 666穴。

光启息安骨灰堂 原名天主教上海教区息安骨灰堂,建于1989年,位于松江区泗泾镇沪松公路2188号,为集体所有制单位。1989年,天主教上海教区为解决神职人员及教友亡故后骨灰存放问题,将天主教堂的7间平房改造成2层7间的骨灰堂(A区)。1993年又建起5层7开间的骨灰寄存大楼(B区)。2000年3月,更名为上海光启息安骨灰堂。骨灰堂总面积约6 670平方米。截至2010年底,累计销售安放骨灰格位28 346格。

长安墓园 建于1993年4月,位于嘉定区嘉安公路3688号,为国有与集体联营企业。占地面积320 160平方米,其中绿地面积137 402平方米,有15万穴位,分龙、凤、吉、祥、梅、兰、竹、菊八区,同时又细分为高特级式自选区、艺术区、教会区、个性化普通区,以及室内葬、节地葬等多种葬式。截至2010年底,共销售墓穴52 373穴、壁葬320格。

福寿园 建于1994年,位于青浦区外青松公路7270弄600号,为股份制企业。占地面积402 201平方米,其中绿地面积230 115平方米。优美的自然景色、独特的人文景观以及风格迥异的艺术雕塑,使整个园区呈现出和谐静谧的环境、典雅惬意的氛围。截至2010年底,共销售墓穴32 165穴、壁葬6 709格。2010年,以"珍藏城市记忆,领略生命华彩"为宗旨而建的上海福寿园人文纪念馆在园内开馆。

福乐山庄 建于 1995 年 3 月,位于闵行区浦江镇沈杜公路 4300 号,为墓葬、壁葬、室内葬等多种葬式于一体的国内合资企业。占地面积 80 040 平方米。按照仿宋古典建筑布局设计,拥有宝塔及寺庙在内的 11 座建筑物。至 2010 年底,共销售墓穴 10 646 穴。

华夏公墓 建于 1995 年 1 月,位于松江区小昆山镇永昆公路 482 号,为集体所有制企业。占地面积 166 750 平方米,其中绿地面积 110 055 平方米。截至 2010 年底,共销售墓穴 27 292 穴。

天马塔园 建于 1995 年 3 月,位于松江区佘山镇沈砖公路 3645 号,为中国台、港、澳地区与境内合作的责任有限公司。规划用地 100 050 平方米,其中绿地面积 31 849 平方米。已建成的两座塔楼高 27 米,塔体为钢筋混凝土结构,外墙下部为花岗岩假石;塔楼共 5 层,为骨灰盒存放处,存放骨灰盒的柜体选用高科技铝合金,经特殊处理,耐酸耐碱且防火。截至 2010 年底,共销售墓穴 15 904 穴、室内格位 1 865 格。

天国墓园 建于 1996 年 11 月,位于闵行区华漕镇北青公路 2200 号。由闵行区殡仪服务中心、市殡葬服务中心所属百顺公司、华漕镇石皮弄村三方投资兴建,为集体所有制企业。占地面积 38 352 平方米,其中绿地面积 26 680 平方米。园内有艺术墓区、普通墓区、节地生态墓区三部分组成。

永福园陵 建于 1998 年 12 月,位于奉贤区洪庙镇亭大公路 8489 号,为民营企业。规划用地 333 500 平方米,其中绿地面积 266 800 平方米。截至 2010 年底,共销售墓穴 25 872 穴、壁葬 635 格。

浦南陵园 建于 1999 年,位于松江区泖港镇叶新公路 5049 号,为集体与民企联合建办。占地面积 103 111 平方米,其中绿地面积 77 372 平方米。园内集墓葬、壁葬、树葬、生态葬于一体。截至 2010 年底,共销售墓穴 12 894 穴、壁葬 103 格。

天逸静园 建于 2003 年,位于浦东新区曹路镇龚卫路 388 号,由外商独资建设经营管理。占地面积 66 700 平方米,其中绿地面积 34 684 平方米。由加拿大著名设计师设计,整体风格呈现代气派,以大型室内葬为主,集室外草坪葬、植树葬、艺术葬等多种葬式为一体的现代陵园。主体建筑为 5 层室内葬大楼,建筑面积 2.6 万平方米,可容纳 8 万个格位,平均每格占地不足 0.1 平方米,属绿色节地葬式。2009 年开放以墓穴小型化、西式化、艺术化为特点的新型室外墓区。截至 2010 年底,共销售墓穴 3 150 穴、室内葬 7 850 格。

汇龙园陵园 建于 2005 年 6 月,位于浦东新区军港路 388 号。是上海东部地区一座 533 600 平方米的现代景观陵园,由上海农工商集团东海总公司和市殡葬服务中心共同投资建设,为国内合资企业。陵园一期占地面积 200 100 平方米。

瀛新古园 建于 2005 年 7 月,位于崇明县新河镇草港公路 3188 号,为国内合资企业。占地面积 141 204 平方米,其中绿地面积 113 390 平方米,为绿色、生态、旅游、休闲于一体的人文纪念陵园。园内墓型齐全,葬式多样,能够满足不同层次的客户需求。截至 2010 年底,共销售墓穴 3 986 穴。

福寿园海港陵园 建于 2007 年 1 月,位于临港新城杞青路 1717 号,由上海福寿园实业发展有限公司、上海临港书院经济发展有限公司、光明食品集团上海东海总公司三方出资组建,为股份制有限责任公司。陵园规划占地面积 23 345 平方米,分二期开发。绿地面积 43 688 平方米,绿化覆盖率 63.5%,绿地率 43.37%。作为临港新城开发建设的配套项目之一,陵园承担开发建设过程中墓穴搬迁的安置工作。截至 2010 年底,共计销售墓穴 37 214 穴,其中 31 844 穴为公益性安置。

表 7-3-2　截至 2010 年底上海市经营性公墓一览表

区　县	机 构 名 称	地　址
浦东新区	上海浦东新区乐乡公墓	川沙镇栏学路 8 号
	上海浦东新区永安公墓	川沙镇对面街村北
	上海浦东新区天长公墓	曹路镇秦家港路 1595 号
	上海浦东新区界龙古园	川沙镇界龙一路 759 号
	上海浦东新区天逸静园	曹路镇龚卫路 388 号
	上海南汇长桥山庄	沪南公路 7960 号
	上海汇龙园陵园有限公司	朝阳农场军港公路 388 号
	上海华南公墓管理有限公司	航头镇航都南路 668 号
	上海南院实业发展有限公司福寿园海港陵园	临港新城杞青路 1717 号
闵行区	上海仙鹤园墓园	马桥镇仙鹤路 588 号
	上海天国墓园	华漕镇北青公路 2200 号
	上海市颛桥寝园	沪闵路 4044 号
	上海福乐山庄有限公司	沈杜公路 4300 号
宝山区	上海宝罗暝园	罗店苗圃路 350 号
	上海宝凤暝园	丰翔路 644 号
	宝山月浦安息灵园	月罗路 341 号
嘉定区	上海市嘉定区松鹤墓园	嘉松北路 3485 号
	上海市嘉定区长安墓园	嘉安公路 3688 号
	上海仙乐息园	沪太路 8598 号
	上海华亭息园	华亭镇浏翔路 7994 号
	上海清竹园墓园有限公司	外冈镇嘉松北路 633 号
	嘉定南翔白鹤憩园	南翔镇翔东路 175 号
金山区	金山松隐山庄	亭林镇松金公路 5636 号
	金山区枫泾公墓	枫泾镇林园路 168 号
松江区	上海天马山公墓	佘山镇沈砖公路 3555 号
	上海浦南陵园有限责任公司	泖港镇叶新公路 5049 号
	上海天马塔园有限公司	佘山镇沈砖公路 3645 号
	上海华夏公墓	小昆山镇荡湾村永昆路 482 号
青浦区	上海市淀山湖归园公墓	朱家角港周路 8 号
	上海徐泾西园	徐泾镇诸陆西路 183 号
	上海市卫家角息园	徐泾镇谢卫路 598 号
	上海福寿园实业发展有限公司	外青松公路 7270 弄 600 号

（续表）

区　县	机 构 名 称	地　　址
青浦区	上海九天陵园有限公司	白鹤镇万狮村
	上海青浦静园公墓	朱枫公路 1002 号
	上海福泉山留园	香花桥街道郏一村 215 号
	上海至尊园实业股份有限公司	朱枫公路 1128 号
奉贤区	上海滨海古园	五四农场境内海古路 755 号
	上海海湾寝园有限公司	海湾旅游区海乐路 200 号
	上海永福园陵有限公司	洪庙镇亭大公路 8489 号
崇明县	上海市崇明县鳌山暝园	城桥镇鳌山村
	上海瀛裕暝园	陈家镇晨光村
	上海瀛新古园有限公司	新河镇草港路 3188 号
	上海市崇明县长亭冥园	长兴镇新港村 8 组
	崇明县横沙明珠公墓	横沙乡红旗村

资料来源：上海市民政局档案

表 7-3-3　截至 2010 年底上海市经营性骨灰堂一览表

区　县	机 构 名 称	地　　址
浦东新区	三林静园	三林镇人民桥南首三鲁路 7681 号
	洋泾乡安息堂	杨高中路 1202 号
	金桥乡息安堂	金桥镇陆行庄家宅
	张桥乡安息堂	金桥镇陆行庄家宅
	东沟静园	东高路黄家门 100 号
	北蔡镇西山湾安息堂	北蔡镇中界村镇中心路 400 号
宝山区	宝安暝园	宝安公路 128 号
嘉定区	望仙安息园	外冈镇外钱公路 1515 号
松江区	上海光启息安骨灰堂	泗泾镇沪松公路 2188 号
青浦区	上海玉佛功德园有限公司	朱家角淀峰村报国寺内

资料来源：上海市民政局档案

第二节　殡 殓 服 务

一、基本服务

改革开放初期,殡葬服务项目和形式单一,火葬场为亡故者提供的仅为遗体接运、存放、火化、骨灰寄存等基本服务,经营处于亏损状态。随着国家经济发展和社会进步,殡葬公共产品和公共服务的内容逐渐增多,在基本服务之外增加供群众选择的延伸服务项目,包括遗体整容、遗体防腐、吊唁设施及设备租赁等。延伸服务的发展满足了丧家各种消费层次的需求,也给殡葬服务单位带来经济效益,殡葬服务单位全部扭亏为盈。

1984年9月14日,上海召开全市第二次殡葬工作会议,提出火葬场实行经营承包责任制的方案,并很快予以实施。当年,火葬场更名为殡仪馆,开始向扩大服务转变。殡仪馆提供的服务项目在殡仪消费需求的刺激下日益增多。

20世纪80年代中期,接运遗体开始大量使用小型客车,经过改装的小型货车被逐渐淘汰。到90年代初,殡仪车型迅速增加,如海狮、考斯特、标致和金杯等,还有豪华型殡仪车,如凯迪拉克、林肯、奔驰等。殡仪车内安装有专用的运尸设备,有的在车外扎上黑纱或黄绸扎成的彩花。1998年,上海市区殡仪馆接运遗体实行"一车一具",之后"一车一具"成为全市殡仪馆接运遗体的规定。

1985年1月,宝兴殡仪馆在业务大堂设立若干个单间接待室,工作人员与丧家面对面沟通,详细介绍服务项目,一次接待可以办完所有的治丧手续,改变了丧家在多个柜台排队等候办手续的状况。这种服务接待形式在全市各个殡仪馆得到推广。

1993年起,为满足部分家属殡殓的需要,解决腐烂遗体、传染病遗体进悼念厅带来的卫生安全隐患,殡仪馆开始使用简易卫生的火化棺。1999年,制作火化棺取消木制材料,采用既环保又能降低成本的纸质和竹质材料。

1997年,益善殡仪馆为满足家属观看其亲属遗体进炉火化的需求,投资购置全套电视监控装置等设备,推出观炉服务。1999年,又推出拣灰服务,即遗体火化后,工作人员将骨灰移至托盘送与家属,由其亲自把骨灰拣入灰袋。

同年,龙华殡仪馆推出供丧家选择的当厅化妆服务项目,由化妆组工作人员挂牌在礼厅现场为遗体进行化妆美容服务。在举行告别仪式前,殡仪馆根据家属的要求进行一般或者特殊要求的化妆或整容。对于遗体面容损伤或者肢体缺失的,殡仪馆可提供特殊的整容服务。遗体化妆整容服务,是殡葬服务机构专业人员使用有关专业器具和化妆品,对遗体进行清洗、化妆、美容、美发等。

1998年,市区殡仪馆推出全天24小时遗体接运服务,并且通过卫星定位系统进行调度。次年4月1日,市殡葬服务中心开通64644444殡葬服务热线,24小时受理殡葬业务,接受咨询和投诉,畅通治丧渠道。

1999年起,龙华殡仪馆推出礼厅司仪服务,在整个殡殓过程中,由殡仪馆指派专人担任司仪,代写代读悼词、主持追悼仪式等服务。2002年4月,宝兴殡仪馆也推出此项服务。2010年11月,龙华殡仪馆成立专职司仪组,选拔12名优秀司仪组成专职殡葬司仪,服务内容扩展为:策划悼念仪式流程,布置追悼场景,撰写主持词和主持悼念仪式等。

2001年,龙华殡仪馆推出礼仪出殡仪式并得到推广,在追悼结束后,由4名～6名身着统一制服的专职礼仪人员抬扶灵柩缓步前行,家属随后,乐队吹奏送葬曲一路随行,从追悼礼厅行进至殡仪车停泊地,将灵柩缓慢送上殡仪车,整个出殡过程庄严凝重。

2004年7月8日,上海殡葬行业在《解放日报》刊登向社会公开承诺:全市各殡仪馆实行24小时遗体接运电话预约服务。

2008年,龙华、宝兴、益善殡仪馆先后增设便民服务设施和项目,有免费轮椅、医药箱、饮用水、雨伞借用、自动取款机等;设立丧事咨询台,建立大堂经理值班制,关注服务细节,落实便民服务措施。各公墓也分别在业务窗口增设便民服务箱,开展代客祭扫、预约落葬等。

2009 年 5 月,龙华殡仪馆化妆组推出遗体养护服务,为逝者沐浴、清洁,并根据逝者不同的年龄、喜好、气质特征梳理发型、剃须、修眉,修复面部五官等,力求经过整容化妆,使逝者给亲人留下最后的美好容颜。

同年末,龙华、宝兴、益善殡仪馆相继推出免费一门式上门服务,客户只要拨打殡葬服务热线,殡仪馆工作人员即携带笔记本电脑、便携式打印机和 3G 无线上网设备上门,直接用电脑与殡仪馆计算机系统连接,现场办理各种治丧手续及家庭灵堂设置等服务。此外,三家殡仪馆还推出陪同服务,在业务洽谈、商品选购、礼厅布置、主持仪式、酒家用餐、护送上车等整个殡殓过程中,工作人员全程陪同,随时解答家属提问。

2010 年 8 月 4 日,市殡葬服务中心调整开通 962840 白事热线。"962"是政府热线开头固定数字,"840"是"白事灵"的谐音,意即遇到"白事"一打就灵。白事热线 24 小时开通,全年无休为市民免费提供殡葬政策和业务咨询、业务受理、投诉受理、电话回访等全方位的殡葬服务。市民只要拨打白事热线,龙华、宝兴、益善殡仪馆即快速响应,根据家属需求,提供免费咨询、上门洽谈丧事,全程陪同家属办理殡葬事宜。同年 12 月 14 日,"上海殡葬网"开通,与 962840 白事热线、殡仪馆服务短信组合成"三位一体"的立体殡葬服务网络,为市民提供全方位的殡葬服务信息和便民服务。

2010 年,殡葬行业的"陪同服务""套餐服务""上门服务"3 项便民服务措施入选当年全市窗口行业获社会公众和国内外宾客好评的 10 项服务举措之中。

二、特殊人群服务

2000 年 5 月,市殡管处制定关于殡葬单位开展公益活动的通知,要求公墓、骨灰堂为已故的社会孤老、民政特困对象、劳动模范以及对社会有特殊贡献者,提供骨灰无偿安放或减免安放费用等优惠政策,开展敬老助残、扶贫帮困、爱心奉献等公益活动。

2004 年 12 月,市民政局制定《关于对本市特殊对象死亡后补贴殡葬费用的通知》明确:社会孤老、市劳模、残疾人、伤残抚恤对象等特殊对象死亡后,由社区服务中心提供殡葬服务的,经区县民政局批准,每位补贴殡葬费用 300 元。2005—2010 年,累计补贴殡葬费用 80 余万元,其中 2010 年全年累计补贴殡葬费用 21.7 万元。

2006 年,全市殡仪馆为社会低消费群体推出成套殡仪服务价格标准:中心城区的龙华、宝兴、益善 3 家殡仪馆低消费服务价格在 1 千元以内,郊区殡仪馆在 800 元以内;公墓推出"500 元骨灰存放""900 元骨灰入葬"等低消费服务。2010 年,全市殡仪馆共为市民提供千元丧事服务的达2 271 户。

2007 年 4 月,滨海古园"爱心苑"墓地落成,市慈善基金会会长陈铁迪为"爱心苑"题字。福寿园、海湾寝园等墓地也相继开辟为社会孤老免费入葬的园区。

同年 7 月,市殡葬管理处、各区县殡葬管理所和市殡葬服务中心共同出资建立殡葬"帮困济丧基金",第一期基金筹集额为 160 万元。基金补贴的范围:上海市常住户籍的城乡低保人员、社会孤老、持证残疾人、农村"五保"户、农村低保人员、革命烈士遗属、伤残军人、在乡复员军人、特殊救济对象,以及特殊困难的外来务工人员等,减免幅度为 50%~100%不等。当年,有 1 053 户丧家共获得补贴 79.83 万元。2008 年 4 月,该基金对补贴办法进行调整,增加减免项目,扩大减免对象范围。2010 年,"帮困济丧"基金为 2 045 户丧家减免费用 122 万元。

2009 年 9 月,市殡管处为解决困难群体死有所葬问题而发起的"二万五工程"实施,其目标是实现上海市 44 家经营性公墓配置 2.5 万平方米规模的殡葬公益用地,每家公墓提供约 666.67 平方米墓地,土地紧张的公墓提供 500 个安放骨灰格位,确保低收入群体逝世后骨灰有安葬和安放场所。"二万五工程"首次将家庭收入高于最低生活保障,却因疾病支出等原因造成贫困的支出性贫困人员纳入其中。

三、突发事件应急服务

1988 年 3 月 24 日 14 时 19 分,南京开往杭州的 311 次旅客列车,运行到沪杭外环线匡巷车站,与正要进站的长沙开往上海的 208 次旅客列车迎面相撞,造成日本高知县的修学旅行团 27 名师生当场遇难。龙华殡仪馆接运 27 具遗体,14 名整容工对血肉模糊、有的头颅严重破损的遗体进行整容。他们为遇难者缝合头部伤口、清洁更衣,直到家属对遗容表示满意。

2000 年 12 月 25 日夜,洛阳东都商厦发生大火,夺走 309 条生命。27 日,上海殡葬管理部门接到援助请求,立即从龙华、宝兴殡仪馆抽调 3 名防腐化妆师和 2 名工人,带着防腐液及全套防腐化妆器械赶赴洛阳。他们为 60 多具发黑的遗体用上海遗体防腐研究所研制的遗体防腐液作防腐处理,使原本已呈黑灰色的脸部返回正常肤色。当死难者家属看到自己逝去的亲人经化妆后如同平日睡着般安详自然,无不为上海师傅精湛的技艺折服。

2001 年 3 月 16 日,石家庄发生特大爆炸案,造成 108 人丧生。3 月 18 日,上海殡葬系统抽调 7 人组成的援助小组,携带所需药物和器械赶赴石家庄。援助小组日夜驻扎在殡仪馆 10 多天,对遗体防腐整形,直到逝者家属满意。

同年 7 月 17 日上午 8 点,上海沪东中华造船(集团)有限公司 600 吨门式起重机安装过程中发生下坠特大事故,造成 36 人死亡,遗体支离破碎。龙华殡仪馆调遣 33 人赶到浦东殡仪馆,在短短 4 小时内完成对遗体的整容缝补。

2004 年 6 月 10 日凌晨,武装分子袭击了中铁十四局集团公司在阿富汗承包的昆都士公路修复改造工程的盖牢盖尔工地,致使 11 名中国工程人员死亡。14 日深夜,遇难者遗体被运回江西。15 日,龙华殡仪馆 3 名遗体整容师应上饶市殡葬管理处邀请赶赴上饶殡仪馆,重点处理破损最严重的遗体。他们对头部受枪击造成脸部缺损表皮塌陷的遇难者遗体进行清洗、填充、表皮缝合等工序,最后进行化妆。

2005 年 8 月 2 日,马鞍山某乳业公司突发火灾,3 名消防战士为灭火献出了年轻的生命。4 日,龙华殡仪馆 2 名遗体整容师到达马鞍山殡仪馆,在对烧焦的遗体进行清洗后,又对蜷曲的遗体修复处理,拉直手、腿,使遗体躺平。根据战士生前照片,对严重烧伤的头部进行塑形,用橡皮泥细致地雕出器官的轮廓,进行填充、化妆。8 月 7 日追悼会上,人们向 3 名遗容安详的消防战士致敬告别。

2006 年 6 月 16 日 15 点 09 分,安徽省马鞍山市当涂县一家工厂的粉状乳化车间发生爆炸,16 条生命付之一炬。在接到马鞍山市殡葬管理处的求援信息后,上海殡葬系统先后抽调 5 名遗体整容师赶到当涂县殡仪馆。他们对 5 具支离破碎的遗体进行面部塑形,根据家属提供的几张模糊不清的老照片,用橡皮泥细致地雕出脸部各器官的轮廓。将模特的躯干代替遗体的身躯进行更衣,圆满完成这项艰巨的任务。

2008 年 7 月 17 日 12 点 50 分,奉贤区金汇镇的雷盛塑料包装(上海)有限公司塑胶车间发生火灾。3 名正在救火的消防官兵被一根 50 米长的主梁突然倒塌压住,当场牺牲。龙华殡仪馆的遗体整容师对着消防官兵生前的照片,用了 48 个小时进行修复化妆,使遗容基本复原到生前的模样。

2009年11月28日,上海浦东机场津巴布韦货机失事,造成3人遇难。一具遗体已经炭化,只能火化。龙华殡仪馆的特殊遗体修复工作室团队,对2具面目全非、肢体残缺的遗体,用3天时间进行防腐、塑形、整容、化妆,成功修复了两位遇难者遗体,并采用充分的防腐措施,确保遗体回国安葬。

2010年3月6日,上海动物园一位饲养员打扫虎舍时,被一只孟加拉虎撕咬了近半个小时。当遗体送到龙华殡仪馆时已血肉模糊,半个头骨被咬烂,皮肤组织呈碎片化。遗体修复师将细碎的组织清洗干净,用一种特殊的高分子材料对其进行流化固定,用胶原填充的方式进行塑型。经过整容修复,饲养员的遗容得到家属的认可。

同年11月15日,上海胶州路一幢高层公寓起火,造成58人遇难。当晚,龙华殡仪馆共接运49具(袋)遗体(遗骸),经过登记编号照相,以及对遗体(遗骸)的紧急清理,连夜突击布置5个遗体辨认室,并协助家属辨认遗体。对其中同时遇难的一位母亲与16个月大的婴孩,落实厂家赶制一个能存放两具遗体的火化棺。

第三节 葬 式 改 革

一、推行火葬

1951年12月2日,市殡葬管理所通过新闻媒介告知社会,西宝兴路火葬场可以办理火葬。

1954—1956年,上海掀起宣传火葬的高潮。全市各影院放映宣传火葬的幻灯片,外滩、十六铺、人民大道、大自鸣钟等80处交通要道设立宣传火葬的巨幅广告牌,民政部门还邀请市民到火葬场参观操作程序。同时运用经济手段,提高墓穴售价,给火葬丧家以价格优惠。1957年火化总数一度达到死亡总数的59.7%。

1964年,根据内务部提出的"积极推行火葬,坚决压缩土葬,全面改革殡葬工作"的要求,成立上海移风易俗推行火葬工作委员会,区县成立分会,基层成立小组。1965年,全市火葬13 930人,火化率为死亡总数的50.46%。1966年3月,内务部在上海南汇县召开64型燃煤火葬炉安装技术现场会。当年,"文化大革命"开始,上海所有公墓被视作"四旧"全部关闭。此后,火葬成为处置遗体的唯一葬式(除横沙、长兴两岛)。

1976年"文化大革命"结束,上海火葬工作开始稳步发展,市区龙华火葬场和西宝兴路火葬场逐步添置和更新设备设施。1982年上海县杜行火葬场建成开业后,上海10个郊县均有火葬场;1984年宝山县横沙岛火葬场建成,1987年宝山县长兴岛殡仪馆建成。至此,上海10个郊县和海岛都有了火葬场。全市除了回族亡故者按其宗教形式允许土葬以外,其余遗体全部实行火葬。上海成为全国第一个实现100%火化率的城市。

二、习俗变革

1982年4月27日,上海市第一次殡葬工作会议召开,副市长杨堤出席会议并讲话。会议提出殡葬改革的方向:要破除旧的丧葬习俗,节约办丧事。同年7月12日,针对社会上封建迷信旧思想和各种陈规陋俗的回潮和抬头,丧事中悬挂被面、抛花圈,封建迷信供品进入骨灰寄存格,郊县丧事大操大办等现象,市殡葬事业管理处发出公告,重申在火葬场不得进行宗教和迷信活动。10月,全市各火葬场开展"移风易俗宣传月"活动,通过制定丧事新办须知,宣传丧事新办,扩大社会影响,取得社会舆论的支持。

1988年12月,市民政局和市农委在崇明县召开上海市丧葬习俗改革经验交流会,总结推广崇明开展反对封建迷信教育活动,建立红白喜事理事会的经验。

1991年12月19日,市殡葬行业协会和黄浦区民政局联合举办殡葬咨询活动,宣传推广移风易俗和骨灰处理的多种方式,各殡仪馆相继在馆内持续开展宣传教育。

1999—2005年,随着殡葬设施的不断完善,治丧环境明显改善,为殡葬单位向市民提供殡葬文化服务创造条件。龙华殡仪馆通过"文化礼厅",推出殡葬文化服务,在礼厅的帷幔布置、花篮造型的设计,一改过去黑白阴冷、单调苍白形象,营造出素雅温馨的氛围;悼念仪式中展示的追思卡片、人生小电影,展现逝者的美丽人生;殡葬礼仪凸显文化内涵,简而有礼,朴中有仪,表现出敬重生命、追思逝者的情怀。文化礼厅对上海殡葬礼仪的创新变革产生深远影响,引起全国同行的关注。进入21世纪以后,上海的祭扫方式不断创新。2000年,各公墓倡导鲜花祭扫,用鲜花换鞭炮,推行文明祭扫,消除安全隐患。这一举措得到社会的广泛认可,逐步成为市民文明祭扫的首选。2002年12月22日,滨海古园首次为著名民族音乐家许光毅家属举办音乐祭扫活动。2007年,滨海古园举行首次音乐集体葬礼,在音乐与鲜花环绕的环境中,送别逝者。截至2010年,滨海古园举行5场音乐集体葬礼,有160户家庭报名,180位逝者在音乐声中远行。

2008年,清明节首次成为国定假日。为改进焚烧祭祖的传统习俗,上海倡导多种新型祭扫方式,如用"感恩思源卡"书写祭文追忆先辈,以表达后人的感恩之情;举办"生命放飞"活动,把对亲人的思念写在专用卡片上,随气球一起放飞。滨海古园开设"时空邮局"信箱,把对先人的怀念写在"心灵诉说"卡上,投入"时空邮局"寄托哀思,开启首日就收到1200多张卡片;开通"时空在线广场",进行网上在线祭扫;推出的"网上直播祭扫"服务,解决部分市民不能在特定日期前来墓园祭扫的困难,一些腿脚不便或远在他乡的亲属,能从网上实时看到委托墓园工作人员给亲人祭扫的画面。此外,还通过开设社会大众公益祭扫免费短信平台等方式,引领清明祭奠新风尚。

2008年4月6日,由市殡葬行业协会主办,上海飞思海葬服务部、滨海古园共同举办的公祭海葬典礼在滨海古园举行,现场1000多人共同缅怀祭奠万余位海葬者的亡灵,成为中国殡葬史上第一次海葬公祭活动。之后,每年清明滨海古园都举行公祭,用音乐和鲜花表达对海葬者的缅怀之情。

2010年3月20日,全国首个为百姓而设立的"百姓公祭日"活动在上海福寿园海港陵园隆重举行,来自长宁、静安等区的市民代表、社会团体以及浦东新区当地群众近千人参加,共同追忆先人,寄托清明情怀。

三、骨灰处置多样化

【骨灰撒海】

20世纪90年代,上海开始葬式创新,推行骨灰处置葬式的多样化,以缓解每年约10万亡故者骨灰安葬与上海土地资源稀缺的矛盾。1991年1月25日,市民政局在市政协大楼召开新闻发布会,宣布上海将举行骨灰撒海活动。3月1日,国家海洋局东海分局批准试行《长江口区骨灰撒海管理暂行办法》,同意长兴岛中部至横沙岛东端(南支)的海域作为骨灰撒海的地点。3月11日,市政府下达文件,批准举办骨灰撒海。3月19日,首次骨灰撒海活动仪式在停泊于吴淞码头的"沪航一号"轮船上举行,副市长谢丽娟参加仪式并讲话。亡故者亲属和各界人士近500人,以及国内外新闻单位70多位记者,经过一个半小时航行,到达指定海域,在葬礼进行曲的旋律中,为113名逝者的骨灰回归大自然送行。第一次海葬活动之后,龙华、宝兴殡仪馆设立海葬受理热线,在每年清明、冬至期间举办骨灰撒海活动。

1999年8月,市殡葬服务中心成立上海飞思海葬服务部,专业组织骨灰撒海活动。海葬服务部在城区殡仪馆和街道社区设立海葬咨询网点,在郊县殡仪馆设立海葬代办点,为全市居民办理海葬服务手续。

2003年,上海实行海葬补贴制度,标准是每份骨灰撒海补贴家属150元。2007年4月18日,市殡葬管理处规定:从当年度3月1日起,凡具有上海常住户口人士去世后骨灰撒海的,每份骨灰补贴标准统一调整为400元。

2006年11月,飞思海葬服务部开始向海葬者家属颁发《海葬证书》,以资纪念。同年,开始接受来自全国各地的逝者家属报名参加上海的骨灰撒海活动,并提供各项相关服务。截至2010年,上海为来自江苏、浙江地区的300份骨灰举行海葬。

2008年4月2日,由飞思海葬服务部主办、滨海古园与上海殡葬文化研究所承办、华夏祭祀网协办的"时空在线海葬纪念馆"开通,为海葬者家属提供了一个全新的祭扫平台。4月6日,滨海古园举办第一届公祭海葬典礼。此后,每年3月的最后一个星期六被定为"公祭海葬日",届时举办大型公祭海葬典礼,用音乐和鲜花表达对海葬者的缅怀。

2010年12月12日,"海葬20年纪念"活动在滨海古园海葬纪念苑举行。市文明办、市民政局、市规土局联合向海葬者亲属颁发新版《海葬纪念证书》,表达对海葬者及其亲属选择不保留骨灰的肯定和褒奖。至2010年底,上海成功举办164次骨灰撒海活动,完成21 196份骨灰撒海服务。

表7-3-4 1991—2010年上海市历次海葬活动情况统计表

年 份	骨灰数（份）	次数（次）	户数（户）	人数（人）
1991	287	2	247	765
1992	404	3	352	1 144
1993	404	3	359	1 270
1994	419	3	379	1 404
1995	476	4	411	1 768
1996	407	2	365	1 496
1997	879	6	782	3 234
1998	732	4	660	3 256
1999	657	7	597	2 779
2000	815	7	746	3 546
2001	1 021	6	702	3 298
2002	1 133	9	729	3 667
2003	1 254	9	771	3 600

（续表）

年　份	骨灰数(份)	次数(次)	户数(户)	人数(人)
2004	1 380	11	1 012	4 668
2005	1 485	13	1 032	5 343
2006	1 615	11	1 017	5 266
2007	1 702	11	1 053	5 305
2008	1 887	12	1 476	6 425
2009	2 079	18	1 560	7 214
2010	2 160	21	1 678	9 552
合　计	21 196	164	15 928	73 404

资料来源：上海市民政局档案

【骨灰室内葬】

20 世纪 60 年代，龙华火葬场曾建有少量壁葬，后拆迁。1992 年 8 月，卫家角息园开辟具有园林风格的骨灰壁葬区。2003 年，浦东新区天逸静园骨灰壁葬园开园营业。2008 年，滨海古园、徐泾西园、颛桥寝园和卫家角息园相继推出千元壁葬。2009 年 9 月，归园新建 2 100 余个格位的壁葬区。

1994 年 4 月，将骨灰安置在塔式建筑中的上海天马塔园开业。1995 年 11 月，福寿园塔葬开业。

【骨灰深埋】

1993 年 4 月 9 日，上海首次植树葬活动在奉贤县奉新公墓举行，31 位逝者的骨灰埋入树下，不留坟头，以树代碑。2001 年 4 月 7 日，首次草坪葬仪式在滨海古园举行，数百名市民将亲人的骨灰埋入草坪下。同年 12 月 4 日，上海市丧葬习俗改革经验交流会推广闵行区园林景观式骨灰深埋区的经验，即利用农村河滩边、高亢地等劣地和绿化林带，建园林景观式深埋区，平地深埋骨灰，不留坟头，只留编号。2010 年，浦东新区海港陵园建成大型环保"玫瑰园"草坪葬墓区。

截至 2010 年，全市共销售植树葬 500 穴、草坪葬 1 447 穴、深埋葬 7 139 穴，节约土地近百亩。

【小型墓】

2003 年，上海开展以缩小墓穴面积为主导的小型墓型创新试点，探索推行节地葬式的新途径，严控墓穴占地面积。2006 年 4 月 21 日上海市葬式改革工作会议后，福寿园、松鹤墓园、滨海古园、仙鹤墓园、海湾寝园和淀山湖归园 6 家公墓进行"小型墓"建设试点，单双穴占地面积都控制在 1 平方米之内。2008 年，市殡葬行业协会举办小型墓设计大赛，面向全社会征集小型墓设计方案，进一步推进节地葬式。

2009 年，淀山湖归园推出可供家庭成员多代合葬的复式家庭葬。2010 年，颛桥寝园相继开发以家庭为单位的多代合葬墓。复式家庭葬为直系亲属多代合葬，采取向地下纵深发展的方式，墓地基座占地面积在 1 平方米以内，穴坑分上下二层，每层各有 4 个格位，最多可安置 8 份骨灰，单份骨灰仅占地 0.125 平方米,扣去墓间道、绿化等公共用地面积,667 平方米可落葬近 3 000 份骨灰。

2010 年,全市公墓销售小型墓 44 534 穴,占年度墓穴销售总数的 51.7%。

第四节　法 制 建 设

1980 年 4 月 1 日,市政府批转市民政局《关于制止郊县生产队擅自开办埋葬骨灰盒业务的报告》,要求各县革命委员会,凡是生产队已经举办或正在筹办的埋葬骨灰盒业务,应立即停办,没有举办的,一律不许开办,以利于农业生产的发展和丧葬礼俗的改革;对于已受理埋葬的骨灰盒问题,生产队要以同其家属协商妥善解决,或征得同意后平地深埋,或将骨灰盒取回自行处理;对有些群众要求较长时期存放骨灰盒的问题,在龙华火葬场和西宝兴路火葬场存放三年后,可以转到卫家角骨灰寄存处继续存放(2011 年 9 月 1 日市政府发文废止该文件)。

1986 年 9 月 6 日,市政府办公厅下发《关于华侨修复祖墓有关问题的通知》,明确:华侨修复祖墓只限于原在沪建有的、现已年久失修或在"文化大革命"中遭破坏而需修复的祖墓;修复祖墓所需墓地费和材料费均由家属自理;修墓用的建筑材料,由物资局等有关部门优先供应。并规定:凡易地修复祖墓的,使用土地应按国家基建程序办理。

1986 年 12 月 19 日,市政府发布《上海市殡葬管理实施办法》,共 22 条。明确规定上海为实行火葬地区,禁止土葬;处理尸体须凭户籍所在地公安派出所出具的死亡证;对尸体移至殡仪馆、火葬场后因故需要保存,规定保存期不得超过一个月,逾期由殡仪馆、火葬场火化,其一切费用由经办人解决;提倡文明、节俭办丧事,反对封建迷信和铺张浪费,禁止制作、出售丧葬迷信用品;禁止集体和个人占用耕地(包括个人承包耕地和自留地)作墓地,可利用老坟山废弃地埋葬骨灰盒,须平地深埋、不留坟头;任何单位经营公墓、骨灰寄存室等殡葬业务,或外省市在上海设立公墓代办处,须报请市殡葬事业管理处审核同意后,方可向所在地区、县工商行政管理部门办理登记手续,批准开业后,应按期向市殡葬事业管理处交纳管理费。该办法于 2001 年 1 月 9 日市政府令第 95 号废止。

1991 年 3 月 31 日,市政府办公厅发出举办骨灰撒海活动的通知,明确:骨灰撒海活动由市民政局主管,市殡葬事业管理处主办。有条件的县也要依据本试行意见,由所在地民政部门组织骨灰撒海活动,但须经市殡葬事业管理处批准;骨灰撒海遵循自愿原则。因特殊原因需要委托主办单位代办的,必须提交经过公证或认证的委托书;上海已故市民的骨灰、祖籍在上海的亡人骨灰、与上海市民有直系亲属关系的亡人骨灰,其家属均可报名参加撒海活动,参加骨灰撒海活动的亲属,须缴纳必要的费用。该通知还规定:在骨灰撒海活动中,严禁烧香点烛、烧锡箔、冥币、纸扎迷信品、放鞭炮等迷信活动等。

1991 年 7 月 5 日,市政府办公厅发出关于制止私建骨灰坟墓问题的通知。明确:积极倡导骨灰平地深埋、不留坟头的葬法,在有条件的乡村可采取建立公益性的骨灰堂,供群众寄存骨灰,并在若干年后取出集中深埋的做法;积极开展平迁私建坟墓的工作。对私建在公墓以外的坟墓,各级政府要制定计划,动员墓主在两年中平去坟头,将骨灰就地深埋或迁至公墓埋葬。凡经劝告仍不平迁坟墓者,乡镇政府应组织人员帮助搬迁或深埋,并向墓主收取费用和处以罚款;凡符合 1986 年《上海市人民政府办公厅关于华侨修复祖墓有关问题的通知》中所列情况的华侨祖墓,按通知办理。否则,应迁至公墓或平地深埋,费用由家属自理。经公告后,在期限内无人认定的坟墓可视为无主坟墓。无主坟墓应由当地政府组织人员平毁,并建立档案存查;从严审批,有控制地设立公益性公墓。个别有条件的乡镇要求建立公益性公墓,须报经本县民政局批准,并由县民政局报市殡葬事业管理处备案;所需土地须向县市政府提出申请,按批准权限审批。建立公益性公墓原则上宜利用老坟地,严禁占用耕地(包括个人承包地和自留地)。在公益性公墓中安葬骨灰,占地面积应限定在0.5平方米以内,不可树碑,但允许酌留标记。利用老坟地改建的公益性公墓,其中旧坟应予造册登记;新葬入的骨灰应按尽量按前款规定办理。建立公益性的骨灰堂也应尽量利用原有房屋改造,确实需用土地的,应按规定办理用地手续;未经批准,擅自对外经营的公墓应立即停止经营,不得允许再有骨灰葬入,已有的坟墓由乡镇造册登记,并报市殡葬事业管理处,待查清情况后,按国家殡葬法规和上海政府的有关规定,予以处理。该通知要求,各级政府应制定当地的贯彻办法,采取有效措施,集中力量解决好群众的骨灰安置问题。

1994年11月6日,市政府发布《上海市公墓管理办法》,共5章39条。该办法对建墓原则和总量控制规定,公墓的建立应贯彻节约用地和移风易俗的原则。根据城市建设规划的要求,对建立公墓实行总量控制;对建立公墓实行许可制度,未经批准,不得建立公墓,禁止擅自建墓(坟)树碑;公墓经营者出售的单穴墓用地不得超过1.5平方米,双穴墓用地不得超过3平方米;禁止在公墓内埋葬遗体和遗骸,禁止出售寿穴,但为死者的健在配偶留作合葬的寿穴除外,禁止出售家族墓、宗族墓,禁止在公墓内燃烧锡箔、冥币、纸钱、纸扎等迷信用品和燃烧烟花爆竹等。2004年6月24日,市政府令第28号决定对《上海市公墓管理办法》作出修改,修改内容有:市民政部门对批准建立经营性公墓的单位,在公墓建成后,核发《殡葬服务证》。《殡葬服务证》由市民政管理部门统一印制。申请单位凭《殡葬服务证》向墓址所在地的工商行政管理部门申领营业执照。公墓经营者必须每年持《殡葬服务证》到市民政管理部门接受年度复核。逾期未经复核或复核不合格的,不得继续从事公墓的经营活动。

1997年8月20日,市人大常委会通过《上海市殡葬管理条例》,共7章33条。该条例是市人大制定的第一部关于殡葬管理的地方性法规,自1998年1月1日起施行。条例规定殡葬活动及其管理的原则是:实行火葬,节约殡葬用地,保护环境,尊重中华民族美德,革除殡葬陋俗,提倡节俭文明办丧事;设立殡仪馆由市民政局报市政府批准,设立公墓由市民政局批准;设立骨灰堂、殡葬服务代理单位以及殡仪馆、公墓或者骨灰堂在其服务场所以外开设殡葬服务部,由市殡葬管理处批准;提倡和鼓励采用播撒、深埋、植树葬等不保留骨灰的安置方式,公墓凭殡仪馆出具的火化证明出售墓穴,公墓和骨灰堂出售墓穴、骨灰存放格位时,应当与购买者签订购销合同,禁止在墓穴内埋葬遗体、遗骸;禁止在公墓以外建墓立碑。条例还对殡殓活动、殡葬设备和殡葬专用品的管理,以及法律责任等进行规范。该条例授权由上海市殡葬管理处负责殡葬活动的具体管理工作。2004年7月1日起,市人大决定停止执行设定的4项行政许可事项:制造、销售殡葬设备、殡葬专用品的单位(个体工商户)开业的前置审批,制造销售寿衣、花圈的单位(个体工商户)开业的前置审批,遗体需要延期火化的审批,遗体存放超期强制火化的审批。2008年4月24日,市人大决定停止执行市殡葬管理处收取管理费的行政事业性收费的规定。

1987年起,市民政局会同市有关部门对殡葬管理制定了一系列规范性文件,包括:1987年2月24日的《上海市殡葬行业的申报、审核登记等若干规定》,1990年3月15日的《关于本市殡葬广告应当提交证明的通知》,1990年6月22日的《关于在"文革"中被破坏的寿穴、寿格处理的若干规定》,1996年10月7日的《关于执行"上海市公墓业务代办处管理暂行规定"的通知》,1999年2月5日的《关于处理非正常死亡尸体的施行办法的通知》,1999年6月12日的《关于本市经营性公墓向特殊对象出售寿穴有关问题的通知》,1999年6月14日的《上海市经营性骨灰堂年度验审的若干规定》《上海市殡葬管理费缴纳和管理的规定》《上海市制造销售墓用石制品管理暂行规定》《上海市经营性公墓、骨灰堂维护费管理暂行规定》,2000 年 3 月 2 日的《关于加强本市遗体运输管理的通知》等。

第五节　业　务　管　理

一、年度复核、验审

【经营性公墓年度复核】

1996 年 3 月,市民政局制定《关于上海市经营性公墓年度复核的若干规定》,明确:从 1996 年起,对经营公墓的单位和其他经营墓葬业务的单位进行年度复核。年度复核时间为每年的 4 月 1 日至 6 月 30 日,复核的年度为上一年的 1 月 1 日至 12 月 31 日;复核的内容是:管理费的缴纳、维护费的收取和保管、收费标准的执行、墓穴的销售和管理、墓葬业务的委托代办、公墓业务广告的审核、公墓用地的审批、其他有关规定的执行情况。《若干规定》对申请年度复核需提供的材料、年度复核程序等作出规定,并明确:年度复核不合格的公墓和未经年度复核的公墓,不发给《公墓经营许可证》,不得从事墓葬业务的经营活动。这一年,确定检查的重点是墓穴占地标准和出售寿穴等内容。全市 34 家公墓提交了年度复核申请。经区县殡管所初步审核,市殡葬管理处复核,34 家公墓年度复核全部合格,由市殡管处发给《公墓经营许可证》。复核结论在《解放日报》上予以公告。

1997 年 3 月,市殡管处制定关于开展经营性公墓年度复核工作的通知。这一年,确定的检查重点是墓葬业务的委托代办。经初步审核和复核,因部分公墓代办处存在违规行为,停止了由相关公墓委托的 17 家公墓代办处的业务。

此后,市殡管处每年确定不同的检查重点,开展经营性公墓年度复核工作,并将年度复核结论在《解放日报》上予以公告。

【经营性骨灰堂年度验审】

1999 年 6 月,市民政局制定《上海市经营性骨灰堂年度验审的若干规定》,明确:经营性骨灰堂年度验审的时间自每年的 7 月 1 日至 9 月 31 日,验审年度为上一年度的 1 月 1 日至 12 月 31 日;年度验审的内容:维护费的收存和使用、收费标准的执行、格位的销售和管理、骨灰堂扩大用地、经营服务相关变更、办事处的设立、骨灰堂业务广告、管理费的缴纳等。《若干规定》对年度验审需提供的材料、年度验审的程序等作出规定,并明确有下列情形之一的,年度验审为不合格:擅自扩大占地的;擅自经营墓葬业务的;传销骨灰存放格位的;不缴纳殡葬管理费的;违反规定使用维护费,经指正后仍不改正的。并规定:年度验审不合格的骨灰堂,不发放《上海市殡葬服务证》,不得继续从事骨灰堂业务的经营活动,并按殡葬管理有关规定予以处罚;未经年度验审的骨灰堂不得从事骨灰堂业务的经营活动。当年,全市 16 家经营性骨灰堂提交年度验审申请。经区县殡管所初步审核,市殡管处年度验审,除个别按照验审结论中指出的问题,并在规定期限内做好整改工作后,16 家经营性骨灰堂全部通过年度验审,由市殡管处发给《上海市殡葬服务证》。验审结论在《解放日报》上予以公告。

此后,市殡管处每年开展经营性骨灰堂的年度验审工作,并将验审结论在《解放日报》上予以公告。

【殡仪馆、火葬场年度验审】

2002 年 6 月 24 日,市殡管处制定《上海市殡仪馆、火葬场年度验审的若干规定》,明确:从 8 月 1 日起,对上海区域内的殡仪馆、火葬场开展年度验审工作。办理年度验审的时间是每年 9 月 1 日至 12 月 31 日,验审上一年度 1 月 1 日至 12 月 31 日工作。验审内容为:殡仪馆、火葬场扩大占地面积,遗体运输时限、手续,遗体火化、火化证书与包装盒,遗体延期与限期火化,遗体防腐与消毒,殡殓服务收费,殡葬专用品销售,殡葬服务部设立,殡仪服务委托代理,殡仪馆举办宗教丧仪,骨灰存放与祭扫,环境保护。经年度验审合格的,由市殡管处发放《上海市殡葬服务证》;基本合格的,按照验审中指出的问题,在规定的期限内完成整改,经再次验审合格后,发予《上海市殡葬服务证》;验审不合格,经限期整顿后仍不合格的,不发予《上海市殡葬服务证》,并按市殡葬管理有关规定予以处罚。同时明确,未经年度验审的殡仪馆、火葬场不得从事遗体接运、殡殓、火化等殡葬业务的经营活动。《若干规定》规定有下列情形之一的为年度验审不合格:殡仪馆、火葬场擅自扩大占地面积,遗体运输不符合规定,殡殓服务与殡葬专用品收费严重违反规定,殡仪服务委托代理不符合规定,殡仪馆举行封建迷信活动。2002 年的首次年度验审,全市 15 家殡仪馆、火葬场全部合格,《解放日报》公告了年度验审结果。此后,每年度验审如期进行,并在《解放日报》上公告年度验审结果。

二、等级评定

【国家级殡仪馆等级评定】

1990 年 3 月,民政部办公厅下发《殡仪馆等级标准(试行)》《殡仪馆等级评定办法》。

2000 年 9 月 27 日,上海市等级殡仪馆授牌暨改扩建上等级工作动员大会上,向获得国家一级殡仪馆和国家二级殡仪馆称号的单位授予证书和匾牌。

至 2003 年,全市 15 家殡仪馆中,先后有 6 家被民政部批准为国家一级殡仪馆,3 家被认定为国家二级殡仪馆,3 家被市民政局认定为国家三级殡仪馆(其中 1 家 2002 年 3 月被民政部认定为国家二级殡仪馆)。

表 7-3-5 上海市国家级殡仪馆一览表

序号	服 务 机 构	国家一级殡仪馆 (批准年月)	国家二级殡仪馆 (认定年月)	国家三级殡仪馆 (认定年月)
1	上海市益善殡仪馆	1999 年 12 月	—	—
2	上海市青浦县殡仪馆	1999 年 12 月	—	—
3	上海市嘉定区殡仪馆	2002 年 3 月	—	—
4	上海市金山区殡仪馆	2002 年 3 月	—	—
5	上海市奉贤县殡仪馆	2002 年 3 月	—	—
6	上海市松江区殡仪馆	2002 年 3 月	—	—
7	上海市宝山区殡仪馆	—	1999 年 12 月	—
8	上海市南汇县殡仪馆	—	1999 年 12 月	—
9	上海市闵行区殡仪馆	—	2002 年 3 月	1997 年 5 月

序号	服 务 机 构	国家一级殡仪馆 （批准年月）	国家二级殡仪馆 （认定年月）	国家三级殡仪馆 （认定年月）
10	宝山区长兴乡殡仪馆	—	—	2003 年 12 月
11	宝山区横沙乡殡仪馆	—	—	2003 年 12 月

说明：部分等级评定情况来源于 2002 年 3 月 20 日《民政部关于批准 17 个殡仪馆为国家一级殡仪馆和认定 35 个殡仪馆为国家二级殡仪馆的通知》（民发〔2002〕51 号）

资料来源：上海市民政局档案

【上海市公墓等级评定】

1999 年 6 月，市民政局发布《上海市公墓等级标准》，对公墓的总体规划、总体配套及服务设施、建筑和设施、墓区建设、园林绿化等做出规定，并明确一级公墓、二级公墓、三级公墓从高到低三个等级公墓划分的标准。一级公墓标准（二级和三级公墓标准略，下同）：规划"布局合理、功能齐全，有良好的地形、地貌，集祭祀、园林、人文景观为一体，交通方便"，建筑要求"风格一致、造型新颖、立面协调，有可持续性发展计划和扩建实施方案"。主墓道路宽不小于 3.5 米，地面为彩色道板、石料等其他新型材料铺设；公墓外路宽不得小于 8 米，混凝土路面或沥青路面；排水系统符合环保要求，排水畅通；墓区内有组织非明沟排水，小卖部面积不得小于 15 平方米，公共厕所等级达到上海市二级公厕标准。建筑装饰工艺精细，美观协调，查询系统"触摸式电脑查询"，样本资料"彩版印刷，制作精美，图文并茂"，办公室档案室"有防火、防潮、防盗等措施"。该等级标准在墓区建设中明确的一级公墓标准：艺术墓区不得少于 3 个的独立艺术墓区，墓的制式有自行设计能力，墓型应个性化、艺术化，墓穴和绿化"占地面积之比 3∶2"。该等级标准在园林绿化中明确的一级公墓标准：绿化覆盖率"不得小于 60％，已绿化面积占可绿化面积的 100％"，绿地率"不得小于 35％"。

2000 年 10 月 23 日，市民政局决定从 2000 年下半年起开展公墓等级评定工作。明确：一、评定范围。上海各经营性公墓和纳入公墓管理系列的骨灰堂。二、申请等级评定的公墓必须是市、区文明单位和绿化合格单位。三、一级、二级公墓由市殡葬管理处组织检评，报市民政局审批；三级公墓由市殡葬管理处组织审批，报市民政局备案。四、由市殡葬管理处组织有关方面成立公墓等级检评小组。评分标准（满分 600 分）：一级公墓总评分 550 分以上，二级公墓总评分 480 分以上，三级公墓总评分 420 分以上。公墓等级经评定后，由市民政局颁发证书和授牌。

至 2010 年底，全市公墓中有 10 家被评为上海市一级公墓，8 家被评为上海市二级公墓。

表 7－3－6　上海市一、二级公墓等级评定情况一览表

序　号	服务机构	上海市一级公墓 （评定年月）	上海市二级公墓 （评定年月）	上海市三级公墓 （评定年月）
1	松鹤墓园	2000 年 11 月	—	—
2	滨海古园	2000 年 11 月	—	—
3	颛桥寝园	2000 年 11 月	—	—
4	福寿园	2000 年 12 月	—	—
5	永安公墓	2003 年 12 月	—	—

（续表）

序　号	服务机构	上海市一级公墓（评定年月）	上海市二级公墓（评定年月）	上海市三级公墓（评定年月）
6	海湾寝园	2005 年 11 月	—	—
7	长安墓园	2005 年 12 月	—	—
8	淀山湖归园	2006 年 12 月	—	—
9	仙鹤墓园	2007 年 11 月	—	—
10	松隐山庄	2009 年 1 月	—	—
11	乐乡公墓	—	2001 年 12 月	—
12	浦南陵园	—	2004 年 9 月	—
13	宝凤瞑园	—	2005 年 11 月	—
14	华南公墓	—	2006 年 8 月	—
15	枫泾公墓	—	2007 年 1 月	—
16	福乐山庄	—	2007 年 11 月	—
17	白鹤憩园	—	2007 年 12 月	—
18	永福园陵	—	2008 年 11 月	—

资料来源：上海市民政局档案

三、殡葬代理管理

【公墓代办】

1987 年 4 月 20 日，市民政局制定《关于本市公墓代办处的申报、登记和管理工作的通知》，对公墓代办处开展清理整顿。要求各区民政局对本地区公墓代办处的设立统一规划，将准予申报的单位材料于 4 月 30 日前送市殡葬事业管理处审核，办理工商登记手续。公墓代办处统一由各区民政局管理，按季度将业务报表送市殡葬事业管理处。市殡葬事业管理处协助各区民政局培训代办公墓业务人员，核定收费标准。经过清理整顿，原全市 300 多家市区公墓代办处关闭 3/4。70 余家公墓代办处经市殡葬事业管理处审核后，在工商行政管理机关办理企业登记。

1996 年 10 月 7 日，市民政局制定《上海市公墓业务代办处管理暂行规定》，明确公墓代办处的设立应以方便市民、有利于殡葬改革为原则，实行总量控制；国营单位、集体所有制单位可以申请设立公墓代办处，个人不得设立。市殡管处对批准设立的公墓代办处，核发《公墓业务代办准营证》（以下简称《准营证》）。申请单位凭批准件向公墓代办处所在地的工商行政管理部门申领营业执照，具备开业条件后由市殡管处发给《准营证》；公墓代办处应与委托代办业务的公墓等殡葬单位签订委托代办协议。当年，全市共有 81 家符合规定的公墓业务代办处重新取得经营资格。

2002 年 7 月，根据市政府第一批调整审批方式的行政审批事项，原市殡管处对殡葬服务代理单位（包括公墓业务代办处、殡仪服务代理单位）的设立、变更和终止的审批，下放到区县民政局审批，经审批后报送市殡管处备案。

【殡葬服务代理】

1997年8月20日,市人大颁布《上海市殡葬管理条例》,明确:设立殡葬服务代理单位,由市殡管处批准,殡葬服务代理单位开业前,应当向市殡管处提出书面申请,市殡管处自收到申请书之日起30日内作出决定。对符合条件的,即取得工商行政管理部门核发的营业执照、有符合标准的场地和必需的设施、主要负责人取得市殡葬管理处核发的上岗证书的,发给殡葬服务证。

2006年10月,市殡管处和市殡葬行业协会举办首期殡葬服务代理单位法人代表培训班,全市17家殡葬服务代理单位法人代表参加殡葬法规和代理业务知识的培训。培训结束后,向社会公告经资质认定的17家代理单位和取得上岗证书的从业人员名单。此后,受市殡管处委托,市殡葬行业协会每年组织殡葬服务代理单位从业人员的上岗培训。

2009年6月,市殡管处、市殡葬行业协会制定殡葬代理服务规范,殡仪馆办理殡葬服务代理单位的业务时,应核实殡葬代理单位的资质、业务办理人员上岗证书,并登记备案,存入殡仪馆业务档案;殡仪馆对办理殡葬服务代理单位业务要按照"三书制度"严格执行。殡葬服务代理单位和从业人员代理业务时,必须出示代理单位资质证书和殡葬行业协会核发的从业人员上岗证书(上海殡葬网 www.shbz.org 可验核上岗证书)等。

2009年12月25日,市政府印发《关于公布本市第四批取消和调整行政审批事项的通知》,其中取消殡葬服务代理单位设立、开业的行政审批事项。

2010年11月1日,市质量技术监督局发布由市殡管处、市殡葬行业协会、市殡葬服务中心联合起草的《上海市殡葬代理服务规范》(DB31/T501—2010),对从事殡葬代理服务行为应具备的开业资质、经营服务场所、设施、环保、安全、经营管理和业务技术等的基本要求作出规范:殡葬服务代理单位应经相关行政管理部门注册登记,具备独立的办公、业务接待场所和办公设备,建立明确有效的业务流程、商品管理、劳动工资、服务档案管理、投诉处理等管理制度等。殡葬代理服务的内容为:提供项目咨询,洽商代理事项,签订服务合同,布置家庭灵堂;代办租借丧事用车,预定追悼会礼厅,办理丧家委托的其他业务。应丧家需求代购丧葬用品。出示殡仪馆业务项目价目表,合理收取丧事服务费用,所有服务和商品应开具发票。

2010年12月4日,上海市殡葬代理服务管理系统开通,龙华殡仪馆试运行"电子钥匙"——殡葬代理服务卡,为殡葬服务代理单位到全市各殡仪馆代办业务刷卡验证。

同年12月8日,市工商局、市民政局联合发布《上海市殡葬代理服务合同》(以下简称文本),自2011年4月1日起正式实施。该文本根据《中华人民共和国合同法》及有关法律法规的规定,以表格化方式,对服务项目和收费予以细化明确,做到让消费者在签订合同时就知晓服务项目和服务费用,解决了让消费者头疼的代理服务打"闷包"问题。

截至2010年,全市共有殡葬代理服务单位74家,持有殡葬服务代理上岗证书的从业人员848名。

四、殡葬设备和专用品管理

1989年8月14日,市民政局、市工商行政管理局制定《上海市丧葬用品生产、销售单位和殡葬单位审批、审核登记注册若干规定》,明确:生产、销售丧葬用品[寿衣、花圈、存放骨灰的器具(含棺木)、黄花、黑纱、骨灰盒套、墓葬用的石碑石料等]的单位和个人,包括专营和兼营,应先向所属区、县民政局或殡葬管理所提出申请,然后统一由市殡葬事业管理处审批,经批准方可向所在地工商行政管理机关申请登记注册。殡仪馆、火葬场等开展经营活动亦同样办理。无照经营丧葬用品,由殡葬管理部门会同工商行政管理部门按有关规定查处、取缔。经营丧葬用品的单位和个人,一律不得生产、销售封建迷信丧葬用品,包括锡箔、冥钞、纸钱和纸扎迷信用品,一经发现由殡葬主管部门收缴销毁,对不听劝阻的单位和个人,由工商行政管理机关根据国家有关规定予以经济处罚或责令停业整顿。据统计,当年全市共有丧葬用品经营单位 200 余家。

1997 年 8 月 20 日,市人大颁布《上海市殡葬管理条例》,明确:制造、销售焚尸炉、运尸车、尸体冷藏柜等殡葬设备和包尸袋、骨灰盒、墓用石制品等殡葬专用品的单位和个体工商户,在开办前应当向市殡葬管理处提出书面申请,市殡管处自收到申请书之日起 30 日内作出决定,对批准的,发给批准书;对不予批准的,书面答复申请人。制造、销售寿衣、花圈的单位和个体工商户,在开办前向所在地的区县民政局提出书面申请,区县民政局自收到申请书之日起 30 日内作出决定,对批准的,发给批准书;对不予批准的,书面答复申请人。取得批准书的,向工商行政管理部门办理工商登记手续。据 2000 年底统计,全市墓用石制品制造商 32 家,寿衣、花圈等制造、销售网点 683 家。

2002 年 7 月,根据市政府第一批调整审批方式的行政审批事项,原制造、销售殡葬设备和殡葬专用品(包括区县制造、销售寿衣、花圈审批)的审批时限 30 天缩短为 20 天。

2004 年 6 月 23 日,根据市人大公布《关于停止执行本市地方性法规设定的若干行政许可事项的决定》,停止执行由《上海市殡葬管理条例》设定的制造、销售殡葬设备、殡葬专用品的单位(个体工商户)开业的前置审批,制造销售寿衣、花圈的单位(个体工商户)开业的前置审批。

五、ISO 质量管理体系

2000 年 9 月,宝兴殡仪馆推行 ISO 质量管理体系,对各岗位的特点、操作和流程予以梳理,对相应的标准、风险点和环境因素等形成文字,成为执行考量的标准。2001 年 6 月 28 日,该管理体系通过上海质量审核中心 ISO9002/14001 质量、环境管理体系认证,成为全国殡葬行业首家成功引入的管理标准。该标准涉及礼厅服务的日常设备保养、遗体化妆、车队遗体交接环节的过程控制、车辆维保标准等。

2002 年起,ISO 质量管理体系在上海殡葬业全面推广,并逐步形成以服务通用基础标准、服务保障标准、服务提供标准三大部分为核心的体系框架,在殡仪馆、公墓以及殡葬用品生产企业中进行推广。至 2010 年,上海市属 3 家殡仪馆、5 家经营性公墓以及 1 家殡葬用品生产企业,全部实行 ISO 质量管理体系的管理。

2005 年 1 月 24 日,上海民政完成民政部交办的国家标准《殡葬服务、设施、用品分类与代码》(GB/T19632—2005)的起草工作,由国家质量监督检验检疫总局与国家标准化管理委员会正式发布,并于当年 5 月 1 日起施行。

2010 年 12 月,上海民政会同市标准化研究院完成民政部交办的行业标准《殡葬服务术语》(MZ/T017—2011)、《殡仪接待服务》(MZ/T018—2011)的起草工作。该两项标准从 2010 年 6 月启动,历时 6 个月。2011 年 4 月由中国社会出版社出版。

六、业务事故处理和赔偿

1986 年 8 月 26 日,市殡葬事业管理处制定《上海市殡葬业务事故差错处理暂行规定》,对事故差错分为三个等级：烧错遗体、提前将遗体火化，为一级事故差错；接错遗体直至出厅才被死者家属发现、发错骨灰并导致了一定后果、穿错衣服，家属要求赔偿、遗体严重损伤损坏、将未满寄存期限的骨灰作深埋处理，为二级事故差错；错接的遗体已经进场、尸单分离不能分辨、推错礼厅、礼厅重复出租、因漏做防腐导致遗体变质、尸牌与尸体不符而出厅、家属领取骨灰时未复核被领错，为三级事故差错。凡发生一、二级事故差错的须在24小时内报告市殡管处，对不能及时作出处理的事故，可先送情况报告，后送处理报告；发生三级事故差错，由基层自行处理，但须报市殡管处备案。

1997年3月31日，市民政局制定《上海市殡仪馆、火葬场业务事故赔偿规定》，一级业务事故赔偿5 000元～10 000元。二级业务事故赔偿1 000元～5 000元。三级业务事故，其中骨灰失窃的，赔偿3 000元；骨灰发放错误等，赔偿500元～2 000元。同时明确不属于殡葬业务事故范围：1. 丧事承办人错认尸体造成的；2. 在尸体可能发生损坏前，殡葬单位向丧事承办人作了说明，并作必要的努力，仍发生意外的；3. 尸体严重腐败，经司法部门鉴定后，责任不属于殡葬单位的；4. 不可抗力造成的等。

1999年6月18日，市殡葬管理处制定《上海市经营性公墓、骨灰堂殡葬业务事故赔偿的规定(试行)》，明确骨灰安葬和存放业务事故分为两类：一类是造成认购人经济损失的，按实物价格赔偿，并补偿800元～2 000元；一类是造成认购人身体伤害的，按医治实际费用赔偿，并补偿200元～1 000元。同时规定因认购人家庭纠纷造成骨灰、骨灰盒失窃，非公墓、骨灰堂原因引起的认购人身体伤害，认购人自行安放在墓穴的物品失窃，因骨灰盒质量问题而损坏，不属于业务事故范围。此外，对差错处理、赔偿程序、调解与诉讼等作出规定。

七、制止骨灰乱埋乱葬

20世纪80年代末，上海郊县擅自私建坟墓之风蔓延，新闻媒体连续两年在清明期间报道川南奉公路两旁存在严重的乱埋乱葬现象。经调查，郊县擅自占用土地建造坟墓现象严重，私建坟墓总数达数万个。

1991年，奉贤县在四团乡、奉城镇先行开展坟墓平迁工作，历时3个多月，川南奉公路旁和其他地方758个坟墓全部深埋或搬迁，并在原地植树320棵，此做法在全县推广。年内，奉贤县共平迁深埋坟墓10 511个，复耕土地160亩。

同年10月10日，市民政局在奉贤县召开上海市第二次丧葬习俗改革经验交流会，奉贤县政府及四团、东沟、重固、三林等乡政府介绍经验。会议确定文明妥善处理骨灰的方式。上海郊县平迁私建坟墓工作全面展开。据统计，截至1993年，全市共计平迁私建坟墓15.88万余个，达到应平迁总数的96.8%，复耕土地1 476亩，乱葬乱埋行为得到有效制止。

1997年5月，市殡葬管理处就宝山区高境镇内发现私建坟墓一事召开协调会议，在镇政府和宝山、虹口两区民政局的共同努力下，共平掉坟头100多穴。

1999年，市殡葬管理处对浦东、宝山、嘉定、松江、闵行、青浦、金山、南汇、奉贤以及崇明等10个区县的私建坟墓进行了调查。至年底，共平迁私坟17 922穴。

2003年，全市共平迁私建坟墓9万余穴，复耕土地13.33公顷。

此后，各区县殡葬管理部门把平迁私建坟墓作为经常性工作，在每年的清明、冬至期间开展宣传和平迁工作。闵行区从2003—2005年，用了3年时间，共平迁私坟6.4万穴，同时，以各镇为单位利用绿化规划区域和高压线走廊的地块建设了8个园林式、生态型的深埋区，确保了农村居民的骨灰安葬并逐步走向规范。

八、殡葬市场整治

【整治殡葬用品一条街】

1992年1月20日,市殡葬事业管理处、市公安局治安处、市工商行政管理局检查大队发出《关于加强对本市经营丧葬用品管理的通知》,对西宝兴路地区出现的部分丧葬用品个体经营业主违法经营,严重干扰、破坏国家殡葬服务单位正常工作秩序的情况开展整治。在宝兴殡仪馆张贴通告,阻止外来人员干扰业务工作。公安部门抽调力量,帮助维护宝兴殡仪馆的正常工作秩序。工商行政管理部门取缔无证违法经营,对未经登记,非法从事丧葬用品经营的单位和个人,予以查禁处罚。

1996年3月18日,市民政局制定《关于查处封建迷信丧葬用品生产销售行为的通知》,部署在清明期间查处封建迷信丧葬用品生产销售行为的工作。闸北、虹口、杨浦、徐汇、长宁、崇明等区县民政局与工商、公安等部门联合开展对封建迷信用品的集中收缴、集中销毁。9月,开展对一区(虹口区)、一县(崇明县)、一馆(龙华殡仪馆)、一公墓(松鹤墓园)、一厂(平阳工艺二厂)的丧葬用品生产、销售、管理情况的检查。

1997年4月2日,市殡管处联合市工商检查大队,闸北、虹口两区民政、公安、工商部门,对殡葬一条街——西宝兴路非法经营封建迷信殡葬用品的店摊开展集中整治行动,依法查处十几家非法经营和出售封建迷信丧葬用品的店摊。同日,徐汇、长宁、浦东、崇明等区县也开展集中整治行动。近10家新闻媒体记者参与并进行采访报道。

2006年6月23日,市殡管处会同闸北区有关部门召开西宝兴路拆违协调会,并在7月完成"殡葬用品一条街"的拆违工作,15户搭在人行道、非机动车道上的违法建筑全面拆除,并责令其他跨门经营户拆除道路上、树上及电线杆等处的广告牌、花圈等殡葬用品。

【查处非法传销】

1998年8月3日,市殡管处针对上海华旭陵园发展有限公司在扩建塔陵过程中非法传销尚未竣工的塔陵格位,牟取不正当利益的行为,依据《上海市殡葬管理条例》和《上海市公墓管理办法》,对该园发出限期改正的整改决定通知书;2000年8月17日,再次发出《整改决定通知书》。经委托上海市信华会计事务所财务审计,认定嘉定区华旭陵园从1997年1月至2000年4月,违法传销尚未竣工的塔陵格位,并在整改期间仍从事非法集资、融资和预售牌位等活动,严重违反了殡葬管理法规。《整改决定通知书》明确:一、立即停止违法传销格位、非法集资、违法融资和预售牌位卡等行为;二、立即撤销和注销未经批准设立的营销分公司;三、制定塔陵建筑施工计划和尽快按计划竣工交付使用;四、制定传销格位、预售牌位的回购计划和非法集资、违法融资清退计划,限期回购格位、牌位和清退集资、融资款;五、每月向市殡管处和嘉定区殡管所报告整改措施落实情况。

2004年4月,为配合嘉定区政府解决上海华旭陵园发展有限公司因违法传销而引起的社会群体性矛盾,市民政局、市殡管处与市有关部门共同协调,提出"以墓养塔"的化解方案,通过征用233 450平方米(350亩)土地作为墓地用地,以土地拍卖所得资金化解塔陵矛盾。当年12月,根据拍卖所得资金情况,确定补偿款发放标准,为涉及宝山、浦东、黄浦、徐汇、闵行、静安、奉贤、嘉定8个区的1 925户、2 425人发放6 800多万元的补偿款。2006年2月华旭陵园被吊销营业执照,改制为上海清竹园墓园有限公司。

【整顿非法"一条龙"】

20世纪90年代,殡葬市场迅速发展,出现大量殡葬代理机构,俗称"一条龙"。"一条龙"购买信息、以次充好,强买强卖,市民投诉不断。2003年11月,市民政局会同市有关部门制定《上海市殡葬市场综合整治行动计划》,整顿街面殡葬用品商店和非法"一条龙",开展联合执法取缔违法无证经营的殡葬用品商店,工商部门重新登记经营执照,明确经营范围,将"无限期经营执照"更改为"有限期经营执照",对殡葬用品店经营者进行培训,规范经营行为。规范经营性公墓行为,坚决打击违法经营公益性公墓、埋葬地和非法墓地经营的行为。经营性公墓不得委托街面殡葬用品店拉拢客源,推销墓穴,在街面设立门市部和办事处。经营性公墓向街道、乡镇社区服务中心提供宣传资料(包括光盘),明码标价。规范殡仪馆经营,关闭非法"殡葬一条龙服务"的业务办理窗口。医院(含救护中心)的有关工作人员不得向外界传递死者信息,禁止利用死者信息赚钱谋利。完善和发展"上海殡葬网"功能,公布殡葬法规、规章和有关政策,公布各殡仪馆、公墓的服务项目、收费标准、服务方式。构建社区殡葬服务体系,在社区开设殡葬服务点等。2003年12月10—25日,区县文明办、民政、公安、工商、技监、市容监察、卫生等部门开展联合执法,对14家违法违规"一条龙"和殡葬用品销售点实施罚款行政处罚,罚款总额为12.4万元。

2005年,上海推行《殡殓服务告知书》《代理委托书》《殡殓服务申请书》(即"三书制度")。《殡殓服务告知书》载明:丧事承办人在办理殡殓服务事宜时须填写《殡殓服务申请书》并签名;委托合法的代理服务机构来办理殡殓事宜时,丧事承办人必须到场,出具丧事承办人签名的《代理委托书》《殡殓服务申请书》,以及有效证件和证明。殡仪馆收费实行明码标价并公示,殡仪服务项目"菜单式"自由选择,经丧事承办人签字确认后生效。

2005年12月27日,市民政、工商、公安、卫生部门以及城市管理行政执法局制定《关于整治与规范上海殡葬市场中介机构的意见》,明确相关部门的职责分工:民政部门加强殡葬市场的管理与整治,积极做好丧葬习俗改革的宣传,加强殡葬执法力度,整治殡葬市场的违法行为;规范殡葬服务单位经营行为,促进殡葬服务单位不断提高服务质量;积极构建社区殡葬服务体系,设立殡葬服务网点,体现为民、利民、便民的服务精神。工商行政管理部门会同民政部门加强对殡葬中介市场的监管,依法取缔无照经营殡葬用品等违法经营活动,配合民政部门查处制造、销售不符合国家技术标准的殡葬设备和封建迷信用品的违法活动。卫生部门加强医疗机构病员信息资料的管理,防止病房护工与医院员工出售病员死亡信息谋利,阻止社会闲杂人员在医院内强行推销"一条龙"服务。公安部门加强治安管理工作,对利用封建迷信活动扰乱社会秩序,危害公共利益,损害他人身体健康或者骗取财物的,要及时依法予以查处。城管执法部门要坚决制止殡葬用品商店跨门营业和擅自占用道路堆物、设摊行为,发现违法行为,严格依法进行行政处罚,维护城市和城市管理秩序。

【规范公墓经营】

2001年,市殡管处针对南汇区某公墓未经批准擅自开业、擅自销售墓穴和建超标准大墓等违法行为,进行罚款行政处罚。

2009年4月29日,为保护土地资源,制止违法违规建设经营公墓现象,市民政局、市发改委、市公安局、市国土资源局等八部门联合发出《关于进一步规范和加强公墓建设管理的通知》,明确:从2009年3月至7月15日前,对辖区内现有公墓进行集中清理整顿,重点解决在公墓建设经营中存在的违法违规问题;对取缔非法公墓,规定由民政部门会同建设、土地行政等主管部门依法予以取缔,责令恢复土地原状,没收违法所得,可以并处罚款。对纠正违规建设公墓,规定违反土地利用总体规划、城乡规划和市民政部门公墓建设规划的,超过国家规定标准建设公墓的,要依法予以纠正或吊销公墓建设许可证;未按照批准文件建设的公墓,民政部门要责令其停止建设限期改正;已经建成但未经验收合格即擅自经营的公墓,民政部门要责令其停业整顿,然后进行验收,验收不合格的,不得开展经营活动。清理公墓违规经营行为,公墓经营单位建设、出售超规定面积墓穴的由民政部门责令限期改正,没收违法所得;已经出售并与丧户签订合同但未安葬骨灰的,也要依法拆除或限期改造等。该通知还对制定和完善公墓建设规划、加强公墓建设管理、严格经营性公墓审批、加强公墓经营行为的监管,以及积极推进殡葬改革、大力倡导殡葬新风尚等作出规定。据统计,此次清理整顿,纠正超面积建造墓穴的公墓 2 个,纠正有非法销售行为的公墓 3 个,纠正有非法经营行为的农村公益性墓地 17 个。

九、殡葬服务进社区

2004 年 3 月,市殡葬管理处与普陀区民政局在甘泉、宜川等街道开展殡葬服务进社区试点工作,依托街道社区服务中心工作平台,设立殡葬服务窗口,开展优先、优惠、优质的"三优"服务,由社工在"第一时间""零距离"为社区居民提供面对面的丧事服务,受到欢迎。

2004 年 12 月 16 日,市民政局在普陀区政府会议室召开"上海市殡葬服务进社区工作交流推进会"。甘泉街道办事处、宜川街道社区服务中心、上海飞思殡葬服务中心、平安殡葬服务部在会上作交流发言;市殡葬管理处介绍《关于向特殊对象死亡后补贴殡葬费用的办法》及其说明。会议要求:一是要坚持创新,不断探索;二是要进一步规范化管理;三是要提高对社区殡葬服务的政策支持力度;四是要加强宣传教育,进一步破除对殡葬工作的社会偏见;五是要加强业务培训。

2005 年 2 月 28 日,市殡管处召开黄浦、卢湾等 10 个中心城区推进殡葬服务进社区工作交流会。5 月 26 日,市民政局下发《关于全面推进本市殡葬服务进社区工作的通知》,明确:要坚持以民为本、服务至上的理念,进一步深化行政审批制度改革,规范殡葬代理服务市场,探索建立长效的殡葬管理社会化机制,构建全市的社区殡葬服务体系,使广大人民群众得到优质便捷的社区殡葬服务;要坚持"政府推动、依托社区、市场运作、百姓受益"的工作方针,倡导健康文明的殡殓活动,为广大人民群众提供优质、优惠服务;要坚持"三个结合"的原则开展工作,即形成政府购买服务与民间运作相结合、创建再就业岗位与发展义工队伍相结合、市场运作与优惠政策相结合的运作机制,以市场为杠杆,实行契约化管理;在市郊农村,探索建立起以殡仪馆延伸服务为主要形式的灵活、便捷的运作机制。

截至 2010 年底,全市共建立 140 个社区殡葬服务网点,在全市形成"政府推动、社区运作、百姓受益"的社区殡葬服务网络。

十、清明祭扫服务保障

2008 年,是清明节被列为国家法定节假日的第一年。为应对祭扫高峰,确保安全,3 月,经市政府同意,成立上海市清明祭扫工作领导小组,由市政府分管副秘书长担任总指挥,市民政局、市公安局、市文明办分管领导任副总指挥,成员单位由市政府新闻办、市精神文明办、市应急办、市民政局、市公安局、市工商局、市交通局、市市政局、市市容环卫局(市城管执法局)、市卫生局(急救中心)、市消防局等单位共同组成,领导小组办公室设在市民政局,研究并下发相应的工作预案。3月22日—4月6日,全市迎来祭扫人流高峰,领导小组采用GPS等高科技手段,对祭扫期间的各大公墓拥堵点进行全程监控。为保障清明祭扫活动的安全、有序进行,市政管理部门打开所有收费通道,免费放行车辆52 060辆次。公安部门共出动警力23 842人次,疏导车辆59万辆次,确保了各祭扫点周边的道路安全、畅通。交通管理部门共投放21条线路的扫墓定点班车2 363辆次,行驶7 759班次,运送扫墓客318 550人次。市容管理部门积极开展对祭扫场所及其周边占路及流动非法销售摊位的市容整治工作,其中嘉定区清明3天内共出动30车次清除各类垃圾100余吨,冲洗道路15万平方米;奉贤区出动环卫保洁员2 800余人次,清运墓区生活垃圾430余吨,出动市容管理人员350余人次,为祭扫活动提供了整洁、文明、有序的环境。卫生部门落实各项卫生应急准备措施,特别是在各大墓区、高速公路出入口,派驻救护人员和车辆加强值守,对各类食物中毒、群众因拥堵发生身体不适、交通意外、社会不安定情况等突发事件做好应急医疗卫生救援保障工作。工商管理部门加强对殡葬用品市场的监管,出动工商执法人员1 518人次,收缴封建祭祀用品887件、迷信用品2.84吨,暂扣人民币2 500元。消防部门对群众祭扫活动区域和场所进行消防监督检查,共检查单位210家,填发各类法律文书50份,6 000余名消防官兵清明期间全部保持高度戒备,并向部分公墓派出消防人员和消防车辆,以应对紧急情况出现。据统计,2008年清明祭扫活动,全市53家经营性公墓和骨灰堂共接待祭扫市民累计703万人次,其中落葬13 659穴。期间,无重特大事故发生,达到安全、文明、有序的目标。

2009年以后,上海市清明祭扫工作领导小组陆续将市委宣传部、市卫计委、市绿化市容局、市城管局、市气象局等纳入领导小组成员单位,进一步完善协调保障机制。

此后,上海市清明祭扫工作领导小组成为一项制度,在每年清明到来前夕启动开展工作。

十一、环保与科研

1999年8月,上海宝龙火化机械研究所完成市科委下达的"GC-H型绿色火化系统"(绿色火化炉)研制任务。该产品采用全新炉体结构,使用高耐用火材料,达到炉内升温快、蓄热低。炉内高温摄像、PLC火化全过程自动控制、台车自动行驶冷却、计算机管理,实现安定化、灭容化、无害化。其各项性能指标达到《燃油式火化机污染物排放限值及监测方法》(GB13801—92)标准和《燃油、燃气火化机通用标准》(BLQ001—99)要求,烟道污染物中烟尘、一氧化碳和硫化氢达到一级标准;二氧化硫达到"平均峰值"一级标准、"任何一次"二级标准;氨气、氮氧化物符合二级标准;林格曼黑度0级,无异味。第一批两台绿色火化系统在益善殡仪馆应用,以后逐渐在上海乃至全国推广。2000年10月12日,该产品获国家科技部、环境保护总局等五部委颁发的"国家重点新产品证书"。

2001年11月,上海市殡葬服务中心承接市科委下达的科技攻关项目,研究殡葬清洁生产。以可持续发展和循环经济为理论基础,将清洁生产模式引入到殡葬业中,按照绿色理论设计和推动殡葬流程的现代化,从系统工程的角度,对尸体源头到陵园、祭祀的全过程展开研究,提出可操作的、符合国家环境政策、具有经济效益的8项建议,以及一系列突破遗体处理的难题方案。在市科委组织的鉴定会上,与会专家一致认为该项目达到国内领先水平,为国内"绿色殡葬"的发展提供了科学理论基础。

2002年2月15日,上海宝龙火化机械研究所完成"GG-1型绿色小型垃圾焚烧系统—特种垃圾焚烧"的研制。该项目围绕垃圾焚烧炉的流场、温度分布进行设计研究,采用二次燃烧方式,增加炉气的扰动和停留时间,并利用新型节能材料,使炉膛迅速升温,让烟气自始至终处于高温度场下,确保烟气燃烧完全并充分利用焚烧过程中的余热,减少焚烧时的能耗。经环保部门监测,烟气黑度:林格曼 0 级;恶臭官能测试:无异味;烟气污染物排放浓度、总量,均达到国家《危险废物焚烧污染控制标准》要求。该项目通过市科委科技成果鉴定,获"高新技术转化项目"证书。

2003 年 5 月,市殡葬管理处分析公墓发展中存在的问题,撰写《上海市公墓发展对策及管理办法研究》。文章针对经营性公墓(骨灰堂)土地存量不足、公益性公墓(埋葬地)亟待规范和祭扫高峰人流高度密集等现状,提出加大海葬等节地生态安葬的补贴力度、完善土地资源配置和倡导错峰祭扫等对策。

2005 年 10 月,市民政局会同市发改委、市房屋土地局、市规划局、市规划院等组成课题组,经过调查分析,撰写 8 万余字的《上海市公墓业规划研究》。提出上海要在节约土地上狠下功夫,公墓业规划就是节约土地的规划的观点。上海墓地需求趋势预测及政策模拟、上海公墓土地需求影响因素分析、墓穴使用期限的设计原则等 15 个专题研究,为上海的公墓规划提供了理论依据。

第六节　队　伍　建　设

一、职业技能、业务培训

1988 年 4 月,上海承办民政部第一期全国殡葬行业整容、化妆、防腐技术培训班,上海等 27 个省市的 59 名学员参加培训,培训时间 108 天。

1991 年 6 月 17 日,上海承办民政部第二期全国尸体防腐整容技术培训班,在上海市民政干部学校开学。全国殡葬行业 35 名学员参加为期 35 天的培训。培训期间,学员们前往龙华殡仪馆实习。

1991 年 8 月,上海承担民政部殡仪职工系列培训教材《防腐整容学》编写工作,该书于 1995 年 1 月出版。2007 年,上海承担民政部《遗体接运工》和《遗体防腐师》两本职业技能教程考试题库的编写工作。

1995 年起,上海对殡葬从业人员开展职业道德和业务培训。当年,对殡葬服务员开设礼宾学、心理学、殡葬文化、礼厅布置等课程,对考试合格的员工,发给职业资格证书;同时鼓励员工参加大专、本科和硕士研究生的学历教育。

2002 年,上海派遣 14 名殡葬技术人员,赴加拿大蒙特利尔市玫瑰山殡葬学院,进行为期半年的遗体防腐知识学习。

2003 年 6 月,市殡葬管理处举办殡葬业务法制培训,51 位殡仪馆和公墓负责人参加,并对培训合格的人员发放上岗证书。

2004 年 9 月,市殡葬行业协会从业人员培训中心在宝兴殡仪馆揭牌成立。

2005 年,市殡葬管理处举办 4 期业务培训班,先后对 56 位殡仪馆、公墓负责人,30 位南汇区的公益性公墓经理,28 位宝山区殡葬协管员进行培训。年内,委托市殡葬行业协会对 264 位经营性公墓管理员进行等级培训与考核。

2006 年 9 月 6 日,市殡葬服务中心和上海理工大学联合举办的首届殡葬管理研究生课程进修班开学,学员 33 人,学制 2 年。这是国内第一个殡葬专业研究生课程学历班。

同年,市殡葬管理处举办殡仪馆、经营性公墓、骨灰堂负责人岗位和业务培训,同时,还先后组织 19 期共计 791 人的经营性公墓业务人员的初级培训考核,对经考核合格的业务人员发放上岗证书。

2007 年,市殡葬服务中心组织所属殡仪馆、飞思殡葬代理中心等 20 名业务骨干赴日本进行为时 20 天的殡葬业务进修,学习殡葬礼仪、殡葬文化、殡葬设施建设等业务知识。同年 10 月,上海殡葬文化研究所与上海理工大学联合举办的第一期殡葬管理高级研修班开班,52 名市殡葬服务中心所属各单位管理人员参加研修。

2008 年,市殡葬管理处举办岗位和业务培训,15 家殡仪馆负责人、53 家经营性公墓和骨灰堂负责人参加,并对考核合格的人员发放上岗证书。

2009 年 3 月,市殡葬服务中心协同市殡葬行业协会组织以应届大学毕业生为主要对象的招聘专场,全市 23 家殡葬服务单位提供 395 个就业岗位,现场咨询的大学生达 5 000 多人次,收到简历3 220 份。经过筛选,250 名大学生参加市殡葬行业协会组织的职业专题介绍会。经过面试、情景模拟和岗位见习,最终 108 人签约录用,其中 90％为本科及硕士学历。

2010 年 9 月,举办全市殡仪馆殡葬业务培训班,15 家殡仪馆的主任参加培训。10 月,举办经营性骨灰堂负责人业务培训班,60 余人参加培训。

二、职业技能竞赛、鉴定

1989 年 6 月,上海举行首次殡葬工人整容、化妆和防腐处理项目的技术操作比赛。6 月 20—23日,41 名来自市郊殡仪馆的化妆工分别在龙华和宝兴殡仪馆两个赛区进行预赛。29 日,两个赛区的前三名选手在宝兴殡仪馆进行决赛。龙华殡仪馆的化妆组组长沈兴定获第一名。同年,市比赛领导小组授予他上海市技术能手称号。

1991 年 9 月,上海举办第二次殡葬工人技术操作比赛。

2003 年 10 月,市民政局会同市劳动和社会保障局举办民政系统殡仪服务员业务培训。同年11 月 20—22 日,市民政局举办殡仪服务员操作技能比赛,43 名成绩优秀者获得市劳动和社会保障局颁发的殡仪服务员中级证书,占参赛人数的 87.7％。从此,上海市殡仪服务员等级证书制度建立。

2004 年 12 月 15 日,市劳动和社会保障局批准市民政干部学校为第 174 国家职业技能鉴定所,其下设的殡葬职业技能鉴定中心也于当天成立,成为国内第一家殡葬职业技能鉴定中心,被授权对殡葬行业整容(化妆)工、防腐工、火化工、殡仪服务员等 4 个工种的职业技能鉴定。

2007 年,市民政局举办整容化妆职业技能和鉴定培训班两期,25 人经考核合格后取得五级证书;举办防腐职业技能和鉴定培训班两期,25 人经考核合格后取得五级证书;举办火化工职业技能和鉴定培训班两期,37 人经考核合格后取得五级证书;举办殡仪服务员职业技能和鉴定培训班两期,34 人经考核合格后取得五级证书。

2008 年 11 月,上海 4 名选手组队前往湖南省长沙市参加民政部、人力资源和社会保障部主办的首届全国民政行业(殡仪服务员)职业技能竞赛,上海市代表队获团体第三名。

同年,市民政局举办遗体防腐整容技能和鉴定培训班一期,11 人经考核合格后取得技能中级证书;举办遗体火化技能和鉴定培训班两期,28 人经考核合格后取得技能中级证书。

2009 年 2 月,市民政局举办殡仪服务员职业技能和鉴定培训班,9 家殡仪馆的 25 位殡仪服务员参加培训并通过考核,获得殡仪服务五级职业资格证书。11 月,市民政局举办遗体整容师、遗体防腐师四级工技能操作比赛,全市 13 家殡仪馆的 64 名选手 123 人次分别报名参加遗体整容师和遗体防腐师比赛。通过竞赛,109 人次分别获得遗体整容师和遗体防腐师的四级工职业技能证书。根据竞赛规则,比赛成绩位列前 10％ 的选手可以晋升为三级工。龙华殡仪馆的王刚、陈钰、宗蕊、罗卫杰、冯毅和宝兴殡仪馆的刘峰,获得遗体整容师国家职业资格三级证书;浦东殡仪馆的朱惠芳、马海燕,龙华殡仪馆的罗卫杰、王刚,益善殡仪馆的查庆国,获得遗体防腐师国家职业资格三级证书。

2010 年 6 月,民政部、人力资源和社会保障部在江苏省无锡市举办第二届全国民政行业(遗体整容师)职业技能竞赛。上海市代表队获团体第二名;龙华殡仪馆王刚、浦东殡仪馆朱惠芳、宝兴殡仪馆徐军等分别获得个人第四、第九、第十一名。

同月,上海市民政行业特有工种职业技能鉴定站获准建立。年内,开展殡仪服务员、遗体接运工、遗体防腐师、遗体整容师、遗体火化师、墓地管理员等工种的国家职业资格技能鉴定工作。至年底,共鉴定 248 人次,其中遗体整容师五级 28 人,四级 63 人;遗体防腐师五级 28 人,四级 60 人;殡仪服务员五级 27 人;遗体火化师五级 12 人;墓地管理员五级 30 人,都取得国家职业资格证书,其中墓地管理员 30 人是上海首批获得国家职业资格的职工。

2010 年,上海完成殡葬职业技能鉴定资料的编写工作,内容包括遗体整容、遗体防腐、遗体炉化、礼厅服务等 4 个工种初级工的职业技能鉴定资料,以及 4 个工种中、高级工职业技能鉴定资料的编写;开展殡葬墓地管理、遗体接运两个工种初级工的资料准备、报送立项等准备工作。

三、服务品牌

2005 年 5 月,宝兴殡仪馆"火凤凰"女子化妆组成立(后改称火凤凰女子入殓师团队)。她们身着隔离衣,手戴消毒手套,佩戴浅蓝色口罩和帽子,创新追悼场景新形式,提供规范和温馨服务。通过当面化妆、更衣、沐浴、单殓房守护等环节,将传统服务重心前移。

2010 年 8 月 4 日,"白玉兰遗体养护工作室"在龙华殡仪馆挂牌(前身为龙华殡仪馆女子化妆组)。5 名女青年组成一支专业的"入殓师"队伍,其中高级遗体整容师两名、中级两名、初级一名。工作室推出"家庭式遗体养护"服务,采用透明、人性化的操作模式,家属可以隔着窗户观察整个遗体养护过程,让逝者平静、安详地完成"人生最后的谢幕"。

2010 年 8 月 4 日,"王刚工作室——遗体修复"在龙华殡仪馆成立。该工作室对遗体三维立体修复技术的研发和创新,通过三维立体激光扫描、三维成像处理、骨骼固定、胶原填充、雕塑倒模等方法,实现遗体特殊整容的高仿真度。在研发特殊原因死亡逝者的整容整形技术上,走上传统技术和现代技术相结合的全新道路。

第七节　殡葬文化建设

一、期刊、年鉴、丛书

1999 年 12 月 28 日,由市殡葬服务中心主办的《殡葬文化》杂志创刊,2001 年 4 月更名为《殡葬文化研究》,为双月刊。该杂志坚持"殡葬文化重在建设",对殡葬转型期遇到的热点、难点和焦点,展开讨论和研究,倡导将人生小电影、花篮文学、墓志铭文学等理念和形式运用到殡葬服务中。截至 2010 年,该杂志共出版 67 期,约 550 万字,总计发行量逾 25 万册。

2006年，《上海殡葬年鉴》由上海市殡葬管理处、上海殡葬文化研究所及上海理工大学共同编纂完成，此后每年出版一卷。《上海殡葬年鉴》分特载、殡葬工作综述、殡葬改革、殡葬管理等十余个篇章，包含科学管理、基本建设、殡葬服务、大事记、科学统计等重要内容，全面反映上海殡葬业的发展。殡葬系统各单位编印工作简报。如，市殡葬服务中心每周编印《飞思周报》，各殡葬服务机构分别编印《龙华之窗》《宝兴人》《滨海人文报》《飞思代理报》《寝园简报》《西园简报》《归园之声》《辰宇通讯》《丧仪之声》《阳光快报》等。

2008年5月至2011年，上海市殡葬部门组织编纂的中国第一部殡葬教育系列丛书由中国社会出版社出版。民政部副部长李立国、市民政局局长徐麟分别作序。丛书共20本，书名为：《殡葬经济学》（朱金龙、吴满琳编著）、《殡葬经营管理学》（舒海民、林凤编著）、《殡葬公共关系学》（沈明德、丁长有编著）、《现代殡葬文化建设概论》（诸华敏著）、《殡葬伦理学》（何兆珉著）、《殡葬心理学》（王宏阶、贺圣迪著）、《死亡学》（吴仁兴、陈蓉霞编著）、《殡葬社会学》（殷居才、郑吉林编著）、《殡葬信息管理》（俞康伟、周健勇编著）、《葬式概论》（石大训、来建础编著）、《殡葬市场营销学》（徐俊彪、周荣滋编著）、《陵园经营管理》（陶德才、樊一阳编著）、《中国殡葬史》（杨晓勇、徐吉军编著）、《殡葬学导论》（朱金龙编著）、《殡葬传播学》（王正辉、李亮编著）、《殡葬法律基础》（李健、陈茂福编著）、《殡葬与宗教文化》（何建平、张志诚编著）、《国际殡葬业概论》（李健、赵小虎编著）、《殡葬文学》（吴以成、贺圣迪编著）、《殡葬与环保》（吴少群、郑吉林编著）。

二、研讨会、论坛、博览会

2000年3月10—12日，由龙华殡仪馆主办的首届"龙华论坛"在上海千鹤宾馆举行。来自广东、福建、浙江、江苏、江西、安徽、山东、辽宁等地殡葬行业的领导和殡仪馆负责人共50多人参加论坛交流。此后，龙华殡仪馆还分别围绕"加入WTO后国内殡仪馆经营策略""现代科技在殡葬业的应用""殡仪馆礼厅设计、策划和礼仪服务""提升殡葬服务能级""殡葬服务标准化途径"等主题，主办多届专题研讨会，形成享誉全国的"龙华论坛"。

同年10月20—24日，市殡葬服务中心在上海国际会议中心举办上海"宝龙杯"首届殡葬文化研讨会，全国各地近200位殡葬工作者围绕"现代殡葬新文化的建设问题"进行交流，共收到论文近70篇。

2002年11月18—20日，由市民政局主办、市殡葬服务中心承办的首届"上海国际殡葬服务学术研讨会暨殡葬设备展"，在上海世博会议大酒店举行。国家科委原副主任、中国社科院原副院长、经济学家于光远，民政部和中国殡葬协会的有关领导出席。会议就"殡葬服务"主题与国内外殡葬业界进行交流研讨。来自国际殡葬协会、美国、加拿大、荷兰、日本、马来西亚及国内各省市的共500余人参会，收到论文71篇。殡葬设备展共设45个展位，日本、澳大利亚、马来西亚等国和国内的多家企业展示各自的产品。上海展示的殡葬用品和殡葬文化成果，引起参会人员的关注。

2004年11月16—18日，由市民政局主办、市殡葬服务中心承办的"2004上海第二届国际殡葬论坛暨殡葬设备用品交易会"在上海光大会展中心举行。会议围绕"殡葬与环保"的主题进行论坛交流。来自美国、英国、意大利、荷兰、俄罗斯、加拿大、日本等国家和各省市的殡葬业领导、嘉宾、专家学者等约450人聚集一堂。论坛收到论文115篇。交易会吸引了美国、俄罗斯、意大利、日本等国家及国内共67家企业参展，展品涉及空气净化装置、殡葬信息管理系统（软件）、遗体防腐药水及器械、灵车、鲜花、祭奠品、火化机等14大类，上海防腐液研究所的遗体防腐保存液、固名公司的寄存格等产品亮相会场。参观人数达 3 000 余人次,成交金额共 45.8 万元。

2007 年 11 月 14—15 日,由市殡葬行业协会主办、市殡葬服务中心承办,以"变革的殡葬"为主题的上海第三届国际殡葬论坛在上海洋洋显达城市度假酒店召开。副市长周太彤,民政部、中国殡葬协会的领导,以及美国、德国、日本、马来西亚等国家和国内各省市的代表 300 余人出席会议,收到论文 80 余篇。

2008 年 5 月 7—9 日,由中国殡葬协会主办、市殡葬行业协会承办、市殡葬服务中心协办的"2008 年第三届中国国际殡葬设备用品博览会"在上海浦东展览馆举行。博览会期间,124 家参展企业共设置 251 个展位。展品中出现大量利用新材料和新工艺制作的设备、用品以及体现科技、环保、文化等内涵的延伸殡葬产品。市殡葬行业协会展出的小型艺术墓及其专辑、上海殡葬文化研究所的殡葬专业书籍销售、龙华殡仪馆的艺术礼堂展示、飞思殡葬代理中心的门店展示、宝兴殡仪馆的百年庆典展示和滨海古园的形象展示等,引起关注。美国、荷兰、日本、德国等 17 个国家和国内各省市的代表共 1 000 余人出席博览会。

三、研究所、纪念馆、博物馆

2000 年 5 月 15 日,上海殡葬文化研究所成立。它是国内殡葬行业唯一一家注册成立的殡葬文化专业研究机构。研究所密切关注人民群众日益增长的殡葬服务、殡葬消费、殡葬文化等需求,为殡葬改革出谋划策。该研究所拥有殡葬行业的专家库,来自各个领域,或将研究方向放在殡葬业,或把研究成果服务于殡葬,运用殡、学、研的模式开展殡葬政策、殡葬理论、殡葬文化以及殡葬习俗等研究,先后完成民政部、市科委、市科技基金、市民政局、市殡葬管理处、市殡葬服务中心等组织下达的 60 多项课题。此外,还主持筹建上海殡葬博物馆、殡葬图书馆,主持编辑出版殡葬专业教材《殡葬学科丛书》5 辑 20 本、《殡葬实务丛书》6 辑 30 本、《殡葬新论》等各种殡葬理论专著。

2002 年 12 月 17 日,上海滨海古园墓葬文化陈列馆建成开馆。该馆占地面积 600 平方米,馆内陈列秦陵兵马俑、历代皇陵等复制品,民间墓碑、墓志等实物展品和民间丧葬礼仪、随葬用品的图片,以及上海墓葬发展史、国外墓葬的文字介绍等。

2008 年 5 月 7 日,国内第一家以近现代殡葬行业发展史为主题的博物馆——上海殡葬博物馆在龙华殡仪馆业务大楼五楼落成开馆。共收藏原始实物 100 余件、图片 500 多张、档案文书等 2 000 余件、图书资料 2 000 余本,全面反映上海传统殡葬习俗,以及近现代殡葬文化的演变与发展,成为了解上海殡葬史、交流殡葬文化的重要场所。2010 年,上海殡葬博物馆完成二期改建。同年 6 月,接待在中国举行的国际殡葬协会第 11 届会员大会的 28 个国家的百余名国际同行。

2010 年 6 月 26 日,福寿园"领略生命华彩,珍藏城市记忆"上海人文纪念馆开馆;11 月 13 日,海湾寝园举行"上海知青广场"落成典礼;12 月 9 日,松鹤墓园的"松鹤文化长廊"落成。

第八篇

行政区划与地名管理

行政区划与地名管理是根据《宪法》规定，对各级政区的调整进行管理的行政行为，它包括行政区划管理、政区地名管理和勘界与界线管理。20世纪80年代以来，上海行政区划与地名管理的主要内容有区县行政区划调整、区县行政区划局部调整、乡镇区划调整、街道办事处调整、重大建设项目行政区划调整、政府驻地迁移、国有农场行政管理属地化、政区名称命名更名管理、历史地名文化保护、无居民岛屿地名管理、陆域勘界、行政区域界线管理等。

改革开放以来，上海市行政区划工作围绕创新与新时期建设国际化大都市发展目标相适应，形成具有中国特色和地域特点并且充满活力的国际大都市治理结构体系而开展。1978—2010年，上海市行政区划的调整基本适应社会、政治、经济发展的需要，与中国现行法律规定的行政区划体制、模式相吻合。在这个过程中，行政区划调整频率和强度不断增强，通过不断完善政区空间结构体系，行政区划体制中所隐含的体制矛盾逐渐得到疏解，与经济体制改革步伐趋于协调，并在优化完善特大型城市行政区划布局上，发挥积极的作用。

地名管理是指管理机关按照国家地名管理法规，对辖区内地名的命名、更名等使用活动进行管理的行政行为。地名包括自然地理实体名称，行政区划名称，居民地名称，各专业部门使用的具有地名意义的台、站、港、场等名称。1977年7月，中国成立中国地名委员会，1979年，建立上海市地名办公室。1989年，建立上海市地名委员会。上海市的地名办事机构设在市测绘院。按照相关法规的规定，市民政部门负责行政区划、无居民岛屿等地名的管理工作。其职责是贯彻执行国家关于地名工作的方针、政策、法律、法规，落实全国地名工作规划，审核、承办本辖区政区地名的命名、更名，推行政区地名的标准化、规范化，设置无居民岛屿地名标志等。

勘界工作是指勘定行政区域界线的工作。1995年10月，国务院决定全面开展勘界工作，以解决边界争议，实现国家有效行政管理，加强边界地区法制建设。上海市民政部门是勘界工作的主管部门，负责勘定行政区域界线，以行政区域管辖的现状为基础，依照有关规定明确各级行政区域界线走向位置，核定法定线，勘定习惯线，解决争议线。1996—2003年，通过对省市、区县、街镇3级行政区域界线的勘界，用现代技术手段形成准确反映实际边界线走向的文件、数据和地形图，用法律的形式将各级界线固定下来。勘界工作基本结束后，上海按照国务院《行政区域界线管理条例》的规定，将工作重心由全面勘界向依法管界转变，行政区域界线管理工作进入依法治界阶段。

1996年1月18日，上海市成立由分管副市长为组长，分管副秘书长和市民政局局长为副组长，市房地、规划、水利、农委、公安、测绘等部门负责人组成的市勘界工作领导小组，领导小组下设办公室（设在市民政局）。市勘界工作领导小组是在市政府领导下主管上海市勘界工作的议事协调机构，其主要职责是：研究贯彻落实勘界工作的方针、政策；组织、部署勘界工作；协调处理勘界工作中的相关问题，代表市政府行使县（区）界的裁决全权；承办市政府交办的其他工作。

行政区划与地名管理职能，1978年隶属于市民政局社会处，1984年改称民政处，1987年改属基层政权建设处，2000年市民政局增设区划地名处，行政区划职能进一步凸显。市民政局区划地名处的主要职责：负责上海行政区划和政区地名工作，拟订行政区划规划和相关管理政策；负责乡镇、街道的设立、撤销、调整、更名和界线变更及政府驻地迁移的审核报批；负责政区名称的审核报批；指导居村委会的设立、撤销、更名、命名；负责行政区域界线管理等工作。

第一章 行政区划管理

上海的行政区划基本格局于20世纪50年代形成。20世纪80年代始,上海市对乡镇行政区划进行一系列的调整变更。

1985年1月15日,国务院颁布《关于行政区划管理的规定》,明确各级行政区划变更的审批权限。区与区之间与区与县之间,以及县与县之间的部分行政区划的界线变更,由市政府审批,同时抄送民政部备案。区、县政府驻地迁移由市政府审核,报请国务院审批;乡、镇、街道办事处的增设、撤销、更名,乡、镇政府(街道办事处)驻地的迁移,由市政府审批。市民政局负责代市政府办理行政建制、驻地、边界的确定和变更事项,协助市政府解决行政区域的边界纠纷以及调查研究,提出解决问题的建议。

改革开放以来,中国进入转轨期,经济、社会体制发生重大变化,城市建设和发展进入高潮期,上海市行政区划管理工作顺应这一时期变化,充分履行国家赋予民政部门的社会职能,积极而慎重做好行政区划调整工作,把握城市发展规律,适时地开展一系列调整,以适应改革开放和生产力发展的需求。

为适应城市建设发展的需要,陆续把市郊结合部一些区域划入市区。为适应《上海城市总体规划》对城市布局结构的重要调整,促进市区和郊区经济、社会同步发展,对上海区县行政区划实施一系列的调整,包括恢复部分区的建制、撤县建区和合并区县建制等。适应城市居住区开发建设的需要,陆续将市郊结合部的一些区域划入市区管理,对部分跨区域建设的市区与原郊县(区),陆续调整部分行政区域界线。

顺应农村经济体制、政治体制改革的趋势,上海市乡镇行政区划调整经历镇乡合一的镇乡行政区划合并工作。为解决镇乡分治的行政体制问题,促进城乡一体化发展,先后将21个县属建制镇与21个乡实行镇乡合并,化解在同一区域存在两个同级行政建制的"一地两府"的问题。为更好地实施上海城市总体规划,科学合理配置区域资源,优化城镇体系,提高行政效能,加快郊区城镇建设和城市化进程,对部分乡镇进行撤并。全市郊县(区)乡镇从1980年的239个调整至2010年的111个,较好地解决了郊县(区)存在的城镇体系不尽合理、镇域和居民点规模偏小、布局分散等问题。

随着经济和社会发展,街道办事处的职能不断增强和扩展,为适应新形势的要求,提高其城市管理水平和公共服务能力,上海市对街道办事处进行一系列调整。1980—2010年,街道办事处从116个调整到99个,其中1998—2010年底,全市共撤销街道办事处22个,新建街道办事处22个。

针对城市的重大建设项目需要和城市规划要求,实施部分区域的行政区划调整。先后将原属宝山区行政区域的原江湾机场8.6平方公里规划用地划归杨浦区管辖;将浦东国际机场内属南汇县的部分行政区域划入浦东新区;将国际汽车城建设规划内属青浦区部分行政区域划入嘉定区安亭镇。此后,为实施《上海市城市总体规划》,实现"三岛联动",将宝山区的长兴乡、横沙乡整建制划入崇明县管辖。

其间,办理一大批乡镇、街道驻地迁移事项。

上海市属国有农场长期实行政企合一体制,游离于行政区划体制之外。市民政局按照市政府的要求,开展市属国有农场行政管理属地化工作。宝山区长兴岛的前卫农场从1999年起实施属地化管理,至 2008 年底,全市 15 个市属国有农场行政管理属地化工作全部完成。此外,贯彻《国务院批转司法部关于监狱体制改革试点工作指导意见的通知》精神,组建地处安徽的上海市白茅岭农场社区管理委员会和上海市军天湖农场社区管理委员会。

为解决行政区划调整后的历史遗留问题,市民政局牵头先后协调解决虹口区、宝山区部分地区"一地两府"问题,实施长宁区、闵行区姚虹西路地块行政管理属地和地处闵行区的"高兴花园""静安新城"的行政管理事务属地移交。

第一节　行政区划调整

一、区县行政区划调整

1978 年 12 月,设立市革委会宝钢地区办事处,作为市革委会的派出机关,辖有与宝钢建设有关的盛桥、月浦等居民点。

1979 年 11 月,将杨浦区的吴淞地区(包括吴淞、泗塘两街道)划入宝钢地区。

1980 年 10 月 30 日,恢复吴淞区建制。将宝钢地区办事处管辖的行政区域(25 平方公里)和宝山县城厢镇(0.6 平方公里),以及宝钢与吴淞之间的地区(24.4 平方公里),共计 50 平方公里的地区划归吴淞区管辖。

1981 年 2 月 22 日,恢复闵行区建制。将徐汇区的闵行、吴泾地区和上海县的 15 个大队划归闵行区管辖,闵行区的总面积达 36.81 平方公里。

1981 年 3 月 30 日,吴淞区的区划范围,包括宝钢地区办事处管辖的宝山钢铁厂生产和生活区、盛桥和月浦等居民点、吴淞和泗塘两街道,再划进宝山县原城厢镇、淞南、吴淞、庙行、月浦、盛桥 5 个公社 22 个大队和杨浦区的工农、闸殷两个居委会区域,总面积为 48.23 平方公里。

1988 年 1 月 21 日,撤销吴淞区、宝山县,建立宝山区,面积 425.18 平方公里,人口约 58.4 万。

1992 年 9 月 26 日,撤销上海县和闵行区,设立新的闵行区,面积 378.4 平方公里,人口 52.6 万。

1992 年 10 月 11 日,撤销嘉定县,设立嘉定区,面积 458.80 平方公里,人口 47.8 万。

1992 年 10 月 11 日,撤销川沙县,设立上海市浦东新区,行政区域包括原川沙县和上海县三林乡,以及黄浦区、南市区、杨浦区的浦东部分。上海浦东开发开放是党中央和国务院的重大决策,虽然取得显著发展,但浦东三区(黄浦区、南市区、杨浦区)两县(川沙县、上海县)共同管理的体制状况已不适应发展需要,因此亟需调整区划管理体制。

1997 年 4 月 29 日,撤销金山县,设立金山区。

1998 年 2 月 27 日,撤销松江县,设立松江区。

1999 年 9 月 16 日,撤销青浦县,设立青浦区。

2000 年 6 月 13 日,撤销黄浦区和南市区,设立新的黄浦区。

2001 年 1 月 9 日,撤销奉贤县,设立奉贤区;撤销南汇县,设立南汇区。

2009 年 4 月 24 日,撤销南汇区,将其行政区域并入浦东新区,以进一步优化浦东新区总体布局,加快上海国际经济中心、国际金融中心、国际贸易中心、国际航运中心等 4 个中心建设,深化浦东综合配套改革试点,进一步推进浦东开发开放。

二、市区调整扩大

1979 年 7 月,将新辟的曲阳住宅区内原属宝山县、杨浦的地区,以及玉田新村划归虹口区。

1980 年 6 月,将原属川沙县的上钢三厂正门大道以南、上南路以西、上钢三厂制氧车间南围墙以北的范围划入南市区。

1980 年 12 月,将新辟的沪太新村和志丹新村两个住宅区内分别属于宝山县、嘉定县的土地划入普陀区。

1982 年,仙霞、彭浦住宅小区分别从原属的上海县、宝山县划归邻近的长宁、闸北区。

1983 年 3 月 26 日,将宋庆龄陵园的所在地,从上海县划归长宁区管辖。

1983 年 6 月,市民政局会同市有关部门进行调研,向市政府提出关于调整扩大市区的意见,并向国务院报送相关请示。

1984 年 7 月 12 日,将原属上海县的剑川路、沪闵路东南(东至淡水河、南抵黄浦江、西与闵行区区界相接、北到剑川路以北的铁路)地区划入闵行区界。

1984 年 7 月 28 日,将川沙、上海、嘉定、宝山等县毗邻市中心城区的部分区域 109 平方公里划归市区管辖,上海市中心城区扩大到约 340 平方公里。川沙县的洋泾镇和张桥、洋泾、严桥、六里、杨思 5 个乡的 116 个生产队,上海县的漕河泾镇、龙华镇、北新泾镇和龙华、梅陇、虹桥、新泾 4 个乡的 177 个生产队,嘉定县的真如镇和长征、桃浦两个乡的 47 个生产队,宝山县的江湾镇、五角场镇和彭浦、庙行、江湾、五角场 4 个乡的 129 个生产队,将分别划归徐汇、杨浦、黄浦、虹口、长宁、普陀、闸北、南市 8 个区管辖。这次调整,是上海解放以来市区面积扩大幅度最大的一次,有利于上海市经济建设的发展;有利于改造和振兴老工业基地,促进本市的改革和对外开放;也有利于市中心的人口向边缘地区疏散,逐步解决人口过于集中的问题,缓和市区交通拥挤、住房紧张等矛盾。

1984 年 9 月 7 日,将原属宝山县的石洞口发电厂厂区(东至长江江堤,南与吴淞区区界相接,西至老蕰川路,北到长江内堤)的区域划归吴淞区管辖。

1985 年 10 月 12 日,将宝山县吴淞乡泗塘及盛桥地区划归吴淞区管辖。

1986 年 2 月 4 日,将漕河泾微电子工业区原属上海县管辖部分划归徐汇区管辖。

1986 年 11 月 28 日,将上海县曹行乡民建大队和车沟、爱国大队的部分生产队行政区域划归闵行区管辖。

1991 年 7 月 22 日,将规划建设的浦东罗山新村居住区在川沙县区域内的 0.61 平方公里,划归黄浦区管辖。

1991 年 10 月 3 日,将已建成的大中华橡胶厂闵行分厂和规划筹建的正泰橡胶厂 240 万条子午线轿车轮胎项目位于上海县境内的 0.6 平方公里地域,划归闵行区管理。

1991 年 11 月 6 日,调整长宁区、上海县的部分行政区划界线,将原长宁区与上海县虹桥乡、华漕乡的界线,南移至上海航空公司、民航华东局所建工房围墙(围墙内为长宁区、围墙外为上海县),调整面积为 0.06 平方公里。

1992 年 7 月 8 日,市政府办公厅转发市民政局《关于进一步解决本市市郊结合部分区、县交叉管理的意见》,以解决调整扩大中心区后相关区域因实施交叉管理产生的问题。

1994 年 10 月 31 日,将原嘉定区江桥镇管辖的万镇路以东区域,划归普陀区管辖。

1997 年 9 月,将原属宝山区行政区域内的原江湾机场 8.60 平方公里区域划入杨浦区管辖。

1997年9月22日,将原属宝山区行政区域范围内的共康小区,划归闸北区管辖,具体调整范围为:东至共和新路,西至东茭泾河,北至高压走廊线南铁塔南脚座边沿向南5米,面积为0.726平方公里。

1998年2月11日,将松江县的原九亭镇北杨村约0.93平方公里,划入闵行区管辖。

1999年1月28日,将嘉定区吉镇路450弄(金莲坊)总面积为0.052平方公里的区域,划入普陀区管辖。

2001年5月,国务院批复《上海市城市总体规划(1999年—2020年)》,市中心城区的范围扩展为约660平方公里。

三、区县行政区划局部调整

1994年3月15日,将长宁区新泾乡所属的虹四村、西郊村成建制划归闵行区虹桥镇管辖。

1999年5月7日,调整普陀区与闸北区的部分行政区划,具体范围为:东至恒丰路桥西沿,南至恒丰路桥西沿与沪宁铁路南围墙交接点向南的第三个桥墩中心线折向苏州河弯道中心线,西至苏州河弯道中心线折向沪宁铁路南围墙,北至沪宁铁路南围墙;将面积约4900平方米的区域,由闸北区行政区域范围划入普陀区行政区域范围。

2002年4月2日,调整普陀区与嘉定区部分行政区划,将两区在广德苑、新长征花苑处的行政区域界线的走向调整为:北自祁连山路中心线与延川路中心线交点起,沿延川路中心线向西北至真新路中心线,沿真新路中心线向西南至丰庄六街坊北围墙向西的延伸线交点,沿围墙向东再向南至规划路清峪路中心线交点止;新界线以东原属嘉定区的部分区域划入普陀区,新界线以西原属普陀区的部分区域划入嘉定区。将两区在祥和家园处的行政区域界线的走向调整为:北自万镇路中心线和曹安路中心线交点起,沿万镇路中心线向南至万镇路中心线与延川路中心线交点止;新界线以东原属嘉定区的部分区域划入普陀区,新界线以西原属普陀区的部分区域划入嘉定区。两区调整的土地面积为:普陀区调出土地(调入嘉定区)面积为13 015平方米,嘉定区调出土地(调入普陀区)面积为57 797平方米。

2003年3月27日,调整宝山区与普陀区部分行政区划,将原宝山区行政区域内大华二路以南、真华路以西、宝山区和普陀区界线东北侧区域内96 455平方米土地,大华路以西、大华一路以南、宝山区和普陀区界线东北侧范围内73 498平方米土地,灵石路西侧3 672平方米土地,总共173 625平方米土地,从原属宝山区行政区域范围调整到普陀区行政区域范围;将原普陀区行政区域内真金路以东、富水路以北、宝山区和普陀区界线西南侧范围内155 356平方米土地,大华一路以北、宝山区和普陀区界线西南侧范围内13 932平方米土地,新沪路南端西侧、新村路北侧、宝山区和普陀区界线东南侧范围内3 943平方米土地,灵石路西侧3 408平方米土地,总共176 639平方米土地,从原属普陀区行政区域范围调整到宝山区行政区域范围。

2004年9月16日,调整普陀区与嘉定区部分行政区划,将普陀、嘉定两区在未来岛工业园区段的行政区域界线走向调整为:东自定边路与绥德路中心线交点起,沿绥德路中心线向西偏北延伸,向南偏西拐弯至绥德支路中心线相交,再沿绥德支路中心线向南偏西至原区界线止;新界线南侧原属嘉定区行政区域范围的若干土地,划入普陀区;新界线北侧沿原属普陀区行政区域范围的若干土地,划入嘉定区。上述调整的土地面积:普陀区调出土地面积(嘉定区调入土地面积)为660平方米,普陀区调入土地面积(嘉定区调出土地面积)为18 399平方米。

2004 年 9 月 16 日,调整闵行区与青浦区部分行政区划,将闵行、青浦两区在虬江港、蟠龙塘和小涞港段的行政区域界线走向调整为:自虬江港与西李库港中心线交点起,沿虬江港中心线向南偏东至蟠龙塘中心线交点,折向东沿蟠龙塘中心线至小涞港中心线交点,再沿小涞港中心线向东和东北方向弯曲前进,到小涞港中心线与徐泾镇二联村 232 号居民住宅北围墙延伸线交点,折向东北上岸,沿围墙向东北,再折向东偏南越过街坊道路,向南偏西沿街坊道路到北翟支路 59 弄 5 号居民住宅西围墙,沿围墙向东南,再向东南沿北翟支路 59 弄 8 号居民住宅围墙到紫薇新村围墙,沿围墙折向西南到小涞港中心线,再沿小涞港中心线向东南弯曲前进,至小涞港与小涞庙浜中心线交点;新界线一侧闵行区行政区域范围内的青浦区若干土地,划入闵行区;新界线另一侧青浦区行政区域范围内的闵行区若干土地,划入青浦。两区调整的土地面积为:闵行区调出土地面积(青浦区调入土地面积)为 71 820 平方米亩(含水域面积),闵行区调入土地面积(青浦区调出土地面积)为 62 047 平方米(含水域面积)。

2004 年 9 月 20 日,调整普陀区与嘉定区部分行政区划,将普陀、嘉定两区在阳光建华城住宅区处的行政区域界线走向调整为:西自定边路以东桥家栅小区的北侧围墙,向东偏南至桥家栅小区东侧围墙,沿围墙一直向南延伸至金鼎路南侧红线往南 125 米,再向东与金鼎路平行延伸至祁连山南路中心线,沿祁连山南路中心线向北至原区界线止。新界线以北的原嘉定区的部分土地划入普陀区;普陀区调入土地面积(嘉定区调出土地面积)为 209 255 平方米。

2005 年 5 月 30 日,调整普陀区与嘉定区部分行政区划,将普陀区与嘉定区在西北物流园区段的行政区域界线走向调整为:东自真南路南侧边线与中槎浦中心线交点起,沿真南路南侧边线向西至金迎路中心线,再沿金迎路中心线向南至翔二河桥中心,再沿翔二河中心线向西至西北物流园区围墙,再沿西北物流园区围墙外侧面向南至金通路中心线,再沿金通路中心线向西至众仁路中心线,再沿众仁路中心线向南至原区界线止。新界线南侧原嘉定区的 31 947 平方米土地划入普陀区,新界线北侧原普陀区的 42 720 平方米土地划入嘉定区。

2005 年 11 月 30 日,调整青浦区与松江区部分行政区划,将两区在青浦区徐泾镇、松江区九亭镇段的行政区域界线走向调整为:自青浦区徐泾镇联民村平石桥机耕路与断头浜河岸线交点起,向北沿河岸线到棚舍后墙角,折向东到机耕路,再折向北沿机耕路到沟渠中,折向东偏北到沪青平高速公路;沿沪青平高速公路北侧向东约 30 米,折向北穿过沪青平高速公路向东约 20 米,再折向北约 25 米,折向东到沟渠,再往南偏东到沟渠,折向东沿河中心线弯曲前进,到河浜断头折向北偏西到沟渠,再折向东约 80 米,再往北到沟渠南侧向东一直到原区界线;沿原区界线向东前进到原联民村砖厂,折向东约 30 米,再向南偏东回到原区界线止。经过上述行政区划调整,青浦区调出 3 块土地(松江区调入土地),面积为 24 060 平方米(含水域面积);青浦区调入 4 块土地(松江区调出土地),面积为 24 049 平方米。

2007 年 8 月 1 日,调整闵行区与松江区部分行政区划,将两区从顾戴路(原顾戴西路)北侧起至淀浦河中心线段的行政区域界线走向调整为:从顾戴路北侧起,穿过顾戴路到 55 号界址点,沿西围墙向南偏东南至 56 号界址点,沿北围墙向南偏西南至 53 号界址点,沿西围墙向南偏东南至 23 号界址点,穿过黎安路,经过 24 号界址点,到 40 号界址点,沿西围墙向南偏东南经过 41 号界址点,到 39 号界址点,从西围墙至 20 号界址点,沿机耕路中心线向东偏东南接原界线,再折向南至淀浦河中心线;新界线一侧闵行区范围内的原属松江区的若干土地划入闵行区,新界线另一侧松江区范围内的原属闵行区的若干土地划入松江区。闵行区调出土地面积(松江区调入土地面积)为 28 619 平方米,闵行区调入土地面积(松江区调出土地面积)为 28 619 平方米。

2009年1月12日,调整普陀区与宝山区部分行政区域界线,将两区在该区域段内的行政区域界线走向调整为:自金鑫花苑二期东侧围墙与武威东路交界处,沿武威东路北侧道路红线自东向西至颐和华城四期门卫处,再沿颐和华城四期与金鑫花苑二期、四期小区的围墙至原区界线止;新界线一侧普陀区行政区域范围内原属宝山区的若干土地划入普陀区,新界线另一侧宝山区行政区域范围内原属普陀区的若干土地划入宝山区。普陀区调出土地面积(宝山区调入土地面积)为900平方米,普陀区调入土地面积(宝山区调出土地面积)为3 956平方米。

四、镇乡分治

1991年1月21日,撤销松江县泗泾镇、泗联乡的建制,建立新的松江县泗泾镇,实行镇管村的体制,其行政区域按原乡、镇管辖范围不变。

1993年3月25日,撤销闵行区莘庄乡、莘庄镇的建制,建立新的闵行区莘庄镇。

1993年3月28日,撤销南汇县芦潮港镇、果园乡的建制,建立新的南汇县芦潮港镇。

1993年6月11日,撤销崇明县堡镇乡、堡镇镇和城桥乡、城桥镇的建制,建立新的崇明县堡镇镇和城桥镇。

1993年12月9日,撤销金山县张堰镇、张堰乡,枫泾镇、枫围乡和亭林镇、亭新乡的建制,建立新的金山县张堰镇、枫泾镇、亭林镇。

1994年4月25日,撤销南汇县大团镇、大团乡和新场镇、新场乡的建制,建立新的南汇县大团镇和新场镇。

1995年2月5日,撤销南汇县惠南镇、惠南乡的建制,建立新的南汇县惠南镇。

1995年9月4日,撤销青浦县青浦镇、盈中乡的建制,建立新的青浦县青浦镇。

1995年11月9日,撤销浦东新区杨思乡、杨思镇建制,建立新的浦东新区杨思镇。

2000年6月22日,撤销金山区朱泾镇和朱泾乡建制,建立新的金山县朱泾镇。

五、撤乡建镇

1984年11月,国务院批转民政部《关于调整建制镇标准的报告》,上海市开始撤乡建镇的试点工作,实行镇管村体制,以加速小城镇建设,充分发挥其连接城乡的桥梁和纽带作用。

1986年1月19日,青浦县金泽乡、闵行区颛桥乡、宝山县杨行乡、南汇县下沙乡、嘉定县娄塘乡、松江县佘山乡作为撤乡建镇试点单位,撤销乡的建制,分别建立青浦县金泽镇、闵行区颛桥镇、宝山县杨行镇、南汇县下沙镇、嘉定县娄塘镇、松江县佘山镇。

1986年2月23日,川沙县北蔡乡、金山县吕巷乡作为撤乡建镇试点单位,撤销乡的建制,分别建立川沙县北蔡镇,金山县吕巷镇。

1986年5月,奉贤县奉城乡作为撤乡建镇试点单位,撤销乡的建制,建立奉城镇。

1986年6月,崇明县新河乡作为撤乡建镇试点单位,撤销乡的建制,建立新河镇。

1989年4月,撤销宝山区马泾桥街道办事处、月浦乡建制,建立月浦镇;撤销盛桥乡,建立盛桥镇;撤销大场乡、大场镇建制,建立新的大场镇;撤销罗店乡、罗店镇建制,建立新的罗店镇。

1991年9月2日,撤销杨浦区五角场乡建制,建立五角场镇,以适应杨浦大桥等重点工程建设给杨浦区部分地区带来的区划、人口布局的变化。从1992年,撤乡建镇工作开始在全市推开。至

1995年，上海市一大批乡的建制被撤销，建立镇的建制，实行镇管村的体制。

1992年12月29日，撤销嘉定区马陆乡、黄渡乡的建制，建立马陆镇、黄渡镇。

1993年2月22日，撤销金山县山阳乡，建立山阳镇；撤销嘉定区徐行乡、戬浜乡、外冈乡、封浜乡，建立徐行镇、戬浜镇、外冈镇、封浜镇。

1993年3月28日，撤销嘉定区方泰乡、江桥乡、朱家桥乡、曹王乡、唐行乡、望新乡、华亭乡，建立方泰镇、江桥镇、朱家桥镇、曹王镇、唐行镇、望新镇、华亭镇。

1993年4月30日，撤销宝山区淞南乡，建立淞南镇；撤销嘉定区嘉西乡，建立嘉西镇；撤销金山县朱行乡、金卫乡、漕泾乡，建立朱行镇、金山卫镇、漕泾镇；撤销闵行区虹桥乡、塘湾乡、梅陇乡、纪王乡、北桥乡、陈行乡、马桥乡，建立虹桥镇、塘湾镇、梅陇镇、纪王镇、北桥镇、陈行镇、马桥镇。

1993年7月27日，撤销松江县泖港乡、九亭乡、新桥乡、车墩乡、洞泾乡、昆冈乡，建立泖港镇、九亭镇、车墩镇、新桥镇、洞泾镇、小昆山镇。

1993年8月24日，撤销宝山区罗泾乡、刘行乡、罗南乡、庙行乡、顾村乡、葑塘乡、江湾乡，建立罗泾镇、刘行镇、罗南镇、庙行镇、顾村镇、葑塘镇、高境镇。

1993年9月6日，撤销金山县钱圩乡、廊下乡、干巷乡、兴塔乡，建立钱圩镇、廊下镇、干巷镇、兴塔镇；撤销闵行区杜行乡、曹行乡、鲁汇乡、诸翟乡、华漕乡，建立杜行镇、曹行镇、诸翟镇、华漕镇。

1993年12月18日，撤销青浦县沈巷乡、商榻乡、徐泾乡、赵巷乡、赵屯乡、重固乡、香花桥乡、白鹤乡、华新乡、凤溪乡，建立沈巷镇、商榻镇、徐泾镇、赵巷镇、赵屯镇、重固镇、香花桥镇、白鹤镇、华新镇、凤溪镇。

1993年12月20日，撤销普陀区桃浦乡、长征乡，建立桃浦镇、长征镇。

1994年2月2日，市民政局制定《关于调整本市撤乡建镇标准的通知》。该通知对建镇的人口结构、经济发展水平、基础设施建设和镇域发展规划等提出要求。一、人口结构要求：总人口在2万以下的乡，乡政府驻地非农业人口必须超2000人；总人口在2万以上的乡，乡政府驻地非农业人口应占全乡人口10％以上。全乡劳动力人数比例：第一产业占25％，第二产业占60％，第三产业占15％。全乡具有初级职称以上科技人员总数100人以上。二、经济发展水平：人均国民生产总值达到3200元，人均国民收入达到2500元，第三产业在国民生产总值中占8％，全乡工农业总产值2.50亿元，社会总产值2.80亿元，社会商品零售总额达到3000万元。三、乡政府驻地的社会保障设施：具有一定规模的文化中心、图书馆、影剧院、中学、小学、幼儿园、敬老院、卫生院等各1所以上。四、集镇基础设施：计划固定资产投资额4000万元，完成固定资产投资额2500万元，集镇自来水普及率100％，集镇绿化林木覆盖率为7％，设集镇环卫机构1个，集镇市政建设投入占财政收入的10％左右等。该通知的制定，进一步规范撤乡建镇的建设。

1994年2月9日，撤销松江县古松乡、塔汇乡、天马乡、叶榭乡、大港乡、新五乡、张泽乡、新浜乡，建立石湖荡镇、李塔汇镇、天马山镇、叶榭镇、大港镇、五库镇、张泽镇、新浜镇；撤销奉贤县洪庙乡、庄行乡、青村乡、肖塘乡、奉新乡、四团乡，建立洪庙镇、庄行镇、青村镇、西渡镇、奉新镇、四团镇；撤销崇明县江口乡、向化乡、竖河乡、庙镇乡、裕安乡，建立江口镇、向化镇、竖新镇、庙镇镇、裕安镇。

1994年6月18日，撤销闸北区彭浦乡，建立彭浦镇。

1994年6月21日，撤销奉贤县泰日乡、平安乡、齐贤乡、钱桥乡、头桥乡、金汇乡，建立泰日镇、平安镇、齐贤镇、钱桥镇、头桥镇、金汇镇；撤销松江县华阳桥乡、五里塘乡、仓桥乡，建立华阳镇、茸北镇、仓桥镇。

1994年6月27日，撤销青浦县西岑乡、大盈乡、莲盛乡、小蒸乡、蒸淀乡，建立西岑镇、大盈镇、莲盛镇、小蒸镇、蒸淀镇；撤销南汇县瓦屑乡、盐仓乡、祝桥乡、六灶乡、周西乡、航头乡、泥城乡、横沔乡，建立瓦屑镇、盐仓镇、祝桥镇、六灶镇、康桥镇、航头镇、泥城镇、横沔镇。

1994年9月29日，撤销金山县松隐乡、新农乡，建立松隐镇、新农镇；撤销奉贤县光明乡、柘林乡、新寺乡、胡桥乡，建立光明镇、柘林镇、新寺镇、胡桥镇。

1995年2月5日，撤销奉贤县塘外乡、邵厂乡、江海乡、邬桥乡，建立塘外镇、邵厂镇、江海镇、邬桥镇；撤销崇明县鳌山乡、汲浜乡，建立侯家镇、中兴镇；撤销崇明县陈家镇乡、绿华乡、港沿乡、新民乡、大新乡、三星乡，建立陈家镇、绿华镇、港沿镇、新民镇、大新镇、三星镇。

1995年5月25日，撤销长宁区新泾乡，建立新泾镇。

1995年7月12日，撤销南汇县宣桥乡、坦直乡、三灶乡、黄路乡、新港乡、老港乡、万祥乡、三墩乡、彭镇乡、东海乡、书院乡，建立宣桥镇、坦直镇、三灶镇、黄路镇、新港镇、老港镇、万祥镇、三墩镇、彭镇镇、东海镇、书院镇。

1995年9月6日，撤销青浦县环城乡，建立环城镇。

1995年10月16日，撤销宝山区吴淞乡，建立宝山镇。

1995年11月22日，撤销崇明县大同乡、港西乡、建设乡、合作乡，建立崇明县大同镇、港西镇、建设镇、合作镇。

1995年11月，撤销川沙县施湾乡、六团乡、江镇乡、蔡路乡、合庆乡、黄楼乡、孙桥乡、唐镇乡、王港乡、龚路乡、顾路乡、杨园乡、张桥乡、金桥乡、高东乡、凌桥乡、张江乡、花木乡、严桥乡、六里乡、三林乡、高桥乡、城镇乡、洋泾乡，建立施湾镇、六团镇、江镇镇、蔡路镇、合庆镇、黄楼镇、孙桥镇、唐镇、王港镇、龚路镇、顾路镇、杨园镇、张桥镇、金桥镇、高东镇、凌桥镇、张江镇、花木镇、严桥镇、六里镇、三林镇、高桥镇、城镇镇、洋泾镇；撤销高南乡、东沟乡，建立东沟镇；撤销杨思乡、杨思镇，建立新的杨思镇。

1996年12月，上海市的乡建制由1984年底的206个调整至1996年底的9个，镇建制由33个调整至205个。

1998年5月12日，撤销徐汇区龙华乡建制，建立华泾镇。

2003年3月14日，市民政局、市统计局制定《关于建立县以下行政区划变更备案制度的通知》。该通知明确在上海建立起街道、乡镇区划变更资料和居委会、村委会等群众自治组织变更材料报送备案制度。

2003年12月，市民政局制定《上海市乡镇（街道）行政区划调整工作审核程序》。该文件规定，区县的乡镇（街道）行政区划调整方案形成后，应召开论证会议征求市有关职能部门意见，并形成会议纪要。市民政局对各区（县）政府的乡镇（街道）行政区划调整方案审核前，应先书面征求市有关职能部门意见。

2009年9月17日，撤销崇明县长兴乡，建立长兴镇。

六、乡镇撤并

1984年5月，新建奉贤县柘林乡、奉新乡和崇明县绿华乡。

1994年11月6日，撤销崇明县新渔乡的建制，原新渔乡各渔民村归所在地的乡镇管理。

1995年7月28日，撤销嘉定区嘉定镇、嘉西镇，建立新的嘉定镇。

1996年4月29日，撤销南汇县滨海乡，划归老港镇管辖。

1997年1月29日,撤销浦东新区川沙镇、东城镇,建立新的川沙镇。

1998年9月7日,撤销浦东新区施湾镇和江镇,建立机场镇;撤销浦东新区高桥镇、外高桥镇,建立新的高桥镇。

2000年1月19日,撤销嘉定区外冈镇和望新镇,建立新的外冈镇。

2000年3月13日,撤销浦东新区花木镇和严桥镇,建立新的花木镇。

2000年4月10日,撤销浦东新区高桥镇和凌桥镇,建立新的高桥镇;撤销高东镇和杨园镇,建立新的高东镇;撤销顾路镇和龚路镇,建立曹路镇;撤销金桥镇和张桥镇,建立新的金桥镇;撤销合庆镇和蔡路镇,建立新的合庆镇;撤销唐镇和王港镇,建立新的唐镇;撤销川沙镇、黄楼镇和六团镇,建立新的川沙镇;撤销三林镇和杨思镇,建立新的三林镇。

2000年6月9日,撤销南汇县康桥镇和横沔镇,建立新的康桥镇。

2000年7月2日,市政府批转市农委、市民政局、市计委、市规划局《关于本市郊县区乡镇行政区划调整工作的实施意见》。该意见要求,突出新城、中心镇集约发展,适度减少乡镇数,使城镇区划布局和结构规模更趋合理,形成梯度辐射强、功效好、管理幅度佳的城镇行政区划体系。此后,上海市实施一轮较大幅度的乡镇撤并的行政区划调整。

2000年9月21日,撤销嘉定区安亭镇和方泰镇,建立新的安亭镇;撤销青浦区青浦镇和环城镇,建立新的青浦镇。

2000年10月8日,闵行区由15个镇调整为9个镇:马桥镇、莘庄镇、七宝镇、虹桥镇保留原建制;同时,撤销陈行镇、杜行镇、鲁汇镇,建立浦江镇;撤销纪王镇、诸翟镇、华漕镇,建立新的华漕镇;撤销颛桥镇、北桥镇,建立新的颛桥镇;撤销梅陇镇、曹行镇,建立新的梅陇镇;撤销吴泾街道办事处和塘湾镇,建立吴泾镇。

2000年11月20日,宝山区由2个乡、14个镇调整为2个乡、9个镇:撤销罗店镇、罗南镇,建立新的罗店镇;撤销顾村镇、刘行镇,建立新的顾村镇;撤销月浦镇、盛桥镇,建立新的月浦镇;撤销宝山镇、杨行镇,建立新的杨行镇;撤销大场镇、祁连镇,建立新的大场镇。

2000年11月30日,青浦区由19个镇调整为12个镇:赵巷镇、徐泾镇、白鹤镇、金泽镇、商榻镇保留原建制;同时,撤销练塘镇、小蒸镇、蒸淀镇,建立新的练塘镇;撤销朱家角镇、沈巷镇,建立新的朱家角镇;撤销华新镇、凤溪镇,建立新的华新镇;撤销重固镇、香花桥镇,建立新的重固镇;撤销赵屯镇、大盈镇,建立新的赵屯镇;撤销西岑镇、莲盛镇,建立新的西岑镇;将青东农场地域划入青浦镇。

2000年12月14日,崇明县由5个乡、20个镇调整为1个乡、13个镇:中兴镇、向化镇、绿华镇和新村乡保留原建制;同时,撤销城桥镇、侯家镇,建立新的城桥镇;撤销陈家镇、裕安镇,建立新的陈家镇;撤销堡镇镇、五滧乡,建立堡镇;撤销新河镇、新民镇,建立新的新河镇;撤销港沿镇、合兴乡,建立新的港沿镇;撤销大新镇、竖新镇,建立新的竖新镇;撤销建设镇、大同镇,建立新的建设镇;撤销港西镇、港东乡,建立新的港西镇;撤销庙镇镇、合作镇、江口镇,建立庙镇;撤销三星镇、海桥乡,建立新的三星镇。

2001年1月18日,撤销金山区金山卫镇和钱圩镇,建立新的金山卫镇。

2001年5月11日,撤销浦东新区钦洋镇和花木镇,建立新的花木镇;撤销六里镇,其原管辖区域分别划归南码头路街道和北蔡镇。

2001年7月30日,嘉定区由14个镇调整为9个镇:保留外冈镇、安亭镇、南翔镇、黄渡镇原建制;同时,撤销江桥镇、封浜镇,建立新的江桥镇;撤销马陆镇、戬浜镇,建立新的马陆镇;撤销徐行镇、曹王镇,建立新的徐行镇;撤销娄塘镇、朱家桥镇,建立新的娄塘镇;撤销华亭镇、唐行镇,建立新的华亭镇。

2001年11月14日,撤销浦东新区张江镇和孙桥镇,建立新的张江镇。

2002年4月29日,奉贤区由22个镇调整为16个镇:撤销南桥镇、江海镇,建立新的南桥镇;撤销奉城镇、洪庙镇和塘外镇,建立新的奉城镇;撤销平安镇、邵厂镇,建立新的平安镇;撤销奉新镇、柘林镇,建立新的柘林镇;撤销金汇镇、齐贤镇,建立新的金汇镇;保留胡桥镇、庄行镇、泰日镇、头桥镇、四团镇、青村镇、新寺镇、光明镇、钱桥镇、西渡镇和邬桥镇原建制。

2002年6月27日,南汇区由24个镇调整为19个镇:撤销泥城镇、彭镇镇,建立新的泥城镇;撤销周浦镇、瓦屑镇,建立新的周浦镇;撤销航头镇、下沙镇,建立新的航头镇;撤销新场镇、坦直镇,建立新的新场镇;撤销宣桥镇、三灶镇,建立新的宣桥镇;保留惠南镇、黄路镇、祝桥镇、东海镇、盐仓镇、书院镇、新港镇、大团镇、三墩镇、芦潮港镇、康桥镇、六灶镇、万祥镇、老港镇原建制。

2002年6月27日,撤销松江区石湖荡镇和小昆山镇,建立新的石湖荡镇。

2003年4月17日,南汇区进一步调整镇级行政区划,由19个镇调整为14个镇:撤销惠南镇、黄路镇,建立新的惠南镇;撤销祝桥镇、东海镇和盐仓镇,建立新的祝桥镇;撤销大团镇、三墩镇,建立新的大团镇;撤销新港镇、书院镇,建立新的书院镇。

2003年6月17日,撤销嘉定区娄塘镇,划入徐行镇。

2003年11月10日,奉贤区的16个镇调整为7个镇:撤销南桥镇、西渡镇,建立新的南桥镇;撤销奉城镇、头桥镇,建立新的奉城镇;撤销四团镇、平安镇,建立新的四团镇;撤销柘林镇、胡桥镇、新寺镇,建立新的柘林镇;撤销庄行镇、邬桥镇,建立新的庄行镇;撤销金汇镇、泰日镇,建立新的金汇镇;撤销青村镇、光明镇、钱桥镇,建立新的青村镇。

2003年11月12日,设立奉贤区海湾镇,其行政区域包括海湾旅游度假区、星火农场、五四农场和星火开发区等范围。

2004年3月4日,青浦区部分镇级行政区划调整:撤销金泽镇、商榻镇和西岑镇,建立新的金泽镇。

2004年8月31日,撤销青浦区白鹤镇、赵屯镇,建立新的白鹤镇。

2005年3月16日,金山区由14个镇、1个街道调整为9个镇、1个街道:撤销枫泾镇、兴塔镇,建立新的枫泾镇;撤销朱泾镇、新农镇,建立新的朱泾镇;撤销亭林镇、松隐镇、朱行镇,建立新的亭林镇;撤销吕巷镇、干巷镇,建立新的吕巷镇;保留漕泾镇、山阳镇、金山卫镇、张堰镇、廊下镇和石化街道建制。

2005年12月2日,撤销浦东新区川沙镇和机场镇,建立川沙新镇。

2007年7月13日,从松江区石湖荡镇划出部分区域(原小昆山镇区域)设立小昆山镇。

2008年8月6日,设立崇明县新海镇、东平镇。新海镇行政区划范围为新海社区管辖范围(包括跃进农场、新海农场、红星农场和长征农场范围),东平镇行政区划范围为东平社区管辖范围(包括东风农场、长江农场、前进农场和前哨农场范围)。

2009年6月28日,撤销安亭镇、黄渡镇,设立新的安亭镇。

2010年12月31日,上海市郊区乡镇调整至110个,比1998年底减少102个,调整后的乡镇平均面积约54.7平方公里,规模明显扩大,并出现一批面积100平方公里以上规模较大的镇。

七、街道调整

1981年3月30日，新建吴淞区海滨街道办事处，以适应宝钢地区建设发展的需要。

1984年7月7日，新建杨浦区延吉新村街道办事处，以加强延吉新村新建居民区的社会管理。

1984年8月21日，撤销闸北区海宁路街道办事处，建立柳营路街道办事处，并相应调整有关街道办事处的管辖范围。

1985年，先后建立徐汇区长桥街道办事处、田林街道办事处、闵行区昆阳路街道办事处、杨浦区殷行街道办事处、虹口区大八寺街道办事处、长宁区虹桥街道办事处、程桥街道办事处、南市区上钢新村街道办事处、南码头路街道办事处、黄浦区潍坊街道办事处、普陀区石泉新村街道办事处，以加强对划入市区的部分区域新建居住区的领导和管理。

1987年2月12日，市政府发布《上海市街道办事处暂行条例》。该条例明确街道办事处的职责任务，规定街道办事处管辖区域一般为4万～5万人，以提高街道办事处的城市管理水平和公共服务能力。此后，各区政府对街道办事处进行适当调整。

1988年1月，划出闸北区彭浦新村街道办事处部分区域，建立临汾路街道办事处。

1988年2月，划出黄浦区崂山西路街道办事处14个居委会区域，建立梅园新村街道办事处。

1989年4月，撤销卢湾区吉安路街道办事处，其行政区域分别划归毗邻的济南路和嵩山路两个街道办事处管辖。

1991年5月5日，撤销虹口区长春路街道办事处、横浜桥街道办事处，建立四川北路街道办事处；撤销乍浦路街道办事处、吴淞路街道办事处，建立新的乍浦路街道办事处。

1991年5月26日，撤销徐汇区宛平南路街道办事处、漕溪北路街道办事处，建立新的漕溪北路街道办事处；撤销新乐路街道办事处、湖南路街道办事处，建立新的湖南路街道办事处。

1991年9月2日，调整杨浦区街道行政区划：撤销杨浦区龙江路、平凉路、江浦路、昆明路、辽源新路和四平路6个街道办事处，建立新的平凉路、江浦路、四平路街道办事处；撤销宁国路、眉州路、隆昌路、定海路4个街道办事处，建立大桥街道办事处和新的定海路街道办事处；撤销凤城新村、控江新村、延吉新村3个街道办事处，建立控江路街道办事处和新的延吉新村街道办事处；撤销五角场镇的建制，建立五角场街道办事处，以适应杨浦大桥等重点工程建设给杨浦区部分地区带来的区划、人口布局的变化。

1991年9月6日，撤销闸北区天目西路街道办事处、汉中路街道办事处，建立新的天目西路街道办事处；撤销新疆路街道办事处、开封路街道办事处，建立西藏北路街道办事处。

1991年9月12日，撤销普陀区普陀路街道办事处、胶州路街道办事处，建立长寿路街道办事处；撤销甘泉新村街道办事处、沪太新村街道办事处，建立甘泉路街道办事处；撤销朱家湾街道办事处、石泉新村街道办事处，建立石泉路街道办事处。

1992年3月14日，新建黄浦区罗山新村街道办事处，以加强对罗山住宅小区的社会管理。

1992年7月12日，新建徐汇区康建新村街道办事处，以加强康健新建居民区的社会管理。

1993年6月23日，撤销南市区豫园街道办事处、露香园路街道办事处，建立新的豫园街道办事处；撤销小北门街道办事处、唐家湾街道办事处、蓬莱路街道办事处，建立老西门街道办事处；撤销小东门街道办事处、小南门街道办事处，建立新的小东门街道办事处；撤销董家渡街道办事处、陈家桥街道办事处，建立新的董家渡街道办事处。

1993年11月29日,撤销虹口区曲阳新村街道办事处、运光新村街道办事处,建立曲阳路街道办事处。

1994年3月14日,撤销徐汇区徐镇路街道办事处、漕溪北路街道办事处、天平路街道办事处、永嘉路街道办事处、枫林路街道办事处,建立徐家汇街道办事处、新的天平路街道办事处、新的枫林路街道办事处。

1994年5月6日,撤销长宁区遵义路街道办事处、天山新村街道办事处,建立天山路街道办事处。

1994年10月17日,撤销静安区万航渡路街道办事处、余姚路街道办事处,建立曹家渡街道办事处;撤销延安中路街道办事处、威海路街道办事处,建立南京西路街道办事处;撤销康定路街道办事处、江宁路街道办事处,建立新的江宁路街道办事处;撤销愚园路街道办事处、华山路街道办事处,建立静安寺街道办事处;撤销武定路街道办事处、张家宅街道办事处,建立石门二路街道办事处。

1994年11月10日,市政府颁布《上海市街道办事处工作规定》。该规定明确,街道办事处管辖区域的居民人口一般为5万～10万人,以进一步加强街道办事处建设,充分发挥其行政管理职能。

1995年3月16日,撤销长宁区武夷路街道办事处、华阳路街道办事处,建立新的华阳路街道办事处。

1995年10月24日,新建嘉定区真新新村街道办事处,以加强新建居住小区的社会管理。

1995年12月4日,撤销浦东新区陆家嘴路街道办事处、张家浜街道办事处,建立陆家嘴街道办事处。

1995年12月12日,新建浦东新区金杨新村街道办事处,以加强金杨新村新建居住小区的社会管理。

1996年1月22日,新建普陀区真光路街道办事处,以加强新建居住小区的社会管理。

1996年3月25日,市委、市政府制定《关于加强街道、居委会建设和社区管理的政策意见》。该意见提出,要针对不同区域特点,调整街道设置规模,以进一步完善"两级政府、三级管理"的城市管理体制。

1996年5月7日,撤销卢湾区瑞金二路街道办事处、淮海中路街道办事处,建立新的瑞金二路街道办事处;撤销嵩山路街道办事处、济南路街道办事处,建立新的淮海中路街道办事处;撤销打浦桥街道办事处、丽园路街道办事处、顺昌路街道办事处,建立新的打浦桥街道办事处;撤销宝山区友谊路街道办事处、宝林新村街道办事处,建立新的友谊路街道办事处。

1996年6月26日,撤销虹口区同心路街道办事处、广中路街道办事处,建立新的广中路街道办事处;撤销嘉兴路街道办事处、虹镇街道办事处,建立新的嘉兴路街道办事处;撤销新港路街道办事处、唐山路街道办事处,建立新的新港路街道办事处。

1996年7月2日,撤销长宁区北新泾镇,建立北新泾街道办事处。

1996年7月23日,新建徐汇区凌云路街道办事处,以加强新建居住小区的社会管理。

1996年8月15日,撤销浦东新区洋泾镇,建立洋泾街道办事处。

1997年1月29日,新建普陀区白丽路街道办事处,以加强新建居住小区的社会管理。

1997年3月3日,撤销闵行区昆阳路街道办事处,其管辖区域划归碧江路街道办事处。

1997年7月28日,新建浦东新区浦兴路街道办事处,以加强新建居住小区的社会管理。

1997年9月11日,新建金山区石化街道办事处,以加强石化地区居民区的社会管理。

1997年9月29日,新建闵行区龙柏新村街道办事处、航华新村街道办事处,以加强新建居民区的社会管理。

1998年2月10日,撤销浦东新区罗山新村街道办事处、金杨新村街道办事处,建立新的金杨新村街道办事处;撤销梅园新村办事处、崂山西路街道办事处、陆家嘴街道办事处,建立新的梅园新村街道办事处;将歇浦路街道办事处更名为沪东新村街道办事处。

1998年12月29日,市政府制定《关于实施〈上海市街道办事处条例〉的若干意见》,规定,街道办事处管辖范围一般在5平方公里或10平方公里左右。此后,上海市对部分街道办事处进行调整。

1999年4月30日,新建闵行区古美路街道办事处,以加强古美地区新建居民区的社会管理。

1999年7月14日,撤销普陀区宜川新村街道办事处、中山北路街道办事处,建立宜川路街道办事处。

1999年8月25日,新建浦东新区东明路街道办事处,以加强新建居民区的社会管理。

2000年4月9日,撤销普陀区白丽路街道办事处,其行政管辖地域划入桃浦镇;撤销真光路街道办事处,其行政管辖地域划入真如镇;撤销曹安路街道办事处,其行政管辖地域分别划入长征镇和曹杨新村街道;撤销白玉路街道办事处,其行政管辖地域划入长风新村街道;撤销东新路街道办事处,其行政管辖地域分别划入长寿路街道和石泉路街道。

2000年9月21日,撤销嘉定区嘉定镇,建立嘉定镇街道办事处。

2000年10月8日,闵行区由6个街道调整为3个街道,其中古美路街道办事处保留原建制不变;吴泾街道办事处划入新建的吴泾镇;撤销华坪路街道办事处、碧江路街道办事处,建立江川路街道办事处;撤销龙柏新村街道办事处、航华新村街道办事处,建立龙柏街道办事处。

2000年12月27日,撤销徐汇区龙华镇建制,建立龙华街道办事处;撤销漕河泾镇,建立漕河泾街道办事处。

2001年7月30日,嘉定区镇级行政区划由3个街道调整为5个街道(其中筹建2个街道),保留真新新村街道、新成路街道、嘉定镇街道,筹建菊园街道、南苑街道。

2003年7月23日,新建杨浦区新江湾城街道办事处,以加强该区域的社会管理。

2004年3月4日,调整青浦区部分镇级行政区划:撤销青浦镇,建立夏阳街道办事处、盈浦街道办事处。

2004年8月31日,新建青浦区香花桥街道办事处,以加强城市化区域的社会管理。

2006年4月19日,撤销宝山区吴淞镇街道办事处、海滨新村街道办事处,建立吴淞街道办事处;撤销泗塘新村街道办事处、通河新村街道办事处,建立张庙街道办事处。

2006年7月17日,撤销浦东新区花木镇,设立花木街道办事处。

2006年7月20日,撤销虹口区江湾镇,设立江湾镇街道办事处。

2006年9月14日,新建南汇区申港街道办事处,以加强临港新城新建居民区的社会管理。

2007年2月2日,撤销黄浦区人民广场街道办事处和南京东路街道办事处,设立新的南京东路街道办事处;撤销金陵东路街道办事处,其行政管辖范围划入外滩街道办事处和新的南京东路街道办事处;撤销董家渡街道办事处,其行政管辖范围划入老西门街道办事处、小东门街道办事处和半淞园路街道办事处。

2009年11月8日,调整虹口区部分街道行政区划:撤销乍浦路街道办事处、新港路街道办事处,调整提篮桥街道办事处、四川北路街道办事处、嘉兴路街道办事处管辖范围。

2009 年 12 月 25 日,新建闵行区新虹街道办事处,撤销龙柏街道办事处。

1980—2010 年底,全市街道办事处从 116 个调整到 99 个,其中 1998—2010 年,共撤销街道办事处 22 个,新建街道办事处 22 个。

八、重大建设项目行政区划调整

1997 年 9 月 3 日,将原属宝山区行政区域的原江湾机场 8.6 平方公里规划用地划归杨浦区管辖,具体调整范围以原江湾机场护场河外侧为界。

1999 年 5 月 4 日,调整上海浦东国际机场行政区划,调整的具体范围为:东至三排塘,南至撑塘、薛家泓港,西至围场河外侧,北至界河中心线原浦东新区和南汇县行政区域界线,总面积 10.70 平方公里。上述地区,由南汇县行政区域范围调整划入浦东新区行政区域范围。同时,将浦东国际机场用于机场防汛、促淤的滩涂 17.08 平方公里一并划入浦东新区行政区域范围。

2001 年 6 月 28 日,因建设上海国际汽车城的需要,将青浦区部分区域,即青浦区白鹤镇的西元村、吴赵村、龚闵村、陈岳村下水浜队、塘湾村杜家村队,整建制划入嘉定区安亭镇。

2005 年 5 月 18 日,将宝山区的长兴乡、横沙乡整建制划入崇明县管辖。调整后的崇明县人口约 70.53 万人,管辖 13 个镇、3 个乡。该次调整,是为实施《上海市城市总体规划》,统一崇明、长兴、横沙三岛规划建设,加快实现"三岛联动"、建设现代化综合生态岛的目标。

九、非行政区划调整事项

1991 年 1 月,白茅岭、军天湖、上海、川东等 4 个农场划归宝山区管辖,农场的 5 万名干部、职工及家属户口全部落户宝山。由宝山区政府组织区公安、人武、民政、教育等部门开展江苏大丰地区的川东、上海农场接收工作。

1998 年 10 月,建立上海梅山社区管理委员会。上海梅山(集团)有限公司,是经市政府批准的跨地区、跨行业的特大型集团公司。鉴于梅山特殊的地理环境,为进一步加强对梅山社区的建设和管理,确保梅山社区居民的稳定和安居乐业,市民政局向市政府上报《关于建立上海梅山社区管理委员会的请示》并获同意。2001 年 12 月 24 日,在梅山社区管理委员会基础上成立梅山街道。2003 年 12 月 12 日,正式移交南京市雨花台区政府。

2004 年 7 月,市政府召开协调会,贯彻《国务院批转司法部关于监狱体制改革试点工作指导意见的通知》精神。会议明确,上海在安徽境内的白茅岭、军天湖两农场开展"监社分开"的试点,分别建立社区管理委员会,负责管理具体社会事务。8 月 2 日,市民政局批复,同意组建上海市白茅岭农场社区管理委员会和上海市军天湖农场社区管理委员会。

表 8-1-1　1978—2010 年上海行政区划统计表

年　份	区	县	街　道	镇	乡	公　社	居委会	村委会	大　队
1978	10	10	—	34	—	204	—	—	2 917
1979	10	10	—	34	—	204	—	—	2 929
1980	11	10	116	34	—	205	1 393	—	2 962

（续表）

年　份	区	县	街　道	镇	乡	公　社	居委会	村委会	大　队
1981	12	10	120	33	—	207	1 504	—	2 957
1982	12	10	122	33	—	206	1 889	—	3 051
1983	12	10	122	33	24	184	1 688	—	3 008
1984	12	10	123	33	206	—	2 693	3 037	—
1985	12	10	—	33	206	—	—	3 006	—
1986	12	10	134	43	197	—	3 127	3 036	—
1987	12	10	—	43	167	—	—	3 028	—
1988	12	9	132	43	197	—	3 218	3 026	—
1989	12	9	130	45	193	—	3 233	3 017	—
1990	12	9	133	46	190	—	3 397	3 220	—
1991	12	9	117	46	188	—	—	—	—
1992	14	6	114	106	121	—	3 515	2 998	—
1993	14	6	114	76	143	—	3 460	3 001	—
1994	14	6	105	154	70	—	—	—	—
1995	14	6	106	208	10	—	2 928	2 986	—
1996	14	6	98	206	9	—	3 020	2 984	—
1997	15	5	102	205	9	—	3 361	2 914	—
1998	16	4	99	204	8	—	3 501	2 904	—
1999	17	3	100	204	8	—	3 703	2 801	—
2000	16	3	99	153	3	—	3 408	2 771	—
2001	18	1	99	144	3	—	3 407	2 699	—
2002	18	1	99	132	3	—	3 393	2 044	—
2003	18	1	100	118	3	—	3 293	1 991	—
2004	18	1	103	114	3	—	3 351	1 927	—
2005	18	1	103	108	3	—	3 437	1 887	—
2006	18	1	104	106	3	—	3 420	1 867	—
2007	18	1	101	107	3	—	3 525	1 830	—
2008	18	1	101	109	3	—	3 590	1 781	—
2009	17	1	99	109	2	—	3 661	1 704	—
2010	17	1	99	109	2	—	3 747	1 692	—

说明：1980 年、1981 年居委会数据为市区居委会数，郊区居委会未统计在内

资料来源：上海市民政局档案

第二节 政府驻地迁移

一、区县政府驻地迁移

2003年2月21日,经市政府批准(下同)黄浦区政府驻地,由九江路219号迁移至延安东路300号。此次驻地迁移,解决因黄浦、南市两区合并后,原有的区政府办公场所偏小,政府机关分散办公,不利于区政府统一管理和开展工作的问题。

2003年8月22日,松江区政府驻地,由中山中路38号迁移至园中路1号。

2006年3月13日,虹口区政府驻地,由海南路10号迁入飞虹路518号。

2006年4月3日,长宁区政府驻地,由愚园路1320号迁移至长宁路599号。

2008年3月20日,南汇区政府驻地,由惠南镇人民东路3252号迁移至申港大道200号。

二、乡镇街道驻地迁移

1991年8月20日,宝山区彭浦乡政府驻地,由沪太路永和支路75号迁移至灵石路725号。

1994年9月10日,徐汇区虹梅路街道办事处驻地,由钦江路210弄1号迁移至虹漕路5号。

2003年8月12日,浦东新区金桥镇政府驻地,由永宁路128号迁移至佳林路655号;高东镇政府驻地,由高东新路211号迁移至光明路718号;花木镇政府驻地,由老龙东路133号迁移至玉兰路218号;塘桥街道办事处驻地,由南泉路1329号迁移至峨山路487号;潍坊新村街道办事处驻地,由潍坊六村627号迁移至福山路317号;南码头路街道办事处驻地,由浦三路277弄25号迁移至东方路2188号。

2005年7月12日,普陀区长寿路街道办事处驻地,由常德路1239号迁移至胶州路1095号;浦东新区金杨新村街道办事处驻地,由博山东路81弄25号迁移至博山东路699号;长宁区周家桥街道办事处驻地,由长宁路1488弄6号迁移至长宁路1618号。

2006年3月21日,长宁区新华路街道办事处驻地,由法华镇路521号迁移至法华镇路479号。

2007年8月30日,徐汇区徐家汇街道办事处驻地,由南丹路78号迁移至斜土路2431号;枫林路街道办事处驻地,由中山南二路777弄2号迁移至中山南二路857号;龙华街道办事处驻地,由龙华西路31弄59号迁移至天钥桥南路399号。

2008年9月10日,民政部下发《关于加强政府驻地迁移管理工作的通知》。该通知要求,进一步明确各级政府驻地迁移审批的权限,加强政府驻地迁移的管理、监督和检查,规范政府驻地迁移的程序等。市民政局认真贯彻并制定具体实施意见。

2009年1月4日,徐汇区长桥街道办事处驻地,由罗香路110号迁移至罗秀路616号。

2009年4月23日,黄浦区小东门街道办事处驻地,由复兴东路248号迁移至白渡路252号。

2009年5月18日,虹口区欧阳路街道办事处驻地,从四平路621弄甲8号迁移至四平路421弄21号。

2009年7月30日,杨浦区控江路街道办事处驻地,由控江一村111号迁移至沧州路138号;四平路街道办事处驻地,由鞍山五村14号迁移至锦西路69号;延吉新村街道办事处驻地,由水丰路387号迁移至延吉中路77号。

2009 年 8 月 7 日，虹口区新港路街道办事处驻地，由天宝路 545 号迁移至天宝路 868 号；闵行区浦江镇政府驻地，由陈南路 46 号迁移至联航路 1515 号。

2009 年 8 月 14 日，静安区静安寺街道办事处驻地，由延安中路 1183 号迁移至万航渡路 55 弄 7 号；曹家渡街道办事处驻地，由万航渡路 686 号迁移至武定路 1108 号；石门二路街道办事处驻地，由奉贤路 68 弄 48 号迁移至武定路 139 号；江宁路街道办事处驻地，由常德路 681 号迁移至江宁路 838 号；南京西路街道办事处驻地，由延安中路 930 弄迁移至延安中路 929 号。青浦区朱家角镇政府驻地，由新风路 185 号迁移至沙家埭路 18 号；金泽镇政府驻地，由金中路 2 号迁移至金中路 5 号；香花桥街道办事处驻地，由北青公路 9078 号迁移至新桥路 786 号。奉贤区奉城镇政府驻地，由东街 135 号迁移至兰博路 2008 号。

2009 年 8 月 25 日，徐汇区华泾镇政府驻地，由上中路 462 号迁移至龙吴路 2443 号；斜土路街道办事处驻地，由大木桥路 321 号迁移至正阳路 36 号；虹梅路街道办事处驻地，由虹漕路 5 号迁移至虹梅路 2019 号；凌云路街道办事处驻地，由凌云路 400 号迁移至虹梅南路 108 号。

2009 年 9 月 2 日，宝山区高境镇政府驻地，由逸仙路 501 号迁移至殷高西路 111 号；罗店镇政府驻地，由市一路 200 号迁移至沪太路 6655 号；庙行镇政府驻地，由共康路 5 号迁移至长江西路 2700 号；杨行镇政府驻地，由杨鑫路 2 号迁移至水产路 2699 号；顾村镇政府驻地，由电台南路 11 号迁移至泰和西路 3431 号；罗泾镇政府驻地，由陈行街 125 号迁移至飞达路 85 号。嘉定区江桥镇政府驻地，由华江路 128 号迁移至金沙江路 555 号；华亭镇政府驻地，由浏翔公路 6689 号迁移至嘉行公路 3188 号；外冈镇政府驻地，由外青松公路 85 号迁移至瞿门路 518 号；南翔镇政府驻地，由真南路 3508 号迁移至沪宜公路 8 号。长宁区程家桥街道办事处驻地，由哈密路 2005 号迁移至哈密路 1955 号。

2009 年 9 月 11 日，闸北区大宁路街道办事处驻地，由共和新路 2301 弄 1 号迁移至彭江路 188 号；共和新路街道办事处驻地，由共和新路 1302 号迁移至平型关路 489 号；北站街道办事处驻地，由新疆路 341 号迁移至国庆路 43 号；彭浦新村街道办事处驻地，由彭浦新村 161 号乙迁移至曲沃路 470 弄 2 号。

2009 年 9 月 16 日，闵行区江川路街道办事处驻地，由鹤庆路 398 号迁移至鹤庆路 258 号；古美路街道办事处驻地，由古美路 451 号迁移至平南路 890 号；虹桥镇政府驻地，由虹梅南路 2888 号迁移至吴中路 1136 号；梅陇镇政府驻地，由沪闵路 7860 号迁移至银都路 1618 号。

2009 年 11 月 7 日，普陀区长征镇政府驻地，由杨柳青路 768 号迁移至万镇路 180 号；真如镇政府驻地，由南大街 81 号迁移至芝川路 205 号；长风新村街道办事处驻地，由金沙江路 754 号迁移至枣阳路 251 弄 99 号。

2010 年 1 月 20 日，黄浦区半淞园路街道办事处驻地，由西凌家宅路 10 号迁移至西藏南路 1360 号。

2010 年 1 月 29 日，嘉定区徐行镇政府驻地，由澄浏公路 542 号迁移至新建一路 1588 号。

2010 年 7 月 27 日，青浦区练塘镇政府驻地，由朱枫公路 3501 号迁移至章练塘路 900 号。

2010 年 8 月 19 日，浦东新区万祥镇政府驻地，由万祥路 47 号迁移至三三公路 1181 号；书院镇政府驻地，由书院大街 1178 号迁移至新府东路 81 号；航头镇政府驻地，由航兴路 48 号迁移至航头路 1528 弄 18 号；芦潮港镇政府驻地，由果园路 128 号迁移至芦潮港路 1730 号；新场镇政府驻地，由工农路 2 号迁移至牌楼东路 285 号；康桥镇政府驻地，由康沈路 600 号迁移至沪南公路 2575 号；祝桥镇政府驻地，由川南奉公路 5058 号迁移至卫亭路 80 号；惠南镇政府驻地，由拱极路 2928 号迁移至城西路 200 号。

第三节　行政管理属地化

一、市属国有农场行政管理属地化

1998 年,经市政府批准,上海开始进行市属国有农场行政管理属地化试点工作。据统计,上海郊区(县)有市属国有农场 15 个,其中崇明县 8 个、宝山区 1 个、南汇区 3 个、奉贤区 3 个。这些市属国有农场是在 20 世纪 50—60 年代大规模围垦沿海滩涂的过程中逐步发展起来的,多年来为上海滨海地区的开发建设和上海经济社会发展作出重要贡献。进入新时期,农场面临许多新的突出矛盾,特别是条块分割、政企合一的管理体制,已不适应城乡经济社会统筹发展和建立现代企业制度的要求。地处宝山区长兴岛的前卫农场作为首个属地化的试点。年底,该农场整体移交给宝山区,从 1999 年起实施属地化管理。

1999 年 4 月 29 日,市政府召开会议明确,从 2000 年开始,视条件分批将农场的政府和社会职能划转到有关区县。

2000 年,经市政府同意,地处南汇县的东海农场作为行政管理属地化的试点。2003 年 6 月 25 日,举行东海农场政务移交协议签字仪式,南汇县与市农工商集团正式签署东海农场政务移交协议。同年 9 月 8 日,东海农场行政管理移交南汇区书院镇,实行属地化管理。

2003 年 7 月,市民政局会同相关单位完成《关于上海市南汇、奉贤两区市属农场属地化方案的论证报告》的起草。同年 10 月 20 日,市长韩正在市民政局上报的《关于推进市属农场行政管理属地化的报告》上批示:"提出的思路很好,请家毫同志牵头有关部门研究提出具体实施方案,市政府专题议一次。"根据这一指示,秘书长杜家毫召开由市民政局等部门参加的协调会,明确由市民政局牵头提出市属农场政务移交全面方案。会后,市民政局进一步征求奉贤区政府和市农工商集团等单位意见,向市政府上报市属农场政务移交总体方案。该总体方案提出在南汇境内的朝阳、芦潮港和在奉贤境内的五四、星火等市属农场实施行政管理属地化的建议方案,同时对地处崇明县的 8 个市属农场的行政管理属地化提出意见。

2003 年 11 月 12 日,市政府批准设立奉贤区海湾镇,其行政区域包括海湾旅游度假区、星火农场、五四农场和星火开发区等范围。

2004 年 11 月 11 日,市农工商集团向市政府报送《关于加快农场政务移交的请示》,市政府领导同意拟办意见:鉴于市民政局已提出比较明确的实施建议(方案),拟请市民政局在此基础上会同市发改委、市国资委、市财政局等部门结合当前有关问题再作细化后报市政府。2005 年 1 月,市民政局向市政府报送《关于市属农场行政管理属地化方案的报告》。分管副市长就市民政局提出的公共事业发展预留地和拟移交的教育、卫生设施改建问题,召开专题协调会。此后,市民政局会同市农委等部门完成奉贤区域内市属农场政务移交的各项工作,五四、星火农场行政管理及社会事务由新设立的奉贤区海湾镇实施管理。

2005 年,市民政局会同市农委开展南汇区区域内朝阳农场、芦潮港农场行政管理属地化移交工作。

2006 年 1 月,经市政府批准,朝阳农场区域划入南汇区祝桥镇,芦潮港农场区域划入南汇区芦潮港镇。2006 年 12 月,市民政局会同市农委完成两个农场政务移交地方政府的各项工作,朝阳农场政务移交南汇区祝桥镇,芦潮港农场政务移交南汇区芦潮港镇。

2008年8月12日,市政府召开会议,协调解决崇明县区域内市属农场行政管理属地化问题。会后,市民政局、市农委拟定崇明市属国有农场社区政务移交工作总协议。按照行政管理属地化的要求,崇明县在新海、东平两个社区的管理范围分别建立新海镇、东平镇。至2008年12月,崇明县内8个国有农场政务分别移交给新建的新海镇和东平镇。

2008年12月,全市15个市属国有农场行政管理属地化工作结束。

二、其他区域行政管理属地化

1997年12月,市民政局协调虹口、宝山两区之间存在的“一地两府”问题。1984年7月后,郊县毗邻市中心城区的部分区域划归市区管辖。原宝山县镇南、镇北、奎照、纪念、胜利及高境(一部分)村虽然已经划入虹口区,但行政隶属关系仍在宝山县,随着地区经济和城市建设的快速发展以及宝山县撤销、宝山区建立,这些村已建设成城市化地区,村委会也已撤销,村民绝大部分已转为虹口区居民。为妥善解决这一地区“一地两府”问题,理顺虹口、宝山两区行政管理关系,12月11日,市民政局牵头协调虹口、宝山两区,形成《上海市民政局关于协调解决虹口区、宝山区部分地区“一地两府”问题的报告》提出,由于这些村已经撤销,因此其原村民的宝山区行政隶属关系自然消失,其政府行政管理工作统一由虹口区负责,并由两区政府协调解决上述区域的公建配套和市政环卫等设施。经协商,两区政府达成一致意见,并签署协议。

1998年7月,市民政局协调长宁、闵行两区之间存在的“一地两府”问题。多年来存在“一地两府”问题的姚虹西路地块,位于上海广播大厦南面至徐虹铁路之间、长宁区和闵行区的交界处,占地约960亩,居住的村民约1 500人。1984年在市区行政区划调整中,该地块的虹四村部分村民小组由闵行区(原上海县)划入长宁区的行政区域范围。姚虹西路地块的村民户口虽已由长宁区管辖,土地、资产权属仍属于闵行区虹桥镇所属的虹四村,形成行政管理上“一地两府”的问题。该地块由上海古北(集团)有限公司按区域规划的要求开发,由于当时房地产处于低迷期,古北公司资金短缺,地块开发无法启动,造成土地长期抛荒。村民出于生计,在农田已无法正常耕种的情况下,搭建大量违章建筑用于出租,将空闲土地租借给外来人员经营废品回收场,一时云集的外来人员达四五千人,环境脏乱不堪,社会治安秩序堪忧,社会反响十分强烈。同年7月9日,市民政局深入现场调查研究,多次征求长宁区政府和闵行区虹桥镇政府意见,经协调形成关于解决姚虹西路地块行政管理的意见方案上报市政府,方案明确在行政区划不变的情况下,按照行政管理与行政区划相一致的原则,由长宁区对该地区实施全面管理与整治工作,闵行区予以配合;同时督促古北公司加快对该地块的开发建设,尽快开展村民的动拆迁及吸劳安置和养老安置工作,从根本上解决问题。同年7月,市政府原则同意市民政局的方案意见。之后,长宁区政府全面接管姚虹西路地块的行政管理,整治环境,疏通河道,预防疫病,加强外来人口管理,同时协调解决古北公司开发建设的征地资金。随着姚虹西路地块征地、动迁工作的启动,解决这一历史遗留问题。

1999年7月,市政府召开协调会,研究确定“高兴花园”“静安新城”两个居民区属地化移交的原则和协调分工等事项。“高兴花园”与“静安新城”居民区是卢湾、静安两区于1994年、1995年分别在闵行区梅陇、七宝地区征地开发建设的旧区改造动迁基地。开发期间,卢湾、静安两区自行管理小区内的社会和行政事务。随着时间的推移,由于实行跨区域管理,居民户籍、治安管理、子女入学及社会保障等方面的矛盾日益突出,居民反响十分强烈。市政府协调会后,市民政局等部门及闵行、卢湾、静安三区分别做大量的协调和前期准备工作。因种种原因造成两个小区尚不完全具备属地化移交的条件,市民政局向市政府报告,暂缓实施属地化管理。

2001年11月,市民政局向市政府报送关于"高兴花园""静安新城"两个小区实施属地化管理的意见,市政府再次召开专题会议,就加快推进两个小区属地化移交工作进行部署。会后,成立由市民政局牵头的属地化移交工作协调小组,成员由市有关职能部门和相关三区组成,并形成属地化移交工作总体方案(协议)。2002年2月7日,卢湾、静安、闵行三区正式签订"高兴花园""静安新城"两个小区移交工作协议。同年3月,市民政局召开三区和市有关部门参加的工作会议,拟定"高兴花园""静安新城"属地化管理移交工作实施意见。之后市民政局在两个小区进行现场办公,组织实施和指导各项移交工作,妥善解决两个小区存在的居民子女入学、户口迁移、再就业服务、公交不便等问题,改善居住区服务设施条件,得到小区居民的理解和支持。同年4月,"高兴花园""静安新城"两个居民区移交工作全面完成。

第二章 政区地名管理

地名管理的任务是依据国家关于地名管理的方针、政策和法规,通过地名管理的各项行政职能和技术手段,逐步实现国家地名标准化和国内外地名译写规范化,为社会主义建设和国际交往服务。

1979 年 3 月下旬,中国地名委员会在北京召开新中国成立以来第一次全国地名工作会议。会上研究地名工作如何迅速跟上四个现代化建设的需要,讨论全国地名工作的近期和长远规划,审议《我国地名命名、更名的暂行规定》和《外国地名汉字译写通则》两个立法性的文件草案。

1985 年 1 月 5 日,国务院发布的《国务院关于行政区划管理的规定》,规定行政区划名称更名的权限。1986 年 1 月 23 日,国务院发布《中华人民共和国地名管理条例》,规定地名管理应当从中国地名的历史和现状出发,保持地名的相对稳定。必须命名和更名时,应当按照《条例》规定的原则和审批权限报经批准。1987 年 11 月 7 日,市政府发布《上海市地名管理实施办法》,规定上海市各级行政区域名称以及居民居住地、山、河等各种自然地理实体名称、住宅区、道路、建筑物等名称命名或更改地名的实施办法。1998 年 9 月 22 日,市十一届人大常委会五次会议通过《上海市地名管理条例》,规定区、县行政区划名称,由市民政部门征求市地名办意见后向市政府申报。市政府审核同意后按照国家有关规定报国务院审批。乡、镇行政区划及街道名称,由市民政部门征求市地名办意见后报市政府审批。村的名称,由乡、镇政府或者街道办事处向区、县民政部门申报,区、县民政部门征求区、县地名办意见后报区、县政府审批。

改革开放以来,上海城市建设渐入高潮期,行政区划调整趋向频繁,行政区划名称命名、更名情况增多。为规范行政区划名称管理,维护行政区划名称的严肃性、继承性,依据国家和上海的地名管理法规,上海市研究制定行政区划名称管理规范,提出政区地名命名、更名的原则和程序。按照统一管理、分级负责的要求,上海市民政部门审核、承办的行政区划名称命名、更名主要包括辖区内的乡镇、街道等政区名称,报经市政府同意后实施。

根据国家法规和上海地方法规的规定,建立行政区划名称命名、更名会审制度,确定乡镇、街道命名、更名的原则,实行乡镇、街道名称命名、更名实行论证会制度。依据国务院《地名管理条例》等法规,审核批准一批政区地名的更名事项。

21 世纪以来,根据民政部、教育部和国家语委《关于开展全国政区用字读音审定工作的通知》要求,市民政局、市地名办、市语委组织专家考证、审定上海市选定的政区地名用字读音、来历含义,完成申报。

中共十七大报告提出重视文物和非物质文化遗产保护的要求,上海市积极开展地名非物质文化遗产保护工作。上海市地名历史悠久,具有深厚的历史文化积淀,是民族文化遗产的组成部分。上海市组织专家对乡镇、街道政区地名进行系统研究,编写上海市政区历史地名文化保护名录,提出政区地名保护的措施与建议。

根据国家海洋局、民政部、总参谋部《无居民海岛保护与利用管理规定》的要求,市民政局、市海洋局、市地名办于 2005 年起开展上海市无居民岛屿的命名、更名调查考察和研究工作,拟定《上海市无居民岛屿名录》,上报市政府。组织开展无居民岛屿设标工作。

按照国务院《关于行政区划管理的规定》《地名管理条例》和《上海市地名条例》及相关法规的规定,市民政部门负责行政区划、村居委会、无居民岛屿等地名的管理工作,市民政局负责地名工作的职能部门为区划地名处。

第一节 政区地名命名更名管理

一、原则和程序

1996年,上海市建立行政区划名称命名更名会审制度,规定:区县进行乡镇、街道行政区划调整涉及名称命名、更名的,须征求同级地名管理部门的意见;市民政部门在审核乡镇、街道名称命名、更名时,同时征求市地名管理部门的意见。乡镇、街道命名、更名的原则为:乡镇、街道名称由专名和通名组成,在市域内不得重名、同音,专名中含有重名、同音的,必须上报两套方案;应当体现当地历史、文化传统和地理等特征;应当使用本行政区域范围内具有代表性的区域名、道路名等名称;专名中带有通名的,其通名必须属于特定区域名并且符合保护历史文化地名等要求;不得以人名作政区名称;不得使用外国国家、城市、行政区域、河流、山脉等地名;避免使用生僻字。

2000年,上海市对乡镇、街道名称命名、更名实行论证会制度,规范乡镇、街道命名、更名程序。明确:申报乡镇、街道命名、更名的区县政府,必须在充分征求各方面意见的基础上进行调查研究,提出命名、更名的理由和依据的方案;形成方案后,组织召开专家论证会,对拟命名、更名的乡镇、街道名称进行论证,广泛听取各部门和专家的意见,形成论证会议纪要,作为申报和审核的依据,最后报市政府审批。该制度还明确:在乡镇、街道行政区划调整中,原则上沿用被撤并的乡镇、街道名称,选取其中历史悠久、人文气息浓厚的地名,未被沿用的乡镇名,继续作为区域名或集镇名使用,以延续地名历史文化。

二、命名与更名

1984年12月22日,将闸北区柳营路街道办事处更名为共和新路街道办事处,将共和新路街道办事处更名为大宁路街道办事处。

1987年,先后将卢湾区淮海路街道办事处更名为淮海中路街道办事处,瑞金路街道办事处更名为瑞金二路街道办事处。长宁区新华街道办事处更名为新华路街道办事处,遵义街道办事处更名为遵义路街道办事处,仙霞街道办事处更名为仙霞新村街道办事处,华阳街道办事处更名为华阳路街道办事处,天山街道办事处更名为天山新村街道办事处,武夷街道办事处更名为武夷路街道办事处,程桥街道办事处更名为程家桥街道办事处。普陀区胶州街道办事处更名为胶州路街道办事处,普陀街道办事处更名为普陀路街道办事处,曹安街道办事处更名为曹安路街道办事处,甘泉街道办事处更名为甘泉新村街道办事处,宜川街道办事处更名为宜川新村街道办事处。闸北区烽火街道办事处更名为芷江西路街道办事处。杨浦区定海街道办事处更名为定海路街道办事处,隆昌街道办事处更名为隆昌路街道办事处,眉州街道办事处更名为眉州路街道办事处,宁国街道办事处更名为宁国路街道办事处,龙江街道办事处更名为龙江路街道办事处,平凉街道办事处更名为平凉路街道办事处,昆明街道办事处更名为昆明路街道办事处,江浦街道办事处更名为江浦路街道办事处,四平街道办事处更名为四平路街道办事处,辽源街道办事处更名为辽源新村街道办事处,控江街道办事处更名为控江新村街道办事处,凤城街道办事处更名为凤城新村街道办事处,沪东街道办事处更名为歇浦路街道办事处,长白街道办事处更名为长白新村街道办事处,延吉街道办事处更名为延吉新村街道办事处。黄浦区潍坊街道办事处更名为潍坊新村街道办事处。

1991年3月6日,虹口区曲阳路街道办事处更名为曲阳新村街道办事处。同年5月5日,黄浦区东昌路街道办事处更名为陆家嘴路街道办事处。

1993年2月12日,川沙县城厢镇更名为浦东新区川沙镇。同年3月3日,普陀区东新村街道办事处更名为东新路街道办事处。同年5月5日,浦东新区孙小桥乡更名为孙桥乡。同年5月21日,普陀区沙洪浜街道办事处更名为白玉路街道办事处。

1995年2月5日,宝山区葑塘镇更名为祁连镇。

2001年6月19日,浦东新区东沟镇更名为高行镇。

2006年6月29日,浦东新区梅园新村街道办事处更名为陆家嘴街道办事处。同年9月15日,嘉定区真新新村街道办事处更名为真新街道办事处。

三、名称用字读音审定

2000年4月25日,民政部、教育部等部门联合下发《关于开展全国政区名称用字读音审定工作的通知》,要求各省级政区应由政区名称的主管厅(局)牵头,开展政区名称用字读音审定工作。同年9月29日,市民政局、市地名办、市语委在市地名办召开工作会议,决定成立上海市政区名称用字读音审定工作小组(以下简称审定工作小组),以及组成由地名、文字、语音等专家参加的专家小组。会议明确,由市民政局牵头,会同市地名办、市语委共同开展审定工作,并建立联席会议制度。

2000年10月,审定工作小组根据上海市区县、乡镇及街道办事处名称等相关资料,进行排查并列出审定对象;组织邀请上海语言和文字专家对列出的审定对象进行初步审定。同年11月20日,完成审定对象的地名来历、含义考证工作,经整理后分别征求区县意见。同年11月30日,审定工作小组汇总征求意见情况,完成初步申报审定表的审核。由于上海一些区县相继进行乡镇、街道区划调整,根据区划调整情况及时调整审定对象,形成申报审定表。

2001年5月,审定工作小组召开审定工作会议,邀请有关专家对政区名称用字读音申报审定表逐一进行审定。会后,按照专家的意见,审定工作小组对个别内容进行补充和修正,再次下发各区县地名办征求意见。同年7月,审定工作小组组织召开专家审定会,邀请上海市著名播音员和语言文字、地名专家对审定对象进行论证和最终审定。

截至2001年8月统计,上海市政区名称共266个,经审定,其中次生僻字24个,涉及政区名称35处;方言读音5个,涉及政区名称11处。审定工作小组总结上海政区名称用字读音审定工作,由市民政局将审定成果上报全国地名用字读音审定委员会。

第二节　政区历史地名文化保护

一、保护原则

1998年9月7日,上海市撤销浦东新区施湾镇和江镇,建立新的机场镇,新设立的镇未沿袭使用历史地名的"施湾"或"江镇",引起社会反响,一些专家提出保护使用历史地名的建议。改革开放以来,上海在城市快速发展中不断出现许多新地名,同时也有一些旧地名逐渐消失。上海市的政区地名历史悠久,体现上海发展的历史脉络,由此,上海民政部门履行历史赋予的社会职能,组织力量开始调研。

2006年9月,市民政局依据国家和上海的地名管理法规、规章,经过多次专家咨询、讨论,确定上海市政区历史地名保护的基本原则:1. 历史性原则,即保护历史悠久的地名。地名存留历史的长短是地名生命力的重要象征,是判断地名的保护价值高低的重要指标之一。2. 文化性原则,即保护内涵深刻的地名。地名所隐含的文化内涵越深刻,所反映的历史信息越真实,地名用字越考究,越具有保护价值。3. 知名度原则,即保护影响深广的地名。地名使用的频度越高,所覆盖的地域范围越广,所指地理实体的经济社会发展程度或知名度越高,地名保护价值越高。4. 规范性原则,即受保护的地名要符合有关规定,对违背国家方针、政策的地名不加以保护。

2006年10月,上海完成对地名的文化保护价值的评估。该项评估,将地名历史性、文化性、公共认知性、合规性等4项指标,作为评估地名保护价值的依据。评估按照每一个地名的每一项指标,采取定性和定量相结合的方法进行专家打分,然后采用加权求和法计算出每个地名的总分,按照总分的高低对地名的文化保护价值进行评估,分数越高文化保护价值越高。

2006年12月,市民政局会同市地名办完成《上海市政区历史地名文化保护名录》的编写,提出政区地名保护的措施与建议,并重点就上海郊区乡镇政区地名的历史文化类型、历史演变过程、基本特征、保护价值等进行全面阐述。

二、保护方法

2006年12月,上海市确定政区地名保护的范围,从先秦至民国期间,历朝历代产生的乡镇级地名,原则上都应该进行保护。根据地名使用的不同情况,分三类进行保护:第一类为现仍然作为上海市乡、镇(街道)级政区地名在使用的,第二类为现作为集镇地名或村落、居落地名使用的,第三类为随着社会的发展现已消失的地名。鉴于地名内含的历史、文化、社会等价值不同,按地名应符合历史性、文化性、公共认知性和合乎规范性的原则要求,将上述三类地名进行加权法打分,根据得分情况又划分为三个保护等级。凡属一级保护的地名,必须使用;现已消失的一级保护地名,亦应尽量在本区域内的其他地名中作为专名使用,以传承地名文化。在行政区划调整时,遇不同保护等级的地名,一般遵循低就高的原则;如遇相同保护等级的地名,一般遵循行政驻地与区划名称相符的原则,另一地名则可作为集镇名、区片名或自然村落名使用。在本区域内其他重要地理实体或设施(如轨道交通车站、广场、绿地等)需使用地名的,按照等级优先的原则,应确保使用一级保护地名,特殊情况时兼顾指位性。

三、保护名录

2006年12月,市民政局、市地名办联合完成《上海市政区类地名保护名录》编写工作。该名录是在组织政区类地名的文化保护研究的基础上形成,为开展上海市地名非物质文化遗产的保护奠定基础。

上海市政区类地名保护名录

（按音序排名）

第一等级地名

（共 106 个）

第一类：区县地名（19 个）

宝山、长宁、崇明、奉贤、虹口、黄浦、嘉定、金山、静安、卢湾、闵行、南汇、浦东、普陀、青浦、松江、徐汇、杨浦、闸北。

第二类：乡、镇、街道地名（45 个）

安亭、堡镇、北蔡、漕泾、川沙、大场、大团、枫泾、奉城、航头、华漕、黄渡、华亭、嘉定镇、江桥、江湾、金山卫、静安寺、龙华、吕巷、罗店、马陆、南桥、南翔、彭浦、七宝、青村、三林、石湖荡、泗泾、亭林、外冈、吴淞、新场、新泾、小昆山、杨行、殷行、月浦、张堰、柘林、真如、周浦、朱家角、朱泾。

第三类：现为集镇、村（居）及以其他地名形式使用的地名（25 个）

鳌山、白沙、北桥、长人、漴缺、大盈、方泰、集贤、李塔汇、练祁、潘垫、蟠龙、钱门塘、青龙、商塌、沈巷、石冈门、松隐、下沙、兴塔、胥浦、秀州、章堰、赵屯、朱行。

第四类：目前未使用的地名（17 个）

北亭、道安、服礼、高昌、海隅、郏店、乐智、疁城、娄县、前京、守信、仙山、新江、修竹、循义、依仁、云间。

第二等级地名

（共 98 个）

第一类：乡、镇、街道地名（40 个）

白鹤、曹家渡、打浦桥、程家桥、老西门、曹路、漕河泾、常熟、车墩、城桥、高行、高镜、高桥、顾村、虹桥、惠南、金泽、金桥、廊下、练塘、六灶、泖港、梅陇、庙镇、佘山、四团、塘桥、唐镇、提篮桥、莘庄、徐家汇、徐泾、徐行、洋泾、叶榭、张江、重固、祝桥、颛桥、庄行。

第二类：现为集镇、村（居）及以其他地名形式使用的地名（49 个）

安庄、八字桥、曹行、陈坊桥、澄桥、道院、东沟、杜行、法华、方家窑、封浜、福泉、干巷、葛隆、古猗园、韩坞、河泾、胡桥、华阳、欢庵、纪王、戬浜、娄塘、陆行、蓬莱、彭门村、蒲淞、青墩、阮巷、嵩山、泰来桥、唐行、题桥、头桥、瓦屑、望仙桥、五厍、萧塘、小蒸、新市、烟墩、杨思、邑庙、引翔、榆林、御桥、张泽、召稼楼、诸翟。

第三类：目前未使用的地名（9 个）

厂头、春申、醋塘、南市、平乐、清浦、乌泥泾、萧泾、秀塘。

第三等级地名

（共 154 个）

第一类：乡、镇、街道地名（51 个）

北新泾、北站、曹杨、长桥、长兴、长征、陈家、洞泾、港西、港沿、高东、海湾、合庆、横沙、花木、华泾、华新、建设、江宁、金汇、九亭、康桥、老港、芦潮港、绿华、罗泾、马桥、庙行、泥城、浦江、三星、山阳、书院、竖新、泗塘、淞南、桃浦、万祥、吴泾、五角场、香花桥、向化、新浜、新村、新河、新桥、宣桥、赵巷、中兴、周家渡、周家桥。

第二类：现为集镇、村（居）及以其他地名形式使用的地名（74 个）

安基、白荡、白龙港、蔡路镇、曹王、柴场、长浜、潮音庵、辰山、陈行、邓镇、东昌、范桥(樊桥)、分水墩、丰乐、广福、韩村、合兴、横河、洪庙、虹镇、后岗、沪南、沪西、黄楼、惠民桥、江镇、老闸、梁典、凌桥、刘行、六团、鲁汇、陆渡、泖桥、暮紫桥、南渡桥、蒲淞、七灶、钱圩、三墩、三桥、三灶、邵厂、盛桥、竖河、四泾、四灶、苏民、孙小桥、泰日、坦直、塘口、塘湾、天马、万安桥、邬桥、五灶、西岑、奚家、下坊渡、新庙、新寺、秀龙桥、严桥、杨桥、杨树浦、一灶港、迎龙庙、营房、闸港、张桥、真圣堂桥、州桥。

第三类:目前未使用的地名(29个)

八团、东仁、二团、海上、海中、胡村、胡巷、华潮、华上、华中、九团、龄楼、庙泾、普济、七团、三团、申江、狮林、霜草、唐家、吴巷(吴行)、五团、西牌楼、西义、萧庙、新成、严庙、一团、益村。

第三节　无居民岛屿地名管理

一、命名更名规则

1986年,上海市组织开展沿海岛屿的普查工作。同年9月,市政府批准辖区内岛屿命名、更名名称。20世纪80年代后,因长江河口沙岛受水文等自然因素和人文因素的影响,上海市岛屿变迁状况十分明显,有些沙岛已消失,有些阴沙成为新生的沙岛,有些沙岛已移位,有些沙岛权属关系发生变化。

2003年6月17日,国家海洋局、民政部、总参谋部下发《无居民海岛保护与利用管理规定》。该规定明确,民政部门是无居民海岛名称管理的行政主管部门,在进行无居民海岛命名、更名等管理活动时,应当征求海洋行政主管部门、有关军事机关及其他有关部门的意见。

2006年8月9日,市政府制定《关于本市加强海洋管理工作的实施意见》明确,市民政部门要组织编制上海市无居民海岛名录,做好无居民海岛命名、更名及标志设置等工作。同年9月,市民政局会同市海洋局、市地名办开展无居民岛屿的命名更名调查。该次调查通过收集上海无居民岛屿历史资料,组织开展部分无居民岛屿的本底调查,以及实地考察一些无居民岛屿变迁状况,并邀请上海市河口地区自然地理专家参与研究、论证。同年12月,在调查研究的基础上,依据地名管理法规、规章和岛屿定义技术标准,研究拟定上海无居民岛屿命名、更名规则,提出:通名的规则,是岛屿地名的通名部分一般必须科学体现岛屿的所属类别,应冠以岛、礁、暗礁、沙、浅滩、阴沙等表示岛屿自然属性的通名。上海市无居民岛屿分为岛、礁(沙、浅滩)、暗礁(阴沙)三大类,在对无居民岛屿地名进行命名或更名时,其通名部分必须与岛屿本身的自然特征相符合。专名的规则,包括政治性、科学性、继承性和协调性原则。政治性原则,对具有领海基点意义,而且已经向国际社会公布的无居民岛屿名称,原则上不予更名;对于国际社会已经习用的岛屿名称,一般不予更名。科学性原则,无居民岛屿命名与更名,应该注重岛屿本身的自然地理特征和发育演变规律,以及岛屿的地名历史演变和文化内涵。继承性原则,对符合国家和本市相关法规规章的地名,对1986年市政府已命名更名且岛、沙本身未发生大的改变的地名,对于社会各界已经习用且影响较大的地名,一般不予更名。协调一致性原则,无居民岛屿地名的命名与更名,不仅应当征求有关单位、部门和机构的意见,还应符合当地群众习惯称呼。

截至2010年,上海市有无居民岛屿21个,其中基岩岛5个、基岩礁1个、冲积沙岛1个、冲积沙12个、冲积浅滩2个。

二、定义标准

2006 年,市民政局会同市海洋局、市地名办,研究提出无居民岛屿的定义标准。定义标准包括基岩岛和礁的定名、冲积沙岛和沙的定名。关于基岩岛和礁的定名:基岩体位于多年平均大潮高潮位线以上的陆地称之为岛;而基岩体高程位于多年平均大潮高潮位线与最低低潮位线(或理论深度基准面、海图 0 米等深线,下同)之间的称为礁或干出礁;基岩体高程位于最低低潮位线以下,高出床基(河床、海床)的正地形称之为暗礁。关于冲积沙岛和沙的定名:陆地高程在多年平均大潮高潮位线以上的称之为岛;河床或海床上堆积体高程位于多年平均大潮高潮位线与最低低潮位线之间的称为沙或浅滩;堆积体高程位于最低低潮位线以下,高出床基(河床、海床)的正地形称之为阴沙。

三、无居民岛屿名录

2008 年,市民政局会同市海洋局、市地名办完成《上海市无居民岛屿名录》的编写,上报市政府。该名录是在开展上海市无居民岛屿调查研究的基础上,对无居民岛屿进行命名更名,包括征求涉海管理部门、相关区县和军事部门的意见后形成。

表 8 - 2 - 1 上海市无居民岛屿命名、更名一览表

序号	属 性	原 名	建议名	理 由	行政属辖
		1986 年	2008 年		
1	基岩岛	佘山岛	佘山岛	沿用 1986 年批准命名的名称	崇明县
2	基岩岛	鸡骨礁	鸡骨礁(岛)	沿用 1986 年批准命名的名称	崇明县
3	基岩礁	牛皮礁	牛皮礁	沿用 1986 年批准命名的名称	崇明县
4	基岩岛	小金山岛	小金山岛	沿用 1986 年批准命名的名称	金山区
5	基岩岛	大金山岛	大金山岛	沿用 1986 年批准命名的名称	金山区
6	基岩岛	浮山岛	浮山岛	沿用 1986 年批准命名的名称	金山区
7	冲积沙	新跃沙	—	2003—2004 年与崇明岛西北边滩相连消失,新跃沙岛屿名注销	崇明县
8	冲积沙	新村沙	—	行政管辖变更	江苏省
9	冲积沙	中黄瓜沙	黄瓜沙	原黄瓜沙分割后的西黄瓜沙已并入新隆沙,东黄瓜沙更名为顾园沙,现将中黄瓜沙部分更名为黄瓜沙	崇明县
10	冲积沙	东黄瓜沙	顾园沙	原 1986 年命名的东黄瓜沙,又名孤雁沙,现有关部门和当地渔民已习称顾园沙	崇明县
11	冲积沙	白茆沙	白茆沙	沿用 1986 年批准命名的名称	崇明县
12	冲积沙岛	东风沙	东风西沙(岛)	原东风沙圈围后,已符合岛的定义。当地习称东风西沙,故更名为东风西沙(岛)	崇明县

(续表)

序号	属性	原 名	建议名	理 由	行政属辖
		1986 年	2008 年		
13-1	冲积沙	上扁担沙	东风沙	原上扁担沙分离出的两个沙体,西部的一个沙体当地习称东风沙	崇明县
13-2			东风东沙	原上扁担沙分离出的两个沙体,东部的一个沙体当地习称东风东沙	崇明县
13-3			上扁担沙	沿用 1986 年批准命名的名称	崇明县
14	冲积沙	下扁担沙	下扁担沙	沿用 1986 年批准命名的名称	崇明县
15	冲积沙	团结沙	—	原团结沙 1990 年圈围后,已成为崇明岛一部分,团结沙岛屿名注销,已成为崇明岛区片名	崇明县
16	冲积沙	—	堡镇沙	崇明岛堡镇东南新形成的沙体,故命名为堡镇沙	崇明县
17	冲积浅滩	崇明浅滩	崇明浅滩	沿用 1986 年批准命名的名称	崇明县
18	冲积沙岛	中央沙	—	中央沙已圈围,与长兴岛相连,中央沙岛屿名注销	崇明县
19	冲积沙岛	青草沙	—	青草沙已成青草沙水库一部分,将与长兴岛相连,青草沙岛屿名注销	崇明县
20	冲积沙	白条子沙	—	横沙东滩近岸部分因工程圈围后,白条子沙成陆,白条子沙岛屿名注销	崇明县
21	冲积浅滩	横沙浅滩	横沙浅滩	沿用 1986 年批准命名的名称	崇明县
22	冲积沙	南沙头	—	因河势演变,已成新浏河沙一部分,南沙头岛屿名注销	宝山区
23	冲积沙	浏河沙	—	长江南支河槽演变后消失,浏河沙岛屿名注销	宝山区
24	冲积沙	新浏河沙	新浏河沙	沿用 1986 年批准命名的名称	崇明县
25	冲积沙	瑞丰沙嘴	瑞丰沙	原瑞丰沙嘴演变后,使用瑞丰沙更合理,更名为瑞丰沙	崇明县
26	冲积沙	江亚南沙	江亚南沙	沿用 1986 年批准命名的名称	浦东新区
27	冲积沙岛	九段沙	九段沙(岛)	以九团谐音,当地习称九段沙,九段沙上陆地高程已符合岛的定义。沿用 1986 年批准命名的名称	浦东新区
28	冲积沙	没冒沙	没冒沙	沿用 1986 年批准命名的名称	浦东新区
29	冲积沙岛	新隆沙(西黄瓜沙)	新隆沙	新隆沙沿用 1986 年批准命名的名称。西黄瓜沙与新隆沙合二为一,为新隆沙一部分,西黄瓜沙岛屿名注销。	崇明县

说明:(1) 1996 年沪苏陆域勘界后,新村沙及其水域划入江苏省境内;(2) 新隆沙(西黄瓜沙)已与崇明岛相连且已有常住居民,不再属无居民岛屿;(3) 2008 年,沿用 1986 年原无居民岛屿地名的 15 个,更名 3 个,新命名 3 个,注销 9 个,已成为有居民岛 1 个,1996 年陆域勘界后划入江苏省境内的 1 个

资料来源:上海市民政局档案

四、设置标志

2007年，市民政局会同市海洋局、市地名办、东海海洋工程勘察设计研究院等单位，开展上海市无居民岛屿设标研究。经研究，确定无居民岛屿设标的范围为：佘山岛、大金山岛、小金山岛、浮山岛、鸡骨礁等5个基岩岛和九段沙冲积沙岛。黄瓜沙等14个冲积沙和冲积浅滩因大潮期间淹没，暂不设标。此外，还分别设计基岩岛和冲积沙岛岛标的样式。上海无居民岛屿岛标材质为花岗岩，基座上面石碑高1.35米、宽0.6米。

2008年，市民政局会同市海洋局、市地名办组织崇明、金山、浦东等区县开展佘山岛、大金山岛、小金山岛、浮山岛、鸡骨礁等5个基岩岛和九段沙的设标工作。至2009年底，先后在大金山岛、小金山岛、浮山岛、佘山岛、鸡骨礁设置岛标。

五、开发信息管理系统

2008年，由市民政局牵头，会同市海洋局、市地名办联合开发无居民岛屿信息管理系统。该系统由岛屿综合信息管理、岛屿地名管理、岛屿保护与利用管理，以及系统日常管理等模块组成。该系统的功能和内容主要为：岛屿综合数据库，包括岛屿地形地貌数据、岛屿自然生态数据、岛屿名录数据、岛屿研究文档数据、岛屿功能区划数据、岛屿保护与利用规划数据等；岛屿综合信息管理，包括海域水域范围、岛屿分布、岛屿地形图（遥感影像图）、基础研究资料等信息的管理；岛屿地名管理，包括岛屿地名命名、更名、标志设立的信息管理与展示，在审批过程中各种文档的管理；岛屿保护与利用管理，包括岛屿功能区划、日常保护工作、岛屿利用等方面信息的管理；实现查询、编辑、统计、制图等功能。

第三章 勘界和界线管理

经国务院批准,民政部会同有关部门从 1989 年起试点性地开展勘定省、县两级行政区域界线工作。1995 年,国家计划从 1996 年起用 5 年时间完成省、县两级陆地行政区域界线的勘定任务。1995 年 10 月,国务院召开全国勘界工作会议,决定全面开展勘界工作。1996 年 1 月 18 日,上海市成立勘界工作领导小组,领导小组下设办公室,办公室设在市民政局(以下简称市勘界办),负责勘界工作的具体事务和日常工作。

1996 年 7 月,上海市勘界工作领导小组召开第一次会议,对上海市全面开展行政区域陆域界线勘定工作进行动员和部署。各区县陆续成立由区县分管领导担任组长,相关职能部门负责人组成的勘界工作领导小组,并设办公室负责具体工作。1996 年 8 月 12 日,国务院下发《关于开展勘定省、县两级行政区域界线工作有关问题的通知》,对全面勘界明确原则,并提出方法和要求。上海的勘界任务分为省、市和区、县两部分。省市勘界任务是 1996 年完成沪苏浙三交点的确定、沪苏线的勘定工作,1997 年完成沪浙线的勘定工作;区县勘界任务是 1997 年、1998 年完成 16 个区县三交点和 23 条界线的勘定工作;市中心区勘界任务是 1999、2000 年完成 11 个区三交点和 20 条线的勘定工作。

1996 年 7 月,勘定沪、苏、浙三省(市)三交点。1997 年 11 月,勘定沪浙线。2000 年 6 月,沪苏线全线实现贯通。2000 年 12 月,全市 23 条区县界线全部勘定。2003 年 7 月,全市共完成核定乡镇(街道)界线 489 条。至 2010 年 12 月,全面完成核定上海市村居委会管辖范围的工作。

2002 年 5 月,国务院颁布《行政区域界线管理条例》(以下简称《条例》),行政区域界线管理工作进入依法治界阶段,工作重心由全面勘界向依法管界的转变。上海市建立行政区域界线管理制度,组织开展省界、区县界联合检查和日常管理维护,开展创建平安边界活动,建设行政区域界线信息管理系统,运用勘界成果编制更新《上海市行政区划与地名图集》《上海市行政区划图》《上海市中心城区行政区划图》和各区县行政区划图,及时向社会公布上海市行政区划和行政区域界线。

第一节 勘定省级界线

一、沪苏浙三交点

1996 年 4 月 16 日,国务院勘界工作领导小组办公室下发《关于下达 1996 年全国勘界任务的通知》,明确沪苏浙三交点勘界任务于 1996 年完成,由上海市牵头。沪苏浙三交点(沪苏线起点)位于沪、苏、浙相邻之边界的太浦河水面上,涉及上海市青浦县、江苏省吴江市、浙江省嘉善县。

同年 7 月 25 日,沪、苏、浙三省(市)勘界办主任会议在上海市青浦县召开,商定勘定三交点的具体工作。经协商,决定以青浦、吴江、嘉善三方土地利用现状详查数据,确定三省市边界线交会点。鉴于交会点位于太浦河中心水面,三方采取在河两岸设立 2 个界桩的方案,表示该三交点的具体位置。会后,市民政局组织实施沪苏浙三交点界桩埋设。沪苏浙三交点的界桩为同号双立界桩,Ⅰ号界桩位于上海与江苏的省界线上,Ⅱ号界桩位于浙江省境内。三交点勘定后,三省市勘界办按照《全国勘界档案管理暂行规定》的相关要求,汇总测绘成果,编写协议书,填写界桩登记表,拍摄界桩照片,并将有关档案整理成卷。

表 8 - 3 - 1　1996 年沪苏浙三交点勘界成果一览表

序　号	名　　称	数　　量
1	三交点勘界测绘成果	—
2	三交点勘界方案、协议书、纪要、请示、批复	—
3	三交点界桩成果表	2 个界桩坐标
4	三交点界桩登记表	2 张
5	三交点界桩实地照片	2 组
6	三交点位置图及说明	1 册

资料来源:上海市民政局档案

二、沪苏线

1996 年 4 月,国务院勘界工作领导小组办公室下发《关于下达 1996 年全国勘界任务的通知》,明确沪苏线列入 1996 年勘界工作任务。沪苏线西起沪苏浙三省边界线交汇点,东至长江北支黄海入海口,全长约 298 公里。沪苏线沿线两侧基本上属于平原水网地区,涉及上海市的青浦县、嘉定区、宝山区、崇明县,以及江苏省的吴江市、昆山市、太仓市、海门市、启东市。为确保沪苏线勘定工作的顺利进行,沪、苏两省市对边界地区情况进行调查研究,查找有关地图、协议和资料,考察边界线的实际走向。其间,国务院勘界工作领导小组办公室领导多次到沪、苏两省市指导和实地调查。

1996 年 6 月 21 日,沪苏双方勘界办公室在上海就沪苏线勘定工作进行初步磋商。根据国务院勘界工作领导小组办公室的要求,在调查研究的基础上,制定《联合勘定江苏省与上海市行政区域界线实施方案》。

1996 年 9 月 24 日,国务院勘界工作领导小组下达《关于同意苏沪两省市〈联合勘定江苏省与上海市行政区域界线实施方案〉的批复》。此后,为使沪苏线勘定工作有序进行,根据《实施方案》的基本原则和工作程序,两省市勘界办公室研究制定《勘定沪苏线工作计划》,将图上核界、实地踏勘、界桩埋设和测绘,以及资料汇总、编写边界协议书等主要工作排出日程表,提出各阶段的具体要求。双方协定,上海市崇明县与江苏省海门市、启东市之间的行政区域界线由国务院裁定,两省市勘界办公室不再另行组织勘界工作。

1996 年 10 月 11 日,沪苏两省市第一次勘界办公室主任联席会议在苏州市召开,沪苏沿线各级勘界办公室主任参加会议。会议回顾勘定沪苏线前期准备工作情况,商定《联合勘定沪苏线工作计划》,并对勘界实施阶段的具体事宜进行磋商,形成会议纪要。会议议定,勘界实施阶段中必须完成的内容包括图上核界、实地踏勘、技术处理、解决相关问题和界桩的制作、埋设和测量;待实施阶段工作结束后,双方共同标绘地图,编写沪苏线走向说明书,并完成数据汇总上报和归档工作。双方对勘界实施阶段各项工作的具体步骤和要求进行磋商,并根据对等原则将各项任务量化分解、明确分工。

　　根据联合勘定沪苏线工作计划的安排,沪苏两省市勘界办公室先后于 1996 年 10 月 11—12日、10 月 22—23 日分别在江苏省苏州市和上海市嘉定区召开沪苏线西段核图工作会议,对沪苏线西段边界线进行图上核对。沪苏线西段边界线共涉及 1∶10 000 基本比例尺地形图 28 幅。双方按照实施方案确定的原则,以土地详查数据、边界地区资源利用情况、边界的传统习惯界线等为依据,标绘出边界线工作草图,以县(市、区)为单位进行核对。对双方意见一致以及存有异议地段标绘在各自工作草图上,并形成备忘录,作为下一步联合勘界的基础资料。

　　1996 年 10 月 24 日,经核图,沪苏线西段共存在差异 108 处,其中吴江与青浦存有差异 8 处,昆山与青浦存有差异 32 处,昆山与嘉定存有差异 12 处,太仓与嘉定存有差异 36 处,太仓与宝山存有差异 20 处,太仓与崇明之间对长江段界线的划法意见也不尽一致。

　　1996 年 11 月 4 日,沪苏两省市勘界办公室在苏州市东山镇召开沪苏线踏勘工作会议。经过相关县(市、区)勘界办公室实地踏勘和友好协商,双方在核图中出现的大小 108 处差异缩减至15 处。

　　1996 年 11 月 13 日,沪苏双方召开第二次踏勘工作会议,经过 5 个工作小组的实地踏勘和充分协商,沪苏线西段分歧点缩减至 5 个主要问题。此后,沪苏双方勘界办又举行多次协商会议,解决太仓和崇明的长江分界线问题。至此,除淀山湖、涨水盂水面外,沪苏线西段全线贯通。双方勘界办测绘技术人员将贯通的界线正式标绘在 1∶10 000 比例尺地形图上。随后,按照勘界工作的步骤,两省市勘界办同心协力,先后完成沪苏线勘界技术设计、界桩埋设、界桩位置测量、沪苏联合勘定界线协议书(第一号)编制、勘界成果验收、勘界资料汇总等工作。

　　1999 年 3 月,国务院批准《上海市人民政府和江苏省人民政府联合勘定的行政区域界线协议书(第一号)》。

　　2000 年 5 月,沪苏双方启动沪苏线东段勘界工作。沪苏线东段位于上海市崇明县长江北支,处于长江下游,其北沿与江苏省启东、海门两市隔江相对,由于受长江上游带来的泥沙和江流海潮的影响,长江北支水域崇明一侧滩涂淤积扩大。永隆沙、新开沙、黄瓜沙为长江北支渐渐淤出的滩涂,靠近崇明一侧。崇明岛长江北支段行政界线争议由来已久,1983 年,国务院办公厅下发《关于抓紧进行南水北调东线第一期工程的通知》,确定崇明岛和新淤出的土地均归上海市管辖和经营,江苏、上海之间以江苏现在的陆地线为界。国务院《通知》下发后,江苏省启东市加快黄瓜沙垦荒速度,使这一区域的边界争议升级。1994 年,民政部、国务院领导赴沪苏两省市协调边界争议。1995 年 2月,民政部、水利部、国家土地管理局、国家测绘局受国务院委托,就长江北支边界争议有关问题进行实地调查,提出处理意见,将长江北支上海崇明县一侧的新隆沙大部划给江苏省,并于 1996 年 6月分别征求上海市和江苏省意见。1998 年,民政部等四部局致函上海市和江苏省,要求两省市遵照执行《关于江苏省与上海市长江口北支边界争议问题的处理意见》。双方从大局出发,执行这一处理意见。

　　2000 年 5 月 30 日,沪、苏两省市就沪苏线遗留问题召开协商会议,在民政部的指导和协调下,沪苏双方经反复协商达成一致意见,划定淀山湖到涨水盂的水面界线,并将界线正式标绘在1∶10 000 比例尺地形图上,连同长江北支段界线一起编制成沪苏联合勘定界线协议书(第二号)。

　　2000 年 7 月,沪、苏双方共同组织实施界桩埋设、界桩位置测量等工作。

　　2001 年 10 月,国务院批准《上海市人民政府和江苏省人民政府联合勘定的行政区域界线协议书(第二号)》。至此,沪苏线勘界工作全面完成,沪苏线作为法定界线确定下来。根据沪苏线勘界

图 8-3-1　2000 年 3 月 2 日,上海市勘界办和青浦区勘界办工作人员在沪苏线
淀山湖段实地勘察水域界线

技术设计和实地踏勘情况,沪苏线全长约 298 公里,共设置 68 个界桩(其中双立界桩 23 个、两省一市交汇点界桩 1 个)。其中,沪苏线西段设 35 个界桩点、48 个界桩和 23 个测量点;长江北支段(沪苏线东段)设立 10 个界桩点、20 个界桩及 P1—P16 点。依据《全国勘界档案管理暂行规定》的要求,双方汇总测绘成果、一号和二号界线协议书、协议书附图、界桩登记表及界桩照片,并将有关档案整理成卷,共设立六卷档案。

图 8-3-2　2001 年 6 月 7 日,上海市勘界办和崇明县勘界办工作人员
在沪苏线崇明段实地踏勘界线

表 8-3-2　2001 年沪苏线勘界成果表

序　号	名　称	数　量
1	沪苏线勘界测绘成果	—
2	沪苏线勘界方案、协议书、纪要、工作总结、请示、批复	—
3	沪苏线界桩成果表	包括界桩坐标、测量点、P1—P16
4	沪苏线界桩登记表	68 张
5	沪苏线界桩实地照片	46 组
6	沪苏线边界协议书附图	28 幅

资料来源:上海市民政局档案

三、沪浙线

1996 年 12 月,国务院勘界工作领导小组办公室下发《关于下达 1997 年全国省际勘界任务的通知》,明确沪浙线列入 1997 年勘界任务。沪浙线西起沪苏浙三省市交汇点,东至浙江省平湖市金丝娘桥出海口,全长约 118.28 公里,涉及上海市的青浦县、金山区,以及浙江省的嘉善县、平湖市。

1997 年 8 月上旬,沪浙双方在浙江省嘉兴市召开沪浙线勘界工作第一次联席会议,制定《上海市浙江省联合勘定行政区域界线实施方案》。沪浙线行政区域边界线初次测算总长度约 121.56 公里,其中沪浙双方核定一致的界线约 115.68 公里,占界线总长度的 95.16%;金山与平湖段剩余约 1.5 公里、金山与嘉善段剩余 0.76 公里、青浦与嘉善段剩余约 3.62 公里仍需核定。同年 9 月,在实地调查、踏勘的基础上,金山区、平湖市双方就东止点的选点达成一致意见。

1997 年 9 月 5 日,金山区、平湖市勘界办召开沪浙线勘界工作第二次联席会议,对剩余未核定的 1.5 公里界线进行协商。在沪浙双方各自调查、踏勘的基础上,就此段界线走向取得一致意见。上述两处正式标绘在 1:10 000 比例尺地形图上。至此,沪浙线金山、平湖段贯通。

1997 年 11 月 6 日,沪浙双方在浙江嘉善县召开沪浙线勘界工作第三次联席会议,协商解决原枫泾火车站地段争议。经双方反复协商,最后由民政部提出确定界线走向的意见,双方顾全大局,将界线走向正式标绘在 1:10 000 比例尺地形图上。同时,决定此地段 320 国道南侧原枫泾林园场 3 467 平方米土地,其权属由双方有关职能部门协商解决;此地段沿 320 国道南侧的公路绿化,由有关部门统一规划,浙江方负责实施;两侧的建设规划由双方共同加强规范管理。在沪浙线第三次勘界工作联席会议上,青浦县与嘉善县的长白荡与马斜河争议段,经双方实地踏勘和反复协商,最后在民政部的协调下达成一致,并将界线走向正式标绘在 1:10 000 比例尺地形图上。此地段涉及的国家水利建设工程等有关问题,按国家法律、法规和政策办理。双方商定,沿线插花地在沪浙线勘定后,确定标绘在 1:10 000 比例尺地形图上。

1998 年,沪浙两省市勘界办共同组织完成沪浙线界桩埋设、界桩位置测量等工作。

1999 年 6 月,国务院下发《关于同意上海市和浙江省人民政府联合勘定的行政区域界线协议书的批复》,沪浙线勘界工作全面完成。根据沪浙线勘界技术设计和实地踏勘情况,全线共设 16 个界桩点、24 个界桩(含三省市交会点界桩 2 个)、3 个测量点。根据《全国勘界档案管理暂行规定》的要求,双方汇总测绘成果、沪浙线协议书、协议书附图、界桩登记表、界桩照片,并将有关档案整理成卷。

表 8 - 3 - 3　1999 年沪浙线勘界成果表

名　　　　称	数　　量
沪浙线勘界测绘成果	—
沪浙线勘界方案、协议书、纪要、工作总结、请示、批复	—
沪浙线界桩成果表	包括界桩坐标、测量点
沪浙线界桩登记表	22 张
沪浙线界桩实地照片	22 组
沪浙线边界协议书附图	19 幅

资料来源：上海市民政局档案

第二节　勘定区县界线

1996 年 9 月，市勘界办公室制定《关于下达上海市勘界任务的通知》，要求各区县勘界办收集汇总各自区县边界线的有关资料，了解掌握边界线的实际长度、走向以及与毗邻县区之间是否存在争议等情况，做好制定两区县联合勘界实施方案的前期工作。全面勘界开始前，全市共有 14 个区、6 个县、208 个镇、10 个乡、106 个街道、2 986 个村委会、2 928 个居委会。县级行政区域界线 46 条（其中区县界线 23 条、市区界线 23 条），图上量算长度约 738.05 公里（其中区县界线 631.69 公里、市区界线 106.36 公里）。界线以习惯线为主，没有法定线。全市共有 15 处界线存有争议，没有较大争议。

1997 年 3 月，上海市组织开展的区县勘界试点工作，完成"宝嘉线"勘定和"普宝嘉"三交点确定工作。

1997 年 4 月，上海市全面开展区县勘界工作。截至 1998 年 6 月，全市 23 条区县界线全部贯通，16 个区县界线三交点全部确定，同时完成 1∶10 000 地形图上的标绘、界桩的埋设、测绘等工作。

1998 年 7 月，上海市开展各区县联合勘定的行政区域界线协议书审批工作，至 1999 年 12 月，全市 23 条区县界线中的 22 条审批完毕。余下 1 条浦（东）南（汇）线因浦东国际机场的行政区划调整，延迟至 2000 年 12 月审批完毕。至此，上海市区县勘界工作全面完成，23 条区县界线共设界桩 120 个。

1999 年 12 月，上海市开展市中心城区勘界工作，至 2000 年 11 月，市中心城区 23 条区界线全部贯通，11 个区界线三交点全部确定。在区县勘界过程中，各区县通过调查研究和友好协商，处理解决一批原界线不清、行政管理交叉的问题。全市区县界线中有 15 处存在争议，其中 13 处由区县勘界办协商解决。对区县协商未予解决的"闸虹线"和"徐长线"界线争议问题，经市勘界办调查研究和协调，先后得到解决。"闸虹线"淞沪铁路段因轻轨明珠线建设使边界走向发生变化，形成在轻轨明珠线虹口区一侧有原闸北区管辖的一块约 6 亩的空地。因涉及经济利益，闸北、虹口两区对这块地的使用和行政管理产生分歧，经多次协商未果。市勘界办经多次调查研究，听取双方意见，提出解决方案：为便于今后的行政管理，保持界线的清晰，将该段界线沿明珠线中心线走向划定，该地块划入虹口区实施行政管理，闸北区有关企业拥有的租赁使用土地的权益不作改变。闸北区政府从大局出发，采纳市勘界办的协调意见，实现"闸虹线"的贯通。"徐长线"徐虹铁路支线虹三村段,涉及徐汇区虹三村在原徐虹铁路支线(已拆除)北侧的 33 333 平方米的土地,其中 18 102 平方米土地已被有关单位征用并建造职工住宅,入住的居民户籍报入长宁区。两区政府对这一地块的区界线走向存有不同意见,双方经多次协商未果。市勘界办经实地踏勘并召开座谈会,提出解决方案:虹三村已征用并建造居民住宅的土地,因户籍已属长宁区,划入长宁区管辖;虹三村剩余土地仍属徐汇区,两区边界依此划分。两区政府以大局为重,尊重市勘界办的协调意见,实现"徐长线"的贯通。

2000 年 4 月,上海市开展中心城区联合勘定的行政区域界线协议书审批工作,至 2001 年 5 月,全市 23 条中心城区界线审批完毕。

2001 年 11 月,全市 43 条区县界线(其间因黄浦区与南市区合并,减少 3 条区界线)勘界档案经汇总后,上报民政部全国勘界工作办公室。

2002 年 2 月,国务院办公厅下发《关于开展勘定省县两级海域行政区域界线工作有关问题的通知》,启动海域勘界工作。为配合上海市海域勘界,组织进行黄浦江水域的"宝浦线"勘界工作,勘定后的"宝浦线"作为上海区县海域界线的起点。

2002 年 12 月,上海市区县勘界结束后,市勘界办根据《上海市勘界档案管理实施办法》的有关规定,组织各区县勘界办汇总区县级界线的勘界数据,按照 44 条(含宝浦线)区县界线形成 44 卷勘界档案。根据区县级界线的勘界资料,最终确定上海市行政区域界线三交点共 27 个。

表 8－3－4　2002 年区县界线勘界成果一览表

名　　　称	数　　量
界线	44 条
勘界测绘成果	44 册
勘界方案、协议书、纪要、工作总结	44 册
界桩成果表	包括界桩坐标、测量点
界桩登记表	120 张
界桩实地照片	120 组
协议书附图	——
三交点	27 个

资料来源:上海市民政局档案

2003 年,根据市政府要求,市民政局配合市海洋局勘定金奉线、奉南线、南浦线、浦宝线、宝崇线和浦崇线 6 条区县级海域界线。

第三节　核定乡镇街道村居界线

一、乡镇街道界线核定

2002 年 9 月,市勘界办制定《上海市乡镇(街道)界线核定工作的有关规定》和《上海市乡镇(街道)界线核定工作的补充规定》,并召开会议部署开展乡镇、街道核界工作,以完善上海市行政区划管理的基础工作。

2002 年 10 月,上海市全面开展乡镇(街道)界线核定工作。民政、土地、规划等部门通力协作,充分利用土地部门的土地权属数据,提高核界工作效率。土地、规划部门的专业人员承担界线标绘、核图等技术工作,保证核界的工作质量。通过核界,解决部分区县的一些乡镇(街道)界线模糊不清或存在的争议问题。同时,对市属国有农场范围进行逐一核定,弥补行政区域界线的空白,完善上海市行政区划的基础数据。

2003 年 7 月,全市共核定乡镇(街道)界线 489 条,总长约 4 152.6 公里,其中市区的界线 137 条、郊区的界线 352 条。

二、村居核界

2007 年 7 月,市民政局、市房地局、市规划局联合下发《关于开展核定上海市村(居)委员会管辖范围试点工作的通知》,部署开展村委会和居委会管辖范围的核定工作,以完善城市规划、城市管理等基础地理信息数据,弥补城市基层自治组织管辖范围基础数据的空白。

2007 年 8 月,上海市村居核界工作选择黄浦区、宝山区、浦东新区、金山区作为试点,根据试点工作取得的经验,市民政局修订《上海市村居核界技术规程》,会同市有关部门在全市开展村居委会核界工作。

2010 年 10 月,上海市全面完成村居核界工作,其数据首次作为上海市第 6 次全国人口普查工作划分普查小区的依据。

第四节　界　线　管　理

一、管理制度

1998 年 2 月 9 日,市勘界办、市档案局联合制定《上海市勘界档案管理实施办法》,以加强和规范上海勘界档案的归档、立卷和管理工作。

2002 年 5 月 13 日,国务院颁布《行政区域界线管理条例》,自 2002 年 7 月 1 日起施行。该条例规定,地方各级人民政府必须严格执行行政区域界线批准文件和行政区域界线协议书的各项规定,维护行政区域界线的严肃性、稳定性。任何组织或者个人不得擅自变更行政区域界线。国务院民政部门负责全国行政区域界线管理工作。县级以上地方各级政府民政部门负责本行政区域界线管理工作。5 月 24 日,市民政局转发民政部《关于变更行政区划时审核行政区域界线问题的通知》,明确全面勘定省、县两级行政区域界线的工作已经完成,经国务院和各省、自治区、直辖市政府批复的行政区域界线为法定界线。今后各级政府调整行政区划时,须对请示附图中的行政区域界线进行审核。行政区划调整经国务院批复同意后,有关各级政府应按照勘界工作有关规定对变更后的行政区域界线进行勘定。

2002 年 8 月 7 日,市勘界办制定《关于建立行政区域界线委托管理制度的通知》,明确:对全市省界线实行委托管理、维护,要求各区县将界线、界桩日常巡察和维护工作以协议书的形式落实到基层、落实到专人。同年 10 月,市勘界办与相关区县举行沪苏线、沪浙线委托管理、维护的签约仪式,将两条省界线分段委托相关区县维护、管理。年内,市勘界办还组织实施全市区县界线、界桩保护标牌的埋设工作。

2003年6月23日,市勘界办制定《上海市区县行政区域界线界桩移动操作规程》,规范界线界桩移动的工作流程和操作程序。

2004年,根据市勘界办的要求,市和区县都分别建立界线附近地区纠纷应急处理机制,以维护行政区域界线附近地区的稳定;区县界线管理工作人员等在界线日常维护管理中,发现重大纠纷问题要及时上报区县政府,由区县政府报市政府和市民政局;对于属省市界线的纠纷,由界线纠纷段所在的区县政府和市有关部门组成联合工作组,赴实地调查,及时协商,防止事态扩大和矛盾激化,妥善处置问题,同时将调查处理情况报市政府;对于属上海区县与区县之间的界线纠纷,由争议双方政府及有关部门组成联合工作组现场办公,市有关职能部门参与协调处理,同时将处理情况报市政府。

2006年,青浦区金泽镇的部分村民先后反映"沪苏线""沪浙线"两起边界问题:一起为沪苏线沪青平公路北侧,江苏省吴江市芦墟镇未经协商,筑路破坏界线地貌,并占用上海少量土地;另一起为沪浙线青浦区金泽镇、嘉善县丁栅镇段,浙江省嘉善县丁栅镇村民单方面在沪浙交界处长白荡水域跨界筑堤开发鱼塘。接青浦区报告后,为防止事态扩大,引发边界纠纷,上海市民政局及时组织踏勘和调查,一方面将情况及时通报江苏、浙江两省民政部门,另一方面积极做好基层工作,由他们主动与吴江、嘉善民政部门及相关乡镇政府沟通,把问题解决在基层,避免边界纠纷。

2007年,鉴于原埋设的区县界线、界桩保护标牌大部分已锈蚀,影响对界桩的保护,市民政局再一次组织对全市区县界线、界桩保护标牌进行全部更新。

二、联合检查

2002年3月,根据民政部关于加强界线管理工作的要求,上海组织开展区县界线联合检查工作(以下简称联检),对全市43条(不含宝浦线)区县界线进行联检。2007年,上海组织开展第二轮区县界线联检。在两轮区县界线联检中,共发现损坏界桩27颗,除其中5颗界桩因道路、建设工程项目,经毗邻区县认定不具备重新埋设条件外,其余22颗界桩都得到及时修复。长宁、闵行交界有一段界线原以民航铁路为界,铁路拆除后,闵行区为整治环境,在铁路两侧位置进行商业街建设,跨界进行管理,长宁区政府对此提出异议,经市民政局协调,使矛盾得到化解。区县联检工作开展后,全市逐步健全区县界线年度自查制度,相关区县每年至少组织一次界线、界桩巡查自查,发现问题及时会同毗邻区县进行处理,维护全市区县界线、界桩的完整性和严肃性。

2004年3月,根据民政部关于开展省级行政区域界线联合检查工作的有关要求,由上海市牵头,组织开展"沪苏线"联检工作。开展省界联检工作过程中,毗邻双方政府专门成立联检工作领导小组和工作机构,召开会议进行部署,制定实施方案,提出工作的总体要求、范围、内容、步骤及时间安排;沿线有关市、区(县、市)实施自查和联检,并将形成的界线界桩联检记录和联检报告上报省(市)民政厅(局);省市组织检查验收,对发现的问题进行处理;联检结束后进行资料汇总、立卷归档。2008年,由江苏省牵头,开展第二轮"沪苏线"联检工作。通过两轮省界线联检,沪苏双方修复沪苏线16号、19号、23号界桩,对31号界桩进行保护处理,对因道路拓宽移位的45A、45B界桩进行界桩登记表说明。

2004年7月,根据民政部关于开展省级行政区域界线联合检查工作的有关要求,由浙江省牵头,组织开展"沪浙线"联检工作。2009年,由上海市牵头,组织完成"沪浙线"联检工作。在两轮省界线联检工作中,沪浙双方对沪浙线4号、5号界桩方位物变化重新填写界桩登记表,维护沪苏线、沪浙线的完整性和稳定性。

三、创建平安边界

2007年3月28日,中央综治办等十部门联合下发《关于开展平安边界建设的意见》,就开展平安边界建设进行全面部署。同年4月13日,民政部下发《关于贯彻落实开展平安边界建设意见的通知》。12月,市民政局分别与浙江省民政厅、江苏省民政厅就开展沪苏、沪浙平安边界创建活动作全面动员部署,并与江苏省签订共建"沪苏平安边界"协议书。沪浙线、沪苏线沿线的金山、青浦、嘉定、宝山、崇明等区县民政部门也分别与毗邻省的市、县民政部门分段签订共建"平安边界"协议书,开展双边共建活动。各区县民政局按照市民政局要求,积极开展双边共创"平安边界"活动,21条区县界线(除中心城区外)全部签订共建"平安边界"协议书,夯实平安边界、和谐边界的工作基础。

四、界线管理信息系统建设与应用

2001年11月2日,民政部下发《关于开展行政区域界线信息管理系统建设工作有关问题的通知》。2002年,市民政局委托市测绘院开发建设集界线管理、行政区划管理、地名查询于一体的上海市行政区划信息管理系统。系统功能内容包括:行政区域界线管理,包含省、县、乡镇三级界线的检索、查询、管理等;行政区划管理,包含上海市行政区划历史沿革检索、查阅,行政区划调整方案设计等;地名管理,包含政区名称管理、地名查询等;文件管理,包含行政区域界线、行政区划和地名管理的有关法律、法规及其档案等。运用现代信息技术手段,提高区划地名工作管理效率。此后,浦东新区借鉴各地经验,按照"综合性、实用性和多功能"的开发、应用原则,成功研发浦东新区行政区划信息管理系统,系统功能除界线管理外,增加行政区划管理、地名信息查询、小区管理等。宝山区在浦东新区行政区划信息管理系统的基础上,又作进一步完善,开发完成宝山区行政区划信息管理系统。徐汇等区也开发建设行政区划信息管理系统。

2002年5月,市民政局贯彻国务院《行政区域界线管理条例》精神,在全面勘界结束后,拓展界线管理信息的应用,会同市测绘院编制上海市1∶10 000行政区域界线详图,并按区县分成册下发各单位使用,为行政管理提供依据,方便人民群众社会生活。

2003年11月,市民政局会同市测绘管理办公室编制,并由市政府发布《上海市行政区划图》。此后,又多次更新《上海市行政区划图》《上海市中心城区行政区划图》,并每3年编辑更新《上海市行政区划与地名图集》,及时向社会公布上海市行政区划和行政区域界线。

2004年5月31日,市民政局下发《关于建设区县行政区域界线信息管理系统有关问题的通知》。

2004年6月28日,市民政局制定《关于编制本市区、县行政区划图有关问题的通知》,对区县行政区划图的编制提出要求。各区县开始编制本行政区域的行政区划图,及时向社会公布本区行政区划和行政区域界线。

第九篇

慈善事业与社会工作

慈善自古有之，传统意义上的慈善大都是个人的乐善好施、帮困济贫。上海慈善历史悠久，解放初，在国民政府登记过的慈善机构有 100 多个。其中，少数慈善机构为上海的解放和新政权的巩固，做了很多有益的工作。大多数是由帮会把持的会所或者接受外资的宗教团体，在上海解放后陆续被解散。安老院、残疾院、养济院等，被市民政局接管，转办为政府的社会福利事业单位。进入社会主义建设时期，除了红十字会、中国福利会等外，上海基本没有慈善机构。"文化大革命"期间，慈善受到批判并中断。

现代的慈善是社会文明、进步的产物。现代慈善的特征是慈善机构成为运载主体，形成行业，从业人员不断职业化和专业化；另一个特征是慈善理念成为社会认同的价值观，社会广泛参与，并成为人们的一种生活方式。2004 年，中共十六届四中全会报告提出构建社会主义和谐社会，要健全社会保险、社会救助、社会福利和慈善事业相衔接的社会保障体系。2005 年，国家发布第一部《中国慈善事业发展纲要（2005—2010）》。党和国家给慈善做了功能性定位，明确慈善发展的方向。慈善提倡社会形成向善的、相互帮助的风气，对社会主义精神文明建设起积极的推动作用。慈善机构是慈善活动的主体，政府的责任是制订慈善发展的规划和政策，扶持慈善机构，推动慈善活动。

20 世纪 80 年代以来，上海慈善恢复并随着经济社会发展快速推进，从扶老、助残、救孤、济困、赈灾，逐步扩展到教育、卫生和环境保护等领域。各类慈善组织深入开展形式多样的慈善活动，不断创新内容和方式，举办大型慈善音乐会、慈善晚会，义拍、义卖、义赛、义诊，创办"慈善公益联合捐"，建立慈善超市等。社会捐助网络日臻完善，规范化运作的经常性社会捐助接收点遍布各个区县。市红十字会、市慈善基金会、市老年基金会、市民帮困互助基金会等组织先后在各区县建立分支机构，推动社区慈善的发展。

上海市委、市政府高度重视慈善事业的规范化、法制化建设，通过制定法规制度和优惠政策，加强组织领导和体制机制建设，依靠和发动社会力量参与慈善事业，逐步形成党委领导、政府推动、社会组织运作、公众广泛参与的现代慈善事业格局。

社会工作（简称社工，通常指社会工作或社会工作者）是一种帮助他人的活动，它和其他帮助他人的活动有不同的特征。首先，基本理念不同，其目的不仅仅是帮助他人解决问题，而是帮助他人能够自己解决问题。其次，它由职业的社工机构和职业的社工实施。再次，社工都经过专业训练，有专业背景，工作方法科学、规范。有社工介入的帮助他人的活动，能呈现比较好的社会效益，往往能够事半功倍。它在加强社会建设、社会治理、社会服务中，有不可替代的重要作用。解放初，沪江大学、圣约翰大学、复旦大学开设社工课程。红十字会医院、仁济医院、四明医院、澄衷肺结核医院、"沪江社会服务团"、基督教青年会的社工实务，培养了一批社工人才。进入社会主义建设时期，计划经济体制确立后，上海高校停止社工培训，社工随之销声匿迹。改革开放以后，社工的作用被重新认识。1988 年，北京大学社会学系设社工专业，标志着社工重新走上历史舞台。2006 年，党的十六届六中全会决定要求，要确定职业规范和从业标准，加强专业培训，提高社会工作人员职业素质和专业水平，完善社会工作岗位设置，通过多种渠道吸纳社会工作人才，提高专业化社会服务水平。2010 年，党中央、国务院颁布的《国家中长期人才发展规划纲要（2010—2020 年）》明确，必须重视和培养六类重点人才,社会工作人才位列其中。

社工奉行"授人以渔""助人自助"。20世纪90年代以来,面对空前的社会变革,上海逐步引入国际上发展成熟的社工理念和方法,经过10多年的发展,初步建立社工的制度体系,造就一支具有职业化、专业化水平的社工人才队伍,在社区管理、社会福利、犯罪矫治、药物依赖、为老服务、青少年教育、妇女家庭、人口计生等领域,发挥积极作用。

1978年民政局恢复建制后,救灾救济处负责协调在突发自然灾害时的慈善捐赠,指导社区慈善超市的工作。1999年,市社会团体管理局成立,承担培育慈善组织的任务。2009年,市民政局设慈善事业和志愿服务促进处,推进慈善的发展成为政府的职责。

1993年,市民政局批准成立市社会工作者协会(以下简称市社工协会),并为市社工协会的业务主管单位。2000年,市民政干校增挂市社会工作培训中心(以下简称市社工培训中心)的牌子。2004年,市民政局设职业社会工作处,推进社工的发展成为政府的职责。2009年,市民政局设慈善事业和志愿服务促进处。

第一章　慈善事业

　　20世纪80年代,中国现代慈善事业复苏。上海市儿童基金会、残疾人福利基金会等慈善机构陆续成立。20世纪90年代,上海加快改革开放的步伐,社会和经济建设快速发展,人民群众的生活水平大幅提高,但在改革过程中产生一部分生活困难的弱势群体,以及社会上存在着自身无力摆脱贫困的孤、老、病、残人员。发展慈善的必要性、迫切性逐步显现。1994年2月,《人民日报》发表评论员文章《为慈善正名》,疾呼:"社会主义需要自己的慈善事业,需要自己的慈善家"。1994年5月,上海市慈善基金会诞生,成为上海重新焕发中华民族慈善精神的重要标志,上海慈善进入新的发展时期。

　　1989年国务院颁布《社会团体登记管理条例》、1998年颁布《民办非企业单位登记暂行办法》、2004年颁布《基金会管理条例》,三个条例为慈善机构的诞生、运营确定了法定地位和规范程序。1999年,全国人大审议通过《中华人民共和国公益事业捐赠法》。该法律定义的公益事业,包含公益、志愿服务。上海市委、市政府高度重视慈善的发展,同时,经济建设、城市社会发展以及市民中蕴藏的慈善能量,又为上海慈善的发展奠定了雄厚的基础。

　　1994年前后,上海市教育发展基金会、上海市慈善基金会、上海市青少年发展基金会、上海青年志愿者协会等,秉承各自既定的宗旨,接受社会捐赠,资助慈善项目,积极宣传慈善理念。国务院三个条例明确了慈善机构的准入机制,使慈善机构的诞生和发展,进入快车道。

　　上海的慈善在应对突发事件、开展慈善募捐、开发慈善项目等活动中,不断发展壮大。广大市民慈善理念不断树立、更新,并积极投入到慈善活动中去。特别是在2008年汶川地震发生后,更加激发起广大市民的慈善热情,上海慈善的发展有了更加深厚的群众基础。

　　政府在制订慈善事业发展规划和慈善制度建设的同时,还重点培育慈善机构,为慈善机构开展活动搭建各种平台,制订各种优惠政策等,为上海慈善的健康、有序发展提供保障。通过不断探索,上海慈善逐步形成政府推动、民间运作、行业发展、社会参与的发展格局。慈善机构快速增加,慈善领域不断拓展,慈善方式不断创新,创立了一批具有影响力的慈善品牌项目,慈善文化宣传氛围浓厚,慈善政策法规逐步健全。慈善在改善民生、促进社会和谐、推动社会文明进步等方面,发挥了积极的作用。

第一节　慈善机构

　　1981年5月,上海市儿童基金会成立。其由市妇女联合会(以下简称市妇联)等单位发起成立,原名上海市儿童少年活动基金会。它对海内外社会团体、个人自愿捐赠资金进行管理和运作,主要资助有利于促进儿童健康成长的项目和研究等。

　　1984年10月,上海市残疾人福利基金会成立。它弘扬人道主义精神,动员社会力量,发展残疾人事业,促进残疾人平等参与社会活动。

　　1984年12月,上海市老年基金会成立。其由市老龄问题委员会等单位发起成立,开展尊老敬老宣传,募集、管理和使用基金,资助和兴办老年事业,其中"九九关爱小剧场""资助社区老年人用餐""社区双月为老服务"等项目,深受老年人欢迎。

1986年5月,上海宋庆龄基金会成立。其由中国福利会发起成立,秉承宋庆龄的公益慈善精神,围绕教育、文化、医疗卫生开展各类公益活动,改善受助人群的生存状况。对妇女儿童予以特别关注,在妇幼保健、助学助教、儿童文化等方面创设多个慈善公益项目,慈善活动遍布全国各地,并积极拓展国际间的项目合作与交流。

1989年11月,上海癌症康复俱乐部成立。其为全国规模最大的癌症患者自救互助公益组织,以"群体抗癌、超越生命"为宗旨,举办丰富多彩的康复活动,让患者对自己的康复充满信心;传播"集体心理治疗""创造新生活""气功体能锻炼""五全理念""自己的健康自己参与管理"等新的治疗理念和健康教育模式,运用整体康复的多元手段服务广大会员,对特困患者予以关怀援助,对病危患者进行临终关怀,实施物质帮困和精神帮困并举的生命关怀,提升会员生活质量。俱乐部以"不要问社会给予我们什么,而要说我还能为社会做些什么"为口号,组织引导志愿者参与各项社会公益活动,服务会员、服务社会。

1993年6月,上海浦东新区老人慈善福利会成立。它是解放后成立的全国首家民间慈善团体,通过社会募捐、自办企业及有偿服务的收入敬老恤贫,为困难老人提供不同层次、不同需要、不同方式的救助和服务。

1993年9月,上海市教育发展基金会成立。其由市教委等单位发起成立,致力于教育与经济、社会发展相结合,推动全社会尊师重教风气的形成和发展,坚持为上海市教育事业多办实事,设立的申银万国奖和优秀中学生助学金等,奖励全面发展的优秀大中学生,帮助品学兼优但家庭经济困难的学生完成学业,取得良好的社会效益,为上海教育改革和发展起到拾遗补阙的作用。

1994年5月,上海市慈善基金会成立。其由市政协、市文明办、市民政局发起成立,以"安老、扶幼、助学、济困"为宗旨,以"依靠社会办慈善,办好慈善为社会"为工作方针,开展各类扶贫帮困活动。其"蓝天下的至爱"慈善系列活动,宣传"帮助他人,阳光自己"的慈善理念,发挥"扶贫济困、净化心灵"的两大功能。它加强自身的科学管理和能力建设,提出"更加公开,更加规范,更加透明,更加高效",在募捐款项、慈善救助力度、慈善机构公信度和社会影响等各方面处于全国领先地位。

1994年7月,上海市社会帮困基金会成立。其由市总工会等单位发起成立,以发挥"雪中送炭"作用为己任,为上海部分困难企业中的职工遇到特殊困难时提供帮助,成立时已筹集帮困基金2 551万元。

1994年10月,上海市青少年发展基金会成立。其由团市委、市青联、市学联和市少先队工作委员会联合发起成立,开展希望工程,援建希望小学、红军小学,先后创建希望工程教师上海培训基地、创办青年再就业培训学校、创办民工子弟学校等公益活动。它争取海内外尤其是上海地区关心青少年事业的单位和个人的支持和赞助,推进上海市青少年工作和青少年教育、科技、文化、体育等各项公益慈善事业的全面发展。

2003年12月,上海市帮困互助基金会成立。其由市民政局等单位发起成立,旨在弘扬社会互助共济精神,为特殊困难家庭提供应急性、临时性、综合性的帮扶,及时缓解社区市民日常生活中的"急、难、愁"矛盾,发挥对政府社会救助制度的补充作用。

2004年2月,上海映绿公益事业发展中心成立。其致力中国公益组织的能力建设,是国内最早支持公益组织能力建设的民间组织,秉承"诚信、开放、合作、创新、以人为本、追求卓越"的服务理念,推动公益组织能力建设,提高公益人才职业化水平,促进公益行业健康发展。它利用自身的经验和资源,协助新兴公益组织、团队有效地开展公益项目,提升公益组织的项目执行能力。

2004 年 6 月,上海吴孟超医学科技基金会成立。它弘扬吴孟超院士勇闯禁区、勇于创新、永不满足、永远争先的精神,推动中国医学科技事业不断进步;资助医学基础与应用研究、贫困地区学生助学、贫困地区乡村医生培训、国际合作与交流等。

2004 年 6 月,上海复旦大学教育发展基金会成立。它支持和推动上海市高等教育的长远建设和发展,接受和管理社会各界给予复旦大学的捐赠,用于更新教学、科研、图书及信息设施,延揽中外名师,扶植重点学科、重点实验室,奖励作出突出贡献的优秀教职员工、奖助品学兼优的学生及家庭困难的学生,资助优秀师生出国深造、参与国际学术交流,以及一切有利于促进复旦大学教育事业发展的项目。

2006 年 3 月,上海市安济医疗救助基金会成立。其由长期热心于慈善医疗事业的爱心企业和成功人士共同发起成立,以"关爱生命健康,体现社会和谐"为宗旨,关注社会中最贫困、最弱势的人群,向他们提供医疗救助、健康教育及赈灾救援。其前身是国内首家完全依靠社会力量支持运作的慈善医院——上海浦东慈善医院。

2006 年 5 月,上海阮仪三城市遗产保护基金会成立。它支持上海城市遗产保护事业,兼顾周边地区城市遗产保护事业,包括具有一定价值的古建筑和旧建筑的维修及再利用、古村镇的保护项目、城市历史地段的保护和发展,以及城市传统文化包括无形文化遗产的保护和发扬工程;资助和奖励对上海及周边地区城市遗产保护事业作出杰出贡献的个人和组织,设立固定的奖项以及资助申报的民间保护项目;进行城市遗产的科研、教育和宣传等活动,为政府和民间城市遗产保护活动提供咨询和技术支持;与国内外组织和个人合作,支持、参与上海及周边地区城市遗产保护事业有关的项目,以及按照捐赠者的意愿进行资助。

2008 年 6 月,上海增爱基金会成立。其致力于推进社会慈善事业健康发展,开展社会公益活动,由著名旅美华人陈香梅担任名誉理事长。它扶助贫困地区,资助环保、文化、养老及其相关公益事业;为社会公众提供心理咨询服务,传播人格健全、精神健康的理念。

2008 年 8 月,上海真爱梦想公益基金会成立。其由金融机构和上市公司的专业管理人员发起和运营,致力于促进教育均衡,发展素质教育。其前身是 2007 年 10 月在中国香港注册成立的真爱·梦想中国教育基金有限公司。2008 年 6 月,中国香港特别行政区政府税务局核准真爱·梦想中国教育基金慈善团体免税待遇。2008 年起该基金会每年公开审计报告和财务数据,2009 年起每年公开举办年报发布会,成为国内首家按照上市公司标准公开发布年报的公益基金会。

2009 年 12 月,上海公益事业发展基金会成立,又名上海联劝公益基金会。其由恩派(NPI)公益组织发展中心发起成立,宗旨是支持上海的公益人才培养和公益组织建设,推动公益事业的发展。它秉承"联合劝募"理念,努力搭建捐赠人与优秀民间公益组织之间的桥梁,打造一个可靠、高效的公益资源平台;以支持中国民间公益为使命,采用联合劝募的业务模式,整合匹配以社会问题为导向的社会资源及劝募产品,使中国民间公益拥有互信、合作、可持续的发展环境。

第二节　慈善捐赠和项目

一、应对突发事件

1986 年秋,上海募捐寒衣,支援云南、贵州、四川、广西灾区,募得衣物 602 多万件,重 237.5 吨。
1991 年夏,上海遭受解放以来罕见的洪涝、龙卷风、暴雨等自然灾害侵袭,同时,邻近的江苏、浙江、安徽等省也遭受了历史上罕见的特大洪涝灾害,损失严重。市委、市政府向全市发出赈灾募捐的号召。上海共接受捐赠款 3 700 万元,接受各类捐赠物资 4 512 吨,价值 2 026 万元。募捐所得慈善款物,全部用于灾区的救助。

1991 年 8 月 18 日,"灾区在我心中——上海赈灾千人大义演"在上海体育馆举行。温可铮、朱逢博、施鸿鄂、陈小群、莫非仙、姚钰、童安格、罗文等 180 多位著名演员联袂演出。义演共收到捐赠款 1 370 多万元。市领导陈至立、赵启正、谢丽娟等参加了义演活动。

1998 年夏,中国长江流域、东北等地遭受历史上罕见的特大洪水袭击。市民政局成立抗洪救灾捐赠工作领导小组,抽调人员全力投入救灾捐赠接收工作中。上海共接受捐赠款 1.7 亿元,接受捐赠衣被等物资 1.2 万吨,价值 1 912 万元。募捐所得慈善款物,全部用于灾区的救助。

1998 年 8 月 11 日,"上海各界支援抗洪救灾义演"在美琪大戏院举行。尚长荣、仲星火、严顺开、曹雷、魏宗万、马莉莉、吴君玉等著名演员登台演出。义演共接受捐赠款 2 100 多万元。

2003 年,市民政局设立抗"非典"专项援助资金,组织开展全市的捐赠工作。上海共接受捐赠款 37 520 万元。参与捐赠的企事业单位和民间组织超过 1.2 万家。募捐所得慈善款物,全部用于抗击"非典"的专项救助。

2003 年 10 月,市民政局组织开展为期十日的以"冬衣暖人心"为主题的扶贫济困送温暖募捐活动,支援云南、安徽、江西三省灾区和贫困地区。上海共接受捐赠款 1 074 万元,接受捐赠衣被 651.4 万件,参与捐赠的达 165.41 万人次。

2004 年 10 月 19 日,市政府召开扶贫济困送温暖动员大会,在上海开展以"我们和灾区人民心连心"为主题的集中捐助活动,对口支援云南、四川和江西三省。上海共接受捐赠款 626 万元,接受捐赠衣被 660 万件,参加捐赠达 180.68 万人次(其中捐款 25.8 万人,捐物 154.88 万人次)。

2004 年 12 月,市政府批转市民政局《关于开展对印度洋海啸灾区民间捐赠活动实施意见的通知》。市民政局成立民间援助印度洋海啸灾区协调办公室,负责捐助捐赠活动的组织协调、宣传报道、数据汇总、信息发布和日常工作。同时,通过新闻媒体及时向社会公布市民政局和市红十字会、市慈善基金会,以及各区县的捐款热线电话及地址。市红十字会、市慈善基金会积极组织大型赈灾慈善义演、慈善捐赠等民间捐赠活动。上海共接受捐赠款 7 788.7 万元,有 30 多万人次参加捐赠活动。募捐所得慈善款物,全部由外交部转给灾区。

2007 年 8 月,上海海关、衣恋时装(上海)有限公司捐赠的价值 300 万元救灾物资,由市红十字会备灾救灾中心发运,送往洪涝灾害较为严重的安徽、湖北、重庆、河南等六省(市、区)。年内,市红十字会向灾区发送两批救灾物资,总价值 740 万余元。

2007 年 10 月 30 日,市政府召开"送温暖、献爱心"社会捐助活动动员大会,对开展集中捐助活动进行部署。全市共有 530 万人次参加此次捐助活动,接受捐赠衣被 528 万件,及时送往云南、四川贫困地区和灾区,帮助困难群众恢复家园和安全过冬。

2008 年 5 月 12 日,四川汶川发生 8.0 级特大地震。市民政局成立救灾援助工作领导小组,先后制订《关于加强抗震救灾募捐资金管理的通知》《关于加强救灾捐赠物资管理的通知》等 7 个指导性文件,规范捐款手续、资金管理、统一票据管理等。地震发生后,许多外国政府和组织以及境外企业纷纷向四川地震灾区捐赠救灾物资。境外捐赠物资都运抵国际口岸上海,市民政局协调海关、出入境检验检疫、四川驻沪办、铁路、民航等有关部门缩短入境捐赠物资通关时间,并及时转运至灾区。此次抗震救灾募捐,共接受捐赠款 25.25 亿元、救灾物资价值 2.52 亿元。募捐所得慈善款物,由市政府统一安排,用于灾区的灾后重建。

图 9-1-1　2008 年 5 月 17 日晚,"血脉相连众志成城——上海社会各界赈灾文艺晚会"在市委党校礼堂举行,上海各界人士纷纷捐款,表达对汶川地震灾区人民的牵挂

据不完全统计,1994—2008 年的 14 年间,全市社会募捐的资金总量超过 50 亿元,募集衣被超过 1 亿件;全市基金会年度公益支出达 7 亿多元,资助 140 多万人次;民办非企业单位每年提供无偿或低偿服务达 200 多万人次,折合资金 2 亿多元。

2009 年 5 月 10 日,市佛教协会、市文明办、市慈善基金会等联合主办"爱心铸就希望"大型慈善义演活动,共接受捐赠款 154 万元,与 2008 年 5 月 31 日募集到的 535 万元一起专项用于都江堰地区的文教事业。据不完全统计,至 2009 年 5 月 10 日,上海佛教界累计为四川地震灾区捐款数额超过 1 500 万元。

2010 年 4 月 14 日,青海省玉树地区地震。上海各界踊跃向灾区人民捐款,截至 5 月 24 日,市红十字会接受捐赠款 1.28 亿元,市慈善基金会接受捐赠款 6 380 万元,市民政局接受捐赠款 4 950 万元。上海一批爱心企业还通过其他渠道向玉树灾区捐赠款项 1.35 亿元,全市捐赠款项总计 3.7 亿多元,所有捐款全部由中央有关部门用于玉树地震灾区的灾后重建工作。

二、其他捐赠

1986 年 5 月,叔蘋奖学金在上海续办。叔蘋奖学金是中国香港著名爱国人士顾乾麟于 1939 年在上海创办的面向清寒、优秀中学生的奖学金。它继续以"得诸社会,还诸社会"为宗旨,并结合新时期的特点开展各项教育活动,定期举办夏令营、急救讲座等活动,同时对品学兼优的清寒学生给予一定数量的补助。

1988 年 5 月,玉佛寺方丈真禅法师捐赠 10 万元,在市儿童福利院成立真禅伤残儿童福利基金,捐款用于伤残儿童的教育。

1989 年 3 月,中国香港著名爱国实业家姚连生向长宁区教育局捐赠 100 万元港币,帮助该区发展基础教育。该区用这笔捐款在玉屏二中建造一所有18个班级规模的中学,并命名为"姚连生中学"。

1994年4月29日,上海市逸夫职业技术学校落成,中国香港著名实业家邵逸夫和上海市副市长谢丽娟、海协会会长汪道涵等参加落成典礼。该学校由邵逸夫捐款1000万港币,市和静安区配套投资建造而成。学校建筑总面积超过1万平方米,可容纳38个班级近2000名学生。

1994年6月7日,"倪天增教育奖励基金"举行捐赠仪式,它会同宝钢集团公司、上海航空公司等50多家企业以及海内外人士共捐款150多万元。这笔基金全部捐赠给清华大学、同济大学、宁波中学等,每年奖励一批优秀师生。

1998年1月,上海烟草(集团)公司向市慈善基金会捐赠1000万元善款。此前,上海烟草集团已连续两次向市慈善基金会捐款,并在市慈善基金会设立中华慈善教育专项基金,先后帮助1500多名家境贫寒但品学兼优的大中小学生完成学业。

2000年1月,市委、市人大、市政府、市政协等机关分别举行慈善献爱心、真情暖人心"一日捐"活动。中共中央政治局委员、市委书记黄菊,市委副书记、市长徐匡迪等和市级机关干部纷纷解囊。

2001年9月,李嘉诚基金会、和记黄埔有限公司共同向市慈善基金会捐赠2810万元人民币,专项用于建设市金山众仁护理院。护理院总投资约5620万元,总建筑面积17300平方米,共设床位400张。

2004年7月20日,宝钢集团公司向市慈善基金会捐赠人民币2000万元,并在市慈善基金会设立宝钢帮困送温暖专项基金。

2005年,浦东新区将已连续举办了四届的"慈善联合捐"活动扩展为"慈善公益联合捐",并将资助项目的范围由传统的救助帮困扩展到社会公益。当年,浦东新区实施了九段沙湿地保护、慈善医院的仪器设备引进及其医务人员培训的打包项目等9项公益项目。

2006年,市慈善基金会与相关单位联合在大宁灵石公园举办"第九届泰瑞·福克斯慈善慢跑"活动,近万名参赛者在3.8公里和8.8公里两种赛程中冒雨慢跑。参赛人员有高校师生、上海癌症康复俱乐部的朋友和在沪国际友人。慢跑活动共募集善款60余万元,定向用于医治癌症研究工作。

2010年5月28日,陈廷骅基金会向市慈善基金会捐赠5000万港币。市政协主席、市慈善基金会理事长冯国勤,市慈善基金会名誉理事长陈铁迪等出席捐赠仪式。该笔捐款中,300万港元用于青海省玉树地震灾民紧急救助,3700万港元用于重建玉树藏族自治州寄宿制民族中学,1000万港元用于继续捐建都江堰泰安寺二期。

三、慈善项目

1982年,市红十字会按照《上海市遗体捐献条例》的规定,推出上海市民遗体捐献管理项目。至2010年底,全市共有25552名市民报名登记,5618位实现捐献,为上海医学事业的发展作出了贡献。

1994年3月,上海启动希望工程项目。至2009年5月,在社会各界的大力支持和广大市民的热情参与下,有680万人次参与捐资,捐款总计达6.5亿元;在全国各地援建希望小学1800余所,救助失学儿童13万人次,培训希望小学教师18600名,捐赠希望书库、三辰影库3032个。

1994年4月29日,市、区县政府走访慰问特别困难家庭,拉开了"献爱心、送温暖活动周"的序幕。活动周期间,市委办公厅机关党委等11个市级机关党委组织共产党员深入乡村,以"心连心、帮一把"的形式为沪郊贫困农户排忧解难;市人大、市政协领导还分别到社会福利院、精神病康复院慰问孤老及精神病患者。

1994年8月，市慈善基金会开始实施"111慈善工程"计划。当年的"111慈善工程"以1、10、100个慈善项目为基础：在南翔建设一处老人福利设施，主要收养社会上日常生活缺乏照料的老人；开展10项慈善性设施的资助，为社会福利院、孤儿院、孤老院、伤残儿童寄托所、精神康复院等项目的兴建及扩建工程提供资助；对100户陷于困境的特困家庭给予重点扶助，帮助一批特别困难的市民渡过难关。

1994年12月，新民晚报设置"慈善热线"专栏，以"人间自有真情在"为主题，报道特困人群的生活遭遇，在社会上引起强烈反响，许多热心人纷纷捐款捐物，表达爱心。

1995年1月，市慈善基金会推出"蓝天下的至爱——慈善系列活动"，此后每年举办一次。该项目是集宣传、募捐、救助为一体的综合性大型慈善活动，内容包括新年慈善音乐会、慈善演唱会、慈善一日捐、万人上街募捐、万户助困、孤残儿童联欢会、温暖送三岛（崇明、横沙、长兴岛），以及各种形式的义卖、义捐、义赛、义诊等。"蓝天下的至爱"慈善系列活动为社会各界奉献爱心搭建了多个平台，市民可以根据各自意愿选择捐赠渠道，每次活动收到的捐款都超过亿元，并把社会各界奉献的爱心及时传递给社会上最困难、最需要帮助的人群。

1995年2月，市慈善基金会出资40万元，用于资助500名贫困学生的免费午餐。市慈善基金会会长陈铁迪、副会长余慧文等前往向明中学，向困难学生发放《午餐免费供应证》。

1995年3月，东方广播电台开办"792"为您解忧节目，每周报道一名或者一群有特殊困难的市民，发动社会予以资助。

1995年8月，市社会帮困基金会出资100万元，对上海600名困难企业中患重病、大病的特困职工家庭，定向进行帮困。

1997年5月，东方电视台创办"迎着阳光"栏目，每周一次报道上海的重大慈善活动。

1998年1月，市慈善基金会和中国香港西区扶轮社举行'98新年慈善筹款晚会。这是自香港回归以来，沪港两地慈善机构首次联手举办的大型慈善活动。晚会共接受海内外各界捐款2 280万元。市领导陈铁迪、陈铭珊、谢丽娟、陈正兴等出席。

1998年5月，市慈善基金会出资400万元，设立市慈善教育再就业援助启动专项基金，扶助一批下岗、特困市民再就业。

1998年8月，解放日报开设"手拉手"专栏，每两周报道一次上海的慈善助学活动。

1999年1月，市慈善基金会、东方电台与胜家商业连锁有限公司联手开展为期一个月的"792为您解忧99特别行动"，其中向全市385家敬老院赠送1 000台彩电。

1999年2月1日，市慈善基金会、市文明办、市教委、上海教育电视台联合举办《春满人间》慈善助学晚会。晚会以"中华美德篇""春满人间篇""蓝天下的至爱篇"三个特色鲜明的板块，讴歌中华民族千百年来重视教育献身教育的典范，倡导为天下学子奉献一份爱心的善举，憧憬中国教育事业的美好明天。倪天增慈善教育专项基金的捐赠人郑礼贞以及来自英、美等国的慈善人士来到晚会现场捐助上海学生，上海烟草（集团）公司也向市慈善基金会捐款1 000万元。

2000年1月13日，国内第一个慈善事业义拍网站http://yp. sq. sh. cn在上海开通。义拍网站由市慈善基金会、上海国际商品拍卖有限公司和上海社区服务中心组建，旨在通过上网拍卖的方式宣传慈善事业。1月29日，首次举行的"网上慈善义拍"活动，50余件商品拍卖所得总计27 117元，全部由市慈善基金会用于扶贫帮困事业。

2000年1月14日，市慈善基金会举行少年报慈善专刊发送仪式，万名学生义卖活动在各区县同时开展。此份慈善专刊,用 16 个版面展示 6 年来上海慈善事业蓬勃发展的轨迹,将义卖所得设立帮困基金,资助贫困老人。

2000 年 6 月 8 日,市慈善捐赠救助物资服务中心在市社区服务中心举行揭牌仪式。市人大常委会主任、慈善基金会会长陈铁迪,副市长冯国勤等参加揭牌仪式。中心所属首批 16 个募捐工作站同时启动,开始接受社会各界的实物捐赠。上海慈善网站也正式开通,网址为:SCF. 88547.com。

2000 年 12 月,市慈善基金会、文新联合报业集团、东方电视台、上海拍卖行联合主办"点亮心愿"慈善募捐拍卖活动。活动在社会上引起强烈反响。张瑞芳、秦怡、陈述等 31 位文化艺术界明星及社会知名人士向社会发出"捐赠一件珍品,奉献一片爱心",引起社会各界的关注和赞赏。

2001 年 1 月,在张瑞芳、秦怡等爱心人士的倡议下,"点亮心愿"——慈善医疗救助系列活动启动。它以老人和儿童为医疗救助对象,内容包括白内障手术医疗项目、儿童先天性心脏病手术项目、聋儿康复语训等项目。项目所需经费主要通过慈善义卖、义拍筹资。至 2009 年初,"点亮心愿"慈善义拍连续举办了 10 次,共筹集拍品 600 余件,募得善款近 2 000 万元。至 2010 年,"点亮心愿"项目实施近 10 年来,出资近 4 800 余万元,为 1.2 万余名老年贫困白内障患者、119 位小儿先心病患者和 1 544 位失聪儿童成功实施医疗救助。

2001 年 2 月 3 日,市慈善基金会实施的万人慈善医疗救助项目启动。市慈善基金会通过向社会定向募集资金,每年筹集 500 万元,资助上海 1 万名没有能力参加医疗保险和补充医疗保险的社会特困人员。全市各区的 150 余个门诊部成为慈善医疗的定点门诊,接受持有慈善医疗卡的救助对象前来就医。

2001 年,上海宋庆龄基金会发起"母婴平安"项目,以"母亲安全,儿童健康"为主题,旨在帮助西部贫困地区建立妇幼保健站,增添基本医疗设备,培训医护人员,推广科学生育,降低孕产妇和婴儿死亡率,被西部地区群众誉为"民心项目"。

2001 年 10 月 24 日,市慈善基金会定点口腔慈善医疗门诊部揭牌。至此,全市慈善医疗门诊部已达 184 个,遍布上海 15 个区;全市有 7 000 余贫困老人持有免费慈善医疗卡,可就近到这些门诊部就诊,每人每年享有 500 元的免费额度。

2004 年,市民政局以政府购买服务方式,委托市慈善基金会进行社会经常性物资捐赠工作。从 2 月份开始在普陀区的 9 个街道进行经常性捐赠接收点的首批试点。至 2004 年底,在全市普陀、徐汇、黄浦、闵行等 7 个区建立 105 个经常性捐赠物资接收点,初步形成覆盖全市的经常性捐赠网络。

2004 年 5 月 12 日,上海第一本慈善杂志——《至爱》月刊举行首发仪式。市委副书记殷一璀为杂志发来名为《寄语〈至爱〉》的祝贺词。市慈善基金会会长陈铁迪出席首发仪式。

2004 年 5 月,以"慈善、关爱与和谐"为主题的上海国际慈善论坛召开,来自海内外 250 多位专家学者与会。

2004 年 12 月 4 日,市慈善基金会、上海海外联谊会等单位联合主办"港澳台沪爱心雅集慈善演唱会",筹集善款 1 550 余万元,定向用于资助贫困老年白内障复明手术和白血病骨髓移植手术。

2004 年,市社会帮困基金会组织市级机关千余个党支部,结对 1 400 名困难职工子女,资助帮困金 800 万元,使困难家庭深切感受到党和政府的关心及社会主义大家庭的温暖,充分显现社会帮困的效能。

2006年5月,市慈善基金会、市妇联、新民晚报社共同开发"姐妹情"——妇科肿瘤慈善救助项目。中国福利会国际和平妇幼保健院、复旦大学附属妇产科医院、武警上海市总队医院等为项目定点医院,一批知名妇科专家为困难妇女实施手术。除医疗保险支付费用外,在医疗保险范围内的费用,项目资金承担70%,定点医院减免10%,个人承担20%。

2006年,以发扬知恩、感恩、报恩慈善文化的温馨小屋——慈善爱心屋,在华东师范大学建立。年内,上海大学、复旦大学等高校也相继建立类似的慈善爱心屋。

2007年4月,上海维众投资管理有限公司、上海多媒体产业园创业有限公司等企业和孙德棣基金(TED SUN)及有关社会人士共同发起设立唯爱天使专项基金。它以鼓励学医、奖励资助医学生为使命,旨在促进教育卫生事业发展。它着重奖励和资助国家重点大学医学院中家境困难、品学兼优的医学生,开展优秀企业家与贫困生手拉手活动,不仅给予经济资助,而且给予人文关怀和思想引导,努力培养一批白求恩式医生。

2007年始,市民帮困互助基金会开展社区市民综合帮扶项目。该项目对一部分目前未能纳入基本保险及其他制度性互助保障范围,或虽然得到政府救济、单位帮困和其他帮困互助等措施后依然存在困难的特殊市民,为他们提供及时、有效、综合的帮扶,以缓解他们的特殊困难。

2008年6月,上海曹鹏音乐中心创立关爱自闭症儿童的慈善公益服务项目——"天使知音沙龙",每周末为患自闭症的儿童举办微型音乐会。"天使知音沙龙"由来自上海城市交响乐团的青年志愿者担任乐手(上海城市交响乐团由上海曹鹏音乐中心组建,由中外音乐爱好者组成)。通过音乐的陪伴,使自闭症儿童从关注音乐开始,尽早融入社会大家庭。

2008年9月,市慈善基金会和市科普教育发展基金会,联合上海科技馆,启动"播撒蓝天至爱、共享科普阳光"慈善科普公益项目。该项目计划在3年内让全市1.5万名农民工子女走进科技馆,切实感受科技魅力,体验成长快乐。

2009年2月27日,"2009新娱乐慈善群星会——中国慈善高峰论坛"举行,由市慈善基金会、市文明办、上海文广新闻传媒集团联合主办,邀请国内外公益机构代表、国内著名学者,以及长期致力于慈善的明星和企业家们,共同关注"平民慈善,全民公益"的时代亮点,探讨如何让全民慈善走得更远。

2009年5月1日,上海首个"慈善主题公园——博爱园"在延中绿地卢湾段开园。倡导慈善理念是主题公园的主要任务之一。

第三节　扶持推动慈善事业

一、规划和法规

2001年,《上海市国民经济建设和社会发展第十个五年计划》指出:要"发展社会福利、社会救助、优抚安置和社会互助等社会保障事业,扩大社会福利资金来源,推进社会福利社会化。建设四位一体的社会救助体系,加强和完善居民最低社会保障制度,逐步提高城市贫困人口救助补助标准。大力发展社会救助与慈善事业,加强对捐助资金的使用和监管"。

2006年,《上海市国民经济建设和社会发展第十一个五年计划》指出:要"发展社会救助、社会福利和社会慈善事业。继续实施分类施保,完善医疗、教育、住房等单项救助政策,并加强对困难群众的综合帮扶。完善最低工资、最低社会保障和养老金年底增长的调整机制。加强社会福利事业建设,鼓励和扶持社会力量举办公益性福利设施。进一步做好拥军优抚安置。继续发挥慈善基金会、红十字会等单位的示范作用,通过税收等政策引导和鼓励社会各方面的力量,积极参与慈善公益事业"。

2010年5月,市人大成立募捐立法研究课题组,完成4万余字的《上海市募捐立法研究课题总报告》。

2010年,市委办公厅、市政府办公厅发布《上海市慈善事业发展指导纲要》,明确上海慈善事业发展的指导思想、主要目标和基本原则。指出要"推动慈善组织逐步成为慈善事业的运作主体,充分发挥慈善组织的主体作用。要培育多种类型的慈善组织,探索发展专门从事社会募捐的慈善组织,加快发展实施服务项目的慈善组织,要"充分调动各方力量,营造慈善事业发展的社会环境。要积极履行政府职责,加强对慈善事业的组织领导,明确政府在推动慈善事业发展中的指导、服务、协调和监督职能"。

二、政策措施

1994年12月,市民政局会同相关单位联合制订《关于加快发展上海市社区服务业的意见》,要求把"社区服务志愿者占居民(15岁～16岁)总人数12%以上",列为上海社区服务业的发展目标之一。

1996年3月,市民政局制订《关于下发〈全国社区服务示范城区标准〉和〈上海市社区服务示范区标准〉的通知》,明确把"志愿队伍建设普及化"作为社区服务示范区的总体要求之一,要求"区、街道、居民委员会分别建立社区服务志愿者组织,有计划有组织地开展各项志愿服务活动。社区志愿者登记注册人员达本社区居民的10%以上;80%以上的志愿者每月参加义务服务活动不低于2小时"。

1997年5月,市民政局制订《关于开展居民委员会建设达标升级活动的通知》,把社区志愿者队伍建设以及志愿服务项目开展情况,列为居民委员会建设的三级达标升级标准。其中,三级居民委员会的相关标准是"建立志愿者队伍,居民参与率达10%,为老年人、幼儿、残疾人、优抚对象等服务项目齐全,便民利民服务项目在5个以上";二级居委会的相关标准是"已经达到三级居民委员会标准的,志愿者队伍与居民间互助活动经常化、制度化,志愿者参与率占居民总人数的12%以上,便民利民服务项目10个以上";一级居民委员会的相关标准是"已经达到二级居委会标准的,社区服务志愿者人数占居民总人数的15%"。

2000年5月,市民政局制订《关于贯彻市社区工作会议精神抓紧做好当前几项工作的通知》,要求各区发动广大志愿者参加社区服务,探索志愿者参加社区服务的劳务储存制度,组织开展社区志愿者表彰活动,力争社区建设再上一个新台阶。

2001年4月,市民政局制订《关于做好建设标准化老年活动室市政府实事项目的实施意见》,要求各区县民政局探索工作机制,营造政府推动,社会广泛参与的助老氛围,组建专业和志愿者相结合的服务队伍,做好市政府实事项目,推进社区为老服务事业。

2002年,市财政局、地税局制订《关于本市社会团体和民办非企业单位票据及税收管理问题的通知》,规范上海社会组织的税收优惠政策,以及加强社会组织税务管理的要求。

2005年5月,普陀区民政局制订《普陀区义工发展和管理指导意见》,旨在助老、助困、助残、助学、助医等领域,培育发展志愿者,建立志愿者招募登记、服务记录、考评监督等管理制度。

2006年12月,市民政局制订《关于转发民政部〈关于开展"建设和谐社区示范单位"创建活动的通知〉的通知》,将志愿服务开展情况作为示范社区基本标准之一。

2007年1月,市民政局会同相关部门制订《关于在本市民间组织中实施工资基金管理工作的通知》,规定社会组织的工薪制度。慈善机构一经登记,即可办理《工资基金管理手册》,积极推进慈善机构的职业化建设。

2007年,市民政局制订《基金会信息公布实施办法》,要求社会组织积极参与诚信建设,规范章程,披露信息,回馈社会。

2008年8月,市民政局制订《关于推行社区志愿者注册制度的通知》,明确推行社区志愿者注册制度的重要意义、注册方法、注册工作机构、实施步骤等内容。

2009年,市民政局制订上海社区志愿者注册工作推进方案,明确社区志愿者注册登记方法、注册条件、申请方式、申请程序、颁发证件等事项,提出街镇注册窗口的建设标准和服务规范,基本确定上海社区志愿者信息与民政部志愿者数据库的对接和共享方案。

2009年12月,浦东公益服务园开业。它集聚了一批专业化、枢纽型、示范性的慈善机构。浦东新区政府免费提供办公场地,免费提供会议、培训、展示空间,它是慈善机构共享政府公共服务的园区,是慈善机构的孵化基地。

2010年3月,市民政局制订《上海市社区志愿服务行动纲要》,明确上海世博会期间社区志愿服务行动的工作目标、基本原则、主要任务和工作措施。工作目标是:动员招募60万名居民,组建社区志愿者队伍,投身世博社区接待服务,开展助老爱幼、扶贫帮困、帮残助残等社区志愿服务行动;基本原则是:政府发动和社会组织招募相结合、志愿加入和培训上岗相结合、志愿者服务和社工专业服务相结合、项目化服务和应急机动服务相结合;主要任务是:做好社区志愿者的招募、培训和注册工作,引导社区志愿者积极参与居委会自治家园建设,组织开展好每月20日的"社区志愿服务日"活动;工作措施是:加强组织领导、宣传发动、扶持引导、跟踪评估,加强社区志愿服务行动信息化平台建设。

2010年7月,上海市社会创新孵化园开园。它以培育慈善机构、解决社会问题为目标,重点探索残疾人的就业问题。对有就业能力的残疾人,开展培训和就业实训工作。

2010年,市财政局、地税局制订《关于转发财政部、国家税务总局、民政部关于公益性捐赠税前扣除有关问题的补充通知和本市实施意见的通知》,明确可以获取税前扣除的捐赠票据的慈善机构的标准,并规范获取的程序。

三、事迹及表彰

2004年1月,市慈善基金会和市文明办联合开展上海市"慈善之星"评选活动。活动每两年评选一次。至2010年,四届评选活动共评选出"慈善之星"102名,其中冯艾、沈翠英、袁正平等8人以及上海复星高科技(集团)有限公司、上海绿地(集团)有限公司等8个单位分别荣获"中华慈善奖"称号。2008年,市民政局组织开展"上海慈善奖"评选活动。上海主流媒体和网络对他们的慈善事迹进行广泛宣传。

1989年,身患癌症的袁正平,创建上海市癌症康复俱乐部。俱乐部积极探索癌症患者医疗期后的康复方式,创造群体抗癌的上海模式。1993年,他创建上海市癌症康复学校。在既没有办学场地,又没有办学经费,更没有现成教材的情况下,带领癌症康复志愿者一起编写教材、开班授课,共举办 97 期培训班,服务学员 8 000 多人。2007 年,他组建志愿者服务总队,组织各项志愿服务活动,从"新年送阳光千人进病房"到"与青浦监狱结对共建",从"新会员康复营"到"参加世博志愿活动",在上海电视台专题栏目开讲"第三人生"等。千名癌症康复志愿者服务社会的举动,提升了社会的正能量。他深入到 100 多个块站宣讲癌症防复发防转移并指导工作。每年的爱心夏令营,他带领 20 多名志愿者冒着高温为 2 000 多名新会员服务;他创建了 13 个病种康复指导中心和 5 个三甲医院的癌症病人资源中心;全市 100 多个居委在他倡导下组建"癌症康复自我管理小组"。2010 年,袁正平荣获"中华慈善奖"称号。

1992 年,郑礼贞的丈夫、副市长倪天增去世。她将政府和亲朋好友的慰问金设立倪天增专项基金,作奖学金。1995 年,郑礼贞又将基金中剩余的 51.49 万元全部捐给市慈善基金会,成立上海第一个助学基金,也是唯一面向单亲和残疾人家庭的专项基金。十几年来,通过社会热心人士不断捐赠,基金总额超过 400 余万元,每年资助 100 名家庭贫困的单亲和困难家庭的中小学生。自 2006 年开始,每年出资 21 万元,资助 40 名护理专业贫困学生以及各种特困学生达 170 名。14 年来,累计资助 183 次,资助金额 142.79 万元。2004 年,郑礼贞荣获第一届上海"慈善之星"称号。

1996 年起,复旦大学学生冯艾,利用暑假组织光华公司员工在安徽颍上县建立暑期社会实践基地,用勤工俭学的收入先后资助 50 余名当地贫困学生。她参与发起建立复旦大学"爱心基金",募集近 100 万元,帮助同校 120 多名贫困生完成学业。她放弃直接保送研究生的机会,参加中国青年志愿者扶贫接力计划,到宁夏西吉县支教。2003 年 6 月,她再次参加大学生志愿者服务西部计划,到云南山区支教。2005 年 8 月,她成为首位中国青年志愿者援非(洲)服务队队长,在埃塞俄比亚的亚德斯亚贝巴大学从事中文教学工作。2008 年汶川地震后,她作为灾后青少年心理康复专家志愿团的一员,不仅为受灾群众做心理疏导,还组织安置点的孩子们成立志愿服务小分队。她与团员共同撰写了灾后青少年心理康复建议,又参与在海南组织的四川灾区儿童心理康复夏令营,为近百位孩子做心理辅导。2005 年,冯艾荣获"中华慈善奖"称号。

1996 年,高位截瘫者房金妹为贫困地区的孩子缝制 100 只书包,而后又为接受书包的 100 个孩子寻找结对助学的好心人。1999 年,她为了让更多残疾人家庭的生活好起来,在杨浦区长白新村街道开办一所"兴家"残疾人子女义务辅导学校,有 9 所大学的 7 000 多名志愿者先后加盟。累计送教上门 3.2 万余次,为将近 1 900 名残疾人子女提供 7 万多小时的义务辅导,并将辅导范围从杨浦区扩大到了虹口、卢湾、徐汇、静安等区,已有 1 000 多位残疾人家庭的子女从"兴家"毕业,考上理想的学校。2006 年,房金妹荣获第二届上海"慈善之星"称号。

1999 年,中国香港著名企业家唐翔千,出资 4 000 万元注册登记上海唐君远教育基金会。他将公司的股票、共同投资公司的股份捐给基金会,将独幢别墅捐给基金会作会所。他重视以德育人,坚持奖励与思想教育相结合,特别关心家庭经济困难而学习刻苦优秀的同学。在上海、无锡的 17 所学校组建 25 个"君远班",给每人每年 2 000 元～3 500 元的奖励资助。他多次为地震灾区捐赠,还通过基金会捐赠 300 万元支持灾区学校重建,资助 10 万元开展四川灾后教育重建调研及校长、教师培训工作。

2007 年 8 月,76 岁的离休干部方耀熊,将毕生积蓄 100 万元捐献给"希望工程",在红军长征途经的地方,建立 3 所红军小学;在西藏——他曾经战斗过的地方建一所希望小学。方耀熊 17 岁参军,参加过湘南战役、成都战役、四川剿匪,最后进军西藏。他立过二等功、三等功,受到过多次通报表扬。离休后,他积极参加扶贫帮困和关心下一代。2008 年春节,他在"蓝天下的至爱"募捐会场捐 5 000 元;汶川大地震发生后,又捐出 4 000 元。

2008 年"512 汶川大地震"发生后,上海退休教师沈翠英,将一套住房捐给市慈善基金会,将拍卖所得 450 万元用于在灾区建一所小学。在她的带动下,社会各界积极参与学校建设。《故事大王》杂志捐助文具和图书,拉法基公司提供石膏板,大金空调公司提供空调,3 位 80 多岁高龄的老人捐款 2 万元……2009 年,她与儿子、儿媳再次前往都江堰,捐赠 62 万元。2008 年,沈翠英荣获"中华慈善奖"称号。

2009 年 1 月 6 日,首届"上海慈善大会"召开。市人大副主任、市老年基金会理事长胡炜,副市长胡延照,中华慈善总会荣誉会长、市慈善基金会理事长陈铁迪,市红十字会会长谢丽娟等出席会议。民政部为大会发来贺信。会议提出,上海慈善事业发展要围绕构建社会主义和谐社会和完善社会保障体系,坚持党的领导,在政府的有力推动下,以社会广泛参与为基础,以慈善机构能力建设为重点,弘扬传统美德,借鉴国外经验,努力探索中国特色、上海特点的慈善事业发展道路。会上宣读了"中华慈善奖"上海获奖者名单。会议表彰了获得"上海慈善奖"的 70 名个人、集体和慈善项目,获得"抗震救灾捐赠特别奖"的 36 名个人和集体。会前,中共中央政治局委员、市委书记俞正声,市委副书记、市长韩正等领导接见了获奖代表。俞正声向长期以来为上海慈善事业发展作出积极贡献的海内外慈善机构、社会团体、企业和各界人士表示衷心感谢。他强调各级政府要高度重视慈善事业,帮助支持慈善团体发展。要大力倡导慈善行为,促进全社会形成扶贫济困的良好社会风尚。他希望有更多人民群众投身到慈善事业中来,使上海慈善事业越来越兴旺。

表 9-1-1　历届"中华慈善奖"上海市获奖名单一览表

年份 \ 奖项	慈善楷模	捐赠个人	爱心企业(捐赠机构)	慈善项目	其　他
2005	冯艾 余慧文		上海均瑶集团有限公司 上海工商业联合会 香港上海汇丰银行有限公司 上海干细胞捐献志愿者俱乐部		
2007			汇丰银行(中国)有限公司 上海绿地(集团)有限公司 上海复星高科技(集团)有限公司	恒爱行动	
2008	戴志康 刘瑞旗 沈翠英		宝钢集团有限公司 上海复星高科技(集团)有限公司 上海绿地(集团)有限公司 上海康基环保设备有限公司 汇丰银行(中国)有限公司	上海社工灾后重建服务项目 恒爱行动 蓝天下的至爱慈善系列活动 星星港精神救援项目	中华慈善贡献奖: 陈铁迪　谢丽娟 全国优秀慈善工作者:郭天成　庄爱玲　张金泉

（续表）

年份\奖项	慈善楷模	捐赠个人	爱心企业（捐赠机构）	慈善项目	其 他
2009			宝钢集团有限公司 汇丰银行（中国）有限公司	"共享阳光"——来沪务工人员子女教育就业援助行动	
2010	袁正平 左焕琛	周立波	宝钢集团有限公司 汇丰银行（中国）有限公司 上海绿地（集团）有限公司 中国衣恋集团	"我要爱"灾后心理援助行动	

资料来源：上海市民政局档案

表 9‑1‑2 首届"上海慈善奖"获奖名单一览表

年份\奖项	2009 年
慈善捐赠个人	唐翔千　屠海鸣　瞿建国　李飞康　王岳祥　蔡光天　吴振来 郑礼贞　徐仁明　俞新宝　方耀熊　卢革胜　唐尤淑圻
慈善捐赠单位	上海汽车工业总公司　上海晨兴国际控股有限公司　香港陈廷骅基金会 辉瑞投资有限公司　香港世茂集团　光明食品（集团）有限公司　上海玉佛禅寺 瑞安房地产发展有限公司　上海铁路局　恒源祥（集团）有限公司 上海置业集团有限公司　上海开天建设（集团）有限公司 中国移动通信集团上海有限公司　上海长峰房地产开发有限公司 上海恒邦房地产开发有限公司　中国台湾永丰馀集团
慈善行为	朱常青　房金妹　艾博彬　张景棣　徐晓霞 丁志平　宋云飞　康志坚　吕彩云　程 英
慈善组织	上海市老年基金会　上海市慈善基金会　上海市癌症康复俱乐部 上海市青少年发展基金会　上海宋庆龄基金会　上海市红十字会 上海唐君远教育基金会　上海静安寺　上海龙华古寺 上海市教育发展基金会　上海市普陀区长寿路街道民间组织服务中心 上海映绿公益事业发展中心　上海青年志愿者协会 上海市静安区南西"金钥匙"社区义工协会　上海市安济医疗救助基金会
慈善项目	千万人帮万家　点亮心愿—慈善医疗救助系列　母婴平安　恒爱行动 浦东新区慈善公益联合捐　社区市民综合帮扶　共享阳光—慈善教育系列培训 公益组织孵化　恒隆慈善艺术盛典　闪电星感动 中国上海青年志愿者赴老挝服务　遗体捐献　千牵结对助学 九九关爱小剧场　"爱心行动"百姓救助　《真情实录》年度真情人物评选

资料来源：上海市民政局档案

表 9‑1‑3 上海"抗震救灾捐赠特别奖"获奖名单一览表

年份\奖项	2009 年
捐赠个人	张德安　杨宗孟　荣耀中　边华才　肖松林　管宝龙　丁佐宏　姜照柏 王 雁　孙 勇　周星增　金永康　于博文　安 培　郭康玺　印保兴

（续表）

奖项 ＼ 年份	2009 年
捐赠集体	大润发有限公司　上海交通大学　欧莱雅(中国)有限公司 申能(集团)有限公司　毕马威华振会计师事务所 金士顿科技(上海)有限公司　上海电气(集团)总公司 上海东方鳄鱼服饰有限公司　申银万国证券股份有限公司 永恩投资(集团)有限公司　上海建工(集团)总公司 上海金光外滩置地有限公司　达丰(上海)电脑有限公司 上海国际港务(集团)股份有限公司　上海城建(集团)公司 如新(中国)日用保健品有限公司　上海文峰美发美容有限公司 汤臣集团　震旦集团　吴孟超医学科技基金会

资料来源：上海市民政局档案

第二章 社会工作与志愿服务

上海在向市场经济体制成功转型后,面临诸多需要解决的社会问题。20 世纪 90 年代,上海开始尝试运用社工理念和方法,以人性、个性和柔性的管理和服务方式,探索现代化国际大都市社会建设的新路。1993 年,市民政局批准成立上海市社会工作者协会(以下简称市社工协会),以社工行业组织的形式,引进社工理念,推进社工发展。2000 年,市民政干校增挂市社会工作培训中心的牌子,开展对社工知识的传播和人才的培训。2004 年,市民政局设职业社会工作处。至此,社工推进成为政府的职责,成为民政部门的一项重要工作。在政府部门的扶持推动下,上海社工朝着职业化、专业化快速发展,在民政、司法行政、教育、卫生、人口计生、劳动和社会保障、民族宗教、信访维稳、应急处置等 20 多个领域,发挥积极作用,初步形成政府引导、跨界合作、社会力量广泛参与的格局,社工的制度和管理体系基本建立,形成专业人才培养、契约化购买社工服务、项目化运作等工作机制,探索出一条"回应需求、贴近实务、坚守专业"的社工发展之路。

志愿服务是以自己的智能、技能、体能来服务他人奉献社会。社工是一种职业行为,志愿服务一般是利用业余时间从事的一种非职业行为。社工与志愿服务有着密切的联系,社工在开展专业社会管理和服务时需要志愿者的支撑,志愿者在投身社会公益事业和为群众提供各类服务时也需要社工的专业指导。改革开放以后,上海有三股力量不断推进志愿服务的发展,其中,市民政局着重于在社区开展志愿服务活动,团市委着重于在青年中开展志愿服务活动,市文明办则在全市特别是组织志愿者参与重大活动中发挥积极作用。2009 年,市人大颁布《上海市志愿服务条例》。该条例对志愿服务发展的现状进行资源整合,规定市民政局是市政府推进志愿服务发展的职能部门,并授权市志愿者协会负责指导、协调全市的志愿服务活动。本章主要记述民政部门推动的社区志愿服务。

第一节 规划、制度和人才队伍

一、规划和政策

2003 年 2 月 16 日,市政府《政府工作报告》中提出,要探索建立职业社工制度。

2005 年 6 月,市委下发《关于本市构建社会主义和谐社会工作的意见》指出,要大力发展和完善社工机制,建立相应的激励扶持政策,推进社工和志愿者积极参与社会公益、公共管理和社会援助等活动;要发展社工,着眼于社会服务领域的拓展和社会服务功能的增强,推进和规范政府向社会组织购买服务的工作,大力发展多领域、多功能、职业化、专业化的社工体系。

2005 年 8 月,按照民政部的要求,对社会工作职业化建设的做法及成效进行归纳和总结,撰写反映上海市社会工作发展情况的介绍材料《创新社会工作方式,服务和谐社会建设——上海市推进职业化社会工作的主要做法》。该材料由民政部报送国务院办公厅,刊发在第 64 期《政务情况交流》上。

2005 年 10 月,根据中央办公厅约稿要求,撰写《社会工作的含义及在构建和谐社会中的作用》

《发达国家社会工作发展概况》《香港地区社会工作的情况》《我国内地社会工作的总体情况》《我国社会工作的发展趋向及对策思考》等5篇社会工作的介绍材料。

2006年10月11日，中央发布《关于构建社会主义和谐社会若干重大问题的决定》指出，建设一支结构合理、素质优良的社工人才队伍，是构建社会主义和谐社会的迫切需要。12月20日，市委下发《关于贯彻〈中共中央关于构建社会主义和谐社会若干重大问题的决定〉的意见》提出，要加快社工人才队伍建设，建立健全社工人才培养机制，制定社工人才培养规划，加快高等院校社工人才培养体系建设，抓紧培养大批社工急需的各类专门人才；注重加强对现有社工队伍的培训，提高他们的综合素质和业务能力；建立健全职业技能资格制度，确定职业规范和从业标准，不断促进社工队伍的专业化、规范化、职业化建设；建立科学合理的薪酬体系，改善工作条件，维护社工的权益，不断提升他们的社会地位；充实公共服务和社会管理部门，配备社工，完善社工岗位设置。

2006年，《上海市国民经济和社会发展"十一五"规划纲要》指出，要推进社工和志愿者积极参与社会公益、公共管理和社会援助等活动，推进社区专业社工和义工制度建设，新增社工3万人、义工30万人。

2007年6月23日，市政府下发《关于完善社区服务促进社区建设的实施意见》提出，要推进社工和志愿服务制度建设；在社区发展职业化、专业化的社工，提升社会管理和服务水平；培育和发展专业社工组织，开发和配置社区社工岗位，逐步形成以职业资格、注册管理、职业规范、薪酬标准、教育培训、督导评估为主要内容的社工制度体系。

2009年10月，市民政局制订《社会工作人才开发计划》，提出上海社工人才的发展目标。近期目标（2009—2013）：到2013年，上海各领域的社工总量力争达到6.85万人；社工师（者）达1.7万人；基本形成与社会事业发展相协调的五类社工人才梯次结构（"8510311"格局），即一线岗位社工、具有专业知识技能有临床治疗能力的社工、监督指导人员、行政管理人员和政策制定人员，结构比例分别达到85%、10%、3%、1%、1%；社工人才发展环境逐步优化。中长期目标（2014—2020）：到2020年，上海社工总量力争达到8万人；社工师（者）达到4万人规模；队伍结构合理，建立临床社工和社工督导队伍，年度社工总费用超过10亿元。

2009年，市民政局在全市开展社区公益服务项目招投标工作，明确要求参加投标的社会公益组织必须具有获得职业资格的专职社工；中标组织在实施项目的过程中，要综合运用社工方法，充分发挥专业社工的作用，认真开展相关工作。2009年共进行4期公益创投，经评审共有59个项目获得资助，市级福利彩票公益金资助995.42万元。

2010年4月1日，党中央、国务院制定《国家中长期人才发展规划纲要（2010—2020）》，将社工人才作为国内6大类人才之一，重点加以部署。市委制定的《上海市中长期人才发展规划纲要（2010—2020）》提出，要着眼于创新城市社会管理体制，提高公共服务水平的要求，实施社工人才培养计划，大力开发社工人才。

2010年7月4日，民政部和上海市政府签署《共同建设国家现代民政示范区合作协议》，提出推进现代社会工作制度建设的要求：一是提升社工应对社会问题的能力。深化社工在民政、司法、教育、卫生、社会保障、人口计生、民族宗教、妇女儿童等领域的专业服务，继续探索社工介入社会重大和突发事件机制。二是启动高级社工人才计划。引进高级社工人才，培养社工领军人物，输送一线资深社工赴境外实务锻炼；建立社工专家库，成立高级社工人才讲师团，集成社工服务优秀案例，组织优秀社工巡讲；探索高级社工人才评价、使用和激励办法。三是健全社工发展保障体系。设立全国社工人才队伍建设上海观察点；支持并推广福利彩票公益金购买社工服务项目；依托上海高校社工专业和服务机构建立集教学、研究、实务为一体的实验和实训基地；对专业机构和服务单位开展督导评估，不断提升其专业服务能力。四是加大社工人才使用的政策支持力度。在民政事业单位大力开发设置社工专业技术岗位；在城乡社区探索社工服务组织建设和社工服务开展路径；发展社工职业组织和专业机构，进一步加大政策扶持力度，推进专业社工师事务所建设，使其成为社工人才高地。

二、职业制度

1997 年，浦东新区社会发展局引进首批 36 名社工本科毕业生，推荐到社区和福利机构从事社会工作。1998 年，浦东新区开始在教育、卫生、民政系统内设置社工岗位，先后在 1 家医院、2 所学校、2 个社区共成立 5 个社工站。

2001 年 6 月，市民政局委托市社工培训中心和复旦大学社会学系联合开展"新时期上海市社工职业化对策研究"课题调研。在此基础上，2002 年又开展"一种崭新的职业：社工职业化发展研究"。

2002 年 11 月 12 日，市民政局会同相关部门召开"推进上海市社工职业化座谈会"，成立推进上海市社工职业化工作小组，组织制定上海社工的从业标准和社工职业化的配套政策和措施。

2003 年 3 月 16 日，市民政局会同相关部门下发《上海市社会工作者职业资格认证暂行办法》，明确上海社工职业资格认证属于市专业技术人员职业资格制度的管理范畴，上海社工职业资格包括助理社工师资格和社工师资格。

2003 年 4 月 25 日，浦东新区社会发展局下发《关于在浦东新区社会事业系统推进社会工作职业化、专业化的试行意见》，决定在教育、卫生、民政等系统设立社工机构或岗位。此后，全区中小学、职校、特殊教育学校、二级医院、养老机构，以及民办学校、简易学校、青少年保护办公室、福利企事业管理所、残疾人联合会、老龄工作办公室、人口计划生育等机构，均设立社工部（室）或社工岗位。

2003 年 5 月中旬，市民政局会同相关部门下发《上海市社会工作者职业资格考试大纲》，并组织编写和出版《社会工作基础知识》《社会工作法律基础》两本参考书。

2003 年 5 月下旬，市民政局召开新闻发布会，通报上海社工职业资格认证和考试的相关事项。7 月 4—10 日，共有 5 500 多人报名考试。市社工培训中心开设培训教学点，并与宝山、松江、嘉定、青浦、静安、长宁等 6 个区的民政局联合举办培训班，共开办 22 个培训班，培训 2 072 人。

2003 年 7 月 8 日，市民政局下发《关于制定〈上海市社会工作师（助理）注册管理试行办法〉的通知》，规定凡取得《上海市社会工作师资格证书》或《上海市社会工作师助理资格证书》，经登记注册的人员，可以社工师（助理）的身份从事社工；社工师（助理）只能在一个社工机构执业；上海社工师（助理）的注册有效期为两年。

2003 年 7 月，市民政局开展"推进上海社工职业化专业化制度设计"调研，初步明确注册管理、薪酬标准指导、继续教育等制度建设的工作思路，以及"重点展开、逐步推进"的社工岗位设置模式。

2003 年 11 月 22 日，上海举行全国首批社工职业资格考试。11 月 22 日，副市长周太彤和民政部人教司领导在上海中山学校考场看望参加考试的部分考生，并与他们进行座谈。此次共有 1 466 人参加社工师考试，合格人数 281 人，合格率 19.17%；2 146 人参加助理社工师考试，合格人数 1 145 人，合格率 53.36%。年底，"上海市实行社工职业资格认证"被评为"2003 年中国民政十大新闻"之一。

表 9 - 2 - 1　2003—2010 年上海市参加社工师、助理社工师考试的人数统计表　　　　单位：人

年　度	社工师考试			助理社工师考试		
	参考人数	合格人数	合格比例(%)	参考人数	合格人数	合格比例(%)
2003	1 466	281	19.17	2 146	1 145	53.36
2004	1 092	423	38.74	1 526	935	61.27
2005	1 346	710	52.75	1 841	997	54.16
2006	380	250	65.8	—	—	—
2008	1 411	325	23.03	946	581	61.42
2009	1 431	304	21.24	1 034	293	28.34
2010	982	194	19.76	1 621	299	18.45

资料来源：上海市民政局档案

　　2003 年，浦东新区社工协会受中国社工协会委托，协调高校社工专家及社工机构人员组成课题组，草拟《社会工作者国家职业标准》。2004 年 5 月，《社会工作者国家职业标准》论证会在上海召开，该标准通过评审。2004 年 6 月，劳动和社会保障部颁布《社会工作者国家职业标准》。

　　2004 年 2 月，市社工协会发布《上海市注册社会工作者继续教育暂行办法》《上海注册社会工作者守则》，明确注册社工应当具备的职业道德、专业知识和技能。

　　2004 年 4 月 20 日，市民政局下发《关于在本市民政系统及相关机构配置注册社会工作者的意见》，要求民政系统率先提供合适的岗位，让注册社工在实际工作中发挥作用；并对老年社工机构、军队离退休干部休养(活动)中心、民政精神病院、社区服务中心、救助管理站、婚姻收养登记机构等社工岗位配置办法作出规定。

　　2004 年 4 月起，市民政局委托市社工协会对取得社工师或者助理社工师资格证书，申请注册并符合注册条件的人员，进行注册登记。5 月 12 日，上海举行首批社工职业资格证书颁发仪式，市委副书记刘云耕、副市长周太彤，市民政局以及相关部门负责人，各区县党政领导，各区县民政局和相关部门负责人，专家学者、社工代表和媒体记者等 200 多人出席颁证仪式。

　　2004 年 6 月 20 日，市职业能力考试院、市社工协会下发《关于制定〈上海市社会工作专业技术水平认证暂行办法〉的通知》明确，上海社工专业技术水平认证由市职业能力考试院和市社会工作者协会共同组织实施，考试包括笔试和面试两种形式，考试每年举行一次。

　　2004 年 7—10 月，浦东新区社工协会组织有关专家，根据《社会工作者国家职业标准》的内容框架和《上海市职业开发技术规程》的要求，制定《社会工作者》技术文本。

　　2004 年 8 月，市社会福利中心召开"职业化社工推进会"，制定《上海市社会福利中心关于在本系统推进职业化社会工作的实施意见》，对福利机构内专业社工的岗位配置做具体规定，要求在两年内各机构的注册社工占职工总数的 10%，关键岗位的社工配置率要达到 100%。

　　2005 年 9 月，市劳动和社会保障局受国家职业技能鉴定中心委托，在上海进行社工国家职业资格等级的鉴定。

　　2006 年 4 月 6—7 日，市民政局会同相关单位联合举办首届《社会工作者国家职业标准》全国培训班，来自全国各省(自治区、直辖市)民政、司法、教育、卫生、人口计生、劳动等相关业务部门以及社工协会、高校社工院系、社工机构等方面约 80 名负责人参加培训。

2006 年 5 月 25 日,民政部在上海召开社工职业水平认证工作座谈会。民政部、市民政局及市相关单位领导,以及专家学者、社会组织代表参加座谈会。

2006 年 7 月 20 日,人事部、民政部发布《社会工作者职业水平评价暂行规定》和《助理社会工作师、社会工作师职业水平考试实施办法》,明确建立社工职业水平评价制度,并纳入全国专业技术人员职业资格证书制度统一规划。

2008 年 6 月,人事部、民政部举办社会工作职业水平考试全国首考。上海报名全国社会工作师考试 1 652 人,合格 325 人;报名全国社会工作师助理考试 1 082 人,合格 581 人。

2009 年 7 月,民政部领导高度评价上海的社工,认为"以上海为代表的政府与社会组织共同推进社会工作"的做法,其主要特点是"政府与社会组织二元推进,在福利服务机构,通过调整内设机构、开发社工岗位、配备专职人员等方式推进社工;在社区通过培育社会组织、政府购买服务的方式开展社会工作"。

三、人才队伍

2000 年 5 月,在市民政干部学校增挂市社工培训中心的牌子,编制数不变,实行"两块牌子,一套班子"的管理体制。

1994 年,复旦大学社工专业面向在职人员招生。1996 年,华东理工大学在华东地区率先设立社工本科专业。1998 年,上海青年管理干部学院开设社工高职专业、社工与管理成人高考专业。1999 年,上海师范大学社会学系招收社工专业本科生。2000 年,复旦大学招收社工专业本科生。2001 年,复旦大学、香港大学联合在上海开办依照国际资格认可标准的社工硕士课程。2004 年,上海科学技术职业学院、上海工会管理职业学院、上海应用技术学院招收社工专业本科生。2005 年,华东政法大学社会发展学院招收社工专业本科生,华东师范大学在成人教育中招收社工专业本科生,上海政法学院社会管理学院招收社工专业本科生。2006 年,上海立信会计学院招收社工专业本科生。2007 年,华东师范大学设立社工与管理硕士点,2008 年起招收研究生;2008 年,华东师范大学招收社工专业本科生;2009 年,华东师范大学社工系成立。2010 年,上海商学院招收社工专业本科生,华东理工大学、复旦大学、上海大学招收社工专业硕士研究生。

2002 年 9 月 29 日,市民政局下发《上海市民政局关于加强民政教育培训工作的意见》和《上海市民政继续教育实施细则》,对民政系统教育培训和继续教育工作的指导思想、工作目标、主要任务和保障措施等做出具体规定。同年 10 月,完成《上海市民政系统继续教育科目指南》课题研究。11 月 9 日,会同相关部门下发《关于本市民政系统实行继续教育制度的通知》。

2004 年 5 月 12 日,市社工协会主办的"上海社工网"开通,成为宣传上海社工的重要平台,在宣传社会建设和社会服务领域的专业贡献,推进上海社工人才队伍职业化建设,展示社工风采等方面发挥重要作用。同年 11 月 25 日,市社工协会对第一批注册社工进行继续教育培训。

2005 年 4 月 10 日,浦东新区制定《关于鼓励扶持浦东新区社会工作者培训的实施意见》,为社工培训提供支持。扶持政策包括:提供职业技能培训费补贴;扶持建立社工公共实训基地,向参加社工培训的学员提供免费实训;加强青年见习基地建设,鼓励更多有志从事社工的浦东户籍青年参加社工职业见习,见习期间按相关规定享受政府的有关补贴待遇等。

2005 年 7 月,浦东新区被民政部评为全国社工人才队伍建设试点地区,市救助管理站、市社会福利中心、长宁区社会福利院被民政部评为全国社工人才队伍建设试点单位。

2005年10月,《上海社工》(内刊)出版。《上海社工》由市民政局主管,市社工协会主办。

2005年12月18日,上海社工教育研讨会在复旦大学举行,来自政府、社工教育培训机构和实务机构的66名代表出席。会议就社工核心课程的教学模式、实习和督导模式、发展中值得研究的议题以及社工实务机构、教育机构与政府部门的互动共进等进行专题讨论。市民政局领导在会上作题为"上海社工职业化和专业化发展的思考"的报告。

2005年,市民政局在全市开展"上海市社工示范单位"创建活动。同年,上海市自强社会服务总社、上海市新航社区服务总站、上海市阳光社区青少年事务中心、上海市爱心帮教基金会等多家单位联合开展上海市"十佳社工""优秀社工"评选活动,评选出"十佳社工"和"优秀社工"各10名。

2005年,市民政局完成《上海民政"十一五"教育培训发展规划》课题研究。市社工培训中心开展民政系统从业人员能力提升问题研究,梳理从业人员的基本状况、存在问题,并对其能力结构进行分析,提出相应的提升方案。同年完成《上海民政培训品牌课程开发研究》课题。

2005年,市民政局在全市社工相关领域开展社工优秀案例征集活动。2008年3月16日,市社工协会启动社工优秀案例评选活动。共有196篇案例参加评选,经专家评委评审,选出40篇案例收录于《上海市社会工作优秀案例集锦》一书。

2006年10月,浦东新区社工协会举办首届"上海浦东新区社工节",主题为"携手走过的日子——上海浦东社工发展的昨天、今天、明天"。中央电视台新闻频道和上海主流媒体均作了报道。

2006年3月15日,"上海市社工示范单位"创建活动评选结果揭晓,市民政局授予上海市阳光社区青少年事务中心、上海市自强社会服务总社、上海市新航社区服务总站、上海市第一社会福利院、上海市儿童福利院、上海市民政第二精神病院、上海市救助管理站、东方医院、上海乐群社工服务社、上海浦东阳光慈善救助服务社、上海市洋泾中学、普陀区长寿路街道等12家单位"上海市社工示范单位"称号。

2007年4月9日,上海开展全国首批80名人口计生社工的岗位培训,培训合格者由市民政局和相关单位联合颁发人口计生专业社工岗位培训证书。

2008年,浦东新区社工协会派员到上海师范大学、华东理工大学、华东政法大学、上海工会管理干部学院、上海震旦职业学院、上海科学技术职业学院6所高校的社会工作院系,以专题讲座的形式,向学生介绍浦东社工发展的现状和实务经验。

2009年4月,民政部在全国范围内开展社工人才队伍建设试点示范创建活动。2010年1月,浦东新区、市第一社会福利院、市儿童福利院、市民政第二精神卫生中心被命名为民政部首批社工人才队伍建设试点示范区和试点示范单位。同年6月,民政部开展第二批社工人才队伍建设试点工作。9月,杨浦区、卢湾区、乐群社工服务社、复馨社工师事务所、浦东新区社会工作者协会被评为第二批社工人才队伍建设试点地区和单位。

2009年,市社工培训中心筹建"社工实训室",其包括个案咨询室、家庭治疗室、小组活动室和视听室等设施。

2010年1月,市民政局与有关社会组织联合举办"2010社工督导培训班",邀请美国资深社工进行"社工督导"专业培训。

2010年2月2日,"2010首届中国社工年会"在北京举行。市民政局局长马伊里被推选为"2009年度中国十大社工人物"。

2010年,市社工培训中心完成《上海民政事业发展"十一五"规划》终期评估研究、"上海市居(村)民委员会主任培训实务案例开发研究"和"上海市助残员社工专题培训课题开发研究"并形成相应研究成果,为开展相关培训提供科学依据。

2010 年起,闸北区民政局与上海多所高校合作,启动以"社工实训基地、项目孵化实践园区、社区社工实验室"为主要内容的"三实工程"建设。

第二节 社 工 机 构

一、行业组织

1993 年 2 月,市民政局撤销市社会福利研究会,在其基础上成立上海市社会工作者协会,开展宣传、调查研究、教育培训、交流合作、业务咨询、刊物书籍出版、社会工作项目管理等。

1999 年 12 月,卢湾区成立社工协会,对社区社工开展培训、考核,并负责向各个居委会输送社区社工。同时,区社工协会在每个街道设立社区工作站,作为协会的分支机构。2002 年,卢湾区社区社工者协会将原来的社区工作站改为社区社工协会分会。

2000 年 1 月,浦东新区社工协会成立,开展宣传社工理念,培训认定社工,行业咨询管理,组织海内外学术交流,推动浦东新区在社区、文教、卫生等领域逐步实现社工的专业化、职业化和制度化。

2004 年 11 月,普陀区社区工作者协会改名为普陀区社工协会。

2005 年 2 月,市社工协会举行第二届会员大会,副市长周太彤、中国社工协会会长等领导出席。会议审议通过协会章程等文件,审议通过协会第二届理事会建议人员名单,选举施德容为会长。

2006 年 11 月 7 日,市社工协会首个专业委员会——青少年委员会成立。2007 年 10 月 15 日,成立老年社工专业委员会。之后,成立儿童社工专业委员会、妇女社工专业委员会、残疾人社工专业委员会、家庭社工专业委员会、学校社工专业委员会、医务社工专业委员会、矫治社工专业委员会、企业社工专业委员会和督导委员会。

至 2010 年底,上海有市级社工行业组织 1 家(市社工协会)、区级社工行业组织 5 家(普陀区社工协会、浦东新区社工协会、黄浦区社工联合会、静安区社工协会、杨浦区社工协会)、街道层面社工行业组织 5 家(松江区方松街道社工协会、黄浦区淮海中路街道社工协会、黄浦区打浦桥街道社工协会、黄浦区五里桥街道社工协会、黄浦区瑞金二路街道社工协会)。

二、专业机构

1996 年 3 月,浦东新区建立罗山市民会馆,由政府提供房屋,浦东新区社会发展基金会提供设备,上海基督教青年会、女青年会派出专业社工负责日常工作。

2003 年 2 月,上海乐群社工服务社在浦东新区注册成立。它是内地第一家以实务为导向的民间社工服务机构。业务范围包括:向社会服务机构派驻社工专业人员,提供社工咨询、培训、评估、督导服务;面向社区居民个人及家庭,提供多种类专业服务;接受委托,管理社会服务机构,策划、运作社会服务项目等;面向社会推出学校社工服务、医务社工服务、青少年外展社工服务、老年社工服务、流动历奇服务、社区发展及专业培训等。

2003 年 10 月,市政法委下发《关于组建禁毒、社区矫正、青少年事务社团的指导意见》,要求按照"政府主导推动、社团自主运作、社会多方参与"的思路在市级层面设立三个社团,并在各区县设立工作站。同年 12 月,市自强社会服务总社成立。其业务范围为:为社区戒毒和社区康复人员提供戒毒帮教服务、禁毒预防宣传教育、戒毒工作情况调研,其他与禁毒相关的专业社会服务工作。2004 年 1 月,市阳光社区青少年事务中心成立。其业务范围为社区青少年教育、管理和服务工作。同时,市新航社区服务总站成立。其业务范围为:社区矫正和安置帮教社工,对社区服刑人员和刑满释放人员开展帮教和服务、理论研究和实务探索,根据委托或授权的其他业务。这 3 个社工机构通过政府购买服务的方式,聘用专业社工开展禁毒、社区矫正和青少年工作。

2007 年 7 月,浦东新区整合自强、新航、阳光 3 个浦东工作站的力量,成立上海中致社区服务社,将禁毒、社区矫正和社区青少年社会工作组合在一起,整合社会资源,创建上海预防犯罪社会工作的新模式。

2009 年 7 月 8 日,市社会治安综合治理委员会下发《关于深化预防和减少犯罪工作体系建设的若干意见》,提出在部分有条件的郊区、城乡结合部地区扩大试点,将试点区的自强、新航、阳光 3 个社工站改组成为一家综合的区域性民办非企业单位,建立符合社会组织发展方向的现代法人制度,实行自主运作、自我管理。

2009 年 3 月,市民政局下发《关于在本市培育发展专业社会工作机构的通知》,进一步明确培育发展专业社工机构的意义,以及专业社工机构的成立条件。

2010 年,市社区青少年事务办和阳光中心探索成立分支机构。同年 3 月,杨浦区成立上海阳光青少年网络矫治社工师事务所,对过度使用网络的青少年及其家庭开展引导、教育、管理和服务,同时承接各类社区公益项目。

2010 年 9 月,杨浦区政府下发《关于在本区加快培养发展专业社会工作机构若干意见的通知》,明确专业社工机构的扶持条件、成立扶持措施、发展扶持措施和监管措施等。

至 2010 年底,全市专业社工机构总数为 52 家,其中市、区、街道三级协会 11 家。

第三节　社　工　实　务

一、民政领域

1994 年,上海在部分街道试点建立社区事务社工站,采取"一站多居"的模式,即一个社工站服务三四个居委会。通过政府购买服务方式,社工站承接政府转移的一些事务性、操作性工作。1999 年,卢湾区成立社区社会工作者协会,并在各街道设立社区工作站,承办街道办事处和社区居委会交办的具体事务。社工站逐步在全市推广。2006 年,市民政局向市委、市政府报送《上海市在社区推进社会工作实施办法》,提出支持社会工作者深入社区为居民提供多样化、个性化的社会工作专业服务,明确了在社区推进社会工作的目的和依据、专业岗位、职业资格、岗位培训、继续教育等。2007 年 6 月 23 日,市政府下发《关于完善社区服务促进社区建设的实施意见》,提出要推进社工和志愿服务制度建设,培育和发展专业社工组织,开发和配置社区社工岗位,逐步形成以职业资格、注册管理、职业规范、薪酬标准、教育培训、督导评估为主要内容的社会工作制度体系。

1998 年,市儿童福利院开始在孤残儿童救助中引入社工专业方法,在收养、家庭寄养、成年孤儿回归社会、培养孤儿健康人格等方面开展社工服务。

2000 年,市第一社会福利院引进社工。2001 年,该院制定系统的社工介入计划。2002 年,在院护理部主管竞聘时,要求竞聘者须有社工专业背景。2004 年,该院成立全市民政系统第一个主管社工发展、老人活动、义工服务的社会工作部,配备社会工作专业硕士、注册社工,采用个案、小组、社区工作等专业手段,调动整合社会资源,帮助院内老人消除焦虑情绪,安度晚年生活。2003年1月,市民政局下发《关于进一步加强养老机构管理的若干意见》,提出要逐步建立养老福利行业的执业证书和专业社工执业制度。2004年,市社会福利中心下属的市儿童福利院、市第一社会福利院、市民政二精院被确定为福利系统社会工作建设的首批社会工作专业示范点,组织开展社会福利及服务机构中的专业社会工作。2005年7月,浦东新区福利企事业管理所通过向上海乐群社工服务社"购买服务"的方式,向新区11家养老机构派遣专业社会工作者,帮助老人适应院内的集体生活,重建与人交往的模式,提高老年人的生活质量;协助养老机构提升专业水平。

2003年11月21日,上海浦东阳光慈善救助服务社成立,专为街面上流浪乞讨人员提供慈善救助服务。2004年1月,杨浦区新民慈善救助服务社成立,依托区困境儿童救助保护中心、反家庭暴力庇护救助中心等平台,协助区救助管理站做好流浪乞讨人员、困境儿童等受助对象的救助工作。2005年11月,上海市救助管理站成立救助管理行业的第一个社工站——上海市救助管理社工站,制定《上海市救助管理社工站管理试行办法》《上海市救助管理社工站奖励办法》等制度。

2006年12月,杨浦区成立和泰爱心服务社,引入社工专业力量,整合资源,开展综合帮扶。2007—2009年,开展个案帮扶3 469次,帮扶金额731万元,使处于政府救助标准边缘的因病致贫家庭得到及时帮扶。2008年,杨浦区在12个街道(镇)设立爱心帮扶工作室,按照"一户家庭、一则故事、一个计划、一缕阳光"的工作理念,运用个案工作方法开展"个案帮扶",年均实施个案帮扶827例,支出帮扶金253.73万元,及时、有效地缓解了困难家庭日常生活中的急、难、愁等问题。2010年,借助上海市社区公益项目招投标,杨浦区设立"助困心理阳光之城项目",针对因病致贫的困难对象,通过小组工作方法,为困难家庭提供社会支持。

2008年,市民政局委托社工专家开展对"缠访"对象的干预工作,取得效果。之后,在市民政局的扶持和指导下,专业社工师事务所开始探索以项目化方式介入信访工作。2009年,上海公益社工师事务所在浦东新区开展川沙征地居民家庭服务项目。

2009年,虹口区成立区优抚社工工作站,聘请专职人员,开展常规性的上门走访、电话联系、组织座谈、接待来访、陪同疗养等优抚活动。静安、闸北、奉贤、普陀、嘉定等区通过发展志愿者队伍,增强基层优抚工作力度。闸北区临汾路街道开展"红帆船"社区优抚对象关爱计划,在街道社区事务工作总站下设"红帆船"项目组,由专业社工带领志愿者实施项目。2010年,嘉定区民政局通过上海市社区服务中心公益招投标,设立"关爱工程,和谐社区"优抚对象综合服务项目,构建以专业优抚社工为主、优抚志愿者为辅的优抚社工服务网络,定期为优抚对象开展政策宣讲、精神慰藉和生活照料等服务活动。杨浦区、浦东新区探索开展政社合作、专业运作的优抚社会工作。杨浦区复馨社工师事务所通过市社区公益招投标,连续两次获得杨浦区重点优抚对象关爱工程项目,通过个案管理的方式,对重点优抚对象进行科学管理,建立并完善对重点优抚对象的社区服务内容和帮扶程序;由5名专业社工组成项目团队,整合志愿者、街道干部等社区资源,形成了机构专业社工、志愿者、街道干部和优抚对象积极分子"四位一体"的工作模式。

二、预防和减少犯罪领域

2002年8月,在市政法委领导下,徐汇、普陀、闸北三区的3个街道开展社区矫正试点工作。同年11月,61名社区矫正社会工作者在华东理工大学社会工作系进行为期40天的专业培训。2003

年1月底,试点扩大至三区的31个街道。同年11月,市司法局印发《关于贯彻落实市委"构建预防和减少犯罪工作体系"的总体部署进一步推进社区矫正试点工作的意见》,要求建立专门化、专业化的执法队伍和社会工作者队伍,积极扶持社团组织参与社区矫正工作。2004年1月,上海市新航社区服务总站成立,并在全市19个区县设立工作站,工作网络遍布各街道乡镇。新航社区服务总站制定《社区矫正工作手册(试行)》《社区矫正志愿者手册(试行)》,供社区矫正工作者学习使用;印发《社区矫正指南(试行)》,社区服刑人员人手一册,为社区服刑人员解决入户、技能培训、法律、心理等实际问题提供帮助。2006年起,新航社区服务总站和爱心基金会合作开展特殊人员的帮困助学工作,累计为1360余名困难对象及其子女提供助学帮困资金近80万元。2007年起,新航社区服务总站和市社会帮教志愿者协会联合举办12场"帮扶、新航、和谐"专场招聘会,为有就业意愿的服务对象及其家属提供就业岗位,累计有2600余名服务对象或家属参加,成功推荐就业330余人。针对服刑在教和刑释解教人员未成年子女这一群体,新航社区服务总站开展"爱满新航"未成年人关爱行动,通过为关爱对象提供心理疏导、学业辅导、生活资助等一系列服务,帮助他们树立积极向上的人生观和价值观,促进其健康成长。仅2010年,该项目的受益人数就达640余人,提供学业资助350余人次、学业辅导近1000人次、心理疏导550余人次、其他法律咨询服务988人次。

2003年8月,浦东、徐汇、卢湾、闸北四区开展禁毒社会工作试点。同年12月,上海市自强社会服务总社成立,为社区药物滥用人员提供以康复为主的社会服务。自强社会服务总社共有禁毒专业社工467名,其中本科学历以上116人,占总数的24.84%;获得社工师、社工师助理资质的227人,占总数的48.61%。2004年8月,禁毒社会工作在全市19个区县全面展开。自强社会服务总社在区县层面设立禁毒社工站,负责对本区域内的禁毒社工进行业务指导、绩效考核和日常管理工作,并在社区层面设立社工点。自2005年起,自强社会服务总社开展"涅槃重生"同伴教育辅导服务项目。同年12月,又开设"自强戒毒服务咨询热线",接受与戒毒相关的咨询及服务投诉。2006年,陆家嘴街道禁毒社工成立"陆家嘴心语工作室",以帮助药物滥用人员戒毒康复为主,把服务拓展到社区居民、商务楼白领及来沪人员,解决因各种原因引发的心理问题。2007年7月,浦东新区整合原自强、新航、阳光三个工作站,成立上海中致社区服务社。2007年,自强社会服务总社通过了上海市质量体系中心的审核,获得质量管理体系认证证书。同年起,自强社会服务总社开展培养同伴辅导员,并依托戒毒热线平台,运用同伴辅导、同伴支持小组等方法,将同伴教育方法运用到戒毒康复领域。2008年6月26日,上海人民广播电台、浦东新区广播电台邀请中致社区服务社禁毒社工录制一档宣传相关法律法规、介绍禁毒社工和典型个案的节目。2010年,在全市开展社区戒毒康复的同伴教育辅导服务项目,帮助更多的药物滥用人员远离毒品。

2004年1月,上海市阳光社区青少年事务中心(以下简称事务中心)成立,承担政府委托的社区青少年事务,关注全市16周岁～25周岁失业、失学、失管的社区青少年的就业、就学和生活现状,由社工提供面对面的专业化服务,协助他们舒缓或解决面临的困难与问题。同年4月,浦东新区团委与新区检察院未成年人刑事检察处签订《社区青少年事务社会工作服务协议书》,本着"教育为主,处罚为辅"的思路,开展"诉前考察"工作。对已构成犯罪但符合存在法律许可的不起诉条件的罪错青少年,在作出是否起诉的决定前,由事务中心社会工作者组织对这些对象进行考察,如确有悔罪表现,则可在考察期满后对其作出不起诉决定。2004年起,事务中心组织开展首次外展行动——"冬日阳光"活动,运用专业工作方法,在青少年常去的网吧等娱乐场所,接触流连其间的青少年,通过面对面的交流、辅导、谈心和服务,改善和消除青少年存在的问题。2006年8月,浦东新区成立全市首家"青少年中途宿舍",作为青少年事务社工在外展后的新工作平台,对夜不归宿或无家可归的青少年进行短暂的危机干预,为其提供一个"心理缓冲区"。此后,浦东新区团委与新区民政部门协商,在新区救助管理站挂牌成立浦东新区青少年救助保护中心,强化"中途宿舍"的过渡性服务功能。同年底,浦东新区团委组建由 10 人组成的具有法律专业背景的社区青少年事务社会工作者队伍,接受新区检察院的委托,对涉罪青少年的家庭和个人历史背景进行调查,以更好地保护青少年的合法权益。

三、卫生、计生领域

2000 年 5 月,东方医院在上海市卫生系统医疗机构中率先成立社会工作部,开展医务社会工作服务。同年,东方医院与梅园街道地段医院等 10 家医疗机构建立社会工作服务站。医务社工通过病房个案辅导,从患者心理情绪、家庭关系等方面入手,进行不同程度的干预;开展病友小组交流活动,以出院患者为重点,通过经验分享、知识宣教、减压训练、趣味游戏等环节,帮助患者更清晰地认识疾病,获取经验,促进自我康复;关注弱势群体,通过设立"东方华润新心启航""新心上海人""情暖老人心"等 8 个医疗慈善项目,共获资金资助 2 000 余万元,造福上千名贫困患者。2001 年,新华医院引入社工,开展心理援助、临终关怀和哀伤辅导服务。2004 年,上海儿童医学中心成立社会工作部,在编制内配置社会工作岗位,聘用 2 名专职社工,开展社工实务。同时,在社工管理上制定工作人员伦理守则和岗位职责等制度,在医护人员中广泛开展社会工作培训,传授社会工作理念。在专业服务中,社工与医疗团队在病人服务、健康教育、社会倡导和慈善医疗救助上广泛合作,协助病患处理情绪上的困扰,疏导医疗纠纷,促进医患和谐。2008 年,徐汇区中心医院成立医务社会工作部,并成为华东理工大学、上海师范大学社会工作专业实习基地。

2001 年 12 月 28 日,市十一届人大三十五次会议通过的《上海市精神卫生条例》第八条规定:"精神科执业医师、精神科注册护士、临床心理学工作者、精神卫生社会工作者(以下统称精神卫生专业人员)应当按照国家和本市的有关规定,经考核取得资格证书后,方能从事精神卫生服务。"明确精神卫生社会工作者在精神健康服务领域的专业身份。2004 年,市民政二精院成立社工推进领导小组。2005 年起,市民政第一、第三精神病院相继设社工部,为住院病人提供系统的社会工作服务。2009 年 3 月,上海交通大学医学院附属精神卫生中心与华东理工大学合作举办精神卫生社会工作者培训。

2003 年,静安区在居民区设立 73 个社区事务所,每个社区事务所安排 1 名计划生育社工,提供社会工作服务。2006 年 9 月,市人口和计划生育委员会、市民政局下发《关于推进人口计生系统社会工作者队伍建设的实施意见》,提出在"十一五"期间,全面引入社会工作先进理念和专业方法,初步建成"政府主导、部门合作、社工服务、义工辅助、各方参与、社会运作"的人口计生社会工作体系,努力建设一支政治素质过硬、业务能力健全、专业水准一流的人口计生社工队伍,逐步完善人口计生社会工作的体制和机制,实现人口计生工作的"柔性化管理、人性化服务、社会化运作"。同年底,浦东新区人口计生委通过"政府购买、项目委托"的形式,委托复旦大学开展专项课题研究,形成《浦东新区人口计生社会工作之行动方案(2007—2008)》,提出通过对原有计生专职社工进行专业培训、委托社工协会派遣专业社工参与计生项目等方式,建设人口计生社工队伍。2007 年,浦东新区聘用专职社工从事生殖健康的宣传与辅导工作,委托上海公益社工师事务所实施"家有新生""孕妇小组""外来不寂寞""计划外妊娠心理疏导""蓓蕾关爱计划"等计划生育社工项目。2010 年 11 月,上海市人口计划生育委员会(以下简称市计生委)、市民政局、市财政局、市人力资源和社会保障局联合发布《关于加强上海市人口和计划生育工作队伍建设的意见》,提出加大政府购买服务力度,大力加强人口计生社会工作队伍建设。

四、统战领域

2007年8月7日,市民族宗教委员会、市民政局下发《关于开展民族宗教系统社会工作者队伍建设试点工作的通知》,决定在全市有条件的区县开展民族宗教系统社会工作者队伍建设试点工作。同年6月,浦东新区政府决定通过政府购买专业服务的形式,委托社会组织实施浦东新区少数民族社会工作服务项目。同年7月,上海乐群社工服务社通过竞标的方式,承接浦东新区陆家嘴功能区少数民族社工服务项目,开始内地第一个少数民族群体的社工服务项目的探索。项目服务范围由第一年5个街道逐步扩展到20个街镇;服务对象由以少数民族为主要服务对象,发展到五大群体(民族、宗教、侨、台、党派)的服务。2009年5月,市政府侨务办公室、市民政局下发《关于推进本市侨务系统社会工作者队伍建设试点工作的意见》,要求建设一支专业化、职业化的侨务系统社会工作者队伍,不断完善侨务工作的工作方法和运行机制,更好地做好侨务工作。同年7月,市委统战部、市民政局下发《关于推进统战系统社会工作者队伍建设的实施意见》,明确统战系统社工队伍建设的指导思想和工作目标、工作范围和主要任务、社工的招聘和录用、社工的管理和培训等内容。

五、婚姻家庭领域

2005年,浦东新区妇联、民政局、司法局联合成立浦东新区妇女温馨驿站,专为居住在浦东新区内、遭受家庭暴力且暂时无处安身的妇女提供一个"临时港湾",并委托社会工作者运用社会工作专业方法,为受虐妇女提供心理创伤辅导,运用社会工作方法介入家庭暴力。2006年5月,市精神文明建设委员会办公室、市民政局、市妇联下发《关于推进社区家庭文明建设指导中心的实施意见》,提出聘用专职社会工作者担任社区家庭文明建设指导员。2007年1月16日,市民政局、市妇联下发《关于推进妇联系统社会工作者队伍建设的实施意见》,提出努力建设一支政治素质过硬、业务能力精湛、深受群众欢迎的专兼职相结合的社会工作者队伍,逐步推进妇女工作的专业化、社会化建设,提升妇女工作的质量,提高妇女工作的影响力和凝聚力。2008年,浦东新区妇联选择潍坊社区(街道)、三林镇、川沙新镇为试点单位,通过招投标方式购买专业社工服务机构的服务,探索服务家庭的新型社会工作模式。2009年2月,上海公益社工师事务所与浦东新区妇联签署项目合作协议,合作内容包括三林镇的外来媳妇家庭服务、潍坊社区单亲家庭服务和川沙新镇"维稳妈妈"家庭服务——上海市浦东新区家庭社会工作介入项目。

六、残疾人领域

2009年8月,市残疾人联合会、市民政局下发《关于开展本市社区助残社会工作者队伍建设试点工作的意见》,要求在残疾人组织系统内引入社会工作的先进理念和专业方法,努力建设一支职业化、专业化的助残社工队伍。

2010年,静安区静安寺街道阳光助残社工师事务所通过上海社区公益创投获得"阳光影视——无障碍影视社区公益活动"项目。项目从 2010 年 5 月起持续两年,制作完成无障碍电影《闻香识女人》《雨人》《建党伟业》《辛亥革命》《我是特种兵》(电视剧)等,播放无障碍影视作品 67 场。2010 年 1 月,嘉定区嘉定镇街道阳光彩虹社工事务所成立;同年 3 月,上海复源社工师事务所成立。两家事务所通过聘请专家顾问,招聘社工师、心理咨询师等专业人才,采取专业化方法为残障人士提供服务。嘉定镇街道阳光彩虹社工事务所实施"阳光相伴"——上海市嘉定区重度肢残人员长期照顾者之关爱服务项目。同年 4 月,杨浦区延吉街道阳光之家与知行社工师事务所共同开展为期 5 个月的"喜憨儿"延吉社区助残服务项目。

七、校园领域

2001 年起,浦东新区在辖区内 300 多所中小学开展学校社会工作。2002 年 5 月,浦东新区社会发展局主持召开 38 所学校参加的社会工作试点工作校长联席会。同年,上海市洋恒中学设立社工活动室、社工咨询室、社工档案室及师生沟通室。2002 年 9 月至 2003 年 9 月,浦东新区社会发展局委托上海乐群社工服务社启动为流动儿童简易小学提供学校社工服务项目,促进流动儿童身心健康成长,使其适应并融入上海生活。此后,委托上海乐群社工服务社和浦东新区社会工作者协会实施"阳光童年"服务项目,项目服务范围涉及浦东新区 17 所民工子弟学校,服务 2 万人次。2004 年 4 月,浦东新区社会工作者协会获得美国辉瑞制药公司的资助,启动为期一年半的"辉瑞——浦东新区青少年健康教育"项目。该项目运用社会工作的专业方法与技巧,将健康常识、卫生习惯、环境意识及紧急救护等内容穿插在各项活动中,以竞赛、历奇、咨询、演示、游戏等青少年喜闻乐见的方式,传达健康文明的科学理念。

2009 年,华东师范大学社会工作系受中国扶贫基金会的委托,通过对 100 个到上海打工家庭的小学生开展入户访谈,设计出以"生命影响生命、爱心传递爱心、希望点燃希望"为理念、以陪伴成长为主要内容形式的项目,从这 100 个家庭当中选择 14 个小学生,提供一对一长期持续的服务。

八、应急服务领域

2003 年 4 月,由浦东新区社会发展基金会资助、浦东新区社会发展局和浦东新区社会工作者协会共同主办,上海乐群社工服务社和上海华爱社区服务中心等共同参与的"抗击非典,与你同行"社工服务计划启动。该计划主要包括三方面内容:开设"彩虹情绪支持热线";深入社区,为居民提供危机介入服务;开展流动人口子女及家庭支持、发放爱心指引单等配套项目。

2008 年 5 月 14 日,市民政局召集相关部门领导和社工领域专家,研究社工介入四川"汶川地震"救灾工作事宜。5 月 15 日,市民政局通过视频会议邀请中国香港、台湾两地社工专家和上海专家、有关部门负责人研究社工赴灾区开展援助工作,决定以上海社工为主,促成沪、港、台三方社工的合作,对灾区开展需求评估,完善工作计划。5 月 16 日,市民政局将拟组建"上海社工灾区援助团"的请示,上报市政府(四川省政府的简报《上海社工为紧急抗灾和灾后重建工作提供专业力量》为国务院办公厅《昨日要情》摘要采用)。5 月 17 日,市政府批复同意。5 月 19 日,市民政局安排"上海社工灾区援助团"专家先遣队一行 10 人赶赴绵阳市开展慰问、调研和采访。6 月 9 日,市民政局派干部带队赴都江堰市对接上海社工服务团援助都江堰灾后重建事宜,确定华东理工大学率先入住"勤俭人家"安置点。6 月 19 日,从 1 000 多名报名的志愿者中,确定 3 名志愿者和华东理工大

565

学7名社工教师,组成上海社工服务团——华东理工大学队。6月25日,该社工服务队正式进驻都江堰经济开发区"勤俭人家"安置点(居民近12 000人)。6月26日,市民政局决定再派遣浦东新区、复旦大学、上海师范大学(阳光青少年)3支专业社工队伍。7月24日,"上海社工灾后重建服务团"复旦大学服务队、阳光社区青少年服务中心·上海师范大学服务队、浦东社工服务队分赴都江堰城北馨居祥园、幸福镇滨河小区、幸福镇幸福家园3个安置点开展专业服务。9月2日下午,国务院总理温家宝来到都江堰"勤俭人家"安置点,视察上海社工灾后重建服务团开展专业社工服务情况,对上海社工灾后重建服务团在都江堰灾后重建中发挥的作用和取得的成效予以高度赞扬。11月25日,上海社工灾后重建服务项目获2008年度"中华慈善奖"最具影响力慈善项目。

2010年11月15日,静安区胶州路一居民大楼发生重大火灾。为帮助火灾中伤亡家庭平稳度过灾后适应期,11月16日,静安区民政局和区社会工作者协会召开"11.15"火灾专业社工援助工作座谈会,来自静安区各个街道及公益组织的20多位专业社工参加。会议就"11.15"火灾中受创家庭的服务方式、服务定位和服务内容展开讨论,邀请华东理工大学社会工作系心理干预专家给予指导,帮助社工熟悉前期危机干预主要内容和方法技巧。11月18日,专业社工介入受灾居民的前期危机干预工作。

第四节 志 愿 服 务

一、发展方针和制度建设

1992年5月,市政府在社区服务实事工程中明确提出,在1 000个居委会内成立居民志愿队或居民志愿服务协会。1993年,进一步要求市区居民委员会普遍建立社区服务志愿者组织。广大社区志愿服务者立足社区,开展经常性的邻里互助、敬老爱幼、护绿保洁、治安防范和社区服务。

1997年7月,上海市志愿者协会成立,全市志愿服务着重从精神文明方面的内容入手,大力开展志愿者活动。上海市的所有大型活动,如体育赛事、重要国际会议都活跃着志愿者的身影。

2005年9月,市文明委发布《关于进一步推进上海志愿者活动的意见》。2007年,在上海举办的第12届夏季国际特奥会上,数万名志愿者为成功举办特奥会作出积极贡献。

随着上海市社会工作的发展,志愿服务尤其是社区志愿服务不仅继续蓬勃发展,并开始制度性提升,逐步纳入社会发展规划和工作部署,社工、志愿者联动机制初步建立。2005年6月,市委《关于本市构建社会主义和谐社会工作的意见》指出:大力发展和完善社会工作机制,建立相应的激励扶持政策,推进社会工作者和志愿者积极参与社会公益、公共管理和社会援助等活动;探索拓展志愿者活动的激励机制,优化公共服务。《上海市国民经济和社会发展"十一五"规划纲要》也明确要求:推进社会工作者和志愿者积极参与社会公益、公共管理和社会援助等活动,推进社区专业社工和义工制度建设,新增社工3万人、义工30万人。2005年9月,市文明委发布《关于进一步推进上海志愿者活动的意见》,提出系统化、制度化地推进志愿服务工作。全市实行志愿者注册登记制度。

2006年1月,市人代会期间,31位人大代表分别提交两份"关于制定志愿服务地方性法规"的议案后,市民政局牵头开展上海市志愿服务的立法调研工作。当年7月,成立志愿服务立法调研课题组,形成《志愿服务立法研究报告》;2008年4月,成立志愿服务法规草案起草小组,负责法规草案文本的起草工作;8月11日,向市政府法制办公室提交《上海市志愿服务条例(草案)》及起草说明。12月10日,市人大主任刘云耕和部分市人大常委会组成人员及市人大代表在浦东新区花木街道文化活动中心召开《上海市志愿服务条例(草案)》解读会。2009 年 4 月,市人大审议通过《上海市志愿服务条例》。条例明确志愿者组织的职责和志愿者的权利义务,对志愿服务的规范运作、保障志愿者的合法权益等作出具体规定,并规定市民政局是市政府推进志愿服务发展的职能部门。《上海市志愿服务条例》的诞生,将志愿服务正式纳入社会政策体系并得到相应法律保障。

二、志愿服务活动

1989 年 4 月,市民政局会同虹口区民政局、广中街道办事处,在广中街道的新中居委会开展社区服务规范化试点工作。根据居民的意向,将有一技之长又愿意为大家服务的居民组织起来,设立群众生活服务社,制定章程,确定服务项目和服务形式,共建立 11 支专职、兼职、义务相结合的服务队,开展政府倡导下的社区群众自己组织的志愿服务活动。年内,广中街道在全街道推广新中居委会的试点经验。

1990 年 3 月,南市区豫园街道成立全市第一个社区服务志愿者协会,发动社区居民开展互助服务。1991 年,卢湾区打浦桥街道成立由居民中能工巧匠组成的社区服务志愿者协会,开展"我为人人,人人为我"的居民互助服务活动。当年,全市共有 2 286 个居委会建立社区服务志愿者队伍,占居委会总数的 79%。1992 年 3 月,市政府将"开展社区服务,组建社区志愿者互助服务队伍,在 1 000 个居委会建立社区志愿者服务队伍,组织开展各种形式的便民互助服务,解决居民后顾之忧"列入实事项目。

1992 年 4 月 12 日,市民政局、市残联、黄浦区民政局在人民广场联合举办咨询、服务活动。市民政局系统 300 多名干部、职工及驻沪部队、残疾人员,为市民提供各项民政业务的有关政策、法规咨询,并现场为市民开展针灸、推拿、医疗康复、维修假肢和轮椅等志愿服务项目。

1993 年,市政府将"市区的居民委员会普遍建立社区服务志愿者服务组织,开展对老年人生活、医疗、求助等方面的服务,开展为有困难的中小学生提供午餐和延长幼托时间等各种形式的居民互助服务"列入市政府实事项目。当年,全市共有 2 742 个居委会建立社区服务志愿者队伍,注册登记的志愿者达 57.3 万人。

1993 年 12 月,市城市经济抽样调查队对全市 13 个区 100 个居委会中 5 000 户市民家庭进行社区服务实事调查,"建立社区服务志愿者队伍""为居民提供服务""为老人提供劳动服务"三项受到市民好评,综合平均分值均为 4.75 分(最高分为 5 分)。

1994 年 2 月 10 日,市儿童福利院和青年报社联合举办"好心人抱一抱孤儿"志愿服务活动。700 多个家庭和团体积极参与,其中 103 个家庭抱孩子回家过年,1 000 多名志愿者到市儿童福利院参与该项活动。

1996 年底,全市社区服务队伍中有志愿者队伍 2 417 支、60.4 万名志愿者,他们为社会孤老组家庭敬老室,为解决老年人吃饭难及离异家庭、重病人家庭、孤儿等特殊家庭提供服务。144 个居委会组织 2 万多名社区服务志愿者为 176 个重点工程工地提供维护治安、修补衣鞋等服务。

2002 年 3 月 18 日,市民政局会同相关单位在上海图书馆启动"7259"帮老助残志愿者行动,对上海市 7 259 户父母 70 岁以上、子女严重残疾的家庭开展志愿者上门结对服务。

2003 年 5 月 3 日,市民政局下发《关于本市城乡基层组织在当前社区建设和管理中积极做好防治非典型性肺炎工作的通知》,要求各街道镇乡、居村委会要广泛动员居村民和组织社区志愿者投入到抗击"非典"的斗争中。10 万名志愿者投入到抗击"非典"的社区防控活动。

2003 年 6 月,市民政局向社会招募老年志愿者开展"银龄行动",31 名老年知识分子赴新疆进行为期 3 个月的志愿服务。2004 年"银龄行动"被评为"上海市十佳好事"。至 2010 年,"银龄行动"坚持每年开展。

2003 年 9 月,市民政局邀请社会名流和婚姻幸福美满、热心社会公益事业的志愿者担任"上海市结婚登记特邀颁证师",在元旦、春节等重大节假日为新人颁发结婚证书。2004 年 1 月 1 日,市民政局在江西中路 215 号举行"上海市结婚登记颁证暨特邀颁证师聘任仪式",副市长周太彤为首批 14 位被聘为特邀颁证师的志愿者颁发聘书。而后,颁证师们分别为 10 对新人举行简朴而又庄重的颁证典礼。

2003 年,市民政局开展全国社区志愿者先进单位和先进个人的组织推荐工作。徐汇区青年志愿者协会、普陀区甘泉路街道甘泉社区志愿者总队、杨浦区志愿者协会、浦东新区罗山市民会馆等 4 个单位被命名为"全国社区志愿者先进单位",赵文兰、顾鼎昌等 11 位被授予"全国社区志愿者先进个人"荣誉称号。

2003 年 10 月,市民政局会同相关单位在全市开展为养老服务机构义务法律服务活动。其中,浦东新区的 50 家律师事务所指定专人为该区的养老服务机构担任义务法律顾问,并开通首条养老福利法律咨询服务热线,为养老机构的在院老年人提供咨询服务。

2004 年 7 月,普陀区民政局在慈善捐赠活动中,探索在公务员中招募志愿者。

2005 年,卢湾区民政局开展帮助困难老人消除煤电安全隐患的专项工作,由各街道、居委会组织志愿者对旧式里弄和石库门住宅内的独居老人家中的煤气、电线、电器进行全面安全检查,由负责安全的检查人员对检测到的问题进行登记。

2005 年 3 月,黄浦区民政局会同相关单位制定实施《黄浦区关于"为老温馨关爱行动"的工作意见》,通过 5(广泛告知、经常问候、热线咨询、安全检查、应急求助)+X 服务形式关爱独居老人。建立"温馨家庭"2 299 户,安装"求助电铃"2 991 个、"安康通"840 个、卫浴扶手 262 只,结对志愿者 4 785 人。

2005 年 10 月,嘉定区民政局 70 余名职工自发成立"嘉定区民政慈善义工队",在慈善爱心超市开展物资整理和义卖等志愿服务。2007 年 7 月起,志愿者定期到各单位上门收集废旧报纸杂志以及具备回收利用价值的办公用品,捐赠给慈善爱心超市,变现后资助困难对象;参加每年一次的全区性"送温暖、献爱心"社会捐助活动,参与捐赠款物的接收、整理、存放、汇总等具体工作。

2006 年 1 月 21 日,市慈善基金会慈善义工总队在上海展览中心举行"百名名医大型慈善义诊",吸引众多市民前往咨询。

2006 年,长宁区民政局在华阳路街道探索建立"社区单身独居老人关爱网",采取"政府补贴为保障、社会组织为依托、志愿服务为补充"的运行管理体系,制定评估、配对、情况日记等 8 项工作制度,为独居老人提供全方位、专业化的服务。

2006 年 6 月,南汇区殡仪馆火化组组长徐震平倡导并建立上海殡葬行业第一支"特殊遗体整容"志愿者服务队伍,开展凶杀案被害人遗体、恶性车祸和工伤死亡遗体的整容复位服务。

2006 年,普陀区积极探索社区、社团、社工"三社互动"和社工、义工"两工联动"的社会服务新模式,建立和完善以"助困、助老、助学、助医、助残"五大领域为主要服务内容的义工队伍。

2006 年 10 月 23 日,上海市志愿者协会在市民政局注册登记。其业务范围:服务志愿者、志愿者组织,开展志愿服务项目活动,弘扬志愿公益文化,引领志愿者参与和谐社会建设。

2006 年 11 月 29 日,市慈善基金会与上海社会科学院、文汇报社、上海市志愿者协会联合举办"志愿精神与义工建设——2006 年上海慈善理论研讨会"。上海及兄弟省市和港台地区的百余名专家学者、慈善实务工作者参加会议。会议就志愿服务理念、志愿动员方式、义工队伍建设与管理、社会志愿服务体系等问题进行讨论。

2006年,市民政局开展全市社区志愿服务的情况调研,汇编《2006上海社区志愿服务报告书》,全面总结上海社区志愿服务的做法和经验,获得民政部好评。

2007年,市民政局建立"上海社区志愿服务网"。

2007年2月,卢湾区首支具有民政特色的志愿者队伍成立。志愿者以结对包干的形式,为社区军烈属、孤寡老人、残疾人和困难家庭提供帮助。

2007年,第12届世界夏季特奥会期间,民政青年特奥志愿者参与社区接待和代表团接待等工作,并开展以"走进特奥、传递真情"为主题的民政青年"与特奥同行"主题活动。

2007年12月5日,在"中国志愿者南京东路社区论坛"上,上海首批20个小区"公益驿站"——志愿者服务点成立。当天,志愿者们分别在这20个小区"公益驿站",开展为民服务活动。

2009年7月,上海市老年志愿者总队成立。它由各区老年志愿者队组成,开展老年志愿者服务工作研究,规划组织老年志愿服务活动,指导全市老年志愿者开展工作,鼓励和支持各条线老年志愿者开展专业性的志愿服务活动。

2009年,卢湾区民政局以高龄、独居、困难老人为重点,共组织1 640名志愿者与3 466名独居老人结对,专门招募135名志愿者开展"护老度夏"活动。

2009年,崇明县民政局建立城乡低保家庭大学生社会实践平台,由崇明县"惠民爱心服务社"统一组织,安排低保家庭的大学生志愿者参与社会实践活动。

2010年3月27日,市民政局在虹口区曲阳社区文化中心举行"迎世博居民委员会自治家园示范点和社区志愿者服务行动启动仪式"。启动仪式揭晓世博期间向全世界游客开放的21个"居民委员会自治家园示范点"。

图9-2-1　2010年6月20日,虹口区曲阳社区社会志愿服务日活动

2010年3月,"上海市独居老人结对关爱志愿服务"被市文明委和市志愿者协会命名为"上海市志愿服务优秀品牌"。

2010年,市社区服务中心根据迎世博社区志愿服务工作开展需要,创建并开通社区志愿服务网站,整合社区志愿者注册、项目发布、招募、评估等功能,为社区志愿服务和活动提供枢纽平台。

2010年10月15日,市民政局会同相关单位在龙华塔广场举行"孝亲敬老、快乐服务、共享世博"上海市敬老爱老志愿服务大行动。全市60万名志愿者开展家政、节日慰问、医疗、心理辅导、文化体育、老年维权、敬老爱老宣传等700余项敬老爱老志愿服务活动。

2010年12月16日,嘉定区民政局"我是民政人"青年志愿服务队成立,首批队员共有100余名,均为民政系统青年。志愿服务队下成立赤、橙、黄、绿、青、蓝、紫"七彩"志愿服务分队,分别代表"情牵贫困家庭"助困服务分队、"绿色慈善"慈善服务分队、"情洒夕阳"助老服务分队、"情牵烈属"优抚社工服务分队、"情系军营"社会组织服务分队、"平安祭扫"殡葬接待服务分队、"温馨婚登"婚姻服务分队。

第十篇

残疾人事业

中华人民共和国成立后,政府倡议和支持成立残疾人组织,逐步发展残疾人事业。上海先后成立盲人和聋哑人组织,并在残疾人劳动就业、教育医疗、文体事业领域开展一些有益的尝试并取得成效。"文化大革命"期间,全市残疾人组织被撤销,残疾人各项事业陷入停滞。中共十一届三中全会之后,上海市残疾人组织得到恢复,残疾人事业重新起步。1986年,上海市残疾人联合会(以下简称市残联)成立,两年后又根据中国残疾人联合会第一次全国代表大会精神,召开上海市第一届残疾人代表大会,选举产生领导成员、权力机构和执行机构等,市残联成为融代表、服务、管理功能为一体的专门机构。1991年,市政府批准成立上海市残疾人事业领导小组(后更名为上海市人民政府残疾人工作委员会),为常设议事协调机构,成员由市残联和涉及残疾人各项事业发展的多个部门组成,负责综合协调有关全市残疾人事业方针、政策、法规、计划的制定与实施工作,以及解决全市残疾人工作中的重大问题。全市各区县和街道乡镇、居村委会残疾人组织也不断健全,截至2010年底,上海市已建立较为完善的残疾人工作体系,为全市残疾人事业持续稳步发展提供了坚实的组织保障。

全市各级残疾人组织逐步健全的同时,上海根据全国统一安排先后两次对全市残疾人的各项状况开展调查。1987年4月1日,上海对全市的听力语言残疾人、视力残疾人、肢体残疾人、智力残疾人、精神病残疾人及综合残疾人开展第一次抽样调查。同年12月8日,上海市统计局数字公报中指出:全市各类残疾人总数为49.34万人。至1997年底,全市残疾人总数增至52.17万人,占全市总人口数4%。其中:视力残疾人9.67万,占残疾人总数的18.53%;听力语言残疾人17.47万,占残疾人总数的33.49%;智力残疾人7万,占残疾人总数的13.41%;肢体残疾人7.07万,占残疾人总数的13.55%;精神残疾人4.14万,占残疾人总数的7.93%;多重残疾人6.82万,占残疾人总数的13.09%。2006年4月1日上海开展第二次残疾人抽样调查,公报数据显示,上海市各类残疾人总数为94.2万人,占全市常住人口的5.29%,比全国的残疾人比例(6.34%)低1.05个百分点。其中各类残疾人数及占全市残疾人总数的比重分别为:视力残疾15.8万人,占16.77%;听力残疾25.8万人,占27.49%;言语残疾1.1万人,占1.17%;肢体残疾27.2万人,占28.88%;智力残疾6.5万人,占6.9%;精神残疾7.6万人,占8.07%;多重残疾10.1万人,占10.72%。全市有残疾人的家庭户共79.50万户,占全市家庭总户数的12.55%;有残疾人的家庭户的总人口占全市户籍总人口的13.90%。全市残疾人口中,男性为44.50万人,占47.24%;女性为49.70万人,占52.76%。全市残疾人口中,0岁～14岁的残疾人口为1.37万人,占1.46%;15岁～59岁的残疾人口为32.81万人,占34.83%;60岁及以上的残疾人口为60.01万人,占63.71%。城镇残疾人口为71.91万人,占76.34%;农村残疾人口为22.29万人,占23.66%。残疾等级为一、二级的重度残疾人为23.32万人,占24.76%;残疾等级为三、四级的中度和轻度残疾人为70.88万人,占75.24%。具有大学程度(指大专及以上)的残疾人为4.75万人,高中程度(含中专)的残疾人为13.88万人,初中程度的残疾人为23.32万人,小学程度的残疾人为25.22万人。15岁以上残疾人文盲人口(不识字或识字很少的人)为25.34万人,文盲率为27.30%。全市15岁及以上城镇残疾人口中,在业的残疾人为10.65万人,不在业的残疾人为78.15万人。

1993 年 2 月,市人大颁布《上海市实施〈中华人民共和国残疾人保障法〉办法》(1999 年 7 月 12 日修订),依法维护残疾人的各项利益和应享受的权利,使上海市残疾人工作走上法治轨道。全市残疾人事业有了专门的领导机构和执行机构之后,陆续制定残疾人事业发展规划。1992 年 8 月出台的《上海残疾人事业"八五"计划(1991—1995)》是上海市残疾人事业发展史上第一个纲领性文件。其后,《上海市残疾人事业"九五"计划(1996 年—2000 年)》《上海市残疾人事业"十五"计划(2001 年—2005 年)》《上海市残疾人事业"十一五"发展纲要》相继推出。上述发展规划由市残联会同市政府多个相关部门制定,并在实施过程得到全市各区县和各部门的关心和支持,大部分内容得到落实。2009 年 7 月,市委、市政府印发《关于加快推进本市残疾人事业发展的实施意见》,对发展残疾人事业、加快推进残疾人社会保障体系和服务体系建设作出重大部署。全市残疾人状况以及参与社会生活的环境得到持续改善,全社会扶残助残的社会氛围日益浓厚,2010 年上海成功创建全国残疾人工作示范城市。

"十一五"期间(2006—2010),上海残疾人保障水平和生活质量稳步提高。全市重残无业人员生活补助标准增幅接近 60%,有 10.14 万名城镇残疾人职工参加基本养老保险和医疗保险,0.83 万名农村残疾人享受社会养老保险补贴,4.99 万名农村残疾人享受新型农村合作医疗保险。上海残疾人康复服务框架基本形成。全市实施一批政府实事项目,建立层次类别多样、覆盖城乡地区的各类康复机构 2 000 多个,开展重残养护、健康体检、辅具适配、康复救助等工作,为 200 多万人次的各类残疾人提供了不同程度的康复服务。上海残疾人就业层次和就业质量不断提升。全市坚持集中就业与分散就业相结合,约 5.1 万名残疾人通过分散安排实现就业,3.5 万名残疾人在全市 1 495 家福利企业得到集中安置,480 名盲人按摩师被 120 家盲人按摩机构吸纳就业,1.8 万名残疾人获得直接补贴、社会保险费补贴并实现自主创业。上海残疾人教育服务体系日趋完善。全市残疾儿童少年学前教育和义务教育实现基本覆盖,视力、听力、言语残疾人高中和职业技术教育基本普及,累计 500 余人进入高等院校学习,特殊教育水平继续提高,残疾人受教育的权益得到更好的保障。上海城市环境无障碍建设快速发展。全市建设盲道 2 500 余公里、路口缘石坡道 5.32 万余个,改造公共服务建筑 1.2 万余个,无障碍设施进家庭 4.5 万余个。残疾人信息和交流无障碍建设有效推进,完成"中国上海"门户网站以及市民政局、市司法局、市人力资源社会保障局和市残联 4 个部门、单位网站的无障碍建造。2010 年 3 月 28 日,上海市创建全国残疾人工作示范城市验收总结大会召开,中国残疾人联合会验收组经过检查评估,授予上海市全国残疾人工作示范城市称号。自 2007 年 7 月上海市申报创建全国残疾人工作示范城市以来,全市投入用于发展残疾人事业的资金 44.23 亿元,建立各类为残疾人服务机构 2 000 余家,120 余万人次残疾人获得康复、培训、助学等方面的服务,10 万余名困难残疾人得到最低生活保障和各类救助。

第一章　组　织　机　构

市残联是由残疾人及其亲友和残疾人工作者组成的人民团体。市残联的最高权力机构是市残联代表大会，闭会期间由市残联主席团贯彻大会决议和领导日常工作，执行理事会是市残联上海代表大会及其主席团的常设执行机构。

1988年8月，市残联第一次代表大会召开，市残联改组为事业团体，融代表、服务、管理功能为一体，由此上海市残疾人不但有了代表自己利益的统一的组织，残疾人事业发展也有了专门的机构。1991年6月，上海市残疾人事业领导小组成立，后更名为上海市人民政府残疾人工作委员会，作为常设议事协调机构，汇聚众多政府相关部门、机构的力量，整体推进有关残疾人事业的方针、政策、法规、计划的制定与实施，综合协调解决全市残疾人事业发展中的重大问题。截至2003年底，上海市各区县、街道乡镇、居委会均组建了残疾人组织。完善的组织机构体系为上海残疾人事业持续发展提供了有力保障。

市政府还成立上海市残疾人康复工作办公室，组织协调市民政局福利事业管理处、市教育委员会学前教育处等十多家成员单位，全面推进上海市残疾人康复工作规范化、标准化、制度化建设。

残联人事业涉及教育就业、康复训练、文化艺术、体育比赛、国际交流等多个领域，不仅需要各层级的协调机构，也需要多样化的专业机构。为此，市残联成立了上海市残疾人就业服务中心、上海市残疾人辅助器具资源中心、上海市残疾人康复职业培训中心、上海市残疾人体育训练中心、上海市残疾人事业国际交流中心、上海市残疾人联合会信息中心、上海市养志康复医院等多家事业单位，通过专业化的公共服务，共同推进残联人事业的深入发展。

第一节　市级协调机构

一、上海市人民政府残疾人工作委员会

1991年6月21日，市政府批准成立上海市残疾人事业领导小组。成员由市残联、市计委、市建委、市科委、市农委、市政府外事办公室、市财贸办公室、市劳动局、市人事局、市教育局、市卫生局、市民政局、市财政局、市公安局、市文化局、市广电局、市公用事业局、市园林局、市体委、市侨务办公室等20个部门负责人组成。1992年5月26日，领导小组第一次会议研究拟定《上海残疾人事业"八五"计划实施方案》。1993年4月16日，市政府批准上海市残疾人事业领导小组更名为上海市残疾人工作协调委员会。12月16日，根据国务院残疾人工作协调委员会通知的精神，市政府同意上海市残疾人工作协调委员会更名为上海市人民政府残疾人工作协调委员会。2006年11月8日，市政府同意上海市人民政府残疾人工作协调委员会更名为上海市人民政府残疾人工作委员会（以下简称市残工委）。市残工委下设秘书处，设在市残联，负责日常工作。

市残工委是市政府的常设议事协调机构，主要职责是：在市政府领导下，综合协调有关全市残

疾人事业方针、政策、法规、计划的制定与实施工作;协调解决全市残疾人工作中的重大问题;指导各区县政府残疾人工作委员会工作;组织协调中国残联和国际残疾人组织在上海市的重大活动;接受国务院残疾人工作委员会的指导并贯彻落实相关工作部署。

表 10‑1‑1　上海市残工委历任负责人任职情况一览表

职　　务	姓　　名	任职时间
上海市残工委历任主任		
上海市残工委主任	谢丽娟(女)	1993—1997
上海市残工委主任	冯国勤	1997—2003
上海市残工委主任	周太彤	2003—2009
上海市残工委主任	胡延照	2009—2013
上海市残工委历任第一副主任		
上海市残工委第一副主任	刘云耕	1997—1998
上海市残工委第一副主任	周太彤	1998—2003
上海市残工委第一副主任	易庆瑶	1998—1998
上海市残工委第一副主任	柴俊勇	2003—2006
上海市残工委第一副主任	姚明宝	2006—2009
上海市残工委第一副主任	范希平	2009—2011

资料来源:上海市残疾人联合会档案

二、上海市残疾人康复工作办公室

根据 1988 年 8 月全国残疾人三项康复工作会议精神,同年 10 月,市政府批准建立上海市残疾人三项康复工作联席会议,成员有市民政局、市卫生局、市财政局、市教育局、市计委、市残联有关领导。11 月,上海市残疾人三项康复工作办公室成立(以下简称"三康办")。其任务是贯彻落实《中国残疾人事业五年工作纲要(1988—1992)》,完成上海地区的三项康复任务。1992 年 8 月 22 日,随着残疾人康复项目的增加和康复事业的发展,"三康办"改名为上海市残疾人康复工作办公室(简称"残康办"),其任务是全面完成《中国残疾人事业"八五"计划纲要(1991—1995)》中上海地区的残疾人康复任务、指标,具体事务由市残联康复部承担。

市残康办成立后成员单位不断调整,至 2010 年底,成员单位由市卫生局医政处、市民政局福利事业管理处、市教委学前教育处、市财政局社会保障处、市发改委发展处、市福彩中心、市慈善基金会、市妇联、市人口计生委、市残联康复处组成。市残联分管理事长任主任,各成员单位有关处室处长(主任)任副主任。市残联康复处承担日常组织管理和协调工作。2010 年,上海市残疾人康复工作围绕上海市创建全国残疾人工作示范城市和残疾人"人人享有康复服务"达标工作的各项任务,以推进"两个体系"建设为抓手,全面推进、深化服务,着力推动上海市残疾人康复工作规范化、标准化、制度化建设,推动残疾人康复工作又好又快的发展。

第二节　市残联及其领导、执行机构

一、上海市残疾人联合会

1986年9月25日,上海召开全市残疾人代表会议,成立市残联,下设盲人协会、聋哑人协会、肢残人协会。市残联除负责盲人、聋哑人、肢残人的工作外,还负责智残人和精神病残疾人的工作。市残联的成立是残疾人工作的突破,在全国引起广泛关注,并对全国残疾人事业发展起推动作用。中国盲人聋哑人协会、中国残疾人福利基金会联合召开会议,特邀市残联在全国组织工作会议上介绍残联组建情况。1988年8月,中国残疾人联合会第一次全国代表大会在北京召开。1988年8月24—25日,根据全国代表大会的精神,经市委批准,市残联召开第一届残疾人代表大会。大会选举产生市残联主席团、执行理事会、评议委员会和市盲人协会、聋哑人协会、肢残人协会、智残人亲友会的组成成员。市残联由原来的群众团体改为副局级的事业团体,融代表、服务、管理功能为一体,实行计划单列,独立核算,编制50人。市残联机关设办公室、群工部、宣教部、康复部、基金部、文体部等一室五部。1996年6月,市委根据国务院有关文件精神,将市残联的机构级别调整为正局级。同年10月,市编制委员会批准市残联的机构改革方案,办事机构由一室五部改为一室五处,即办公室、群众工作处、宣传文体处、康复处、教育就业处、基金发展处。2001年经过机关机构改革,市残联的机构设置是办公室、人事处、群众工作处(信访办公室)、康复处、教育就业处、宣传文体处等6个职能处(室)。

市残联的宗旨是:弘扬人道主义思想,发展残疾人事业,促进残疾人平等、充分参与社会生活,共享社会物质文化成果。市残联具有代表、服务、管理三种职能:代表残疾人共同利益,维护残疾人合法权益;团结帮助残疾人,为残疾人服务;履行法律赋予的职责,承担政府委托的任务,管理和发展残疾人事业。具体而言,市残联的主要任务是:关心残疾人的生活、学习、工作,发展残疾人的康复医疗、特殊教育、职业培训、文体活动、国际交往、社会服务及福利事业,发挥桥梁作用,协调全市残疾人工作。

二、上海市残疾人联合会代表大会

市残联的最高权力机构是上海市残疾人联合会代表大会,每5年举行一次,由市残联主席团召集。代表中,残疾人及残疾人亲友应超过半数。代表大会职权是:审议市残联主席团报告,确定工作方针和任务;选举市残联主席团。市残疾人联合会代表大会闭会期间,由其选举产生的主席团负责贯彻全市代表大会决议,领导全市残联工作。按照上海市行政区划设立各级残联组织,社区居委会、村委会、残疾人集中的企业事业单位,建立残疾人协会或残疾人小组。

1988年8月24—25日,市残联第一次代表大会在延安饭店召开,代表人数389人。大会选举中央顾问委员会委员、市人大常委会原主任胡立教为名誉主席,市人大常委会副主任李家镐、市政协副主席张瑞芳、市民政局局长曹匡人为名誉副主席。大会选举副市长谢丽娟为主席,钱关林、张万彬、王叔培(盲人,上海音乐学院副教授)、曹小萍(聋人)、徐凤建(肢残人)、华占秀、凌同光、林发雄、李涛、秦德超、郭苗钦、张燕、彭厚安为副主席。经主席团会议通过,张万彬任市残联执行理事会理事长,郭日月、罗志坤、徐凤建任副理事长,曹小萍、计瑞弟(盲人)任理事。大会成立市残联评议会。市体委副主任朱亚爱任评议委员会主任,王叔培、郭哲夫(聋人)、赵庆芬(肢残人)、周承元任副主任。大会成立上海市盲人协会,选出王叔培任主席,计瑞弟任副主席;成立上海市肢残人协会,选出主席徐凤建,副主席赵庆芬;成立上海市聋人协会,选出主席曹小萍、副主席郭哲夫;成立上海市智残人亲友会,选出主席周承元、副主席许如芳。大会通过《〈中国残疾人联合会章程〉上海实施细则》《〈中国肢残人协会章程〉上海实施细则》《〈中国盲人协会章程〉上海实施细则》《〈中国聋人协会章程〉上海实施细则》《上海市智残人亲友会章程》。

1993年7月14—15日,市残联第二次代表大会在市委党校召开,出席代表316人。大会决议通过胡立教为名誉主席,聘请市人大常委副主任顾念祖、市政协副主席郭秀珍为名誉副主席。大会选举谢丽娟为主席,周慕尧、孙金富、钱关林、方世雄、周剑萍、夏秀蓉、王叔培、曹小萍、徐凤建、周承元、杨锡山为副主席。经主席团会议通过,钱关林为执行理事会理事长,徐凤建、罗志坤、吴伯良为副理事长。大会选举彭厚安为评议会主任,周承元、赵庆芬为副主任。大会选举王叔培为盲人协会主席,计瑞弟为副主席;曹小萍为聋人协会主席,郭哲夫为副主席;徐凤建为肢残人协会主席,吴忠伟为副主席;周承元为智力残疾人亲友会主席,许如芳为副主席;杨锡山为精神残疾人亲友会主席,洪居正为副主席。

1998年9月10日,市残联第三次代表大会在上海展览中心宴会厅召开。大会选举市委副书记孟建柱为主席团名誉主席,市人大常委会副主任漆世贵、市政协副主席谢丽娟为名誉副主席。新当选的主席团委员选举副市长冯国勤为主席团主席,周太彤、王世宽、徐凤建、蔡晓虹、王伟、石觉敏、许谋赛、张民生、何梦乔、汪泓、赵英华、郭本瑜、计瑞弟、曹小萍、吴忠伟、周承元为副主席。大会选举徐凤建为主席团执行理事会理事长,罗志坤和吴伯良为副理事长。大会选举计瑞弟为盲人协会主席,陆理常、袁晓星为副主席;曹小萍为聋人协会主席,陈捷、修光明为副主席;吴忠伟为肢残人协会主席,任运灿、应如成为副主席;周承元为智力残疾人亲友会主席,许如芳为副主席;王钰为精神残疾人亲友会主席,蒋湧斋、顾福祥、张广岐为副主席。

2003年7月18日,市残联第四次代表大会在上海展览中心友谊会堂召开,全市302名代表出席大会。大会聘请市委副书记刘云耕为主席团名誉主席,聘请市人大常委会副主任包信宝、市政协副主席谢丽娟为名誉副主席。大会代表投票选举了市残联新一届主席团委员,副市长周太彤等70名委员当选。新当选的主席团委员选举周太彤为主席团主席,柴俊勇、曹子平、徐凤建、方之江(盲人)、陈捷(聋人)、任运灿、徐生涵、王珏为主席团副主席;推举徐凤建为执行理事会理事长;徐凤建提议罗志坤、季敏任执行理事会副理事长。大会选举方之江为盲人协会主席,赵继红、蔡星江、刘胜强、周勇为副主席;陈捷为聋人协会主席,陈申华、张海恭、洪泽、费峰为副主席;任运灿为肢残人协会主席,应如成、张维佳、孙玫琳、黄宇为副主席;徐生涵为智力残疾人亲友会主席,季敏、张展兰、王玲玲、夏钟苗为副主席;王钰为精神残疾人亲友会主席,蒋湧斋、顾福祥、张广岐为副主席。大会还通过了上海市出席全国残联第四次代表大会代表名单。

2008年4月24日上午,市残联第五次代表大会在上海展览中心友谊会堂召开。中共中央政治局委员、市委书记俞正声出席大会并讲话。副市长胡延照主持会议。大会聘请市委副书记殷一璀为主席团名誉主席,市人大常委会副主任王培生、市政协副主席周太彤为名誉副主席;选举胡延照为主席团主席;推举金放为主席团执行理事会理事长。大会选举方之江为盲人协会主席,赵继红、蔡星江、刘胜强、朱文清为副主席;陈捷为聋人协会主席,陈申华、张海恭、洪泽、费峰为副主席;任运灿为肢残人协会主席,应如成、张维佳、孙玫琳、黄宇为副主席;徐生涵为智力残疾人亲友会主席,季敏、张展兰为副主席;王建民为精神残疾人亲友会主席,蒋湧斋、张广岐、王玲玲为副主席。大会还通过上海市出席全国残联第五次代表大会代表名单。

三、上海市残联主席团

上海市残联主席团每届任期5年。在市残联代表大会闭会期间,负责贯彻市残联代表大会决议,领导市残联工作。主席团由主席一人、副主席若干人、委员若干人组成。主席团委员中残疾人及残疾人亲友应超过半数。主席团会议由主席团主席召集,每年至少举行一次。主席团实行民主集中制。

主席团职责是:选举主席、副主席;推举执行理事会理事长,通过执行理事会组成人员;检查代表大会决议执行情况;审议执行理事会工作报告;调换、增补主席团委员;监督执行理事会贯彻有关残疾人事业的法律法规、政策规划的情况;监督"人道、廉洁、服务、奉献"职业道德建设情况;决定其他重大事项。

表 10-1-2　上海市残联第一届主席团负责人任职情况一览表

职　　务	姓　　名	任职时间
名誉主席:胡立教 名誉副主席:李家镐　张瑞芳(女)　曹匡人		
上海市残联主席	谢丽娟(女)	1988.8—1993.7
上海市残联副主席	钱关林	1988.8—1992.4 1992.4—1993.7
上海市残联副主席	张万彬	1988.8—1992.4 1992.4—1993.7
上海市残联副主席	徐凤建	1988.8—1993.7
上海市残联副主席	秦德超	1988.8—1993.7
上海市残联副主席	王叔培	1988.8—1993.7
上海市残联副主席	曹小萍(女)	1988.8—1993.7
上海市残联副主席	华占秀	1988.8—1993.7
上海市残联副主席	凌同光	1988.8—1991.6
上海市残联副主席	林发雄	1988.8—1993.7
上海市残联副主席	李　涛	1988.8—1993.7
上海市残联副主席	郭苗钦	1988.8—1993.7
上海市残联副主席	张　燕	1988.8—1993.7
上海市残联副主席	彭厚安	1988.8—1993.7
上海市残联副主席	夏秀蓉(女)	1991.6—1993.7

资料来源:上海市残疾人联合会档案

表 10‐1‐3　上海市残联第二届主席团负责人任职情况一览表

职　　务	姓　　名	任职时间
名誉主席：胡立教 名誉副主席：顾念祖　郭秀珍（女）		
上海市残联主席	谢丽娟（女）	1993.7—1998.9
上海市残联副主席	周慕尧	1993.7—1998.9
上海市残联副主席	孙金富	1993.7—1998.9
上海市残联副主席	钱关林	1993.7—1996.7 1996.7—1998.9
上海市残联副主席	方世雄	1993.7—1998.9
上海市残联副主席	周剑萍（女）	1993.7—1998.9
上海市残联副主席	夏秀蓉（女）	1993.7—1998.9
上海市残联副主席	王叔培	1993.7—1998.9
上海市残联副主席	曹小萍（女）	1993.7—1998.9
上海市残联副主席	徐凤建	1993.7—1998.9
上海市残联副主席	周承元	1993.7—1998.9
上海市残联副主席	杨锡山	1993.7—1998.9

资料来源：上海市残疾人联合会档案

表 10‐1‐4　上海市残联第三届主席团负责人任职情况一览表

职　　务	姓　　名	任职时间
名誉主席：孟建柱 名誉副主席：漆世贵　谢丽娟（女）		
上海市残联主席	冯国勤	1998.9—2003.7
上海市残联副主席	周太彤	1998.9—2003.7
上海市残联副主席	王世宽	1998.9—2003.4 2003.4—2003.7
上海市残联副主席	徐凤建	1998.9—2003.7
上海市残联副主席	蔡晓虹	1998.9—2001.6
上海市残联副主席	王　伟	1998.9—2003.7
上海市残联副主席	石觉敏	1998.9—2003.7
上海市残联副主席	许谋赛	1998.9—2001.6
上海市残联副主席	张民生	1998.9—2003.7
上海市残联副主席	何梦乔	1998.9—2001.6
上海市残联副主席	汪　泓	1998.9—2001.6
上海市残联副主席	赵英华	1998.9—2003.7

（续表）

职　　务	姓　　名	任职时间
上海市残联副主席	郭本瑜	1998.9—2003.7
上海市残联副主席	计瑞弟	1998.9—2003.7
上海市残联副主席	曹小萍（女）	1998.9—2000.6 2000.6—2003.7
上海市残联副主席	吴忠伟	1998.9—2003.7
上海市残联副主席	周承元	1998.9—2003.7
上海市残联副主席	刘国华	2001.8—2003.7
上海市残联副主席	田春华	2001.8—2003.7
上海市残联副主席	祝兆松	2001.8—2003.7
上海市残联副主席	唐国才	2001.8—2003.7

资料来源：上海市残疾人联合会档案

表 10 - 1 - 5　上海市残联第四届主席团负责人任职情况一览表

职　　务	姓　　名	任职时间
名誉主席：刘云耕 名誉副主席：包信宝　谢丽娟（女）		
上海市残联主席	周太彤	2003.7—2008.4
上海市残联副主席	柴俊勇	2003.7—2008.4
上海市残联副主席	曹子平	2003.7—2008.4
上海市残联副主席	徐凤建	2003.7—2008.4
上海市残联副主席	方之江	2003.7—2008.4
上海市残联副主席	陈　捷	2003.7—2008.4
上海市残联副主席	任运灿	2003.7—2008.4
上海市残联副主席	徐生涵	2003.7—2008.4
上海市残联副主席	王　钰（女）	2003.7—2008.4

资料来源：上海市残疾人联合会档案

表 10 - 1 - 6　上海市残联第五届主席团负责人任职情况一览表

职　　务	姓　　名	任职时间
名誉主席：殷一璀（女） 名誉副主席：王培生　周太彤		
上海市残联主席	胡延照	2008.4—2013.6
上海市残联主席	姜　平	2011.8—2013.6
上海市残联副主席	范希平	2008.4—2013.6

（续表）

职　　务	姓　　名	任职时间
上海市残联副主席	王　伟	2011.8—2013.6
上海市残联副主席	叶兴华	2008.4—2013.6
上海市残联副主席	金　放	2008.4—2013.6
上海市残联副主席	曹子平	2008.4—2013.6
上海市残联副主席	徐凤建	2008.4—2013.6
上海市残联副主席	陈　捷	2008.4—2013.6
上海市残联副主席	方之江	2008.4—2013.6
上海市残联副主席	任运灿	2008.4—2013.6
上海市残联副主席	徐生涵	2008.4—2013.6
上海市残联副主席	王建民	2008.4—2013.6

资料来源：上海市残疾人联合会档案

四、上海市残联执行理事会

执行理事会是市残联代表大会及其主席团的常设执行机构，由理事长1人、副理事长若干人、理事若干人组成。理事会成员中应有各类残疾人或残疾人亲属代表。理事长由市残联主席团推举，政府任命，任期不超过两届。副理事长由理事长提名，主席团通过，政府任命。理事由理事长提名，主席团通过。执行理事会实行理事长负责制。执行理事会下设办事机构，承办市残联的日常工作。

表 10 - 1 - 7　上海市残联历届主席团执行理事会负责人任职情况一览表

任　　期	理 事 长	副理事长
上海市残联 第一届主席团执行理事会	张万彬（1988.8—1992.4） 钱关林（代理，1992.4—1993.7）	郭日月（1988.8—1990.1） 罗志坤（1988.8—1993.7） 徐凤建（1988.8—1993.7）
上海市残联 第二届主席团执行理事会	钱关林（1993.7—1996.7） 王世宽（1996.7—1998.9）	徐凤建（1993.7—1998.9） 罗志坤（1993.7—1998.9） 吴伯良（1993.7—1998.9）
上海市残联 第三届主席团执行理事会	徐凤建（1998.9—2003.7）	罗志坤（1998.9—2003.7） 吴伯良（1998.9—2001.10） 季　敏（2003.1—2003.7）
上海市残联 第四届主席团执行理事会	徐凤建（2003.7—2008.4） 金　放（2008.4）	罗志坤（2001.7—2007.12） 季　敏（2003.7—2008.4） 龚伯荣（2004.10—2008.4） 王爱芬（女，2008.4）

（续表）

任　期	理 事 长	副理事长
上海市残联 第五届主席团执行理事会	金　放(2008.4—2013.6)	季　敏(2008.4—2013.6) 龚伯荣(2008.4—2011.1) 王爱芬(女、2008.4—2013.6) 祝永康(2011.8—2013.6)

资料来源：上海市残疾人联合会档案

第三节　市残联专门协会

市残联下设5个专门协会，分别是：上海市盲人协会、上海市聋人协会、上海市肢残人协会、上海市智力残疾人及亲友协会、上海市精神残疾人及亲友协会。

各专门协会共同的宗旨是：弘扬人道主义思想，发展残疾人事业；代表残疾人共同利益，反映残疾人特殊需求；为残疾人服务，维护残疾人合法权益，促进残疾人平等、充分参与社会生活，共享社会物质文化成果。各专门协会共同的任务是：一、团结、教育残疾人及亲友遵守国家法律，履行应尽义务，沟通残疾人及亲友与社会之间的联系，自尊、自信、自强、自立，为构建和谐社会、全面建设小康社会贡献力量；二、促进残疾人的康复、教育、扶贫、劳动就业、维权、社会保障及残疾预防工作，参与、举办有关残疾人及亲友的各类培训，倡导和开展科学知识的宣传及其他有益于残疾人身心健康的群众性文化体育活动；三、加强与精神卫生及托养服务等机构的沟通，做好孤独症儿童的早期疗育，开展调查研究，对残疾人工作的发展提供咨询、建议、服务和监督；四、在残疾康复者及亲友中培养、推荐残疾人工作者；五、承办市残联委托的工作；六、代表上海市残疾人及亲友参加国际活动，促进国际交流与合作。

一、上海市盲人协会

上海市盲人协会（简称"上海市盲协"），其前身是中国盲人福利会上海分会。1988年8月，上海市盲人协会于市残联第一次代表大会上成立，由上海市盲人、低视力者组成，是上海市盲人的群众组织，是市残联的专门协会。该会宗旨：弘扬人道主义思想，发展残疾人事业；代表盲人共同利益，反映盲人特殊需求；为盲人服务，维护盲人合法权益，促进盲人平等、充分参与社会生活，共享社会物质文化成果。该会遵守国家宪法及其他法律、法规、政策及公共道德规范。

表10-1-8　上海市盲人协会历任领导任职情况一览表

序　号	主　席	副 主 席	任　期
1	王叔培	计瑞弟	上海市残联第一次代表大会上当选 1988.8—1993.7
2	王叔培	计瑞弟	上海市残联第二次代表大会上当选 1993.7—1998.9

（续表）

序　号	主　席	副　主　席	任　　期
3	计瑞弟	陆理常、袁晓星	上海市残联第三次代表大会上当选 1998.9—2003.7
4	方之江	赵继红（女）、蔡星江、刘胜强、 周　勇	上海市残联第四次代表大会上当选 2003.7—2008.4
5	方之江	赵继红（女）、蔡星江、刘胜强、 朱文清	上海市残联第五次代表大会上当选 2008.4—2013.6

资料来源：上海市残疾人联合会档案

二、上海市聋人协会

上海市聋人协会是市残联领导的专门协会，其前身是上海市聋哑人福利会。1988年8月，在市残联第一次代表大会上成立，是全市聋人（含听力和语言残疾人）的群众性组织。协会的宗旨是：弘扬人道主义思想，发展残疾人事业；代表聋人共同利益，反映聋人特殊需求，为聋人服务；维护聋人合法权益，促进聋人平等、充分参与社会生活，共享社会物质文化成果。

表 10 - 1 - 9　上海市聋人协会历任领导任职情况一览表

序　号	主　席	副　主　席	任　　期
1	曹小萍（女）	郭哲夫	上海市残联第一次代表大会上当选 1988.8—1993.7
2	曹小萍（女）	郭哲夫	上海市残联第二次代表大会上当选 1993.7—1998.9
3	曹小萍（女）	陈　捷、修光明	上海市残联第三次代表大会上当选 1998.9—2003.7
4	陈　捷	陈申华（女）、张海恭、洪　泽（女）、 费峰	上海市残联第四次代表大会上当选 2003.7—2008.4
5	陈　捷	陈申华（女）、张海恭、洪　泽（女）、 费峰	上海市残联第五次代表大会上当选 2008.4—2013.6

资料来源：上海市残疾人联合会档案

三、上海市肢残人协会

上海市肢残人协会成立于1986年9月，是市残联的专门协会，是上海市肢体类残疾人的群众性组织。市肢残人协会代表肢残人的共同利益，其宗旨：弘扬人道主义思想，发展残疾人事业，代表肢残人共同利益，反映肢残人特殊需求，为肢残人服务，维护肢残人合法权益，促进肢残人平等、充分参与社会生活，共享社会物质文化成果。

上海市肢残人协会有：教育工作委员会、脊髓损伤康复委员会、青年工作委员会、企业工作委员会、老年工作委员会、无障碍工作委员会、网络文体委员会、脊柱裂委员会、车友会、《上海肢残人》编辑部等 19 个专业工作委员会，分别组织开展各类活动。

表 10－1－10　上海市肢残人协会历任领导任职情况一览表

序　号	主　席	副　主　席	任　期
1	徐凤建	赵庆芬(女)	上海市残联第一次代表大会上当选 1988.8—1993.7
2	徐凤建	吴忠伟	上海市残联第二次代表大会上当选 1993.7—1998.9
3	吴忠伟	任运灿、应如成	上海市残联第三次代表大会上当选 1998.9—2003.7
4	任运灿	应如成、张维佳、孙玫琳(女)、黄　宇	上海市残联第四次代表大会上当选 2003.7—2008.4
5	任运灿	应如成、张维佳、孙玫琳(女)、黄　宇	上海市残联第五次代表大会上当选 2008.4—2013.6

资料来源：上海市残疾人联合会档案

四、上海市智力残疾人及亲友协会

1988 年 8 月，市残联第一次代表大会上成立上海市智残人精神病残疾人亲友会。1993 年，经中国残疾人联合会第二次全国代表大会讨论通过，将中国智残人精神病残疾人亲友会分开，成立中国智力残疾人亲友会。1993 年 7 月 14 日经市残联第二次代表大讨论通过，成立上海市智力残疾人亲友会。2003 年中国残疾人联合会第四次全国代表大会讨论通过，将中国智力残疾人亲友会更名为中国智力残疾人及亲友协会。同时，市残联第四次代表大会上将上海市智力残疾人亲友会更名为上海市智力残疾人及亲友协会。

上海市智力残疾人及亲友协会的宗旨是：弘扬人道主义思想，发展残疾人事业；代表智力残疾人的共同利益，反映智力残疾人的特殊需求，为智力残疾人服务；维护智力残疾人的合法权益，促进智力残疾人平等、充分参与社会生活，共享社会物质文化成果。

协会的任务是：团结、教育智力残疾人及亲友遵守国家法律，履行应尽义务，沟通智力残疾人及亲友与社会之间的联系，培养智力残疾人自己决定自己事情的能力，自尊、自信、自强、自立，为构建和谐社会、全面建设小康社会贡献力量；促进智力残疾人的康复、教育、扶贫、劳动就业、维权、社会保障及残疾预防工作，参与、举办有关智力残疾人及亲友的各类培训，倡导和开展科学知识的宣传普及、个性化的亲子启智活动、特奥运动及其他有益于智力残疾人身心健康的群众性文化体育活动；加强与特教、康复及托养服务等机构的沟通，做好智障儿童的早期疗育；开展调查研究，对智力残疾人工作的发展提供咨询、建议、服务和监督；在智力残疾人及亲友中培养、推荐残疾人工作者；承办市残联委托的工作；代表上海市智力残疾人及亲友参加国际活动，促进国际交流与合作。

表 10 - 1 - 11　上海市智力残疾人及亲友协会历任领导任职情况一览表

序　号	主　席	副　主　席	任　　期
1	周承元	许如芳(女)	上海市残联第一次代表大会上当选 1988.8—1993.7
2	周承元	许如芳(女)	上海市残联第二次代表大会上当选 1993.7—1998.9
3	周承元	许如芳(女)	上海市残联第三次代表大会上当选 1998.9—2003.7
4	徐生涵	季　敏、张展兰(女)、王玲玲(女)、夏钟苗	上海市残联第四次代表大会上当选 2003.7—2008.4
5	徐生涵	季　敏、张展兰(女)	上海市残联第五次代表大会上当选 2008.4—2013.6

资料来源：上海市残疾人联合会档案

五、上海市精神残疾人及亲友协会

1993 年 7 月 14 日经市残联第二次代表大讨论通过,成立上海市精神残疾人亲友会。2003 年中国残疾人联合会第四次全国代表大会讨论通过,将中国精神残疾人亲友会更名为中国精神残疾人及亲友协会。同时,上海市精神残疾人亲友会即更名为上海市精神残疾人及亲友协会。

上海市精神残疾人及亲友协会的宗旨是：弘扬人道主义思想,发展残疾人事业;代表精神残疾人的共同利益,反映精神残疾人的特殊需求,为精神残疾人服务;维护精神残疾人的合法权益,促进精神残疾人平等、充分参与社会生活,共享社会物质文化成果。

协会的任务是：团结、教育精神残疾人及亲友遵守国家法律,履行应尽义务,沟通精神残疾人及亲友与社会之间的联系,自尊、自信、自强、自立,为构建和谐社会、全面建设小康社会贡献力量;促进精神残疾人的康复、教育、扶贫、劳动就业、维权、社会保障及残疾预防工作,参与、举办有关精神残疾人及亲友的各类培训,倡导和开展科学知识的宣传及其他有益于精神残疾人身心健康的群众性文化体育活动;加强与精神卫生及托养服务等机构的沟通,做好孤独症儿童的早期疗育;开展调查研究,对精神残疾人工作的发展提供咨询、建议、服务和监督;在精神残疾康复者及亲友中培养、推荐残疾人工作者;承办市残联委托的工作;代表上海市精神残疾人及亲友参加国际活动,促进国际交流与合作。

表 10 - 1 - 12　上海市精神残疾人及亲友协会历任领导任职情况一览表

序　号	主　席	副　主　席	任　　期
1	杨锡山	洪居正	上海市残联第二次代表大会上当选 1993.7—1998.9
2	郭本瑜	洪居正	上海市残联第三次代表大会上当选 1998.9—2003.7

（续表）

序　号	主　席	副　主　席	任　　期
3	王钰	蒋湧斋、顾福祥、张广岐	上海市残联第四次代表大会上当选 2003.7—2008.4
4	王建民	蒋湧斋、张广岐、王玲玲（女）	上海市残联第五次代表大会上当选 2008.4—2013.6

资料来源：上海市残疾人联合会档案

第四节　直属事业单位

一、上海市残疾人就业服务中心

上海市残疾人就业服务中心原名上海市残疾人劳动服务中心，成立于1992年8月，是隶属于市残联的公益一类事业单位，贯彻执行国家和上海市的残疾人就业、培训和保障法律、法规、政策，承担上海市残疾人劳动就业、职业培训、社会保障、残疾人就业保障金征收、盲人按摩、"阳光之家"等工作的管理和服务职能。中心设有培训就业科、社会工作科、统计财务科、盲人按摩指导中心、"阳光之家"指导中心、办公室等部门，组织开展各类残疾人就业服务项目，为各区残疾人就业服务机构提供相关业务指导。

二、上海市残疾人辅助器具资源中心

上海市残疾人辅助器具资源中心前身是成立于1994年2月17日的上海市残疾人用品用具供应服务站，于2007年8月3日更名为上海市残疾人辅助器具资源中心，是隶属于市残联的公益一类事业单位，承担残疾人辅具服务政策制定与实施、工作指导与宣教、技术支持与管理、信息收集与发布、队伍建设与培养等职能，旨在通过辅助器具服务，有效地帮助残障人群补偿功能、克服障碍、改善生存质量，提高独立生活、学习和工作的能力。

三、上海市残疾人康复职业培训中心

上海市残疾人康复职业培训中心是隶属于市残联的公益一类事业单位，成立于1999年，是上海市最早成立的综合性专业康复机构，为国家首批省三级残疾人康复中心、全国一类省级聋儿康复中心、上海市脑瘫儿童康复资源中心。中心占地面积1.3万平方米，融医疗康复、教育康复、工程康复及社会康复于一体，主要为听力障碍儿童、脑瘫和脊柱侧弯等肢体残疾儿童，以及其他各类行为障碍的儿童提供医教结合、医工一体的综合性康复训练。中心康复医学科在脑瘫康复、青少年特发性脊柱侧弯的综合康复、盲童康复训练等方面具有特色。中心聋儿康复科（上海市聋儿康复中心）集医疗、教育、工程、研究为一体，是上海市听觉语言康复行业的技术中心和资源中心。

四、上海市残疾人体育训练中心（上海特奥竞赛训练中心）

上海市残疾人体育训练中心是隶属于市残联的公益一类事业单位，成立于2000年7月。中心主要承担全市残疾人体育活动的组织和指导,组织实施全市残疾人运动员的选拔、集训、参赛、注册、分级和管理,承担残奥、特奥、聋奥等赛事的组织、残疾人体育科研、残疾人体育工作者的培训等工作,承办国际和区域性残疾人体育赛事,开发适合各类残疾人特点的健身康复体育活动项目,开展与国内外有关残疾人体育组织的交流与合作,宣传残疾人事业。中心座落在上海市体育运动学校前区,由训练馆与综合楼组成,总建筑面积 8 891 平方米,可开展坐式排球、轮椅篮球、盲人门球、乒乓球、羽毛球、举重、盲人柔道、轮椅击剑等多个残疾人体育项目的训练,连同上海市体校的室内外田径、游泳场馆,形成了项目齐全的残疾人体育训练基地。在综合楼里还设置综合活动室、体育科研室、文化学习室、电脑培训室、图书阅览室、休闲娱乐室、餐厅和 30 余套运动员宿舍。

五、上海市残疾人事业国际交流中心

上海市残疾人事业国际交流中心是隶属于市残联的公益二类事业单位,成立于 2003 年,主要承担市残联的境外交往和具体外事管理工作,负责市残联机关及直属事业单位因公临时出国(境)管理、境外残疾人友好组织来访联络,以及举办国际会议、大型活动等工作,旨在加强上海市残疾人外事工作的组织、管理、服务,增进与世界各地残疾人组织、团体的交往与合作,促进上海市残疾人对外交流工作的发展。

六、上海市残疾人联合会信息中心

市残联信息中心成立于 2004 年 1 月 20 日,是隶属于市残联的公益一类事业单位,负责全市残联系统的信息化规划、建设和运行管理,包括计算机网络、主机、信息安全、网站、OA 办公平台以及残疾人综合信息管理系统,提供汇集全市持证残疾人数据库的管理维护,提供信息无障碍建设技术支撑,为提升残联的管理水平和提高为残疾人服务能力提供技术保障。

七、上海市养志康复医院(上海市阳光康复中心)

上海市养志康复医院(上海市阳光康复中心)[以下简称医院(中心)]是一家现代化综合性公立康复机构,2007 年 7 月 18 日揭牌落成。位于上海市松江区,是根据国家对残疾人事业发展规划和残疾人综合设施在全国的总体布局要求创建的,是上海市"十一五"期间的重要项目。该项目占地总面积 26.4 万平方米(396 亩),其中建筑总面积为 48 759 平方米。2007 年 10 月作为第十二届世界夏季特奥会竞赛训练基地及特奥运动员村正式启用。它主要负责上海市残疾人相关的康复医疗、安养、职业技能培训、接待服务的运行管理工作。

医院(中心)是隶属于市残联的公益二类事业单位,是上海市首家医保定点康复专科医院、首批工伤保险康复定点机构、市康复专业医师规范化培养基地,也是国家省(市)级三级残疾人康复中心、首批全国区域性工伤康复示范平台。医院(中心)为各类伤残病患者提供医疗康复、职业康复、社会康复、教育康复及康复工程等服务,以神经康复、骨创及运动医学康复、儿童康复和脊髓损伤康复为特色,在治疗偏瘫、截瘫、骨折以及小儿脑瘫、青少年脊柱侧弯等领域具有国内一流的治疗水平。

第五节　上海市残疾人福利基金会

上海市残疾人福利基金会(简称基金会)于 1984 年 11 月 15 日成立,是经市民政局核准登记,市残联为主管单位的公募基金会,是为残疾人服务的非营利性社团,以公益性为目的致力于推进残疾人事业的发展。1992 年基金会对基金情况作了自查,并向中国人民银行上海分行、市民政局递交《自查情况综合报告》。1993 年,市民政局同意基金会复查登记,颁发其社会团体法人登记证。

基金会的决策机构是理事会,由理事长、副理事长、理事和秘书长组成,理事长主持基金会工作。理事会行使下列职权:制定、修改章程;选举、罢免理事长、副理事长、秘书长;决定重大业务活动计划,包括资金的募集、管理和使用计划;年度收支预算及决算审定;制定内部管理制度;决定设立办事机构、分支机构、代表机构;决定由秘书长提名的副秘书长和各机构主要负责人的聘免;听取、审议秘书长的工作报告,检查秘书长的工作;决定基金会的分立、合并或终止;决定其他重大事项。基金会理事每届任期为 5 年,任期届满,连选可以连任。理事会每年召开两次会议。理事会会议由理事长负责召集和主持。理事会设理事长、副理事长和秘书长,从理事中选举产生。基金会设监事 1 名。

基金会宗旨是弘扬爱国主义、人道主义,动员社会力量,发展残疾人事业,促进残疾人平等参与社会生活。基金会公益活动的业务范围包括募集资金、管理基金、扶残帮困和兴办福利机构,具体包括:宣传残疾人事业,沟通政府、社会与残疾人之间的联系,呼吁社会理解、尊重、关心、帮助残疾人,鼓励残疾人自尊、自信、自强、自立;筹集、管理和使用残疾人福利基金;开展和促进残疾人的康复、教育、劳动、就业、文化生活、福利、社会服务和残疾预防等工作,全心全意为残疾人服务;开展与国内外友好团体、个人以及中国港澳台同胞、海外侨胞的交流与合作。

基金实行独立核算,单独建账,实行预决算管理,定期公布收支情况,接受有关部门的指导和社会的民主监督。基金会的收入来源:组织募捐的收入,自然人、法人或其他组织自愿捐赠,政府补助收入或购买服务收入,投资收益部分,基金增值收益部分,其他合法性收入。

基金会财产主要用于残疾人的各种福利事业,并尽可能照顾到捐赠者的意愿。具体包括:资助符合章程宗旨的有关救助活动,资助、兴办残疾人福利机构,开展扶残助残工作,财产及其孳息不用于分配。基金会按照合法、安全、有效的原则实现基金的保值、增值。基金会各年度都拨出部分资金用于扶残解困、康复、就业,以及资助残疾学生完成学业等助残活动。

1990 年,接受单位和个人捐赠 9 笔计 17 240 元,收到轮椅车 11 辆、音乐磁带 31 盒。接受著名画家唐云、谢稚柳等人捐赠 5 幅画作。征集残疾人画作 47 件,从中挑选出 12 件作品交中国残联转赠中国台湾残疾人组织。

1991 年,接受中国台胞曹仲植先生捐赠 200 辆轮椅车转赠残疾人。

1994 年,开展以筹建上海市残疾人康复职业培训中心经费为主要内容的项目募捐,在助残日期间接受一批捐赠实物,转送给残疾人。

1995 年,共募集奖金 128 万,捐赠来自金融、房地产、海运、汽车业、宗教系统、外资企业公司和个人。

1999 年,共募集资金 527 522 元,利用专项基金扶贫帮困、办实事等 391 550 元,800 余名残疾人直接受益。配合市卫生局、市残联等单位开展"视觉第一中国行动",资助其中"无公费医疗、无劳保医疗、无统筹医疗的贫困白内障手术患者"600 余人。设立"残疾学生助学基金",资助特困、特优的残疾学生和残疾人子女 140 人。资助上海市残疾人活动中心、上海市残疾人用品用具供应站、上海市残疾人康复职业培训中心的筹建共 600 万元。

2001 年,共募集资金 211 万以及价值 50 万元的实物,用于资助残疾人扶贫帮困、助学、助医等实事项目 236.54 万元,直接受益残疾人千余名。

2003 年,基金会以保障特困残疾人基本生活和加强基层残疾人福利为重点,取得较好效果。主要做法:(一)以举办活动为载体,广泛动员社会力量。与市残联共同举办"蓝天至爱、白云至尊——中国上海残疾人群星东方婚典"大型公益活动,12 对残疾青年参加婚典。在东方国贸西郊批发有限公司开展 2003 东方国贸助残周活动。个体协会发出"发扬扶残助残新风,携手共创美好未来"倡议。与瑞声达公司合作,争取到该公司每年 3 100 节电池和 15 只助听器的捐赠。与《新闻晚报》共同发起助学活动。13 名残疾学生和残疾人家庭子女得到社会各界人士的爱心捐款 10 万余元。接受金鹰房地产公司用于开业典礼的资金 5 万元。克里斯汀商品有限公司为 10 名盲人、低视力大学生捐款 2.7 万元等。(二)根据中国残联的部署,会同市教委、市民政局、市残联、市慈善基金会联合开展"扶残助学春雨行动",资助涵盖全市的 2.4 万名残疾学生和残疾人子女。非典期间,捐款上海市卫生局支持抗击非典。

2004 年,募集资金 6 449 010 元,收到捐赠实物价值 1 231 750 元,受助人数 7 107 人。主要工作:(一)广泛宣传残疾人福利事业,积极扩大基金会影响。印制两期宣传画册,介绍基金会年度工作情况和重大活动项目,分发各区县残联和市民,营造良好的事业发展环境。(二)动员社会力量为残疾人办实事、做好事。基金会与东方国贸服饰城共同举办第二届东方国贸助残周活动,动员商场职工捐款捐物。基金会名誉理事、理事走访 12 户残疾人家庭,开展慰问。(三)广泛联系各企业向残疾人献爱心。上海先锋体育投资有限公司、上海建工集团、瑞声达助听器公司等公司捐款捐物用于残疾人体育、康复、就学等方面。(四)与市慈善基金会开展合作,共同促进残疾人福利事业发展。市慈善基金会出资为 115 名聋儿配戴助听器并出资对其中 34 名贫困家庭聋儿开展康复训练,为崇明县 115 名贫困白内障患者实施复明手术,资助 6 000 余名残疾小学生和残疾人家庭的小学子女就学。

2005 年,募集资金 810 万余元,收到实物价值近 850 万元。主要工作:(一)宣传残疾人事业。通过媒体报道基金会工作和捐赠者的善举,与上海人民广播电台共同举办"同一片蓝天下"节目,每月一期,宣传残疾人事业。(二)开展系列活动。资助残疾大学生安装假肢,资助 240 名贫困残疾人体检,资助崇明 110 位贫困精神残疾人就医,转赠聋儿助听器和语训设备,向新疆自治区残联捐赠助听器等物资。

2006 年,募集资金和物品 2 659 万余元,惠及 5.8 万残疾人。主要工作:(一)制定工作机制,规范工作管理。出台《上海市残疾人福利基金会捐赠(试行)办法》。建立理事会办公会议制度,及时沟通工作情况,重大事项集体讨论。(二)动员社会捐款捐物。利用"助残日"和"国际残疾人日"契机,广泛开展为残疾人捐款捐物活动。(三)开展各种帮困救助活动,为残疾人做实事。上海出版界向全市阳光之家捐赠图书和音像制品。上海双开燃气用具有限公司为 176 户残疾人家庭捐赠灶具和热水器。为奉贤 120 名贫困白内障患者实施复明手术,资助聋儿康复中心 80 名教师业务培训,为聋儿购置 12 台电脑,为 70 名聋儿配置助听器,资助上海聋哑青年技术学校改善教学设备。(四)举办残疾人征文比赛和摄影培训。(五)设立捐赠项目。有"育德助学基金""巴斯夫奖学金""光彩事业基金""聋儿康复专项基金"等。

2007年,主要工作:(一)负责特奥会的集资和与中国残疾人福利基金会的联系工作。在市残联党组、理事会的领导下,通过与政府相关部门、金融系统和在沪中央大型企业的协调,近30家中央在沪企业和上海地方国企在不到两个月的时间内超额完成集资任务。(二)完善内部制度,加强办事处管理。先后制定《上海市残疾人福利基金会财务管理规定》《上海市残疾人福利基金会物资管理办法》等,建立健全各项财务管理制度,完善内部责任制,加强对办事处捐赠资金和实物的管理。(三)宣传残疾人福利基金会事业。通过报刊、媒体报道基金会的工作以及捐赠者的典型事迹,定期不定期制作宣传画册,向社会宣传基金会活动。(四)开展各类活动,动员社会帮残助残。慰问安康医院230多名精神病人。将恒生银行捐款定向用于虹口区60多名聋人学生配置助听器。将上海佳龙公司捐款定向用于上海建工医院开展残疾人康复。联合伟翔环保科技有限公司和江信计算机信息服务有限公司共同举办"左手搀右手,公益携环保"活动,向嘉定区阳光之家赠送10台整修更新后的电脑。继续开展"育德教育基金"的发放工作,给予入选学生每人5 000元助学金。召开第二届"市残疾人福利基金会—巴斯夫奖学金"颁奖仪式,25名残疾人子女和残疾学生获得奖学金,巴斯夫还向考取大学的残疾学生每人赠送笔记本电脑一台。将上海克里斯汀食品有限公司捐款转赠上海盲校。拨款100万元用于奉贤、金山办事处为450名贫困白内障患者实施复明手术和250名精神残疾人康复。拨款50万元用于帮助全市贫困聋人佩戴助听器。工商银行上海分行出资50.4万元为2 000名特奥运动员订阅2008年度《新闻晨报》。拨款100万元用于松江区阳光之家建设。(五)举办系列专题活动,为残疾人平等参与社会搭建平台。举办第二届"爱与和谐"摄影比赛,组织志愿者开展为盲人讲电影活动,举办"情系特奥"摄影大赛。

2008年,以"弘扬人道、奉献爱心、全心全意为残疾人服务"为宗旨,以推动残疾人事业发展为大局,以为残疾人服务、为捐赠者服务为己任,广泛联系社会,努力开拓进取。募捐收入1 702.56万余元,支出1 783.502万余元。主要工作:(一)精心打造基金会品牌公益项目。积极参与残疾人康复、扶贫、教育等各项保障制度的落实工作,向社会推出一系列品牌公益项目。出资30万元用于奉贤等区县167名老年白内障患者复明手术。爱耳日期间,向87名听障儿童配发助听器。向奉贤区中心幼儿园提供20万元建立聋儿语训基地。出资32万元为金山区136名住院精神病人提供伙食和医疗补贴。与上海人民广播电台共同举办"同一片蓝天"节目。组织志愿者开展为盲人讲电影活动。举办中国佛文化书画研究院美术师王文聘作品展暨捐赠活动。资助金山区贫困残疾人家庭危房改造。联合上海移动公司举办"让信息通信技术惠及残疾人"系列活动。对全市98名残疾人大学生每人赠送一台英语学习机。(二)资助公益项目,为社会和残疾人群搭建公益平台。先后设立"育德助学基金""扶残助学春雨行动基金""自励助学基金"等,出资300万元对民政福利企业的困难残疾人职工提供帮困补助。出资360万元对全市240家阳光之家补助活动经费。向"7259"项目提供270万元经费支持。(三)参与大型活动。向汶川地震灾区捐赠价值50万元的1 108辆轮椅车。与宋美英共同开展"小手绘大爱"活动,为汶川地震受伤学生提供假肢安装更换维修费用。出资30万元资助湖南省郴州市因特大冰雪灾害导致的20户残疾人家庭倒塌房屋的重建。(四)贯彻《基金会管理条例》,规范管理基金会工作。严格经费使用,建立跟踪审计制度。

2009年,共募集资金和物品等1 617万元,其中资金1 087万元,物品508万元,利息收入22万元。主要工作:(一)开展系列宣传活动,借助社会平台营帮残造助残氛围。通过电视台、电台、《新民晚报》、《新闻晚报》、《青年报》、《新闻晨报》等媒体宣传报道残疾人工作49篇。(二)搭建网上捐款平台,拓宽资金募集渠道。(三)为捐赠者服务,设立捐赠者项目。国家金库上海分库捐赠700万元用于全市阳光之家。上海浦江控股有限公司捐赠20万元资助徐汇、卢湾区20名残疾学生和盲人乐队。东海观音寺资助 10 万元用于四川都江堰"上海光明行"活动,为 40 名贫困白内障患者实施复明手术。继续做好"育德助学基金""巴斯夫智力助残学基金"发放等活动。(四)发挥区县办事处的作用。加强与中国残疾人福利基金会的联系和信息沟通,获得其下拨 182 万余元衣物。为区县办事处举办财务、审计等培训班。

2010 年,共募集资金及物资合计约 2 007 万元。主要工作:(一)基金会和《解放日报》报业集团文明办、《新闻晚报》、《新民晚报》政法部 4 家单位或部门联合发起开展"献出你的爱　圆他一个梦"为贫困残疾人捐赠世博会门票活动,共为贫困残疾人提供 10 万张世博会门票。(二)为 2010 年世博会"生命阳光馆"建设提供募捐平台,共为生命阳光馆募集实物捐赠近 666 万元。(三)配合中国残疾人福利基金会在沪举办"生命·阳光"外滩 3 号大型集善晚宴捐赠活动,共募集资金与实物8 000 万元。(四)联系英科国际控股有限公司为青海玉树地震灾区捐赠 500 辆轮椅车,与《新民晚报》共同发起为玉树灾民捐赠越冬羽绒服达 344 件。

表 10‐1‐13　上海市残疾人福利基金会历届理事会负责人一览表

任　　期	名誉理事长	理事长	副理事长	监事会主席	秘书长
上海市残疾人福利基金会第一次理事会	李干成	曹匡人	钱关林、王　彤	—	王仲毅
上海市残疾人福利基金会第二次理事会	李干成	曹匡人	钱关林、王　彤	—	王仲毅
上海市残疾人福利基金会第三次理事会	江泽民	曹匡人	钱关林、王　彤、徐凤建	—	郭日月
上海市残联第四届主席团执行理事会	江泽民、谢丽娟(女)、孙贵璋	钱关林	邵浩奇、徐凤建	—	吴伯良
上海市残联第五届主席团执行理事会	周慕尧、谢丽娟(女)	王世宽	常务副理事长:曹子平副理事长:孙金富、徐福生徐凤建、倪　豪毛泽荣	吕凤太	李晓雪

资料来源:上海市残疾人联合会档案

第六节　区县及基层残联组织

从 1988 年下半年开始,全市各区县在盲人聋哑人协会的基础上,组建区县残疾人联合会。同年 10 月 14 日,黄浦区残联率先成立。至 1990 年 12 月,全市 22 个区县(含石化地区)经同级政府批准均组建残疾人联合会。1992 年底,全市 349 个街道、乡镇以及一些残疾人较集中的企业也先后成立残疾人联合会或残疾人协会。

区县残疾人联合会在区县政府领导下工作,接受市残联的指导,执行市下达的残疾人工作的各项任务。区县残联设主席团、执行理事会和各专门协会,并每 5 年召开一次代表大会进行换届选举。街道乡镇建立残疾人联合会,每 3 年召开一次代表大会,由理事长主持日常工作。社区建立残疾人协会或残疾人工作小组,由居委会主任担任主席,由优秀残疾人担任副主席。

1993 年起,全市各区县政府先后建立残疾人工作协调委员会。由分管区长或县长兼任主任,各区县残疾人联合会承担委员会的日常工作。为健全基层组织,夯实工作基础,市残联 1998 年 6 月成立基层工作办公室,负责部署、指导、推进全市街道乡镇建立残联组织。至 1999 年底,全市 20 个区县残疾人联合会实行机构单列。全市 312 个街道乡镇全部建立残联组织,并配备 1 名～2 名专职干部。通过健全基层组织,实现了街道乡镇"有专职干部,有办公场地,有服务载体,有工作网络"的要求,全市残疾人工作者达千余人。

2003 年,全市 3 368 个居委会已全部建立残疾人协会,1 445 个村委会建立残疾人协会或残疾人工作小组,形成"三级组织、四级网络"的社区残疾人工作组织体系。卢湾、黄浦、徐汇、静安、长宁和浦东新区等 6 个区被中残联确定为全国社区残疾人工作示范区。此外,各区县政府把社区残疾人工作纳入社区建设整体规划。全市城乡社区基本建立社区残疾人协会或残疾人工作小组,社区残协普遍建立工作制度,落实工作经费,形成残疾人工作骨干队伍,建立残疾人活动室。同年,在推进残疾职工社会保险纳保工作中,全市各街镇全都建立残疾人服务社、助残志愿者联络站,并配备专职干部。

第二章 康 复 工 作

上海残疾人康复工作始于20世纪50年代,1958年,市盲、聋两个福利分会会同市卫生部门组织有关医院开展治盲、治聋工作。上海市五官科医院、市第一人民医院治疗聋症300例。1959年,广慈医院、铁道医院等8个单位,针灸治疗500例,95.3％有效,其中有显著疗效的占23.4％。1961—1964年,松江、青浦、奉贤、南汇、崇明5个县共治盲26 113人次,手术4 069例(其中白内障155例)。1964年,上海中医学院和曙光等医院组成协作小组,到第三聋哑学校等单位治疗耳聋。卢湾、杨浦区中心医院治疗盲症、聋症600例。其后,防治盲、聋工作不断深入开展,1965年,上海全年治疗盲症2万多人次,手术3 300多次,使119人重见光明;治疗聋症400例。1988年11月,上海市残疾人三项康复工作办公室(后改名为上海市残疾人康复工作办公室)成立,从此上海市残疾人康复工作有了专门的协调机构。市残联围绕创建全国残疾人工作示范城市和"人人享有康复服务"达标工作的各项任务,制定残疾人康复规划,加强康复机构建设和人才队伍建设,不断出台相应政策,加强康复科研和理论研究,持续推动落实相关康复目标实现,各项康复工作走在全国前列。

第一节 康复规划、政策

1982年、1983年上海市盲人、聋哑人协会会同卫生部门对全市的盲人、聋哑人开展致盲、致聋原因普查,并对尚有治愈可能的人员普查登记。同时,对119例聋症的治疗与防治情况进行分析。1985年,铁路医院、闸北区中心医院对723名聋哑人和223名盲人开展盲症、聋症的防治普查。

1988年10月,根据全国残疾人三项康复会议精神,上海举行白内障复明、小儿麻痹(简称儿麻)后遗症矫治、聋儿听力语言训练三项康复工作联席会议。同年,制定《上海市残疾人三项康复工作计划(1988—1992)》。从此,上海市残疾人的康复工作有计划地在全市展开。

1992年,上海成立上海市低视力康复专家组,并对贫困"儿麻"矫治对象和语训聋儿购买助听器给予优惠。规定:对无工作单位(包括成年者)实施儿麻手术矫治的贫困对象按人均600元标准发给医疗补贴,对在训的每个聋儿补助一个单价约500元的助听器。

1993年3月,市教育局、市民政局、市残联、市残疾人康复办公室、市卫生局、市计委联合制定《上海市社区康复工作"八五"实施方案》,依托基层医疗保健网、社区服务网、残疾人组织、福利企事业单位和残疾人家庭的社区康复工作逐步展开。同时,确定上海市中西结合康复医学研究所为上海市残疾人社区康复资源中心,并成立社区康复技术指导组。同年,制定《上海市智力残疾儿童康复工作"八五"实施方案》,并成立上海市智残儿童康复技术指导组、上海市智力残疾儿童康复工作协调组。

1993年7月,市残联第二次代表大会对上海残疾人康复工作进行规划,要求保质保量完成"八五"期间国家下达给上海市的白内障复明、"儿麻"后遗症矫治和聋儿听力语言训练任务,巩固聋儿语训体系,发展聋儿语言训练的后续教育;积极开展低视力康复训练和弱智儿童早期康复训练,推广精神病综合防治试点地区的经验,有计划地建立社区康复网络;逐步在各类大、中型综合医院、福利院和残疾人活动中心设立康复科室;要以开展重点康复项目带动残疾预防、医疗和康复训练的全面发展,加强对各类重度残疾临床治疗的基础研究,为提高人口素质创造条件。

2001年9月,上海市残疾人康复工作办公室出台《关于残疾人康复经费使用和贫困补助的通知》,进一步明确残疾人康复经费的投入标准和使用原则、申报程序、申报方法,推动残疾人康复事业的规范发展。

2002年8月,在全国第三次残疾人康复工作会议上,国务院办公厅转发卫生部、民政部、财政部、教育部、公安部、中国残联等六部门制定的《关于进一步加强残疾人康复工作的意见》(以下简称《意见》),提出到2015年,实现残疾人"人人享有康复服务"的目标。2004年2月,市政府办公厅转发市残联、市民政局、市卫生局、市财政局、市公安局、市发改委、市教委等七部门制定的《关于进一步加强本市残疾人康复工作的意见》,提出上海到2012年,提前3年实现国家提出的残疾人"人人享有康复服务"目标。

2007年,市政府对全市2 000名7岁以下的残疾儿童实施康复救助纳入市政府实事工程,给予7岁以下残疾儿童康复训练补贴。全年共对2 243名残疾儿童实施康复救助。

2008年,上海市残疾人康复工作办公室出台《关于对就业年龄段重度或极重度听力障碍者植入人工耳蜗实施补贴的通知》,对具有上海市户口、60周岁(含60周岁)且符合有关条件的重度或极重度听力障碍者植入人工耳蜗实施补贴。

2009年,为满足在校有听力障碍学生的康复需求,最大限度地提高他们在社会交往中的听说能力,为他们的就业提供帮助,自2009年3月1日起开始实施为上海市户籍的在校听力障碍学生免费配发2台助听器的补贴政策。

2010年10月27日,市残联与市民政局、市财政局联合制定下发《关于对本市8周岁～16周岁贫困重度残疾少年儿童机构养护实施补贴的通知》,对上海市8周岁～16周岁贫困重度残疾少年儿童机构养护实施补贴。经审核符合机构养护服务条件的重度残疾少年儿童,入住市残联约定的残疾人养护服务机构,每人每月给予1 000元补贴。对为重度残疾少年儿童提供养护服务的机构,由市残联按每年每床500元的标准给予补贴。

第二节 康 复 服 务

根据《"八年"计划纲要》的规定,上海市先后开展白内障复明、儿麻矫治、聋儿语训三项康复,之后又开展低视力康复,弱智儿童康复和精神病防治多项康复。至1992年底,累计完成白内障复明数手术20 004例,占国家下达的6 025例任务指标的332%;脱残率达94%,脱盲率达100%;完成"儿麻"后遗症矫治手术3 037人次,占国家下达2 615人次任务的116%,其中总有效率达96.1%,优良率达87.1%;完成聋儿听力语言训练507名,占国家下达362名任务的140%,有70名聋儿达到三级以上康复标准,有39名聋儿进入普小及后续班学习。市财政局累计投入34万元,市募捐办资助15万元,给贫困患者解决医疗费用的补贴,为近300名聋儿赠送耳背式助听器;近200个医疗、教育单位的医生、教师和残疾人工作者,深入街道、农村和海岛开展康复工作,使2万多名残疾人减轻残疾障碍,提高生活和工作的能力。

根据全国残疾人三项康复工作实施方案要求,上海1988—1992年的任务是完成6 025人的白内障复明手术、2 615人次的"儿麻"后遗症矫治手术和362人的聋儿听力语言训练。截至1990年,完成10 684人的白内障复明手术、1 580人次的"儿麻"后遗症矫治手术、215人的聋儿听力语言训练。

1990年，上海为全国"儿麻"矫治手术专业人员开办培训班，17个省市28名主治医生以上医师观摩上海骨科专家持刀手术，以30种术式对74名患者施行矫治手术。全国残疾人三项康复工作办公室对上海33名白内障术后病人、51名"儿麻"矫治患者进行质量验收，有效率达94.12%，均超过全国标准。

根据《中国残疾人事业"八五"计划纲要》精神，上海残疾人康复工作除原定的三项康复外，从1992年起又增加低视力康复工作、精神病防治康复工作、智力残疾康复工作、社区康复工作、残疾人用品用具供应服务工作。同年，开设低视力门诊，为63名低视力患者配戴助视器，培训智力残疾儿童家长150名。

1995年，三项康复和低视力康复、智残儿童康复等1991—1995年间的任务在1994年全部超额完成，全国残疾人康复办公室再次下达1995年的任务也在12月25日前超额完成。1995年，上海市残疾人用品用具供应服务站开业，同年底已为残疾人提供61种、17 334件残疾人用品用具。1990—1995年，上海市每年举行一次聋儿听力语言康复评估，此举得到全国残疾人康复办公室肯定并推广。

1998年9月，市残联第三次代表大会对过去5年的康复工作做总结。在市残疾人康复工作办公室的组织协调下，全市医院、社会福利机构、特殊学校和社区服务中心开展残疾人康复训练与服务，建立6个残疾人康复专家技术指导组，累计完成白内障复明手术24 459例，占国家下达任务数的204%；为707名低视力患者配戴助视器，占国家下达任务数的177%；为658名学龄前聋儿开展听力语言康复训练，占国家下达任务数的100%，其中达到三级以上康复标准的占18%；为755名学龄前智力残疾儿童开展早期康复训练，占国家下达任务数的108%；为1 130名肢体残疾者施行矫治手术，占国家下达任务数的103%；为465名患者进行系统康复训练，占国家下达任务数的119%；完成假肢装配9 494例、矫形器4 044例，分别占国家下达任务数的102%和33%；为残疾人供应110个品种、62 392件特殊用品和辅助器具，占国家下达任务的165%；对覆盖全市人口中的9万余名重性精神病患者进行社会化、开放式、综合性的精神病防治康复，监护率和社会参与率均高于全国的指标；在21个街道乡镇开展社区康复服务的试点，为残疾人提供就近、便利实用的康复服务。开展残疾预防的社会宣传，承担组派五批医疗队，分赴宁夏、湖南、新疆、云南和河北的山区农村开展白内障复明和"儿麻"后遗症矫治手术的任务。

1998年，共有18 695名残疾人得到不同程度的康复，改善功能。其中白内障复明11 487例、低视力康复122例、肢体矫治手术290例、智力残疾儿童康复122例、聋儿康复137例、假肢及矫形器安装6 537例，精神病防治康复各项指标均达到或超过国家下达的标准。全年还为残疾人提供1.6万件残疾人用品用具。

1999年，共有41 395名残疾人得到康复服务，其中白内障复明手术14 852例，人工晶体植入率95%，脱盲率96%，脱残率达76%；为132名低视力患者配用助视器，新建低视力康复部2个，累计建立20个区县级低视力康复部；完成肢体矫治手术158例，有效率100%，显效率98.7%，装配假肢3 272例，装配矫形器2 288例；通过机构、家庭函授、家长培训等形式完成137名聋儿受训、88名聋儿家长培训任务，聋儿康复后进入普小、普幼的有37人，康复率达27%；完成智残儿童机构训练85人；监护精神病患者84 436人，总监护率98.27%，显好率86.39%，参与率84.19%，肇事率0.08%；救治精神病贫困患者近4万人。全市新建区县级残疾人用品用具供应站18个，新建街道乡镇级残疾人用品用具供应站22个，初步形成残疾人用品用具服务两级网络，供应82个品种、36 363件用品用具。

1999 年 5 月,开展残疾人机动轮椅车置换工作。全年共置换残疾人机动轮椅车 9 740 辆。为做好售后服务工作,置换现场实行交车、退牌、选车、登记、领牌证、上牌、敲钢印、办理保险等一条龙服务。全市还设立 21 个专营点,建立 48 个维修点,由市残疾人用品用具供应服务站发给专营专修牌证,实行挂牌定点销售和维修服务,并对 48 个维修点的经营者和维修技术人员进行培训。全市共安置残疾车主 9 061 人(其中保障和救助农业户口残疾车主 2 804 人),转办和新办福利企业 75 家,可安置残疾人员 2 328 人。

2000 年完成系统训练肢体残疾人 313 人,总有效率 94%,显效率 20%,其中,完成矫治手术 75 例,安装假肢 135 例,配矫形器 30 件;完成白内障复明手术 19 475 例,占年度计划的 240%,人工晶体植入率 97%,脱盲率 97%,脱残率 74%(术后早期视力);为全市 151 名低视力患者配用助视器,占年度任务的 141%;完成 104 名聋儿康复任务,培训聋儿家长 53 人,聋儿康复后进入普幼、普小的有 49 人,康复率达 47%;完成智力残疾儿童机构训练 100 人,培训家长 30 人;监护精神病患者 89 073 人,总监护率 97.66%,显好率 88.84%,参与率 82.82%,肇事率 0.05%;救治精神病贫困患者 21 450 人次。全年残疾人用品用具供应站向残疾人供应 100 个品种、30 352 件用品用具。

2001 年全市共为 216 582 名残疾人提供康复服务。其中完成肢体残疾康复训练 523 名,有效率达到 90.8%;完成脑瘫康复训练 255 名,有效率 87.5%;智残儿童的康复训练工作由原来的 0 岁~7 岁向 0 岁~14 岁延伸。各区县对本地区进行调查摸底,为智残儿童的早发现、早干预、早训练的转介服务提供依据,并为相关的机构提供名单,上门对智残儿童进行评估,落实康复措施。有三分之二以上的区县已开展上门送教、送训,使因残而无法入园、入学的智残儿童也享受到受教育权利。智力残疾儿童机构康复训练 281 名,培训家长 317 名,共有 483 名取得不同程度进步。完成白内障复明手术 23 120 例,脱残率 85%,脱盲率 95%,人工晶体植入率 90%;为全市 367 名低视力患者配戴助视器,培训家长 129 名,培训管理和技术人员 336 人,并将茂昌眼镜总店作为定点眼镜店,建立低视力学校和新华医院长期合作关系,使低视力者的康复在医生的具体指导下得到规范的视功能训练和康复。完成聋儿语言训练 115 名,培训家长 115 名,康复训练后进入普小普幼的 49 人,康复率 42%。精神病人监护 87 221 人,总监护率 97%,显好率 87%,参与率 84%,肇事率 0.04%;解除关锁病人 63 人,解锁率 75%。为因麻风病致残的病人施行 32 例矫治手术,发放辅助用具 110 件,康复训练 56 人。全年安装假肢 2 036 件、矫形器 2 241 件。

2002 年,残疾人康复工作围绕"康复为就业服务,康复为教育服务,康复为平等参与服务"的目标,加大宣传力度,在"爱眼日""爱耳日""精神卫生宣传周"等活动期间,有 18 万人次参加各类咨询活动。全年为残疾人进行康复训练 1 345 人,其中肢体残疾人 617 人,完成全年任务的 130%;脑瘫儿童 318 人,完成 159%;智残儿童 295 人,完成 113.03%,培训家长 224 人;聋儿 115 人,完成 100%,培训家长 115 人;配戴助视器 351 人,完成 117%,培训家长 86 人;监护精神病患者 87 031 人,总监护率 98.17%,社会参与率 85.96%,肇事肇祸率 0.01%;完成白内障复明手术 20 419 例,占年度任务数的 146%。全年共配发残疾人用品用具 70 578 件,受益 49 409 人。

2003 年,全年完成成年肢体残疾者系统康复训练完成 537 例,完成率 113.05%;脑瘫儿童康复训练完成 221 例,完成率 109%;智力残疾儿童系统康复训练完成 302 例,完成率 111%;家长培训完成 169 例,完成率 147%;白内障复明手术完成 23 605 例,完成率 147%;监护精神病患者 90 317 人,监护率 97.34%;聋儿康复训练完成 115 例,完成率 100%;用品用具配发完成 58 815 件,超指标 18%。

2004 年,全年完成成人肢体残疾人康复训练 628 人,完成年度任务的 132.21%;脑瘫儿童康复训练 263 人，完成年度任务的 350.67%；智力残疾儿童康复训练 304 人，完成年度任务的 341.57%；减免费用安装假肢、矫形器 384 人；完成白内障复明手术 25 159 例，完成年度任务的 179.71%，人工晶体植入率 98.06%，脱盲率 97.42%，脱残率 85.77%；完成 421 名低视力患者助视器的佩戴工作，完成年度任务的 112.27%；聋儿康复 116 人，完成年度任务的 100.87%。全市在册精神病人 95 992 人，精神病人检出率达 7.18‰；监护精神病患者 92 110 人，监护率达 95.96%；显好总人数 84 073 人，显好率达 87.58%；参与社会人数 79 739 人，社会参与率达 83.07%；肇事肇祸 120 人次，肇事肇祸率为 0.1%；解锁精神患者 70 名。全市用于救助贫困精神病患者的款项达 6 827 万元，共救助患者 24 429 人。通过 2 054 名志愿者的努力，全市有 6 300 多位重残者及高龄老人得到照料，生活质量有明显改善。截至当年 10 月底，全市已有 25 782 名残疾人得到每月 1 次的上门服务，总计服务次数达 121 176 人次。有 366 名重残无业人员进入寄养机构。至年底，共为 14 396 名残疾人和基层残疾人工作者提供健康体检。

2005 年，全年完成成人肢体残疾人康复训练 613 人，脑瘫儿童康复训练 183 人，智力残疾儿童康复训练 277 人；为 1 601 名残疾人安装假肢，为 1 894 名残疾人安装矫形器，其中为 542 名残疾人减免假肢、矫形器安装费用。完成白内障复明手术 27 208 例，人工晶体植入率 99.02%，脱盲率 97.71%，脱残率 84.91%，为 2 644 名贫困白内障复明手术患者实施费用减免。完成 846 名低视力患者助视器的佩戴工作，培训家长 41 人。完成聋儿康复 129 人，培训聋儿家长 248 人，聋儿康复率 61%。全市共有在册精神病人 97 661 人，精神病人检出率 7.28‰；监护精神病患者 93 597 人，监护率达 95.84%；显著好转总人数 83 969 人，显著好转率达 85.98%；参与社会人数 80 959 人，社会参与率达 82.90%；肇事肇祸率下降到 0.04%。全市用于救助贫困精神病患者的金额达 5 417.8 万元，共救助患者 19 946 人。

2006 年，完成肢体残疾成人康复训练 29 480 人，肢体残疾儿童康复训练 329 人，为肢体残疾人安装假肢 208 例，安装矫形器 1 048 例，并对 727 名残疾人减免部分安装费用。完成白内障复明手术 32 165 例，人工晶体植入率 98.68%，脱盲率 98.61%，并对 3 652 名贫困白内障患者减免复明手术费用。完成 526 名低视力患者助视器的佩戴工作，培训家长 70 人，对 385 名盲人进行定向行走训练。实现聋儿康复 103 人，康复后聋儿入普通小学和幼儿园的达 75%，培训聋儿家长 224 人，为 247 名在校听障学生免费配发助听器，并对 22 名极重度听障聋儿植入人工电子耳蜗实施补贴，聋儿康复率 75%。完成智力残疾儿童康复训练 506 人，孤独症儿童康复训练 85 人。全市共有在册精神病人 99 201 人，精神病人检出率 7.34‰；监护精神病患者 94 699 人，监护率 95.46%；显好总人数 85 626 人，显好率 86.59%；参与社会人数 85 027 人，社会参与率 85.71%；肇事、肇祸率下降至 0.13%。截至 2016 年 10 月，全市有 95 709 名有康复需求的残疾人与社区卫生服务中心签订协议书，享受到由社区医生每月一次上门提供的以医疗康复、健康教育等为主要内容的康复服务。全市共建 10 个上海市残疾人养护基地，入住残疾人 1 173 人。"为 3 500 名重残无业人员提供养护服务"是 2006 年市政府实事项目，截至 2006 年 11 月 30 日，全市已完成 4 835 名重残无业人员养护任务，占计划数的 138.14%。

2007 年，全年完成肢体残疾人康复训练 1 004 人，肢体残疾儿童康复训练 392 人，为肢体残疾人安装假肢 170 例，安装矫形器 1 922 例，并对 2 092 名残疾人减免部分安装费用。完成白内障复明手术 34 533 例，人工晶体植入率 98.78%，脱盲率 98.27%，并对 3 573 名贫困白内障患者减免复明手术费用。完成 620 名低视力患者助视器的佩戴工作，对 296 名盲人进行定向行走训练。实现聋儿康复 111 人，培训聋儿家长 418 名，康复后聋儿入普通小学和幼儿园人数达 68 人，聋儿康复率

74%,为34名在校听障学生免费配发助听器,为1126名成人听力障碍者配发助听器,对17名极重度听障聋儿植入人工电子耳蜗实施补贴。完成智力残疾儿童康复训练670人。孤独症儿童康复训练154名。全市共有在册精神病人101319人,精神病人检出率7.44‰,监护精神病患者97861人,监护率96.59%,显好总人数88971人,显好率87.81%,参与社会人数83607人,社会参与率82.52%,肇事、肇祸率下降至0.11%。全年为98212名残疾人提供"送康复服务上门",参与上门服务的医务人员达3873人,为5960残疾人提供养护服务,为2243名7岁以下残障儿童提供康复训练救助,全年接受康复服务43万人次。年内,对31034名从事康复专业与康复工作人员进行多层次、多形式的培训。

2008年,全年接受康复服务的残疾人达到36.5万人次,为45540名残疾人进行健康体检,为90646名残疾人"送康复服务上门",有1219名重残无业人员得到"居家养护服务",为2172名7岁以下残障儿童提供康复训练救助,有6542名残疾人入住养护机构。完成白内障复明手术38748例,人工晶体植入率99.06%,脱盲率97.45%,脱残率88.05%,为2717名贫困白内障复明手术患者实施了费用减免,完成612名低视力患者助视器的佩戴工作,培训家长30名,对281名盲人进行定向行走训练。全市19个区县完成"全国白内障无障碍县"创建工作。完成聋儿康复140名,聋儿康复率达83%,培训聋儿家长417名,为50名在校听障学生免费配发助听器,为25名7岁以下、8名在校听障学生和7名成年重度听力障碍者植入人工电子耳蜗实施补贴。完成成人肢体残疾人机构、社区、家庭康复训练3211人,肢体残疾儿童机构康复训练509人,肢体矫治手术37例,为2423名残疾人减免安装假肢、矫形器费用,其中安装假肢257例,安装矫形器2166例。完成智力残疾儿童康复训练590名,培训家长483名。全市在册精神病人101582人,精神病人检出率7.44‰;监护精神病患者98955人,监护率97.41%;显好总人数90164人,显好率91.12%;参与社会人数86184人,社会参与率87.09%;肇事肇祸率下降到0.032%。

2009年,市残联接受康复服务的残疾人达到39.7万余人次,为55152名残疾人实施免费健康体检,为14794名残疾人提供居家养护服务,为6742名残疾人提供机构养护服务,开展残联系统康复人员培训5612人次。全年完成成人肢体残疾人机构、社区、家庭康复训练2878人,肢体残疾儿童机构康复训练597人,智力残疾儿童康复训练1008人;完成辅助器具配发88661件,为2630名残疾人减免安装假肢、矫形器费用。完成白内障复明手术42819例,为其中2039名贫困白内障复明手术患者给予贫困补助;完成653名低视力患者助视器佩戴工作,培训家长102名;盲人定向行走训练278名。完成聋儿康复363人,培训聋儿家长353人,聋儿康复率达78%;为1286名成年听力障碍者配发助听器;为86名在校听障学生免费配发助听器;为9名成年听障者、6名在校听障学生和28名7岁以下的重度听障儿童植入人工电子耳蜗给予补贴。全市共有在册精神病人96598人,精神病人检出率7.38‰。年内,监护精神病患者93663人,监护达96.96%;显好总人数82517人,显好率85.42%;参与社会人数80367人,社会参与率83.2%;肇事人次13人,肇事肇祸率下降到0.0135%;为8767人免费提供精神类药物。

2010年,全市全年接受康复服务的残疾人达到46.7万余人次,为70373名残疾人实施免费健康体检,为80380名残疾人提供上门服务,为7501名残疾人提供机构养护服务,为16550名重残无业人员提供居家养护服务,为4535名残疾儿童进行康复训练补贴,开展残联系统康复服务人员培训5408人次,全市18个区县均实现残疾人"人人享有康复服务"的阶段性目标。完成成人肢体残疾人机构、社区、家庭康复训练2244人,其中当年新增789人;肢体残疾儿童机构康复训练683人,其中当年新增215人;智力残疾儿童康复训练922人,其中当年新增297人,培训家长244人;

完成辅助器具配发 125 786 件,为 6 487 名残疾人减免安装假肢、矫形器费用,其中安装假肢 525 例,安装矫形器 5 692 例。完成白内障复明手术 42 275 例,为其中的 1 999 名贫困白内障复明手术患者实施贫困补助;完成 686 名低视力患者助视器的佩戴工作,培训家长 208 名;盲人进行定向行走训练 253 名。完成聋儿康复 384 人,其中当年新增 105 人,培训聋儿家长 558 人;为 1 347 名成年听力障碍者配发助听器;为 61 名在校听障学生免费配发助听器;为 9 名成年听障者、6 名在校听障学生和 25 名 7 岁以下的重度听障儿童植入人工电子耳蜗实施补贴;聋儿康复率达 79%;入普小普幼率达 79%。全市共有在册精神病人 103 638 人,精神病人检出率 8.09‰;监护精神病患者 100 203 人,监护达 96.69%;显好总人数 85 610 人,显好率 82.6%;参与社会人数 83 061 人,社会参与率 80.15%;肇事人次 31 人次,肇事肇祸率下降到 0.029%;为 6 000 余人免费提供精神类药物。

第三节 康复机构、网点

1988 年 10 月,根据全国残疾人三项康复工作会议精神,上海举行白内障复明儿麻后遗症矫治、聋儿听力语言训练三项康复工作联席会议,成立白内障复明手术专家组和小儿麻痹后遗症矫治手术专家组,并确定新华医院为白内障手术复明中心,市第一人民医院为儿麻矫治中心,市伤残儿童康复中心为聋儿听力康复中心。

1996 年,建立和完善残疾人康复综合服务机构,在仁济、市六医院两个三级医院新建康复医学科,在虹口、南市、金山、杨浦、长宁 5 个区二级医院也设立康复医学科。同时,在虹口、南市、黄浦、金山、杨浦、长宁 6 个区残联建立残疾人康复服务指导部(站),另有 12 个街道设立社区康复指导站,建立 183 个残疾人家庭康复点。残疾人康复面达 75%。

1997 年继续完善市区县残疾人康复服务指导机构,年内建立 1 个市级残疾人康复服务指导中心、2 个区县级康复服务指导部,完成系统训练肢残者 250 名、智残儿童 94 名,培训家长 100 名。截至 1997 年底,上海已形成市、区县、街道残疾人康复网络。市级点有 20 个、区县 18 个、街道乡镇 63 个,其中有 21 个社区康复点成为示范点。全市已形成拥有 8 902 名专职和兼职的社区康复工作人员队伍。此外,还建立 9 个智残儿童康复训练机构。

1999 年 5 月 16 日,上海市残疾人康复职业培训中心落成。该培训中心位于浦东新区,占地面积 1.3 万平方米,建筑面积 1.3 万平方米,总投资 6 000 万元。中心融医疗康复、教育康复、工程康复及社会康复于一体,主要为听力障碍儿童、脑瘫和脊柱侧弯等肢体残疾儿童,以及其他各类行为障碍的儿童提供医教结合、医工一体的综合性康复训练。

隶属于上海市残疾人康复职业培训中心的上海广济康复医学门诊部,于 2002 年 5 月 20 日对外开放。该门诊部是以康复医疗为诊疗科目,为残疾人提供康复医疗的非营利性医疗机构。

2003 年,市残联第四次代表大会指出:经过五年的努力,初步形成具有上海特点的残疾人康复工作体系,形成与康复任务相适应、基本满足残疾人康复需求的服务网络。5 年来,在充分利用社会资源的基础上,基本建立以组织管理网、技术指导网、训练服务网为特色的社会化康复工作体系,形成覆盖全市的康复服务网络。已建立市区、县两级技术资源中心 138 家和 480 名专家参加的技术指导组,建立残疾儿童康复机构 60 家、白内障复明手术定点医院 73 家,同时,在 80% 以上的街道和 50% 的乡镇开展康复训练与服务工作,使广大残疾人就近就地得到康复服务。

2004 年 2 月 28 日,上海市聋儿康复中心在市残疾人康复中心举行成立挂牌仪式。中心内设听力门诊部、语言训练部、社区指导部、亲子早教部等,采用机构训练、家长培训、社区指导等各种形式,建构中心、家庭、社区开放式的康复教育网络,对全年龄段听障者提供听能管理、学前教育、听觉语言训练、言语矫治、康复评估、助听设备调试、耳模制作、家庭训练指导等康复服务。

2006年1月22日,"上海市精神残疾人养护基地"揭牌仪式在上海蓝色港湾福利院举行。建成后的"上海市精神残疾人养护基地",可为全市精神残疾人提供100张养护床位,从一定程度上缓解了精神残疾人养护难的问题。

"阳光之家"作为智障人士托养服务的核心机构,是为智障人士提供服务的重要组织载体。"组织1万名智障人士参与培训、康复、简易劳动,提高其日常生活能力和社会适应能力"的"智障人士阳光行动"是2005年市政府十件实事项目之一。该行动通过在全市各街道、乡镇开办"阳光之家",接纳地区内16周岁~35周岁为主的智障人士,开展教育培训、特奥活动、康复训练和简单劳动等,逐步提高其生活自理能力、社会交往能力和简单劳动能力,从而达到帮助他们走出家庭、融入社会的目的。至2005年底,全市共建立"阳光之家"233家,招收11 956名智障人士开展教育培训、简单劳动、特奥活动、康复训练等各类活动。已开办的"阳光之家"中共有残疾人助理员939人、志愿者1 805名。2006年是"智障人士阳光行动"巩固发展之年。至年底,全市共建成智障人士"阳光之家"240所,其中示范型15所、普通型225所。注册智障学员11 458人,其中全日制4 323人、定期活动4 321人、上门服务2 814人。为智障人士提供服务的工作人员有1 192人、志愿者2 382人。10月15日,国务院副总理回良玉参观、考察杨浦区"阳光之家"。11月,杨浦区殷行街道"阳光之家"工作人员黄秀娟在联合国"特奥与社会和谐发展"主题论坛上发言,向世界介绍上海为智障人士服务的"阳光之家"。

2007年7月18日,上海阳光康复中心(增挂上海特奥竞赛训练中心牌子)落成。该康复中心占地26.4万平方米,其主要业务功能为康复医疗(床位150张)、安养(床位300张)、职业技能培训等。

截至2007年12月底,全市已全部完成240所"阳光之家"的完善建设,包括建立50所"阳光工场",注册学员11 701名(其中"阳光工场"注册学员2 023名),管理服务人员1 159名。

2007年,全市共建10个上海残疾人养护基地,5 960名残疾人得到养护服务。

截至2009年1月,全市共建立阳光之家241所,包括51所阳光工场,学员12 153名。其中,阳光之家学员10 711名,阳光工场学员1 442名,为学员提供管理服务的工作人员1 125名。全市约定养护机构192家,为6 720名中、重度残疾人提供机构养护服务,其中智力残疾2 699名,占总数的40.13%;精神残疾1 977名,占总数的29.73%;肢体残疾1 384名,占总数的20.61%;视力残疾409名,占总数的6.09%;听语残疾180名,占总数的3.13%;多重残疾15名,占总数的0.22%。全市建立精神残疾人社区康复机构155家。

2009年7月15日,上海阳光康复中心所属上海光星康复医院、上海市第一人民医院康复科病区成立揭牌仪式在阳光康复中心举行。2010年12月20日,经市卫生局批准,上海光星康复医院更名为上海养志康复医院。

截至2009年11月底,全市18个区县222个街道(乡镇)共建社区康复机构220个,其中示范型社区康复机构42个、标准型社区康复机构36个、基本型社区康复机构142个。共有注册学员3 000余人。

第三章 教 育 与 就 业

　　残疾人教育属于特殊教育范畴。为保障残疾人受教育的权利,发展残疾人教育事业,上海市将残疾人教育纳入教育事业发展规划,统筹安排实施,合理配置资源,保障残疾人教育经费投入,改善办学条件。市残联协助相关部门积极促进和开展残疾人教育工作,为残疾人接受教育提供支持和帮助,发动社会各界通过捐资助学等形式关心和支持残疾人教育事业。上海连年加大经费投入,确保特殊教育优先发展,努力构建全面覆盖、融合多元的特殊教育服务体系。上海市积极构建跨部门多学科的特殊教育合作运行机制,形成以市、区两级政府为主导,教育、卫生、民政、残联等部门相互合作的运行机制。市残联支持和配合教育部门大力推进学前教育,巩固义务教育,发展中高等教育,不断完善学前教育、义务教育、高中阶段教育、职业技术教育和高等教育协调发展的特殊教育体系。经过多年的探索和发展,全市残疾人教育服务体系日趋完善,多形式、分层次教育培训模式逐步形成。2010年,上海有各类特殊教育学校29所,全年在校接受特教学生7 000余人,残疾儿童少年学前教育和义务教育实现基本覆盖,视力、听力、言语残疾人高中和职业技术教育基本普及,残疾人受教育权益得到保障。基础教育阶段残疾学生实现免费教育,参加成人高等院校学历进修的上海市残疾人得到90%的学费减免。据统计,每年约有100多名残疾人大学生进入高等学校学习,残疾人免费教育政策逐步完善,残疾人教育福利进一步提高。

　　上海发展残疾人劳动就业的方针是:集中与分散相结合,优惠政策与扶持保护措施并行,加大残疾人就业服务和社会保障的力度,通过多渠道、多层次、多种形式,使残疾人劳动就业逐步普及、稳定、合理。根据残疾程度等差异分别实行有针对性的就业保障和扶持措施。对有就业能力的轻、中度残疾人通过分散按比例和集中就业方式推荐就业;对自主创业残疾人给予开办费补贴及社会保险费补贴等举措,引导、鼓励他们实现社会化就业;对有就业愿望、竞争就业有困难的中度残疾人,通过覆盖全市的残疾人阳光职业康复援助基地,为其提供生产劳动、职业培训、职业辅导等服务,并给予补贴扶持;对丧失劳动能力的重度残疾人提供生活补助、代缴养老保险和医疗保险,实行全面托底性保障。长期以来,上海积极开展残疾人就业服务,统筹规划残疾人的劳动就业和职业培训,依法维护残疾人劳动权利,建立分类兼顾的援助机制,使残疾人就业工作取得了显著的进步。2010年,上海形成以分散按比例就业和集中就业为主渠道,自主创业、非正规就业等为补充的多元化残疾人就业格局。在社会各界的大力支持和残疾人就业服务机构等部门的共同努力下,上海残疾人就业服务体系建设不断完善,已经建立起较为完善的残疾人就业政策系统及有效保障残疾人口的就业促进措施,基本形成覆盖全市的"市—区县—街镇"的二级机构三级残疾人就业服务网络。

　　上海残疾人的社会保障服务主要包括社会保险、社会救助、社会福利、托养服务等方面,指导思想是以基本养老、基本医疗、最低生活保障制度为重点,以慈善事业、商业保险为补充,推进残疾人社会保障体系的建立和完善。上海不断推动残疾人参加城乡养老保险和基本医疗保险的参保优惠政策的建立和完善,落实城乡残疾人参加基本养老保险和新型农村合作医疗、城镇居民医疗保险的优惠政策,帮助和鼓励残疾人积极参保,做到应保尽保,全市城乡残疾人普遍按规定参加基本养老保险和基本医疗保险。

第一节 教 育

一、基础教育

1982 年,全市共有 21 所盲、聋哑学校,盲、聋哑学生 1 654 人,入学率达到 90%左右郊县的盲、聋哑学龄儿童的入学率也达到 40%～50%左右。1995 年,上海全日制盲、聋哑及弱智特殊学校有 38 所,其中盲校 1 所、聋校 20 所、弱智学校 17 所,共有学生 11 319 人、教职员工 21 558 人(教师 880 人)。另外,在普通学校开办有 82 个弱智班。盲童、聋童的入学率 95%左右,弱智儿童的入学率 93%左右。1996 年,市残联委托上海盲童学校开设盲人钢琴调律班,争取到国际援助项目经费 35 万元。首届招收 10 名盲生,学制一年半。1997 年,上海特殊学校在校学生共 15 732 人,其中盲生 165 名、聋生 1 125 名、弱智生 2 546 名、随班就读 11 896 名。1998 年,全市有 38 所特殊学校和 131 个设在普通学校的特教班。使视力、听力、言语和智力残疾的儿童少年义务教育基本普及,全市中轻度视力、听力、肢残儿童少年入学率达到 98%以上,智残儿童入学率达到 94.96%,超过国家下达的 90%的要求。1999 年,中度视力、听语、弱智、肢体等残疾儿童入学率均达到 100%,受残疾人基金会资助的残疾学生和残疾人家庭子女达 500 人以上。2000 年底,全市共有视力残疾教育学校 1 所,192 名学生。听力残疾教育学校 11 所,1 350 名学生。智力残疾教育学校 24 所,6 551 名学生。全市各类残疾儿童少年入学率为 98%,达到与健全儿童入学率同等水平。

自 2004 年起,市教委建立特教专项经费,每年投入 1 千万元用于特教学校常规性配备教育教学、康复训练、现代信息技术等设施设备,还制定政策将生均公用经费提高到每生每年 1 200 元,高于普通学校的标准;从 2005 年起,免除盲、聋、辅读学校就读的沪籍学生在校期间所必需的杂费、课本费和课外活动费。许多区县不同程度地免除残障学生在校生活费。2006 年 5 月底,历时 3 个月的 2006 年全市未入学适龄残疾儿童少年专项调查工作结束。通过入户调查,逐户、逐人登记,基本摸清上海市未入学适龄残疾儿童少年的情况。全市因各种原因而未入学的适龄残疾儿童少年共 819 人,具体为:视力残疾 19 人、智力残疾 448 人、听力言语残疾 16 人、肢体残疾 199 人、精神残疾 7 人、综合残疾 130 人。

为进一步推进特殊教育师资队伍的建设,市教委陆续出台特殊教育教师双证制度、特殊教育名师基地、骨干教师海外研修、教育硕士规培项目以及丰富多样的特殊教育专题培训等一系列重要举措,搭建特殊教育教师专业成长的平台,为特教师资队伍专业化建设提供坚实的基础。

上海建立以特殊教育学校为骨干、以特殊教育班和随班就读为主体、以送教上门为补充,从学前教育到高等教育互相衔接、普特融合的特殊教育体系。上海特殊教育对象由聋、盲和弱智三类发展到包括肢残、学习障碍、言语和语言障碍、孤独症、精神分裂症、抑郁症、脑瘫等在内的各类残疾儿童、少年。在程度上也由轻度、中度残疾教育向重度和极重度残疾教育发展。中、重度残疾儿童少年主要进特教学校学习,轻度残疾如重听、低视力、轻度智力及肢体残疾儿童、少年主要在普通学校随班就读,全市轻度残疾儿童、少年入学率已达到 100%。对于极重度和多重残疾儿童主要采取特教学校开设多重残疾班和送教上门的方式。为解决高中阶段的特殊教育短板问题,特殊教育不断向高中阶段延伸。将特殊教育中考纳入全市普通高中阶段招生入学整体工作之中,根据九年义务教育阶段随班就读和特教学校课程科目与内容各不相同等特点,采取不同的高中阶段招生考试内容和方式。残疾学生报考普通高中阶段学校需参加普通学校中考,报考特殊职业学校、中职校附设特教班采取单独命题单独考试(招生考试办法另定)。特殊职业学校、中职校附设特教班的招生计划单列,区属学校由各区县教育局编制年度招生计划,市教委直属学校由学校编制招生计划。

截至 2008 年,全市共有义务教育特教学校 25 所,其中盲校 1 所、聋校 2 所、弱智学校 19 所、其他学校 3 所。2008 年全市年度义务教育阶段在校接受特教学生共 8 358 人,其中男生 5 092 人、女生 3 266 人。所有应获得救助的学龄贫困残疾儿童少年都获得救助,共计资助 118 人。2008 年义务教育普校附设特教班 105 个。截至 2009 年,全市共有特殊教育学校 29 所、特殊幼儿园 1 所、学前教育点 28 个、全日制高等教育点 4 个。九年义务教育和高中阶段教育在校学生共 9 074 名。上海在随班就读教学模式与策略、教学方法、课程设置、个别教育等多个领域开展的探索,取得良好效果。智力残疾学生完成九年义务教育后约 66% 继续进入中专、职校接受教育。视力、听力残疾初中毕业生接受高中和职业技术教育的学生接近 100%;进入高校的入学率分别为 96% 和 66%,视力、听力残疾高中毕业生就业率基本达到 100%。2009 年起,上海启动实施《上海市特殊教育三年行动计划(2009 年—2011 年)》,以"医教结合、按需施教、开发潜能、人人有所发展"为目标,构建满足残疾儿童身心全面发展需求、医教有机整合的特殊教育支持保障体系。同时,上海还积极创造条件为九年义务教育后的随班就读轻度智障学生及辅读学校毕业的学生提供职业技术教育和培训,为他们就业创造条件。

二、高等教育

上海市充分利用优质高等教育资源,以融合教育为主导模式发展残疾人高等教育。上海未设置专门的残疾人大学,而是顺应特殊教育的发展趋势以及残疾人接受普通高等教育的期待,根据上海市高校集中、专业资源丰富的优势,实施残疾人高等融合教育,即残疾大学生均在普通高校或普通高校附设的特教班就读。市残联与市教委、各高校充分合作,在残疾学生招生入学、培养、就业等重要环节提供必要的支持服务。融合教育的实施不仅较好地保障了残疾人接受高等教育的权利,也使上海的残疾人高等教育在全国起着一定的引领作用。

自 20 世纪 90 年代以来,上海的残疾人高等教育由点到面,不断扩展。1993 年 9 月,市残联与上海电视大学联合创办残疾人学院,招收财会班残疾大学生 10 人;徐汇区业余工大聋人美术班招收 2 个班级共 24 名学生。市残联还帮助高考分入线的 15 个残疾考生入学(其中 12 人上大学,3 人上中专)。1996—1997 年,市残联对全市 2 160 名社会识字盲人进行"推广汉语双拼音盲文"培训,其中 2 000 人参加,培训率达 93%。1997 年,市残联与上海大学成人美术学院联合开办首届聋人美术装潢大专班。1998 年市残联第三次代表大会上的工作报告指出,4 年以来,有 27 名残疾学生考入普通高等院校。有 34 名残疾工人考入上海大学美术学院成人大专班。在上海电视大学和市残联创办的残疾人学院里,有 47 名残疾人学生接受英语文秘和财会的大专学历教育。1998 年普通高校上线的残疾考生 7 人,已全部入学。1999 年,7 名高考上线考生全部根据自己的志愿进入相应的大学和专业。

2000 年,上海应用技术学院开设聋人美术大学本科班,17 名聋人入学,填补了上海市残疾人高等教育的空白。继续和上海大学美术学院联合开办聋人大专班,16 名聋人进入学习。同时对高考中符合录取分数线的残疾人,呼吁各高校吸收学生。2000 年上海市有 40 名残疾人报考,其中上线学生 38 名,全部被复旦大学、同济大学、上海大学的相关院校录取,入学录取率达到 100%。2000 年 11 月,上海大学、市残联在上大展览中心举办上大美术学院夜读大学首届聋人班毕业典礼暨作品展,进一步扩大残疾人高等教育的社会影响。2001 年 7 月 4—8 日,由市残联牵头,市教委、上海大学等单位组成的上海市残疾人高等教育考察团赴长春大学残疾人学院、理工学院聋人工学院就残疾人高等教育进行调研,为"十五"期间上海市开班聋人本科阶段教育做准备。2002 年 3 月 19 日,上海大学成人教育学院聋人装潢艺术设计专业"专升本"的考试报名在上海大学校园内举行,有 36 名聋人青年参加报名。在继续办好上海大学美术学院夜读大学聋人大专班、徐汇区业余大学残疾人教学点的同时,2002 年 9 月 7 日聋人专升本学历教育在上海大学开学。市残联会同上海市教委、上海中医药大学就盲人大专班的开设进行多次切磋,初步达成了开设盲人按摩大专班的意向。2003 年 1 月 16 日,上海市盲人按摩大专班高复班在上海市残疾人康复中心举行开学典礼,27 名盲人学员出席开学典礼。2003 年,全市有 40 名应届残疾高中毕业生被全日制高校录取。2003 年 7 月 7 日,上海应用技术学院为艺术设计系聋人特教班 17 名学生举行隆重热烈的毕业典礼,祝贺全市首届全日制普通高校特教班聋人学生顺利毕业。根据 2003 年市残联第四次代表大会上的工作报告,5 年来全市有 149 名残疾学生考入普通高校,是前 5 年的 3 倍。在部分高校开办聋人大专本科班和盲人大专班,为发展残疾人高等教育迈出新步子。

2004 年,有 57 名残疾考生被 17 所高等院校录取,其中普通院校本科 10 名、专科 17 名、特教院校 30 名。2005 年,全市有 119 名残疾学生被各高校录取。2006 年,108 名残疾学生被高校录取,其中本科 41 人、专科 57 人、特教学院 10 人。2007 年,108 名残疾学生被高校录取,其中本科 56 人、专科 52 人。2008 年,有 109 名残疾学生被高等院校录取,其中本科生 58 人、专科生 51 人。2009 年,全市有 98 名残疾学生通过统一考试被高等院校录取,其中本科 50 名、专科 47 名、研究生 1 名。大学新生中,肢体残疾 46 人,视力残疾 12 人,听力残疾 32 人,言语残疾 5 人,精神残疾 3 人。2010 年,80 名残疾学生经过高等教育统一招生考试被高等院校录取,其中本科 43 人、专科 35 人、研究生 2 人。大学新生中,肢体残疾 41 人,视力残疾 8 人,听力残疾 30 人,言语残疾 1 人。

通过依托高校,开展残疾人大学生高等教育资源服务项目,进一步改善残疾人高等教育环境,提高教育质量。2009 年 11 月 26 日,由市教委和华东师范大学共同建设的上海市特殊教育资源中心成立,这是一家跨学科、多功能的特殊教育咨询、研究与服务的专业机构。该中心拥有来自医学、心理学、教育学等多个领域的专家,具有信息搜集与资源管理、决策咨询与研究指导、测量评估与社会服务三大基本职能。市残联于 2009 年 11 月中旬委托华东师大特殊教育学院,启动对全市残疾人大学生的高等教育资源服务项目。首批开展的服务主要包括对残疾人大学新生的大学适应性辅导、职业生涯规划和应届毕业生的职业心理指导、求职技巧训练等服务,服务对象是 2009 年入学的残疾人新生和应届毕业生。在市教委的支持下,2010 年在上海中医药大学开办视力残疾人成人大专班,首期招生 45 名,为有需要的残疾人拓展接受高等教育的渠道,营造更加公平、开放的受教育环境。

市残联高度重视残疾人高校毕业生的就业问题,积极争取社会支持,不断开拓就业渠道。2009 年 3 月 27—29 日,为帮助应届残疾人高校毕业生更好地把握当前就业形势,明确个人职业定位,提高职场竞争力,尽早实现就业,市残疾人劳服中心举办"上海市残疾人高校毕业生求职培训班"。5 月 15 日下午,作为上海市第十次"助残周"系列活动之一的上海市第三届残疾人大学毕业生用工洽谈会在上海大学成功举办。用工洽谈会吸引包括毕马威华振会计师事务所、汉庭星空(上海)酒店管理有限公司、上海四季酒店、大金空调等知名企业在内的 67 家用人单位的参与,提供的就业岗位 163 个,其中一些单位已是连续第三年参加。根据统计,用工洽谈会当天共有 200 多名残疾人大学生前来应聘,111 人次与单位达成初步招用意向。通过会后跟踪,已有部分残疾人大学生被录用。

2010 年 5 月 14 日,市残疾人劳动服务中心在市人才服务中心举办 2010 年上海市高校残疾人毕业生现场招聘会。招聘会吸引 60 余家用人单位参加,提供百余个工作岗位,100 多名应、历届高校残疾人毕业生前来应聘。据会后统计,用人单位与 169 人次达成初步的招用意向。

三、成人教育

中共十一届三中全会以后,上海市建立特殊成人教育网络,由市协会负责抓提高、抓指导,并帮助培训师资;区县协会负责普及文化教育;基层协会负责扫盲和进行初级文化教育。上海市聋哑职工业余中学从开办时的 2 个班级、40 名学生发展到 12 个班级、270 名学生,有 33 名学员学完规定的课程,获得初中毕业文凭。1984 年,盲人、聋哑人各 1 人,因学习成绩优秀获得中国盲人聋哑人协会颁发的"中国盲聋哑职工奖学金"。1985 年,开办聋哑人职工业余高中,设 3 个班级,招收学员 57 人。长宁、普陀等 6 个区开办中学文化补课班、补习班等 11 个班级,学员 270 余人。上海低压电器四厂、汽车零件厂、油管厂等基层办的扫盲班,经考核全部合格。同年,上海选送 13 名盲人参加全国律师法律班函授学习,有 2 名盲人、3 名聋哑人获"中国盲聋哑职工奖学金",另有 1 名聋哑女青年考入华东师范大学函授部政教系。1986 年,市残联会同市司法局、市中级法院开办普及法律知识学习班。12 个区近百名盲人、聋哑人、肢残人参加学习。

四、"扶残助学春雨行动"

"扶残助学春雨行动"是中国残联和中国残疾人福利基金会开展的一项向社会募集资金,用于重点资助贫困残疾儿童少年入学的大型公益活动。资助对象是农村贫困线以下、城市家庭人均收入低于最低生活保障线的义务教育年龄段的残疾儿童少年,资助标准是每个贫困儿童少年每人每年 1 500 元,用于购买教材及学习用品,缴纳住宿费、伙食费、杂费等。2003 年 6 月 6 日,上海市举行"扶残助学春雨行动"发放首批助学金仪式。该年全市有 24 597 名贫困残疾人家庭子女和残疾学生得到资助,其中小学生 6 341 人、初中生 7 420 人、高中生 7 391 人、大专及大专以上学生 3 445 人,助学总资金近 2 500 万元。2005 年全年共资助残疾学生及残疾人家庭子女就学 20 362 人,其中小学 2 967 人、初中 4 332 人、高中 7 716 人、大学 5 347 人,资助总资金 2 602.04 万元。2006 年 7 月 5 日,市残联召开 2006 年"扶残助学春雨行动"工作会议,通过《2006 年上海市"扶残助学春雨行动"实施意见》,对入学前具有上海市户籍、通过普通高校招生考试被录取在全日制普通高校就读的残疾大学生的补贴标准提高到每人每学年 2 500 元,新增加对具有上海市户籍在全日制普通高校就读的残疾人研究生(不含在职研究生)每人每学年 2 500 元的资助。同时,全市将统一启用"扶残助学春雨行动"软件,对申请、审批、资金审核等流程都做严格规定。2006 年共为 6 445 名就读高中、5 884 名就读大学的残疾学生和残疾人家庭子女提供 2 161.60 万元的助学金。2007 年共为 2 257 名就读全日制普通高中、5 581 名就读全日制普通高校的残疾学生和残疾家庭子女提供 1 474 万元的助学金。2008 年,全市分别有 1 864 名高中阶段及 5 455 名高等教育阶段的残疾学生和残疾人家庭子女获得资助,助学金额达到 1 390.5 万元。2009 年全市分别有 2 139 名高中阶段、5 020 名高等教育阶段的残疾学生和残疾人家庭子女获得资助,助学金额 1 603.25 万元。2010 年,按照"助学到户,责任到人"的原则,市残疾人劳动服务中心对"扶残助学春雨行动"管理系统进行了完善,制定督查工作方案,在全市范围内开展督查工作。据统计,2010 年共有 510 名残疾人学生和 6 501 名残疾人家庭子女享受助学补助金,助学金金额达 1 569.3 万元。

第二节 就 业

一、就业政策

【集中就业】

改革开放初至 20 世纪 90 年代,残疾人的劳动就业主要在福利企业进行安置。随着经济体制改革的深化,残疾人的就业安置工作面临着一系列困难,为适应形势大发展变化,1994 年 1 月起,上海开始实施残疾人按比例分散就业的政策,并将之作为解决残疾人就业问题的主要手段,但集中安置就业仍然延续。根据 1999 年制定实施的《上海市社会福利企业管理办法》,社会福利企业享受财税优惠、贷款优惠和产品保护等各种保护和扶持政策。社会福利企业按照国家和上海市的有关规定,在对企业进行产品结构调整、新产品开发和技术改造时,享受国家民政管理部门设立的对社会福利企业技术改造贷款贴息资金的优惠政策。凡适合残疾人生产的产品,政府有关部门应当优先安排社会福利企业生产,并逐步确定某些产品由社会福利企业专门生产。福利企业可以按残疾职工退最高 3.5 万每人每年的所得税。详参社会福利篇福利企业章。

盲人按摩机构是残疾人集中就业的另外一种重要形式。盲人按摩分为保健按摩和医疗按摩两大种类。

开办盲人保健按摩机构,需先向区县残疾人联合会劳动服务中心申请"上海市盲人保健按摩机构资格认定证书",然后凭资格认定证书到所在地工商行政部门办理企业注册登记,工商行政部门核发"上海市盲人保健按摩机构营业执照"后方可合法经营。上海市盲人保健按摩工作自 1997 年开办第一家盲人保健按摩店以来,得到各级政府和社会各界的大力支持,进一步保护和促进了盲人就业,规范和巩固盲人保健按摩行业有序发展。

盲人医疗按摩是由盲人从事的有一定治疗疾病效果的按摩活动。盲人医疗按摩属于医疗行为,在医疗机构中开展;盲人医疗按摩人员属于卫生技术人员,应具备良好的职业道德和执业水平,其依法履行职责,受法律保护。根据卫生部、国家中医药管理局、中国残疾人联合会、人力资源社会保障部联合制定的《盲人医疗按摩管理办法》,上海对申请在医疗机构中从事盲人医疗按摩活动和开办盲人医疗按摩进行严格的资格审查和认定。2008 年 7 月初,根据中国残联《关于印发〈盲人按摩机构工疗机构及其他集中安置残疾人单位资格认定办法〉的通知》和上海市国家税务局、市地方税务局、市民政局、市残疾人联合会《关于本市残疾人就业税收优惠政策征收管理的实施意见》等文件精神,市残联出台《上海市盲人按摩机构、工疗机构及其他集中安置残疾人单位资格认定办法》,对单位的性质、申请资格认定的条件等都做出明确的规定。

1997 年,上海市盲人按摩指导中心成立,6 名盲人进入"双彩虹保健按摩厅"就业。1998 年,上海又开办 8 家盲人按摩服务场所,当年共有 35 名盲人从事按摩工作。1999 年,上海开办两期保健按摩培训班,共有 77 名盲人参加培训,全部取得证书。2000 年,上海有盲人保健按摩服务场所 73 家,有 170 名盲人从事按摩工作。2001 年,上海加大培训力度,在开展初级技能培训的同时,增开中级技能培训班,全年有 119 名盲人参加培训,盲人保健按摩场所达到 119 家,共有 733 名盲人从事按摩工作。2002 年,盲人按摩工作按照"强化管理、规范发展、协调联系"的要求,盲人按摩人员均应持证上岗,并对按摩场所开展不定期的检查。当年开办初级培训班 2 期,培训盲人 61 名;中级培训班 5 期,培训盲人 163 名。2003 年,上海有盲人保健按摩服务场所 127 家,有 1 353 名盲人从事按摩工作。2004 年,上海对 110 名盲人按摩场所业主开展社会保障实务知识培训,聘请中医专家为盲人按摩人员讲授按摩知识,开展盲人保健按摩场所年检。2005 年,上海市盲人医疗按摩中级职称评审委员会成立;举办 10 期盲人在职教育讲座,300 名盲人按摩人员参加;对 131 家盲人按摩场所开展年检。2006 年,盲人按摩工作围绕规范盲人按摩行业管理、加强行业学术交流合作开展,推动盲人按摩行业健康发展。组织盲人按摩人员参加上海市保健按摩学术交流研讨会,组织上海市盲人保健按摩技能大赛。2007 年,从当年开始每月开展两期按摩知识讲座,开展"先进按摩场所""优秀盲人按摩师"评比,当年上海共有 147 家盲人保健按摩场所。2008 年,对 152 家盲人保健按摩场所开展年检工作,对其中 12 家不符合开办条件的办理关闭和注销手续。评选出 14 家盲人按摩示范店和 9 名盲人按摩技术能手,召开第二届上海市盲人按摩学会换届改选会议。2009 年,组织盲人按摩人员参加外语培训。2010 年,组织盲人参加全国盲人医疗按摩人员考试(上海考区),共有 33 人参加,22 人通过考试,合格率达到 59.46%,高于全国 37.42% 的合格率。

【分散按比例就业】

1992 年 7 月,在国家计委、劳动部、民政部、中国残联召开的全国残疾人劳动就业试点工作会议上,确定上海为残疾人按比例分散就业的试点城市之一。1992 年 8 月经市编委批准,建立上海市残疾人劳动服务中心。1992 年底各区县劳动服务中心相继建立,形成覆盖全市的分散安排残疾人劳动就业的工作服务网络。1993 年 12 月,市政府发布第 53 号令推出《上海市残疾人分散安排就业办法》,规定:"本市管辖范围内的国家机关、社会团体、企业、事业单位和城镇集体经济组织。需按本单位在职职工人数百分之 1.6 比例安排残疾人就业。"未达到比例的"应当按差额人数缴纳残疾人就业保障金"。残疾人按照比例分散就业在全市全面推开。1994 年,《上海市残疾人分散安排就业办法》开始施行,全市辖区范围内的所有机关、团体、企业、事业单位,均有按 1.6% 的比例安排残疾人就业的法律义务和社会责任。残疾人就业达到或超过 1.6% 比例的单位,由市协调委员会委托区、县残疾人劳动服务机构出具证明,可免缴残疾人就业保障金。残疾人就业超过 1.6% 比例的单位,按市协调委员会规定给予奖励;残疾人就业未达到 1.6% 比例的单位,应逐步安排残疾人就业,直至达到法定比例。残疾人按比例分散就业办法实施以来,市、区县残疾人劳动服务机构不断完善,职业介绍服务形成网络,职业介绍人员素质不断提高。据统计,"九五"期间共举办残疾人职业介绍干部培训班 18 期。经劳动部门培训并持证上岗,从事职业介绍的干部有 120 名。

2000 年 5 月,市政府发布第 82 号令,对《上海市残疾人分散安排就业办法》进行修改重审。明确:"本市辖区范围内国家机关、社会团体、企业事业单位,均需按本单位上一年度在职职工人数 1.6% 的比例,安排残疾人就业。"未达到规定比例的,"应当按本单位上一年度,职工工资总额 1.6% 比例缴纳残疾人就业保障金"。2000 年 6 月,市劳动和社会保障局、市残联又联合发出《上海市残疾人分散安排就业办法实施细则》,使全市残疾人分散安排就业办法更具规范化、制度化和法治化。对达到或超过比例安排残疾人就业的单位继续吸纳具有上海市城镇户籍的残疾人就业,给予如下优惠政策:对单位安排残疾人超过上一年度实有比例部分的残疾人,并与其首次签订劳动合同期限为一年以上(含一年)的,按上海市城镇职工最低工资标准计算每人每月的养老保险、医疗保险和失业保险缴费额之和的 100% 补贴单位缴费部分,补贴时间为签订合同起至六个月止。上海劳动就业管理部门一直严格执行,使残疾人分散按比例就业人数逐年提升,成为残疾人实现就业的最主要的形式。在创新分散就业方式方面,上海残疾人就业服务机构与一些餐饮、休闲、物流、电子商务等行业联手,积极探索残疾人居家就业的模式,并根据上海产业结构特点,着重在公共服务、外包服务、环保产业等领域开发残疾人就业岗位。

2001年,市和各区县以残疾人就业为目的,相继开辟职业指导室,展开全方位的择业指导服务。开展职业培训,电脑网络培训班有203名肢残人参加;中初级盲人按摩培训班,受训465人次,并全部获得劳动部核发的资格证书。扶持残疾人个体开业106人、非正规就业安置残疾人480人。全年共安置残疾人就业3544人,其中分散就业人数2014人,首次超过集中就业人数。

此外,上海对于特殊的残疾人群体制定专门的就业政策。处于就业年龄段中的年龄在男40周岁、女35周岁以上的,且经劳动服务机构多次介绍难以实现就业的残疾人,单位与残疾人首次签订劳动合同期限一年以上(含一年)的,给予单位一次性补贴,标准为1000元/人。对于录用优秀残疾人运动员的单位,给予其为残疾人缴纳的社会保险费(包括养老、医疗、失业、住房公积金等)全额补贴。为更好地帮助残疾人大学生解决就业问题,发挥其聪明才智,上海对残疾人大学生提供有针对性的就业服务,开展职业指导和就业推荐工作。同时,鼓励社会单位吸纳残疾人就业和各类社会职业介绍机构关心帮助残疾人就业,对上海市户籍的残疾人大学生在首次就业安置中给予扶持。对用人单位录用残疾人大学生,提供工作岗位并与单位其他职工实行同工同酬,必须签订一年或一年以上劳动合同并按规定缴纳社会保险费,将按单位录用的残疾人大学生人数给予用人单位为期6个月的培训费补贴600元/人/月。对经社会各类职业介绍机构推荐,用人单位安置残疾人大学生就业的,按实际推荐就业的残疾人大学生人数给予该机构一次性补贴1000元/人。

【自主创业及灵活就业】

在残疾人按比例分散就业的同时,鼓励和扶持残疾人个体开业和非正规就业。全市各区县残疾人劳动服务机构在鼓励残疾人个体开业的同时,协助其选择项目安排培训,并在申办营业执照、落实经营产地、筹措资金免征税金等方面提供服务,并依托社会开拓便民服务,社会公益性劳动,开辟多渠道、多形式残疾人劳动就业新途径。据统计,"九五"期间共扶持残疾人个体开业886人,其中2000年共扶持残疾人个体开业87人,组织安置残疾人非正规就业344人。

上海出台的特别帮扶政策,鼓励有能力的残疾人自主创业、自谋职业以及自愿组织起来就业,这是推进残疾人就业的主要途径之一。上海鼓励残疾人利用互联网等新技术、新手段自主创业;鼓励用人单位开发适合残疾人特点的就业岗位,通过非全日制、临时性和弹性工作制等形式灵活就业。根据2003年制定的《关于促进本市残疾人劳动就业的暂行办法》,对从事个体经营的残疾人,除按规定由工商、税务等职能部门在核发营业执照、办理有关手续、减免税费和落实经营场地等方面给予优先和照顾外,上海还给予一次性开办费补贴,补贴标准为失业、无业残疾人5000元,协保残疾人2500元。对于申请开办非正规劳动组织的残疾人业主,可给予一次性开办费5000元的补贴。上海积极开发适合盲人特点的就业岗位,鼓励经培训并取得资格证书的盲人从事保健按摩和医疗推拿工作,鼓励和扶持学有专长的盲人个体开业或组织起来从事钢琴调律、音乐演奏等工作。采取补贴开办费、补贴社会保险费等多种形式,鼓励残疾人自主创业或参加非正规劳动组织。此外,市政府通过大型就业项目促进残疾人就业。例如2003年推出的"社区残疾人工作助理员"就业项目,共安置7000余名年龄较大、再就业比较困难的失业、协保和待岗残疾人实现就业。另外,通过实施"为6000名残疾人提供就业岗位"市政府实事,帮助大批残疾人就业。

二、职业培训与竞赛

【职业培训】

残疾人职业培训工作逐步构建面向市场、服务就业、依托社会岗位开发与培训相结合的机制，形成形式灵活、层次多样、门类广阔的培训格局。初期的培训工作，主要依托学校等单位举办，1994年后残疾人培训工作纳入劳动服务机构的主要工作任务。

1985年举办上海市聋哑人时装设计裁剪班。1986年委托上海教育学院为肢残人举办时装设计班，有22人参加学习，通过考核，残疾学员得到上海教育学院颁发的结业证书。此外还组织文秘、英文、电脑专业，及中、低层次的手艺培训，如雕刻、刻章、做点心、缝制衣服等。经过职业技术培训的残疾人，基本上都按专业对口推荐到各有关单位。

1994年，培训残疾人800名，培训内容涉及电脑打字、财务会计、烹调、家电维修等。1995年，培训1 400人，培训内容涉及电脑打字、会计、美术、按摩、服装设计和烹调等，学员全部上岗就业。1996年11月，上海市残疾人事业"九五"计划(1996—2000)期间残疾人职业教育与培训配套实施方案颁布。全年共培训残疾人1 677人，培训内容拓展到文秘、英语等。1997年，全年共培训2 189名残疾人，培训内容进一步拓展到美术、装潢、推拿、钢琴调律、家电维修、种植业等，其参与中高层次职业培训的有447人。1998年，全年共培训残疾人1 483人，并在一些区县开展劳动预备制试点工作。1999年，全年共培训残疾人2 520人，其中77名盲人参加保健按摩知识培训。2000年，全市培训人数达6 024名，其中中高层次的476人。2001年，全年共有5 365名残疾人参加职业培训。2002年，全年共有4 570名残疾人参加职业培训，其中参加中、高层次职业培训214人。2003年，全年共有4 591名残疾人参加职业培训。2004年，全年共有12 500名残疾人参加职业培训。2005年，全年共进行残疾人培训12 745人次，其中初级12 270人次、中高级475人次。2006年，全市15 285名残疾人参加各类职业培训，其中600人获得中高级职业证书。2007年，全年共有17 034名残疾人参加职业培训。2008年，全年各区县残疾人各类职业技能培训共18 462人次，其中中高级培训645人。2009年，全市各区县残疾技能培训20 362人次。2010年，全年有22 444人次接受培训，完成全年指标的112.2%，有744名残疾人在残疾人职业技能培训中心参加职业技能鉴定。

【职业技能竞赛】

残疾人职业技能竞赛是提高残疾人职业技能水平、增强就业竞争能力的重要手段，是建立残疾人人才激励机制、促进残疾人就业的重要举措，同时也是宣传残疾人就业工作和展示残疾人职业技能和精神风貌的重要窗口。上海积极举办残疾人职业技能竞赛，并选拔选手参加全国及国际残疾人职业技能竞赛，并多次获得奖项。

2000年，上海组团参加全国残疾人职业技能选拔赛。12名选手参加全国四个赛区项目比赛，获得第一名1人、第二名1人、第三名3人，团体总分排名列全国第七。残疾人选手陈健参加在捷克共和国举办的第五届国际残疾人职业技能大赛，获得电子计算机程序设计铜牌。受到中国代表团和上海市表彰。

2002年，根据中国残联《关于开展残疾人职业技能竞赛的通知》的精神，市残联会同上海市劳动和社会保障局制定《上海市首届残疾人职业技能竞赛方案》，上海市首届人职业技能竞赛在10月17日至11月中旬举办。

2003 年,第二届全国残疾人职业技能竞赛于 8 月 8—24 日分别在上海、广州、北京三个赛区举行,上海赛区主要承办计算机类竞赛项目。8 月 9 日,第二届全国残疾人职业技能竞赛开幕式在上海隆重举行。在此次技能竞赛中,上海代表团以 58 分名列总分第二名,并获得优秀组织奖。上海选手陈国强、须莉莉、王晓卿、姜晓峰分别获得单项竞赛第 1 名,被评为"全国技术能手"。

2004 年 9 月 23—24 日,2004 年上海市职业技能竞赛在上海市职业培训指导中心举行。残疾人选手参加 23 个竞赛项目中的计算机网络技术、计算机程序设计、网页设计制作、电子商务、多媒体作品制作和数码影像技术等 6 个项目的竞赛。

2005 年 8 月 9—10 日,由上海市残疾人劳动服务中心主办,上海亮普计算机公司承办的"2005 年上海市残疾人职业技能选拔赛"在上海市职业培训指导中心举行。全市 132 位残疾人选手分别参加电子商务、广告设计、工艺美术设计、多媒体制作、计算机网络技术、计算机程序设计等 6 个项目竞赛。

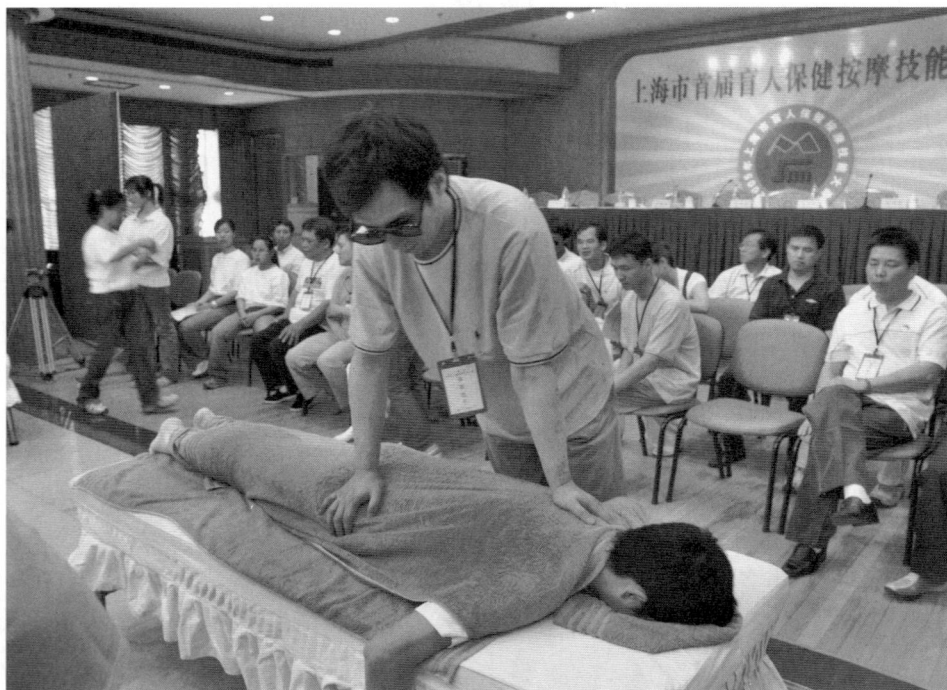

图 10‑3‑1　2005 年 7 月 9 日,上海市首届盲人按摩技能竞赛举行

2006 年,上海举行多种多样的残疾人职业技能竞赛。3 月 30 日,2005 年上海市职业技能竞赛总结大会在上海市职业培训指导中心召开,上海市残疾人代表队荣获团体金奖,何忠鸣等 8 位残疾人选手获个人二、三等奖。6 月 22 日,上海市第二届盲人保健按摩技能大赛在上海中医药大学举行。经选拔,来自全市 19 个区县 91 名盲人选手和相关部门领导、嘉宾及裁判、志愿者等共 200 余人参加本届大赛。8 月 23 日,由市残联主办,上海利普职业培训学校承办的"2006 年上海市残疾人职业技能竞赛"在上海市职业培训指导中心拉开帷幕,共有 219 名选手参加计算机组装、英文排版、CAD 制图、海报设计、室内摄影、插花、钩针编织、电子装配与测试、电子商务等 18 个项目的比赛。11 月 18、19 日,在"2006 年上海市残疾人职业技能选拔赛"中脱颖而出的 8 名优秀选手,代表全市残疾人参加"2006 年上海市职业技能竞赛",市残联代表队有 4 个项目(服装设计、网页设计、动漫设计、电子商务)入围决赛。

2007年5月23日,由市劳动和社会保障局、市总工会、市信息化委员会等5家单位联合主办的2006年上海市职业技能竞赛颁奖大会在市职业技能指导中心举行,大会对市职业技能竞赛中获奖的选手及团体进行表彰,市残疾人代表队在竞赛中获得团体金奖的殊荣,市残疾人代表队共派出13名选手参加,在动画绘制、网页设计制作、时装设计、电子商务、会展设计等5个项目中与健全人同台竞技。8月24—27日,第三届全国残疾人职业技能竞赛在西安举行。上海残联组织30名选手参加18个项目的竞赛,获得团体第6名的成绩,其中包含一等奖3名、二等奖2名、三等奖3名,总计10个项目13个选手获得名次。插花、CAD制图、英文文本处理等3个项目获得冠军。

2008年6月26日,由市残疾人劳服中心和上海中医药大学针灸推拿学院联合主办的上海市第三届盲人保健按摩技能大赛(两年一届)在上海中医药大学体育馆举办,来自全市19个区县95名盲人选手和相关部门领导、嘉宾及裁判、志愿者等共200余人参赛。金山区代表队荣获团体一等奖,闵行区代表队的张俊茂获得个人一等奖,嘉定区、徐汇区等13个区县代表队获得优秀组织奖。

2009年7月9日,市残疾人劳动服务中心、上海中医药大学针推学院联合举办"2009年盲人按摩在职教育理论知识竞赛"。服务于上海各盲人保健按摩机构中的90余名盲人按摩师参赛,龚守强、方莉并列获得一等奖,薛庙生、吴洁等分获二、三等奖。8月20日,2009年上海市残疾人职业技能竞赛活动举行,竞赛设有计算机程序设计、网页设计、裁剪、广告设计、室内摄影、书画、工艺编织、美发师、盲人英语等16个项目。来自全市19个区县的232名残疾人选手报名参加。静安区获竞赛团体总分第一名,卢湾区等6个区获优秀组织奖。陆永俊、杨巍等15人获一等奖,费峰、张弈琦等25人获二等奖,史君伟、黄惟等35人获三等奖。

2010年11月10日,上海市第四届盲人保健按摩技能竞赛在上海中医药大学举行。来自全市18个区县的90名盲人选手参加比赛,松江区、闸北区、崇明县代表队分获前三名,松江区代表队谢亚军获个人第一名。

三、就业数据

1957—1990年,残疾人的劳动就业,主要在市属福利企业和区县福利企业中进行安置。按比例分散就业前,全市未有详细的残疾人就业统计数据。

1994年,全市共安置901名残疾人就业。

1995年,全市安置1 359名残疾人就业。

至1995年,上海市已累计安置就业的残疾人总数约16万人。

1996年,全市安置残疾人就业1 235人。

1997年,全市安置残疾人就业2 364人。

1998年,按照残疾人保障法规定的残疾人劳动就业实行分散与集中相结合、以分散为主、多渠道安排的指导方针,全年共安置残疾人就业2 707人,300多名下岗残疾人重新走上工作岗位。

1999年,市残联在努力开发就业岗位的基础上,多渠道安置残疾人就业,机关事业单位的残疾人按比例就业准备工作也全面启动。至年底,全市共安置残疾人就业3 087人。

2000年,全年安置残疾人就业4 092人。

2001年,大力扶持残疾人个体开业和组织残疾人非正规就业,共扶持残疾人个体开业106人,非正规就业安置残疾人480人。全年全市共安置残疾人就业3 544人,其中分散就业人数2 014人,首次超过集中就业人数。

2002 年全年共安置残疾人就业 3 958 人。

2003 年,全市共安置 5 706 名残疾人就业,其中分散安排就业 3 482 人、个体开业 112 人。56 名应届大学毕业生,除 1 人因精神障碍、3 人继续深造外,都实现就业。

2004 年,共安置 8 239 名残疾人就业,其中分散安排就业 1 247 人、集中就业 1 941 人、个体开业 67 人、再就业 2 121 人、其他就业 2 863 人。67 名应届毕业残疾大学生中除 7 人继续深造外,有 57 人落实就业岗位。

2005 年,全市共安置残疾人就业 6 982 人,其中企事业单位分散安置残疾人 2 125 人、集中就业 2 253 人、个体开业残疾人 106 人、再就业残疾人 1 462 人、其他就业 1 036 人。全年共有 68 名残疾人大学生毕业,除 1 人因重度残疾无法就业纳入重残无业对象、10 人继续深造外,其余 57 名大学生全部落实就业岗位。

2006 年,全市共安置 8 891 名残疾人就业,其中集中就业 4 172 人、企事业单位分散安置 2 399 人、个体开业 205 人、非正规就业 1 546 人、其他就业 569 人,超额完成为 6 000 名残疾人提供就业岗位的市政府实事项目。77 名毕业残疾人大学生中,4 名继续深造,71 名落实就业岗位。

2007 年,全市共安置 8 625 名残疾人就业,其中集中就业 4 760 人、企事业单位分散就业 3 865 人;企事业单位分散就业中,按比例就业 2 883 人,个体开业 58 人、非正规就业 422 人、其他就业 502 人。残疾人就业超额完成 4 000 名就业指标。99 名应届残疾人大学毕业生中,除 3 人重残无业、2 人继续深造外,其余 94 人中有 90 人就业。新建 50 所智障人士从事非正规就业的"阳光工场",接纳 1 万多名轻度智障人士。17 034 名残疾人参加各类职业培训。

2008 年,全市推进 5 634 名残疾人就业,超额完成 4 002 人的残疾人就业目标。全市残疾人应届大学毕业生 102 人,至 11 月底有就业愿望及就业能力的 90 名残疾人应届大学毕业生中有 80 人落实工作岗位。

2009 年,试点建成 56 个阳光基地,援助就业困难残疾人 1 426 人。全市 128 名应届残疾人大学毕业生中,落实就业岗位 112 人,继续就读 9 人,享受重残无业生活补助待遇 1 人,自主创业 1 人。至年底,全市就业残疾人数达 11.2 万人,其中 2009 年新增就业残疾人 6 801 人:集中就业 2 323 人,按比例就业 2 347 人,自主创业 158 人,非正规就业 1 407 人,其他形式就业 182 人,从事农业生产 384 人。超额完成当年 4 001 人残疾人就业的目标。

2010 年,全年新增残疾人就业 7 523 人,超额完成新增 3 003 名残疾人就业的任务目标。新增高校残疾人毕业生 123 人,除 6 人升学、2 人享受重残无业待遇外,包括 9 名特困家庭毕业生在内的 115 名应届高校残疾人毕业生全部实现就业,就业率 100%。走访登记失业残疾人家庭 1 157 户,组织举办各类招聘会 66 场,为 648 名登记失业残疾人推荐就业岗位,成功推荐残疾人就业 329 人。创建 100 个阳光职业康复援助基地,是 2010 年市政府实事项目。至年底,全市共建成 170 个阳光基地,完成计划的 170%,援助近 4 500 名残疾人,覆盖全市所有有意愿并且符合条件的残疾人。社会各界、企事业单位和社会知名人士也以各种形式参与阳光基地建设。阳光基地通过"政府补一点、社会帮一点、个人做一点"的建设模式,既解决了中度残疾人的基本生活和社会保障,又帮助部分残疾人重新回归社会,是残疾人就业培训、职业康复的一种新的运作机制和助残就业模式。

第三节 社 会 保 障

20 世纪 90 年代末,全市残疾人的扶贫帮困工作纳入市、区县政府的解困总体规划,做到统一安排、同步实施。1998年,上海推出对重残无业人员发放最低生活保障金的办法,全市有5 771名重残无业人员享受每月205元的最低生活保障金。依靠社会各界,对重残无业人员结对帮扶3 911人。

1998年9月,市残联第三次代表大会上的工作报告指出:5年来(即市残联第二次代表大会至第三次代表大会之间)全市通过多种方法广泛开展了扶残助残活动。有3 189名处于最低生活线以下的重伤无业特困残疾人得到残疾人就业保障金和区县帮困基金的定期救助,有1 600户残疾人家庭得到企业单位的长期帮扶,有10 266名残疾人领取政府发放的粮油帮困卡,有861名残疾人通过康复扶贫贷款项目的资助改善了就业与生活条件,有7 386名残疾人得到康复和医疗费用的补贴。

1999年,全市享受最低生活保障的残疾人8 633人,其中城镇保障人数6 915人。全市参加养老保险的残疾人从年初的4 002人增至4 744人,其中因故退保49人,实际增加693人,增幅17.3%。全市共有14 733人次走访残疾人18 549人,发放帮困金(含实物)389万元。筹集重残无业人员特困助残金354万元,补助无业特困残疾人2 410人,发放补助金282万元。建立乡镇一级残疾人服务社40个,发放扶贫贷款270万元,扶持残疾人403人。

2001年,全市享受最低生活保障金的残疾人13 210人。本着"先保障、后救助、再福利"的原则,全年先后发放扶贫贷款660万元,扶持898名残疾人走上脱贫道路;发放助残金2 070万元,68 443人次获得助残解困补助;参加养老补助的人数达8 848人;市残疾人用品用具供应站承担了全市残疾人8种用品用具72 740件的免费配发工作;换发《上海市盲人乘坐车船地铁有轨交通免费证》6 000张。全年残疾人基金会共募集基金211万元和价值50万元的实物,用于资助残疾人扶贫帮困、助学、康复等实事项目金额达236.54万元,直接受益千余人;由佛教协会捐助设立的"残疾学生助学金",2001年又出资25万元,帮助192名残疾学生及特困残疾人家庭子女就学。

2002年,全市发放扶贫贷款600多万元,扶持残疾人1 200多人;发放助残金1 458万元,救助残疾人40 527人次;为8 463名残疾职工建立社保账户,对2万余名重残无业残疾人员实施基本生活保障,12 448名重残无业人员得到养老补助。

2003年,市政府实事工程之一的"推进残疾职工社会保险纳保工作"全面完成,全市共有9 692名残疾职工纳入社会保险,补缴欠缴社会保险费累计达1亿多元。全市共有21 448名重残人员享受最低生活保障,保障水平提高30%;有10 798名重残人员参加养老补助,有15 698名城镇重残人员享受年内开始的每人每年500元的门诊医疗救助;有3 128户老养残特困家庭得到志愿者上门服务。2003年7月,市残联第四次代表大会上的工作报告指出:5年来共发放2 190万元扶贫贷款,帮助2 345人次贫困残疾人发展农村经济,使一批农村贫困残疾人脱贫。累计发放各类助残金近9 000万元,发放节日慰问金约3 000万元,慰问残疾人家庭11万户(次),受助困难残疾人16万余人次。

2004年,市政府继续推进农村残疾人养老保险、合作医疗,实现全员覆盖的实事项目。由市区二级残疾人就业保障金投入农村残疾人推保资金约1 763万元,全市直接参保受益人数81 985人次,其中农村养老保险参保受益人数29 326人,合作医疗参保受益人数约52 659人。2004年全市用于救助贫困精神病患者的款项达6 827万元,共救助患者24 429人。通过2 054名志愿者的努力,全市有6 300多位重残者及高龄老人得到照料,生活质量有明显改善。对于城镇重残无业人员养老补助政策实施5年来,参补人员由1999年的3 996名增至2004年的12 566名。2004年度对18 654名残疾人进行救助,救助金额达765.52万元。

2005年,全市共有"推进城镇残疾职工社会基本保险"对象8 741人,其中重残逐月缴费人员

3 238 人,缴纳社会保险费 2 124 万元;城镇重残无业养老补助对象 13 777 人,发放金额 36.31 万元;农村养老保险补贴对象 49 203 人,补贴资金 579.47 万元;农村合作医疗补贴对象 64 778 人,补贴资金 653.69 万元;重残无业人员最低生活保障对象 32 650 人,其中城镇每人每月 390 元,比原来提高 10 元,农村从每年的 2 240 元调整为 2 340 元;重残无业人员医疗补助对象 19 415 人,其中农村 1 856 人,救助金额 910.88 万元;"7259"(原指上海有 7 259 家一老养一残家庭,后泛指一老养一残家庭)帮老助残对象 4 783 户,投入资金 428.5 万元。2005 年,全市用于救助贫困精神病患者的金额 5 417.8 万元,共救助患者 19 946 人。

2006 年,全市重残无业人员最低生活保障受益对象 3.59 万人,其中城镇 2.5 万人、农村 1.09 万人。城镇重残养老补助 14 789 人,农村养老保险补贴 24 338 人,农村合作医疗补贴 56 811 人。"7259"帮老助残受益对象 5 359 人。全市共有农村残疾人扶贫基地 54 个,其中 2006 年新建 15 个,扶持农村残疾人 1 411 人,农村贫困户 825 户。

2007 年,有 1.92 万余名城镇重残人员纳入医疗保险,享受基本医保待遇。全市重残无业人员生活困难补助受益对象 3.75 万人,其中城镇 2.59 万人,农村 1.16 万人。城镇重残无业人员养老补助对象 15 596 人,全年为 2 636 名城镇重残人员逐月缴纳社会保险费。有 6.56 万人参加农村合作医疗,享受补贴人数为 5.58 万人,补贴金额为 856.99 万元。节日期间共救助残疾人 64 581 人,支出金额 1 769.7 万元。全市共建农村残疾人扶贫基地 64 个,扶持农村残疾人 1 600 人、农村贫困户 805 户,帮助 157 户郊县农村残疾人完成危房改造。全市 3 770 志愿者帮老助残,受益对象 5 567 户。经市政府批准,《关于将本市城镇重残人员纳入基本医疗保障的试行意见》自 2007 年 7 月 1 日起实施。

2008 年,享受城镇居民医疗保障的重残人员 20 318 人,支付基本医疗保险费 1 736.13 万元;下拨城镇重残人员门诊大病及住院医疗帮困资金 385.54 万元、农村重残人员门急诊医疗补贴资金 232.82 万元。继续为 2 460 名城镇推保重残人员逐月缴纳社会保险费,2008 年累计缴纳社会保险费约 2 030 万元,已享受基本养老和医疗待遇的人员 2 218 人。享受农村残疾人社会养老保险补贴人员 17 451 人,补贴资金 835.43 万元;享受农村合作医疗补贴人员 46 697 人,补贴资金 564.82 万元。享受城镇重残无业人员生活补助人员约 2.58 万人,投入补助资金约 3 096 万元;享受农村重残无业人员生活补助人员约 1.034 万人,投入补助资金约 868.56 万元。参加城镇重残无业人员养老补助人员 16 207 人,其中领取养老补助金 1 341 人,发放养老补助金 83.84 万元。农村残疾人扶贫基地 68 家,其中新建 7 家,扶持农村残疾人就业 1 690 人,联动残疾人家庭 803 户,帮助 274 户农村贫困残疾人家庭完成危房改造,受益残疾人 323 人。全市共有 5 687 户老养残家庭与志愿者结对,通过 3 889 名志愿者的努力,有 14 000 名重残者及高龄老人得到照料。落实市政府实事项目,为 2.7 万多户有需要的视力残障者家庭提供固定电话本地通话优惠服务;为 2 万多名有需要的残疾人办理申请手续,发放"阳光车队"乘车卡。截至 2008 年,参加社会保险人数为 75 289 人,其中集中就业参加社会保险 26 388 人,按比例就业参加社会保险 46 624 人,个体就业参加社会保险 2 277 人。

2009 年,通过实施推进城镇残疾职工社会基本保障工作,使 8 427 名城镇推保对象中的 3 320 人到龄退休,并仍在为 1 813 名重残推保对象逐月缴纳社会保险费,累计投入资金约 2 175 万元;城镇重残无业人员养老补助参补人员达 16 815 人,其中 1 619 人到龄领取养老补助金,最高领取标准为每人每月 112.5 元;城镇重残医保待遇享受人数达 21 407 人;重残无业人员生活补助,城镇享受人数 28 065 人,农村享受人数约 1.1 万余人;农村残疾人享受农村社会养老保险补贴 11 810 人,享受合作医疗补贴 43 929 人,补贴资金合计 1 200 万元。对重残无业人员在现行生活补助的基础上叠加发放生活困难补贴,达到城镇每人每月 583 元、农村每人每年 4 660 元。全市共核发第二代残疾人证 32 万余张,开通聋人信息卡 10 188 人,为 3.06 万户视力障碍者家庭开通固定电话本地通话优惠服务,为 7.6 万名残疾人办理残疾人宽带优惠套餐。2009 年 5 月 12 日,市残联与市人力资源社会保障局、市财政局联合印发《关于对参加城镇社会保险或小城镇社会保险的残疾人个体工商户业主及其残疾人帮工社会保险费补贴的通知》,进一步加大对残疾人自主创业的扶持力度,增加补贴对象,扩大补贴范围。新政策将残疾人个体工商户招用的残疾人帮工纳入补贴对象,对残疾人个体工商户业主及其雇佣残疾人帮工缴纳的城镇或小城镇基本养老保险费,给予最低缴费标准 50% 的补贴,进一步鼓励残疾人自谋职业、自主创业,并通过创业帮助其他残疾人就业。2009 年 10 月,市残联、市民政局、市财政局联合颁布《关于对本市重残无业人员发放生活困难补贴的通知》,决定自 2009 年 4 月起对上海市重残无业人员发放生活困难补贴,标准为城镇每人每月 30 元、农村每人每月 20 元。2009 年度补发的重残无业人员生活困难补贴于 2009 年 11 月底前一次性全部发放到位。

2010 年,8 430 名城镇推保人员中 3 517 人到龄退休,享受基本养老、医疗待遇,继续为 1 255 名重残推保对象逐月缴纳社会保险费。参加城镇重残无业人员养老补助人员 17 362 人,其中 1 839 人到龄领取养老补助金,最高领取标准为每人每月 122.3 元;享受城镇重残居民医保待遇 22 099 人。享受上海重残无业人员生活补助 41 295 人,其中城镇 28 998 人,标准为每人每月 615 元;农村 12 297 人,标准为每人每年 4 920 元。参加农村社会养老保险残疾人 22 168 人,其中享受补贴 8 304 人;参加农村合作医疗残疾人 49 983 人,其中享受补贴 44 311 人。对 662 户农村贫困残疾人危房改造家庭给予补贴,累计使用资金 99.3 万元。为 33 万多名残疾人核发二代证。为 31 458 户视力障碍者家庭开通固定电话本地通话优惠服务。至年底,总计办理盲人免费乘车证 14 115 张;优化聋人信息卡套餐,惠及听力障碍者 10 222 人。元旦、春节期间,全市各级领导共走访救助困难残疾人 97 477 人,支出资金 3 588.830 7 万元。专题布置全市残联系统世博期间帮困稳定工作,惠及困难残疾人 31 688 人,帮困资金 57.16 万元。

第四章　宣传、文娱、体育

上海高度重视和支持残疾人事业的宣传工作,创办广播电视栏目、报刊专栏和电影创作等媒介和阵地,在重要时间节点开展"全国助残日""上海助残周""人道主义在我心中"宣传周等宣传活动,推动"残疾人事业好新闻奖"评选,弘扬残疾人自强不息精神,倡导扶残助残的社会风尚。

20世纪80年代中后期开始,特别是市残联成立后,上海日益加强残疾人文化设施建设和文化服务供给,率先在全国开设盲人有声读物图书馆,在各区县开辟残疾人文化活动场所,成立全国首个"无障碍电影工作室"及放映专场。同时,定期组织开展全市残疾人文艺汇演,推广残疾人读书活动,举办各类残疾人艺术展览,丰富残疾人的文化生活。上海还专门成立市残疾人艺术团,举办和参加各级残疾人艺术汇演并多次获奖,广泛参与中外残疾人艺术交流活动。

上海是全国率先开展残疾人体育事业的地区之一,1956年12月2日举办的上海市聋哑人田径测试赛,属中国体育运动史上的第一次。早期的残疾人体育运动主要在聋哑人和盲人中开展,项目也集中在田径、篮球、足球、乒乓球等少数几个。市残联成立后,特别是第五届全国残疾人运动会和2007年世界夏季特奥会在上海举办,残疾人体育运动蓬勃发展,残疾人运动员在国际国内体育比赛中成绩斐然,残疾人群众体育不断发展。

第一节　宣　传　工　作

一、媒介、阵地

【广播电视】

1998年9月开始,市残联与上海电视台联合举办"五星奖和成大擂台"残疾朋友演唱比赛,吸引众多的残疾人参加。1999年上半年,继续与上视正大综艺联合举行"五星奖和成大擂台"赛《残疾朋友来演唱》节目,共有36名上海及外省市残疾歌手进行角逐。节目前后共播放半年之久,每周3次,共播放约78次,受到江、浙、沪一带残疾人士的欢迎;下半年与东方电视台联合举办《残疾人相约星期六》节目,利用电视媒体为残障人士搭建相亲择偶平台,让社会了解残疾人对人生、恋爱、婚姻的观念和追求,更进一步引起全社会对残疾人的关怀。

1996年12月29日,专为聋哑人服务的电视手语专栏节目《迎着阳光》,在东方电视台播出,是上海地区第一档电视手语专栏节目。

2000年3月26日,上海电视台《时事传真》(手语新闻)向全市听力残疾人开播。主要内容为一周新闻集锦,将每周重大时政新闻、聋人感兴趣的民生新闻剪辑为15分钟的新闻片,配上手语播报,每周六录制,每周日中午播出。

2003年5月25日,由市科学技术协会、市残联、市信息化办公室、市民政局和上海文广影视集团联合举办的"信息无障碍,网络新生活"残疾人科普讲坛在东视新闻娱乐频道《东方大讲坛》播出,这是上海市首次举办的残疾人科普讲坛。

2005 年 1 月 8 日,由上海人民广播电台"990 新闻频率"和上海市残疾人福利基金会共同主办的"同一片蓝天下"节目开播,主持人由视力残疾人鲁君担任。这是上海市第一个由残疾人主持的电台节目,每月第三周星期六下午 4 时播出。

2008 年 8 月 30 日,市残疾人福利基金会与东方卫视合作的《闪电星感动：给盲人说电影》专场录像节目在东视娱乐频道播出。

【报刊杂志】

《灵芝草》于 1993 年 11 月 11 日创办。它是一份反映上海残疾人事业和残疾人工作的内部刊物,主要由要闻、特稿、热点关注、残工委之窗、工作交流、同在蓝天下、协会工作等栏目。初期由上海市肢体残疾人协会文化艺术专业委员会创办。1998 年该刊改由上海市肢体残疾人协会主办。1999 年,又改由上海市盲人协会、上海市聋人协会、上海市肢体残疾人协会主办。2003 年,该刊再改由市残联主办。截至 2010 年底,已发行 59 期。

《新民晚报·阳光特奥》特刊由 2007 年上海世界特殊奥林匹克运动会执委会、新民晚报、市残联联合主办,新民晚报体育部负责日常采编。特刊自 2006 年 10 月 12 日,于 2006 年特殊奥林匹克运动会上海邀请赛前以新闻版的形式推出。至 2007 年 10 月 12 日,《阳光特奥》特刊累积发行 49 期。2007 年世界夏季特殊奥运会落幕后,在市残联的力荐下,《新民晚报·阳光特奥》特刊在出版一周年之后完成转型,以《阳光天地》的名义继续在《新民晚报》新闻版上刊出,成为智障人士及其家属与新闻媒体之间沟通的一座桥梁。

【电影】

1987 年,上海科学教育电影制片厂拍摄制作了纪录片《特殊教育特写篇》,影片介绍有关专门学校从德、智、体、美、劳 5 个方面来教育盲、聋和弱智残疾学生,使他们过正常人一样的生活,成为自食其力的劳动者,以展示中国特殊教育的特点。

1988 年,上海电影制片厂摄制出品故事片《夏日的期待》,该片讲述高三学生苏伟致残之后经过一场心灵搏斗,战胜软弱,认识到一个 18 岁的男子汉应该如何面对挫折,从而在生活道路上迈出了第一步。

1997 年,上海电影制片厂摄制出品故事片《关于爱的故事》,影片讲述一对均为脑瘫患者的青年马大力和李云身残志坚、自强不息的故事。

2007 年 9 月,由市残联、上海模影文化传播有限公司、上海皓望文化传播有限公司联合拍摄的电影《我的哥哥安小天》上映。该片描绘患有唐氏综合征的哥哥安小天与健康人妹妹安彤之间的亲情,讲述安小天以自己单纯的思想、真挚的情感,使安彤及周围的人们重新审视自己的人生目的和生活态度,并使他们发生了诸多积极改变的故事。作为 2007 年世界特奥会的唯一指定献礼影片,该片的男主角安小天由智障人士雷俊申本色演绎,充分诠释特奥"你行,我也行"的精神。

2009 年 7 月 11 日上午,由浦东新区区委宣传部、中国电影家协会、市残联、上海金棕榈影视制作有限公司、上海天一影视有限公司联合摄制的电影《燃烧的生命》,在上海影城举行首映仪式。该片艺术地再现原浦东新区周家渡社区卫生服务中心中医科医生"人民健康好卫士"陈海新的先进事迹和她身残志坚、自强不息的崇高品格。

二、重要活动

【"全国助残日""上海助残周"】

1990年12月28日全国人大常委会十七次会议通过的《中华人民共和国残疾人保障法》中规定，每年五月的第三个星期日为"全国助残日"。从1991年5月首个"全国助残日"起，全市各新闻媒体高度重视和支持残疾人事业的报道和宣传，除报道全市助残日活动情况外，还开辟帮残助残专题、专栏进行宣传。

2000年5月21日是第十次法定"全国助残日"，活动主题是"志愿者助残"，适逢第五届全国残疾人运动会在上海举行。市政府决定将残运会闭幕日作为全市助残周活动开始之日，推出"上海助残周"活动。上海市以助残日为契机，建立和完善各级志愿者助残组织，建立章程，发展会员，开展活动。2000年5月14—21日，首个"上海助残周"期间，上海市每天推出一挡助残活动，在短短一周内推出一系助残活动，从医疗、助教、帮困等方面为残疾人办实事。全市各新闻媒体围绕社会各界推出的助残活动给予广泛宣传报道。据统计，在一周内报刊宣传报道2000余篇、图片20余幅，电视台、电台播放50余篇。2001年5月开展的主题为"深入贯彻保障法，携手迈入新世纪"的第十一次"全国助残日"，恰逢《中华人民共和国残疾人保障法》颁布实施十周年。市委宣传部、市文明办、市残联等18个单位在5月14—20日第二个"上海助残周"活动期间举行一系列帮残助残活动。5月14日，上海电视台第二套节目播出"《春天的事业》——上海市纪念残疾人保障法颁布实施十周年电视台文艺晚会"。5月17日，上海市司法局、上海市残联在逸夫舞台联合举办"残保法在我心中"演讲比赛颁奖活动，这场演讲活动始于3月份，全市18个区县共300多人走上讲台参加演讲。整个"助残周"期间，上海电视台等媒体就上海残疾人事业的成就和贯彻"残保法"进行广泛的宣传报道，刊登报刊消息100余篇、图片30余幅，播出电视专题节目25档，广播约40余篇次（不包括区县）。2002年5月17日是第十一次"全国助残日"，市教委、市残联联合在卢湾区白玉兰文化馆举行"上海市特殊教育学校实施素质教育成果展示"活动。从全市5000多名残障学生中评选出10名"自尊自强好学生"，从33个节目中评选出10个优胜奖获奖者。该次活动展示了180件艺术作品，全市从小学、中学、职校到大学，包括盲、聋、弱智在内的33所特殊教育学校、350人次参加了活动。2002年5月19日是第十二次"全国助残日"，由市残联和黄浦区残联主办、平安保险公司协办的上海市第十二次"全国助残日"广场文艺演出活动在南京路步行街世纪广场举行。2003年5月18日是第十三次"全国助残日"，5月12—18日第四次"上海助残周"受"非典"疫情影响，主要围绕"发展残疾人事业，共同奔赴小康——加强残疾人培训，促进残疾人就业"的主题开展新闻宣传工作。2005年5月15日，是中国法定"全国助残日"，主题为"平等共享，促进残疾人就业"。当天上午，市政府、黄浦区政府、市残联在南京路百联世贸国际广场联合举行"平等共享，我们同在阳光下"大型广场宣传活动。5月15日下午，由市残联主办、东方国际手语教育学校协办的"平等、参与、共享——2005年上海市手语歌比赛"在上视演播厅举行，来自卫生、公安、教育、残联等系统的10支代表队参加比赛，向社会各界展示上海市普及推广手语工作的成果。比赛经专家评审，共评出一等奖1名、二等奖2名、三等奖3名。2006年5月21日是第十六次"全国助残日"，5月15—21日是第七次"上海助残周"。5月21日上午，市残联、黄浦区人民政府和2007年世界特奥会执委会新闻宣传部在南京路世纪广场联合举办"迎特奥——真实的了解，真挚的关爱"第十六次"全国助残日"暨第七次"上海助残周"大型广场宣传活动。助残周期间，分众传媒广告有限公司、世界轮椅基金会、市光华中西医结合医院等单位和个人积极捐款 220 余万。2008 年 5 月 18 日是中国法定的第十八次"全国助残日",5 月 12—18 日是第九次"上海助残周"。5 月 18 日上午,市残工委、长宁区政府在上海国际体操中心外围广场联合举办第十八次"全国助残日"暨第九次"上海市助残周"广场咨询宣传活动。5 月 18 日下午,上海市第七届残疾人运动会开幕仪式在上海国际体操中心运动场馆举行。助残周期间,市残工委有关部门也推出了系列帮残助残活动。助残日和助残周活动正值四川汶川遭受地震灾害,各社区的"阳光之家"学员通过义卖他们制作的手工艺品募集资金转赠给灾区残联。大金空调(上海)有限公司的残疾员工也将日本总公司授予的嘉奖——50 万日元捐赠给四川汶川县残联。全市残联系统工作者、市肢协、市盲协等积极响应中央号召,积极为灾区捐款捐物。上海市残疾人福利基金会也设立赈灾捐款热线,接受全社会的捐助。2009 年 5 月 17 日是第十九次"全国助残日",5 月 11—17 日是第十次"上海助残周",活动主题为"关爱残疾儿童,发展特殊教育"。5 月 17 日上午,市残工委、杨浦区委和区政府在沪东工人文化宫广场联合举办第十九次"全国助残日"暨第十次"上海助残周"广场宣传活动。助残周期间,市残工委等有关部门也推出系列帮残助残活动,切实为残疾人办实事、做好事。社会爱心企事业单位及个人纷纷伸出关爱之手,捐资捐物共计人民币 150 万元。杨浦区总工会和杨浦区残联举办残疾人就业专场招聘会,31 家企业为残疾人提供近百个就业岗位,约有 150 名残疾人前来应聘。2010 年 5 月 16 日是第二十次"全国助残日",5 月 10—16 日是第十一个"上海助残周"。5 月 16 日,市残工委、市旅游局和崇明县政府共同组织崇明三岛农村残疾人走进世博,体验世博,共享世博的精彩和欢乐。

【上海世博会"生命·阳光馆"】

中国 2010 年上海世博会设立以残疾人为主题的"生命·阳光馆",这是世博会 159 年历史上的首创。

生命·阳光馆在上海世博会"城市让生活更美好"总主题下,以"平等·参与·共享"为宗旨,以"消除歧视、摆脱贫穷、关爱生命、共享阳光"为主题,以"国际理念、中国特色、尖端展示、人文内涵"彰显残疾人对更好城市、美好生活的向往,体现对生命的尊重;表达残疾人自强不息、追求平等、人类融合、共创美好未来的愿望;体现中国对人权的重视、倡导和谐的主张。生命·阳光馆的设立,有利于促进残疾人事业和人权事业的发展,是世界残疾人事业具有里程碑意义的一项重要举措。

上海世博会残疾人生命·阳光馆由中国残联主办,市残联承办,展览面积 1 200 平方米。从 2010 年 4 月 20 日起,生命·阳光馆经过 10 天的预展和 184 天的展示,共接待观众 214 万人,其中残疾人观众 21.5 万,省部级以上领导 624 位,在社会上产生极大的影响。参观者普遍认为对生命有了新的感悟,每个生命都有价值,都应该受到尊重。外国观众称赞说,从生命·阳光馆看到了中国残疾人的精神和中国对世界残疾人事务的贡献。

生命·阳光馆成被评为"上海世博会先进集体",受到党中央、国务院表彰,获得国际展览局特别颁发的"国际展览局奖章"银奖。

【"人道主义在我心中"宣传周活动】

1986 年起,上海在全市范围组织"人道主义在我心中"宣传活动周,广泛进行社会主义人道主义思想教育,使全社会都能理解、尊重、关心、帮助残疾人,促进残疾人平等地参与社会生活。在宣传周活动中,不少残疾人参加"残疾人向社会奉献光和热"的活动,为群众义务服务,使"我为人人,人人为我"的思想深入人心。

1986年12月10—16日,由中国残疾人福利基金会所属中国康华实业公司上海分公司、《三月风》杂志社上海记者站主办的首届"人道主义在我心中"宣传周活动在上海举行。宣传周第一天,上海各界在人民公园举办"为残疾人服务日",开辟法律咨询、为您医治及义务修理轮椅车、自行车、手表、打火机、眼镜等服务点,吸引各区前来参加活动的近千名残疾人。当天,各个修理点共为残疾人服务400余人次,其中修理轮椅车19辆、自行车20余辆、手表百余只、打火机60余只。宣传周期间,举办"人道主义在我心中"文艺慰问演出,来自全国各地14个专业和业余文艺团体的200多位著名艺术家、文艺工作者为3万余名上海残疾人代表及其家属演出。同时,召开"人道主义在我心中"大型座谈会。上海市22位残疾人乘专机赴南京参加两日游活动,参观梅园、中山陵等旅游点。残疾人代表和部分上海青年演员到上海市少年犯管教所看望千余名失足少年。1987年11月14日上午,第二届"人道主义在我心中"宣传周活动在人民广场揭幕,市党政领导与来自各区县的残疾人代表参加揭幕仪式。在当天的活动现场,数百名肢残个体户和职工在广场一字摆开服务摊,义务为市民服务,修理彩电、自行车、眼镜、钟表、皮鞋、雨具、缝纫机,以及免费提供理发、推拿等服务,全天进行"残疾人向社会奉献光与热"的活动。另有7名通过自学考试取得法律专业毕业证书的盲人来到广场,为市民提供法律咨询服务。1988年11月19—21日,市残联与《三月风》杂志社上海记者站一起组织第三届"人道主义在我心中"宣传周活动。1989年11月18—25日,市残联等在长宁区文化馆举办的第四届"人道主义在我心中"宣传周,宣传周的宗旨是:弘扬社会主义人道主义。在这次宣传周中,组织开展残疾人为社会、社会为残疾人"双向服务"活动,其中有残疾人修理钟表、家用电器、自行车、服装剪裁等,组织中小学生开展助残扶盲活动,为残疾人进行义务医疗咨询活动,个体协会为残疾人优惠服务等。11月20日"人道主义在我心中宣传周"活动进入高潮,残疾人为社会和社会为残疾人的"双向服务"活动在人民广场拉开了帷幕,盲人推拿、修理家电、理发、服装剪裁等21个项目的上百个义务服务摊位绵延200多米。据统计,全天为民服务共1 694人次。1990年11月,市残联与市民政局、市教育局、市总工会、团市委、市妇联联合举办第五届"人道主义在我心中"宣传周活动,改变前几届仅仅是残疾人工作系统举办的格局。在宣传周里,组织全市性的残疾人绘画书法作品展评、黑板报和摄影展评,展示残疾人的聪明才智。《上海法制报》上刊出残疾人工作的专版。市残联还与市民政局联合举办包括宣传残疾人事业内容的法规知识有奖竞赛。宣传周还评出11个帮残助残先选集体、33个先进个人、33个残疾人之友以及40名残疾人先进个人。

【"残疾人事业好新闻奖"评选】

1995年9月,"上海市残疾人事业新闻宣传促进会"成立,第一批发展会员51名,并选举产生由市委宣传部、市新闻出版局、市记协领导下各大新闻单位资深记者组成的领导班子,为上海残疾人新闻事业的宣传打下基础。该社团宗旨是:弘扬爱国主义和人道主义,增进社会对残疾人事业的理解,通过各种活动,密切残疾人、残疾人事业工作者和新闻宣传工作者之间的联系,开展全市残疾人事业的宣传报道工作,为发展上海残疾人事业创造良好的舆论环境。其业务范围:组织采访残疾人和残疾人事业,并提供必要的条件;表彰和奖励在宣传报道残疾人事业方面有突出贡献的新闻宣传工作者、残联宣传干部和有关单位。为推动残疾人事业的新闻宣传工作,更好地发挥上海市残疾人事业新闻宣传促进会作用,多次举办新闻奖、好新闻奖评选活动,表彰和奖励在宣传报道残疾人事业方面有突出贡献的新闻工作者和优秀新闻作品。1996年3月20日,市残联、市记协、市残疾人事业新闻宣传促进会联合举办首届上海市残疾人事业好新闻评选活动,有30余件作品参评。劳动报发表的《中国盲人用手摘取光明》等12件作品分别获得一、二、三等奖。1998年7月,市残联与市记协共同举办"上海第二届残疾人事业好新闻奖",共评出一等奖 3 名、二等奖 7 名、三等奖 10 名,高位截瘫者房金妹的《元宵回娘家》获特别奖。1999 年上半年,市残联与市记协共同举办"第三届上海市残疾人事业好新闻奖",共评出一等奖 6 名、二等奖 14 名。2001 年 2 月,中国残联、中华新闻工作者协会、中国残疾人事业新闻宣传促进会联合举办第六届"中国残疾人事业好新闻奖",上海共获特别奖 1 件、一等奖 2 件、二等奖 2 件、三等奖 6 件、优秀奖 5 件。由《解放日报》《文汇报》《新民晚报》组成的联合报道组的作品《五运会系列报道》获特别奖。2008 年 1 月中旬,由市残联、市新闻工作者协会、市残疾人事业新闻宣传促进会联合举办的"第六届上海市残疾人事业新闻奖"评选活动揭晓。上海市文广新闻传媒集团、《解放日报》、《文汇报》等 12 家媒体的新闻工作者参加评选。其中 SMG 新闻中心、《新民晚报》、《解放日报》等 10 名新闻工作者获奖。

"2010—2011 年度上海市残疾人事业好新闻奖评选活动"由市残联、市残疾人事业新闻宣传促进会联合举办,共征集各类新闻作品 49 件,其中电视类作品 9 件、广播类作品 4 件、文字类作品 34 件、图片类作品 2 件。经新闻界专家评选,共有 25 篇作品获奖,其中 10 篇作品被推荐参加由中国残联等单位主办的"2010—2011 年度中国残疾人事业好新闻评选活动"。

【其他残疾人相关节日宣传】

除"全国助残日""上海助残周"之外,残疾人相关的其他节日,上海也经常组织开展各种宣传活动。这些节日主要有:3 月 3 日"全国爱耳日"、4 月 2 日"世界自闭症日",7 月 20 日"全国特奥日"(2007 年由中国残联设立)、8 月 11 日"全国肢残人节"(2010 年首次设立),"国际聋人节"(9 月份的第四个星期日)、10 月 15 日"国际盲人节"、11 月 11 日"上海肢残人节"、12 月 3 日"国际残疾人日"。

2003 年 9 月 28 日,由徐汇区文化局、残联主办,徐汇区摄影协会协办,上海锦江汽车服务有限公司赞助的"锦江"杯残疾人体育摄影作品展于第 46 届国际聋人节之际,在徐家汇公园主题广场开幕。2005 年 11 月 7 日,为庆祝第十六届"上海肢残人节",市肢残人协会在市残联康复职业培训中心举行了"逆境、蓝天、搏击"——百篇残疾人自强征文演讲暨表彰活动。2010 年 4 月 2 日、6 日,作为上海市"世界自闭症日"宣传教育活动内容之一,市残联在上海人民广播电台都市 792 频率举行有关自闭症科普知识讲座。

第二节 文 娱 工 作

一、文化服务

1988 年 9 月,市残联为丰富盲人的业余文化生活,筹建上海市盲人有声读物图书馆(盲人有声磁带馆)。此馆为全国第一家。馆内有 42 个栏目、6 000 余品种、近 20 000 盒各类磁带,为盲人免费服务。之后,12 个区县建立盲人有声读物图书馆 14 个。

1990 年,全市 12 个区都建立起残疾人活动中心(室),因地制宜地开设图书阅览、棋类、桥牌、舞会等 30 多个适合残疾人特点的活动项目,每周 2 次~3 次,定期对残疾人开放。2000 年,全市有 32 处市、区级文化场所向残疾人开放,共设有 17 个盲人有声读物图书馆。各区县残联自辟活动场所 24 处,向残疾人开放文化活动设施 1 972 次。

2009 年 4 月 23 日,市残联、上海图书馆和上海电影评论学会联合成立全国首个"无障碍电影工作室"。每年专门制作一批最新最热门的无障碍影片,每部影片分专供盲人和专供聋人两个版本,通过对电影重新剪辑增补大量配音解说和增配字幕的方式,让视力障碍者和听力障碍者欣赏电影。无障碍电影工作室借助上海电影译制片厂、美术电影制片厂等影视机构的社会资源,编制《樱桃》《非诚勿扰》《东京审判》《导盲犬小 Q》《我和狗狗的十个约定》《大耳朵图图》《马兰花》《高考 1977》《画皮》《集结号》10 部国内外新上映的影片,并制成多媒体光盘,通过上海公共图书馆向残疾人免费借阅,同时还定量发放给区县残联和特殊学校。2009 年 5 月 13 日下午,由市残联、上海图书馆、上海影评学会共同主办的"快乐图图,点亮心愿"的无障碍动画电影专场放映活动在市盲童学校举行。

2010 年,上海图书馆推出"阳光听书郎"外借服务,截至 2017 年底累计购入 642 台阳光听书郎,供视障读者免费外借,外借数量近 9 000 台次。2011 年,上海图书馆建成国内首家"无障碍数字图书馆",并成为上海唯一接纳自闭症患者正式就业的组织。2011 年底,上海无障碍数字图书馆启动试运行,为广大残障人士提供 620 部 1 000 多小时在线讲座的听讲资料,为上海市持证残疾人提供 2 000 种电子书全文的有声化阅读服务,让残疾人可以足不出户享受无障碍数字图书馆的品牌服务。上海图书馆有全国最早的视障读者免费送书上门服务和盲文图书音像资料免费邮寄服务,累计为 1.3 万余人次上门送去盲文图书、有声读物约 4.7 万余册。上海图书馆还设立专门的视障读者阅览室,并可外借听书机,有盲文图书 6 100 册、CD 等音像制品约 2.5 万盒可供借阅,视觉障碍者可点播各类讲座 120 部、无障碍电影 77 部,有声数据库 4 个,包括酷听、博看听世界、库克音乐在线、中文在线,涉及电子图书约 4 000 册、期刊约 300 种、数字音乐近 2 万首。

二、重要活动

【读书活动】

2009 年 4 月,市残联、上海图书馆联合成立上海市残疾人读书指导委员会,各区县残联为成员单位,旨在通过读书活动,有组织、有目的、有计划地开展残疾人的读书活动。读书指导委员会开展了"庆祝建国 60 周年"征文比赛,共征集残疾人作品 136 篇,部分获奖作品被推荐参加第 11 届上海市读书节征文评选活动。2010 年 4 月 23 日"世界读书日",上海市残疾人读书指导委员会在上海图书馆举办"城市,让残疾人生活更好"上海市残疾人系列读书活动启动仪式,表彰 2009 年度热心助残的夏卫红等 10 名"爱心馆员"和童明强等 10 名"爱心邮递员",向上海市邮政公司、上海电影音像出版社和上海图书馆读者服务中心赠送"文化助残"锦旗,并向各区县残疾人读书会赠送《上海市残疾人读书指导手册(2010 年版)》《上海世博会看点》(普通版和盲文版)等和无障碍电影一周年纪念影片。

【艺术展览】

1980 年 9 月 23 日至 10 月 3 日,上海市盲人聋哑人协会在上海市工人文化宫大厅举办《上海市聋哑人美术作品展览会》,观众达 3 万余人。其间,有罗马尼亚、美国、日本、印度、巴基斯坦的画家、摄影家、记者等参观展览。1 200 幅送展作品中,评出一等奖 8 个、二等奖 15 个、三等奖 41 个。1989 年 3 月 29 日至 4 月 9 日,首届全国残疾人艺术作品展览在北京中国展览馆展出。市残联、上海市聋人协会征集 111 幅作品,选出 80 幅送北京参展,其中 28 幅作品入选展出,荣获集体奖和二等奖 1 个。1992 年 3 月,上海市聋人协会在徐汇区工人俱乐部支持下,举办市聋人版画、水彩、水粉画展。2003 年 12 月 19 日,由上海百老德育讲师团、市残联等主办的纪念毛泽东诞辰 110 周年《祖国颂》书画展开幕式在上海君满堂酒店举行。2005年4月12—17日,2005年国际残疾人口足绘画艺术展在上海美术馆举行。该届艺术展由国际口足绘画艺术联合会、中国残疾人联合会、中国残疾人福利基金会主办,上海市残疾人联合会、上海市残疾人福利基金会、上海美术馆承办。此次画展共有19个国家和地区的46位口足画家来沪,150余幅作品展出。2006年5月16日上午,由市残联、徐汇区残工委、2007年世界特殊奥运会执委会新闻宣传部联合举办的"2006残疾人书画、摄影、美术展暨上海智障人士美术书画、特奥图片巡回展"在上海图书馆开幕,上海摄影家协会、书法家协会、美术家协会等社会知名艺术家出席,各区县的残疾人代表、热心残疾人艺术的社会人士300余人观看首展。2008年6月22日,由市残联阳光艺术中心、日本NPO法人"我的心·国际"共同举办的"迎残奥——2008中国、日本、法国智障人士艺术作品展"在上海市阳光艺术中心开幕。展出中国、日本、法国智障人士的绘画作品,以及爱心援助此次展览的专业画家的艺术作品,共计100余幅;同时,来自上海市的残疾人艺术家、知名书法家的10幅优秀作品也参加了展出交流。2008年8月,"同一个世界,同一个梦想"第四届残疾人在祖国怀抱中全国摄影展评选结果在京揭晓。上海市9幅作品入围,其中听障人士朱德春拍摄的作品《王上之争》荣获一等奖,《牵手》《畅游书海》获二等奖,《拼搏》《赛前苦练》等6部作品获优秀奖。2009年7月8日,由市残联主办的"庆祝建国60周年上海市残疾人书法、绘画作品"评选活动在阳光艺术中心举行,活动向全市征集164件作品。经过上海市美术家协会、书法家协会有关专家和评委的评选,共24幅优秀奖作品获奖。2009年10月15日是第二十六届国际盲人节,由市文联和市残联共同举办的"国际盲人节·盲人触觉艺术展览会"在上海市文化艺术活动中心开幕。展览活动历时5天,各区县的盲人代表和市盲童学校学生约800人参观。10月18日,为期6天的"阳光·艺术·活力2009上海残疾人艺术博览会"在上海市工人文化宫顺利落下帷幕。该届艺博会共吸引参展观众16 200余人次,平均每日达2 700余人次,仅艺博会开幕式当天就有3 500余人次到场。截至艺博会闭幕,共售出502件作品,现场订货86件。2010年8月3日上午,由上海市文广局、市残联主办,日本蒲公英之家协办的"绽放生命,共享世博"中外残疾人艺术作品展演活动在上海图书馆一楼大厅举行。此次展览历时5天,汇集了来自中国上海、中国香港、日本、马来西亚、泰国5个国家和地区的100余件残疾人艺术家作品。上海聋人沙画表演队受邀参加。

【文艺汇演、评奖】

1981年,市盲人聋哑人协会会同市文化局等单位联合在市少年宫举办上海市盲人聋哑人文艺汇演,有11个代表队、300名盲人聋哑人表演68个节目,观众7 000余人次。评出优秀演出奖28个。在此基础上,经过专家考核、选拔,于1982年组成上海市盲人聋哑人业余艺术团。1984年,举办上海盲人音乐录音评比,并选送节目参加全国评比,获得二等奖2个、三等奖3个。市音乐学院盲人教师王叔培获特别奖。1985年,举办全市第二次盲人聋哑人文艺汇演,获奖节目在大世界游乐中心作专场演出。1984—1985年,上海电视台为市聋哑人业余艺术团的演出和市残疾人首次文艺汇演录制两台节目,每台60分钟,向全市播放。1986年,上海选送参加全国首届聋哑人艺术表演录像比赛,获一等奖1个、二等奖2个、三等奖1个,还获得摄制奖、舞台美术奖、创作奖各1个。1986年,聋哑人李名扬创作的手语歌参加上海之春音乐会,夺得新作创作一等奖(全市只有2个)、舞蹈表演一等奖(全市只有3个)。

1990年,市残联与市文化局联合举办上海市第二届残疾人文艺汇演,全市12个区县组队参加演出,共演出节目95个,其中创作和改编节目55个,参加演出的各类残疾人达400余人,共评出一等奖 10 个、二等奖 19 个、三等奖 28 个、演出奖 38 个。1992 年,举办上海市首届残疾人声乐比赛,12 个区、6 个县派出 62 名残疾人参赛,有 30 位选手在美声、民族、通俗 3 种唱法中获奖。同年还举办上海市残疾人单人、双人、三人轮椅舞比赛,有 150 名残疾人、32 个舞蹈参赛,评出一等奖 3 个、二等奖 6 个、三等奖 14 个、组织奖 3 个。1995 年,举办《'95 上海市残疾人卡拉 OK 演唱交流赛》,17 个区县 145 名残疾人业余歌手参加,盲人歌手胡前以一曲《我爱五指山,我爱万泉河》获一等奖。1996 年 11 月,市残联与市文化局联合举办上海市第四届残疾人艺术汇演,全市共有 20 个区县 432 名残疾人参加演出活动,共分舞蹈、声乐、戏剧小品和器乐 4 个专场,演出节目达 108 个,评出一等奖 10 个、二等奖 20 个、三等奖 28 个。1997 年 8 月,市残联选送 14 个节目,参加由文化部、广播电影电视部、民政部、国家教委、中国残联共同举办的第四届全国残疾人艺术汇演。上海获表演一等奖 1 个、二等奖 4 个、三等奖 3 个、优秀奖 6 个,另有 4 个节目获得创作奖,上海代表队获团体奖。

2001 年,文化部、民政部、教育部、广电总局和中国残联于 8 月共同举办第五届全国残疾人艺术汇演,上海代表队在第三赛区比赛中获得 5 个一等奖、8 个二等奖、5 个三等奖和 2 个优秀奖,赛区团体总分名列第一。经全国综合评选,上海代表队共获 4 枚金牌、3 枚银牌、7 枚铜牌和 1 个特别鼓励奖,团体总分列全国第三名。其中获得金牌的舞蹈《阳光妈妈》还参加 11 月份在北京举行的颁奖晚会。2002 年,聋人时装队分别参加全国助残日,以及区、街道社区文化节等 8 场演出,并有 3 名符合条件的聋人模特儿参加 2002 年上海国际时装模特儿大赛上海选拔赛。2004 年,市残联协调组织 15 所特殊学校参加全国第四届残疾学生艺术汇演,7 个特殊学校的 15 个节目获奖,荣获团体总分第 5 名。其中一等奖 1 个、二等奖 3 个、三等奖 4 个、优秀奖 4 个、启智奖 3 个,其中 3 个节目获创作奖,市残联获优秀组织奖。

在 2004 年市第六届残疾人艺术汇演中,全市 16 个区县上报声乐、器乐、舞蹈、戏剧小品和智残人综合节目 90 个,参加演出的残疾人 600 多名,9 月 23—24 日,分别在浦东新区和卢湾区两个赛场进行复赛,共评出一等奖 4 个、二等奖 7 个、三等奖 11 个、启智奖 4 个。同年 11 月 11 日,为庆祝第十五次上海市肢残人节,市肢协在上海师范大学球类馆举办主题为"祖国,亲爱的母亲"大型歌会,来自 17 个区县的 17 支歌队近 600 人参加。2005 年 3 月 18 日,市文广局在广电大厦召开 2004 年度上海市群众文化颁奖大会。由市残联推荐选送的闸北区残疾人联合会聋人协会荣获群众文化工作先进集体奖,选送的上海市盲童学校钢琴独奏《悲怆奏鸣曲》和民乐合奏《扬州好》获群众文艺创作、演出优秀作品奖。同年 8 月 4 日,上海代表队 100 余名演职人员启程赴武汉参加第六届全国残疾人艺术汇演湖北赛区的选拔。上海市代表队的钢琴独奏舒伯特《bE 大调即兴曲》荣获器乐类一等奖,男声小组唱《我的中国心》荣获声乐类二等奖,现代舞《拯救地球村》荣获舞蹈类二等奖,女声独唱《为了艺术为了爱情》等 9 个节目分获三等奖和优秀奖。2006 年 5 月 11—12 日,2006 年上海市智障人士"阳光之家"歌咏比赛在上海市残疾人康复职业培训中心举行,全市 19 个区县"阳光之家"代表队参加比赛。5 月 14 日,城市之歌——上海市行业歌曲创作展评揭晓,市残联推荐的行业会歌《快乐的蒲公英》参加现场决赛并获歌曲创作二等奖和表演优胜奖。10 月 24 日和 27 日,由市残联、2007 年上海世界特殊奥运会执委会新闻宣传部联合举办"迎特奥·上海市智障人士艺术汇演"分别在卢湾区文化馆和浦东新区文化艺术指导中心两个赛场举行。全市 19 个区县共上报 51 个表演节目,参加演出的智障人士达 400 多名,节目类别有声乐、器乐、舞蹈和综合类等,共评出一等奖 9 个、二等奖 13 个。同年 12 月 3 日,市残联、2007 年上海世界特殊奥运会执委会新闻宣传部在艺海剧场联合举办庆祝 2006 年"国际残疾人日"暨上海市智障人士文艺汇演颁奖活动,来自社区的千余名残疾人观看演出。上海市残疾人艺术团聋人舞蹈队等在 2006 年度上海群众文化奖励评比中获奖。2007年3月28日,2006年度上海群众文化奖励表彰大会在广电大厦召开,大会对全市108个群众文化先进集体和先进个人进行表彰。其中,上海市残疾人艺术团聋人舞蹈队荣获2006上海市群众文化先进集体,"迎特奥——上海市智障人士艺术汇演"荣获群众文化优秀活动项目,上海市残疾人艺术团聋人舞蹈演员表演的《拯救地球村》荣获群众文化优秀作品。6月24日是2007年上海世界特殊奥林匹克运动会开幕倒计时100天,由上海东方宣教中心和上海市残疾人艺术中心联合举办的"迎特奥、唤真情——残疾人士真我风采"社区巡演活动,于当天在闸北区宝山社区文化活动中心拉开序幕,来自社区的200余名居民观看精彩的演出。2008年11月28日下午,市残联、市文广局和静安区残工委在艺海剧院联合举办"纪念改革开放30周年暨庆祝'国际残疾人日'上海市残疾人歌唱比赛展演"活动。2009年8月21—26日,上海代表队参加第七届全国残疾人艺术汇演江苏赛区的比赛,上海代表团选送的8个参赛节目获4个参赛类别的5个奖项,获奖率名列江苏赛区第三。其中,舞蹈《红黑印象》荣获一等奖,大合唱《旗正飘飘》、打击乐《生命之力》荣获二等奖,无伴奏小组唱《南屏晚钟》、小品《夜半歌声》获三等奖。9月7日,"迎国庆　歌唱祖国"上海市残疾人养护机构文艺汇报演出在诺宝中心举行,市残联、上海市养护机构残疾人等约250人参加活动。9月12日,2009年上海国际旅游节开幕大巡游在上海淮海中路拉开帷幕,上海市残疾人艺术团浦东新区管乐队首次亮相国际旅游节,在2.2公里长的巡游路线上,随同22辆风格各异的花车和34支境内外表演团队向世界展示特殊艺术风采。9月24日,由市残联主办的"上海市残疾人庆祝中华人民共和国成立60周年文艺演出——'阳光·生命礼赞'"在东方艺术中心隆重举行。来自全市各区县的残疾人代表、残疾人工作者、助残志愿者以及关心残疾人事业的社会爱心人士等700余人观看演出。11月13日,第七届全国残疾人艺术汇演"生命·阳光"晚会在北京中国剧院举行,上海肢残人金晶和2名盲人声乐演员参加晚会的演出。上海代表团选送参加第七届全国残疾人艺术汇演的8个参赛节目获4个参赛类别的5个奖项。其中,舞蹈《红黑印象》荣获金奖,大合唱《旗正飘飘》、打击乐《生命之力》荣获银奖,无伴奏小组唱《南屏晚钟》获铜奖,小品《夜半歌声》获优秀奖。2010年2月6日,市残联、上海爱乐协会在贺绿汀音乐厅联合举办"上海市残疾人艺术团'迎新春·唱世博'合唱音乐会",残疾人声乐艺术爱好者们用音乐欢迎新年的到来,用音乐唱响世博主题。音乐会以具喜庆色彩的中国曲目为主,兼收海外经典改编曲目,最后一首《2010以城市的名义》,唱出了残疾人对世博成功举办的期盼。

【上海市残疾人艺术团演出活动】

1989年,在原上海盲人、聋哑人业余艺术团的基础上成立上海市残疾人业余艺术团。1990年,市残疾人业余艺术团先后深入学校、厂矿,演出51场次,观众达45 000人左右。1991年,市残疾人业余艺术团深入企事业单位、大专院校,全年共演出52场,观众达3万人次。市残疾人艺术团在1991—1995年间,每年坚持深入社会展演50场次,观众达50余万人。1996年,上海市残疾人艺术团积先后创作排练了京剧《借扇》《鸽子》《向往》等节目,深入基层为广大群众宣传演出,全年演出达40余场次,观众近3万人。1998年,市残疾人业余艺术团在全市基层巡回演出20余场,观众人数近万人。艺术团先后编排了《走向新时代》《燕侣情深》等6个节目,培养了一批青少年演员。在市总工会举办的题为"奔向新世纪"的展演中,获得金奖1个、银奖2个,部分节目被列入国庆五十周年和澳门回归等重大庆典活动上演节目。1999年,市残疾人艺术团共演出20余场次,观众达15 000人次。2002年,市残疾人艺术团与小主人艺术团在逸夫舞台联合举办文艺演出,东方电视台全程转播。残疾人艺术团积极参加由市委宣传部、市文广影视局主办的"百花盛开——纪念毛泽东同志在延安文艺座谈会上的讲话发表60周年"的文艺演出。2006年5月13—14日,2006年"上海之春"国际音乐节群文新人新作比赛暨第十二届上海十月歌会复赛在上海长宁文化艺术中心举行,市残疾人艺术团参加声乐、舞蹈类别两场比赛,聋哑演员表演的现代舞《拯救地球村》在复赛中脱颖而出进入决赛。2007年3月28日,2006年度上海群众文化奖励表彰大会在广电大厦召开,上海市残疾人艺术团聋人舞蹈队荣获2006上海市群众文化先进集体,"迎特奥——上海市智障人士艺术汇演"荣获群众文化优秀活动项目,市残疾人艺术团聋人舞蹈演员表演的《拯救地球村》荣获群众文化优秀作品。2008年6月14日,"迎奥运,艺术SHOW"2008年上海市"阳光之家"文艺汇演活动在诺宝中心举行,共有19个区县250余名智障学员参与此次全市"阳光之家"综合艺术成果展示。9月7日,市残疾人艺术团15名聋人演员参加2008北京残奥会开幕式大型手语舞蹈《星星,你好》的现场表演,4名肢残及盲人演员参加开幕式仪式前的暖场演出,4名民乐队演员还参加由上海文广局组织的北京残奥会期间"上海故事馆"的演出展示活动。2010年,上海举办"共享世博,共享欢乐"中外残疾人艺术交流活动。上海残疾人艺术团同国外残疾人演员以舞蹈、音乐、器乐等多种形式表演,诠释"城市,让生活更美好"的世博主题。

第三节 体 育 工 作

一、发展

20世纪50年代,上海的聋哑人学校和残疾人福利工厂中已开展残疾人体育活动,项目仅限于田径中的跑和跳。1956年12月2日,上海市聋哑人田径测验赛举行,220多名聋哑运动员参加。1957年,有550人次的聋哑人运动员参加球类及田径比赛,选拔10名运动员参加全国田径比赛。1958年,组成上海市聋哑人篮球队、足球队、乒乓球队。同年,成立聋哑人体育协会,在聋哑人集中的聋哑学校和生产单位都开展群众体育活动。1959年6月7日,上海市聋哑人运动大会召开,有19个单位300多名聋哑人参赛。这次比赛设田径和拔河两个大项,男子田径设跳高、跳远、铅球、100米、200百米、400百米、1 500百米、5公里竞走、4×100米接力,女子田径设跳高、跳远、铅球、100米、200米、400米、800米和4×100米接力。1960年、1961年,上海相继开展盲人广播操、气功、健身操等群体运动。1963年曾举行过市聋哑人学生乒乓球比赛和篮球比赛,之后还举行过聋哑人的象棋比赛。20世纪60年代,上海聋哑人篮球运动比较活跃,上海市聋哑人男子篮球队定期集训,并多次参加全国聋哑人篮球赛。

"文化大革命"期间,残疾人体育运动一度停顿。

20世纪70年代末,上海市残疾人体育事业逐步恢复。1980年以后,每年均举行盲人、聋哑人的篮球、乒乓球、游泳、象棋等项目的单项比赛,运动项目涉及门球、桥牌、足球、钓鱼等。1984年7月3日,上海市召开首届伤残人运动会(1991年《中华人民共和国残疾人保障法》颁布后,更名为"上海市残疾人运动会"),并于同月13日成立上海市伤残人体育协会(1991年《中华人民共和国残疾人保障法》颁布后,更名为"上海市残疾人体育协会"),此后定期召开市级残疾人运动会,上海各区县也分别建立残疾人体育协会,推动上海残疾人体育运动蓬勃开展。20世纪80年代起,上海市残疾人运动员还积极参与历届全国伤残人运动会(1991年《中华人民共和国残疾人保障法》颁布后,更名为"全国残疾人运动会"),屡获佳绩,其中成绩佼佼者更代表中国参加多项国际残疾人运动赛事。

20世纪80年代,智障人士体育运动在上海也有较大发展。上海是全国开展特殊奥林匹克运动最早的地区之一。1986年,上海市弱智人体育协会成立(后来改组为"上海市特殊奥林匹克运动委员会",简称"上海市特奥会"),并于当年10月举行上海市第一届特奥会。其后,上海市特奥会连续举办,参与人数日益增多。1996年11月8—11日举办第一届亚太地区特奥会在上海举办,来自孟加拉国、印度、印度尼西亚、日本、韩国、尼泊尔、新西兰、巴基斯坦、菲律宾、新加坡、泰国,及中国(含港澳台地区)15个国家和地区的44个代表团参赛(中国内地各省、自治区、直辖市分别组团),有521名运动员参加田径、游泳、乒乓球、篮球、足球5个项目的比赛。首届亚太地区特奥会的成功举办为上海之后申办2007年世界夏季特奥会打下良好基础。

20世纪90年代,在市政府及社会各界支持关爱下,各级残联积极组织广大残疾人开展小型多样、丰富多彩的体育活动,分布在全市的20个残疾人活动中心,开设棋类、球类、桥牌和交谊舞会等30多个适合残疾人特点的体育项目。1991年还推广盲人乒乓球、肢残人坐式排球及盲人、肢残人交谊舞等新的活动项目,全市的残疾人群众性体育活动更加广泛和普及。闸北、南市、黄浦、杨浦、静安、卢湾、青浦等区县组织田径、乒乓、象棋、桥牌等活动和残疾人运动会,有的街道还举办街道残疾人运动会,有的福利工厂因地制宜为残疾职工举行踏雷、投掷、跳绳、立定跳远等项目活动。

1999年7月20日,上海市残疾人体育训练中心开工,并于2000年11月24日落成。该中心集体育训练、健身、医疗、文化学习为一体,是国内首家残疾人体育训练中心。在进行竞技体育训练的同时,根据上海城市特点,中心与高校、体育科研机构合作,开发不同类型适合残疾人生理心理特点的群众体育项目,开展肢残人健身操、轮椅太极拳、轮椅舞蹈、盲人黑白棋、盲人飞镖、盲人乒乓球等60余个项目,逐年扩大全市残疾人参与体育运动的人数。

2000年5月6—14日,全国第五届残疾人运动会在沪举行。运动会共设田径、游泳、乒乓球、举重、盲人柔道、羽毛球、盲人门球、轮椅篮球、坐式排球、射击、轮椅网球等11个比赛大项450个小项,和轮椅飞镖1个表演项目。来自全国各省、直辖市、自治区以及新疆生产建设兵团,中国香港、澳门特别行政区共35个代表团(上海派出2个代表团)的1805名运动员参赛,共有53人87次打破46项世界残运会纪录;253人471次创196项全国残运会纪录。上海一队代表团获金牌总数第一名,团体总分第二名。

2002年5月24日,国际特奥理事会在上海和华盛顿同时宣布,上海成为2007年第12届世界夏季特奥会的主办城市。此后,上海各区县、街道乡镇积极动员智力残疾人走出家门,参加社区特奥活动,全市特奥运动发展迅速。2007年10月2—11日,第12届世界夏季特奥会在上海举行。首次在发展中国家和亚洲地区举办的该届盛会共有165个国家和地区组团参加,其中参赛代表团164个,观察团1个(朝鲜),参赛的特奥运动员超过7000人,参赛国家(地区)及参会人员数量均创历史之最,成为国际特奥运动和中国残疾人事业发展史上的一个里程碑。借举办上海特奥会的契机,全市智障人士体育运动事业实现了跨越式发展,并在全社会形成了关爱智障人士,支持鼓励智障人士参与特奥运动的良好氛围。

二、办赛

【上海市残疾人运动会】

上海市残疾人运动会是定期举行的全市残疾人综合性运动会,初称"上海市伤残人运动会",1991年《中华人民共和国残疾人保障法》颁布实施后改名。1984年首届伤残人运动会于7月3日在黄浦体育馆开幕,并分别在沪南体育场、南市游泳池、南市体育馆进行田径、游泳、乒乓球比赛,有

12个区和青浦、上海两个县的180多名盲人、聋哑人、截肢运动员参加,其中年龄最大的57岁,最小的15岁。1987年,上海市举行第二届伤残人运动会,竞赛项目有田径、轮椅篮球、乒乓球、游泳。有12个区和上海县的280名运动员参加。此后,1991年、1995年、1999年、2003年、2008年分别举行第三届至第七届上海市残疾人运动会,参赛人数和比赛项目不断增多。

【上海市特殊奥林匹克运动会】

1986年10月,上海市第一届特奥会举行,10月19日在沪南体育场闭幕,民政部副部长张德江和上海市副市长谢丽娟出席闭幕式并讲话。此后,1988年、1992年、1995年、1999年、2005年,上海相继举行第二届至第六届市特奥会,赛会参赛人数和比赛项目不断增多,且经常邀请中国港澳台地区特奥运动员参赛。如2005年第六届上海市特奥运动会,来自全市19个区县和中国港澳台地区的4 000多名特奥运动员齐聚一堂。2009年5月26日,上海市第七届特奥会在源深体育馆开幕。来自全市19个区县的代表团共1 544名运动员,分别参加田径、滚球、乒乓球、羽毛球、男子篮球、男子足球、阳光自编操、自行车等8个项目的比赛。截至2009年5月底,全市共有社区特奥训练点1 046个,参与特奥训练的运动员达5.6万人。截至2009年底,上海共举办7届市特奥运动会。

图10-4-1 1986年10月19日,市儿童福利院代表队参加
上海市第一届特殊奥林匹克运动会

【2007年世界特奥运动会】

2007年10月2—11日,第十二届世界夏季特奥运动会在上海举行,这是特殊奥运会首次在亚洲、在发展中国家举办。165个国家和地区组团参赛(含朝鲜观察团),共有10 503人与会,其中运动员7 405人。同时,有2万多名运动员家属、专家学者、贵宾、政要、名人与会,有约4万名志愿者为运动会提供服务。特奥运动会在上海市19个区县的30个场馆举行,比赛设游泳、田径、羽毛

球、篮球、滚球、保龄球、自行车、马术、足球、高尔夫球、体操、柔道、举重、轮滑、垒球、乒乓球、手球、网球、排球、帆船和皮划艇等 21 个项目。表演项目设龙舟、板球、舞龙舞狮和机能活动等 4 个。此外还有执法人员火炬跑、社区接待计划、健康运动员计划、家庭论坛、青少年峰会、学校教育计划等非体育项目活动。其中特奥执法人员火炬跑是世界特奥历史上覆盖面最广、行进线路最长、参与人数最多、社会影响最大的一次。2007 年世界特奥运动会共为运动员颁发奖牌 9 334 枚（其中金牌 3 306 枚、银牌 3 143 枚、铜牌 2 885 枚），发出绶带 4 245 条，发出机能活动"挑战奖"159 枚、参赛奖 424 个，上述各类奖项共计 14 162 件。中国代表团由 1 713 人组成，其中运动员 1 274 名，参加全部 21 个竞赛项目和 4 个表演项目，获得金牌 459 枚、银牌 333 枚和铜牌 258 枚，其中上海特奥运动员获得金牌 170 枚、银牌 131 枚和铜牌 72 枚。上海籍特奥运动员王江淮在体操比赛中独得 7 枚金牌，成为中国代表团中获金牌最多的运动员。

三、竞赛成绩

【国内赛事成绩】

1959 年，上海市聋哑人男子篮球队在全国比赛中获得冠军（队中有 5 人评为国家标准二级运动员，9 人评为三级运动员）。

1983 年，全国伤残人体育邀请赛，上海派出代表队参加田径、游泳、乒乓球比赛。上海 A5 级截肢运动员郑阶平获跳高、100 米、4×100 米三项冠军。15 岁的盲姑娘赵继红得女盲 B 组跳高、跳远、100 米、400 米的四项冠军。

1984 年 10 月，首届全国伤残人运动会（后改名为全国残疾人运动会）在安徽合肥举行，上海 21 名运动员共夺得 17 枚金牌、12 枚银牌、10 枚铜牌。上海获田径团体总分第一名。其中，江春居在男子 A 级获跳高、跳远、60 米跑和标枪冠军，赵继红在女盲 B 级获 100 米、400 米、跳远冠军。郑阶平获 A5 级 100 米、跳远冠军。其他还有截肢人叶莉萍的女 100 米跑 A4 级、聋哑人吴欢平的跳高，独臂运动员葛希力的男子 100 米蝶泳 A8 级都获冠军。

1987 年，上海市举行第二届伤残人运动会，赵继红在女子跳远 B3 级比赛中，以 4.98 米打破自己保持的 4.96 米的世界纪录；在女子跳高 B3 级比赛中跳出 1.4 米，超过美国选手 1.35 米的世界纪录。

1987 年 8 月，在河北唐山举行的全国第二届伤残人运动会上，上海 39 名运动员共夺得 13 枚金牌、12 枚银牌、13 枚铜牌。上海获田径团体总分第一名。

1992 年 3 月，在广东广州举行的全国第三届残疾人运动会上，上海代表团参加田径、举重、游泳等 7 个项目的比赛，共获金牌 14 枚、银牌 9 枚、铜牌 35 枚，团体总分第九名。赵继红、黄文涛、周新宇破全国纪录。赵继红破女子跳远 B3 级世界纪录，名列十佳运动员榜首。上海代表团获全国体育道德风尚奖称号。

1996 年 5 月，在辽宁大连举行的第四届全国残疾人运动会上，上海代表团获 23 枚金牌、16 枚银牌、12 枚铜牌，以总分 274 分的成绩进入了全国残疾人体育八强的行列。

2000 年 5 月在沪举行的第五届全国残运会上，上海市残疾人体育代表团主场作战，派出两支队伍参赛，其中上海一队代表团共获得金牌 58 枚、银牌 18 枚、铜牌 22 枚，3 人 4 次打破 3 项世界纪录，21 人 31 人次创 25 项全国纪录，团体总分 681.5 分，在全部 35 个体育代表团中列金牌总数第一名、团体总分第二名，上海二队代表团获得 1 金、7 银、6 铜，总分 81 分。两团均获得体育道德风尚奖。

2003年9月,在江苏南京、常州、扬州举行的第六届全国残疾人运动会上,上海代表团共派出144名运动员参加13个大项的比赛,夺得56枚金牌、35枚银牌、29枚铜牌,团体总分1 068.5分,5人破6项世界纪录,22人破全国纪录,取得团体总分第二、金牌总数第二、奖牌总数第二的优异成绩,并获得体育道德风尚奖。

2007年5月,在云南昆明举行的第七届全国残疾人运动会上,上海代表团共派出近250名运动员、教练员、工作人员参赛,共取得67金、38银、33铜、总分1 067分的优异成绩,金牌数、总分数均列第三。

2009年,上海组队参加全国特奥游泳、举重、乒乓球、足球四个项目的全国比赛,取得46枚金牌、15枚银牌、9枚铜牌的成绩。

2010年,共参加全国锦标赛暨2011年残运会预赛和有关全国比赛15项。在全国锦标赛暨2011年残运会预赛中共取得32枚金牌、10枚银牌、10枚铜牌的成绩。在第五届全国特奥运动会上取得48枚金牌、19枚银牌、10枚铜牌的成绩。

【国际赛事成绩】

1984年6月,盲人运动员赵继红、江春居,截肢运动员郑阶平等3名上海运动员入选中国代表团,参加在美国纽约举行的第七届残疾人奥运会。赵继红获得女子跳远B3级冠军,成绩4.9米破该项的残疾人世界纪录。她还在女子跳高B3级和女子100米B3级比赛中均获得亚军,在女子400米B3级比赛中获得季军。郑阶平在男子跳远A5级比赛中获得亚军,还在男子150米个人混合泳A5级比赛中获得第四名。

1986年,上海运动员赵继红、卢兴昌参加在印尼举办的第四届远东及南太平洋地区残疾人运动会上,获得7枚金牌,其中赵继红夺得跳高、跳远、100米、400米项目4枚金牌,成为中国得金牌最多的女运动员,独臂运动员卢兴昌获得男子乒乓球单打、双打、无级别项目3枚金牌。同年,上海运动员顾静萍参加在法国第戎进行的第二届世界伤残人乒乓球锦标赛,在女子公开赛的团体赛中得冠军,并在女子TT7组获单打冠军。

1987年7月,赵继红、江春居参加第二届巴黎国际伤残人运动会,赵继红取得女子100米B3级和女子400米B3级第一。

1988年10月,上海运动员赵继红、徐建成入选中国代表团,参加在韩国汉城举行的第八届残疾人奥运会。赵继红获女子100米B3级、女子400米B3级两枚金牌,并获得女子跳远B3级第二名。

1989年9月,上海运动员赵继红、周新宇、王文涛参加在日本神户市举行的第五届远东及南太平洋地区残疾人运动会,赵继红打破女子跳远B3级世界纪录并夺得金牌,同时还获得女子100米B3级、女子400米B3级、女子跳高B3级三项冠军;黄文涛获金牌2枚、银牌1枚;周新宇获金牌2枚、银牌1枚。

1990年7月,赵继红、王文涛参加在荷兰举行的世界伤残人锦标赛,赵继红夺得跳远冠军。

1992年9月,在西班牙巴塞罗那举行的第九届残疾人奥运会上,代表中国出战的上海盲人运动员黄文涛夺得男子跳远B2级金牌,还获得男子三级跳远B2级铜牌;盲人运动员赵继红获女子跳远B3级银牌。

在1994年第六届远东及南太平洋地区残疾人运动会上,上海35名残疾人运动员代表中国参赛,获得20枚金牌、7枚银牌和4枚铜牌。首次组建的、由上海运动员构成的中国女子坐式排球队夺得冠军,这也是中国代表团在该届赛事三大球项目中获得的唯一一块金牌。

1996年8月,在美国亚特兰大举行的第十届残疾人奥运会上,入选中国代表团的上海盲人运动员王森等3位残疾人夺得3枚银牌和2枚铜牌。

2000年10月,在澳大利亚悉尼举行的第十一届残奥会上,入选中国代表团的上海运动员黄文涛在男子三级跳远F12级比赛中,以14.16米打破残奥会纪录并获金牌。

2001年7月,在意大利罗马举行的第十九届世界聋人运动会上,上海聋人姑娘任春霞获得女子铅球冠军,实现上海聋人在国际大赛上金牌零的突破。另一位参赛的上海运动员苗晴获得女子标枪和100米跑两项第五名。

2002年7月,在法国举行的残疾人世界田径锦标赛上,上海运动员张明亮获铅球冠军、铁饼亚军,李卫春获跳远第三名,凌勇获五项全能第三名。10月,在远东南太平洋残疾人运动会上,上海运动员共获金牌13枚、银牌21枚、铜牌13枚。12月,在阿根廷举行的世界残疾人游泳锦标赛上,上海运动员王任杰获得4×100米自由泳冠军。

2004年9月,在希腊雅典举行的第十二届残奥会上,上海残疾人运动员获得金牌9枚、银牌5.5枚、铜牌2.5枚,破4项世界纪录和1项残奥会纪录,在中国代表团内取得金牌总数和奖牌总数第一。

2005年1月5—16日,第二十届聋人奥运会在澳大利亚墨尔本举行,上海残疾人运动员任春霞获得女子铅球冠军、女子铁饼亚军。5月12—15日,第一届残奥世界杯在英国曼彻斯特开赛,共设轮椅篮球、场地自行车、游泳和田径4个项目的比赛。来自46个国家和地区的350多名选手参赛。上海自行车教练施金凤和运动员周菊芳随团参赛,经过角逐周菊芳夺得场地500 m计时赛(成绩38″55,并破世界纪录)和2 km计时赛(成绩2′35″)两枚金牌。

2006年8月28日至9月12日,上海运动员郭伟、傅昕瀚、凌勇、王婷赴荷兰亚琛参加2006年残疾人田径世锦赛。雅典残奥会三冠王郭伟在男子F35级铅球、铁饼和F35/36/38级标枪比赛中分别以14.68米、49.39米和46.26米打破世界纪录;傅昕瀚在男子T35级100 m比赛中以13″27获第2名,在F35级铅球和铁饼比赛中分别以12.76米和41.92米分获第3名;凌勇在男子P54—58级五项全能比赛中以4 342分获第3名;王婷在女子F54/55/56级铁饼比赛中以17.31米获第5名。9月8—18日,上海运动员周菊芳、叶娅萍、沈光权、张吉赴瑞士艾格勒参加2006年残疾人自行车世界锦标赛。周菊芳获LC1 500 m计时赛第1名并破世界纪录、个人追逐赛第3名、公路大组赛第3名,叶娅萍获LC2 500 m计时赛第1名并破世界纪录、公路大组赛第2名、个人追逐赛第3名,张吉获CP41公里计时赛第5名、个人追逐赛第7名。

2008年9月,在北京举行的第十三届残疾人奥运会上,上海有30名(男18人、女12人)运动员入选中国残奥体育代表团,参加田径、男女坐式排球、自行车、举重、轮椅击剑、游泳、盲人门球、脑瘫足球8个大项39个小项的比赛,获得14枚金牌、11枚银牌和4枚铜牌,打破9项世界纪录。女子坐式排球继雅典残奥会后成功实现二连冠。

2009年6月29日至7月8日,上海坐式男排队赴英国肯特参加2008英国肯特国际坐式排球邀请赛,获得冠军。9月5—15日,上海聋人选手任春霞、顾颖卿赴台北参加第二十一届听障奥林匹克运动会(Deaflympics,原译称"聋人奥林匹克运动会")。任春霞以14.35米获得女子铅球冠军,为中国代表团取得首枚金牌。

2010年4月7—12日,2010年男子坐式排球亚洲俱乐部杯赛在北京中国残奥运动管理中心举行,上海坐式男排队代表中国队参赛,夺得亚军。12月12—19日,首届亚洲残疾人运动会(前身为

"远东及南太平洋地区残疾人运动会",简称"远南运动会")在广州举行。25名上海运动员分别参加田径、轮椅击剑、男女坐排、自行车和举重等6个项目的比赛,获得17枚金牌、10枚银牌和7枚铜牌。6月,上海组队参加在德国波德洛普的田径锦标赛,取得1枚金牌、1枚银牌、2枚铜牌。7月,上海组队参加在英国肯特举行的坐式排球邀请赛,取得冠军。7月,以上海队为班底的中国坐式排球队参加在美国举办的世界坐式排球锦标赛,取得女子冠军,获得伦敦残奥会入场券。

第五章 权益保障

上海市不断完善残疾人权益的法律保障,逐步构建以《上海市实施〈中华人民共和国残疾人保障法〉办法》为主干,《上海市残疾人分散安排就业办法》《上海市社会福利企业管理办法》《上海市无障碍设施建设和使用管理办法》等为支撑的残疾人权益保障法律规章体系,日益拓展残疾人公共法律服务领域,持续扩大残疾人法律援助范围,不断创新残疾人维权信访工作,为全市残疾人事业发展创造良好的法治环境。

上海市持续推动残疾人合法权益保障工作不断改进,残疾人权益保障的体制机制不断完善,残疾人社会保障制度和服务体系不断健全,努力促进和保护残疾人权利和尊严,确保残疾人在政治、经济、文化、社会和家庭生活等方面享有同其他公民平等的权利。其中,法律保障是残疾人权益保障的关键。上海市通过完善残疾人事业法律规章体系,将残疾人事业纳入依法治理轨道,强化市、区两级残联维权组织,不断完善残疾人法律服务工作,维护全市残疾人各项应有权益。

无障碍设施是残疾人等社会成员平等参与社会生活的重要保障,也是提升上海城市形象和文明程度的标志之一。上海市坚持推进家庭无障碍改造工作、公共设施无障碍建设、信息无障碍环境建设,规模和水平不断提高,管理和维护日益完善,为残疾人安全有效使用提供了很大的便利。上海无障碍环境建设工作在国内起步早、起点高,2002 年 10 月被列入创建全国首批无障碍设施建设示范城市。多年来,上海持续投入专项资金,设专门队伍进行督导检查,不但致力于家庭无障碍改造和公共设施无障碍建设,还利用现代科学技术手段,推动政府网站无障碍改造,畅通残疾人获取公共服务信息的渠道。

第一节 法 律 保 障

一、法规、规章

1987 年,《上海市青少年保护条例》颁布,其中第七章第一节为"对有生理缺陷的青少年的保护",特别规定各级政府和有关单位应重视盲、聋哑、弱智青少年的教育及康复问题,禁止歧视、侮辱、虐待生理上有缺陷的青少年,给予残疾青少年特殊的保护。

1993 年 2 月 6 日,市九届人大常委会 41 次会议审议通过《上海市实施〈中华人民共和国残疾人保障法〉办法》(后于 1999 年 7 月 12 日、2013 年 11 月 21 日两次修订),于当年 5 月 16 日起施行。该办法对全市残疾评定、康复、教育、劳动就业、文化生活、福利与环境、法律责任等作出具体规定。从此,上海市残疾人的各项权益在地方性法规层面获得了保障,全市残疾人事业发展也有了法律依据。根据《上海市实施〈中华人民共和国残疾人保障法〉办法》,上海又制定《上海市残疾人分散安排就业办法》,于 1993 年 12 月 20 日发布,1994 年 1 月 15 日起施行(后于 2000 年 5 月 11 日、2010 年 12 月 20 日两次修正并重新发布),规定凡驻上海的国家机关、社会团体、企业(包括外商投资企业、港澳台投资企业)、事业单位和城镇集体经济组织,须按本单位在职职工人数(含固定工、合同工、临时工、计划外用工)1.6% 比例安排残疾人就业。由此,上海在全国范围内率先开展按比例分散安排残疾人就业。

1999年6月2日,市政府发布《上海市社会福利企业管理办法》(后于2010年12月20日修正并重新发布),并于1999年9月1日起施行。该办法在保护和扶持社会福利企业、加强对社会福利企业的管理、维护社会福利企业中残疾职工的合法权益等方面做出一系列具体规定。

2003年4月3日,市政府发布《上海市无障碍设施建设和使用管理办法》(后于2010年12月20日修正并重新发布),2003年6月1日起施行。该办法明确:新建、改建、扩建建设项目的建设单位应当按照规定的标准和要求配套建设无障碍设施,并须与建设工程同步设计、同步施工、同步交付使用。设计单位在设计建设项目时,应当按照《设计规范》以及本市无障碍设施建设标准的规定,配套设计无障碍设施。市、区县规划行政管理部门和建设行政管理部门按照规定在核发《建设工程规划许可证》和《建设工程施工许可证》前,应当将配套建设无障碍设施的内容列入审查范围;对不按该办法规定设计、建造无障碍设施的,不予审查通过。

二、法律维权

【法律援助】

20世纪90年代,市残联曾将一些法律事务所设为定点单位,专门为全市残疾人提供优先、优质、优惠的法律援助服务。各级残联也以多种形式组织残疾人学习有关法律与法规,增强残疾人遵守法纪和依法维护自己合法权益的意识。

1998年,为残疾人服务的定点律师事务所,由原来的24家增加到28家。当年5月,第八次助残日期间,有260名律师走上街头,为残疾人服务。

2000年12月2日,上海市残疾人法律援助中心暨上海市法律援助中心残疾人分中心成立。该中心聘请专职工作人员、律师、华东政法大学、上海大学法学院学生为残疾人提供免费的法律援助和法律救助服务。法律援助和法律救助的形式主要是:接待受理来信、来访,提供义务法律咨询;代拟法律文书;接受非诉讼代理、报市法援中心指派专职律师提供诉讼代理;其他形式的法律援助。法律咨询的范围包括:一般涉及社会保障、婚姻家庭、劳动争议、医疗事故、工伤事故、交通事故、房产纠纷、民间债务、刑事案件、行政案件等。至年底,共接待咨询67人次,其中劳动争议23人次,行政争议、房屋纠纷12人次,民事纠纷6人次。中心的成立,缓解了残疾人咨询难、请律师难、打官司难的矛盾。2001年,市残疾人法律援助中心共接待法律咨询服务307人次,其中劳动争议91人次、民事纠纷45人次、婚姻家庭纠纷33人次、行动争议8人次、医疗事故纠纷29人次、房产纠纷36人次、刑事案件6人次、交通事故4人次,各种法律咨询包括户口、残疾人政策、抚恤金等55人次。2002年1—10月,免费接待残疾人法律咨询457人次。2003年,残疾人法律援助中心接待1000余人次法律咨询,办理10余件法律援助案件,200多人次的律师和学生志愿者参加法律援助工作。2010年研究制订《关于加强残疾人法律救助工作的意见》《上海市残疾人法律救助工作站工作规程(试行)》(草稿),提高对困难残疾人实施法律救助的标准,为残疾人提供门槛更低、内容更多、范围更广的法律服务。2010年,残疾人法律救助中心办理案件12起,残疾人法律援助中心办理案件17起,为残疾人提供法律服务35件。

【信访】

市残联不断规范信访程序,健全信访工作制度,对残疾人来信来访坚持做到件件有回音、事事有落实。坚持做好"理事长接待日""理事长信箱"等工作,并建立信访专网,畅通网上信访渠道。全市残疾人来信来访数量逐年下降。2000 年各级残联组织全年接待来访 2 019 人次,受理来信 703件次,及时化解集体上访 14 批 95 人次。2001 年,各级残联组织全年接待来访 1 757 人次,受理来信 495 件次,及时化解集体上访 3 批 19 人次。2002 年,到 11 月底共接待受理残疾人来信来访1 733 人(件)次,其中接待来访 1 138 人次,受理来信 595 件次,化解集访 3 批 18 人次。残联信访办再度被市委市府信访办、市文明办评为 2000—2001 年度"上海市文明信访室"。2003 年全年受理残疾人来信来访 1 692 人次,及时化解集体上访两起 17 人次,办结市领导批转的重要来信 26 件。2010 年全年受理来信 615 件,接待来访 532 人次。

第二节　无障碍环境建设

一、家庭无障碍改造

家庭是残疾人生活、居住的重要场所,有无无障碍设施,直接关系到残疾人的生活质量和权益实现。家庭无障碍建设的内容主要是,旧房改建范围为进门坡道、扶手(包括楼道扶手)、卫生间防滑设施、沐浴抓杆、坐便器旁抓杆、聋人声光遥控门铃等。对象为一、二级肢体残疾人。其中下肢瘫痪者、挂双拐者、夫妻双残或残疾人家中同有 70 岁以上老人者,属优先安装对象。

2008 年起,全市各区县开展提高型残疾人家庭无障碍改造,改造范围:各房间出入口通道平整及坡化、卫生间防滑地面及扶手、按无障碍要求改造的坐便器、洗手盆、沐浴装置,厨房间的低位操作台、低位水斗、升降晾衣架等。根据残疾人家庭和残疾情况选定改造项目,一户一设计。市、区残联分别以 1∶3 的比例为残疾人家庭提供改造补贴。2009 年,完成 37 000 多户残疾人家庭无障碍建设。2010 年,完成 140 户提高型和 20 户示范型家庭无障碍改造计划。

二、公共设施无障碍建设

1990 年 12 月全国人大常委会颁布的《中华人民共和国残疾人保障法》规定:国家和社会逐步实行方便残疾人的城市道路和建筑物设计规范,采取无障碍措施。1998 年 6 月,建设部、民政部、中国残联联合发布《关于贯彻实施方便残疾人使用的城市道路和建筑物设计规范的若干补充规定的通知》,主要内容是切实有效加强工程审批管理,严格把好工程验收关,公共建筑和公共设施的入口、室内,新建、在建高层住宅,新建道路和立体交叉中的人行道,各道路路口、单位门口,人行天桥和人行地道,居住小区等均应进行有关无障碍设计。

上海加强无障碍环境建设,推进城市道路、建筑物、公共场所、交通设施和信息交流等方面的无障碍建设。稳步推进政府机关、学校、社区、旅游景区、社会福利、公共交通等公共场所设施无障碍改造,各敬老院、康复中心、残疾人综合大楼、阳光之家、特教学校的无障碍设施齐全规范。全市积极推动新建、扩建、改建的各类政府对外服务窗口、轨道交通站点、公园绿地、室外公共厕所、医疗康复、体育文化、商业服务建筑等公共建筑无障碍设施建设率,以及已建各类公共建筑、居住小区等无障碍设施改造率达到国家标准要求。

1998 年,全市已经竣工或正在建设中的上海大剧院、地铁二号线、明珠线、浦东国际机场等重大公共项目,都安排无障碍设施。一些改建、扩建的道路,如肇家浜路等也修建无障碍坡道和盲道。

2000年,为了开好第五届全国残运会,共改建厕所80座,新建坡道72条,新建盲道2478米,增设无障碍设施标志牌192块,共投入资金298万元。

2002年6月29—30日,由建设部、民政部、中国残联、全国老龄委和有关专家一行8人组成的联合检查组来沪,检查上海市的无障碍设施。市建委副主任黄健之、市残联理事长徐凤建分别汇报上海市无障碍建设的总体情况,随后检查组实地考察静安区姚西小区、浦东社会福利院、上海市科技馆、世纪大道等无障碍设施情况。8月26日,在市政府召开的139次常务会议上,对上海市无障碍设施的建设进行专题研究,同意设立无障碍设施督导办公室,加强无障碍设施的建设和管理。10月31日,在建设部、民政部、全国老龄委办公室、中国残联联合召开的全国无障碍设施建工作会议电视电话上,上海被列入创建全国首批无障碍设施建设示范城市。

2003年8月28日,上海市无障碍设施建设督导总队和区县督导大队成立。上海2003年颁布《无障碍设施建设和适用管理办法》,努力打造"全方位无障碍"城市环境体系。全市新建、扩建、改建的各类政府对外服务窗口、轨道交通站点、公园绿地、室外公共厕所、医疗康复、体育文化、商业服务建筑等公共建筑无障碍设施建设率达到100%。

2006年9月21日,国内首创公交电子站牌语音助盲设备亮相申城,安装在中山东一路、汉口路外滩的公交电子站牌上。同时,与之配套的首批5个无线遥控器已通过市无障碍设施推进办分发给经常在汉口路站乘车的5位视力障碍人士试用。

2010年,完成各类无障碍设施改造28 722个,其中政府机关及司法部门办公建筑1 289个,综合医院582个,航空、火车、地铁、码头、汽车客运站308个,城市广场、公园264个,商业服务建筑2 616个,室外公共厕所1 352个,文化、观演、体育建筑367个,学校建筑2 007个,中高层居住建筑11 256个,居住小区6 501个,特殊设施2 180个。完成无障碍设施进家庭41 477个。建成盲道2 551.48公里,缘石坡道53 221个。完成5万多户残疾人家庭无障碍设施建设工作,无障碍电子信息系统上线并投入运行。

三、信息无障碍环境建设

信息无障碍是指无论健全人还是残疾人、无论年轻人还是老年人都能够从信息技术中获益,任何人在任何情况下都能平等地、方便地、无障碍地获取信息、利用信息。为了让残疾人信息交流无障碍,上海推动政府网站无障碍改造,围绕残障人群需求,建设服务于政府决策、机构帮扶等全市统一的残疾人信息资源库,包括培训、就业、康复、保障等数据方便查询等。

2004年1月18日,经市编委批准,市残联信息中心成立。信息中心的成立标志着市残联信息建设进入一个新的发展阶段。

2006年8月29日至9月8日,为进一步推进市政府实事"为上海市听力、言语障碍者生活和工作提供信息沟通服务",市残联信息无障碍工作小组与移动、联通、电信三家运营商协商操作程序调整及超套餐资费等事宜,经反复协商从10月起移动操作程序稍做调整,更加方便聋人办理。

2007年5月31日,市残联信息中心与亮普公司联合开发的《上海市残联自动化办公系统V1.0》通过中国软件登记中心专家审核,获得国家版权局颁发《计算机软件著作权登记证书》,标志着市残联信息化建设成果获得国家版权局自主知识产权认证,在全国残联系统信息化建设中尚属首例。

2009年,上海市"无障碍电子地理信息系统"(GIS)全面启动。2009年6月22日"上海残联网站无障碍改造项目"通过专家验收评审,市经信委、市人保局、市民政局、市司法局、中国上海门户网站等单位参加验收会。市残联率先在省级残联范围内启动网站无障碍改造项目。为帮助残疾人、老年人了解上海市无障碍设施建设情况,方便出行、购物、就医、用厕等,2010年建设上海市无障碍设施电子地理信息系统,包含20 000余条数据,通过上网即可方便、及时找到有关信息。

第六章　与国外及中国港澳台地区交流

改革开放以来,市残联与中国港澳台地区不断深化沟通交流,拓展项目合作,在服务理念、管理模式等方面互学互鉴、携手并进,推进残疾人事业的共同发展。20 世纪 80 年代末,市残联成立后,上海残疾人与中国港澳台地区的双向交流活动逐渐频繁,交流领域也从文艺演出、体育赛事扩展至残疾人康复、就业、教育、无障碍环境建设等社会助残的方方面面。市残联在 2007 年成立上海市残疾人台湾事务交流中心,内设于上海市残疾人事业国际交流中心,专司沪、台两地残疾人事务的交流活动。

残疾人事务是上海对外交流的重要组成部分,也是展示经济社会发展和人权保障成就的一个突出亮点。市残联积极开展残疾人事务国际交流与合作,参加并承办与残疾人相关的国际会议、艺术节、职业技能竞赛、残奥会,不断开拓交流渠道,创新交流形式,丰富交流内容,形成全方位、多层次、立体化的国际合作格局,增进国际社会对残疾人事业的理解与支持,促进残疾人事业的发展与进步。

第一节　与中国港澳台地区的交流

一、与港澳地区的交流活动

1995 年 11 月 30 日至 12 月 31 日,市残联文体部携两名残疾运动员赴中国澳门参加第十五届国际残疾人马拉松轮椅赛。2006 年 11 月 17 日,中国香港青马狮子会狮友一行 10 人来沪参观上海"视觉第一中国行动"开展情况。2008 年 1 月 6—10 日,全国区县康复技术指导人员培训项目总结大会在上海华夏宾馆举行。中国残联、中国残疾人康复协会、香港复康会、香港东华三院、香港卓越之友等部门和机构的领导和专家以及来自全国各省、市、自治区的近 100 名代表与上海残联系统的领导和部分残疾人康复工作者参加此次会议。1 月 11 日,以香港东华三院赛马会复康中心翁文智为团长的中国香港访问团赴市残疾人体训中心参观访问。2010 年 4 月 20 日,市残联副理事长季敏在市残联会议室会见香港复康会总裁周敏姬一行,双方就康复、无障碍环境推广等话题进行交流讨论。

二、与台湾地区的交流活动

2004 年 11 月 25 日,市残联代表团一行 6 人赴中国台湾地区参加 2004 中国台湾身心障碍者暨银发族辅具大展。2006 年 5 月 26 日至 6 月 4 日,市残联一行 7 人访台,参加第七届"台北、上海特奥会城市研讨会"。2008 年 3 月 31 日,市残联出访团一行 7 人赴台,进行为期 10 天的访问。11 月 29 日,上海残疾人艺术团一行 20 人赴台,进行为期 10 天的两岸残疾人艺术交流访问。11 月 30 日,"弦月之美——身障人士才艺大展"举行,上海市残疾人艺术团与中国台湾青少年截肢辅健协会的残疾人艺术团同台演出。12 月 22 日,市残联出访团一行 14 人赴台,进行为期 10 天的访问。访问期间,拜访台北特奥会,并参加"第九届台北—上海特奥工作研讨会"。2009年2月3日,市残联代表团一行8人赴台,考察中国台湾在残疾人就业等方面的先进做法,并与中国台湾无障碍推广协会进行交流。10月27日至11月5日,市残联代表团一行7人,赴台友好交流。

2005年9月28日下午,曹子平会见中国国民党身心障碍者保护基金会代表团一行。12月19日,曹子平、市残疾人体育协会顾问王世宽、市残联副理事长季敏在市残疾人体育运动训练中心会见来访的台北特奥会代表团一行。2006年2月17日,市残联理事长徐凤建在华夏宾馆宴请来访的中国台湾无障碍环境推广协会代表团,双方就2006年的合作尤其是这一年的互访进行商议。6月28日,高雄市残障人士理事会代表团一行38人来沪访问交流。7月27日,台北市特奥会理事长、财团法人台北富邦银行公益慈善基金会董事长白秀雄率领的台北广青合唱团来沪,并于当晚观摩在上海贺绿汀音乐厅举办"没有翅膀我也一样可以飞翔"两岸残疾人合唱团文化交流音乐会。12月3日,中国台湾无障碍设施推广协会理事长林俊福一行来沪进行交流。2010年4月16日,中国台湾喜憨儿福利基金会董事长萧淑珍一行在市残联副理事长王爱芬陪同下先后前往卢湾区阳光职业康复援助基地和浦东新区"我和你"助残服务社考察。8月11—20日,第十一届上海、台北特奥交流活动在上海举行。台北特奥交流团在沪期间,参观上海世博会、闸北启智学校和崇明"阳光之家"。

第二节 国 际 交 流

一、接待

上海残疾人国际交往始于1958年,当年苏联全俄聋协代表团访沪3天,参观市五官科医院、聋校,观看上海聋哑人演出的京戏,举行报告会、座谈会,相互介绍聋哑人工作经验。同年,波兰、捷克斯洛伐克、罗马尼亚的聋协及残疾人代表团来沪访问。这一时期,上海残疾人国际交往范围主要局限在苏联、南斯拉夫及东欧社会主义国家。"文化大革命"时期,对外交流陷入停顿。改革开放之后,对外交往重新活跃,交往范围不以意识形态为限。截至1988年,上海市残疾人组织先后与60多个国家和地区建立联系,接待来沪参观考察逾2 000人次,上海残疾人事业成为申城对外开放的重要窗口。20世纪80—90年代,对外交往以对日交流最为频繁。进入21世纪后,随着上海经济社会的显著进步和残疾人事业的快速发展,与美欧等西方发达国家的交往也日益增多,对外交流范围遍及世界各地,交流方式也从文艺演出、出国学习考察培训、来访接待等升级为承办大型国际交流活动,担负起更为主要的角色。

1984年,上海先后接待世界盲人联合会亚洲地区主席,印度盲协主席,世界盲人联合会体协主席,东德盲协主席,日本蒲公英花絮音乐会,加拿大、澳大利亚健聋社等国家和地区的残疾人代表团。代表团在沪期间,参观访问福利工厂、盲聋哑学校,观看艺术团演出,进行座谈、交流。1985年,接待日本、新加坡、英国、美国、苏联等国家盲聋哑协会访华代表团。外宾在沪期间进行友好交谈,参观访问,游览观光。1986—1987年,接待比利时等国6批残疾人或残疾人代表团。市残联成立之后,接待活动渐多。1991年3月,市残联与日本国财团法人蒲公英之家在上海东湖宾馆举办"中日福利文化研讨会"。5月23日,市残联与日本神奈川县肢体不自由儿者父母联合会在上海和平饭店签约缔结友好团体。7月27—29日世界聋人联合会主席安德森偕夫人来沪访问,参观上海市聋儿语训中心、上海低压电器一厂、上海市聋哑青年技术学校。1992年6月12—15日,市残联与日本蒲公英之家联合举办"纪念中日邦交正常化 20 周年蒲公英之花艺术节",日本、印度尼西亚、新加坡、菲律宾等国残疾人艺术家应邀出席,参与文艺演出。1993 年 11 月,上海与日本横滨市结为友好城市 20 周年,市残联组织近百名残疾人与残疾人工作者与横滨市在宅障碍者爱护协会访华团的近 80 个残疾人及残疾人工作者举行联欢活动。1994 年 5 月下旬,市残联接待日本《朝日新闻》访华团,共同组织召开残疾人劳动就业研讨会。1995 年 10 月 20—24 日,由市残联、日本蒲公英之家和日本国际蒲公英委员会联合主办的第三届亚洲蒲公英之花音乐节在上海举行,亚洲 12 个国家和地区的残疾人歌手参加。这是中国内地首次举办国际残疾人艺术交流活动。1996 年,接待日本神奈川县、九州地区多批残疾人组织及团体的前来交流和考察。同年 2 月、8 月、11 月,3 次在残疾人中征集摄影、书法、绘画、雕刻、编织等艺术品 40 余件,参加在上海工人文化宫举办的中日福利摄影展览。1998 年先后接待日本、美国、丹麦、俄罗斯等国残疾人组织的友好访问。

2002 年共接待来自亚洲、欧洲、美洲、大洋洲等 37 个国家和地区的 30 批次境外团组,境外来访客人 616 人次,接待人数大幅上涨,达到 2001 年的 2.26 倍。同年 10 月,受中国残联的委托,市残联承办了第二十届残疾人国际亚太区残疾人领导人论坛会,来自亚洲和太平洋地区的 29 个国家的 69 名残疾人领导人汇集上海,加上全国各省市残联的领导,共有 100 余人参加会议。2005 年共接待来自美国、日本、丹麦、俄罗斯等 33 个国家和地区的 34 个团组 803 人次,当年上海相继举办"国际残疾人口足绘画艺术展""第十七届世聋联亚太地区聋人领袖大会"和"第八届亚太地区蒲公英音乐节"(该音乐节原名为"亚洲蒲公英之花音乐节")3 项残疾人国际交流活动,均取得圆满成功和广泛好评。2006 年 2 月 20 日,蒙古国国家残联代表团来沪访问交流。12 月 3 日,由国际定向行走委员会丹尼斯·考瑞,中国香港盲人定向行走辅导会行政总裁、第十二届国际定向行走会议组委会主席陈梁悦明太平绅士带领的第十二届国际定向行走会议代表团一行 12 人来沪考察交流盲人定向行走工作。2008 年 1 月 19 日,英国首相戈登·布朗携夫人沙拉,英国运动员、雅典奥运会冠军凯利·霍尔姆斯访问市残疾人体育训练中心。2009 年 12 月 9 日,"迎世博——'2009 大家的艺术'中日残疾人艺术交流论坛"在沪举行,来自上海各区的各类残疾人代表近 100 人出席论坛。2010 年 6 月 13—18 日为上海世博会荷兰馆"生命科学周",6 月 18 日为荷兰馆"中荷残疾人日",市残联与荷兰南荷兰省在此期间举办多种形式的交流活动。7 月 3 日,美国职业篮球赛洛杉矶湖人队老将德里克·费舍尔在上海世博会生命阳光馆与上海轮椅篮球运动员开展交流活动。11 月 30 日至 12 月 3 日,韩国釜山残疾人体育协会、韩国残疾人轮椅网球协会一行 12 人来沪与市残疾人体育协会进行友好交流。12 月 7 日,日本财团法人未来工学研究所主任研究员及经济产业省中部经济产业局、情报社会研究部人员到上海市残疾人辅助器具资源中心参观交流。

二、出访

1981 年是"国际残疾人年",上海盲人演奏团在日本参加音乐演奏比赛,获大奖。1985 年,上海聋哑人业余艺术团出访日本、美国,进行演出。1988 年 5 月 10—18 日,应日本冈山县财团法人旭川庄理事长江草安彦和津山市市长邀请,市残联派 10 人代表团赴日参加为期 9 天的轮椅马拉松比赛。1989 年 7 月 18 日至 8 月 17 日应日本蒲公英之家邀请,上海市聋哑人艺术团赴日本静冈、福冈等 10 个县、市演出,公演 13 场,观众达 3.5 万人次。1990 年 10 月 23—29 日,应日本尼崎市日中障碍者友好协会中尾四郎邀请,市残联派 12 人代表团赴日本尼崎市、神户市、大阪市等地考察访问。1991 年 7 月 1 日至 8 月 6 日,应日本蒲公英之家邀请,上海市聋哑人艺术团 20 人赴日本访问演出。

同年8月21日,上海市残疾人艺术团一行5人,应邀赴新加坡参加第一届亚洲蒲公英之花音乐节(该音乐节后改名为"亚太地区蒲公英音乐节"),与亚洲10个国家和地区的残疾人演员同台演出。1993年4月2—11日应日本尼崎市日中障害者友好协会邀请,上海市残疾人代表团一行9人赴日参观访问,先后参观考察大阪、尼崎、天理等市的残疾人福利设施,与日本残疾人进行交流。10月11—18日,上海残疾人艺术团应邀赴韩国参加第二届亚洲蒲公英之花音乐节,亚洲12个国家和地区参加音乐节。1994年4月,以残疾人为主组成的访日团,先后访问神户、尼崎、大霞、奈良、天理等城市的残疾人职业学校、康复院、福利工厂,与日方交流残疾人工作。1995年7月,市残联组团赴日本奈良参加蒲公英之花音乐节成立20周年庆祝活动,随市红十字会组团访日,随中残联代表团赴日本福冈考察访问。1996年,市残联先后两次在上海残疾人中征集艺术作品,分别于2月和11月参加在奈良举办的亚太地区残疾人手工艺作品展览和在东京举办的亚太地区残疾人艺术作品展览。1997年,市残联组团参加日本九州地区精神薄弱者协会在佐贺县召开的年会。同年10月底,还首次组织市、区县部分残疾人工作者赴德国、荷兰考察访问,与当地残疾人组织就残疾人劳动就业、用品用具供应和社会保障等方面进行交流。1998年,组织残疾人工作者及运动员赴西欧、俄罗斯等国家和地区考察访问,以及进行体育比赛。

2002年市残联共组织或参与出境团组30批次175人次出访日本、丹麦、斯洛文尼亚、澳大利亚、美国等20个国家和地区,出访人数达到2001年的1.86倍,足迹遍布亚、欧、美、大洋洲各地。2004年9月15日,应雅典残疾人奥运会组委会的邀请,市残联工作团赴希腊雅典观摩残奥会。2005年5月20日,应日本大阪日中友好协会的邀请,市残联一行6人赴日拜访日本残疾人组织,考察残疾人福利和残疾人设施。7月26日至8月9日,受美国世界轮椅车基金会的邀请,市残联一行7人访问美国。7月31日至8月12日,市残联代表团一行7人赴日,出席日本蒲公英之家音乐节30周年的演出庆典。10月21日至11月4日,受澳大利亚澳中友好协会和新西兰新千年交流有限公司的邀请,市残联一行7人赴澳大利亚、新西兰考察两国在残疾人就业、康复方面的先进做法和经验。2005年组织出访团组40批次、211人次出访美国、芬兰、法国、澳大利亚等25个国家和地区。2006年5月29日至6月7日,市残联领导率上海市特奥会代表团出访美国,为2007年世界特奥会宣传活动进行前期考察。2007年11月25—27日,第九届亚太地区蒲公英音乐节在马来西亚柔佛洲新山市举行,共有中国、日本、马来西亚、澳大利亚、韩国等10个国家和地区的代表团参加,上海代表团一行5人参加音乐节。2009年6月23日至7月2日,市残联代表团一行6人赴西班牙、希腊考察残疾人体育工作。2010年,共组织14个团出访参加演出、比赛、交流活动。

第十一篇

综合管理

1978—2010 年，上海民政工作快速推进，民政事业全面发展，机构及队伍建设、文明行业创建、民政法制建设、信息化建设、财力投入与管理、对外交流等民政综合管理工作坚持服从和服务于民政事业的发展需要，不断发展与加强，促进了民政工作法制化、标准化、信息化和专业化，有力地推动了传统民政向现代民政的转变。

民政工作点多、面广、量大，内部关联性不强。为此，综合管理工作积极发挥统筹协调功能，不断优化工作机制，加强内部互动，推动形成整体合力。通过大力推进政府机构改革、直属单位管理体制机制改革和干部人事制度改革，上海民政在转变政府职能、构建新型事业单位管理体制、优化队伍结构和提升人员素质等方面形成长效机制。

市民政局将人才队伍建设作为战略性、基础性工作，通过实施人才战略，吸纳和引进高校毕业生和社会人才，充实民政工作力量；通过建立和完善竞聘、培训、使用、激励相结合的管理机制，不断提升职工队伍专业化和职业技能水平，涌现出一批在全国有影响力的劳动模范和技术能手，服务质量和水平得到社会的广泛认可。

从 1997 年起，全市民政系统开展"政务公开、规范服务、争当孺子牛"活动，通过全面、深入、持久地组织开展创建文明行业活动，增强工作透明度，建立行业规范，弘扬先进典型，扎实有效地推动了民政系统依法行政、管理水平、创新能力的提升。至 2010 年上海民政行业连续 4 次被授予"上海市文明行业"称号。

在改革开放的新形势下，为适应经济建设和社会发展的需要，上海民政加强法制建设，起草一批地方性法规、市政府规章草案，修改和废止一批文件，不断推进行政责任制的落实。市民政局荣获"三五""四五"普法"全国法制宣传教育先进集体"称号。

伴随着信息技术迅猛发展及其对社会经济各领域的快速渗透和深刻影响，上海民政信息化建设应势而起。1995 年 5 月，市民政局正式成立局办公自动化领导小组，负责市民政局系统信息化工作的规划和决策，1996 年 7 月，成立信息研究中心。上海民政信息化建设经过 10 多年的努力，基本建成市、区县、街道乡镇三级民政信息网络系统、市民政局网站、民政电子政务平台、各业务管理信息系统、民政业务综合数据库等构成的民政信息化体系，实现了从单业务应用、网络化应用到协同共享应用阶段，在推进电子政府、服务政府、决策政府中发挥了积极作用。

为保障民政各项事业的持续稳定发展，上海民政的财力投入由改革开放初期单纯地依靠财政投入，转变为财政投入为主导、彩票福利公益金和社会捐助及社会资本直接投入为补充的多渠道发展的模式，改造和兴建了一大批社会福利服务设施。

改革开放赋予民政工作新的任务和要求，上海民政的对外交流工作围绕学习、借鉴国际先进的民政工作理念、经验、模式和做法而开展，接待境外来访、举办国际（含中国港澳台地区）会议和各种涉外（含涉中国港澳台地区）活动、开展国际（含中国港澳台地区）合作项目，组织民政工作者出国（境）考察和培训，以推动民政事业的改革、创新和发展，同时展示上海民政事业的发展和成就。通过参观交流，吸收和引进境外的捐赠资金、先进技术和理念，所涉及的内容和领域覆盖民政各项业务。

第一章 机 构

组织机构建设是上海民政事业改革发展的保证。1978 年 8 月,市民政局恢复建制,设 6 个处室,局下辖 33 个企事业单位。

1978—1996 年,市民政局传统业务快速发展:转变社会救济为社会救助,推动社会福利社会化,发展地区福利企业(包括区县民政部门、街道乡镇和社会办的福利企业)等;又增加扩展许多新的业务:开展基层政权建设工作、接收安置军队离休退休干部、探索农村养老保险等。市民政局迫切需要加快组织机构建设,以适应民政业务的发展。内设处室从 1978 年的 6 个增加到 1996 年的 12 个,人员编制从 108 名增加到 243 名。

1996 年以后,遵循中央"依法治国"基本方略和"小政府,大社会"的建设,市民政局推进"政事分开""政社分开""政企分开",成立市民政福利企业管理处(1999 年 8 月更名为市社会福利企业管理处)、市社会福利中心、市殡葬服务中心。其中,市民政福利企业管理处行使全市福利企业的行政管理职能;市社会福利中心具体负责承担市第一社会福利院、第二社会福利院、第三社会福利院、第四社会福利院、第一精神康复院、第二精神康复院、第三精神康复院、儿童福利院、荣誉军人疗养院等 9 家市属福利事业单位的管理;市殡葬服务中心具体承担龙华殡仪馆、宝兴殡仪馆、益善殡仪馆、卫家角息园等 4 家市属殡葬服务事业单位的管理。

1978—2010 年,上海民政不断优化机构设置,丰富工作内涵,推进体制机制改革,有力地保障和促进了上海民政事业的不断发展。

第一节 行 政 机 关

一、上海市民政局

1978 年 8 月,市民政局撤销革命委员会,恢复处室建制,设办公室、社会处、优抚处、收容教养处、福利生产管理处、政治处等 6 个处室。局机关编制 108 名。其中,社会处负责城镇社会救济,农村五保和敬老院、精简下放职工和安徽下放居民等特殊对象的救济及人大选举事务、婚姻登记、殡葬管理、行政区划、收容遣送等工作;优抚处负责国家抚恤、群众优待、双拥和烈士褒扬等工作;收容教养处负责市民政局直属社会福利机构的管理工作;福利生产管理处与区县民政部门共同管理市民政局直属的福利企业。

1978 年,设殡葬管理所,负责全市宣传丧葬移风易俗,制止乱埋乱葬,以及龙华火葬场、西宝兴路火葬场和万国公墓、回民公墓等市民政局直属殡葬事业单位的管理。1979 年,撤销殡葬管理所,其职

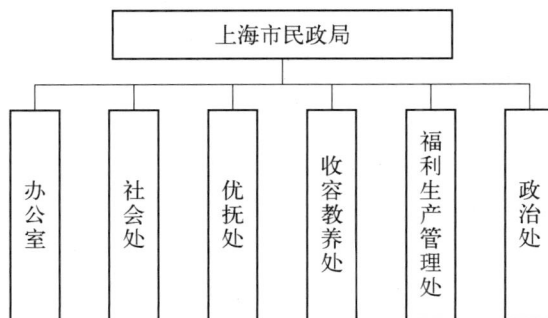

图 11 - 1 - 1 1978 年 8 月市民政局恢复建制后内设机构图

图片来源:根据上海市民政局档案内容制作

645

责由社会处负责。

1978年12月,上海市接收安置复员退伍军人办公室恢复回归市民政局("文化大革命"期间归属上海警备区),1980年改名上海市人民政府安置复员退伍军人办公室,1981年增设接收安置复员退伍军人办公室。

1980年3月,收容教养处更名为福利事业处,负责分管城市中无家可归、无依无靠、无生活来源的孤老残幼、精神病人的收养。同时,增设财务基建处,负责市民政局的财务管理和基建工作;管理全市民政经费(包括各区县民政经费,以及部分非民政下属单位的经费,如中国福利会等),审定预算,分配资金,调整、追加预算;监督、检查、指导街道办事处(人民公社)民政经费的使用;管理市民政局直属单位的财务;管理区县民政福利事业单位的基本建设资金。随着财政体制的改革,区县民政经费的管理由区县政府负责,一部分非民政下属单位的经费由机关事务管理局负责。该处职责调整为:负责市民政局的财务、基建、统计等工作,负责市民政局直属单位的财务管理工作。

1980年7月,设民政工业公司,与福利生产管理处"两块牌子,一套班子"。同年10月,市民政局收回区县民政部门的直属福利企业党务、人事等管理职责。

1981年9月,市政府成立"市退伍军人和军队退休干部安置工作领导小组"。领导小组下设办公室(以下简称双退办),双退办设在市民政局,负责接收退役士兵(包括退伍义务兵和退伍、复员、转业志愿兵等),以及军队退休干部和军队退休无军籍在编职工的安置工作。

1981年10月,重新设殡葬管理所,配备事业编制。

1982年7月,中央召开全国政法工作会议,要求民政部门加强基层政权建设,将农村基层政权的建设列为重要任务之一。市政府将开展基层政权建设工作的职责,重新赋予市民政局。基层政权建设工作由社会处负责。

1984年8月,市政府将"上海市退伍军人和军队退休干部安置工作领导小组"更名为"上海市退伍军人和军队离休退休干部安置领导小组"。其下设的办公室亦相应更名。

1984年8月,党委设政治处,行政设人事教育处。政治处负责组织、宣传、老干部工作;人事教育处负责劳动人事、保卫、教育工作。

1984年8月,社会处改称民政处,职责不变;福利事业处改称福利事业管理处,半年后又恢复福利事业处名称;殡葬管理所更名为市殡葬管理处。

1985年2月,开展有关社会团体的调查摸底工作,由民政处承担。

1987年3月,将民政处的基层政权建设和行政区划等职责划出,单独设立基层政权建设工作处,负责基层政权建设日常工作;拟定修改有关基层政权和基层群众自治组织的地方法规、条例;指导乡镇、街道干部和村、居委会干部的培训;指导先进乡镇、街道、村委会、居委会的评比表彰活动;调查研究总结推广先进经验;参加基层政权的部分选举工作和人口调查工作;承办市政府交办的行政区域调整;审核上海市区县、街道、乡镇、居委会、村委会行政区域的设立、撤销、更名等工作;调查、掌握上海市行政区域工作情况,调解处理有关边界争议。

1987年7月,撤销福利生产管理处,将民政工业公司转轨为上海民政福利企业公司,登记企业法人,配备企业编制,实行企业管理。在民政福利企业公司内设地区福利企业管理办公室,由该办公室负责指导、推进地区福利企业的发展。

1988年12月,设监察室,主管局机关和局属单位党风、党纪、政纪、法纪建设和教育工作,负责对局机关和基层处以上领导干部的党纪检查、行政监察,负责违纪事件的调查处理和基层上报材料的审核和处理不服后的复议工作,负责市民政系统民政经费的审计工作。

截至1989年3月,民政局的内部处室为:办公室、财务基建处、民政处、基层政权建设处、福利事业处、优抚处、组织人事处、双退办公室、宣传处、监察室(纪检)、局工会、局团委、机关总支等13个处室。另设事业性质的殡葬事业管理处、企业性质的民政福利生产管理处,这两个处履行行政职能,但不包括在局机关内;社团和老龄工作附设在民政处和福利事业处内。局机关编制175名(包括6名工会编制)。同年5月,增加2名审计专项编制。

1989年11月,设老年人保护办公室,履行《上海市老年人权益保护条例》赋予的检查、督促和协调等职责。

1990年1月,市民政局调整内设机构、编制,调整后的内部处室为:办公室、党委办公室、综合计划处、政策法规处、基层政权建设处、救灾救济处、优抚处、福利事业管理处、人事处、社团管理处(对外称上海市社团管理处)、"双退"办公室、老年人保护办公室、妇女儿童保护办公室(与老年人保护办公室两块牌子、一套班子)、党委办公室。另根据党章规定,设纪律检查委员会(含监察和审计)。局机关行政编制由原来的175名增至198名。

1990年1月,原民政处承担的收容遣送管理职责,调整至民政福利事业管理处。民政福利事业管理处配备事业编制。

1990年2月,设社团管理处,对外称上海市社团管理处。

1990年3月,设上海市婚姻管理处,登记事业单位法人,配备事业编制10名。

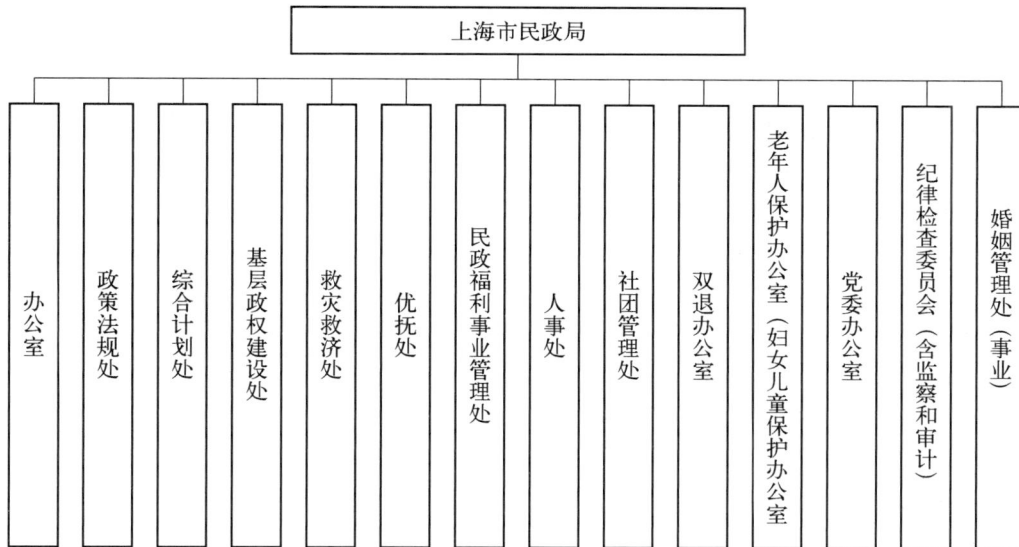

图11-1-2 1990年3月市民政局内设机构图
图片来源:根据上海市民政局档案内容制作

1991年11月,市委、市政府成立"上海市拥军优属拥政爱民工作领导小组"。领导小组下设办公室(简称市双拥办),市双拥办设在市民政局,负责组织、协调、指导军地双方开展拥军优属、拥政爱民活动。

1992年3月,市民政局增加3名编制,局机关编制由198名增至201名。

1992年5月,上海民政福利企业公司更名为上海民政工业总公司。

1992年7月,设农村社会养老保险办公室,与救灾救济处合署办公,其职能是:负责制定农村社会养老保险规划和拟定有关政策法规并组织实施,指导、监督农村社会养老保险基金的管理、使用、增值,负责以农村社会养老保险为主干的农村社会保障制度的探索和建立。

1992年10月,由市民政局等16个部门组成的"上海市社区服务联席会议"更名为"市社区服务协调委员会"。委员会下设办公室,办公室设在市民政局,与政策法规处合署办公。

1994年6月,婚姻管理处增挂收养登记处牌子,实行两块牌子、一套机构,增配专职编制2名,用于负责收养登记和涉外收养登记工作。

1995年3月,妇女儿童保护办公室工作,整建制移交市妇联。同年4月,农村社会养老保险工作从救灾救济处划出,单独设立农村社会养老保险处。同年5月,单独设立地区福利企业管理办公室。

1995年7月,市委、市政府建立上海市老年工作联席会议,市民政局局长兼任联席会议秘书长。市老年工作联席会议的联络工作由老年人保护办公室负责。同年12月,增配专职人员编制3名。

1996年2月,市民政局首次实行的"三定",明确市民政局是市政府主管全市社会行政事务的职能部门,其职责:承担基层政权建设、部分社会保障和有关社会行政事务管理等工作,强化基层政权建设的宏观管理,推进基层民主化建设;以双拥工作为龙头,促进各项优抚安置工作的全面落实;强化民政经济的宏观管理;建立社会福利管理体系;强化行政区划、社团和婚姻、殡葬等方面的宏观管理,完善行政管理体制;加强农村社会养老保险工作的推进力度;进一步推进社区服务工作,逐步建立和完善社会服务体系;强化民政法制建设,充分发挥综合协调职能。"三定"方案还明确:市民政局设办公室、政策法规处、计划财务处、优抚处、"双退"办公室、救灾救济处、民政福利事业管理处、社团管理处、基层政权建设处(社区服务办公室)、婚姻管理与收养登记处、老年人保护办公室、农村社会养老保险处、人事处、组织处(机关党委)、纪委(监查室、审计室)等15个处室。局机关编制为243名(其中机关工勤编制20名)。设局长1名、副局长4名、党委书记1名、副书记1名、纪委书记1名(兼)、正副处长职数49名。1996年5月,设非领导职务:调研员7名,助理调研员16名。

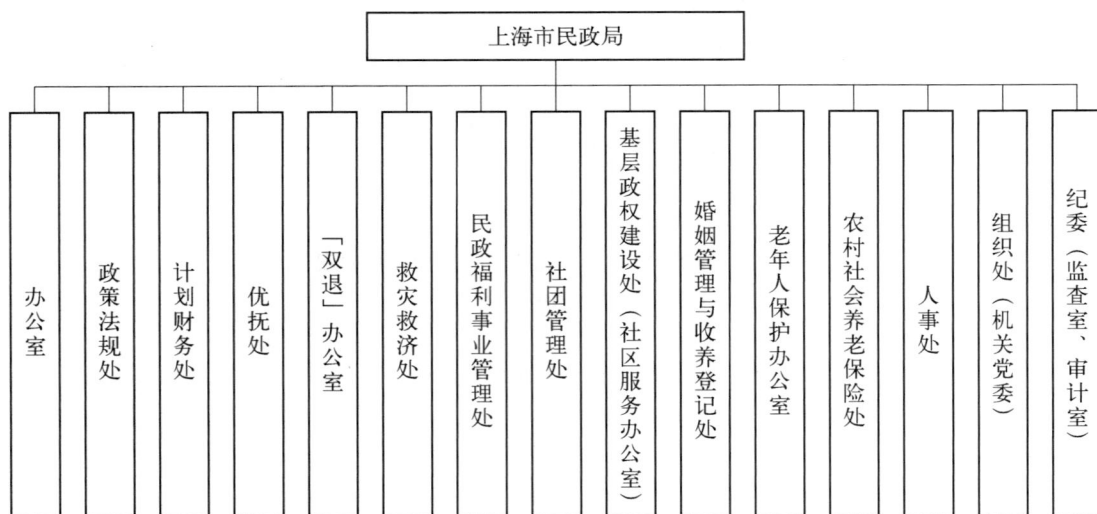

图11-1-3 1996年2月市民政局第一次"三定"方案内设机构图
图片来源:根据上海市民政局档案内容制作

1997年8月,市殡葬管理处作为管理社会公共事务的事业单位,由市人大颁布的《上海市殡葬管理条例》授予行政执法权。

1997年9月,撤销市婚姻管理与收养登记处的事业单位法人登记,更名为婚姻管理与收养登记处,列入市民政局内设机构。

1997年10月,撤销地区福利企业管理办公室,设市民政福利企业管理处,登记事业单位法人,配备事业编制18名。

1998年1月,设新闻宣传处,行使民政系统新闻宣传管理工作职能。

1998年6月,市政府颁布《上海市养老机构管理办法》。撤销民政福利事业管理处,设社会福利处,其职责为:管理全市养老服务和收容遣送等工作,并将农村敬老院的管理职责由救灾救济处调整到社会福利处。同年,设市社会福利中心,与社会福利处实行"政事分开"。

1998年8月,设市殡葬服务中心,与市殡葬管理处实行"政事分开"。

1998年,计划财务处增挂国有资产管理办公室牌子,受市国有资产管理办公室的委托,对民政经营性国有资产实行监督管理。

1999年1月,农村社会养老保险处工作,整建制划归市劳动和社会保障局,局机关编制由243名调整为236名。

1999年6月,成立市社会团体管理局,为市民政局的二级局,行政级别副局级,局长由市民政局副局长兼任。

1999年6月,市政府颁布《上海市社会福利企业管理办法》。8月,市民政福利企业管理处更名为市社会福利企业管理处。市社会福利企业管理处作为管理社会公共事务的事业单位,由《上海市社会福利企业管理办法》委托其行政执法。

2000年4月,市委、市政府成立市老龄工作委员会。市老龄工作委员会下设办公室,办公室设在市民政局。撤销老年人保护办公室,设老龄工作处,负责市老龄工作委员会办公室的日常工作。

2000年8月,市民政局实施第二次"三定",对职能进行两个方面的调整:一是将直属福利事业单位、福利企业、殡葬服务等单位的服务和经营管理工作,交给有关事业单位;二是将民政福利事业单位、福利企业和殡葬服务单位的行业评估、培训和行业规范的研究等工作,交给有关社会中介组织承担。同时,市政府还明确市社会团体管理局为市民政局领导的负责全市社会团体和民办非企业单位登记管理的行政机构,内设5个处室。市民政局内设12个职能处(室):办公室(外事处、新闻处)、政策法规处、优抚处、"双退"安置办公室、救济救灾处、社会福利处、基层政权和社区建设处(市社区服务办公室)、婚姻管理处(收养登记处)、计划财务处、组织人事处(老干部处)、老龄工作处、区划地名处。另设纪检监察机构和机关党委。局机关行政编制120名,其中正副处级领导职数35名。

2002年8月,设执法监察处,其职责为:建立健全行政执法责任制,推进民政行政执法制度建设;负责由市民政局直接受理的案件以及对上海市有重大影响的案件的调查、处理工作;指导全市各级民政部门对违反涉及民政业务的法律法规案件的查处工作,监督管理市民政局相关职能部门对违反涉及民政业务的法律法规行为的处理工作,负责全市区县民政部门对违反社会救助、婚姻登记与管理、行政区域界线、社会福利机构、社会福利企业、婚姻介绍服务机构、殡葬管理等规定行为的监督、检查、专项整治和对查处违反民政法律法规案件的业务和监督管理工作,负责有市民政局直接受理的案件以及对上海市有重大影响的案件的调查、处理工作。此后,又增加标准化建设和局管社会组织枢纽管理的职责。局机关行政编制由120名调整为128名,正副处长职数由35名调整为38名。

2002年10月,上海民政工业总公司更名为上海民政(集团)有限公司,管理市民政局直属福利

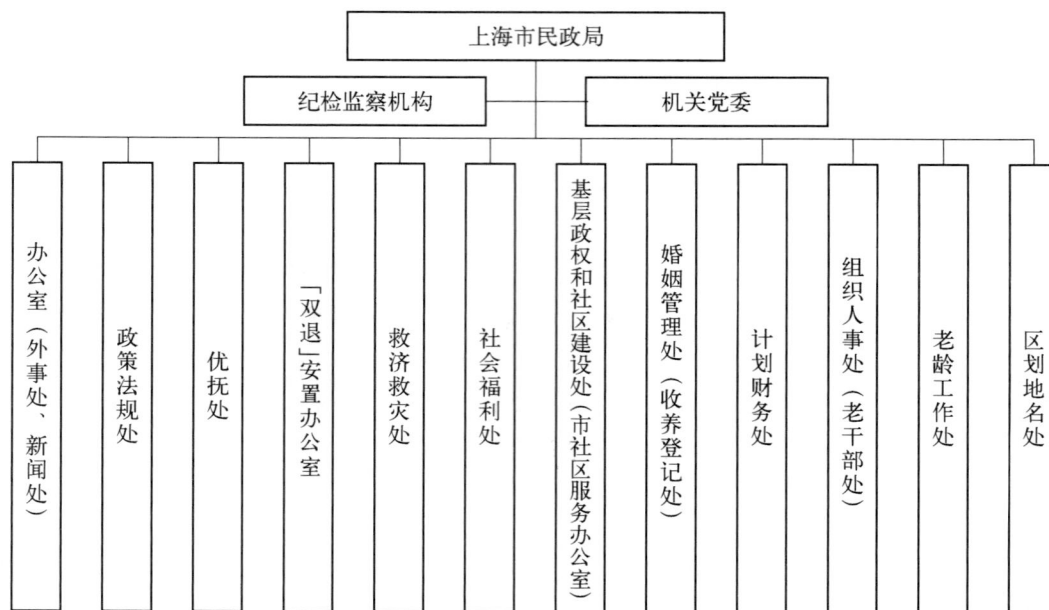

图 11 - 1 - 4　2000 年 8 月市民政局第二次"三定"方案内设机构图

图片来源：根据上海市民政局内部档案制作

企业的经营性国有资产。

2004 年 1 月，市社会福利发展公司转企改制为上海社会福利发展（集团）有限公司，成为市民政局注入经营性国有资产的平台。

2004 年 6 月，增设职业社会工作处，内设机构由原定 12 个调整为 13 个，机关增加处长职数 1 名，机关正副处级领导职数由原定 38 名调整为 39 名。职业社会工作处的主要职责是：推动上海市社会工作职业化的开展，对上海职业社会工作体系建设和职业社会工作实施管理。

2004 年 6 月，国务院颁布《对确需保留的行政审批项目设定行政许可的决定》，将假肢和矫形器（辅助器具）生产装配企业资格认定和残疾人专用品免税认定，确认为行政许可行为。民政部规定，假肢和矫形器（辅助器具）生产装配企业资格认定由省市民政厅局实施。海关总署规定，残疾人专用品免税认定由省市民政厅局前置审批。市民政局将假肢和矫形器（辅助器具）生产装配企业资格认定和残疾人专用品免税认定前置审批的职责，交由市社会福利企业管理处负责。

2004 年 8 月，国务院颁布《关于保留部分非行政许可审批项目的通知》，将社会福利彩票的福利基金资助项目确认为非行政许可审批项目。市级福利基金资助项目的审批，交由计划财务处负责。

2009 年 5 月，市民政局实行第三次"三定"，明确增加居民经济状况核对职责；增加职业社会工作者及其专业组织管理职责；增加扶持、指导、促进慈善事业服务发展职责；增加扶持、指导、促进志愿服务发展职责；将市级社会福利资金资助项目的具体评审工作交给市社区服务中心和社会组织；取消已由市政府公布取消的行政审批事项；取消或停止已由市政府公布取消或停止的殡葬、福利企业等行政事业性收费项目；加强社会救助职责，统筹城乡社会救助体系建设；加强社会福利工作，促进慈善事业发展。"三定"方案明确：市民政局内设 15 个处室：办公室、政策法规处、组织人事处（老干部处）、计划财务处、优抚处、"双退"安置办公室、救济救灾处（收入核对工作处）、社会福利处、基层政权和社区建设处（市社区服务办公室）、区划地名处、婚姻管理处（收养登记处）、老龄工作处、职业社会工作处、慈善事业和志愿服务促进处、执法监察处。"三定"之外,根据有关规定设立纪检监察机构和机关党委,总共17个处室。局机关行政编制为128名,其中局长1名、副局长6名、正副处长职数41名。

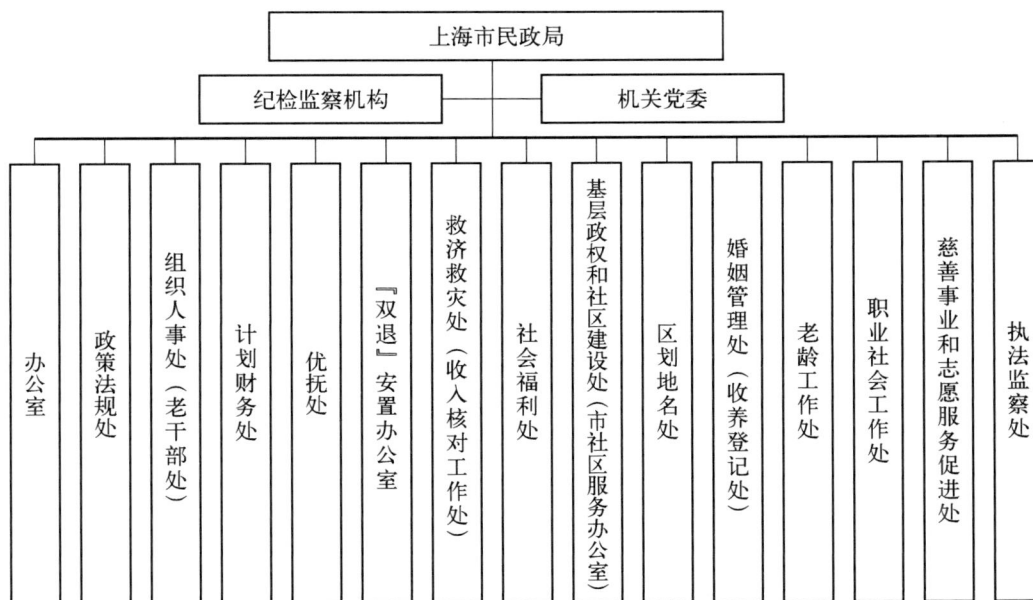

图11-1-5 2009年5月市民政局第三次"三定"方案内设机构图

图片来源:根据上海市民政局档案内容制作

2009年7月,市民政局党委改为党组,纪委改为党组纪检组。

2009年12月,市殡葬管理处参照公务员法管理。

表11-1-1 1978—2010年上海市民政局负责人任职情况一览表

职　务	姓　名	任职时间
上海市民政局党委(组)书记		
上海市民政局党组书记	张竹天	1978.08—1984.03
上海市民政局党委书记	黄履中	1984.02—1986.12
上海市民政局党委书记	孙金富	1988.06—1997.03
上海市民政局党委书记	施德容	1997.03—2003.03
上海市民政局党委书记	徐　麟	2003.03—2007.02
上海市民政局党委书记	王　伟	2007.02—2008.02
上海市民政局党委书记	马伊里(女)	2008.02—2009.07
上海市民政局党组书记	马伊里(女)	2009.07—
上海市民政局局长		
上海市民政局革命委员会主任	张　祺	1977.10—1978.10
上海市民政局局长	张竹天	1978.08—1984.03
上海市民政局局长	曹匡人	1984.02—1988.07

（续表一）

职 务	姓 名	任职时间
上海市民政局局长	孙金富	1988.07—1995.11
上海市民政局局长	施德容	1995.11—2003.03
上海市民政局局长	徐 麟	2003.04—2007.02
上海市民政局局长	王 伟	2007.02—2008.02
上海市民政局局长	马伊里（女）	2008.02—
上海市民政局党委（组）副书记		
上海市民政局党组副书记	孙成伯	1982.04—1984.02
上海市民政局党委副书记	齐传良	1985.03—1993.07
上海市民政局党委副书记	施德容	1993.06—1995.11
上海市民政局党委副书记（兼纪委书记）	王富茂	1993.06—2007.01
上海市民政局党委副书记（兼纪委书记）	叶兴华	2007.01—2008.04
上海市民政局党组纪检组组长		
上海市民政局党组纪检组组长	周静波	2009.07—
上海市民政局副局长		
上海市民政局副局长	梁振华	1978.08—1983.12
上海市民政局副局长	谢家友	1978.08—1983.12
上海市民政局副局长	王学颜	1978.08—1984.12
上海市民政局副局长	郭俊生	1978.08—1985.11
上海市民政局副局长	王伯廉	1978.07—1984.03
上海市民政局副局长	张振乙	1978.12—1981.08
上海市民政局副局长	田 光	1979.06—1984.02
上海市民政局副局长	鲁昭庆（女）	1981.07—1988.09
上海市民政局副局长	孙成伯	1982.04—1985.03
上海市民政局副局长	丛昌余	1983.02—1986.12
上海市民政局副局长	钱关林	1984.02—1992.05
上海市民政局副局长	高寿成	1985.11—1989.01
上海市民政局副局长	许竟成	1989.01—1994.03
上海市民政局副局长	冯贵山	1989.07—1998.10
上海市民政局副局长	施德容	1992.02—1995.11
上海市民政局副局长	李永贵	1993.07—2000.09
上海市民政局副局长	潘宜三	1993.07—1997.05
上海市民政局副局长	谢黎明	1997.04—2004.12
上海市民政局副局长	王 伟	1997.04—2003.04

（续表二）

职　务	姓　名	任职时间
上海市民政局副局长	谢玲丽（女）	1997.04—2003.04
上海市民政局副局长	沈振新	1998.07—2006.03
上海市民政局副局长	叶兴华	1998.07—2007.01
上海市民政局副局长	方国平	2003.07—
上海市民政局副局长	高菊兰（女）	2003.11—
上海市民政局副局长	马伊里（女）	2005.08—2008.02
上海市民政局副局长	王万里	2006.03—
上海市民政局副局长	张喆人	2006.12—2008.08
上海市民政局副局长	姚　凯	2009.01—
上海市民政局顾问		
上海市民政局顾问	杨洪才	1976.10—1983.12
上海市民政局顾问	田　光	1984.02—1987.03
上海市民政局巡视员、副巡视员		
上海市民政局正局级巡视员	李永贵	2000.09—2003.01
上海市民政局巡视员	沈振新	2006.03—2006.12
上海市民政局副局级巡视员	张万彬	1992.05—1995.11
上海市民政局助理巡视员	许俊文	2002.05—2003.01
上海市民政局副巡视员	李凤卿	2004.06—2008.01
上海市民政局副巡视员	周静波	2005.08—2009.07
上海市民政局副巡视员	王文寿	2008.06—
上海市民政局副巡视员	蔡苔升	2010.10—

资料来源：上海市民政局档案；中共上海市委组织部（上海市公务员局）档案

二、上海市社会团体管理局

1999 年 8 月，市社会团体管理局（以下简称市社团局）举行成立挂牌仪式，为市民政局的二级局，副局级，内设 5 个处：综合处、社团管理处、民办非企业单位管理处、外国人社团管理处、执法监督处。局机关行政编制为 50 名。

2000 年 8 月，市社团局实行的"三定"方案明确：市社团局是市民政局领导的负责全市社会团体和民办非企业单位登记管理的行政机构。其职责：（1）贯彻执行有关社会团体和民办非企业单位工作

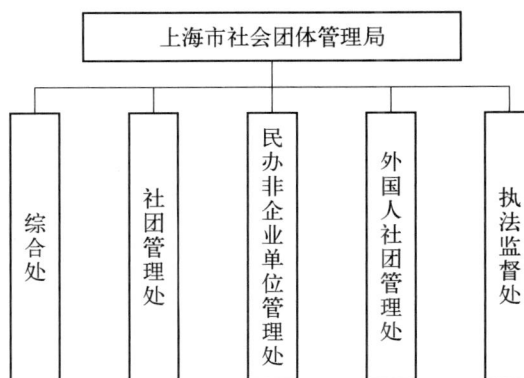

图 11 - 1 - 6　1999 年 6 月上海市社会团体管理局内设机构图

图片来源：根据上海市社会团体管理局档案内容制作

的方针、政策和法律、法规、规章;结合上海实际,研究起草有关法规、规章草案,研究拟定社会团体和民办非企业单位的发展规划和政策。(2)负责社会团体和民办非企业单位的筹备审批、成立审核、年度验检。(3)指导社会团体和民办非企业单位建立、健全各项管理制度,核定社会团体和民办非企业单位的人员额度。(4)协助开展社会团体和民办非企业单位中党组织的建设。(5)监督管理社会团体和民办非企业单位的活动,查处违法行为,实施行政处罚。(6)负责有关行政复议和行政诉讼应诉工作。(7)承办市政府交办的其他事项。

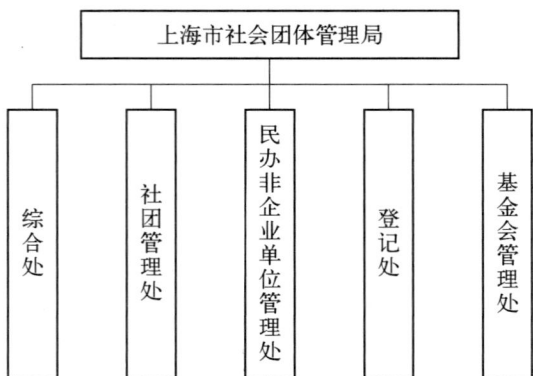

图 11‐1‐7　2005 年 8 月上海市社会团体管理局内设机构图

图片来源:根据上海市社会团体管理局档案内容制作

2005 年 8 月,市社团局调整机构设置,撤销外国人社团管理处、执法监督处,建立登记处、基金会管理处。

2009 年 3 月,市社团局实行第二次"三定",对其职责作 4 个方面的调整:将原市社会服务局承担的对社会组织的综合协调和监督服务的职责划入市社团局,将原市社会服务局承担的行业协会的管理职责划入市社团局,取消核定社会组织的人员额度,取消或停止已由市政府公布取消或停止的行政事业性收费项目。其职责:(1)贯彻执行有关社会组织(社会团体、民办非企业单位、基金会)工作的法律、法规、规章和方针、政策;结合上海市实际,组织和参与起草上海市社会组织建设与管理的地方性法规、规章草案和政策措施。(2)研究上海市社会组织发展的全局性、方向性问题,提出社会组织发展的专项规划和政策建议,做好规划和政策落实的协调、服务工作。(3)负责社会组织的筹备审批,社会组织的成立、变更和注销登记审批,负责社会组织的年度检查和各类专项检查。(4)研究拟定行业协会的改革发展方案、布局规划和有关政策,承担行业协会业务主管单位的职责,负责对行业协会

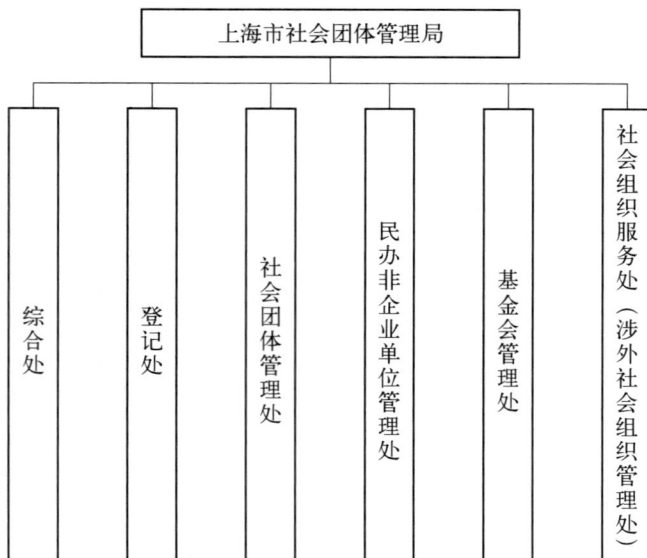

图 11‐1‐8　2009 年 3 月上海市社会团体管理局内设机构图

图片来源:根据上海市社会团体管理局档案内容制作

负责人的教育培训。(5)指导社会组织建立健全各项管理制度,开展社会组织规范化建设;组织指导社会组织培训工作;协助开展社会组织中党组织的建设。(6)指导开展群众活动团队备案工作,研究并负责涉外社会组织的登记管理工作,指导社会组织对外交流与合作。(7)监督管理社会组织的活动,查处违法行为,实施行政处罚;依法对非法社会组织实施查处和取缔。(8)协调有关部门整合和利用各方资源,建立信息共享机制,为社会组织提供政策咨询、信息发布、人才开发、合作交流等服务。(9)负责有关行政复议受理和行政诉讼应诉工作。(10)承办市政府及市民政局交办的其他事项。市社团局内设 6 个处:综合处、登记处、社会团体管理处、民办非企业单位管理处、基金会管理处、社会组织服务处(涉外社会组织管理处)。局机关行政编制为 50 名,其中局长 1 名(副局级)、副局长 2 名(正处级)、正副处长职数 14 名。社团局的党务人事、机关财务后勤、离退休干部、国际交流与合作事务,由市民政局管理。

2010 年 3 月,市社团局机关行政编制由 50 名调整为 58 名,内设机构不变。

表 11 - 1 - 2　1999—2010 年上海市社会团体管理局负责人任职情况一览表

职　　务	姓　　名	任职时间
上海市社团局党委(组)书记		
上海市社团局党委书记	方　雄	1999.07—2000.09
上海市社团局党组书记	谢玲丽(女)	2000.09—2003.03
上海市社团局党组书记	徐　麟	2003.03—2007.02
上海市社团局党组书记	王　伟	2007.02—2008.02
上海市社团局党组书记	马伊里(女)	2008.02—
上海市社团局局长		
上海市社团局局长	谢玲丽(女)	1999.07—2003.04
上海市社团局局长	方国平	2003.07—

资料来源:上海市民政局档案;中共上海市委组织部(上海市公务员局)档案

第二节　事　业　单　位

1978 年,上海市民政局下辖 15 个事业单位:上海市第一精神病疗养院、上海市第二精神病疗养院、上海市第三精神病疗养院、上海市老残院、上海市儿童教养院、上海市第一社会福利院、上海市第二社会福利院、上海市新老兵转运站、上海市养老院、上海市遣送站、万国公墓、上海市龙华革命公墓、上海市西宝兴路火葬场、上海市龙华火葬场、上海市烈士管理所。

一、社会福利及涉老单位

1978 年 2 月,上海市儿童教养院在宝山泗塘桥(今宝山区漠河路 655 号)成立。该单位的成立是根据 1977 年 9 月市委、市革委会恢复重建市儿童教养院(1968 年市儿童教养院已撤销)的决定,市民政局撤销位于宝山县泗塘桥的上海市老残院建制,同时将松江县福利院易名上海市老残院。1979 年,由于各区工读学校相继恢复或新建,经市政法委批准,市儿童教养院再次撤销。

1978 年下半年,上海市儿童福利院更名为上海市第一社会福利院,地址:普育西路 105 号。1980 年 2 月,市儿童福利院恢复院名。2001 年 10 月,迁址中春路 9977 号。

1979 年 4 月,上海市第三社会福利院成立,地址:宝山泗塘桥(今漠河路 655 号)。1986 年 3 月,香港企业家沈炳麟捐款、市民政局筹资,建成老年人康复中心大楼。1986 年 8 月,院内成立市老年人康复中心。1988 年 7 月,日本大阪枚方疗育院董事长山西悦郎捐款建成该康复中心的二期工程——康复医疗科研楼。1990 年 5 月,市老年人康复中心更名为市民政老年医院。

1980 年 7 月,上海市养老院改名为上海市第一社会福利院。地址:宛平南路 465 号。1984 年,新建南楼落成启用。1998 年,对南大楼活动室、康复室、老年人居室等全面升级改造,并新建北楼(一幢 9 层的业务大楼)。

1980 年,上海市老残院更名为上海市第四社会福利院,地址:松江松汇西路 1172 号。

1985 年,上海市荣誉军人疗养院成立,地址:沪闵路 309 号。

1986 年,《上海老年报》创刊,地址:巨鹿路 892 号,之后办公地点先后在闸北区汉中路 8 号 8 楼、新华路 272 弄 14 号。

1987 年 5 月,上海市第一精神病疗养院更名为市第一精神康复院,1992 年 12 月更名为市第一精神病院,1999 年 3 月更名为市民政第一精神病院,2009 年 4 月更名为市民政第一精神卫生中心。地址:沪青平公路 2000 号。负责收治无依无靠、无家可归、无生活来源,以及家庭、单位无看管条件的男性慢性精神病人和老年痴呆等人员。

1987 年 5 月,上海市第二精神病疗养院更名为市第二精神康复院,1992 年 12 月更名为市第二精神病院,1999 年 3 月更名为市民政第二精神病院,2009 年 4 月更名为市民政第二精神卫生中心,地址:南汇川周公路 2607 号。负责收治无依无靠、无家可归、无生活来源,以及家庭、单位无看管条件的女性慢性精神病人。

1987 年 5 月,上海市第三精神病疗养院更名为市第三精神康复院,1992 年 12 月更名为市第三精神病院,1999 年 3 月更名为市民政第三精神病院,2009 年 4 月更名为市民政第三精神卫生中心,地址:闻喜路 590 号。

1993 年 3 月,上海市老龄科学研究中心成立,地址:宜山路 650 号(千鹤宾馆),2004 年迁址中山南路 1088 号 3 楼。

1994 年 4 月,上海老年对外交流中心成立,经济上实行独立核算,自收自支,人员编制 5 名;主要职责是组织开展老龄事业与产业的国内外交流及有关培训工作。地址:金陵东路 183 弄 1 号 402 室。

1997 年 11 月,上海市社会福利中心成立,地址:宛平南路 465 号。负责管理市民政局直属的市儿童福利院,市第一、第二、第三、第四社会福利院,市第一、第二、第三精神卫生中心,市荣誉军人疗养院,市黄山老年疗养院,市儿童临时看护中心等社会福利事业单位。

1998 年 5 月,上海市老年人法律服务中心成立,地址:汉中路 8 号 8 楼。2001 年 3 月,登记为事业单位法人,负责接待、处理有关老年人权益保障方面的来信、来访、来电,提供免费法律、政策咨询,解答有关信息;接受老年人委托,代写法律文书、开展非诉讼调解、提供公民代理。

1998 年 9 月,原市科委系统的上海市脑血管病防治研究所划归市民政局管理。2005 年 9 月,划归上海科学院管理。

1998 年 12 月,上海市众仁公寓(众仁老人乐园)成立,后更名为上海市众仁慈善服务中心,地址:嘉定区南翔众仁路 1 号。由市民政局与市慈善基金会联合举办,下辖众仁公寓、众仁老人乐园、众仁老年养护院 3 家养老机构。

2000 年 7 月,原属市人事局的上海市黄山干部疗养院整建制划归市民政局,增挂上海市黄山老年疗养院牌子,地址:黄山区谭家桥镇。负责上海健康老年人、双拥对象、市级机关干部的短期疗休养。

2001 年 3 月,上海市老龄事业发展中心成立,地址:宜山路 650 号(千鹤宾馆)。2004 年,迁址中山南路 1088 号 3 楼。

2004 年 1 月,上海市儿童临时看护中心成立,地址:蒙自路 430 号。负责接收市内经体检或者救治后,各项身体指标符合验收标准的弃儿(疑似),为其提供生活照料和特殊教育,并协助公安部门查找和确认其身份。

表 11 - 1 - 3　1978—2010 年上海市民政局下辖社会福利及涉老单位一览表

单 位 名 称	成立时间	地　　址	备　　注
上海市儿童福利院	1978 年前	普育西路 105 号,2001 年迁中春路 9977 号	1978 年改名市第一社会福利院,1980 年恢复原名
上海市养老院	1978 年前	谨记桥,今宛平南路 465 号	1980 年改名市第一社会福利院
上海市第二社会福利院	1978 年前	崇明港沿公路 1718 号	
上海市民政第一精神卫生中心	1978 年前	沪青平公路 2000 号	
上海市民政第二精神卫生中心	1978 年前	南汇县横沔镇,今川周公路 2607 号	
上海市民政第三精神卫生中心	1978 年前	闻喜路 590 号	
上海市儿童教养院	1978 年	宝山泗塘桥,今漠河路 655 号	1979 年撤销
上海市第一社会福利院	1978 年	普育西路 105 号,1980 年迁宛平南路 465 号	1980 年上海市养老院改名市第一社会福利院
上海市老残院	1978 年	松江松汇西路 1172 号	1980 年,更名市第四社会福利院
上海市第四社会福利院	1980 年	松江松汇西路 1172 号	原为上海市老残院,1980 年更名
上海市第三社会福利院	1980 年	宝山泗塘桥,今漠河路 655 号	市儿童教养院撤销后在原址建立
上海市黄山干部疗养院　上海市黄山老年疗养院	1982 年	安徽省黄山区谭家桥镇	原属市人事局。2000 年 7 月,整建制划归市民政局,增挂市黄山老年疗养院牌子
上海老年报社	1986 年	巨鹿路 892 号,后迁至汉中路 8 号 8 楼、新华路 272 弄 14 号	
上海老年对外交流中心	1994 年	金陵东路 183 弄 1 号 402 室	
上海市社会福利中心	1997 年	宛平南路 465 号	
上海市脑血管病防治研究所	1997 年	沪南路 4199—4201 号	2005 年,划归上海科学院管理
上海市众仁慈善服务中心	1998 年	南翔镇众仁路 1 号	
上海市老年人法律服务中心	1998 年	汉中路 8 号 8 楼	
上海市老龄事业发展中心	2001 年	宜山路 650 号(千鹤宾馆),2004 年迁至黄浦区中山南路 1088 号 3 楼	
上海市儿童临时看护中心	2004 年	蒙自路 430 号	

资料来源:上海市民政局档案

二、优抚双退安置单位

1980年10月,上海市新老兵转运站更名为上海市军供站,地址:制造局路94弄6号,南翔军供站更名为市军供站南翔分站。市军供站主要负责提供过往部队新、老兵和支前民兵、民工在运输途中的饮食和住宿,闲时安排社会旅客住宿和就餐。1997年4月,市军供服务中心成立。2004年2月,撤销市军供服务中心事业单位建制。

1982年,龙华革命公墓恢复原名上海市烈士陵园,地址:漕溪路200号。上海解放后,烈士大都安葬在龙华、高桥、江湾、大场、虹桥等公墓的烈士墓区。1967年,在龙华中心公墓筹建上海市烈士陵园,1969年建成,1978年向社会开放。"文化大革命"结束后,一部分已故老干部得以平反昭雪,其骨灰存放于市烈士陵园,故一度改名龙华革命公墓。1993年上海市烈士陵园并入龙华烈士陵园一起建设。

1985年,上海市军队离休退休干部活动服务中心成立,地址:乌鲁木齐南路406号。主要负责军休干部政治待遇和生活待遇的落实,组织开展军休干部的各类文体活动。

1985年,上海市荣誉军人疗养院成立,地址:沪闵路309号。是上海唯一一家为革命伤残军人提供长期休养服务的优抚事业单位,也是市优抚"光荣之家"。主要职能是:接收在乡、在职的特等、一等革命伤残军人入院长期休养,承担安置全市烈属孤老入院养老,为伤残军人和重点优抚对象提供医疗服务和帮助,分批组织短期疗养活动。

1991年6月,龙华烈士陵园一期工程竣工,地址:龙华西路180号。1985年4月,党中央、国务院同意筹建龙华烈士陵园。上海成立了龙华烈士陵园(筹)开始动工。1993年9月,国务院批准上海市烈士陵园迁入龙华烈士陵园一并建设,更名为上海市龙华烈士陵园,并批准为全国重点烈士纪念建筑物保护单位。1995年4月,上海市龙华烈士陵园建成,龙华烈士纪念馆于1997年5月28日开馆。

1992年11月,上海市退伍军人军地两用人才开发服务中心从市双退办分离出来,与行政机关脱钩,成为自收自支、自负盈亏、独立核算的事业单位,负责军地两用人才开发使用资金的筹集和开办经济实体,为复员退伍军人两用人才的再培训及开发使用服务。

1997年,上海市军队离休退休干部古美休养所成立,地址:平阳路300弄92号。

1999年5月,市民政局接收南京军区移交的华浦大厦,改名为上海双拥大厦,地址:浦东大道2601号。同年12月,更名为上海市双拥活动中心。负责开展双拥活动,组织优抚对象疗休养。

表11-1-4　1978—2010年上海市民政局下辖优抚双退安置单位一览表

单 位 名 称	成立时间	地　址	备　注
上海市烈士陵园	1978年以前	漕溪路200号	曾一度改名龙华革命公墓。1993年市烈士陵园并入龙华烈士陵园一起建设
上海市军供站	1980年	制造局路94弄6号	1980年前名称为上海市新老兵转运站

单 位 名 称	成立时间	地 址	备 注
上海市军队离休退休干部活动服务中心	1985 年	乌鲁木齐南路 406 号	
上海市荣誉军人疗养院	1985 年	闵行区沪闵路 309 号	
上海市退伍军人军地两用人才开发服务中心	1992 年	江西中路 215 号	
龙华烈士陵园	1992 年	龙华西路 180 号	
上海市龙华烈士陵园	1995 年	龙华西路 180 号	1993 年上海市烈士陵园并入龙华烈士陵园一起建设，名称为上海市龙华烈士陵园
上海市军队离休退休干部古美休养所	1997 年	平阳路 300 弄 92 号	
上海市双拥活动中心	1999 年	浦东大道 2601 号	

资料来源：上海市民政局档案

三、社会救助单位

1996 年 1 月，上海市农村社会养老保险事业管理中心成立，与农村社会养老保险处合署办公。地址：江西中路 215 号。负责指导和帮助县养老保险基金的安全增值，推广普及计算机管理，基金的数理测算和精算，以及业务培训和会计、财务、统计等工作。1999 年 4 月，与农村社会养老保险处一并划归市劳动与社会保障局。

2000 年 10 月，上海市遣送站二站成立，地址：蒙自路 430 号。2003 年 7 月更名为上海市救助管理二站。主要负责为各种原因找不到家人的流浪乞讨人员提供服务，并着力开展甄别帮受助人员找到家庭或亲人。

2003 年 7 月，上海市遣送站更名为上海市救助管理站，地址：府村路 500 号。当年 6 月国务院颁布《城市生活无着的流浪乞讨人员救助管理办法》，废除收容遣送制度，确立新的救助管理制度。市遣送站更名后，主要职责是对流浪乞讨人员解决其临时的生活困难，帮助受助人员返回家庭或所在单位。

2004 年 7 月，上海市社会救助事务中心成立，地址：江西中路 215 号。负责基层社会救助机构的调查、评估；安徽下放居民、历史老案纠错人员等生活费、退休金发放和医药费核报工作；社会救助票据的审核、信息数据汇总和统计；社会救助计算机信息“一口上下”网络系统运作、维护、开发等技术工作；组织基层社会救助工作人员业务培训等工作。2010 年 9 月，增挂上海市民政减灾备灾中心牌子。

2008 年 12 月，上海市居民经济状况核对中心成立，地址：江西中路 215 号。负责开展居民经济状况核对和复核工作；开展居民经济状况核对工作研究分析；建立、完善居民经济状况核对的管理制度和核对系统操作平台；负责对基层居民经济状况核对工作的指导、管理，以及上岗培训等工作。

表 11－1－5　1978—2010 年上海市民政局下辖社会救助单位一览表

单位名称	成立时间	地址	备注
上海市遣送站	1978 年前	蒙自路 430 号,2002 年迁址府村路 500 号	2003 年更名为市救助管理站
上海市农村社会养老保险事业管理中心	1996 年	江西中路 215 号	1999 年,与农村社会养老保险处一并划归市劳动与社会保障局
上海市遣送二站	2000 年	蒙自路 430 号	2003 年更名为市救助管理二站
上海市救助管理站	2003 年	府村路 500 号	原名市遣送站
上海市救助管理二站	2003 年	蒙自路 430 号	原名市遣送二站,2003 年更名
上海市社会救助事务中心	2004 年	江西中路 215 号	2010 年 9 月增挂上海市民政救灾减灾备灾中心牌子
上海市居民经济状况核对中心	2008 年	江西中路 215 号	

资料来源：上海市民政局档案

四、殡葬单位

1980 年 1 月,上海市回民公墓成立,地址：青浦徐泾卫家角沪青平公路北侧,前身是吉安公墓。回民公墓是回族、维吾尔族、哈萨克族、撒拉族、乌兹别克族、柯尔克孜族、塔吉克族、塔塔尔族、东乡族、保安族等 10 个信奉伊斯兰教少数民族的土葬墓地。1979 年初,因上海的回民等少数民族迫切需要按照穆斯林的方式进行土葬,市民政局开始筹建回民公墓。1986 年 10 月,回民公墓移交,由市民族委员会管理。

1984 年 1 月,宋庆龄陵园成立,地址：虹桥路 1290 号(今宋园路 1 号)。前身为万国公墓。宋庆龄的父母逝世后安葬在万国公墓。1981 年 5 月 29 日,宋庆龄病逝。根据宋庆龄的遗嘱,1981 年 6 月 4 日,宋庆龄骨灰安葬于万国公墓其父母合葬墓的东侧。1982 年 6 月,中央批准扩建宋庆龄墓。1984 年 1 月,中央命名为中华人民共和国名誉主席宋庆龄陵园(简称宋庆龄陵园),宋庆龄汉白玉雕像在宋庆龄陵园揭幕。1985 年 3 月,宋庆龄陵园移交,由市孙中山故居、宋庆龄故居和陵园管理委员会管理。

1984 年 8 月,上海市殡葬管理处成立,前身是市民政局殡葬管理所,地址：宋园路万国公墓内。1985 年 3 月,迁址宛平南路 590 号 2 号楼 7 层(爱建大厦)。1986 年 5 月,迁址武定西路 1363 号。1989 年,迁址武夷路 28 号。1997 年 8 月,市人大颁布《上海市殡葬管理条例》,授权市殡葬管理处行政执法。

1984 年 9 月,上海市龙华火葬场更名为上海市龙华殡仪馆,地址：徐汇区漕溪路 210 号。1991 年 7 月,龙华殡仪馆的焚尸间搬迁到闵行区老沪闵路 1500 号。

1984 年 9 月,上海市西宝兴路火葬场更名为上海市宝兴殡仪馆,地址：西宝兴路 833 号。1999 年 11 月,宝兴殡仪馆总体改造工程开工,2002 年 10 月新馆落成启用。

1986 年,上海市卫家角息园成立,地址：青浦徐泾谢卫路 598 号。前身是吉安公墓。公墓内原有骨灰寄存业务。1979 年,吉安公墓筹建回民公墓时,将原骨灰寄存处圈出。1986 年,回民公墓移交,在原骨灰寄存处成立卫家角息园,为社会提供骨灰墓葬、骨灰壁葬、骨灰寄存等服务。

1995年6月,上海市益善殡仪馆成立。1991年7月,龙华殡仪馆的焚尸间搬迁到老沪闵路1500号后,开始筹建新的殡仪馆,建成后名称为益善殡仪馆,承担市区3家殡仪馆的焚尸任务,是一家集殡仪、火化、骨灰寄存(包括壁葬、墓葬)为一体的殡仪馆。

1998年8月,上海市殡葬服务中心成立,为自收自支、独立核算的事业单位,地址:文定路80弄1号5楼。负责龙华殡仪馆、宝兴殡仪馆、益善殡仪馆、卫家角息园等4家直属单位的管理,并对滨海古园、颛桥寝园、淀山湖归园(华侨公墓)、徐径西园等4家控股联营单位和10家联营公墓进行经营管理。

表11-1-6　1978—2010年上海市民政局下辖殡葬单位一览表

单位名称	成立时间	地址	备注
上海市龙华殡仪馆	1978年前	漕溪路210号	原名龙华火葬场,1984年更名
上海市宝兴殡仪馆	1978年前	西宝兴路833号	原名西宝兴路火葬场,1984年更名
万国公墓	1978年前	虹桥路1290号(即后来的宋园路1号)	1984年,更名宋庆龄陵园
上海市回民公墓	1980年	青浦徐泾卫家角沪青平公路北侧	1986年移交市民族委员会管理
上海市殡葬管理处	1984年	宋园路21号(万国公墓内),1985年迁址宛平南路590号2号楼7层(爱建大厦),1986年迁址武定西路1363号,1989年迁址武夷路28号	前身是市民政局殡葬管理所。1997年市人大《上海市殡葬管理条例》
宋庆龄陵园	1984年	宋园路1号	前身为万国公墓,1984年更名为宋庆龄陵园,1985年移交,由市孙中山故居、宋庆龄故居和陵园管理委员会管理
上海市卫家角息园	1986年	青浦徐泾谢卫路59号	
上海市益善殡仪馆	1995年	老沪闵路1500号	
上海市殡葬服务中心	1998年	文定路80弄1号5楼	

资料来源:上海市民政局档案

五、其他事业单位

1965年5月,上海市福利工厂拆分后成立上海假肢厂,地址:胶州路207号。为专门从事康复器具生产、经营与康复服务的事业单位。1999年8月,转制成立上海假肢厂有限公司。

1987年7月,市社会福利有奖募捐委员会成立,委员会下设办公室,办公室设在市民政局,负责福利彩票的销售和管理工作。1995年6月,市社会福利有奖募捐办公室更名为上海市福利彩票发行中心,地址:乌鲁木齐南路406号。

1987年,上海市民政干部学校成立,地址:沪闵路373号。前身是1978年成立的民政干部训练班。2000 年 5 月,增挂市社会工作培训中心牌子。负责上海民政干部和社会管理和服务、社区建设领域的从业人员的政治轮训、岗位培训和技能实训,以及社会工作者的岗位知识培训、实务技能实训等任务。

1988 年 9 月,上海市民政局老干部活动室成立,地址:江西中路 215 号。负责落实市民政局离退休干部事务。

1996 年 7 月,上海市民政局信息研究中心成立,地址:江西中路 215 号。负责市民政局的信息化建设,管理、维护市民政局办公自动化和全市民政业务信息化系统等工作。

1996 年 7 月,上海社会福利发展公司成立,为自收自支、独立核算的事业单位。地址:番禺路 953 号。2003 年转制为上海社会福利发展有限公司。

1997 年 6 月,上海市社区服务中心成立,地址:制造局路 88 号。负责实施全市社区服务业行业化管理,建设和管理全市社区服务网,推动发展社区公益性与经营性服务项目,以及相关的培训工作。

1997 年 7 月,上海市社会福利国际交流中心成立,地址:江西中路 215 号。负责为市民政局各项业务的国际合作、国际交流等项目,提供接洽、具体落实等服务。

1997 年 10 月,上海市社会福利企业管理处成立,原名市民政福利企业管理处,前身是上海民政福利企业公司地区福利企业办公室,地址:新华路 272 弄 12 号。1999 年 6 月,市政府颁布《上海市社会福利企业管理办法》,授权市社会福利企业管理处行政执法。

1999 年 5 月,上海市民政局机关服务中心成立,地址:江西中路 215 号。负责市民政局机关办公楼安全保卫、清洁卫生、车辆管理以及水、电、煤气的供给和维护,人员接待,内部食堂和招待所的管理等。2010 年 9 月,市民政局机关服务中心核销。

1999 年 6 月,上海市民政局财务服务中心成立,地址:江西中路 215 号。负责市民政局及其下属单位的行政经费、事业经费、预算外经费的管理,调配、培训、奖罚市民政局下属单位的财务人员,负责市民政局的统计等工作。

2000 年 11 月,上海市社会团体监察总队成立,地址:江西中路 215 号。负责查处违法违纪的社会团体、民办非企业单位、基金会等社会组织。

2001 年 1 月,上海市民政传媒中心成立,地址:江西中路 215 号。负责上海民政新闻、信息发布和文化宣传。

2004 年 4 月,上海市婚姻(收养)登记中心成立。地址:漕宝路 82 号 E 座 3 楼。负责涉外婚姻(收养)登记的业务咨询,办理上海涉外国人、华侨、港澳台地区居民和出国人员的结婚登记、离婚登记、复婚登记、婚姻证件补证等,负责收养登记和解除收养登记,办理全市社会福利机构抚养的查找不到生父母的弃婴、孤儿的收养登记和解除收养登记等工作。

表 11-1-7　1987—2010 年上海市民政局下辖其他事业单位一览表

单 位 名 称	成立时间	地　　址	备　　注
上海假肢厂	1965 年	胶州路 207 号	1999 年转制成立上海假肢厂有限公司
上海市社会福利有奖募捐委员会办公室	1987 年	江西中路 215 号	1995 年 6 月,更名为市福利彩票发行中心

（续表）

单 位 名 称	成立时间	地　　址	备　　注
上海市民政干部学校 上海市社会工作培训中心	1987 年	沪闵路 373 号	2000 年 5 月,增挂市社会工作培训中心牌子
上海市民政局老干部活动室	1988 年	江西中路 215 号	
上海市民政局机关服务中心	1995 年	江西中路 215 号	2010 年核销
上海市福利彩票发行中心	1995 年	乌鲁木齐南路 406 号	原市社会福利有奖募捐办公室,1995 年更名
上海市民政局信息研究中心	1996 年	江西中路 215 号	
上海市社会福利发展公司	1996 年	番禺路 953 号	
上海市社会福利企业管理处	1997 年	新华路 272 弄 12 号	前身是上海民政福利企业公司地区福利企业办公室
上海市社会福利国际交流中心	1997 年	江西中路 215 号	
上海市社区服务中心	1997 年	制造局路 88 号	
上海市民政局财务服务中心	1999 年	江西中路 215 号	
上海市社会团体监察总队	2000 年	江西中路 215 号	
上海市民政传媒中心	2001 年	江西中路 215 号	
上海市婚姻(收养)登记中心	2004 年	漕宝路 82 号 E 座 3 楼	

资料来源:上海市民政局档案

第三节　企 业 单 位

1978 年,上海市民政局下辖 16 家企业:上海东海机械厂、上海低压电器一厂、上海低压电器二厂、上海图钉厂、上海低压电器四厂、上海低压电器五厂、上海仪表元件厂、上海汽车零件厂、上海自行车配件厂、上海油管厂、上海铝铆钉厂、上海假肢厂、上海民力电器五金厂、上海向阳胶木厂、上海民协电器五金厂(代管)、上海嘉定盲聋哑工厂(代管)。之后又相继成立上海新建印刷厂、上海新桥五金厂等,总计 24 家企业(其中福利企业 18 家)。截至 2010 年末,市属福利企业仅为上海假肢厂有限公司和上海三智汽配实业有限公司两家,其余或归并、处于歇业状态或注销;非福利企业性质的企业6 家。

一、福利企业

【上海低压电器一厂】
成立于 1958 年 8 月,地址:普育西路 103 号。是由南市区民政科组织的生产自救小组,取名斜桥综合加工厂。1961 年扩展为"南市区盲聋哑工厂"。1963 年 11 月改名为地方国营性质的南市区盲聋哑社会福利工厂。1971 年更名为上海低压电器一厂,成为全民所有制性质的市属社会福利企业。主要产品为汽车电器开关、分马力离心开关、充电轧头等,以及小五金加工。"上海牌""地球牌"为该厂产品的主要商标。2001 年 11 月,该厂部分资产实行改制,母体进入歇业程序。2005 年 1 月,注销福利企业资质。

【上海低压电器二厂】

成立于 1958 年,地址:天钥桥路泰东村 100 号。前身为徐汇区安置有劳动能力的盲人、聋哑人和社会闲散人员的生产自救小组。1963 年 11 月,改名为地方国营性质的徐汇区盲聋哑社会福利工厂,改由生产低压电器。1963 年底,从集体企业转为全民所有制性质的市属社会福利企业,1964 年起业务归口交家电公司。1967 年更名为上海东方红盲聋哑福利工厂。1970 年起,更名为上海低压电器二厂。主要产品为接插式母线槽、电缆桥架、低压配电箱柜、电动机保护器、台灯、开关、插头、插座、日光灯附件、灯架、汽车配件等。"闪光牌"插头插座为上海市著名商标。1994 年,该厂实行地块置换,在闵行区兴南路租借厂房,主要生产保护式母线和电缆桥架,并划归上海天阳电器实业公司管理,其民用产品转入上海低压电器五厂生产。2002 年 9 月,该厂进入歇业清算程序。2005 年 1 月,注销福利企业资质。

【上海图钉厂】

成立于 1958 年 5 月,地址:武宁路 302 号。前身是由普陀区民政科组织的以部分社会闲散人员和盲聋哑残疾人为主的生产自救小组。1963 年 11 月,改名为地方国营性质的普陀区盲聋哑社会福利工厂,并开始承接加工电池壳和小五金业务。1967 年,更改厂名为上海低压电器三厂。1979 年,开始生产图钉,并变更厂名为上海图钉厂,业务归口市文教公司,成为全民所有制性质的市属社会福利企业,主要产品为"四方牌"图钉。1980 年代,该厂一度成为国内最具规模的图钉专业生产企业。1984 年,因市政动迁,该厂搬迁到枣阳路长风二村 80 号。2001 年 9 月,该厂开始实施部分改制。同年 12 月,进入母体歇业程序。2005 年 1 月,注销福利企业资质。

【上海低压电器四厂】

成立于 1958 年,地址:四平路 494 弄 14 号。前身是生产自救小组。1963 年 11 月,改名为地方国营性质的虹口区盲聋哑社会福利工厂。1968 年更名为上海低压电器四厂,成为全民所有制性质的市属社会福利企业,主要产品为汽车配件、阻燃材料、低压电器、成套电器、民用电器等。汽车配件使用"地球牌"商标,民用电器使用"青松牌"商标。该厂是上海首批为"桑塔纳"轿车配套的企业。1997 年,该厂汽车配件产品转入上海三智汽配实业有限公司生产。2001 年 1 月,该厂进入歇业清算程序。2005 年 1 月,该厂在办理税务注销手续后,注销福利企业资质。

【上海低压电器五厂】

成立于 1958 年,地址:海州路 280 弄 4 号。前身为杨浦区生产自救小组。1963 年 11 月,改名为地方国营性质的杨浦区盲聋哑社会福利工厂,主要生产话筒架兼营废胶木加工业务等。1964 年 1 月,更名为上海低压电器五厂,成为全民所有制性质的市属社会福利企业。主要产品是插头插座、电器电子镇流器、电动机保护器等,"宇宙牌"插头插座具有一定的市场影响力。1994 年,该厂划入上海天阳电器实业公司。2001年1月,该厂进入歇业清算程序。2004年12月,办理税务注销手续。

【上海仪表元件厂】

成立于1958年10月,地址:蒙自路31号。前身是卢湾区社会福利盲聋哑香料化工厂,主要生产工业香料。1959年,改名为卢湾区盲聋哑五金香料工厂。1963年11月,改名为地方国营性质的卢湾区盲聋哑社会福利工厂,生产塑料纽扣、塑料凉鞋等。1967年开始生产接插件、紧固件等产品。1970年更名为上海仪表元件厂,业务归口市仪表局,成为全民所有制性质的市属社会福利企业。主要产品是电子元件、接插件、各种节能灯具等,1985年开始为"桑塔纳"轿车配套生产电瓶线索总成,成为上海大众以及上海通用汽车的首批配套单位。1997年,该厂的电瓶线索总成产品转入上海三智汽配实业有限公司生产。2003年该厂地块置换,并进入歇业阶段。2008年10月,办理工商注销手续。

【上海铝铆钉厂】

成立于1958年,地址:武定路496号。前身为静安区民政科领导组织的生产自救小组。1963年11月改名为地方国营性质的静安区盲聋哑社会福利工厂。1970年,更名为上海铝铆钉厂,成为全民所有制性质的市属社会福利企业。该厂主要产品为各式铝铆钉、铝丝、铝棒等,"金鸡牌"铝铆钉曾驰名全国。2001年12月,该厂部分资产实行转制。2002年3月,企业母体进入歇业清算程序。2004年10月,在办理税务注销手续后,注销福利企业资质。

【上海油管厂】

成立于1958年,地址:海宁路1046号。前身是闸北区生产自救小组。1963年11月改名为地方国营性质的闸北区盲聋哑社会福利工厂,主要生产螺丝、小五金等产品。1968年更名为上海油管厂,成为全民所有制性质的市属社会福利企业,主要产品为高低压油管、输油泵、小五金、自行车轴档等,"四花牌"为其高低压油管产品的注册商标。1999年,该厂进行地块置换,另在江场西路租借厂房组织生产。2001年12月,企业母体进入歇业清算程序。2002年6月,部分资产和员工从母体剥离实行改制,成立上海四花高压油管合作公司。2004年12月,该厂母体办理税务注销手续。2012年7月,办理工商注销手续。

【上海自行车配件厂】

成立于1958年,地址:新华路569弄80号。前身是长宁区盲聋哑生产自救小组,1963年11月改名为地方国营性质的长宁区盲聋哑社会福利工厂,主要生产自行车前后轴及塑料纽扣等产品。1970年更名为上海自行车配件厂,成为全民所有制性质的市属社会福利企业。主要产品为生产与加工自行车零部件,"长乐牌"为该厂自行车零部件商标。2003年5月,其部分资产实行改制,企业母体进入歇业清算程序。2005年1月,在办理税务注销手续后,注销福利企业资质。

【上海汽车零件厂】

成立于1958年2月,地址:浦东南路395号。前身是黄浦区盲聋哑社会福利综合工厂,主要生产塑料玩具等产品。1963年11月改名为地方国营性质的黄浦区盲聋哑社会福利工厂,转为生产塑料纽扣产品。1970年更名为上海汽车零件厂,成为全民所有制性质的市属社会福利企业。其主要产品为汽车拖拉机油封、橡胶制品、塑料制品等,曾为国防工业配套油封产品并受到表彰,1985年成为上海大众"桑塔纳"轿车的首批配套单位,"双环牌"油封在业内较有影响。因浦东开发实行地块置换,1997年该厂搬入峨山路91弄28号新厂房,并划归上海三智汽配实业有限公司管理。2001年9月,进入歇业清算程序。2004年12月,办理企业法人登记注销手续。2008年12月,办理税务注销手续。

【上海轮椅车厂】

成立于1957年10月,地址:通州路418号。前身是上海市社会福利工厂,主要生产火葬炉、盲人打板机、印刷机以及皮带细丝、元钉等产品。1966年改名为东方红机械修造厂,1969年更名为上海市东海机械厂,改为生产各种规格珩磨头、车床、盲人专用车床等产品。1981年更名为上海轮椅车厂,成为全民所有制性质的市属福利企业。主要产品为轮椅车,假肢标准件和非标准件各种规格珩磨头。1997年,该厂地块置换,在江苏太仓租借厂房生产。2009年12月,该厂进入整体歇业清算程序。2013年7月,办理税务注销手续。

【上海民力电器五金厂】

成立于1966年,地址:中华新路272弄5号。前身是地方国营的闸北区盲聋哑工厂,主要生产矿灯产品以及五金加工。1971年工厂解散,职工分散到其他企业工作。1977年重新组建,厂名为上海民力电器五金厂,并成为全民所有制性质的市属社会福利企业,主要产品为标准件和文教用品。1988年从中华新路厂房搬迁到张庙厂区,1993年整建制并给上海低压电器四厂。

【上海天阳电器实业公司】

成立于1976年,地址:江浦路2100号。前身为隶属于杨浦区民政局的全民所有制社会福利企业上海向阳胶木厂,1978年归属于市民政局。1992年变更为上海向阳开关厂,1994年变更为上海天阳电器实业公司,上海向阳开关厂成为隶属于上海天阳电器实业公司的非企业法人。该公司主要产品:接线端子及电柜附件、星三角启动器、接触器开关等,"天工牌"为该公司接线端子产品的著名商标。1994年12月,市民政工业总公司(上海民政集团公司前身)将上海低压电器二厂、上海低压电器五厂划归该公司(保留企业法人地位)。2001年12月,该公司部分资产实行转制。2004年9月,该公司进入歇业清理程序。2008年12月,办理工商登记注销手续。

【上海新建印刷厂】

成立于1979年9月,地址:通州路418号。前身是上海东海机械厂印刷车间。1979年,为安排市民政系统职工子女中的待业知青就业,将此车间划出后成立大集体性质的市属福利企业上海新建印刷厂。该厂主要为出版物和包装物印刷加工。1997年,该厂地块置换,搬迁至上海低压电器四厂(四平路494弄14号)内。2004年11月,由上海民政(集团)有限公司和该厂10名自然人共同出资,将该厂改制为上海新建印刷厂有限公司。2012年11月,进入歇业清算程序。2013年1月,注销法人资格。2013年11月,办理工商登记注销手续。

【上海新沪标准件厂】

成立于1980年6月,地址:漠河路750号。前身是上海市第三社会福利院所属五金工场,1980年改建为集体所有制性质的市属福利企业上海新桥五金厂。1987年8月,改名为上海新沪标准件厂。主要产品为高强度紧固件。该厂于 2013 年底歇业。

【上海民福实业有限公司】

成立于 1985 年,地址:斜徐路 100 号。系全民所有制性质的以商贸为主的市属社会福利企业。2002 年 5 月,进入歇业程序。2004 年 7 月后,处于歇业未注销状态。

【上海三智汽配实业有限公司】

成立于 1997 年 10 月,地址:峨山路 91 弄 28 号。由上海民政(集团)有限公司、上海低压电器四厂、上海仪表元件厂、上海汽车零件厂共同出资,上海民政(集团)有限公司控股的有限责任公司(市属福利企业),并将上海低压电器四厂与"大众"配套的烟灰盒总成、上海仪表元件厂与"大众"和"通用"配套的蓄电池线索总成、上海汽车零件厂与"大众"配套的橡胶密封件产品转入该公司生产。同时,将上海低压电器四厂、上海仪表元件厂、上海汽车零件厂、上海新建印刷厂划归该公司管理。2002 年,该公司管理权交回上海民政(集团)有限公司,上海低压电器四厂、上海仪表元件厂、上海汽车零件厂、上海新建印刷厂先后进入转制和歇业程序。该公司成为上海民政(集团)有限公司的全资子公司,专业生产轿车配件,为国内知名轿车企业配套。

【上海民政劳动服务有限公司】

成立于 2002 年 2 月,地址:四平路 494 弄 14 号。是上海民政(集团)有限公司为集中管理下岗、内退、留职停薪、退休等员工而专门成立的全资社会福利企业。该公司基本任务是:管理下岗、内退、退休等员工,管理退出企业的物业,组织下岗职工开展生产自救和分流、安置工作,以及下岗残疾职工的保障、维稳等工作。

表 11 - 1 - 8　改革开放以来上海市民政局下辖福利企业一览表

单 位 名 称	成立时间	地　址	备　注
上海低压电器一厂	1978 年前	普育西路 103 号	2001 年 11 月,进入母体歇业程序。2005 年 1 月,注销福利企业资质。
上海低压电器二厂	1978 年前	天钥桥路泰东村 100 号	2002 年 9 月,进入歇业清算程序。2005 年 1 月,注销福利企业资质。
上海图钉厂	1978 年前	武宁路 302 号	2001 年 12 月,进入母体歇业程序。2005 年 1 月,注销福利企业资质。
上海低压电器四厂	1978 年前	四平路 494 弄 14 号	2001 年 1 月,进入歇业清算程序。2005 年 1 月,注销福利企业资质。
上海低压电器五厂	1978 年前	海州路 280 弄 4 号	2001 年 1 月,进入歇业清算程序。2004 年 12 月,办理税务注销手续。
上海仪表元件厂	1978 年前	蒙自路 31 号	2003 年进入歇业阶段。2008 年 10 月,办理工商注销手续。
上海铝铆钉厂	1978 年前	武定路 496 号	2002 年 3 月,进入母体歇业清算程序。2004 年 10 月,注销福利企业资质。

(续表)

单 位 名 称	成立时间	地 址	备 注
上海油管厂	1978 年前	海宁路 1046 号	2001 年 12 月,进入母体歇业清算程序。2002 年 6 月,部分资产和员工从母体剥离改制,成立上海四花高压油管合作公司。2004 年 12 月,办理母体税务注销手续。2012 年 7 月,办理工商注销手续。
上海自行车配件厂	1978 年前	新华路 569 弄 80 号	2003 年 5 月,进入母体歇业清算程序。2005 年 1 月,注销福利企业资质。
上海汽车零件厂	1978 年前	浦东南路 395 号	2001 年 9 月,进入歇业清算程序。2008 年 12 月,办理税务注销手续。
上海轮椅车厂	1978 年前	通州路 418 号	2009 年 12 月,进入整体歇业清算程序。2013 年 7 月,办理税务注销手续。
上海民力电器五金厂	1978 年前	中华新路 272 弄 5 号	1993 年整建制并入上海低压电器四厂。
上海天阳电器实业公司	1978 年前	江浦路 2100 号	2004 年 9 月,进入歇业清理程序。2008 年 12 月,办理工商登记注销手续。
上海新建印刷厂	1979 年	通州路 418 号	2004 年 11 月,改制为上海新建印刷厂有限公司。2012 年 11 月,进入歇业清算程序。2013 年 1 月,注销法人资格。2013 年 11 月,办理工商登记注销手续。
上海新沪标准件厂	1980 年	漠河路 750 号	1980 年改建为市属福利企业上海新桥五金厂。1987 年 8 月,改名为上海新沪标准件厂。2013 年底歇业。
上海民福实业有限公司	1985 年	斜徐路 100 号	2002 年 5 月,进入歇业程序。2004 年 7 月后,处于歇业未注销状态。
上海三智汽配实业有限公司	1997 年	峨山路 91 弄 28 号	2002 年,成为上海民政(集团)有限公司的全资子公司。
上海民政劳动服务有限公司	2002 年	四平路 494 弄 14 号	

资料来源:上海市民政局档案

二、非福利性质企业

【上海市民政工业技术研究所】

成立于 1984 年 12 月,地址:新华路 272 弄 12 号。系上海民政(集团)有限公司直属康复产品研究机构,主要从事假肢、康复器具的技术研究及相关新产品的开发、试验、情报收集和为社会福利企业生产提供服务。2007 年 4 月,上海民政(集团)有限公司将该研究所委托上海假肢厂有限公司管理。2008 年 6 月,进入留牌停业状态。

【上海民心商贸有限公司】

　　成立于 1996 年 1 月,地址:普育西路 103 号一幢楼 2 号。由上海民政(集团)有限公司所属的上海民政工业技术研究所、上海民力实业公司和上海民政技术经济发展公司合并而成的商贸公司。2002 年 1 月,进入歇业程序。2012 年 5 月,办理工商税务注销手续。

【上海恒厦房地产开发有限公司】

　　成立于 1997 年 12 月,地址:新华路 272 弄公信苑 12 号。系上海民政(集团)有限公司全资子公司,曾成功开发"经典花园"项目。2009 年 5 月,该公司进入歇业清理程序。2014 年 6 月,办理工商注销手续。

【上海民政(集团)有限公司】

　　成立于 2002 年 10 月,地址:四平路 710 号 4 楼。前身是 1964 年 3 月成立的上海市民政局盲聋哑社会福利生产管理处。1980 年 7 月,在承接原社会福利生产管理处行使对直属福利企业的各项管理职能的基础上,组建上海市民政工业公司。1987 年 3 月,市民政工业公司改制为市民政福利企业公司,为市民政局领导下实行自主经营、独立核算、自负盈亏的全民所有制企业;同时受市民政局委托,对市属民政福利企业行使行政管理职能,对区、县所属民政福利企业进行业务指导。1992 年 5 月,市民政福利企业公司更名为市民政工业总公司。2002 年 10 月,市民政工业总公司改制为上海民政(集团)有限公司,经营范围为实业投资、企业投资、投资咨询服务,代市民政局对所属企业(含福利企业)行使出资人权力,并承担市属福利企业下岗职工、残疾职工以及退休职工的保障管理和服务工作。

表 11-1-9　改革开放以来上海市民政局下辖企业一览表

单 位 名 称	成立时间	地　　　址	备　　注
上海市民政工业技术研究所	1984 年	新华路 272 弄 12 号	2008 年 6 月,进入留牌停业状态。
上海假肢厂有限公司	1989 年	胶州路 207 号	原为上海假肢厂事业性质。1999 年 8 月,转制成立上海假肢厂有限公司。
上海民心商贸有限公司	1996 年	普育西路 103 号一幢楼 2 号	2002 年 1 月,进入歇业程序。2012 年 5 月,办理工商税务注销手续。
上海社会福利发展有限公司	1996 年	番禺路 953 号,2005 年迁至新华路 272 弄 12 号	2004 年 1 月,更名为上海社会福利发展(集团)有限公司。
上海恒厦房地产开发有限公司	1997 年	新华路 272 弄公信苑 12 号	2014 年 6 月,办理工商注销手续。
上海民政(集团)有限公司	2002 年	四平路 710 号 4 楼	原为上海市民政局盲聋哑社会福利生产管理处。1980 年 7 月,组建上海市民政工业公司。2002 年 10 月,改制为上海民政(集团)有限公司。

　　资料来源:上海市民政局档案

第二章 干部职工队伍建设

20世纪80年代初,为适应民政事业创新发展的需要,市民政局开始吸纳高校毕业生进入民政系统工作。20世纪90年代起,市民政局革新用人观念,拓宽选人渠道,在引进、使用、培养人才上陆续推出新举措。2000年机关机构改革,对领导干部选拔任用形式进行探索和改革,机关处室领导干部除少部分选任制干部和因工作需要由党委决定直接任命外,其余岗位人选的产生全部通过竞争上岗和民主推荐,在干部选拔、使用、管理、培养等方面取得新的突破。在人员的来源上注重多专业学科,专业涵盖管理、经济、法律、社会学等。民政干部队伍的年龄结构、文化层次、专业知识等方面都发生明显的变化。

20世纪90年代中期,开展深化人事制度改革和建立完善考核激励制度,对所属企事业单位普遍推行公开招聘、竞争上岗。在市第一精神病院、市军供站等4家单位率先进行全员聘用合同制改革试点,随后在局属事业单位中全面推行。全员聘用合同制的实施,打破了事业单位的"铁饭碗",形成有活力的用工机制。20世纪90年代末,局属单位实行专业技术职称(资格)评定与专业技术职务聘任分离的制度,对专业技术人员的职称评定,由原来单位推荐改为个人申报或个人报考(资格),实现评聘分离和考聘分离,并下放高级职称的聘任权限。形成单位对专技人员实行岗位契约管理和业绩考核相结合管理格局,激发专技人员工作的积极性。

通过不断探索和努力,市民政局形成较为完备的事业单位体系,搭建了政府公共服务的广阔平台。通过在事业单位管理机制上的积极改革创新,建立起与市场经济相适应、与社会化相衔接的民政事业单位管理模式和规范有效的运作机制。全员聘用制、竞争上岗等人事制度改革的推行,使事业单位活力不断增强。民政事业单位在提供服务、解决民生、促进社会公平等方面发挥越来越重要的作用,也实现了自身的可持续发展,成为政府公共管理、公共服务不可或缺的重要组成部分。

第一节 队 伍 状 况

一、公务员

1982年,市民政局接收恢复高考后入学的大学毕业生到局机关工作,此后,大、中专院校毕业生成为局机关人员的主要来源,同时还有部队转业军人不断充实到机关干部队伍中。至1995年,共接收高校毕业生35人、中专毕业生50人、军队转业干部45人。20世纪90年代中期,随着国家公务员制度的实施,通过公务员招录和人才引进,以及鼓励机关干部参加在职学历教育等方式,民政干部队伍的理论和业务素养逐步提高。

1990年5月,市委组织部与市人事局共同制定下发《关于本市机关实行目标管理的试行意见》,市民政局开始在机关实行目标管理。

1992年5月12日,市民政局印发《关于加强后备干部工作的若干意见》,对后备干部的基本条件、结构要求、选拔程序、后备干部的培养、管理等做出明确规定。

1995年,为加快培养和造就一支与上海国际大城市地位相适应,能有效发挥民政工作社会稳定机制作用的民政人才队伍,市民政局制定 3 年～5 年人才培养规划,目标是经过 3 年～5 年的努力,培养 10 名年龄在 40 岁左右的正处级后备干部,30 名年龄在 35 岁左右、具备党政一把手能力素质的后备干部,60 名年龄在 40 岁左右、能胜任副处级领导岗位的后备干部(简称"136")。

2004 年 5 月 25 日,市民政局党委印发《关于年轻干部挂职锻炼的实施意见》,按照干部队伍建设和年轻干部培养的要求,安排年轻干部到不同层面、不同岗位上挂职锻炼,其中局机关副处或正科级年轻干部安排到街道挂职锻炼,区县民政局年轻干部安排到市局机关挂职锻炼。

根据中央《内地与香港关于建立更紧密经贸关系的安排》和市政府吸引中国香港专业人才来沪工作的要求,2005 年,中国香港专业人才傅民生被聘为市民政局社会福利处副处长,是上海市政府机关中首位具有中国香港籍的政府工作人员。

2006 年 6 月,市民政局制定《上海市民政局公务员登记实施方案》,按公务员法规定,对市民政局、市社团管理局在职在编工作人员进行重新登记。在 SPIMS 上海人事信息管理系统原有数据基础上,更新完善公务员信息,按照"一人一表"的要求进行预备登记。

同年 11 月,市民政局制定《关于干部选拔任用工作的若干规定》,从干部管理任用范围、提拔晋升条件、民主推荐方式、考察程序、党委讨论决定、任前公示、任前谈话、任职试用、免职、辞职、降职、后备干部充实调整、交流轮岗、竞争上岗、公开选拔、监督检查等方面作出规范,以提高干部工作的科学化、民主化、规范化水平。

2007 年,市民政局完成局级后备干部的调整工作。同时,加大对中青年后备干部的培养选拔,开展机关和基层单位后备干部的调整充实工作。同年 5 月,举办民政青年学习论坛,以"青年发展与和谐民政建设"为主题,机关和局属单位青年解读对和谐民政建设的理解及做好民政工作的思考。市民政局被评为市"十五"公务员培训先进集体。

2008 年,面向社会公开选拔 1 名副局长。2009 年起,提拔干部一律实行民主推荐、民主测评和征求意见等程序。

2010 年 7 月 1 日,市民政局印发《干部选拔任用工作的若干规定》《关于讨论任用干部实行票决制的实施办法(试行)》《关于机关处级干部竞争上岗的实施办法(试行)》《关于干部交流实施办法》等多项制度,为匡正选人用人风气,增强干部选拔任用工作透明度、制度化提供规范和依据。新提拔的处级干部,全部按照酝酿、推荐、考察、任用的规定流程操作,干部选拔任用工作全过程纪实,新提任处级实职领导干部全部实行试用期。

2004—2010 年,通过交流轮岗、挂职锻炼、竞争上岗等多种方式,加大年轻干部培养力度。市民政局与区县民政局及基层单位之间,开展年轻干部挂职交流,有 7 名市民政青年干部到街道、镇挂职主任助理或镇党委副书记;12 名区县民政局、街道办事处及市民政局属单位的年轻干部到市局机关处室挂职;21 名局机关干部到局属单位挂职。在筹办 2007 年世界特奥会过程中,局民政系统先后抽调 90 多名干部参加筹备工作;为迎接 2010 年上海世界博览会,选送 2 名干部到上海世博局工作。先后选派 2 名机关干部赴西藏日喀则地区担任为期 3 年的民政局副局长,1 名机关干部赴新疆阿克苏地区担任为期 3 年的民政局副局长。

截至 2010 年 12 月,市民政局(含市社团局)机关共有公务员 169 人(其中女干部 49 人)。具有研究生以上学历的 39 人,占 23.1%;大学本科学历 86 人,占 50.9%;大专学历 44 人,占 23.4%。45 岁以下青年干部 82 人(其中 35 岁以下 31 人,36 岁～40 岁 28 人,41 岁～45 岁 23 人),占 48.5%。128 人具有两年以上基层工作经历,占 75.7%。机关公务员队伍的年龄、学历、基层经历结构均有明显改善。

二、管理和专技人员

1984年11月,市委组织部下发《关于国营企业逐步实行管理干部聘任制的几点意见》。市民政局在上海低压电器二厂、低压电器四厂、低压电器五厂、仪表元件厂、自行车配件厂等5个福利工厂和市儿童福利院试行中层干部聘用制。

1987年5月,成立局职称改革工作领导小组。此后,专业技术职务评聘工作逐步转入经常化、制度化。

1989年7月,市民政局工程、卫生、会计、经济专业技术初级评审委员会成立,同时还成立卫生专业、会计专业和工程专业技术中级职务评审委员会。同年11月,市民政局下发《关于建立专业技术人员考核制度的通知》,对专业技术人员政治思想和岗位职责、业务水平和实际工作业绩,采取阶段考核与年终考核相结合、定性考核和定量考核相结合,建立、健全专业技术人员业务考绩档案,对专业技术人员考核的结果、科研成果及获奖、进修、发表论文等情况及时整理归档。对考核不合格的进行帮助、教育,限其在一定时间内改正,如多次帮助、教育无效可以解聘,对专业技术干部队伍建设起到推动作用。

从1991年起,市民政局先后开展下属民政福利企业单位、企业化管理的事业单位以及国家全额拨款的社会福利事业单位中的政工专业职务评审工作;成立企业思想政治工作人员专业职务评定工作领导小组,组建局政工专业职务初评委和中评委。

1994年8月,根据人员变动情况,重新调整、充实组建新的政工专业职务初、中级评审委员会,实行两块牌子、一套班子,评审工作由局党委副书记分管,局组织处具体负责,人事处共同参与。

据统计,1995年底,市民政系统企事业单位中,有高级工程师5人、工程师52人、助理工程师122人、主治医师53人、医(护)师(士)233人、经济师154人、会计师11人、助理会计师126人。

1996—1997年,通过从应届高校毕业生和社会公开招聘,引进管理、医务、文秘、计算机、财务人才共31人,其中博士1人、硕士5人,中级以上职称的专业技术人员12人、高级职称3人。

1998年10月,根据人事部的有关通知精神,重新组建市民政局工程系列初级职务评审委员会。

自1999年起,局属单位实行专业技术职称(资格)评定与专业技术职务聘任分离制度。在职专业技术人员的职称评定,由原来单位推荐改为个人申报评定或个人报考(资格),实现评聘分离和考聘分离,并下放高级职称的聘任权限。1999年2月,成立文博专业技术中级评委会。同年7月,下发《关于高级专业技术人员岗位聘任有关问题的通知》,明确事业单位的专业技术职务一般实行聘任制,进一步明确专业技术人员的聘任、考核、奖惩制度,形成单位对专业技术人员管理和业绩考核相结合聘用的管理格局,激发专业技术人员的工作积极性。

2005年,市儿童福利院、市第一社会福利院、市民政第二精神病院、市救助管理站等成为第一批创建社会工作示范试点单位。2007年,市救助管理站、市第一社会福利院、长宁区社会福利院等成为民政部首批社会工作人才队伍建设试点单位。具有社工资质的专业人员开始服务于社会福利、社会救助、社会服务等多个领域,为提升民政工作的服务和管理水平发挥积极作用。

截至2010年12月,市民政局下属事业单位共有各类专业技术人员779名,其中研究生学历15名、大学本科学历213名、大专学历300名、中专及以下学历251名;高级专技岗位13名、中级专技岗位184名、初级专技岗位527名、其他岗位53名(其中:工程技术人员30名、农业技术人员1名、科学研究人员14名、卫生技术人员570名、教学人员44名、经济人员11名、会计人员65名、统计人员 3 名、翻译人员 1 名、图书档案人员 18 名、文博人员 16 名、新闻出版人员 3 名、工艺美术人员 3 名、政工人员 3 名）。市民政系统国有企业共有各类专业技术人员 139 名，其中研究生学历 1 名、大学本科学历 15 名、大专学历 66 名、中专学历 17 名、高中及以下学历 40 名；高级专技岗位 20 名、中级专技岗位 40 名、初级专技岗位 40 名、未聘任专业技术职务的 39 名（其中：工程技术人员 30 名、教学人员 1 名、经济人员 66 名、会计人员 23 名、统计人员 4 名、政工人员 15 名）。专业技术人员的数量、学历和专业涵盖面均较 1978 年明显提高。

三、工勤技能人员

1989 年 6 月，市民政局成立工人技术考核评审委员会，负责组织全局的工人技术培训、考核、发证和技师的评审工作。

2004 年 12 月，市民政干部学校（市社会工作培训中心）挂牌成立第 174 国家职业技能鉴定所。2005 年 8 月，经市劳动和社会保障局批准，成为全国民政系统特殊行业首次开展职业技能鉴定的单位，在殡葬行业首次开展尸体整容工、尸体防腐工两个工种的职业技能培训和鉴定工作。同时，探索养老护理人员初级和中级的职业技能培训与鉴定。至 2010 年底，先后有 30 多批 2 200 多人参加技能鉴定，为推进上海市民政行业特有工种职业技能鉴定工作、加快民政系统技能人才队伍建设发挥重要作用。

2008 年 8 月，在全市范围内选拔优秀殡仪服务员和假肢师，组队参加民政部举办的首届全国民政行业职业技能竞赛。共有 5 位选手荣获全国竞赛个人银奖，3 位选手获全国竞赛个人优秀奖，假肢师和殡仪服务员两支代表队分获团体二等奖和三等奖。

2010 年 5 月，经人力资源和社会保障部批准、民政部授权，民政行业特有职业技能鉴定第 058 站在市社会工作培训中心成立。由此，在原有市第 174 国家职业技能鉴定所基础上，形成"一站双牌"模式的民政职业技能鉴定工作体系，可面向全市民政行业开展包括养老护理、殡葬服务、假肢（矫形器）制作等 10 个工种的职业技能鉴定工作，为全市民政行业特有工种从业人员拓宽了技能鉴定和技能等级晋升的通道。同年 6 月，上海 3 位选手在全国遗体整容师职业技能竞赛中分获个人二等奖、三等奖，其中 2 人被民政部授予"全国民政行业技术能手"称号，上海市代表队获团体二等奖。12 月，上海选送的 4 位选手在全国养老护理员职业技能竞赛中分获个人三等奖和优秀奖，上海市代表队获优秀组织奖。龙华殡仪馆遗体化妆师张宏伟被评为上海市杰出技术能手，并被推荐为第十届中华技能大奖候选人。被评为市技术能手的还有市第三社会福利院养老护理员黄琴。

截至 2010 年 12 月，市民政系统事业单位共有各类工勤技能人员 1 188 名，其中大学本科学历 27 名、大专学历 186 名、中专学历 100 名、高中及以下学历 875 名；二级岗位（技师）3 名、三级岗位（高级工）28 名、四级岗位（中级工）363 名、五级岗位（初级工）616 名、普通工 178 名。民政系统国有企业共有各类工勤技能人员 458 名，其中高级工 6 名、中级工 24 名、初级工（含比照初级工）30 名、其他技能人员 5 名、其他从业人员 397 名。

第二节　人事制度改革

一、创新干部选拔任用方式

2000 年，市民政局对领导干部选拔任用方式进行新的尝试，通过实行竞争上岗和双向选择，在机关干部人事工作中引入竞争机制。12月7日印发《关于在机构改革人员定岗工作中实行竞争上岗和双向选择的实施办法》,规定正、副处级领导职位人选一般实行竞争上岗。按有关规定和任用程序必须实行选任的、或因工作需要暂不采取以竞争上岗方式确定的正、副处级领导职位人选,由党委讨论,按规定程序直接任命。因参加岗位竞争的人数不足两人而未能开展竞争上岗的正、副处级领导职位,可采用直接任命。全局机关、企事业单位范围内凡符合资格条件的人员均可以参与相应职位的竞争,特别优秀的人员经组织同意也可以越级竞争。调研员、助理调研员根据工作需要由党委讨论决定,按规定程序任命。科及其以下一般职位人选实行双向选择。同时还规定,实施轮岗交流和回避制度。

2000年12月,市民政局开展第一次处级干部竞聘,共提供51个正、副处级领导职位在全局范围内竞争,占机关处级领导职数的82.3%,参加竞争的干部范围从机关扩展到全局正科级以上干部。经过竞争上岗,一批优秀的年轻干部进入各级领导岗位,较大幅度地改善了处级领导班子的年龄结构,正处级领导干部的平均年龄由竞争上岗前的52.1岁下降到49岁,副处级领导干部的平均年龄由竞争上岗前的45.8岁下降到44.6岁。

2000年12月7日,市民政局印发《关于处级领导干部实行任期职级制的试行意见》《关于领导干部任职实行试用期的试行意见》《关于领导干部实行任期公示制的试行意见》,规定非选举产生的处级领导干部任期一般为三年,考核称职者可以连任,但一般不超过两任;局机关(含市社团局机关)、各基层单位非选举产生的新提拔任职的处级领导干部和基层单位行政领导干部任职试用期为半年至一年,由实施任免单位的组织人事部门在下发任命通知时予以明确等。

2002年10月,市民政局向社会公开招聘新设的执法监察处正、副处长和市民政传媒中心副主任。

2003年6月,根据市委统一部署,推出1名副局级岗位参与全市公开选拔,来自区县、群众团体、高校、企业等方面的36人参与竞争。

2010年5—9月,市民政局和市社团局在局机关范围内,提供5个副处长职位进行竞争,首次加入笔试环节,有22名符合条件的正科级干部参与。经过笔试、面试、民主测评、差额考察等程序,其中5人走上处级领导干部工作岗位。

二、创新事业单位管理机制

【全员聘用合同制】

1988年10月,市政府印发《关于发布〈上海市专业技术人员聘用合同制暂行办法〉的通知》,规定上海全民所有制企业、事业单位从大中专学校毕业生、在职工人和从社会上聘用专业技术人员,除国家另有规定外,实行聘用合同制。20世纪90年代,市民政局以深化人事制度改革和建立完善考核激励制度为重点,全面推行事业单位聘用合同制。根据《上海市事业单位实行聘用合同制暂行办法》文件精神,市民政局自1996年起,在市第一精神病院、市军供站等4家单位进行全员聘用合同制改革试点。1997年起,在局属事业单位中全面推行。全员聘用合同制的实施,打破了事业单位的"铁饭碗",初步形成较有活力的用工机制。

【管理岗位聘任制度】

自1998年起,在部分事业单位推行中层干部岗位竞聘上岗试点工作。1999年5月,在市社会福利中心下属的市第三社会福利院、第四社会福利院实行包括精简内设机构、精简行政管理人员、推行竞争上岗的改革试点工作。2002 年起,逐步在市社会福利中心和市殡葬服务中心下属单位的领导岗位试行公开竞聘。竞争上岗机制的引入,拓宽了事业单位管理干部选拔的视野,事业单位管理岗位干部能上能下的聘任机制初步形成。

【目标管理责任制考核】

1998 年起,根据不同单位的性质和特点,在局属企事业单位推行年度目标管理责任制考核,探索建立分级分类管理和体现单位责任人岗位绩效的事业单位目标管理考核分配制度,对直管事业单位责任人实行经济责任和目标管理考核,考核结果与单位责任人的年收入挂钩。同时,各两级党委单位对局委托管理事业单位也实施目标管理考核,依据考核结果确定相关单位领导班子的年收入。经过十余年探索,目标管理考核办法日益完善,逐步形成一套较规范、有较强可操作性的体系。

【专技人员聘任制度】

1988 年 3 月 4 日,市民政局对批准专业技术人员聘任职务作出规定：专业技术高级职务的聘任由主管业务的局领导批准;专业技术中级职务的聘任由各业务处室领导批准;专业技术初级职务均由各基层单位领导签发聘约;各基层单位在岗位设置数的许可下,需要聘用高、中级技术职务,事先应对专业技术人员制定聘约,报局组织处、待有关领导签发聘约后,方可正式聘用。此外,还对专业技术人员的考核、缓聘、提前解聘等作出规定。

【分配自主权】

在事业单位扩大内部分配自主权,鼓励改革工资和奖金分配制度,收入分配向关键岗位、艰苦岗位倾斜。2007 年市殡葬中心系统所属单位实施企业编制员工工资制度改革,缩小与事业编制职工的收入差距。分配制度的改革,较好地调动了干部职工的工作积极性和创造性,对提高民政事业单位的业务水平、服务质量提供支持。

【岗位设置和公开招聘】

2009 年,以市儿童福利院为试点,开展民政事业单位岗位设置试点工作。2010 年 11 月,市民政局、市人力资源和社会保障局联合印发关于《上海市民政事业单位岗位设置管理指导意见》的通知,规定民政事业单位管理人员、专业技术人员和工勤技能人员,全部纳入岗位设置管理。

2010 年 1 月起,根据人力资源和社会保障局《上海市事业单位公开招聘人员暂行办法》,局属事业单位新进事业编制人员,包括专业技术人员、管理人员和工勤人员实行公开招聘。

第三节　干部教育培训

1978 年以来,市民政局加强干部培训基地建设,开展各类教育培训工作,以提升民政工作人员的素质和能力,发挥在社会建设和管理领域的辐射作用,形成适应"大民政"格局需要的"大教育、大培训"体系。

1978 年 12 月,停办 13 年之久的上海市民政干部训练班恢复,开展市属民政干部的政治理论学习、中青年干部培养、专题讲座、有关知识普及等各类培训。12 月 9 日第一期训练班开学,市和区县、街道、公社、城镇共 40 名民政干部参加为期一个半月的学习,学习党和国家民政工作方针、政策,肃清"四人帮"干扰破坏民政工作的影响,充分认识新时期民政工作的任务,提高业务管理水平。截至 1980 年 9 月,先后举办 7 期,共培训 273 人。1983 年,组建民政局业余职工学校,增设初中、高中文理科课程,为市属民政干部职工补习相关文化知识,实行"两块牌子,一套班子"的管理模式。1985 年 4 月,归并干部训练班和业余职工学校的人员和功能,建立市民政干部学校,培训对象从市属民政干部职工逐步扩大到全市民政系统的干部职工,培训内容也日趋多元。1987 年,市民政干部学校新校舍在沪闵路 373 号落成。

1988 年 3 月,市民政局与北京现代管理学院联合举办"领导、管理、决策"函授班,以学员自学为主,局每月组织辅导,学习领导学、管理学、决策学、民政概论等课程,进修期 15 个月。考试分数达标且论文合格者,取得北京现代管理学院结业证书,由局和学院共同签发岗位培训专业合格证书,作为干部聘任依据之一。

1988 年 10 月,市民政局委托普陀区业余大学举办《民政管理专业》班。以民政系统机关和企事业单位中 1953 年 12 月 31 日前出生、具有高中毕业或相当于高中同等学历的非在校生且有十年以上专业工龄的现职在编干部为招生对象,开设政治经济学、哲学等基础课及民政概论、社会学概论等专业课,学制两年,学习期满,经考试合格,由普陀区业余大学发给专业证书,在上海市民政系统内承认相当大专学历,供评、聘专业技术职务或管理职务、任职资格时参考。

1990 年 2 月 14 日,市民政局印发《关于组织机关干部下基层劳动和调查研究的意见》,成立"局机关干部参加基层劳动领导小组",规定每月双周四为机关下基层劳动日。

1992 年 4 月 7 日,市民政局印发《处以下领导干部中青年干部培训规划(1992—1994)》,明确采取点名、脱产调训等方法,分期、分批对在职领导干部和中青年干部进行轮训,重点对 1984 年以来走上各级领导岗位和即将进入各级领导班子的中青年干部进行培训。培训内容有马列主义原理、党建理论、领导科学和科学管理理论、调查研究等。

同年 12 月 28 日,市民政局印发《关于上海市民政局机关工作人员岗位培训的实施办法》,规定局机关除工勤人员以外的处以下(含处)工作人员都必须接受岗位培训,学习马克思主义基本原理、《行政管理学》等公共必修课及专业知识和管理技能课。培训方法提倡以自学为主,适当组织面授辅导,培训结束后参加全市统一考试。

1995 年 1 月 6 日,市民政局印发《关于局机关中青年干部到基层锻炼的意见》,根据《国家公务员暂行条例》有关规定,安排局机关青年干部到基层锻炼,分三年完成,每批锻炼时间为一年,其中1995 年安排 7 人,1996 年安排 6 人,1997 年安排 4 人。

从 1997 年起,在局社会福利中心开展年轻干部异地挂职见习试点,并制定年轻干部挂职见习的暂行办法,旨在通过见习方法,加快年轻干部的培养,为年轻干部积累领导经验提供实践的舞台。

2000 年 5 月 8 日,市民政干部学校增挂市社会工作培训中心牌子,实行"一套班子、两块牌子"。同年 12 月,市民政干部学校(市社会工作培训中心)撤销办公室、教务科、总务科等 3 个内设机构,设立办公室、教学部(一)、教学部(二)、信息研究室和物业管理部等 5 个内设机构,设 3 级职员职数3 名、4 级职员职数 10 名。

2001 年 7 月 11 日,市民政局印发《上海市民政局教育培训管理办法》,对教育培训工作的组织机构、培训计划的制定与实施、收费等问题作详细规定。同时,印发《上海市民政局干部继续教育暂行规定》,鼓励机关公务员和局直属企事业单位中层以上领导干部通过短期培训班、进修班、研修班、讲座等在职学习和脱产培训相结合的形式,参加继续教育,由所在单位保障所需经费。

2001年，市民政局委托上海大学为市民政系统举办"社会学（社会工作方向）研究生课程进修班"，学制两年，采取基本业余的学习形式，学习《社会学原理》《社会研究方法论》《社会工作研究》等课程。在学员通过所有课程、成绩合格的基础上，区分不同的情况，颁发不同的学历学位证书。首期进修班于2001年9月开学。

2001年4月，市民政局与美国俄勒冈大学联合举办"社区建设与管理"高级培训班，招收20名业务干部参加国内和国外课程培训，招收50名业务干部参加单一国内课程培训。通过培训，全面了解中美两国社区建设和管理的实际情况，认识社区的发展过程、一般特征及城市社区的特点。

2003年3月16日，市民政局出台《上海市社会工作者职业资格认证暂行办法》。2004年2月25日，市社会工作者协会出台《上海市注册社会工作者继续教育暂行办法》《注册社会工作者守则》和《关于在本市民政系统及相关机构注册社会工作者的意见》，从制度上规范社会工作人才培养。市社会工作培训中心组织考前培训班，在全市设立多个培训点，累计培训840余名学员。截至2010年，市民政局系统有264人通过资格考试，其中186人获得社工师（中级）职业资格，78人获得助理社工师（初级）职业资格。在开展社会工作在岗培训、普及社工知识、传播社工理念的同时，在儿童福利、老年福利、精神卫生、救助管理机构等事业单位设置社工岗位。

2004年2月10日，市民政局印发《上海市民政局关于与上海交通大学联合培养公共管理（MPA）研究生（民政事务管理方向）的通知》，明确2004年起，市民政局与上海交通大学联合培养民政事务管理方向的公共管理（MPA）研究生。2005年3月首批23名市民政系统MPA学员注册入校，开始为期两年半的在职研究生学习。

2004年7月13日，市民政局印发《机关干部参加学历教育的若干规定》，鼓励在编在职机关干部利用业余时间参加学历教育，分本人申请参加学历教育和组织推荐参加学历教育两种情况，给予奖励、报销学费等支持。

2005年4月，市民政局开办"民政领导干部学习论坛"。论坛每月举行一期，参加对象为市民政局处级以上领导干部和各区县民政局领导，邀请知名专家、学者、相关部门领导主讲树立和落实科学发展观、社会经济发展形势等与上海民政发展有关的社会热点问题。

2007年4月12日，市民政局印发《上海民政"十一五"人才队伍建设规划》，对这一时期人才队伍建设工作的指导思想、总体目标、主要任务、保障措施等作了详细规定。明确"十一五"期间，上海民政人才队伍建设的主要任务是以能力建设为核心，大力提高人才素质，优化人才队伍结构；围绕社会建设目标，充分发挥各类社会人才资源优势，推动民政事业的发展；推动干部人事制度改革，深入贯彻《干部任用条例》，加强人才队伍管理；大力激发人才活力，营造有利于人才发展的良好环境，促进优秀人才脱颖而出。同时，市民政局还印发《上海民政"十一五"教育培训规划》，明确以加强党员日常教育和领导干部培训、加强民政工作者岗位培训和继续教育、加强社会工作教育培训为主要任务，利用5年左右的时间，通过各种培训渠道，完成6万人次的培训目标，逐步建立与现代大民政格局相匹配的大教育、大培训格局。

第三章　民政精神文明建设

20世纪80年代初,市民政局属社会福利机构组织开展提高服务质量、在福利企业开展文明生产为主要内容的争创文明单位活动。1988年市民政局制定《上海市民政局文明单位标准》,明确文明单位的标准有"六好"。1996年7月,根据上海市精神文明委员会关于精神文明建设暂行规定的要求,制定《上海市民政局文明单位建设暂行规定》,对"六好"标准作重新修订和补充,使评比标准更加科学、合理。

1997年3月,市民政局积极响应市委、市政府关于党政机关实行"政务公开"的号召,将市文明委在全市"服务窗口"推行"规范服务达标"的活动和继承发扬民政"孺子牛"传统有机地结合起来,在全系统开展"政务公开、规范服务、争当孺子牛"活动,从市局机关和直属单位扩大到区县民政部门及其直属机构,延伸到街道乡镇、居村委会相关民政业务岗位,主动将对社会的服务和管理事务向社会公开,自觉接受社会监督,规范工作程序,使全市民政系统干部职工牢固树立依法行政、勤政为民的公仆意识,寓管理于服务之中。经过一年多时间的努力,上海民政系统实现了"规范服务达标"的目标。1999年,市民政系统提出建设文明行业的目标,从民政对象特殊性和服务公益性的特点出发,在全系统确定新的目标定位和考核体系,切实履行"保障民利、解决民生、落实民权"职能,塑造上海民政部门服务政府、责任政府、法治政府的良好形象。全系统建立党政统一领导,工团组织齐抓共管,局文明办牵头协调,业务部门各司其职,上下联动、内外协同的文明行业创建领导体制和运行机制。不断引导全系统干部职工以社会主义核心价值体系为指导,深入开展现代民政核心价值观、新时期"孺子牛"精神等大讨论,开展丰富多彩的群众性文体活动,举办以"学党史、知党恩、明责任"为主题的建党90周年知识竞赛、庆祝国庆60周年歌咏大会和以"跨越新高度"为主题的民政运动会、以"谱民生新曲、奏和谐乐章"为主题的"民政之花"文艺汇演等大型活动,创办上海民政博物馆,扎实推进民政优质服务品牌建设。

从2003—2010年,上海民政系统连续4次被命名为"上海市文明行业"。

第一节　精神文明创建活动

一、文明单位创建

1983年,文明单位创建活动在市民政局属企事业单位开展,市民政局要求各单位在物质文明和精神文明建设中,结合工作实际提升管理水平,福利事业单位要提高服务质量,福利企业单位要提高生产质量。1984年,经过自主申报,并经局有关主管部门考核、评选后报市党政机关批准,市第二社会福利院被市委、市政府命名为首届上海市文明单位。1985年,第二届上海市文明单位评选中,市第二社会福利院继续保持该称号,又增加市儿童福利院。1986年,第三届上海市文明单位评选中,市儿童福利院继续获得该称号。从1987年起,市文明单位评选改为两年一次,市儿童福利院获第四届上海市文明单位(1987—1988)。同年起,市民政局也每两年评比命名一次上海市民政局文明单位。

1988 年 2 月,市民政局向局属各企事业单位下发《上海市民政局文明单位标准的通知》,明确创建文明单位的标准要做到"六好",即:坚持四项基本原则,贯彻党的路线、方针、政策好;业务持续发展,工作成绩好;道德风尚高,服务质量好;文化教育普及,计划生育好;环境整洁优美,讲究卫生好;社会秩序安定,遵纪守法好。当年,市儿童福利院、第一社会福利院、第二社会福利院、上海仪表元件件厂、轮椅车厂、低压电器四厂、向阳胶木厂和宝兴殡仪馆等 8 家单位被市民政局命名为上海市民政局首届文明单位。

1996 年 7 月,根据上海市文明单位建设暂行规定的要求,市民政局重新修订、补充标准,制定《上海市民政局文明单位建设暂行规定》,新的"六好"为:领导班子坚强,党风廉政好;加强思想教育,道德风尚好;业务稳定发展,工作成绩好;重视科学文化教育,计划生育好;安定团结,公共秩序好;环境整洁优美,安全生产好。

2005 年 11 月,市民政局制定《上海市民政局创建文明单位实施办法》,进一步提出创建文明单位必须达到的标准是:思想道德建设,广泛深入;社会公益事业,积极参加;领导班子团结,管理科学;单位文化建设,生动活泼;优质服务,绩效突出;内外环境,优美整洁。同时对文明单位创建管理规定进行修改和完善,进一步明确创建标准和考评体系。

2009 年,中央精神文明建设指导委员会办公室授予上海市慈善基金会和上海市第一社会福利院"全国精神文明建设工作先进单位"称号,授予上海市龙华烈士陵园"全国文明单位"称号。至 2010 年底,市民政局属 18 家单位被命名为 2009—2010 年度上海市文明单位,上海市民政第三精神卫生中心等 3 家局属单位被命名为 2009—2010 年度上海市市级机关系统文明单位,上海市双拥活动中心等 10 家局属单位被命名为 2009—2010 年度上海市民政局文明单位。

表 11 - 3 - 1　1984—2010 年市民政局系统荣获历届上海市文明单位一览表

时间(届次)	单　　位
1984 年 (第一届)	上海市第二社会福利院
1985 年 (第二届)	上海市第二社会福利院　上海市儿童福利院
1986 年 (第三届)	上海市儿童福利院
1987—1988 年 (第四届)	上海市儿童福利院
1989—1990 年 (第五届)	上海市第一社会福利院
1991—1992 年 (第六届)	上海市第一社会福利院
1993—1994 年 (第七届)	上海市第一精神病院
1995—1996 年 (第八届)	上海市第一精神病院
1997—1998 年 (第九届)	上海市龙华烈士陵园　上海市第一精神病院

（续表）

时间(届次)	单　　位
1999—2000 年 （第十届）	上海市龙华烈士陵园　上海市众仁慈善服务中心(众仁公寓) 上海市儿童福利院　上海市民政第一精神病院
2001—2002 年 （第十一届）	上海市龙华烈士陵园　上海市遣送站　上海市民政第一精神病院 上海市儿童福利院　上海市双拥活动中心 上海市众仁慈善服务中心(众仁公寓)
2003—2004 年 （第十二届）	上海市龙华烈士陵园　上海市救助管理站　上海市双拥活动中心 上海市众仁慈善服务中心　上海市儿童福利院　上海市民政第一精神病院 上海市民政第二精神病院　上海市宝兴殡仪馆
2005—2006 年 （第十三届）	上海市龙华烈士陵园　上海市救助管理站　上海市社会工作培训中心 上海市双拥活动中心　上海市众仁慈善服务中心　上海市儿童福利院 上海市第一社会福利院　上海市第二社会福利院 上海市民政第一精神病院　上海市民政第二精神病院 上海市慈善基金会　上海市癌症康复俱乐部
2007—2008 年 （第十四届）	上海市龙华烈士陵园　上海市军供站　上海市社会工作培训中心 上海市军队离休退休干部古美休养所　上海市众仁慈善服务中心 上海市儿童福利院　上海市第一社会福利院 上海市第二社会福利院　上海市第三社会福利院 上海市第四社会福利院　上海市民政第一精神病院 上海市民政第二精神病院　上海市龙华殡仪馆 上海市慈善基金会　上海市癌症康复俱乐部
2009—2010 年 （第十五届）	上海市社区服务中心　上海市龙华烈士陵园 上海市军供站　上海市儿童福利院 上海市社会工作培训中心　上海市军队离休退休干部古美休养所 上海市众仁慈善服务中心　上海市第一社会福利院　上海市第二社会福利院 上海市第三社会福利院　上海市第四社会福利院 上海市民政第一精神卫生中心　上海市民政第二精神卫生中心 上海市龙华殡仪馆　上海市益善殡仪馆 上海市慈善基金会　上海市慈善物资管理中心　上海市癌症康复俱乐部

资料来源：上海市民政局档案

表 11 - 3 - 2　1993—2010 年市民政局系统荣获市级机关系统(市综合系统)文明单位一览表

时间(届次)	荣获市级机关系统文明单位名单
1993—1994 年 （第七届）	上海市第一社会福利院
1995—1996 年 （第八届）	上海市儿童福利院　上海市宝兴殡仪馆
1997—1998 年 （第九届）	上海市遣送站　上海市儿童福利院 上海市宝兴殡仪馆　上海新沪标准件厂
1999—2000 年 （第十届）	上海市第三社会福利院　上海市宝兴殡仪馆 上海市益善殡仪馆　上海新沪标准件厂　上海三智汽配实业有限公司
2001—2002 年 （第十一届）	上海市社会工作培训中心　上海市第一社会福利院　上海市第三社会福利院 上海市慈善基金会　上海市民政第二精神病院 上海市宝兴殡仪馆　上海三智汽配实业有限公司

（续表）

时间（届次）	荣获市综合系统文明单位名单
2003—2004 年 （第一届）	上海市福利彩票发行中心　上海市军供站　上海市慈善基金会 上海市社会工作培训中心　上海市第一社会福利院 上海市第二社会福利院　上海市第三社会福利院 上海市军队离休退休干部古美休养所　上海三智汽配实业有限公司
2005—2006 年 （第二届）	上海市社区服务中心　上海市福利彩票发行中心　上海市军供站 上海市龙华殡仪馆　上海市第三社会福利院　上海市第四社会福利院 上海风采航运旅游有限公司　上海市军队离休退休干部活动中心 上海市军队离休退休干部古美休养所
时　　间	荣获市级机关系统文明单位名单
2009—2010 年	上海市民政第三精神卫生中心　上海市儿童临时看护中心 上海市荣誉军人疗养院

资料来源：上海市民政局档案

表 11 - 3 - 3　历届上海市民政局文明单位一览表

时间（届次）	单　　位
1987—1988 年 （第一届）	上海市儿童福利院　上海市第一社会福利院　上海市第二社会福利院　上海市宝兴殡仪馆 上海仪表元件厂　上海轮椅车厂　上海低压电器四厂　上海向阳胶木厂
1989—1990 年 （第二届）	上海市第一社会福利院　上海市第一精神康复院　上海仪表元件厂 上海低压电器一厂　上海低压电器四厂　上海油管厂
1991—1992 年 （第三届）	上海市军供站　上海市第一社会福利院　上海市第一精神康复院 上海市龙华殡仪馆　上海市宝兴殡仪馆 上海仪表元件厂　上海低压电器一厂　上海向阳胶木厂
1993—1994 年 （第四届）	上海市儿童福利院　上海市第一社会福利院　上海市第一精神病院 上海市军供站　上海市龙华殡仪馆　上海市宝兴殡仪馆 上海仪表元件厂　上海新沪标准件厂
1995—1996 年 （第五届）	上海市龙华烈士陵园　上海市遣送站　上海市儿童福利院 上海市第三社会福利院　上海市第一精神病院　上海市龙华殡仪馆 上海市宝兴殡仪馆　上海仪表元件厂 上海新沪标准件厂　上海假肢厂
1997—1998 年 （第六届）	上海市龙华烈士陵园　上海市遣送站　上海市儿童福利院 上海市第三社会福利院　上海市第一精神病院　上海市第三精神病院 上海市龙华殡仪馆　上海市宝兴殡仪馆　上海市益善殡仪馆 上海仪表元件厂　上海新沪标准件厂　上海假肢厂 上海三智汽配实业有限公司
1999—2000 年 （第七届）	上海市龙华烈士陵园　上海市双拥活动中心　上海市慈善基金会 上海市儿童福利院　上海市第一社会福利院　上海市第二社会福利院 上海市第三社会福利院　上海市民政第一精神病院　上海市民政第二精神病院 上海市民政第三精神病院　上海市荣誉军人疗养院　上海市龙华殡仪馆 上海市宝兴殡仪馆　上海市益善殡仪馆　上海市卫家角息园 上海仪表元件厂　上海新沪标准件厂　上海假肢厂有限公司本部 上海轮椅车厂　上海三智汽配实业有限公司　上海市遣送站 上海爱心房地产开发有限经营公司　上海市众仁慈善服务中心（众仁公寓）

(续表)

时间(届次)	单位
2001—2002 年 (第八届)	上海市社区服务中心　上海市福利彩票发行中心　上海市龙华烈士陵园　上海市遣送站 上海市社会工作培训中心　上海市双拥活动中心　上海市儿童福利院　上海市军供站 上海市众仁慈善服务中心　上海市第一社会福利院　上海市第二社会福利院 上海市第三社会福利院　上海市第四社会福利院　上海市民政第一精神病院 上海市民政第二精神病院　上海市民政第三精神病院　上海市荣誉军人疗养院 上海市宝兴殡仪馆　上海市卫家角息园　上海假肢厂有限公司(本部) 上海三智汽配实业有限公司　上海爱心房地产开发经营有限公司 上海市慈善基金会　上海市军队离退休干部古美休养所　上海千鹤宾馆
2003—2004 年 (第九届)	上海市社区服务中心　上海市军队离退休干部活动中心　上海市第四社会福利院 上海市民政第三精神病院　上海市荣誉军人疗养院　上海市龙华殡仪馆 上海市益善殡仪馆　上海市飞思殡葬代理中心　上海假肢厂有限公司(本部) 上海新建印刷厂　上海恒厦房地产开发有限公司　上海轮椅车厂 上海风采航运旅游有限公司　上海爱心房地产开发经营有限公司
2005—2006 年 (第十届)	上海市民政第三精神病院　上海市荣誉军人疗养院 上海市儿童临时看护中心　上海假肢厂　上海市益善殡仪馆 上海市飞思殡葬代理中心　上海爱心房地产开发经营有限公司 上海新建印刷厂有限公司　上海恒厦房地产开发有限公司　上海慈善物资管理中心
2007—2008 年 (第十一届)	上海市社区服务中心　上海市福利彩票发行中心　上海市军队离退休干部古美休养所 上海市民政第三精神病院　上海市荣誉军人疗养院　上海市儿童临时看护中心 上海市宝兴殡仪馆　上海市益善殡仪馆　上海市飞思殡葬代理中心 上海辰宇工艺品有限公司　上海三智汽配实业有限公司 上海爱心房地产开发经营有限公司　上海新建印刷厂有限公司 上海风采航运旅游有限公司　上海市慈善物资管理中心
2009—2010 年 (第十二届)	上海市老龄事业发展中心　上海老年报社　上海市双拥活动中心 上海市救助管理站　上海市宝兴殡仪馆　上海飞思殡葬代理中心 上海辰宇工艺品有限公司　上海丧仪用品服务中心 上海爱心房地产开发经营有限公司　上海三智汽配实业有限公司

资料来源：上海市民政局档案

二、规范服务达标活动

1996 年 10 月,市委、市政府决定在全市党政机关逐步推行政务公开。1997 年 1 月,民政部召开的全国厅局长会议推广济南市民政局为民解难服务的经验。市民政局迅速作出反应,1 月底,由局长带队、相关处室负责人和部分区县民政局长赴济南市学习考察。经过反复研究,决定根据民政工作社会性、群众性、公益性的特点,将政务公开与市文明委在"服务窗口"开展的规范服务达标活动,以及民政"孺子牛"精神有机地结合起来。3 月 11 日,市民政局和市文明办联合召开全市民政系统开展"政务公开,规范服务,争当孺子牛"(以下简称规范服务活动)活动动员大会,副市长冯国勤、市委宣传部副部长兼市文明办主任许德明出席会议并讲话,市民政局局长施德容就规范服务活动作部署。大会下发关于在全市民政系统开展规范服务活动的决定,以及民政系统公务员工作守则和服务规范、文明用语和忌用语、监督和奖惩措施等配套附件。

1997年4月4日,《解放日报》《文汇报》分别以整版篇幅全文刊登上海民政开展规范服务活动决定、监督和奖惩措施,并刊登城市居民最低生活保障、农村供养农村社会养老保险、优待抚恤、退伍安置、婚姻登记、收养登记、社团登记、社区服务和社会福利、福利企业、老年人权益保障和殡葬服务等与民生紧密关联的12项业务的政策法律依据、办理程序、办理时限和监督投诉渠道,主动接受社会监督。《解放日报》配发约500字的评论《民政系统带了个好头》。评论指出,上海的全行业规范服务达标活动已从窗口行业延伸到党政机关。

1997年,规范服务活动被列为全面提高民政工作整体水平的"头号工程"。8月,制定规范服务达标考评标准,按组织领导、政务公开措施、办公服务环境、工作人员形象等四大系列设置分值,要求各单位对照自查,市局组织考评和督促。同时,市和区县民政局多次举办信访、宣传、礼仪、业务知识培训。

1998年3月,市民政局、市文明办联合召开市民政系统政务公开、规范服务达标评估大会。6月,市文明委在市精神文明建设表彰大会上宣布上海民政系统等8个行业(系统)规范服务达标,民政系统20个区县民政局、市民政局11个业务处室、17个直属单位规范服务达标。9月,市民政局发出在全市民政系统进一步开展规范服务活动的通知,要求规范服务活动向街道乡镇民政机构延伸。

三、文明行业创建

1999年11月,市民政局召开首届"孺子牛奖"表彰暨创建文明行业动员大会,市委副书记孟建柱、副市长冯国勤出席会议并讲话。会议提出要把全市民政系统建成"上海市文明行业"的目标,并颁布《上海市民政局关于创建文明行业的意见》。

2000年,市民政局各业务处室、19个区县民政局以及市、区县民政局的直属单位根据创建文明行业的总体目标,结合各单位实际,以创建文明单位、文明窗口为抓手,全面推进文明行业创建活动。

2001年6月,市民政局委托市社会工作培训中心举办首期上海市民政系统创文明行业职业道德骨干培训班。从8月上旬至11月下旬,对19个区县民政局、市民政局直属23个单位的全体职工进行全员道德培训,参训人数达5 600人。

2001年11月,市委副书记刘云耕、副市长冯国勤在市民政系统创建文明行业表彰大会上,对全市民政系统创建文明行业进行再动员。大会表彰市民政局直属的4个市文明单位、5个市级机关文明单位、23个局文明单位和36个局文明窗口。

2002年6月底,全市有17个区县民政系统被所在区县文明委命名为文明行业,占区县总数的89%以上。市民政局直属的社会福利中心系统,经市民政局文明办考评基本达到文明行业标准。

2004年3月,市民政系统开展"孺子牛"精神与上海民政新一轮发展大讨论,通过大讨论,进一步明确民政文明行业创建理念和定位:以弘扬创新、进取、务实、奉献的民政"孺子牛"精神为核心,建立班子团结作风好、科学管理机制好、教育培训素质好、典型示范形象好、群众满意信誉好的"五好"评估考核机制,实现班子优化、质量优等、作风优良、成绩优异、素质优秀、环境优美的"六优"目标。8月5日,在民政系统创建文明行业工作推进会上,市民政局局长徐麟要求各部门、各单位结合实际,健全创建文明行业的领导机构,完善创建文明行业的工作计划,扎实推进各项创建工作。会议形成《关于加快民政系统创建文明行业的补充意见》。

2004年9月,针对民政系统具有多元性的特点,市民政局经与国家统计局上海调查总队商榷,科学合理地细化社会公众对民政系统满意度测评所使用的《测评表》内容;将原先的1张《测评表》按照民政系统的主要业务分解成7张表,每张《测评表》内容细分为十大项,每一项都有具体标准和量化指标。9月14日,市民政局围绕窗口单位的"环境设施、举止仪表、办事公开、行业诚信、服务态度、业务水平、反应能力、守纪遵时、工作绩效、便民措施"等10个测评项目举办专题培训。9月下旬至10月中旬,市民政局邀请38位市民巡访团成员和市综合党委相关处室对民政系统基层服务"窗口"开展明察暗访。巡访敬老院、救助所、婚姻登记所及殡仪馆等90家与市民生活密切相关的窗口单位,其中被评价为好的与较好的82家,占巡访总数的91%。10月,全市19个区县民政局分管领导与市局直属32家服务窗口单位负责人开展互查。互查服务"窗口"单位99家,被总体评价为好的与较好的占被查总数的95%以上。市民政局聘请228位人大代表、政协委员、社会知名人士担任行风监督员,定期巡查,邀请市民巡访团成员到民政系统暗查。同时把创建工作纳入干部职工的政绩、业绩考核范围,并将服务质量等事项同职工收入挂钩,将创建工作的否决指标作为干部考核、各类先进评比"一票否决"制度的重要依据。

2005年5月,市委、市政府命名上海市民政行业为"2003—2004年度上海市文明行业"。民政部派记者专程赴上海采访,《中国社会报》连载6篇专题报道,全面报道上海市民政系统文明行业的创建情况,民政部部长李学举为此亲笔撰写《高兴之后的感受》一文,发表在《中国社会报》7月4日的一版头条。

2005年8月,市民政局制定《上海市民政系统创建文明行业实施办法》《上海市民政局创建文明单位实施意见》,为加大民政系统创建力度、巩固创建成果、规范创建管理、深化创建内涵、提高创建质量提供制度保障。

2006年,市民政局将"文明行业创建"纳入民政"十一五"规划,并列入每年度的重要工作加以推进。1—9月,全市民政系统开展"百佳示范文明单位"和"百佳服务明星"评选活动,评选范围为基层窗口单位和工作人员。经层层推荐,共评选出102个示范"窗口"和104名先进个人,在行业内树立并推广一批先进典型。11月,组织全市民政系统干部职工开展文明行业创建工作理论研讨活动,广大民政工作者结合创建工作实践从理论上进行多视角、多层次的研讨,至2007年9月共撰写218篇论文,为推动创建活动向纵深发展建言献策。

2007年,市民政系统围绕上海"办特奥、迎奥运、迎世博",着力推进优质服务标准建设和品牌建设。2008年9月,制定殡葬服务、婚姻登记、养老服务、救助、优抚和军休服务6个服务"窗口"的优质服务标准,对各类"窗口"服务行业的服务流程、服务承诺、文明用语、便民措施、管理制度、岗位职责作全面规范和界定,编制《上海市民政窗口行业优质服务标准》,发至全市民政系统基层"窗口"单位执行。2009年,共组织13 800余人参加以迎世博为主要内容的文明礼仪、岗位规范、业务技能等培训,人均培训时间在16小时以上,一线服务人员培训率达100%;有12 809人通过迎世博知识、文明礼仪和业务技能测试,取得上海市迎世博"窗口"服务部监制的培训合格证。2010年,在世博会开幕前夕,组建民政"窗口"服务质量检测队伍,先后查访266个基层服务"窗口"。世博会召开期间,全市民政"窗口"先后接待服务对象约176万人次,接听电话约22万个,受到市世博运行指挥部"窗口"服务组和服务对象的普遍赞誉。市民政系统在迎世博城市服务文明指数测评中,成绩由第一次的81.54分提高到第八次的89.05分。

2009—2010年,全市民政系统组织开展"上海十佳社区志愿服务项目、十佳社区志愿者"评选

图 11 - 3 - 1 上海市民政文明创建品牌杨浦区"燕子团队窗口"（2008 年 12 月 20 日摄）

活动,6 700 多名志愿者、244 支志愿服务队活跃在全市为民服务第一线,为建设文明城市贡献力量,志愿服务时间达 37 万小时。龙华烈士陵园围绕社会文明发展的需要,向社会提供丰富、多元的精神文化产品和服务,举行广场主题活动和祭扫仪式 2 400 多场次,接待社会各界群众 280 多万人次,被评为"上海市未成年人思想道德教育先进单位"。

市文明办委托国家统计局上海调查总队对全市 41 个"窗口"行业公众满意度测评,民政得分从 2003 年的 79.006 分上升到 2010 年的 84.77 分,高于全市"窗口"行业公众满意度平均成绩。

至 2010 年,上海民政系统连续获得 2003—2004 年度、2005—2006 年度、2007—2008 年度、2009—2010 年度"上海市文明行业"称号,实现"四连冠"。

第二节 民政文化建设

一、文体活动

1981 年 11 月,市民政局会同市体委、市总工会等部门在沪南体育场举办上海市盲人聋哑人体育运动会,上海 10 个区、7 个县的代表队、1 248 名盲人聋哑人运动员参赛。市民政局局长张竹天在 11 月 8 日的开幕式上致辞中说,这届运动会是上海解放以来规模最大的盲人聋哑人的体育盛会。比赛项目有:聋哑人接力赛和第六套广播体操,盲人聋哑人拔河、跳高、跳远、跳绳、铅球和 60 米短跑,聋哑人手榴弹和短、中、长跑等。

1986 年 10 月,市民政局会同市体委、市教委等部门举办上海市首届特殊奥林匹克运动会,市儿童福利院,市第二社会福利院,市第一、二、三精神病疗养院,虹口区育能院等 8 个单位和 10 个区的辅读学校,共 305 名男女运动员组成 18 个队,分智残和精神疾患康复两类,并按男女少年、成年分组进行比赛,运动项目为田径、足球射门、拔河、跳绳、踢毽子等。10 月 19 日,特奥运动会在沪南体育场闭幕,民政部副部长张德江、上海市副市长谢丽娟等有关领导观看比赛。此后,特奥运动在上海蓬勃发展。

1986年9月26日,市民政局在市政府礼堂举行第一届"康复之花"文艺演出,由民政第一、二、三精神康复院的病人表演节目。此后"康复之花"在每年的金秋时节如期举办,连续举办4届,参加汇演的范围逐步扩大到局属事业单位系统、福利企业系统和殡葬系统。1989年后改为每两年、三年或四年举办一次,至2010年共举办10届。1991年起,"康复之花"更名为"民政之花",参演范围扩大至各区县民政局,全市广大民政干部职工用歌曲、舞蹈、朗诵、说唱、器乐、小品等多种艺术形式,唱响上海民政事业发展的主旋律,展现民政事业改革发展的硕果和民政职工昂扬向上的精神风貌。"民政之花"坚持"民政人写民政人,民政人演民政人,民政人说民政人,民政人唱民政人"的宗旨,伴随和见证上海民政事业发展的进程,演绎上海民政事业发展的辉煌,成为宣传民政事业、展示民政风采、弘扬民政精神的职工文化建设品牌。

图 11‐3‐2 1986 年 9 月 28 日,上海市民政局"康复之花"文艺汇演场景

2009年11月,"民政之花"文艺汇演荣获上海市"五一文华奖"十佳职工文化品牌。

表 11‐3‐4 历届"康复之花""民政之花"文艺汇演情况一览表

年 份	届 次	名 称	年 份	届 次	名 称
1986	第一届	康复之花	1993	第六届	民政之花
1987	第二届	康复之花	1996	第七届	民政之花
1988	第三届	康复之花	1999	第八届	民政之花
1989	第四届	康复之花	2004	第九届	民政之花
1991	第五届	民政之花	2008	第十届	民政之花

资料来源:上海市民政局档案

2006 年 6 月 24 日,市民政系统第一届运动会在市儿童福利院操场举办开幕式,市民政局局长徐麟为运动会会徽揭幕。运动会以"跨越新的高度"为主题,19 个区县民政局、市民政局机关和市局属单位的 34 个代表团、323 支代表队的 1 642 名运动员参加,运动项目为:五人制足球、乒乓球、桥牌、十人制拔河、四人制齐心协力跑、射击、象棋、围棋、八十分扑克、跳绳、踢毽子、钓鱼、游泳等 13 个项目。运动会历时近 3 个月,始终洋溢着热烈、团结、欢庆、奋进的气息。经过激烈角逐,产生金牌 18 枚、银牌 18 枚、铜牌 54 枚。于 9 月 17 日在上海国际体操中心举行闭幕式。

2009 年 9 月 17 日,市民政局主办的"颂伟大祖国,展民政风采——上海市民政系统庆祝新中国成立 60 周年歌咏大会"在东方艺术中心举行。民政系统 2 000 多名干部职工组成 19 支合唱方队参与演出,其规模之大、参与人员之多创上海民政大型文体活动的记录。

二、民政历史文化展示

2008 年 5 月,上海殡葬博物馆落成开馆。该馆设在龙华殡仪馆业务大楼内,著名经济学家于光远题写馆名。殡葬博物馆展览面积 1 500 平方米,分民间旧俗与传统丧葬方式、商业化殡葬业的产生和畸形繁荣、殡葬设备用品的变迁与著名企业的沉浮、殡葬业的转型与风俗改造、现代殡葬与跨世纪的人本服务 5 个部分。博物馆共收藏原始实物 100 余件、图片 500 多张、档案文书等 2 000 件、图书资料 2 000 余本。

2008 年,市民政局决定建立上海民政博物馆。2009 年 4 月 2 日,市民政局局长办公会议通过《上海民政博物馆筹建总方案》。上海民政博物馆将建于普育西路 105 号市儿童福利院 1 号楼旧址,该楼始建于 1925 年,是一幢具有中西合璧建筑样式的老建筑,总建筑面积 1 200 平方米。民政博物馆由序厅、历史文化、业务专题、区县民政、民政英模和民政信息总览等六大板块组成,通过大量实物、文件、照片、史料以及场景、模型、雕塑、油画等辅助展品,展现上海民政人遵循"以民为本、为民解困、为民服务"的宗旨,以上海第一任市长陈毅提出的"上为中央分忧,下为百姓解愁"为己任,从而揭示"民政为民"的展览主题。展览应用灯箱、雕塑、模型、绘画、模拟场景、多媒体演示等多种展示手段。民政博物馆陈展的内容为:城乡社会救助、基层民主政治建设和社区建设、社会组织、双拥优抚安置、社会福利和老龄工作、慈善事业、福利彩票、社会事务、殡葬管理、行政区划、社会工作和志愿服务、统筹协调等 12 项民政业务专题。

三、民政"十佳服务品牌"

2007 年起,市民政局每两年组织一届市民政系统"十佳服务品牌"评选。上海市慈善基金会"点亮心愿"、杨浦区控江路街道"燕子救助法"等 10 个服务品牌被命名为上海市民政系统创建文明行业首届"十佳服务品牌";上海市第二精神卫生中心"二精翊园"和宝山烈士陵园"红色家园"等 15 个品牌,被命名为市民政系统创建文明行业"十佳服务品牌入围奖"。

2008 年 6 月,龙华烈士陵园"龙华魂"、市双拥活动中心"同心铸长城"、市民政第一精神病院"一精神韵"、龙华殡仪馆"让生命庄严谢幕"、上海市慈善基金会"蓝天下的至爱"等 5 个品牌被命名为上海市综合系统精神文明创建活动品牌,占市综合系统精神文明建设委员会此次命名表彰的 12 个品牌之近半数。

2010 年,上海市慈善基金会"放飞希望"、闵行区婚姻登记中心"新尚婚典"等 10 个品牌被命名为市民政系统第二届"十佳服务品牌";市第一社会福利院"银龄港湾"、黄浦区第一社会福利院"孝爱特护"等 20 个品牌被命名为上海市民政系统第二届"十佳服务品牌入围奖"。

截至 2010 年底,全市民政系统培育创建的各类品牌达 220 多个,其中近 100 个品牌趋于成熟,涉及婚姻收养、老龄工作、慈善救助、军休双拥、精神康复、社会组织和志愿服务等各个领域。

表 11 - 3 - 5　上海市民政系统第一届十佳服务品牌一览表

序　号	单　位	品　牌　名　称
1	上海市慈善基金会	点亮心愿(慈善救助服务)
2	杨浦区控江路街道	燕子救助法(社会救助服务)
3	上海市民政第一精神卫生中心	心灵港湾(精神康复服务)
4	上海市儿童福利院	七彩阳光(自闭症儿童康复服务)
5	上海市老龄事业发展中心	银龄行动(老专家志愿服务)
6	上海慈善物资管理中心	高校爱心屋(帮困助学服务)
7	虹口区老龄工作委员会办公室	晚霞心苑(老年人精神生活服务)
8	上海市社区服务中心	962200(社区服务热线)
9	静安区居家养老管理服务中心	乐龄家园(居家养老服务)
10	上海市双拥活动中心	鱼水情(拥军优属服务)

资料来源:上海市民政局档案

表 11 - 3 - 6　上海市民政系统第一届十佳服务品牌入围奖一览表

序　号	单　位	品　牌　名　称
1	上海市民政第二精神卫生中心	二精翊园
2	宝山烈士陵园	红色家园
3	金山区救助管理站	晴朗"半边天"
4	黄浦区陈娟英敬老院	天下养
5	上海市军队离休退休干部活动中心	老兵之家
6	嘉定区老年艺术协会	老当"艺"壮
7	上海浦东殡仪馆	马海燕工作室
8	上海市第一社会福利院	一福家园
9	上海市军队离休退休干部古美休养所	星光助老
10	闵行区婚姻(收养)登记中心	温馨殿堂
11	上海市龙华殡仪馆	真情玫瑰
12	长宁区婚姻(收养)登记中心	幸福港湾
13	上海市宝兴殡仪馆	火凤凰
14	上海市黄山干部疗养院	心之旅
15	南汇殡仪馆	惠忠策划

资料来源:上海市民政局档案

表 11-3-7 上海市民政系统第二届十佳服务品牌一览表

序　号	单　　　位	品 牌 名 称
1	上海市慈善基金会	放飞希望(慈善助学服务)
2	闵行区婚姻登记中心	新尚婚典(结婚颁证服务)
3	闸北区民政局	百户帮困(个性化救助服务)
4	普陀区长寿路街道	真情"365"(慈善救助服务)
5	上海市军供站	军人港湾(新老兵转运服务)
6	上海市民政第二精神卫生中心	心晴驿站(社会工作介入精神健康服务)
7	金山区民政局	晴朗"半边天"(反家暴救助服务)
8	上海市民政第一精神卫生中心	启航三部曲(精神患者康复服务)
9	上海市龙华殡仪馆	我心伴你行(殡仪陪同服务)
10	嘉定区民政局	"七彩"连心桥(民政志愿服务)

资料来源：上海市民政局档案

表 11-3-8 上海市民政系统第二届十佳服务品牌入围奖一览表

序　号	单　　　位	品 牌 名 称
1	上海市第一社会福利院	银龄港湾
2	黄浦区第一会福利院	孝爱特护
3	徐汇区社会福利院	色彩护航映夕阳
4	上海飞思殡葬代理中心	白事关怀
5	上海市益善殡仪馆	火梧桐
6	上海市第三社会福利院	牵手心翼
7	上海市婚姻(收养)登记中心	天使回家行动
8	上海市军队离退休干部古美休养所	霞光助老
9	松江区社会福利院	"五心"家园
10	上海市黄山老年疗养院	心之旅
11	长宁区婚姻(收养)登记中心	与爱同行
12	上海市众仁慈善服务中心	众仁新生活
13	上海市儿童临时看护中心	天使圆梦的摇篮
14	上海市宝兴殡仪馆	蓝色号角
15	浦东新区浦东殡仪馆	关爱天使
16	虹口区军队离休退休干部第一休养所	夕阳彩虹
17	上海市第二社会福利院	七彩旋律
18	宝山区殡仪馆	宝宾驿站
19	杨浦区军队离休退休干部第三休养所	"五心"服务法
20	奉贤区民政福利企业管理站	福业沐阳

资料来源：上海市民政局档案

第四章　民政研究和法制建设

1978—2010 年,民政研究工作对推动民政事业发展起到了重要作用。从最早以政策法规为依托,到向民政综合工作不断拓展,市民政局不断加强政策研究力度,组织开展民政课题研究,形成一批调研和研究成果。

1987 年,由市民政局等单位组成的《上海农村养老保险制度的改革》课题组成立,在嘉定南翔镇、马陆乡开展调研工作。该研究成果为上海在全国率先建立农村养老保险制度提供了理论和实践依据,开创了农村老年人经济供养模式的先河。20 世纪 90 年代以来,依托社会各方面力量组织开展课题研究已逐步成为民政事业发展的工作常态,动态把握工作形势,谋划工作思路,为规划制定和民政资金投入、社区建设、社会组织发展、优抚安置等工作难点问题突破,提供了必要的思路和理论准备。1993 年初,经过深入调研提出关于解决上海部分老年人生活困难的意见,为建立最低生活保障制度并拉开了中国社会救助改革的序幕。进入 21 世纪以后,上海民政研究围绕充分发挥民政在构建社会主义和谐社会中重要基础作用的精神,提出"现代大民政"思路,并形成一批课题,对制定上海民政"十二五"事业发展规划、推动社区公益服务创投与招投标、居民经济状况收入核对机制建设、把"支出型贫困"纳入救助范围、加快社区事务受理服务中心一门式建设等发挥了积极作用。

改革开放以来,上海民政在工作范围不断扩大、职能不断拓展的过程中,积极配合市人大、市政府立法工作,为完善民政工作的法律规范体系,建立法治实施、监督体系努力探索和实践。33 年来,涉及民政业务立法 37 项。主要为两个方面:一是上海民政在改革创新中,探索新的制度和做法,用法的形式将其确定,如农村社会养老保险、社会救助、养老机构、社会福利企业、居民经济状况核对等;二是解决婚姻登记、殡葬管理、福利企业、养老机构等 4 项民政业务的行政执法主体(当时是事业单位法人)合法性问题。

市民政局是市政府推行行政执法责任制的试点单位,根据法律法规的规定,创制一系列的制度。对审批制度的改革,按照"减少审批,增强监督管理"的指导思想,遵循"谁设立,谁取消"的原则,自上而下,将注重审批转变为注重服务和事后监督,对 1949 年以来制定的,包括与政府其他部门联合制定的规范性文件,先后进行 6 次清理,废止、宣布失效的规范性文件 447 件。

20 世纪 80 年代,市民政局的法制工作由办公室承担。1990 年 3 月,设政策法规处。从 1998 年起,市殡葬管理处、市遣送站、市社会福利企业管理处等先后设立法制科,市民政局各行政执法处室配备兼职法制员。1999 年,各区县民政局先后设置法制科,与办公室实行"两块牌子,一套班子"。其中,奉贤、松江、静安等区民政局单独设置法制科。

1999 年 8 月,市民政局在社会团体管理局内,设立执法监察处(2005 年 9 月撤销)。2000 年 11 月,上海市社会团体监察总队成立。2002 年 8 月,市民政局增设执法监察处。

第一节　课　题　研　究

一、课题概要

1987 年 1 月,建立农村社会养老保险制度课题,对嘉定县南翔镇、马陆乡开展调查。经研究、测算,制订了以家庭赡养与制度养老、个人账户与集体统筹相结合为原则的农村社会养老保险制度方案。此方案的试点成功,开创了农村老年人经济供养模式的先河。

1991年,"关于社团设置过滥的分析与建议"课题,对江南造船厂、上海大中华橡胶厂、上海计算机厂等大中型企业进行调查,参加的社团数分别是104个、56个和47个,一年会费支出均在10万元左右;上海无线电四厂参加各种名目的社团达116个,每年支出金额达14万元以上。通过调研,从5个方面提出解决社团设置过滥问题的建议,为制定社团会费管理提供了依据。调研成果刊登在《上海民政论文调查报告选编(第一辑)》。

1998年,"上海民政财力体制研究"课题,系统地分析了建立与上海国际大都市相适应的稳健的社会保障、优质的社会福利、一流的社会管理、全面的社会服务体系,必须加大财力投入所面临的形势;提出依托财政,面向社会,在事业发展中筹集资金,在增强财力中完善服务,建立多层次、多渠道、多种形式的财力来源体制和能动发展的财力机制的基本思路。研究成果刊登在《上海市民政局1998年课题研究报告集》。

1998年,"上海实施'大民政'管理"课题,分析企业托管向社区接管转变、企业帮困向社会救助转变、企业福利向社会福利转变等实施"大民政"管理格局的背景,提出"大民政"管理格局的基本含义是重在职能转变、职能拓展和职能强化。"大民政"管理的基本框架包括社区创新、福利发展、中介培育、健全保障、居民自治。研究成果刊登在《上海市民政局1998年课题研究报告集》。

1999年,"按照市场经济规律,加强民间组织管理"课题,在分析上海市民间组织的历史、现状和特征的基础上,提出从6个方面推进上海民间组织的管理框架和3个方面的对策建议。该文刊登在《上海市民政局一九九九年课题研究报告集》。

2000年,"建立上海老年人社会服务体系的思路和政策建议"课题,分析上海人口老龄化发展态势、上海老年服务发展面临的问题,提出构建老年人社会服务体系的基本思路是理顺体制,建立有权威的,多部门、多层次参与的全市老年人服务体系整合机构,创造多元化服务体系之间的一体化管理制度等10个方面的具体政策建议。研究成果刊登在《上海市民政局2000年课题研究报告集》。

2000年,上海市哲学社会科学"九五"规划重点课题——"上海社区发展报告(1996—2000)",设置主题报告、专题研究、个案剖析、规章精选、经验荟萃、海外瞭望、条目选编、统计资料、大事记等九个专栏,全国人大常委会原副委员长、上海大学社会发展研究主任费孝通作题为"中国现代化城市对社区建设的再思考"代序。该课题汇辑成书由上海大学出版社出版。

2000年,"中国加入WTO与加强上海民间组织管理研究"课题,较为系统地从宏观层面分析加入WTO对中国经济社会发展产生的重要影响和民间组织发展对中国应对入世的重大意义,提出面对入世上海民间组织面临的5个方面的发展机遇和6个方面的挑战,并从12个方面研究面对入世上海民间组织发展和管理体制与机制创新的思路。研究成果刊登在《上海市民政局2000年课题研究报告集》。

2000年,"关于上海民办非企业单位的问题研究"课题,以发达国家非政府组织发展的视野,从宏观层面研究分析民办非企业单位的社会性质、内涵和作用,总结民办非企业单位在社会事业发展中5个方面的成效,分析存在的4个方面的问题,提出促进民办非企业单位健康发展的5个方面的建议。研究成果刊登在《上海市民政局2000年课题研究报告集》。

2001年,市政府决策咨询重点课题——"上海社区建设的整体框架与发展思路研究",在全面分析社区建设的意义、主要经验、需要解决问题的基础上,从4个方面提出上海社区建设的发展思路。研究成果刊登在《上海市民政局 2001 年课题研究报告集》。

2001 年,《上海社团管理的实践与思考》,全书约 20 万字,分为绪论和上海社团发展历史回顾、上海社团发展和管理现状、中国加入 WTO 与上海社团管理、互联网发展与社团管理、海外社团发展等 5 章。该书与上海社团管理的实践紧密相连,是上海社团管理工作实践与研究的成果展示,由谢玲丽编著,施德容作序,上海远东出版社出版。

2002 年,"社会转型的新聚焦"课题,从民政改革与发展、社区建设与社区服务、社会福利与社会救助、福利彩票与信息化等 4 个方面作全面分析和展望,将 24 篇研究文章汇集成书。主编施德容,上海远东出版社出版。

2002 年,"退役士兵安置改革"课题,提出改变"两通"(入伍和工作安置两张通知一起发的简称)征兵安置模式,由入伍前安排工作改为退伍后安置,实行"政府指令性安置、退役士兵和安置单位双向选择、鼓励资助退役士兵自谋职业相结合"的安置模式,并就加快退役士兵安置立法进程、自谋职业一次性经济补助标准、鼓励和引导退役士兵入学等问题提出具体建议。研究成果刊登在《上海市民政局 2002 年课题研究报告集》。

2002 年,"福利企业发展问题"课题,分析上海福利企业面临的缺乏市场竞争力、生存困境等主要问题,提出对超比例安置残疾人的福利企业给予特别奖励、对充分采购福利企业产品的具体操作细化落实和开展投资主体多元化政策调整试点等建议。该课题为市政府推进福利企业改革发展提供重要决策参考。研究成果刊登在《上海市民政局 2002 年课题研究报告集》。

2002 年,"社会工作者职业化发展研究"课题,指出社会工作发展面临社会缺乏深层次认识、体制不到位、政策不到位等问题,提出从 6 个方面促进社会工作职业化发展的建议,推进上海社会管理制度创新和城市现代化发展。研究成果刊登在《上海市民政局 2002 年课题研究报告集》。

2003 年,上海市重大决策咨询研究项目——"借鉴国外经验,加快推进上海义工制度建设"课题,在借鉴国外志愿者工作发展的特征和理念的基础上,从 5 个方面提出加快上海义工制度建设,推进公民履行公民义务和提升城市精神。研究成果刊登在《上海市民政局 2003 年课题研究报告集》。

2003 年,"民间组织发展法律环境研究"课题,研究社会团体(含基金会等)和民办非企业单位立法层面的法律环境,为完善民间组织立法体系做初步探索。从宏观层面系统地总结民间组织对社会经济发展的积极作用和完善民间组织发展法律环境的现实意义,从 4 个方面分析民间组织发展的法律环境及其存在的问题,并从 5 个方面对完善民间组织发展的法律环境提出建议。课题刊登在《上海市民政局 2003 年课题研究报告集》。

2003 年,"民办非企业单位在社会经济发展中的地位、作用与进一步推进的对策建议"课题,在对上海民办非企业单位在经济社会中的作用进行系统总结的基础上,分析民办非企业单位发展存在的 4 个问题和制约进一步发展的 4 个因素,并从 4 个方面营造健康发展的外部环境、加强管理与自我管理,推进民办非企业单位规范发展的对策和建议。课题刊登在《上海市民政局 2003 年课题研究报告集》。

2005 年,"城市生态社区评价指标体系与方法探讨"课题,从生态系统和可持续发展理论出发,构建生态社区评价的指标体系,对上海中心城区作生态社区评价研究。研究成果被民政部收录于《2005'民政论坛报告集》。

2005 年,"中国慈善事业发展研究"课题,从慈善精神与慈善事业、理论视野与概念辨析、发展现状与主要问题、功能定位与战略选择、目标预测与评估体系、发展模式与相关因素、组织体制与能力建设、政策完善与法规保障、运行载体与个案透析、比较研究与合理借鉴等方面进行思考和阐述，并汇集成书。主编徐麟，中国社会出版社出版。

2007年，"着力构建上海养老福利服务模式，进一步增强养老服务保障能力"课题，在对全市随机抽取的1 096个样本和调查员入户专项调查的基础上作出分析，提出要不断完善以居家养老为主、机构养老为辅的养老格局，充分发挥家庭照顾、社区居家养老、分类推进机构养老服务、提高老年人服务支付能力、健全财力投入机制等9项对策。课题编入民政部《民政政策理论研究优秀论文集（2007）上》，中国社会出版社出版。

2007年，"社会组织的本质特征及其发展规律"课题，提出要审时度势，处理好党和政府与社会组织之间的关系、社会组织之间的关系，把社会组织作为新型社会治理结构的主体力量，大力发展扶持承接政府公共管理和公共服务的社会组织，促进社会组织化程度进一步提高。课题收入民政部《民政政策理论研究优秀论文集（2007）》（上），中国社会出版社出版。

2008年，开展"建立和完善社区民生公益服务项目招投标机制""'支出型'贫困群体的救助研究""社区事务受理服务中心标准化建设的实践及思考""基层民主的动员与参与方式""加速实现退役士兵安置城乡一体化""逐步实现优抚对象抚恤补助标准城乡一体化""上海志愿服务立法问题""福利企业残疾人保障""婚姻介绍机构管理实践与探索"等25个研究课题。课题成果汇编成《坚持科学发展　建设现代民政——深入学习实践科学发展观活动调研报告集》。

2009年，"关于现代民政核心价值观"课题，从现实需要、传统民政一般价值观的反思和确立价值观方法论的角度，提出现代民政"以人为本，以人和为目标"的核心价值观，通过以助人自助为核心，以尊人自尊、立人自立为伦理原则指导下的民政社会工作专业方法，实现以尊重人的社会主体、恢复人的社会功能、增强人的社会资本为功能的现代民政价值新目标。

2009年，"创建长三角区域性行业协会可行性研究报告"课题，就创建长三角区域性行业协会的必要性和可行性进行调研，提出推进创建长三角区域性行业协会的政策建议：一是纳入《长江三角洲地区区域规划》；二是从改革和政策层面支持其创建工作；三是坚持政会分开，积极转变政府职能，加强指导，开辟培育和发展的制度空间与职能空间。

2010年，"上海殡葬业转型中的科学战略研究"课题，从现代科技与遗体处理，现代科技与殡仪活动、骨灰保存、追思祭祀、殡葬管理、殡葬业布局等，提出40项科技攻关重点项目，以及科技发展的8项措施。

2010年，"上海应对人口老龄化战略研究（2010—2020）"课题，对上海未来10年人口老龄化趋势和所面临的形势做出基本判断，提出上海应对人口老龄化高峰的战略目标。课题编入民政部《民政政策理论研究优秀论文集（2010）》（上），中国社会出版社出版。

2010年，民政部委托项目——"现代民政建设研究"课题，上海民政从传统民政到现代民政的实践历程，现代民政发展的动力机制、主要矛盾与实践路径等方面提出全国建设现代民政的宏观思路与具体对策。提出要不断提高民政在设施机构、制度政策、运行体制、信息技术、人力资源即"五化"的现代化水平；不断增强民政的理念、功能、职业伦理的现代性即"三性"的现代化程度。此课题由马伊里负责牵头，课题收入民政部《民政政策理论研究优秀论文集（2010）》（下），中国社会出版社出版。

2010年，市民政局启动民政事业"十二五"规划编制的起草工作，先期围绕"促转型、调结构的挑战和机遇""社会建设背景下的民政社会创新机制""民政的现代化研究""发挥世博后续效应""民政有关专业的细化"等5个大类的30个课题，进行广泛、深入的调研。课题成果为编制民政事业

图 11-4-1　2006 年 1 月 9 日,上海市民政专家咨询委员会成立

"十二五"规划提供了充分的科学依据。

截至 2010 年底,民政课题研究还有:

社区建设领域:"上海社区建设十年回顾与展望""上海社区建设若干问题研究、评价及参与""社区建设中的居民与居委会组织""上海市基层城市社区工作者素质和培训研究""中国基层社会的组织重建研究""上海社区服务建设与产业化发展思路研究""上海市社区服务调查报告""推进和深化上海社区建设的对策思路""'十五'期间上海市社区服务设施建设研究""英美、中国香港地区社区服务与推进社区服务立法的思考""上海社区服务发展的定位与趋势研究""新世纪上海社区发展与管理研究""加拿大社区考察与借鉴研究""上海市社区层面购买服务政策调查与对策建议""探索和实践社会管理新格局中的民政法治建设"等。

社会救助领域:"建立上海社会救助体系的研究""上海对贫困群体实施社会救助帮困的情况和政策建议""社会救济与社会互助基本关系及发展""上海市城镇困难老人入住养老机构补贴研究""上海市流浪乞讨人员救助管理的对策""上海中心城区相对贫困群体困难状况及其对策""2004 年民政保障专题研究(含社会救助、养老福利事业、残疾人保障工作、优抚对象保障工作、非制度性保障医疗、社会资源整合利用)""市场化、社会化进程中的社会募捐""社会募捐管理体制的重塑与具体政策管理的研究"等。

老龄事业领域:"上海养老福利事业社会化发展探索""迈入新世纪加快上海老龄事业发展的对策研究""老龄事业发展财政预算投入和多元化资金渠道形成的对策研究""国外应对老龄化的做法与借鉴""逐步建立多层次多形式广覆盖的居家养老服务网络""进一步发展社区居家养老的研究报告""社会力量兴办养老机构的政策研究""上海老年事业'十五'发展思路"等。

社会组织管理领域:"建立上海民间组织管理框架构思及其对策研究""上海慈善基金组织的现状与发展方向的思考"。

社会福利领域:"上海福利企业发展思路与对策研究""建立和完善上海福利彩票市场营销网络体系的思考"。

专业社会工作领域："创建国际化大都市的行政区划思考""新时期上海市社工职业化对策研究""新时期浦东新区社会工作者职业化对策研究""上海市社会工作专业教育与毕业生情况调查报告"等。

优抚安置领域："上海市退役士兵安置改革研究""完善安置、优抚与社会福利保障政策"等。

行政事务管理领域："上海城市化的行政区划调整以及城镇设置标准的研究""上海市两地户口婚姻研究""新时期上海涉外婚姻的特征与模式""完善上海市婚介服务机构管理体制的探索与对策"等。

此外还有"上海民政近中期发展思路与战略目标研究""公共财政框架中的民政事业财力投入和吸纳社会资源的研究与对策建议""完善多元化的财力机制、促进上海民政事业快速健康发展的政策建议""加强上海民政行政综合执法力量""新时期上海民政工作的分析与思考"等。

二、获奖课题

【民政部政策理论研究奖】

一等奖："城市生态社区评价指标体系与方法探讨""以人为本以人和为目标——关于现代民政核心价值观的讨论""论社会组织的本质特征及其发展规律"。

二等奖："积极探索适应经济社会发展的军休服务管理改革之路""民间组织发展与管理国际比较研究""上海市和谐社区建设体制机制创新研究""着力构建上海养老福利服务模式进一步增强养老服务保障能力""上海应对(2011—2020)人口老龄化战略研究"。

三等奖："社会工作者人事制度改革浅析""行政许可制度改革的影响以及中国殡葬业需要做好的准备""上海市老年服务需求调查总报告""推进基层民主政治建设 完善社会自治功能""以学习实践科学发展观为统领提高上海殡葬工作的三个含量""关于建立和完善社区民生公益服务项目招投标机制的调查报告"。

"优秀"等级："现代民政建设研究"。

【上海市决策咨询研究成果奖】

二等奖："建立上海老年人社会服务体系的思路和政策建议"。

三等奖："上海实施'大民政'管理"。

第二节　民政业务立法

1988年7月,市人大颁布《上海市老年人保护条例》;1990年2月,颁布《上海市妇女儿童保护条例》。市民政局参与该两个条例的立法调研。条例均赋予上海民政负责协调、监督条例实施的职责。

1994年12月和1995年9月,市政府先后颁布《上海市涉外婚姻管理暂行办法》和《上海市婚姻登记管理办法》。两个规章突出婚姻登记的行政执法性质,明确对弄虚作假骗取婚姻登记证书的,婚姻登记部门有权撤销婚姻证书。鉴于撤销证照属行政处罚行为,而市婚姻登记处为事业单位法人作为执法主体显然不合法。规章颁布后,市婚姻登记处于1997年改为市民政局内设处室。

1996年1月,市政府颁布《上海市农村社会养老保险办法》,为全国第一个关于农村社会养老保险的创制性规章。上海自1987年开始设立农村社会养老保险试点，试点取得成功后向全市推开。规章将经过几年运行取得的成功经验，以法的形式予以确定，明确全市开展农村社会养老保险的范围、缴纳、管理、运营等事项。

同年11月，市政府颁布《上海市社会救助办法》，为全国第一个关于社会救助的创制性规章。上海于1993年创立最低生活保障线，为建立社会主义市场经济体制起到社会"稳定器"的重要作用，市民政局配合市政府适时将上海最低生活保障线的确定和调整、申请条件和审批期限等，以法的形式予以确定下来。

1997年1月，市人大颁布《上海市街道办事处条例》。该条例的重点是第十条"设立街道监察队"。当时，工商、交通、绿化、环保、文化等均有行政执法队伍。根据市委、市政府改革行政执法体制的意见，在立法调研中提出将各"条"行政执法队伍在"块"上归集，建立街道监察队的建议。参加立法调研的各方对行政执法队伍相对集中的意见比较一致，但集中在"区"还是"街道"意见不一。经由市人大常委会表决通过，设立街道监察队。

1997年8月，市人大颁布《上海市殡葬管理条例》，为创制性的地方性法规，对殡葬行政管理的具体内容作出规定。此前，事业单位法人上海市殡葬管理处被赋予履行全市殡葬行政管理职能。1998年，市民政局将原殡葬管理处负责下属殡葬服务单位的具体事务管理剥离出来，交给新设立的上海市殡葬服务中心，实行政事分开。

1998年6月，市政府颁布《上海市养老机构管理办法》，为全国第一个关于养老机构管理的创制性规章。规章鼓励社会（包括境外组织和个人）发展养老机构，政府的扶持政策对所有养老机构一视同仁。该规章对养老机构的审批、监督评估、年度验审等行政管理，做出具体规定。《上海市养老机构管理办法》颁布后，履行养老机构管理职能的市民政局事业单位法人市福利事业管理处改为机关内设机构，并将原对市属福利机构具体管理事务剥离出来，交给新设立的市社会福利中心，实行政事分开。

1998年11月，市人大颁布《上海市居民同外国人、华侨、香港特别行政区居民、澳门地区居民、台湾地区居民婚姻登记和婚姻咨询若干规定》，为全国第一个关于涉外婚姻登记、咨询的创制性地方性法规，对从事涉外婚姻介绍活动的资质和条件作出具体规定，明确市民政局对非法涉外婚姻介绍活动可处以50万元以下的罚款。该法规颁布后，非法涉外婚姻介绍活动得到有效遏制。

1999年7月，市人大颁布《上海市实施〈中华人民共和国残疾人保障法〉办法》修正案。时值上海开展"三车"（残疾人助力车、劳动服务公司黄车、无证无牌黑车的简称）整治工作。保障残疾人就业、缴纳残疾人就业保障金，为整治工作的重要内容。修正案一是对原条例规定只向企业、城镇集体经济，按在职职工1.6%的比例征收残疾人就业保障金，修正为机关、团体、企业、事业单位和个体工商户，均须按本单位在职职工1.6%的比例安排残疾人就业，达不到比例的，缴纳残疾人就业保障金，超过比例的，给予奖励；二是对原条例规定残疾人就业保障金由市政府残疾人工作协调委员会收取，修正为由劳动保障行政部门收取。此修正案为"三车"整治工作提供了法律依据。

2001年12月，市政府颁布《上海市婚姻介绍机构管理办法》，为全国第一个关于婚姻介绍机构管理的创制性规章。该办法为保护征婚当事人的正当权益，规范婚姻介绍机构的服务，做出具体规定。

2009年4月，市人大颁布《上海市志愿服务条例》。该条例明确民政部门是志愿服务管理的政府职能部门，并授权上海市志愿者协会组织、协调上海的志愿服务活动。

同年7月，市政府颁布《上海市居民经济状况核对办法》，为全国第一个关于居民经济状况调查、核对的创制性规章。上海实施社会救助的过程中,特别是实施医疗救助、教育救助、住房保障后,在甄别救助对象、了解申请人的经济状况方面,缺乏科学的手段。为保证发放社会救助的准确性,该办法规定,居民在提出社会救助(包括医疗救助、教育救助、住房保障等)申请时,有义务接受政府对其家庭经济状况的调查。该办法还规定,上海民政是居民经济状况核对的政府职能部门,上海市居民经济状况核对中心是负责具体调查、核对的专业机构。

表 11-4-1　上海市民政局参与的 37 件立法一览表

序号	法　规　名　称	时　间	备　注
1	上海市优待革命烈士家属、革命军人家属和革命残废军人办法	1986 年	市政府批准
2	上海市城市居民委员会工作条例	1986 年	市政府批准
3	上海市殡葬管理办法	1986 年	市政府批准
4	上海市街道办事处工作暂行条例	1987 年	市政府颁布
5	上海市老年人保护条例	1988 年	市人大颁布
6	上海市婚姻登记办法实施办法	1988 年	市政府批准
7	上海市乡人民政府工作暂行条例	1989 年	市人大颁布
8	上海市退伍义务兵安置条例实施细则	1989 年	市政府颁布
9	上海市妇女儿童保护条例	1990 年	市人大颁布
10	上海市城市贫困市民急病医疗困难补助办法	1990 年	市政府批准
11	上海市优抚对象优待办法	1991 年	市政府颁布
12	关于上海市社会团体经费管理暂行规定	1992 年	市政府颁布
13	上海市收容遣送条例	1992 年	市人大颁布
14	上海市实施〈中华人民共和国残疾人保障法〉办法	1993 年	市人大颁布
15	上海市社会团体管理规定	1994 年	市政府颁布
16	上海市公墓管理办法	1994 年	市政府颁布
17	上海市街道办事处工作规定	1994 年	市政府颁布
18	上海市涉外婚姻管理暂行办法	1994 年	市政府颁布
19	上海市婚姻登记管理办法	1995 年	市政府颁布
20	上海市义务兵及其家属优待金筹集发放管理办法	1995 年	市政府批准
21	上海市农村社会养老保险办法	1996 年	市政府颁布
22	上海市社会救助办法	1996 年	市政府颁布
23	上海市街道办事处条例	1997 年	市人大颁布
24	上海市殡葬管理条例	1997 年	市人大颁布
25	上海市养老机构管理办法	1997 年	市政府颁布
26	上海市老年人权益保障条例	1998 年	市人大颁布
27	上海市居民同外国人、华侨、香港特别行政区、澳门地区居民、台湾地区居民婚姻登记和婚姻咨询若干规定	1998 年	市人大颁布

（续表）

序号	法　规　名　称	时　间	备　注
28	上海市村民委员会选举办法	1999 年	市人大颁布
29	上海市社会福利企业管理办法	1999 年	市政府颁布
30	修订上海市实施〈中华人民共和国残疾人保障法〉办法	1999 年	市人大颁布
31	上海市实施〈中华人民共和国村民委员会组织法〉办法	2000 年	市人大颁布
32	上海市婚姻介绍机构管理办法	2001 年	市政府颁布
33	上海市退役士兵安置工作暂行办法	2002 年	市政府颁布
34	上海市义务兵及其家属优待金发放管理办法	2002 年	市政府批准
35	上海市志愿服务条例	2009 年	市人大颁布
36	上海市居民经济状况核对办法	2009 年	市政府颁布
37	关于修改上海市促进行业协会发展规定的决定	2010 年	市人大颁布

资料来源：上海市民政局档案

第三节　行　政　执　法

一、行政执法责任制

1996 年 6 月，市民政局印发《关于开展扩大听证适用范围试点工作的通知》，决定扩大听证程序的适用范围，首先在养老机构设置审批中进行试点，并在市民政局或者选择一、二个区县民政局试行。

1996 年 10 月，市民政局制定《〈行政执法证〉颁发使用规定》，明确《行政执法证》的取得条件、取得程序、使用方法，以及民政法制部门的职责。

1997 年 3 月，市民政局印发《关于在全市民政系统开展"政务公开，规范服务，争当孺子牛"活动的通知》及《关于在全市民政系统开展"政务公开，规范服务，争当孺子牛"活动的决定》。两个文件将上海民政与人民群众息息相关的管理、服务事项（即权力清单）向社会公开，并将最低生活保障申请、婚姻登记等 12 个项目，从申请条件、需备材料、审批流程，全部向社会公开。同时，市民政局向全市民政系统推行《上海市民政系统公务员工作守则和服务规范》和《上海市民政系统公务员文明用语和忌用语》。

1997 年 7 月，市民政局制定《民政行政复议管辖和程序试行规定》，对民政行政复议的申请范围、管辖、复议机构以及程序等做出规定，进一步规范上海的民政行政复议管辖和程序。

1998 年 7 月，市民政局印发《关于试行行政执法责任制的通知》，明确要在社会救助、优待抚恤、养老机构、婚姻、收养、社会团体等具有行政许可权和农村社会养老保险、养老机构、婚姻、社会团体等具有行政处罚权的机关，以及市殡葬管理处、市遣送站和市社会福利企业管理处等法规授权组织、规章委托组织中，推行行政执法责任制；行政执法责任制的主要内容有八项：建立和完善行政执法的层级职权、规范抽象行政行为、规范行政执法程序和法律文书，加强行政执法人员管理、政务公开、行政执法统计备案、行政执法监督检查、考核奖惩等。行政执法责任制首先在婚姻登记处试点,取得经验后,逐步推开。

1998年8月,市民政局印发《关于加强民政法制监督的通知》,明确法制监督的内容和职责,并要求加强法制机构建设,市民政局各行政执法处室确定1名以上法制员,市殡葬管理处、市遣送站、市社会福利企业管理处设置法制机构,配备2名以上法制员,区县民政局确定1名以上法制员,并创造条件设置法制机构。

1999年4月,市民政局印发《关于上海民政系统推行行政执法责任制的通知》,规定市民政局继续试行行政执法责任制的范围,从婚姻登记处扩大到各行政执法处室。明确上海民政系统继续试行行政执法责任制的重点是:规范、完善行政执法行为,明确行政执法职权,试行行政执法的考核和奖惩。该通知还提出,要梳理民政行政执法行为,完善层级职权制度、执法文书的制度、制定规范性文件的制度、限制增加管理相对人义务的制度、建立罚缴分离制度等12项要求。

1999年6月,市民政局印发《关于进一步规范殡葬行政执法职权的通知》,分别对市民政局、市殡葬管理处以及各区县民政局和浦东新区社会发展局的行政执法层级职权进行划分。同时印发的《关于进一步规范行政执法职权的通知》,对市民政局内设各行政执法处室和市殡葬管理处、市遣送站、市社会福利企业管理处的行政许可职权、行政处罚职权、年度验审职权、行政复议职权以及规范性文件和执法文书的制定等,做出详细规定。

1999年6月,市民政局制定《上海市民政部门行政处罚的程序规定》,对市、区县民政局,以及市殡葬管理处、市社会福利企业管理处实施行政处罚的立案、调查取证、决定等程序作规定。

1999年6月,市民政局印发《关于加强行政执法统计工作的通知》,明确行政执法统计单位为市民政局有关行政执法处室、市遣送站、市殡葬管理处、市社会福利企业管理处及各区县民政局,规定行政执法统计的内容和上报期限,法制部门职责以及填表要求。

1999年6月,市民政局印发《关于进一步规范社会福利企业行政执法职权的通知》,分别对市民政局、市社会福利企业管理处以及各区县民政部门的行政执法层级职权进行划分。

1999年6月,市民政局印发《关于制定民政部门行政处罚执法文书的通知》《制定规范性文件的规定》《制定、使用执法文书的规定》,要求按照《上海市民政部门行政处罚的程序规定》的要求,管理、使用好执法文书;明确规范性文件应当以市民政局名义制发,并对市民政局的行政执法处室、市殡葬管理处、市遣送站、市社会福利企业管理处起草规范性文件的程序等做出详细规定;对执法文书的起草、制定程序、备案等做出具体规定。

1999年7月,市民政局印发《关于进一步规范区县收容遣送站职责的通知》,规定区县收容遣送站的工作职责、工作规范和责任,以及市民政局、市收容遣送站与区县收容遣送站的业务关系。

1999年7月,市民政局印发《关于进一步做好公开告知工作的通知》,要求政务公开应依法公开、要增加充实公开告知的内容、加快规范性文件的公开等。

1999年7月,市民政局印发《关于加强层级执法监督的通知》,明确市民政局负责对区县民政局实施层级执法监督,区县民政局负责对街道乡镇实施层级执法监督;市民政局的执法监督部门采取定期和不定期的方式实施层级执法监督,并明确定期层级执法监督的内容以及层级执法监督的要求。

1999年7月,市民政局印发《关于实施一九九九年度行政执法责任制考核、奖惩的通知》,对救灾救济处、优抚处、社会福利事业处、社会团体管理处、婚姻管理和收养登记处、市殡葬管理处、市遣送站、市社会福利企业管理处等,以及区县民政局和浦东新区社会发展局民政处实施考核;市民政局根据不同的行政执法职责和推行行政执法责任制的不同要求,制定考核内容和标准。

2006 年 11 月，市民政局制定《行政重大事项决策办法》，规定市民政局行政决策形式为局长办公会议，涉及全局重大政策、业务和重要行政管理工作方面的问题，应由局长办公会议做出决策。局长办公会议坚持民主集中制原则，贯彻行政首长负责制，局长办公会议形成决策意见后，由会议确定的分管局领导负责该决策事项工作的实施，会议确定的责任部门负责该决策事项的具体执行。

二、审批制度改革

2001 年 10 月，市政府颁布《关于公布第一批取消和不再审批的行政审批事项的通知》，其中取消和不再审批的民政行政审批事项 3 项：优抚对象中精神病人收治、社会福利机构护理员执业证书、孤儿安置审批等。

2002 年 2 月，市政府颁布《关于公布第二批取消和不再审批的行政审批事项的通知》，其中取消和不再审批的民政行政审批事项 1 项：核发收养登记员资格证书。

2002 年 11 月，国务院颁布《关于取消第一批行政审批项目的决定》，其中取消的民政行政审批项目 3 项：社会团体收取会费标准、向国际社会提供灾情、成立国内婚姻介绍机构。

2003 年 2 月，国务院颁布《关于取消第二批行政审批项目和改变一批行政审批项目管理方式的决定》，其中取消民政行政审批项目 11 项：代销中国福利彩票资格，社会团体刻制印章，社会团体设立企业法人，外国商会聘请外籍工作人员，民办非企业单位刻制印章，在地方各级烈士纪念建筑物保护单位范围内进行其他建筑工程，社会福利企业因合并、分离、转让而终止，社会福利企业法定代表人或主要负责人委任、选举、招聘或罢免，社会福利企业招用残疾人员的残疾状况鉴定，社会福利企业辞退残疾职工，举办社会福利性募捐义演。

2003 年 5 月，市政府颁布《关于公布第三批取消和调整行政审批事项的通知》，其中取消民政行政审批事项 7 项：烈士褒扬金、退役士兵接受安置、福利企业扶持发展基金使用、福利企业减征管理费用、福利企业扶残帮困基金使用、扶残帮困送温暖使用资金、国内婚姻介绍机构。

2003 年 9 月，市行政审批制度改革领导小组办公室颁布《关于同意市民政局"不作为行政审批事项"的通知》，同意市民政局将一部分事项调整为不作为行政审批事项：市荣誉军人疗养院接受入住、因公牺牲军人抚恤、义务兵家属优待金、烈士家属定期抚慰金、已故在乡革命伤残军人遗属生活补助金。

2004 年 5 月，国务院颁布《关于第三批取消和调整行政审批项目的决定》，其中取消民政行政审批项目 8 项：生产、销售丧葬用品，公墓单位跨省设立销售机构，生产标准地名标志产品的企业资质认定，创办农村敬老院，撤销农村敬老院，全国性社会团体编制数额核定，省级范围内福利彩票销售额度，城镇建筑物名称。

2004 年 6 月，国务院颁布《对确需保留的行政审批项目设定行政许可的决定》，其中民政行政许可项目 3 项：假肢和矫形器（辅助器具）生产装配企业资格认定（省级民政部门审批），假肢和矫形器（辅助器具）制作师执业资格注册（民政部审批），与境外合资、合作举办社会福利机构。

2004 年 6 月，市政府颁布《关于取消"消费品展销会的核准登记"等 66 项行政许可事项的决定》，其中取消民政行政许可事项 2 项：殡葬广告、设立婚姻介绍机构的前置审批。

2004 年 6 月，市人大颁布《关于停止执行本市地方性法规设定的若干行政许可事项的决定》，其中停止执行民政行政许可事项 4 项：制造销售殡葬设备、殡葬专用品单位（个体工商户）开业的前置审批，制造销售寿衣、花圈单位（个体工商户）开业的前置审批，遗体延期火化，遗体存放超期强制火化。

2004年8月，国务院办公厅颁布《关于保留部分非行政许可审批项目的通知》，其中保留民政非行政许可审批项目3项：建立天主教区登记（省级民政部门审批）、社会福利基金资助项目（地市以上民政部门审批）、民政福利企业享受税收优惠及民政福利工业企业生产增值税应税货物退税（省级民政、税务部门审批）。

2008年4月，市人大决定停止执行《上海市殡葬管理条例》中确认的市殡葬管理处收取的管理费。

2008年6月，市政府颁布《关于公布本市取消和停止征收148项行政事业性收费项目的通知》，其中取消和停止征收民政行政事业性收费项目3项：公墓管理费、伤残儿童寄托费、婚姻登记证书工本费。

2009年12月，市政府颁布《关于公布本市第四批取消和调整行政审批事项的通知》，其中取消民政行政审批事项3项：殡葬服务代理单位设立和开业、殡葬服务开业、涉外婚姻咨询机构设立。

2010年7月，国务院颁布《关于第五批取消和下放管理层级行政审批项目的决定》，其中取消民政行政审批项目2项：利用外资建设殡葬设施和与境外合资、合作举办社会福利机构。

三、规范性文件清理

1986年2月，市民政局向市政府上报《关于清理法规的汇报》。1984年，市民政局根据市政府的部署，对从1949年上海解放到1983年底，由市民政局或市民政局会同其他部门制定的有关民政工作的政策、规定等文件，进行一次全面的清理。它是改革开放以后市民政局第一次清理自己制定的文件。清理工作到1985年底结束，历时一年多。市民政局宣布废止和自然失效的文件共74件，其中，废止40件，自然失效34件。废止的是市民政局已经停止履行职责的文件，如《关于援朝支前工作人员的直系亲属应予军属优待的通知》《关于立即进行代耕工作的通知》《为革命军人未婚妻享受军属优待的几点意见承请查照办理》等。自然失效的是市民政局继续履职的业务已经有新的文件替代，如《关于对革命残废军人食油补贴的意见》《关于自费精神病人收费标准的通知》等。

1990年7月，市民政局向市政府上报《关于我局清理规章和规范性文件情况的报告》，对历年来制定的规范性文件132件进行清理。经过清理，继续有效的81件，需要修改完善的9件，已经自然失效和需要废止的42件。

2000年4月，市民政局下发《关于公布1999年底以前本市有关婚姻管理和收养登记的规范性文件清理结果的通知》。按照推进政务公开和试行行政执法责任制的要求，对有关婚姻管理和收养登记的规范性文件进行清理。清理工作涵盖市民政局或者市民政局会同相关部门联合制定的规范性文件54件。经过清理，继续有效的24件，废止的23件，自然失效的7件。继续有效的规范性文件陆续向社会公开。

2005年1月，市民政局下发《关于废止部分规范性文件的通知》，对规范性文件定期进行清理，废止部分内容过时或者已有替代的11件规范性文件，继续有效的规范性文件报市政府法制部门备案。

2005年2月，市民政局、市财政局下发《关于废止两件规范性文件的通知》，废止联合下发的《关于上海市社会团体使用收据问题的通知》《关于施行〈上海市社会团体财务制度〉和〈上海市社会团体会计制度〉的通知》。

2010年,开展对20世纪50年代至2010年底期间市民政局制发和与其他机关联合制发的规范性文件进行全面清理。经过清理,市民政局于2011年12月9日印发《上海市民政局关于废止和宣布失效一批规范性文件的通知》,决定废止和宣布失效的规范性文件共计288件,其中,废止177件,宣布失效111件,包括《上海市民政局关于印发〈关于社会福利事业单位组织收养人员参加生产劳动的试行办法〉的通知》《上海市民政局关于区县福利生产单位利润管理和使用范围的意见》《上海市民政局、财政局关于对一九八一年回农村无房居住的退伍军人给予建房补助的通知》《上海市民政局关于对精简下放职工中的复员军人实行差额补助的通知》《上海市民政局、上海市财政局关于调整居委会干部退休后生活补助费的通知》等。

四、行政处罚

1998年8月,市民政局针对日本I.C.A国际交流会和谷崎结婚情报服务社未经中国政府准许擅自派遣其代表来沪从事非法涉外婚姻介绍活动的行为,依据《上海市涉外婚姻管理暂行办法》第三十二条的规定,对其作出行政处罚:责令停止非法涉外婚姻介绍活动,并没收170万日元。

2000年11月,市民政局针对上海市居民徐某某在上海中亚饭店从事非法涉外婚姻介绍活动的行为,依据《上海市居民同外国人、华侨、香港特别行政区居民、澳门地区居民、台湾地区居民婚姻登记和婚姻咨询管理若干规定》第五条和《上海市涉外婚姻管理暂行办法》第三十四条第一款第一项的规定,作出行政处罚:责令限期改正,没收违法所得人民币15 000元和日币220 000元,并处罚款人民币50 000元。

2001年6月,市民政局对上海市观赏鱼协会做出行政处罚决定,认定该协会无法定活动经费、无固定办公住所、未在规定期限内整改的违法事实,决定做出撤销登记的行政处罚。该协会不服,向市政府申请行政复议,市政府于2001年11月14日做出决定,维持市民政局作出的行政处罚决定。

2005年3月,河南省驻沪企业协会会长刘某未按章程规定,在仅与秘书处几位工作人员开会商定后,将协会法定代表人由刘某变更为担任协会秘书长的丁某,并在办理变更登记手续时,向业务主管单位和登记管理机关提供伪造的《会员代表大会决议》和《理事会决议》材料,骗取登记管理机关的变更登记。2005年10月,市民政局根据《行政许可法》第六十九条的规定,撤销对该协会的变更登记,根据《社会团体登记管理条例》第三十三条第一款第四项的规定,作出对该协会予以警告的行政处罚决定。

2005年12月,市民政局对上海市炒货行业协会做出行政处罚决定。上海市炒货行业协会副会长、秘书长陈某利用其职务便利和协会财务管理等制度的缺失,以虚构个人"四金"项目形式,侵占社团资产6万余元,其行为违反《社会团体登记管理条例》第二十九条第一款的规定。依据《社会团体登记管理条例》第三十三条第一款第七项的规定,市民政局对该协会做出责令撤换直接责任人的行政处罚决定,并要求协会改正内部财务管理制度缺失问题,其中对个人涉嫌经济犯罪的,移送公安机关处理。该案是市民政局处理的首例社会组织违法涉及行政处罚和追究刑事责任的"行刑衔接"的案件。

2008年5月,市民政局依法取缔某非法社会组织。湖北青年吴某在新浪博客上擅自创立"中国公平正义党",网上公开开设党务中心,下发党章,设计党的标识等用于网上发布,并拟发展党员并进行网下活动。市民政局根据非法社会组织的特征,固定其证据,化虚为实,予以查处。依据《社会团体登记管理条例》第三十五条的规定,对该非法社会组织予以取缔。该案是市民政局处理的首例互联网上开设非法社会组织、互联网下开展实际活动,依法被取缔的案件,在全国也属首例。

2009年7月,市民政局对上海宁夏经济促进会做出撤销登记的行政处罚。该促进会无故连续两年未参加年度检查,其行为违反《社会团体登记管理条例》第三十一条第一款之规定,属情节严重。依据《社会团体登记管理条例》第三十三条第一款第(三)项之规定,市民政局对该促进会做出撤销登记的行政处罚。该案是市民政局处置的首个名存实亡的社会组织。

据统计,至2010年底,市民政局共实施行政处罚63起。

第四节　法　制　宣　传

一、"一五"法制宣传

1986年3月,市民政局会同相关部门下发《关于开展以婚姻法为重点的法制宣传活动的通知》,要求在全市范围内开展婚姻法和婚姻登记办法的宣传教育。4月,市民政局会同相关部门,在电视台专门举行一次《婚姻法与家庭幸福座谈会》;会同相关部门编印5万份关于婚姻法和婚姻登记办法的宣传资料;在《新民晚报》等媒体上,陆续登载上海贯彻实施《婚姻法》和《婚姻登记办法》的情况。

1988年7月,市民政局下发《关于宣传贯彻〈上海市老年人保护条例〉的通知》,要求全市各级机关、人民团体、企业事业单位以及基层群众性自治组织,广泛开展各种形式的学习宣传活动,认真贯彻条例的各项规定。上海开展声势浩大的宣传活动。在上海东方广播电台《为您服务》和《金色年代》栏目,策划制作每周一次的《老年法律》专题节目,宣传老年法律知识,分析典型案例,解答相关的法律问题。在"一五"普法期间,广播电台等新闻媒体累计播出各类法制专题节目350余次。

1989年,市民政局会同相关部门拍摄《老年人的故事》六集连续短剧。其中,《街面房子》《无后为大》《多子多"福"》三集,第一次由市民政局自己拍摄制作,三集共63分钟。10月4日下午,在迎接上海市第二个敬老日的前夕,市民政局举行首映式。副市长谢丽娟、市政协副主席张瑞芳、市人大副主任王崇基和有关部门领导130余人观看。11月,连续短剧先后在上海电视台播出。

1990年8月,市民政局下发《关于举办上海市民政法规、知识有奖竞赛活动的通知》。竞赛共分团体赛(民政系统内)和个人赛(面向社会)两部分,竞赛题在《上海法制报》上全文刊登。区县民政局在街道乡镇,组织市民参与答题竞赛活动。截至9月底,全市数十万市民参与答题竞赛活动,最终评出一等奖1名、二等奖2名、三等奖3名。

据不完全统计,仅1989年,市民政局在全国和全市各报纸、杂志、电台、刊物刊登(播出)普法宣传稿件1000余篇。

二、"二五"法制宣传

1991年11月,市民政局下发《关于上海市民政局实施法制宣传教育第二个五年规划的意见》,明确"二五"普法的重点对象是市民政局处以上各级领导干部、行政执法人员、宣传教育工作者,在内容上以宪法为核心,以专业法为重点,采取举办脱产或半脱产的普法短训班、法制辅导讲座等学习方法。该意见将"二五"普法期间的各项任务分3个阶段实施,并明确各阶段的目标和任务。

1992年9月，市民政局下发民政系统专业法宣传教育实施意见和计划安排，明确自下半年开始，"二五"普法教育的重点转入专业法学习阶段，并附专业法宣传教育实施计划，要求学习与民政业务工作有密切联系的法律、法规和规章，特别要注重对全国及上海新颁布的专业法律法规的学习宣传。

1992年，《中华人民共和国收养法》颁布实施，市民政局印制2 000份《收养法规》汇编，发至各街道办事处和公安派出所，并要求通过读报会、黑板报等形式，让公民了解合法收养的条件和程序。

1993年，市民政局印制《本市公民收养子女须知》《港、澳同胞收养须知》《海外华侨收养须知》《台湾居民收养须知》和《外国公民来华收养须知》等材料，在市和区县婚姻收养登记窗口，向咨询者发放。

1993年4月，市民政局转发民政部1993年民政系统法制宣传教育工作要点和上海市民政系统专业法宣传教育的评估要求（草案），明确以民政专业法学习作为"二五"普法教育的重要内容。要求民政系统干部熟悉、掌握与本职工作有关的民政专业法，做到自觉依法行政、依法办事，提高执法水平，减少纠纷和行政诉讼。普法宣传教育覆盖面要达到95％以上，每位民政干部学习与本职工作相关的民政法律法规10个以上，以及领导干部和执法人员考核合格率分别达到95％以上。

1994年5月，市民政局下发《关于落实"二五"专业学习计划和开展评估工作的通知》，要求市和区县民政局结合各自的实际情况，制定考核办法，采取多种形式认真组织自我评估。

1995年10月，市民政局会同相关部门下发《关于开展婚姻、收养法制宣传周活动的通知》，要求广泛宣传婚姻法和收养法的精神、原则，婚姻、收养登记的条件和程序，婚姻、收养法规提倡和禁止的行为，公民在婚姻家庭、收养关系中应履行的职责、义务及享受的权利。

1995年11月，市民政局会同相关部门开展婚姻法、收养法法制宣传周活动，副市长谢丽娟向市民做电视专题讲话，市民政局会同相关部门召开新闻通气会，市民政局印制宣传材料发到各区县、街道、乡镇、居村委。市民政局在外滩陈毅广场和各区县民政局分别设立咨询点，以及各区县运用有线电视、广播、区报、县报等媒介开展广泛的宣传活动。

三、"三五"法制宣传

1996年7月，市民政局下发《关于开展学习〈中华人民共和国行政处罚法〉及知识产权保护法律法规的通知》，明确学习内容为《邓小平论民主法制建设》《中华人民共和国行政处罚法》《中华人民共和国行政诉讼法》《中华人民共和国国家赔偿法》《行政复议条例》及知识产权保护的法律法规。参加学习人员都应参加考核，经考核合格者发给合格证书，未取得合格证书的行政执法人员，自1996年10月以后不得从事行政执法工作。同年10月，市民政局举办《中华人民共和国行政处罚法》的专题培训，民政系统的行政执法部门法制员全部参加了培训。

1997年3月，市民政局下发《关于开展法制宣传教育的第三个五年规划的通知》，明确"三五"普法的指导思想及总体目标，确定重点对象是市民政局处级以上干部、行政执法人员、企业事业单位经营管理人员和青年职工，并细化不同对象的重点学习内容。采用开展面授培训、组织宣传活动、分类指导的工作方法，并对实施步骤和保障措施提出相应要求。7月，市民政局发出《加强民政行政执法人员法制培训的通知》，明确培训对象为市民政局、区县民政局以及街道办事处、镇乡政府民政行政执法人员，其中培训重点是民政行政执法人员中的处以上干部。培训内容为宪法、民法、刑法等基本法以及《上海市街道办事处条例》《上海市社会救助办法》等民政专业法律。培训时间每人每年不少于 30 课时。培训内容、时间、考试成绩等均详细记载。

1997 年 12 月,市民政局分别在外滩陈毅广场、彭浦新村举办贯彻《上海市殡葬管理条例》宣传咨询活动。

1998 年 9 月,市民政局会同相关部门下发《关于在本市开展学习、宣传〈上海市老年人权益保障条例〉活动的通知》,要求在全市广泛开展宣传教育活动,形成浩大的宣传声势。宣传活动分三个阶段进行,第一阶段在 1998 年 9 月进行,通过有关报纸刊登条例全文,市民政局印制条例单行本、宣传提纲、宣传口号,供各方面使用;第二阶段在 1998 年 10 月进行,9 月 30 日,市长徐匡迪就上海市开展庆祝国际老年人日活动发表电视讲话,推动全市开展学习、宣传、贯彻条例活动;第三阶段在 1998 年 12 月下旬进行,12 月 25—31 日,全市开展《上海市老年人权益保障条例》宣传周活动,市、区县、街道(乡镇)及居(村)委共设宣传咨询点 2 508 处,1.7 万人参加宣传咨询活动,接受咨询服务 27.7 万人次。

1999 年 8 月,市民政局编辑出版《老年工作法规政策汇编》第二册。同年,在上海教育电视台连续播出《上海市老年人权益保障条例》系列讲座 22 讲。

1999 年,结合上海村委会换届选举工作,市民政局印制《中华人民共和国村民委员会组织法》《上海市村民委员会选举办法》单行本广泛发放,在新闻媒体上先后掀起 4 次宣传高潮。

1999 年 10 月,市民政局会同相关部门,结合《中华人民共和国收养法》修订以及《中国公民收养子女登记办法》的颁布,在全市开展大型宣传活动,区县和街道乡镇运用各种形式、通过各种途径向广大市民开展收养法制宣传教育及收养法规咨询辅导服务。

2000 年 8 月,市民政局会同上海电台,举办宣传贯彻《中华人民共和国村民委员会组织法》讲座,共设 6 讲。

2001 年 5 月,在国务院召开的全国法制宣传教育工作会议上,市民政局被评为 1996—2000 年全国法制宣传教育先进集体。

2001 年 8 月,市民政局下发《关于组织行政执法人员参加法制培训的通知》,要求组织市局全体行政执法人员参加法制培训。培训采取以电视教学为主、面授辅导为辅的形式,进行《行政处罚法律文书》和《听证制度》的辅导培训。

2001 年 9 月,市民政局婚姻管理与收养登记处、普陀区民政局、松江区民政局等 3 个单位获全国民政系统"三五"法制宣传教育先进集体,谢玲丽、尹柏炎等 4 人获全国民政系统"三五"法制宣传教育先进个人称号。

2001 年 10 月,市民政局制定《关于评比表彰上海市民政系统"三五"法制宣传教育先进集体和先进个人的通知》,对评比条件、评比范围以及评比方法做详细规定。2002 年 1 月,市民政局对上海市社会团体管理局、黄浦区民政局等 25 个先进集体和胡增耆等 28 名先进个人予以表彰。

据 1999 年的不完全统计,"三五"普法期间,市和区县民政局行政执法人员 98% 以上参加专业法培训,考试合格率为 100%;市民政局 95% 以上的机关工作人员参加基本法培训,考试合格率为 100%;市民政局所属企事业单位 8 000 多名职工参加"三五"法制宣传教育,并通过验收考核;街道乡镇干部约 4 万人次参加《上海市街道办事处条例》等民政专业法的培训。

四、"四五"法制宣传

2001 年 1 月,市民政局制定《上海市民政系统法制宣传教育第四个五年规划》,指出"四五"法宣工作要根据中国加入 WTO、政府行政审批制度全面改革后的新形势和新要求,确定民政系统法制宣传教育的目标、对象和任务。要求继续加强以宪法为重点的法律法规宣传教育,把法制宣传教育与思想道德教育紧密结合起来,坚持法制宣传教育同法治实践相结合,与促进民政各项社会行政事务管理相结合。"四五"规划从 2001 年开始,分 3 个阶段,到 2005 年结束,并对组织领导和保障措施作相应规定。

2002 年 5 月,市民政局组织为期 3 天的上海民政系统行政执法人员基本法培训,邀请市法制办、东方法商学院的领导和法学专家授课。授课内容为行政诉讼法、行政复议法、行政处罚法、行政赔偿法、行政执法行为学、证据学等 6 门课程。市民政局相关处室、区县民政局以及遣送站负责人 100 余人参加培训。

2003 年 9 月,市民政局会同相关部门下发《关于开展婚姻法律法规宣传教育活动的通知》。9 月下旬,全市开展婚姻法规宣传周活动,重点宣传国务院新修订的《婚姻登记条例》。

2004 年 7 月,全市组织开展以老年人权益保障为主题的"法在我心中,维权要依法"的宪法宣传周活动,在上海电台播出专题节目 36 次,在上海电视台播出宣传节目 16 次,在《解放日报》《文汇报》《新民晚报》《新闻报》《劳动报》《上海法制报》刊发宣传文章 180 余篇。

2005 年 6 月,市民政局下发《关于做好民政系统"四五"普法依法治理总结工作的通知》,要求各区县民政局对《上海市民政系统开展法制宣传教育的第四个五年规划》的执行情况进行总结验收。"四五"普法检查验收从 2005 年 6 月份开始,8 月份结束。

2006 年 11 月,市民政局被中宣部、司法部授予"全国法制宣传教育先进集体",市民政局婚姻管理处、长宁区民政局、奉贤区民政局、市救助管理站被民政部授予"全国民政系统法制宣传教育先进集体",胡增耆、金巧林、董泽林 3 人被授予"全国民政系统法制宣传教育先进个人",闵行区民政局被评为"上海市法制宣传教育先进集体",丁惠荣、冯美云、陶光宙、陈才良被评为"上海市法制宣传先进个人"。同时,市民政局对黄浦区民政局、普陀区民政局等 29 家集体和 25 位个人获上海民政系统"四五"普法工作先进集体和个人进行表彰。

据不完全统计,"四五"普法期间,市民政局组织开展机关事业单位处级以上干部法律知识培训 19 次、法制讲座 11 次、企业管理人员法律知识培训 7 次;组织企业中层以上干部法律知识考试 11 次,参考率达到 100%;对公务员及行政执法人员的法律知识培训率均达到 100%。

五、"五五"法制宣传

2006 年 10 月,市民政局制定《上海市民政系统法制宣传教育第五个五年(2006—2010)规划》,从目标、任务、对象和要求、步骤和方法以及组织和保障 5 个方面提出要求。

2006 年 9 月,为纪念《上海市老年人保护条例》颁布实施 10 周年,市民政局会同相关部门,在徐家汇港汇广场举行大型法律宣传、咨询、服务活动。50 余位志愿者为老年人免费提供宣传资料、接受咨询和开设为老服务项目。共接待老年人咨询、投诉 320 余人,接受医疗保健咨询 300 多人。司法热线"12348"全天设置老年维权专题咨询服务。

2007 年 10 月,市民政局印发《关于做好 2007 年度行政执法人员基本法及专业法培训的通知》,组织 150 余位区县民政局法制干部和市民政局各处室和市社团局法制员开展《行政复议法实施办法》培训。

2008 年 10 月,市民政局被市综合党委评为"上海市综合系统学法用法示范机关"。

2009 年 9 月,市民政局组织区县民政局法制干部和市民政局各处室和市社团局法制员,就行政复议案例以及《民政常用法律文书制作实务》进行培训。

2010 年 10 月,市民政局举办依法行政专题培训,市区两级民政行政执法人员共 83 人参加,就"规范行政许可(审批)行为""行政执法证据的制作和使用"作专题辅导。

2011 年 5 月,民政部发出《关于表扬 2006—2010 年全国民政系统法制宣传教育工作成绩突出集体和个人的通报》,市民政局执法监察处、市殡葬服务中心、闵行区民政局、金山区民政局、松江区民政局为全国民政系统法制宣传教育工作成绩突出集体,张赟伟、李荣祥、徐英、张庆涌、蔡林元、董连云、胡慧萍作为法制宣传教育工作成绩突出个人。

2012 年 6 月,市民政局印发《关于表扬 2006—2010 年上海市民政系统法制宣传教育工作成绩突出集体和个人的通报》,对黄浦区民政局等 28 个法制宣传教育工作成绩突出集体,施泉平等 29 名法制宣传教育工作成绩突出个人进行通报表扬。

据不完全统计,"五五"普法期间,市民政局共组织培训 113 期,培训各类人员 1.33 多万人次;每年组织全市 160 余名婚姻收养登记员参加岗位资格培训班 3 次～4 次,年培训人数 500 余人次。市救助管理站在举办特奥会、世博会期间,开展全站干部职工的考核培训,考核通过率达到 100%。

第五节　执 法 监 督

一、法律监督

1989 年,市人大对 29 个区、街道和基层单位,就贯彻实施《上海市老年人保护条例》情况进行视察检查。

1992 年,市人大组织对全市妇女儿童保护工作的视察检查。

1999 年 9 月,市人大常委会听取市民政局局长施德容的述职报告。施德容从法律意识、国家意识、公仆意识和对市人大、市政协来信来访处理等 4 个方面,报告履职情况。

2001 年 8 月,市人大组成执法检查组,对部分区县贯彻实施《中华人民共和国村民委员会组织法》《上海市实施〈中华人民共和国村民委员会组织法〉办法》和《上海市村民委员会选举办法》的情况进行执法检查。执法检查组对上海贯彻实施"一法两办法",在村委会的组织建设、制度建设和村民自治等方面的工作,给予较高的评价。

2004 年,市人大组织对上海社会救助和养老事业发展情况的调研检查。

2005 年 8 月,市人大常委会听取市民政局局长徐麟的述职报告。徐麟从围绕中心,自觉服从服务于上海经济社会发展的大局;扎实推进依法行政,促进民政工作健康高效运行;牢记宗旨,竭诚为民,为群众排忧解难;当好带头人,切实加强内部建设等 4 个方面,报告履职情况。

2006 年 9 月,市人大对贯彻实施《中华人民共和国兵役法》《上海市征兵工作条例》有关安置退役士兵的情况进行执法检查。执法检查组先期听取浦东新区退役士兵安置优待情况的汇报,召开座谈会,听取选择自谋职业、考入高校、回乡务农等退役士兵工作、学习情况介绍;实地察看浦东新区退役士兵职业介绍机构等。9 月 18 日,市民政局向执法检查组做《关于本市贯彻实施安置优待法规的情况汇报》。执法检查组对上海民政部门贯彻实施法规、积极探索退役士兵安置市场化改革所取得的成果,给予较高的评价。

2006 年 12 月,市人大专题听取上海市贯彻第十二次全国民政会议精神、民政法制工作、志愿服务立法调研进展情况汇报。

2007年8月,市人大听取上海民间组织管理工作专题汇报,并开展调研检查;组织对民办养老机构的年终集中视察。

2008年,市人大组织对《中华人民共和国城市居民委员会组织法》《中华人民共和国村民委员会组织法》实施情况的执法检查。

2010年3月,市人大组织对《中华人民共和国妇女权益保障法》实施情况的执法检查。全市在换届选举中注重保障基层妇女的政治权利,在婚姻登记中保障妇女的合法权益,在不断完善养老服务中进一步扩大老年妇女的受益面。

二、监督检查

1989年7月,市民政局组织对局属各单位贯彻实施法律、法规的情况进行执法检查。检查的重点是:《中华人民共和国全民所有制工业企业法》《现金管理暂行条例》《国务院关于违反财政法规处罚的暂行规定及实施细则》《城乡个体工商户管理暂行条例及本市的补充规定》《上海市临时占用道路管理办法》《上海市社会文化管理暂行办法》等6件法规的执行情况。检查方式是:单位自查、听取业务主管部门汇报、召开部门企业财务人员座谈会,以及对30%的单位进行抽查。通过检查,局属各单位基本上都做到懂法、执法、守法,并针对检查中存在的少量问题,在检查过程中都按照法规的要求进行纠正。

1999年4月,市民政局对各区县民政局的婚姻登记案卷进行检查。检查以自查和聘请行风监督员抽查的方式进行。各区县民政局共自查国内婚姻档案2.9万余对,自查率为24.9%;自查涉外婚姻各类档案342对,自查率为11%。行风监督员抽查国内婚姻和涉外婚姻各类档案1 845份,抽查率分别为1.34%和16.08%。检查合格率达100%。

2000年,市民政局组织区县民政局的法制机构,对部分区县民政局和街道乡镇行政执法行为进行执法检查,其中,抽查社会救助审批案卷64件、养老机构审批案卷9件、婚姻管理行政处罚案卷(因欺骗婚姻登记机关而撤销婚姻登记)7件。抽查合格率达98%以上。

2002年4月,市民政局组成4个督查组,前往各区县民政局,开展最低生活保障"应保尽保"的督查工作。督查组听取区县民政局自查情况的汇报,前往部分街道乡镇,对低保对象的档案管理、低保对象与计算机数据的一致性、救助资金的管理和基层队伍的建设等方面进行实地督查。对督查中发现的问题,如救助资金与其他项目资金放在一起、业务经费落实不够、救助标准掌握宽严不一等,提出整改建议。

2003年,市民政局对移交政府安置的军队离退休人员经费使用管理情况开展专项执法监察。专项执法监察采用自查和抽查相结合的方式进行。全市列入专项执法监察的有19个区县民政局及所属的31个干休所。在各区县民政局完成自查的基础上,市民政局对市民政局直属的古美干休所和静安区、普陀区民政局所属的干休所进行抽查。抽查合格率为100%。

2005年3月,市民政局会同市相关部门对《上海市实施〈中华人民共和国村民委员会组织法〉办法》中关于村务公开的规定,开展专项检查。专项检查的主要内容是农民土地征用补偿费的分配、管理和使用的情况,督促把土地征用补偿费的使用情况作为村务公开的重要内容,定期向村民公开。

2005年,市民政局对全市的社会救助工作进行执法检查。执法检查组对长宁区北新泾街道社会救助管理所等救助管理机构,就《上海市社会救助办法》的落实情况进行抽查。

2007年7月,市民政局组织开展全市贯彻执行《上海市婚姻介绍机构管理办法》执法检查工作。组织对全市138家婚姻介绍机构进行执法检查,对其中24家进行重点检查。针对在检查中发现的个别婚姻介绍机构在管理上存在的问题,及时进行反馈,要求进行整改,并要求区县民政局对辖区内的婚姻介绍机构给予及时的指导和监督。

2008年10月,市民政局开展对全市19家救助管理站,就贯彻执行《城市生活无着的流浪乞讨人员救助管理办法》的情况,进行执法检查。执法检查组通过检查和调研,进一步规范救助管理的文书,加强对特殊对象救助的法律研究,提升救助管理站社会工作的专业水平。

2009年9月,市民政局对贯彻执行《上海市社会救助办法》的情况开展执法检查。在区县民政局自查的基础上,市民政局对静安区、闵行区、普陀区、嘉定区、松江区、杨浦区和崇明县等7个区县的社会救助工作进行抽查,听取区县民政局的自查情况汇报,实地检查20家街镇社会救助管理所的执法情况,查阅救助管理所的工作制度和约400份低保救助档案。

第五章　财力投入与管理

1978—2010年,全市民政财力总投入399.21亿元,其中民政事业费投入373.67亿元,民政基本建设费投入25.54亿元(不含社会资本投入)。2010年全市民政事业费投入总量达57.25亿元,较1978年的2 777万元,增长206倍;民政基本建设费投入6 527万元,较1978年的284万元,增长23倍。各类民政事业经费累计支出达373.67亿元,年平均增长18.12%。

随着民政事业的逐步发展,全市民政财力的投入已由改革开放初期单纯依靠财政投入,转变为以财政投入为主导、福利彩票公益金和社会捐助及社会资本直接投入为补充的多渠道发展模式。民政事业的财力投入已由传统的优抚和社会救济福利事业扩展到优抚、双拥、双退、城市低保、农村救济、社会救助、社会福利、基层政权建设、社区管理、社会工作、社会团体管理、行政区划、婚姻登记、殡葬管理等诸多领域。

在国资管理方面,1998年,市民政局成为国家行政事业性国有资产管理体制改革试点6家单位之一。市民政局从明确资产责任制入手,建立国资监管网络;从规范资产运作入手,加强考核监管制度;从夯实资产入手,进一步摸清家底;从明晰产权入手,进一步加强产权管理;从盘活存量入手,进一步增加民政国资总量。通过加强资产动态管理,推广绩效评价,逐步从静态管理、事后管理,转变为动态的事前、事中管理及经营预算管理,使国有资产运营走上良性循环轨道,实现增值保值目标。至2009年底,民政国有资产总量达到46.52亿元。

随着财力投入渠道的多元化,上海民政设施基本建设得到全面发展,社会福利设施、社区服务设施、优抚安置设施、烈士纪念设施、殡葬服务设施及其他民政设施的兴建和改善,为民政事业的可持续发展奠定坚实的物质基础。

市民政局坚持贯彻党和国家财经工作方针政策,坚持围绕服务于全市民政中心工作,坚持依法理财,坚持保障与监管并举,充分发挥管理、协调、指导、服务和监督的职能,确保资金使用合法合规;建立财务委派垂直管理体系,组建局财务管理中心,对局两级党委与直属事业单位会计主管,实施财务主管委派制,实行统管统派的管理制度,在经济管理中起到监督作用。

第一节　财力保障

一、经费投入变化

第七个五年(1978—1990)计划为"平缓期"。民政事业费累计投入5.24亿元,年平均增长5.64%。

第八个五年(1991—1995)计划为"起步期"。民政事业费累计投入5.97亿元,年平均增长33.26%。这个时期,上海为适应市场经济体制的改革建立最低生活保障等制度,政府对社会保障的投入不断加大。其中,1994年投入1.56亿元,较1993年增长0.52亿元,增长率50.05%,抚恤标准、退役军人生活补助标准、军队退休干部人数的增加和退休金及各类社会救济福利事业补助标准都有所提高。

第九个五年(1996—2000)计划为"上升期"。民政事业费累计投入 23.34 亿元,年平均增长 38.01％。其中,2000 年投入 8.7 亿元,较 1999 年增长 3.29 亿元,增长率 60.7％,主要用于调整优抚、救济对象定期定量补助标准;最低生活保障线对象扩大到无业人员和企业下岗、待岗职工等,导致低保人数猛增,该年低保人数从上年的 32 025 人增加到 115 093 人;社会福利机构的设备更新维修、新建等。

第十个五年(2001—2005)计划与第十一个五年(2006—2010)计划为"成熟期"。2001—2005 年,民政事业费累计投入 102.28 亿元,年平均增长 23.44％。2002 年,市政府制定《关于加强本市民政事业发展的若干意见》,将"大民政"思路贯穿于各项实际工作中,加快民政事业的发展,当年民政事业费预算总指标首次突破 10 亿元。同时,计财部门积极筹措民政事业资金,确保各项民政事业任务的高质量完成。2006—2010 年,民政事业费累计投入 236.85 亿元,年平均增长 15.94％。公共财政向社会事业倾斜力度明显加大。

2001—2010 年上海民政事业费累计投入 339.13 亿元,占 1978—2010 年总投入的 90.76％。2010 年当年投入 57.25 亿元,较 1978 年的 0.28 亿元增长 56.97 亿元,增长 203 倍。

1978—2010 年,上海市各类民政事业经费累计支出 373.67 亿元,年平均增长 18.12％。其中 1983—2010 年间,市民政局本级累计支出 109.25 亿元,占比 29.36％;各区县累计支出 262.82 亿元,占比 70.64％。

表 11-5-1 上海市民政事业费改革开放以来投入情况统计表

年 份	民政事业费投入(万元)
1978	2 777.2
1979	3 289.4
1980	3 374.6
1981	3 380.9
1982	3 214.9
1983	3 170.4
1984	3 540.1
1985	4 465.8
1986	5 503.3
1987	5 603.2
1988	3 965.1
1989	4 741.0
1990	5 364.0
1991	6 270.1
1992	7 741.5
1993	10 367.7
1994	15 557.0

（续表）

年　　份	民政事业费投入（万元）
1995	19 773.5
1996	23 984.7
1997	30 859.6
1998	37 335.9
1999	54 151.0
2000	87 020.9
2001	121 538.2
2002	167 719.6
2003	222 539.6
2004	228 764.3
2005	282 195.9
2006	316 863.6
2007	406 117.7
2008	515 827.6
2009	557 187.9
2010	572 521.7
总　　计	3 736 727.9

资料来源：上海市民政局档案

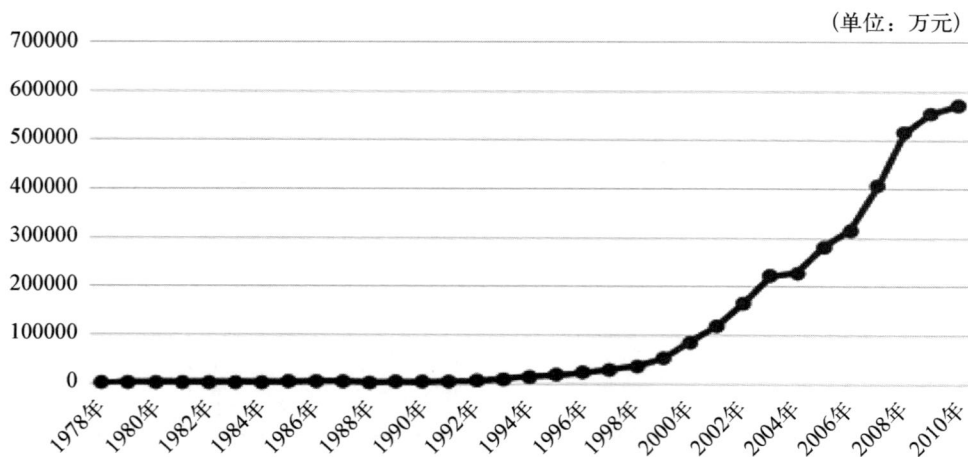

（单位：万元）

图 11 - 5 - 1　改革开放以来上海历年民政事业费投入趋势图

图片来源：由上海市民政局档案数据汇总制作

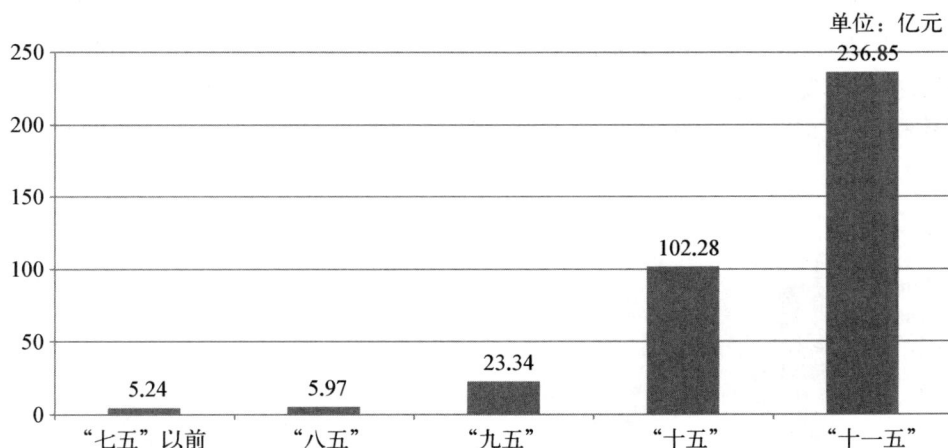

图 11 - 5 - 2　改革开放以来各时期上海民政事业费投放情况图

图片来源：根据上海市民政局档案数据汇总制作

二、投入主要领域

【社会福利及救济】

1978—2010 年，社会福利及救济事业经费（含"社会救济福利事业费""社会福利""社会残疾人福利事业费""最低生活保障""农村最低生活保障""农村社会救济"）累计投入 157.12 亿元，占比 42.05％，年均增长率 19.85％。其中 2002 年投入 9.9 亿元，占当年总投入的 59.03％。主要原因：一是不断上调各类救济补助标准，且受助对象范围不断扩大；二是不断上调最低生活保障标准，同时发放人数不断增加；三是不断加强社会福利机构建设，完善功能配置，调整人员工资，使得社会福利事业单位的支出水平保持较高增长。

【抚恤】

1978—2010 年，抚恤费累计投入 38.37 亿元，占比 10.27％，年平均增长 19.84％。抚恤经费保持稳步增长，但投入比重经历先增后降的趋势，由 1978 年的 5.76％增长至 1998 年的 20.61％（其中 1988—1998 年快速增长），2010 年降至 9.17％。其中 1994 年投入 2 211.8 万元，较 1993 年的 1 437.9 万元增长 53.82％；1997 年投入 6 220.3 万元，较 1996 年的 4 075.6 万元增长 52.62％。虽然有的年度发放抚恤的人数减少，但发放烈士和牺牲病故人员抚恤标准、伤残抚恤金标准和复退军人生活补助标准不断提高。

【离退休及退役安置】

1978—2010 年，离退休及退役安置费（含"离休费""退休退职费""退役安置费""行政事业单位离退休费"）累计投入 49.25 亿元，占比 13.18％，年平均增长 12.57％。经费增长原因：军队和地方离退休干部人数的增多和退休金的调整，根据《上海市退役士兵安置工作暂行办法》，发放退役军人安置补贴增长。

【民政行政事务管理】

1985—2010年,民政管理事务费累计投入78.32亿元,占比20.96%,年平均增长30.95%。主要原因:为适应民政现代化建设而列支的信息网络设施设备的正常维护、社区服务拓展、社团监管、残疾人福利事业、老龄机构、民间组织、拥军优属慰问费、行政区划和地名管理经费、专项业务费等。

单位:亿元

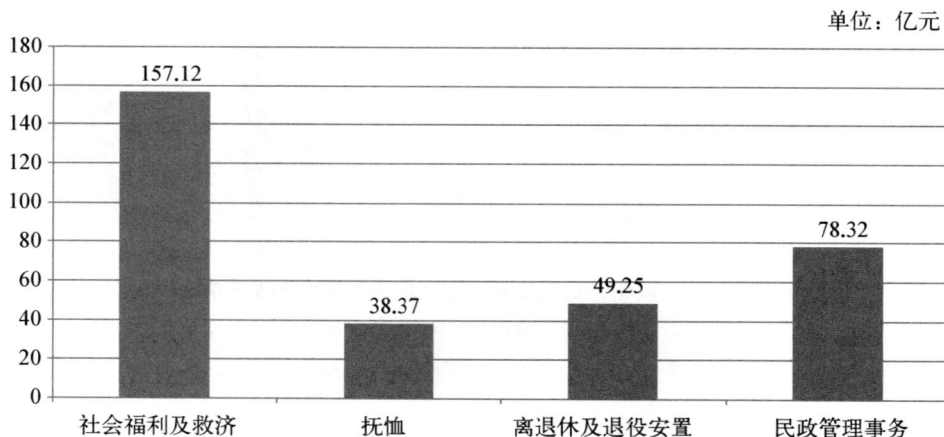

图 11-5-3 改革开放以来上海民政事业费主要投入方向

图片来源:上海市民政局档案

三、区县投入

1983—2010年,民政事业经费投入最多的三个区(含区划调整前所在的区域)分别是:浦东新区(含原川沙县、南汇区)46.73亿元,占总支出的12.56%;杨浦区25.32亿元,占总支出的6.81%;闵行区(含原上海县)18.57亿元,占总支出的4.99%。在平缓期(不含1978—1982年)投入最多的三个区分别是:黄浦区0.83亿元,虹口区0.29亿元,浦东新区0.28亿元;起步期投入最多的三个区分别是:浦东新区0.62亿元,杨浦区0.39亿元,虹口区0.36亿元;上升期投入最多的三个区分别是:浦东新区2.35亿元,杨浦区1.29亿元,虹口区1.21亿元;成熟期投入最多的三个区分别是:浦东新区43.47亿元,杨浦区23.44亿元,闵行区17.71亿元。总体上,郊区经费保障力度呈上升趋势,中心城区投入占比有所下降。

表 11-5-2 改革开放以来各时期区县经费投入占比情况统计表

	平 缓 期	起 步 期	上 升 期	成 熟 期
黄 浦	9.09%	5.14%	4.34%	2.96%
卢 湾	5.04%	3.17%	2.49%	1.81%
徐 汇	6.22%	4.12%	3.45%	4.52%
长 宁	3.71%	3.43%	3.42%	3.98%
静 安	6.21%	2.50%	1.93%	2.31%
普 陀	3.05%	2.62%	2.82%	3.54%

（续表）

	平 缓 期	起 步 期	上 升 期	成 熟 期
闸　北	3.88%	3.19%	3.48%	3.40%
虹　口	7.88%	6.07%	5.18%	4.02%
杨　浦	5.60%	6.45%	5.55%	6.91%
浦　东	7.84%	10.37%	10.07%	12.82%
闵　行	2.91%	2.56%	2.58%	5.22%
宝　山	3.09%	3.96%	4.73%	4.25%
嘉　定	3.01%	3.23%	2.33%	2.96%
奉　贤	2.12%	2.18%	1.96%	2.03%
松　江	1.90%	2.49%	2.48%	2.91%
金　山	1.48%	1.66%	1.72%	1.87%
青　浦	1.45%	1.38%	1.31%	1.68%
崇　明	3.75%	3.35%	2.48%	4.00%
局本级	21.77%	32.14%	37.71%	28.82%

资料来源：上海市民政局档案

单位：亿元

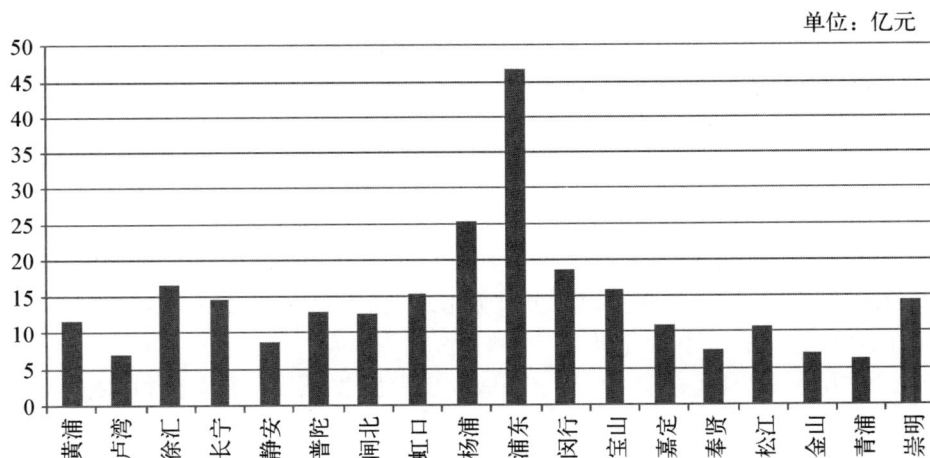

图 11－5－4　1978—2010 年上海民政事业费各区县投入情况图

图片来源：根据上海市民政局档案内容汇总制作

第二节　民政国资管理

一、建立制度和监管

1998 年，市民政局列入国家行政事业性国有资产管理体制改革试点 6 家单位之一。在市财政、市国资办的指导下，从健全体制、明晰产权、强化监管、摸清家底、规范运作、加强制度建设以及实行经济责任和目标管理考核等工作着手,开展工作。成立局国有资产管理领导小组,由市民政局局长施德容任组长,副局长谢黎明任副组长,设立局国有资产管理办公室专司国有资产管理工作,从国资工作的基础管理工作抓起,健全、完善各项国资管理制度;建立国资监管网络体系,明确资产责任制。逐级分解国资保值增值考核指标,区别不同性质的资产,分别开展国资考核工作,明确各单位的国有资产管理责任制。国资保值增值指标层层分解并落实到人,建立经济责任和目标管理考核体系。强化资产考核,明确责任目标,形成激励机制,提升管理水平,促进资产保值增值和民政事业的健康发展。

1998—2002年开展局系统内的事业单位、集体企业、三产企业、军队移交企业等约85户单位的清产核资,并对局属民政工业总公司42家企业进行资产清理、清查工作,摸清资产家底。清理关闭原老龄委所属千鹤总公司18家亏损企业。对局属55家企业单位、26家事业单位进行国有资产占有重新登记,对36家集体资产进行资产界定。对符合要求的单位办理集体企业产权登记,对事业单位对外投资15家位办理"非转经"手续及产权登记。至2002年,局系统的事业单位实行会计工作电算化,国资固定资产管理电算化,财务、国资报表编制和资产管理的水准有明显提高。在事业单位中全面开展国有资产管理"达标创优"活动。通过此项活动,资产管理基本做到实物资产和账面资产、卡片登记三相符。

20世纪90年代末,对局属房产土地进行全面清查。2000年8月和2002年8月,市局所属市社会福利发展公司分别与市国资办、市财政局、市房屋土地管理局签订土地房产"空转"协议书、《上海市国有土地使用权出让合同》和国有房产授权书,将局系统内的权属使用权的直管公房和自管公房土地房产变更为所有权,并以土地"空转"方式注入市社会福利发展公司资本金,增加国有资本1.59亿元,授权市社会福利发展公司经营。"空转"土地房产资金支持民政事业的发展,如:部分"空转"土地的运作,用作帮助福利企业渡过经济转型的困难期,用作公益事业的发展,改建并创立市属公益新天地园等。

1999年12月,为发展福利彩票事业快速发展,以市社会福利发展公司为运作平台,向上投实业公司融资2.3亿元投入电脑福利彩票系统的建设,建立全国第一家福利彩票电脑热线销售系统。

21世纪初,按照现代企业制度和《公司法》,建立以董事会为主要形式的投融资决策系统;建立以总经理为核心的经营管理系统;建立以财务委派形式的财务监督控制系统,逐步过渡到管资产与管人事相结合的资产运营和人事管理机制。

2002年,完成市民政工业总公司改制工作,成立上海民政(集团)有限公司,成为全国民政福利企业公司中第一家国有独资公司。理顺总公司与直属福利企业的资产关系,为市属福利企业优化资源配置、强化资产运作提供体制保障。完成小企业转制、改制和国有资本退出工作近20家,参与转制200多人,转移劳动关系2 000多人,处置资产和处理债务千万元,企业改制、转制、退出工作稳妥有序。截至2010年,民政集团公司从最初41家企业,改制后为8家企业。

2003年10月,经市国资委批准,对市社会福利发展公司从自收自支事业单位进行改制重组。2004年1月,完成对市社会福利发展公司企业化管理的事业单位的改制工作,集团公司注册资金2亿元,成为市国资委作为出资人的国有独资企业集团公司。通过对民政系统内部部分经营性资产进行资源整合、重组,建立起民政经营性资产投融资主体,成立国有独资性质的上海社会福利发展(集团)有限公司,为优化资源配置、强化资产运作提供体制保障。如:代表出资人在资产运作上,行使出资人权利;出让千鹤宾馆、仪表元件厂、民政工业研究所三处房产土地等。

根据2009年9月市政府办公厅《关于对部分市属经营性国资实施委托监管的意见》,市民政局与市国资委签署委托监管协议。2010年1月市国资委发函《关于委托上海市民政局对市民政局系统经营性国有资产实施问题监督管理的函》予以确定。市民政系统国有资产的经营性资产与非经营性，分别纳入市财政局与市国资委管理。经营性国资包含企业化管理的事业单位。

二、国有资产保值增值

1998年与2009年相比，资产总额从8.59亿元增长到46.52亿元，增长额37.93亿元，增长幅度为542%；国有资产净额从6.98亿元增长到32.14亿元，增长额为25.16亿元，增长幅度为460%。（见附表：市民政局国有资产保值增值情况表）。

民政财力投入得到较大幅度的增长，同时通过国有资产的有效监管、资产资本运作和推进福利彩票事业和经营性资产的运行，以及解决历史遗留的产权不清等问题，使民政国资总量有成倍的增长，完成市政府下达的国有资产保值增值指标。

表11-5-3　1998—2010年上海民政国有资产保值增值情况统计表　　　　单位：万元

年　份	国有资产总额	国有资产净资	国有资产净值增长%	其中：非经营性资产总额	非经营性资产净额	非经营性资产净值增长率%	其中：经营性资产总额	经营性资产净额	经营性资产净值增长率%
1998	85 871	69 824	—	44 921	56 898	—	40 950	12 926	—
1999	160 975	85 871	123	114 810	71 627	126	46 165	14 163	110
2000	236 065	114 606	130	136 681	84 863	118	99 384	29 743	210
2001	314 802	196 892	170	184 614	140 937	166	130 188	55 955	188
2002	361 012	249 432	119	213 938	172 678	123	147 074	78 427	140
2003	403 767	271 355	113	241 544	196 645	114	162 223	79 932	102
2004	408 342	272 143	102	249 808	197 936	101	158 534	74 208	93
2005	400 303	280 030	108	253 144	202 191	102	147 159	77 839	105
2006	434 315	290 975	116	264 149	204 147	101	170 166	86 828	112
2007	481 392	330 225	111	281 372	223 056	109	200 020	107 169	123
2008	445 093	313 818	95	240 002	186 893	84	205 091	126 925	118
2009	465 248	321 438	102	250 081	193 194	103	215 167	128 244	101
2010	—	—	—	—	—	—	232 756	136 409	106

说明：2010年非经营性资产划入市财政管理，该年未统计年报数据

资料来源：上海市民政局档案

第三节　民政设施建设

一、社会救助设施

1994年4月，实施市遣送站改扩建工程，建设地点：蒙自路430号，主要项目为业务楼、综合

楼、厨房浴室,占地面积4 080平方米,建筑面积5 485.84平方米,设置床位数450张。

1998年,实施市收容遣送总站新建工程,建设地点府村路500号,占地面积23 498平方米,总建筑面积23 466万平方米,总投资8 663万元,主要项目为业务楼、综合楼、办公楼、厨房、浴室、车库等。

二、社会福利设施

1984年,实施市第一社会福利院改扩建工程,占地面积5 969平方米,新大楼建筑面积6 000平方米、老大楼建筑面积3 500平方米,核定床位数401张。1999年11月,第二次实施市第一社会福利院改扩建项目,2001年3月25日竣工,项目占地面积5 969平方米,建筑总面积15 654平方米,新建综合楼建筑面积1万平方米,地上9层,地下1层,南大楼建筑面积5 651平方米,工程总投资5 972万元。

1986年4月至1987年4月,实施市第三社会福利院内原市老年人康复中心工程项目,工程总投资经56万元,地上4层建筑物,建筑面积为2 800平方米,建设项目主要为老年人康复用房,设置床位90张。该项目由香港实业家沈炳麟捐建。

1987年4月,实施市第三精神康复院(今市民政第三精神卫生中心)改扩建,建设项目为康复病房3 390.81平方米、医务楼1 088.19平方米、食堂1 721平方米等,总建筑面积6 200平方米。

1988年7月,实施市第三社会福利院老年人康复中心门诊业务楼工程项目,投资34万元,地上3层建筑物,建筑面积840平方米。该项目由日本友人山西悦郎捐建。

1991年9—12月,实施市第三社会福利院汽车库、宿舍楼工程项目,投资50万元,地上2层建筑物,建筑面积为560平方米。

1993年,实施市第一精神病院(今市民政第一精神卫生中心)新建医疗综合楼项目,项目总投资112万元,建筑面积1 283平方米,占地面积502平方米,主要建设内容为增加诊疗设施。1997年,新建肺科病房,项目总投资280万元,建筑面积1 970平方米,占地面积998平方米。

1994年3月至1995年6月,实施市第四社会福利院老人生活楼改建项目,总投资410万元,建筑面积3 650平方米,床位数175张,建设项目为拆除原工字楼,改建一幢老人生活用房,新建停车设施、仓库、厕所、污水处理站,整修道路及上下水系统等基础设施。

1998年3月至1999年12月,实施市第三社会福利院老人住宿楼、公寓楼、多功能楼工程项目,其中,老人住宿楼,投资总额948万元,地上5层建筑物,建筑面积6 465.0平方米,占地面积1 275平方米,床位数250张。公寓楼(介助照料中心),投资总额764万元,建筑面积4 747.6平方米,占地面积936平方米,地上5层建筑物,床位数150张。多功能楼,投资总额830万元,建筑面积2 160平方米,占地面积1 053平方米,地上2层建筑物。建设项目是门卫室、消防控制室、厨房、职工餐厅和职工活动室等辅助功能房。

1998年10月至1999年9月,实施市民政第二精神病院(今市民政第二精神卫生中心)总体改造工程,工程总投资2 800万元,总建筑面积7 561平方米,新征土地15 308平方米,绿化总面积2万余平方米,设置床位数300张,绿化比例大于60%,建筑密度小于25%,建成与原中式庭院建筑相协调的园林式建筑。建设项目为病房楼、医务楼、食堂、锅炉房、车库、洗衣房、配电房、污水处理设施等。

2001年12月至2004年10月,实施上海市黄山疗养院大修改造工程,总投资800万元,对院区客房、厨房、餐厅、办公楼、职工宿舍及其一系列配套服务设施的全面大修改造,改造总面积13 022平方米。

2002年6月,市第二社会福利院危旧房改造项目,核定床位800张,其中保留床位240张、新建床位560张,总投资4 550万元。主要建设项目为拆除院内危旧房5 185平方米,扩建各类用房建筑面积17 540平方米,由服务对象住宿和活动用房、食堂、后勤服务楼、变电站等辅助用房组成。该项目获2003上海市建设工程"白玉兰"奖。

2004年12月至2007年4月,实施市民政第三精神病院(今市民政第三精神卫生中心)改扩建工程,工程总投资7 954万元,建筑面积33 199平方米,床位800张。2010年实施新建太阳能集热系统及增加院区局部绿化密度建设项目,总投资210万元。

2007年12月至2009年3月,实施市第三社会福利院改扩建工程项目(配合轨道交通明珠线北延伸段工程建设),项目投资总额7 576万元。其中痴呆康复护理中心(今为失智照料中心),建筑面积10 266平方米,占地面积为1 603.5平方米,地上6层建筑,床位数250张;民政老年医院,建筑面积为6 203.8平方米,占地面积为1 107.4平方米,地上6层建筑,床位数150张;变电站及连廊,建筑面积356.2平方米,地上2层建筑;改建轻度老年痴呆康复楼、门卫(含监控室)、洗衣房、太平间、垃圾转运房及医用废弃物存放间等。其中痴呆康复护理中心工程获得2009年度上海市建设工程"白玉兰"奖。

三、儿童福利设施

1998—2001年,实施市儿童福利院迁址新建项目,由普育西路105号迁址中春路9977号。新址占地面积62 973平方米,建筑面积32 426平方米,床位660张。总投资1.5亿元。建设功能涵盖养育、医疗、康复、特教、科研、培训、生产、辐射8个方面,重点为收养、医疗、康复、特教4项功能,新建的儿福院在布局上根据不同的功能、不同年龄层次和儿童状况划分区域,体现出儿童生活、娱乐等特点,配置有充足的自然光照、通风、合理的绿化,在通行、起居上充分考虑建筑物各部位的无障碍设施。

四、殡葬事业设施

1993—1995年,实施市益善殡仪馆新建工程,总投资2 922.83万元,建筑面积4 909平方米,主要项目为火化炉设施及其配套设施,涵盖土建、装饰、环境绿化工程以及水、电、煤、通信等基础配套设施。1998—2010年期间,市益善殡仪馆启动新型火化炉工程建设,实施大厅改建工程,将原有的捡骨大厅改建为殡殓大厅;为满足业务需要,将原有花店改为礼厅;将综合楼二楼办公室部门面积改建为职工食堂,新建三楼层为办公区域等。

1999年11月至2002年2月,实施市宝兴殡仪馆总体改造工程,项目总投资1.432 9亿元,建筑面积29 534平方米,占地面积21 566平方米。主要项目为综合业务楼、行政楼、骨灰寄存楼。

2001年,实施市龙华殡仪馆"天使酒家"综合楼工程,占地面积916.4平方米,建筑面积3 549平方米,总投资842万元。

2005年1月21日至2008年3月28日,实施市龙华殡仪馆总体改造工程。占地面积49 510平方米,建筑面积39 586平方米。主要项目为业务综合楼、中小礼厅、一号大厅、生活辅助楼和天使酒家(原建筑)5 个建筑单体。可承担年殡殓量 3 万具。

五、社会工作设施

1988 年,实施市民政干部学校新建项目,总投资 134.5 万元,建筑面积 3 146 平方米,其中教学楼 1 402 平方米、宿舍楼 1 179 平方米、门卫室 31 平方米、食堂锅炉房 534 平方米,占地面积 12 572平方米。2000 年,成立市社会工作培训中心,成为全国内地首家专门开展社会工作岗位培训的机构。

六、双拥优抚设施

1984 年 4 月至 1985 年 8 月,实施市荣誉军人疗养院新建项目,核定床位数 50 张。项目总投资107 万,总规划用地面积 38 362 平方米,总建筑面积 3 556.13 平方米。

1990 年,实施龙华烈士陵园建设一期工程。1993 年 10 月,实施上海市龙华烈士陵园项目,市烈士陵园迁入龙华烈士陵园一并建设,建成后的龙华烈士陵园为全国重点烈士纪念建筑保护单位。1995 年 4 月 5 日完成土建工程,7 月 1 日对社会开放,其纪念馆于 1997 年 5 月 28 日开馆。该建设工程总投资 6.001 3 亿元,建筑面积约 29.5 万平方米。

1999 年,实施市军队离退休干部服务中心新建项目,建设总投资 2 768.34 万元,建筑面积5 666 平方米,主要项目为活动室、会议室、办公室、食堂、服务部、接待用房及办公用房为一体的综合楼。

1999 年 7 月,实施市双拥服务中心新建项目,由南京军区后勤部移交的上海华浦大厦改建,装修改造面积 6 026 平方米,总投资 1 500 万元。突出三大功能,即国防教育和爱国主义教育功能、教育培训功能、会务接待功能,同时还有展示展览、信息交流、综合服务功能。

七、社区服务设施

1998 年 6 月至 1999 年 1 月,实施市社区服务中心大楼改扩建工程,项目总投资 215 万元,建筑面积 4 564.61 平方米,占地面积 778 平方米。主要项目为:承担上海社区事务受理服务中心标准化建设、社区事务受理信息系统的运行管理和技术支持、社区服务中心的工作指导和业务培训、社区服务资源整合开发和宣传、社区服务热线平台的运作管理和社会联动、社区公益招投标项目管理的事务性工作和社区志愿者注册管理等。

第四节 "五年"计划和规划

一、"六五"计划(1981—1985)

"六五"是实施社会主义市场经济以来的第一个五年计划,国家经济计划中开始增加社会发展的内容,题目也相应改为"国民经济与社会发展计划",上海民政的"六五"计划围绕并适应这一变化而设计安排。

按照上海民政事业"六五"计划安排,到 1985 年底,全市全民所有制优抚、社会福利、殡葬事业和社会福利生产企业单位将达到 59 个,职工 1.15 万人,工资总额 984 万元。其中,优抚、城市福利事业单位的床位 4 160 张,收养人员 3 990 人;民政福利企业固定资产 2 480 万元,年产值 7 360 万元;火葬场 13 个,火化尸体每年 7.8 万具,火化率达 99.5%。农村集体办光荣院和敬老院 200 个,郊区每个乡五保户在 5 人以上的均普遍办敬老院;街道、乡镇办社会福利生产单位 300 个,安置盲聋哑残人员 8 400 名,占需安排对象的 46.7%。

全市用于抚恤和社会救济福利的经费支出预计达到 4 649.6 万元。五年内优抚对象和社会困难户的生活都有较大改善,烈军属复退军人补助面不断扩大,城镇非在职烈士父母、配偶(1983 年起)普遍享受定期补助,平均每人每月 35 元左右,优抚对象定期定量补助平均每人每月 12 元,城市社会困难户定期定量救济每人每月平均 21 元,福利事业单位收养人员生活费平均每月 23.4 元,全市地方安排民政事业基本建设投资每年平均达到 300 万元,资金自筹解决。

二、"七五"计划(1986—1990)

上海民政事业发展"七五"计划的总体设想以整顿、改革为中心,充分发挥现有民政事业、企业单位的两个效益,重点发展缺门的民政事业,逐步调整提高社会福利救济标准,依靠社会和集体的力量积极发展街道、城镇举办的集体福利生产和福利事业,以逐步适应国民经济和社会发展需要。

优抚事业方面。新建复退军人精神病院和扩建残废军人休养院,补齐缺门。1988 年优抚事业单位的床位总数达到 320 张。

福利事业方面。市办福利院 1987 年床位数 2 240 张,1990 年发展到 2 540 张。市、区县办福利院收养的老人,以生活不能自理和自理有困难的为主,以减轻地区包护组的负担。城镇街道办社会福利机构 50 个～60 个,收养孤老残幼 500 人左右。重点抓好伤残儿童康复中心建设,计划 1986 年建成,市办儿童福利院保持 650 张床位,区县办福利院根据地区发展实际需要,可适当将老人床位调整一部分为伤残儿童床位。市办单位保持 1 600 张左右精神病床位,收养对象主要是"三无"病人。

殡葬事业方面。长兴岛新建一个火葬场,1986 年全市火葬场合计为 14 个,补齐缺额;根据统战工作需要,联合新建一个华侨公墓;骨灰寄存点再增加 2 个～3 个,寄存格位达到 30 万只;按环保要求,解决好两个火葬场炉子间的搬迁和消烟除尘、设备改造等问题。

福利生产方面。重点抓好新建一个假肢中心,计划 1990 年完成;继续积极扶持街道、乡镇举办福利工厂,计划达到 280 多个生产组,使城市中有一定劳动能力的盲聋哑残人员基本得到安置,对已办的福利生产企业要抓好整顿和改造工作,积极发展和改善职工集体福利设施,计划 1990 年总产值超过 1 亿元。

基本建设投资安排。全市民政事业基建投资平均每年 554 万元,五年合计 2 768 万元。

抚恤和社会救济福利费支出指标。全市抚恤和社会福利救济费支出(不包括退休费)合计 6 323 万元,1990 年达到 1 275.1 万元,每年平均增加 48 万元,平均增长速度为 5% 左右。

劳动工资。民政事业、企业单位计划增加职工 2 380 人,其中事业单位增加 1 230 人、企业单位增加 1 150 人;补充自然减员 992 人,其中事业单位 400 人、企业单位 592 人。平均每年增加劳动力指标 773 人,1990 年达到 1.53 万人。职工平均工资年每人每年按 870 元计算,工资总额到 1990 年达到 1 335 万元。

争取将殡葬车辆和收容遣送车辆纳入国家物资分配计划。

三、"八五"计划（1991—1995）

上海民政事业发展"八五"计划的总体指导思想是：保持适度增长，努力提高经济效益，促进社会稳定。基本原则是：实事求是，量力而行，注重实效，稳步前进。

民政部门办社会福利院应根据国家经济发展和社会发展的需要来确定床位规模，注重提高管理水平，增加效益，增强自身发展能力。根据民政对象情况，适度增加集体办福利事业单位床位数，提高管理质量，改善办院条件。在满足民政对象的前提下，充分利用现有条件，向社会有偿开放，提高床位利用率。

在民政对象总量相对稳定的前提下，控制投资大、成本高的民政部门办社会福利事业单位床位数；适度增长投资少、效益好的集体办福利事业单位床位数，其递增率拟确定为2％。新建成普陀区社会福利院，新增床位140张，完成市第二社会福利院扩建业务用房，新增床位200张。

根据军队离退休干部安置人数的增长趋势，计划新增3个干休所。1991年新建杨浦区第二干休所，1992年新建虹口区第二干休所，1993年新建徐汇区第二干休所，预计到1995年全市干休所达到26个，较1990年增长13％。

积极探索社会保险，在试点的基础上，逐步开展农村养老保险。

大力发展社区服务，分层次有步骤地解决服务对象困难，社区服务设施数按年递增率6.5％，计划1995年达3 024个。

适度控制城乡福利企业发展数量，从外延增长转化为内涵提高，加强企业管理，加快技术改造，调整产业结构，积极开发产品，提高产品质量，增强企业的生存和发展能力，扭转民政部门办福利企业经济效益下降的趋势。

加强殡葬设施建设规划，形成合理布局，更新和改造设备，提高服务质量。火葬场数仍保持14个，结合城市规划，适当增加殡仪馆的网点。分期完成宝兴殡仪馆总体改造计划；配合浦东开发，建成浦东殡仪馆；力争完成龙华、宝兴的火化炉搬迁工程。预测火化量年均递增0.96％，1995年达到87 900具，较1990年增长4.8％，火化率保持99％。

基本建设按照"量入为出，量力而行"的原则，把重点放在中小项目上，控制大的项目，综合考虑资金投放效益，相对集中资金，充分发挥投资效益。

四、"九五"计划（1996—2000）

"九五"时期上海民政工作改革和发展的指导思想是：进一步解放思想，深化改革，狠抓管理，增强效益，大力推进以社会保障工作为重点的民政事业，向社会化、法制化、制度化方向发展，为促进上海的经济发展和社会稳定，实现上海新一轮的"三年大变样"目标而奋斗。

抓住机遇，健全社会保障和社会福利服务体系。制定实施上海社区服务业发展规划，争取使街道、镇普遍拥有300平方米面积的社区服务中心，建立市、区和街道三级志愿者组织管理网络，服务对象由孤老残幼逐步扩大到一般市民。修订发布《上海市农村社会养老保险暂行办法》，力争五年内使投保人数达到120万，年筹集养老金1亿元以上。实施《上海市社会救济暂行办法》，进一步完善城镇居民最低生活保障线，壮大"特困老人救助基金"，使每个街道、镇都有一定数量的救助资金，建立县区级扶贫基金。制定和实施社会福利事业发展的中长期规划,每个区都要有1个～2个一定规模的福利院,市和区福利院要积极开展创建国家二级福利院工作,努力达到国家一级福利事业单位标准,逐步建立一批符合一级标准的敬老院。深化福利企业改革,提高企业整体素质,逐步组建以拳头产品为龙头,具有一定规模效益的专业性公司。推动地区福利企业"上水平、上质量、上规模、上效益"。

巩固和扩大双拥工作成果,改革优抚安置制度,建立优抚安置管理服务体系。按照上海经济发展水平逐步调整优抚对象抚恤补助标准;力争五年内形成拥有1亿元本金做滚动的拥军优属基金;建成开放式烈士陵园,使之达到国内一流水平;探索适应社会主义市场经济的接收安置途径。

加强基层政权和群众自治组织建设工作,积极推进基层民主政治建设。努力把乡镇建设成适应社会主义市场经济体制需要的有活力、有权威、高效能的基层政权组织,更好地发挥街道办事处进行社区管理、开展社区服务、发展社区经济的重要职能。

强化民政行政管理职能,依法做好各项社会行政管理工作,建立和完善管理与服务相结合的管理体制。继续加强行政区划管理;充分发挥社团在社会主义现代化建设中的积极作用;修订《上海市婚姻登记管理条例实施细则》,制定《上海市收养法实施细则》;继续推进殡葬改革,要在市区增加2所年处理6 000具尸体规模的殡仪馆,发展5个殡葬服务站,并使全市90％的殡仪馆达到等级馆水平,普及海葬、植树葬、塔葬、壁葬,增设向空间发展的骨灰处理服务设施。

五、"十五"计划（2001—2005）

发展社会福利、社会救助、优抚安置和社会互助等社会保障事业。扩大社会福利资金来源,推进社会福利社会化进程,加大政府对老年人服务中心、敬老院、托老所等老年福利设施的投入力度,鼓励社会机构和企业投资兴建养老设施和服务机构,发展多层次养老保险,建立规范的特困老人福利补贴制度,逐步形成以居家养老为基础、社区养老为依托、法规规章为保障的多层次养老体系;建设"四位一体"的社会救助体系,加强和完善居民最低生活保障制度,逐步提高城市贫困人口救济补助标准。大力发展社会救助与慈善事业,加强对捐助资金使用的监管,逐步提高特殊困难家庭,特别是残疾人和残疾儿童的福利水平,重点解决好农村残疾儿童入学问题;加强国防教育,做好"双拥"工作,深入持久开展军（警）民共建活动,继续做好退伍和离退休军人的安置工作,适当增加优抚投入,调整抚恤补助标准;大规模建设各具特色的现代化社区,努力形成大都市的文明环境,完善社区劳动就业、社会保障、帮困扶贫、助残育幼、敬老养老、便民利民、法律援助等综合服务体系和治安防范网络。

以每年2 500张养老床位的基本增量稳步推进养老机构床位增长,对街道、乡镇养老机构实行普遍的改扩建工作,逐步利用有条件的养老机构开展面向居家老人的日间照料服务,加强养老机构的卫生医疗、康复服务等功能,探索拨款改补贴,试行公办民营、委托管理模式,"十五"期间,社会办养老床位占养老床位总量的40％左右。

六、"十一五"规划（2006—2010）

上海市民政事业发展"十一五"规划首次由市政府制定,提出"十一五"基本形成与率先构建与社会主义和谐社会要求相适应的现代"大民政"格局。

主要发展指标：一是基础民生保障类指标。城乡居民最低生活保障"应保尽保"，救助水平稳步提高，各类经常性社会捐赠点达 1 500 个。享受社会化养老服务总人数达到 35 万，其中社区居家养老服务达 25 万人，全市养老床位总数达 10 万张。落实驻沪部队随军随调军官家属就业和生活保障政策，对重点对象的指令性安置、一般对象的推荐就业与培训以及困难对象的就业补贴基本全覆盖，对重点优抚对象的医疗保障基本全覆盖。二是基层社会管理类指标。居委会直接选举率达 85％以上，村委会直接选举率达 100％。全市每万人拥有民间组织数量达 5.8 个左右，备案管理的社区群众活动团队达 1.8 万个以上。职业社会工作者数量达 3 万人以上，社区志愿者数量（义工）数量达 30 万人以上。三是基本公共服务类指标。街道社区事务受理服务中心建设基本全覆盖，机构规范建设达标率 85％以上，社区事务受理项目一次办结率达 80％。建立上海市生活求助服务热线，与其他服务热线实现互联、互通。

主要任务：一是完善现代社会救助体系。逐步完善机构健全、法制完备、政策协调、手段先进、运作高效并具有上海特点的现代社会救助体系。完善"分类施保"，健全救助体制机制，改进救助管理手段，加强城市灾害应急救援和减灾工作。二是加快发展社会福利。以老年人为重点，进一步做好上海市老年人、残疾人、孤残儿童的社会福利服务。大力发展社区居家养老服务，分类推进机构养老服务，逐步形成居家养老为主、机构养老为辅的养老格局。全市户籍老年人口中，90％由家庭自我照顾，7％享受社区居家养老服务，3％享受机构养老服务。其中，"护理型"床位约占 65％，"照料型"床位约占 30％，"自助型"床位约占 5％。继续推动残疾人社会福利事业发展，力争到 2010 年，基本满足精神病患者在社区就近康复和照料的需求。三是全面深化老龄工作。进一步完善老年人基本社会保障体系，逐步提高老年医疗卫生保健服务水平，不断健全社区为老服务体系，积极推动老年教育、文化、体育事业新发展，大力弘扬中华民族敬老传统美德。四是巩固、优化双拥优抚安置工作。推进退役士兵安置工作改革，深化军队离退休干部安置服务管理，深化发展新时期双拥工作。五是深化基层政权和社区建设。完善社区服务，大力推进各街道、乡镇"三个中心"建设；深化居民自治和社区共治，中心城区居委会办公及综合活动用房建筑面积逐步达到 300 平方米以上，和谐社区示范创建率达 80％；加强农村基层民主建设。六是加快发展与规范管理民间组织。促进有序发展，加强监督管理，推进自律建设，提高服务水平。民间组织规范化建设优良率达 50％。七是加快推进社会工作职业化、专业化建设。拓展社工专业服务领域，创新社工管理制度，发展社区志愿服务。八是大力发展慈善事业。培育发展各类慈善组织，完善经常性社会捐赠网络，积极营造慈善事业发展的社会氛围。九是加强其他专项社会事务管理。加强行政区划管理，加强殡葬改革与管理，加强婚姻（收养）登记管理，加强社会福利企业和假肢矫形器企业管理。

第五节　市政府实事民政项目

一、实事项目

1994 年：改造街道敬老院并为社会困难孤老建立家庭敬老室，巩固和完善社区服务。改造 25 个街道敬老院，增加床位和服务内容，提高服务质量；继续为有需要的社会孤老建立家庭敬老室；扩大社区服务覆盖面并充实服务项目，提高服务质量。

1995 年：改造街道敬老院，继续完善社区服务。改建和扩建 25 个街道敬老院，建成 20 个街道社区服务中心示范点。

1996年：完善社区服务。巩固50个街道敬老院改造成果，继续对25个街道（镇）敬老院、社区服务中心实施改扩建。每个区建成1个社区服务示范街道。

1997年：增强社区服务功能。完成25个街道（镇）敬老院和社区服务中心的改扩建，建成300个社区服务示范居委会，建成200个社区卫生综合服务示范点。

1998年：提高社区管理服务水平。建立市级及5个区级"上海社区服务网"管理中心；全市老年社会福利设施中新增床位2500张；深化再就业和社会保障工作；全市各街道、乡镇全部建立社会保障管理所；建立金山区和5个县社会救助计算机网络管理系统，并与全市联网。

1999年：新增2500张养老床位，实现市区社区服务热线联网。

2000年：在全市25个街道实行社区事务处理"一门式"服务，完善社区服务热线；新增养老床位2500张。

2001年：实施上海市社区服务信息网推广工程，新增2500个养老床位，建成100个标准化居委会老年活动室。

2002年：在社区建40个老人日托机构、150个老年活动室，新增养老床位2500张，构建为老服务信息库，建立居家养老、托付养老服务系统。

2003年：在社区建40个老年日托机构、100个老年活动室，新增养老床位2500张，扩大为老关怀服务援助系统，其用户达到20000户。

2004年：改善老年教育条件，兴办10所、完善80所老年学校；新增养老床位2500张；为2万名生活难以自理的困难老人提供就近上门照料服务；建成社会救助三级网络信息系统，及时为救助对象提供服务。

2005年：落实140万70岁以上老人就医便利和公园、部分文化场馆门票优惠政策。医疗就诊时优先挂号、就医、住院等；进入上海动物园、上海野生动物园、上海大观园、佘山国家森林公园、豫园等5座公园享受门票优惠，进入上海市其他各类公园享受免票待遇。为16万独居老人及其他需特殊照顾的老人提供上门照顾等服务。以独居老人为重点，为纯老年家庭老人安装紧急呼叫装置1万台；为3万名有生活照料需求老人开展上门或日托等形式的居家养老服务；新建、改建300个标准化老年活动室。新增6000张养老床位。

2006年：新建、改建100个社区"一门式"服务机构，其中乡镇新建80个；新增1万张养老床位；完成2万名独居老人紧急呼叫装置安装；新增5万名居家养老服务对象；新建20家示范型老年人日间照料中心。

2007年：新增1万张养老床位，完成2万名独居老人紧急呼叫装置安装，为13万名老人提供社区居家养老服务，新建20家老年人日间服务机构。

2008年：为17万老人提供居家养老服务，对其中10万名生活困难且需照料服务的老人给予政府服务补贴；新建100家老年人日间服务中心；新设200个社区老年人助餐服务点；新增1万张养老床位。

2009年：为21万名老人提供居家养老服务，并对其中12.6万名生活困难且需照料服务的老人给予政府服务补贴；新增养老床位1万张；新建老年人日间服务中心50家；新设100个社区老年人助餐服务点。

2010年：为25万名老人提供居家养老服务，新增养老床位1万张，新建老年人日间服务中心20家，新设50个社区老年人助餐服务点。

二、完成情况

至 1995 年底,全市 14 个区、122 个街道(镇)成立社区服务协调(指导)机构,89 个街道(镇)成立社区服务实体组织,32 个街道建立社区服务管理所。市区已建立社区服务中心 117 个,使用面积 42 万平方米,开展各种服务项目 300 多项。参与社区服务的达 72 万多人,有社区服务志愿者队伍 55 万多人。为独居老人安装救助电铃 2 200 只,挽救危急病人 100 多人;为社会孤老建立家庭敬老室 1 400 多个;通过建立家庭病床和就近设点诊疗的办法,帮助 8 万多名老人解决就医的困难;为 4 000 多名老人和 4 万多名中小学生解决吃午饭的困难。通过发动和组织社区服务志愿者队伍,为 55 万多户居民提供送牛奶、送液化气、代洗衣被等服务。市区 1 700 多所幼托机构实行延点服务。市区改(扩)建 50 所街道(镇)敬老院,总投资 4 500 万元,新增加使用面积 1.3 万多平方米,新增床位 1 100 多张。1995 年在全市范围内创建 20 个社区服务示范单位,改善设施条件投资达 800 万元。

至 1996 年底,市、区、街道为此共投资 4 332.6 万元(其中市财政、市计委补助 300 万元)。改扩建 18 个街道敬老院,使用面积由 3 365 平方米增加到 17 920 平方米,总床位由 238 张增加到 1 099 张,净增床位 861 张,平均每个街道敬老院的床位由 13 张增至 61 张。7 个社区服务中心共投资 607.6 万元,使用面积由 2 197 平方米增加到 5 213 平方米,服务项目由 11 个增加到 26 个。在全市 14 个区开展创建 14 个社区服务示范街道的活动。14 个街道的服务设施由 1995 年的 1 851 个增加到 2 058 个,增加 11.18%;服务项目由 1995 年的 2 639 个增加到 3 285 个,增加 24.48%;设施面积由 1995 年的 5 788 平方米增加到 8 362 平方米,增加 44.46%;服务网点由 1995 年的 1 633 个增加到 2 082 个,增加 27.5%。完善全市城乡社会救助和城乡社会救助工作体系,市郊农村社会养老保险平均投保率达到 90.15%。

至 1997 年底,改扩建社区服务中心和敬老院 26 个,共投资金 7 314 万元。其中,投入资金 6 372 万元,改扩建 20 个街道(镇)社区服务中心,使其使用面积由 2 045 平方米增加到 20 021 平方米;6 个敬老院的使用面积也由改造前的 1 145.5 平方米增加到 5 432.5 平方米,总床位由 83 张增加到 310 张,平均每个敬老院的床位由 13.8 张增加到 51.7 张。创建 694 个社区服务示范居委会,超过指标的 1.3 倍。全市居委会社区服务分中心便民利民设施由 1996 年的 13 941 个增加到 15 410 个,增加 10.5%。

至 1998 年底,全市新增养老床位 3 000 张,超额完成指标,建成众仁花苑、松江区社会福利院、杨浦区社会福利院二期工程、南汇区社会福利院、宝山区大场镇敬老院、普陀区长征镇敬老院等一批设施一流的养老机构。

至 1999 年底,新增养老床位 2 653 张。新建区县级养老机构 3 家,其中拥有 200 张床位的浦东新区社会福利院、拥有 120 张床位的静安区社会福利院,填补了这两个区缺少区级养老机构的空白。黄浦区也在该区域内挖潜建造拥有 80 张床位的黄浦区老年公寓。扩建 17 家街道、乡镇养老机构,新增床位 725 张;11 家社会力量投资办的养老机构,新增床位 933 张。

至 2000 年底,全市 62 个街道实行社区事务处理"一门式"服务,社区服务热线接通率、满意率达 100%,自理率达 92%。新增养老床位 4 217 张。

至 2001 年底,新增 2 709 个养老床位,建成 100 个标准化居委会老年活动室。

至 2002 年底,建成 40 个老人日托机构,新增养老床位 2 500 张;建成 150 个老年活动室。

至 2003 年底，在社区建立 40 个老人日托机构、120 个老年活动室，为计划的 120%；新增养老床位 2 800 张，为计划的 112%；扩大为老关怀服务援助系统，用户达到 2 万户。

至 2004 年底，推进农村残疾人养老保险、合作医疗工作，实现全员覆盖；改善老年教育条件，兴办 12 所、完善 91 所老年学校；新增养老床位 2 500 张；为 2.3 万名生活难以自理的困难老人提供就近上门照料服务；建成社会救助三级网络信息系统，及时为救助对象提供服务。

至 2005 年底，全面落实 140 万 70 岁以上老人就医便利和公园、部分文化场馆门票优惠措施；为 16 万独居及其他需特殊照顾的老人提供上门照顾等服务；新增养老床位 10 094 张，为年初计划的 168%；为 5.5 万名老人提供居家养老服务，为计划的 183%；为 1.3 万户独居老人为重点的纯老家庭安装紧急呼叫援助装置，为计划的 130%；新建、改建 400 家老年活动室，为计划的 133%。

至 2006 年底，完成新建、改建 100 个社区"一门式"服务机构，其中乡镇新建 80 个；新增 1 万多张养老床位；为 2.5 万户独居老人安装紧急呼叫装置，为计划的 125%，新增 5 万名居家养老服务对象；建成 20 家示范老年人日间照料中心。

至 2007 年底，新增养老床位 10 050 张，为计划的 100.5%；为 2 万名独居老人安装紧急呼叫装置；将居家养老覆盖面扩大至 13.5 万名老人，为计划的 104%；新建 20 个老年人日间服务机构，为计划的 100%。

至 2008 年底，将居家养老服务覆盖面扩大至 17.7 万名老人，为计划的 104.11%，并对其中的 10.3 万名生活困难且需要照料服务的老人给予政府服务补贴，为计划的 103%；新建 101 个老年人日间服务中心任务；新设社区老年人助餐服务点 216 个，为计划的 108%；新增养老床位 1.076 9 万张，为计划的 107.7%。

至 2009 年底，为 21.9 万名老人提供居家养老服务，为计划的 104.3%，并对其中 12.9 万名生活困难且需照料服务的老人给予政府服务补贴，为计划的 102.4%；新增养老床位 10 187 张，为计划的 101.9%；新建老年人日间服务中心 52 家，为计划的 104%；新增 119 个社区老年人助餐服务点，为计划的 119%。

至 2010 年底，为 25.2 万名老人提供居家养老服务，为计划的 100.8%；新增养老床位 1 万张，为计划的 100%；新建 20 家老年人日间服务中心，为计划的 100%；新设 65 个社区老年人助餐服务点，为计划的 130%。

第六章 民政信息化建设

　　20世纪80年代中期,市民政局开始将信息化方法运用到组织人事和干部考核工作。20世纪90年代中期起,民政信息化建设从单机应用逐步发展到业务协同应用,基本建成覆盖市、区县、街道乡镇三级民政信息网络系统、上海市民政局网站、民政电子政务平台、各民政业务管理信息系统、民政业务数据库等构成的民政信息化体系,为社会管理创新、服务创新作出积极贡献,也为促进信息消费、信息惠民和数据应用奠定基础条件。

　　上海民政信息化建设经历起步探索、全面推进、深化发展3个阶段。

　　1995—1998年为起步探索阶段。20世纪90年代中期,随着信息技术的普及和发展,政务信息化成为信息化领域的重要组成部分。上海民政信息化建设开始从无到有,一步步探索和实践,为之后民政信息化快速发展奠定坚实的基础。其间,初步建成市民政局机关局域网硬件平台和办公自动化系统;开发推广社会救助、双退安置、婚姻登记等部分业务管理应用软件;实现与市政府的电子邮件互联,实现与民政部的远程通信、网上报送信息等;政务公开信息在全市政府机关中率先上网,开启民政信息化建设崭新局面。

　　1999—2004年为全面推进阶段。进入21世纪,信息化技术和应用进一步发展,市民政局不断加大信息化建设的投入和推广力度,推动民政信息化发展进入快车道。2001年,市民政局对民政信息化工作进行全面规划,提出建设完善"一站、一台、一库、一网"的发展目标。先后完成市民政信息系统暨"市民社保(IC)卡"民政分系统、上海市社会救助"一口上下"工作平台等一批全市性、影响面广的综合性应用项目,并进一步完善和开发上海民政门户网站、电子政务平台以及社会救助救灾、福利事业企业、婚姻收养登记、优抚安置、社区事务受理等一批综合和业务管理信息系统。

　　2005—2010年为深化发展阶段。随着民政工作职能进一步扩展、服务范围进一步扩大,规范管理、协同应用等成为工作重点,信息化建设不断向纵深发展。一方面对已有的信息系统或网络设施进行升级改造,另一方面,启动建设社区事务受理"一门式"系统、上海市居民家庭经济状况评估系统、民政地理信息系统、民政救灾业务管理子系统等一批新的信息系统。

　　1995年5月,市民政局成立局办公自动化领导小组,负责上海市民政系统信息化工作的规划和决策。1996年3月,市民政局联合部分高校科研力量制定《上海市民政局办公决策服务系统的建设规划、分析与设计》方案,对推进民政部门办公自动化起到重要作用。1996年7月,成立局信息研究中心,具体承担民政信息化建设和管理工作。2002年2月,局信息化建设领导小组及其办公室成立,市民政局信息化工作组织架构基本搭建形成。

第一节 基础设施建设

一、中心机房

　　1996年底,市民政局开始启动核心机房建设,面积约25平方米,并配置相应的服务器和网络设备,满足局机关信息化建设的基本需要。

2001年5月,市局中心机房改造和主机系统迁移。7月,首届全国民政信息化工作会议在上海召开,展示上海民政信息化建设工作成果。民政部部长多吉才让莅临参观指导。

2004年3月,市发展改革委员会(以下简称发改委)批准市民政信息管理系统及社会救助信息管理系统工作平台建设项目可行性研究报告,市民政局启动工作平台建设,项目总投资2 825万元,其中200万元用于机房改建。

2007年12月,市发改委批准市民政局上海市居民家庭状况评估信息系统项目建议书,2008年4月批准该项目的可行性研究报告。上海市居民家庭经济状况评估信息系统建设启动,项目总投资3 502万元,其中285万元用于机房改造。

二、民政系统三级网络

1999年6月,市计划委员会批复同意上海市社会保障卡工程可行性研究报告,上海市"市民保障(IC)卡"服务中心启动建设覆盖全市的市民信息服务网络和信息交换平台。通过建设该平台,实现各分系统间跨部门信息的共享和卡内信息的录入。各分系统的建设,在市信息化办公室的统一协调下,由各相关部门自行建设。市民政局负责上海民政分系统项目建设。建设内容为业务主机(一备一用)、开发机、加密机、路由设备、通信设备、发卡设备等,以及软件开发、系统集成和必要的房屋装修。

2001年7月,市民政局承办首届全国民政信息化工作会议,并召开上海市民政信息化工作会议。同年,基本建成贯通全市的三级民政信息网络,连接市局和各区县民政局的主干线路、备份线路全部建成开通;完成中心机房改造和主机系统迁移;配合办公用房调整,进行机关局域网布线改造,并完成机关局域网和应用系统的新老系统整合;按照民政部的统一部署,市民政局和民政部主干网络连通工程开始启动,成为民政部第一批省市级联网单位。

2004年3月,市发改委批复同意市民政信息管理系统及社会救助信息管理系统工作平台建设项目可行性研究报告,市民政局启动工作平台建设,该平台拥有核心业务系统、信息共享服务系统、统计分析系统以及异地灾备系统等子系统,项目总投资为2 825万元,其中1 112万元用于主机系统建设,525万元用于网络系统建设,20万元用于安全系统建设,113万元用于系统集成建设。

2008年,市民政局逐步推进民政专网网络全覆盖项目,对社会福利中心等13家异地直属单位进行已有线路摸底、专线施工、网络设备和安全设备配置等工作。

三、全国民政广域网上海节点

2001年,民政部对全国民政信息化建设"数字民政"工程作出统一部署,要求2002年建成连接民政部和各省(市、区)、计划单列市民政(厅)局的具有数据、语音、视频功能的民政广域网。作为第一批联网单位之一,市民政局于年底就开始全国民政广域网工程上海节点的规划和具体实施工作。2002年,建成实时与民政部相连的网络平台,基本实现数据、语音、视频三项主要功能。

2006年9月,民政部办公厅下发《关于建设民政卫星网络系统(一期)的通知》,要求以民政广域网为基础分期建设民政卫星网络系统,不断扩大民政广域网的覆盖范围,提升视频会议质量,拓展信息化应用领域。一期工程先完成各省、自治区、直辖市、计划单列市、新疆生产建设兵团的设备安装和调试。在总结一期工程经验的基础上进行二期工程建设,完成全国县以上民政部门及其他民政业务单位节点的系统联网。市民政局落实建设资金,制定建设方案,完成视频会议室和卫星网络系统升级改造任务。

四、市公务网民政接入网

2002年,市民政局向上海市国家保密局报送《上海民政局公务网接入网一期安全保密方案》,于2003年1月获得市国家保密局的批复。市民政局根据批复落实保密方案有关规定,完成公务网接入网一期建设工作。

2005年7月,市委办公厅公务网管理中心发布《关于同意正式接入市公务网的函》,市公务网民政接入网通过上海市国家保密局检测,经市委办公厅批准,正式接入市公务网。为配合管理好、使用好市公务网,市民政局签订市公务网配置设备委托管理协议,并按照市公务网运行管理的有关规定,做好配置设备的运行管理以及相关的安全管理工作,配合上海各有关单位在公务网上开展各项业务应用工作。

第二节 民政综合性信息系统

一、门户网站

2001年,按照市政府"中国上海"门户网站建设指挥部的统一部署,市民政局建成开通"中国上海"门户网站市民政局子网站(www.shmzj.gov.cn),和门户网站实现链接,并通过网上向门户网站编辑部报送政务信息;初步理顺市民政局子网站信息的采集、审核、发布等工作机制,编辑发布政务信息、办事指南、政策法规等信息,开展网上办事的试点工作。同步建成供全市三级民政部门查阅政务信息、政策法规文件、业务数据和技术支持的市民政局内部网站。

2002年,市政府办公厅在中国上海政府门户网站上组织开展对市政府50个部门网站的评议活动,主要从政务公开、网上办事、投诉监督、网站功能和信息更新5个方面进行评议。在市政府部门网站评议综合排名中,市民政局排名第九。

2003年,市民政局梳理、整合原有网站的内容,并以提高政府工作的透明度、拓展网上办事作为网站建设的重要内容,进行新版网站建设。9月18日,推出改版升级后的"上海民政"网站。新版网站在完善网站技术架构、丰富网站内容、推进互动式网上办事等方面作较大改进,特别是配合新的《婚姻登记条例》出台,适时推出国内婚姻网上办事系统,从外网受理、内网办理等各个环节对婚姻登记系统进行全面重组,以提供网上咨询服务、网上预约登记为特色,对办理网上预约登记的当事人实行优先受理审查和登记,方便国内婚姻登记当事人,受到群众和社会各界的广泛欢迎。此外,网上咨询成为整个民政信访系统的重要组成部分,全年受理网上信访近2 000人次,网上信访量超过信访总量的1/3。新版网站开通3个月,累计点击量超过300万人次,平均日点击量近4万人次。

2005年,在市政府办公厅组织开展的年度市政府部门、区县政府网站的评议活动中,市民政局排在优秀水平行列。

2007年,市民政局对网站进行新一轮改版优化,调整优化网站的整体结构和布局,适当增加网站首页的信息量,减少纵深结构层次,实现网站结构扁平化,提高网站信息的易得性,进一步完善政府信息公开、民政新闻栏目,大幅提升网上办事、便民服务、网上互动等功能。当年,在市政府办公厅组织开展的年度市政府部门、区县政府网站的评议活动中,市民政局排名第五。

2008年,市民政局进一步加大对网站的建设、管理和维护力度,完善网站页面布局,优化网站结构功能;大力拓展网上互动,畅通民众诉求渠道;深入推进网上办事,提高办事成效;优化网上办事大厅布局结构与办事流程,实现与"一门式"系统直接进行数据交换;完善"一门式"网上办事功能,建设区县民政、街镇社区民政事务专栏,将23项社区民政事务全部纳入网上办事事项,实现网上办理。

同年,大力推进上海民政网站群建设。按照统一规划、分步实施的原则,建立在统一应用平台之上,以市民政局网站为门户网站,包括民政业务子网站、市局直属单位子网站和各区县民政局子网站的网站集群。一期建设主要包括各区县民政局子网站,建设内容为民政新闻、信息公开、便民服务、网上办事、网上互动等模块,9月底完成上线,10月,各区县民政局子网站正式开始运行。

2009年,市民政局网站按照以民众需求为导向,以完善网站现有功能与推进后台建设为重点的工作要求,加强后台统计分析平台建设,开展网站无障碍改造等,进一步完善网站服务等功能。一是开展网站无障碍改造工作,根据市政府关于"迎接世博会,方便盲人及弱视人群上网"的要求,市民政局网站成为首批3家进行无障碍改造的市政府部门网站之一,以及全国民政系统第一家进行无障碍建设的网站;二是开展繁体版和英文版建设;三是新建促进大学生就业公共信息平台。

2010年11月,市政府办公厅开展2010年上海市政府网站测评和优秀案例、"世博贡献奖"推选工作,市民政局以资源规范整合的案例类型和多元民政的服务整合的主题,位于优秀案例、"世博贡献奖"获奖名单之列。

二、电子政务平台

1996年3月,市民政局联合部分高校科研力量制定《上海市民政局办公决策服务系统的建设规划、分析与设计》方案,对推进民政部门办公自动化起到重要作用。

1998年,市民政局初步建成机关局域网硬件平台和办公自动化系统,实现与市政府的电子邮件互联,完善与民政部的远程通信、网上报送信息工作等。

2002年,市民政局进行办公自动化系统的二次开发,完成12个模块27个子模块的开发工作。新系统整合日常政务办公、信息处理、业务查询、内部电子邮局等功能,具有界面方便易用、高安全性、采用事务控制技术、配置灵活、文档修改痕迹保留、适应多种网络架构、支持局域网和广域网以及移动办公应用等特点,基本形成一个体系完整、运行稳定的应用系统。

2003年,市民政局完成部分直属事业单位、各区县民政局、街道乡镇邮件系统的升级和互连工作,实现市民政局与各区县民政局邮件系统互联互通。当年用户总数超过1 000人。

2006年,为解决民政业务管理信息系统和应用系统登录界面繁多、管理维护成本升高及数据来源分散等问题,市民政局启动建设上海民政电子政务平台(一期)。

2008年,在一期建设的基础上,大力推进上海民政电子政务平台(二期)建设工作,完成门户短信(手机短信)、技术支持、民政新闻、公告和会议通知、电子邮件、待办事宜模块的开发建设工作,统一发布民政各项业务基础数据及统计分析资料;启用电子政务平台公文流转功能;整合民政各个业务系统,实现对各项业务的综合管理,以及日常业务和办公服务的一体化操作;建立统一认证系统,统一用户身份管理,实现业务系统单点登录。

2009年,市民政局对电子政务平台进行升级改造,主要包括软硬件系统、公文流转系统、邮件系统、统一认证系统、统一用户管理系统、信息发布系统的升级,同步开发建设局长视图功能,完成门户网站页面的改版工作。

三、地理信息系统

2006年,为加强统计管理、方便公众查询,市民政局启动建设民政地理信息系统(简称民政GIS),主要包括社会福利类、社会救助类、老龄工作类、社区建设类、双拥优抚类、婚姻收养类等11个类别的民政机构设施,基于门户网站为公众提供查询服务,基于电子政务平台为工作人员提供统计管理功能。

2007—2008年,市民政局建立基础的民政业务地理信息、民政机构信息和民政对象信息数据库,开发民政机构展示和查询系统、民政对象统计服务系统,并根据需要进行灵活的纵向(市级、区级、街道)和横向(属性)查询统计,初步实现辅助决策、合理分配社会资源的效能,提升民政业务综合管理能力。

第三节　民政业务信息系统

一、救助信息系统

1997年11月,上海市社会救助信息系统正式投入运行。同时,市民政局制定《上海市社会救助信息系统运行管理的暂行规定》,明确市民政局、各区县民政局的组织管理、信息管理、技术管理和考核管理职能。

2001年,市民政局大力推进社会救助应用系统的联网运行工作,基本建成全市社会救助管理数据库。

2003年4月,市政府常务会议研究并同意市民政局、市信息委提交的推进社会救助信息"一口上下"工作方案,并且把项目列为2003年上海市信息化应用重点建设项目之一。8月5日,市政府办公厅发布《关于推进上海市社会救助信息"一口上下"工作的实施意见》。2004年3月,市发改委批准市民政局编报的该平台建设项目可行性研究报告。市民政局启动工作平台建设,以市民政救助业务为核心,实现对全市民政救济对象的申请、业务受理、审批、资金发放以及查询、统计、管理等功能,同时提供与民政部的信息接口,实现与民政部的救助数据交换。核心业务系统的应用系统包括民政救助业务子系统、民政救助资金管理子系统、日常业务查询、统计子系统、民政救助信息监控子系统等。此外,还包括信息共享服务系统、统计分析系统、异地灾备系统等。

2004年4月,市民政局制定《关于推进本市社会救助三级网络信息系统实事工程建设有关事项的通知》,成立"社会救助三级网络信息系统建设项目"领导小组,负责全市社会救助三级网络信息系统建设项目的推进工作和具体组织实施,并将此项工作纳入2004年重点考核目标。7月,社会救助三级网络信息系统实事工程建设项目进入全面推广应用阶段。市民政局按照"扎实稳妥、有序推进"的原则,分"先试先行""分步集成""逐步推进"三个步骤,确保资金落实到位、设备落实到位、人员落实到位,有序推进工程建设。

2006年,市民政局对社会救助管理系统进行升级改造,根据落政对象管理子系统、安徽下放户管理子系统、农婚知青管理子系统、医疗帮困卡、逻辑校验提醒功能等改造需求,新增和变更项目17个。

2007年,陆续开发调整安徽下放户、市局医疗帮困一卡通、市局农村"五保"户社会救助等13个应用模块,并对有关功能模块进行完善,同时对全市200多个街道乡镇救助工作人员进行软件操作再培训。

2008年,进一步完善救助管理信息系统,开发完成救灾捐赠信息系统,保证捐赠资金的接收、统计、上报、移送等工作有序开展,以及捐赠名单、统计报表的及时公示,为开展集中、大规模的救灾捐赠工作提供信息化保障。

2009年,对救助管理信息系统进行升级改造,完善业务操作方式;扩大系统业务对象覆盖面;优化系统业务处理速度,提升系统灵活性以及业务监管能力和数据推送能力;实现对各项社会救助业务的汇总、统计、建模和分析。

二、婚姻、收养信息系统

2001年,推进全市婚姻登记应用系统上线运行,基本建成全市婚姻管理数据库。同时,开展各区县婚姻登记员应用操作及业务培训工作。

2003年,对婚姻登记系统进行升级改造,特别是为配合2003年10月1日新颁布的《婚姻登记条例》实施,在较短时间内对国内婚姻登记系统的业务操作流程进行相应的修改和调整。升级改造后的国内婚姻登记系统运行稳定,为新条例的实施提供技术保障。

2004年3月,市发改委批准市民政信息管理系统及社会救助信息管理系统工作平台建设项目可行性研究报告,市民政局启动工作平台建设,其中核心业务系统的应用系统建设包括婚姻业务流程重组和网上办事服务的支持。

2006年,市民政局对国内婚姻管理登记系统进行升级改造,通过对国内婚姻登记管理系统业务流程和系统架构的重新部署,完成数据迁移和系统升级改造后的全面上线,提高系统运行效率和数据的准确性。

2007年,完成收养登记管理信息系统的开发并上线试运行,系统包括收养登记、收养数据综合分析、系统管理等模块。

2009年,对上海市社会保障和市民服务信息系统民政分系统进行运行保障,全面升级婚姻登记预约系统;完成涉外婚姻登记系统与民政部登记软件数据导出接口的开发。

三、优抚信息系统

2001年,大力推进优抚应用系统开发、试运行准备等工作。2003年,完成义务兵及其家属优待金发放管理信息系统的开发,并在全市推广使用。

2004年3月,启动工作平台建设,其中核心业务系统的应用系统建设包括优抚业务流程重组和网上办事服务的支持。

2006年,对优抚信息管理系统进行升级改造,将原有的优抚信息系统体系从C/S架构整合改造为中央数据库的B/A/S架构,同时整合优化原有的工作流程,年底前完成系统的初步开发。

2007年,完成优抚信息系统的三属/定期抚恤子系统的开发,并开展试运行培训及上线使用。

2009年,对上海市社会保障和市民服务信息系统民政分系统进行运行保障,其中,调整优化优抚子系统和义务兵子系统功能。

四、养老信息系统

2001年,推进养老信息管理系统上线运行,完成养老机构设置审批功能开发。2002年,根据市政府实事项目"构建为老服务信息库"任务和上海实施社区为老服务"星光计划"信息化管理的要求,利用卫星通信技术和计算机网络技术,规划建设上海"星光计划"老年远程教育网。项目一期工程于12月初建成,并于12月24日启用,成为全国第一家连接到各区县民政部门的远程教育培训和视频会议系统。

2003年,扩大三级民政信息网络,全面拓展业务系统应用范围。对养老机构设置审批项目进行多次用户交流和两次试运行用户培训,并在4个区试运行。

2004年3月,市民政局启动的工作平台建设,其中核心业务系统的应用系统建设包括社会福利、福利企业管理等民政业务流程重组和网上办事服务的支持。

2006年,新建上海市养老服务管理信息系统和上海民政信息报送系统。养老服务管理信息系统是在原有的居家养老照料服务评估系统项目基础上构建的一个养老服务及管理的信息平台。

2007年,进行养老需求评估子系统、居家养老子系统、机构养老子系统、福利院外网子系统的开发工作,完成试运行培训并上线使用。

2008年,为实现机构养老、居家养老需求评估一体化,全市老年人需求照料信息、服务机构信息动态管理的目标,进一步完善养老服务信息系统,大力推进系统的推广应用,弥补市民政局在居家养老、机构养老设置等业务管理方面的信息化应用空白,同时为老龄业务受理、养老服务科学化、养老机构精细化管理等工作打下良好的信息化基础。

五、"双退"管理信息系统

2001年,推进"双退"管理信息系统上线运行,基本建成全市"双退"管理数据库。对各区县"双退"办和干休所工作人员应用培训150人次。

2004年3月,启动工作平台建设,其中核心业务系统的应用系统建设包括"双退"安置业务流程重组和网上办事服务的支持。

2009年,市民政局结合浦东、南汇两区合并的情况,对退役士兵和军休干部审批流程的查询统计模块和数据接口进行修改,并完成随军随调信息管理子系统的开发和数据采集工作。

六、社区事务受理系统

2006年8月,市政府办公厅下发《关于加强和推进社区事务受理服务中心建设的意见》,要求各街道镇乡(以下简称街镇)设置"一门式"服务机构,具体承接政府部门为社区群众提供各类政务服务;相关部门在做好专业信息资源管理的基础上,主动帮助受理中心尽快形成资源协同共享的平台。此后,市、区县政府相关部门下移到街镇的行政事务受理服务工作及业务应用系统,均统一纳入受理中心,实现"一门式"服务。同年,全市新建、改建100个社区事务受理服务中心,完成100家街镇社区事务受理服务系统的安装部署工作。

2007年,深入推进应用系统建设,完成社区事务受理中心系统("一门式"系统软件)2007版的改版工作,进一步完善上传功能,相继开发收入核对业务社区受理系统和网上办事接口系统。

2007年6月,市政府制定《上海市人民政府关于完善社区服务促进社区建设实施意见》。2008年,市民政局全面推进社区事务受理中心标准化建设,在全市实行基本服务事项、办事流程、建设规范、标识标牌、管理软件和评估体系等运行机制和管理模式的规范统一。同时,对"一门式"系统进行软件版本升级,扎实推进社区事务受理中心"一门式"系统标准化建设,为居民提供便捷、透明、亲和的公共服务。同时,结合收入核对工作、局网站改版工作,建设市民收入核对系统社区流转系统、市级综合管理平台,在解决部门协调、数据共享方面取得较好效果。截至2008年底,在全市153个街镇进行社区事务受理服务中心标准化建设和"一门式"系统安装部署。

七、居民家庭经济状况核对信息系统

2007年,市民政局完成上海市居民家庭经济状况评估信息系统项目建议书的编制与申报工作。同年12月,市发改委批准市民政局上海市居民家庭经济状况评估信息系统项目建议书。市民政局利用现有信息系统资源,完成社区事务受理子系统、评估系统和对外数据交换子系统的建设试点工作,浦东新区和卢湾区4个街道的应用试点,民政、劳动、公积金3个单位的数据交换系统开发工作,以及民政、劳动、公积金、税务4个单位的设备采购与联网集成工作。

2008年4月,市发改委批准上海市居民家庭经济状况评估信息系统可行性研究报告。市民政局启动建设上海市居民家庭经济状况评估信息系统,项目建设内容包括业务受理流转系统、评估核证业务处理系统、经济状况电子比对交换系统、评估人群综合分析系统、外网综合服务系统等,满足廉租房业务的核对需求。

2009年,市民政局根据市政府对扩大廉租住房受益面工作的要求,基本完成全市收入核对网点的建设,形成与公安、证监、银行等部门系统互联的数据比对技术方案,完成民政内部与业务系统互联的数据比对专线。廉租房应用前端受理方面,完成社区事务受理系统中廉租房数据采集系统的应用开发、人员培训及验收工作;在全市189个街镇安装"一门式"系统,其中134个街镇投入使用。廉租房应用后端核证方面,完成收入核对第一阶段的应用、开发与验收工作,并在全市118个街镇安装使用该系统;开发完成经济适用房(试点)社区受理、电子比对软件,并在闵行、徐汇两区完成培训与实施工作;完成收入核对第二阶段需求调研和招标工作;完成收入核对系统计算机软件著作权的登记申请工作。

第七章　对外交流与合作

　　1978年,上海民政恢复对外交流工作,开始接待前来参观访问的社会福利机构和福利工厂的境外团组,而走出去学习考察很少,仅有少量组团出境参加残疾人文艺演出和体育赛事。进入20世纪80年代中期,境外来访人数逐渐增多。随着改革开放的深入发展,上海民政面临改革和发展的许多新情况和新问题,亟需拿出新思路、新对策。为此,市民政局实施"走出去"计划,拓展交流渠道,增加组团出国(境)学习考察。

　　进入20世纪90年代后期,市委、市政府提出民政工作要向"大民政"方向转变的要求,民政工作的作用不断增强,社会影响力不断扩大,随之,境外来宾数量增多,且级别也不断提高。在此时期,市民政局成立市社会福利国际交流中心,对外交流工作进入蓬勃发展的新阶段。1998年上海民政外事工作会议明确新的历史时期上海民政对外交流的发展目标和主要任务,形成《上海市民政局关于加强外事管理工作的意见》。会后,一整套指导上海民政对外交流的外事工作管理制度相继制定,确定30家设施齐备、服务优良的民政涉外参观点,规定每个出访团组都要认真撰写出访考察报告。1999年5月,市民政局会同市政府新闻办公室联合召开上海社会福利事业情况介绍会,向境外媒体全面介绍民政事业的发展状况。民政对外交流的形式从一般交流发展到专题交流、举办国际会议和开展项目合作,范围发展到几乎覆盖民政所有业务,与境外对等的政府部门的来往明显增加,每年都有国外部长级团组来访,与40多个国家和地区的相关政府部门和专业机构建立友好交往关系。上海民政作为重要成员单位参与2007年世界夏季特奥运动会的申办、筹备和举办工作。2009年起,根据市委、市政府有关精简出访团组数、人员数和出访经费的精神,民政对外交流的业务范围聚焦在社会福利、社会救助、社会工作、社团管理和社会专项事务管理等领域。

　　据统计,1998—2010年底,共接待来自世界各地的来访人员773批8 096人次,共派遣560批2 827人次出访,举办近20场国际研讨会、展览会和文化艺术交流会。

　　改革开放初期,外事工作由市民政局办公室秘书科兼任,无专职工作人员。1986年在办公室设立外事科。1997年,成立市社会福利国际交流中心,承担具体工作。2000年成立外事处,承担外事工作行政管理职责。

第一节　出国(境)交流、培训

　　1982年7月,受日本服务残疾人的民间组织"蒲公英之家"邀请,市民政局首次自行组团,组织2名盲童聋哑人赴日本参加"蒲公英之花音乐节"演出。

　　1985年7月,上海聋哑人业余艺术团出访日本、美国演出。

　　1986年,派遣市儿童福利院的1名特殊教育教师赴美国CIP组织进修,并由此开辟选送有关人员出国培训的新路子。

　　20世纪80年代中期,市民政局与日本社会福利法人旭川庄达成合作协议,先后选派10多批工作人员赴旭川庄进行为期3个月至半年的研修,学员所有费用均由旭川庄承担。

　　1988年5月10—18日,应日本社会福利法人旭川庄理事长江草安彦和津山市市长邀请,市残联派 10 人代表团赴日参加为期 9 天的轮椅马拉松比赛。

1989 年 7 月 18 日至 8 月 17 日,应日本蒲公英之家邀请,上海市聋哑人艺术团赴日本静冈、福升等 10 个县、市演出,公演 13 场,观众达 3.5 万人次。

1990 年 10 月 23—29 日,应日本尼崎市日中障碍者友好协会中尾四郎邀请,市残联派 12 人代表团,赴日本尼崎市、神户市、大阪市等地考察访问。

20 世纪 90 年代,市民政局先后组团赴日韩、欧美等国,学习养老福利事业、社会救助、社区服务、社会行政事务管理等方面的先进理念和经验。在与境外交流过程中,市民政局与境外相关政府部门及相关机构建立了友好关系。1991—1997 年,有 123 批 437 人次先后因公出国访问日本、美国、英国、中国香港等国家和地区,进行考察、交流等活动。1998—2001 年,派遣 149 批 733 人次出访。出访人员有市民政局干部,区县、街道乡镇和基层工作人员,交流内容涵盖民政所有业务领域。

21 世纪初,市民政局与多个外国政府部门机构和高等院校达成协议,开展合作培训项目,培训内容涉及老年人照料服务、社区建设与管理、民间组织管理、社会工作、殡葬管理和服务等民政主要业务工作。如与美国俄勒冈大学开展的以"社区建设与管理"为主题的系列培训,以荷兰为合作重点开展的养老服务工作的学习培训,与英国的"家庭寄养项目"合作培训,与德国的"民间组织的管理与自律机制"合作培训等。

2006 年,有 48 批 263 人次因公出国、出境参观考察。其中 3 月,市、区民政局及有关街镇的工作人员 16 人赴法国参加"基金会的工作监管"培训;9 月,19 人赴美国参加"社区管理和社区服务"培训;11 月,18 人赴加拿大参加"社会工作"培训。

2007 年,全市民政系统 49 批 215 人次因公出国、出境,在社会救助、社会福利、社区建设、社团管理、社会工作、福利企业管理、殡葬管理等领域开展考察交流。其中 1 月,市、区民政局及有关街镇的 18 人赴法国参加"民间组织工作"培训;4 月,20 人赴美国参加"社区建设"培训;10 月,20 人赴荷兰参加"养老服务"培训;12 月,20 人赴日本参加"殡葬工作"培训。

2008 年,全市民政系统 18 批 94 人次因公出国、出境,开展在社会救助、社会福利、社区建设、社团管理、社会工作、福利企业管理、殡葬管理等领域的国(境)外交流。

2009 年,全市民政系统 24 批 102 人次因公出国、出境,开展考察交流与培训。其中 4 月,6 人赴美国参加"热线销售系统升级"技术培训;5 月,3 人赴日本参加"心身机能活性疗法"培训;11 月,市、区民政局及有关街镇的 12 人赴荷兰参加"养老福利"培训。

2010 年,按照市政府有关在世博期间从严控制因公出访的要求,进一步规范因公出国(境)管理,精简出访团组数、人员数量和出访经费,全年因公出国(境)考察交流 15 批 41 人次,业务范围涉及社会福利、社会救助、殡葬管理、社区服务、慈善募捐等领域。其中 11 月,6 人分别赴美国参加"系统安全运行和网点销售管理"技术培训、赴新加坡参加"特大城市社区建设与管理"培训、赴美国参加"社会管理与法制建设"培训、赴澳大利亚参加"社会为老服务"培训。

第二节 来访接待

1978 年,经政府市政府外事办公室批准,市第一社会福利院、市老残院(后更名市第四社会福利院)、市仪表元件厂和自行车配件厂等 4 个单位为外事参观接待单位。

1980 年,经政府市外事办公室批准,增加市儿童福利院、市第三精神病疗养院、市烈士陵园、万国公墓、市假肢厂、市低压电器二厂等 6 家单位为外事参观接待单位。

1983年8月,"日中友好青年交流集会"组成179人的访华团,上海民政部门参与相关接待活动。

1984年,先后接待世界盲人联合会亚洲地区主席,印度盲协主席,世界盲人联合会体协主席,东德盲协主席,日本蒲公英花絮音乐会,加拿大、澳大利亚健聋社等残疾人代表团。外宾们参观访问福利工厂、盲聋哑学校,观看艺术团演出,并进行座谈、交流。

1985年,接待日本、新加坡、英国、美国、苏联等国家盲聋哑协会访华代表团。外宾们在沪期间进行友好交谈,参观访问,游览观光。

1986年11月,日本大阪枚方疗育园山西悦郎一行回访上海。山西悦郎被聘请为市老年人康复中心名誉顾问。

1986—1987年,接待比利时等国共6批残疾人代表团。

1990年,日本旭川庄派遣第1次"福利之翼"考察团访沪,考察上海民政部门所属的福利机构和养老设施。此后"福利之翼"考察团每年访沪,截至2010年,此项活动连续开展21年。

1991年3月6—9日,日本旭川庄理事长江草安彦一行6人来沪访问。副市长谢丽娟会见江草安彦,市民政局局长孙金富与江草安彦进行会谈。江草安彦为全市福利事业单位的50多位医护、管理人员授课,介绍日本的养老护理理念。10月28日至11月2日,以日本大阪市民生局总务部长石部胜为团长的社会福利交流代表团一行5人来沪访问。代表团参观考察市儿童福利院等单位。

1992年,接待来自12个国家和地区的外国友人、华侨、中国港澳台同胞共93批1266人次。

1996年1月25日,市政府外事办公室组织美国、英国、法国等11个国家的共14位外交和领事官员,访问位于崇明县的市第二社会福利院,市民政局领导与领馆官员进行座谈。4月9日以罗伯特·麦克阿瑟为团长、克里·邓博为副团长的美国第32批议员助手团一行11人,4月16日华尔街日报记者鲍伟杰与美联道·琼斯新闻通讯社社长助理兼翻译沈蕾,分别参观市儿童福利院。5月14日,德国电视二台首席记者安歌德等一行对市儿童福利院进行采访拍摄。7月24—31日,国际特奥会亚太地区发展部主任麦克·古达克一行4人访问上海,了解并磋商第一届亚太地区特奥运动会的各项筹备工作。

1999年3月20—22日,阿尔及利亚劳动、社会保障和职业培训部部长哈桑·拉斯克里一行4人来沪访问,参观并访问市民政局、浦东新区、卢湾区市民求助中心、市儿童福利院。10月9日,几内亚总统第二夫人哈加·卡加杜·塞特·孔戴一行6人来沪访问,参观上海市残疾人康复职业培训中心。

2000年3月,日本广播协会上海分局、美国新闻与报道驻北京分社、纽约时报上海分社,对上海举行骨灰撒海活动进行专题采访。5月21—22日,国际特奥会委员会执行主席施莱佛及国际著名影星、国际特奥会慈善大使施瓦辛格一行来沪参加"中国特奥世纪行"系列活动,宣传国际特奥精神,为中国特奥会筹集资金,并参观市儿童福利院。9月1日,由台北市社会局局长陈皎眉率领的中国台湾教育参访团一行13人访问市民政局,了解上海残疾人福利工作。9月11日,阿根廷总统夫人到市儿童福利院参观访问。此后,市儿童福利院又多次接待国家元首和元首夫人等代表团,喀麦隆总统夫人尚塔尔·比亚女士(2003年9月25日)、马来西亚最高元首端古·赛义德·西拉杰丁(2005年3月5日)、立陶宛共和国总统夫人(2006年9月25日)、刚果(布)总统夫人(2006年11月1日)、斯里兰卡总统夫人(2007年3月1日)、德国前总理施罗德(2008年6月5日)、马尔代夫总统夫人莱拉·阿里(2010年5月2日)、莱索托首相夫人玛托塔·莫西西里（2010 年 10 月 31 日）等。

2001 年 5 月 16—20 日，亚美尼亚社会保障部部长拉兹米克·马尔季罗相等一行 4 人来沪访问，了解上海老年人和残疾人的社会保障政策，考察社会福利企业。8 月 4—7 日，日本爱思建筑设计事务所所长仓知统访问上海，参观市第一社会福利院、市儿童福利院、闵行区社会福利中心。8 月 5—8 日，新加坡常秘培训班一行 21 人抵沪访问，参观上海社区服务中心，了解救助服务工作。

2002 年 6 月 25 日英国关爱儿童基金会主席莱明勋爵、9 月 22 日世界轮椅基金会会长肯尼斯·贝林一行、9 月 24 日中国香港安老事务委员会代表团先后访问市民政局。9 月 25—28 日，塞浦路斯内政常务秘书基里亚科斯·特里安塔菲里德一行 6 人访问上海，重点考察中国的救灾体系和基层政权选举情况，观摩奉贤区一个村委会的选举实况。10 月 12—16 日，中国香港社会工作者总工会会长张国柱一行 18 人访问上海，与市民政局进行会谈。10 月 17 日，以联合国经社事务部非政府组织处处长哈尼法·梅佐奕为团长的联合国非政府组织处代表团，11 月 24—30 日，以社会工作主任协会主席吴家谦为团长的中国香港社会工作主任协会考察团一行 25 人，先后访问上海并与市民政局并进行会谈。11 月 28—30 日，以韩国国家报勋处部长李在达为团长的代表团访问上海，与市民政局进行会谈，并参观龙华烈士陵园。

2003 年 3 月 4—6 日，中国澳门特区政府"一站式"服务考察团访问上海，与市民政局进行会谈，参观上海市社区服务中心。7 月 22 日，英国首相托尼·布莱尔抵沪访问，随访的首相夫人会见上海特奥运动员。9 月 21—30 日，以台北特奥会副理事长蒋敬哲为团长的中国台湾代表团一行 18 人来沪交流特奥运动开展情况。10 月 17 日，英国外交部民主和法律司司长乔恩·本雅明来沪访问，了解社区民主和城市发展方面的问题，参观浦东新区潍坊街道潍坊八村居委会。10 月 18—23 日，爱尔兰布瑞镇代表团来上海考察。20 日上午，代表团参观上南辅读学校。该校部分学生曾作为上海特奥运动员代表，于当年 6 月前往爱尔兰参加 2003 年世界夏季特殊奥运会，在爱尔兰期间受到布瑞镇的热情接待。10 月 27 日，日本大阪健康福祉局友好交流团一行 4 人访问市民政局，就社会福利、传染病防治、儿童教育等方面与中方进行业务交流。市民政局与日本大阪健康福祉局有多年友好交流关系，每年互有来往。大阪健康福祉局前身是大阪市民生局，于 2001 年进行改制。11 月 21—23 日，奥地利社会保障部部长豪普特一行 7 人来沪访问，了解中国在解决贫富差距和建立社会保障体制方面的政策、经验和做法，与主管残疾人、青年、儿童和家庭事务的部门交流情况。代表团与市民政局进行会谈，参观市第一社会福利院。12 月 24 日，日本心身机能学会会长小川真诚一行 4 人访问市民政局。双方达成协议，在徐汇区第二社会福利院进行老年人康复训练试点。

2004 年 2 月，国际第三年龄大学协会主席莱韦斯克和秘书长瓦格纳女士来沪访问，就 10 月在上海举行的第 22 届国际第三年龄大学协会大会的准备工作与上海方面进行协商。3 月 1—5 日，以国际特奥会创始人尤尼丝·肯尼迪·施莱佛和国际特奥会主席蒂姆·施莱佛为团长的国际特奥会代表团一行 22 人访华。3 月 1 日，北京举行 2007 年世界特奥运动会文本签约仪式。3 月 3 日，蒂姆·施莱佛主席等赴复旦大学演讲。3 月 4 日，代表团赴普陀区启星学校参加校特奥运动会，参观市儿童福利院、特奥培训中心等机构。7 月 14 日，美国驻上海总领事馆副领事温玫访问市民政局。温玫就新颁布的《基金会管理条例》，了解新老《条例》的区别，公募与非公募基金会的区别，了解基金会的注册与登记及税收政策等情况。7 月 14—19 日，朝鲜政府代表团访问上海，了解上海的青少年问题、人口老龄化问题，以及政府的应对措施。市民政局负责人与朝鲜官员进行座谈。9月19—21日,英国工作及养老金部负责养老金事务的部长马尔科姆·维克斯访问上海,与市民政局局长徐麟进行会谈。11月22日,横滨2004年度"创生存交流"交流团抵沪,就居家养老护理人员培训等问题与市民政局进行交流。交流团还参观上海老年大学、黄浦区老年活动中心、长宁区新华街道老年体育协会、静安区老年公寓。

2005年4月14日,联合国儿童权利委员会主席及报告员来沪,参观市儿童福利院、东方绿舟儿童活动中心等,了解中国保护儿童权利、履行儿童权利公约情况。4月21日,由俄罗斯圣彼得堡议会老战士事务委员会主席维索茨基·伊戈尔·弗拉基米尔率领的圣彼得堡老战士代表团一行16人访沪,参观众仁花苑。5月1日,以国民党主席连战为团长的中国国民党大陆访问团一行80人乘"上海风采"游船夜游黄浦江。5月21—22日,韩国国家报勋处部长朴维彻率4人代表团访问上海,考察优抚安置情况,了解上海在安置退役士兵和褒扬革命烈士方面的政策、经验和做法。5月27—28日,瑞典劳动力市场管理局代表团一行29人访沪,参观市儿童福利院、市第一社会福利院。8月25日,美国社会工作者代表团一行27人来沪访问,市民政局、市社会工作者协会介绍上海的社会工作制度和社工协会等情况。8月25日,中国香港特区政府社会福利署两位社会保障主任访问市民政局,就上海城镇居民最低生活保障制度等进行交流。9月22—24日,约旦民防总局局长阿瓦德·马萨伊德少将一行4人,考察上海的灾害管理工作。9月23—24日,孟加拉国粮食与灾害管理部部长乔杜里·卡玛尔·伊布尼·尤素福一行7人,考察上海的灾害管理情况,了解上海开展减灾的经验和做法。

2006年,市民政部门共接待来自19个国家和地区的境外来宾47批591人次,交流内容涉及社会福利、救济救灾、老龄工作、民间组织、殡葬管理、彩票发行、慈善募捐、婚姻登记管理等领域。其中:2月22日,由台北市民政局副局长叶杰生率领的"台北—上海区政交流访问团"一行12人访问上海,考察了解上海弱势群体享受的救济和社会福利。5月30日,荷兰卫生、福利及体育部国务秘书罗斯·范多普一行9人访沪,考察荷兰与市民政局的老年护理合作项目,参观浦东新区塘桥街道居家养老服务中心、陆家嘴辅读学校,了解上海特奥运动的发展情况及2007年特奥运动会的筹备情况。9月14—17日,约旦社会发展大臣苏莱曼·塔拉维奈博士一行4人,考察上海的社会福利工作,了解上海在扶贫领域的经验和做法,并商讨在相关领域的合作事宜。11月17日,国际殡葬协会主席约瑟·科尼特率4人代表团,参观市殡葬服务中心及其下属的殡葬服务机构。

2007年,接待20多个国家和地区的境外来宾79批938人次。

2008接待29个国家和地区的境外来宾74批820人次。其中:5月12日汶川地震发生后,市民政局接待各国的慰问代表,接收来自联合国难民署、日本驻上海总领事馆、神户市政府驻沪代表、大阪府八尾市、日本株式会社波路梦公司、日本Kyusai株式会社、日本三菱铅笔株式会社、奈良县御所市PTA联络协议会,荷兰皇家天地(中国)投资有限公司,阿根廷雅可集团等单位的捐赠物资或善款,并转交至四川灾区。6月23—27日,台北市长郝龙斌率台北市访问团一行20余人访问上海。6月24日晚,代表团乘"上海风采"号游轮游览黄浦江。2008年6月24—28日,中国香港最大的医疗、教育及社会服务综合性机构东华三院组织代表团一行14人访问上海,了解上海社会救助、老年人福利和孤残儿童福利、社区服务和社工专业化职业化建设的情况,参观市第一社会福利院、市社区服务中心、市儿童福利院、市众仁慈善服务中心等单位。

2009年,接待24个国家、地区的境外来宾66批635人次。其中:3月24—29日,爱尔兰科克市副市长帕特西亚·高斯率团一行9人来沪访问。9月20—23日,国际民防组织主席斯达特·迪欧夫、秘书长纳瓦夫·斯雷比一行 4 人,在民政部国际合作司副司长柴梅等的陪同下访问上海,与市民政局进行会谈。副市长胡延照在市政府会见代表团并设宴欢迎代表团一行。代表团出席城市灾害应急管理研修班开幕式,并考察上海的民防设施和应急联动机制等工作。10 月 28—30 日,哈萨克斯坦紧急状态部代表团访问上海。代表团考察上海民防设施,了解上海在救灾和民防的经验和做法,商讨在相关领域的合作并签署合作意向备忘录。10 月,世界卫生组织老龄化和生命历程司司长约翰·比尔德访问上海,参观长宁区和杨浦区的养老服务设施和机构。11 月 25—28 日,国际社工联主席大卫·琼斯携夫人访问上海,了解上海社会工作的情况,参观浦东公益服务园、上海儿童医学中心社工部。

2010 年 2 月 2—5 日,根据《2009 年度上海市—大阪市友城交流协议》,以日本大阪市健康福利局理事壶阪敏幸为团长的大阪市社会福利交流团一行 3 人来沪访问,了解上海在养老福利、残疾人福利、保健卫生以及社会救助方面的现状和举措,参观静安寺街道社会事务受理服务中心、市残疾人康复中心、市第三社会福利院等单位。5 月 20—21 日,印度尼西亚社会事务部部长沙立姆率 7 人代表团访问上海,考察上海对老年人、残疾人和孤残儿童等特殊群体的政策,并就社会救助、社会福利等领域的问题与市民政局进行交流。9 月 3—7 日,中国澳门特区政府社会工作局局长叶炳权率中国澳门长者事务委员会交流团一行 20 人访问上海,了解上海开展老年友好城市的规划与执行情况。9 月 8 日,芬兰埃斯波市市长马尔凯塔·科科宁一行 6 人来沪访问,商讨与上海开展养老服务项目合作相关事宜,并了解上海养老福利事业的有关情况。9 月 18—23 日,丹麦中部大区主席本特·哈森率领的丹麦中部大区代表团一行 13 人访问上海,代表团此行旨在加强两地在民政、卫生和能源等领域的合作,借世博之机深化两市友好合作关系。

第三节　合　作　项　目

一、中日合作

1985 年 6 月,根据上海大阪友好城市交流协定,由市民政局成员组成的上海市社会福利考察团访问大阪,与枚方疗育园建立友好合作交流关系。日本大阪府枚方疗育园是一家综合性福利机构,由特别养护老人中心、儿童福利院、伤残康复治疗所、保育所、护士培训学校和社会福利问题研究中心 6 个部分组成。1986 年 11 月,枚方疗育园理事长山西悦郎一行进行回访,被聘为市老年人康复中心名誉顾问。至 1990 年,山西悦郎先后 3 次访问市民政局。枚方疗育园先后向上海市老年康复中心捐赠 3 000 万日元和救护车等医疗设备。1987 年,市民政局选派 2 名工作人员赴枚方疗育园进行为期 1 年的研修,学习为老年人、精神病人等对象作心理测试、分析和研究,其间所有费用均由枚方疗育园承担。1988 年和 1991 年,市民政先后组团赴枚方疗育园进行学习访问。

1985 年 12 月,市第一社会福利院一名医生赴日本社会福利法人旭川庄学习社会管理,为期半年。旭川庄是市民政局最早与之开展合作项目的国外机构,旭川庄理事长江草安彦是致力于推动中日社会福利事业友好交流的知名人士,担任上海市儿童福利院名誉顾问(1997 年,被授予上海首批"荣誉市民"称号)。1987 年 11 月,市民政局局长曹匡人等组成的上海市社会福利考察团对日本进行为期一周的访问,参加旭川庄创立 30 周年纪念活动。旭川庄方面邀请上海市残疾人友好访问团于次年 3 月底访问日本。之后,上海轮椅车代表团多次访日参加比赛及友好交流活动。20 世纪 80—90 年代,上海民政部门先后选派 9 批 43 人次访问旭川庄,另有 4 批 6 人次赴旭川庄进行为期半年或 3 个月的研修,学习日本社会福利,其间所有费用均由旭川庄承担。1990 年起,旭川庄每年派遣"福利之翼"考察团访沪,多次考察上海民政部门所属的福利机构和养老设施,至 2010 年已连续考察 21 次。旭川庄还多次举办老年护理师资培训班、养老护理培训班,给来自上海各福利事业单位的学员上课。2007 年 7 月,市民政局和旭川庄签署《上海市民政局与日本社会福利法人旭川庄友好交流合作协议书》,约定今后将定期派遣考察团和研修人员赴日学习。2008 年 2 月,开始派出第一期赴日考察学习团。2009 年 4 月,市民政局聘请江草安彦和常务理事板野美佐子分别担任局咨询顾问和市社会福利国际交流中心咨询顾问。市人民对外友好协会常务副会长汪小澍、市民政局局长马伊里等出席聘任仪式。同年 11 月,市民政局与旭川庄合作举办"上海市养老护理培训班"。江草安彦等 5 名旭川庄的领导和专家来沪为养老机构的 80 余名学员授课。2010 年 7 月,江草安彦和板野美佐子来沪考察,达成在上海社会创新孵化园内开设残疾人餐厅的合作意向。社会创新孵化园是政府、社会组织和企业合作,以解决社会问题、促进社会进步设立的社会创新园区,于 2010 年 7 月 5 日开园。8 月,社会创新孵化园有关人员和社会福利发展集团的负责人应邀前往旭川庄考察,了解日本残疾人福利事业的发展历程、政策举措,残疾人职工的选拔和培训等工作。

2003 年 12 月,市民政局与日本心身机能活性运动疗法指导师会达成协议,在徐汇区第二社会福利院进行老年人康复训练试点。2004 年 3 月 23—31 日,以小川真诚为团长的日本心身机能学会代表团一行 10 人访问上海。3 月 23 日至 6 月底,徐汇区第二社会福利院举办为期 3 个月的"日本心身机能活性运动疗法上海第一期指导师培训班"。2005 年 8 月,市社会福利行业协会与其签署合作协议。在 3 年的合作培训协议期内,举办 4 期培训班,培训工作人员 60 名,指导 350 多名老人参加康复训练,重点开展老年痴呆症的预防、老年病和残疾儿童的康复治疗。该项目在徐汇区第二社会福利院、上海市金惠老年护理院实践的基础上,又逐步推广到社区中。

二、中英合作

1998 年 9 月,市社会福利中心同英国慈善组织"关爱儿童"(Care for Children)建立合作关系,开展市儿童福利院孤残儿童家庭寄养交流合作项目,聘请英国专家葛路德(Robert Glover)为项目顾问。1998 年 9 月—2003 年 3 月,该项目开展孤残儿童家庭寄养的招募、选择、评估、管理和服务及员工培训,完成寄养项目运作的各项制度和操作规范设计。在此期间,共有 300 余名孤残儿童被寄养到普通家庭中,使孤残儿童体验到与院内不同的、温馨的家庭式生活,为孤残儿童回归社会打下基础。2000 年和 2002 年,在该合作项目的资助下,市民政局、市慈善基金会、新民晚报社共同主办两届孤残儿童照料与家庭寄养国际研讨会,推动全国范围内家庭寄养的专业化发展。此外,该项目还资助上海民政部门 5 名工作人员赴英国东安格利亚大学攻读硕士学位、7 名工作人员赴英国参加短期培训、20 名工作人员赴华东师范大学进修一年。2003 年 4 月 25 日,举行中英上海孤残儿童家庭寄养交流合作项目总结会,中英双方对为期 4 年的合作项目所取得的显著成绩予以充分肯定,认为通过学习和借鉴英国家庭寄养工作的做法和经验,使上海家庭寄养工作走上专业化发展的道路。

三、中美合作

2000 年起,市民政局与美国俄勒冈大学开展合作,举办以"社区建设与管理"为主题的系列培训,采取课堂理论学习和实地参观考察相结合的形式,并组织美国相关政府官员和非政府机构的负责人和学员进行专题讨论和案例分析,市民政局组织民政系统人员赴俄勒冈大学参加培训交流。学员在美国培训期间到美国最基层,与普通百姓沟通交流,掌握第一手的翔实信息,从而深入学习和了解美国社区建设的先进理念和管理经验、非政府机构的成功运作模式,开阔了学员视野,提高了理论水平,增强了业务能力,拓展了工作思路。2000—2007 年,每年组织一期 20 余人参加的培训班,为上海从事社区建设和管理的约 140 名干部提供深入了解美国社情民意的机会。在集中学习和实地解美国社区服务工作后,不少学员得到启发,在上海试点"衣被银行"、慈善超市、"夕阳红"老年服务社等民生品牌项目。

四、中荷合作

2000—2004 年,市民政局与荷兰鹿特丹市社会事务和就业局合作开展"上海—鹿特丹社会福利培训项目",由荷方资助 4 批 68 名从事养老福利工作的管理人员赴荷兰鹿特丹参加培训。2004年 4 月 11 日,欧盟资助的中欧"上海老年人照料评估体系"合作项目的欧洲管理小组成员和荷兰、瑞典和法国的评估员一行 19 人抵达上海实地调研。4 月 15—16 日,市民政局举办"上海市老年人照料与评估体系"研讨会,300 多名从事老年人社会福利工作的专业工作者参加研讨会。4 月 16—19 日,12 名评估员和上海的评估员结对,就老年人照料评估工作进行交流,并走访数十户需要帮助的老年人家庭,建立上海老年人照料评估数据库,为政策制定提供参考依据。该项目获得欧盟"亚洲城市项目"约 500 万元人民币资助,并被列入"上海市和鹿特丹市友好交流项目备忘录"。2004 年9 月 10—23 日,根据中欧"上海老年人照料评估体系"合作项目的进度安排,上海工作小组成员和评估员赴荷兰、瑞典和法国进行实地考察和培训,并同欧洲的专家一起讨论"上海老年人照料评估方案"。2005 年 5 月 20—29 日,中欧"上海老年人照料评估体系"合作项目欧洲工作小组一行 10 人访问上海,瑞典索尔纳市分管老年人事务的副市长利塞—洛特·伯思兰德随团访问。通过两年的合作项目,在参考荷兰、法国和瑞典的老年人照料需求评估方案的基础上,上海建立起老年人照料评估体系,《养老服务需求评估标准》在全市推广实施。

2006 年 6 月,在圆满完成中欧"上海老年人照料评估体系"合作项目的基础上,市民政局与鹿特丹社会事务和就业局进一步开展中荷"上海失智老人照料中心项目",引进和运用荷兰先进的失智老人照料理念和模式,在市第三社会福利院失智老人照料中心建立失智老人照料示范区,为全市失智老人照料机构提供服务示范。该项目还资助上海失智老人照料中心建设项目相关负责人员、项目设计师及照料中心护理主管等前往荷兰学习交流,资助荷兰专家来沪指导和交流。当年 9 月,市三福院项目组主要成员赴荷兰、德国考察养老设施。2007 年 4 月 2—7 日,荷兰鹿特丹社会事务和就业局代表团一行 4 人访问上海,提供上海市失智老人照料示范区的设计图纸借鉴和建设建议。此后,来自荷兰养老机构的 6 名资深护理员于 6 月与三福院和上海部分福利院的 13 名护理员结对,开展互帮互学活动。9 月,结对的 13 名上海护理人员前往荷兰参加培训实习。12 月,由鹿特丹社会事务和就业局副局长伊冯·弗朗克率领的代表团一行 4 人访沪,就失智老人照料示范区的设计、建设、运作和管理与市民政局进行会谈，并就 2008 年双方进一步合作达成意向。2008 年 4 月，荷兰鹿特丹市代表团一行 4 人访沪，与市民政局商讨上海失智老人照料中心合作项目的推进工作，并与市失智老人照料中心负责人就"荷兰示范区"的内部装潢、设备配置和照料管理等问题进行研讨。9 月，鹿特丹市社会事务和就业局原高级政策顾问范思吕斯来沪，再次赴市失智老人照料中心建设工地考察。9 月 28 日，范思吕斯因其对上海社会福利事业作出的积极贡献而荣获上海市"白玉兰"荣誉奖。10 月下旬，市民政局组织相关人员赴荷兰鹿特丹市考察交流。2009 年 5 月，鹿特丹社会事务和就业局代表团访沪，就失智老人照料、养老机构的质量控制体系、养老工作人员培训等与市民政局进行会谈，对市第三社会福利院新建的失智老人照料中心内的"家庭式照料示范区"进行工作指导。此后双方达成市第三社会福利院与荷兰 2008 年度最佳养老院——鹿特丹劳伦斯基金会"邻里养老院"结为友好院的备忘录。10 月 25 日，该中心建成，荷兰鹿特丹市副市长汉斯·维瓦尔、荷兰鹿特丹社会事务和就业局局长马特·图特为团长的社会事务代表团与荷兰鹿特丹劳伦斯基金会护士团、荷兰驻沪总领事等参加上海失智老人照料中心开业典礼。10 月 30 日，荷兰鹿特丹劳伦斯基金会首席执行官伊兹·德帕斯主讲主题为"老年人照料的组织和质量"的讲座，介绍荷兰的养老机构运营理念，民政福利系统近 80 人参加交流会。

第四节　专题会议和文化交流活动

一、社会福利与保障

1999 年 5 月，市政府新闻办公室召开上海社会福利事业情况介绍会，副市长冯国勤向中外记者全面介绍上海解放后尤其是改革开放以来上海社会福利事业的发展情况、上海人口结构状况、社会福利机构设施、社会福利企业、社区服务和残疾人事业的改革发展历程，这是上海首次举行的向世界展示上海社会福利事业风貌的专题介绍会。

1999 年 10 月 15—19 日，市民政局、市慈善基金会联合主办的"沪港社会福利交流研讨会"在上海双拥活动中心举行。中华慈善总会会长阎明复、上海市慈善基金会会长陈铁迪和中国香港社会福利署署长梁建邦等出席开幕式。研讨会上，沪港两地负责社会福利工作的政府部门、社会中介组织和社会福利机构，共同探讨社会福利工作在社会化发展中，政府、中介组织、福利机构的功能定位、相互关系及运作方式，形成"政府管理调控、中介组织指导协调、福利机构经营运作、政府与社会共同监督"的社会福利发展格局，发展完善社会福利事业，推动社会稳定和经济建设。

1999 年 11 月 22—24 日，市民政局在新亚汤臣大酒店召开"上海老年人照顾体系"国际研讨会，130 多位来自美国、英国、荷兰、比利时、瑞典、日本、韩国等十多个国家和地区的 130 多名老年问题专家、学者和从业人员，探讨迎接、应对人口老龄化挑战这一世界性的共同课题。会议紧扣"老年人照顾体系"主题，分成家庭、社区、养老机构、政府与老年人照顾体系等专题，展开充分交流讨论。38 位专家在会上发言，会议收到 50 多篇论文。此次会议对确立上海老龄工作方向、老年人照顾体系框架、健康老龄化战略目标，提出许多建设性意见。

2000 年 5 月 7—9 日，由第五届全国残运会组委会、市民政局和市国际贸易促进委员会主办的首届上海国际残疾人老年人康复护理保健用品用具展览会在上海国际展览中心举行。中国残疾人联合会主席团主席邓朴方、副市长周太彤等出席开幕仪式。来自美国、德国、日本、韩国、中国香港等国家和地区生产残疾人、老年人用品的厂商在此展出近年来研制、生产的领先产品，展会规模

3 000平方米。为期3天的展会展品门类全、种类多，是残疾人和老年人康复、护理保健以及日常生活辅助用品的一次空前大汇展。2002年5月8—10日、2007年10月5—7日、2004年7月15—17日、2010年5月17—19日，市民政局、市残疾人联合会和市国际贸易促进委员会在上海国际展览中心共同主办的第二、三、四、五届中国国际残疾人和老年人康复护理保健用品用具博览会。越来越多来自德国、美国、荷兰、澳大利亚、丹麦、英国、日本、韩国、中国台湾省和中国香港地区等的国家和地区的展商报名参加展会，展会规模扩大到6 000平方米。在展示残疾人老年人的产品、加强贸易合作、技术交流方面均取得理想的效果。此展会已被誉为目前国内该领域中最具规模、最具权威性的、国际参与最多的专业性贸易展会。

2001年4月25—28日，世界老人休闲研究协会主办、市民政局承办的"社会发展、康乐和老年人生活"国际研讨会在上海锦江宾馆小礼堂举行。会议共有10个国家和地区及国内代表160人参加，其中境外代表80余人。会议就现代化城市中如何不断提高老年人的精神文化生活和体育健身方面的需求等问题进行研讨。

2001年6月19—23日，国际特奥会主办、市民政局承办的"国际特奥会亚太区专业发展研讨会"在上海召开。国际特奥会主席蒂姆·施莱佛、中国特奥会主席阎明复、中国残联副理事长王智均、国际特奥会亚太区名誉主席容德根等出席会议。

2002年9月23—26日，联合国亚太经社会与全国老龄办公室主办，市民政局、市老龄办公室承办的联合国第二届世界老龄大会亚太地区后续行动会议在上海国际会议中心举行，来自中国、印度、印度尼西亚、菲律宾、日本、澳大利亚、新加坡、新西兰等22个亚太国家和地区的政府官员、非政府组织、联合国有关机构、国际老龄组织、老龄问题专家学者100余人参加会议，会议围绕亚太地区国家如何实施联合国第二次世界老龄大会通过的《马德里国际老龄行动计划》和《政治宣传》的各项承诺，以及亚太地区老龄行动计划展开热烈的讨论，对老龄问题及老龄事业的发展、加入老年期的健康问题支持性环境建设和行动计划的实施等4个方面进行广泛深入的研讨与交流，并以此作为第二次世界老龄大会的后续行动。会议通过亚太地区老龄事业发展的实施战略——《上海实施战略》。会议期间同时举办"世界老人住宅社区设计奖作品展"和"中国老龄事业发展图片展"，参观上海老年大学、静安区石二社区老年活动中心等。

2004年10月12—15日，国际第三年龄大学协会第22届代表大会在上海国际会议中心召开，来自英国、法国、德国、瑞士、比利时、荷兰、瑞典、意大利、西班牙、芬兰、波兰、斯洛伐克、智利、美国、加拿大、澳大利亚、日本、韩国、菲律宾、中国香港等20多个国家和地区的150多名境外代表和近200名国内代表参加会议。会议主题是：老年人的继续学习——传统和创新。副市长、市老龄委副主任周太彤，全国老龄办常务副主任、中国老龄协会会长李本公出席会议并致词。会议期间，与会的中外专家学者交流在老年人继续教育领域的先进理念和成功做法，探讨继续教育领域的热点和难点问题，并参观上海市、区两级的老年大学。

2005年10月，市社会福利中心、市精神卫生中心、中国社工协会康复工作委员会、上海市社会福利中心联合召开2005慢性精神残疾康复国际研讨会。会议的主题为"精神康复、回归社会"。从事精神康复治疗的专家、学者和技术人员，从事慢性精神残疾社会救助、福利服务的工作人员约180人参加。

2005年11月24—25日，2005年沪港社会救助和养老福利论坛在上海双拥大厦举办。市民政局局长徐麟、市民政系统有关代表、中国香港社会福利署副署长罗德贤为团长的8名中国香港政府官员和专家出席论坛。论坛就沪港双方救助制度和养老福利等的实施情况等问题进行深入交流探讨。

2006 年 6 月 27—29 日,首届"上海民政发展论坛——2006 上海老年人照料体系国际研讨会"在上海国际会议中心召开,300 多名代表参加会议,其中境外代表 99 名,来自 27 个国家和地区以及联合国的有关机构。民政部副部长窦玉沛、市委副书记刘云耕出席会议并讲话,副市长周太彤作题为《发展中的上海老年人照料体系》的主旨发言。在为期 3 天的会议中,代表们围绕政府政策与老年人照料、社区与老年人照料、机构与老年人照料以及老年认知症的预防和照料等 4 个主题展开交流研讨。会议编写《上海老年人照料体系国际研讨会文集》。

2008 年 9 月 26—28 日,由市民政局、市老龄委办公室、市人民对外友好协会、市老年基金会联合主办的"2008 老龄事业发展国际研讨会"在上海国际会议中心举行。市人大常委会副主任胡炜致辞,副市长、市老龄委副主任胡延照出席并作出主旨发言,来自 24 个国家和地区的 300 余名政府官员、专家学者和老龄事业工作者参加会议,其中境外代表 100 余名。会议围绕"为老服务和老年人社会参与"的主题开展交流讨论。

2010 年 10 月 12 日,市民政局与市老年基金会、市老龄工作委员会办公室、芬兰驻沪总领馆合作举行的"城市让老年人生活更美好"国际论坛在上海世博园举行。芬兰、厄瓜多尔、俄罗斯、泰国、尼日利亚等国驻沪领馆官员、世博会各参展方总代表以及境内外的为老服务和社会福利专家等共约 130 人参加论坛。论坛以"政府对老年人的政策支持"和"改善老年生活的新技术"为主题,交流各地的为老服务政策、理念和措施,介绍建设老年友好型城市的经验。

二、社区服务与民间组织管理

2002 年 3 月 28—30 日,由市民政局、市信息化办公室共同主办的"信息技术在社会服务工作中的应用国际研讨会"在上海新亚汤臣洲际大酒店举行。来自美国、英国、加拿大、荷兰、印度、以色列、新加坡、中国香港及内地的 200 余名代表出席会议。民政部副部长李学举、副市长冯国勤出席会议并致辞。会议着重研讨信息化时代社会服务工作的特点、应对策略和远景规划,展示信息技术在社会服务工作中的应用实例。

2002 年 11 月 8 日,民政部民间组织管理局、市民政局联合主办的"民间组织发展与管理上海国际研讨会"在上海国际会议中心举行。来自英国、美国、日本、加拿大、韩国和中国港台地区的代表 20 余名,内地政府官员、民间组织管理机构代表、专家学者、民间组织代表等 240 多人参加会议。会议以"发展与管理"为主题。与会代表围绕各国民间组织法律比较、民间组织的自律和他律机制、行业协会发展、民间组织制度创新等问题展开深入交流和讨论。民政部副部长姜力、上海市副市长冯国勤出席会议并讲话。

2010 年 8 月 17 日,"上海—香港社会工作交流会"在上海双拥大厦举行。由中国香港社会福利发展研究中心主席邱浩波和副主席陈圣光带领的中国香港社研中心考察团一行 29 人和上海市社工代表共近 50 人参加会议。市社会工作者协会常务副会长叶兴华和陈圣光分别致辞。市社工协会介绍近年来上海社会工作的实践和探索,中国香港代表介绍协助内地发展社工专业、实施"深圳计划"的有关情况。会议围绕"社工职业生涯规划""社工服务项目的申请与实施,社工服务标准的制定和执行"以及"政府、协会、机构之间的良性互动与合作伙伴关系"3 个议题,开展热烈的讨论。会后,代表团参观杨浦区延吉新村街道社工机构和浦东公益服务园。

三、殡葬管理和服务

2002 年 11 月 18—20 日,市民政局主办的 2002 上海国际殡葬服务学术研讨会在上海国际会议中心举行。美国、加拿大、荷兰、日本、马来西亚、中国香港等国家和地区及内地的殡葬中外专家、学者和从业者共 300 余人云集申城,中国著名思想家、经济学专家于光远出席会议。研讨会聚焦现代国际殡葬服务管理经验和经营理念,围绕向社会提供多样性、个性化殡葬服务的市场特征展开讨论,交流以科学技术发展带动运输资源和防腐技术以及设备用品开发,关注殡葬职业教育,重视人才资源发展和人才的职业资格认定,倡导信息技术在殡葬服务中的应用以及健康的殡葬文化,以期将殡葬服务的发展推向新的阶段和高度。与会者畅所欲言,传播信息,将传统而封闭的殡葬命题赋予新的生命力。会议收到 71 篇论文。民政部和市政府分别向大会发贺信。研讨会期间同时举办先进殡葬用品和设备展。这次研讨会是第一届上海殡葬国际论坛,也是国内唯一的以殡葬为主题的大型国际会议。

2004 年 11 月 16 日,第二届国际殡葬论坛暨殡葬设备用品交易会在上海举行,会议主题为"殡葬与环保"。民政部及有关省市民政部门领导,以及来自加拿大、荷兰及国内的专家学者、殡葬从业工作人员近 500 人参加。

2007 年 11 月 13—15 日,第三届国际殡葬论坛在上海举行。来自美国、德国、日本、马来西亚等国家和全国各地的代表共 300 余人参加。以"变革的殡葬"为主题,交流理论研究成果和实践经验。

2008 年 5 月 7—9 日,第三届中国国际殡葬设备用品博览会在上海浦东展览馆举行,博览会的主题为"殡葬科技与教育"。来自 16 个国家和地区的 120 余名殡葬领域的官员和专家学者,以及国内各省市民政厅(局)和殡葬协会的领导、殡葬服务人员及生产企业的代表参加博览会。

四、文化艺术交流

1989 年 7 月 18 日至 8 月 17 日,上海市聋哑人艺术团赴日本访问演出。1992 年 11 月 21 日—12 月 9 日,上海汽车零件厂盲人职工吕佩英由市残疾人联合会组织赴日参加世界蒲公英之花音乐节。吕佩英与丈夫殷彬松是个双盲家庭,夫妻俩是盲校同学。吕佩英在盲校学会弹钢琴,改革开放后殷彬松辅助吕佩英组建盲人电声乐队,在各种场合表演。

2002 年 10 月,由市民政局与市人民对外友好协会共同举办的中韩日老人文化交流会在上海千鹤宾馆召开,来自上海社会福利院、韩国、日本大阪市和东京的 4 个老年代表团 70 余人参加,老人交流各自工作和生活的经验和体会。代表团还参观市第一社会福利院和上海老年大学,举行文艺联欢和歌舞、书法、绘画等互动式表演。

2003 年 10 月 20—24 日,市民政局与市人民对外友好协会、市老龄办联合主办"2003 上海国际老年文化艺术周"。艺术周的主题为"金色的年华、共享的世界",来自日本、澳大利亚、新西兰、中国香港等约 10 支代表团的百余名老年人参加艺术周的各项活动。

2005 年 10 月 26—29 日,以"共享、和谐、欢乐、关爱"为主题的 2005 年上海国际老年文化艺术交流会在浦东世纪公园开幕。来自日本、韩国、俄罗斯、荷兰、中国香港等国家和地区以及上海的 300 多名老年朋友参加。为期 4 天的交流会采用开幕式演出互动、老年健康生活交流座谈、文艺活动分组交流、社区参观、闭幕会演等内容丰富、形式多样的活动。

第十二篇

人　物

人物传略和人物简介以 2018 年 12 月为时间节点。主要收录曾在市民政局和市残联工作的老红军,1978—2010 年市民政系统和市残联涌现的全国优秀共产党员和优秀党务工作者、全国劳动模范和先进工作者、2010 上海世界博览会先进个人、民政部"孺子牛奖"获得者,以及市民政局和市残联副局级以上领导干部等。其间,调离民政系统和市残联的,信息采集至调出;在民政系统和市残联退休的,信息采集至退休。

　　《人物传略》收录 17 人(其中钱关林在市民政局和市残联均有任职,其传略编入市民政系统),按传主卒年先后排列,卒年相同者以姓氏笔画为序;《人物简介》收录 46 人(其中叶兴华在市民政局和市残联均有任职,其简介编入市民政系统),分市民政局或市残联两部分,按出生年月先后排列,出生年月相同者以姓氏笔画为序。同时,收录《上海市民政局负责人任职表》《上海市社会团体管理局负责人任职表》,记录市民政局和市社团局负责人任职时间。市残联负责人任职情况见第十篇"残疾人事业"。

　　此外,《人物表》收录民政系统和市残联个人获全国五一劳动奖章、上海市优秀共产党员和优秀党务工作者等全国和省(部)市级有关重要奖项,以及当选全国和上海市党代表、人大代表、政协委员的情况。

第一章 人物传略

张　祺（1910.10—1993.01）　曾用名张世迟、张范、张志杰、张文斌、张斌、王一民，浙江浦江人。1926 年春起，先后在湖州美富绸厂、上海永新绸厂、南洋绸厂作临时工。1930 年底，到上海美亚织绸厂第六分厂当织绸工。1933 年初，加入中国左翼作家联盟。同年 3 月，加入中国共产主义青年团，半年后任共青团美亚绸厂第六分厂支部书记。1934 年 3 月，参与领导坚持 50 天的美亚绸厂 4 500 多名工人的同盟罢工。罢工失败后于 1934 年 7 月被派赴苏联列宁学院学习。学习期间列席在莫斯科召开的共产国际第七次代表大会，并作为中国代表先后参加少共国际和赤色职工国际代表大会。1936 年 1 月转为中国共产党党员。

1937 年 5 月回到上海，11 月起，历任中共江苏省委上海工人运动委员会干事、委员，上海工人运动委员会委员兼宣传部部长、组织部部长。1940 年 10 月任中共江苏省工人运动委员会书记。1943 年 1 月，任中共上海工人运动委员会书记。1947 年 9 月，任中共上海市委委员、工委书记。上海解放后，历任上海总工会党组副书记、中共上海市委常委。1949 年 5 月，任上海总工会筹备委员会副主任兼组织部部长。1950 年 2 月 3 日，当选为上海总工会（后改为上海市工会联合会、上海市总工会）副主席、监察委员会副主席。1961 年 4 月 25 日被选为上海市总工会主席。"文化大革命"中受到迫害，被隔离审查近 5 年。1972 年 10 月下放到上海市直属机关"五七"干校劳动。1973 年 9 月参加中共上海市静安区委领导工作。1977 年 10 月，任上海市民政局革命委员会主任，领导并组织民政系统干部职工揭批"四人帮"罪行，恢复民政业务工作。1978 年 10 月任上海市总工会党组副书记。

张振乙（1915.11—1983.08）　山东潍坊人。1938 年 4 月参加革命，1933 年 10 月加入中国共产党。抗日战争时期，先后在山东纵队八支队和山东清河军分区工作，历任政治战士、政治指导员、团政治处主任、清河军分区政治部主任兼团政委等职。解放战争时期，历任山东渤海区党委组织部副部长、益都县委副书记、南下干部昌潍大队副政委等职。上海解放后，历任上海市郊工委组织部部长、上海市政府市郊行政办事处主任、上海市政府郊区土改委员会副主任、中共上海市委清理中队委员会秘书长、上海市常熟区"五反"委员会副主任、上海市北站区委书记、上海市委审干办副主任等职。1957 年 12 月任中共上海市委监察委员会副书记。1964 年 11 月任上海华生电扇厂副厂长。"文化大革命"期间接受审查下放劳动。1978 年 12 月，任上海市民政局副局长。1981 年 3 月，兼任市民政局党组纪律检查组组长。

谢家友（1919.08—1985.10）　湖北麻城人。1930 年 1 月参加革命，1937 年 4 月加入中国共产党。土地革命战争时期，在湖北麻城县苏维埃人民政府、省苏维埃人民政府特务大队、红军第 28 军等工作，历任勤务员、司号员、班长、司号长、排长等职。抗日战争时期，历任新四军政治指导员、总务科长、连长、营长、团参谋长等职。1946 年 8 月在战斗中负伤，造成二等甲级残废，致终身残疾。

1948 年 1 月起,历任华东第五荣校副校长、校长,华东军区第一荣校校长,华东军区荣校校长,华东民政部假肢厂厂长,上海市第一劳动教养所所长,上海市民政局优抚处处长等职。1952 年,在"左"的思想影响下,曾受到错误处理,后恢复名誉。"文化大革命"期间,受到"四人帮"迫害。1978 年 8 月,任市民政局副局长。1983 年 12 月离休。

韩占标(1913.06—1988.10) 陕西清涧人。1932 年 6 月参加革命,1932 年 7 月加入中国共产党。1932 年 6 月—1937 年 9 月,在陕北红军 26 军警卫营、陕北红军 25 军 23 团任班长、副排长、排长。1937 年 9 月至 1938 年 5 月,历任第 115 师第 687 团副指导员、指导员。1938 年 5 月至 1939 年 11 月,先后在山西第五党校、苏北第三师营以上干部基干队学习。1939 年 11 月至 1948 年 1 月,历任盐东独立团组织干事、苏北建阳区区干队队长、苏北建阳独立团连长、苏北建阳独立营副营长、建阳军分区大队长、苏北阜宁独立团参谋、苏北第五分区独立营营长、苏北盐城独立团作战参谋。1948 年 2 月至 1952 年 2 月,在苏北军区招待所、苏北军区集训大队、苏北公总,历任所长、大队长、总队副。1955 年 1 月转业至上海市民政局优抚处担任秘书。1956 年 6 月至 1958 年 3 月,任上海市教养人员医疗所所长。1959 年 1 月任上海市敬老院院长。1981 年 10 月任市民政局优抚处副处长。1983 年 7 月离休。

杨洪才(1912.03—1989.10) 原名欧阳普鑫,湖南浏阳人。1929 年夏参加工农赤卫队,1930 年 7 月参加中国工农红军,1931 年 1 月加入中国共产党。土地革命时期,参加一、二、三、四次反围剿斗争,历任红三军团排长、连长,汀瑞游击队中队长、大队长等职,参与指挥攻打瑞金武阳围和长汀青山埠战斗。抗日战争时期,历任新四军二支队三团二营营长、特务营营长,1940 年起,历任新四军独立二团参谋长、团长,苏南军区第二军分区副司令、苏浙军区第二军分区副司令等职。解放战争时期,历任苏中军区第二军分区副司令、山东胶东西海军分区副司令、华东野战军东线兵团第十三纵队三十九师副师长等职。1949 年 5 月至 1951 年 2 月,任上海市嵩山区接管专员、区长。1951 年 3 月任上海市人民防空指挥部第一副参谋长。1956 年 4 月至 1959 年 10 月,任上海市民政局副局长。1959 年 11 月任安徽省煤炭厅副厅长。1964 年 7 月至 1966 年 7 月,任上海市人民政府视察委员会委员。"文化大革命"中被迫停止工作。1976 年 10 月任市民政局顾问,政协上海市第五届委员会委员。1983 年 12 月离休。

张竹天(1914.12—1994.09) 山东博兴人。1939 年 3 月加入中国共产党。1935—1938 年,在山东省博兴县任小学教员。1939 年 3 月至 1940 年 5 月,任中共山东省博兴县一、三两区联合区委书记,1939 年夏秋在山东省博兴县一、三两区秘密发动和组织抗日游击小组,八路军到达博兴后,并入八路军马千里部队。1940 年 5 月至 1952 年 2 月,历任山东省博兴县抗日民主区政府区长、博兴县县长、山东渤海区第五专署民政科科长、昌淮专员公署副专员等职。1952 年 2—7 月,先后在上海市盐业公司和贸易信托

公司领导"三反"工作,任上海市江宁区"五反"委员会副主任。1952 年 7 月—1966 年 12 月,历任上海市江宁区委副书记、区长,静安区委书记、区长等职。"文化大革命"期间,遭受"四人帮"迫害,被隔离审查、下放劳动。1978 年 8 月任上海市民政局党组书记、局长。1984 年 3 月离休。

郭俊生(1925.05—1997.01) 江苏泗洪人。1943 年 10 月参加革命,同时加入中国共产党。1943 年 10 月至 1946 年 12 月,先后在江苏泗洪县鲍集等乡镇担任治安主任、副乡长等职。1947 年 1 月起,在山东鲁中、渤海等地担任支前粮食、煤炭转运站站长等职。上海解放后,历任上海洋泾区第六办事处主任、上海市郊行政办事处民政处副科长、上海市民政局办公室秘书科科长、办公室副主任、社会处副处长等职。1966 年 6—9 月,调第八机械工业部华东公司工作,任党委办负责人。"文化大革命"期间被迫停止工作。1978 年 8 月任市民政局副局长。1985 年 11 月离休。

王伯廉(1923.01—1997.05) 江苏新沂人。1939 年 1 月参加革命,同年 5 月加入中国共产党。抗日战争和解放战争时期,先后在八路军南进支队四大队、八路军 115 师教导大队、山东军区保卫部、山东临沂电话局、渤海纵队七师、33 军 98 师从事革命工作,历任政治指导员、政治侦察员、副局长、保卫科长等职,较长时间从事情报侦察和部队首长警卫工作。1949 年 2 月,随军南下参加解放上海战斗。上海解放后,历任淞沪第五警备区保卫科长、侦察科长,淞沪警备区政治部侦察科长,华东公安部侦察助理员,上海边防检查站协理员等职。1955 年 8 月,在上海警备区帮助肃反工作,同年被南京军区授予三级独立自由勋章和三级解放勋章。1956 年 2 月起,历任上海市民政局救济处副处长、社会福利处副处长等职。"文化大革命"期间受到审查。"文化大革命"结束后,历任上海汽车零件厂党支部书记、市民政局生产处负责人。1978 年 7 月至 1981 年 1 月,任市民政局副局长兼生产处处长。1981 年 1 月,任市民政局副局长兼民政工业公司党委书记。1984 年 3 月离休。

田 光(1916.04—2009.12) 山东莱西人。1932 年参加革命,同年 10 月加入中国共产党。抗日战争时期,在胶东三军军政学校学习军事政治理论。结业后,开始从事公安保卫工作。1939 年 3 月至 1949 年 6 月,历任八路军五支队和五旅锄奸科长,胶东军区军法科长,东海军分区锄奸股长,北海军分区锄奸股长,北海地委专署公安局局长,烟台市公安局局长,中共中原局桐柏区党委社会部副部长、行署公安局副局长,中共河南南阳地委委员、地委社会部长等职。新中国成立后,长期从事公安领导、公安教学工作以及民政工作。1949 年 6 月至 1966 年 6 月,历任武汉市水上公安局局长,广东省公安厅水上公安局局长,中央人民公安学院上海分院党委书记、第一副院长,中央人民公安学院西安分院党委书记、第一副院长,中央最高人民法院刑事审判庭副庭长,华东政法学院党委委员、副院长等职。"文化大革命"期间受到迫害。1979 年 6 月任上海市民政局党组成员、上海市民政局副局长。1984 年 2 月任市民政局顾问,上海市老龄工作委员会办公室副主任,上海孙中山故居、宋庆龄故居、宋庆龄陵园管委会副主任等职。1987 年 3 月离休。

黄履中(1925.10—2010.07) 浙江黄岩人。1948年参加革命,同年5月加入中国共产党。1949年7月至1950年12月,任申新纺织九厂党支部宣传委员、副书记。1950年12月至1958年4月,任普陀区委组织员、区政府劳动科长、区劳动就业委员会办公室主任、区委轻工业部副部长。1958年4月在"反右"运动中,被错划为右派。"文化大革命"期间遭受迫害。1979年3月至1984年2月,任普陀区劳动局副局长、区劳动服务公司经理、区集管局局长。1984年2月,任上海市民政局党委书记。1986年12月离休。

王富茂(1949.10—2011.06) 浙江宁波人。1968年3月参军入伍,1969年11月加入中国共产党。1968年3月至1978年8月,历任沈阳空军高炮六师战士、十七团指挥连报务员、报务副班长、电台台长、地空导弹十九团七十六营电台台长。1978年10月转业,历任上海市民政局生产处技术设备科科员、上海市民政局工业公司组织科副科长、党委副书记等职。1988年4月至1993年6月,历任市民政局组织人事处副处长、处长;1993年6月至2007年1月,任市民政局党委副书记兼纪委书记。2007年1月任金山区人大常委会主任、党组书记。

丛昌余(1925.11—2012.06) 江苏如皋人。1940年11月参加革命,1941年1月加入中国共产党。1940年11月参加苏北盐城抗日军政大学第五分校学习。1941年6月至1944年12月,先后在泗东县、泗阳县工作,历任泗阳县界集区特派员、区委社会部长等职。解放战争期间,先后在雪枫军政大学政治部保卫科、解放军渤海纵队后勤部政治处、解放军淞沪警备司令部军法处工作,参加济南战役、淮海战役等。新中国成立后,历任上海防空政治部保卫部一科科长、华东防空政治部保卫科科长,解放军总政治部保卫部助理员、副处长,解放军空军第四军政治部副主任等职。1979年4月转业到上海市公安局工作,历任上海市公安局党组成员、政治部主任、副局长等职。1983年2月任上海市民政局副局长。1986年12月离休。

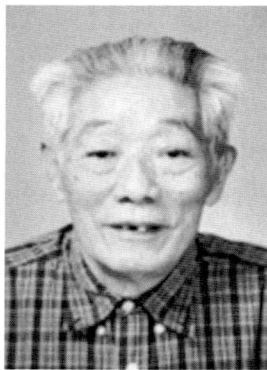

孙成伯(1922.04—2015.05) 山东荣成人。1941年3月参加革命,1940年9月加入中国共产党。1941—1948年,历任山东省荣成县第四区青救会长、山东青联青年工作巡视团团员、荣成区备救会会长、荣成县警卫营新兵连指导员等职。解放战争时期,为华东野战军总部的随营军政干部学校学员,参加支援中原野战军主攻开封的攻城作战,历任山东荣成人武部宣教股长、华东军区随营军政干部学校副排长、华东野战军游击队参谋等职。上海解放后,历任上海疏迁难民委员会干事、虹口区接管委员会民政科长等职。1952年9月至"文化大革命"前,历任上海市虹口区人民法院院长,虹口区副区长、区长等职。1980年6月至1982年4月,任虹口区委副书记、副区长。1982年4月任上海市民政局党组副书记、副局长。1985年3月离休。

张万彬（1935.09—2016.10）　山东寿光人。1955 年 8 月参军入伍，1956 年 6 月加入中国共产党。1955 年 8 月至 1957 年 7 月，在武汉防空军防空学校学习。1957 年 8 月起，历任空四军探照灯一团文化教员、战士、连指导员、营教导员。1974 年 7 月起，历任空军地军导弹独立营第 62 营政委、第十三团政治处主任、第十三团副政委。1982 年 3 月转业，历任上海市民政局组织处科长，人事教育处副处长、处长，组织处处长。1988 年 3 月当选中国残疾人第一次代表大会代表，负责上海市残联工作。1988 年 8 月当选上海市残联执行理事会理事长。1990 年 9 月，兼任市残联党组书记。1992 年 4 月，免去市残联职务。1992 年 5 月，任上海市民政局副局级巡视员。1995 年 9 月退休。

曹匡人（1927.12—2017.01）　江苏涟水人。1944 年 8 月参加革命并加入中国共产党。1945 年 6 月至 1949 年 7 月，历任江苏涟水县六塘区青救会主任、区委秘书，东辛区委宣传委员、区工作队长，田楼区委宣传委员、组织委员，新安区委委员、区委副书记等职。解放战争期间，随中央团校参加天津接管工作，任天津市氧气厂接管组组长等职。1949 年 7 月至 1952 年 12 月，历任共青团上海浦东区团工委书记、市郊团工委副书记。1953 年 12 月起，历任洋泾区委书记兼区长，高桥区委书记，东郊区委第一书记、人民武装部政委。1958 年 8 月至 1970 年，历任浦东县委第二书记，川沙县委第二书记，奉贤县委书记，南汇县委副书记、书记、县长。在南汇工作期间组织开掘大治河，大力发展南汇经济。1980 年 1 月至 1984 年 2 月，任上海市农委副主任、党组成员。1984 年 2 月至 1988 年 7 月，任上海市民政局局长。1990 年 3 月离休。

陶长明（1955.12—2015.09）　江苏句容人，1973 年 12 月参军入伍，1976 年 6 月加入中国共产党。1973 年 12 月至 1978 年 3 月，在浙江 37561 部队 531 舰服役。1978 年 3 月退伍，被分配到上海市第一精神病疗养院工作，历任文书，政工股副股长、股长，党支部副书记、书记，副院长等职。2001 年 1 月调任上海市民政局监察室主任。2003 年 6 月任上海市民政局纪委副书记。2004 年 6 月起，因身体原因改任上海市民政局纪委调研员。1996 年 7 月获"全国优秀党务工作者"荣誉称号。

钱关林（1930.06—2018.11）　江苏海门人。1949 年 3 月参加革命，并加入中国共产党。1949 年 5 月至 1966 年 10 月，历任上海人民保安队提篮区分部中队指导员，中国新民主主义青年团上海沪东区工委学生部干事，中国新民主主义青年团上海市榆林区委书记，中共上海市榆林区委委员、办公室主任，中共上海市杨浦区委常委兼教育卫生部部长、区委副书记等职。1967 年 10 月至 1983 年 12 月，历任上海市杨浦区革委会教卫组负责人、杨浦区委副书记等职。1984 年 1 月至 1992 年 5 月，任上海市民政局副局长。1992 年 5 月调任上海市残疾人联合会代理理事长。1993 年 7 月，历任上海市残疾人联合会理事长、党组书记。1997 年 5 月离休。

第二章　人　物　简　介

第一节　市民政局人物

王学颜(1920.03—　)　山东临淄人。1938年4月参加革命,同年10月加入中国共产党。1938年4月至1941年3月,历任八路军山东纵队三支队战士、班长、副政治指导员、政治指导员等职。1941年10月至1954年10月,历任胶东军区五旅卫生一所政治指导员、胶东军区荣军休养所所长兼政治指导员、胶东区党委社会部政训队宣传股长、华东荣军学校政委、华东军政委员会民政部(局)科员等职。1954年11月起,历任上海市民政局机关党委书记、办公室主任等职。"文化大革命"期间受到审查。1978年10月,任上海市民政局副局长。1984年12月离休。

鲁昭庆(1927.07—　)　女,安徽马鞍山人。1947年9月加入中国共产党,同年考入同济大学。1947年9月至1949年5月,从事地下党工作。1948年1月参加同济大学"一·二九"爱国学生运动。1948年9月至1949年5月,先后在上海大场山海工学团和闸北第二儿童福利站任教师。上海解放后进入上海市民政局工作,历任市民政局人事室科员,人事室教育科副科长、科长,办公室秘书科科长,办公室副主任、主任等职。"文化大革命"期间受到审查。1971年3月至1978年2月,在上海医用电子仪器厂下放劳动,后担任厂政宣组长。1978年3月重回市民政局工作,历任办公室副主任、主任。1981年8月,任市民政局副局长。1988年9月离休。

齐传良(1932.09—　)　山东临邑人。1949年1月参加革命,同年3月加入中国共产党。1949年1月至1952年6月,在山东临邑齐河德州县团委工作期间,组织群众开展生产互助活动。1952年7月至1985年3月,在上钢一厂工作,历任车间主任、革委会副主任、副厂长、代厂长、党委书记等职。1985年3月,任上海市民政局党委副书记。1993年7月离休。

高寿成(1934.07—　)　江苏灌云人。1951年8月参加工作,1955年4月加入中国共产党。1951年8月至1980年1月,历任江苏省连云港市人民银行干部、青海省柴达木中心支行信贷员、中共海西州委办公室常委秘书、办公室副主任等职。1980年1月至1981年12月,任上海市政府机关事务管理局集体事业办公室干部。1982年1月至1985年11月,历任上海市委调查组组员、组长和市委组织部党政干部处处长。1985年11月,任上海市民政局副局长。1989年2月调任黄浦区委副书记。

许竟成(1934.01—　)　江苏宜兴人。1955年10月参加工作,1974年9月加入中国共产党。1955年10月至1956年12月,任上海铁路局技术员。1957年1月至1958年4月,在铁道兵新线管理处工作。1958年4月至1983年1月,在铁道兵第九师工作,历任技术员、工程师、副团长等职。1983年1月任上海市第一住宅建筑工程公司党委书记。1985年4月任上海市住宅建设总公司副总经理。1985年11月,任上海市人防办副主任。1989年1月任上海市民政局副局长。1994年3月退休。

冯贵山(1937.08—　)　江苏如皋人。1956年2月参军入伍,1959年9月加入中国共产党。1955年11月至1970年7月,历任陆军第31集团军炮兵团战士,司令部文印员、统计员,政治处文化教员、秘书、组织股副股长、营教导员等职。1970年8月至1984年7月,历任福州军区司令部办

756

公室秘书,福建省建阳军分区政治部宣传科副科长、科长,福建省顺昌县人民武装部政委、党委书记(县委常委)等职。1984年7月至1988年7月,任上海市民政局福利事业管理处副处长。1988年8月任市民政局局长助理。1989年7月任市民政局副局长,1995年11月,兼任上海市老龄工作委员会办公室主任。1998年11月退休。

冯长春(1938.02—　)　江苏丹阳人。1957年9月参加工作,1988年8月加入中国共产党。1957年9月至1961年10月,先后在上海新艺工厂、上海福利工厂从事缝纫工和翻砂工工作。1961年10月至1973年2月,任上海市精神病疗养所护理员。1973年2月,在上海市龙华殡仪馆工作,先后从事汽修工、炉工、天使酒家经理等工作。1998年2月退休。1989年9月,获"全国先进工作者"荣誉称号。

李永贵(1940.10—　)　四川平昌人。1960年8月参军入伍,1961年9月加入中国共产党。1960年8月—1965年7月,在空军高射炮兵学院学习。1965年7月至1969年12月,历任空军高射炮兵学院见习教员、教员。1969年12月至1980年12月,历任空军高炮19师副政治指导员、秘书科副科长、宣传科科长。1980年12月至1991年2月,历任空军政治学院教员、一大队大队长、训练部副部长等职。1991年2月至1993年7月,任上海旅游高等专科学校党委书记。1993年7月,任上海市民政局副局长。2000年9月任市民政局正局级巡视员。2003年1月退休。

吴世琪(1940.11—　)　上海人。1958年1月参加工作,1971年7月加入中国共产党。1958年1月任嘉定县安亭公社塔庙大队陈家浜队会计;1970年2月任嘉定县安亭公社红旗大队党支部委员、粮管员。1973年1月任嘉定县安亭公社红旗大队总会计。1974年10月任嘉定县安亭公社红旗大队大队长。1980年11月至1983年6月,任嘉定县安亭公社塔庙大队支部书记、队长。1983年7月至1987年3月,任嘉定县安亭乡塔庙村党支部书记、村委会主任。1987年4月,任嘉定县(1992年10月撤县建区,更名为嘉定区)安亭镇塔庙村党总支书记、村委会主任。2000年4月获"全国劳动模范"荣誉称号。

许俊文(1942.05—　)　安徽肥东人。1958年9月参加工作,1960年4月加入中国共产党。1958年9月至1960年3月,在安徽省肥东县曙光小学任教师。1960年3月至1970年12月,历任上海警备区通讯营战士、通信文书,上海警备区政治部直属政治处干事。1971年1月至1980年12月,历任南京军区守备一师炮团政治指导员、炮团政治处副股长、股长。1981年1月转业后,历任上海市民政局"双退"办主任科员、副主任,优抚处处长、优抚处调研员等职。2002年5月任市民政局副局级巡视员。2003年1月退休。

孙金富(1945.07—　)　江苏扬州人。1964年8月参加工作,1966年5月加入中国共产党。1964年8月至1980年8月,历任杨浦区税务局四所专管员、组织组工作人员、杨浦团委筹建组工作人员、杨浦区团委副书记、吴淞镇街道党委副书记、杨浦区团委书记等职。1980年8月至1988年7月,历任杨浦区副区长、吴淞区委副书记、代理区长、区长等职。1988年7月至1995年10月,任上海市民政局党委书记、局长。1995年10月至1997年3月,任市民政局党委书记。1997年4月调任上海市委统战部副部长,上海市宗教事务局局长、党组书记。

徐善珍(1945.10—　)　女,江苏南通人。1964年11月参加工作,1979年6月加入中国共产党。1964年11月至1981年1月,在上海市第二精神病疗养院先后提任护理员、病区副组长、副主任;1981年1月至1995年10月任上海市儿童福利院保育员。1995年10月退休。1994年4月获"全国先进工作者"荣誉称号。

高祖明(1945.10—　)　上海人。1965年1月参加工作,12月加入中国共产党。1965年1月至 1968 年 1 月,任上海市奉贤县邬桥乡灵兰大队会计。1968 年 2 月—1972 年 12 月,任邬桥乡灵兰大队党支部委员、副书记。1973 年 1 月至 1998 年 4 月,历任邬桥镇党委秘书、政府办公室主任、民政助理。1998 年 5 月至 2002 年 7 月,任邬桥镇社区办副主任。2002 年 8 月至 2005 年 10 月,任邬桥镇社会保障科副主任科员。2002 年 3 月获民政部"孺子牛奖"。

沈振新(1946.09—) 上海人。1968 年 9 月参加工作,1979 年 11 月加入中国共产党。1968 年 9 月至 1969 年 7 月,为上海北桥皇甫小学代课教师。1969 年 7 月至 1984 年 2 月,历任上海北桥中学教革组组长,马桥中学副教导主任、党支部副书记。1984 年 2 月至 1985 年 6 月,任上海县马桥乡党委副书记、乡长。1985 年 6 月至 1990 年 2 月,历任上海县委整党办公室副主任、县委常委、组织部部长。1990 年 2 月至 1998 年 7 月,历任金山县委常委、组织部部长、县委副书记、区委副书记等职。1998 年 7 月至 2000 年 4 月,任上海市民政局副局长兼上海市老龄委员会办公室主任、党组书记。2000 年 4 月至 2006 年 3 月,任市民政局副局长、市老龄工作委员会办公室副主任。2006 年 3 月任市民政局正局级巡视员、市老龄工作委员会办公室副主任。2006 年 12 月退休。

李凤卿(1947.08—) 江苏泰兴人。1965 年 9 月参军入伍,1969 年 3 月加入中国共产党。1965 年 9 月至 1970 年 5 月,历任上海警备区警备团战士、文书。1970 年 5 月至 1981 年 3 月,历任普陀区人民武装部政工科干事、副科长。1981 年 3 月至 1986 年 6 月,历任吴淞区人民武装部政工科科长、副部长。1986 年 6 月至 1989 年 3 月,任宝山区人民武装部副部长。1989 年 3 月转业,历任上海市民政局办公室副主任、婚姻管理处处长、办公室主任。1993 年 9 月市民政局党委委员。2000 年 12 月至 2004 年 6 月,任市民政局"双退"办主任。2004 年 6 月任市民政局助理巡视员。2008 年 1 月退休。

施德容(1948.11—) 浙江宁波人。1969 年 3 月参加工作,1975 年 9 月加入中国共产党。1969 年 3 月至 1974 年 9 月,在江西省崇义县上堡公社插队。1974 年 10 月至 1982 年 8 月,先后在卢湾区淮海街道南二服务站、卢湾区中心医院工作。1982 年 8 月起,历任卢湾区团委书记兼宣传部部长,上海市总工会卢湾区办事处党组书记、主任。1984 年 6 月起,历任卢湾区委组织部部长、区委副书记。1992 年 2 月至 2003 年 3 月,历任上海市民政局副局长、副书记、局长、书记等职。2002 年 3 月获"全国民政系统先进工作者"荣誉称号。2003 年 4 月调任上海盛融投资有限公司党委书记、总裁。

叶兴华(1950.06—) 广东南海人。1968 年 9 月参加工作,1976 年 4 月加入中国共产党。1968 年 9 月至 1972 年 12 月,在广东南海罗村公社插队。1972 年 12 月至 1978 年 4 月,在铁道兵五师二十五团机械连服役。1978 年 4 月至 1984 年 4 月,先后在上海市民政局政治处、组织处工作。1984 年 4 月,任市民政局党委办公室副科长。1987 年 7 月至 1989 年 10 月,历任上海市第三社会福利院党支部副书记、书记。1989 年 10 月至 2000 年 12 月,历任市民政局组织处副处长、处长、机关党委副书记,局长助理兼组织处处长,副局长兼组织处处长。2000 年 12 月至 2007 年 1 月,任市民政局副局长。2007 年 1 月至 2008 年 4 月,任市民政局党委副书记、纪委书记。2008 年 4 月,调任上海市残疾人联合会党组书记。2013 年 6 月退休。

曹道云(1951.01—) 江苏江都人。1969 年 3 月参加工作,1978 年 8 月加入中国共产党。1969 年 3 月至 1979 年 1 月,江西省乐安县谷岗公社插队。1979 年 2 月至 1984 年 4 月,先后在普陀区西康皂粉厂、普陀区工业公司胶州分公司工作。1984 年 4 月起,历任普陀区委组织部考核组负责人,普陀区宜川新村街道办事处副主任、主任、党委副书记、书记,普陀区白玉路街道办事处党委副书记、主任,普陀区长征镇政府党委书记、镇人大主席、新长征集团党委书记。2001 年 9 月,任普陀区民政局党委书记、局长。2007年4月,获全国五一劳动奖章,2007年9月,获全国"诚实守信"道德模范。同年12月,获民政部"孺子牛奖"。2009年8月,获第七届全国"人民满意的公务员"荣誉称号。

蔡苔升(1951.09—) 浙江德清人。1970年7月参加工作,1984年2月加入中国共产党。1970年7月至1974年11月,安徽省萧县马井公社权楼大队插队,任生产队记工员等职。1974年12月至1978年12月,任静安区张家宅街道玩具一组副大组长、大组长。1979年1月至1985年8月,历任上海假肢厂车间主任、副厂长、厂长等职。1985年9月—1995年5月,历任上海市民政局计划财务处科长、副处长、处长等职。1995年5月至2001年1月,任市民政局"双退"办主任。2001年1月—2009年12月,任市民政局救济救灾处处长。2009年12月至2010年10月,任市民政局"双退"办主任(其间,2008年7月至2010年9月,赴上海市对口支援都江堰灾后重建指挥部工作,获"四川省抗震救灾模范"荣誉称号)。2010年10月,任市民政局副巡视员。2011年12月退休。

谢玲丽(1951.09—) 浙江绍兴人。1968年11月参加工作,1975年4月加入中国共产党。1968年11月至1985年7月,在上海无线电四厂工作,任行政科党支部副书记。1985年7月至1997年4月,上海市委研究室工作,历任企业处主任科员、党群处副处长、处长等职。1997年4月,任上海市民政局副局长。1999年7月,兼任上海市社会团体管理局党委书记、局长。2003年4月,调任上海市人口和计划生育委员会党委书记、主任。

谢黎明(1953.07—) 浙江奉化人。1970年5月参加工作,1974年9月加入中国共产党。1970年5月至1979年2月,历任黑龙江生产建设兵团二师11团9连班长、副连长,黑龙江宝泉岭农管局劳资处干部。1979年2至9月,上海市长宁区劳动局工作人员。1979年9月至1985年9月,历任上海市延安中学团委书记,长宁区政府人事科科员、副科长,长宁区委组织部综合干部科科长。1985年9月至1990年7月,任长宁区委组织部副部长。1990年7月至1997年4月,历任长宁区建设委员会党委书记,常务副主任、主任等职。1997年4月至2004年12月,任上海市民政局副局长。2004年12月调任上海市安全生产监督管理局党组书记、局长。

焦连哲(1954.01—) 河南滑县人。1970年12月参军入伍,1973年8月加入中国共产党。1970年12月至1984年9月,历任空军高炮三师七团一连战士、班长、排长、连长,二连连长,七师军训股副股长,三师军训科副科长。1984年9月至1986年8月,解放军桂林炮兵学院指挥系学员。1986年8月至1990年10月,任空军防空混成三旅208营营长。1990年10月转业,任上海市民政局优抚处主任科员。1993年11月至2001年1月,任上海市遣送站站长兼副书记。2001年1月,任市民政局优抚处处长。2014年1月退休。2010年12月获"上海世博会先进个人"荣誉称号,享受全国劳模待遇。

王万里(1954.04—) 浙江慈溪人。1970年12月入伍,1974年1月加入中国共产党。1970年12月至1981年9月,历任陆军第二十军战士、教员兼排长、政治指导员等职。1984年1月任解放军后勤学院院务部办公室秘书。1984年11月至2005年5月,历任陆军第二十军五十九师炮兵团副政委、坦克十一师四十四团政治处主任、坦克十一师四十四团政委、五十八师一七四团政委、六十师政治部主任、陆军第二十集团军政治部副主任(正师职)等职。2006年3月转业,任上海市民政局副局长。2014年5月退休。

王　伟(1954.09—) 浙江绍兴人。1970年12月参军入伍,1979年2月加入中国共产党。1970年12月至1975年3月,在中国人民解放军283部队服役。1975年3月至1980年5月,在上海电阻厂工作,历任车间副主任、厂办文书、负责人。1980年5月至1986年5月,历任上海市电器公司团委副书记、团委书记、党委副书记。1986年5月至1993年2月,历任上海市机电局保卫处副处长、处长,冶矿机械公司基层处副处长(正处级)、党委书记。1993年2月至1997年4月,任上海市机械工程成套总公司党委书记、总经理。1997年4月至2003年4月,任上海市民政局副局长。2003年4月至2006年8月,历任上海市农工商(集团)公司党委书记、董事长。2006年8月至2007年2月,任上海市政府办公厅副主任。2007年2月至2008年2月,任市民政局党委书记、局长,上海市社团管理局党组书记。2008年2月,调任上海市政府副秘书长。

黄伯华(1954.09—) 江苏南通人。1969年12月参加工作,1995年12月加入中国共产党。1969年12月至1976年9月,安徽省定远县观寺公社插队。1976年9月至1980年3月,上海市海丰农场华明分场工作。1980年3月至1991年11月,先后在上海市龙华火葬场(今龙华殡仪馆)、上海市宝兴殡仪馆从事遗体化妆工作。1991年11月至1999年12月,历任上海市宝兴殡仪馆业务股副股长、股长,馆见习副主任。1999年12月至2006年7月,历任上海市宝兴殡仪馆副主任、上海市龙华殡仪馆副主任、上海市颛桥寝园副总经理。2006年7月任上海市益善殡仪馆党支部书记、副主任、工会主席等职。2015年9月退休。2000年4月获"全国先进工作者"荣誉称号。

马伊里(1954.10—) 女,江苏如皋人。1972年12月参加工作,1974年10月加入中国共产党。1972年12月至1979年2月,在安徽上海练江牧场电器厂工作,历任车间负责人、党支部副书记、副厂长。1979年10月至1984年4月,历任上海低压电器四厂车间负责人、厂办负责人。1984年4月至1993年1月,历任上海市民政局党委办公室组织科科员、副主任科员、主任科员、副处长,市民政局办公室副主任(主持工作),社会团体管理处处长。1993年1月至2005年8月,历任浦东新区社会发展局副局长、党组成员,浦东新区城区工作委员会党委副书记,浦东新区社会发展局党委副书记(副局级)、局长,浦东新区劳动和社会保障局党组书记、局长等职。2005年8月至2008年2月,任上海市民政局副局长。2008年2月至2013年3月,任市民政局党委(2009年7月改为党组)书记、局长,市社会团体管理局党组书记。2013年1月至2014年10月,任上海市政协人口资源环境建设委员会主任,为政协上海市第十二届委员会常委。2016年4月退休。

方国平(1954.12—) 安徽合肥人。1972年12月参军入伍,1975年9月加入中国共产党。1972年12月至1983年12月,历任空军宜昌场站通信队战士、副分队长、分队长、副政治教导员等职。1983年12月至1995年8月,历任空军政治学院第十三学员大队12队副队长、院宣传处副处长、二大队政委、干部轮训队队长等职。1995年8月转业,历任上海市民政局优抚处副处长、龙华烈士陵园主任、市民政局办公室主任、信息研究中心主任等职。2003年7月,任市民政局副局长、市社会团体管理局局长。2011年5月,调任政协上海市委员会办公厅巡视员。

王文寿(1955.04—) 上海市人。1971年11月参加工作,1973年12月加入中国共产党。1971年11月至1978年9月,任云南生产建设兵团1师6团22营6连文书。1983年7月至1990年3月,历任云南省物资局专职干事、党组秘书、办公室副主任等职。1990年3月至1993年3月,任上海市南汇县计委计划科科长。1993年3月至2008年6月,历任上海市委办公厅综合处主任科员、副调研员、副处长、处长。2008年6月,任上海市民政局副巡视员。2015年5月退休。

朱国萍(1957.11—) 女,江苏南通人。1975年3月参加工作,1992年6月加入中国共产党。1975年3月至1979年3月,在上海市星火农场五七二连工作,后任医务室后勤排长。1979年3月至1982年8月,在上海市长宁区遵义工业公司友谊食品包装厂工作,任团支部书记。1982年8月至1990年1月,任长宁区遵义街道虹二卫生站卫生员。1990年1月至1993年1月,任长宁区虹桥街道虹储居民区居委会主任。1993年1月至1998年5月,任虹桥街道虹储居民区党支部书记、居委会主任。1998年5月至2006年7月,任虹桥街道虹储居民区党总支书记、居委会主任。2006年7月任虹桥社区(街道)虹储居民区党总支书记、居委会主任。2017年11月退休。2001年,获"全国优秀共产党员"荣誉称号。2005年、2010年两次获"全国先进工作者"荣誉称号。

周静波(1958.01—) 江苏无锡人。1976年5月参加工作,1980年8月加入中国共产党。1976年5月至1978年3月,崇明长江农场晶体管一厂技术员。1978年3月至1981年11月,在河北遵化87053部队服役。1981年11月至1994年4月,在上海市民政局双退办工作。1994年4月至1998年7月,任上海市慈善基金会副秘书长、办公室主任。1998年7月至2005年8月,历任市民政局人事处调研员、市社会团体管理局执法监督处调研员。2002年11月至2005年8月,兼任上海2007特奥中心办公室主任、特奥执委会办公室副主任、特奥中心副主任等职。2005年8月至2009年8月,任市民政局副巡视员。2009年8月至2011年12月,任市民政局党组纪检组组长。2011年12月任市民政局副局长。2016年7月任市民政局巡视员。2018年5月退休。

张喆人(1959.07—) 广东番禺人。1982年12月参加工作,2002年6月加入中国农工民主党。1982年12月,历任上海市杨浦区中心医院外科医师、主治医师、副主任医师、主任助理,普外科副主任、副主任医师等职;1995年7月,任杨浦区中心医院副院长。1998年3月起,任杨浦区副区长,其间加入中国农工民主党,并兼任农工民主党上海市委副主委。2006年12月至2008年8月,任上海市民政局副局长,2008年3月兼任农工党中央社会和法制工委副主任。2008年8月调任上海市政协副秘书长。

高菊兰(1959.08—) 女,河南三门峡人。1976年4月参加工作,1985年12月加入中国共产党。历任上海市嘉定县工业技术服务公司团支部书记,嘉定县社队工业局团委书记,嘉定县团委常委、副书记,嘉定工业开发区开发总公司副总经理,嘉定区对外贸易公司副经理等职。1997年12月至2003年11月,历任上海市民政局办公室副主任、调研员,外事处处长,兼任市社会福利国际交流中心主任、市福利彩票中心副主任等职。2003年11月至2013年12月,任市民政局副局长。2013年12月任市民政局巡视员。2018年11月调任上海市退役军人事务局巡视员。

姚 凯(1963.05—) 安徽阜阳人。1984年7月参加工作,1985年9月加入中国共产党。1984年7月至1986年9月,安徽阜阳地委党校助教。1986年9月至1989年8月,在华东师范大学西欧北美研究所攻读硕士学位。1989年8月至1997年7月,在上海交通大学工业外贸系工作,历任助教、讲师、副主任、副教授。1997年7月至1999年11月,历任上海市政府办公厅秘书处干部、正处级秘书。1999年11月至2009年1月,任上海市社会团体管理局副局长。2009年1月任上海市民政局副局长。2015年3月辞去公职。

徐 麟(1963.06—) 上海市人。1982年10月参加工作,1982年9月加入中国共产党。1982年10月至1995年3月,历任南汇县周浦中学专职团干部、团委副书记、书记,南汇县团委副书记、书记,南汇县三墩乡党委书记,县政策研究室主任,县委常委、副县长等职。1995年3月至1998年7月,任嘉定区委副书记(其间,1995年5月至1998年5月援藏任中共西藏日喀则市地委副书记、上海第一批援藏干部联络组组长)。1998年7月至2003年3月,历任上海市农工商(集团)总公司党委副书记、副董事长、党委书记、董事长、总经理等职。2003年3月至2007年2月,任上海市民政局党委书记、局长,上海市社会团体管理局党组书记。2007年2月调任上海市农业委员会主任、党组书记。

张宏伟(1964.02—) 江苏泰兴人。1987年8月参加工作,1999年2月加入中国共产党。1982年1月至1986年1月,在上海天山街道玉屏食品店工作。1986年1月入职上海市龙华殡仪馆,1987年8月起从事遗体化妆工作。2006年10月获民政部"孺子牛奖",2010年4月获"全国劳动模范"荣誉称号。

第二节　市残联人物

郭日月(1928.10—　) 山东荣城人。1946年3月参加工作,1947年7月加入中国共产党。1946年3月至1946年12月,任山东荣城石岛海关张家埠事务所检查员。1947年1月至1948年6月,先后在荣城县师资训练班学习、荣城县地方任教。1948年7月至1949年1月,任山东潍坊税务局填票员、会计。1949年2月随军南下,1949年2月—1949年5月,南下纵队二支队三大队十二中队学员。1949年6月至1950年1月,任上海市高桥区接管会财粮人事干事。1950年1月至1951年11月,任中共上海市郊工委秘书处股长。1951年12月至1958年9月,先后任上海市东昌区工会秘书、民改工作队中队长,上海市东昌区政府民政科科长(其间:1954年10月至1955年12月,中央政法干校第三期学习),上海市东昌区肃反五人小组副组长、里弄办公室主任。1958年10月至1964年5月,历任上海市浦东县里弄地区党委委员、支部书记,上海市浦东县委崂山工作组组长,上海市黄浦区东昌百货中心店经理,上海市黄浦区民政科副科长。1964年6月至1971年3月,任上海市民政局优抚处副科长。1971年4月至1977年11月,上海铁合金厂、上海无线电三厂工作。1977年12月至1984年8月,任上海市复员退伍军人办公室科长。1984年8月至1988年8月,任上海市盲聋哑人协会秘书长。1988年8月至1990年1月,任上海市残疾人联合会副理事长(其间:1988年12月起,任上海市残疾人联合会调研员)。1990年1月离休。

王世宽(1936.03—　) 山东龙口人。1960年3月参加工作,1960年3月加入中国共产党。1996年6月至2003年4月,历任上海市残疾人联合会党组书记、理事长。

吴伯良(1941.08—　) 江苏武进人。1958年7月参加工作,1965年4月加入中国共产党。1958年7月至1961年8月,江苏常州动力机厂工人。1961年8月至1965年8月,历任南京军区空军334部队七大队战士,南京军区空军3887部队8小队副班长、班长、副排长、排长。1965年8月至1967年12月,中国人民解放军北京工程兵学校学习。1967年12月至1979年6月,历任南京军区空军3887部队3小队副政治指导员、政治指导员,政治组织处组织干事、副股长。1979年6月至1988年9月,历任上海市民政局办公室科员,市民政局干部考察办(核查办)科员,市民政局党委办公室副主任科员、主任科员。1988年9月至2001年10月,历任上海市残疾人联合会办公室主任、副理事长、党组成员。2001年10月退休。

曹子平(1945.12—　) 江苏扬州人。1963年9月参加工作,1975年5月加入中国共产党。1963年9月至1975年4月,先后在新疆建设兵团农八师一四三团农场劳动、任小学教师[其间:1964年9月至1966年10月,新疆建设兵团政法(维语)大专班学习],新疆建设兵团政法(维语)大专班任教、直属机关党委秘书,新疆建设兵团机关"五七"干校秘书。1975年4月至1996年2月,历任新疆维吾尔自治区劳动局办公室秘书,劳动人事厅办公室副主任、培训处副处长、培训处处长,中共乌鲁木齐县委常务副书记,新疆维吾尔自治区劳动就业保险管理局局长。1996年2月至1998年4月,任上海市社会保险管理局副局长。1998年4月至2003年4月,历任上海市劳动和社会保障局副局长、上海市社会保险事业基金结算管理中心主任、党组纪检组组长等职。2003年4月至2008年4月,任上海市残疾人联合会党组书记。2008年4月起,任市残疾人联合会正局级干部。2011年1月退休。

龚伯荣(1950.02—　) 上海人。1968年9月参加工作,1971年12月加入中国共产党。1968

年9月至1981年1月,在上海汽车轴瓦厂工作,历任生产计划科干部、厂党支部副书记。1981年1月至1981年9月,任上海新成汽车配件厂办公室主任。1981年9月至1982年9月,任上海拖汽公司宣传科干事。1982年9月至1984年9月,复旦大学管理科学系工业经济专修科学习。1984年9月至1985年9月,任上海压铸厂党支部书记。1985年9月1日至1987年9月,复旦大学经济管理系攻读经济学硕士。1987年9月至2004年8月,历任上海市委办公厅综合处主任科员(其间:1989年9月至1991年3月公派赴英国塞赛克斯大学作访问学者)、助理调研员、副处长、处长,上海市委办公厅助理巡视员。2004年8月至2011年1月,任上海市残疾人联合会副理事长、党组成员。2011年1月退休。

罗志坤(1951.04—) 浙江上虞人。1968年3月入伍,1969年6月加入中国共产党。1968年3月至1978年8月,历任青岛海军航空兵流亭场站卫生队文书、化验员,青岛海军航空兵流亭场站司令部参谋、汽车连副政治指导员、汽车一连政治指导员。1978年9月至1982年9月,历任上海市民政局政治处、宣传处科员。1982年9月至1984年8月,在上海师范学院干部专修科政教系政治学专业学习。1984年8月至1985年3月,任上海市民政局福利事业管理处副科长。1985年3月至1988年8月,任上海市残疾人福利基金会副秘书长(其间:1985年3月至1986年9月兼任上海市残疾人福利基金会办公室主任)。1988年8月至2007年12月,任上海市残疾人联合会副理事长(其间:1990年9月至2007年11月,任党组成员)。2007年9起,任上海市残疾人联合会正局级干部。2011年7月退休。

徐凤建(1953.10—) 上海人。1970年12月参加工作,1973年9月加入中国共产党。1970年12月至1973年6月,在上海长宁区废旧五金工场工作。1973年6月至1977年6月,任上海长虹制棉厂业务组组长。1977年6月至1981年12月,任上海长宁麻袋供应站党支部副书记。1981年12月至1988年6月,历任长宁区物资回收利用公司经营部党支部副书记兼公司汽车队队长,长宁区纺织五金厂厂长,长宁区物资回收利用公司经营部党支部书记,长宁区物资回收利用公司党委书记。1988年6月至2008年4月,历任上海市残疾人联合会副理长、党组成员、理事长。2008年4月起,任上海市残疾人联合会正局级干部(其间:2015年6月起兼任上海市残疾人福利基金会理事长)。2017年3月退休。

祝永康(1955.06—) 浙江绍兴人。1972年12月参军入伍,1975年12月加入中国共产党。1972年12月至1987年10月,历任南京军区炮三团三营指挥连侦察班战士、班长、指挥排排长,三团政治处组织股干事、副连职干事、正连职干事,南京军区炮十六团政治处组织股股长(其间:1984年6月至1985年6月赴中越边境参加对越反击战)、一营政治教导员。1987年10月至2005年2月,历任上海市人事局办公室主任科员、综合处主任科员、录用奖惩处主任科员、办公室副主任、政策法规处处长、人事处处长、机关党委专职副书记、监察室主任。2005年2月至2011年5月,任上海应用技术学院副院长。2011年5月至2014年5月,历任上海市残疾人联合会副理事长、党组成员。2014年1月起,任上海市残疾人联合会巡视员。2015年8月退休。

季 敏(1956.12—) 江苏如东人。1974年7月参加工作,1981年5月加入中国共产党。1974年7月至1977年1月,在上海市宝山县杨行公社湄浦大队童家弄插队。1977年1月至1982年1月,在解放军厦门水警区32大队一中队服役。1982年1月至1988年6月,先后在上海市民政局"双退"办公室、政策研究室工作。1988年6月至2000年12月,历任上海市残疾人联合会办公室机要秘书,上海市残疾人活动中心副主任、主任,上海市残疾人康复职业培训中心主任。2000年12月至2017年2月,历任上海市残疾人联合会执行理事会理事兼办公室主任,上海市残疾人联合会副理事长、党组成员。2017年2月退休。

金　放(1957.06—　)　上海人。1976年8月参加工作,1982年9月加入中国共产党。1976年8月至1980年8月,在北京市小型动力机械厂工作。1980年8月至1983年7月,上海激光技术研究所工人、任团支部书记。1983年7月至1990年9月,历任共青团上海市委员会组织部干部、副科长、科长,办公室副主任。1990年9月至2008年4月,历任上海市旅游局办公室副主任、政策法规处处长,上海市旅游工作党委、上海市旅游委办公室主任,上海市旅游委秘书长、党组成员,上海市旅游委副主任、党组成员。2008年4月至2016年9月,历任上海市残疾人联合会理事长、党组成员、党组书记。2016年9月起,任上海市残疾人联合会正局级干部。2018年3月退休。

王爱芬(1963.05—　)　女,浙江海宁人。1983年7月参加工作,1985年5月加入中国共产党。1983年7月至1990年11月,历任共青团上海市宝山县委干部、共青团宝山区(县)委副书记(其间:1989年4月起,兼任宝山区青年联合会主席)。1990年11月至2008年4月,历任宝山区集体事业管理局局长助理、党委副书记、纪委书记,宝山区经济委员会党委副书记、纪委书记(其间:1995年5—11月,上钢五厂挂职锻炼,任厂长助理),宝山区宝山镇党委副书记,宝山区通河街道党工委副书记、办事处主任,宝山区市委党委副书记、主任,宝山区环卫局局长,宝山区市容管理局党委副书记、党委书记、局长,宝山区委组织部副部长,宝山区人事局党组书记、局长、区编办主任。2008年4月至2016年9月,历任上海市残疾人联合会副理事长、党组成员、机关党委书记、理事长。2016年9月起,任上海市残疾人联合会理事长、党组书记。

郭咏军(1968.02—　)　福建福州人。1991年7月参加工作,1992年6月加入中国共产党。1991年7月至1994年12月,历任上海大学工学院通讯系团总支书记,团委副书记、书记。1994年12月至1997年10月,任上海大学团委副书记。1997年10月至2010年1月,历任上海市委组织部知识分子工作处副调研员、人才工作处(知识分子工作处)副处长。2010年1月至2013年6月,任上海市档案局组织人事处处长。2013年6月起,任上海残疾人联合会副理事长、党组成员、机关党委书记。

第三章　人　物　表

第一节　市民政局人物表

表 12 - 3 - 1　上海民政系统获"全国五一劳动奖章"一览表

姓　名	工　作　单　位	获 奖 时 间
冯长春	上海市龙华殡仪馆	1988 年
朱庆生	嘉定区殡仪馆	1992 年
黄伯华	上海市宝兴殡仪馆	1993 年
朱国萍（女）	长宁区虹桥街道虹储居委会	2002 年
曹道云	普陀区民政局	2007 年
吴国境	上海民政劳动服务有限公司	2008 年
张宏伟	上海市龙华殡仪馆	2008 年
蔡莒升	上海市民政局	2009 年

资料来源：上海市民政局档案

表 12 - 3 - 2　　上海民政系统获全国"人民满意的公务员"一览表

姓　名	工　作　单　位	获 奖 时 间
曹道云	普陀区民政局	2009 年

资料来源：上海市民政局档案

表 12 - 3 - 3　上海民政系统获"全国三八红旗手"一览表

姓　名	工　作　单　位	获 奖 时 间
鲁月仙	上海市第四社会福利院	1979 年
卫　萍	奉贤区南桥镇贝港第五居委会	2006 年
朱国萍	长宁区虹桥街道虹储居委会	2009 年
段慧霞	浦东新区社会工作协会	2009 年

资料来源：上海市民政局档案

表 12 - 3 - 4　上海民政系统获"全国民政系统劳模、先进工作者"一览表

姓　名	工　作　单　位	获 奖 时 间
鲁昭庆（女）	上海市民政局	1988 年
黄俊	上海市民政福利企业公司	1988 年

（续表）

姓　　名	工 作 单 位	获 奖 时 间
冯长春	上海市龙华殡仪馆	1988 年
蔡高春	杨浦区民政局	1988 年
王长城	嘉定县民政局	1988 年
林荣华	黄浦区民政局	1988 年
刘鼎禄	崇明县大同乡	1988 年
陆仕明	松江县新桥乡	1988 年
徐善珍（女）	上海市儿童福利院	1994 年
黄伯华	上海市宝兴殡仪馆	1994 年
张勤仙（女）	奉贤县头桥乡	1994 年
陆秀菊（女）	崇明区港西乡	1994 年
刘国兴	宝山区殡仪馆	1994 年
张阳明	上海市洁士日用化学品厂	1994 年
金爱华（女）	上海市曹杨建筑粘合剂厂	2002 年
陈善进	嘉定区民政局	1994 年
姚美娣（女）	静安区武定街道民政科	1994 年
施德容	上海市民政局	2002 年
孟庆树	宝山区收容遣送站	2002 年
姚传琪	长宁区民政局	2002 年
高祖明	奉贤区乌桥镇	2002 年
陈志福	闵行区民政局	2006 年
陈世清	闸北区民政局	2006 年
庄佩雯（女）	静安区老龄工作委员会办公室	2006 年
陆美玲（女）	徐汇区第二社会福利院	2006 年
芦开福	长宁区华阳路街道办事处社会保障科	2006 年

资料来源：上海市民政局档案

表 12 - 3 - 5　上海民政系统当选全国"两代表一委员"一览表

姓　　名	工 作 单 位	称　　号	当选时间
范金兰（女）	杨浦区五角场镇东居委会	中国共产党第十五次全国代表大会代表	1997 年
朱国萍（女）	长宁区虹桥街道虹储居委会	中国共产党第十六次全国代表大会代表	2002 年
朱国萍（女）	长宁区虹桥街道虹储居委会	中国共产党第十七次全国代表大会代表	2007 年
朱国萍（女）	长宁区虹桥街道虹储居居委会	第十一届全国人民代表大会代表	2008 年

资料来源：上海市民政局档案

表 12－3－6　上海民政系统获"上海市优秀共产党员、优秀党务工作者"一览表

姓　　名	工 作 单 位	获 奖 时 间
朱国萍（女）	长宁区虹桥街道虹储居民区党支部	2001 年
金予仁	松江区殡仪馆	2006 年
曹道云	普陀区民政局	2006 年

资料来源：上海市民政局档案

表 12－3－7　上海民政系统获"上海市劳动模范 、先进工作者"一览表

姓　　名	工 作 单 位	获 奖 时 间
张松贤	崇明县竖新镇	1977 年
邱家伦	崇明县港西镇协北村	1978 年
张惠成	崇明县长兴乡新港村	1978 年
黄志宏	崇明县城桥镇运粮村居委会	1978 年
鲁月仙（女）	上海市第四社会福利院	1979 年
李国珍	上海市西宝兴路火葬场	1980 年
黄美琴（女）	崇明县陈家镇敬老院	1980 年
鲁月仙（女）	上海市第四社会福利院	1980 年
蒋德成	上海市龙华火葬场	1981 年
龚士兰（女）	崇明县三星镇敬老院	1982 年
蔡敬天	崇明县向化敬老院	1982 年
朱沪生	崇明县中兴镇居委会	1984 年
施美凤（女）	崇明县民政局	1984 年
蒋德成	上海市龙华殡仪馆	1984 年
李能海	黄浦区南京东路街道	1985 年
高水群（女）	奉贤县光明乡敬老院	1985 年
冯长春	上海市龙华殡仪馆	1986 年、1988 年
张太英（女）	上海市第一社会福利院	1986 年
陈和平	崇明县庙镇爱民村	1986 年
黄德芳（女）	崇明三星镇海桥敬老院	1986 年
朱庆生	嘉定县殡仪馆	1990 年、1992 年
陈伊涯	崇明县城桥镇山阳村	1990 年
高水群（女）	奉贤县光明乡敬老院	1990 年
黄伯华	上海市宝兴殡仪馆	1992 年、1996 年、1998 年
奚明新（女）	闵行区殡仪馆	1994 年
李瑞喜	上海市龙华烈士陵园	1995 年、1997 年

（续表一）

姓　名	工　作　单　位	获 奖 时 间
姜志浩	南汇殡仪馆	1995 年、1998 年
何爱华(女)	闵行区社会福利院	1996 年
吴连虞(女)	奉贤区南桥镇城中街道	1999 年
余建国	上海市福利彩票发行中心	2000 年
宋云周	嘉定区华亭镇敬老院	2000 年
王文娟(女)	嘉定区嘉定镇街道办事处社会救助管理所	2001 年
朱国萍(女)	长宁区虹桥街道虹储居委会	2001 年、2004 年、2007 年
陈　逮	崇明县绿华镇	2001 年
徐牟萍(女)	金山区社会福利院(原名逢春福利院)	2001 年
徐智敏(女)	上海市儿童福利院	2001 年
王建平	嘉定区殡仪馆	2004 年
付　军	上海市龙华烈士陵园	2004 年
石思九	崇明县堡镇堡兴村委会	2004 年
陈梅(女)	徐汇区第二社会福利院	2004 年
孟庆树	宝山区救助管理站	2004 年
顾守凡	南汇县惠南镇政府	2004 年
蔡苕升	上海市民政局	2004 年
章淑萍(女)	上海市儿童福利院	2004 年
陈林根	长宁区新泾镇双泾村村委会	2007 年
余爱梅(女)	虹口区社会福利院	2007 年
张宏伟	上海市龙华殡仪馆	2007 年
倪琳玮(女)	崇明县东平社区第一居委会	2007 年
徐震平	南汇殡仪馆	2007 年
顾萍兰(女)	嘉定区徐行敬老院	2007 年
顾惠琴(女)	崇明县建设敬老院	2007 年
黄英(女)	嘉定区救助管理站	2007 年
黄晓弟	金山区殡仪馆	2007 年
薛文华(女)	嘉定区新成路街道南陈社区居委会	2007 年
陆仁龙	奉贤区老年活动中心	2010 年
倪祖萍(女)	崇明县向化镇社区事务受理服务中心	2010 年
张少波	浦东殡仪馆	2010 年
张　潮	嘉定区民政局	2010 年

（续表二）

姓　名	工 作 单 位	获 奖 时 间
陈　嵘	闵行区殡仪馆	2010 年
姚培娟（女）	嘉定区新成路街道应园社区居委会	2010 年
凌　伟	上海市儿童福利院	2010 年
徐　军	上海市宝兴殡仪馆	2010 年

表 12-3-8　上海民政系统获"上海市五一劳动奖章"一览表

姓　名	工 作 单 位	获 奖 时 间
张宏伟	上海市龙华殡仪馆	2006 年

表 12-3-9　上海民政系统获"上海市三八红旗手"一览表

姓　名	工 作 单 位	获 奖 时 间
周学敏	上海市儿童教养院	1979 年
樊兰英	上海市第一社会福利院	1979 年
朱惠芬	上海市第一精神病疗养院	1979 年
徐善珍	上海市第二精神病疗养院 上海市儿童福利院	1979 年 1988 年、1990 年
姜汇云	上海市第三精神病疗养院	1979 年
陈卓卿	上海假肢厂	1979 年
姜永明	上海市老残院	1979 年
张金囡	上海市儿童福利院	1982 年
吕梅英	上海市第一精神病疗养院 上海市第一精神康复院	1982 年 1992 年
沈爱珍	上海市龙华火葬场	1982 年
庄文娟	上海低压电器一厂	1982 年
周俊娟	上海市民政工业公司	1982 年
陈卓卿	上海假肢厂	1982 年
张永平	上海市儿童福利院	1984 年
顾林芬	上海市宝兴殡仪馆	1984 年
王守玲	上海市民政工业公司	1984 年
陈茂英	上海上奥轮椅销售有限公司	1984 年
唐文英	上海低压电器四厂	1984 年
钱维花	南汇县六灶镇政府	1984 年

(续表一)

姓　　名	工　作　单　位	获　奖　时　间
钱佩娥	上海市儿童福利院	1986 年
吴红镁	上海市第一社会福利院	1986 年
张红英	上海铝铆钉厂	1986 年、1988 年
陈华影	上海自行车配件厂	1986 年
任　红	上海铝铆钉厂	1990 年、1993 年
王亚华	上海低压电器四厂	1990 年
奚明新	上海县殡仪馆	1991 年
林锦芳	上海市第二社会福利院	1992 年
吴桂瑛	上海民福东沟利用物资加工厂	1993 年、1995 年、1997 年
朱国萍	长宁区虹桥街道虹储居委会	1997 年、2000 年、2004 年、2005 年、2007 年
谢玲丽	上海市民政局、上海市社会团体管理局	1999 年
徐芝兰	上海市儿童福利院	1999 年
朱蕙娟	黄浦区南京东路街道鸿瑞居委会	1999 年
陆彩英	崇明县建设镇大同镇敬老院	1999 年
彭秀凤	闵行区社会福利院	1999 年
顾红飞	嘉定区迎园社区居委会	2001 年
章淑萍	上海市儿童福利院	2003 年
徐　征	上海市宝兴殡仪馆	2003 年
朱晓丽	上海市龙华烈士陵园	2004 年
盛嘉玲	上海市民政第一精神病院	2004 年
卫　萍	奉贤区南桥镇贝港第五居委会	2004 年
左小飞	上海市龙华殡仪馆	2005 年
张秀芳	嘉定区南翔镇福利院	2005 年
贾雪虹	上海市龙华烈士陵园	2005 年
龚建琴	崇明县民政局	2005 年
潘生庆	长宁区社会福利院	2005 年
余爱梅	虹口区社会福利院	2007 年
陆桂花	松江社会福利院	2007 年
马海燕	浦东殡仪馆	2007 年
王正玲	上海市民政局	2007 年
尹香君	长宁区程家桥街道虹桥机场新村居委会	2007 年
张　谨	上海市儿童福利院	2007 年

（续表二）

姓　名	工　作　单　位	获　奖　时　间
胡金英	长宁区天山路街道纺大一村居委会	2007 年
王　瑛	南汇殡仪馆	2009 年
陈　钰	上海市龙华殡仪馆	2009 年
姚培娟	嘉定区新成路街道应园社区居委会	2009 年
钟吉平	松江区老龄事业发展中心	2010 年

资料来源：上海市民政局档案

表 12‐3‐10　上海民政系统获"上海市民政系统孺子奖"一览表

肖兆明	普陀区东新街道办事处民政科	1999 年（金奖）
张宏伟	上海市龙华殡仪馆	1999 年（银奖）
姚国华	上海市第三社会福利院	1999 年（银奖）
徐大威	卢湾区民政局	1999 年（银奖）
沈芝萍（女）	浦东新区顾路镇敬老院	1999 年（银奖）
高祖明	奉贤县邬桥镇政府	1999 年（银奖）
孟庆树	宝山区收容遣送站	1999 年（银奖）
朱国萍（女）	长宁区虹桥街道虹储居委会	1999 年、2002 年（银奖）
朱秋萍（女）	虹口区军队离退休干部第一休养所	1999 年（银奖）
汤美珍（女）	闸北区北站街道办事处民政科	1999 年（银奖）
顾守凡	南汇县惠南镇政府	1999 年（银奖）
朱梅珍（女）	闸北区芷江西路街道办事处民政科	2002 年（金奖）
郑爱芬（女）	上海市第一社会福利院	2002 年（银奖）
朱如安	卢湾区市民求助中心	2002 年（银奖）
吴成舫	浦东新区烈士陵园管理所	2002 年（银奖）
沈胜月（女）	杨浦区四平路街道办事处	2002 年（银奖）
沈爱华（女）	宝山区友谊路街道民政科	2002 年（银奖）
赵国明	静安区静安寺街道民政科	2002 年（银奖）
洪克敏（女）	黄浦区南京东路街道承兴居委会	2002 年（银奖）
顾顺康	青浦区殡仪馆	2002 年（银奖）
黄爱莲（女）	普陀区民政局	2002 年（银奖）
曹道云	普陀区民政局	2006 年（金奖）
盛嘉玲（女）	上海市民政第一精神病院	2006 年（银奖）
刘艳芬（女）	徐汇区漕河泾街道社会保障科	2006 年（银奖）
刘海燕（女）	杨浦区控江路街道社会救助事务管理所	2006 年（银奖）

（续表）

沈仁林	松江区民政局	2006 年(银奖)
沈叔华	闵行区浦江镇社会救助所	2006 年(银奖)
唐德明	南汇区民政局	2006 年(银奖)
黄晓弟	金山区殡仪馆	2006 年(银奖)
曹丽娟(女)	黄浦区人民广场街道民政科	2006 年(银奖)
曹 燕(女)	静安区南京西路街道办事处	2006 年(银奖)
潘生庆(女)	长宁区社会福利院	2006 年(银奖)

资料来源:上海市民政局档案

表 12-3-11　上海民政系统获上海市"人民满意的公务员"一览表

姓　　名	工 作 单 位	获奖时间
蔡苕升	上海市民政局	2009 年

资料来源:上海市民政局档案

表 12-3-12　上海民政系统当选上海市"两代表一委员"一览表

姓　　名	工 作 单 位	称　　号	当选时间
张　祺	上海市民政局革命委员会	政协上海市第五届委员会常务委员	1977 年
杨洪才	上海市民政局	政协上海市第五届委员会委员	1977 年
王荣花(女)	南市区小东门街道	上海市第七届人大代表	1982 年
孙成伯	上海市民政局	政协上海市第六届委员会常务委员	1983 年
曹匡人	上海市民政局	政协上海市第六届委员会常务委员	1986 年
曹匡人	上海市民政局	政协上海市第七届委员会常务委员	1988 年
孙金富	上海市民政局	政协上海市第七届委员会常务委员	1990 年
孙金富	上海市民政局	政协上海市第八届委员会常务委员	1993 年
林锦芳(女)	上海市第二社会福利院	上海市第十一届人大代表	1998 年
施美凤(女)	崇明县民政局	上海市第十一届人大代表	1998 年
洪克敏(女)	黄浦区南京东路街道承兴居委会	上海市第十一届人大代表	1998 年
施德容	上海市民政局	政协上海市第九届委员会常务委员	1998 年
胡敏浩	上海市第一精神病院	政协上海市第九届委员会委员	1998 年
朱国萍(女)	长宁区虹桥街道虹储居民区党支部	中共上海市第八次党代会代表	2002 年
施美凤(女)	崇明县民政局	上海市第十二届人大代表	2003 年
洪克敏(女)	黄浦区南京东路街道承兴居委会	上海市第十二届人大代表	2003 年
施德容	上海市民政局	政协上海市第十届委员会常务委员	2003 年
黄红蓝(女)	上海市龙华烈士陵园	政协上海市第十届委员会委员	2003 年

（续表）

姓　名	工作单位	称　号	当选时间
王　伟	上海市民政局	中共上海市第九次党代会代表	2007 年
王莉静（女）	杨浦区民政局	中共上海市第九次党代会代表	2007 年
朱国萍（女）	虹桥街道虹储居委会	中共上海市第九次党代会代表	2007 年
章淑萍（女）	上海市儿童福利院	中共上海市第九次党代会代表	2007 年
龚建琴（女）	崇明县民政局	中共上海市第九次党代会代表	2007 年
施美凤（女）	崇明县民政局	上海市第十三届人大代表	2008 年
洪克敏（女）	黄浦区南京东路街道承兴居委会	上海市第十三届人大代表	2008 年
黄红蓝（女）	上海市龙华烈士陵园	政协上海市第十一届委员会委员	2008 年
马伊里（女）	上海市民政局	政协上海市第十一届委员会常务委员	2009 年
王　伟	上海市民政局	政协上海市第十一届委员会常务委员	2009 年

资料来源：上海市民政局档案

第二节　市残联人物表

表 12-3-13　上海残联系统获"全国五一劳动奖章"一览表

姓　名	工作单位	获奖时间
洪　泽（女）	上海达捷玻璃艺术品有限公司	1999 年
张　蕾	上海市残疾人运动队	2004 年
张　冲	上海市残疾人运动队	2004 年
郭　伟	上海市残疾人运动队	2004 年
凌　勇	上海市残疾人运动队	2004 年
李春花（女）	上海市残疾人运动队	2004 年
王　婷（女）	上海市残疾人运动队	2004 年
周菊芳（女）	上海市残疾人运动队	2004 年
吴国境	上海市残疾人运动队	2004 年

资料来源：上海市残疾人联合会档案

表 12-3-14　上海残联系统获"全国三八红旗手"一览表

姓　名	工作单位	获奖时间
周菊芳	上海市残疾人运动队	2004 年
王　婷	上海市残疾人运动队	2004 年
李春花	上海市残疾人运动队	2004 年

资料来源：上海市残疾人联合会档案

表 12-3-15　上海残联系统获"全国自强模范"一览表

姓　名	工　作　单　位	获　奖　时　间
戴　目	上海聋哑青年技术学校	1991 年
刘　琦	原兰州军区特地伤残军人	1991 年
张汉威	浦东高桥镇工业公司	1991 年
袁国龙	上海文教铅丝厂	1991 年
朱增明	上海长乐电器厂	1991 年
赵继红(女)	上海低压电器四厂	1991 年
庄美娟(女)	上海老西门邮电所	1991 年
黄吉人(女)	上海市市南中学	1991 年
楼光荣	黄浦区副食品公司	1991 年
黄文涛	上海日立电器有限公司	1997 年
余金辉	青浦县小蒸中心小学	1997 年
洪　泽(女)	上海达捷玻璃艺术品有限公司	1997 年
朱双六	同济大学	2003 年
王延勤	景龙彩印包装厂	2003 年
朱　钧	上海金蟹水产科技公司	2003 年
陈友根	奉贤区中医医院	2009 年
金　晶(女)	普陀区市政工程管理署	2009 年
李逸明	上海民政劳动服务有限公司	2009 年
屠伟伟	上海老客了餐饮有限公司	2009 年
乔美丽(女)	浦东新区辅读学校	2009 年

资料来源：上海市残疾人联合会档案

表 12-3-16　上海残联系统获"全国扶残助残先进个人"一览表

姓　名	工　作　单　位	获　奖　时　间
赵永清	中共南汇县纪委	1991 年
龚明珠(女)	上海市眼病防治所	1991 年
黄慕珍(女)	崇明县轮船公司	1991 年
林镜瑜(女)	杨浦区隆昌街道(居民)	1991 年
顾引珍(女)	松江县	1997 年
许时晖(女)	上海市第一人民医院	1997 年
侯春林	第二军医大学附属长征医院	2003 年
高亚莉(女)	上海博爱儿童康健院	2003 年

（续表）

姓　名	工 作 单 位	获 奖 时 间
倪林根	宝山区杨行镇铜材厂	2003 年
丁美红（女）	上海聚隆律师事务所	2009 年
郑洁皎（女）	上海华东医院	2009 年
朱建忠	嘉定区马陆镇司法所	2009 年

资料来源：上海市残疾人联合会档案

表 12－3－17　上海残联系统获"全国助残先进集体"一览表

单 位	获奖时间
上海第一棉纺织厂工会	1991 年
静安区延中街道伤残儿童寄托所	1991 年
黄浦区助残者协会	1997 年
上海柴油机股份有限公司	1997 年
上海图书馆	2003 年
上海市公安局杨浦分局交巡警支队五中队	2003 年
上海市地铁运营有限公司	2009 年
虹口区法律援助中心	2009 年
武警上海总队第三支队二大队七中队	2009 年

资料来源：上海市残疾人联合会档案

表 12－3－18　上海残联系统获"全国残疾人之家"一览表

单 位	获奖时间
黄浦区残疾人联合会	1991 年
南市区豫园街道残疾人协会	1991 年
上海市盲人有声读物图书馆	1991 年
闵行区启音学校	1997 年
金山县残疾人联合会	1997 年
浦东新区塘桥街道残疾人联合会	2003 年
卢湾区打浦桥街道	2003 年
静安区残疾人综合服务中心	2009 年
上海市残疾人康复职业中心	2009 年
杨浦区殷行街道"阳光之家"	2009 年

资料来源：上海市残疾人联合会档案

表 12‑3‑19　上海残联系统获"全国残联系统先进工作者"一览表

姓　名	工 作 单 位	获 奖 时 间
钱关林	上海市残疾人联合会	1997 年
吴忠伟	黄浦区残疾人联合会	1997 年
丁荣发	静安区残疾人联合会	2003 年
徐　荣	南汇区残疾人联合会	2009 年

资料来源：上海市残疾人联合会档案

表 12‑3‑20　上海残联系统获"上海市劳动模范、先进工作者"一览表

姓　名	单 位	获 奖 时 间
徐凤建	上海长宁麻袋供应站	1980 年
计瑞弟	上海市低压电器二厂	1983 年
赵继红(女)	上海市低压电器四厂	1990 年
洪　泽(女)	上海达捷玻璃艺术品有限公司	1999 年
周菊芳(女)	上海市残疾人运动队	2004 年
凌　勇	上海市残疾人运动队	2004 年
郭　伟	上海市残疾人运动队	2004 年
李春花(女)	上海市残疾人运动队	2004 年
王　婷(女)	上海市残疾人运动队	2004 年
张　冲	上海市残疾人运动队	2004 年
张　蕾	上海市残疾人运动队	2004 年
吕志新	上海市残疾人体育训练中心	2008 年
黄　鹏	上海市残疾人体育训练中心	2008 年
张超群	上海市残疾人体育训练中心	2008 年

资料来源：上海市残疾人联合会档案

表 12‑3‑21　上海残联系统获"上海市五一劳动奖章"一览表

姓　名	单 位	获 奖 时 间
徐凤建	上海长宁麻袋供应站	1979 年
吕志新	上海市残疾人体育训练中心	2008 年
张超群	上海市残疾人体育训练中心	2008 年
黄　鹏	上海市残疾人体育训练中心	2008 年
郭　伟	上海市残疾人运动队	2008 年
赵　骥	上海市残疾人运动队	2008 年
纵　凯	上海市残疾人运动队	2008 年

（续表）

姓 名	单 位	获 奖 时 间
吴国境	上海市残疾人运动队	2008 年
蔡慧超	上海市残疾人运动队	2008 年
鲍道磊	上海市残疾人运动队	2008 年
叶娅萍（女）	上海市残疾人运动队	2008 年
王 婷（女）	上海市残疾人运动队	2008 年
马玉喜	上海市残疾人运动队	2008 年
傅昕瀚	上海市残疾人运动队	2008 年
张 蕾	上海市残疾人运动队	2008 年
姚 芳（女）	上海市残疾人运动队	2008 年
张亮敏（女）	上海市残疾人运动队	2008 年
王任杰	上海市残疾人运动队	2008 年
周菊芳（女）	上海市残疾人运动队	2008 年
李春花（女）	上海市残疾人运动队	2008 年
李 雷	上海市残疾人运动队	2008 年
王海东	上海市残疾人运动队	2008 年
王晓亮	上海市残疾人运动队	2008 年
丁晓潮	上海市残疾人运动队	2008 年
仝 徽	上海市残疾人运动队	2008 年
黄纯稷	上海市残疾人运动队	2008 年
徐秋萍（女）	上海市残疾人运动队	2008 年
杨 烨	上海市残疾人运动队	2008 年
齐德昌	上海市残疾人运动队	2008 年
秦玉玲（女）	上海市残疾人运动队	2008 年
施金凤（女）	上海市残疾人运动队	2008 年
万惠萍（女）	上海市残疾人运动队	2008 年
崔宝根	上海市残疾人运动队	2008 年

资料来源：上海市残疾人联合会档案

表 12－3－22　上海残联系统获"上海市三八红旗手"一览表

姓 名	单 位	获 奖 时 间
洪 泽	上海达捷玻璃艺术品有限公司	1998 年
张亮敏	上海市残疾人运动队	2004 年、2008 年
万惠萍	上海市残疾人运动队	2008 年

(续表)

姓　名	单　　　　位	获奖时间
秦玉玲	上海市残疾人运动队	2008 年
王　婷	上海市残疾人运动队	2008 年
李春花	上海市残疾人运动队	2008 年
周菊芳	上海市残疾人运动队	2008 年
姚　芳	上海市残疾人运动队	2008 年
叶娅萍	上海市残疾人运动队	2008 年
徐秋萍	上海市残疾人运动队	2008 年
施金凤	上海市残疾人运动队	2008 年

资料来源：上海市残疾人联合会档案

表 12‐3‐23　上海残联系统当选"上海市两代表一委员"一览表

姓　名	单　位	名　　称	当选时间
计瑞弟	上海市低压电器二厂	中共上海市第五届代表大会代表	1986 年
徐凤建	上海市残疾人联合会	政协上海市第九届委员会委员	1998 年
徐凤建	上海市残疾人联合会	中共上海市第八次代表大会代表	2002 年
徐凤建	上海市残疾人联合会	政协上海市第十届委员会委员	2003 年
曹子平	上海市残疾人联合会	中共上海市第九次代表大会代表	2007 年
徐凤建	上海市残疾人联合会	政协上海市第十一届委员会委员	2008 年
龚伯荣	上海市残疾人联合会	上海市第十三届人大代表	2008 年

资料来源：上海市残疾人联合会档案

表 12‐3‐24　上海残联系统获"上海世博会先进个人"一览表

姓　名	单　位	授予称号	获奖时间
洪　泽(女)	上海市残疾人康复职业培训中心	上海世博会先进个人	2010 年

资料来源：上海市残疾人联合会档案

专　记

一、上海市龙华烈士陵园
（龙华烈士纪念馆）建设

上海市龙华烈士陵园（简称龙华烈士纪念馆），坐落于上海西南的龙华古镇，是经中央批准，在著名烈士纪念地整合相关历史、文化、艺术资源建成的革命烈士纪念设施。陵园主体建筑由主题纪念园区、专题人物纪念馆、龙华革命烈士纪念地三部分组成，占地近20万平方米。龙华革命烈士纪念馆为全国文物保护单位，龙华烈士陵园是全国重点烈士纪念建筑保护单位、全国爱国主义教育示范基地、全国红色旅游经典景区，每年接待观众逾100万人次。

一、筹建龙华烈士陵园

龙华烈士陵园，由原龙华公园和龙华革命烈士纪念地组成。原址之一民国年间称血华公园，1951年7月，市工务局园场管理处接管公园并进行整修，改名龙华公园。原址之二为国民党淞沪警备司令部，内设军法处、男女看守所（监狱）、刑场等。1927—1937年间，国民党当局在这里关押、杀害了许多中国共产党创建时期的重要领导人和革命志士，已查明姓名的82位烈士中，有4位中央政治局委员、6位中央委员、中央监察委员和一批党的省市委重要干部。1950年，市政府根据多方提供的线索，确认龙华路2501弄1号为林育南、何孟雄、李求实等24位烈士的殉难处和埋葬地。此后，陈毅等老一辈革命家就萌发了在此建立革命烈士纪念设施的心愿，以告慰革命先烈。

龙华烈士陵园的建设经历了一个漫长的过程。此前，上海解放前牺牲的烈士，多由中共上海地下党、各进步社团和爱国人士为其建墓设陵，或树碑立传，永志纪念。解放以后，政府即着手调查烈士埋葬地点。1950年，为纪念五卅运动25周年，市民政局向市政府提出报告，拟举行纪念大会和修建烈士墓。市政府在5月15日批示同意建立上海市烈士公墓，之后，经市工务局和民政局与有关方面研究，拟在外滩黄浦公园内建一座"人民英雄纪念塔"。"三反"运动开始后，未再继续动工。关于建立烈士墓的问题，市民政局根据中央优抚条例规定，先后在高桥、江湾、大场、虹桥、龙华等处建立了烈士墓或烈士墓区，把分散在各处的烈士遗骸集中安葬。但全市仍没有一个有代表性的革命烈士纪念场所，各界人士和广大群众对此不断提出要求和建议，希望早日解决这个问题。1957年，市委、市政府拟在就义地建造龙华革命烈士纪念公园（陵园），并向全国有关设计院、大学征集"龙华革命烈士纪念公园"总体设计稿，征集到近千份设计稿。总体设计方案在当年党代会、市人代会上展示，并征求代表意见，后因财力不足缘故致这项工作暂停。1957年12月24日，市委办公厅在一封人民来信上传达了市委领导的批示："关于烈士陵园的问题，市委书记处已同意按计划执行。"1958年，在市委领导的关心下，上海市开始筹建上海市革命烈士陵园和烈士纪念塔，并成立筹备委员会，由市委办公厅、市人委办公厅、市计委、市建委、市建工局、市文化局、市财政局、市公用事业局、市民政局、市园林处等19个单位组成，建立办事机构，具体进行筹建工作。其间，上海和其他兄弟省市的设计单位为烈士陵园设计十多个方案和模型，并挑选5个模型，请市党代会和人代会的代表以及参加过五卅运动和三次武装起义的老同志提意见。1959年，由于集中保证北京十大建筑的建设，上海筹建陵园的计划未能及时实施。随后，国家遭受三年自然灾害，陵园建设遇到暂时困难，被搁置下来。1963年9月,根据市委指示,市民政局根据人民群众的不断要求,起草《关于筹建上海市革命烈士纪念公园的报告》。9月4日,市委批示:"市委同意将现龙华公园改建为'上海市革命烈士纪念公园',在园内兴建纪念建筑物。"并成立"上海市革命烈士纪念公园筹建小组",着手进行下列工程:1.扩建龙华公园,连同1959年前征用的土地,公园从原来的26 666.8平方米(40亩),扩大到72 000.36平方米(108亩);2.调整龙华公园的布局,重新开设大门、道路,新建围墙,布置绿化等;3.建造纪念平台,平台可容纳5 000人左右,供开展全市性的纪念烈士活动之用;4.建造宏伟的红岩石,象征革命先烈刚强、坚毅的革命精神;5.建造画廊,可展出革命烈士的事迹、照片等。当时,还计划建造纪念碑,并把原国民党淞沪警备司令部的监牢、水牢、烈士就义地恢复原样,以及建造接待室等附属建筑。后因烈士纪念公园的主体建筑——纪念碑的设计方案及7315工厂内的烈士就义地和监狱、水牢等涉及该厂迁移经费问题,计划暂时搁浅。在研究过程中,"文化大革命"开始,整个筹建工程也被迫停工。1966年,市民政局将分散在虹桥、江湾、大场等地烈士墓遗骸,移葬至漕溪路200号原龙华公墓内,并在此开始筹建上海市烈士陵园。1978年清明,上海市烈士陵园正式对外开放。

粉碎"四人帮"后,不少老同志、各界人士、各有关部门一再要求恢复龙华原国民党淞沪警备司令部原状,作为革命历史纪念地加以保护,在龙华公园内续建龙华革命烈士陵园。1981年,市政府责成市民政局等部门与南京军区协商迁走7315工厂,拨交土地,以便筹建革命烈士纪念地。由于南京军区7315工厂只同意把二十四烈士就义地2 666.68平方米(4亩)土地拨给上海,不同意迁出原国民淞沪警备司令部旧址,计划未能实现。1982年10月,市政府向中央军委报送《关于将原国民党淞沪警备司令部旧址辟为革命纪念地的报告》,并决定在未和南京军区达成协议之前,先对烈士就义地进行整理、绿化,搭建绿色画廊,陈列部分烈士事迹简介;在龙华公园内续建革命烈士公园。1983年,夏之栩(赵世炎烈士夫人)专程来上海瞻仰上海市烈士陵园,回北京后给邓小平写信反映,上海的龙华革命烈士陵园"还没有得到整修和扩建,并且地方越来越小,人多一点就容不下,以致影响开放";不少已收集到的革命文物,"因为没有陈列的地方,只好封存了"。夏之栩建议在中国共产党创建时期许多优秀干部牺牲的地方——龙华,建造一座烈士陵园,以缅怀革命先烈,教育子孙后代。胡耀邦、邓小平、胡启立等中央领导对此十分重视,分别作出重要批示。胡耀邦批示,在龙华"搞个烈士陵园,似乎势在必行","要搞就得像个样子",并指示"建设规模与南京雨花台一样"。邓小平也批示:"请中央书记处酌处。我认为应予积极支持。"胡启立批示:"明年设计,八五年可以动工。"当年11月,市政府办公厅向中央军委办公厅报送《转报市民政局关于将原国民党淞沪警备司令部旧址辟为上海市革命纪念地的情况汇报的函》。根据中央领导指示精神,上海市成立龙华烈士陵园筹建领导小组制定陵园规划大纲。经市委、市政府认真研究,就拟修建革命烈士陵园问题向中央提交《关于筹建龙华革命烈士纪念地的报告》,报告计划整个陵园的建设工程分三期进行,第一期工程先恢复原国民党淞沪警备司令部遗址,第二、三期工程兴建革命烈士纪念碑、凭吊广场、纪念雕塑和烈士史迹陈列馆。

二、一期工程

1985年4月,中共中央办公厅、国务院办公厅批复市委、市政府《关于上海市修建龙华烈士陵园的请示》,同意按照龙华烈士陵园总体规划方案的一号方案修建龙华烈士陵园。因涉及动迁7315工厂的问题,筹建工作一度停滞。1987年7月8日,市委书记江泽民主持召集市计委、市规划委等有关部门领导参加的会议,研究龙华烈士陵园筹建工作中的7315工厂动迁问题。经过协调,南京军区后勤部根据市委、市政府的要求,于1987年10月向上海市编报《7315工厂迁厂计划任务书》。1988年1月,国务院批准龙华革命烈士纪念地为全国重点文物保护单位。1988年7月12日,市委书记办公会议确定,龙华烈士陵园第一期工程要在1991年7月1日党的70周年纪念日前正式对外开放。此后,市计委、市规划委等有关方面对迁厂计划任务书进行初步论证,一致认为7315工厂动迁补偿要求费用太大,上海的地方财力无法承受,双方差距悬殊难以进一步商谈,筹建工作曾陷入僵持状态。1988年7月后,市委研究龙华烈士陵园的筹建工作情况,听取筹建办公室根据目前的形势及上海的财力对龙华烈士陵园的建设修改方案的汇报,同意缩小工程规模,分期实施,主要修复、整理遗址区部分。1990年5月8日,经多方协调,为加快龙华烈士陵园第一期工程的建设工作,上海市与南京军区后勤部就动迁7315工厂部分土地等有关问题,签订《关于建设龙华烈士陵园调拨7315工厂部分土地商谈纪要》。1990年10月10日,双方根据《纪要》确定的原则,达成《上海市建设龙华烈士陵园调拨7315工厂部分土地拆迁补偿协议书》。1990年10月15日,中共中央总书记江泽民为龙华烈士陵园纪念碑题写园名。1990年10月13日,市计委批复同意龙华烈士陵园第一期工程建设。第一期工程范围为:东至龙华路,南至腰沟村和龙华寺接壤,西至龙华公园,北与7315厂暂不动迁部分及二十四烈士就义地部分相接。1990年11月5日,7315工厂将遗址8 000平方米(约12亩)土地移交筹建办公室。1990年11月11日,龙华烈士陵园第一期工程正式开工。1991年6月25日,龙华烈士陵园一期工程竣工,完成了遗址区内原有国民党淞沪警备司令部的岗楼、警卫房、审讯室的修复及男女看守所和革命烈士就义地的复原。原军法处男女看守所建筑因被破坏和改建,由市文管会根据曾在此被关押过的老同志及知情人的回忆,结合有关历史资料,综合研究设计图稿与实样,报国家文物局核准后进行复原,复原后又布置遗址原状陈列和辅助陈列,重现当年历史原貌。同时新建临时纪念碑一座,利用旧房建立临时陈列馆,陈列布置部分烈士事迹史料。

1991年6月26日,上海市党政军领导及社会各界代表150余人在龙华烈士陵园举行揭幕仪式,市委副书记陈铁迪主持揭幕仪式,中央政治局委员、市委书记吴邦国,市顾问委员会主任陈国栋为龙华烈士陵园郑重揭幕,市长黄菊在揭幕仪式上讲话。曾在龙华看守所坚持狱中斗争的老同志叶进明、张纪恩、陈展等,烈士家属裘慧英(李白夫人)、姜绮华(许晓轩夫人)、恽希仲(恽代英儿子)等以及曾参加过解放上海战役的部分战斗英雄和部队老同志也出席了揭幕仪式。龙华烈士陵园于1991年7月1日向社会开放。

龙华革命烈士纪念地,包括原国民党淞沪警备司令部部分建筑(龙华路2591号)和龙华革命烈士就义地(龙华路2501弄1号)。纪念地占地约6 666.7平方米(10亩),是龙华烈士陵园的重要组成部分,为全国重点文物保护单位。

遗址区旧建筑为江南制造局火药厂,1916年设淞沪护军使署,1927年3月为国民党淞沪警备司令部。抗战期间被日军所占,淞沪警备司令部建筑大部被毁。抗战胜利,国民党接收后改为兵工厂。解放后由华东军区接管,后为南京军区后勤部7315厂。从该厂划出16 666.75平方米(25亩)旧址,辟建为遗址区一部分。

淞沪警备司令部门楼,1920年12月淞沪护军使署时期建造,呈城楼式水泥建筑,中西合璧,三层,墙体顶端设堞口,二层楼台叠建瞭望岗楼,岗楼护栏后侧设五米许高旗杆;大门为铁质,门柱方圆两种,顶部均有西式浮雕纹饰。嗣后虽经多次修建,形制未改。"文化大革命"期间,其堞口、岗楼被拆除,此次工程予以修复。

卫兵营房,设于司令部大门右侧,一排三间,系普通民居式砖木平房建筑,内间为寝室,外间兼为传达室。

办公用房,为原龙华兵工厂公务厅,位于卫兵营房西北约50米处,四开间(修缮中拆去一间),曾关押过"女囚犯"。

通讯机房,位于司令部大门右侧,是淞沪警备司令部参谋处电话队与电报室的建筑,分设有线机房和无线机房,另设单独门出入,中间过道处曾辟为看守所"探视登记处"。

看守所,始设于1916年龙华兵工厂黑药厂,称拘留所,后称陆军监狱,砖木结构。1926年改建为独立单元,1927年后为淞沪警备司令部男女看守所,俗称龙华监狱,抗战期间被毁,1991年国家文物局同意复原。该组建筑相对独立,四周有布铁丝网的围墙,内设男牢、女牢、"优待室"、警卫室及看守长室。男牢是由东向西制式相同的三幢建筑,并列呈"川"字形,分别称作"天""地""人"或"1""2""3"弄;屋顶为"人"字形构建,入口处设铁栅门;男牢中间为走廊,约8米高处设气窗,走廊二侧是对称的五间牢房;各牢房外墙一侧高约3米处有嵌铁栅栏的小窗,相邻两间牢房墙壁上均开有40厘米见方的孔,以悬挂电灯,两房共用;房内置4张双层木床及便桶一只;每间牢房设小门,门上开有书本大小铁栅栏的监视孔。男牢东侧是砖木结构平房的女牢,两间为牢房,一间为女看守室;女牢房狭小而无床,只是在房内一侧的泥砖地上铺设木板,即现在俗称的"打地铺"。男女牢房的南面,是一排沿围墙而建的平房,居中一间打通,作进出看守所的通道,通道左右两侧分别是警卫室、看守长室,与看守长室相邻的是"优待室",又称特别间,内有木床、桌椅、橱柜等,是关押重要犯人之处。

龙华烈士陵园就义地在原国民党淞沪警备司令部军法处男女看守所西北约百米处,越过河道之桥,是军法处的刑场之一,占地面积约2 666.68平方米(4亩);此处原是一片空旷荒地,四周杂草丛生,附近有方塔、池塘和竹篱笆等。1950年3月22日,中央人民政府内务部根据烈士亲属要求和提供的线索,致函上海市人民政府,要求设法查找欧阳立安等烈士的遗骸。市长陈毅责成市民政局、龙华接管区委员会、龙漕办事处、龙华镇镇委等地方政府负责人组成领导小组,迅速组织力量调查、勘查。历经重重困难,找到当年附近居民和知情人,经过挖掘,于4月5日发现深埋在地下的遗骸18具和不完整的碎骨、锁在遗骸上的镣铐,以及银币和铜钱数十枚、尚未腐烂的女式羊毛背心一件、女式鞋底一只。经有关专家考证,确认是1931年2月7日深夜被国民党当局秘密杀害的共产党重要干部林育南、何孟雄、欧阳立安及左联作家等24人的遗骸、遗物。他们是在龙华刑场牺牲、唯一被发现留有遗骸的一批烈士,由于当时条件一时无法区分遗骸身份,遂移地合葬于大场公墓。该烈士殉难地得到妥善保护,1977年12月公布为上海市革命历史纪念地点,1983年移交烈士陵园管理所,立"龙华24烈士就义地"碑和烈士事迹画廊,1984年公布为市级文物保护单位。1988年,烈士就义地连同淞沪警备司令部部分建筑旧址,由国务院公布为全国重点文物保护单位。1997年5月塑建《龙华烈士殉难地》雕塑,2009年设立"龙华二十四烈士介绍"陈列牌。

三、续建工程

1991年9月16日,市民政局在龙华烈士陵园召开龙华烈士陵园成立大会,龙华公园并入龙华烈士陵园。1992年7月14日,市委书记办公会议作出"将上海市烈士陵园迁入龙华烈士陵园一并建设"的决定。1992年9月16日,市政府召开专题会议,就贯彻市委书记办公会议关于以邓小平视察南方时的重要谈话和中央政治局会议的精神建设龙华烈士陵园的有关问题作出部署。1992年

11月25日,市政府召开专题会议研究龙华烈士陵园续建工程的有关问题,确定"将龙华烈士陵园续建工程列入重大市政工程项目"。12月11日,市计委批复《关于龙华烈士陵园续建工程项目建议书》。1993年2月25日,市规划局优先发放《规划许可证》。1993年4月20日,市委书记办公会议审定龙华烈士陵园总体规划方案,提出"要把续建烈士陵园的工作作为推动两个文明建设的重要抓手,树全局观念,做到高速度、高水平、高质量,力争1995年7月1日前落成"的要求。续建项目分6个区域建设,即纪念瞻仰区、碑林遗址区、革命烈士墓区、革命干部骨灰寄存区、行政管理(接待、后勤)和游息区、地下通道。1993年7月7日,市政府批准将龙华烈士陵园续建工程列入上海市1993年重大工程预备项目。1993年9月12日,国务院批准上海市烈士陵园迁入龙华烈士陵园。同日,国务院批准上海市龙华烈士陵园为全国重点烈士纪念建筑保护单位。1993年11月19日,市文管会批复《关于上海市龙华烈士陵园筹建机构暂移遗址区办公的请示》,同意"将筹建办公地点暂移陵园遗址区内"。1993年12月18日,市建委批复同意《关于上海市龙华烈士陵园续建工程总体规划方案及第一期扩初设计》。

1994年5月27日,上海市举行上海市龙华烈士陵园(以下简称龙华烈士陵园)续建工程奠基仪式,市委、市人大、市政府、市政协领导王力平、顾念祖、夏克强、石祝三,以及驻沪部队和武警上海总队领导江执中、严玉春、王道喜、徐志中、卢林元、汪亮参加奠基活动。参加奠基活动的还有上海市各民主党派、群众团体的负责人,部分参加过解放上海的老同志,革命烈士家属等,市委副书记王力平在奠基仪式上讲话。龙华烈士陵园续建工程包括:纪念瞻仰区(主题雕塑、纪念碑、纪念馆、纪念广场)、烈士墓区、遗址区、地下通道、就义地、碑林区等8个功能区。龙华烈士陵园续建工程采用民用设计院提出的总体规划方案,由上海市住宅建筑总公司承包。1994年11月1日,经市政府批准,原上海市烈士陵园闭园。

1995年4月5日,上海市举行龙华烈士陵园续建工程落成仪式暨清明祭扫烈士墓活动。市委副书记陈至立主持陵园落成及祭扫仪式,中央政治局委员、市委书记黄菊庄重地揭下蒙在纪念碑上的红缎,市长徐匡迪在仪式上致辞。出席仪式的有上海市党政军领导人、各民主党派和人民团体负责人、部分老领导,劳动模范、新长征突击手、三八红旗手、优秀青少年、部队英模、烈士家属的代表,以及设计和建设龙华烈士陵园的工程技术人员代表等。7月1日,龙华烈士陵园对外开放。

纪念广场是陵园的中心瞻仰区。从由邓小平题写的"龙华烈士陵园"牌楼建筑进入,沿着甬道,走过纪念桥,迎面是开阔的纪念广场。广场两侧,耸立着"独立、民主"和"解放、建设"两座主题雕塑。广场中央是红色花岗石纪念碑,碑正面镌刻着江泽民题词"丹心碧血为人民"7个大字,碑背侧是中共上海市委、上海市人民政府合署的碑铭,通篇300余字,魏体直书,镌刻采用鎏金工艺,磅礴辉煌,由柯灵创作,刘炳森书写。

烈士墓区由无名烈士墓、烈士墓和烈士纪念堂三部分组成。无名烈士墓坐落在主轴线底端,由墓、雕塑、碑和长明火组成,安葬着解放上海时牺牲的271名烈士忠骨。烈士墓地面积1 800平方米,整体呈月牙形坡状,分东、西两区,中间是14米宽的通道和花坛。墓地面向东南,沿坡而上,绿茵中排列红色花岗岩卧碑,大致以历史时期分区、分段,多数是一人一碑,少数为集体碑。墓地内遍植草皮,道路用鹅卵石铺设。卧式墓碑用印度红花岗石,烈士英名由刘小晴书写,烈士遗像以钛白铜板网制成。墓地共安葬857名烈士。

烈士纪念堂建筑面积1 000平方米,安放着606名烈士骨灰。纪念堂共两层,圆形的顶部是斜面几何形钢架玻璃天棚结构,墙面内外有3块"百年英烈历史浮雕"。纪念堂内设主题为"碧血"的瓷版画,高2.3米,长13.5米,内容取材于春秋时期"碧血丹心"的成语故事,寄托历代人民对爱国志士的缅怀之情。

龙华碑苑位于陵园东西轴线的东端,设有碑亭、两座50余米长的碑壁及数以百计的天然石林造型碑刻。碑刻内容取自李大钊、蔡和森、瞿秋白、方志敏、向警予、谭嗣同、秋瑾、赵朴初、张恺帆等人的诗文、警言90余件,以及鲁迅先生《为了忘却的记念》手迹全文。碑刻书法除作者本人手迹外,大多由全国各地书法名家书就,如胡文遂、聂成文、谢稚柳、顾廷龙、程十发、沈鹏、赖少其、钱君匋、黄若舟、尉天地、周慧君、刘自椟、翁恺运、高式熊、张爱萍(上将)、杜平(上将)、苏渊雷、何应辉、王学仲、李铎、胡公石、王冬龄、张海、王学仲、韩天衡等,书体有楷、行、隶、草、篆,由苏州地区碑刻艺术家镌刻。

陵园绿化面积约占60%,绿化覆盖率达95%以上。绿化工程由市园林设计院设计,以雪松、龙柏、香樟等高大常绿乔木为骨架树种,其中常绿乔灌木62种,如罗汉松、广玉兰、桂花、茶花、蚊母等;落叶乔灌木52种,如悬铃木、枫杨、刺槐、樱花、桃花、贴梗海棠等,共种植植物64个科、115属、164个品种。草坪面积53 544平方米,其中烈士墓区8 723平方米为冷地形的四季常绿草坪。大小花坛57块,面积2 800平方米,常年换花5次~6次,以一年生、二年生草本花卉为主,主要品种有矮牵牛、三色堇、花毛茛、一串红、美女樱等。地被植物15 600平方米,主要有杜鹃、麦冬、红花酢浆草、葱兰、马蹄金等。"墙外桃花墙内血,一般鲜艳一般红",陵园尤以桃林桃花为特色。

龙华革命烈士纪念地、龙华烈士纪念馆、烈士墓区,原有工厂地面建筑间隔,参观瞻仰者需从龙华路绕行。从保持参观氛围及方便、安全等因素考虑,龙华烈士陵园进行续建工程时,在国民党淞沪警备司令部旧址建筑、龙华24烈士殉难地与陵园墓区之间,修筑了长400多米的地下通道。

四、龙华烈士纪念馆

1997年5月28日,由陈云题写馆名的"龙华烈士纪念馆"建成开馆。中央政治局委员、市委书记黄菊为龙华烈士纪念馆开馆揭幕,市委副书记孟建柱主持开馆仪式,民政部副部长杨衍银代表民政部祝贺龙华烈士纪念馆开馆,市委副书记陈至立在开馆仪式上讲话。为龙华烈士陵园建设作出贡献的设计师、建筑师、雕塑家、美术家代表和烈士家属代表,部队官兵、中小学生等共500多人参加开馆仪式。

龙华烈士纪念馆是陵园中规模最大的建筑单体,外形呈金字塔状,四层阶梯建筑内墙面装贴的红花岗石,与塔上覆盖的天蓝色幕墙玻璃组合,形成4个充满阳光的四角中庭,庄严肃穆中透出现代气息。馆高36米,建筑面积近1万平方米,纪念馆展陈面积达5 000平方米。

基本展陈以《丹心碧血为人民——上海革命烈士革命先驱英雄业绩展》为主题,分为序厅、旧民主主义革命时期厅、新民主主义革命时期厅、社会主义建设时期厅和缅怀厅。展示了自1840年鸦片战争至社会主义建设时期235名或出生在上海或主要革命业绩在上海、牺牲或安葬在上海的烈士、重要历史人物和革命先驱的丰功伟绩,展出珍贵文物、文献和照片1 000余件。展览的设计风格富有现代气息,辅助陈列品有全国名家精心创作的国画、油画、木刻、丝毯壁画和锻铜浮雕,还有运用高科技手段展示的电子天空、幻影成像、影视模型和激光演示场景等等,这些辅助陈列品使展览更富感染力和吸引力。

纪念馆内,还设有专题陈列厅,面积达600平方米,配有活动展板和陈列展柜。专题陈列厅可根据不同主题需要,自制或引进各种形式的展品,以丰富纪念馆内容,满足不同观众的需求。

五、龙华烈士纪念雕塑园

1996 年 4 月 30 日，"四·一二殉难者"纪念雕塑作为龙华烈士陵园 10 组大型雕塑之一率先落成。1999 年 4 月 4 日，《万众一心——上海军民抵抗日军侵略》和《丹心》最后两组大型纪念雕塑在龙华烈士陵园落成，上海龙华烈士纪念雕塑园至此全面建成。

龙华烈士陵园室外雕塑项目是整个陵园建设的重要组成部分。来自四川、上海、浙江、北京、广州、沈阳等地的 9 位国内一流雕塑艺术家，前后花了 5 年时间，耗资 2 000 多万元制作完成这些极具艺术价值的大型雕塑作品。雕塑表现 100 年来在上海重大革命斗争中牺牲的烈士群体和在上海英勇牺牲的或安葬在上海的有影响的烈士形象，全园雕塑分为"独立、民主""解放、建设""无名烈士""少年英雄""五卅惨案""龙华烈士殉难地""且为忠魂舞""四·一二殉难地""万众一心——上海军民抵抗日军侵略""解放上海""丹心"等，系中国现代艺术精华的汇集，是材质不同、形态多样、气势恢宏的雕塑博览，成为记载革命烈士精神事迹的不朽之作。

陵园的主题雕塑采取全国征稿的方式，由城市建设部、文化部、全国城市雕塑委员会、上海市城市雕塑委员会，以及建筑、艺术等多方面专家组成的评鉴委员会评出一、二、三等奖后，将一、二等奖稿送市委领导审定，其余雕塑稿由龙华烈士纪念馆内容审定工作委员会审定。10 组广场型雕塑于 2009 年获全国"建国六十周年优秀城市雕塑"荣誉称号。

《独立·民主》《解放·建设》群雕位于纪念碑广场两侧，为陵园的主题雕塑。西侧的《独立·民主》雕塑，取材于一个多世纪以来上海地区革命斗争史上重大历史事件中的人物形象和悲壮情节；东侧的《解放·建设》雕塑，表现解放后的盛世场面。主题雕塑由四川美术学院原院长、教授叶毓山创作。

《无名烈士》雕塑在陵园南北中轴线底端一道人工堆砌的高 10 余米、蜿蜒百余米长的山坡之上，与烈士陵墓相连。雕塑长约 15 米，高 8 米，形象为单个、侧躺着的巨大身躯和大地融为一体。雕塑前方是昼夜燃烧的"长明火"设施。由广州美术学院终身教授潘鹤设计创作。

《少年英雄》雕塑在陵园青少年活动区草坪上，高 6 米，宽 9 米，厚 3 米，青铜材质。雕塑塑造的一群少年形象，是上海百年来不同历史时期涌现出的优秀代表，其中有"小刀会"起义中参与抗击外国侵略军的孩儿兵、北伐和抗战中的童子军、城市地下工作中的小交通和报童等。由杭州中国美术学院雕塑系教授汤守仁设计创作。

《五卅惨案》雕塑在纪念广场西侧，由圆雕铸铜主体雕塑和大型浮雕幕墙构成，以纪念 1925 年在上海南京路反帝爱国斗争中牺牲的烈士和爱国市民。由全国城市雕塑委员会主任、教授王克庆设计创作。

《四·一二殉难者》雕塑在陵园遗址区入口处，由高低组合呈"L"字形的浮雕和呈"一"字形的浮雕组成，反映了 1927 年"四·一二"反革命政变中，工人纠察队员英勇斗争的史实。由鲁迅美术学院雕塑系教授田金铎设计创作。

《龙华烈士殉难地》雕塑在龙华烈士就义地，雕塑高 4.5 米，以 1931 年 2 月 7 日在此就义的烈士为原型，人物形象组合在花岗岩石碑上，地面设有铸铜的长明火具。由上海大学美术学院教授章永浩设计创作。

《且为忠魂舞》雕塑在龙华碑苑入口处。原雕塑建在上海市烈士陵园，于 1984 年 4 月 3 日奠基，1985 年 5 月 5 日建成。龙华烈士陵园续建时，作者按原型移地重新塑建。雕塑高 10 米，以在龙华牺牲的烈士为艺术原型，塑造 7 位男女烈士形象。由上海油画雕塑院一级美术师刘巽发创作。

《万众一心——上海军民抵抗日军侵略》雕塑在陵园东西轴线西端,由铸铜人物群像和汉白玉巨型浮雕组合而成,以"义勇军进行曲"为主题,反映在"一·二八""八·一三"事件中上海军民奋战抵抗入侵者。由原四川美术学院院长、教授叶毓山设计创作。

《上海解放纪念像》雕塑在陵园正门右侧草坪,由高12米的一朵白玉兰雕塑和一组人物塑像构成:吹军号的战士,两双巨手紧紧相握的解放军指挥员和护厂老工人纠察队员,打着腰鼓边歌边舞的女青年,振臂疾跑、散发解放捷报的儿童,组成一幅欢庆上海解放的动人场面。由上海油画雕塑院院长陈古魁创作。

《丹心》《胜利》《忠魂》等浮雕建于陵园历史纪念堂底层北面3块外墙及堂内中心两堵墙面。《丹心》浮雕位于烈士纪念堂外墙壁面,总面积261平方米,由10块弧型浮雕组成,塑造新中国建国以来为保卫祖国、建设祖国、保护人民生命财产安全而牺牲的上海烈士形象。由中国美术学院教授沈文强设计创作。《胜利》雕塑位于纪念馆序厅,铸铜圆雕,由上海大学美术学院雕塑系副主任、副教授张海平创作。《忠魂》浮雕位于纪念馆序厅和左右楼梯壁面,由5大块巨型锻铜浮雕组成,总面积365平方米,塑造上海近代以来各历史阶段志士仁人的英雄形象。由中国美术学院雕塑系主任、副教授曾成钢设计创作。

六、专题陈列展览

2005年以来,龙华烈士纪念馆的专题陈列厅以每年举办两个专题展览的频率,共展出包括"党旗下的心声——著名革命英烈遗言遗诗遗文展""流逝岁月中的回响——上海部分老建筑的历史往事"等在内的近20个展览。

表 Z-1-1　1999—2010年龙华烈士纪念馆专题陈列一览表

时　间	名　　称	备　注
1999.5	少年英烈颂——二十世纪中国少年英烈事迹展	
2005.2	党旗下的心声——著名革命英烈遗言遗诗遗文展	
2005.8	热血　功勋　丰碑——著名抗日英烈事迹展	可网上参观展览
2005.12	学习着　快乐着　成长着——参加"看雕塑、学历史、弘扬民族精神"系列巡访活动部分同学作品展	
2006.7	闪光的地标——上海市红色旅游专题展	
2006.12	丰碑——纪念中国共产党诞生85周年暨上海市爱国主义教育基地大联展	
2007.7	八一军旗映浦江——庆祝中国人民解放军建军八十周年暨驻沪部队时代风采图片展	
2008.8	风范犹存　功绩永驻——伟人与上海图片展	可网上参观展览
2008.10	学问人生　思想先锋——上海文化英烈专题展	可网上参观展览
2009.4	平凡人生　闪亮精神——改革开放三十年来上海部分烈士事迹展	
2009.5	1949,激战于上海——纪念为上海解放而牺牲的先烈	可网上参观展览
2009.12	龙华1927—1937	

（续表）

时　　间	名　　　称	备　注
2010.4	平凡人生　闪亮精神专题展第二期	
2010.4	树民族魂　扬爱国旗——上海市龙华烈士陵园（龙华烈士纪念馆）爱国主义教育基地图片展	
2010.9	流逝岁月中的回响——上海部分老建筑的历史往事	可网上参观展览

资料来源：上海市龙华烈士陵园（龙华烈士纪念馆）提供

七、烈士事迹出版和荣誉

　　龙华烈士纪念馆自筹建以来，通过多方征集和上海市烈士陵园移交，共有馆藏文物1 154件套（其中一级文物27件套）、艺术品124件、烈士档案1 199份、书面资料1 711份、烈士照片5 100张、图书资料11 980本。运用这些珍贵的史料，为深入研究烈士的思想和生平业绩，进一步传播烈士事迹，弘扬烈士精神，龙华烈士陵园编辑出版了多本研究烈士的书籍。

表 Z-1-2　1997—2010 年龙华烈士陵园的研究成果一览表

时　间	书　籍　名　称	出　版　单　位
1996	烈士与纪念馆研究（第一辑）	上海社会科学院出版社
1997	罗亦农文集	上海人民出版社
1997	龙华碑苑	红旗出版社
1998	烈士与纪念馆研究（第二辑）	上海人民出版社
1998	龙华千古仰高风	中国大百科全书出版社
1999	烈士与纪念馆研究（第三辑）	上海人民出版社
1999	龙华烈士陵园（画册）	红旗出版社
2000	烈士与纪念馆研究（第四辑）	上海人民出版社
2001	烈士与纪念馆研究（第五辑）	中共党史出版社
2002	烈士与纪念馆研究（第六辑）	中共党史出版社
2003	烈士与纪念馆研究（第七辑）	上海人民出版社
2004	烈士与纪念馆研究（第八辑）	上海人民出版社
2005	烈士与纪念馆研究（第九辑）	上海人民出版社
2006	党旗下的心声——著名革命英烈遗言、遗诗、遗文选	上海教育出版社
2006	烈士与纪念馆研究（第十辑）	上海人民出版社
2007	开启龙华红色的记忆	上海教育出版社
2009	浦江丰碑——上海英烈故事	上海教育出版社
2009	烈士与纪念馆研究（第十一辑）	上海人民出版社
2010	树民族魂　扬爱国旗	上海教育出版社

资料来源：上海市龙华烈士陵园（龙华烈士纪念馆）提供

龙华烈士陵园作为重要精神文明建设阵地和全国爱国主义教育示范基地,1995—2010 年,多次获市级以上奖励和荣誉称号。

表 Z-1-3　龙华烈士陵园获奖情况一览表

时　间	颁　奖　单　位	奖　项　名　称
1995.9	民政部	烈士纪念建筑物管理工作先进单位
1996.10	国家教委、民政部	全国爱国主义教育基地
1999.12	上海市档案局	上海市机关档案工作先进单位
1999.7	上海市老龄委员会	爱心助老特色基地
2007.5	上海市政府	2005—2006 年度上海市文明单位
2009.1	中央精神文明建设指导委员会	全国文明单位
2009.6	上海市文明委	上海市未成年人思想道德建设工作先进单位
2011.7	上海市政府	2009—2010 年度上海市文明单位

资料来源:上海市龙华烈士陵园(龙华烈士纪念馆)提供

八、爱国主义教育基地功能拓展

龙华烈士陵园建成后,以"褒扬烈士、教育群众"为宗旨,充分运用自身独特的红色历史人文资源,与社区和社会各界的政治文化资源相结合,发挥自身的爱国主义教育基地作用,通过阵地展览、主题纪念活动、编辑烈士事迹书籍、开设网站等,不断向社会提供各类综合性的公益服务、共建教育平台和精神文化产品,使烈士精神深入人心,民族精神弘扬光大。

龙华烈士陵园作为先烈英魂的安息地,每年清明节前举行公祭活动,上海市党政军领导和社会各界人士、学生、市民群众来到陵园,缅怀烈士,追忆英雄。为方便广大群众的现场祭扫,规范现场祭扫形式,龙华烈士陵园推出 7 分钟、6 分钟和 3 分钟三种主题祭扫仪式,供前来祭扫的群众选择。

1995 年以来,纪念碑广场每年接待来自全市社会各界群众的祭扫及各类主题活动,包括入党宣誓、入团宣誓、入队仪式、18 岁成人仪式等。仅 2010 年,就举办 18 岁成人仪式 57 场,少先队入队、换巾仪式 55 场,入党、入团宣誓仪式 14 场,广场集体祭奠仪式 377 场。

1996 年 11 月 1 日,全国百个中小学爱国主义教育基地命名大会在北京举行,龙华烈士陵园被命名为全国 100 个爱国主义教育基地之一。为深入发掘基地丰富的历史人文资源,拓展基地教育功能,打造基地爱国主义教育品牌,龙华烈士陵园利用基地的纪念文化广场群,联合徐汇区委宣传部、区文化局、区教育局、共青团徐汇区委、龙华街道办事处等单位,举办富有纪念文化特色的"龙华魂"广场文化活动,自 2002 年以来连续举办多届。"龙华魂"广场文化活动结合历史进程和时代要求,每年打造一个主题,通过歌剧、合唱、朗诵、舞蹈、小品等丰富多彩的形式,从不同角度诠释"龙华魂"的内涵。广场文化活动以鲜明的政治性、广泛的群众性和生动的艺术性,在弘扬民族精神、深化爱国主义教育、促进社会主义精神文明建设方面,日益显示出它的品牌效应。

1996 年起建立志愿者队伍,开展志愿者服务和实践活动。志愿者为在校学生,主要来自复旦大学医学院、交通大学医学院、上海应用技术学院、龙华中学、龙苑中学、世外中学、民航中专、徐汇职高等学校,以及徐汇区的区"三好学生"。2006 年,建立成人志愿者队伍,志愿者人数从 1997 年的

图 Z-1-1　2002 年 4 月 5 日，上海市中小学生在"全国青少年爱国主义教育基地"——龙华烈士陵园祭扫革命先烈

40 余人，发展到 2010 年的 130 人左右。入选的志愿者经过面试选拔、培训、考试合格后上岗，志愿者服务主要是讲解导览。为提高志愿者的业务和综合素质，每年 3 月中旬和 9 月中旬对他们进行培训，包括讲解内容、讲解技巧、服务规范等。志愿者的服务时间主要在每周四至周日，中学生志愿者主要承担陵园 4 个景区包括园名牌楼、碑林区、遗址区和烈士墓区的讲解，大学生志愿者承担龙华烈士纪念馆 6 个展厅的讲解。2007 年后，建立志愿者档案制度，对优秀志愿者进行表彰，颁发志愿者服务证书。学生志愿者在为各类人群讲解服务的同时，也为自己提供了一个参与社会工作的机会，是在校学生重要的社会实践活动。

2005 年，市委宣传部、市精神文明办、市科技教育工作委员会、市教委联合印发《关于开展上海市中小学生社会实践认证试点工作的若干意见（试行）》，龙华烈士陵园成为上海市中小学生社会实践首批认证的工作试点单位，通过互联网定期发布中小学生在龙华烈士陵园社会实践认证工作的情况。

2009 年以来，为激发青少年学生的爱国热情，鼓励他们走近英烈、感受英烈精神，根据中共中央、国务院《关于进一步加强和改进未成年人思想道德建设的若干意见》，龙华烈士陵园与中国福利会儿童艺术剧院合作，举办"龙华魂"课本剧汇演活动，吸引了大批青少年学生参加。在 2010 年举办的"弘扬世博理念，共创和谐明天——'龙华魂'上海市中小学生 2010 年课本剧汇演活动"中，奉贤中学排演的《虎门销烟》获一等奖，上戏附中的《巾帼女英雄刘胡兰》、天山路一小的《闪光的彩球》分别获二、三等奖。"龙华魂"课本剧汇演活动，成为继"龙华魂"广场文化活动的又一品牌，被列入上海市未成年人暑期工作推荐项目。

龙华烈士陵园（纪念馆）网站（域名：http://www.slmmm.com；http://www.slmmm.cn）于 1999 年创建并开通，经过 2002 年和 2004 年两次改版、扩容，收录了 3 000 多名烈士的资料、近万张历史照片，还设有许多互动版块。网站以"弘扬烈士、教育后人"为宗旨，为推动烈士纪念文化的广泛传播,满足市民群众多元化的祭扫要求,推出网上祭扫服务,为市民群众提供虚拟祭扫平台,为安葬在龙华烈士陵园的1700余位烈士敬献各种虚拟鲜花,以表达对烈士的哀思。在纪念世界反法西斯战争暨中国抗日战争胜利60周年之际,举办网上英烈展等一系列专题展。同有关教育网站合作,举办面向全市中小学生的爱国主义知识网络竞赛。新版《上海烈士英名录》出版后,再次辟出"英名录"栏目,为广大市民提供15 083位烈士的事迹记录及纪念他们的平台。龙华烈士陵园(纪念馆)网站信息量大,内容翔实,信息更新快,同相关网站链接,在全国同类网站中处于领先地位。

二、汶川抗震救灾中的上海民政

2008年5月12日，四川汶川发生8.0级特大地震，给人民生命和财产造成巨大损失。面对空前的灾难，13亿中国人心手相连，在党中央、国务院的坚强领导下，众志成城，救助同胞，重建家园。1 900万上海人民伸出援手，举全市之力支援抗震救灾。在这场气壮山河的抗震救灾中，上海民政人全力以赴、恪尽职守、夜以继日地组织全市社会捐赠，组建上海救灾卫星突击队，派遣"上海社工灾区援助团"，邀请都江堰青少年暑期走进上海家庭，组织民政职工赴灾区开展"爱心体验"活动……在中国救灾史上留下一个个闪光的印记！

一、接受社会救灾捐赠

5.12特大地震造成的巨大灾难震惊中国，震撼世界！

上海对灾区的救援以火速全面铺开。当晚，中央政治局委员、市委书记俞正声，副书记、市长韩正连夜召开紧急会议，动员全市救援力量投入抗震抢险救灾。市民政局也于当晚启动抗灾救灾应急预案，市委、市政府连夜向地震灾区发去慰问电，并向四川灾区捐赠1 200万元，向陕西、甘肃各捐赠200万元。13日，市政府成立救灾援助指挥协调小组，下设7个工作组，市民政局牵头负责社会捐赠组，承担全市抗震救灾捐赠管理部门的职责。

同日，市民政局紧急成立汶川地震救灾捐赠工作领导小组，局长马伊里、副局长张喆人分别担任组长和副组长；从局机关各处室抽调人员，组成捐赠接受、宣传信息、协调联络、后勤保障4个工作小组。中午，市民政局召开19个区县民政局局长会议，落实市和区县的接受社会捐赠场地、电话和人员。14日，市民政局和19个区县民政局以及市红十字会、市慈善基金会的捐赠地址、电话和银

图 Z-2-1　2008年5月，上海市民政局成立抗震救灾工作领导小组，部署相关救灾捐赠工作

行账户,在《解放日报》《文汇报》《新民晚报》等上海多家报纸和东方网、上海热线等网站醒目刊登,电视台、电台、公交移动屏幕滚动播放。

市民政局党政领导全力投入到抗震救灾的组织、协调工作中,每天晚上的工作例会汇总当天捐赠情况,讨论需要解决的问题并制定方案。4个工作小组职责分工明确:接受捐赠小组建立24小时值班制度,接受捐赠款物,汇总统计全市救灾捐赠款物数据;宣传信息小组与新闻媒体实时信息链接,及时发布消息;协调联络小组与民政部、受灾地区政府保持热线联系,与机场、铁路、医疗卫生、食品药品监管等相关部门协调救灾款物的监管、运输和转拨;后勤小组落实办公场所、车辆、通信设施等后勤保障。19个区县全部成立由区县委、政府主要领导为组长的抗震救灾捐赠工作领导小组,建立工作班子和工作制度,并延伸到街道乡镇、居村委会,形成市、区县、街道乡镇、居村委会4级网络的全覆盖。

各界人士以炽热的情怀、博大的爱心慷慨解囊。市委、市人大、市政府、市政协等市级机关分别举行为四川灾区捐款活动。民政、红十字会、慈善基金会的捐赠点排起"长龙"。市民政局的捐赠热线63215978昼夜爆满,又增加一条962200捐赠热线。他们中有百岁高龄老人,有稚气未脱的孩童,有参加过红军的老干部,有外来务工者,有在沪投资的外籍人员等。

灾难面前,企业履行社会责任。宝钢集团公司、上海烟草集团公司等各捐款1000万元,上海振华港口机械集团股份公司捐款2000万元;闵行28家三资企业捐赠4000多万元,漕河泾新兴技术开发区总公司和开发区内企业捐款捐物价值累计超过3100万元人民币,市工商联系统捐赠7800余万元,在沪台资企业捐款捐物达3.81亿元。社会组织也奏响捐赠集结号,上海吴孟超医学科技基金会捐赠价值510万元的血制药品,上海东方爱心基金会、上海唐俊远教育基金会、上海市工商界爱国建设特种基金会、市老年基金会、市拥军优属基金会等分别捐款100万元,上海广播电视协会捐赠总价值9600万元,上海海外联谊会捐赠9400万元,等等。从学校到商场,从机关到社区,义演义卖等各种捐赠活动广泛开展,市委宣传部等13家单位联合举办赈灾义演晚会,百名侨界画家举办百幅作品义卖,南京路步行街30余家商企举行3天义卖,上海书城门口一块"大爱无疆心系中华"板旁的红色捐款箱里塞满读者们的善款,等等。

捐赠资金、物资数量之大、来源之广,前所未有。如何确保捐赠工作的有序和资金物资的安全,是市民政局认真思考、研究和必须解决好的重要问题。《中华人民共和国捐赠法》《救灾捐赠管理办法》对于募捐主体和管理等虽有规定但比较粗放。市民政局经过反复研究提出,当务之急是要依据国家层面的有关规定,对日益高涨的捐赠活动通过出台政府文件和相关具体制度予以规范。

5月19日,市政府办公厅发出《关于加强本市抗震救灾募捐管理的紧急通知》,明确社会募捐由市民政部门、市红十字会、市慈善基金会等法定具有公募资格的机构及组织负责实施;各系统、各部门、各单位负责在本系统、本部门、本单位内组织发动募捐;其他组织和机构依法开展募捐活动。募捐所得款物要按规定报民政部门备案统计。此外,机关、企事业单位和社会团体利用自身资源通过其他途径直接捐赠的款物,应向市或区县民政部门通报。所有募捐款物必须全部用于支援灾区。各区县、各部门、各系统以及各企事业单位、基层社区所募得款物要及时转交民政部门,由市救灾援助指挥协调工作小组统一捐赠给灾区。接受捐赠要严格按照规定,指定账户,专项管理;对救灾捐赠物资建立分类登记表册。对接收的款物,要开具收据,当面清点、确认或验收,现金和银行票据应及时转入指定银行。各级审计部门要加强对募捐款物接收及分配、使用等的审计,及时公布审计结果;各级监察部门要加强监督,杜绝抗震救灾募捐中的违纪现象。市民政局负责具体组织和统计汇总,救灾捐赠、募捐活动及款物分配、使用情况由民政部门统一向社会公布。

　　5月25日,市民政局制定接受救灾捐赠的四项制度,即:公示制度、备案制度、审计制度和职能部门分工监管责任制度。规定凡在以抗震救灾名义开展社会募捐的单位,包括举办义演、义赛、义卖等,需在活动结束30日内,将接受捐赠的资金和物资的数量和去向以及活动举办时间、地点等报至市或区县民政部门备案。各机关、企事业单位和社会组织,凡是未将抗震救灾款物汇缴至民政部门、红十字会、慈善基金会的,均需将款物去向通报市或区县民政部门。

　　救灾捐赠制度的建立和完善,保证了上海的救灾捐赠工作既轰轰烈烈又健康有序地发展。在各捐赠接受点,工作人员夜以继日地工作,不论个人还是单位,不论捐赠金额大小,热情接待着每一位捐赠者。每天下午5时市民政局将各捐赠点的数据进行汇集,并通过新闻媒体和政府网站向社会公布。5月20日上午,市委常委、副市长屠光绍和副市长赵雯一行到上海市社区服务中心慰问24小时轮班工作的捐赠热线工作人员,并前往市慈善基金会看望现场工作人员,向前来捐款的单位和个人表示感谢。

　　与此同时,为灾区捐赠的救灾物资同样是源源不断,市民政局与铁路、航空、市交通运输管理部门的热线联络通宵达旦;工作人员在海关、两大机场、各火车站和市合作交流办之间日夜奔波,协调大米、被毯、手电筒、文化用品等救灾物资运往灾区。为避免捐赠物资集中涌向四川灾区可能会造成的混乱,捐赠接受小组逐一做好物资捐赠方的意向登记,及时向灾区了解需求,然后进行装载配置测算,通知有关单位将物资送到机场、车站。如此的无缝对接使各类物资顺利运达灾区。

　　“灾区需要什么,我们全力以赴”,民政人用实际行动实践着诺言。地震发生后灾区急需帐篷,民政部向上海下达生产5万顶帐篷的任务。市民政局立即将生产任务落实到位于闵行区浦江镇的上海洋帆实业有限公司等4家帐篷生产企业。救灾帐篷生产有很严格的质量要求:蓝色的救灾帐篷每个面积在12平方米左右,设有一扇门和四扇窗,不仅能挡雨,还要能抵御8级风力,连续使用寿命达到2年以上。市民政局派出两名“督导员”,全天坐镇帐篷生产企业检查督促,向民政部报告每天的生产进度,帮助企业协调在采购原材料等环节遇到的问题。5月份是野营旅游帐篷的生产旺季,企业推掉原先的旅游帐篷订单,转为赶制救灾帐篷。员工们与时间赛跑,洋帆实业的12条生产线300台缝纫机日夜运转,每天2 000顶帐篷从上海发运四川绵阳。

　　采购过冬棉衣被支援灾区,是民政部5月21日下达上海的又一项紧急任务。临近入夏的上海,市场上已没有充足的货源,市民政局经与市经委协商后,让民光国际企业有限公司等企业迅速行动,加班加点赶制。5月28日和6月上旬,上海向成都和都江堰车站共发送10万条棉被和5万套内衣裤。10月10—31日,赶在冬季来临之前,市民政部门组织开展以“捐赠衣被、温暖灾区”为主题,向灾区困难群众捐赠过冬衣被的活动。各区县民政部门分别与企业签订合同,将一部分定向捐款定制20万件新棉衣。这次募捐活动共募集衣被718.01万件,其中新品62.4万件,棉衣被420.53万件,装车总量352个车皮,均创下历史纪录。

　　10月,全国捐赠活动结束。截至10月31日,上海共接受救灾捐款25.25亿元,其中民政部门8.97亿元、市红十字会11.66亿元、市慈善基金会4.6亿元;接受救灾物资折价2.52亿元,其中市民政局7 002万元、市红十字会8 830万元、市慈善基金会8 199万元,约占总援建都江堰资金的1/4略强。

二、组建上海市救灾卫星突击队

　　5.12汶川特大地震发生后,灾区通信陷入瘫痪,正在陕西出差的上海福利彩票发行中心(以下简称福彩中心)主任余建国拨通市民政局局长马伊里的手机,建议从福彩中心下属上海维赛特网络有限公司(以下简称维赛特)抽调精兵强将,派出两辆卫星通信车前往灾区。卫星通信车(以下简称通信车)可以在全国范围内应急组网提供视频、语音、数据通信服务。15日晚,市民政局向市政府提出这一申请。17日中午,市政府批准组建上海市救灾卫星突击队(以下简称突击队)。维赛特仅用两个小时就整装完毕。

下午3时30分,两辆通信车在人民大道200号市政府大厅门口正式发车,市委副书记、市长韩正与王晋超等9人组成的突击队员一一握手,并嘱咐:全力做好技术保障,注意安全,保重身体。

两辆通信车日夜兼程向着灾区进发。19日凌晨,突击队到达陕川边界,加油站工作人员提醒前方有6级余震。队长王晋超与后方指挥部联络沟通后,决定快速穿过地震多发带。入川后的路况十分恶劣,山路上碎石不断滚落,一边是悬崖峭壁,一边头顶上有随时可能坠落的碎石。

19日早晨,经过38小时,行驶2 395公里,终于到达成都。突击队员顾不上休息就投入通信恢复和保障工作。上午9时,救灾通信卫星与上海主站的卫星信号成功连通。这一天,是汶川地震发生后第七天的全国哀悼日,突击队接到上海文广新闻传媒集团电视中心要求进入绵竹拍摄14点28分的默哀现场的请求,便迅速赶到绵竹,立即进行信号调试,于14时21分开始传输绵竹中学的哀悼现场。

5月20日,突击队紧急调试设备,确保上海市抗震救灾应急指挥部与赴川前线人员的第一次多方视频会议成功举行。为保障5月21日全国民政系统支援汶川大地震灾区电视电话会议顺利召开,已经连续3天没有休息的突击队员又连夜抢建卫星站,调试卫星信号。终于在21日下午3时完成所有线路的调试。此次会议收看点覆盖全国31个省、市、自治区民政厅和852个县,总计4万多名民政干部参加会议。会议由民政部部长李学举讲话,四川省民政厅厅长黄明全在成都介绍最新灾情。维赛特民政卫星视频会议系统将北京、成都双主会场信息传输至全国各地,这是历史上灾害期间国内通过专网召开的最大规模的电视电话内部会议。

哪里的通信不畅,信息无法回传,突击队总以最快的速度赶到现场。5月27日突击队在都江堰获悉上海华山医院与德国红十字会共同组建的中德红十字野战医院在救治伤员时,因手机信号微弱、时断时续,无法通过网络与上海方面进行远程诊断。暴雨中,突击队冒着雷电和余震的危险,为中德医院安装一套2.4米天线的双向视频会议系统。这套系统既可作远程会诊之用,相对长时间地支持前方野战医院与上海华山医院总部进行视频通信联络,还可为医院工作人员提供上网。

突击队先后为上海文广集团、上海教育电视台传输在灾区拍摄的第一手资料,为陕西等兄弟省市传输电视节目8次,其中2次异地卫星连线直播。六一儿童节期间,在都江堰调试设备以及演练流程近5个小时,为上海教育电视台的特别直播节目提供技术支持,在这个特殊节日里给灾区孩子们送去温馨和问候。

为帮助灾区人民尽快走出阴影,突击队设计了一套集影视、宣传、教育等功能于一体的全网络化数字影视教育系统,这套系统在北川播鼓镇安装,向灾区人民播放灾后第一部电影。此后,突击队陆续在临时安置点又建立22个远程影视教育系统,并用流动放映车在各个安置点流动播放,前后播放电影274场次。并转播中央电视台新闻联播节目和各种科教宣传片、心理辅导片等,每晚8时起连播3小时,场均约1 500人,观众总人次超过4万。

突击队在近一个月里,往返成都、都江堰、绵阳、绵竹、江油、阿坝等重灾区20多次,完成9个卫星双向视频会议系统的安装。在频繁的余震中,他们将生命安全置之度外,搬石块建天线基座,铺设线路;白天抢建,夜晚传输,经常在卫星车和水泥地和衣而睡。

突击队队长王晋超被授予"全国抗震救灾模范"的荣誉称号,2008年10月8日在北京人民大会堂举行的全国抗震救灾总结表彰大会上,受到党中央、国务院和中央军委的表彰;2011年11月,上海市委、市政府授予突击队"上海市对口支援都江堰市灾后重建先进集体"称号。

三、上海社工灾后重建服务团

为帮助受灾群众化解悲伤,重拾生活信心,恢复正常生活,重构受损的社会关系,5月14日,市民政局会同有关单位领导、专家和学者召开紧急会议,研讨社工介入灾后服务和重建的可行性和必要性;与中国香港、中国台湾的资深社工专家通过视频紧急磋商,决定组建"上海社工灾后重建服务团"专家团先遣队。

5月20日,12位社工专家组成先遣队飞抵绵阳,开展向灾区派遣社工介入的可行性评估。他们选取大小不等、城郊不同类型的安置点走访。

在先遣队前往绵阳进行评估的同时,由市民政

图 Z-2-2 2008年9月,上海卫星突击队返沪

局、市社会工作者协会共同制定的《"上海社工灾后重建服务团"招募书》在"上海社工网"发布,要求报名者是注册社会工作者、社会工作从业人员或者高校社会工作系大学四年级以上的学生。报名之踊跃始料未及,不到一周就超过千人。22日晚,先遣队回到上海,在第二天举行的先遣团报告会上,400多人的会场座无虚席,另辟的只能收看视频的百余人小会场也全部坐满,来听报告会的全是请战加入"上海社工灾区援助团"的人员。

先遣队的《评估报告》认为,随着救灾工作由救人转向受灾群众的安置,社会工作介入的时机已经成熟,而且空间很大,并提出10条建议,强调要以"助人自助"和"社区重建"的理念,在当地政府的支持下开展专业社工服务,帮助灾区恢复生产、生活和社会秩序;社工在介入前应了解当地的文化风俗,在介入过程中要尊重当地文化。

5月27日,马伊里召集首批专家团队和相关方面商量组队事宜,确定由华东理工大学先期组织首支社工服务队。按照国务院对灾区对口援助的部署,6月9—14日,社工专家赴都江堰再次进行评估,确定以都江堰市安置人口最多的"勤俭人家"作为首批社工服务点。6月19日,市社工协会从全市报名的志愿者中面试确定3名志愿者,与华东理工大学7名从事社会工作专业的教师共同组成上海社工服务团华东理工大学队。6月25日,作为上海市对口支援都江堰市灾后重建首批项目之一,上海社工服务团华东理工大学队到达都江堰"勤俭人家"安置点,开展为期半年的专业化社工服务。6月26日,马伊里和市社团局局长方国平再次召集有关方面,研究下一步组队和建站事宜,决定再组建复旦大学、上海师范大学、浦东新区3支专业社工队伍。7月24日,3支服务队到达都江堰。

上海社工服务团分别在勤俭人家、幸福家园、滨河新村、城北馨居4个安置点建立社工站。

安置点的居民来自都江堰的不同地方,互不认识,整天闭门不出。让陌生的人熟悉起来,让大家一起互动起来,成为社工服务团入驻安置点后的首要工作内容。社工服务队到达安置点的第一件事就是全面家访,熟悉居民,了解需求,为开展服务打下基础。服务队在各安置点创办"小区快报",除传播政府信息,更多的是身边的事;通过与居委会一起召开居民自我服务和管理的"巷巷会",让原本互不相识的邻居坐在一起讨论公共事务。在"勤俭人家"的一次居民会议,社工让居民给自己居住的弄堂取名,最终"和谐巷"获得最高票。在社工的帮助下,大家制定《和谐巷公约》,张贴在墙壁上:陌生人来,主动询问;邻里有事,主动帮忙;共同商量公共事情……各安置点居民选举自己的栋长,管理自己的板房区,经常召开"巷巷会",大家面对面沟通商量。

服务队以群团活动为载体,推动居民走出板房,走进社区。根据当地居民的风俗习惯举办各类娱乐活动,在安置点广场举行"坝坝舞"、集体锅庄舞、棋类比赛、奥运知识竞赛、烹饪技艺展示和露天电影等。服务队特别对失孩家庭开展个案工作,鼓励他们参与活动,引导其从悲伤的情绪中走出来。地震后的第一个中秋,板房门前摆满居民培育的鲜花祭奠地震遇难的同胞;每条小巷,家家搬出小桌,摆上月饼瓜果,孩子们挨家挨户品尝月饼,老人们提着鸟笼,把着茶壶"摆起龙门阵(聊天)",其中不乏失孩家长。中秋联欢晚会,没有大牌歌星、专业演员,主打歌手就是板房小区的青年。

在广泛发动居民参与小区自治自理和娱乐活动的基础上,服务团秉承"助人自助"的原则,对不同阶段的工作重点进行动态调整,配合当地政府灾后重建的进度,设计开展多项能力培训项目。板房安置点虽然建立社区管理组织,但工作人员大都震后上岗,社区建设的知识和业务能力亟待补充和提升。为此,服务队开展"社区骨干能力提升项目",以体验式、互助式的培训形式帮助新上岗的居委会干部尽快提高工作能力。复旦大学服务队在城北馨居安置点,将社区内的青少年志愿者聚集起来,开展服务培训,使志愿者的作用得到充分发挥。社工们通过走家串户,发现一大批社区能人:都江堰市的棋王、书法协会会员、摄影名家、老年协会舞蹈队队员,还有律师、退役特警等,经过动员和培训成居民自治、自我管理的骨干力量,很快组织起诗社、流动图书室等等。浦东新区服务队在"滨河新村"开展"银龄计划"老年人服务项目、"牵手童年共享阳光"青少年暑期活动项目、"爱心加油站"物质分发项目。这些项目准备充分,运作机制健全,成为撬动社区互助、重拾生活信心和勇气的杠杆。

浦东新区服务队带来的"火凤凰计划"项目,是在灾区发起的一项"造血工程"。地震后不少失业妇女由于技术和家庭等原因无法出门再就业。服务团领队段瑞霞把浦东三林绒绣社、红星绒绣厂的高级技师请到都江堰,将"绒绣"和"十字绣"相融合,为"滨河新村"的妇女传授技艺。第一次开班就有104名妇女报名,经过半个多月培训,妇女可在家加工产品获取工酬。她们在麻布上一针一线绣出漂亮的各种图案,然后编织成大大小小的拎袋和工艺品。服务队还为绣品开拓销售渠道,2008秋季的上海国际跨国采购大会上,出自都江堰妇女之手的精美手工礼品深受游客青睐。"火凤凰"项目使当地就业困难的受灾妇女靠自己的双手,从付出和收获中重拾生活信心。

2008年9月2日下午4时,温家宝总理来到"勤俭人家"安置点,走进社工站,与华东理工大学徐永祥、张昱教授亲切握手,总理在社工站门外仔细看社工服务队的海报,听介绍,高兴地说:"社会工作对于和谐社会的建设的确很重要。"随后,总理走进社工站值班室,与在场的社工一一握手。

2009年1月,"上海社工灾后重建服务团"结束在都江堰的直接服务,转向指导当地社工组织继续开展服务。1月12日,最后一批社工回沪,小区停车场上,站满闻讯自发赶来的居民,与社工合影留念,记下电话,依依惜别。

图 Z-2-3　2008 年 9 月，浦东新区社工在都江堰市实施"火凤凰计划"项目

　　7 个月，共有 30 批 250 人次的社工先后进入 4 个社工服务点，为 22 万居民提供社工专业服务，并对都江堰市民政局招募的 194 名社工进行培训，为都江堰的社会工作专业化发展储备人才，成为"5.12 汶川地震"灾后重建中一个受到社会广泛关注的"软项目"。"上海社工灾后重建服务团"得到党中央、上海市、四川省、成都市和都江堰市政府、社会各界的充分肯定，先后获得"中华慈善最具影响力项目奖"和"上海市五一劳动奖状"，2011 年 10 月 14 日，在国家发改委、人力资源社会保障部、解放军总政治部在北京召开的汶川地震灾后重建总结表彰大会上荣获全国先进集体奖状，浦东新区社工服务队负责人段瑞霞荣获全国先进个人奖章。

四、"请进来"与"走出去"的爱心活动

　　为让经历地震灾难的青少年学生走出灾难的阴影，融入新的生活，7 月中旬，市民政局与市慈善基金会商定，共同组织都江堰部分青少年来沪，走进上海社区，过一个丰富多彩的暑期生活。

　　这次活动定名为"上海·都江堰社区守望相助——都江堰青少年暑期赴沪活动"，由市民政局、市慈善基金会主办，市社区服务中心承办，13 个区民政局参与协办；都江堰市民政局负责组织各中小学校推荐 220 名小学二年级至高中二年级的学生，来沪参加为期半个月的活动。这些学生大都是来自震灾中有伤亡的家庭、家长奋战在救灾重建一线的家庭和贫困家庭。7 月 21 日，市民政局召开新闻发布会，向社会发布这一消息：市社区服务热线"962200"接受社会组织、单位和社区报名，提供景点游览、市内交通、通讯、教育辅导、活动场地、生活必需品等物资和服务的赞助，上海社区服务网还将具体发布各区各具特色的社区夏令营安排以及活动进展情况。消息一经发布，立即得到社会的响应：上海豪都房地产有限公司定向捐助 30 万元，恒盛地产控股有限公司为东方绿舟集中活动提供资助，上海时空之旅文化发展有限公司奉献义演，平安保险上海分公司捐赠人身意外伤害保险，上海航空公司提供 4.5 折的返程机票。

　　8月3日，"上海·都江堰社区守望相助——都江堰青少年暑期赴沪活动"正式启动。5日，市社区服务中心、13个区民政局及街道工作人员一大早来到上海火车站迎接来自都江堰的219名学生和15名领队。当晚，市政协主席冯国勤和市慈善基金会理事长陈铁迪来到黄浦江畔，参加简短而热烈的欢迎仪式。欢迎仪式后，孩子们踏上"上海风采"游轮，将美丽的浦江夜景尽收眼帘。

　　各社区为孩子们安排形式多样的活动：青少年交流联欢、学习辅导、弄堂游戏、作客家庭、社区文化体育、特色观光旅游等等，让孩子们融入社区，走进上海家庭，充分感受上海人民的关爱与亲情。杨浦区一对四川籍教师使出看家本领，用一桌丰盛的地道川菜招待同乡小客人，餐后举行家庭唱歌联谊会。有户家庭得知其中一个孩子这天正好是生日，便悄悄订制蛋糕，当裱有"欢迎都江堰小朋友"红字的大蛋糕出现时，孩子们欢呼起来，齐声高唱《感恩的心》。

　　暑期活动中，处处是社会各界的关爱之情、友善之举。大宁资产经营公司精心策划"一日游"活动，在灵石公园举行欢迎仪式和志愿者结对仪式。第九人民医院对黄浦区负责接待的22名孩子作免费体检……短短两周，都江堰的孩子们在上海看到最多的是微笑，听到最多的是掌声，收获最多的是爱心。

　　送行那天，孩子们和志愿者一遍又一遍高唱"我们是一家人，相亲相爱的一家人"，大家的眼中噙满着泪水，紧紧拥抱。

　　送走都江堰青少年学生，市民政局又马不停蹄，在局系统发起赴灾区"爱心体验"活动。局机关党委和机关服务中心制定每批为期5天的活动计划。8月26日，由机关党委专职副书记刘益平带队，自费参加第一批"爱心体验"活动的19名民政工作者启程。

图 Z-2-4　2008年8月29日，上海市民政局"爱心体验团"在都江堰板房社区"爱心体验"

　　时隔3个多月，遭受灾难重创的四川当地旅行社迎来市民政局组织的第一批来自上海的游客。"爱心体验"成员来到勤俭人家、幸福家园安置点，与居民们拉家常。"爱心体验"活动还游览九寨沟、黄龙。这里虽然没有遭受地震的破坏，但游客稀少，不到震前的一成。藏民们在晚上燃起篝火，邀请"爱心体验"成员穿上民族服装一起跳舞唱歌。

　　"爱心体验"成员回到上海后，纷纷向亲朋好友奔走相告"都江堰依然美丽""四川欢迎我们"，鼓动更多上海人去都江堰、去四川旅游，以实际行动为援助灾后重建、恢复旅游经济奉献绵薄之力。

三、上海"银龄行动"

从2003年起，每年夏季，在祖国西部边陲的新疆，都活跃着一支平均年龄超过60岁的各类专技人员组成的专家队伍，他们就是上海"银龄行动"的老年志愿者。在每期短短的几个月时间里，老年志愿者全身心融入所在单位的集体之中，以敬业奉献的精神、科学严谨的作风展示新时代上海老年知识分子的风采，受到受援单位的欢迎，赢得当地各族人民的爱戴，流传着一段段沪疆人民深厚友情的动人佳话。

一、携手掀开"银龄行动"篇章

"银龄行动"是经国务院批准，由全国老龄工作委员会组织开展的老年知识分子援助西部大开发行动。由于老年知识分子很多已经"华发如银"，因此，这项行动简称为"银龄行动"。

2003年上海组织实施第一期"银龄行动"，确立了指导思想："银龄行动"是老龄工作自觉服务于党和政府的工作大局、服务于西部大开发和"科教兴国"战略的一项重要举措；是为边疆各族人民谋利益、办实事、做好事，实现各族人民共同发展、共同繁荣，全面建设小康社会的举措。上海是全国的上海，"银龄行动"要体现上海城市精神，展示上海老年人风貌，高举志愿大旗，弘扬奉献精神。"银龄行动"定位于智力服务、弥补人才落差的老年志愿者行动。

"银龄行动"是社会公益项目，应该由社会组织参与。上海市老龄办决定以医疗卫生专家团为第一期"银龄行动"的切入点。2003年6月"非典"肆行刚过，市老龄办组成由卫生工作者协会等专业社团成员参加的考察团，带着使命，带着责任，踏上前往新疆阿克苏考察援助选点的征程。

上海考察团一行在新疆维吾尔自治区老龄办副主任宋海渭，阿克苏地委副书记、地区老龄委主任李黔南的陪同下，短短10天时间里，走遍阿克苏辖区的阿克苏市、库车、新和、沙雅、拜城、温宿、阿瓦提、乌什、柯坪等八县，实地查看当地的医疗设备，了解专业需求，探讨实施方案。当地各级领导对上海老专家的迫切期待深深打动了每一位考察组成员。上海考察组成员的务实精神也感染新疆的各级干部。为赶时间，考察组的午餐经常就是在面包车上一瓶矿水、一个馕。为不绕路耽搁时间，两头牛牵拉着考察组的面包车，慢慢爬上被大水冲垮的公路……当考察组来到温宿县，有别于其他地区的是，县委书记王峰带着考察组首先看的是给老专家们准备的生活设施。他深情地说："上海老专家不一定吃得惯新疆菜，我们安排上海人当厨师。上海人爱干净，我们为老专家准备淋浴房。""我们的医疗设备条件有限，人才队伍更稀缺。我们希望的是上海老专家给我们留下一支带不走的队伍。"王峰的一席话使得上海考察团原先的担心和疑惑一下子释然，也使得双方更进一步明确方向，达成共识。温宿县的实地考察被上海考察团称为"银龄行动"考察之行的"遵义会议"。沪疆两地达成高度的共识，并积极开展高效务实的各项准备工作。

"银龄行动"作为老龄工作的一个新的领域和新的项目，得到上海市委、市政府的重视，有关领导对"银龄行动"作出批示，并要求市老龄办及时上报组织实施工作的进展情况。为确保工作的顺利进行，成立了"银龄行动"领导小组及办公室，由一位副市长担任领导小组组长。市财政局下拨"银龄行动"专项工作经费。一些企业对"银龄行动"给予热情支持：中国平安人寿保险股份有限公司上海分公司免费为每位老年志愿者提供一份人身意外保险,特斯曼皮具有限公司向老年志愿者赠送外销行李箱,上海纺织控股集团捐赠一批羽绒服,上海大众出租汽车服务公司为老年志愿者提供乘车证。政府搭台、社会的积极参与为"银龄行动"的成功实施奠定了基础。

新疆方面多次研究志愿者的招募工作,阿克苏地区卫生局根据当地的需求和实际,及时提供需求情况清单,并专程到上海,共同商量老年志愿者到阿克苏各工作及其工作具体安排。

为营造舆论氛围,确保"银龄行动"顺利进行,市政府新闻办对"银龄行动"的宣传给予了支持,主持召开"银龄行动"新闻通气会,向上海新闻界详细介绍阿克苏地区的实况及老年志愿者的招募条件和报名办法,向社会征集"银龄行动"标志。市老龄办还编写《"银龄行动"宣传提纲》,制作多媒体光盘,编印宣传册页,制作"银龄行动"旗帜、徽章和广告衫等。

招募工作由市老龄办委托市卫生工作者协会承担。从 2003 年 7 月 10 日接受报名到 7 月 30 日老年志愿者赴新疆,只有 20 天的时间。协会工作人员以饱满的工作热情,认真并迅速地完成志愿者招募、选拔、培训、建队等任务。最终组建了一支能充分体现上海专业技术水平、展现上海老年志愿者精神风貌的由 31 名医疗卫生界资深老专家组成的精英队伍,并组建了"银龄行动"志愿者临时党支部。这支队伍中年龄最高的 69 岁,最低的 50 岁,平均年龄 63 岁;中共党员 15 人,民主党派 10 人;副高级职称以上医师 29 人,其中正高级主任医师 15 人。他们中有神经外科、骨科、心内科、儿科、妇科、影像科、公共卫生和防疫等新疆急需的专业。

二、沪疆共写"银龄行动"诗篇

上海、新疆有着独特而深厚的友情,早在 20 世纪 60 年代,上海 10 万知青唱着"咱们新疆好地方"远赴新疆屯垦守边搞建设,与新疆各族人民结下深厚的情谊。现如今,上海一批又一批"银龄行动"老年志愿者再一次赴疆,谱写沪疆人民友谊的新篇章。

在志愿者报名点,"想为西部建设尽一份力","用自己的专业技术做一些有益的工作很值得","我自愿。家里也支持我,请接受我参加",老年知识分子纷纷表达了真挚而质朴的肺腑之言。一位 20 世纪 70 年代初多次参加赴疆医疗队的老医生说:"我熟悉新疆地方病及常见病,我想为新疆人民做点事,也想重温当年的青春岁月。"神经外科主任医师张银福教授顶着烈日急匆匆赶到报名点,第二天又与老伴赶到河南洛阳探望身患癌症的老岳父。他心里明白,3 个月以后,很可能见不到老人家,他要向老人家道个别。张教授说:"50 年代我到过西部,深深体会到西部人民对医疗援助的渴望。作为一个老党员,力所能及地做点工作是完全应该的。"消化内科主任医师吴同法教授曾到过 8 个国家参加医疗援助工作,并担任援助队队长,他说:"退休还能为开发西部作贡献机会难得。有的地方能给很高的报酬,却是可去可不去的;到西部虽然没有什么报酬,却是一定要去的。"招募期间,工作人员每天都被这样的言语感动着。志愿者们都是带着使命、怀着深情前往新疆,并以自己的言行履行出发前紧握右拳宣誓的诺言。

阿克苏医院的一位领导动情地说:上海老专家到达新疆后唯一的要求就是工作,他们尽可能地为病人诊治疾病,解除病痛,最大限度地提高当地人民的健康水平、健康意识,最大限度地提升医院的医疗技术水平。

张银福教授成功地为一位患有先天性心脏病的脑脓肿病人实施开颅手术,完整切除 7×6 cm 的巨大脑脓肿。术后病人无肢体偏瘫、失语等后遗症。这例手术填补了所在医院的空白。

69 岁的儿科专家徐祖祺,为使病孩及时得到治疗并节约费用,与医院领导和外科医生共同制定手术方案,成功为病孩切除 10 多公斤重的先天性多发性囊肿。徐医生高超的医技和崇高的医德使家长和医院的同事十分敬佩。维吾尔族病人阿曼古力·牙哈莫提患结核性心包炎,因未能及时治疗,入院时高烧咳嗽、呼吸困难,心率 120 次/分,彩超显示大面积心包积液,病情十分危急。徐医生果断地在没有专用设备的情况下,自行改装心包穿刺的手术器械,成功进行心包穿刺术。手术后病人因家境贫困悄悄地出院。10 天过去,不见病人复诊,徐医生便主动上门检查,临走还留下 500元钱。病人和家属含着热泪,紧握着徐医生的手说:"您是恩人,我们全家感激您!"

钟医师在抢救一例重度窒息新生患儿时,因医院没有新生儿气管插管器械,她毫不犹豫地实施口对口人工呼吸,使婴儿转危为安。

柴剑宇教授退休后在日本工作,当他打算回日本时看到"银龄行动"招募的消息,便报名参加。在新疆期间,无论什么时间,他对病人有求必应。阿瓦提县人民医院住着一位腰椎间盘骨质增生压迫坐骨神经而不能站立的病人,柴教授给病人做推拿和气功引导治疗,半小时后,久卧在床的患者竟然能自己坐立起来,面对累得满头大汗的柴教授感激得热泪盈眶。

人才奇缺是西部卫生事业发展受到制约的主要因素之一。在阿克苏地区,当地政府和医院为发展医疗卫生事业,通过自筹资金、国家扶贫计划支持和国际组织提供定向低息贷款等途径,添置了大批现代化医疗设备。但由于缺乏技术人员,导致许多设备的功能开发运用不到三分之一。为此,"银龄行动"老专家举办培训班、学术讲座 193 期,培训人数 10 621 人次。他们充分发挥技术特长,采取多种形式,手把手地施教,悉心传授技术和经验,耐心地解疑释惑,使一大批中青年医疗卫生工作者,特别是少数民族医生学到真功夫,成为当地医疗卫生的骨干。很多老专家不仅为全院医护人员进行系统培训,并在回上海前夕,专门编制为基层乡村计生干部讲授的"新生儿体格检查""妇女保健"等课件资料。柴剑宇教授还把自己的诊脉绝技毫无保留地传授给当地的医技人员。骨科专家何鹤皋教授不仅亲自主刀 14 例,填补当地的多项空白,还开展包括关节置换手术在内的多项示范性手术,为医院开展同类手术奠定基础。公共卫生专业的赵教授结合当地实际,举办"人群疾病调查的设计""临床医学与流行病学""传染病流行规律与 SARS 的流行病学调查""SARS 的流行病学与防范策略"等讲座,结合"突发公共卫生事件现场调查与处置"课程,组织两次案例讨论,参与"阿克苏地区 2003—2004 年防治 SARS 工作方案"的制定和防治 SARS 演练及农村卫生工作督导。回上海前,他把在阿克苏期间的所有的讲稿及案例讨论资料加以整理,汇编成册留给阿克苏地区卫生防疫站。

据不完全统计,首期"银龄行动"志愿者在阿克苏短短的 3 个月期间,31 位老年志愿者共坐诊 687 次,接诊病人 14 683 例,查房 756 次,会诊病人 538 人次,抢救危重病人 329 人次,处理疑难病症 405 例,开展各类手术 197 例,填补地、县、市科技空白 23 项。

后续的每期"银龄行动"同样如此。教育专业的志愿者老师的宿舍总是最晚熄灯,他们向年轻教师传授教学经验:"我们向她们请教,常常谈至深夜。"文物专家志愿者为当地鉴定馆藏文物和民间流失文物 200 余件,进行野外文物考察 10 天,确定 26 处新的野外文物保护点。城建规划专业的 2 位老年志愿者参与新疆村镇城市规划 9 个、抗震安居小区户型设计 10 个、城市小区详细规划 25个、城市建筑立面效果审核 18 个,提出合理化建议和意见 18 条。体育专业的老年志愿者为 30 名运动员做辅导,两次带队参加比赛,取得优异的成绩。

被誉为上海"鸡大夫"的杨少峰,在新疆被当地畜牧局称为"神仙"。他既熟悉牛、马、羊的构造,也了解鸡、鸭、鹅的生理状况。他每天早上 6 时起床,子夜零时上床,抢救肉鸡上万只,带去的半箱专业书统统留给畜牧局。他抽空编写资料,从牛病处方、羊病处方,到鸡的常见传染病、奶牛和肉鸡饲养等,日夜辛劳赶出11万字,请当地人翻译成维吾尔文。除编写文字,还配有图片,如病理图、解剖图等。他带来的图片深受欢迎,又让在上海的儿子,用特快专递寄来数百张图片图表,并制成光盘送给当地。他还为所有养鸡场制定规章制度,向兽医站长传授自己的管理经验。

新疆当地的一位领导深有感触地说:3个月的时间是短暂的,但是,老专家们留下的宝贵经验和精神是永存的。你们为培养一支永不走的高素质队伍打下良好基础,新疆人民将永远记住你们,"上海老专家亚克西!"

新疆各族人民也以满怀的同胞之情,无微不至地关心、照顾、呵护着上海的老年志愿者。每一期老年志愿者到达新疆,自治区党委、政府都在乌鲁木齐为"银龄行动"老年志愿者举行隆重的欢迎会。到达阿克苏,机场上还组织热烈而具有民族特色的欢迎仪式,少年儿童欢呼着拥向老年志愿者献花,民族盛装的青年用激昂的手鼓、欢快的麦西来甫舞夹道欢迎。老年志愿者在各个工作点,同样受到热烈的欢迎。一次次隆重场面使不少老年志愿者流下眼泪。各个工作点都为老年志愿者安排宽敞、舒适的住所,室内都有卫生设备,安装电话,配备电视机、冰箱,有厨房、餐厅,房间里天天瓜果不断,有的还配备专职的生活服务人员。为丰富老年志愿者的业余生活,每周组织联谊活动。有的还为老年志愿者举办具有民族风情的生日聚会,令老年志愿者十分感动。

为报答新疆人民的热情,许多老专家把带去的学术书籍全部送给当地医院,还主动与远在上海的家人和同事联系,寄来资料、书籍,为医院建立病历管理制度。有的老专家主动为贫困病人捐款,自费为医院添置床单被褥。有的老专家牵线让上海医院与新疆医院结对,让新疆同行及时获得答疑解惑。当老年志愿者回上海前,许多病人、同事都含着热泪依依惜别,一些久病未愈而被上海老医生治好的病人向老年志愿者赠送锦旗,许多年轻教师和学生精心制作千纸鹤、贺卡赠送给上海的老专家。

"志赴西部立新功,誓为申城增光辉",这是上海老年志愿者奔赴新疆之前的宣誓。"银龄行动"老专家没有辜负上海人民的嘱托,他们和新疆的各族人民结下深厚的友谊,为西部大开发奉献智慧,为上海和新疆人民的友谊作出贡献,向上海人民和新疆人民交上一份满意的答卷,年龄已经不再是奉献的障碍。

三、合力打造"银龄行动"品牌

在沪疆两地的通力合作下,"银龄行动"项目不断拓展,内涵不断提升,并成为上海、新疆两地开展志愿服务的一面旗帜,成为老龄工作一个响当当的品牌。时任民政部副部长、全国老龄办主任李宝库盛赞:"上海、新疆实施'银龄行动'认识高,行动快,工作扎实,走在全国前列,并起到表率作用和示范作用。"

组织实施"银龄行动"是围绕党的中心工作,促进东西部地区交流和民族团结,实现共同繁荣的具体举措,得到各级领导的高度重视,得到广大老年知识分子的积极响应,得到社会各界的大力支持。实施"银龄行动"的过程,也是为党、为国家、为人民履行神圣职责的过程;是立足于务实为民,为边疆各族人民谋利益、办实事、做好事,实现各族人民共同发展、共同繁荣,全面建设小康社会的过程。老年知识分子对党和国家、对社会主义祖国有着深厚的感情,技术精湛、经验丰富,仍处于人生知识积累的最好阶段,是一笔巨大的、源源不绝的宝贵财富。联合国第二届世界老龄大会通过的《政治宣言》指出:"老年人的潜力是发展的强有力基础。老龄社会依靠老年人的技能、经验和智慧,不但能首先改善他们自己的条件,而且还能积极促进全社会条件的改善。""银龄行动"为开展"老有所为"找到广阔的舞台,满足老年知识分子的愿望和要求,为实现老年人参与社会发展权利、体现自身价值找到新途径,成为新时期老龄工作的重要内容和闪光点。

2003—2010年,上海连续8年不间断组织实施"银龄行动",累计赴疆时间长达23个月。志愿服务的地域、专业、人数不断拓展。"银龄行动"实施地域从首期的阿克苏地区,逐步拓展到博尔塔拉蒙古自治州、巴音郭楞蒙古自治州、克拉玛依市共4个地州市,累计服务90家单位。8年中共有216位老专家赴新疆实施志愿服务,跨地区志愿者数量居全国之首。志愿服务的领域从医疗卫生,逐步拓展到教育、考古、农业、畜牧、城规、文广等8个专业。据不完全统计,沪疆"银龄行动"实施8年期间,老年志愿者共为新疆填补地级、县级科技空白项目116项。

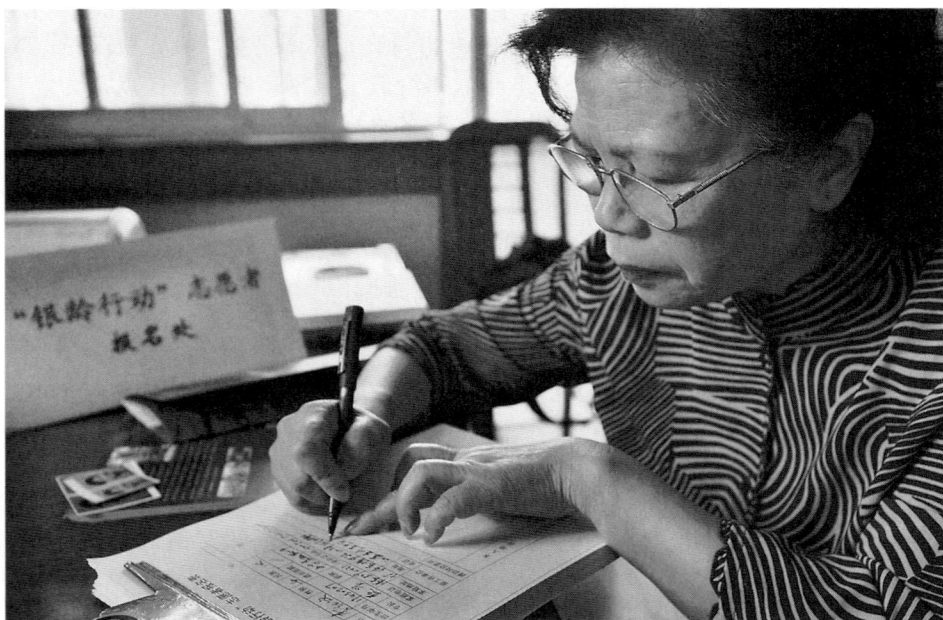

图Z-3-1 2004年4月21日,上海老年志愿者正在报名参与"银龄行动"

沪疆"银龄行动"赢得社会的广泛赞誉,荣获"2004年度上海市社会主义精神文明十佳好人好事"称号,上海"银龄行动"老年志愿者服务队荣获"上海市志愿服务先进集体"荣誉称号。

四、历史不应忘记——记上海市属福利企业

上海解放后 60 余年的历史上，曾经有过这样一个特殊的企业群体——上海市市属福利企业：它隶属于上海市民政局，以集中安置上海城区残疾人就业为主要任务；它的产品受到政策保护并享受免税待遇；它的管理机构先后是上海市民政局社会福利生产管理处、上海市民政工业公司、上海市民政福利企业公司、上海市民政工业总公司、上海民政（集团）有限公司；它的核心企业为分散在上海 10 个城区的 18 个福利工厂。

上海市市属福利企业初创于 20 世纪 50 年代初的生产自救小组，成型于 60 年代，发展于 70 年代末党的十一届三中全会以后，80 年代中期其社会效益和经济效益达到鼎盛，80 年代后期逐步衰退，90 年代实施转型。进入 21 世纪，市属福利企业以一种近乎悲壮的方式，从鼎盛时期的 18 家直属工厂、上万名员工的大型国有企业，逐步实施改制、转型、停产、歇业，最后从市场退出。从初创到退出，历经 60 余年。

计划经济体制是市属福利企业创建、成长、发展的重要基础，在解放后的半个多世纪的特殊历史时期，市属福利企业对上海城区的残疾人安置和社会闲散人员就业、促进社会稳定、创造经济效益等，作出特殊而富有成效的历史性贡献。

党的十一届三中全会以后，中国逐步进入社会主义市场经济体制。随着经济体制改革的不断深化和上海产业（产品）结构调整力度的不断加大，市属福利企业赖以生存和发展的基础发生根本性的变化。伴随着这一进程，新的、与市场经济体制相适应的残疾人保障、安置措施与融入社会的体制、机制逐步形成，传统福利企业由盛转衰并最终从市场完全退出便不可避免。

市属福利企业由盛转衰并最终从市场退出，经历 20 余年曲折、坎坷、艰难、痛苦的过程。期间，市政府给予充分的关心和帮助，市属福利企业的各级领导班子殚精竭虑、精心操作，全体干部职工作出了巨大的牺牲。历史应铭记他们的贡献，应忠实记录市属福利企业从初创到退出这 60 多年的不凡历程。

一、起步

20 世纪 50 年代初，历经战争创伤的新中国，经济凋敝，百废待兴，政府财政困难。1953 年，上海市政府为解决军烈属、城市贫民和孤老病残群体的生活困难，在开展救济的基础上，由民政部门牵头把其中有一定劳动能力的人员组织起来，建立生产自救小组。

1958 年，全市生产自救小组已达 512 个，其中包括由市民政局按照"自筹、自办、自管，因人、因时、因地制宜"的原则，把分散在社会生产自救小组中的残疾人分离出来，转由各区民政部门独立兴办的 15 个福利生产自救小组，共安置残疾人 300 余名。这便是最早的市属福利企业的雏形。

1959 年，市民政局对这些福利生产自救小组进行分类定位，并采取分级管理的方式：市民政局负责对其指导、检查和服务，各区民政部门负责其生产管理，形成最初的市属福利企业的两级管理体制。

那是一个火热的年代,连残疾人也不想"吃闲饭"。福利生产自救小组为孤残人员和社会闲散人员提供一条自食其力的途径,为他们融入社会提供了一个简易的平台。由于缺乏资金以及必要的生产设备和从业人员基本的劳动技能,初始阶段的福利生产自救小组用最原始的加工手段,从事搓草绳、编草包、敲洋钉、磨石粉、糊纸盒等最简单的产品加工。尽管经济效益较差,收入也仅能维持温饱,但是,福利生产自救小组的创业者以及从业的孤残人员和社会闲散人员,在新生的社会制度下,通过组织起来进行生产自救,实现自食其力,对其所开辟的这条崭新的道路,充满激情、喜悦和自豪。

随着规模的不断扩大,20 世纪 60 年代前期,福利生产自救小组发展为国有福利生产企业。1963 年 11 月,各区福利生产自救小组先后办理工商登记,定性为"地方国营"全民所有制工业企业,名称统一定为"上海市××区盲聋哑社会福利工厂",吸收安置残疾人数量也随之上升。1965 年底,全市 13 家市属盲聋哑社会福利工厂共安置残疾人 1 893 名,其中盲人 1 002 名、聋哑人 794 名、肢残人 97 名。

1964 年 3 月,市民政局设立社会福利生产管理处,行使管理全市社会福利工厂的职能。原本分属 10 个区的盲聋哑福利工厂,全部划归社会福利生产管理处管理。

至此 10 余年间,形成上有管理机构、下有实体企业的市属福利企业体制,并实现由生产自救小组向地方国营盲聋哑社会福利工厂的蜕变,完成它的初创。

二、发展

1965 年 5 月,市民政局将成立于 1959 年、位于通州路 418 号内专门生产假肢、假眼和残疾人专用设备的上海市社会福利工厂拆分为上海假肢厂和上海东海机械厂,并将上海假肢厂迁往胶州路 207 号(原万国殡仪馆)。1966 年 2 月,市机电一局专函明确市属福利工厂的业务归口。同年,公私合营美通电器厂等 5 家企业先后与南市、卢湾、闸北、静安的市属福利工厂签订《产品交接协议书》,将插座、铝铆钉、高压油管等多种产品移交上述福利工厂生产,形成最初的上海工业系统对市属福利企业的产品扶持模式。

"文化大革命"10 年,市属福利企业的发展基本处于停顿状态。期间,各区盲聋哑福利工厂完成以产品分类为主要特征的市属福利企业的名称变更。

1978 年 5 月,根据市领导指示,对市属福利企业(除上海假肢厂、上海东海机械厂外)实行区和市民政局双重领导的体制,即各区负责福利企业的党建、人事、控购商品审批等,市民政局负责福利企业的生产、业务、基建、工资福利等。

1979 年 2 月,上海市计委下发《关于民政福利工厂产供销由工业部门归口管理的通知》,明确市属福利企业中的上海油管厂、上海汽车零件厂、上海铝铆钉厂、上海低压电器一厂、上海低压电器四厂归口上海市拖拉机汽车公司,上海低压电器二厂、上海低压电器四厂(部分产品)、上海低压电器五厂归口上海市交家电公司,上海向阳胶木厂归口上海市电器公司,上海仪表元件厂归口上海市仪器仪表公司,上海图钉厂归口上海市文教公司,上海自行车配件厂归口上海市自行车公司,上海民力电器五金厂归口上海市标准件公司等,扩大对市属福利企业业务归口范围和扶持力度,明确自1979 年 3 月起,市属福利企业各工厂的生产计划、原材料供应、产品销售、生产技术等业务,按产品分类,分别归口市机电一局、仪表局、轻工业局等有关工业部门及其下属公司负责管理,这标志着市属福利企业完成产品的行业归口、升级和管理提档,对其走向鼎盛具有举足轻重的意义。

1979年9月，以市民政局职工子女中的返沪知青为主体的集体所有制的市属福利企业——上海新建印刷厂成立。1980年6月，上海第三社会福利院的五金工场改建为另一家市属集体所有制福利企业——上海新桥五金厂，安排市民政局"福利事业单位收养对象中青、壮、残就业"。至此，上海市属福利企业18家核心工厂（含两家代管福利工厂）的格局形成。

1980年7月，经上海市委办公厅批准，上海市民政工业公司（简称公司）成立，与上海市民政局福利生产管理处实行"两块牌子，一套班子"的管理体制。上海市民政局授权市民政工业公司对所属福利企业行使管理职能；同时，公司下设地区福利企业办公室，负责区县所属福利企业的宏观管理。1981年4月和12月，市民政工业公司工会和团委先后成立。1980年10月，下放给由各区行使的对市属福利企业的党建、人事和控购商品审批等管理权限，重新划归上海市民政工业公司。

上海的市属福利企业从50年代初的生产自救小组起步，在党和政府的关心和有关部门的扶持下，经过近30年艰难曲折、前赴后继的努力和探索，初步形成计划经济体制下具有中国特色、上海特点的产、供、销行业归口，公司、工厂两级管理，既符合产品生产需要和工业企业管理要求，又体现福利企业特点的企业组织架构、生产组织方式、残疾人岗位安置等福利企业运行的基本模式，且初具规模。其时，上海市民政工业公司所辖16家直属福利工厂，分别为上海低压电器一厂（南市区普育西路，原南市区盲聋哑社会福利工厂）、上海低压电器二厂（徐汇区天钥桥路，原徐汇区盲聋哑社会福利工厂）、上海图钉厂（普陀区武宁路，原普陀区盲聋哑社会福利工厂、上海低压电器三厂）、上海低压电器四厂（虹口区四平路，原虹口区盲聋哑社会福利工厂）、上海低压电器五厂（杨浦区海州路，原杨浦区盲聋哑社会福利工厂）、上海仪表元件厂（卢湾区蒙自路，原卢湾区盲聋哑社会福利工厂）、上海汽车零件厂（黄浦区烂泥渡路，原黄浦区盲聋哑社会福利工厂）、上海自行车配件厂（长宁区新华路，原长宁区盲聋哑社会福利工厂）、上海铝铆钉厂（静安区武定路，原静安区盲聋哑社会福利工厂）、上海油管厂（闸北区海宁路，原闸北区盲聋哑社会福利工厂）、上海东海机械厂（虹口区通州路，原上海市福利工厂，后更名为上海轮椅车厂）、上海假肢厂（静安区胶州路）、上海向阳胶木厂（杨浦区江浦路，后更名为上海向阳开关厂）、上海民力电器五金厂（闸北区中华新路）、上海新建印刷厂（虹口区通州路）、上海新桥五金厂（宝山县漠河路，后更名为上海新沪标准件厂）和2家代管福利企业上海民协继电器厂（虹口区北宝兴路）、上海嘉定社会福利工厂。在职职工8 549人，其中健全职工4 695人，残疾职工3 854人，残疾职工占职工总数的45.08％。1980年，市属福利企业完成工业总产值达5 273.48万元，净产值2 394.4万元，利税总额1 635.4万元，工资总额640.3万元。历年累计上缴地方财政近2亿元，仅1980年就上缴利润1 300万元。此时的上海市属福利企业，无论其经营规模还是运营规范，以及社会效益和经济效益，都在国内同行中名列前茅，并具备进一步发展的良好基础。

三、鼎盛

1978年，党的十一届三中全会摒弃阶级斗争为纲，把经济建设确立为全党的中心工作，全党、全国人民以空前高涨的热情投入经济建设。市属福利企业借势经济发展的大环境，积极探索福利企业在新形势下社会效益和经济效益齐头并进的新模式，趁势发展壮大，在计划经济体制下，市属福利企业的发展达到一个前所未有的高度。

抓产品开发和产品质量，一大批名优产品脱颖而出。市属福利企业新产品源源不断地开发，产品质量不断提高，在市场上赢得声誉，为福利企业赢得荣誉，并支撑市属福利企业经济效益的不断提升。

1983 年,在民政部假肢科学研究所主持召开的产品技术鉴定会上,上海假肢厂生产的单自由度肌电控制前臂假手、两个自由度肌电控制前臂假手和 sj202 - I 型、sj202 - II 型骨架式机械假手顺利通过鉴定。1985 年,该厂的 SXJ - P. T. B 小腿获得民政部优质产品证书。1986 年,PTB 小腿获得国家银质奖,上海假肢厂也因此成为全国民政系统中第二个获得国家最高质量奖的企业。20 世纪 80 年代中后期,上海假肢厂先后引进德国奥托博克公司、中国台湾德林义肢公司、英国英中耐等国际著名假肢矫形器生产商的假肢零部件及现代假肢装配技术,成为国内最早采用现代假肢装配技术的机构。经过反复论证和多轮谈判,1989 年,上海轮椅车厂引进的德国生产流水线建成投产,大大加快我国轮椅车的升级换代和产品质量的提升。

上海汽车零件厂的 SI95 曲轴油封、上海自行车配件厂的 SC67 型脚蹬、上海低压电器一厂的 JK60 手揿启动开关、上海低压电器二厂的 BM1 - 100A 保护式母线等产品都曾在 1985—1986 年间,先后获得上海市优质产品称号;上海图钉厂的 121 型单片镀镍图钉还荣获民政部颁发的优质产品证书。

上海低压电器二厂的"闪光牌"电器,上海图钉厂的"四方牌"图钉,上海铝铆钉厂的"金鸡牌"铆钉,上海低压电器四厂的"地球牌"分电器盖、"青松牌"插头插座,上海低压电器五厂的"宇宙牌"开关插座,上海仪表元件厂的"上元牌"仪表接线柱,上海向阳胶木厂的"天工牌"接线端子,上海自行车配件厂的"达灵牌"自行车脚蹬,上海轮椅车厂的"上奥牌"轮椅车等,蜚声市场,一度成为畅销产品。

1984 年 12 月,经市科委批准,主要从事假肢、康复器具技术研究、开发、测试和情报收集工作的上海市民政工业技术研究所成立。一年后,专门从事同行业信息收集与分析工作的"上海市民政工业公司情报站"建立,这些机构助推市属福利企业的产品研发和市场投入。1986 年 5 月,上海市民政工业技术研究所开发的 DTB 多功能盲人探路棒通过局级科技成果鉴定,并于当年 12 月发到市属福利企业近 2 000 名盲人职工手中,给众多盲人职工的出行带来极大的便利。同年,该所研发的四边对孔活动假眼座荣获上海市科学技术进步三等奖。

抓发展规划,为市属福利企业的长期发展作出前瞻性安排。1983 年,公司制定中长期发展规划——《上海市民政工业公司发展规划草案(1981—2000)》。1986 年,根据企业实际情况的变化,又对企业规划进行调整、细化,制定五年实施规划——《上海市民政工业公司 1986—1990 年发展规划》。

抓企业整顿,促进企业管理规范提升。市民政工业公司成立之初,一方面要求市属福利企业按照工业系统的同类先进企业进行对标,规范运营;另一方面又面临着市属福利企业干部老化、专业知识缺乏、管理粗放的实际,严重制约市属福利企业与业务对口的工业公司进行有效对接。为改变这一现状,1982 年下半年,公司抽调以军转干部和复退军人为主的 30 多名中青年骨干,举办为期半年的企业管理专题培训班,进行干部储备。1983 年下半年起,民政工业公司开始对所属福利企业进行为期两年的以"班子""管理"为主要内容的 5 项整顿,按"革命化、年轻化、知识化、专业化"的标准,完成对市属福利企业班子的全面调整;以"制度化、规范化"为要求,对所属福利企业的基础管理工作进行全面梳理与提升,使其面貌焕然一新,各项工作蒸蒸日上。

抓青工文化补习,提高职工队伍的整体素质。由于历史的原因,1980 年前后,市属福利企业的职工中,有 2 100 余名 35 周岁以下的青年工人需要进行文化补课。1982 年,市民政工业公司职工教育委员会成立。同年 10 月,公司制定《关于职工参加文化学习的通知》,公司和下属福利企业均设置专门从事职工教育的部门,青年工人参加文化补习的积极性高涨。至 1985 年,公司完成 67％青年工人文化补课任务,超额完成中央要求的青工文化补课指标,对提高职工队伍的整体素质起到十分积极的作用。

抓企业福利设施,建企业"职工之家"。福利企业除需要配置一般企业的福利设施以外,更需要配置符合残疾人生活和交流需要的福利设施,让残疾人有"家"的感觉。

1985 年 3 月,公司工会制定《"职工之家"考核标准(试行)》,规定各下属基层单位工会都必须建立"职工之家",定期组织职工开展各类活动,关心职工生活。与此同时,公司不断改善所属福利企业的福利设施和服务项目,建立并完善以两堂(食堂、澡堂)、两所(托儿所、厕所)、五室(医务室、更衣室、活动室、教室、图书室)、三队(扶盲帮残服务队、文艺小分队、体育运动队)为主要内容的职工后勤福利体系和文化娱乐体系,满足广大职工工作之余的各种需求。尤其是扶盲帮残服务队,给予广大残疾职工真诚的帮助,体现福利企业大家庭的温暖以及健全职工和残疾员工之间的融洽关系,形成市属福利企业特有的企业文化。

1985 年以后,为改善福利企业职工尤其是残疾职工"住房难"的问题,市民政工业公司陆续投资 2 600 余万元,落实 10 余个职工住宅开发基地,新建住宅面积 8.096 万平方米,为数千名职工解决住房困难或改善住房条件。1999 年 9 月底,市民政工业公司系统 203 户人均 4 平方米以下的住房困难职工(占上海市民政局的 90％)全部解困。

20 世纪 80 年代中前期,经济建设是在拨乱反正的大背景下开展,是在计划经济体制的惯性下进行,上海的市属福利企业既有免税政策,又有计划材料供应,还有产品包销渠道,加上市属福利企业上上下下的努力,用以体现社会效益的残疾人集中就业及其上岗率,以及用以反映经济效益的各项经济指标,都达到前所未有的高度,在全国福利企业中名列前茅。1985 年,市属福利企业共完成工业总产值(不变价)8 015 万元,实现利润 2 467 万元,比 1980 年整整翻一番,达到历史最高水平。所辖 18 家企业(含代管企业 2 家),在职职工 9 191 人,其中健全职工 5 087 人、残疾职工 4 104 人,职工月平均收入也从 1979 年的不足 50 元增加到 1987 年的近百元。

抓厂房设施改造,厂区面貌焕然一新。市属福利企业的鼎盛时期及其随后,为改善生产环境、扩大再生产,上海低压电器一厂、上海低压电器二厂、上海低压电器四厂、上海低压电器五厂、上海向阳开关厂、上海铝铆钉厂、上海自行车配件厂、上海假肢厂、上海轮椅车厂、上海油管厂等企业纷纷做规划,投巨资,将原来低矮破旧的厂房予以改造,共改扩建新厂房 10 余万平方米。原来位于普陀区中山北路武宁路口的上海图钉厂和原来坐落在浦东烂泥渡路的上海汽车零件厂因市政动迁,分别搬迁到枣阳路和峨山路的新厂区,市属福利企业的厂房设施、厂区整体环境和职工的生产环境有了极大的改善。

这还是一个英模辈出的年代,在为市属福利企业不懈奋斗的数十年中,产生无数的先进集体和先进个人,其中获得民政部劳模和上海市劳模的就有黄俊(公司本部,1987 年)、陈纪周(上海低压电器二厂,1962 年)、傅章根(上海汽车零件厂聋哑职工,1962 年)、虞翠玉(上海低压电器二厂,1976 年)、计瑞弟(上海低压电器二厂盲人职工,1982 年)、赵继红(上海低压电器四厂半盲职工,1989 年)等。

四、转衰

1985 年以后,依附于计划经济体制生存与发展起来的传统福利企业开始碰到一系列的困难:

原材料的计划供应从逐步减少到最后取消,产品包销渠道逐步被产品销售的市场化取代而出现滞销;生产成本大幅上升,逐步放开的低端产品市场受到乡镇企业同类产品的激烈竞争,福利企业劳动生产率低、产品技术含量低、职工技能素质低、企业综合竞争能力低等弱势开始凸显。而习惯于在计划经济庇护下生存与发展的市属福利企业,在一波又一波的经济体制改革的冲击下,尽管使出浑身解数,积极努力进行各种探索和尝试,但是,依然难以摆脱由盛转衰的大趋势。

1986年,在市属福利企业保留事业编制还是改制为企业的问题上,市民政局给上海市民政工业公司自主选择的权利。在市属福利企业处于鼎盛的环境下,谁都难以预料市属福利企业会快速地由盛转衰,直至走向一条"退出"的"不归路"。公司领导选择"跳出摇篮","辞退保姆",放弃"事业",信心满满地选择"企业"。

1987年3月21日,经上海市政法委员会批准,市民政工业公司改制为上海市民政福利企业公司(简称:福利企业公司),实行自主经营、独立核算、自负盈亏,正式确定市属福利企业的企业性质,同时撤销上海市民政局福利生产管理处。7月16日,市民政福利企业公司成立,事业单位的上海市民政工业公司改制为全民所有制企业——上海市民政福利企业公司,成为企业法人。这次改制是1980年上海市民政工业公司成立后市属福利企业历史上又一个标志性事件。

面对市属福利企业逐步转衰的大趋势,面对扑面而来的陌生却无法回避的市场经济的浪潮,怎么办?

1986年7月,市民政福利企业公司与市残疾人福利基金会、上海搪瓷六厂和松江县新桥乡共同投资兴办市属福利企业历史上首家联营企业——新桥搪瓷联营厂。1987年12月,由市民政福利企业公司、上海南汇防水涂料厂、中国投资信托公司、交通银行上海分行等合资筹建的具有较高现代化程度的福利企业性质的联营厂——上海南汇防水涂料三分厂正式投产。1988年5月,经市民政局同意,市民政福利企业公司又投资筹建上海海力日化实业有限公司。1988年,所属上海汽车零件厂引进美资,组建专业生产汽车油封的中美合资的"华美公司"。市属福利企业试图通过多方联营等方式,外延拓展,抵御市场经济的冲击。

为调动企业积极性,市民政工业公司改制后随即在所属福利企业中推行"厂长负责制"和"经营承包责任制"。1987年12月,市民政福利企业公司先后宣布上海低压电器一厂、低压电器二厂、向阳胶木厂实行厂长负责制的决定,并分别同上海低压电器一厂、低压电器四厂、民力电器五金厂和向阳胶木厂签订为期4年的经营承包合同。1988年2月,市民政福利企业公司在下属企业全面推行厂长负责制,实行"简政放权、政企分开",适当放宽企业自主经营管理的权限,并下发《关于福利企业实行党政分开,全面推行厂长负责制的情况和意见》。1990年12月,市民政福利企业公司与上海低压电器一厂、上海低压电器四厂、上海铝铆钉厂和上海低压电器五厂,以及上海新建印刷厂签订第二轮经营承包合同。1992年8月,市民政福利企业公司先后与14家下属企业签订《承包经营合同》,展开第三轮的承包经营。与之配套的《企业承包(考核)经营者奖惩决定》也相继出台。市属福利企业试图通过改变管理机制,松绑放权,搞活企业的经营与管理,适应市场经济的要求。

但是,在市场优胜劣汰的规则面前,市属福利企业所采取的各项措施和作出的种种努力,都难以挽回企业转衰的趋势。产品技术含量低,缺乏竞争力,销售大幅下滑,资金回笼困难,部分工厂出现停产,经营陷入困境。在残酷的现实面前,市属福利企业的经营者们认识到,依靠政策保护的路将越走越窄,要在市场经济条件下生存,必须将"依靠政策保护"转变为"依托支柱产业",集中优势兵力,依靠不断研发技术含量高的新产品体现自我价值,努力和支柱产业挂上钩、连上线。

1990年,上海新沪标准件厂生产的高强度螺栓受到宝山钢铁总厂的好评,成为中国最现代化的钢铁企业上海宝钢的标准件配套企业。上海仪表元件厂、上海低压电器四厂等企业成为上海大众汽车有限公司的首批配套单位,桑塔纳轿车的电瓶线束、前后烟灰盒总成以及橡胶密封件、铝铆钉等产品,得到上海大众的质量认可。1992 年,上海自行车配件厂开发的 YE803 越野运动型自行车全塑脚蹬,荣获民政部科技进步三等奖;上海汽车零件厂开发的 M－1 型矿车专用密封件,荣获民政部科技进步四等奖;上海低压电器五厂研制的 JWD1 型电机热保护继电器获得民政部科技进步二等奖。上海轮椅车厂连续两年被评为市优秀企业,稳坐国内同行业的龙头位置。1990 年,民政部副部长的张德江到上海轮椅车厂视察时,曾挥笔题词"中国轮椅,上海第一",给予该厂很高的评价。1993 年,上海向阳开关厂被民政部纳入"1992 年度全国 500 家最佳经济效益福利企业(工业企业)"行列。

1986—1993 年底,为产品开发、设备更新和生产环境改善,市属福利企业实际投资技改项目达 45 项,投资总额为 3 542 万元。

此时的市属福利企业出现明显的分化现象,生产福利产品的上海假肢厂、上海轮椅车厂发展稳定,效益尚好;与上海大众和宝钢配套的上海仪表元件厂、上海低压电器四厂、上海新沪标准件厂等,尽管配套的产品数量还不大,但已成为企业新的增长点并呈现出强劲的发展后劲;新产品开发源源不断的上海向阳开关厂成为市属福利企业的明星亮点。而大部分福利企业自 1987 年起,随着计划经济体系的不断瓦解,陆续出现产品滞销、利润下降、开工不足、资金困难的局面。进入 90 年代,上海民力五金电器厂、上海低压电器一厂、上海低压电器二厂、上海油管厂、上海低压电器五厂、上海汽车零件厂、上海图钉厂、上海自行车配件厂、上海铝铆钉厂等多数企业先后出现亏损或进入亏损边缘。持续的亏损引起资金链断裂,有的企业甚至出现资不抵债、濒临倒闭的局面。

1991 年,上海民力五金电器厂并入上海低压电器四厂,成为市属福利企业中第一家被系统内兄弟单位兼并的困难企业。

五、突围

面对经济体制改革的不断深化,产业结构的深层次调整,汹涌而来的市场经济的波涛,将市属福利企业长期依靠计划经济建立起来的脆弱体系击得粉碎。在巨大的压力和困境面前,市属福利企业唯有背水一战,通过深化体制机制改革寻求出路。按照"盘活存量,整合资源,集中优势,寻求突破"的思路,市属福利企业上下一心,积极奋起,毅然走上一条艰难探索市属福利企业进入市场经济以后的解困、突围与发展之路。

1991 年 12 月,市民政福利企业公司由汉口路 91 号迁入虹口区四平路 710 号广益大厦。1992 年 5 月,市民政局和市工商行政管理局同意,市民政福利企业公司更名为"上海市民政工业总公司"(简称:总公司)。

为鼓励所属福利企业转换机制,走向市场,1993 年 4 月,市民政工业总公司结合贯彻国务院关于《全民所有制工业企业转换经营机制条例》,相继出台《直属福利企业贯彻〈全民所有制工业企业转换经营机制条例〉的若干意见》《关于为市属福利企业作出特殊贡献的奖励办法》和《改革直属福利企业用工制度的意见》,对所属企业的福利企业的用工、分配、内部资源的配置方式等全面松绑。1995 年 5 月,市民政局决定将"上海市地区福利生产办公室"(1997 年以此为基础成立上海市福利企业管理处)与上海市民政工业总公司分开,这标志着总公司彻底摆脱行政职能,以纯粹的企业身份率领所属福利企业,在不断深化的市场经济的轮番"围剿"下,投入市场,奋力搏杀,试图冲出重围。

市属福利企业普遍出现的开工不足带来厂房闲置,将闲置的厂房出租,用以弥补企业经济效益的下降。1993年起,上海假肢厂、上海铝铆钉厂、上海自行车配件厂、上海图钉厂、上海向阳开关厂等企业先后将整栋或整层厂房出租,其他企业则挖掘潜力腾出厂房,出租增效。

大部分市属福利企业地处市区的黄金地段,20世纪90年代兴起的房地产开发热,市属福利企业抓住地块增值的机遇,进行土地转让、置换,用以筹集资金,为解困突围创造条件。

1994年起,上海汽车零件厂、上海低压电器二厂、上海自行车配件厂、上海油管厂等企业的土地先后进行置换、转让,共筹得资金1.416亿元,总公司用这笔资金进行资产重组,安置下岗职工,进行新的尝试。

1994年10月,市民政工业总公司以上海低压电器二厂地块置换为契机,对上海低压电器二厂、上海低压电器五厂、上海向阳开关厂进行同类产品整合和资产重组,调整生产组织形式,努力形成规模效应。利用二厂的资金优势、向阳厂的管理和产品研发优势、五厂的场地优势,形成以保护式母线为主的建筑电器、接线段子为主的工业电器和以插座开关为主的民用电器三个大类产品的格局,将上海向阳开关厂变更为上海天阳电器实业公司(保留向阳开关厂为其分支机构),并将上海低压电器二厂、上海低压电器五厂划归上海天阳电器实业公司,这是上海市属福利企业第一个以产品为纽带的专业二级公司。

1996年1月,市民政工业总公司决定将上海民利实业公司变更为上海民心商贸有限公司,并将上海市民政工业技术研究所、上海民政技术经济发展公司交其托管,集中资金和渠道,专司商贸营销业务。

1997年12月,市民政工业总公司在深入分析中国汽车工业发展趋势,反复论证市属福利企业与上海大众配套的汽配产品生产现状、未来前景以及发展的契合度,认为依托于上海大众,进而形成轿车配件生产基地,努力创建集中安置残疾人的标志性福利企业的方案可行。因此决定,由市民政工业总公司和上海低压电器四厂、上海仪表元件厂、上海汽车零件厂共同出资(总公司控股),成立上海三智汽配实业有限公司,将上海低压电器四厂生产的轿车烟灰盒系列产品、上海仪表元件厂生产的轿车电瓶线索系列产品、上海汽车零件厂生产的轿车橡胶系列产品调整到三智公司(浦东新区峨山路91弄28号上海汽车零件厂地块置换后的新厂房)生产,产品销售由三智公司一口对外。1997年12月28日,上海三智汽配实业有限公司正式挂牌,1998年2月完成产品易地生产。同时,市民政工业总公司将上海仪表元件厂、上海低压电器四厂、上海汽零件厂委托三智公司管理。1998年7月,又将上海新建印刷厂交由三智公司托管。

1999年1月,以"强强联合带动一个弱势企业"和"争当全国同行业龙头"为目标,市民政工业总公司决定由生产假肢、轮椅等福利产品为主且经济效益较好的上海假肢厂、上海轮椅车厂通过资产重组带动困难企业上海图钉厂,上海假肢厂变更为上海假肢厂有限公司后,总公司将上海轮椅车厂、上海图钉厂委托厂上海假肢厂有限公司管理。

经过5年的不懈努力,按照"盘活资源、优化组合"的思路,上海民政工业总公司旗下相继组建4个二级公司,分别为上海天阳电器实业公司、上海三智汽配实业有限公司、上海假肢厂有限公司、上海民心商贸有限公司,基本形成以低压电器、汽车配件、假肢轮椅、商业贸易为主体的"三大产品、四大板块"的生产经营格局。

"三大产品、四大板块"的格局,是市属福利企业经过扬长避短、优化资源、实现重组的结果。围绕市属福利企业的发展战略,各板块领导班子带领全体员工,不畏艰难,集中发力,为在市场经济条件下、集中安置残疾人作为基本模式的市属福利企业的生存、发展作最后的探索和尝试。

在市政府有关领导的亲自协调下，上海电力部门和上海汽车集团明确表示，按照"同等优先"的原则，对上海天阳电器实业公司的保护式母线产品和上海三智汽配实业有限公司的汽车配件产品予以扶持、支持，使总公司的核心产品依附于国家支柱产业之下。

政府有关部门积极推出扶持市属福利企业的政策，"四大板块"的领导班子竭尽全力、砥砺前行。期间，天阳公司的保护式母线一度订单稳定。在稳定传统产品的基础上，天阳公司启动房地产开发，在浦东康桥地区成功开发"经典花园"项目，使之成为上海民政系统唯一开发成功的房地产项目。三智公司实现产品易地生产以后，在上海汽车集团的支持下，大力开展集约化生产，加大新产品的研发力度，努力打造集中安置残疾人的"窗口与示范点"，经济效益大幅提升，1999 年实现利税1 074 万元，"1＋1＋1＞3"的目标成为现实。

但是，由于困难企业体量过大、负担过重，尽管优势企业艰难前行并有所斩获，但要托住众多困难企业和体量庞大的下岗职工，依然是杯水车薪。加上"四大板块"中的所谓优势企业，仅仅是相对于市属福利企业中的困难企业而言，谈不上是真正意义上的优质、优势企业，不要说以强带弱的目标难以实现，所谓优势企业也必被拖垮无疑。

六、退出

"三大产品、四大板块"的探索与实践，难以缓解日渐严峻的市属福利企业整体上的困难，一旦土地置换的资金消耗殆尽，数千职工(特别是残疾职工)的基本生活不能保障，将对社会稳定产生不利影响。这一严酷现实，在市属福利企业上下逐步形成共识。痛定思痛，市民政工业总公司的领导认识到，集中安置残疾人就业的市属福利企业，作为计划经济的产物在市场经济面前再做无谓的挣扎已经毫无意义，有必要采取壮士断腕的断然措施，主动调整，比照困难国有工业企业"关、停、并、转"的思路，打一套"留""改""退""养"相结合的组合拳，改变市属福利企业的传统的存在方式，从根本上摆脱困境。

2000 年 11 月，根据上海市民政局关于"有所为有所不为"的工作要求，市民政工业总公司制定《直属福利企业调整总体方案》，下决心对市属福利企业实施"壮士断腕"式的进一步调整。

一是"留"。

对管理有基础、产品有市场、发展有前景的企业，将其冗员剥离，企业予以保留：上海三智汽配实业有限公司将其托管的上海低压电器四厂、上海仪表元件厂、上海汽车零件厂剥离后，与托管的上海新建印刷厂分离，分别予以保留；上海假肢厂有限公司将其托管的上海图钉厂剥离后，与上海轮椅车厂分离，分别予以保留。

根据调整方案，市民政工业总公司确定的保留企业为上海三智汽配实业有限公司、上海假肢厂有限公司、上海轮椅车厂、上海新建印刷厂、上海新沪标准件厂、上海泓康机电设备有限公司 6 家。保留企业能不能走稳走远，最后还是由市场和企业的综合素质来决定。截至 2010 年，当时的保留企业又有 50％加入退出企业行列：上海新沪标准件厂已经完全歇业；上海轮椅车厂因地块置换先落户于枣阳路的上海图钉厂厂区，后又搬迁至嘉定一工业园区内，2009 年进入歇业状态；上海新建印刷厂因地块置换落户于四平路上海低压电器四厂内，2004 年改制为上海新建印刷厂有限公司，由于印刷行业竞争激烈，也已退出市场；上海泓康机电设备有限公司完成整体转制；原为事业单位的上海假肢厂有限公司继续保留事业单位；唯依托于上海大众、上海通用汽车公司的上海三智汽配实业有限公司随着上海汽车工业的发展而发展,成长为集中安置残疾人就业的新型福利企业,在激烈的市场竞争中,该公司产品几经降价,2010年销售收入依然达到1.028亿元,利税总额422万元,员工总数240人,其中安置残疾人80人。

二是"改与退"。

上海市属福利企业的改制与退出相伴而行。

将进入改制程序的上海向阳开关厂、上海铝铆钉厂、上海图钉厂、上海自行车配件厂、上海低压电器一厂、上海油管厂、上海汽车零件厂、上海民心商贸有限公司等企业中的有效资产从总资产中剥离,由职工出资买断,进行工商、税务登记,形成"转制体",实行改制。

有效资产剥离以后的上述企业与不具备改制条件的上海低压电器二厂、上海低压电器四厂、上海低压电器五厂、上海天阳电器实业公司等企业,终止经营,进入歇业程序,实行退出。

除6家保留企业和参与改制进入"转制体"的职工以外,退出企业的职工全部由市民政工业总公司的再就业服务中心予以生活保障。

2000年9月,上海市民政工业总公司成立"小企业改制指导小组"。2001年4月,成立"改制工作领导小组",市属福利企业改制工作全面启动。为规范改制,市民政工业总公司先后制发32个文件,包括《企业部分改制工作流程图》《歇业程序流程图》《新企业组建工作流程图》等,对所属福利企业改制、歇业、资产处置、人员安置分流等各个方面予以具体与详尽的规定。

2001年底,上海汽车零件厂部分橡胶产品剥离改制后,与上海低压电器五厂率先完成"三空"(人员空、实物空、厂房空)工作,成为首批整体退出的市属福利企业。

2002年,上海市民政局要求"加大直属福利企业改革力度,加快转制步伐",市属福利企业转制与退出的速度进一步加快。上海低压电器一厂、上海油管厂、上海图钉厂、上海铝铆钉厂、上海自行车配件厂、上海向阳开关厂、上海油管厂等企业先后完成"转制体"的产权交易和资产交割,完成工商、税务登记以及进入"转制体"职工劳动关系的转移等工作,上海宏意低压电器合作公司(上海低压电器一厂转制体)、上海四花高压油管合作公司(上海油管厂转制体)、上海四方文教用品合作公司(上海图钉厂转制体)、上海众振铝铆钉制造合作公司(上海铝铆钉厂转制体)、上海西埃实业公司(上海自行车配件厂转制体)、上海向开电器有限公司(上海向阳开关厂转制体)等新的转制企业纷纷挂牌运营。随后,上海民心商贸有限公司的各个门店也由职工出资买断,完成改制。上海汽车零件厂的橡胶件产品先划入上海三智汽配实业有限公司,后剥离改制为上海朗博汽车零部件有限公司;上海仪表元件厂将与上海通用汽车公司配套的电瓶线束产品并入上海三智汽配实业有限公司后,进入退出程序。

2002年10月,上海市民政工业总公司经上海市国资委批准改制为上海民政(集团)有限公司〔简称:(集团)公司〕,成为全国同行中第一家授权经营的国有独资公司。2003年1月,经市国资委同意,上海民政(集团)有限公司对所属福利企业行使出资人权力。

截至2003年底,所有的企业转制、兼并、出售及银行贷款清偿工作基本结束。上海民政(集团)有限公司所属福利企业几乎均涉及"改"与"退"的工作,参与改制并将劳动关系转移至"转制体"的职工300余人,经评估后交易的资产4000余万;企业经过对资产的全面核实清理,共完成8817万元不实资产的申报工作(经上海市国资部门批准后,再对实物资产和债权债务作进一步处理),退出企业和从保留企业中剥离并转移劳动关系的职工2000余名。

三是"养"。

上海市属福利企业的"留、改、退"能否顺利进行,"养"(员工的分流、安置与生活保障)是关键环节。上海民政（集团）有限公司在十分艰难的环境下，多管齐下，做到退而不乱，稳中有序。

在市民政局系统内部进行分流。数十名市属福利企业的各级骨干，在完成企业退出任务后被分流（分配）到上海市救助站、上海市军供站、上海市社会福利中心和上海市殡葬服务中心等单位，既是对数十年来为福利企业作出重要贡献的企业骨干进行的妥善安置，也充实这些单位的骨干力量。

利用社会资源合作新办福利企业，安排残疾员工上岗。1997年8月，市民政工业总公司与上海海螺（集团）有限公司联合举办第一家市属联营福利企业——上海良春衬衫厂，定牌生产绿叶牌衬衫，安置上海自行车配件厂离岗聋哑职工20余名；1998年10月与上海制皂集团公司联合举办的上海昌化日化厂，又安置上海油管厂离岗聋哑职工40余名；期间，先后成立的4家市属联营福利企业，共为百余名残疾职工提供上岗就业的机会。

保留企业优先吸收员工上岗。上海民政（集团）有限公司通过组织再就业培训、发放再就业补贴等手段，积极促进离岗职工再就业。2003年9月，民政（集团）公司下发《关于所属全资、控股企业优先招用公司系统下岗职工的通知》，进一步为离岗职工创造上岗机会。上海三智汽配实业有限公司等保留企业，努力拓展业务渠道，尽力把盘子做大，吸收百余名职工上岗。

协议保留劳动关系，鼓励职工自主创业、自谋职业。对年纪较轻、身体健康且有一技之长的健全员工，通过再就业培训和通过协议保留劳动关系或买断工龄的方式，鼓励其自主创业或自谋职业，数百名健全职工选择这一方式。

组织盲人推拿培训，扶持盲人推拿诊所。通过上海市和各区的残联组织，开办离岗盲人推拿培训班，鼓励学有一技之长的盲人职工开办经营性盲人推拿诊所，并给予一定的政策扶持，数十名盲人职工走上新的工作岗位。借助这个平台，个别盲人职工成长为技能高超、知名度很高的盲人推拿师。

成立劳动服务公司，保障离岗员工的基本生活。为保障难以分流安置的离岗职工（特别是残疾职工）的基本生活，2000年9月，上海市民政工业总公司成立再就业工作领导小组及再就业服务中心，并先后制定《再就业工作实施方案》《再就业服务中心实施细则》《劳务输出管理办法》《基本医疗保障办法》《关于办理协议保留社会保险关系的有关规定》和《关于〈再就业服务中心实施细则（试行）〉的补充意见》等文件，使再就业工作得以规范、有序地开展。2002年初，上海市民政工业总公司在再就业服务中心的基础上组建上海民政劳动服务有限公司（简称：劳服公司），为离岗员工提供保障与服务。

截至2002年底，上海市属福利企业已有2 512名离岗职工的劳动关系转入劳服公司，其中残疾职工1 712名。上海民政（集团）有限公司以劳服公司为平台，逐步建立起一套立体化、多层面、全方位的离岗职工保障体系，即："三个层面保障"——基本保障、内部退养、丧劳退休；"两种形式帮困"——节日帮困、助学帮困；"三项基金援助"——职工互助基金、特困救助基金、医疗救助基金。凭借对这一体系的大力推行，劳服公司迅速建立一条全覆盖的离岗职工管理网络。

为支撑这一离岗职工保障体系的有效运作，市民政局在资金保障上给予大力的扶持。同时，上海民政（集团）有限公司陆续将上海低压电器一厂、上海低压电四厂、上海低压电器五厂、上海铝铆钉厂、上海图钉厂、上海自行车配件厂、上海向阳开关厂等多家退出企业的厂房划归劳服公司管理，所有物业出租的收入均用作退出企业离岗职工的生活保障。市民政局也逐年提高残疾离岗职工的基本生活保障补贴，对维持下岗残疾职工群体的安定起到巨大的作用，解除了市属福利企业改制和整体调整工作的后顾之忧。

2002 年,上海市属福利企业离岗残疾职工的年人均基本生活保障费用达到 9 216 元,与当时国内其他省市的直属福利企业同类人员相比,保障水平和保障体系均处于较好的水平。

随着"留""改""退""养"措施的逐步到位,以及残疾人保障方式和福利企业政策的不断调整,至 2010 年,当年全盛时期有 18 家直属企业、上万名员工的市属福利企业,仅留有上海三智汽配实业有限公司、上海假肢厂有限公司两家企业共 200 余名上岗员工。随着离岗员工的不断分流和自然退休,沉淀于劳服公司需要保障的离岗员工已不足 300 人。初创于 50 年代初、成型于"文化大革命"前、发展于改革开放初期、衰退于市场经济环境下的市属福利企业,行将完成自己的历史使命,退出历史舞台。

在解放之初的特殊年代,限于国家财力和社会保障能力,上海用政策扶持、生产自救的方式解决残疾人和社会闲散人员的"吃饭"问题,并依附于计划经济体制,将生产自救小组逐步发展为以"安置残疾人就业"、鼓励其"自食其力"为主要特征的社会福利企业,在当时的历史条件下,无疑是一条符合中国社会实际、具有中国特色的正确道路。

改革开放 30 多年来,社会政治、经济、文化取得巨大的进步,传统的残疾人保障和创办福利企业的理念已经发生深刻的变化。关注残疾人身心健康,依靠社会福利保障,创造条件让其平等融入社会,并在社会生活中充分体现价值,在这样的理念指导下,残疾人的保障、融入社会的途径、就业安置的方式等等,类似于市属福利企业这样的传统方式已经不再适应,而符合市场经济体制、与现代社会要求相适应的新的体制机制应运而生。从这个意义上来说,残疾人的社会保障形式实现了真正意义上的与时俱进。传统市属福利企业的退出,不仅不是历史的无奈,而是社会的进步和历史的必然。

市属福利企业这厚重的一页即将被历史彻底翻过,但是,在共和国的特殊年代,市民政局以及全体市属福利企业的干部职工,为安置残疾人和社会闲散人员就业、维护社会稳定所创造的辉煌业绩以及作出的历史性贡献,应当被历史永远铭记。

五、特奥运动发展中的上海民政

特奥运动在中国起步始于 1986 年,至 2007 年,上海举办 6 次上海市特殊奥林匹克运动会(简称上海市特奥运动会)、1996 年首次亚太地区特殊奥林匹克运动会(简称亚太特奥运动会)、2006 年国际特奥邀请赛、2007 年世界第 12 届夏季特殊奥林匹克运动会(简称 2007 世界特奥运动会)。尤其是 2007 年世界特奥运动会,创下国际特奥运动史上规格最高、规模最大的世界特奥运动会记录,有力促进了上海特奥运动的发展。其中上海民政为之锲而不舍、倾情奉献,发挥不可磨灭的作用。

2007 世界特奥运动会从申办、筹备到举办,历时近 6 年,市民政局全程参与,先后 3 任局长、2 位副局长和 1 位副巡视员、90 多位民政工作者,参与组建工作机构、筹措资金,参与筹办 5 次组委会会议、79 次执委会专题会议,组织实施火炬跑、开闭幕式等多项大型活动,组织开展社区接待计划和代表团接待服务等。

2007 世界特奥运动会有来自 165 个国家和地区的代表团(朝鲜派出观察团)参加,特奥运动员 7 291 名,教练员 2 302 名,此外还有 2 万多名运动员家属、专家学者、贵宾、政要等参加盛会,它向世界展示中国改革开放和现代化建设的巨大成就,政府高度重视保障人权、发展残疾人事业的成果和弱智人自强不息的精神,充分体现全社会对智障人士的关爱。

一、特奥运动在上海起步、发展

1968 年 7 月,首届世界特奥运动会在美国芝加哥举行。它是专门为智障人士设立的国际性运动竞赛活动,每两年举办一次,参赛者都是 8 周岁以上、智商 70 以下的智障人士,以智力等级安排比赛组别,人人有奖,不设世界冠军,充分体现平等参与、共享欢乐的特奥理念。通过特奥运动,智障人士可以增强体质提高自尊自信,同时特奥运动有利于促进全社会对智障人士的包容、理解、接纳。

1986 年 4 月,民政部召开中国弱智人体育协会第一次委员会会议,开启中国的特奥运动,上海市民政局立即响应,在民政社会福利机构、各区辅读学校的弱智少年儿童和精神卫生系统的成年智障者中开展体育活动。4—6 月间,市民政局及普陀、虹口、闸北等区相继举办系统或区的弱智人运动会。8 月,市民政局会同市体委、市教委筹备建立上海市智残人体育协会,日常工作由市民政局负责。为引导、发动全市各区广泛开展特奥运动,市民政局会同市体委等 9 个部门联合筹办上海市首届特奥运动会,运动会的另一个目的是为全国第一届特奥运动会和 1987 年夏季在美国举行的第七届世界特奥会选拔参赛运动员。9 月 25 日,市民政局为此向市政府办公厅发出书面报告。10 月 13 日,长宁、静安、南市、普陀、黄浦、虹口、闸北、杨浦、徐汇等 10 个区辅读学校,市儿童福利院,市第二社会福利院,市第一、二、三精神病疗养院,虹口区育能院等 8 个单位的 305 名男女运动员组成 18 个队,分智残和精神疾患康复两类,并按男女少年、成年分组进行比赛,运动项目为田径、足球射门、拔河、跳绳、踢毽子等。10 月 19 日,特奥运动会在沪南体育场闭幕,18 个代表队在少先队鼓乐方队引领下入场,顿时,气球升空,鸽子翱翔,运动员们欢呼雀跃。民政部副部长张德江、副市长谢丽娟等有关领导观看比赛,并向获得优胜的运动员授奖。正在上海出席全国第二次精神卫生工作会议的卫生、民政、公安 3 个部的有关领导,全国各省市自治区的 200 多名与会代表与上海观众一起出席闭幕式。首届特奥运动会获得成功后,民政部将参加中国香港第 11 届特奥运动会的组团任务交给上海。同年 12 月,上海 13 名特奥运动员赴中国香港参赛,获金牌 9 块、银牌 6 块、铜牌 7 块。

1987 年 3 月 4 日,上海市智残人体育协会正式成立(1995 年 4 月更名上海市弱智人体育协会,对外又称上海市特奥会,简称市特奥会),市民政局副局长钱关林任主席,市民政、体委、教委等相关业务部门负责人任副主席。至 1988 年底,上海 10 个区也都建立智残人体育协会。市特奥会相继在南市、虹口、长宁 3 个区建立乒乓球、游泳、足球、田径 4 个训练基地,并在市儿童福利院、市第二社会福利院、虹口区儿童福利院和 10 多所弱智人辅读学校建立 18 个体育训练点,组建一支 30 多名特奥工作人员和 30 多名教练员的队伍。

市、区两级特奥组织建立后,特奥运动迅速而有序地开展起来,各区和社会福利机构经常组织小型多样的训练和比赛,市特奥会举办全市特奥运动会和单项比赛,组织特奥运动员参加全国和国际特奥运动会比赛以及各项相关活动。1987 年 3 月,上海 45 名特奥运动员(其中民政系统 25 名、教育系统 20 名)参加在深圳举办的首届全国特奥运动会,获得 16 块金牌、29 块银牌、21 块铜牌。8 月,上海 3 名特奥运动员入选中国特奥代表团赴美国参加第七届国际特奥运动会,获得 1 块金牌、2 块银牌、2 块铜牌。12 月,举办特奥乒乓球比赛。1988 年 10 月,举办上海市第二届特奥运动会,邀请港澳地区组团参加,上海和港澳 20 个团队、389 名特奥运动员参赛,田径、乒乓球、游泳比赛分别在虹口体育场、南市工人体育馆和斜桥游泳池举行。1991 年 3 月,上海 33 人参加在福州举行的第二届全国特奥运动会,获得金牌 14 块、银牌 15 块、铜牌 14 块,获奖总数居全国第二。7 月,上海 2 名特奥运动员入选中国特奥代表团赴美国参加第八届国际特奥会,获得 6 枚金牌。1992 年 7 月,市特奥会对近 30 名特奥教练员开展培训。9—10 月,上海市第三届特奥运动会在虹口、南市等体育场举行。1993 年 12 月和 1994 年 7 月,先后在斜桥游泳池举行弱智人游泳比赛。

二、成功举办第一届亚太地区特奥运动会

进入 20 世纪 90 年代,改革开放中的中国经济和社会快速发展。为推进智障人士平等参与社会生活,共享改革开放的成果,市民政局加大推进特奥运动的力度,21 个区县全部建立特奥组织,特奥运动不再局限于弱智人辅读学校和社会福利机构,而是向城市社区、向郊区广泛普及,同时与国际特奥组织加强合作。1994 年 6 月,在与来访的国际特奥会亚太地区官员的交流中初步磋商在上海举办第一届亚太地区特奥运动会。9 月 4 日,亚太地区特奥会国际项目主任维尔·霍尼道尔向中国特奥会主席、民政部副部长阎明复写信,提出由中国上海主办 1996 年第一届亚太特奥运动会的建议。1995 年 10 月 8 日,上海市第四次特奥运动会开幕式在虹口体育馆举行,国际特奥会亚太地区主席麦克专程来沪观摩,对精彩纷呈、充满激情、组织严密的开幕式给予高度评价,并表示对上海举办 1996 年亚太地区特奥运动会充满信心。1996 年 1 月 10 日,民政部给上海市民政局发出《关于举办首届亚太地区特奥运动会有关事宜的通知》:首届特奥运动会将于 1996 年 11 月 8—10 日在上海举行,要求抓紧时间,组织人力,筹备好本届运动会。当日,市民政局将民政部的《通知》向市政府报告。民政部和市政府商定:首届亚太特奥运动会由中国民政部等单位主办,上海市政府承办。

1996 年,首届亚太特奥运动会组委会成立,中国特奥会主席、民政部副部长阎明复为组委会主席,上海市副市长龚学平为执行副主席,市民政局、体委、教委等有关部门为组委会成员单位。开幕前夕,设在千鹤宾馆的组委会办公场地通宵达旦地忙碌着,上海市特奥会主席、市民政局局长为现

场总指挥并负责接待国际特奥会的官员，运动员接待突破以往集中安置的模式，由各区分散接待，各省及中央部委领导则由各对口的职能委办局接待，出席的驻华大使由市政府外事办公室接待，比赛项目由市体育局统一管理。组委会从工商银行募集到400万元的赞助。

党和国家高度重视首届亚太特奥运动会，国家主席江泽民题词："关心弱智人体育事业，开展弱智人体育活动。"国务院总理李鹏题词："平等参与，公平竞争，弘扬奥林匹克精神。"

11月8日晚，首届亚太特奥运动会在上海体育馆隆重举行。中共上海市委书记黄菊、全国人大常委会副委员长王光英、民政部部长多吉才让、国际特奥会主席沙金特·施莱福等出席开幕式，阎明复致开幕词。在雄壮的《运动员进行曲》乐声中，来自15个国家和地区的44个代表团的521名运动员依次入场。泳坛名将杨文意及弱智人运动员代表彭凯手持火把，健步奔上舞台，点燃象征奥林匹克精神的熊熊火炬。弱智运动员陈豪、裁判员许传恩分别代表运动员和裁判员在会上庄严宣誓。以"生命篇""爱心篇""自强篇""友谊篇"为主题的大型文体表演，充分营造出盛大、热烈、慈爱、欢乐的整体气氛。为期4天的特奥体育盛会，来自孟加拉国、中国台北、中国香港、中国澳门、印度、印度尼西亚、日本、韩国、尼泊尔、新西兰、巴基斯坦、菲律宾、新加坡、泰国、中国等15个国家和地区的500多名选手，分别参加田径、乒乓球、篮球、足球、游泳等5个项目的比赛。15名上海运动员以饱满的精神和良好的状态出现在赛场上，不仅取得7枚金牌、8枚银牌、10枚铜牌的好成绩，而且与来自亚太地区和全国各地的运动员交流感情，其热情、友好、大方的风貌给各代表团留下深刻的印象。

11月27日，在市政府召开的总结表彰大会上，市民政局等23个单位获"协办奖"，黄浦等12个区被授予"优秀接待奖"，乒乓球等5个竞赛委员会被授予"赛区组织奖"。阎明复向市政府赠送一面写有"为中国增光，给上海添彩"的锦旗。

三、申办、筹办2007世界特奥运动会

上海成功举办第一届亚太特奥运动会，为申办2007世界特奥运动会打下良好基础。此后，国际特奥会官员经常访问上海，国际特奥会的董事会常在沪召开，亚太特奥会的多项赛事也在沪举行。1999年11月，国际特奥会召开董事会，中国残联主席邓朴方、中国特奥会主席阎明复、上海市特奥会主席施德容等参加。会议提出要大力发展中国的特奥运动，亚太地区特奥会主席容德根征询上海是否有举办2007世界特奥会的意愿。鉴于2001年北京将申办2008年奥运会，如申办成功，中国残联将参与筹办残疾人奥运会，此时中残联领导因担心无暇顾及故未直接表态。2001年7月13日北京奥运会申办成功后，邓朴方开始协调上海申办2007世界特奥会。

2001年10月，容德根就国际特奥会将于2007年在亚洲举行第12届世界特奥运动会致函中国弱智人体育协会，他希望并表示有意帮助上海申办此会。11月28日，中国弱智人体育协会致函上海市特奥会，商请上海申办2007世界特奥运动会。市民政局即向市政府外事办公室发文报告此事并建议以上海市政府名义申办2007世界特奥运动会。报告提出，上海是中国开展特奥运动较早和较好的城市，具有很好的场馆设施和丰富的大型体育赛事组织经验。如能申办此届特奥运动会，将是又一次向世界展示上海的极好机会，同时也将进一步推进上海的精神文明建设。市外办于2002年1月4日向市政府发文《建议同意以上海市人民政府名义申办2007年世界夏季特殊奥运会的请示》。1月28日，市政府常务会议决定，上海正式申办2007世界特奥运动会，同时成立申办领导小组及办公室，申办领导小组组长由代市长陈良宇担任，副市长冯国勤、周慕尧担任副组长，市民政局

局长施德容担任领导小组办公室主任。市民政局立即组织力量起草将递交国际特奥会的申办报告。2月,中国残疾人联合会(简称中残联)、国家体育总局、上海市政府联合向国务院递交关于申办2007世界特奥运动会的请示,2月25日,国务院同意上海申办2007世界特奥运动会。3月28日,一套近2万字、配有100多幅精美图片的申办报告送交国际特奥会。

4月23日,市民政局、市残联、市体育局、市政府外办等单位组成申办代表团前往在英国伦敦举行的国际特奥春季董事会上作申办陈述。中国特奥会主席阎明复和上海市副市长冯国勤分别以电视片和多媒体结合的形式作陈述。陈述话音刚落,全场立即起立,热烈的掌声经久不息。

经过投票表决,5月24日上午,上海市政府和国际特奥会分别在上海和国际特奥会总部所在地华盛顿同时召开新闻发布会,宣布上海在全球14个申办城市的竞争中获得2007世界特奥运动会的主办权。"我现在激动地宣布2007年世界夏季特奥运动会的主办国。获胜的国家是中国,主办城市是上海。"国际特奥会主席蒂姆·施莱佛的话音刚落,会场上顿时掌声雷动,五星红旗挥舞,一片欢腾。

申办成功后便进入紧锣密鼓的筹备阶段,2002年8月21日,组委会(筹)及其办公室成立,市民政局局长施德容任副秘书长兼办公室主任,市民政局为组委会(筹)成员单位之一。12月6日,按照《2007年世界特殊奥林匹克运动会协议备忘录》,市民政局批准成立民办非企业单位性质的上海2007特奥中心,承办与国际特奥会所签协议规定的相关事务,2名机关干部借调特奥中心工作。9月12日,2 600平方米的上海特奥体育中心在市儿福院落成。2003年10月8日,市民政局成立特奥工作小组,新任局长徐麟任组长,表示民政全力支持、积极为筹备工作提供援助。2004年3月2日,国际特奥会与上海市政府在北京签署2007世界特奥运动会正式协议。2004年11月,国务院批准成立2007世界特奥运动会组委会和执委会,各项筹备工作全面启动。2006年,执委会下设"一室十六部",与市特奥会、特奥中心共同筹办2007世界特奥运动会,市民政局多位领导担任其中职务。市特奥会主席、原市民政局局长施德容,市政府办公厅副主任、市民政局局长王伟均为执委会副秘书长,分别兼任特奥中心主任和综合协调办公室主任;市民政局副局长方国平、高菊兰,副巡视员周静波,均为执委会委员,分别兼任大型活动部部长、社区接待部部长和国内筹资和市场运作部部长。民政系统的部分处级干部担任这些部的副部长,市民政局先后抽调90多名工作人员参与筹办2007世界特奥运动会。

四、三项大型活动

执法人员火炬跑、开幕式、闭幕式是2007世界特奥运动会的三大重要项目,其参与人员多、规模大、涉及面广,每项活动都是系统工程。由市民政局牵头的大型活动部,在执委会的领导下承担这3个项目的组织筹办和服务协调工作。

执法人员火炬跑是国际特奥运动会具有很大社会影响力的传统特色项目,由国际特奥会招募世界各国警察来到运动会举办国,与举办国警察共同组成火炬跑队伍,火炬传递点在社区接待计划的城市和地区,因此火炬跑又与社区接待计划相结合。2007世界特奥会签署的协议还增加国际和境外段火炬跑。

大型活动部和社区接待部学习借鉴历届火炬跑的经验,结合中国国情,精心策划,参与起草以总体目标、活动特点、路线和时间节点、主要任务和基本规定、保障工作、组织领导、工作要求等7个方面内容构成的2007世界特奥运动会火炬跑总体方案,制定周密详尽的实施细则,对各区县下发火炬跑活动的规定,指导各地区制定和实施火炬跑计划等。同时召开全国火炬跑工作会议、上海市火炬跑工作会议,举行中国迎圣火和起跑仪式、上海市迎圣火和起跑仪式,落实火炬跑所需的火炬、火种盒和燃油,以及来华参加火炬跑的126名国际执法人员的行程、住宿、通信工具及火炬跑证件,与国内11个参与火炬跑的城市和中国香港、中国澳门特别行政区沟通,指导、协调落实各地有关物资的供应保障。此外,还完成火炬跑服装、纪念品、火炬跑徽章、迎圣火仪式背景板和火炬台设计和物品发放。近10万件物品的制作和发放,手续完整、账目清楚。

6月29日,2007世界特奥运动会圣火在希腊雅典卫城普尼克斯山冈圣地点燃,正式拉开执法人员火炬跑和2007世界特奥运动会的序幕。此后,特奥圣火相继在希腊雅典,埃及亚历山大、开罗,英国伦敦,美国华盛顿,韩国首尔,日本东京以及澳大利亚悉尼等7个国家9个城市进行传递,行程覆盖世界五大洲。国际段火炬跑在世界特奥运动史上是第一次,受到各国政府的高度重视,得到社会各界的大力支持。美国总统布什和夫人劳拉、希腊议长等各国政要高官,以及演艺界、教育界、慈善界、企业界等诸多名流参加国际段火炬跑的仪式活动。国际段火炬跑活动得到各国媒体的广泛关注,26个国家对活动作转播,CNN、BBC等国外媒体均及时报道。

9月25日,圣火抵达中国,在北京居庸关长城举行盛大的迎圣火和起跑仪式,开启中国段火炬跑活动。之后,特奥圣火相继在北京、上海、大连、哈尔滨、西安、广州、南京、无锡、苏州、杭州、温州、嘉兴、中国香港和澳门14个城市和地区传递。据统计,中国段火炬跑活动覆盖14个城市和地区的数百个社区,迎圣火和起跑仪式参与人数达19万人,助跑人数7万余人,1万余名执法人员参加迎圣火和火炬跑活动,火炬跑行程达1000余公里。中央电视台转播了在居庸关举行的仪式,对北京、大连、哈尔滨等11个城市的火炬跑活动进行转播,中央和各地的新闻媒体作全方位的报道。火炬跑所到之处,张挂横幅、标语、彩旗呈现出浓浓的特奥氛围。

开幕式是特奥运动会的重头戏,2007世界特奥运动会开幕式由中外导演联手制作,市委书记习近平、市长韩正多次亲临现场指导工作。10月2日晚,在上海8万人体育场,万众瞩目的开幕式以“和谐,人类的共同梦想”为主题,以无与伦比的艺术表现形式,生动地演绎“勇气、分享、技能、欢乐”的特奥精神。历时3小时15分钟的开幕式,精彩纷呈,高潮迭起,特奥运动员、教练员、中外观众和来宾为之共鸣和感动。国际特奥会官员和中外媒体对开幕式给予高度评价,88个国家和地区的电视台通过卫星转播,120个国家和地区的1400家媒体予以报道,形成浓烈的“特奥热”。英、美等全球各大电视台、网站、报刊盛赞中国对弱势群体的人文关怀和维护人权方面取得的巨大成就。10月11日的闭幕式以“阳光、生命”为主题,文艺表演和仪式流程紧密融合,志愿者带领全场观众互动,现场成了欢乐的海洋。历时90分钟的闭幕式给全场万余名特奥运动员和智障人士留下永恒的记忆。

精彩的背后是民政人的默默奉献。大型活动部不直接参加开、闭幕式制作,所承担的是大量的幕后工作。一是协调和保障工作。动员组织驻沪部队官兵和部分高校学生参加开、闭幕式的排练和演出,共招募近万名群众演员。协助导演组,做好体育、文艺明星的邀请和报批。协调落实开、闭幕式场地,开幕式排练演出和赛事安排的衔接。争取各有关部门的支持配合,落实演职人员排练和演出期间的食品卫生、医疗救护、信息通信、搭建中央电视台拍摄平台等。二是票务和观众组织工作。门票实名制管理,这在特奥运动会和中国重大赛会是第一次。2007世界特奥运动会采用个人实名与单位责任制相结合的方法,对数万名国内外参加开、闭幕式的观众进行实名信息登记和身份核验;建立归口单位观众组织领导责任制,在全市建立49个管理口子,其工作量巨大。在观众的组织方面,大型活动采用“全流程、全过程、全方位”的方式,采取“团进团出、错时进退、分区管理”等措施,确保开幕式观众进退有序。15 000 名运动员和教练员进场仅用 1 小时 8 分 53 秒,开幕式结束后在 1 小时左右平安到达驻地,没有一人走失,展现了组织者的高度智慧。在开、闭幕式举行的时候,他们必须坚守在场外无法看到激动人心的场面,却毫无怨言。

五、社区接待计划和代表团接待服务

社区接待计划是特奥运动会开展的第一个非体育项目,也是最能展现城市精神风貌的特色项目。开展这个项目是为刚到参赛地的运动员提供宽松、愉悦的环境,适应气候和生活,通过参加丰富的社区互助活动增进友谊,同时也为广大群众关爱智障人士、参与公益活动创设一个平台。由市民政局牵头组成的社区接待部,全面负责社区接待计划的制定、组织和实施。2006 年 10 月,上海举办特奥国际邀请赛,是 2007 世界特奥运动会前的一次预演。为期 8 天的邀请赛中的前 3 天,社区接待部精心策划并组织 16 个区县开展社区接待计划取得成功,并由市民政局宣传部门拍摄制成专题片刻成光盘作为培训资料。

2007 年 1 月,2007 世界特奥运动会社区接待计划筹备工作正式启动。社区接待部确定工作目标:精心组织,周密部署,为世界奉献一次最精彩的社区接待计划。3 月 15 日,中残联、民政部联合发出《关于做好 2007 年上海世界特殊奥运会城市接待计划的通知》,该《通知》明确 2007 年 9 月 28 日—10 月 1 日,在北京、哈尔滨、西安、大连、广州、南京、苏州、无锡、杭州、嘉兴、温州等 11 个城市组织举行 2007 世界特奥会城市接待计划。于是,迅速建立起社区接待计划"市、区两级工作机制"和"上海与兄弟城市联动工作机制",上海各区县执委会在接待和保障委员会中设立社区接待委员会,北京等 11 个接待城市在市的层面设立城市接待委员会。3—4 月,社区接待部与各地接待城市建立联系,对接待地的接待能力、接待设想和安排、具体困难和问题进行调研,与接待城市共同研究,确定接待社区和宾馆。5 月,在调研的基础上进一步明确接待原则、统一标准。

社区接待部先后起草制定《社区接待计划总体工作方案》《社区接待计划配对总体方案》《培训总体方案》等 10 个方案,细化 11 项活动的专项方案,下发《各项工作推进进度安排》和《培训材料》等各种书面指导材料 30 余个。规定 11 项活动内容:接机接站、入区仪式、入住宾馆、欢迎晚宴、体能训练、做客家庭、社区活动、参观游览、迎送"火炬"、联欢活动、欢送仪式。

6 月 5 日,执委会决定在社区接待部增设代表团接待服务中心,负责境外代表团的接待服务工作,社区接待部立即启动确定接待宾馆、招募联络官等各项准备工作。还会同有关部门联合检查的基础上,上海 96 家宾馆、北京等 11 个城市的 11 家宾馆,共 107 家三星级以上的宾馆被认定为特奥代表团接待单位。与此同时,为每个境外代表团配备联络官、联络员,承担各代表团与运动会执委会、接待区县之间的沟通联络工作。这项工作 4 月下旬国际联络部已在高校和部分单位招募选拔涵盖 11 个语种的 300 多名志愿者担任联络官、联络员。社区接待部又从政府机关、集团公司、科研文化、金融系统等单位,以及曾在 2006 年特奥国际邀请赛担任团长会议联络员的志愿者中招募 100 多名志愿者充实到联络官队伍,使语种增加到 15 个。

从 6 月下旬至 8 月,社区接待部按任务分门别类开展专题培训,先后对 11 个接待城市、上海 19 个区县 144 个街道的相关负责人、工作人员,代表团联络官、联络员,接待宾馆负责人,志愿者骨干,共举办 7 期培训,2 000 余人参加。培训内容为:特奥运动基础知识,社区接待计划方案、活动策划,外事接待礼仪,民族宗教风俗,安全保卫,食品卫生,宾馆服务保障,联络官、联络员任务及业务知识等。培训结束后,有社区接待计划的街道按照统一设定的接机接站、入区仪式、入住宾馆、欢迎晚

宴、体能训练、做客家庭、社区活动、参观游览、迎送"火炬"、联欢活动、欢送仪式等 11 项活动内容进行细化,形成周密的方案。联络官、联络员很快与所对口负责的国家或地区的代表团建立联系,为即将举办的特奥盛会发挥收集及反馈信息的作用。各接待宾馆从菜谱、引导指示牌,小到喝水的茶杯,都从被接待人士的特点考虑作充分的准备。为便于代表团与上海市民的交流沟通,社区接待部设计制作《代表团交流手册》,图文并茂,收集日常生活中简单、常用的用语,使运动员通过手册上动画人物的表情、动作,以及 6 国语言注释,快速理解掌握。

9 月 28 日—10 月 1 日,社区接待计划全面展开。1 877 户家庭、6 189 名社区工作人员、数十所学校、数千名学生、万余名志愿者,热情接待来自世界各地 163 个境外国家和地区的 7 291 名特奥运动员。著名导演谢晋、体坛明星刘翔等知名人士家庭和商界精英、年轻白领、普通市民,敞开心扉,打开家门,给境外特奥运动员最温馨的接待和照顾。整个接待计划实施过程井然有序。丰富多彩的活动,细心周到的服务,使特奥运动员全面感受中华传统文化的魅力,领略中国美丽的城市风貌,品尝可口的中华美食,体验多彩的市民生活,享受到接纳、包容、平等的快乐,得到体育比赛以外更多的收获。社区接待计划赢得国际特奥会和各代表团的一致好评,在执委会质量规范管理小组的最后测评中,社区接待计划得分 92.9 分,位居 2007 世界特奥会各项活动评分第一名。

从 9 月 28 日—10 月 11 日特奥会圆满闭幕,为期半个月的代表团接待服务、接机送机、食宿交通……每个细节环环相扣。在赛会期间,每天召开代表团团长会议,及时发布信息,交流情况,共发布重要信息 50 多条,答复现场提问 400 多条,制作幻灯片 33 张,整理、翻译、复印会议纪要及各种材料 1 万多份。507 名联络官、联络员发挥沟通、协调的重要作用,其出色的表现得到代表团团长的交口称赞。

2007 世界特奥运动会开创多个"第一"和"首次":2007 世界特奥运动会在上海举办,是世界特奥运动会第一次走进亚洲、走进发展中国家;执法人员火炬跑首次在全球范围内开展,是特奥运动史上覆盖面最广、行进路线最长、参与人数最多、社会影响最大的一次;社区接待计划首次走出举办地城市,在上海以外的 11 个城市开展……这些都离不开全市民政系统干部职工的全情投入、全力以赴、全程参与。这次运动会取得巨大成功,达到办出上海特色、体现中国水平、赢得国际声誉的预期效果,成为国际特奥运动和残疾人事业发展史上一个里程碑。

六、"三车"整治

20世纪末,上海完成"三车"整治工作。在市委、市政府的领导下,在政府相关部门和人民团体的通力合作、共同努力下,这项被称为"最难、最苦、最烦"的工作得以圆满完成,相关车主满意,人民群众满意,社会效益显著。

上海民政部门作为政府的职能部门,抽调专门的力量,积极参与整治工作的全过程,为这项工作的完成作出努力。

"三车"是残疾人代步的机动三轮车(以下简称残车)、劳动服务公司从事货运的涂有黄色标记的人力三轮车(以下简称黄车)和无牌无证的机动三轮车(以下简称黑车)的统称。

"三车"的主要问题是,残车载客运营,黄车擅自安装动力装置,另外,无牌无证的黑车满街乱跑,招揽生意,违法载客经营。"三车"影响城市的交通管理,影响上海的社会治安,给城市形象带来许多负面的影响,社会各界反响强烈,要求加强管理的呼声很高。每年两会,市人大、市政协都有大量的提案和议案。媒体也有很多有关"三车"的报道,反映社会整治"三车"的强烈意愿。

市委、市政府下决心要整治"三车"。但怎么整治?需要详细的调查,摸清情况;需要深入的研究,明确指导思想和大政方针;需要缜密的安排,解决难点、痛点问题,力争平稳处置,不反弹,不留后遗症。

1998年6月,市委要求市民政局做出解决残车载客运营问题的方案。由此,上海民政部门介入"三车"整治工作。

为更加全面、完整地理解市委、市政府整治"三车"的意图,市民政局向市残疾人联合会(以下简称市残联)等相关部门解情况,交换意见。通过深入沟通了解到:

一、关于残车的载客运营。1995年,中残联、公安部等六部委下发过《关于加强对残疾人专用机动车运营管理的通知》,允许残车合法运营。但是,上海残车的功率大都在70 cc及以上,有的甚至达到250 cc,远远高于文件规定的50 cc标准。

二、解决残车问题的关键,是给残疾人提供上岗就业机会和生活保障。残车运营的市场主要是与地铁、公交相衔接的最后一公里。公交网点的延伸和完善,使残车的运营市场越来越小,一部分残车主有退出的愿望。当下解决残车问题,机会比较好。

三、残车载客运营是全国各地都存在的现象。在解决残车载客运营问题上,外省市有反面教训,一些地区因准备不够具体、充分,在处理过程中,引起残疾人的过激行为,有的地区甚至出现残疾人集体闹事行为,有的地区处理过后又死灰复燃,出现反复。

四、"三车"整治工作的重点是残车。但是,残车和黄车、黑车相互交错,方案不仅要着眼于解决残车问题,还要整体考虑整治"三车",看大局,算大计,综合治理。

进行深入分析后,市民政局确定参与"三车"整治工作的指导思想:

第一,市委、市政府已经下决心整治"三车",民政部门作为政府的职能部门,应当全力以赴,服从于、服务于市委、市政府的中心工作,应当在市委、市政府的领导下,尽力贡献自己的智慧和才能。

第二,"三车"整治工作面广、量大,各项工作要由诸多的党政机关共同做,才能做好。民政部门承担的工作仅仅是其中的一部分。民政部门要充分发挥社会救助和集中安置残疾人就业等社会保障的职能优势,在整治工作中突出党和政府对残疾人的爱心、关心。

第三,为让市委、市政府在决策时做到心中有数,市民政局做方案应当先从调查研究着手,一定要把基本情况摸得十分清楚。调查研究要面向市区各区,面向街道社区,面向广大群众,面向残车车主,边调查,边出思路。

市民政局先期走访黄浦、闸北、虹口和浦东新区等 4 个区,通过区残联了解各区的残车情况。后又走访低压电器四厂等一些福利工厂,了解残疾职工的下岗情况,以及召回下岗残疾职工的可能性;与福利工厂的残疾职工座谈,了解残疾职工中的残车载客运营情况,残车车主的愿望,以及对"三车"的看法。市民政局还深入到静安区和普陀区的一些街道、居委会,了解黄车车主和黑车车主的生活和运营情况。

据街道、居委会干部反映,黄车车主大都是劳动改造、劳动教养的释放人员(俗称两劳释放人员)。这些人回到社会后,没有单位肯接纳。他们中少部分人自暴自弃,是社区中社会稳定的关注重点。但大部分人希望自食其力,参加劳动服务公司,运用黄车谋生。为追求效益,他们在黄车上加装动力装置。对这部分人,不能同意他们擅自安装动力装置,但是处理上要有爱心和人情味,如果能让对这部分人到企业中去,可能教育、帮助效果会更好,走回头路的可能性更小。同时也了解到,有很多人开黑车实属无奈,如一些在外地扎根的知识青年,子女按政策已经回沪。为照顾子女,他们也回到上海,但外地的工资远远不够供子女上学,生活压力很大。街道、居委会干部表示,黑车应当取缔,但对一部分有实际困难的黑车车主,建议政府出一些政策,帮助他们解决生活实际困难。

通过走访和座谈,了解了一些基本情况,但距离给市领导提供决策依据,距离提供成熟的方案,还有很大的差距。

8 月下旬,市民政局组织对 12 个区(黄浦区、南市区、静安区、卢湾区、徐汇区、长宁区、普陀区、闸北区、虹口区、杨浦区、浦东新区和闵行区)的残车及车主的情况,进行地毯式调查。调查由区和街道乡镇的民政、残联干部负责,采取残车车主"一人一表"的方式。调查的主要内容为:残车车主个人的基本情况、家庭情况、就业情况、收入情况和残车使用情况。

在进行地毯式调查后,将情况作汇总:12 个区共有领取牌照的残车 7 865 辆。其中:第一部分残车,车主人、户籍、车辆、牌照齐全且相符,有 6 105 辆,他们的情况比较明朗;第二部分残车,车主人和户籍长期分离,有 1 441 辆,对他们的情况有一些了解,但不很准确;第三部分残车,车主过世,及车辆损坏、被盗、出售、转让的有 319 辆,他们的情况无法了解。

在属于前两种情况的 6 105 位残车车主中,以营运为目的以及涉及营运的有 4 004 人,约占总数的 65.59%(其中有 2 407 人以营运为主要目的,有 1 448 人偶尔营运,有 149 人出租给别人营运)。调查显示,三分之二的残车车主涉及营运,因此,这些残车车主将是整治工作的重点对象。

在 6 105 位残车车主中,下岗和无业的有 2 888 人,约占总数的 47.3%;家庭人均收入低于最低生活保障线的有 1 497 户,约占总数的 24.52%。调查显示,对这些下岗或者无业的难以保障基本生活的残车车主,解决问题的核心是他们的温饱和就业问题,保证他们有稳定的收入。

在 6 105 位残车车主中,市属企业(包括央企,大都是国营企业,下同)在职职工有 1 422 人,约占总数的 23.29%;市属企业下岗职工有 1 420 人,约占总数的 23.26%;非市属企业(大都是区、街道所属的大集体和小集体企业,下同)在职职工有 448 人,约占总数的 7.34%;非市属企业下岗职工有 588 人,约占总数的 9.63%;私营、个体业主及其雇员 288 人,约占总数的 4.72%;退休职工有 784 人,约占总数的 12.84%;无业或者其他情况的有 1 155 人,约占总数的 18.91%。调查显示,六成以上的残车车主是企业的在职职工或者下岗职工。解决残车问题,他们所在的企业是可以依靠的重要力量。

在6 105位残车车主中,已婚的4 821人,约占总数的78.97%;配偶非残疾人的3 688人,约占总数的60.41%;配偶为本地户籍的4 224人,约占总数的69.19%;子女非残疾人的4 439人,约占总数的72.71%。调查显示,绝大多数残车车主的家庭是稳定和谐的。求稳、趋稳的心理使他们比较能够接受政府"三车"整治的方案和措施。

通过调查,市民政局拟出调查报告。调查报告对解决残车问题,在解决范围、置换车辆、安置就业、岗位补贴、社会保险、社会救助,以及资金预测、修改地方性法规、各相关部门职责分工等方面,提出建议。

市民政局的调查,得到市委、市政府领导和相关部门的重视和肯定。10月24日,周太彤副秘书长召开协调会,听取各相关部门的意见。会议要求,一是要向市委作专题汇报;二是"三车"整治工作涉及多个部门的职责,总体方案以民政为主设计,残联、交通、公安按照各自职责,下发3个分方案;三是有关政策和资金、范围等问题,如实汇报,请领导决策。

10月27日,市委副书记孟建柱召开专题会议,市领导韩正、刘云耕、冯国勤、周太彤等参加。市民政局汇报调查的情况和解决残车问题的意见,相关部门对解决黄车和黑车等问题,也提出相关意见。会议决定:一是"三车"全市一并整治,非抓不可;二是态度要坚决,方案要缜密,指导思想要明确,政策和措施要有力,不留后遗症;三是要组织强有力的领导班子,请市领导牵头,各部门参加;四是要以区县为责任主体,召开会议,通报情况,动员区县参加。

会后,市委、市政府成立"上海市整治机动三轮车领导小组",孟建柱任组长,韩正、刘云耕、冯国勤任副组长。领导小组下设办公室(以下简称"三车办"),"三车办"设在市政府内(人民大道200号2楼),周太彤任"三车办"主任,市民政局副局长王伟任"三车办"常务副主任。"三车办"设综合联络、残车、黄车、黑车、人员分流安置和新闻宣传等6个工作小组。"三车办"于1999年5月正式启动运作。根据1998年10月27日会议的精神,"三车办"逐步完善"三车"整治工作的总体方案。

总体方案的指导思想是:依法行政,综合治理,疏堵结合,疏导为主。基本原则是:车辆分类,范围分界,资金分担,人员分流,操作分工。总方针是:堵住黑车,疏解黄车,帮助残车,体现党和政府的关心和爱护。实施范围是:全市的黑车、黄车,内环线内的残车。实施步骤是:花3个月的时间速战速决,7月开始安置残车主和黄车主,8月开始置换残车、黄车,国庆前完成黑车的查扣工作。

总体方案还对资金预算和宣传工作作出安排,对整治工作中难以避开的连带的不安定因素作分析,并下发相应的预案。

总体方案中,残车整治工作的主要内容:先分流人员,后置换车辆。分流残车车主的保障政策有6条:一是对下岗的,请企业召回;二是社区非正规就业安排一些;三是福利企业安置一些;四是发展个体经济分流一些;五是对重残无业的,由社会救助保障;六是对男年满50周岁、女年满45周岁的,可以提前退休,补缴15年养老保险金由政府承担。残车的置换,由政府提供50 cc四冲程的新型车辆,费用由政府全额补贴。黄车整治工作的主要内容:以小型货运出租车(以下简称"货的")替代黄车,人员分流安置。一部分从事"货的"运营,一部分仍从事人力车运营,一部分自谋出路。对男年满55周岁、女年满50周岁的,可以在自行补交足15年养老保险金后,给予退休。黑车整治工作的主要内容:依法暂扣,视情况予以没收或者强制收购。

6月16日,领导小组批准总体方案。市委、市政府领导对总体方案给予高度评价。6月22日,副市长冯国勤代表领导小组,向市人大、市政协汇报关于"三车"整治工作的总体方案,听取市人大、市政协的意见。7月22日,冯国勤还去北京,向公安部、民政部、中央办公厅国务院办公厅信访局、中残联的领导作汇报,得到中央、国务院各部门领导的大力支持和悉心指导。

"三车"的依法整治,需要修订地方性法规和市政府规章。

修订《上海市道路交通管理条例》。一是针对原来上海残车可以搭乘护理人员的规定,将第三十四条第一款第七项修正为:禁止"残疾人专用车搭乘人员";二是针对上海市对有合法来源的无牌无证车辆,只能罚款、不能没收车辆的规定,在第六十五条的第三项中,增加"对能提供车辆来源合法凭证,但不能按照本条例规定申领上海市车辆牌照的无牌、无证的车辆,可以予以暂扣或者收购"等内容。

修订《上海市实施〈中华人民共和国残疾人保障法〉办法》。一是针对上海原来只向企业、城镇集体经济,按在职职工1.6%的比例征收残疾人就业保障金的规定,将第二十八条修正为"机关、团体、企业、事业单位和个体工商户,均须按本单位在职职工1.6%的比例安排残疾人就业";二是针对原来上海市残疾人就业保障金由残疾人工作协调委员会通过银行在该单位存款账户中划转的规定,在第四十五条中修正为"单位未按规定缴纳残疾人就业保障金的,由劳动保障行政部门责令限期缴纳"。

1999年7月12日,市十一届人大十一次会议通过两件地方性法规的修正案。为"三车"整治工作提供法律依据。

2000年5月,市政府颁布《上海市残疾人分散安排就业办法》,对落实《上海市实施〈中华人民共和国残疾人保障法〉办法》中,残疾人就业保障金的缴纳,以及劳动保障行政部门的征收,作具体规定。

市人大、市政府的法制工作部门,组织、协调民政和劳动保障行政部门,严格按照法定程序,夜以继日,加班加点,按时完成法规、规章的修改,保证"三车"整治工作能依法、规范、按时地展开。

按照总体方案的设计,"三车"整治工作有序展开。参加整治工作的市委、市政府各个部门,明确分工,相互协作,形成工作合力。市、区、街道乡镇、居村委会也发挥各自的积极作用。市里多出思路和政策;区里多组织协调,承担主体责任;街道乡镇多做具体工作,"条块结合"把工作做实在基层。

8月中旬,残车车主的分流安置工作开始。民政、经委等部门调整申办福利企业的政策,鼓励各行各业、各种投资主体,包括效益较好的国营企业,兴办福利企业。在这期间,全市共新办、转办福利企业73家,安置残车车主2233人。同时,分散就业和发展个体经济,多种渠道分流安置一批残车车主。残车车主中重残无业或者因其他原因无法就业的,民政部门将2804人纳入社会救助。为解决残疾人家庭的各种困难,公安、教委等部门出台一批配套政策和措施,如:为900多个外来媳妇落实户籍,为300多个外来媳妇和100多个残车车主的子女解决就业,等等。对调查中发现的老年人扶养成年重残子女的困难家庭,民政和残联下发补贴政策,共有7259户家庭得到补贴(俗称7259政策)。残车车主的分流安置,体现了党和政府对残疾人的关心和爱心,因此,残车的置换工作得以顺利开展。至1999年底,全市共安置残车车主9061人,共置换残车12314辆。

8月,黄车的处置工作同时开始。交通、公安等部门通力合作,在较短的时间里,帮助大众、强生、交运集团,以及相关区组建5个货运出租公司,先后共投放市场小型货运出租车2100辆,吸纳黄车车主2539人。既解决了黄车车主的就业和转制问题,又克服了市场上居民小型货运需求的短板。交通部门在原有基础上,新开、延伸、调整公交线路93条,延长运营时间的公交线路有90条,更加有效地缓解了居民出行最后一公里的困难。

8月7日,全市开始对黑车进行整治。全市共查扣黑车1.2171万辆。对上海户籍的黑车车主,视实际情况,分别给予救助或者帮困。

至1999年底,全市共装运销毁各类机动三轮车2.7万余辆。至此,全市基本没有机动三轮车载客运营和非法运营的现象。整个"三车"整治过程中,没有出现对执法和管理的强烈对抗现象,残车车主没有群访、集访,没有进京告状等情况。2000年,"三车办"针对残车替换车辆中部分新型车辆质量的需要进一步提高,残车维修点布局需要进一步合理,部分残车车主的保障需要进一步到位等问题,采取积极的措施,部署后续工作,"三车"整治工作圆满结束。此后很长一段时间里,没有出现"三车"的反复回潮现象。

附　录

附录选自 1978 年以来，部分在历史上对上海民政工作起过重要作用的政策法规和一部分现行的由上海民政部门为主实施的地方性法规、市政府规章以及市民政局规范性文件。

一、社 会 救 助

上海市社会救助办法

（1996 年 11 月 4 日上海市人民政府发布）

第一条　（目的）

为保障本市城乡居民的基本生活，帮助个人或者家庭克服生活困难，维护社会稳定，促进社会进步，根据本市实际情况，制定本办法。

第二条　（定义）

本办法所称的社会救助，是指由政府部门和有关单位共同承担责任、对生活水平低于最低生活保障标准的本市城乡居民提供必要的物质帮助的社会保障制度。

第三条　（社会救助的原则）

开展社会救助工作，应当遵循救助水平与经济建设、社会发展水平相适应，社会救助与法定赡养、扶养和抚养相结合以及促进求助对象自助自立的原则。

第四条　（主管部门）

上海市民政局（以下简称市民政局）主管本市的社会救助工作。

区、县民政部门负责本行政区域内社会救助工作的组织和实施。

第五条　（有关部门的职责）

街道办事处和乡、镇人民政府在区、县民政部门的指导下，负责社会救助工作的具体实施。

本市各级人民政府的有关部门应当按照职责分工，协助民政部门开展社会救助工作。

从事社会救助活动的社会团体或者组织机构应当按照各自的章程，配合民政部门做好社会救助工作。

第六条　（单位的职责）

企业、事业单位、机关、社会团体以及其他组织应当依照本办法的规定，做好本单位职工及其家属的社会救助工作。

第七条　（申请社会救助的权利）

凡具有本市户籍的城乡居民，在其个人或者家庭生活水平低于最低生活保障标准时，有依照本办法申请社会救助和获得物质帮助的权利。

第八条　（最低生活保障标准的确定原则）

最低生活保障标准的确定，应当综合参考下列因素：

（一）社会人均实际生活水平；

（二）维持最低生活水平所必需的费用；

（三）物价指数；

（四）经济发展水平和财政状况。

第九条　（最低生活保障标准的确定和调整）

最低生活保障标准按照城乡有别、地区有别的原则，由市民政局会同有关部门拟订，报市人民政府批准后公布执行。

最低生活保障标准应当根据实际情况适时作必要的调整。

第十条 （申请社会救助的条件）

个人或者家庭有下列情形之一的，且所拥有的财产在一定限额以内的，可以申请社会救助：

（一）个人无劳动能力，无生活来源，且无法定扶养义务人或者法定抚养义务从无扶养能力的；

（二）个人或者家庭成员虽有收入，但人均收入低于最低生活保障标准的。

本条前款所称的家庭成员，是指具有法定赡养、扶养和抚养关系并共同生活的人员。

个人或者家庭户主及其配偶在享受失业保险待遇期间，或者在享受失业保险待遇期间无正当理由拒绝劳动部门介绍的就业机会而被依法停止享受失业保险待遇的，不能申请社会救助。

第十一条 （个人和家庭成员收入的构成）

本办法第十条第一款第（二）项所称的个人和家庭成员收入，包括以下内容：

（一）各类工资、奖金、补贴、农副业收入和其他劳动收入；

（二）继承、接受赠与以及利息、红利、有价证券、特许权收入；

（三）养老金、赡养费、扶养费和抚养费；

（四）其他收入。

第十二条 （申请的提出）

具有本办法第十条第一款所列情形、需要获得社会救助的个人或者家庭，可以向户籍所在地的街道办事处或者乡、镇人民政府申请社会救助。

第十三条 （申请的形式和内容）

申请社会救助的个人或者家庭，应当以书面形式载明申请事由，并如实填报个人或者家庭有关情况，必要时还应当提供有关证明材料。

第十四条 （申请内容的核查）

街道办事处或者乡、镇人民政府应当自收到社会救助申请之日起10日内，对申请人所填报的有关情况以及申请人个人或者家庭的实际生活水平进行核查。

街道办事处或者乡、镇人民政府也可以委托申请人户籍所在地的居民委员会或者村民委员会，在本条前款规定的期限内进行核查。

第十五条 （审查批准）

街道办事处或者乡、镇人民政府应当在核查结束后的5日内，对申请作出批准或者不予批准的决定。决定批准的，应当报送区、县民政部门备案；决定不予批准的，应当书面通知申请人，并说明理由。

第十六条 （批准决定的执行）

经批准给予社会救助的个人或者家庭，除本条第二款规定的情形外，由街道办事处或者乡、镇人民政府按照本办法的规定给予社会救助。

经批准给予社会救助的个人或者家庭，其本人或者户主及其配偶为企业、事业单位、机关或者社会团体（以下简称单位）职工的，街道办事处或者乡、镇人民政府应当将批准决定书面通知其所在单位，由所在单位按照本办法的规定给予社会救助。

第十七条 （救助标准）

社会救助的标准由街道办事处或者乡、镇人民政府根据接受社会救助的个人或者家庭的实际生活水平确定，具体款额应当使其生活水平不低于最低生活保障标准。

第十八条　（救助日期的计算）

对经批准给予社会救助的个人或者家庭,其救助日期应当自作出批准决定之日的当月起计算。

第十九条　（救助方式）

社会救助可以根据实际情况和接受社会救助的个人或者家庭的需要,以发放现金或者实物的方式进行。

第二十条　（定期审核）

街道办事处或者乡、镇人民政府应当定期对接受社会救助的个人或者家庭的收入变动情况和实际生活水平进行审核。

接受社会救助的个人或者家庭应当如实反映其个人或者家庭收入,接受街道办事处或者乡、镇人民政府的审核。

第二十一条　（变更手续的办理）

接受社会救助的个人或者家庭收入状况发生变化的,应当主动向街道办事处或者乡、镇人民政府申报,办理变更手续。

本条前款所称的变更,包括调整社会救助款额和停止给予社会救助。

第二十二条　（转移手续）

接受社会救助的个人或者家庭的户籍所在地因迁移发生变动的,应当办理救助关系转移手续。

第二十三条　（对低收入的个人或者家庭的物质帮助）

对于生活水平低于最低生活保障标准而依照本办法的规定给予社会救助的个人或者家庭,以及生活水平虽高于最低生活保障标准但仍属于低收入的个人或者家庭,市民政局和区、县民政部门还可以根据本市的经济建设、社会发展水平和财力状况,以其他形式给予一定的物质帮助。

第二十四条　（促进救助对象自助自立）

在对生活水平低于最低生活保障标准的个人或者家庭给予社会救助的同时,区、县民政部门以及街道办事处或者乡、镇人民政府可以通过技能培训、职业介绍等形式,促使其自助自立,以改善生活状况。

个人或者家庭在接受社会救助期间,无正当理由不应拒绝区、县民政部门以及街道办事处或者乡、镇人民政府所提供的有助于改善其生活状况的培训或者就业等机会。

第二十五条　（社会救助的经费）

本市社会救助的经费来源为各级人民政府的财政拨款和单位的自有资金。

各级人民政府应当将社会救助的经费支出列入本级财政的年度预算。

第二十六条　（经费管理）

市和区、县民政部门的社会救助经费实行专户管理,专款专用。社会救助经费的使用应当接受财政部门、审计部门和社会公众的监督。

任何部门、单位和个人不得贪污、挪用、侵占和扣压社会救助经费。

第二十七条　（社会救助基金）

本市设立社会救助基金。社会救助基金由市民政局按照市人民政府的规定进行管理。

第二十八条　（社会捐赠）

政府提倡和鼓励企业、事业单位、社会团体和个人捐赠资金和物资,支持社会救助事业。

第二十九条　（对社会救助事业的规范和指导）

市民政局应当对本市从事社会救助活动的各类社会团体或者组织机构加强指导和协调,促进社会救助事业规范、健康地发展。

第三十条 （工作人员违法行为的处理）

从事社会救助工作的有关人员有下列行为之一并造成不良后果的,由其所在部门、单位或者上级机关给予行政处分;情节严重构成犯罪的,依法追究其刑事责任:

（一）滥用职权,徇私舞弊,擅自提高或者降低救助款额的;

（二）利用职务之便,贪污、挪用、扣压、拖欠救助款物的;

（三）玩忽职守,影响社会救助工作正常开展的。

第三十一条 （救助对象违法行为的处理）

对采用虚报或者隐瞒实情、伪造证明材料等手段骗取、冒领救助款物的,以及在接受社会救助期间个人或者家庭成员就业、收入等情况发生变化而不按规定办理变更手续、继续领取救助款物的,街道办事处或者乡、镇人民政府应当追回其已经领取的救助款物。

第三十二条 （复议与诉讼）

申请社会救助而未得到答复或者申请人认为自己符合法定条件而未被批准给予社会救助的,可以按照《中华人民共和国行政诉讼法》和《行政复议条例》的决定,申请行政复议或者提起行政诉讼。

第三十三条 （应用解释部门）

本办法的具体应用问题,由市民政局负责解释。

第三十四条 （施行日期）

本办法自 1997 年 1 月 1 日起施行。

上海市民政局、上海市财政局、上海市医疗保险局
关于做好医疗救助工作的实施意见

（2001 年 1 月 21 日沪民救发[2001]9 号制定）

为配合本市基本医疗保险制度改革,贯彻执行《上海市人民政府办公厅关于加强本市职工医疗互助救助工作的通知》（沪府办发〔2000〕121 号）和《上海市民政局上海市财政局上海市医疗保险局关于做好医疗救助工作的通知》（沪民救发〔2000〕33 号）,现就有关事项提出以下实施意见。

一、关于医疗救助的对象

（一）"无生活来源、无劳动能力又无法定赡养人、扶养人或者抚养人的人员"（以下称"三无人员"）是指享受民政部门定期定量救济的孤老、孤儿、孤残等人员。

（二）"城镇最低生活保障家庭中丧失劳动能力的无业人员"是指经有关部门确认丧失劳动能力的无业人员。

（三）"城镇最低生活保障家庭中本人有医保待遇的人员"是指因患大病重病,在享受基本医疗保险待遇和其他补贴后个人负担医疗费仍有困难的人员。

（四）"市人民政府规定的其他特殊贫困人员"是指原由民政部门给予定期定量救济的各类特殊救济对象;尿毒症透析病人、精神病人、癌症病人等大病患者获得互助帮困后,但个人自负医疗费仍影响实际基本生活的人员等市政府规定的特困人员。

二、关于医疗救助的条件和标准

（一）上述对象享受医疗救助的条件和标准按照沪民救发〔2000〕33 号文的有关规定执行。

（二）医保年度内救助总额累计一般不超过 5 000 元。

（三）"三无人员"应在指定的医疗单位就医,如指定的医疗单位认为必须转院治疗,必须征得街道办事处(乡镇人民政府)同意后,方可转院治疗。

三、关于医疗救助的申请和审批

（一）要求医疗救助的对象,应当向审批城镇最低生活保障待遇的所在地街道(乡镇)的社会救助管理所提出书面申请,填写《医疗救助申请表》,并如实提供大病重病已支付的医疗费用收据、必要的有关病史证明材料以及单位和社会救助帮困的情况证明。

（二）街道(乡镇)社会救助管理所接到医疗救助申请及必要的证明材料后,应及时对申请人所填报的有关情况进行核查,并提出医疗救助的初步意见,经街道办事处(乡镇人民政府)审核后,填写《医疗救助明细表》,报区(县)民政局批准。

四、关于医疗救助费用的计算

（一）门诊大病(包括尿毒症透析、恶性肿瘤化学治疗和放射治疗)、家庭病床以及急诊观察室留院观察所发生的医疗费用,按照住院医疗费用计算。

（二）要求医疗救助的对象申报的医疗救助费用,是其本人在医保年度内发生的符合基本医疗保险支付范围有关规定的累计发生的医疗费用。

（三）医疗救助对象医疗费用的个人支付部分应扣除基本医疗保险、商业保险以及市总工会等团体组织的各种医疗互助保障形式可支付部分、家属劳保和有关文件规定的单位应承担报销的部分等。

（四）职工中的尿毒症透析病人的医疗费用计算,按照《上海市医疗保险局关于尿毒症透析病人医疗费用结算办法的通知》(沪医保〔2000〕84 号)的规定执行,其申报的医疗费用应扣除医疗机构退还的部分。

（五）1994 年 4 月 29 日上海市人民政府办秘〔1994〕0868 号文批准,1994 年 5 月 1 日市民政局、市财政局、市劳动局、市人事局、市卫生局发布,自 1994 年 4 月起施行的《上海市精神病患者住院经费负担办法》的规定继续适用。

（六）"失业人员中的丧劳特困人员"原医疗救助的有关规定继续适用。

五、关于医疗费用的优惠、减免和帮助

（一）"三无人员"根据 1990 年 11 月 24 日上海市人民政府批准,1990 年 12 月 20 日市民政局、市卫生局、市财政局发布,1991 年 1 月 1 日起实施的《上海市城市贫困市民急病医疗困难补助办法》,可凭街道办事处(乡镇人民政府)填发的《上海市贫困市民医疗证明》,各医疗单位免收住院预付金。

（二）医疗机构凭本市街道办事处(乡镇人民政府)出具的证明,可对极度困难的医疗救助对象实行医疗费用优惠和减免。

（三）各区(县)和有关部门要积极组织有关单位参与医疗救助,可采取指定医院或指定医疗窗口等形式,对已通过各种途径、各方救助后仍然极度困难的医疗救助对象实行医疗、药品、护理照顾等实物和劳务型的帮助。

六、关于医疗救助资金及管理

（一）医疗救助的资金来源实行政府资助和社会筹集相结合。市医疗救助金按照"总量控制、统筹兼顾"的原则,由市有关单位、部门拨至市民政局医疗救助专用账户,由市民政局按计划拨付各区(县)民政局。

（二）各区（县）医疗救助金应按不低于市医疗救助金下拨款50％的比例配套。

（三）各区（县）民政局每季度末汇总医疗救助的人数和资金情况后报市民政局。

（四）医疗救助金专款专用，专项结报，严禁挪用和虚报。

（五）各区（县）医疗救助金的配套落实及使用情况，须接受市民政、财政及审计等部门的监督和检查，并及时纠正检查中发现的问题。

七、关于医疗救助工作的职责和分工

（一）各级民政部门要按照沪府办发〔2000〕121号文件要求，加强对医疗救助工作的归口管理。要认真研制医疗救助政策，落实政府医疗救助职责；建立医疗救助工作联系会议制度，汇总医疗救助的有关数据；组织开展社会互助、结对帮困、志愿者参与等多形式的帮扶活动。

（二）各有关部门要明确分工，各负其责，加强沟通，密切合作。财政部门要按规定要求，落实财政配套资金，并做好对医疗救助资金使用情况的监督检查；医保部门要加强医保和医疗救助之间在政策和工作上的衔接，配合医疗救助工作的组织实施；卫生部门要制定相应政策指导并督促医疗机构降低医疗成本，合理收费，以比较低廉的价格提供比较优质的服务；市总工会要认真完善职工医疗互助保障计划，共同做好医疗救助工作。

（三）有关委办局要加强对本系统职工医疗互助救助工作的领导和落实；用人单位要积极开展职工医疗互助救助工作，对发生医疗困难的职工尽责救助，确有困难的应由上级主管部门或通过多渠道筹集资金帮助解决。

（四）各级政府要鼓励和支持社区、企事业单位和个人参与医疗救助工作，红十字会、慈善基金会等各社会团体要以各种形式支持医疗救助工作。

上海市居民经济状况核对办法

（2009年7月22日上海市人民政府令第14号发布）

第一条　（目的）

为有效实施社会救助、社会福利等制度，规范居民经济状况核对工作，根据国家有关规定，结合本市实际，制定本办法。

第二条　（适用范围）

本办法适用于政府相关部门在实施最低生活保障、医疗救助、教育救助、住房保障等制度时，对提出申请的居民个人或者家庭，委托本市居民经济状况核对机构对其经济状况开展调查、核实以及出具书面报告的活动。

前款中接受本市居民经济状况核对机构对其经济状况开展调查核实的居民个人或者家庭，以下统称为核对对象。

第三条　（原则）

核对工作应当坚持依法和客观、公正的原则，保护核对对象的合法权益。

第四条　（主管部门）

上海市民政局是本市居民经济状况核对工作的主管部门。

第五条　（核对机构）

上海市居民经济状况核对中心以及区县居民经济状况核对机构（以下统称核对机构），是政府批准设立的，专门负责本市居民经济状况核对具体工作的机构。

第六条　（核对委托）

政府相关部门受理本市居民个人或者家庭提出的最低生活保障、医疗救助、教育救助、住房保障等项目申请后，按照规定需要以其经济状况作为参考的，可以委托核对机构进行调查核实。

第七条　（核对内容）

核对的内容包括核对对象的可支配收入、财产。可支配收入包括工资性收入、经营性净收入、财产性收入、转移性收入等，财产包括实物财产、货币财产等。

可支配收入和财产的具体内容，由上海市民政局会同有关部门按照国家有关规定另行制定。

第八条　（核对方式）

核对机构可以运用入户调查、邻里访问、信函索证以及调取政府相关部门信息等方式开展工作。

第九条　（核对途径）

核对机构按照下列途径开展核对工作：

（一）工资性收入可以通过调查就业和劳动报酬、各种福利收入，以及社会保险费、住房公积金、个人所得税的缴纳情况等得出；

（二）经营性净收入可以通过调查工商登记、企业或者个体工商户的生产经营情况以及企业所得税的缴纳情况等得出；

（三）财产性收入可以通过调查利息、股息与红利、保险收益、出租房屋收入以及知识产权的收益情况等得出；

（四）转移性收入可以通过调查养老金、失业保险金、社会救济金、住房公积金的领取情况，以及获得赠与、补偿、赔偿的情况等得出；

（五）实物财产可以通过调查房产、车辆，以及古董、艺术品等有较大价值实物的拥有情况等得出；

（六）货币财产可以通过调查存款、有价证券持有情况、债权债务情况等得出。

第十条　（对支出的调查）

除第七条规定的核对内容外，核对对象的支出与其提供的收入状况明显不符的，或者对其经济状况有明显影响的，核对机构可以对相应支出情况进行调查。

第十一条　（核对对象的义务）

核对对象应当如实提供个人或者家庭经济状况的有关信息，不得隐瞒和虚报。

核对对象应当积极配合核对机构依法开展的调查工作。

第十二条　（特殊规定）

对需要解核对对象存款、有价证券、商业保险等情况的，核对对象应当根据政府相关部门的要求，书面授权并协助核对机构的调查工作。

相关的银行、证券、保险等机构应当根据核对对象的书面授权，依法向核对机构提供与核对对象相关的存款、有价证券、商业保险等信息。

第十三条　（有关单位和组织的义务）

核对对象的工作单位及其户籍地或者居住地的居民委员会、村民委员会等相关组织应当协助核对机构的工作。

第十四条　（政府相关部门的义务）

人力资源和社会保障、公积金管理、工商管理、税务、房屋管理、车辆管理、民政等部门应当向核对机构提供下列与核对对象有关的信息：

（一）就业、缴纳社会保险费和领取社会保险金的情况；

（二）住房公积金缴纳和使用的情况；

（三）企业和个体工商户的注册登记、生产经营情况；

（四）个人、个体工商户以及企业的纳税情况；

（五）房产拥有、房产交易和房屋出租的情况；

（六）车辆拥有的情况；

（七）享受有关社会救助、优待抚恤的情况；

（八）根据市人民政府规定应当提供的其他情况。

第十五条 （书面报告的出具）

核对机构对通过规定途径获得的相关信息进行核实后，应当出具书面报告，并送政府相关部门。

书面报告作为政府相关部门作出审批决定的参考。

第十六条 （复核）

政府相关部门在核对对象对审批决定提出异议时，认为有必要复核其经济状况的，可以要求核对机构进行复核。

核对机构应当在规定期限内，将复核结果书面告知政府相关部门。

第十七条 （核对工作的规范）

核对机构应当建立调查、核实的工作规范和责任制度，保障核对工作的及时、准确、公正。

核对机构应当建立严格统一的管理制度，采取必要的措施，保证信息系统的安全运行。

核对机构进行入户调查、邻里访问、信息调取等核对工作时，应当派出至少2名工作人员，并出示相关证件。

第十八条 （核对机构及其工作人员的保密义务）

核对机构及其工作人员应当对在核对过程中获得的涉及核对对象的信息予以保密，不得向与核对工作无关的组织或者个人泄露。

第十九条 （对工作人员的处分）

核对机构的工作人员滥用职权、玩忽职守、徇私舞弊造成严重后果的，根据国家相关规定给予行政处分；构成犯罪的，依法追究刑事责任。

第二十条 （核对项目的增加）

实施除最低生活保障、医疗救助、教育救助、住房保障以外的其他社会救助、社会福利等制度时，需要委托核对机构对居民经济状况进行调查核实的，应当经市人民政府批准后实施。

第二十一条 （核对工作的细则）

在实施具体的社会救助、社会福利等制度时，需要进行居民经济状况核对的，上海市民政局可以根据本规定和其他相关规定，会同有关部门制定符合该项目特点的核对工作实施细则。

第二十二条 （施行日期）

本办法自2009年9月1日起施行。

上海市经济适用住房申请家庭经济状况核对实施细则

（2010年12月3日市民政局、市住房保障和房屋管理局沪民救发〔2010〕92号制定）

第一条 （目的和依据）

为规范本市经济适用住房申请家庭经济状况的核对工作，根据《上海市居民经济状况核对办法》《上海市经济适用住房管理试行办法》和国家及本市的有关规定,制定本实施细则。

第二条　(适用范围)

本市行政区域范围内经济适用住房申请家庭的可支配收入、财产的核对以及核对程序,适用于本实施细则。

第三条　(实施机构)

申请经济适用住房的居民经济状况核对工作,由市居民经济状况核对中心(以下简称核对机构)组织实施。

第四条　(可支配收入的具体内容)

可支配收入包括工资性收入、经营性净收入、财产性收入、转移性收入等下列具体内容:

(一)工资性收入包括所从事的主要职业以及从事第二职业、其他兼职和零星劳动得到的收入,主要包括工资,薪金,加班费,年终加薪,各种奖金,各种津贴、补贴,个人从事各种技艺、各项劳动服务等所取得的报酬;

(二)经营性净收入是指从事生产经营活动获得的净收入,即全部生产经营收入扣除生产经营成本和税金后所得的收入,主要包括从事农、林、牧、渔业、批发和零售业、住宿和餐饮业、租赁和商务服务业、居民服务和其他服务业等的收入,中介费、转包承包等收入;

(三)财产性收入包括利息收入、股息与红利收入、出租房屋收入、知识产权收入、商业保险投资收益等;

(四)转移性收入包括养老金或离退休金(含退职生活费、一次性补助等)、失业保险金、社会救济收入、重残无业人员生活补助、辞退金(包括因劳动合同终止或解除所获得的经济补偿金等)、赔偿收入、保险公司赔偿或给付的保险金、赡(抚、扶)养收入、接受遗产收入、遗属补助金、捐赠(赠送)收入、彩票收益、退役士兵自谋职业一次性经济补助金、亲友搭伙费等;

(五)其他有关的收入。

前款规定的可支配收入,是指在规定的申报期间内的总收入扣除缴纳的各项税金和社会保险费后的收入。

第五条　(不计入可支配收入的内容)

下列内容不计入可支配收入:

(一)优抚对象按照国家和本市规定享受的一次性抚恤金、烈士褒扬金、伤残抚恤金、伤残护理费、定期抚恤金、定期定量补助、烈属抚慰金、差额补助、生活补助、优待金、临时补助、医疗补助和丧葬补助费;

(二)省级人民政府、国务院部委和中国人民解放军军以上单位颁发的科技、教育、技术、文化、卫生、体育、环境保护等方面的奖金,见义勇为人员以及对国家、社会和人民作出突出贡献者政府给予的一次性奖励金,省市级以上劳动模范退休后享受的荣誉津贴;

(三)在校学生获得的助学金、困难补助金;

(四)各级政府、社会各界给予的临时性救助款物;

(五)抚恤金、丧葬抚恤金;

(六)人身损害赔偿金中的医疗费、护理费、交通费、住宿费、住院伙食补助费、营养费、残疾辅助器具费、康复费、后续治疗费、丧葬费;

(七)因公(工)负伤职工的工伤赔偿金、工伤保险费、护理费;

(八)军队发放的转业费,退役士兵离开部队时领取的路费、伙食费及津贴费;

（九）医保机构发放的医疗保险金和民政部门发放的医疗救助金；

（十）计划生育奖励金、生育医疗费补贴；

（十一）百岁老人长寿津贴。

第六条 （财产的具体内容）

财产包括货币财产和实物财产等下列具体内容：

（一）现金、人民币和外币存款以及有价证券；

（二）机动车辆（含牌照）；

（三）房屋，包括在本市拥有的非居住类房屋，以及在外省市拥有的居住类房屋和非居住类房屋；

（四）债权；

（五）商业保险；

（六）其他价值较大的财产。

申请家庭在提出申请前五年内获得的拆迁货币补偿款，由于自身原因未购买住房的，按照《上海市经济适用住房申请对象住房面积核查办法》的相关规定，折算建筑面积并计入申请家庭住房面积后，不计入财产核对范围。

第七条 （可支配收入所属月份的认定）

可支配收入所属月份的认定，按照下列顺序进行：

（一）核对机构通过规定途径获得的相关信息显示的月份；

（二）核对机构通过规定的途径未获得相关信息的，以反映申请人获得可支配收入的银行卡等有效凭证显示的月份；

（三）经单位加盖公章并显示所属月份的工资单、工资条等有效凭证。

第八条 （可支配收入的认定）

可支配收入，按照实际获得的收入认定。

下列可支配收入，按照以下规定认定：

（一）工资收入低于最低工资标准的，属于在法定工作时间或依法签订的劳动合同约定的工作时间内提供正常劳动的，按照社会保险费缴纳地的最低工资标准认定；

（二）疾病休假工资或者疾病救济费低于国家有关规定的，按照国家有关规定认定；

（三）根据合同、协议规定的中介、转包承包获得的收入，按照双方签订的相关合同、协议认定；

（四）其他可支配收入，根据本条规定的原则或者其他合理的方式予以认定。

第九条 （财产价值的认定）

财产的价值，按照规定申请期起始日上一个月末的价值认定。

下列财产的价值，按照以下规定认定：

（一）商业保险的价值，按照保险合同中规定的现金价值认定；

（二）机动车辆（含牌照）的价值，按照委托指定的车辆价格认证机构鉴证后认定；

（三）房屋的价值，按照房屋管理部门委托的有资质的房地产估价机构的估价结果认定；

（四）规定申报期间内出售、赠与、支取的价值超过30 000元（含30 000元）的财产，在提供合理说明和资金流转凭证以及法院判决书或者公证书等有效凭证后，据实认定；

（五）其他财产的价值，根据本条规定的原则或者其他合理的方式予以认定。

第十条 （证明材料的形式）

可支配收入和财产的证明材料，主要包括下列形式：

（一）可支配收入的证明材料：单位证明，失业证明，无业证明，租赁合同，养老金证明，领取各类救济、补助、补贴的证明，领取赡养费、抚（扶）养费的收入说明，离婚判决书、离婚调解书或离婚协议书等；

（二）财产的证明材料：银行存单、银行账户明细、证券对账单、债券凭证、商业保险合同、房地产权证、车辆登记证书等。

第十一条 （委托核对材料的移交程序）

委托核对材料的移交，按照下列程序办理：

（一）住房保障机构应当自完成户口年限、婚姻状况、住房面积和住房出售等核查后的 2 个工作日内，将委托书和委托核对的申请材料（包括各类证明材料，下同）移交核对机构，委托书上应当填写委托编号和委托核对对象的姓名等基本内容；

证明材料为复印件的，住房保障机构应当在查验原件后加盖"与原件核对一致"的印章，并由经办人签字。

（二）核对机构收到委托书和委托核对的申请材料后应当及时开出收件收据。对符合核对要求的申请材料，应当及时组织开展核对；对不符合核对要求的申请材料，退回住房保障机构并附需要申请家庭补正材料的清单。

第十二条 （重新委托核对的规定）

住房保障机构根据规定需要重新委托核对的，应当在申请家庭审核登录公告前，将委托书和重新委托核对的申请材料移交核对机构。

核对机构对需要重新委托核对的委托程序，按照第十一条第（二）项的规定办理。

第十三条 （核对金额的确定和核对报告）

核对金额根据申请家庭的年可支配收入和财产除以委托核对的家庭成员数，得出人均年可支配收入和人均财产的实际金额确定。

核对机构应当自接受委托之日起 35 个工作日内完成核对，并出具书面核对报告。

第十四条 （核对工作中止的情形）

核对机构在开展经济状况核对工作时遇到下列情形之一的，可以中止核对，并在作出中止核对决定的 2 个工作日内，书面通知住房保障机构：

（一）人均年可支配收入或者人均财产超过准入标准的；

（二）拥有机动车辆或者房屋未申报的；

（三）社会保险费的缴纳与申请材料填写的情况不相符的；

（四）有转移财产嫌疑的；

（五）需要中止核对的其他情形。

第十五条 （中止核对的处理）

住房保障机构应当自收到核对机构发出的核对工作中止通知书的 15 个工作日内，按照下列情况分别作出处理：

（一）申请家庭在规定的期限内提交补充证明材料的，或者在规定的期限内未提交相关证明材料的，书面通知核对机构继续开展核对工作。其中，申请家庭提交补充证明材料的，应附上相关的补充证明材料；

（二）申请家庭签字确认退出申请的，书面通知核对机构终止核对工作；

（三）申请家庭需要延长时间提交证明材料的，经住房保障机构同意后，书面通知核对机构延期开展核对工作。延期提交补充证明材料的期限最长不超过 30 日。

住房保障机构在规定期限内未提供相关处理意见的,核对机构应当恢复核对工作,并根据本实施细则第十三条第二款的规定出具书面核对报告。

第十六条 (解答与复核)

住房保障机构在申请家庭对审批决定提出异议时,应当予以解答;认为有必要复核其经济状况的,可以要求核对机构进行复核。

核对机构应当自收到住房保障机构发出的复核委托书的 7 个工作日内完成复核,并书面告知复核结果。

第十七条 (核对期限的规定)

本实施细则规定的委托估价和鉴证、中止核对或者延期核对,不计入核对工作期限。

第十八条 (实施日期)

本实施细则自 2010 年 12 月 10 日起施行,有效期至 2014 年 12 月 31 日。2009 年 12 月 18 日市民政局、市住房保障和房屋管理局发布的《上海市经济适用住房申请家庭经济状况核对实施细则(试行)》(沪民救〔2009〕79 号)同时废止。

二、基层政权与社区建设

上海市村民委员会选举办法

（1999年6月1日上海市第十一届人民代表大会常务委员会第十次会议通过）

第一条　为规范村民委员会选举工作，保障村民依法行使民主权利，根据《中华人民共和国村民委员会组织法》，结合本市实际情况，制定本办法。

第二条　村民委员会主任、副主任和委员，由本村有选举权的村民直接选举产生。任何组织或者个人不得指定、委派或者撤换村民委员会成员。

村民委员会由主任、副主任和委员共三至七人组成，其成员的具体职数由村民会议或者村民代表会议决定。

村民委员会成员中，妇女应当有适当的名额。村民委员会成员之间不得有夫妻关系或者直系亲属关系。

第三条　年满十八周岁的村民，不分民族、种族、性别、职业、家庭出身、宗教信仰、教育程度、财产状况、居住期限，都有选举权和被选举权；但是，依照法律被剥夺政治权利的人除外。

第四条　村民委员会每届任期三年，届满应当及时举行换届选举。因特殊原因不能按时举行换届选举的，应当报区、县人民政府批准。

村民委员会的换届选举工作由市人民政府统一部署。区、县人民政府成立选举工作领导小组，领导本行政区域内的村民委员会换届选举工作。

市和区、县民政部门负责指导村民委员会换届选举工作。

第五条　村民委员会换届选举期间，乡、镇人民政府应当设立选举工作指导小组，具体指导、帮助村民选举委员会工作，其主要职责：

（一）制定本乡、镇村民委员会的换届选举工作计划，确定选举日程；

（二）宣传村民委员会选举的有关法律、法规；

（三）组织培训选举工作人员；

（四）受理有关选举工作的举报和来信来访；

（五）承办换届选举工作的其他事项。

第六条　村民委员会的选举，由村民选举委员会主持。村民选举委员会由七至九人组成，其成员应当有一定的代表性。村民选举委员会成员由村民会议或者各村民小组推选产生。如村民小组推选的村民选举委员会成员人数超过规定名额，其成员由村民代表会议确定。

村民选举委员会成员被确定为村民委员会成员正式候选人的，应当退出村民选举委员会。

村民选举委员会的主要职责：

（一）依法拟订选举工作方案，提请村民会议或者村民代表会议讨论通过；

（二）开展选举的宣传、发动工作；

（三）确定和培训选举工作人员；

（四）确定选举日并予以公布；

（五）组织村民登记，审查村民的选举资格，并公布有选举权和被选举权的村民名单；

（六）组织村民提名村民委员会成员候选人，并公布候选人名单；

（七）主持投票选举，公布选举结果，并报乡、镇人民政府备案；

（八）受理有关选举工作的群众来信来访；

（九）总结选举工作，整理、建立选举工作档案。

村民选举委员会履行职责，自组成之日起至新一届村民委员会召开第一次会议为止。

第七条　有选举权和被选举权的村民的年龄以户口登记的出生日期为依据。村民年满十八周岁的计算以本村的选举日为准。

有选举权和被选举权的村民应当在其户口所在地的村进行登记。

结婚后居住在配偶所在村，但户口未迁入，本人要求在配偶所在村登记的，经村民选举委员会确认，可以予以登记，但不得在户口所在地的村重复登记。

已经转为非农业户口的原本村村民，仍履行村民义务，本人要求登记的，经村民选举委员会确认，可以予以登记。

第八条　有选举权和被选举权的村民名单，应当在选举日的二十日以前公布。

村民对公布的名单有异议的，可以在选举日的十日以前向村民选举委员会提出，村民选举委员会应当在选举日的五日以前作出解释或者补正。

第九条　村民委员会主任、副主任和委员候选人的名额应当分别多于应选名额。具体关额数由村民选举委员会在拟订选举工作方案时规定。

第十条　选举村民委员会，由本村有选举权的村民直接提名候选人。

村民通过投票直接提名村民委员会主任、副主任和委员候选人，均以得票多的为正式候选人。

村民委员会成员正式候选人名单应当在选举日的五日以前，按照得票多少的顺序张榜公布。

第十一条　村民选举委员会应当帮助村民解村民委员会成员候选人，可以组织村民委员会成员正式候选人与村民见面，回答村民提出的问题。但是在选举日应当停止对候选人的介绍。

第十二条　村民选举委员会在选举日以前，应当做好以下准备工作：

（一）确定监票人和发票、计票工作人员；

（二）公布投票时间，印制选票；

（三）设立选举会场、投票站；

（四）核实有选举权的外出村民委托的投票人；

（五）其他选举事务工作。

村民委员会成员正式候选人及其配偶或者直系亲属不得担任监票人和发票、计票工作人员。

第十三条　选举村民委员会，采取无记名投票方法。可以由有选举权的村民一次投票选举主任、副主任和委员；也可以分次投票选举主任、副主任和委员。主任、副主任不得由当选的委员推选产生。

第十四条　有选举权的村民外出或者其他特殊原因，不能参加投票的，经村民选举委员会同意，可以在选举日以前书面委托其他有选举权的村民代为投票。每一有选举权的村民可以接受一至二人的委托投票。

第十五条　选举会场和投票站应当设立秘密写票处和公共代写处，文盲或者因残疾不能写选票的，可以委托他信任的人代写。

有选举权的村民对村民委员会成员候选人可以投赞成票，可以投反对票，可以另选他人，也可以弃权。

第十六条　投票结束后,投票站的选举工作人员应当立即将投票箱集中到选举会场统一开票,公开计票。选举结果由村民选举委员会当场向村民公布。

第十七条　选举村民委员会,有选举权的村民的过半数投票,选举有效。所投的票数,等于或者少于投票人数的有效,多于投票人数的无效。

每一选票所选的人数,等于或者少于规定应选名额的为有效票,多于规定应选名额的为废票。

第十八条　候选人获得参加投票的村民的过半数的赞成票,始得当选。

获得过半数赞成票的候选人的人数超过应选名额时,以得票多的当选。如遇票数相等,不能确定当选人时,应当就票数相等的候选人再次投票,以得票多的当选。

第十九条　获得过半数赞成票的当选村民委员会成员的人数少于应选名额时,当选人数达到三人以上的,不足的名额可以另行选举,也可以暂缺;当选人数未达到三人的,不足的名额,应当另行选举,直至村民委员会成员人数不少于三人。

另行选举村民委员会时,根据第一次投票时得赞成票多少的顺序,按照差额确定候选人名单,候选人以得赞成票多的当选,但是得赞成票数不得少于选票的三分之一。

村民委员会主任暂缺的,由当选的副主任临时主持村民委员会工作;村民委员会主任、副主任都暂缺的,由村民代表会议讨论,确定一名委员临时主持村民委员会工作。

第二十条　选举结果由村民选举委员会报乡、镇人民政府,并由乡、镇人民政府颁发村民委员会主任、副主任和委员的当选证书。

第二十一条　村民委员会及其成员应当遵守宪法、法律、法规和国家的政策,办事公道,廉洁奉公,热心为村民服务。

第二十二条　村民委员会应当接受村民的监督。

本村五分之一以上有选举权的村民联名,可以要求罢免村民委员会成员。

乡、镇人民政府对严重违反国家法律、法规受到处罚,或者连续六个月以上无正当理由不参加村民委员会工作的村民委员会成员,可以向村民委员会提出罢免建议。

罢免要求和罢免建议应当提出罢免理由。被提出罢免的村民委员会成员有权提出申辩意见。村民委员会应当在接到罢免要求或者罢免建议后三十日内召开村民会议投票表决。罢免村民委员会成员须经有选举权的村民过半数通过。

村民委员会逾期不召开村民会议表决罢免要求,乡、镇人民政府可以召开村民会议投票表决罢免要求。

第二十三条　村民委员会成员要求辞去职务的,应当以书面形式向村民会议或者村民代表会议提出,由村民会议或者村民代表会议讨论决定。

第二十四条　村民委员会成员因故出缺,村民委员会应当在六个月内按照本办法的规定补选。补选的村民委员会成员的任期,到本届村民委员会届满为止。村民委员会成员满三人的,经村民代表会议同意也可以不补选。

补选村民委员会成员,村民委员会应当事先向乡、镇人民政府报告。

第二十五条　对有下列行为之一的,村民有权向乡、镇的人民代表大会和人民政府或者区、县人民代表大会常务委员会和人民政府及其有关主管部门举报,有关机关应当负责调查并依法处理,对直接责任人员给予行政处分;违反治安管理处罚条例的,由公安机关依法给予处罚;构成犯罪的,依法追究刑事责任:

（一）以威胁、贿赂伪造选票等不正当手段,妨碍村民行使选举权、被选举权,破坏村民委员会选举的;

（二）指定、委派、撤换村民委员会成员的;

（三）对检举村民委员会选举中违法行为的村民或者提出要求罢免村民委员会成员的村民进行压制、报复的;

（四）其他破坏村民委员会选举的行为。

第二十六条　村民对选举程序或者选举结果有异议的,可以向区、县或者乡、镇人民政府提出申诉,区、县和乡镇人民政府应当及时调查处理。

第二十七条　本办法自 1999 年 6 月 15 日起施行。

上海市实施《中华人民共和国村民委员会组织法》办法

（2000 年 9 月 22 日上海市第十一届人民代表大会常务委员会第二十二次会议通过）

第一条　根据《中华人民共和国村民委员会组织法》第二十九条的规定,制定本办法。

第二条　本市的村民自治活动及其保障,《中华人民共和国村民委员会组织法》有规定的,依照规定执行;没有具体规定的,适用本办法。

第三条　村民委员会是村民自我管理、自我教育、自我服务的基层群众性自治组织,实行民主选举、民主决策、民主管理、民主监督。

第四条　中国共产党在农村的基层组织,按照中国共产党章程和中国共产党农村基层组织工作条例进行工作,发挥领导核心作用;依照宪法和法律,支持和保障村民开展自治活动、直接行使民主权利。

第五条　乡、镇人民政府指导、支持、帮助村民委员会和广大村民建立、健全各项自治制度,依法开展自治活动;但是不得干预依法属于村民自治范围内的事项,不得侵占或者自行处置村集体财产。

村民委员会协助乡、镇人民政府开展工作,可以接受乡、镇人民政府的委托,办理与本村有关的事项。

乡、镇人民政府委托村民委员会办理有关事项时应当给予指导,提供必要的条件或者经费,并对委托的事项依法承担责任。

区、县人民政府的有关部门确实需要村民委员会协助工作或者委托村民委员会办理有关事项的,按照前款的规定办理,但是应当通过乡、镇人民政府统一安排。

第六条　村民委员会的撤销、范围调整,由乡、镇人民政府提出,并附村的集体资产处置方案,经村民会议讨论同意,报区、县人民政府批准后实施。

村的集体资产处置方案,一般包括村集体资产的范围、分配对象和处置时限等内容,由村民委员会依据村集体资产处置办法拟定,送乡、镇人民政府审核。

村集体资产处置办法由市人民政府规定。

第七条　村民委员会主任、副主任和委员,由村民按照《上海市村民委员会选举办法》的规定选举产生。

村民委员会换届选举前,应当对本届村的财务进行审计。村民委员会主任、分管财务的村民委员会成员离任前,应当进行离任审计。审计结果按照本办法第十七条的规定公布。

第八条 村民委员会应当履行下列职责:

(一)执行村民会议、村民代表会议的决议、决定;

(二)建立、健全村民实行自治活动的各项制度;

(三)编制并实施与乡、镇区域规划相适应的村经济和社会发展规划及年度计划;

(四)组织发展多种形式的本村经济;

(五)教育、督促村民遵守村民自治章程、村规民约;

(六)规范财务会计行为,管理本村的财务;

(七)妥善处理与驻地单位和邻村的关系;

(八)法律法规规定应当由村民委员会履行的其他职责。

第九条 村民委员会可以按照村民居住状况分设若干村民小组。村民小组长由村民小组会议从本组村民中推选产生,任期与村民委员会的任期相同,可以连选连任。本组的多数村民对村民小组长工作不满意的,可以予以更换。推选或者更换村民小组长的村民小组会议由村民委员会召集。

村民小组长应当向村民委员会反映本组村民的意见、建议,向本组村民传达村民委员会作出的有关规定,协助村民委员会办理本村的公共事务和公益事业。

第十条 村主要负责人的报酬或者补贴标准,可以由乡、镇人民政府提出方案,经村民会议或者村民代表会议讨论通过后实施;其他从事村务人员的报酬或者补贴标准,由村民委员会提出方案,经村民会议或者村民代表会议讨论通过后实施。

第十一条 村民会议由本村十八周岁以上的村民组成。

召开村民会议,应当有本村十八周岁以上村民的过半数参加,或者有本村三分之二以上的户的代表参加,所作决定应当经到会人员的过半数通过。

村民会议由村民委员会召集。有十分之一以上的村民提议,应当召集村民会议。

第十二条 涉及村民利益的下列事项,村民委员会必须提请村民会议讨论决定:

(一)村经济与社会发展规划和年度工作计划;

(二)村的财务预算、决算和收支情况的报告;

(三)村土地征用补偿费的使用和劳动力安置的方案;

(四)村务监督小组成员的产生;

(五)法律法规规定属于村民会议讨论决定的其他事项。

前款规定的村民会议职权,村民会议可以根据需要授予村民代表会议行使,但选举、罢免村民委员会成员和制定村民自治章程、村规民约的职权除外。

村民会议和村民代表会议的决议、决定,需要撤销或者变更的,应当提请原作出决议、决定的村民会议或者村民代表会议讨论决定。

村民代表会议或者村民委员会作出的决议、决定不适当的,村民会议有权撤销或者变更。

第十三条 二百户以上的村,可以召开村民代表会议。村民代表由村民按每五户至十五户推选一人,或者由各村民小组推选若干人产生。村民代表的人数不得少于三十五人。

村民代表应当与村民保持密切联系,及时反映村民的意见、建议和要求。

村民代表的任期与村民委员会的任期相同,可以连选连任;推选村民代表的户或者村民小组认为该村民代表不称职的,可以予以更换。村民代表的更换、补选按原推选方式进行。任何组织和个人不得指定、委派或者随意更换村民代表。

第十四条 村民代表会议由村民委员会召集,至少每六个月召开一次。有三分之一以上的村民代表或者村务监督小组书面提议,应当临时召集村民代表会议。村民代表会议讨论决定村民会议授权的事项。

村民委员会应当在村民代表会议召开五日以前公布会议议题和议程,并通知村民代表。村民代表应当在会前就有关事项征求村民的意见和建议,并在村民代表会议上如实反映。

村民代表会议必须有三分之二以上的村民代表出席,才能举行。所作决议、决定应当以全体村民代表过半数通过,并不得与村民会议的决议、决定相抵触。非村民代表的村民委员会成员、村党支部成员列席村民代表会议。必要的时候,可以邀请驻在本村的单位和居住在本村的非本村村民派代表列席村民代表会议。

第十五条 村民委员会向村民会议负责并报告工作。村民会议每年审议村民委员会的工作报告,并评议村民委员会成员的工作,评议结果应当作为确定村民委员会成员报酬或者补贴的标准之一。过半数与会人员认为村民委员会成员不称职的,可以劝其辞职或者依法提出罢免要求。

第十六条 村民委员会应当组织人员拟订村民自治章程、村规民约。

村民自治章程一般包括村民组织、经济管理、社会秩序等方面的制度和行为规范。

制定、修改村民自治章程、村规民约时,应当广泛听取村民的意见,经村民会议讨论通过后报乡、镇人民政府备案。对不符合宪法、法律法规和国家政策的内容,乡、镇人民政府应当督促村民委员会提请村民会议或者村民代表会议修改。

第十七条 村民委员会实行村务公开制度。村务公开应当及时,内容应当真实、完整、清楚。

村民委员会应当在便于村民观看的地点设置固定的村务公开栏,并对公开的村务采用会议、广播、公开信等辅助形式予以宣传。

村民委员会应当建立村务公开档案,将村务公开的时间、内容、村务监督小组的意见以及答复村民询问等资料存档备查,并报乡、镇人民政府备案。村务公开档案应当妥善保管,保存期不得少于六年。

第十八条 村务中的下列事项必须公布:

(一)本办法第十二条规定的由村民会议、村民代表会议讨论决定的事项及其实施情况;

(二)国家计划生育政策的落实方案;

(三)村的主要财产和债权债务;

(四)村主要负责人和其他有关人员的报酬或者补贴及其他待遇、外出学习考察以及业务招待费的使用情况;

(五)农村社会养老保险投保和发放情况;

(六)救灾救济款物的发放情况;

(七)集体拖欠村民资金和村民拖欠集体资金情况;

(八)村务监督小组的工作报告;

(九)涉及本村村民利益、村民普遍关心的其他事项。

有十分之一以上村民或者三分之一以上村民代表要求公布的事项,村民委员会应当公布。

前两款规定中涉及外出学习考察费用、业务招待费的使用情况以及其他财务收支事项,至少每季度公布一次。

第十九条 村民会议或者村民代表会议可以推选五至七名村民组成村务监督小组,小组长由小组成员推选产生。村务监督小组成员应当热爱集体,公道正派,坚持原则,有一定的议事能力;小组中应当有具备一定财会专业知识的成员。

村务监督小组的任期与村民委员会的任期相同,可以连选连任。村民对村务监督小组成员的工作不满意的,由村民会议或者村民代表会议按原推选方式予以更换。

村民委员会成员和村其他负责人及其直系亲属,不得担任村务监督小组的成员。

第二十条　村务监督小组督促村民委员会建立、健全和不断完善民主决策、民主管理、民主监督的各项制度;对村民委员会执行村民会议、村民代表会议的决议、决定情况和村务公开情况进行监督;收集和反映村民的意见和建议,并督促村民委员会及时作出答复。村务监督小组组长可以列席村民委员会会议。

村民委员会的决定与村民会议、村民代表会议的决议、决定相违背或者有重大错误,经指出后不纠正的,村务监督小组可以提议召开村民代表会议。村民委员会应当自提议之日起十五日内召集村民代表会议就有关事项进行讨论。

村务监督小组至少每年一次向村民会议或者村民代表会议报告工作。村务监督小组决定事项,采取少数服从多数的原则。

第二十一条　村民对公布的村务内容有疑义的,可以直接向村民委员会询问或者提出意见,也可以通过村务监督小组要求村民委员会作出解答。村民委员会可以当场解答的,应当当场解答;不能当场解答的,应当在十五日内作出解答。

经村务监督小组同意,村民可以在有关部门或者专业人员的指导下查阅有关账目。

第二十二条　村民委员会应当自觉接受村民的监督,支持村务监督小组依法履行职责,对村民和村务监督小组的意见、建议应当及时作出明确的答复。

第二十三条　村民委员会及其成员有下列行为之一的,村民和村务监督小组有权向乡、镇人民政府或者区、县人民政府及其有关部门反映:

(一)不及时公布应当公布的事项或者公布的事项不真实的;

(二)无正当理由不执行村民会议或者村民代表会议的决议、决定的;

(三)对应当由村民会议或者村民代表会议决议、决定的事项擅自作出决定或者处理的;

(四)对村民、村务监督小组成员打击报复的。

乡、镇人民政府或者区、县人民政府及其有关部门对村民和村务监督小组反映的前款所列行为,应当负责调查核实,经查证确实的,应当责令公布或者纠正;确有违法行为的,有关人员应当依法承担责任。

第二十四条　村民应当遵守法律法规和国家政策,遵守村民自治章程、村规民约,执行村民会议、村民代表会议的决议、决定,履行村民应尽的义务。

村民在行使权利时,不得损害国家、集体利益以及其他组织和公民的合法权益。

第二十五条　市、区、县人民代表大会及其常务委员会和乡、镇人民代表大会在本行政区域内保证《中华人民共和国村民委员会组织法》和本办法的实施,保障村民依法行使自治权利。

第二十六条　本市各级人民政府的民政等有关部门,应当在同级人民政府的领导下做好《中华人民共和国村民委员会组织法》和本办法实施中的有关工作。

第二十七条　本办法自 2001 年 1 月 1 日起施行。

三、双拥优抚安置

上海市优待革命烈士家属、
革命军人家属和革命残废军人办法

(1986 年 1 月 27 日上海市人民政府批准)

第一条 为体现国家对革命烈士家属、革命军人家属和革命残废军人的亲切关怀,鼓舞部队士气,巩固国防,根据《中华人民共和国宪法》和《中华人民共和国兵役法》的有关规定,结合本市情况,制定本办法。

第二条 革命烈士家属(简称烈属)、革命军人家属(简称军属,包括现役军人家属,因公牺牲、病故军人家属)和革命残废军人(简称残废军人),应当受到社会的尊重,受到国家和人民群众的优待。

本办法所指"家属"系烈士或军人的父母、配偶、子女、无生活来源的十六岁以下弟妹,抚养烈士或军人长大的其他亲属。

第三条 各级人民政府和有关部门应做好拥军优属工作,新年春节、"八一"建军节期间,通过召开座谈会、登门走访等形式亲切慰问烈属、军属和残废军人。

第四条 乡(镇)人民政府和街道办事处,接到军人立功或获得荣誉称号的喜报后,应组织群众给其家属庆功报喜;接到军人牺牲、病故的通知书后,应对家属进行抚慰。

第五条 区、县人民政府对无劳动能力或者无固定收入不能维持生活的烈属和牺牲、病故军人家属,应定期发给抚恤金。对烈属、军属免除义务工。

第六条 家居城镇在职入伍的义务兵在服现役期间,由其原所在单位按规定发给优待金,其供养亲属仍享受原单位职工供养亲属的福利待遇。

待业入伍义务兵的家属,生活有困难的,由区、县人民政府给予适当补助。

第七条 家居农村的烈属和牺牲、病故军人家属及义务兵家属,由乡人民政府采取平衡负担的办法给予优待,优待标准不低于乡办或村办企业职工年平均工资和奖金的百分之五十。给烈属的优待要略高于义务兵家属。给义务兵家属的优待金,乡人民政府应通知军人所在部队。村民委员会要召开优待金兑现大会。家中无直系亲属的义务兵,村民委员会应负责把优待金储存起来,以作军人退伍回乡时安家费用。

义务兵入伍前的自留地,在其服现役期间继续保留。

第八条 家居农村生活有困难的在乡残废军人,应根据其困难大小,由乡人民政府采取平衡负担办法给予优待,保证他们的生活不低于本村农民的平均生活水平。

第九条 各部门、各地区、各单位要有一个工作部门负责拥军优属工作,从组织、制度、经费等方面保证拥军优属工作的开展,经常关心并帮助解决本部门、本地区、本单位的烈属、军属和残废军人生活上、工作上的实际困难。

第十条 地区拥军优属服务网,应做好为烈属、军属和残废军人的服务工作,对其中年老体弱、行动不便、生活不能自理的,应实行定人员、定时间、定内容的服务。

第十一条　各部门、各地区、各单位应根据各自的工作特点,给予下列优待:

(一)劳动部门对烈士和牺牲军人的直系亲属,按有关规定安排一人就业。企事业单位在招工时,对符合招工条件的烈属、牺牲、病故军人家属、二等以上残废军人的子女,优先录用。

(二)烈属、军属和残废军人,因病就诊时,当地医疗单位应当优先治疗;负担医疗费确有困难的烈属、军属,区县卫生部门应当酌情给予减免;对二等以上残废军人就诊免付挂号费。

(三)粮食部门对残废军人,按残废等级在粮、油、豆制品等方面给予照顾供应。

(四)供销、物资部门对烈属、军属和残废军人的建房材料,在同等条件下应优先供应。

(五)文化部门应优先照顾残废军人购买电影票和戏票。

(六)残废军人乘坐火车、轮船、飞机、长途汽车,交通部门应照顾优先购票并按规定享受减价优待。

(七)残废军人游览公园免购门票。

(八)烈士子女在国家举办的幼儿园、中小学上学,免收学杂费;报考高等院校和中等专业学校、各局技术学校,在同等条件下,优先录取。

(九)各部门、各单位在分配住房时,应将烈士、牺牲军人、现役军人计为分房人口;对烈属、二等以上残废军人的住房困难,应从优解决;对军属、三等残废军人的住房困难,在同等条件下优先照顾;所在单位无房源的,由主管部门统筹解决;无工作单位或非正式职工的,其住房困难由区县人民政府统筹解决;对自愿购买住房的,优先照顾。

第十二条　乡(镇)人民政府应优先安排烈属、军属和残废军人进乡(镇)企事业单位工作,积极扶持他们发展生产、勤劳致富,纳入重点户、专业户、经济联合体的规划。供销、信贷、物资、粮食、工商、科技等部门,要在资金、物资供应、技术辅导、信息提供、发给工商执照和产品收购等方面优先照顾。

第十三条　乡人民政府应帮助缺乏劳动力的烈属、军属和残废军人种好承包责任田和口粮田。

第十四条　切实保护现役军人的婚姻,对破坏军人婚姻的,要依法惩处。

第十五条　各部门、各地区、各单位应加强对烈属、军属和残废军人的思想政治工作,勉励他们谦虚谨慎,戒骄戒躁,教育他们成为遵纪守法的模范。因触犯刑律被判处徒刑的,在服刑期间,停止抚恤和优待;情节特别严重的,经市人民政府批准,取消抚恤和优待。

第十六条　对模范执行本办法,成绩显著的机关、团体、企事业单位和个人,应予表扬、奖励。违反本办法的,应予批评教育;造成严重后果的,应追究责任。

第十七条　本办法经上海市人民政府批准,自一九八六年二月一日起施行。

上海市人民政府关于对城镇高(初)中毕业生和待业青年入伍的义务兵优待的暂行办法

(1986 年 10 月 9 日上海市人民政府发布)

为继承和发扬拥军优属的光荣传统,积极支持部队建设,推动新时期的城镇征兵工作,根据《兵役法》的有关精神和本市的实际情况,对城镇高(初)中毕业生和待业青年入伍的义务兵,实行如下暂行优待办法:

一、一九八六年十月一日以后,城镇高(初)中毕业生和待业青年入伍的义务兵,在被批准入伍的同时,事先安排到当年有招工计划的单位,一并发给"入伍通知书"与"分配工作单位通知书"。一九八六年九月三十日以前城镇高(初)中毕业生和待业青年入伍的义务兵,在一九八七年六月底前补发"分配工作单位通知书"。其在服现役期间的优待,按沪府办发〔1985〕64 号文件执行。退出现役后,回分配工作单位工作。

二、义务兵超期服役一年,优待金增加百分之五;超期服役两年以上的,优待金增加百分之十(不递增)。义务兵被提为干部或改为志愿兵后,从部队下达命令的下个月起停发优待金。

三、义务兵在服现役期间因立功受奖,其优待金的提高,按沪府办发〔1985〕64 号文件中有关规定执行;因表现不好提前退伍或被军队除名、开除军籍的,取消全部优待金(已经发给的不扣还)。

四、本办法从一九八六年十月一日起实行。一九八五年以前城镇高(初)中毕业生和待业青年入伍的义务兵优待金,从一九八七年一月起计发。以前的不补发。

上海市人民政府关于本市加强拥军优属工作的若干规定

(2004 年 1 月 29 日上海市人民政府沪府发〔2004〕5 号印发)

为了进一步做好本市拥军优属工作,增强全民国防观念,促进国防建设,根据《中华人民共和国宪法》《中华人民共和国国防法》《中华人民共和国兵役法》和国务院《军人抚恤优待条例》等法律、法规,结合本市实际,制定本规定。

第一条　本规定所称优抚对象,是指中国人民解放军(含中国人民武装警察部队)的现役军人、革命伤残军人、复员退伍军人、革命烈士家属、因公牺牲军人家属、病故军人家属、现役军人家属。

本规定所称家属,是指军人的父母、配偶、子女,以及依靠军人生活的 18 周岁以下的弟妹、军人自幼曾依靠其抚养现在又必须依靠军人生活的其他亲属。

本规定所称随军随调家属,是指驻沪部队军官、高级士官的随军随调配偶。

第二条　本规定所指的有效证件,是指国务院、中央军委,武警总部、各类军事院校、民政部和省级以上民政部门制发的证明个人身份的有效证件。

第三条　本市行政区域内的国家机关、企事业单位、社会团体及其他组织和公民,依照本规定履行拥军优属的责任和义务。

第四条　各级政府要加强对拥军优属工作的领导,把拥军优属工作纳入经济社会发展的总体规划,切实保障拥军优属工作得到落实。

第五条　各级政府和各单位要大力开展以爱国主义为核心,以拥军优属、拥政爱民为重要内容的国防教育,努力在全社会形成关心支持国防建设、维护军政军民团结的良好风尚。

第六条　各级政府和有关单位要按照《上海市人民政府、上海警备区关于推进驻沪部队后勤保障社会化改革的意见》(沪府〔2003〕2 号)的要求,支持驻沪部队的后勤保障社会化改革。

第七条　各级政府及其土地管理部门要依法及时办理因国防建设需要征用土地及进行项目建设的审批手续。

第八条　各级政府要采取有效措施,协助部队管理和保护国防设施,维护营区安全。

第九条　公路和市政部门要做好通往部队驻地道路的修建和养护工作。

第十条　任何单位和组织不得向部队集资、摊派。地方公益事业或建设项目确需部队支持的,必须报经市或区(县)双拥办统一协调安排。

第十一条　各级政府和有关单位要通过多种形式,积极开展科教拥军工作。

要积极支持驻沪部队开展官兵学历教育和人才培养;为部队的科技练兵提供技术指导和器材、

设备等方面的帮助;组织拥军志愿者队伍为驻军部队及其官兵服务;对驻沪部队的科研立项等给予支持,并将其纳入地方科研成果评比范围。

第十二条　各级政府要落实和完善征兵工作责任制,动员和鼓励适龄青年履行征兵义务,并确保兵员质量,完成征兵任务。

第十三条　各级政府及有关方面要高度重视维护军人、军属合法权益,落实维护国防利益的责任。

各级司法行政机关要指导法律援助机构和法律服务机构为军人、军属提供法律服务;各级法律援助机构增设维护军人、军属合法权益法律援助中心,会同驻军单位法律顾问处、各区县人武部法律咨询站为本辖区内涉军案件提供法律援助。

第十四条　对军用机动车通过本市行政区域内的公路(含高速公路)、桥梁、隧道、渡口(轮渡)以及在本市行政区域内的各类公共收费性停车场停放,由有关部门制定具体政策给予优待。

第十五条　民航、铁路、水运和公路长途客运等部门要坚持设立军人售票窗口,开设军人候车(船)室。现役军人、革命伤残军人优先购票、优先乘车(船),并享受国家规定的优待。对革命伤残军人、革命烈士家属乘坐市内公共交通车辆,由有关部门制定具体政策给予优待。

第十六条　本市各类向公众开放的收费观瞻场所对持有效证件的现役军人、革命伤残军人、军队离退休干部和革命烈士家属实行优待;各类文化和体育场所对上述人员观看电影、演出和体育比赛实行优惠。各类观瞻场所和文化、体育场所需张贴优待、优惠告示,简化接待手续。非国有资本投资经营的观瞻场所和文化、体育场所接待上述人员,可参照本款有关规定办理。

政府部门出资兴建的体育场馆和运动场所,应对部队有计划组织的军事训练给予支持。

第十七条　本市公安、人事、劳动保障部门要积极为准予进沪的随军随调家属办理落户等相关手续。

第十八条　各级政府及有关部门要做好随军随调家属的就业、培训和生活保障工作。

(一)坚持以市场就业为主导、政府安置重点对象为辅助、保底就业为基础的原则,为随军随调家属的首次就业创造条件。同时,鼓励随军随调家属通过市场推荐方式实现就业。对驻沪部队中的飞行员、潜艇干部、从事舰艇工作满10年的军官或荣立二等功以上的军官或因战因公致残(二等乙级以上)、牺牲等军官的配偶,每年由市政府下达计划给予安置;对经过培训及二次推荐仍无法实现就业、但本人有就业需求的随军随调家属,给予就业帮助,安排其参加公益性劳动。

(二)本市出台的促进就业的各项优惠政策,均适用于随军随调家属。各级就业服务机构要安排专人,为随军随调家属开展职业介绍和职业指导;各区(县)劳动保障部门要为随军随调家属安排有针对性的职业技能培训;各级政府要对驻岛及驻扎在市外监狱、劳教场所等处和其他艰苦地区的部队在当地的随军随调家属的就业给予帮助;各有关部门要对随军随调家属从事个体工商经营、创办非正规劳动组织、创立微小型企业给予支持,并按本市有关规定予以优先办理开业指导及小额贷款的担保贴息。

(三)凡有用工需求的机关、企事业单位、社会团体,要优先录(聘)用随军随调家属;各级政府及有关部门要鼓励企事业单位主动接收军官配偶就业并与其签订两年以上劳动聘用合同;各级政府及有关部门要为随军随调家属参加本市的人才引进、人才招聘创造各种便利条件,并鼓励用人单位在同等条件下优先录用随军随调家属。

(四)对未实现就业的随军随调家属,可按照市劳动保障局《关于对户口已报入本市的军队随军随调军官配偶享受失业保险若干问题的通知》(沪劳保社[1999]1号)的规定,予以享受相应的失业保险待遇;失业救济期满后仍未实现就业且生活确有困难的,由民政部门参照本市居民最低生活保障标准,对其实施最长不超过一年的临时生活困难救济。

(五)对来沪后有工作的随军随调家属,所在单位要按本市规定,及时为他们办理各项社会保险等接续手续。对其中年龄偏大、在本市实际缴费年限满5年、已到达法定退休年龄,其个人养老保险缴费年限(含连续工龄)不满15年的,可按照市劳动保障局、市人事局、市公安局、市医疗保险局《关于外省市转移进沪人员若干问题处理意见的通知》(沪劳保社发[2003]9号)中的有关规定执行。

(六)各有关部门要认真落实《国务院办公厅、中央军委办公厅关于印发〈中国人民解放军军人配偶随军未就业期间社会保险暂行办法〉的通知》(国办发[2003]102号)精神,做好随军随调家属的社会保险工作。

第十九条　企事业单位在改制、改革中,对革命烈士家属、因公牺牲军人家属、病故军人家属、革命伤残军人、现役军人配偶就业岗位要保持相对稳定,并确保优抚对象在同等条件下优先上岗;各有关部门、主管单位和街道(镇)对下岗失业的优抚对象要优先进行技能培训、职业介绍,为他们重新就业创造条件。

第二十条　对分居两地的现役军人配偶,其所在单位在安排工种、班次等方面应予照顾;对按规定探亲的,应安排假期,准予报销路费,并按公休假处理其工资、福利待遇。

第二十一条　革命伤残军人、复退军人(复退一年内)、现役军人(含其子女)报考本市高中阶段学校和高等学校的,在录取时分别给予适当的优待。革命烈士子女、因公牺牲军人子女,长期在边海防、高山海岛、舰艇部队、特殊艰苦岗位工作的军人和军队飞行员子女报名就读和报考本市各级各类学校的,在录取时分别给予不同类别的优待。现役军人工作调动,其未成年子女随调转学的,由区(县)教育部门及学校及时予以妥善安排。

按国家有关规定,对革命烈士子女入国家办的托儿所、幼儿园,托费中由家长承担的部分予以免除。

第二十二条　各级政府及其职能部门、各企事业单位要给予优抚对象适当的房租及购房优待。优抚对象申请廉租房时,对其认定标准可适当放宽。对涉及动拆迁的优抚对象,给予购买中低价商品房等的优待。

第二十三条　各级政府及其职能部门要进一步加强军队转业干部安置工作。

有关部门要采取带编分配、先进后出、按规定增加非领导职数等方法,安排好师团级职务军队转业干部的职务;机构编制部门要按照党和国家机关安置军队转业干部计划数,相应增加行政编制,主要用于安排师团级职务军队转业干部;招聘录用公务员时,经考试合格后,同等条件下可优先录用已被安置在企事业单位中的军队转业干部。

对自主择业军队转业干部创办企业、从事个体经营的,有关部门要优先核发营业执照、行业经营许可证,优先办理开业贷款;其日常服务管理工作纳入街道、社区管理服务体系。

第二十四条　各类医疗机构要对重点优抚对象和现役军人就医实行优先、优惠服务。

第二十五条　各级政府要着眼于双拥工作的发展,按照编制合理、协调有力的要求,加强本级双拥办的机构建设。

第二十六条　各级政府及其职能部门要支持上海市拥军优属基金会的发展。本市各级"拥军优属社会保障金"按市、区(县)、街道(镇)三级进行管理,专项储存,用于支持部队建设,解决优抚对象的特殊困难。

第二十七条　对在拥军优属工作中做出显著成绩的单位和个人,由各级政府或有关部门予以表彰和奖励。

第二十八条　本规定自 2004 年 4 月 1 日起施行。本市过去颁布的有关规定与本规定不一致的,以本规定为准。有关职能部门可根据本规定,制定相关实施细则。

上海市退役士兵安置工作暂行办法

(2002 年 10 月 16 日上海市人民政府令第 126 号发布)

第一章　总　则

第一条　(目的和依据)

为做好退役士兵安置工作,保障退役士兵的合法权益,根据《中华人民共和国兵役法》、国务院《退伍义务兵安置条例》、《上海市征兵工作条例》等有关法律、法规的规定,结合本市实际,制定本办法。

第二条　(适用范围)

中国人民解放军,中国人民武装警察部队的退役士兵在本市范围内的接收和安置,适用本办法。

第三条　(含义)

本办法所指的退役士兵,包括下列人员:

(一)退伍义务兵;

(二)复员士官;

(三)转业士官。

第四条　(职能部门)

退役士兵的安置工作在各级人民政府领导下进行。

市民政局(以下称市安置部门)是本市退役士兵安置工作的行政主管部门,区县民政部门(以下称区县安置部门)具体负责辖区内的退役士兵安置工作。

劳动保障、人事、公安、财政、税务、征兵、工商行政,教育等行政部门应当按照各自职责,做好退役士兵安置的相关工作。

第五条　(安置原则)

退役士兵的安置,按照从哪里来、回哪里去的原则,实行指令性安置与退役士兵同接受单位双向选择相结合的办法。

鼓励退役士兵自谋职业。

第二章　接　收

第六条　(接收的管辖)

按照国务院、中央军委规定被批准退出现役的士兵,符合本市接收条件的,退役后由市和区县安置部门负责接收。

本市入伍的退役士兵,一般由原征集地的区县安置部门负责接收,也可以由其退役时父母或者配偶户籍所在地的区县安置部门负责接收。

非本市入伍的退役士兵,按下列规定予以接收:

(一)服役期间,其父母户籍迁入本市的未婚转业士官、非在职入伍的未婚复员士官、非在职入伍的退伍义务兵,由其父母户籍所在地的区县安置部门负责接收。

(二)配偶的户籍在本市且结婚满两年的复员士官、转业士官,由其配偶户籍所在地的区县安置部门负责接收。

(三)属于国家规定的其他特殊情况,经市安置部门批准由本市接收的退役士兵,由市安置部门指定的区县安置部门负责接收。

第七条 (接收程序)

退役士兵应当自部队批准退出现役之日起30日内,向有接收管辖权的区县安置部门报到。

区县安置部门应当自收到退役士兵的档案之日起30日内完成审查,对符合接收条件的,签发接收通知书;对不符合接收条件的,应当书面告知退役士兵,并将其档案退回原部队。

退役士兵收到接收通知书后,应当按接收通知书的要求,到区县安置部门办理相关手续。区县安置部门应当在3个工作日内办理完毕。

第八条 (户口落户手续的办理)

退役士兵凭区县安置部门出具的证明,到指定的公安部门办理户口落户手续。

第九条 (非农业户口落户的特别规定)

转业士官入伍前系农业户口的,退役后可按非农业户口落户。

入伍前系农业户口的士官符合转业条件,本人要求并经部队批准复员的,可按非农业户口落户。

第十条 (农转非的特别规定)

退伍义务兵、复员士官入伍前系农业户口,符合下列条件之一的,经市或者区县安置部门批准,可转为非农业户口:

(一)服役期间个人获得大军区以上单位授予的荣誉称号或者荣立二等功以上的;

(二)服役期间个人因对敌作战、抢险救灾、见义勇为荣立三等功或者因其他事由荣立两次三等功的;

(三)服役期间因战、因公、因病致残,被部队评定为三等以上残废等级的,或者虽未被评定残废等级,但经本市劳动能力鉴定部门鉴定为部分或者大部分丧失劳动能力的;

(四)服役期间其家庭按国家和本市有关规定转为非农业户口的;

(五)烈士的遗孤或者兄弟姐妹接替其参军的;

(六)入伍前父母双亡的;

(七)飞行学员因身体不适应飞行而退役,经团级以上的驻军医院诊断证明和航空学校证明的。

第三章 安 置

第十一条 (单位的安置义务)

本市范围内的机关、团体、企业事业单位(以下统称单位),不分所有制性质和组织形式,都有安置退役士兵的义务。

第十二条 (安置方式)

下列退役士兵中,除国家和本市规定不予安排就业或者自谋职业的以外,由区县安置部门安排就业:

(一)转业士官;

(二)入伍前系非农业户口的退伍义务兵、复员士官;

（三）由农业户口转为非农业户口,并在服役期间荣立二等功以上奖励或者被评定为二等、三等残废等级的退伍义务兵、复员士官。

下列退役士兵由乡镇人民政府妥善安排其生产和生活:

（一）系农业户口的退伍义务兵、复员士官;

（二）除前款第（三）项以外的由农业户口转为非农业户口的退伍义务兵、复员士官;

（三）入伍前系农业户口,因符合转业条件而按非农业户口落户的复员士官。

第十三条　（安排就业指标）

安排当年度的退役士兵就业,由市安置部门依据各区县上年度末在职职工人数,并考虑经济发展水平等因素进行必要的统筹,提出本年度各区县的退役士兵安排就业指标,经市人民政府同意后下达。

区县人民政府应当将市人民政府下达的安排就业指标落实到本辖区内的相关接受单位。

第十四条　（安排就业顺序）

安排退役士兵就业,按下列顺序进行:

（一）退役士兵与接受单位在规定期限内进行双向选择;

（二）退役士兵未通过双向选择落实接受单位的,由其户籍所在地的区县安置部门实行一次性指令安置;

（三）需跨区县指令安置的,由市安置部门组织实施。

第十五条　（自谋职业）

符合安排就业条件的退役士兵要求自谋职业的,应当在市或者区县安置部门确定其接受单位之前提出。

区县人民政府对自谋职业的退役士兵,应当给予一次性经济补助,并发给自谋职业证明。经济补助的具体标准和发放办法,由市民政局、市财政局制定。

自谋职业的退役士兵凭自谋职业证明,到劳动部门办理劳动手册。

第十六条　（复工复职）

在职入伍的退役士兵,可以回原单位复工、复职。原单位与其他单位合并的,由合并后的单位接受其复工、复职。原单位分立的,由退役士兵选择其中的一个单位复工、复职。不要求复工、复职的,按本办法第十四条的规定办理。

第十七条　（复学）

退役士兵在校入伍,未完成学业的,退役后可以回原学校复学。不要求复学的,按本办法第十四条的规定办理。

复学的退役士兵,视为自谋职业,给予一次性经济补助。

第十八条　（伤病残安置）

服役期间因战、因公、因病致残的退役士兵,按以下规定安置:

（一）被评定为特等、一等残废等级的退役士兵,按国家有关规定安置;

（二）被评定为二等、三等残废等级的退役士兵,由区县安置部门下达专项安排就业指标,予以指令性安置。接受单位应为其安排力所能及的工作。

第十九条　（不服从安置的处理）

退役士兵拒绝领取安置介绍信,或者领取安置介绍信后不按规定向接受单位报到的,不再重新安置,由安置部门将其档案移交户籍所在地的街道办事处或者乡镇人民政府。

第四章 待 遇

第二十条 （就业待遇）

安排就业的退役士兵，享有以下待遇：

（一）单位接受退役士兵，应当将其军龄连同待安置的时间，一并计算为其在本单位的连续工龄。

（二）工资福利和住房等待遇不低于接受单位"同工种、同岗位、同工龄"的职工。

（三）因接受单位的原因导致退役士兵不能按时上岗的，自市或者区县安置部门开具安置介绍信的当月起，由接受单位按照本单位同工龄职工月平均工资收入的标准，逐月发给其生活费。

（四）单位接受退役士兵，应当给予退役士兵不少于 6 个月的适应期，不得实行试用期制，学徒工制的待遇。

（五）被评定为二等、三等残废等级的退役士兵，进单位后按国家和本市规定享受工伤待遇。

第二十一条 （待安置期间待遇）

安排就业的退役士兵在待安置期间，由区县安置部门按照不低于本市最低生活保障线的标准发给生活补助费。

第二十二条 （社会保险待遇）

退役士兵的基本社会保险关系应当按规定予以接续或者建立。退役士兵的军龄连同待安置时间与参加基本社会保险的实际缴费年限合并计算为累计缴费年限。

第二十三条 （乡镇安置待遇）

农村入伍的退伍义务兵和初级士官服现役期间，保留其承包土地、自留地；中级以上士官复员后，没有承包土地、自留地的，应当重新划给。

农业户口的退役士兵住房确有困难的，由区县安置部门给予一定的经济补助。

第二十四条 （报考优待）

退役士兵退役后一年内报考国家公务员的，在同等条件下应当优先录用。

退役士兵退役后一年内报考本市高等院校和中等专业学校的，予以优待。具体办法由市教育委员会、市民政局制定。

第二十五条 （参加职业培训）

安排就业的退役士兵在待安置期间参加职业培训，或者农业户口的退役士兵在退役后一年内参加职业培训的，由区县安置部门给予适当补助。

第二十六条 （自办企业）

退役士兵自办企业或者从事个体工商户经营的，按照国家和本市有关规定给予优惠。

第五章 法律责任

第二十七条 （单位违反规定的处罚）

单位违反本办法规定，拒绝安置部门分配的安置指标或者拒绝接受退役士兵的，由市或者区县安置部门责令限期改正。逾期不改正的，处以 1 万元以上 20 万元以下罚款；对单位主要负责人和直接责任人，可处以 2 000 元以上 2 万元以下罚款。

第二十八条 （对执法者违法行为的追究）

行政执法部门及其行政执法人员应当依法行政、秉公执法。对玩忽职守、滥用职权、徇私舞弊、索贿受贿、枉法执行的行政执法人员，由其所在部门给予行政处分；构成犯罪的，依法追究其刑事责任。

第六章　附　则

第二十九条　（经费）

安置退役士兵所需的业务经费,列入各级政府的财政预算。

第三十条　（施行日期）

本办法自 2002 年 11 月 16 日起施行。1989 年 4 月 16 日上海市人民政府发布的《上海市退伍义务兵安置条例实施细则》同时废止。

四、老 龄 事 业

上海市养老机构管理办法

(1998 年 6 月 8 日上海市人民政府第 56 号令发布)

第一章 总 则

第一条 （目的）

为促进本市养老机构的建设,加强养老机构的管理,适应本市人口老龄化的需要,制定本办法。

第二条 （定义）

本办法所称的养老机构,是指为老年人提供住养、生活护理等综合性服务的机构。

第三条 （适用范围）

本办法适用于本市行政区域内养老机构的设置、服务及其监督管理。

第四条 （发展原则）

发展养老机构坚持政府投入和社会参与相结合的原则。

第五条 （设置规划）

各级人民政府应当根据本地区社会经济发展和社会化养老的需求状况,制定养老机构设置规划,并将其纳入国民经济和社会发展规划。

第六条 （管理部门）

上海市民政局（以下简称市民政局）是本市养老机构的行政主管部门。各区、县民政局按照各自职责,负责本辖区、本系统内养老机构的管理。

各级计划、财政、税务、物价、建设、规划、卫生、市政工程、电力、公安、公用事业、房屋土地、环境保护、劳动和社会保障等行政部门应当按照各自职责,共同做好养老机构的发展和管理工作。

第二章 设 置

第七条 （设置主体）

境内组织和个人可以出资设置养老机构,境外组织或者个人可以与境内组织合资、合作设置养老机构。鼓励社会组织和个人向养老机构捐资、捐物或者无偿提供其他服务。

第八条 （设置条件）

设置养老机构,应当具备下列条件:

（一）符合本市养老机构的设置规划。

（二）有固定的服务场所,床位数达到 50 张以上。

（三）建筑设计符合养老机构建筑规范和设计标准,并有符合老年人特点的无障碍设施;与居民住宅、单位用房等相连的,有独立的出入口。

（四）有食堂、厕所、浴室等基本用房和室内外活动场地。

（五）有机构章程和管理制度。

（六）有与开展服务相适应的管理人员和护理人员。其中,养老机构主要负责人和护理人员符合民政部门规定的资格条件。

（七）配备一定数量的符合卫生行政部门规定资格条件的医务人员。

（八）有规定数额的资金。

第九条　（设置区域）

养老机构应当设置在安全区域内。禁止在污染区和危险区内设置养老机构。

禁止在养老机构内建造威胁老年人安全的建筑物和构筑物。

第十条　（设置审批）

申请设置养老机构，应当提交可行性研究报告和有关证明材料，并按照下列规定办理审批手续：

（一）政府投资设置养老机构，按照市民政局的有关规定向市或者区、县民政局办理审批手续。

（二）企业、事业单位、社会团体和个人设置养老机构，应当向养老机构所在地的区、县民政局提出申请，区、县民政局应当自收到申请之日起 20 日内提出审批意见；其中，设置床位数超过 150 张或者投资额超过 1 000 万元的养老机构，区、县民政局提出审批意见后，应当报市民政局核准，市民政局应当自收到区、县民政局审批意见之日起 20 日内作出审批决定。

（三）境外组织或者个人与境内组织合资、合作设置养老机构，应当向市外国投资管理部门提出申请，市外国投资管理部门应当自收到申请之日起 30 日内会同市民政局作出审批决定。

对批准设置养老机构的，审批部门应当向申请人发放设置批准书；对不予批准设置养老机构的，审批部门应当书面告知申请人。

市民政局设置养老机构，应当告知养老机构所在地的区、县民政局。

第十一条　（设置批准书的有效期）

根据养老机构的规模大小，设置批准书的有效期分为 1 年和 2 年。

养老机构在设置批准书的有效期内未筹建完工的，应当按照设置审批程序，重新办理审批手续。

第十二条　（验收发证）

养老机构开业前，应当向市或者区、县民政局提出验收申请，市或者区、县民政局应当自收到申请之日起 30 日内进行验收。经验收合格的，由市或者区、县民政局发给执业证书。经验收不合格的，市或者区、县民政局应当提出整改意见，书面告知申请人。

养老机构取得执业证书后，应当按照有关规定办理法人登记。

第十三条　（名称的使用）

养老机构应当使用市民政局核准的名称。

第十四条　（名称、地址、性质或者主要负责人的变更）

养老机构改变名称、地址或者主要负责人的，应当按照设置审批程序办理变更手续。

非营利性养老机构变更为营利性养老机构的，应当按照设置审批程序报养老机构的设置审批部门批准。

第十五条　（合并）

养老机构合并，应当进行财产清算和财务结算，由合并后的养老机构妥善安置原机构收住的老年人，并按设置审批程序办理变更手续。

第十六条　（解散）

养老机构解散，应当在解散的 3 个月前，向养老机构的设置审批部门提出申请，并妥善安置收住的老年人。

经设置审批部门批准解散的养老机构,应当依法进行财产清算,并交回执业证书。

第三章 服务管理

第十七条 (服务合同)

养老机构应当与老年人或者其家属签订服务合同。服务合同应当载明下列主要条款:

(一)双方当事人的姓名(名称)和地址。

(二)服务内容和方式。

(三)服务收费标准及费用支付方式。

(四)服务期限。

(五)合同变更、解除与终止的条件。

(六)违约责任。

(七)当事人双方约定的其他事项。

第十八条 (分级护理与膳食配置)

养老机构应当根据收住的老年人的生活自理能力和护理等级规范,开展护理服务。

养老机构应当编制老年人营养平衡的食谱,合理配置适宜老年人食用的膳食。老年人的膳食制作和用膳应当与工作人员分开。

第十九条 (保健服务)

养老机构应当为收住的老年人建立健康档案,定期检查身体,做好疾病预防工作。对患传染病的老年人,养老机构应当及时采取必要的隔离措施。

养老机构应当开展符合老年人特点的康复活动。

第二十条 (卫生消毒要求)

养老机构应当建立卫生消毒制度,定期消毒老年人使用的餐具,定期清洗老年人的被褥和衣服。

第二十一条 (文化体育活动)

养老机构应当配置符合老年人特点的文化体育活动设施,组织有益于老年人身心健康的文化体育活动。

第二十二条 (夜间值班制度)

养老机构应当建立夜间值班制度,做好老年人夜间监护工作。

第二十三条 (收费规定)

非营利性养老机构收费实行政府定价或者政府指导价,营利性养老机构收费实行自主定价或者政府指导价。

养老机构应当公布各类服务项目的收费标准。

第二十四条 (改变房屋、场地使用性质的审批)

养老机构利用其房屋和场地从事其他经营服务活动或者转让、出租、出借其房屋和场地的,应当征得市或者区、县民政局同意后,方可向其他有关部门办理审批手续。

第四章 扶持与优惠

第二十五条 (扶持对象)

对收住具有本市常住户口的老年人的养老机构,按照本办法规定享受扶持优惠政策。

第二十六条 (税收与用地优惠)

养老机构按照国家和本市的规定享受税收减免优惠。

非营利性养老机构可以通过划拨国有土地、征用集体所有土地或者使用集体所有土地的方式取得土地使用权。

征用或者使用集体所有土地建设非营利性养老机构，减免土地垦复基金和耕地占用税。

第二十七条　（城市建设与公用事业收费优惠）

非营利性养老机构免缴下列费用：

（一）自来水、煤气增容费和污废水排放增容费。

（二）发展新型墙体材料专项资金。

（三）人防工程使用费。

非营利性养老机构建造老年人生活用房，免缴人防工程建设费。

非营利性养老机构在规定的受电电压范围内用电，减半缴纳配电贴费，免缴供电贴费。

非营利性养老机构使用自来水、燃气和电，付费享受优惠，具体办法由市物价管理部门会同有关部门制定。

第二十八条　（交通便利）

非营利性养老机构的工作用车，经市市政工程管理部门核定，减免公路养路费。

养老机构的工作用车通过隧道、黄浦江大桥、高架道路、高速公路，有关单位应当提供方便。

第二十九条　（医疗服务费用报销与医疗执业范围）

养老机构所在地的一级医疗机构应当上门为养老机构收住的老年人提供社区医疗服务。医疗机构为养老机构收住的老年人提供医疗服务所发生的医疗费用，按照公费医疗、劳保医疗或者医疗保险的有关规定处理。

养老机构内部设立的医疗机构为其收住的老年人提供医疗服务所发生的医疗费用，按照公费医疗、劳保医疗或者医疗保险的有关规定处理。

前款规定的医疗机构的设立办法及其执业范围，按照国家和本市医疗机构管理的有关规定执行。

第三十条　（政府保障与补贴）

无经济收入、无赡养人且无扶养人的老年人，可以向民政部门申请提供基本养老保障，由民政部门安排其入住养老机构。

养老机构收住下列情形之一的老年人，可以申请同级人民政府给予补贴：

（一）无经济收入、无赡养人且无扶养人的。

（二）收入低于最低生活保障标准的。

（三）其他特殊情形。

前款规定的补贴标准，由市民政局提出，市财政部门核准。

第三十一条　（表彰）

对养老机构的扶持与发展作出突出贡献的单位和个人，市和区、县人民政府应当给予表彰。

第五章　监督与评估

第三十二条　（老年人及其家属的监督）

养老机构应当对老年人膳食经费建立专门账户，并定期向老年人及其家属公开账目。

对养老机构违反服务合同的，老年人或者其家属可以向市和区、县民政局投诉，也可以依法提起民事诉讼。

第三十三条　（民政部门的监督）

养老机构应当定期向市或者区、县民政局报告开展服务的情况。

市和区、县民政局应当对养老机构的服务范围、服务质量以及服务费用的收支情况等进行监督和检查。

第三十四条 （审计监督）

养老机构应当建立财务、会计制度,定期制作财务会计报告,接受审计等部门的监督。

第三十五条 （评估）

本市实行养老机构评估制度。市和区、县民政局应当定期组织营养、医疗、护理、财务等方面专家和热心老年事业的社会人士,对养老机构的场地、设施、设备条件和人员配备、服务质量、信誉等情况进行综合评估。具体评估办法由市民政局制定。

市或者区、县民政局应当向社会公布养老机构的评估结果。

第三十六条 （年度验审）

市和区、县民政局应当对养老机构执业证书每年验审一次。养老机构应当在市或者区、县民政局规定的期限内,向市或者区、县民政局申请办理执业证书验审手续。

验审不合格或者逾期不申请办理执业证书验审手续的养老机构,不得继续开展服务活动。

第六章 法律责任

第三十七条 （行政处罚）

对违反本办法规定,有下列行为之一的单位和个人,由市或者区、县民政局责令限期改正;逾期不改的,处以500元以上3万元以下的罚款:

（一）未按规定报市或者区、县民政局批准设置养老机构的。

（二）未经市或者区、县民政局验收或者验收不合格,养老机构擅自执业的。

（三）未经本办法规定的审批部门批准,合并、解散养老机构或者变更养老机构名称、地址、主要负责人的。

（四）养老机构年度验审不合格或者逾期不申请办理执业证书验审手续,继续开展服务的。

第三十八条 （扶持优惠措施的中止）

对违反本办法规定,有下列行为之一的养老机构,有关部门有权中止给予扶持优惠措施;必要时,有关部门可以追回减免的费用:

（一）擅自利用养老机构的房屋和场地从事其他经营服务活动的。

（二）擅自转让、出租、出借养老机构的房屋和场地的。

（三）未按本办法规定向老年人提供服务的。

（四）非营利性养老机构擅自变更为营利性养老机构的。

第三十九条 （处罚程序）

市和区、县民政局作出行政处罚,应当出具行政处罚决定书。收缴罚款应当出具市财政部门统一印制的罚没财物收据。

罚款按规定上缴国库。

第四十条 （复议与诉讼）

当事人对行政管理部门的具体行政行为不服的,可以按照《行政复议条例》和《中华人民共和国行政诉讼法》的规定,申请行政复议或者提起行政诉讼。

当事人在法定期限内不申请复议、不提起诉讼,又不履行具体行政行为的,作出具体行政行为的行政管理部门可以依据《中华人民共和国行政诉讼法》的规定,申请人民法院强制执行。

第四十一条 （对执法者违法行为的追究）

行政执法人员应当遵纪守法，秉公执法。对玩忽职守、滥用职权、徇私舞弊、索贿受贿、枉法执行者，由其所在单位或者上级主管部门给予行政处分；构成犯罪的，依法追究刑事责任。

第七章 附 则

第四十二条 （对本办法施行前有关事项的处理）

本办法施行前设置的养老机构，应当在市民政局规定的期限内，按照本办法的规定办理相应手续。

第四十三条 （社区服务中心的管理）

对各级人民政府和街道办事处设置的为老年人提供日间生活服务的社区服务中心，参照本办法管理，具体办法由市民政局另行制定。

第四十四条 （应用解释部门）

市民政局可以对本办法的具体应用问题进行解释。

第四十五条 （施行日期）

本办法自 1998 年 10 月 1 日起施行。

上海市老年人权益保障条例

（1998 年 8 月 18 日上海市第十一届人民代表大会常务委员会第四次会议通过）

第一章 总 则

第一条 为保障老年人合法权益，发展老年事业，弘扬中华民族敬老、养老的美德，根据《中华人民共和国老年人权益保障法》和其他法律、行政法规的规定，结合本市实际情况，制定本条例。

第二条 本条例适用于本市行政区域内的老年人权益保障活动。

本条例所称老年人是指六十周岁以上的公民。

第三条 各级国家机关和社会应当采取措施，健全对老年人的社会保障制度，逐步改善保障老年人生活、健康以及参与社会发展的条件，实现老有所养、老有所医、老有所为、老有所学、老有所乐。

第四条 老年人依法享有人格尊严和人身自由权、婚姻自由权、财产权、受赡养扶助权、房屋租赁和使用权、受教育权、从国家和社会获得物质帮助权、参与社会发展权、享受社会发展成果权以及宪法和法律规定的其他权利。禁止歧视、侮辱、虐待或者遗弃老年人。

老年人应当尊重社会公德，遵纪守法，履行法律规定的义务。

第五条 各级人民政府应当将老年事业纳入国民经济和社会发展计划，逐步增加对老年事业的投入，并鼓励社会各方面投入，使老年事业与经济、社会协调发展。

第六条 市和区、县人民政府领导和协调有关部门做好老年人权益保障工作。

各级民政部门负责本条例实施的具体组织工作，并对有关部门的老年权益保障工作进行检查、督促。

乡（镇）人民政府和街道办事处应当有人分管老年人权益保障工作。

第七条 保障老年人合法权益是全社会的共同责任。

各级劳动和社会保障、医疗保险、公安、司法行政、人事、财政、工商行政管理、房屋土地、卫生、教育、文化、体育等部门和人民法院、人民检察院以及企业、事业单位应当按照各自职责，做好老年有权益保障工作。

各级老龄委员会、退休职工管理委员会、工会、共产主义青年团、妇女联合会以及老干部管理部门应当协助、支持各级人民政府贯彻实施条例。

居民委员会、村民委员会应当反映老年人的要求,维护老年人合法权益,为老年人服务。

报刊、广播、电视等新闻单位应当加强保障老年人合法权益的宣传教育工作,弘扬敬老、养的传统美德,谴责侵犯老年人合法权益的行为。

青少年组织、学校和幼儿园应当对青少年和儿童进行敬老、养的道德教育和维护老年人合法权益的法制教育。

鼓励发展老年慈善事业,提倡义务为老年人服务。

第八条　每年农历九月初九(重阳节)为本市敬老日。

第二章　家庭赡养与扶养

第九条　老年人婚生子女、非婚生子女、养子女、形成抚养关系的继子女以及父母死亡的有负担能力的孙子女、外孙子女有赡养老年人的义务。

老年人与配偶有相互扶养的义务。

由兄、姊扶养的弟、妹成年后,有负担能力的,对年老无赡养人的兄、姊有抚养的义务。

赡养人不得以放弃继承权、老年人离婚或者再婚以及其他理由,拒绝履行赡养义务。

赡养人的配偶应当协助赡养人履行赡养义务。

第十条　赡养人应当在经济上供养老年人,保证老年人的基本生活需求。老年人的基本生活水平应当与其家庭成员的平均基本生活水平相当。

对无经济收入或者收入低微的单独居住的老年人,赡养人应当按月给付赡养费。

赡养人之间可以就履行赡养义各签订协议,并征得老年人同意。老年人也可以要求赡养人作出书面赡养保证。居民委员会、村民委员会或者赡养人所在组织监督协议、赡养保证的履行。

第十一条　赡养人应当在生活上照料老年人,对患病或者生活不能自理的老年人,应当承担护理的责任。

赡养人有义务耕种老年人承包的田地,照管老年人的林木和牲畜等,收益归老年人所有。

赡养人亲自履行本条第一款、第二款义务有困难的,可以请人代为履行,并支付所需费用。

赡养人及其家庭成员不得要求老年人承担力不能及的劳动。

第十二条　赡养人及其家庭成员应当给老年人以精神上的慰藉,营造和睦友爱的家庭氛围。

第十三条　老年人的婚姻自由受法律保护。子女或者其他亲属不得干涉老年人离婚、再婚及婚后的生活。

赡养人不得因老年人离婚、再婚而索取、隐匿、扣押老年人的合法财产或者有关证件,不得限制老年人的合法居住权利。

第十四条　老年人对自己合法的收入和其他财产,依法享有占有、使用、收益、处分的利权,享有占有、使用、收益、处分的权利,子女或者其他亲属不得干涉。

有独立生活能力的成年子女要求老年人经济资助的,老年人有权拒绝。成年子女或者其他亲属不得以无业或者其他理由,强行索取、克扣老年人的财物。

老年人有依法继承父母、配偶、子女或者其他亲属遗产的权利,有接受赠予的权利。子女或者其他亲属不得侵吞、抢夺、转移、隐匿或者破坏应当由老年人继承的遗产。

老年人依法立遗嘱处分个人财产或者与他人签订遗赠扶养协议,子女或者其他亲属不得干涉。

第十五条　赡养人应当妥善安排老年人的住房,不得强迫老年人迁居条件低劣的房。

老年人自有的或者承租的住房,子女或者其他亲属不得侵占,不得擅自改变产权关系或者租赁关系。房屋土地管理部门或者公安部门的承办人员在办理老年人自有的或者承租的住房转移、过户、交换和户口迁入等手续时,应当当面征得老年同意,并查验老年人签名的书面材料。

老年人与子女或者其他亲属共同出资购买、建造的住房,老年人依法享有相应的房屋所有权和居住权。子女或者其他亲属出资购买老年人原来承租或者居住子女的住房,应当签订书面协议,保证老年人继续居住的权利。

子女或者其他亲属经老年人同意,借老年人房屋使用的,到约定期限应当及时归还,不得无故拖延。

居住在老年人自有住房中的子女或者其他亲属获得单位分配住房或者自购住房的,如老年人不同意其继续居住,应当及时迁出。

子女所在单位分配住房或者动迁、改建住房含老年人份额的,老年人享有与子女同等的权利。

老年人自有的住房,赡养人有维修的义务。

第三章　社会保障

第十六条　老年人依法享有的养老金和其他待遇应当得到保障。有关组织必须按时足额支付养老金,不得拖欠,不得挪用。

国家机关、社会团体、企业、事业单位和个人应当依法参加城镇职工养老保险,按时足额缴纳养老保险费。

单位可以为职工办理补充养老保险,提倡个人购买商业性养老保险。

第十七条　农村社会养老保险费由农村经济组织、集体事业单位及劳动者共同缴纳。

农村社会养老保险机构应当按时足额支付养老金,不得拖欠,不得挪用。

农村经济组织、集体事业单位应当为未能享受农村社会养老保险待遇的老年人建立养老补助金制度。

第十八条　市人民政府应当根据经济发展、人民生活水平提高和职工工资增长的情况增加养老金。

市劳动和社会保障部门必须妥善管理养老基金,并接受监督和检查。

第十九条　老年人依法享有的医疗待遇必须得到保障。

本市建立城镇企业职工医疗保险制度,单位和个人应当按规定缴纳医疗保险费。

有关部门制定医疗保险办法,应当对老年人给予照顾。单位应当优先为老年人支付规定由本单位承担的医疗费,不得无故拖欠。

本市建立农村大病风险基金,倡导并支持老年人参加大病风险基金。

区(县)、乡(镇)人民政府应当采取措施,巩固和完善农村合作医疗制度,为老年人就医提供方便。

第二十条　老年人患病,本人和赡养人确实无力支付医疗费用的,有关部门和组织可以给予适当帮助。

第二十一条　地段医院和乡(镇)卫生院以及村卫生站对患有疾病行动不便的老年人应当出诊到户。

地段医院和乡(镇)卫生院应当优先为老年人设立家庭病床。

各类医疗机构经卫生行政部门批准可以到社区设点,方便老年人就医。

有关单位和社区应当对医务人员为老年人义诊提供方便,开展义诊活动应当遵守市卫生行政部门的规定。

第二十二条 市和区、县人民政府应当采取措施,加强老年医学的研究和人才的培养,提高老年病的预防、治疗、科研水平。

开展各种形式的健康教育,普及普及老年保健知识,增强老年人自我保健意识。

第二十三条 市人民政府建立最低生活保障制度,对生活水平低于本市最低生活保障标准的老年人实行社会救助。

城市的老年人,无劳动能力,无生活来源、无赡养人和扶养人的,或者其赡养人和扶养人确无赡养能力或者扶养能力的,由民政部门给予救济。

农村的老年人,无劳动能力、无生活来源、无赡养人和扶养人的,或者其赡养人和扶养人确无赡养能力或者扶养能力的,由乡(镇)人民政府负责组织实施保吃、保穿、保住、保医、保葬的五保供养工作。

对民政部门给予最低生活保障救助后生活仍有困难的老年人,有关部门和组织应当给予必要的帮助。

第二十四条 因动迁等原因调整老年人住房的,房屋动迁部门应当考虑老年人的合理要求,要给予照顾。

第二十五条 各级人民政府应当根据上海市城市总体规划,编制相应的老年福利院、敬老院、托老所、老年公寓、老年医疗康复机构和老年文化体育活动场所等老年福利设施的具体规划,并组织实施。

各级人民政府应当鼓励、扶持社会组织或者个人兴办养老机构、老年医疗康复机构和老年文化体育活动场所等设施。

兴办老年福利设施应当尊重少数民族的风俗习惯。

老年福利设施未经原审批部门批准不得移作他用。

第二十六条 政府应当将老年教育列入教育发展规划,鼓励社会办好各类老年学校。

第二十七条 社区应当把为老年人服务作为社区服务的重要内容,设立老年人需要的生活、文化、体育、护理和康复等服务项目。

乡(镇)人民政府、街道办事处、居民委员会、村民委员会应当建立老年人活动场所。

居民委员会、村民委员会应当对居(村)民加强为老年人服务的教育。老龄委员会、退休职工管理委员会等组织应当协助有关部门组织社会志愿者为老年人服务。

第二十八条 各级人民政府应当支持发展为老年人服务的产业,引导企业开发、生产、经营老年生活用品,设立老年人需要的服务项目,方便老年人生活。

第二十九条 对七十周岁以上具有本市户籍的老年人,有关部门应当发给优待证。老年人凭证享受优待证中所规定的待遇。

第三十条 本市建立老年人法律服务中心,为老年人提供法律咨询,代理有关法律事务,开展非诉讼调解等服务。

老年人需要获得律师帮助,但无力支付律师费用的,可以向司法行政部门提出法律援助申请,司法行政部门应当依照规定为老年人提供法律援助。

老年人因其合法权益受侵害提起诉讼交纳诉讼费确有困难的,可以缓交、减交或者免交。

第四章 参与社会发展

第三十一条 各级国家机关和社会应当重视、珍惜老年人的知识、技能和革命、建设经验,尊重他们的优良品德,发挥老年人的专长和作用。

本市建立老年人专业人才库,为有专业知识技能的老年人发挥作用创造条件。

第三十二条　各级国家机关应当为老年人参与社会主义物质文明和精神文明建设创造条件。根据社会需要和可能,鼓励老年人在自愿和量力的情况下,从事下列活动:

（一）对青少年和儿童进行社会主义、爱国主义、集体主义教育和艰苦奋斗等优良传统教育;

（二）传授文化和科技知识;

（三）提供咨询服务;

（四）依法参与科技开发和应用;

（五）依法从事经营和生产活动;

（六）兴办社会公益事业;

（七）参与维护社会治安、协助调解民间纠纷;

（八）参加其他社会活动。

第三十三条　聘用老年人从事生产活动的,不得安排从事有毒、有害、重体力、高空、井下、水下、高温、低温以及其他不宜老年人从事的工作。

第五章　法律责任

第三十四条　老年人合法权益受到侵害的,被侵害人或者其代理人有权要求有关部门处理,或者依法向人民法院提起诉讼。

人民法院和有关部门,对侵犯老年人合法权益的申诉、控告和检举,应当依法及时受理,不得推诿、拖延。

投诉的老年人行动不便的,有关部门应当上门调查处理。

第三十五条　不履行保护老年人合法权益职责的部门或者组织,其上级主管部门应当给予批评教育,责令改正。

国家工作人员违法失职,致使老年人合法权益受到损害的,由其所在组织或者上级机关责令改正,或者给予行政处分。

老年人的子女及其家庭成员违反本条例规定的,由居住地的居民委员会,村民委员会或者所在单位给予批评教育,责令其改正。

第三十六条　老年人与家庭成员因赡养、扶养或者住房、财产发生纠纷,可以向居住地的居民委员会、村民委员会、街道办事处、乡（镇）人民政府或者家庭成员所在单位要求调解,也可以直接向人民法院提起诉讼。

调解前款纠纷时,对有过错的家庭成员,应当给予批评教育,责令改正。

人民法院对老年人追索赡养费或者扶养费的申请,可以依法裁定先予执行;对拒不执行有关赡养费、扶养费判决或者裁定的,人民法院应当依法强制执行。

第三十七条　违反本条例第十五条第二款规定,未经老年人同意,改变老年人的房屋产权关系、房屋租赁关系或者更改户主、迁入户口的,老年人投诉后,房屋土地管理部门、公安部门应当及时依法处理。

违反本条例第十六条第一款、第二款、第十七条第二款、第十九条第三款规定,拖欠、挪用养老金或者不按时足额缴纳养老保险费以及无故拖欠由本单位承担的医疗费的,由上级主管部门予以通报批评,并追究单位负责人和直接责任人的责任,或者依照本市有关规定处理。

老年人人身安全受到威胁时,可以请求公安机关予以保护。公安机关接到请求后应当立即采取措施。公安机关不采取措施的,受侵害人可以依法向人民法院提起诉讼。

第三十八条　侵害老年人合法权益造成财产或者其他损害的,应当依法赔偿或者承担其他民事责任。

第三十九条　侵害老年人合法权益,应当给予治安处罚的,依照治安管理处罚条例处罚,构成犯罪的,依法追究刑事责任。

第六章　附　则

第四十条　本条例自1999年1月1日起施行。1988年7月21日上海市第九届人民代表大会常务委员会第二次会议通过的《上海市老年人保护条例》同时废止。

五、社 会 福 利

上海市社会福利企业管理办法

（1999 年 6 月 2 日上海市人民政府令第 67 号发布）

第一章 总 则

第一条 （目的和依据）

为保护和扶持社会福利企业，加强对社会福利企业的管理，维护社会福利企业中残疾职工的合法权益，根据《中华人民共和国残疾人保障法》和其他有关法律、法规，制定本办法。

第二条 （定义）

本办法所称的社会福利企业，是指集中安置残疾人劳动就业达到国家规定的比例，并享有相应的政策优惠的特殊企业。

社会福利企业所安置的残疾人，是指具有一定就业能力的，持有上海市残疾人联合会出具的残疾人证的残疾者。

第三条 （适用范围）

本办法适用于本市行政区域内的社会福利企业。

第四条 （发展原则）

本市依法保护和扶持社会福利企业，提倡全社会关心、帮助社会福利企业。

社会福利企业发展应当适应社会主义市场经济体制，实现对有一定就业能力的残疾人的社会保障，促进社会稳定。

第五条 （残疾职工权益保障原则）

社会福利企业的残疾职工在劳动就业和社会保障等方面，与健全职工享受同等的待遇。

第六条 （政府规划）

各级人民政府应当根据本地区残疾人就业需要和社会经济发展状况，下发社会福利企业发展规划，并将其纳入国民经济和社会发展规划。

第七条 （主管和协管部门）

上海市民政局（以下简称市民政局）是本市社会福利企业的主管部门，其所属的上海市社会福利企业管理处（以下简称市福利企业管理处）具体负责社会福利企业的管理。

区、县民政行政部门（以下简称区、县民政部门）负责本辖区内社会福利企业的管理。

各级财政、税务、工商、劳动和社会保障、卫生等行政部门应当按照各自的职责，共同做好社会福利企业的管理工作。

第二章 资格认定

第八条 （资格认定的条件）

社会福利企业除符合工商登记的条件外，还应当具备下列条件：

（一）符合社会福利企业发展规划；

（二）安置残疾人员达到国家规定的比例；

（三）生产和经营项目符合国家产业政策，并适合残疾人的就业特点；

（四）具有适合残疾职工的劳动岗位；

（五）具有适合残疾人生理状况的安全生产条件和劳动保护措施。

第九条 （提交材料）

申请成为社会福利企业的，应当向其所在地的区、县民政部门提交下列材料：

（一）申请书；

（二）适合残疾人就业的可行性报告；

（三）残疾人员名册及其残疾证明和住址；

（四）残疾人员岗位安排；

（五）企业营业执照副本。

第十条 （审批程序）

区、县民政部门应当自收到申请材料之日起15日内提出初审意见，报市民政局核准。市民政局应当自收到审核报告之日起30日内作出书面答复，经核准的，颁发《社会福利企业证书》。

第十一条 （合并、分工和变更审批）

社会福利企业合并或者分立后仍需持有《社会福利企业证书》的，应当向民政部门重新申请资格认定。

社会福利企业改变名称或者地址的，应当依法办理变更手续。

第三章 保护和扶持

第十二条 （财税优惠）

社会福利企业经财政、税务部门批准，按照国家和本市的有关规定，享受财税优惠政策。

第十三条 （贷款优惠）

社会福利企业按照国家和本市的有关规定，在对企业进行产品结构调整、新产品开发和技术改造时，享受国家民政管理部门设立的对社会福利企业技术改造贷款贴息资金的优惠政策。

申请社会福利企业技术改造贷款贴息资金的，应当向所在地的区、县民政部门递交有关的申请材料。

民政部门应当按照国家民政管理部门的规定，为符合条件的社会福利企业办理申请技术改造贷款贴息资金的手续。

第十四条 （产品保护）

凡适合残疾人生产的产品，政府有关部门应当优先安排社会福利企业生产，并逐步确定某些产品由社会福利企业专门生产。

社会福利企业专门生产的具体产品，由市民政局会同有关部门提出，报市人民政府批准。

第十五条 （社会保障）

社会福利企业实行劳动合同制，与残疾职工签署的劳动合同的期限每次不得少于5年。

社会福利企业应当按照国家规定的残疾职工上岗比例，安置残疾职工上岗。

社会福利企业的残疾职工在转正、晋级、职称评定、劳动报酬、养老保险、医疗保险、失业保险以及其他保障方面，与健全职工享受同等的待遇。

第十六条 （股权配置）

社会福利企业改制成股份合作制的，在股权配置时，应当尊重残疾职工的意愿，保障残疾职工与健全职工具有平等的投资参股权利。

第十七条 （残疾职工的岗位安全和培训）

社会福利企业应当根据残疾职工的生理特点，为其安排合适的工作岗位，提供安全生产条件和劳动保护。

社会福利企业应当对残疾职工进行岗位技术培训，提高其劳动技能。

第十八条 （民主管理）

社会福利企业的职工代表大会，应当有残疾职工代表参加。

社会福利企业在进行生产、经营决策时，应当充分考虑残疾职工的特殊性。

社会福利企业自行决定转变为非社会福利企业的，应当由企业职工代表大会作出决议。

第十九条 （表彰和奖励）

各级人民政府应当对在发展社会福利企业，保护残疾职工利益等方面作出突出贡献的单位和个人进行表彰和奖励。

第四章　管理和监督

第二十条 （财税优惠的监督管理）

财政、税务部门应当按照规定，做好社会福利企业财税优惠政策的落实工作，并且会同民政部门对社会福利企业退返税金的管理和使用情况进行监督检查。

有关部门应当按照国家的有关规定，及时、足额地退返国家对社会福利企业的财税优惠资金。

第二十一条 （解散和破产）

社会福利企业解散的，清算组应当自解散之日起15日内，报所在地的区、县民政部门备案；区、县民政部门应当自接到备案之日起15日内，报市民政局备案。

被解散或者破产的社会福利企业，是政府主办的，其残疾职工由政府负责安置，非政府主办的，其残疾职工由投资者在其所属的其他企业中优先按比例分散安置。

第二十二条 （性质改变）

社会福利企业转变为非社会福利企业的，由民政部门注销其《社会福利企业证书》，并通知财政、税务部门。企业自被注销《社会福利企业证书》之日起，不再享受有关的优惠政策。

第二十三条 （年度验审制度）

民政、财政、税务部门负责每年对社会福利企业验审一次。对未按规定接受验审或者验审不合格的社会福利企业，由民政、财政、税务部门中止其享受相应的优惠政策。

第二十四条 （处罚）

社会福利企业违反本办法规定，有下列行为之一的，由民政部门责令限期改正，逾期不改正的，处以1000元以上5000元以下的罚款，情节严重的，处以5000元以上2万元以下的罚款：

（一）安置残疾职工人数没有达到国家规定的与其享受的优惠政策相对应的比例。

（二）残疾职工的在岗人数没有达到国家规定的比例。

市民政局可以将本办法规定的行政处罚权委托市社会福利企业管理处行使。

第二十五条 （处罚程序）

民政部门作出行政处罚，应当出具行政处罚决定书。收缴罚款，应当出具市财政部门统一印制的罚没财物收据。

罚款按规定上缴国库。

第二十六条 （复议和诉讼）

当事人对民政部门的具体行政行为不服的，可以按照行政复议和行政诉讼法律、法规的规定，申请行政复议或者提起行政诉讼。

当事人在法定期限内不申请复议,不提起诉讼,又不履行具体行政行为的,作出具体行政行为的部门可以依据《中华人民共和国行政诉讼法》的规定,申请人民法院强制执行。

第二十七条 (执法者违法违纪的追究)

民政行政管理人员应当遵纪守法,秉公执法。对玩忽职守、滥用职权、徇私舞弊、索贿受贿、枉法执行者,由其所在单位或者上级主管部门给予行政处分;构成犯罪的,依法追究刑事责任。

第五章 附 则

第二十八条 (解释部门)

市民政局可以对本办法的具体应用问题进行解释。

第二十九条 (施行日期)

本办法自 1999 年 9 月 1 日起施行。

上海市民办社会福利事业单位管理试行办法

(1991 年 5 月 9 日上海市民政局沪民福[91]第 4 号制定)

第一条 为加强对民办社会福利事业单位的管理,提高管理水平和服务质量,维护收养人员和举办人员的合法权益,特制定本办法。

第二条 本办法所称民办社会福利事业单位,系指公民个人或合伙举办的老人福利院(敬老院、托老所)、伤残儿童日托站(寄托站)等非营利性质的事业单位。

第三条 民办的社会福利事业单位是社会福利事业的组成部分,是对公办和集体办社会福利事业的补充,应给予鼓励、支持。

第四条 民办社会福利事业单位必须接受所在区、县民政局的管理。日常业务管理工作由街道(乡、镇)民政部门负责。各区县民政局应将本地区的民办社会福利事业单位纳入街道(乡、镇)办的集体福利事业管理范围。实行统一培训,统一业务标准,统一组织考核和评比。

第五条 公民申请举办社会福利事业单位,必须是本市常住户口的非在职人员,应具有与开展业务相适应的资金、场地、房屋、生活设施和管理、医护人员等条件。

第六条 公民个人或合伙举办的社会福利事业单位,必须向所在地区的街道、乡、镇民政部门提出书面申请,经所在地区的区、县民政局核准后发给许可证,方可开业。申请书的内容必须有以下项目:

1. 办院(所)宗旨、名称;

2. 负责人的主要经历和全体工作人员的名单、职责;

3. 房屋(场地)来源及面积;

4. 开办费数额及日常经费来源;

5. 内部设施情况(如厕所、浴室)和医疗卫生条件;

6. 业务范围和收养对象;

7. 办院的章程及各种制度。

另外还必须交验本人的身份证、户口簿和与此有关的证明、证件等。

第七条 民办社会福利事业单位的名称和印章必须标明"民办"字样。如上海市××区(县)××民办××院(所)。

第八条　公民举办的社会福利事业单位,需单立账户,建立账册,实行独立核算。所需经费由举办人自行解决。

第九条　民办社会福利事业单位,经主管部门批准后,可以参照本地区集体性质的同类单位、同类对象的收费标准收取管理费、护理费等。

第十条　民办社会福利事业单位每年按收养对象管理费的2%上交所在区县民政局。管理费主要用于工作人员的业务培训、考核和奖励等。

第十一条　民办社会福利事业单位的收费标准、业务范围、规章制度、伙食账目等应张挂在显著的部位,以便接受群众监督。

第十二条　民办的社会福利事业单位必须严格按照所批准的办院地址、业务范围、收费标准执行,不得擅自变更。如确需变更,必须提前三十天报经原批准机关同意。

第十三条　民办社会福利事业单位应以为收养人员服务为宗旨,不准歧视,虐待、打骂、体罚和变相体罚收养人员;不准收受收养人员的礼物;不准侵吞、借用收养人员的财物;不准侵占、克扣收养人员的计划供应物品;不准压制民主、打击报复。

第十四条　有条件的民办社会福利院应由收养人员推选代表,组成民主管理委员会,协助举办人实行民主管理。

第十五条　对于违反本办法规定或在经济、护理、卫生、服务质量等方面问题严重,经教育不改的由街道办事处(乡、镇)报经所在区(县)民政局批准,报市民政局备案,给予以下处罚:

1. 限期改进;

2. 停业整顿。单位法人代表要写出书面检查,提出整改方案。整顿结束后,经验收合格方可开业;

3. 吊销办院许可证,并妥善处理好停办后的一切事宜。

第十六条　民办社会福利事业单位凡需办厂或者经商,应依法向所在地区工商、税务等部门按有关规定办理手续。

第十七条　本办法由上海市民政局负责解释。

第十八条　本办法自一九九一年五月十五日施行。

上海市民政局关于福利彩票公益金
资助项目实施公益招投标的意见

(2009 年 4 月 25 日上海市民政局沪民计发〔2009〕18 号制定)

各区、县民政局及各有关单位:

为进一步加强福利彩票公益金(以下简称公益金)资助慈善公益项目(以下简称资助项目)的评审和管理,根据国务院办公厅《关于保留部分非行政许可审批项目的通知》(国办发〔2004〕62 号)、财政部、民政部《社会福利基金使用管理暂行办法》(财社字〔1998〕124 号)和财政部《彩票公益金管理办法》(财综〔2007〕83 号)的有关规定,现对公益金实施公益招投标,提出如下意见。

一、指导思想

本意见所称的公益招投标,是指市民政局将公益金资助项目的评审工作委托给第三方公益性组织(以下简称受托组织),由其面向社会公开招标、投标,并将评审结果报市民政局,由市民政局实施审批的活动总称。公益招投标是市民政局对公益金资助项目评审方法的改革探索。

实施公益招投标的基本原则:坚持以社会需要为导向,让人民群众更多地得益;坚持公开、公平、公正,创新项目评审的运作机制;坚持面向社会,面向基层,不断扩大公益金的资助面。

实施公益招投标的基本方针:资助项目更加注重投入基层社区;通过项目资助,更加注重培育、扶持慈善公益性的社会团体、民办非企业单位和专业性社会工作组织的发展;更加注重吸引社会资金的共同参与;更加注重宣传和引导社会关心、参加与福利彩票有关的各项活动。

二、资金筹措

市民政局每年下发公益招投标的方案,方案包括当年拟提取公益金的具体比率、拟委托的组织、拟资助的项目或资助的范围、具体的实施方法等内容,经市政府批准后实施。

公益金用于公益招投标的金额比率应当逐年增长。

三、资助项目范围

(一)资助老年人、残疾人、孤儿、革命伤残人员和特殊困难群体,开展生活照料、精神慰藉等服务,以及资助其他有关扶弱济困的慈善公益项目;

(二)资助社会福利机构的设施维修、改造等建设项目以及设备添置;

(三)资助事关民生、公众关注的有利于弘扬社会主义精神文明的社区服务公益项目;

(四)市政府规定资助的其他慈善公益项目。

四、公告

按照市政府批准的方案,市民政局和受托组织应当在开始接受申请前 30 日(指工作日,下同),向社会公布以下信息:

(一)当年资助的资金规模;

(二)可以申请实施的项目,以及按照资助方向可以申报项目的范围;

(三)申请人的资质,申请的具体条件,以及申请时需要提供的相关材料;

(四)受理的起始和停止时间,受理的地址或者网址;

(五)其他需要公布的信息。

五、申请

依法登记的社会团体、民办非企业和公益性非营利的事业单位可以提出申请。

申请人应当在规定的时间内按规定的方式将申请材料送达指定的受理地点。提交的申请材料应当真实。

受托组织应当加强对公益招投标活动的宣传,为申请人提供热情周到的服务,并对申请材料的内容予以保密。

申请人不得采用不正当手段妨碍或者排挤其他人的申请。

六、项目评估

受托组织应当组建专门的评估审议委员会。评估审议委员会应当由 5 位(单数)以上人员组成。除相关部门的工作人员外,评估审议委员会组成人员中应当有本市的相关专家,以及本市的市民代表。

评估审议委员会的成员名单以及评估审议的方法,应当在评估审议活动开始前 5 日向社会公开。

受托组织应当在停止接受申请后 60 天内完成已经受理项目的评估审议工作。对申请材料不够具体或者不够清晰的,受托组织可以要求申请人补充材料或者作必要的说明。

评估审议工作结束后,受托组织应当将评估审议结果向社会公示,公示日期不少于 15 日。对公示的评估审议结果有异议的,评估审议委员会或者受托组织应当重新评估审议。

公示结束后,受托组织应当将经公示的评审结果书面报市民政局。

七、审批

市民政局根据受托组织的评审结果,在 20 日内完成资助项目的审批。市民政局批准的资助项目,应当给予书面批复或者与接受资助的组织签订行政合同。

有下列情形之一的,市民政局可以将评审结果退回受托组织重新评估审议:

(一)资助项目不符合公益招投标宗旨的;

(二)资助项目不符合公益金资助范围的;

(三)评审程序不按照本意见规定的;

对社会有关方面有投诉或者其他异议的资助项目,市民政局可以组织听证,直接做出处理决定。

八、监督评估

接受资助的组织如果遇到不可抗因素,不能继续履行项目实施责任,应当向受托组织报告,由受托组织酌情处置。接受资助组织不得擅自向他人转让项目。

接受资助的组织应当按照市民政局批复或者行政合同的要求,在项目实施过程中和项目实施结束后开展自我评估,并将评估结果书面报受托组织。

受托组织可以在实施过程中对资助项目实施抽查评估。项目结束后,受托组织应当开展对资助项目的审计和绩效评估。受托组织应当汇总评估和审计结果,书面报市民政局。

九、其他要求

区县民政局的资助项目审批工作,可以参照本意见的规定执行。

区县民政局的资助项目,可以委托市民政局的受托组织开展评估审议,但资助项目仍由区县民政局局长负责审批。

资助项目由市民政局和区县民政局的两级公益金配套的,该资助项目可以由市民政局负责审批,也可以由市民政局指定区县民政局局长负责审批。

六、社 会 组 织

上海市民政局、上海市社会团体管理局、中国人民银行上海分行关于在本市民间组织中实施工资基金管理工作的通知

(2007 年 1 月 10 日沪民社非〔2007〕1 号制定)

各区(县)民政局、社团局(办),各国有商业银行、股份制商业银行上海(市)分行,上海银行、上海农村商业银行,上海各外资银行,各市级民间组织:

为加强本市民间组织工资基金管理工作,按照国务院工资基金管理有关规定和市政府领导批准的市编制委员会《关于明确民间组织工资基金核定管理部门的意见》(沪编〔2006〕156 号),现对本市民间组织工资基金管理工作通知如下:

一、本市民间组织工资基金管理工作的范围

本通知适用于在本市市、区两级民间组织登记管理机关依法登记的各类民间组织(即社会团体、民办非企业单位、基金会)的工资基金管理工作。

民间组织应按照国家劳动人事法规对其聘用人员订立相应的聘用合同,明确聘用双方的权利义务关系,完善用工手续。

民间组织发给专职、兼职工作人员的劳动报酬、津贴、补贴等,属于国家规定的工资总额组成部分的,均纳入工资基金管理范围。

二、本市民间组织工资基金管理工作的分工

上海市社会团体管理局和各区(县)社团局(办)是本市民间组织工资基金管理的职能部门,分别负责管理所辖民间组织工资基金的申报受理、审查核定和工资基金手册的发放工作。

中国人民银行上海分行负责指导本市各相关银行按照民间组织工资基金管理规定,做好民间组织工资发放的支付、监督工作。

三、本市民间组织工资基金管理申报及审核办法

本市民间组织应根据本单位实际情况,参照本市社会同类人员工资标准以及工资增长指导线,编制当年度聘用从业人员、报酬总额支付计划后,填入《民间组织工资基金管理手册》(以下简称《手册》),并报主管社团登记管理机关审核签章。

民间组织在其基本账户开户银行凭已经审核签章的《手册》领取工资。

民间组织不论是采用现金还是采用转账(包括银行卡委托代发)、内扣等形式发放工资,都应如数填入《手册》,有关银行作为监督支付依据。

民间组织办理申报工资基金时,应将本单位上年使用的民间组织工资基金手册、年度工资奖金报表和本年拟发工资奖金情况连同相应说明材料一并进行申报,并列清专职、聘用等各类人员的年度工资奖金或费用,其中与上年度相比变动较大的还应附书面说明。第一次申报的,还需附报单位专职、聘用人员的聘用合同及工资标准清册等相关资料。

民间组织工资基金核定每年定期进行。第一季度受理民间组织工资基金申报,第二季度组织

核定,第四季度作调整。新成立的民间组织,在登记后,即可办理工资基金申报事宜。

市、区两级社团登记管理机关组织审核民间组织工资基金时,应依据民间组织年检结论、相关年报、社会同类人员工资标准、行业或单位劳务费用比例情况,作出核定意见。有关税务部门复核后,按国家有关规定处理税前列支事宜。

四、加强本市民间组织工资基金管理工作的要求

开展民间组织工资基金管理工作,是一项开创性的工作,有利于加强本市民间组织管理,减轻民间组织负担,促进其规范运作和健康发展。各相关部门应加强领导,紧密协作,不断总结、稳步推进,切实做好此项工作。

各区(县)社团登记管理机关应成立相应工作小组,确保民间组织工资基金管理的干部配置和工作经费落实到位。各相关部门在具体工作中发现新问题、新情况,要及时上报。

本通知自 2007 年 1 月 1 日起执行。

上海市促进行业协会发展规定

(2002 年 10 月 31 日上海市第十一届人民代表大会常务委员会第四十四次会议通过,根据 2010 年 7 月 30 日上海市第十三届人民代表大会常务委员会第二十次会议《关于修改〈上海市促进行业协会发展规定〉的决定》修正)

第一条　为了促进本市行业协会的发展,保障行业协会依法开展活动,规范行业协会的组织和行为,根据有关法律、行政法规,结合本市实际情况,制定本规定。

第二条　本规定所称的行业协会,是指由同业企业以及其他经济组织自愿组成、实行行业服务和自律管理的非营利性社会团体。

第三条　行业协会的宗旨是为会员提供服务,维护会员合法权益,保障行业公平竞争,沟通会员与政府、社会的联系,促进行业经济发展。

行业协会遵循自主办会的原则,实行会务自理,经费自筹。

行业协会的活动应当符合法律、法规以及行业的整体利益和要求,不损害社会公共利益。

行业协会的正常活动受法律保护,任何组织或者个人不得非法干涉。

第四条　各级人民政府应当促进、扶持行业协会的发展,支持行业协会自主办会,依法进行管理,保障行业协会独立开展工作。

市社团登记管理部门和市政府有关工作部门应当按照各自职责,做好促进行业协会发展的具体工作。

第五条　行业协会按照国家现行行业分类标准设立,也可以按照产品、经营方式、经营环节及服务功能设立。行业协会应当具有全市的行业代表性。

设立行业协会应当制定行业协会章程。行业协会的宗旨、业务范围、组织机构、活动规则以及会员的权利义务等,由行业协会章程规定。

申请设立行业协会的,应当向社团登记管理部门提出,并提交筹备申请书、章程草案等文件。社团登记管理部门在办理登记手续过程中,应当听取相关方面的意见。

第六条　行业协会应当对不同的区域、部门、所有制、经营规模的企业或者其他经济组织设定相同的入会标准,保证其平等的入会权利。

同业的企业或者其他经济组织自愿申请加入行业协会的,经行业协会批准,可以成为该行业协

会的会员。

行业协会会员可以自愿退会。对严重违规违约的会员,行业协会也可以依据行业协会章程规定,取消其会员资格。

第七条　行业协会实行会员制。会员大会或者会员代表大会是行业协会的权力机构。行业协会设立理事会,作为会员大会或者会员代表大会的执行机构。行业协会设立秘书处,作为行业协会的办事机构。

行业协会会长、副会长和理事按照行业协会章程规定的方式选举产生。秘书长是行业协会的专职管理人员,由理事会聘任,也可以按照行业协会章程规定的其他方式产生。

第八条　政府有关工作部门的机构、人事和财务应当与行业协会分开,其工作机构不得与行业协会办事机构合署办公。

本市国家机关工作人员不得在行业协会中担任职务。

第九条　行业协会办事机构的专职工作人员应当逐步职业化。社团登记管理部门应当会同政府有关工作部门指导、帮助行业协会做好专职工作人员的教育培训、职业资格评定、社会保障等工作。

第十条　行业协会可以根据会员需求,组织市场拓展,发布市场信息,推介行业产品或者服务,开展行业培训,提供咨询服务。

第十一条　行业协会可以制订本行业的行规行约,可以向政府有关工作部门提出制订有关技术标准的建议或者参与有关技术标准的制订。

第十二条　行业协会可以对会员之间、会员与非会员之间或者会员与消费者之间就行业经营活动产生的争议事项进行协调,可以对本行业协会与其他行业协会或者其他组织的相关经营事宜进行协调,可以代表本行业参与行业性集体谈判,提出涉及行业利益的意见和建议。

第十三条　行业协会可以根据法律、行政法规的规定,代表行业内相关企业或者其他经济组织向政府有关工作部门提出反倾销调查、反补贴调查或者采取保障措施的申请,协助政府有关工作部门完成相关调查。

行业协会可以参与反倾销的应诉活动。

第十四条　行业协会可以代表本行业向有关国家机关反映涉及行业利益的事项,提出经济政策和立法方面的意见和建议。

第十五条　行业协会对违反行业协会章程或者行规行约、损害行业整体形象的会员,可以按照行业协会章程的规定,采取相应的行业自律措施,并可将有关行业自律措施告知政府有关工作部门。对行业内违法经营的企业或者其他经济组织,行业协会可以建议并协助政府有关工作部门予以查处。

行业协会可以根据需要,制订行业内争议处理的规则和程序。

第十六条　有关国家机关在制订涉及行业利益的地方性法规、规章、公共政策、行政措施、技术标准或者行业发展规划时,应当听取行业协会的意见;制订有关技术标准时,也可以委托行业协会起草。

第十七条　政府有关工作部门应当支持行业协会开展行业服务,并根据实际情况,将行业评估论证、技能资质考核、行业调查、行业统计等事项转移或者委托给行业协会承担。

政府有关工作部门将有关事项委托给行业协会承担的,应当通过订立合同等方式,建立政府购买服务机制。

第十八条　政府有关工作部门应当为行业协会提供行业信息和咨询,并向国家主管部门反映行业的要求。

政府有关工作部门或者社会组织应当支持行业协会参加反倾销、反补贴、反不正当竞争的有关活动。

第十九条　行业协会可以通过收取会费、接受捐赠、开展服务等途径,筹措活动经费。行业协会的会费标准,由行业协会会员大会或者会员代表大会表决确定。经费使用应当限于行业协会章程规定的范围,并接受会员及政府有关工作部门的监督。

第二十条　行业协会不得通过制订行业规则或者其他方式垄断市场,妨碍公平竞争,损害消费者、非会员企业或者其他经济组织的合法权益、社会公共利益;不得滥用权力,限制会员开展正当的经营活动或者参与其他社会活动;不得在会员之间实施歧视性待遇;不得利用组织优势开展与本行业经营业务相同的经营活动。

行业协会的任何会员不得利用其经营规模、市场份额等优势,限制其他会员在行业协会中发挥作用。

第二十一条　行业协会会员对行业协会实施行业规则、行业自律措施或者其他决定有异议的,可以提请行业协会进行复核,或者依法提请政府有关工作部门处理。

消费者、非会员企业或者其他经济组织认为行业协会的有关措施损害其利益的,可以要求行业协会调整或者变更有关措施,也可以依法提请政府有关工作部门处理或者向人民法院提起诉讼。

第二十二条　市社团登记管理部门应当建立和完善行业协会评估机制以及为行业协会服务的信息系统。

社团登记管理部门和政府有关工作部门应当加强与行业协会的信息沟通。

第二十三条　社团登记管理部门以及政府有关工作部门应当加强对行业协会的指导和服务,为行业协会创造公平、公正的发展环境,保障行业协会依照法律、法规、规章和章程开展活动,并发挥行业协会联合会的作用。

第二十四条　市社团登记管理部门以及市政府有关工作部门依法对行业协会的活动实施监督管理,完善、优化监管体系,规范、改进监管方式。

第二十五条　行业协会应当依照规定接受社团登记管理部门的年度检查。行业协会未依照规定接受年度检查的,由社团登记管理部门给予警告,责令其在规定的期限内接受年度检查;逾期未接受年度检查的,社团登记管理部门可以向社会公告,自公告之日起六个月内仍不接受年度检查的,社团登记管理部门可以予以撤销登记。

第二十六条　以企业为会员的协会、商会,由鉴证类市场中介机构组成的行业协会,法律、法规规定单位或者执业人员应当加入的行业协会,参照适用本规定。

第二十七条　本规定自 2003 年 2 月 1 日起施行。

七、婚 姻 与 收 养

上海市居民同外国人、华侨、香港特别行政区居民、澳门地区居民、台湾地区居民婚姻登记和婚姻咨询管理若干规定

(1998年11月5日上海市第十一届人民代表大会常务委员会第六次会议通过)

第一条　本市居民同外国人、华侨、香港特别行政区居民、澳门地区居民、台湾地区居民要求在本市结婚,或者同华侨、香港特别行政区居民、澳门地区居民、台湾地区居民在本市自愿协议离婚的,男女双方当事人必须共同到市民政部门申请结婚登记或者离婚登记(统称婚姻登记)。

第二条　市民政部门应当自受理婚姻登记申请之日起三十日内完成审查,并书面通知男女双方当事人,对符合条件的予以婚姻登记,发给结婚证或者离婚证。

符合婚姻登记条件的男女双方当事人应当自接到领证通知之日起三个月内,共同到市民政部门领取结婚证或者离婚证。逾期不领证的,视作撤回申请。因特殊情况需要延长领证期限的,应当在领证期限内向市民政部门提出书面申请,经同意后可以延长领证期限,但延长期限不得超过三个月。

第三条　设立涉及外国人、华侨、香港特别行政区居民、澳门地区居民、台湾地区居民的婚姻咨询机构,应当经市民政部门批准,取得婚姻咨询许可证。

第四条　任何单位不得从事涉及外国人、华侨、香港特别行政区居民、澳门地区居民、台湾地区居民的婚姻介绍活动。

任何个人不得以营利为目的从事涉及外国人、华侨、香港特别行政区居民、澳门地区居民、台湾地区居民的婚姻介绍活动。

第五条　违反本规定第三条、第四条规定的,由市民政部门责令改正,处以一万元以上五万元以下罚款;情节严重的,处以五万元以上二十万元以下罚款;情节特别严重的,处以二十万元以上五十万元以下罚款。有违法所得的,没收违法所得。

第六条　本规定自1998年12月1日起施行。

上海市婚姻介绍机构管理办法

(2001年12月28日上海市人民政府令112号发布)

第一章　总　则

第一条　(目的)

为规范婚姻介绍机构的活动,保护征婚当事人和婚姻介绍机构的合法权益,根据本市实际,制定本办法。

第二条　(定义)

本办法所称的婚姻介绍机构是指为征婚当事人提供婚姻介绍服务的中介组织。

第三条 （适用范围）

本办法适用于本市行政区域内婚姻介绍机构的设立、服务及其管理活动。

报社、期刊社、广播电台、电视台等传播媒体（以下简称媒体）从事婚姻介绍服务活动，适用本办法的有关规定。

涉及外国人、华侨、香港特别行政区居民、澳门特别行政区居民、台湾地区居民的婚姻介绍、咨询服务活动，根据国家和本市的有关规定办理。

第四条 （管理部门）

上海市民政局（以下简称市民政局）是本市婚姻介绍机构的行政主管部门，负责实施本办法。

区、县民政部门负责本辖区内婚姻介绍机构的管理工作，业务上受市民政局领导。

各级政府的有关部门应当按照各自职权，做好婚姻介绍机构的相关管理工作。

第五条 （行业协会）

依法成立的上海市婚姻介绍行业协会，按照其协会章程开展行业自律活动，并接受市民政局的指导，承办委托的事项。

第二章 设立及其管理

第六条 （设立条件）

申请设立婚姻介绍机构，应当具备下列条件：

（一）有固定的服务场所，场所的使用面积不少于 50 平方米；

（二）有必要的设备；

（三）负责人具有大专或者相当于大专以上文化程度；

（四）开办资金不低于 10 万元人民币。

第七条 （负责人的限制条件）

下列人员不得担任婚姻介绍机构的负责人：

（一）因贪污、贿赂、侵占财产、挪用财产罪或者破坏社会经济秩序罪被判处有期徒刑以上刑罚，执行期满未逾 5 年，或者因犯罪被剥夺政治权利，执行期满未逾 5 年的；

（二）因诈骗罪、强制猥亵、侮辱妇女罪被判处有期徒刑以上刑罚，执行期满未逾 5 年的。

第八条 （申请材料）

申请设立婚姻介绍机构的，应当提交下列材料：

（一）设立申请书；

（二）章程草案；

（三）验资证明；

（四）房屋所有权证书或者房屋租赁合同登记备案证明；

（五）负责人的相关证明。

第九条 （申请和审批）

需设立婚姻介绍机构的，应当向市民政局提出申请。

市民政局应当自收到申请材料之日起 15 日内作出审批决定。予以批准的，颁发《婚姻介绍机构服务许可证》（以下简称许可证）；不予批准的，书面告知申请人，并说明理由。

第十条 （婚姻介绍机构的登记）

工会、共青团、妇联、残联等社会团体举办的婚姻介绍机构，应当自取得许可证之日起 30 日内，依法办理民办非企业单位登记，领取登记证书后，方可从事婚姻介绍服务活动。

非社会团体举办的婚姻介绍机构,应当自取得许可证之日起30日内,到工商行政部门办理登记注册手续,领取营业执照后,方可从事婚姻介绍服务活动。

第十一条 (分支机构的条件和审批)

经工商行政部门登记注册的婚姻介绍机构需设立分支机构的,应当具备下列条件;

(一)有固定的服务场所,场所的使用面积不少于30平方米;

(二)有必要的设备;

(三)从业人员不少于3名;

(四)从事经营业务活动连续两年未受过行政处罚。

申请设立分支机构的,应当按照本办法第九条、第十条第二款的规定办理手续。

第十二条 (服务点备案)

经民办非企业单位登记的婚姻介绍机构设立服务点的、应当向市民政局备案。

第十三条 (变更、终止)

婚姻介绍机构及其分支机构改变机构设立所在地、法定代表人或者主要负责人的,应当向市民政局办理变更手续,并向原登记的工商行政部门或者民办非企业单位登记管理机关办理变更登记手续。

婚姻介绍机构及其分支机构终止服务活动的、应当向市民政局办理注销手续,并向原登记的工商行政部门或者民办非企业单位登记管理机关办理注销登记手续。

第十四条 (网站或者网页的备案)

婚姻介绍机构在互联网上设立网站或者网页,应当根据国家有关规定办理手续,并向市民政局备案。

第十五条 (年检)

市民政局应当对婚姻介绍机构进行年检,年检应当与工商行政部门同时进行。

逾期未年检或者年检不合格的,不得继续从事婚姻介绍服务活动。

第十六条 (媒体的登记)

媒体从事婚姻介绍服务活动的,应当以法人的名义向市民政局登记。

未向市民政局登记的媒体,不得从事婚姻介绍服务活动。

第三章 服务规范

第十七条 (明示制度)

婚姻介绍机构应当在服务场所的醒目位置放置许可证,明示服务项目,公开收费价格。

第十八条 (证明的提供)

征婚当事人到婚姻介绍机构或者媒体登记征婚时,应当提供本人身份、职业、学历等证明;征婚当事人有婚姻史的,还应当提供离婚或者丧偶证明。

婚姻介绍机构或者媒体对征婚当事人提供的证明有疑义的,应当进行核实。

婚姻介绍机构或者媒体发现征婚当事人提供虚假证明的,应当拒绝接受和发布征婚信息。

第十九条 (婚姻介绍服务合同)

婚姻介绍机构或者媒体与征婚当事人签订书面婚姻介绍服务合同的,应当明确下列内容:

(一)服务项目、形式及次数;

(二)服务期限;

(三)服务收费标准;

（四）合同终止时征婚信息资料的处理方式；

（五）违约责任及其他需要约定的事项。

禁止从事欺诈性婚姻介绍服务活动。

第二十条　（征婚信息的公布与留存）

婚姻介绍机构或者媒体应当按照婚姻介绍服务合同的约定，如实公开征婚当事人的信息资料。

婚姻介绍机构或者媒体应当将征婚当事人信息资料在婚姻介绍服务期限内备份并留存。

第二十一条　（隐私权保护）

婚姻介绍机构或者媒体应当保护征婚当事人的隐私权。未经征婚当事人同意，不得将征婚当事人的信息资料用于征婚以外的事项。

第二十二条　（服务记录）

婚姻介绍机构或者媒体在提供服务过程中，应当做好服务活动的记录。

第二十三条　（征婚广告）

婚姻介绍机构在媒体刊登或者播放征婚广告，应当以自己的名义发布。禁止冒用其他单位的名义发布征婚广告。

征婚广告不得含有虚假内容。

第二十四条　（服务价格）

办理民办非企业单位登记的婚姻介绍机构，应当按照市民政局与市物价部门共同制定的政府指导价收费。

第四章　争议解决与法律责任

第二十五条　（争议解决途径）

征婚当事人因婚姻介绍机构或者媒体的中介行为产生争议时，可以通过下列途径寻求解决：

（一）与婚姻介绍机构协商；

（二）向婚姻介绍行业协会投诉；

（三）请求消费者协会调解；

（四）向人民法院提起诉讼。

婚姻介绍行业协会接受投诉后，应当及时处理，并将投诉及处理的情况告知市民政局。

第二十六条　（行政处罚）

有下列行为之一的，由民政部门责令改正，予以警告，并可对经营性行为处以 1 000 元以上 30 000 元以下的罚款；对非经营性行为处以 100 元以上 1 000 元以下的罚款。

（一）无许可证从事婚姻介绍服务活动的；

（二）经工商登记注册的婚姻介绍机构未经许可设立分支机构的；

（三）经民办非企业单位登记的婚姻介绍机构设立服务点未向市民政局备案，经责令限期改正，逾期仍未备案的；

（四）婚姻介绍机构改变机构设立地、法定代表人或者主要负责人未办理变更手续的；

（五）婚姻介绍机构逾期未办理年检或者年检不合格，继续从事婚姻介绍服务活动的；

（六）媒体未向市民政局登记，经责令改正后，仍未登记而继续从事婚姻介绍服务活动的；

（七）明知征婚当事人提供的证明虚假，而予以发布的；

（八）从事欺诈性婚姻介绍服务活动的；

（九）未将征婚当事人信息资料在婚姻介绍服务期限内备份并留存的；

（十）未经征婚当事人同意，将征婚当事人的信息资料用于其他事项的；

（十一）在提供服务过程中，未作服务活动记录的。

第二十七条 （违反征婚广告规定的处理）

有下列行为之一的，由民政部门移送工商行政部门依法予以处理：

（一）婚姻介绍机构在媒体刊登或者播放的征婚广告，冒用其他单位名义发布的；

（二）征婚广告含有虚假内容的。

第五章 附 则

第二十八条 （施行日期）

本办法自 2002 年 3 月 1 日起施行。

上海市民政局关于开展收养登记调查评估工作的通知

（2006 年 9 月 14 日上海市民政局沪民婚发［2006］14 号制定）

各区、县民政局：

根据《中华人民共和国收养法》以下简称《收养法》、《中国公民收养子女登记办法》以下简称《登记办法》的有关规定，为进一步加强本市收养登记管理工作，规范收养登记行为，从"一切为孩子"的工作理念出发，为被收养人创造一个良好的抚养、教育环境，保障他们的健康成长，切实维护被收养人和收养人的合法权益，促进家庭和睦和社会安定，决定从今年 10 月 1 日开始，在本市各级收养登记中心开展对收养登记申请人建立调查评估的工作制度，即对收养登记申请人实行收养登记前的调查评估工作和收养登记后的定期回访工作。现就开展此项工作的有关事项通知如下：

一、调查评估的组织机构及人员

（一）市和区（县）民政局的收养登记中心负责对收养登记申请人的调查、评估、回访的工作。调查、评估工作是收养登记中心的一项工作职责。收养登记员在办理收养登记中应对收养登记申请人的收养登记条件进行实质性的调查评估，并作出收养登记申请人是否符合收养登记条件的调查评估意见，作为收养登记审核时的主要依据。

市和区（县）民政局也可采取政府购买服务的方式，委托街道、乡镇民间组织服务中心或社会工作者开展对收养登记申请人收养登记条件的调查、评估和回访工作。

（二）受委托从事调查的工作人员要在接受《收养法》和《登记办法》等法律、法规的业务培训，经考核合格后，持证上岗。收养登记员或受委托从事调查的工作人员，上门调查、评估时要出示有关证件，并取得收养申请人的配合。

二、调查评估的内容

收养登记员（包括受委托从事调查评估的工作人员，下同）应当按照《收养法》《登记办法》等法律、法规的有关规定，对收养登记申请人从以下的内容进行调查、评估。

（一）收养登记申请人决定收养子女的原因和目的。

（二）收养登记申请人的个人工作经历，受教育情况、兴趣爱好及与父母、兄弟姐妹之间的关系。

（三）婚姻家庭关系，夫妻双方是否和睦相处，是否有家庭责任感。

（四）有无婚生子女，是否与收养登记申请人同住。

（五）收养登记申请人是否患有严重疾病，是否有无民事行为能力或限制民事行为能力，是否有影响抚养孩子的不利因素。

（六）收养登记申请人的经济收入、抚养孩子的经济能力情况。

（七）有无犯罪记录。收养登记申请人是否有酗酒、吸毒、赌博、家庭暴力、虐待儿童等行为。

（八）收养登记申请人目前居住的住宅条件，居住房屋的面积，被收养人的居住场所。

三、调查评估的方式

收养登记员可以通过约见收养登记申请人进行访谈、到收养登记申请人的住所实地查看或走访相关部门、单位和人员等方法，全面解收养登记申请人的情况，并把与收养登记申请人访谈、实地查看和走访调查的次数、时间、地点、方式、内容等情况记录在案，形成综合调查评估意见。

四、调查评估工作的要求

（一）市、区民政部门收养登记中心要积极创造条件开展收养登记调查评估工作，将这项工作作为宣传和普及收养法律法规的过程，为收养登记当事人提供收养法律知识、科学育儿知识等方面的服务。

（二）收养登记员应指导收养登记当事人按照收养登记申请的程序提交有关材料，认真做好收养登记调查评估工作，并形成收养登记调查评估意见，依法办理收养登记。市、区县民政局收养登记中心在办理收养登记时，应当严格按照《收养法》《登记办法》的规定办理收养登记手续，并颁发收养登记证书。

（三）收养登记调查费实行收支两条线。区、县民政局对每年开展收养登记调查评估工作所需的经费进行预算，通过政府购买服务的形式，下拨给街道、乡镇民间组织服务中心或其他受委托的机构。

（四）市、区县民政局收养登记中心在颁发收养登记证书后，收养登记员或收养登记评估组织的工作人员应在三个月之内，对收养登记当事人进行一次回访，了解被收养儿童是否得到良好的抚养和教育成长，并记录在收养登记档案中。

八、殡　　葬

上海市殡葬管理条例

(1997 年 8 月 20 日上海市第十届人民代表大会常务委员会第三十八次会议通过)

第一章　总　则

第一条　为规范殡葬活动的管理,深化殡葬改革,促进社会主义精神文明建设,根据国务院《殡葬管理条例》以及其他有关法律、法规,结合本市实际情况,制定本条例。

第二条　本条例适用于本市行政区域内的殡葬活动及其管理。

革命烈士、少数民族、香港特别行政区居民、澳门同胞、台湾同胞、华侨和外国人的殡葬活动及其管理,国家和本市地方性法规另有规定的,按照规定执行。

第三条　本市殡葬活动及其管理的原则是:实行火葬,节约殡葬用地,保护环境,尊重中华民族美德,革除殡葬陋俗,提倡文明节俭办丧事。

第四条　上海市民政局(以下简称市民政局)是本市殡葬活动的行政主管部门,负责实施本条例;其所属的上海市殡葬管理处(以下简称市殡葬管理处)负责殡葬活动的具体管理工作。

区、县民政局按照各自的职责负责本辖区内殡葬活动的管理工作。

各级公安、工商、卫生、规划、园林、房屋土地、环境卫生、环境保护以及农业、交通等行政管理部门,应当按照各自职责,配合民政部门共同做好殡葬活动的管理工作。

第五条　文化、新闻出版和广播电影电视等部门,应当采取各种形式,配合民政部门共同做好殡葬改革、移风易俗的宣传教育工作。

机关、社会团体、企业、事业单位、居(村)民委员会和其他组织,应当在本单位或者本地区开展有关殡葬活动移风易俗的宣传教育工作。

第二章　殡葬服务单位

第六条　殡葬服务单位根据本市殡葬工作的规划和合理、需要、便民的原则设立。殡仪馆(含火葬场,下同)、公墓、骨灰堂的建设,应当纳入城乡建设规划。

设立殡仪馆由市民政局报市人民政府批准。

设立公墓由市民政局批准。

设立骨灰堂、殡葬服务代理单位,以及殡仪馆、公墓或者骨灰堂在其服务场所以外开设殡葬服务部,由市殡葬管理处批准。

利用外资设立殡仪馆、公墓或者骨灰堂,按照国家有关规定办理。

第七条　经批准设立的殡葬服务单位,应当按照有关规定向其他行政管理部门办理相应的审批、登记手续。其中使用集体所有土地的,还应当办理土地征用手续。

第八条　殡仪馆、公墓、骨灰堂以及殡葬服务代理单位开业前,应当向市殡葬管理处提出书面申请,市殡葬管理处应当自收到申请书之日起三十日内作出决定。对符合下列条件的,发给殡葬服务证:

(一)取得工商行政管理部门核发的营业执照;

（二）有符合标准的场地和必需的设施；

（三）主要负责人取得市殡葬管理处核发的上岗证书。

第九条　殡葬服务证每年验审一次。未经验审或者验审不合格的，不得继续从事殡葬服务活动。

第十条　殡仪馆、公墓、骨灰堂及其代理单位变更名称、法定代表人、经营地址或者经营服务范围以及终止经营服务的，应当向市殡葬管理处提出申请，经同意后，向有关行政管理部门办理变更或者注销手续。

第十一条　殡仪馆、公墓、骨灰堂扩大占地面积，应当按照设立审批程序向有关行政管理部门办理审批手续。

第十二条　殡葬服务单位应当加强对殡葬服务设备、设施的管理，保持殡葬服务场所和设备、设施的整洁和完好，防止环境污染。

殡葬服务单位的从业人员应当遵守操作规程和职业道德，实行规范化的文明服务，不得利用工作之便索取财物。

殡葬服务单位及其从业人员，对殡葬服务场所中妨害公共秩序或者抛撒、使用封建迷信殡葬用品的行为，应当予以劝阻、制止。

第十三条　殡葬服务的收费项目及其收费标准，应当经物价管理部门核准并予以公布，不得超项目或者超标准收费。违反规定收费的，由物价管理部门依法处理。

市殡葬管理处收取的管理费只能用于殡葬活动的管理工作，不得挪作他用。

第三章　殡殓活动

第十四条　死者有亲属的，亲属是丧事承办人；死者没有亲属的，其生产单位或者临终居住地的居（村）民委员会是丧事承办人。

第十五条　在本市死亡的，遗体应当在本市火化。

因特殊情况需要将遗体运出本市的，应当经市殡葬管理处批准。

第十六条　丧事承办人应当自知道死者死亡之日起二十四小时内，向公安部门办理死亡证明手续，并通知殡仪馆接运遗体，但涉及医疗事故死亡的，按照有关规定办理。

无名遗体、无主遗体和涉及刑事案件的遗体，由公安、司法部门通知殡仪馆接运。

捐献的遗体按照国家和本市的有关规定办理。

第十七条　殡仪馆应当自接到通知后十二小时内接运遗体，并应当对遗体进行必要的技术处理，确保卫生，防止污染环境。

搬运遗体由殡仪馆负责，有关单位和个人应当为搬运遗体提供方便。

第十八条　殡仪馆以外的单位和个人不得从事遗体的运送、防腐、整容、更衣等殡葬经营服务活动。

第十九条　丧事承办人凭公安部门核发的死亡证明向殡仪馆办理遗体火化手续。殡仪馆应当根据公安部门核发的死亡证明火化遗体。

遗体火化后，殡仪馆应当向丧事承办人出具火化证明。

第二十条　运至殡仪馆的遗体应当在十五日内火化。因特殊情况需要延期火化的，丧事承办人应当根据殡仪馆的隶属关系报市殡葬管理处或者区、县民政局批准。

丧事承办人自遗体运至殡仪馆之日起十五日内不办理火化手续，又不说明理由的，殡仪馆应当书面通知丧事承办人限期办理。丧事承办人逾期仍未办理的，殡仪馆根据隶属关系报市殡葬管理处或者区、县民政局批准,向有关区、县公安部门备案后,可以火化遗体,并通知丧事承办人领回骨灰。遗体存放、火化等费用,由丧事承办人负担。

患传染病死亡的遗体,殡仪馆应当采取防止传染的措施。殡仪馆对高度腐败的遗体应当立即火化。

第二十一条　丧事承办人举行殡殓等丧事活动,不得妨害公共秩序和公共卫生,不得危害公共安全或者侵害他人的合法权益。

第四章　骨灰安置

第二十二条　提倡和鼓励采用播撒、深埋、植树葬等不保留骨灰的安置方式。采用播撒、深埋、植树葬等方式安置骨灰的,安置地不设纪念性标志。

各有关部门和单位对采用不保留骨灰的安置方式,应当予以支持。

播撒、深埋、植树葬等骨灰安置方式的具体实施办法由市人民政府制定。

第二十三条　公墓应当凭殡仪馆出具的火化证明出售墓穴。禁止出售寿穴,但为死者的健在配偶留作合葬的寿穴、无子女的老年人或者有其他特殊情况者购买的寿穴除外。

墓穴和骨灰存放格位的购买者不得转让墓穴和骨灰存放格位。

禁止墓穴和骨灰存放格位的传销活动。

第二十四条　公墓和骨灰堂出售墓穴、骨灰存放格位时,应当与购买者签订购销合同。墓穴、骨灰存放格位使用人的姓名不得变更。

墓穴和骨灰存放格位的购买者应当交纳墓穴、骨灰存放格位维护费。维护费专项用于墓穴和骨灰存放格位的日常维修与保养,不得挪作他用。

第二十五条　禁止在墓穴内埋葬遗体、遗骸;禁止在公墓以外建墓立碑。

第五章　殡葬设备和殡葬专用品的管理

第二十六条　制造、销售焚尸炉、运尸车、尸体冷藏柜等殡葬设备和包尸袋、骨灰盒、墓用石制品等殡葬专用品的单位和个体工商户,在开办前应当向市殡葬管理处提出书面申请,市殡葬管理处应当自收到申请书之日起三十日内作出决定,对批准的,发给批准书;对不予批准的,应当书面答复申请人。

制造、销售寿衣、花圈的单位和个体工商户,在开办前应当向所在地的区、县民政局提出书面申请,所在地的区、县民政局应当自收到申请书之日起三十日内作出决定,对批准的,发给批准书;对不予批准的,应当书面答复申请人。

取得批准书的,应当按照国家有关规定向工商行政管理部门办理工商登记手续。

第二十七条　焚尸炉、运尸车、尸体冷藏柜等殡葬设备,必须符合国家规定的技术标准。禁止制造、销售不符合国家技术标准的殡葬设备。

第二十八条　制造、销售包尸袋、骨灰盒、墓用石制品、寿衣、花圈等殡葬专用品的单位和个体工商户,不得在批准的制造、销售场所以外从事经营活动。

第二十九条　禁止制造、销售封建迷信殡葬用品。

第六章　法律责任

第三十条　对违反本条例规定的单位、个体工商户和个人,按照下列规定予以处罚:

（一）未经批准擅自设立殡葬服务单位的,殡仪馆、公墓、骨灰堂擅自扩大占地面积的,制造、销售封建迷信殡葬用品的,按照国务院《殡葬管理条例》处罚;

（二）未取得殡葬服务证、殡葬服务证未经验审或者验审不合格从事殡葬服务活动的,以及未取得殡葬设备、殡葬专用品批准书从事制造、销售的,由市殡葬管理处责令停产停业,没收违法所得,情节轻微的,可以并处二千元以上一万元以下罚款,情节严重的,可以并处一万元以上五万元以下罚款;

（三）擅自将遗体运出本市的,市殡葬管理处或者区、县民政局可以处二百元以上二千元以下罚款;

（四）违反规定出售墓穴、骨灰存放格位的,由市殡葬管理处或者区、县民政局责令停止违法活动,没收违法所得,可以并处违法所得一倍以上三倍以下罚款;

（五）在殡葬活动中妨害公共秩序、危害公共安全、侵害他人合法权益构成违反治安管理行为的,由公安部门依法给予治安管理处罚,构成犯罪的,依法追究刑事责任。

第三十一条　市、区、县民政局和市殡葬管理处应当依法管理,公正执法;因违法行政,给当事人造成直接经济损失的,应当予以赔偿。

市、区、县民政局和市殡葬管理处的工作人员玩忽职守、滥用职权、徇私舞弊、索贿受贿的,由其所在单位或者上级主管部门给予行政处分;构成犯罪的,依法追究刑事责任。

第七章　附　则

第三十二条　本条例的具体应用问题由市民政局负责解释。

第三十三条　本条例自 1998 年 1 月 1 日起施行。

九、志 愿 服 务

上海市志愿服务条例

(2009 年 4 月 23 日上海市第十三届人民代表大会常务委员会第十次会议通过)

第一条　为倡导奉献、友爱、互助、进步的志愿服务精神,鼓励、推动和规范志愿服务活动的开展,维护志愿者的合法权益,促进和谐社会建设,根据本市实际情况,制定本条例。

第二条　本条例适用于在本市行政区域内开展或者发起的有组织的志愿服务活动。

第三条　本条例所称的志愿服务,是指不以获取报酬为目的,自愿以智力、体力、技能等为他人和社会提供服务和帮助的公益性活动。

本条例所称的志愿者,是指从事志愿服务活动的个人。

本条例所称的志愿者组织,是指依法登记、专门从事志愿服务活动的公益性社会组织。

第四条　志愿服务活动应当遵循自愿、平等、诚信、合法的原则。

第五条　本市鼓励为老年人、未成年人、残疾人、失业人员等有困难需要帮助的社会群体和个人提供志愿服务;提倡在教育、科学、文化、卫生、体育、环保等领域以及社区服务、应急援助和社会公益活动中开展志愿服务活动。

全社会应当尊重志愿者及其提供的志愿服务。

第六条　国家机关、社会团体、企业事业单位和其他组织应当支持志愿服务活动。

学校应当将培养志愿服务意识纳入青少年思想品德教育内容,鼓励大学和中学学生参加适合自身特点的志愿服务活动。

广播、电视、报刊、网站等传播媒体应当积极宣传志愿服务活动。

本市确定每年中国青年志愿者服务日(三月五日)当周集中宣传和开展志愿服务活动,倡导和弘扬志愿服务精神。

第七条　上海市志愿者协会(以下简称市志愿者协会)负责指导、协调全市的志愿服务活动,为志愿者和志愿者组织提供服务,依法维护志愿者和志愿者组织的合法权益。

第八条　市和区、县人民政府应当将志愿服务纳入国民经济和社会发展规划,支持和促进志愿服务事业的发展。

市和区、县民政部门及其他有关部门根据各自职责做好与志愿服务活动相关的服务和行政管理工作。

乡、镇人民政府和街道办事处应当采取措施,支持和帮助本辖区内志愿服务活动的开展。

第九条　志愿者组织应当根据自己的章程组织开展志愿服务活动。

政府部门、人民团体以及慈善、救助等社会组织根据社会公益活动、应急援助以及举办文化、体育、科技等大型活动的需要,可以招募志愿者,组织开展志愿服务活动,也可以委托给志愿者组织开展志愿服务活动。

第十条　组织开展志愿服务活动的志愿者组织、政府部门、人民团体和其他组织(以下统称志愿服务活动的组织者)在招募志愿者时,应当尊重志愿者本人的意愿,根据其时间、能力等条件,安排从事相应的志愿服务活动,并为其提供相关的信息和安全、卫生等必要的条件或者保障。

志愿服务活动的组织者应当对志愿者的个人信息保密,未经志愿者本人同意,不得公开或者向第三方提供。

第十一条　志愿者应当具备与其所从事的志愿服务活动相适应的民事行为能力。

组织未成年人参加志愿服务活动的,应当符合其身心特点,并征得其监护人同意。

第十二条　志愿者享有以下权利:

(一)根据自己的意愿和时间、能力等条件,选择参加志愿服务活动;

(二)获得与所从事的志愿服务活动相关的信息和培训;

(三)获得与所从事的志愿服务活动相关的必要条件或者保障;

(四)向志愿服务活动的组织者提出意见和建议;

(五)法律、法规规定的其他权利。

第十三条　志愿者应当履行下列义务:

(一)接受志愿服务活动的组织者的指导和安排,履行志愿服务承诺,完成相应的任务;

(二)尊重志愿服务接受者的意愿和人格、隐私等权利;

(三)保守在志愿服务活动中获悉的依法受保护的秘密;

(四)不得利用志愿者身份从事与志愿服务活动宗旨、目的不符的行为;

(五)不能继续从事志愿服务活动时,及时告知志愿服务活动的组织者。

第十四条　志愿服务活动的组织者可以根据有志愿服务需求的组织、个人的申请,或者根据社会实际需要,确定志愿服务活动项目。

第十五条　志愿服务活动的组织者向社会招募志愿者时,应当将志愿服务活动项目的相关内容予以公布,并告知在志愿服务过程中可能出现的风险。

第十六条　志愿服务活动的组织者可以根据志愿服务活动的目的、要求,以及申请参与志愿服务活动的个人的实际情况,选择志愿者。

第十七条　志愿服务活动的组织者与志愿者之间、志愿服务活动的组织者与志愿服务接受者之间,可以根据需要就服务的内容、期限、要求及其他必要事项签订书面协议。

第十八条　志愿服务活动的组织者应当根据所开展志愿服务活动的需要,对志愿者进行相关培训。

第十九条　志愿服务活动的组织者应当对志愿者参加志愿服务活动的情况进行记录,并可以根据志愿者的要求,就其参加志愿服务活动的情况出具有关的证明材料。

第二十条　对志愿者在从事志愿服务活动中由本人所支出的交通、误餐等费用,志愿服务活动的组织者可以给予适当的补贴。

第二十一条　志愿服务活动的组织者一般应当避免安排志愿者从事需要承担重大管理责任、经济责任或者具有较大人身伤害风险的服务活动。

在特殊情形下,志愿服务活动的组织者安排志愿者从事需要承担重大管理责任、经济责任或者具有较大人身伤害风险的服务活动,应当按照本条例第十七条的规定签订书面协议。

第二十二条　志愿服务活动的组织者可以根据自身条件和实际需要,为志愿者办理相应的人身保险。

志愿服务活动的组织者安排志愿者从事有安全风险的志愿服务活动时,应当为志愿者办理必要的人身保险。

第二十三条　任何组织和个人不得利用或者借用志愿服务的名义进行营利性和其他违背志愿服务宗旨的活动。

第二十四条　志愿者组织可以通过接受社会捐赠、资助等形式,筹集开展志愿服务活动的经费。

第二十五条　各级人民政府根据实际情况安排资金,支持志愿者和志愿者组织开展志愿服务活动。

第二十六条　志愿者组织筹集的志愿服务活动经费应当用于志愿服务活动、志愿者的人身意外伤害保险和交通、误餐补贴等开支,不得挪作他用。

志愿服务活动经费的来源及使用情况应当向社会公开,并接受政府有关部门、捐赠者、资助者、志愿者的监督。

第二十七条　市志愿者协会应当定期将本市的志愿者和志愿者组织的发展状况、志愿服务活动的开展情况等信息向社会公开。

第二十八条　鼓励有关单位在招录公务员、招聘员工、招生时,同等条件下优先录用、聘用、录取有良好志愿服务表现的志愿者。

对有良好志愿服务表现的志愿者,其所在地区、单位应当予以鼓励和关心。

第二十九条　对在志愿服务活动中表现突出的志愿者和志愿服务活动的组织者,由有关主管部门予以褒奖。需要市人民政府褒奖的,市民政局和市志愿者协会可以向市人民政府提出建议。

第三十条　未经登记,擅自以志愿者组织的名义开展活动的,由市或者区、县民政部门予以取缔,没收非法财产。

志愿者组织从事营利性的经营活动的,由市或者区、县民政部门给予警告,责令改正,可以限期停止活动,并可以责令撤换直接负责的主管人员;情节严重的,予以撤销登记。

其他违反本条例的行为,法律、行政法规和本市地方性法规有处罚规定的,由有关部门按照各自职责,依法追究其法律责任。

第三十一条　志愿者、志愿服务活动的组织者、志愿服务接受者在志愿服务活动中发生争议的,可以自行协商解决或者由市志愿者协会、人民调解组织主持调解,也可以依法通过诉讼等途径解决。

第三十二条　本条例自 2009 年 6 月 1 日起施行。

十、残 疾 人 事 业

上海市实施《中华人民共和国残疾人保障法》办法

(1993年2月6日市九届人大常委会第四十一次会议通过,根据1999年7月12日市十一届人大常委会第十一次会议《关于修改〈上海市实施"中华人民共和国残疾人保障法"办法〉的决定》修正)

第一章 总 则

第一条 根据《中华人民共和国残疾人保障法》结合本市实际情况,制定本办法。

第二条 残疾人是指在心理、生理、人体结构上,某种组织、功能丧失或者不正常,全部或者部分丧失以正常方式从事某种活动能力的人。

残疾人包括视力残疾、听力残疾、言语残疾、肢体残疾、智力残疾、精神残疾、多重残疾和其他残疾的人。

残疾标准按照国务院的规定执行。

第三条 残疾人在政治、经济、文化、社会和家庭生活等方面,享有同其他公民平等的权利。

政府采取辅助方法和扶持措施,对残疾人给予特别扶助,保障残疾人权利的实现。

全社会应当发扬社会主义的人道主义精神,理解、尊重、关心、帮助残疾人,支持残疾人事业。

禁止歧视、侮辱、虐待、侵害残疾人。

第四条 各级人民政府应当将残疾人事业纳入国民经济和社会发展计划,将有关经费列入财政预算,进行统筹规划,使残疾人事业与经济、社会协调发展。

第五条 市和区、县人民政府设立残疾人工作协调委员会,负责协调残疾人工作,检查和督促办法的施行。

第六条 政府有关部门应当根据《中华人民共和国残疾人保障法》和本办法的规定,按照各自的职责,做好残疾人工作,保障残疾人合法权益。

第七条 市、区、县残疾人联合会承担政府委托的任务,协助政府开展残疾人工作,动员社会力量,发展残疾人事业。

第八条 残疾人必须遵守法律、法规、规章和公共秩序,履行应尽的义务,尊重社会公德。

残疾人应当发扬乐观进取精神,自尊、自信、自强、自立,为社会主义建设贡献力量。

第二章 残疾评定

第九条 残疾评定工作分别由下列部门组织实施:

(一)市卫生行政部门指定有关医疗机构负责本市残疾人的残疾评定。

(二)各级教育行政部门负责组织在校残疾学生接受残疾评定。

(三)各级残疾人联合会负责组织机关、团体、企业、事业单位中的残疾人员和其他残疾人员接受残疾评定。

第十条 医疗机构应当严格按照国务院规定的残疾标准评定残疾,并为残疾人的残疾评定提供方便。

第十一条　残疾人对医疗机构的残疾评定结论有异议的,可以向残疾鉴定机构申请复查。

市卫生行政部门聘请有关专家组成残疾鉴定机构,负责残疾人的残疾鉴定。鉴定机构的鉴定结论为最终结论。

第十二条　对经有关医疗机构评定或者经残疾鉴定机构鉴定为残疾的人员,由残疾人工作协调委员会发给残疾人证。

第三章　康　复

第十三条　卫生行政部门应当有计划地在综合性医院设立残疾人康复医学科(室),举办必要的专门康复机构,开展康复医疗与训练、科学研究、人员培训和技术指导工作,并充分发挥现有康复设施的作用。

卫生行政部门应当按照社会办医的有关规定,支持社会团体及个人兴办残疾人康复医疗机构。

第十四条　各级人民政府应当鼓励街道、乡、镇发展精神残疾和智力残疾工疗站、残疾儿童日托站、残疾人活动室等福利设施。

对社区残疾人康复医疗福利设施的建设、改造及经营管理的费用,地方财政应当给予一定的补贴,税务部门应当按照国家规定减免税收。

民政、卫生行政部门和残疾人联合会应当组织和指导城乡社区服务网、医疗预防保健网、残疾人家庭和其他社会力量,开展社区康复工作。

第十五条　盲校、聋校、弱智儿童辅读学校(班)、福利工厂(场)和儿童福利院、精神病康复院、荣誉军人休养院等为残疾人服务的机构,应当指导和帮助残疾人进行功能、自理能力、劳动技能的训练。

民政、卫生、财政等有关行政部门和残疾人联合会应当根据国家计划确定康复重点项目与计划,并组织实施。

第十六条　工业、科研等部门应当积极研制、生产残疾人康复器械、生活自助具、特殊用品和其他辅助器具及零配件,并组织维修服务。

商业部门应当逐步在各区、县建立残疾人用品用具供应服务点;市和区、县残疾人联合会可以建立残疾人用品用具供应服务站点,方便残疾人购置。

第十七条　卫生行政部门应当加强残疾预防工作,并逐步建立、健全对残疾儿童的早期发现、早期诊治的制度。

第十八条　残疾人恢复或者补偿功能所需的医疗费用,按下列规定办理:

(一)享受公费医疗待遇的残疾职工,按公费医疗的有关规定办理;

(二)享受劳保待遇的残疾职工,由所在单位按有关规定承担;

(三)不享受公费、劳保待遇的集体经济组织在业残疾人,由所在单位酌情承担;

(四)未满十六周岁的残疾人,由其直系亲属所在单位按在职职工家属享受医疗费待遇的规定办理;

(五)社会闲散残疾人,由其家庭承担,家庭承担确有困难的,可以由残疾人直系亲属向所在单位申请生活困难补助;

(六)无劳动能力、无法定扶养人又无生活来源的残疾人,由民政部门按市人民政府有关规定予以补助。

第四章　教　育

第十九条　各级人民政府应当积极发展残疾人教育事业,鼓励社会力量办学、捐资助学,逐步完善特殊教育体系,使残疾人教育事业与残疾人入学需求相适应。

第二十条　教育部门应当逐步建立盲、聋、弱智儿童学前班,对残疾儿童进行学龄前教育。幼儿教育单位应当接收能适应其生活的残疾幼儿入园。

第二十一条　国家、社会和家庭应当保障残疾儿童、少年接受义务教育的权利。

盲童可以向市盲童学校办理入学手续;聋童及弱智儿童可以向居住地教育行政部门办理入学手续。

普通小学和初级中等学校必须招收能适应学习生活的残疾儿童、少年入学;市或区、县教育行政部门应当根据盲、聋、弱智儿童、少年的入学要求,举办盲童、聋童学校和弱智儿童、少年辅读班;并采取措施,改善残疾儿童、少年义务教育的办学条件,提高教学质量。

对接受义务教育的残疾学生根据实际情况减免杂费。

第二十二条　市教育行政部门应当有计划地发展盲、聋中等职业技术教育;可以在中等专业学校和高等院校创办适合残疾人学习的特殊班。

劳动、教育行政部门和残疾人联合会应当为残疾人提供职业技能培训的条件,有计划地开展残疾人职业技能培训。

普通高级中等学校和高级、中级职业技术学校以及高等院校,必须招收符合国家规定录取标准的残疾考生入学。拒绝招收的,当事人或其亲属、监护人可以要求市教育行政部门或者市劳动行政部门处理,市教育行政部门或者市劳动行政部门应当责令该学校招收。

第二十三条　教育机构和残疾人所在单位应当为残疾人创造学习条件,鼓励残疾人自学成才。

第二十四条　市教育行政部门应当加强特殊教育师资力量的培养。

鼓励教师长期从事特殊教育工作。对从事特殊教育满二十年的,发给荣誉证书;对从事特殊教育累计满二十五年的,享受的特殊教育津贴计入退休金;对作出突出贡献的特殊教育教师,在职称评定、晋级等方面应当优先。

第五章　劳动就业

第二十五条　各级人民政府应当对残疾人劳动就业进行统筹规划。对具有一定劳动能力、生活能够自理、达到法定就业年龄的残疾人,按照集中与分散相结合的方针,通过多渠道、多层次、多种形式安排劳动就业,并采取优惠政策予以扶持,使残疾人劳动就业逐步普及、稳定、合理。

第二十六条　民政部门和街道办事处、乡、镇人民政府、残疾人联合会及其他社会组织,可以通过举办残疾人福利企业、精神残疾和智力残疾工疗站、推拿医疗机构和其他福利性企业、事业单位,安排残疾人就业。

政府有关部门对残疾人福利性企业、事业单位应当在生产、经营、技术、资金、物资、场地等方面给予扶持,税务部门应当按照税法的规定给予福利企业减免税收。

经济管理部门应当将适合残疾人生产的产品优先安排给残疾人福利企业生产,并逐步确定某些产品由残疾人福利企业专产。

第二十七条　福利企业必须遵守国家的法律、法规和规章,服从民政部门的统一管理和领导,接受政府有关部门的监督管理以及行业管理部门的业务指导。

福利企业应当将税收的减免部分,用于充实企业生产发展基金和民政福利事业基金。

福利企业应当妥善安排残疾职工的生产和生活,积极研制和采用残疾职工专用设备,兴建福利设施,开展对残疾职工的技能培训,提高残疾职工的文化水平和技术水平,积极开展文娱活动和改善残疾人功能的活动,提高残疾职工的健康水平。

第二十八条　机关、团体、企业、事业单位均须按在职职工百分之一点六的比例安排残疾人就业,对符合其招收、招聘条件的残疾人,应当录用。

机关、团体、企业、事业单位安排残疾人就业超过前款规定比例的,按规定标准给予经济奖励;达不到前款规定比例的,应当按其职工工资总额的一定比例缴纳残疾人就业保障金。

残疾人就业保障金,由劳动保障行政部门所属的社会保险经办机构征收。

具体实施办法,由市人民政府另行规定。

第二十九条　鼓励残疾人自愿组织起来从业或者自谋职业。

对于申请从事个体经营的残疾人,工商、银行等部门和街道办事处、乡、镇人民政府应当优先核发营业执照,并在场地、资金等方面给予扶持。

对于从事个体经营的残疾人,税务部门应当按国家规定减免税收。

第三十条　农村残疾人可以通过下列途径就业:

（一）举办福利企业集中安排;

（二）由县（区）人民政府规定一定比例,在乡、镇、村办企业中分散安排;

（三）组织和扶持其从事种植业、养殖业和其他适合残疾人从业的生产劳动。

乡、镇、村办企业安排残疾人就业达不到规定比例的,应当缴纳残疾人就业保障金。缴纳标准和使用办法,由所在地县（区）人民政府规定。

对于从事各类生产劳动的农村残疾人,有关部门应当在生产服务、技术指导、农用物资供应、农副产品收购和资金供给等方面给予帮助。

第三十一条　残疾职工所在单位应当根据残疾职工的生理、心理障碍情况,为他们安排适当的工种和岗位,并提供适合其特点的劳动条件和劳动保护。

各单位在转正、晋级、职称评定、劳动报酬,生产福利、劳动保险等方面,不得歧视残疾职工。

第三十二条　残疾职工所在单位应当对残疾职工进行岗位技术培训,提高其劳动技能和技术水平,充分发挥他们的才智和能力,提高残疾人的就业层次。

第六章　文化生活

第三十三条　国家和社会鼓励、帮助残疾人参加各种文化、体育、娱乐活动,兴办残疾人活动设施,努力满足残疾人的精神生活需要。

残疾人文化、体育、娱乐活动应当面向基层,适应各类残疾人的不同特点和需要,使残疾人广泛参与。

第三十四条　国家和社会采取下列措施,丰富残疾人的精神文化生活:

（一）通过广播、电影、电视、戏剧、音乐、舞蹈、曲艺、报刊、图书等形式反映残疾人生活,为残疾人服务;

（二）组织和扶持盲文读物,盲人有声读物、聋人读物、弱智人读物的编写和出版,积极兴办盲人有声读物图书馆,开办电视手语节目,在部分影视作品中逐步增加字幕、解说;

（三）组织、普及和扶持残疾人开展群众性文化、体育、娱乐活动,举办特殊艺术演出和特殊体育运动会,参加国内和国际性比赛和交流;

文化、体育、娱乐管理部门和经营单位,应当为残疾人参与文化活动提供优惠服务。

第三十五条　残疾职工参加特殊艺术演出和特殊体育运动活动,有关单位应当在假期、工作安排上给予照顾。

第三十六条　公园应当逐步对残疾人免费开放。

第七章　福利与环境

第三十七条　国有和社会对生活确有困难的残疾人,应当通过多种渠道给予救济、补助。

无劳动能力、无法定扶养人又无生活来源的残疾人,家居城镇的,由民政部门予以救济或者供养;家居农村的,由乡人民政府供养。

第三十八条　残疾人所在单位、城乡基层组织、残疾人家庭应当鼓励、帮助残疾人参加社会养老和医疗保险。

第三十九条　铁路、民航、公路、水运等公共交通部门和卫生医疗机构、公用事业单位,应当为残疾人购票、医疗、房屋修理、燃气安装等提供优先服务。

盲人可以免费乘坐市内公共汽车、电车、地铁、渡船。残疾人搭乘公共交通工具,社会各方面应当给予方便和照顾。盲人读物邮件免费寄递。

县或乡人民政府应当根据具体情况,分别免除。减少无劳动能力的残疾人和已就业残疾人的义务工、公益事业费和其他社会负担。

第四十条　本市新建、改建和扩建市区道路、公共设施和居民住宅区时,应当按《方便残疾人使用的城市道路和建筑物设计规范》建设无障碍设施。规划、建设部门应当做好无障碍设施建设的规划、设计、施工以及验收的监督管理工作。

第四十一条　促进残疾人与其他公民之间的相互理解和交流,宣传残疾人事业和扶助残疾人的事迹,弘扬残疾人自强精神,倡导团结、友爱、互助的社会风尚。

增进与国内外残疾人团体组织的交往与交流。

第八章　法律责任

第四十二条　残疾人的合法权益受到侵害的,被侵害人或者其法定代理人有权要求有关部门处理,或者依法向人民法院提起诉讼。

第四十三条　国家工作人员违法失职,损害残疾人合法权益的,由其所在单位或者上级机关责令改正或者给予行政处分。

第四十四条　对侵犯残疾人人身权或者其他合法权益的,分别情况按下列规定处理:

(一)情节轻微,有工作单位的,由其单位进行批评教育或者给予行政处分;无工作单位的,由乡、镇人民政府、街道办事处处理。造成经济损失的,应当依法赔偿。

(二)违反《中华人民共和国治安管理处罚条例》的,依法予以治安处罚。

(三)构成犯罪的,依法追究刑事责任。

第四十五条　未按规定缴纳残疾人就业保障金的,由劳动保障行政部门责令限期缴纳,从欠缴之日起,按日加收千分之五滞纳金。滞纳金并入残疾人就业保障金。

逾期拒不缴纳残疾人就业保障金、滞纳金的,由劳动保障行政部门申请人民法院依法强制征缴,并可以对直接负责的主管人员和其他直接责任人员处以一"千元以上二万元以下罚款。

第九章　附　则

第四十六条　本办法的具体应用问题,由市残疾人工作协调委员会负责解释。

第四十七条　本实施办法从 1993 年 5 月 16 日起施行。

上海市残疾人分散安排就业办法

(1993 年 12 月 20 日上海市人民政府发布　根据 2000 年 5 月 11 日《上海市人民政府关于修改〈上海市残疾人分散安排就业办法〉的决定》修正　根据 2010 年 12 月 20 日上海市人民政府令第 82 号公布的《上海市人民政府关于修改〈上海市农机事故处理暂行规定〉等 148 件市政府规章的决定》修正并重新发布)

第一条　根据《上海市实施〈中华人民共和国残疾人保障法〉办法》的有关规定,制定本办法。

第二条　市和区、县人民政府残疾人工作协调委员会(以下简称市或区、县协调委员会)是本市残疾人分散安排就业工作的主管部门,下设市和区、县残疾人劳动服务机构。

第三条　凡具有本市城镇常住户口,符合法定就业年龄、本人有就业要求、生活能够自理并具有一定劳动能力的无业残疾人,为本办法分散安排就业的对象。

第四条　本市辖区范围内的国家机关、社会团体、企业、事业单位(以下简称单位),均须按本单位上一年度在职职工平均人数 1.6％的比例安排残疾人就业(一名盲人按两名残疾人计算)。但属集中安排残疾人就业的福利型企业、事业单位除外。

第五条　安排残疾人就业未达到规定比例的单位,应当按本单位上一年度职工工资总额 1.6％的比例缴纳残疾人就业保障金。但单位上一年度职工平均工资为全市职工上一年度平均工资一定比例以上的,超过比例以上的部分不计入缴纳残疾人就业保障金的基数。具体比例由市人民政府另行规定。

第六条　单位必须在每年 2 月底前,填写本单位上一年度在职职工劳动情况表和残疾职工情况表,并报所在地的区、县残疾人劳动服务机构。

在职职工劳动情况表由上海市统计局监制。

残疾职工情况表由市协调委员会统一印制。

第七条　区、县残疾人劳动服务机构应当自收到残疾职工情况表和在职职工劳动情况表之日起 30 日内,对单位安排残疾人就业情况进行审核,并出具单位实际安排残疾人就业比例的证明。对安排残疾人就业达到或超过规定比例的,应当向该单位出具免缴残疾人就业保障金的证明;对安排残疾人就业未达到规定比例的,应当向该单位出具缴纳残疾人就业保障金的通知。

第八条　安排残疾人就业未达到规定比例的单位应当按本办法第五条规定,到市人力资源社会保障局所属的社会保险经办机构(以下简称社会保险经办机构)缴纳残疾人就业保障金。残疾人就业保障金的征收时间为每年 5 月。

安排残疾人就业达规定比例的单位,应当向社会保险经办机构出具区、县残疾人劳动服务机构发给的残疾人就业达到规定比例的证明,经社会保险经办机构核准后,免予征收残疾人就业保障金。

第九条　已安排残疾人就业,但未达到规定比例的单位,缴纳残疾人就业保障金后,可以在每年 6 月向所在地的区、县残疾人劳动服务机构申请返回已安排残疾人就业实有人数比例的残疾人就业保障金。区、县残疾人劳动服务机构应当在接到单位申请之日起 1 个月内,按安排残疾人就业实有人数比例返回残疾人就业保障金。

第十条　残疾人就业保障金应当解入市协调委员会指定的银行账户,并委托市残疾人劳动服务机构统一管理残疾人就业保障金的使用,接受财政、审计部门的检查和监督。

残疾人就业保障金的具体征缴和管理办法,由市协调委员会制定。

第十一条 残疾人就业保障金的使用范围:

(一)对超比例安排残疾人就业单位的奖励;

(二)残疾人就业前职业培训费用的补贴;

(三)扶持残疾人个体开业的借款(有偿使用)或者补贴;

(四)为安排残疾人就业所需设备、设施费用的补贴;

(五)有关残疾人社会保障费用的补贴;

(六)残疾人劳动服务机构的经费开支。

残疾人就业保障金使用比例,由市协调委员会确定。

第十二条 对超比例安排残疾人就业的单位,根据超比例的人数,每年的9月由所在地的区、县残疾人劳动服务机构报市协调委员会审核批准后给予奖励。奖励标准参照全市平均的单位缴纳的社会保险费和公积金标准的一定比例,由市协调委员会确定。

第十三条 单位安排就业的残疾人,可以由所在地的区、县残疾人劳动服务机构推荐录用,也可以通过其他途径招收录用,并按国家或者本市有关规定办理用工手续。

第十四条 单位未按规定缴纳残疾人就业保障金的,由人力资源社会保障行政部门责令限期缴纳。对逾期缴纳的单位,从欠缴之日起,按日加收5‰滞纳金。滞纳金并入残疾人就业保障金。

逾期拒不缴纳残疾人就业保障金的,由人力资源社会保障行政部门申请人民法院依法强制征缴,并可以对直接负责的主管人员和其他直接责任人员处以1 000元以上2万元以下罚款。

第十五条 人力资源社会保障行政部门、残疾人劳动服务机构和社会保险经办机构的工作人员应当遵纪守法,秉公执法。对玩忽职守、滥用职权、徇私舞弊、索贿受贿、枉法执行者,由其所在单位或者上级主管部门给予行政处分;构成犯罪的,依法追究刑事责任。

第十六条 乡、镇、村办企业安排残疾人就业未达到规定比例的,缴纳残疾人就业保障金的标准和使用办法,由区、县人民政府另行规定。

第十七条 本办法的具体应用问题由市协调委员会负责解释。

第十八条 本决定自1994年1月15日起施行。

索　引

913

（王彦祥、刘子涵、张若舒　编制）

编　后　记

　　《上海市志·民政·民生分志·民政卷（1978—2010）》（简称《民政卷》）是《上海市志（1978—2010）》中的一部，由上海市民政局承编，上海市残疾人联合会参编。2011年3月12日，成立《民政卷》编纂委员会和编纂办公室，并召开编纂委员会会议，审定编纂实施方案，确定《民政卷》编纂工作的职责任务：编纂工作在编纂委员会的领导下，由20多个相关业务处室和单位承担资料征集、初稿撰写和修改；编纂办公室负责组织协调、培训指导及后期统稿、总纂等工作。各参编单位均指定专人担任修志联络员和执笔人员。

　　《民政卷》编纂工作历经篇章设置，资料征集，初稿撰写和修改，内部评审、专家评议、审定及修改四个主要阶段。一、篇章设置阶段（2011年3—12月）。从党的十一届三中全会召开到2010年的33年里，上海民政不断开拓创新，推出许多改革之举，在不同的历史阶段为保障上海的经济发展和社会进步作出重要贡献，也为全国民政提供不少宝贵经验。真实、准确、全面地编纂这一时期的上海民政史志，篇章设置至关重要。编纂人员历时数月对全卷谋篇布局、内容结构、纲目设置等反复考量，集思广益，四易其稿，形成较为科学、合理的编纂大纲，并报经《民政卷》编委会及市地方志办公室批准。二、资料征集阶段（2012年1月—2014年6月）。需入志的内容极为丰富，史实跨越两个世纪，囿于原始资料有限且分散，编纂人员克服困难，努力收集原始资料，寻找直接当事人并召开多次座谈会进行回忆，在做成电子卡片的基础上，对各类信息资料进行归纳与整合，形成资料长编。三、初稿撰写和修改阶段（2014年7月—2018年5月）。由于编纂人员来自各业务处室和单位的年轻同志，对当下的业务和公文写作较为熟悉，但对写史修志比较陌生。面对新人编志的困惑，先后组织8次集中培训，邀请修志专家授课。初稿形成后又经过3次修改。四、内部评审、专家评议、审定阶段及修改阶段（2018年6月—2020年12月）。2018年6月将初稿分送市民政局老同志征求意见，10月10日《民政卷》编委会组织召开内评内审会议。2019年6月14日，市地方志办公室召开《民政卷》评议会；2020年7月23日召开《民政卷》审定会。根据评审专家和民政局老领导的意见，编委会将近几年退休的长期从事民政工作的老同志组成统稿组，对志稿展开全面梳理，对概述、导言、大事记进行规范和优化，对一些篇目和章节作了调整，对部分内容作了删减、增补和归并，对内容的真实性反复核实，对文字进行打磨、润色，直至定稿。

　　志书编纂是一项系统工程，《民政卷》编纂工作的顺利完成，是市民政局和市残联齐心协力的成果。整个编纂过程始终得到市地方志办公室的大力支持，市志处的悉心指导。参与《民政卷》评审的各位专家和市民政局老领导，从概述、大事记到篇章布局和内容，都仔细阅读，认真把关，对本志的编纂给予了极大的关怀和热情的支持,提出了很多宝贵的意见。在此,谨向所有为此贡献智慧、付出心血的领导、专家和同志们,表示最诚挚的感谢!

《民政卷》编纂委员会

2020 年 12 月

图书在版编目(CIP)数据

上海市志. 民政. 民生分志. 民政卷：1978 — 2010/
上海市地方志编纂委员会编. —上海：上海古籍出版社，
2021.11
ISBN 978 - 7 - 5732 - 0067 - 9
Ⅰ.①上… Ⅱ.①上… Ⅲ.①上海—地方志②民政工
作—概况—上海—1978 - 2010 Ⅳ.①K295.1②D632
中国版本图书馆 CIP 数据核字(2021)第 224139 号

责任编辑　张祎琛
封面设计　严克勤

上海市志·民政·民生分志·民政卷(1978—2010)
上海市地方志编纂委员会　编

出版发行　上海古籍出版社
　　　　　　(201101　上海市闵行区号景路 159 弄 A 座 5F)
印　　刷　上海中华印刷有限公司
开　　本　889×1194　1/16
印　　张　61.5
插　　页　29
字　　数　1,612,000
版　　次　2021 年 11 月第 1 版
印　　次　2021 年 11 月第 1 次印刷
ISBN 978-7-5732-0067-9/K・3049
定　　价　398.00 元